Beck'sches Examinatorium
Öffentliches Recht

Herausgegeben von
Prof. Dr. Dr. Udo Di Fabio

Besonderes Verwaltungsrecht

Baurecht · Polizei- und Sicherheitsrecht
mit Bezügen zum Verwaltungsprozessrecht
und zum Staatshaftungsrecht

von

Dr. Achim Seidel
Professor Dr. Ekkehart Reimer
Professor Dr. Markus Möstl

3. Auflage

Verlag C. H. Beck München 2009

Für Anregungen und Kritik per E-Mail sind die Autoren jederzeit dankbar:

Prof. Dr. Markus Möstl: Markus.Moestl@uni-bayreuth.de
Prof. Dr. Ekkehart Reimer: Reimer@uni-heidelberg.de

Verlag C.H. Beck im Internet:
beck.de

ISBN 978 3 406 56387 4

© 2009 Verlag C.H. Beck oHG
Wilhelmstraße 9, 80801 München
Druck und Bindung: Nomos Verlagsgesellschaft
In den Lissen 12, 76547 Sinzheim

Satz: Uhl + Massopust GmbH, Aalen

Gedruckt auf säurefreiem, alterungsbeständigem Papier
(hergestellt aus chlorfrei gebleichtem Zellstoff)

Vorwort

Die Reihe „Beck'sches Examinatorium im Öffentlichen Recht" möchte die Vorzüge eines Klausurenkurses mit einer examensrelevanten Wissensvermittlung verbinden: Examinatorium in der Form und der Anschauung des Falles. Wer die Fälle des Beck'schen Examinatoriums zuerst eigenständig löst und sodann den abgedruckten Lösungsweg „nachdenkt", schließlich die Leitentscheidungen und ausgewählten Literaturhinweise liest, erarbeitet sich ein solides Fundament für das Examen. Die Reihe ist didaktisch aufbereitet, die Fälle sind in der akademischen Lehre erprobt. Die Lösungswege folgen dem Klausurschema, vertiefende Hinweise sind grafisch hervorgehoben. Die Zahl der Fälle und das Niveau der Lösungen sind nicht auf den allzu eiligen Leser zugeschnitten, sondern auf Studenten mit dem Ziel des Prädikatsexamens. Einige der Fallbearbeitungen übersteigen deshalb den Umfang einer Examensklausur. Dadurch deckt das Buch eine Vielzahl examenstypischer und aktueller Probleme ab.

Die Fälle sind im Rahmen examensvorbereitender Lehrveranstaltungen entwickelt und seither in den Universitäten Bayreuth, Heidelberg, München und Bonn mit großem Erfolg besprochen worden. Sofern Rechtsfragen am Maßstab des Landesrechts bearbeitet werden – insbesondere im Polizei-, Sicherheits- und Bauordnungsrecht ist das unvermeidlich –, orientieren sich die Falllösungen primär an der bayerischen Rechtslage. Durch Fußnotenverweise auf vergleichbare oder divergierende Regelungen in anderen Bundesländern eignet sich das Buch aber bundesweit zur Examensvorbereitung.

Gegenüber der Vorauflage sind einige neue Fälle aufgenommen, andere grundlegend umgestaltet worden. Außerdem haben die Autoren zahlreiche Gesetzesänderungen berücksichtigt. U.a. ist zum 1. Juli 2007 die Neuregelung des Art. 15 AGVwGO in Kraft getreten, die in Bayern zu einer weitgehenden Abschaffung des Widerspruchsverfahrens als Sachurteilsvoraussetzung verwaltungsgerichtlicher Klagen geführt hat. Zudem ist in Bayern zum 1. Januar 2008 eine Novellierung der Bayerischen Bauordnung in Kraft getreten, durch die der bereits 1994 und 1998 eingeleitete Weg der Deregulierung des Bauordnungsrechts fortgesetzt wird. Ebenso wie mit den anderen Bänden der Reihe kann man sich mit diesem Band bestens auf das Examen vorbereiten.

Bonn/Karlsruhe, im Sommer 2009   *Udo Di Fabio*

Inhaltsübersicht

Abkürzungsverzeichnis

a.A.	andere(r) Ansicht
a.a.O.	am angegebenen Ort
Abs.	Absatz
a.E.	am Ende
AG-BauGB MV	Ausführungsgesetz zum BauGB (Mecklenburg-Vorpommern)
AGVersammlG	Gesetz zur Ausführung des Versammlungsgesetzes (Bayern)
AGVwGO	Gesetz zur Ausführung der Verwaltungsgerichtsordnung (Bayern)
AGVwGO NW	Gesetz zur Ausführung der Verwaltungsgerichtsordnung (Nordrhein-Westfalen)
Alt.	Alternative
Anm.	Anmerkung
AöR	Archiv des öffentlichen Rechts
arg.	Argument
Art.	Artikel
ASOG Bln.	Allgemeines Sicherheits- und Ordnungsgesetz (Berlin)
Aufl.	Auflage
BauGB	Baugesetzbuch
BauGB-MaßnG	Maßnahmengesetz zum Baugesetzbuch (alte Gesetzesfassung)
BauNVO	Baunutzungsverordnung
BauO	Bauordnung
BauO Bln.	Bauordnung für Berlin
BauO LSA	Bauordnung (Land Sachsen-Anhalt)
BauO NW	Bauordnung für das Land Nordrhein-Westfalen
BauR	Baurecht (Zeitschrift)
BayBO	Bayerische Bauordnung
BayGO	Bayerische Gemeindeordnung
BayObLG	Bayerisches Oberstes Landesgericht
BayStrWG	Bayerisches Straßen- und Wegegesetz
BayUnterbrG	(Bayerisches) Gesetz über die Unterbringung psychisch Kranker und deren Betreuung (Unterbringungsgesetz)
BayVBl.	Bayerische Verwaltungsblätter
BayVerfGH	Bayerischer Verfassungsgerichtshof
BayVerfGHE	Entscheidungen des Bayerischen Verfassungsgerichtshofes (amtliche Sammlung)
BayVerfGHG	Gesetz über den Bayerischen Verfassungsgerichtshof
BayVGH	Bayerischer Verfassungsgerichtshof
BayVwVfG	Bayerisches Verwaltungsverfahrensgesetz
BayVwZVG	Bayerisches Verwaltungszustellungs- und Vollstreckungsgesetz
BBauG	Bundesbaugesetz (alte Gesetzesfassung)
BbgBauO	Bauordnung (Brandenburg)
BbgStrG	Brandenburgisches Straßengesetz
BBodSchG	Bundes-Bodenschutzgesetz
Bd.	Band
Bd. 1	*Seidel/Reimer/Möstel*, Allgemeines Verwaltungsrecht, 2. Aufl., 2005
Begr.	Begründer
BerlAGBauGB	Berliner Ausführungsgesetz zum BauGB
BerlASOG	Allgemeines Gesetz zum Schutz der öffentlichen Sicherheit und Ordnung in Berlin

BerlStrG . . . . Berliner Straßengesetz
Beschl. . . . . Beschluss
BGB . . . . Bürgerliches Gesetzbuch
BGBl. . . . . Bundesgesetzblatt
BGH . . . . Bundesgerichtshof
BGHZ . . . . Entscheidungen des BGH in Zivilsachen (amtliche Sammlung)
BGSG . . . . Bundesgrenzschutzgesetz
BImSchG . . . . Bundes-Immissionsschutzgesetz
BImSchV . . . . Verordnung zur Durchführung des Bundes-Immissionsschutzgesetzes
Bln. . . . . Berlin
BNatSchG . . . . Bundesnaturschutzgesetz
BO Hbg. . . . . Bauordnung Hamburg
BremLBO . . . . Bremische Landesbauordnung
BremLStrG . . . . Bremisches Landesstraßengesetz
BRS . . . . Baurechtssammlung
BT-Drs. . . . . Bundestagsdrucksache
BtMG . . . . Betäubungsmittelgesetz
BV . . . . Verfassung des Freistaates Bayern
BVerfG . . . . Bundesverfassungsgericht
BVerfGE . . . . Entscheidungen des Bundesverfassungsgerichts (amtliche Sammlung)
BVerfGG . . . . Bundesverfassungsgerichtsgesetz
BVerwG . . . . Bundesverwaltungsgericht
BVerwGE . . . . Entscheidungen des Bundesverwaltungsgerichts (amtliche Sammlung)
bzw. . . . . beziehungsweise
ca. . . . . circa
d. h. . . . . das heißt
ders. . . . . derselbe
dies. . . . . dieselbe(n)
DJT . . . . Deutscher Juristentag
DM . . . . Deutsche Mark
DÖV . . . . Die öffentliche Verwaltung (Zeitschrift)
DVBauGB NW . . . . . . Durchführungsverordnung zum BauGB (Nordrhein-Westfalen)
DVBl. . . . . Deutsches Verwaltungsblatt (Zeitschrift)
DVO BauGB Nds. . . . . Niedersächsische Durchführungsverordnung zum BauGB
DVPolG Hbg. . . . . Gesetz über die Datenverarbeitung der Polizei (Hamburg)
€ . . . . Euro
EG . . . . Europäische Gemeinschaft
EGGVG . . . . Einführungsgesetz zum Gerichtsverfassungsgesetz
EGV . . . . Vertrag zur Gründung der Europäischen Gemeinschaft
Einl. . . . . Einleitung
EMRK . . . . Konvention zum Schutze der Menschenrechte und Grundfreiheiten
etc. . . . . et cetera
EU . . . . Europäische Union
EuGH . . . . Europäischer Gerichtshof
EuGHE . . . . Entscheidungen des Europäischen Gerichtshofs (amtliche Sammlung)
EuGRZ . . . . Europäische Grundrechte-Zeitschrift
EuZW . . . . Europäische Zeitschrift für Wirtschaftsrecht
e.V. . . . . eingetragener Verein
f. . . . . folgende(r) (Seite/Paragraph)
ff. . . . . folgende (Seiten/Paragraphen)
Fn. . . . . Fußnote
FSt . . . . Die Fundstelle. Erläuterungen zu allen wichtigen Vorschriften für die
                             bayerischen Kommunalverwaltungen
g . . . . Gramm

GastG . . . . Gaststättengesetz
gem. . . . . gemäß
GemO BW . . . . Gemeindeordnung für Baden-Württemberg
GewArch . . . . Gewerbearchiv (Zeitschrift)
GewO . . . . Gewerbeordnung
GG . . . . Grundgesetz
ggf. . . . . gegebenenfalls
GmbH . . . . Gesellschaft mit beschränkter Haftung
GO Bbg. . . . . Gemeindeordnung für das Land Brandenburg
GO LSA . . . . Gemeindeordnung für das Land Sachsen-Anhalt
GO NW . . . . Gemeindeordnung für das Land Nordrhein-Westfalen
GO Rh-Pf . . . . Gemeindeordnung (Rheinland-Pfalz)
GoA . . . . Geschäftsführung ohne Auftrag
GrKrV . . . . Verordnung über die Aufgaben der Großen Kreisstädte
GVBl. . . . . Gesetz- und Verordnungsblatt
GVG . . . . Gerichtsverfassungsgesetz
h.L. . . . . herrschende Lehre
h.M. . . . . herrschende Meinung
HbgSOG . . . . Gesetz zum Schutz der öffentlichen Sicherheit und Ordnung (Hamburg)
HBO . . . . Hessische Bauordnung
HbStR . . . . Handbuch des Staatsrechts
HDVO-BauGB . . . . Hamburgische Durchführungsverordnung zum BauGB
HGO . . . . Hessische Gemeindeordnung
HKO . . . . Hessische Landkreisordnung
Hk-VerwR . . . . Handkommentar Verwaltungsrecht
Hrsg. . . . . Herausgeber
HS . . . . Halbsatz
HSOG . . . . Hessisches Gesetz über die öffentliche Sicherheit und Ordnung
HVwKostG . . . . Hessisches Verwaltungskostengesetz
HAllgVwKostO . . . . . . Hessische Allgemeine Verwaltungskostenordnung
HVwVfG . . . . Hessisches Verwaltungsverfahrensgesetz
HVwVG . . . . Hessisches Verwaltungsvollstreckungsgesetz
HWG Hbg. . . . . Hamburgisches Wegegesetz
i.d.R. . . . . in der Regel
i.E. . . . . im Ergebnis
i.e.S. . . . . im engeren Sinne
IHK . . . . Industrie- und Handelskammer
i.H.v. . . . . in Höhe von
inkl. . . . . inklusive
insbes. . . . . insbesondere
i.S.d. . . . . im Sinne des/der
i.S.v. . . . . im Sinne von
i.V.m. . . . . in Verbindung mit
i.w.S. . . . . im weiteren Sinn
JA . . . . Juristische Arbeitsblätter (Zeitschrift)
Jura . . . . Juristische Ausbildung (Zeitschrift)
JuS . . . . Juristische Schulung (Zeitschrift)
JZ . . . . Juristenzeitung
Kap. . . . . Kapitel
Kfz . . . . Kraftfahrzeug
KG . . . . Kammergericht
KJ . . . . Kritische Justiz (Zeitschrift)
Kl. . . . . Kläger(in)
km . . . . Kilometer

KommJur . . . . Kommunaljurist (Zeitschrift)
KommP . . . . Kommunalpraxis (Zeitschrift)
KostenG . . . . (bayerisches) Kostengesetz
KostO NW . . . . Kostenordnung zum Verwaltungsvollstreckungsgesetz Nordrhein-
                          Westfalen
krit. . . . . kritisch
KrO NW . . . . Kreisordnung für das Land Nordrhein-Westfalen
KSVG Saarl. . . . . Kommunalselbstverwaltungsgesetz (Saarland)
KV MV . . . . Kommunalverfassung für das Land Mecklenburg-Vorpommern
KVÜ . . . . Kommunale Verkehrsüberwachung
LadSchlG . . . . Gesetz über den Ladenschluss
LBauO MV . . . . Landesbauordnung Mecklenburg-Vorpommern
LBauO Rh-Pf . . . . Landesbauordnung Rheinland-Pfalz
LBauO SchlH . . . . Landesbauordnung für das Land Schleswig-Holstein
LBO . . . . Landesbauordnung
LBO BW . . . . Landesbauordnung für Baden-Württemberg
LBO Saarl. . . . . Landesbauordnung (Saarland)
LG . . . . Landgericht
LGebG BW . . . . Landesgebührengesetz Baden-Württemberg
Lit. . . . . Literatur
lit. . . . . littera (Buchstabe)
LKO Rh-Pf. . . . . Landkreisordnung (Rheinland-Pfalz)
LKr . . . . Landkreis
LKrO . . . . Landkreisordnung für den Freistaat Bayern
LKrO BW . . . . Landkreisordnung Baden-Württemberg
LKV . . . . Landes- und Kommunalverwaltung (Zeitschrift)
LplG . . . . Bayerisches Landesplanungsgesetz
LStrG Rh-Pf . . . . Landesstraßengesetz (Rheinland-Pfalz)
LStVG . . . . Bayerisches Gesetz über das Landesstrafrecht und das Verordnungsrecht
                          auf dem Gebiet der öffentlichen Sicherheit und Ordnung
LT-Drs. . . . . Landtagsdrucksache
LV BW . . . . Landesverfassung Baden-Württemberg
LV NW . . . . Landesverfassung Nordrhein-Westfalen
LVerfG MV . . . . Landesverfassungsgericht Mecklenburg-Vorpommern
LVG BW . . . . Landesverwaltungsgesetz Baden-Württemberg
LVO BauGB SchlH . . . . Landesverordnung zum BauGB (Schleswig-Holstein)
LVwG SchlH . . . . Allgemeines Verwaltungsgesetz für das Land Schleswig-Holstein
                          (Landesverwaltungsgesetz)
LVwVfG BW . . . . Landesverwaltungsverfahrensgesetz Baden-Württemberg
LVwVG BW . . . . Landesverwaltungsvollstreckungsgesetz Baden-Württemberg
m/m² . . . . Meter/Quadratmeter
m. a. W. . . . . mit anderen Worten
m. E. . . . . meines Erachtens
MDR . . . . Monatsschrift für Deutsches Recht (Zeitschrift)
MfS . . . . Ministerium für Staatssicherheit (der ehemaligen DDR)
MV . . . . Mecklenburg-Vorpommern
m. w. N. . . . . mit weiteren Nachweisen
Nds. GO . . . . Niedersächsische Gemeindeordnung
Nds. StrG . . . . Niedersächsisches Straßengesetz
NdsAGVwGO . . . . Niedersächsisches Gesetz zur Ausführung der Verwaltungsgerichtsordnung
NdsBauO . . . . Niedersächsische Bauordnung
NdsVBl. . . . . Niedersächsische Verwaltungsblätter
NdsVerf. . . . . Niedersächsische Verfassung
NdsVwVfG . . . . Niedersächsisches Verwaltungsverfahrensgesetz

n. F.	neue Fassung
NGefAG	Niedersächsisches Gefahrenabwehrgesetz
NJW	Neue Juristische Wochenschrift (Zeitschrift)
NordÖR	Zeitschrift für öffentliches Recht in Norddeutschland
Nr.	Nummer
Nrn.	Nummern
NVwZ	Neue Zeitschrift für Verwaltungsrecht
NVwZ-RR	Neue Zeitschrift für Verwaltungsrecht, Rechtsprechungsreport
NW	Nordrhein-Westfalen
NWVBl.	Nordrhein-Westfälische Verwaltungsblätter (Zeitschrift)
o. ä.	oder ähnlich
OBG Bbg.	Ordnungsbehördengesetz (Brandenburg)
OBG NW	Ordnungsbehördengesetz (Nordrhein-Westfalen)
OBG Thür.	Ordnungsbehördengesetz (Thüringen)
o. g.	oben genannte(r, s)
OLG	Oberlandesgericht
OVG	Oberverwaltungsgericht
OVGE	Entscheidungssammlung des (jeweils angegebenen) OVG
OWiG	Gesetz über Ordnungswidrigkeiten
PAG	Gesetz über die Aufgaben und Befugnisse der Bayerischen Staatlichen Polizei (Polizeiaufgabengesetz)
PAG Thür.	Polizeiaufgabengesetz (Thüringen)
ParteiG	Gesetz über die politischen Parteien
POG	Gesetz über die Organisation der Bayerischen Staatlichen Polizei (Polizeiorganisationsgesetz)
POG Rh-Pf	Polizei- und Ordnungsbehördengesetz (Rheinland-Pfalz)
PolG Bbg.	Polizeigesetz (Brandenburg)
PolG Brem.	Polizeigesetz (Bremen)
PolG BW	Polizeigesetz (Baden-Württemberg)
PolG NW	Polizeigesetz (Nordrhein-Westfalen)
PolG Saarl.	Polizeigesetz (Saarland)
PolKV	Polizeikostenverordnung (Bayern)
PrOVG	Preußisches Oberverwaltungsgericht
resp.	respektive
RGaO	Reichsgaragenordnung
Rn.	Randnummer(n)
ROG	Raumordnungsgesetz
Rspr.	Rechtsprechung
S.	Satz/Seite
s.	siehe
SächsBO	Sächsische Bauordnung
SächsGemO	Gemeindeordnung für den Freistaat Sachsen
SächsPolG	Polizeigesetz des Freistaates Sachsen
SächsStrG	Straßengesetz für den Freistaat Sachsen
SächsVBl.	Sächsische Verwaltungsblätter
SächsVerf	Sächsische Verfasung
SächsVerfGH	Verfassungsgerichtshof des Freistaates Sachsen
SächsVwVG	Verwaltungsvollstreckungsgesetz für den Freistaat Sachsen
SächsVwVfG	Sächsisches Verwaltungsverfahrensgesetz
sc.	scilicet (man ergänze)
SchlHBauO	Bauordnung (Schleswig-Holstein)
SDÜ	Schengener Durchführungsübereinkommen
s. o.	siehe oben
sog.	sogenannte(r,s)

WuR . . . . Wirtschaft und Recht (Zeitschrift)
z.B. . . . . zum Beispiel
Ziff. . . . . Ziffer
ZPO . . . . Zivilprozessordnung
ZRP . . . . Zeitschrift für Rechtspolitik
z.T. . . . . zum Teil
ZuVOWiG . . . . Verordnung über Zuständigkeiten im Ordnungswidrigkeitenrecht

Literaturauswahl

I. Übergreifende Literatur

Arndt/Fetzer u. a., Besonderes Verwaltungsrecht, 8. Aufl., 2008
Becker/Heckmann/Kempen/Manssen, Öffentliches Recht in Bayern, 4. Aufl., 2008
Becker/Heckmann/Kempen/Manssen, Klausurenbuch Öffentliches Recht in Bayern, 2. Aufl., 2008
Detterbeck, Allgemeines Verwaltungsrecht mit Verwaltungsprozessrecht, 7. Aufl., 2009
Maurer, Allgemeines Verwaltungsrecht, 17. Aufl., 2009
Ossenbühl, Staatshaftungsrecht, 5. Aufl., 1998
Peine, Klausurenkurs im Verwaltungsrecht, 3. Aufl., 2008
Schmidt-Aßmann (Hrsg.), Besonderes Verwaltungsrecht, 14. Aufl., 2008
Schwerdtfeger, Öffentliches Recht in der Fallbearbeitung, 13. Aufl., 2008
Steiner (Hrsg.), Besonderes Verwaltungsrecht, 8. Aufl., 2006
Stelkens/Bonk/Sachs, Verwaltungsverfahrensgesetz, 7. Aufl., 2008
Tettinger/Erbguth, Besonderes Verwaltungsrecht, 9. Aufl., 2007
Wolff/Bachof/Stober, Verwaltungsrecht, Bd. 2, 6. Aufl., 2000
Zuleeg, Fälle zum Allgemeinen Verwaltungsrecht, 3. Aufl., 2001

II. Polizei- und Sicherheitsrecht

Berner/Köhler, Polizeiaufgabengesetz, 19. Aufl., 2008
Drews/Wacke/Vogel/Martens, Gefahrenabwehr, Allgemeines Polizeirecht (Ordnungsrecht) des Bundes und der Länder, 9. Aufl., 1986
Gallwas/H. A. Wolff, Bayerisches Polizei- und Sicherheitsrecht, 3. Aufl., 2004
Gornig/Jahn, Fälle zum Sicherheits- und Polizeirecht, 3. Aufl., 2006
Götz, Allgemeines Polizei- und Ordnungsrecht, 14. Aufl., 2008
Gusy, Polizeirecht, 6. Aufl., 2006
Honnacker/Beinhofer, PAG, 18. Aufl., 2004
Knemeyer, Polizei- und Ordnungsrecht, 11. Aufl., 2007
Kugelmann, Polizei- und Ordnungsrecht, 2006
Pieroth/Schlink/Kniesel, Polizei- und Ordnungsrecht, 5. Aufl., 2008
Ruder/Schmitt, Polizeirecht für Baden-Württemberg, 6. Aufl., 2005
W.-R. Schenke, Polizei- und Ordnungsrecht, 5. Aufl., 2007
Würtenberger/Heckmann, Polizeirecht in Baden-Württemberg, 6. Aufl., 2005

III. Baurecht

Battis, Öffentliches Baurecht und Raumordnungsrecht, 5. Aufl., 2006
Battis/Krautzberger/Löhr, Baugesetzbuch, Kommentar, 11. Aufl., 2009
Brenner, Öffentliches Baurecht, 3. Aufl., 2009
Brohm, Öffentliches Baurecht, 3. Aufl., 2002
Decker/Konrad, Bayerisches Baurecht, 2. Aufl., 2008
Dürr, Baurecht Baden-Württemberg, 2008
Dürr/König, Baurecht Bayern, 4. Aufl., 2000
Ernst/Zinkahn/Bielenberg/Krautzberger, Baugesetzbuch, Kommentar, Stand: Oktober 2008
Finkelnburg/Ortloff, Öffentliches Baurecht, Bd. I, 5. Aufl., 1998
Finkelnburg/Ortloff, Öffentliches Baurecht, Bd. II, 5. Aufl., 2005

Gubelt/Muckel/Stemmler, Fälle zum Bau- und Raumordnungsrecht, 6. Aufl., 2007
Hoppe/Bönker/Grotefels, Öffentliches Baurecht, 3. Aufl., 2004
Ibler, Öffentliches Baurecht, 2006
Koch/Hendler, Baurecht, Raumordnungs- und Landesplanungsrecht, 4. Aufl., 2004
Peine, Öffentliches Baurecht, 4. Aufl., 2003
Seidel, Bauplanungs- und Bauordnungsrecht, 1999
Seidel, Öffentlich-rechtlicher und privatrechtlicher Nachbarschutz, 2000
Stollmann, Öffentliches Baurecht, 5. Aufl., 2008

IV. Kommunalrecht

Burgi, Kommunalrecht, 2. Aufl., 2008
Dols/Plate, Kommunalrecht Baden-Württemberg, 6. Aufl., 2005
Gern, Kommunalrecht Baden-Württemberg, 9. Aufl., 2005
Hofmann/Beckmann, Praktische Fälle aus dem Kommunalrecht, 7. Aufl., 2005
Knemeyer, Bayerisches Kommunalrecht, 12. Aufl., 2007
Lissack, Bayerisches Kommunalrecht, 2. Aufl., 2001
Masson/Samper/Bauer/Böhle, Bayerische Kommunalgesetze, Kommentar, Stand: März 2008

V. Verwaltungsprozessrecht

Eyermann/Fröhler, Verwaltungsgerichtsordnung, 12. Aufl., 2006
Finkelnburg/Dombert/Külpmann, Vorläufiger Rechtsschutz im Verwaltungsstreitverfahren, 5. Aufl., 2008
Hufen, Verwaltungsprozessrecht, 7. Aufl., 2008
Kopp/W.-R. Schenke, Verwaltungsgerichtsordnung, 15. Aufl., 2007
Posser/H. A. Wolff, Verwaltungsgerichtsordnung. Kommentar (2008; aktuell auch als Online-Kommentar in Beck Online)
W.-R. Schenke, Verwaltungsprozessrecht, 11. Aufl., 2007
Schmitt Glaeser/Horn, Verwaltungsprozessrecht, 15. Aufl., 2000
Schoch/Schmidt-Aßmann/Pietzner, Verwaltungsgerichtsordnung, Stand: März 2008
Sodan/Ziekow, Verwaltungsgerichtsordnung, 2. Aufl., 2006
Stern/Blanke, Verwaltungsprozessrecht in der Klausur, 9. Aufl., 2008
H. A. Wolff/Decker, VwGO/VwVfG – Studienkommentar, 2. Aufl., 2007

Sachverhalt

Egon (E) ist Eigentümer eines Grundstücks in der kreisangehörigen bayerischen Gemeinde G, das früher einem landwirtschaftlichen Betrieb diente. Auf dem Grundstück des E befindet sich ein (legal errichtetes) 150 Jahre altes Bauernhaus, das nach Stilllegung des landwirtschaftlichen Betriebs im Jahr 1995 auf Basis einer bestandskräftigen Baugenehmigung zu reinen Wohnzwecken umgenutzt wurde und seit dem von E und seiner Familie bewohnt wird. Eine auf dem Flurstück bislang noch vorhandene 100 m² große Scheune, die ursprünglich als Raum für Lagerung landwirtschaftlicher Geräte baurechtlich genehmigt wurde, ist jüngst durch Sturmeinwirkung so stark beschädigt worden, dass sie nunmehr aus Sicherheitsgründen abgerissen werden muss. Bislang nutzte E diese Scheune als Unterstellplatz für seinen rein privat genutzten PKW und als Lagerplatz für Holz sowie nicht mehr benötigte landwirtschaftliche Maschinen.

Das Grundstück des E ist Teil einer Ansammlung von drei Höfen, die zueinander im Abstand von ca. 100 m stehen und die von der übrigen Bebauung von G ca. 500 m abgesetzt sind. Die beiden benachbarten Höfe werden weiterhin landwirtschaftlich bewirtschaftet, die umliegenden Grundstücke werden landwirtschaftlich genutzt. Ein Bebauungsplan besteht bislang nicht; der geltende Flächennutzungsplan weist das betroffene Gebiet als landwirtschaftliche Nutzfläche aus.

Kurz nach der Zerstörung der Scheune fasst der Gemeinderat von G einen Beschluss über die Aufstellung eines Bebauungsplans, der für das Grundstück des E und benachbarte Grundstücke Wohnnutzung vorsehen soll. Gleichzeitig wird formell wirksam eine Veränderungssperre beschlossen und ortsüblich bekannt gemacht, nach der Vorhaben im Sinne des § 29 BauGB nicht durchgeführt werden dürfen. Nach einigen Debatten im Gemeinderat wird man sich in einer Sitzung im Dezember einig, statt einer Wohnnutzung doch lieber in Kooperation mit einem Großinvestor ein Ferienhausgebiet auszuweisen. Aufgrund naturschutzrechtlicher Kontroversen nimmt die Ermittlung des erforderlichen Abwägungsmaterials und die Ausarbeitung eines ersten Planentwurfs noch beträchtlichen Zeitraum ein, sodass das Verfahren der frühzeitigen Beteiligung der Öffentlichkeit und der Träger öffentlicher Belange gemäß §§ 3 Abs. 1, 4 Abs. 1 BauGB erst in mehreren Wochen gestartet werden soll.

Anfang des folgenden Jahres beantragt E nunmehr einen Bauvorbescheid über die bauplanungsrechtliche Zulässigkeit der Errichtung einer geräumigen, 100 m² großen Doppelgarage mit Lagerraum für Holz zum privaten Verbrauch auf dem Fundament des ehemaligen Scheunengebäudes (sog. Bebauungsgenehmigung). Es sei ihm nicht zumutbar, seine Kraftfahrzeuge ungeschützt der Witterung und dem Zugriff von Autodieben auszusetzen. Selbst wenn einfachgesetzliches Bauplanungsrecht seinem Vorhaben entgegenstehe, habe er aufgrund seines Eigentumsgrundrechts einen Anspruch auf Genehmigung, um sein Anwesen nach modernen Maßstäben einer funktionsgerechten Nutzung zuführen zu können. Die Gemeinde versagt ihr Einvernehmen: Neben der erlassenen Veränderungssperre stünde auch § 35 BauGB der Errichtung einer Doppelgarage entgegen. Das Landratsamt schließt sich diesen Bedenken an, sieht keinen Grund für die Ersetzung des gemeindlichen Einvernehmens und versagt dem E den beantragten Vorbescheid.

Drei Wochen nach Zustellung des Ablehnungsbescheids erhebt E Klage vor dem örtlich zuständigen Verwaltungsgericht mit dem Antrag, den Freistaat Bayern zum Erlass der beantragten Bebauungsgenehmigung zu verpflichten.

Vermerk für die Bearbeiter: Wie sind die Erfolgsaussichten dieser Klage zu beurteilen? Auf § 35 Abs. 3 Nr. 5 BauGB sowie auf Raumordnungsrecht ist nicht einzugehen.

Abwandlung: Auf entsprechenden Antrag des E erlässt das Landratsamt nach Anhörung der Gemeinde G – die sich beharrlich weigert, das Einvernehmen zu erteilen – eine Baugenehmigung für die Doppelgarage. In der Begründung heißt es u. a., die Garage sei wegen „erweiterten Bestandsschutzes" bauplanungsrechtlich zulässig; das Einvernehmen sei daher zu Unrecht verweigert worden und müsse ersetzt werden. Wie sind die Erfolgsaussichten einer form- und fristgerechten Anfechtungsklage der G gegen den Freistaat Bayern mit dem Ziel der Kassation der Baugenehmigung zu beurteilen?

Lösung

A. Ausgangsfall

Die Klage des E hat Aussicht auf Erfolg, wenn sie zulässig und begründet ist.

I. Zulässigkeit

1. Verwaltungsrechtsweg, § 40 Abs. 1 Satz 1 VwGO

Der Streitgegenstand betrifft die Frage, ob E nach Art. 71, 68 Abs. 1 BayBO i.V. m. den Vorschriften des Bauplanungsrechts einen Anspruch auf Erteilung des begehrten Bauvorbescheids hat. Die im Streit befindlichen Normen sind dem öffentlichen Recht zuzuordnen, der Streit ist öffentlich-rechtlicher Natur. Mangels doppelter Verfassungsunmittelbarkeit[1] und mangels anderweitiger Sonderzuweisung ist der Verwaltungsrechtsweg gem. § 40 Abs. 1 Satz 1 VwGO eröffnet.

> **Zum Aufbau:** Die Behandlung des § 40 VwGO innerhalb der Zulässigkeitsprüfung ist angesichts der von Amts wegen gem. § 173 VwGO, § 17 a Abs. 2 GVG zu erfolgenden Rechtswegverweisung nicht unumstritten, denn bei fehlerhaft gewähltem Verwaltungsrechtsweg scheidet eine Zurückweisung wegen Unzulässigkeit generell aus.[2] Zum Teil wird dem Studenten geraten, die Frage des Verwaltungsrechtswegs in einem selbstständigen Prüfungskomplex der eigentlichen Zulässigkeitsprüfung voranzustellen.

2. Statthafte Klageart

Klageziel ist vorliegend der Erhalt eines Bauvorbescheids gem. Art. 71 BayBO[3], der in der Praxis auch als sog. Bebauungsgenehmigung bezeichnet wird, sofern er – wie hier – ausschließlich die Vereinbarkeit eines Vorhabens mit den Vorschriften des Bauplanungsrechts betrifft.[4] Statthafte Klageart ist gemäß § 42 Abs. 1 (2. Alt.) VwGO die Verpflichtungsklage[5], wenn es sich hierbei um einen Verwaltungsakt i.S.v. Art. 35 Satz 1 BayVwVfG handelt. Die dogmatische Einordnung eines Vorbescheides ist umstritten.[6] Fraglich ist insofern vor allem die eigenständige Regelungswirkung im Vergleich zur später ergehenden endgültigen Baugenehmigung. Mit dem Vorbescheid soll der Bauherr Investitionssicherheit dahingehend erhalten, dass das Vorhaben mit den bereits vorab geprüften rechtlichen Maßstäben übereinstimmt. Obwohl also der Bauvorbescheid noch nicht mit einer (verfügenden) Gestattungswirkung hinsichtlich des Baubeginns einhergeht, so werden doch mit grundsätzlich dreijähriger Bindungswirkung (Art. 71 Satz 2 BayBO) gegenüber der Genehmigungsbehörde die Genehmigungsvoraussetzungen, die der Bauherr mit seinem Antrag auf Erlass des Bauvorbescheids geprüft wissen wollte, verbindlich festgestellt. Der Bauherr erhält die Garantie, dass bis zum Ablauf der Bindungsfrist der Erlass der späteren Baugenehmigung nicht an Genehmigungsvoraussetzungen scheitert, die bereits im Vorbescheidverfahren Prüfgegenstand waren: Der Genehmigungsbehörde ist es verwehrt, über die bereits im Vorbescheid-

---

[1] Hierzu z.B. *Stern/Blanke*, Verwaltungsprozessrecht in der Klausur, Rn. 184 ff.
[2] *Schmitt Glaeser/Horn*, Verwaltungsprozessrecht, Rn. 69 ff. Zum Streitstand *Bd. 1, Fall 1*.
[3] Vergleichbare Regelungen: § 71 BauO NW, § 57 LBO BW, § 74 BauO Bln., § 59 BbgBauO, § 69 BremLBO, § 63 BO Hbg., § 66 HBO, § 75 LBauO MV, § 74 NdsBauO, § 72 LBauO Rh-Pf, § 76 LBO Saarl., § 75 SächsBO, § 74 BauO LSA, § 72 LBauO SchlH, § 73 ThürBO.
[4] BVerwGE 69, 1 ff.; *Brohm*, Öffentliches Baurecht, § 28 Rn. 29.
[5] Hierzu *Ehlers*, Jura 2004, 310 ff.
[6] Zum Streitstand vgl. etwa *Finkelnburg/Ortloff*, Öffentliches Baurecht II, S. 161 ff.

verfahren bejahten Genehmigungsvoraussetzungen später ablehnend zu entscheiden[7]; diese Vorwirkung hat selbst gegenüber Rechtsänderungen, die nach Erteilung des Vorbescheids in Kraft treten, Durchsetzungskraft.[8] Aufgrund dessen geht die vorzugswürdige Ansicht davon aus, dass der Bauvorbescheid trotz fehlender Gestattungswirkung nicht die bloße Qualität einer Zusicherung nach Art. 38 BayVwVfG hat, der wegen Art. 38 Abs. 3 BayVwVfG eine kalkulationsfähige Verbindlichkeit grundsätzlich fremd ist. Richtigerweise ist der Bauvorbescheid daher als vorweggenommener Teil der späteren Bauerlaubnis einzustufen und zwar konkret als *„Ausschnitt aus dem feststellenden (und nicht aus dem verfügenden) Teil der Baugenehmigung".*[9] Hierin liegt auch seine Regelungswirkung. Die Eigenständigkeit gegenüber der Baugenehmigung ist gerade darin zu sehen, dass im Vorhinein Prüfungsfragen *abschließend* entschieden werden, im Fall der Bebauungsgenehmigung u. a. hinsichtlich der Baulandqualität des Grundstückes.[10] Da auch die sonstigen Voraussetzungen des Art. 35 Satz 1 BayVwVfG erfüllt sind (Einzelfall, Außenwirkung), stellt der von E begehrte Bauvorbescheid einen begünstigenden Verwaltungsakt dar. Statthafte Klageart ist für E gem. § 42 Abs. 1 (2. Alt.) VwGO die Verpflichtungsklage.

> **Zur Vertiefung:** Zur Möglichkeit und den Grenzen einer Amtshaftung wegen eines nicht erteilten Bauvorbescheids (dort für die Errichtung einer Windenergieanlage) vgl. *LG Oldenburg* NVwZ 2005, 2457 ff. sowie die hierzu kritische Entscheidungsbesprechung durch *Krohn/de Witt*, NVwZ 2005, 1387 ff.
>
> Weil der Bauvorbescheid in Bestandskraft erwachsen kann, trifft den Nachbarn, wenn er das Vorhaben des Bauherrn verhindern will, u. U. die Obliegenheit, nicht die endgültige Baugenehmigung abzuwarten, sondern bereits mit Widerspruch (vgl. aber unten 4.) und Anfechtungsklage gegen den Bauvorbescheid vorzugehen, wenn dessen Bindungswirkung sich bereits auf nachbarschutzrelevante Genehmigungsvoraussetzungen bezieht.[11] Denn der Genehmigungsabwehranspruch des Nachbarn geht bei Bestandskraft des Bauvorbescheids materiell unter, falls sich die Nachbarrechtsverletzung auf Genehmigungsvoraussetzungen bezieht, die bereits von der Bindungswirkung des Vorbescheides erfasst waren (Gleiches gilt bei bestandskräftiger Teilgenehmigung). Sofern die endgültige Baugenehmigung in dem angegriffenen Gesichtspunkt nicht von der Zwischenentscheidung abweicht, ist eine Anfechtungsklage gegen die Genehmigung bei Einhaltung der sonstigen Sachurteilsvoraussetzungen zwar nicht unzulässig, wegen der bestandskräftigen Bindungswirkung des Vorbescheides i. E. aber unbegründet.[12]
>
> Besondere Probleme im Fall der Nachbaranfechtung hinsichtlich der Bestandskraft und Bindungswirkung des Vorbescheides bestehen, wenn noch vor Eintritt der Bestandskraft des Vorbescheides die endgültige Genehmigung an den Vorhabenträger ergeht. Hier ist umstritten, ob die auf den nicht bestandskräftigen Vorbescheid ergehende Genehmigung uneingeschränkt anfechtbar ist, weil zum zweiten Mal in der Sache entschieden werde (Baugenehmigung als Zweitbescheid, der alle Fragen neu regelt und nicht bloß den Vorbescheid redaktionell übernimmt)[13], oder ob der Vorbescheid auch im Falle des Erlasses der Baugenehmigung seine Eigenständigkeit als selbständiger Verwaltungsakt mit

---

[7] *OVG Frankfurt/Oder* NVwZ-RR 1998, 484 (485).

[8] BVerwGE 69, 1 ff.; *OVG Lüneburg* BRS 39, Nr. 163. Das gilt insbesondere auch für zwischenzeitliche Rechtsänderungen durch bauplanungsrechtliche Satzungen (z. B. neuer Bebauungsplan oder Veränderungssperre): *OVG Lüneburg* NJW 1982, 1772; *OVG Berlin* BRS 50, Nr. 162.

[9] BVerwGE 48, 242 ff.; 69, 1 (2 f.); *Dürr*, JuS 2007, 328 (334). Zur gestattenden und feststellenden Wirkung der herkömmlichen Baugenehmigung siehe z. B. *VG Berlin* NJW 1995, 2650.

[10] *BVerwG* JZ 1990, 291 (292).

[11] *Redeker*, NVwZ 1998, 589.

[12] *BVerwG* DVBl. 1989, 673 (674).

[13] *BVerwG* DVBl. 1989, 673 (674). Der rechtzeitig gegen die endgültige Genehmigung eingelegte Rechtsbehelf erstreckte sich danach ohne Weiteres auch auf die vom Vorbescheid abgedeckten Genehmigungsvoraussetzungen, auch wenn die Anfechtungsklage (bzw. der Widerspruch) gegen die Endgenehmigung zu einem Zeitpunkt erhoben wurde, in dem der Vorbescheid bei isolierter Betrachtung bestandskräftig geworden wäre. Hieraus wurde der Schluss gezogen, dass ab dem Zeitpunkt der Übernahme des noch nicht rechtskräftigen Vorbescheids in die Genehmigung das Rechtsschutzbedürfnis für eine isolierte Anfechtung des Vorbescheids entfalle: *VGH Mannheim* UPR 1994, 351, m. w. N.

bindender Feststellungswirkung behält.[14] Geht man von Letzterem aus, weil es Sache des Fachrechts wäre, eine Konsumierung des nicht bestandskräftigen Vorbescheides durch die endgültige Genehmigung vorzuschreiben, ergibt sich als Konsequenz, dass der Vorbescheid nicht durch den Erlass der endgültigen Genehmigung gegenstandslos wird. Er entfaltet weiterhin Bindungswirkung, von der sich die Behörde nur durch Rücknahme oder Widerruf lösen kann. Dem Anfechtungsrechtsmittel gegen den Vorbescheid durch den Nachbarn fehlt dann auch nach Erlass der Baugenehmigung zwar nicht das Rechtsschutzbedürfnis. Aber wenn der Vorbescheid nach Erlass der Baugenehmigung bestandskräftig wird, wird dem Nachbarn im Rahmen der Anfechtung der Baugenehmigung die Berufung auf nachbarschützende Vorschriften, die Prüfmaßstab des Vorbescheidverfahrens waren, abgeschnitten (die Genehmigungsanfechtung ist insoweit unbegründet).

3. Klagebefugnis, § 42 Abs. 2 VwGO

E muss bei der hier vorliegenden Verpflichtungsklage gemäß § 42 Abs. 2 VwGO geltend machen können, dass er durch die Ablehnung der Erteilung des Bauvorbescheids in subjektiven Rechten verletzt ist. Dies ist zu bejahen, weil nicht von vornherein ausgeschlossen ist, dass E gem. Art. 71 Satz 4 i.V.m. Art. 68 Abs. 1 BayBO einen Anspruch auf Erteilung des Bauvorbescheids hat. Ergänzend kann man insofern auch den Gedanken der Baufreiheit aus Art. 14 GG zur Begründung der Klagebefugnis heranziehen.[15]

4. Entbehrlichkeit des Vorverfahrens – § 68 VwGO i.V.m. Art. 15 Abs. 2 BayAGVwGO

Zum Verständnis: Nach insgesamt dreijähriger Erprobung der Abschaffung des Widerspruchsverfahrens im Regierungsbezirk Mittelfranken gemäß Art. 15 Nr. 21 BayAGVwGO a. F.[16] ist in Bayern zum 1. Juli 2007 die Neuregelung des Art. 15 BayAGVwGO in Kraft getreten. Hiernach ist bei Verwaltungsakten der Behörden des Freistaats Bayern, der Gemeinden und Gemeindeverbände und der sonstigen der Aufsicht des Freistaats Bayern unterstehenden juristischen Personen des öffentlichen Rechts das Widerspruchsverfahren als zwingende Sachurteilsvoraussetzung nunmehr abgeschafft worden. Zu den Hintergründen und zu Einzelfragen der Neuregelung wird hier auf die einschlägige Literatur verwiesen.[17] Ein Überblick zur Entwicklung des Widerspruchsverfahrens in den Bundesländern und zur Reformdiskussion findet sich bei *Biermann*, DÖV 2008, 395 ff. sowie *Kamp*, NWVBl. 2008, 41 (42 f.).

In einzelnen Rechtsgebieten bleibt das Vorverfahren (z. B. wegen besonderer Fehleranfälligkeit des Verfahrens) gemäß Art. 15 Abs. 1 BayAGVwGO n. F. fakultativ ausgestaltet, d. h. der Betroffene hat im Kommunalabgabenrecht, im Landwirtschaftsrecht, im Schulrecht, im Beamtenrecht, im Rundfunkgebührenrecht und bei personenbezogenen Prüfungsentscheidungen sowie in Teilen des Forst-, Jagd- und Sozialrechts die Wahl, ob er zunächst Widerspruch einlegt oder unmittelbar – d. h. ohne Vorverfahren – Klage erhebt. Für die übrigen Rechtsbereiche der Landes- und Kommunalverwaltung entfällt das Vorverfahren ganz, Art. 15 Abs. 2 BayAGVwGO. Von der Neuregelung unberührt bleiben die Rechtsbereiche der bundeseigenen Verwaltung.[18] Die Neuregelung ist nicht nur rechtspoli-

---

[14] In diese Richtung nunmehr: *BVerwG* NVwZ 1995, 894 f.; *OVG Lüneburg* BauR 1999, 1163 (1164); *Finkelnburg/Ortloff*, Öffentliches Baurecht II, S. 166; *Seidel*, Öffentlich-rechtlicher und privatrechtlicher Nachbarschutz, 2000, Rn. 233 f.

[15] *OVG Koblenz* BauR 1992, 219; *Decker/Konrad*, Bayerisches Baurecht, S. 8; *Dürr*, JuS 2007, 328 (329).

[16] Die Erprobungsphase, die zunächst auf zwei Jahre angesetzt war, lief nach zwischenzeitlicher einjähriger Verlängerung am 30. 06. 2007 aus. Zur Probephase in Mittelfranken: *Lindner*, BayVBl. 2005, 65 ff.; *Müller-Grune/Grune*, BayVBl. 2007, 65 ff.; *Hofmann-Hoeppel*, BayVBl. 2007, 73 ff.; *Unterreitmeier*, BayVBl. 2007, 609 (610 ff.); zur Verfassungsmäßigkeit der probeweisen Abschaffung des Vorverfahrens im Regierungsbezirk Mittelfranken: *BayVerfGH* BayVBl. 2007, 79 ff.

[17] *Geiger*, BayVBl. 2008, 161 f.; *Holzner*, DÖV 2008, 217 (221 ff.); *Unterreitmeier*, BayVBl. 2007, 609 ff.; *Heiß/Schreiner*, BayVBl. 2007, 616 ff.; *Hüffer*, BayVBl. 2007, 619 ff.; *Troidl*, BayVBl. 2007, 623 f.

[18] *Unterreitmeier*, BayVBl. 2007, 609 (614).

tisch[19], sondern auch am Maßstab bundesrechtlicher Vorgaben in § 68 Abs. 1 VwGO sowie am Maßstab des Verfassungsrechts (prozeduraler Grundrechtsschutz, Art. 19 Abs. 4 GG, Rechtsstaatsprinzip) rechtlich nicht unumstritten; in der Literatur wird insbesondere darauf verwiesen, dass auch mit
der Neufassung des § 68 Abs. 1 Satz 2 VwGO durch das 6. VwGOÄndG (BT-Drs. 13/5098, S. 23)
kein umfassender, sondern nur ein bereichsspezifischer Ausschluss des Widerspruchsverfahrens ermöglicht werden sollte und dass § 68 Abs. 1 VwGO i. V. m. Art. 74 Abs. 1 Nr. 1 GG ein bundesrechtlich vorgegebenes Regel- / Ausnahmeverhältnis zugunsten eines *grundsätzlich* erforderlichen Vorverfahrens im Blick habe, das einer weitgehenden Abschaffung des Widerspruchsverfahrens als
Sachurteilsvoraussetzung durch den Landesgesetzgeber entgegenstehe.[20]

Mittlerweile hat der *Bayerische Verfassungsgerichtshof* mit Entscheidung vom 23. Oktober 2008
(Az.: Vf. 10-VII-07) im Popularklageverfahren festgestellt, dass die seit 1. Juli 2007 in Bayern gel-
tende Neuregelung zur teilweisen Abschaffung und im übrigen fakultativen Ausgestaltung des Wi-
derspruchsverfahrens am Maßstab des Art. 3 Abs. 1 Satz 1 BV (Rechtsstaatsprinzip), des Art. 118
Abs. 1 BV (Gleichheitssatz) und des Gebots des effektiven Rechtsschutzes (Verankerung ebenfalls in
Art. 3 Abs. 1 Satz 1 BV) nicht gegen die Bayerische Verfassung verstößt.[21] Die Entscheidung sollte zur
Examensvorbereitung unbedingt durchgearbeitet werden! Im Rahmen dieses Exkurses können im
Folgenden nur die wichtigsten Überlegungen der verfassungsgerichtlichen Entscheidung wiedergege-
ben werden: Der *BayVerfGH* verweist darauf, dass § 68 Abs. 1 Satz 1 VwGO mit seiner grundsätz-
lichen Entscheidung für das Widerspruchsverfahren unter dem Vorbehalt des § 68 Abs. 1 Satz 2
VwGO steht, mit dem der Bundesgesetzgeber bewusst Raum für abweichende Regelungen durch den
Landesgesetzgeber gelassen habe. Dies ermächtige sogar zu einer vollständigen Abschaffung des Wi-
derspruchsverfahrens. Im Gegensatz zur früheren, bis 31. Dezember 1996 geltenden Fassung des § 68
Abs. 1 Satz 2 VwGO, der eine Öffnungsklausel nur „für besondere Fälle" vorsah, finde in der jetzt
geltenden Fassung des § 68 Abs. 1 Satz 2 VwGO die Auffassung, die nur einen bereichsspezifischen
Ausschluss des Widerspruchsverfahrens als zulässig ansieht, im Gesetzeswortlaut keine Stütze mehr.
Selbst wenn § 68 Abs. 1 Satz 2 VwGO auch in der heutigen Fassung nur eine bereichsspezifische Abschaffung des Widerspruchsverfahrens ermöglichte, würde die Neuregelung des Art. 15 BayAG-
VwGO dem genügen, weil für wesentliche Rechtsgebiete das fakultative Vorverfahren verbleibe. Die
auf diese Rechtsgebiete entfallenden Widerspruchsverfahren hätten rund zwei Drittel der während
des Pilotprojekts in Mittelfranken erfassten Widerspruchsverfahren ausgemacht, sodass in der überwiegenden Zahl der Fälle dem Bürger die Option eines Vorverfahrens erhalten bleibe. Das fakultative
Widerspruchsverfahren stelle damit auch nach der jetzigen Rechtslage keine bloße Ausnahmeerschei-
nung dar, zumal es sich hierbei im Vergleich zum obligatorischen Widerspruchsverfahren nicht um
ein „Aliud" sondern um ein bloßes „Minus" handele. Die gesetzgeberische Entscheidung, für bestimmte Rechtsgebiete ein fakultatives Widerspruchsverfahren beizubehalten und für andere das
Vorverfahren gänzlich abzuschaffen, beruhe u. a. in Auswertung des Pilotversuchs in Mittelfranken
jeweils nicht auf sachwidrigen Kriterien und verstoße daher nicht gegen das Willkürverbot. Das verfassungsrechtliche Gebot des effektiven Rechtsschutzes fordere weder einen gerichtlichen Instanzen-
zug noch grundsätzlich ein Widerspruchsverfahren. Besonderheiten bei personenbezogenen Prüfungsentscheidungen nach den Vorgaben der verfassungsgerichtlichen Rechtsprechung habe der Gesetzgeber durch Art. 15 Abs. 1 Satz 1 Nr. 6 AGVwGO Rechnung getragen.

Der Bayerische Landesgesetzgeber hat mit Art. 15 BayAGVwGO[22] eine weit reichende Ausnahmeregelung i. S. von § 68 Abs. 1 Satz 2 Alt.1 VwGO geschaffen, wonach in Bayern auch im Baurecht das Vorverfahren entbehrlich ist. Da das Baurecht im Katalog des Art. 15 Abs. 1 BayAGVwGO nicht aufgezählt
ist, ist sogar ein fakultatives Widerspruchsverfahren ausgeschlossen; d. h. aufgrund Art. 15 Abs. 2
VwGO entfällt ein Widerspruchsverfahren, ein Vorverfahren wäre nicht statthaft. Die erfolglose Durch-

---

[19] Vgl. z. B. die Kritik bei *Heiß/Schreiner*, BayVBl. 2007, 616 ff.
[20] *Geiger*, BayVBl. 2008, 161 f.; *Holzner*, DÖV 2008, 217 (221 ff.); *Koehl*, JuS 2009, 145 ff.; *Härtel*, VerwArch.
2007, 54 (59 f., 65 ff.); *Müller-Grune/Grune*, BayVBl. 2007, 65 (66 ff.); *Lindner*, BayVBl. 2005, 65 (69). Vgl. auch
mit Bewertung die Zusammenstellung der Argumente bei *Unterreitmeier*, BayVBl. 2007, 609 (615).
[21] *BayVerfGH*, BayVBl. 2009, 109 ff. I. E. ebenso: *Dolde/Porsch*, VBlBW 2008, 428 ff.
[22] Neu gefasst durch (bayerisches) Gesetz vom 22. Juni 2007 (GVBl. S. 390).

führung eines Widerspruchsverfahrens in baurechtlichen Fallgestaltungen der vorliegenden Art ist daher in Bayern nicht mehr Sachurteilsvoraussetzung einer verwaltungsgerichtlichen Klage. Die Verpflichtungsklage des E ist ohne Vorverfahren zulässig.

> **Zur Vertiefung:** Viele Probleme zum Widerspruchsverfahren werden sich daher in Bayern für die meisten Fallkonstellationen nicht mehr stellen. Hingewiesen wird in diesem Zusammenhang etwa auf die klassische Frage, ob die Erhebung der Anfechtungs- oder Verpflichtungsklage (wieder) zulässig wird, wenn der Kläger vorher verspätet Widerspruch erhoben, die Widerspruchsbehörde diesen aber sachlich als unbegründet beschieden hat?[23]
>
> Ein Ansatz in der Literatur, der die Rechtsfrieden schaffende Bedeutung von Rechtsmittelfristen betont, hält dies für völlig irrelevant. Der Fristablauf nach § 70 VwGO führt hiernach zwingend zur Bestandskraft und damit zur Unzulässigkeit des Widerspruchs. Die Widerspruchsbehörde müsse den verspäteten Widerspruch zwingend als unzulässig verwerfen, der Einstieg in die Sachprüfung sei ihr verwehrt. Wenn sie dennoch den Widerspruch in der Sache als unbegründet zurückweist, handele sie rechtsfehlerhaft. Weil § 70 VwGO nicht zur Disposition der Widerspruchsbehörde stehe – für die Durchbrechung der Bestandskraft seien ausschließlich die Ausnahmevorschriften nach §§ 70 Abs. 2, 60 VwGO vorgesehen –, könne die Bestandskraft nicht überwunden werden.[24] Die sich anschließende Anfechtungsklage bleibt hiernach trotz Abweisung des Widerspruchs als unbegründet dann dennoch unzulässig. Der Verwaltungsakt ist damit endgültig unanfechtbar. Die (herrschende) Gegenansicht verweist jedoch darauf, dass die Widerspruchsbehörde Herrin des Widerspruchsverfahrens und damit auch berechtigt sei, die Voraussetzungen für den späteren Verwaltungsprozess (hier also die Anfechtungsklage) zu schaffen. Hierfür spricht der Rechtsgedanke aus Art. 48 BayVwVfG. Es wäre ein unverständlicher Formalismus, wenn die Widerspruchsbehörde zwar an die Unanfechtbarkeit des VA gebunden wäre, die Ausgangsbehörde den gleichen VA aber nach Art 48 BayVwVfG zurücknehmen könnte.[25] Nach diesem Ansatz hat also – abgesehen von der Ausnahme der Anfechtung eines drittbegünstigenden Verwaltungsakts[26] – die Widerspruchsbehörde die Freiheit, auch über den verspäteten Widerspruch sachlich zu entscheiden. In diesem Fall wird die Bestandskraft überwunden, d. h. im Fall des sachlich abweisenden Widerspruchs (Abweisung wegen Unbegründetheit) wird der Weg für die verwaltungsgerichtliche Klage wieder eröffnet.[27] Die zunächst eingetretene Bestandskraft wird praktisch geheilt und setzt endgültig erst dann ein, wenn der Verfügungsadressat die Frist des § 74 Abs. 1 Satz 1 VwGO für die Klageerhebung verpasst.

5. Sonstige Sachurteilsvoraussetzungen

E hat seine Klage drei Wochen nach Zustellung des Ablehnungsbescheides und damit am Maßstab von § 74 Abs. 1 Satz 2, Abs. 2 VwGO fristgemäß bei dem nach §§ 45, 52 Nr. 1 VwGO sachlich und örtlich zuständigen Verwaltungsgericht erhoben. E ist nach § 61 Nr. 1 VwGO beteiligten- und nach § 62 Abs. 1 VwGO prozessfähig. Die Beteiligten- und Prozessfähigkeit des Freistaats Bayern als Beklagtem (vgl. unten II 1.) folgt aus §§ 61 Nr. 1, 62 Abs. 3 VwGO. Von der formgemäßen Klageerhebung gemäß §§ 81, 82 VwGO ist auszugehen. Durch die Stellung des – abschlägig beschiedenen – Antrags auf Erlass eines Bauvorbescheids wurde die Genehmigungsbehörde auch hinreichend vor Klageerhebung mit der An-

---

[23] Vgl. z. B. Lösungsskizze zur Aufgabe 7 der Ersten Juristischen Staatsprüfung 2000/1, BayVBl. 2002, 188 (189 f.).

[24] *Schenke*, Verwaltungsprozessrecht, Rn. 679 f.; *Erichsen*, Jura 1992, 645 (649); *Kopp/Schenke*, VwGO, § 70 Rn. 9.

[25] *Hufen*, Verwaltungsprozessrecht, § 6 Rn. 32.

[26] Z. B.: Anfechtung einer Baugenehmigung durch den Nachbarn; hier hat der begünstigte Dritte (z. B. Bauherr) mit Ablauf der Widerspruchsfrist eine vertrauenswürdige gesicherte Rechtsposition, die nicht zur freien Disposition der Widerspruchsbehörde stehen darf; hierzu: *BVerwG* DVBl. 1982, 1097; *Hufen*, Verwaltungsprozessrecht, § 6 Rn. 32, m. w. N.; *Schmitt Glaeser/Horn*, Verwaltungsprozessrecht, Rn. 201.

[27] *BVerwGE* 28, 305 (308); 57, 342 (344 f.); *BVerwG* DVBl. 1972, 423 (424); *Hufen*, Verwaltungsprozessrecht, § 6 Rn. 32; *Schmitt Glaeser/Horn*, Verwaltungsprozessrecht, Rn. 201.

gelegenheit befasst, sodass der Verpflichtungsklage auch nicht das allgemeine Rechtsschutzbedürfnis fehlt.[28]

Zwischenergebnis: Die Klage des E ist als Verpflichtungsklage zulässig.

II. Begründetheit

Die Verpflichtungsklage ist begründet, wenn sie sich gegen den richtigen Beklagten richtet (§ 78 VwGO), die Versagung der Genehmigungserteilung rechtswidrig war und den E in subjektiven Rechten verletzt (§ 113 Abs. 5 Satz 1 VwGO), wenn E also m.a.W. einen Anspruch auf Erhalt des Bauvorbescheids hat.[29]

1. Passivlegitimation

Mit der Versagung des Bauvorbescheids gegenüber E hat das Landratsamt, das gemäß Art. 37 LKrO je nach Funktionswahrnehmung Behörde des Landkreises oder des Freistaats sein kann (sog. „Janusköpfigkeit"), vorliegend gem. Art. 53 Abs. 1, 54 Abs. 1 BayBO, Art. 37 Abs. 1 Satz 2 LKrO als Staatsbehörde gehandelt. Nach dem Rechtsträgerprinzip des § 78 Abs. 1 Nr. 1 VwGO ist daher der Freistaat Bayern richtiger Beklagter.[30]

2. Anspruch auf Erteilung des Bauvorbescheids

E kann nach Art. 71 Satz 4, 68 Abs. 1 BayBO den Bauvorbescheid beanspruchen, wenn dem Vorhaben keine im Vorbescheidsverfahren zu prüfenden öffentlich-rechtlichen Vorschriften entgegenstehen. Prüfmaßstab für den Erlass einer sog. Bebauungsgenehmigung ist das Bauplanungsrecht (s.o.). Ein Anspruch des E auf Vorbescheiderlass ist demnach zu bejahen, wenn die geplante Doppelgarage in bauordnungsrechtlicher Hinsicht genehmigungspflichtig ist, das Bauplanungsrecht zum Prüfprogramm des Baugenehmigungsverfahrens bzw. des vorgeschalteten Vorbescheidsverfahrens zählt und bauplanungsrechtliche Vorschriften der Errichtung des Vorhabens nicht entgegenstehen.

a) Genehmigungspflichtiges Vorhaben

Die Verweigerung der Genehmigung kann von vornherein nur rechtswidrig sein, wenn es sich um ein genehmigungspflichtiges Vorhaben handelt. Nach Art. 55 Abs. 1 BayBO[31] sind bauliche Anlagen grundsätzlich genehmigungsbedürftig, sofern in Spezialbestimmungen der BayBO nichts anderes bestimmt ist. Bei einer Doppelgarage handelt es sich um eine bauliche Anlage im Sinne der Legaldefinition des Art. 2 Abs. 1 BayBO.[32] Mangels bestehenden Bebauungsplans kommt das Freistellungsverfahren nach Art. 58 BayBO[33] nicht in Betracht, vgl. Art. 58 Abs. 2 Nr. 1 BayBO. Da auch ein sonstiger Ausnahmetatbestand

---

[28] Vgl. *Schmitt Glaeser/Horn*, Verwaltungsprozessrecht, Rn. 293.

[29] Vgl. *Dürr*, JuS 2007, 328 (329)

[30] Gerade im Bauordnungsrecht ist anhand des jeweiligen Landesrechts zu untersuchen, ob das Landratsamt / die Kreisverwaltungsbehörde als Organ des Landkreises oder des Bundeslandes agiert. In Rheinland-Pfalz z.B. handelt etwa – anders als in Bayern – die Kreisverwaltungsbehörde als Organ des Landkreises (Auftragsangelegenheit), sodass hier der Landkreis zu verklagen ist, vgl. §§ 58 Abs. 1 Nr. 3 und 4, 60 LBauO Rh-Pf i.V.m. § 55 LKO Rh-Pf.

[31] Vergleichbare Regelungen: § 63 BauO NW, § 49 LBO BW, § 60 BauO Bln., § 54 BbgBauO, § 64 BremLBO, § 59 Abs. 1 Hbg.BauO, § 54 HBO, § 59 LBauO MV, § 68 NdsBauO, § 61 LBauO Rh-Pf, § 60 LBO Saarl., § 59 SächsBO, § 59 BauO LSA, § 68 LBauO SchlH, § 62 ThürBO.

[32] Vergleichbare Regelungen: § 2 Abs. 1 BauO NW, § 2 Abs. 1 LBO BW, § 2 Abs. 1 BauO Bln., § 2 Abs. 1 BbgBauO, § 2 Abs. 1 BremLBO, § 2 Abs. 1 Hbg.BauO, § 2 Abs. 1 HBO, § 2 Abs. 1 LBauO MV, § 2 Abs. 1 NdsBauO, § 2 Abs. 1 LBauO Rh-Pf, § 2 Abs. 1 LBO Saarl., § 2 Abs. 1 SächsBO, § 2 Abs. 1 BauO LSA, § 2 Abs. 1 Abs. 1 LBauO SchlH, § 2 Abs. 1 ThürBO.

[33] Exemplarisch in sonstigen Bundesländern: § 65 ff. BauO NW, §§ 62, 67 LBauO Rh-Pf, §§ 65, 66 BremLBO, § 62 LBauO MV, §§ 69 ff. NdsBauO, §§ 61 ff. LBO Saarl., §§ 60, 61 BauO LSA; §§ 69, 74 LBauO SchlH – Freistellungsverfahren; § 61, 62, 77 SächsBO, § 63, 63a ThürBO, §§ 55, 58 BbgBauO – Anzeigeverfahren. Hierzu auch unten *Fall 4*.

(etwa Art. 57 Abs. 1 Nr. 1 Buchst. b, Abs. 2 Nr. 1 BayBO) nicht einschlägig ist, ist das Vorhaben genehmigungspflichtig.

b) Bauplanungsrecht als Prüfmaßstab – bauplanungsrechtlicher Vorhabensbegriff

Da die geplante Doppelgarage keinen Sonderbau gemäß Art. 2 Abs. 4 BayBO darstellt, würde im Falle eines Baugenehmigungsverfahrens das vereinfachte Verfahren nach Art 59 BayBO Geltung beanspruchen. Die Vorschriften über die bauplanungsrechtliche Zulässigkeit von Bauvorhaben nach den §§ 29 bis 38 BauGB zählen gemäß Art. 59 Satz 1 Nr. 1 BayBO zum präventiven Prüfprogramm im vereinfachten Genehmigungsverfahren und sind deshalb auch als Voraussetzungen im Rahmen eines vorgeschalteten Verfahrens auf Erlass eines Bauvorbescheids im Sinne einer Bebauungsgenehmigung zu prüfen.

Der bauplanungsrechtliche Prüfmaßstab ist gemäß § 29 Abs. 1 BauGB u. a. für Vorhaben, die die Errichtung, Änderung oder Nutzungsänderung von baulichen Anlagen zum Inhalt haben, eröffnet. Die geplante Doppelgarage kann sich auf die in § 1 Abs. 5 und 6 BauGB genannten bauplanungsrechtlichen Belange auswirken. Da mithin die erforderliche bodenrechtliche Relevanz vorliegt[34], handelt es sich um ein Vorhaben i. S. von § 29 Abs. 1 BauGB (bauplanungsrechtlicher Vorhabensbegriff), sodass hier die Zulässigkeitsvoraussetzungen gemäß §§ 30 bis 37 BauGB als Prüfmaßstab zur Anwendung kommen.[35]

aa) Sperrwirkung der Veränderungssperre?

Gemäß § 14 Abs. 1 Nr. 1 BauGB kann eine Gemeinde, wenn ein Beschluss über die Aufstellung eines Bebauungsplans gefasst ist, eine Veränderungssperre (= Satzung) mit dem Inhalt beschließen, dass Vorhaben im Sinne des § 29 BauGB nicht durchgeführt werden dürfen.

> **Zur Vertiefung:** Die Veränderungssperre wird als Satzung beschlossen; sie unterliegt damit u. a. den formellen Anforderungen der Gemeindeordnungen der Länder und muss ordnungsgemäß bekannt gegeben werden. Der Planaufstellungsbeschluss darf aber nicht erst nach der Veränderungssperre bekannt gemacht werden, sonst ist die Veränderungssperre materiell fehlerhaft (kein hinreichender Sicherungsgegenstand) und damit unwirksam.[36] Nach *BayVGH* BayVBl. 2007, 239 ff. (durcharbeiten!) erfasst das Recht des ersten Bürgermeisters, dringliche Anordnungen zu treffen und unaufschiebbare Geschäfte zu besorgen (Art. 37 Abs. 3 Satz 1 GO), auch den Erlass einer Veränderungssperre.

Aus bauplanungsrechtlicher Sicht könnte die Sperrwirkung der erlassenen Veränderungssperre dem Vorhaben entgegenstehen. Die Doppelgarage wäre mithin nicht genehmigungs- bzw. vorbescheidsfähig, sofern vorliegend eine Veränderungssperre erlassen wurde, die nicht an einem Unwirksamkeitsmangel leidet und die nicht mittlerweile gegenstandslos geworden ist. Erlass sowie Verlängerung und erneute Beschließung nach § 17 Abs. 1 Satz 3, Abs. 2 und 3 BauGB setzen gemäß § 14 Abs. 1 BauGB ein Handeln „zur Sicherung der Planung" und damit einen hinreichend konkreten Planungsstand im Zeitpunkt ihres Erlasses voraus. Weil §§ 14, 15 BauGB der Gemeinde einen Zeitgewinn verschaffen soll, um der Gefahr vorzubeugen, dass zwischen Planaufstellungsbeschluss und Erlass des Bebauungsplans das Planungsziel durch zwischenzeitlich – z. B. nach §§ 34, 35 BauGB – genehmigte Bauprojekte vereitelt wird, gilt insofern kein allzu strenger Maßstab. Aus dem Planungsstand muss nur ein Mindestmaß planerisch-konzeptioneller Vorstellungen hervorgehen, also ansatzweise zu erkennen sein, was einmal Inhalt des zu erwartenden Bebauungsplans werden soll.[37] Die Veränderungssperre ist in materieller Hinsicht daher nur wirksam, wenn sie der Sicherung einer hinreichend konkreten Planungs-

---

[34] Vgl. *Krautzberger*, in: Ernst/Zinkahn/Bielenberg, BauGB, § 29, Rn. 23.; *Battis/Krautzberger/Löhr*, BauGB, § 29, Rn. 9 ff.

[35] Eine für die Examensvorbereitung zu empfehlende Rechtsprechungsübersicht zum Thema „Planungsrechtliche Zulässigkeit von Vorhaben" findet sich bei *Stüer*, DVBl. 2006, 403 ff.

[36] *BayVGH* BayVBl. 2002, 49 ff., m. w. N.

[37] Zum Ganzen: BVerwGE 51, 121 (128); *BVerwG* DÖV 1990, 476; NVwZ 2004, 858 ff.; NVwZ 2004, 984 ff; BauR 2008, 328; *Seidel*, Bauplanungs- und Bauordnungsrecht, S. 189 f.; *Brohm*, Öffentliches Baurecht, § 24 Rn. 2; *Koch/Hendler*, Baurecht, § 16 Rn. 3. Zu einem Negativbeispiel einer nicht hinreichend bestimmten Planung: *OVG Lüneburg* NVwZ-RR 2004, 332 f.

absicht der Gemeinde dient und entsprechende Festsetzungen das Ergebnis einer gerechten Abwägung (§ 1 Abs. 7 BauGB) sein können.[38]

> **Zur Vertiefung:** Zu einem Examensfall, in dem dieses zu prüfen war, vgl. *Aufgabe 6 der Ersten Juristischen Staatsprüfung 2004/1*, BayVBl. 2007, 31 u. 58 (61 f.). Es ist auch nicht grundsätzlich unzulässig, wenn eine Gemeinde einen Bauantrag, der nach der bestehenden Rechtslage positiv beschieden werden müsste, zum Anlass nimmt, ändernde Planungsmaßnahmen einzuleiten und diese nach Maßgabe der §§ 14, 15 BauGB zu sichern, d.h.: Der Umstand, dass eine Veränderungssperre zu dem Zweck eingesetzt wird, ein konkretes beantragtes Bauvorhaben zu verhindern, führt nicht zur Rechtswidrigkeit der Sperre, die Bauleitplanung darf sich aber nicht in einer Negativplanung erschöpfen, die sich allein darauf begrenzt, einzelne Vorhaben auszuschließen.[39]

Problematisch erscheint vorliegend, dass die Veränderungssperre zunächst zur Sicherung des Planungsziels „Wohnnutzung" diente, im Planungsverfahren aber die Planungsabsicht hin zu einem Ferienhausgebiet ausgewechselt wurde. Eine Veränderungssperre tritt außer Kraft, sobald und soweit die Bauleitplanung rechtsverbindlich abgeschlossen ist, § 17 Abs. 5 BauGB; durch den Abschluss der zu sichernden Planung erledigt sich die Sicherungsfunktion der Veränderungssperre.[40] Eine Veränderungssperre wird daher grundsätzlich nur so lange als wirksam angesehen, wie sie nicht zeitlich abläuft, formell aufgehoben oder wegen gänzlicher Funktionslosigkeit unwirksam wird.

> **Zur Vertiefung:** Nach *BVerwG* NVwZ 2007, 964 f. erledigt sich die Sicherungsfunktion der Veränderungssperre auch, wenn ein Bebauungsplan, der in der Aufstellungsphase durch eine Veränderungssperre gesichert war, rechtskräftig im Verfahren nach § 47 VwGO für unwirksam erklärt wird. Die Gemeinde müsse, wenn sie am grundsätzlichen Planungskonzept festhalten wolle, dann neu planen. Denn die Planung sei *„auch dann insgesamt eine andere, wenn die Gemeinde für das Gebiet eines – wie hier – wegen der Unwirksamkeit einzelner Festsetzungen insgesamt für unwirksam erklärten Bebauungsplans einen neuen Aufstellungsbeschluss fasst mit dem Ziel, nur die im Normenkontrollverfahren beanstandeten Festsetzungen zu ändern und es im Übrigen bei den bisherigen Festsetzungen zu belassen."* In diesem Fall könne die Gemeinde gemäß § 14 Abs. 1 BauGB zur Sicherung der neuen Planung auch eine neue Veränderungssperre beschließen, ohne gegen den Grundsatz der Verhältnismäßigkeit zu verstoßen. Insbesondere sei unter Zumutbarkeitsgesichtspunkten kein zeitlicher Abstand zur ursprünglichen Veränderungssperre zu verlangen: *„Die Bebaubarkeit der Grundstücke wird durch die Möglichkeit, in einem solchen Fall eine neue Veränderungssperre zu erlassen, nicht unverhältnismäßig beeinträchtigt. Unverhältnismäßig wäre es, dieselbe Planung wiederholt durch jeweils neue Veränderungssperren zu sichern; eine andere als die bisherige Planung darf hingegen durch eine neue Veränderungssperre gesichert werden."*[41] In eine etwas andere Richtung als das *BVerwG* scheint demgegenüber *BGH* NVwZ 2007, 485 ff. = DÖV 2007, 383 ff. abzuzielen: Der *BGH* geht hier im Rahmen einer Entscheidung zum Amtshaftungsrecht (Geltendmachung eines Ersatzanspruchs wegen rechtswidriger Verzögerung einer Baugenehmigung gegenüber dem Träger der Baugenehmigungsbehörde, die die Versagung der Baugenehmigung auf eine Veränderungssperre gestützt hatte) davon aus, dass eine Veränderungssperre, die der beabsichtigten Änderung eines Bebauungsplans dienen soll, nicht allein deswegen unwirksam ist, wenn der zu ändernde bestehende Bebauungsplan nichtig ist. Entscheidend sei vielmehr das Planziel im Ganzen, für dessen Erreichen es unerheblich sei, ob die planerischen Vorgaben durch die Änderung des bestehenden Bebauungsplans oder aber durch Erlass eines ganz neuen Bebauungsplans zu verwirklichen wären. Die Entscheidung

---

[38] Vgl. *BayVGH* BayVBl. 2007, 239 (240), m.w.N.

[39] *BVerwG* NVwZ 2002, 124; NVwZ 2004, 858 ff.; NVwZ 2004, 984ff; BauR 2008, 328; *BGH* NVwZ 2007, 485 (486).

[40] *BVerwG* NVwZ 2007, 954.

[41] Eine Veränderungssperre tritt mit Bekanntmachung des Bebauungsplans auch dann gemäß § 17 Abs. 5 BauGB außer Kraft, wenn die Gemeinde alsbald nach der Bekanntmachung die Fehlerhaftigkeit des Plans erkennt, OVG Lüneburg BauR 2007, 1024 ff.

des *BGH* thematisiert Grundsatzfragen im Schnittmengenbereich zwischen öffentlichem Baurecht und Staatshaftungsrecht und sollte daher zur Examensvorbereitung durchgearbeitet werden; zur Vertiefung insofern auch *Schlick*, DVBl. 2007, 457 (459 ff.) sowie *ders.*, BauR 2008, 290 (292 ff.).

Soweit eine Veränderungssperre der Sicherung einer bestimmten Planung dient, bedarf diese konsequenterweise der fortlaufenden Rechtfertigung durch das ursprüngliche, im Zeitpunkt ihres Erlasses beim Gemeinderat zugrundeliegende Planziel – auch bei fortschreitendem Planungsvorgang. Wird die ursprüngliche Planungsabsicht, die gesichert werden soll, aufgegeben, so fallen auch die Voraussetzungen der Veränderungssperre nachträglich fort. Die Veränderungssperre wird dann trotz ursprünglich rechtmäßigen Erlasses nachträglich (ex nunc) unwirksam. Zwar sind Änderungen der Planung unschädlich, solange die Grundzüge der im Zeitpunkt des Erlasses der Veränderungssperre angestrebten Planung nicht berührt werden. Anderes gilt aber – wie hier – bei einem echten Austausch der Planungsabsichten. Die Veränderungssperre wird ab diesem Zeitpunkt eo ipso unwirksam und vermag keine Sperrwirkung mehr zu vermitteln.[42] Die Gemeinde hätte eine neue Veränderungssperre – gerichtet auf die geänderten Planungsabsichten – erlassen oder eine Zurückstellung nach § 15 BauGB initiieren müssen, um eine Sperrwirkung herbeizuführen. Solange dies nicht der Fall ist, ist eine bauplanungsrechtliche Sperre nicht gegeben.

> **Zur Vertiefung:** Zu den – auch in *BGH* NVwZ 2007, 485 ff. relevanten – zeitlichen Grenzen der Sperrwirkung einer Veränderungssperre sowie zu der Möglichkeit der Verlängerung oder des Neuerlasses (Maßstab: § 17 BauGB): *Seidel*, Bauplanungs- und Bauordnungsrecht, 1999, S. 189 ff.; *Hager/ Kirchberg*, NVwZ 2002, 400 ff.; *OVG Münster* NVwZ 2007, 727 (728 f.). Zum Erlass einer Veränderungssperre nach rechtskräftiger Verurteilung zur Erteilung der Baugenehmigung (und diesbezüglichen prozessualen Folgeproblemen): *Spieler*, BauR 2008, 1397 ff. Zur Staatshaftung im Zusammenhang mit §§ 14 ff. BauGB, insbesondere im Falle rechtswidriger – sog. faktischer – Bausperren: *Hager/Kirchberg*, NVwZ 2002, 538 ff.; *Schlick*, BauR 2008, 290 (292 ff.). Zum Verhältnis zwischen §§ 14 ff. BauGB und (ablehnender) Befreiungsentscheidung gem. § 31 Abs. 2 BauGB im Falle einer beabsichtigten Änderung des zugrundeliegenden Bebauungsplans: *BVerwG* NVwZ 2003, 478 ff. (durcharbeiten!); zur Normenkontrolle einer Veränderungssperre: *BVerwG* DVBl. 2004, 950 ff. sowie *OVG Lüneburg* NVwZ-RR 2004, 173 f. und NVwZ-RR 2004, 352 f. (durcharbeiten!).

bb) Bauplanungsrechtlicher Bereich, §§ 30 ff. BauGB

Da noch kein Bebauungsplan vorliegt, ist § 30 BauGB als bauplanungsrechtlicher Prüfmaßstab nicht einschlägig. Da noch nicht einmal das Verfahren der frühzeitigen Beteiligung der Öffentlichkeit und der Träger öffentlicher Belange gemäß §§ 3 Abs. 1, 4 Abs. 1 BauGB durchgeführt wurde, kann mangels sog. Planreife für die Frage der bauplanungsrechtlichen Zulässigkeit auch nicht auf § 33 BauGB abgestellt werden.

> **Zur Vertiefung:** Sofern nach § 33 Abs. 1 Nr. 1 – 4 BauGB vor dem eigentlichen Wirksamwerden des künftigen Bebauungsplans schon hinreichende Planreife festgestellt werden kann, kann sich die bauplanungsrechtliche Zulässigkeit schon nach den Festsetzungen des künftigen Bebauungsplans richten (je nach dem stellt die Zulassung nach § 33 Abs. 1 BauGB eine gebundene Entscheidung dar oder sie steht nach § 33 Abs. 2 und 3 BauGB im Ermessen der Genehmigungsbehörde).[43] Vom Sinn und Zweck des § 33 BauGB soll die Rechtsstellung des Bauherrn verbessert werden. Ein Vorhaben, das nach den sonstigen bauplanungsrechtlichen Vorschriften (§§ 30, 34, 35 BauGB) abgelehnt werden müsste, wird zugunsten des Bauherrn aufgrund der Übereinstimmung mit dem entstehenden Bebauungsplan dennoch genehmigungsfähig. § 33 BauGB kommt damit eine ausschließlich positive Vorwirkung zugute.

---

[42] *OVG Lüneburg* DVBl. 2000, 212 f.
[43] Allgemein hierzu: *Schindler*, BauR 2006, 310 ff.; *Jäde*, BauR 1987, 252 ff.

> Der Planreife nach § 33 BauGB kann hingegen nach dem Normzweck und im systematischen Vergleich zu §§ 14, 15 BauGB keine negative Vorwirkung entnommen werden. Selbst wenn ein Vorhaben dem künftigen Bebauungsplan widerspricht, aber den (aktuellen) allgemeinen bauplanungsrechtlichen Anforderungen (etwa nach § 34 oder § 35 BauGB) genügt, ist dieses planungsrechtlich zulässig. Negative Vorwirkungen im Sinne einer Sperrwirkung zu Lasten des Bauherrn und zur Sicherung einer im Entstehen befindlichen Planung sind nur mit den Instrumentarien der §§ 14, 15 BauGB verbunden.[44] Im vorliegenden Fall könnte also selbst bei Planreife nicht argumentiert werden, dass die Baugenehmigung abgelehnt werden müsse, nur weil das Vorhaben womöglich den künftigen Festsetzungen widerspricht.

Das Vorhaben würde sich bauplanungsrechtlich nach § 34 BauGB richten, wenn es im sog. unbeplanten Innenbereich, d. h. innerhalb eines im Zusammenhang bebauten Ortsteils[45], realisiert werden soll. Nach den Sachverhaltsangaben ist das Grundstück des E Teil einer Ansammlung von drei Wohnhäusern, die zueinander im Abstand von ca. 100 m stehen und die von der übrigen Bebauung von G ca. 500 m abgesetzt ist. Es handelt sich damit nicht um einen Bebauungskomplex, der nach der Zahl der vorhandenen Bauten ein gewisses Gewicht besäße und daher Ausdruck einer organischen Siedlungsstruktur wäre. Es liegt kein „Ortsteil" im Sinne des § 34 BauGB vor. Aufgrund des Abstands der drei Höfe untereinander fehlt es zudem auch an einem entsprechenden Bebauungszusammenhang, der den Eindruck der Geschlossenheit und Zusammengehörigkeit vermittelt. Ein Innenbereichsvorhaben nach § 34 BauGB scheidet aus. Das Grundstück liegt damit im Außenbereich, sodass sich die bauplanungsrechtliche Zulässigkeit nach § 35 BauGB richtet.

cc) § 35 BauGB als bauplanungsrechtlicher Prüfmaßstab

§ 35 BauGB unterscheidet in seinen Abs. 1 und 2 zwischen sog. privilegierten und sonstigen Vorhaben.[46]

(1) Neben dem allgemeinen Erfordernis der gesicherten Erschließung sind privilegierte Vorhaben nach § 35 Abs. 1 BauGB bereits bauplanungsrechtlich zulässig, wenn öffentliche Belange (beispielhaft § 35 Abs. 3 BauGB) *nicht entgegenstehen*. Im vorliegenden Fall lässt sich ein privilegierter Tatbestand nach § 35 Abs. 1 BauGB allerdings nicht feststellen.

> **Zur Vertiefung:** Das Gesetz bewertet privilegierte Vorhaben nicht als grundsätzlich unzulässig, es hält den Außenbereich vielmehr für derartige Vorhaben bereit. Die Frage, ob der betroffene Belang dem Vorhaben tatsächlich entgegensteht, ist über eine Wertung im Einzelfall zu treffen. Entscheidend ist eine Gesamtabwägung, die die Interessen des Bauherrn an der Verwirklichung des beabsichtigten Vorhabens, die konfligierenden öffentlichen Belange und den Umfang ihrer Beeinträchtigung sowie Art und Gewicht des Vorhabens zu berücksichtigen hat. Nach Sinn und Zweck des § 35 Abs. 1 BauGB (und im Unterschied zu § 35 Abs. 2 BauGB) sind privilegierte Vorhaben vom Gesetzgeber dem Außenbereich zugewiesen und können sich daher für den Regelfall (also tendenziell) in der vorgenannten Abwägung durchsetzen; der Privilegierungstatbestand kann also bis zu einem gewissen Grad die Betroffenheit eines öffentlichen Belanges ausgleichen.[47]

(2) Es handelt sich folglich um ein sonstiges – nicht privilegiertes – Vorhaben. Solche können im Einzelfall zugelassen werden, wenn ihre Ausführung oder Benutzung öffentliche Belange, die exemplarisch in § 35 Abs. 3 BauGB aufgelistet sind, *nicht beeinträchtigt* und die Erschließung gesichert ist. Aufgrund der Wertungen des Art. 14 Abs. 1 GG (Baufreiheit) wird ganz überwiegend davon ausgegangen, dass die Genehmigungserteilung entgegen dem Wortlaut („können") nicht im Ermessen steht, sondern vielmehr

---

[44] Zum Ganzen: BVerwGE 20, 127 ff.; s. auch *Aufgabe 6 der Ersten Juristischen Staatsprüfung 2004/1*, BayVBl. 2007, 31 u. 58 (60 f.).

[45] Zu diesem Begriff: BVerwGE 31, 22 (25 ff.); *OVG Münster* BRS 20, Nr. 37.

[46] Zur Differenzierung *VG Karlsruhe* NVwZ 2000, 592 ff.

[47] Zum Ganzen: BVerwGE 28, 148 (150); 48, 109 (114); 68, 311 (314); *BVerwG* NVwZ 1985, 340 (341); BauR 1985, 544. Zu einem Examensfall, bei dem § 35 Abs. 1 Nr. 3 BauGB als Privilegierungstatbestand sowie § 35 Abs. 3 Satz 2 (Vorranggebiete als öffentlicher Belang) zu prüfen waren vgl. *Aufgabe 8 – Wahlfachgruppe 6 – der Ersten Juristischen Staatsprüfung 2003/2*, BayVBl. 2006, 417 (Sachverhalt) und 447 ff. (Lösungsskizze).

ein Anspruch auf Genehmigungserteilung (bzw. auf Vorbescheidserteilung) besteht, sofern ausnahmsweise öffentliche Belange im Rahmen von § 35 Abs. 2 BauGB nicht beeinträchtigt werden.[48] Bei der Auslegung des Begriffs „Beeinträchtigung" ist von der gesetzlichen Wertung auszugehen, dass konfligierende öffentliche Belange prinzipiell Vorrang erhalten. Bei einer nicht nur bagatellartigen Betroffenheit von Belangen i. S. v. § 35 Abs. 3 BauGB ist also grundsätzlich von bauplanungsrechtlicher Unzulässigkeit nach § 35 Abs. 2 BauGB auszugehen.[49] Nicht privilegierte Vorhaben sollen nur im Ausnahmefall im Außenbereich realisiert werden.

In Betracht kommt vorliegend eine Beeinträchtigung nach § 35 Abs. 3 Satz 1 Nr. 1 BauGB. Im vorliegenden Fall weist der Flächennutzungsplan das betroffene Gebiet als Fläche für Landwirtschaft aus. Mit Ausnahme des zu reinen Wohnzwecken genutzten Grundstücks des E entspricht der tatsächliche Charakter des Gebiets auch dieser Ausweisung, sodass hier die Bindungswirkung des Flächennutzungsplans nicht aufgrund einer abweichenden tatsächlichen Entwicklung in Frage steht.[50] Eine Doppelgarage für ein ausschließlich wohngenutztes Grundstück widerspricht mithin den Darstellungen des Flächennutzungsplans. Von einer Beeinträchtigung eines öffentlichen Belangs gemäß § 35 Abs. 3 Satz 1 Nr. 1 BauGB ist auszugehen.

Des Weiteren kommt eine Beeinträchtigung i. S. von § 35 Abs. 3 Satz 1 Nr. 7 BauGB in Betracht.[51] Durch die Errichtung der Garage wird die Zersiedelung des Außenbereichs weiter intensiviert. Im Hinblick auf die Größe von 100 m² kann nicht davon ausgegangen werden, dass sich die Garage so in den vorhandenen Gebäudebestand unterordnet, dass eine negative Vorbildwirkung hierdurch ausgeschlossen wird. Rechtlich irrelevant ist dabei, dass an der gleichen Stelle bereits schon einmal ein Gebäude stand. E muss sich so behandeln lassen, als werde an der betroffenen Stelle erstmals eine bauliche Anlage errichtet[52], da Ersatzbauten o. ä. nicht durch teleologische Reduzierung der Tatbestände des § 35 Abs. 3 BauGB, sondern allenfalls durch die Sondertatbestände des § 35 Abs. 4 BauGB (hierzu im Folgenden) teilprivilegiert werden. Somit ist – insbesondere auch aufgrund einer negativen Vorbildwirkung – von der Gefahr einer Verfestigung einer Splittersiedlung auszugehen.

Das Vorhaben des E beeinträchtigt damit öffentliche Belange.

(3) In Betracht kommt aber, dass das Vorhaben trotz Beeinträchtigung öffentlicher Belange i. S. von § 35 Abs. 2 und 3 BauGB über § 35 Abs. 4 BauGB bauplanungsrechtlich zulässig ist. Die Vorschrift regelt auf einfachgesetzlicher Ebene Fallgruppen eines *erweiterten* bzw. *aktiven Bestandsschutzes*. Hiernach können sonstigen (= nicht privilegierten) Vorhaben, wenn einer der dort reglementierten Ausnahmetatbestände (Teilprivilegierung) einschlägig ist, u. a. nicht entgegengehalten werden, dass sie den Darstellungen des Flächennutzungsplans widersprechen oder die Entstehung, Verfestigung oder Erweiterung einer Splittersiedlung befürchten lassen, soweit sie im Übrigen außenbereichsverträglich im Sinne des § 35 Abs. 3 BauGB sind.

§ 35 Abs. 4 Nr. 1 BauGB scheidet dabei – unabhängig davon, dass die landwirtschaftliche Nutzung im Hinblick auf § 35 Abs. 4 Satz 1 Nr. 1 Buchst. c) BauGB bereits vor mehr als sieben Jahren aufgegeben wurde[53] – von vornherein deshalb aus, weil vorliegend ein Ersatzbau und daher keine bloße Änderung der bisherigen Nutzung eines Gebäudes vorgesehen ist. Außerdem darf auf § 35 Abs. 4 Nr. 1 BauGB nicht *erneut* zurückgegriffen werden.[54] Eine Baugenehmigung zur Umnutzung zu reinen Wohnzwecken nach Stilllegung des landwirtschaftlichen Betriebs wurde aber bereits im Jahr 1995 erteilt.

In Frage kommt aber eine Ausnahme nach § 35 Abs. 4 Nr. 3 BauGB. Teilprivilegiert ist hiernach die alsbaldige Neuerrichtung eines zulässigerweise errichteten, durch Brand, Naturereignisse oder andere außergewöhnliche Ereignisse zerstörten, gleichartigen Gebäudes an gleicher Stelle. Zwar wurde das

48 BVerwGE 18, 247 (250); *Söfker*, in: Ernst/Zinkahn/Bielenberg, BauGB, § 35, Rn. 73; *Manssen*, in: Becker/Heckmann/Kempen/Manssen, Öffentliches Recht in Bayern, 4. Teil, Rn. 117. A. A. *Ortloff*, NVwZ 1988, 320 (322).

49 BVerwGE 25, 161 (163 ff.); 28, 148 (151); *Seidel*, Nachbarschutz, Rn. 456.

50 Vgl. *Söfker*, in: Ernst/Zinkahn/Bielenberg, BauGB, § 35, Rn. 80; *Battis/Krautzberger/Löhr*, BauGB, § 35 Rn. 51.

51 Zur Subsumtion: BVerwGE 106, 228 (232).

52 *BVerwG* BauR 2005, 702 f.; *Söfker*, in: Ernst/Zinkahn/Bielenberg, BauGB, § 35, Rn. 108, m. w. N.

53 Im Freistaat Bayern fand diese Frist wegen Art. 82 BayBO bis zum Ablauf des 31. 12. 2008 keine Anwendung. Eine zeitliche Ausweitung der Suspendierung der Sieben-Jahres-Frist ist in Vorbereitung.

54 BVerwGE 106, 228 (230).

vorherige Gebäude durch ein Naturereignis (Sturmeinwirkung) zerstört, fraglich ist aber, ob es sich bei der nunmehr beabsichtigten Garage um ein gleichartiges Gebäude im Sinne dieser Regelung handelt. Voraussetzung hierfür ist, dass die Nutzung des Ersatzbaus mit der des zerstörten Bauwerks identisch ist. Daran fehlt es hier. Die ursprüngliche Anlage diente als Lagerraum für die Landwirtschaft und nur zu einem untergeordneten Teil als Garage.

Es verbleibt allenfalls noch § 35 Abs. 4 Satz 1 Nr. 5 BauGB als Ausnahmeregelung. Hiernach ist unter bestimmten weiteren Voraussetzungen die Erweiterung eines Wohngebäudes auf bis zu höchstens zwei Wohnungen trotz entgegenstehender Belange nach § 35 Abs. 3 Nrn. 1 und 7 BauGB bauplanungsrechtlich zulässig. Der Gesetzeswortlaut stellt mit der Umschreibung „bis zu höchstens zwei *Wohnungen*" sowie mit Buchst. b (Angemessenheit unter Berücksichtigung der *Wohn*bedürfnisse) klar, dass dieser Ausnahmetatbestand nur die Schaffung echten Wohnraums im Blick hat. Der Bau einer neuen Doppelgarage ist aber nicht einer besseren Wohnraumversorgung des E oder seiner Familienangehörigen zu dienen bestimmt. Es geht E nicht darum, Räumlichkeiten zu gewinnen, die gerade für Wohnzwecke benötigt werden, sondern im Schwerpunkt – neben der Möglichkeit der Holzlagerung – darum, seine Kraftfahrzeuge nicht ungeschützt der Witterung und dem Zugriff von Autodieben auszusetzen. Dies liegt außerhalb des Schutzzwecks des § 35 Abs. 4 Satz 1 Nr. 5 BauGB.[55] Es geht mithin vorliegend nicht um die bloße *Erweiterung* eines Wohngebäudes. Zudem ist die Errichtung einer vom eigentlichen Wohngebäude abgegrenzten und räumlich getrennten baulichen Anlage keine bloße Erweiterung der vorhandenen Bausubstanz, sondern Errichtung eines selbständigen zweiten Bauwerks.[56]

(4) Auch eine Anwendung von § 12 BauNVO als planungsrechtlicher Zulässigkeitsmaßstab scheidet aus. § 12 BauNVO gilt nur über §§ 30, 33 i.V.m. §§ 9 Abs. 1 Nr. 1, 9a BauGB bzw. über § 34 Abs. 2 i.V.m. §§ 9 Abs. 1 Nr. 1, 9a BauGB. Die bauplanungsrechtliche Zulässigkeit von Garagen im Außenbereich bemisst sich ausschließlich nach § 35 BauGB. Dies verstößt nicht gegen den Gleichheitssatz, weil gerade im Fall der Außenbereichsbebauung keine planerische Entscheidung der Gemeinde zu Grunde liegt. Es beruht – auch im Hinblick auf Garagen – auf Sachgesetzlichkeiten, dass der Außenbereich im deutlichen Gegensatz zu den nach §§ 2 ff. BauNVO festgesetzten Gebieten von jeder ihm wesensfremden Bebauung grundsätzlich freigehalten werden soll.[57]

(5) Auf einfachgesetzlicher Basis ist das Bauvorhaben des E damit nach den Vorgaben des § 35 BauGB planungsrechtlich unzulässig. Der Bauvorbescheid wäre nach Art. 71 Satz 4 i.V.m. Art. 68 Abs. 1 Satz 1 BayBO zu Recht versagt worden.

c) Bauplanungsrechtliche Zulässigkeit aufgrund „erweiterten Bestandsschutzes" unter unmittelbarem Rekurs auf Art. 14 Abs. 1 GG?

Es fragt sich allerdings, ob sich die bauplanungsrechtliche Zulässigkeit womöglich über die einfachgesetzliche Regelung des § 35 BauGB hinaus unter unmittelbarem Rekurs auf Art. 14 Abs. 1 GG herleiten lässt. Ein zulässigerweise errichtetes Gebäude könnte nach dieser Überlegung nicht nur Bestandsschutz hinsichtlich der Erhaltung und Nutzung in der bisherigen Form genießen, sondern dazu berechtigen, die zur zeitgemäßen Nutzung der baulichen Anlage notwendigen Maßnahmen durchzuführen. Gerade am Beispiel der Errichtung einer Garage im Außenbereich vertrat die frühere Rechtsprechung des *Bundesverwaltungsgerichts* einen verfassungsrechtlich verbürgten erweiterten aktiven Bestandsschutz kraft unmittelbarer Anwendung des Art. 14 Abs. 1 GG auch für die Neuerrichtung von Nebenanlagen, wenn diese nach heutiger Auffassung zum modernen Standard einer funktionsgerechten (hier Wohn-) Nutzung rechnen.[58]

Dem tritt aber nunmehr zu Recht die neuere verwaltungsgerichtliche Rechtsprechung entgegen.[59] Der frühere grundrechtsunmittelbare Ansatz zum erweiterten aktiven Bestandsschutz ist mit der Dogmatik

---

[55] BVerwGE 106, 228 (231 f.).
[56] BVerwGE 106, 228 (231).
[57] BVerwGE 106, 228 (232 f.).
[58] BVerwGE 72, 362 ff.
[59] BVerwGE 106, 228 (233 ff.); *Bay VGH* BayVBl. 2002, 411 f.; hierzu auch: *Aichele/Herr*, NVwZ 2003, 415 ff.; vgl. auch bereits *BVerwG* NVwZ-RR 1997, 521; im Anwendungsbereich des Art. 34 BauGB: *BVerwG*, NVwZ 1999, 523 (524 f.). Zur Entwicklung der Bestandsschutzdogmatik in der Rspr.: *Decker/Konrad*, Bayerisches Baurecht, S. 9 ff.

des Art. 14 Abs. 1 GG unvereinbar: Art. 14 Abs. 1 Satz 2 GG gibt dem Gesetzgeber eine Ausgestaltungsbefugnis hinsichtlich Umfang und Grenzen des Eigentumsschutzes. Soweit der Gesetzgeber diesen in verfassungskonformer Weise umgesetzt hat, beansprucht das einfache Gesetz hinsichtlich der Reichweite der Bestandsgarantie *Anwendungsvorrang*. Art. 14 Abs. 1 GG schützt demnach nur das Recht, ein Grundstück im Rahmen der Gesetze zu bebauen.[60] Bestandsschutz richtet sich demnach primär nach einfachem Gesetzesrecht.[61] Der Gesetzgeber ist andererseits bei seiner Aufgabe, Inhalt und Schranken des Eigentums zu bestimmen, an verfassungsrechtliche Vorgaben gebunden. Er hat insbesondere einen verhältnismäßigen Ausgleich zwischen dem Bestandsschutzgedanken und der in Art. 14 Abs. 2 GG hervorgehobenen Gemeinwohlbindung herzustellen.[62] Hat der Gesetzgeber im Rahmen eines Normenkomplexes die Gedanken der Privatnützigkeit und des Bestandsschutzes zu Lasten des Eigentümers in unverhältnismäßiger Weise zurückgestellt, sind die einschlägigen Bestimmungen verfassungswidrig; bei Entscheidungserheblichkeit sind verfassungswidrige Inhaltsbestimmungen, soweit sie Gegenstand eines formellen und nachkonstitutionellen Gesetzes sind, von den im Einzelfall angerufenen Fachgerichten gemäß Art. 100 GG dem *Bundesverfassungsgericht* vorzulegen.[63] Das Fachgericht selbst darf aber allenfalls an der Gültigkeit des eigentumsausgestaltenden einfachen Rechts zweifeln, es ist ihm aber verwehrt, im Wege der Umgehung der eigentumsbestimmenden Regelungen des Gesetzgebers Anspruchspositionen (hier auf Erlass einer Baugenehmigung in Abweichung zu § 35 BauGB) unmittelbar von Verfassungswegen zu unterstellen.[64] Bestandsschutz existiert also nur nach den Vorgaben des einfachen Rechts, zunächst als „passiver Bestandsschutz", wonach reine Erhaltungsmaßnahmen von den Vorschriften, nach denen die Anlage ursprünglich rechtmäßigerweise errichtet wurde (etwa nach der ursprünglichen Genehmigung), weiterhin abgedeckt sind. Einen aktiven (erweiterten) Bestandsschutz sieht im Außenbereich allein § 35 Abs. 4 BauGB bezogen auf begrenzte Sondertatbestände vor. Der Gesetzgeber hat insofern für die bauliche Nutzung des Außenbereichs eine abschließende Inhalts- und Schrankenbestimmung im Sinne des Art. 14 Abs. 1 Satz 2 GG getroffen. Ein darüber hinausgehender Zulassungsanspruch des Bauherrn kann nicht unmittelbar auf den normativ ausfüllungsbedürftigen Art. 14 Abs. 1 GG gestützt werden.[65]

Ergebnis: Die Doppelgarage ist bauplanungsrechtlich unzulässig. Es stehen dem Vorhaben daher öffentlich-rechtliche Vorschriften entgegen, die im Verfahren nach Art. 71 Satz 4 i.V.m. Art. 59 Satz 1, 68 Abs. 1 BayBO Prüfmaßstab sind. Die Genehmigungsbehörde hat daher den Bauvorbescheid zu Recht abgelehnt. Die Verpflichtungsklage ist unbegründet und hat folglich keine Erfolgsaussichten.

Zum Verständnis: Geht man mit der früheren Ansicht von der bauplanungsrechtlichen Zulässigkeit aufgrund erweiterten Bestandsschutzes unter unmittelbarem Rekurs auf Art. 14 Abs. 1 GG aus, kann das Vorhaben als bauplanungsrechtlich zulässig bewertet werden; die Verpflichtungsklage ist dann begründet. Allerdings steht dann an sich § 36 Abs. 1 BauGB entgegen, wenn die Gemeinde ihr Einvernehmen versagt und die Genehmigungsbehörde dieses nicht ersetzt hat (zu Letzterem siehe im Folgenden die Lösung der Abwandlung). Jedenfalls im Verwaltungsprozess ist nach bisheriger Praxis anerkannt, dass die Gerichte inzident die Rechtmäßigkeit der Versagung des Einvernehmens prüfen dürfen. Ergibt diese Prüfung, dass das Einvernehmen zu Unrecht versagt wurde, so gelangt das Gericht – unter obligatorischer Beiladung der betroffenen Gemeinde gemäß § 65 Abs. 2 VwGO – durch faktische Ersetzung des Einvernehmens zu einem positiven Verpflichtungsurteil zugunsten des Bau-

---

[60] *BVerfG* NVwZ 2001, 424.

[61] BVerwGE 106, 228 (234).

[62] BVerwGE 106, 228 (234f.); ähnlich *BVerwG*, NVwZ 1998, 735f. Aus der Rechtsprechung des *Bundesverfassungsgerichts*: BVerfGE 58, 137 (147f.); 58, 300 (338ff.); 70, 191 (200f.); 71, 137 (144ff.); 83, 201 (212f.); 100, 226 (240f.). Zusammenfassend: *Seidel*, ZG 2002, 131 (133); *Papier*, DVBl. 2000, 1398 (1401).

[63] BVerwGE 106, 228 (235); *BVerwG* NVwZ 1999, 523 (524).

[64] BVerwGE 106, 228 (233ff.); *BVerwG* NVwZ 1998, 735f.; NVwZ 1999, 523 (524). Zum Anwendungsvorrang des einfachen Gesetzesrechts wegen Art. 14 Abs. 1 Satz 2 GG: *Seidel*, ZG 2002, 131 (133ff.).

[65] BVerwGE 106, 228 (236f.) – Die gesetzlichen Regelungen des § 35 BauGB stehen auch in Einklang mit Art. 14 Abs. 1 BauGB.

herrn, wenn ansonsten keine relevanten öffentlich-rechtlichen Vorschriften der Genehmigungserteilung entgegenstehen.[66] Dadurch wird dem Bauherrn insbesondere erspart, zwei Prozesse führen zu
müssen. Es ist darauf hinzuweisen, dass der Gemeinde nach § 36 BauGB inhaltlich keine weitergehende Prüfkompetenz als der Genehmigungsbehörde zusteht. Deswegen kommt dem Einvernehmen
mangels Außenwirkung keine Verwaltungsaktsqualität zu.[67] Damit scheidet eine isolierte Verpflichtungsklage gegen die Gemeinde auf Erteilung des Einvernehmens per se aus. Einer allgemeinen Leistungsklage fehlt das Rechtsschutzbedürfnis, da der Bauherr – wie gesehen – direkt Verpflichtungsklage auf Genehmigungserteilung erheben kann; außerdem dürfte § 44a VwGO einer isolierten Klage
auf Einvernehmenserteilung entgegenstehen (vgl. Abwandlung).

B. Abwandlung

Die Anfechtungsklage der Gemeinde hat Aussicht auf Erfolg, wenn sie zulässig und begründet ist.

I. Zulässigkeit

1. Verwaltungsrechtsweg, § 40 Abs. 1 Satz 1 VwGO

Die streitentscheidenden Normen des Baurechts (des BauGB und der BayBO) sind öffentlich-rechtliches
Sonderrecht. Allein dass u. a. auch verfassungsrechtliche Rechtspositionen der Gemeinde berührt sein
können (Planungshoheit, Art. 28 Abs. 2 GG), macht die Streitigkeit – mangels doppelter Verfassungsunmittelbarkeit – nicht zu einer verfassungsrechtlichen. Der Verwaltungsrechtsweg ist eröffnet.

2. Statthaftigkeit der Anfechtungsklage, § 42 Abs. 1 VwGO

a) Gegen die Baugenehmigung
Die Baugenehmigung ist ein Verwaltungsakt i. S. v. Art. 35 VwVfG; für den Bauherrn wirkt sie begünstigend, für Dritte gegebenenfalls belastend (VA mit Doppelwirkung). Sie kann von Dritten daher in zulässiger Weise zum Gegenstand einer Anfechtungsklage gemacht werden. Inwieweit gerade der klagende
Dritte (hier die Gemeinde) durch den VA in einer eigenen Rechtsstellung betroffen ist, ist eine Frage von
Klagebefugnis und Begründetheit, nicht jedoch – sofern nur überhaupt ein VA mit Außenwirkung (gegenüber Irgendjemandem) gegeben ist – eine Frage der Statthaftigkeit.

b) Auch gegen die Ersetzung des Einvernehmens?
Fraglich ist, inwieweit die Gemeinde – neben der Baugenehmigung – auch die Ersetzung des von ihr
verweigerten gemeindlichen Einvernehmens durch das Landratsamt gesondert im Wege der Anfechtungsklage angreifen muss. Ein derartiger gesonderter Angriff setzt voraus, dass es sich auch bei der
Einvernehmensersetzung um einen VA handelt, dass dieser gegenüber der Baugenehmigung eine unterscheidbare, selbständige Regelung (ein eigenständiger VA) ist und neben der Baugenehmigung isoliert
angefochten werden kann.

Die bislang wohl überwiegende Meinung in Literatur und Rechtspraxis nimmt in der Tat an, dass die
Gemeinde – neben der Baugenehmigung – auch die Ersetzungsentscheidung selbst im Wege einer zusätzlichen (d. h. zweiten, wenngleich im Wege der Klagehäufung nach § 44 VwGO verbundenen) Anfech-

---

    [66] *BVerwG* NVwZ 1986, 556 (557); NVwZ-RR 1989, 6 f.; *Maurer*, Allgemeines Verwaltungsrecht, § 9 Rn. 30;
Zuleeg, Fälle zum Allgemeinen Verwaltungsrecht, 3. Aufl. 2001, S. 66 f. Zum Streitstand: *Bickenbach*, BauR 2004,
428 ff.
    [67] BVerwGE 28, 145 ff.

tungsklage angreifen kann und muss.[68] Auch die bayerische Bauordnung selbst (Art. 67 Abs. 3 Satz 2[69]: Erstreckung des Entfalls der aufschiebenden Wirkung auch auf den Rechtsbehelf gegen die Ersetzung) scheint vom Nebeneinander zweier Rechtsbehelfe (gegen Baugenehmigung und Ersetzung) auszugehen. Für die Gemeinde bedeutet die Möglichkeit der Anfechtung auch der Ersetzung nicht nur eine zusätzliche Rechtsschutzmöglichkeit, sondern vor allem auch eine zusätzliche Anfechtungslast: Sie kann nicht nur, sondern sie muss neben der Baugenehmigung auch die Ersetzung angreifen, soll diese nicht in Bestandskraft erwachsen (andernfalls kann sie sich im Prozess gegen die Baugenehmigung nicht mehr mit Erfolg auf die Rechtswidrigkeit der Ersetzungsentscheidung berufen).

Die These von der Last der isolierten zusätzlichen Anfechtung auch der Ersetzungsentscheidung hat in all den Ländern keine große praktische Bedeutung, wo Ersetzung und Genehmigungsentscheidung in einem einzigen Akt erfolgen; dies ist auch in Bayern so, wo die Baugenehmigung zugleich als Ersetzung/Ersatzvornahme gilt (Art. 67 Abs. 3 Satz 1 BayBO[70]), sofern sie nur entsprechend begründet ist. Hier nämlich wird man eine „gegen die Baugenehmigung" (vgl. Sachverhalt) erhobene Anfechtungsklage regelmäßig so auslegen können, dass sie sich zugleich gegen die uno actu mitverfolgte Ersetzungsentscheidung richtet, als die die Baugenehmigung gilt. In allen Bundesländern jedoch, wo Ersetzung und Genehmigung nebeneinander und in getrennten Rechtsakten erfolgen, hat die These von der eigenständigen Anfechtungslast auch der Ersetzungsentscheidung große praktische Auswirkungen; wird die Ersetzungsentscheidung nicht isoliert angefochten, wird gegebenenfalls nicht auch in Bezug auf sie die Anordnung der aufschiebenden Wirkung beantragt etc., kann es zu erheblichen prozessualen Komplikationen und einem Auseinanderfallen des Rechtsschutzes kommen.[71]

Die überkommene Ansicht von der Notwendigkeit einer eigenständigen Anfechtung auch der Ersetzungsentscheidung wird von einer vordringenden Ansicht der Literatur in Frage gestellt und dürfte – jedenfalls seit Einfügung des § 36 Abs. 2 Satz 3 BauGB – in der Tat nicht mehr richtig sein:[72]

- Zwar wird man nicht bestreiten können, dass die Ersetzung (ihre VA-Qualität unterstellt) eine von der Baugenehmigung unterscheidbare Regelung darstellt, die sowohl einen anderen Regelungsinhalt als auch einen anderen Regelungsadressaten hat (Adressat der Ersetzung ist die Gemeinde, Adressat der Baugenehmigung der Bauherr). Dass Ersetzung und Baugenehmigung gegebenenfalls äußerlich in einem einzigen Bescheid zusammengefasst werden bzw. die Baugenehmigung zugleich als Ersetzung gilt (Art. 67 Abs. 3 Satz 1 BayBO), ändert an dieser Unterscheidbarkeit der Regelungsgehalte nichts.

- Schon nicht so selbstverständlich ist hingegen, dass der Ersetzungsentscheidung, wie traditionell angenommen,[73] wirklich VA-Qualität zukommt. Zu bedenken ist dabei, dass die Erteilung des gemeindlichen Einvernehmens von der ständigen Rechtsprechung[74] als bloßes Verwaltungsinternum und bloßer (zur letztlichen Baugenehmigungserteilung führender) Vorbereitungsakt innerhalb eines mehrstufigen Verwaltungsverfahrens, d.h. gerade nicht als Verwaltungsakt angesehen wird (u.a. mit der Folge, für den Bauherrn nicht selbständig mittels Verpflichtungsklage einklagbar zu sein); warum soll eigentlich für die Ersetzung etwas anderes gelten, d.h. die Ersetzung eines Nichtverwaltungsakts ihrerseits Verwaltungsakt sein? Zwar wird man nicht leugnen können, dass die staatliche Ersetzungsentscheidung gegenüber der Gemeinde (anders als das Einvernehmen gegenüber dem Bürger) kein bloßes Verwaltungsinternum ist, sondern die Reichweite der Planungshoheit/des Selbstverwaltungs-

---

[68] Zum folgenden ausführlich und mit weiteren Nachweisen: *Möstl*, BayVBl. 2003, 225; *ders.*, BayVBl. 2007, 129 (130 f.); *Sikora*, JA 2005, 40 (42); für die traditionelle Sichtweise z.B. *Söfker*, in: Ernst/Zinkahn/Bielenberg/Krautzberger, BauGB, § 36 Rn. 43; *OVG Lüneburg* NVwZ 1999, 105; im Blick auf § 44a VwGO offen gelassen in *BayVGH* BayVBl. 2001, 242.

[69] In den anderen Ländern: § 70 Abs. 3 Satz 3 BbgBauO; § 71 Abs. 3 Satz 2 LBauO MV; § 2 Nr. 4 lit. a Abs. 3 Satz 2 und 3 Bürokratieabbaugesetz I NW; § 71 Abs. 4 Satz 2 LBauO Rh-Pf; § 72 Abs. 4 LBO Saarl.; § 71 Abs. 3 Satz 3 SächsBO; § 70 Abs. 3 Satz 3 BauO LSA; § 69 Abs. 4 Satz 3 ThürBO.

[70] In den anderen Ländern: § 70 Abs. 3 Satz 1 BbgBauO; § 71 Abs. 3 Satz 1 LBauO MV; § 2 Nr. 4 lit. a Abs. 3 Satz 1 Bürokratieabbaugesetz I NW; § 71 Abs. 2 Satz 1 LBauO Rh-Pf; § 71 Abs. 3 Satz 1 SächsBO; § 70 Abs. 3 Satz 1 BauO LSA; § 69 Abs. 4 Satz 1 ThürBO.

[71] Beispiel *VGH Kassel* ZNER 2004, 365.

[72] *Möstl*, BayVBl. 2003, 225; *Sikora*, JA 2005, 40 (42); *Ziekow*, in: Sodan/Ziekow, VwGO, § 44 Rn. 52; *Kopp/Schenke*, VwGO, § 44a Rn. 6.

[73] Z.B. *Söfker*, in: Ernst/Zinkahn/Bielenberg/Krautzberger, BauGB, § 36 Rn. 43; *Lechner*, in: Simon/Busse, BayBO, Art. 74 Rn. 182.

[74] Seit BVerwGE 22, 342.

rechts der Gemeinde betrifft und somit ihr gegenüber sehr wohl Außenwirkung hat. Fraglich ist hingegen, ob nicht auch die Ersetzung (wie die Einvernehmenserteilung selbst) als ein bloßer Vorbereitungsakt angesehen werden könnte, der die verfahrensabschließende Baugenehmigung (die eigentliche Sachentscheidung) nur vorbereitet und inhaltlich ermöglicht, nicht aber selbst eine abschließende Regelung trifft. Der Versuch der herrschenden Meinung, die Ersetzungsentscheidung im Verhältnis zur Gemeinde als anfechtbaren Verwaltungsakt zu qualifizieren, ihr im Verhältnis zum Bauherrn die Eigenschaft eines selbständig einklagbaren Verwaltungsakts dagegen abzusprechen ("bloßes Internum" zwischen Gemeinde und Bauaufsicht),[75] läuft jedenfalls auf die durchaus problematische Konstellation eines relativen Verwaltungsakts hinaus (ein und derselbe Rechtsakt ist gegenüber dem einen ein Verwaltungsakt, gegenüber dem anderen dagegen nicht), die im Allgemeinen kritisch gesehen wird.

■ Das schlagende Argument gegen eine isolierte Anfechtungsmöglichkeit und -last auch der Ersetzungsentscheidung (neben der verfahrensabschließenden Baugenehmigung) ist § 44a VwGO. Dieser verbietet isolierte Rechtsbehelfe in Bezug auf vorgelagerte Verfahrenshandlungen und zwingt – im Interesse der Beschleunigung und Prozessökonomie – dazu, etwaige auf vorgelagerte Verfahrenshandlungen bezogene Rügen erst und allein in dem gegen die abschließende Sachentscheidung (hier die Baugenehmigung) gerichteten Rechtsbehelf geltend zu machen. Dieser Zweck greift auch im Hinblick auf das gemeindliche Einvernehmen nach § 36 BauGB und seine Ersetzung voll und ganz: § 44a VwGO und nicht die fehlende Verwaltungsaktsqualität der Einvernehmenserteilung ist der wahre Grund dafür, warum ein Bauherr die Einvernehmenserteilung nicht isoliert einklagen kann (grundsätzlich denkbar wäre ja auch die allgemeine Leistungsklage!), sondern unmittelbar auf Erteilung der Baugenehmigung klagen muss.[76] In gleicher Weise soll auch eine etwaige Ersetzungsentscheidung nicht zum Gegenstand isolierter Anfechtungsklagen (der Gemeinde) gemacht werden; vielmehr genügt es voll und ganz und ohne irgendeinen Verlust an Rechtsschutz, dass die Gemeinde die Rechtswidrigkeit der Ersetzung inzident im Rahmen einer Anfechtungsklage gegen die verfahrensabschließende Baugenehmigung geltend macht (war die Ersetzung rechtswidrig, ist die Baugenehmigung wegen Verstoßes gegen § 36 BauGB rechtswidrig und verletzt die Gemeinde in ihren Rechten, sodass die Anfechtungsklage Erfolg haben wird). Deutlich wird, dass § 44a VwGO zu einer weitaus einfacheren und klareren Lösung als die herrschende Meinung führt: Die Gemeinde erhält in einem einzigen Rechtsbehelf ungeschmälerten Rechtsschutz; der unnötigen Last der zusätzlichen Anfechtung der Ersetzungsentscheidung (um deren Bestandskraft zu verhindern) ist sie enthoben. Die Anwendbarkeit des § 44a VwGO scheitert nicht daran, dass die Ersetzungsentscheidung mit der (angreifbaren, s. o.) herrschenden Meinung als Verwaltungsakt zu qualifizieren ist, denn es ist anerkannt, dass § 44a VwGO auch gegen Verfahrensverwaltungsakte greifen kann.[77] Auch § 44a Satz 2 VwGO steht nicht entgegen, da die Gemeinde bezüglich des Baugenehmigungsverfahrens weder Nichtbeteiligter ist noch die Ersetzungsentscheidung selbständig vollstreckbar wäre. Entscheidend ist vielmehr, dass die Ersetzungsentscheidung als Verfahrenshandlung i. S. d. § 44a VwGO angesehen werden kann, d. h. als eine im Rahmen eines Verwaltungsverfahrens ergehende und dem Zustandekommen der abschließenden Sachentscheidung dienende Maßnahme, deren inzidente Rechtmäßigkeitskontrolle im Rechtsbehelf gegen die Sachentscheidung gewährleistet ist.[78] Nach hier vertretener Ansicht kann dies bejaht werden. Die Ersetzung soll die Erteilung der Baugenehmigung als abschließende Sachentscheidung möglich machen. Ihre Rechtmäßigkeit kann im Rechtsbehelf gegen die Baugenehmigung uneingeschränkt überprüft werden. § 36 Abs. 2 Satz 3 BauGB schließlich, der nunmehr ein originär baurechtliches Recht der Einvernehmensersetzung statuiert, hat die Ersetzung zum integralen Bestandteil des Baugenehmigungsverfahrens gemacht, sodass auch in dieser Hinsicht einer Qualifikation als bauaufsichtliche "Verfahrenshandlung" nichts entgegensteht.

---

[75] Vgl. z. B. *Jäde*, KommJur 2005, 368 (371).
[76] *Kopp/Schenke*, VwGO, § 44a Rn. 6.
[77] *Stelkens*, in: Schoch/Schmidt-Aßmann/Pietzner, VwGO, § 44a Rn. 16 f.
[78] Zum Folgenden *Möstl*, BayVBl. 2003, 225 (227 f.).

> **Zur Vertiefung:** Zu einer anderen Sichtweise kann man nur aufgrund einer isolierten (von § 36 Abs. 2 Satz 3 BauGB völlig absehenden) Betrachtung des Art. 67 BayBO gelangen. Dieser begreift – als im Vergleich zu § 36 Abs. 2 Satz 3 BauGB sachlich ältere Regelung – die Ersetzung des Einvernehmens noch als Fall der kommunalaufsichtlichen „Ersatzvornahme" (vgl. Art. 67 Abs. 3 Satz 1 BayBO). Unter Zugrundelegung einer derartigen kommunalaufsichtsrechtlichen Sichtweise kann die Ersetzung als eine gleichsam von außen – als kommunalaufsichtlicher Fremdkörper und eigenständiges Verwaltungsverfahren – zum bauaufsichtlichen Genehmigungsverfahren hinzutretendes Element und in diesem Sinne nicht als integraler Bestandteil des Baugenehmigungsverfahrens und „Verfahrenshandlung" i.S.d. § 44a VwGO begriffen werden. Diese Sichtweise setzt allerdings voraus, dass die ältere kommunalaufsichtsrechtliche Konstruktion des Art. 67 BayBO[79] im Anwendungsbereich des § 36 BauGB überhaupt noch berechtigt und zulässig ist. Nach hier vertretener Ansicht ist dies nicht der Fall. Vielmehr hat sich der Bundesgesetzgeber in § 36 Abs. 2 Satz 3 BauGB für eine baurechtliche Lösung entschieden; gegenüber dieser kompetenziell und normhierarchisch höherrangigen bundesrechtlichen Norm ist kein Raum mehr für hiervon abweichende kommunalaufsichtsrechtliche Konstruktionen; Art. 67 BayBO ist im Anwendungsbereich des § 36 BauGB zur bloßen (Zuständigkeit und Verfahren regelnden) Ausführungsbestimmung zu § 36 Abs. 2 Satz 3 BauGB geworden; mehr dazu im Rahmen der Begründetheitsprüfung unter dem Punkt „Rechtsgrundlage".

Zwischenergebnis zur Statthaftigkeit: Nach hier vertretener Ansicht kann und muss sich die Gemeinde – wegen § 44a VwGO – darauf beschränken, Anfechtungsklage gegen die Baugenehmigung als die verfahrensabschließende Sachentscheidung zu erheben, in deren Rahmen die Rechtmäßigkeit der Ersetzungsentscheidung inzident zu überprüfen ist. Eine zusätzliche isolierte Anfechtung der Ersetzungsentscheidung (als die die Baugenehmigung nach Art. 67 Abs. 3 Satz 1 BayBO zugleich gilt) wäre nicht statthaft. Folgt man der (vertretbaren und der überkommenen herrschenden Meinung entsprechenden) Ansicht von der Notwendigkeit einer kumulativen Anfechtung von Ersetzung und Baugenehmigung, ist der Antrag der Gemeinde dahin auszulegen, dass sich die Anfechtung der Baugenehmigung zugleich auch auf die Anfechtung der Ersetzungsentscheidung erstrecken soll, als die die Baugenehmigung gilt.

> **Zum Aufbau:** Die Prüfung, ob eine oder zwei Anfechtungsklagen zu erheben sind, ist hier – aus didaktischen Gründen – ausführlicher erfolgt, als dies in einer Klausur erwartet werden könnte, insbesondere in Bayern (wo die Streitfrage auf die schlichte Alternative „eine einzige Anfechtungsklage" oder „Auslegung als zwei Klagearten" hinausläuft). In Bundesländern, in denen Ersetzungsentscheidung und Baugenehmigung zeitlich auseinanderfallen, spielt die Streitfrage dagegen eine große Rolle.

3. Klagebefugnis, § 42 Abs. 2 VwGO

Die Gemeinde muss geltend machen können, durch den Verwaltungsakt (die angegriffene Baugenehmigung) in ihren subjektiven Rechten verletzt zu sein; eine Rechtsverletzung muss zumindest möglich erscheinen (Möglichkeitstheorie). Da die Gemeinde in Bezug auf die Baugenehmigung Dritter ist, kann die sog. Adressatentheorie nicht herangezogen werden. Auch soweit man die Ersetzung des Einvernehmens entgegen der hier vertretenen Ansicht (vgl. 2.) als eigenständigen Klagegegenstand neben der Baugenehmigung ansieht, kann, auch wenn die Gemeinde sehr wohl Adressat der Ersetzungsentscheidung

---

[79] Ähnlich auch die Regelungen in § 70 BbgBauO; § 71 LBauO MV i.V.m. § 4 AG-BauGB M-V; § 2 Nr. 4 lit. a Bürokratieabbaugesetz I NW i.V.m. § 2 Abs. 3 DVBauGB NW; § 71 LBauO Rh-Pf; § 71 SächsBO; § 70 BauO LSA; § 69 ThürBO. Dagegen wird die städtebauliche Einvernehmensersetzung des § 36 Abs. 2 Satz 3 BauGB umgesetzt durch die Regelungen in § 22 Abs. 3 HDVO-BauGB; § 1a DVO BauGB Nds.; § 72 LBO Saarl.; Art. 1 Nr. 2 LVO BauGB SchlH. In Bremen stellt sich aufgrund der Zuständigkeitszuweisung in § 60 Abs. 1 Nr. 2 BremLBO die Frage eines gemeindlichen Einvernehmens nicht; ebenso in Berlin nach § 1 BerlAGBauGB und in Hamburg aufgrund I der Anordnung über Zuständigkeiten im Bauordnungswesen. Keine Regelungen zur Ersetzung des Einvernehmens nach § 36 BauGB enthalten die LBO BW und die NdsBauO.

ist, nicht ohne weiteres auf die Adressatentheorie zurückgegriffen werden, da die Gemeinde kein Grund-rechtsträger ist und daher nicht von der jedenfalls bestehenden Möglichkeit einer Verletzung des Art. 2 Abs. 1 GG ausgegangen werden kann; vielmehr muss auch hier gezeigt werden, dass eine Verletzung der aus der Selbstverwaltungsgarantie (Art. 28 Abs. 2 GG) folgenden Planungshoheit und ihrer näheren Ausformung im BauGB möglich erscheint.

a) Materielle Planungshoheit

Die Gemeinde könnte – wenn man zunächst von § 36 BauGB absieht – dadurch, dass das Landratsamt ein Vorhaben genehmigt hat, das nach der (richtigen, vgl. Ausgangsfall) Ansicht der Gemeinde gegen § 35 BauGB verstößt, also objektiv baurechtswidrig ist, in ihrer materiellen Planungshoheit verletzt sein, wie sie letztlich unmittelbar in der Garantie der kommunalen Selbstverwaltung (Art. 28 Abs. 2 GG i.V.m. Art. 11 Abs. 2, 83 Abs. 1 BV[80]) wurzelt. Die Frage, inwieweit bereits aus der materiellen Pla-nungshoheit selbst (unabhängig von § 36 BauGB) ein Recht der Gemeinde folgt, objektiv planungs-rechtswidrige Bauvorhaben abzuwehren, ist wenig geklärt.

> **Zur Vertiefung:** Die Rechtspraxis konnte diese Frage weitgehend offen lassen, weil der die Planungs-hoheit näher konkretisierende und in ein Verfahrensrecht ummünzende § 36 BauGB praktisch alle relevanten Fallgruppen abdeckte. Erst in jüngerer Zeit, in der § 36 BauGB von Gesetzgebung und Praxis mehr und mehr zurückgebaut wird,[81] wächst die Erkenntnis, dass § 36 BauGB hinsichtlich der materiellen Planungshoheit keine Rechte begründet, sondern sie voraussetzt, und dass es deswegen – auch wenn im Einzelfall § 36 BauGB nicht einschlägig sein sollte – möglich ist, dass die Gemeinde ein rechtswidriges Vorhaben dennoch – nämlich unter Berufung auf ihre durch das rechtswidrige Vorha-ben verletzte materielle Planungshoheit – abzuwehren in der Lage ist.[82]

Richtigerweise muss man in der Tat ein bereits aus der materiellen Planungshoheit fließendes, verfas-sungsrechtlich fundiertes Recht der Gemeinde anerkennen, gegen objektives Bauplanungsrecht versto-ßende genehmigungspflichtige Vorhaben letztlich – und sei es durch gerichtliche Rechtsbehelfe gegen die Baugenehmigung – verhindern zu dürfen. Dies gilt nicht nur, soweit das Vorhaben gegen von der Gemeinde erlassene Bauleitpläne verstößt (hier liegt der Verstoß gegen die Planungshoheit nur beson-ders auf der Hand), sondern auch, soweit das Vorhaben – im bislang unbeplanten Gebiet – gegen die Planersatznormen der §§ 34, 35 BauGB verstößt. Ihre Planungshoheit ist bereits berührt, wenn ein Vor-haben auf der Basis der §§ 34, 35 BauGB zugelassen wird. Das Gemeindegebiet steht auch dort unter dem Vorbehalt der städtebaulichen Ordnung und Entwicklung durch die Gemeinde, wo diese die pla-nungsrechtliche Zulässigkeit nicht bereits durch eine qualifizierte Bauleitplanung gesteuert hat. Denn gerade im Vertrauen auf die verlässliche Einhaltung der staatlichen Planersatznormen der §§ 34, 35 BauGB hat die Gemeinde bislang davon abgesehen, die Zulässigkeitsentscheidung selbst durch eigene Bauleitplanung in die Hand zu nehmen. Folglich muss ihr auch ein Recht zustehen, auf die Einhaltung dieser Planersatznormen zu pochen. Im Ergebnis folgt für die Gemeinde bereits aus der materiellen Pla-nungshoheit das Recht, Bauvorhaben, die mit den §§ 34, 35 BauGB nicht in Einklang stehen, abzuweh-ren.[83] Die nur vereinzelt vertretene Gegenauffassung, wonach die Gemeinde nur solche Verstöße gegen §§ 34, 35 BauGB abwehren kann, die qualifizierte Planungsinteressen berühren,[84] ist abzulehnen (mehr dazu sogleich unter b).

b) Das prozedurale Einvernehmensrecht des § 36 BauGB

Eine unmittelbare Berufung der Gemeinde auf die verfassungsrechtlich fundierte materielle Planungs-hoheit scheidet aus, soweit das Baugesetzbuch diese verfassungsrechtliche Rechtsposition in bestimmter Weise konkretisiert und ausgestaltet hat; insoweit genießt das spezialgesetzliche einfache Recht, sofern es verfassungskonform ist, Anwendungsvorrang gegenüber der allgemeinen verfassungsrechtlichen

---

[80] In den anderen Ländern: Art. 71 Verf BW; Art. 57 NdsVerf; Art. 78 Verf NW; Art. 82 Abs. 2, 84 SächsVerf.
[81] *Möstl,* BayVBl. 2007, 129 ff.
[82] *BVerwG* NVwZ 2005, 83 (84); *Möstl,* BayVBl. 2007, 129 (133).
[83] *BVerwG* NVwZ 2005, 83 (84); *OVG Koblenz* BauR 2006, 1873; *OVG Weimar,* Beschluss vom 24. 8. 2007, Az. 1 EO 563/07 – Quelle: Juris; *Möstl,* BayVBl. 2007, 129 (133).
[84] *VGH Kassel* ZNER 2004, 365; *ders.* BRS 70 Nr. 102, S. 544.

Gewährleistung (vgl. den Ausgangsfall zu Art. 14 GG). Eine ebensolche – Anwendungsvorrang genießende – Konkretisierung indes nimmt § 36 BauGB vor, der das dem Grunde nach bereits der materiellen Planungshoheit entspringende Recht der Gemeinde, materiell rechtswidrige Bauvorhaben irgendwie verhindern zu können, in einer bestimmten Weise näher ausgestaltet – dadurch nämlich, dass es dieses in eine bestimmte verfahrensrechtliche Rechtsposition ummünzt und der Gemeinde ein Mitentscheidungsrecht einräumt: Nur im Einvernehmen mit der Gemeinde soll das Landratsamt die Baugenehmigung erteilen dürfen (§ 36 Abs. 1 Satz 1 BauGB), und nur soweit die Einvernehmensverweigerung rechtswidrig war, (weil das Vorhaben planungsrechtlich zulässig ist, vgl. § 36 Abs. 2 Satz 1 BauGB), soll eine Ersetzung des Einvernehmens in Betracht kommen (§ 36 Abs. 2 Satz 3 BauGB). Soweit § 36 BauGB anwendbar ist, entscheidet dieses abschließend über die Reichweite der der Gemeinde zustehenden Rechtsposition; ein Rückgriff auf die materielle Planungshoheit scheidet aus.[85]

Die Gemeinde hat ihr Einvernehmen versagt; das Landratsamt hat es daraufhin ersetzt und die Baugenehmigung gleichwohl erteilt. Eine Verletzung des § 36 BauGB scheint insoweit nicht ausgeschlossen. Besondere Umstände, aufgrund derer im vorliegenden Fall § 36 BauGB nicht anwendbar wäre oder die Gemeinde ihrer Rechtsposition aus § 36 BauGB verlustig gegangen wäre, sind nicht ersichtlich:

- Die Zulässigkeit des Vorhabens richtet sich nach § 35 BauGB; es besteht kein qualifizierter Bebauungsplan, sodass das Einvernehmenserfordernis grundsätzlich greift (§ 36 Abs. 1 Satz 1 BauGB).[86]
- Die Gemeinde ist im vorliegenden Fall nicht (wie z. B. bei kreisfreien Städten und großen Kreisstädten der Fall) mit der Baugenehmigungsbehörde identisch (dann nämlich entfiele nach einer neueren Rechtsprechung des BVerwG das Einvernehmensrecht).[87]
- Das Einvernehmen gilt nicht wegen Verstreichung der Frist nach § 36 Abs. 2 Satz 2 BauGB als erteilt (die Einvernehmensfiktion des § 36 Abs. 2 Satz 2 BauGB würde die Klagebefugnis entfallen lassen bzw. die Klage jedenfalls unbegründet machen).[88]

Gerade in jüngerer Zeit zunehmend umstritten ist allerdings die Frage, wieweit die den Gemeinden durch § 36 BauGB zugewiesene Rechtsposition reicht. Vor allem, inwieweit wirklich jede objektive Planungsrechtswidrigkeit des Bauvorhabens der Gemeinde das Recht verleiht, ihr Einvernehmen zu versagen (mit der Folge, dass eine Ersetzung ihr Einvernehmensrecht verletzt) und inwieweit der ersetzenden Behörde ein Ersetzungsermessen und der Gemeinde ein korrespondierendes Recht auf fehlerfreie Ermessensentscheidung zusteht, ist unsicher geworden:

> **Zum Aufbau:** Die folgenden Ausführungen zur inhaltlichen Reichweite des Einvernehmensrechts müssen nicht unbedingt im Prüfungspunkt „Klagebefugnis" erfolgen. Es erscheint ebenso möglich, sich hier mit der Feststellung einer jedenfalls nicht von vornherein ausgeschlossenen Rechtsverletzung zu begnügen (ohne die Reichweite des § 36 BauGB im Einzelnen zu ermitteln) und alles weitere der Begründetheitsprüfung (Prüfungspunkt „Rechtsverletzung") zu überlassen. Zu bedenken ist andererseits, dass es hier nicht um die – zweifellos der Begründetheitsprüfung vorbehaltene – Frage geht, ob ein bestimmtes (seiner Reichweite nach bekanntes) Recht im konkreten Fall tatsächlich gegeben ist, sondern um die vorgelagerte Rechtsfrage, ob es das vom Kläger (mit einer bestimmten Reichweite) behauptete Recht überhaupt gibt. Jedenfalls nach Maßgabe der Möglichkeitstheorie (d. h. das behauptete Recht muss nicht gewiss existieren, vielmehr darf seine Existenz nur nicht als von vornherein ausgeschlossen erscheinen) kann es zulässig oder sogar vorzugswürdig sein, Fragen der inhaltlichen Reichweite des Rechts bereits bei der Klagebefugnis zu thematisieren. Gerade im Gutachtenstil

---

[85] *BVerwG* BayVBl. 2009, 27. Anders hingegen in Fällen, in denen § 36 BauGB – z. B. wegen Identität von Gemeinde und Genehmigungsbehörde – nicht anwendbar ist, vgl. *BVerwG* NVwZ 2005, 83.

[86] Ist ein Bebauungsplan vorhanden, der wegen Rechtswidrigkeit nichtig ist, kann sich die Gemeinde im Rahmen des § 36 BauGB nicht darauf berufen, das Vorhaben sei nach den eigentlich einschlägigen §§ 34, 35 BauGB unzulässig; so jedenfalls *OVG Greifswald* BauR 2007, 515 (516).

[87] *BVerwG* NVwZ 2005, 83 (bitte durcharbeiten!); dazu *Budroweit*, NVwZ 2005, 1013; *Selmer*, JuS 2005, 280; *Kment*, JA 2005, 398; *Möstl*, BayVBl. 2007, 129.

[88] Für Letzteres *Sikora*, JA 2005, 40 (43). Ein interessanter Fall zu § 36 Abs. 2 Satz 2 BauGB ist *BVerwG* NVwZ 2005, 213. Zu den Folgen einer gesetzlichen Fiktion der Baugenehmigung (nicht der Ersetzung!) zu einem Zeitpunkt, in dem die Frist des § 36 Abs. 2 Satz 2 BauGB noch nicht verstrichen ist, *VG Saarlouis*, Urteil vom 30. 3. 2005, Az. 5 K 100/04 – Quelle: Juris, Rn. 26, 28.

> kann dies sinnvoll sein, um über wesentliche Strukturfragen des Falls bereits frühzeitig Klarheit zu gewinnen und die weitere Prüfung so vorzuentlasten.

- Seiner ursprünglichen und im Ausgangspunkt weiter gültigen Konzeption nach ist das Einvernehmensrecht des § 36 BauGB ein sog. absolutes Verfahrensrecht.[89] Es räumte der Gemeinde unabhängig vom materiellen Recht eine eigene, selbständig durchsetzbare verfahrensrechtliche Rechtsposition ein, d.h. eine ohne gemeindliches Einvernehmen erteilte Baugenehmigung verletzte die Gemeinde auch dann in ihren Rechten (und hatte folglich zu unterbleiben), wenn die Gemeinde das Einvernehmen materiell rechtswidrig und unter Verstoß gegen § 36 Abs. 2 Satz 1 BauGB (d.h. obwohl das Bauvorhaben planungsrechtlich zulässig war) verweigert hatte. Die Baugenehmigung musste (obwohl der Bauherr einen Genehmigungsanspruch hatte) – vom steinigen Weg einer kommunalaufsichtsrechtlichen Beanstandung und Ersatzvornahme (Art. 112, 113 BayGO)[90] abgesehen – verweigert werden; der Bauherr war darauf verwiesen, die Baugenehmigung im Wege der Verpflichtungsklage zu erstreiten; erst das Gericht „ersetzte" dabei gegenüber der notwendig beizuladenden (§ 65 Abs. 2 VwGO) und daher an die Rechtskraft des Urteils gebundenen (§ 121 Nr. 1 i.V.m. § 63 Nr. 3 VwGO) Gemeinde implizit das rechtswidrig verweigerte Einvernehmen, indem es den Staat zur Genehmigungserteilung verurteilte (vgl. bereits Ausgangsfall am Ende m.w.N.).

- Die Schaffung ausdrücklicher Ersetzungsregelungen, zunächst in den Landesbauordnungen (z.B. Art. 67 BayBO bzw. seine Vorgängervorschriften) und dann in § 36 Abs. 2 Satz 3 BauGB, haben das ursprüngliche absolute Verfahrensrecht relativiert und einem sog. relativen Verfahrensrecht zumindest angenähert. Im Falle der materiell rechtswidrigen Einvernehmensverweigerung ist es nunmehr möglich, das gemeindliche Einvernehmen, ohne dass die Gemeinde hiergegen mit Erfolg vorgehen könnte, zu ersetzen und die Baugenehmigung zu erteilen. Gleichwohl wäre es verkürzt, § 36 BauGB nunmehr als ein gewöhnliches relatives Verfahrensrecht zu bezeichnen, d.h. als ein Verfahrensrecht, dessen Verletzung nur dann zum Erfolg der Klage führt, wenn diese sich auch in einer Verletzung drittschützender materiell-rechtlicher Rechtspositionen niedergeschlagen hat. Deutlich wird dies z.B. daran, dass es, wenn die Bauaufsichtsbehörde auf eine Ersetzung verzichtet oder die Ersetzung prozedural fehlerhaft vornimmt (z.B. die Anhörung oder Begründung nach Art. 67 Abs. 3 Satz 1, Abs. 4 BayBO unterlässt), voll und ganz bei der absoluten Rechtsposition der Gemeinde verbleibt; d.h. die Erteilung einer Baugenehmigung trotz fehlender oder fehlerhafter Ersetzung wäre auch dann rechtswidrig und eine Rechtsverletzung der Gemeinde, wenn diese ihr Einvernehmen materiell rechtswidrig versagt hat. Auch inhaltlich darf die Gemeinde nach ganz herrschender Meinung – mit der Konsequenz einer subjektiven Rechtsposition gegen objektiv rechtswidrige Ersetzungen – das Einvernehmen aus allen in § 36 Abs. 2 Satz 1 BauGB genannten Gründen, d.h. wegen jedweder objektiver Rechtswidrigkeit des Vorhabens z.B. in Bezug auf die §§ 34, 35 BauGB verweigern und nicht nur, soweit das Vorhaben gegen solche Normteile und Einzelbelange der §§ 34, 35 BauGB verstößt, die für die Gemeinde etwa besonders drittschützend gedacht sind und nicht allein im Allgemeininteresse bestehen. Die Gemeinde darf sich insoweit – mit der Konsequenz des Rechts der Einvernehmensverweigerung und der erfolgreichen Abwehr etwaiger Ersetzungen – auch zur Sachwalterin von Allgemeininteressen machen und ein Außenbereichsvorhaben z.B. wegen naturschutzrechtlicher oder raumordnungsrechtlicher Belange (§ 35 Abs. 3 Satz 1 Nr. 5, Satz 2 BauGB) zu verhindern suchen, denn sie ist als Trägerin der kommunalen Planungshoheit originär zur Verwirklichung auch des Allgemeininteresses in Bezug auf örtliche Vorhaben im Gemeindegebiet legitimiert (d.h. nicht nur auf die Verfolgung besonderer kommunaler Interessen beschränkt) und daher im Rahmen des § 36 BauGB zur Mitentscheidung über die planungsrechtliche Zulässigkeit berufen.[91]

---

[89] Zum folgenden Abriss der Rechtsentwicklung siehe *Möstl*, BayVBl. 2007, 129 ff.; einen guten Überblick gibt auch *VG Neustadt (an der Weinstraße)* NVwZ-RR 2007, 338 (339 f.).

[90] In den anderen Ländern: §§ 121, 123 GemO BW; §§ 130, 131 Nds. GO; §§ 122, 123 GO NW; §§ 114, 116 SächsGemO.

[91] *OVG Weimar*, Beschluss vom 24.8. 2007, Az. 1 EO 563/07 – Quelle: Juris; *OVG Berlin*, Urteil vom 14.12. 2006, Az. 11 B 11.05 – Quelle: Juris; *OVG Berlin*, Beschluss vom 5.7. 2006, Az. 10 S 5.06 – Quelle: Juris; *OVG Koblenz* BauR 2006, 1873; bekräftigend jetzt auch *BVerwG* BayVBl. 2009, 27.

■ Von der so umrissenen herrschenden Meinung abweichend hat der Hessische Verwaltungsgerichtshof[92] – das Einvernehmensrecht wird dadurch vollends relativiert – judiziert, dass der Gemeinde eine wehrfähige Abwehrposition gegen bauaufsichtliche Einvernehmensersetzungen nur dann zu Seite steht, wenn das fragliche Bauvorhaben nicht nur objektiv rechtswidrig ist, sondern gegen spezifische gemeindeschützende Normen des Baurechts verstößt, insbesondere die Planungshoheit der Gemeinde dadurch verletzt, dass das genehmigte Vorhaben eine hinreichend bestimmte kommunale Planung nachhaltig stört oder wegen seiner Großräumigkeit wesentliche Teile des Gemeindegebiets einer durchsetzbaren Planung entzieht. Diese Sichtweise wäre auch für den hiesigen Fall relevant: So könnte z. B. argumentiert werden, die bloße Ausweisung des Gebiets als „landwirtschaftliche Nutzfläche" im Flächennutzungsplan (§ 35 Abs. 3 Satz 1 Nr. 1 BauGB) sei zu wenig konkret, um die Genehmigung der Garage als Verletzung der Planungshoheit erscheinen zu lassen; auch wäre fraglich, ob die Verhinderung der Verfestigung einer Splittersiedlung (§ 35 Abs. 3 Satz 1 Nr. 7 BauGB) einen hinreichenden gemeindeschützenden Bezug aufweist. Die Ansicht des Hessischen Verwaltungsgerichtshofs ist – mit der ansonsten einhelligen obergerichtlichen Rechtsprechung[93] allerdings abzulehnen:

– Sie zieht, indem sie auf die Kriterien „nachhaltige Störung hinreichend konkretisierter Planungen" und „großräumiger Entzug von Planungsflächen" abstellt (diese Kriterien sind für die Berücksichtigungspflicht gemeindlicher Belange im Rahmen überörtlicher Planungen nach § 38 Satz 1 2. Hs. BauGB anerkannt), eine unzulässige Analogie zu § 38 BauGB. Dass die kommunale Planungshoheit im Blick auf überörtliche (d.h. gerade nicht durch das Selbstverwaltungsrecht geschützte) Planfeststellungen Einbußen erfährt und nur vermindert zum Einsatz kommen kann, liegt auf der Hand. Bezüglich örtlicher Planungen und Vorhaben (wie der fraglichen Doppelgarage) steht jedoch das ganze Gemeindegebiet unter dem Vorbehalt eines gemeindlichen Planungsrechts, das im Mitentscheidungsrecht des § 36 BauGB einen adäquaten Ausdruck gefunden hat.

– Fehl geht auch die Aussage, § 36 BauGB begründe in Bezug auf die materielle Planungshoheit keine Rechte, sondern setze sie voraus. Denn unter a) ist gezeigt worden, dass bereits aus der materiellen Planungshoheit das umfassende Recht der Gemeinde folgt, objektiv planungsrechtswidrige genehmigungspflichtige Vorhaben verhindern zu dürfen. § 36 BauGB darf hinter diesen verfassungsrechtlich fundierten Standard nicht zurückfallen.

– Die Sichtweise des Hessischen Verwaltungsgerichtshofs bedeutet einen eklatanten Bruch mit der absolut-rechtlichen Tradition des § 36 BauGB und verkehrt diese in ihr Gegenteil.

– Entscheidend für die Ausmessung der aus § 36 BauGB folgenden subjektiven Rechtsposition muss § 36 Abs. 2 Satz 1 BauGB sein. Die Gemeinde darf demnach das Einvernehmen aus allen sich aus §§ 31, 33, 34 und 35 BauGB ergebenden Gründen verweigern. Soll dieses Recht nicht leerlaufen, muss es wehrfähig sein. Der Gemeinde muss daher ein Recht zustehen, in Fällen, in denen Sie das Einvernehmen zu Recht verweigert hat, auch mit Erfolg gegen die Ersetzung des gemeindlichen Einvernehmens vorzugehen. Im Ergebnis bedeutet das, dass die planungsrechtlichen Zulassungsvoraussetzungen z. B. des § 35 BauGB auf einen gegen die Baugenehmigung erhobenen Rechtsbehelf der Gemeinde hin in vollem Umfang nachzuprüfen sind.

■ Fraglich ist schließlich, inwieweit der Gemeinde, was die bauaufsichtliche Entscheidung über die Ersetzung des Einvernehmens anbelangt, ein Recht auf fehlerfreie Ermessensbetätigung zukommt. Für den hiesigen Fall könnte dies relevant sein, weil in der Aussage des Landratsamts, es „müsse" das rechtswidrig versagte Einvernehmen ersetzen – unterstellt die Bauaufsichtsbehörde verfügt über ein Ersetzungsermessen – ein Ermessensfehler (Ermessensausfall) liegen könnte. Tatsächlich wird das „kann" in § 36 Abs. 2 Satz 3 BauGB und Art. 67 Abs. 1 Satz 1 BayBO sowie die Aussage des Art. 67 Abs. 1 Satz 2 BayBO, dass ein Anspruch auf Ersetzung nicht besteht, häufig so verstanden, dass ein Ersetzungsermessen gegeben ist.[94] Ob diese Sichtweise richtig ist, erscheint fraglich.[95] Das bauaufsichtliche Verfahren steht unter dem aus Art. 14 GG folgenden Vorzeichen des Anspruchs des Bau-

---

[92] *VGH Kassel* ZNER 2004, 365; *ders.* BRS 70 Nr. 102, S. 544; hiergegen ausdrücklich die in voriger Fn. aufgeführten obergerichtlichen Entscheidungen.

[93] Vgl. die Nachweise in Fn. 91.

[94] *Söfker,* in: Ernst/Zinkahn/Bielenberg/Krautzberger, BauGB, § 36 Rn. 41; *Jäde,* KommJur 2005, 368 (371); *OVG Lüneburg* BauR 2005, 679; a. A.: *OVG Koblenz* NVwZ-RR 2000, 85 (86); offen gelassen in *OVG Lüneburg* NVwZ-RR 2004, 91.

[95] *Möstl,* BayVBl. 2007, 129 (131) m. w. N.

herrn auf Genehmigung eines genehmigungsfähigen Vorhabens. Ob aber die Bauaufsichtsbehörde angesichts dieses Anspruchs das Recht haben kann, auf eine rechtlich zulässige Ersetzung des rechtswidrig versagten Einvernehmens zu verzichten, muss zweifelhaft erscheinen. Auch Art. 67 Abs. 1 Satz 2 BayBO vermag den aus Art. 14 GG folgenden Anspruch nicht zu schmälern. Der Streit muss hier nicht entschieden werden. Denn selbst wenn ein Ermessen bestehen sollte, dürfte dies nicht im Interesse der Gemeinde eingeräumt sein, die sich, wenn sie das Einvernehmen zu Unrecht verweigert, außerhalb ihrer gesetzlich konkretisierten Planungshoheit bewegt und der so gesehen kein schützenswertes Recht zur Seite steht. Wenn aber das Ermessen nicht im Interesse der Gemeinde besteht, kann sie keinen Anspruch auf ermessensfehlerfreie Entscheidung haben und besteht auch keine Pflicht der Bauaufsichtsbehörde, auf Belange der Gemeinde besonders Rücksicht zu nehmen.[96] Die Verletzung eines Rechts auf ermessensfehlerfreie Entscheidung scheint insoweit ausgeschlossen (a. A., d. h. Recht und Rechtsverletzung scheinen immerhin möglich, vertretbar).

4. Sonstige Zulässigkeitsvoraussetzungen

Ein nach § 68 VwGO grundsätzlich erforderliches Vorverfahren ist in Bayern nach Art. 15 AGVwGO nicht mehr statthaft und notwendig.[97] Die Klage wurde laut Sachverhalt fristgemäß erhoben. Gemeinde und Freistaat Bayern sind als juristische Personen des öffentlichen Rechts nach § 61 Nr. 1 2. Alt. VwGO beteiligtenfähig. Die Gemeinde muss sich nach § 62 Abs. 3 VwGO, Art. 38 Abs. 1 BayGO[98] von ihrem 1. Bürgermeister vertreten lassen.

Zwischenergebnis: Die Anfechtungsklage ist somit zulässig.

II. Begründetheit

Die Anfechtungsklage ist begründet, wenn sie sich gegen den richtigen Beklagten richtet, die angegriffene Baugenehmigung rechtswidrig und die klagende Gemeinde in ihren Rechten verletzt ist (§§ 78 Abs. 1 Nr. 1, 113 Abs. 1 Satz 1 VwGO). Sofern – entgegen der hier vertretenen Ansicht (vgl. I. 2.) – eine eigenständige Anfechtungsklage auch gegen die Einvernehmensersetzung befürwortet wird, wird das Prüfprogramm hierdurch in der Sache nicht erweitert, denn die insoweit vorzunehmende Prüfung, ob die Ersetzung rechtswidrig war und die Gemeinde in ihren Rechten verletzt, ist – da die Rechtmäßigkeit der Baugenehmigung von der Rechtmäßigkeit der Ersetzung abhängt – bereits voll im Prüfprogramm der Anfechtungsklage gegen die Baugenehmigung enthalten. Bestandskraft (d. h. nicht mehr überprüfbare Maßgeblichkeit) der Ersetzungsentscheidung ist jedenfalls nicht eingetreten, entweder weil die Ersetzung (so die hier vertretene Ansicht) nach § 44a VwGO nicht selbständig anfechtbar ist und so auch nicht bestandskräftig werden kann, oder aber (so die hier abgelehnte Ansicht) weil sich die erhobene Anfechtungsklage bei entsprechender Auslegung des Klageantrags auch auf die Ersetzungsentscheidung erstreckt.

1. Passivlegitimation, § 78 Abs. 1 Nr. 1 VwGO

Passiv legitimiert ist der Freistaat Bayern als Träger des nach Art. 53 Abs. 1, 54 Abs. 1, 67 BayBO für die Baugenehmigung (und die implizite Ersetzung) zuständigen und hierbei als Staatsbehörde handelnden Landratsamts (Art. 37 Abs. 1 Satz 2 LKrO).

---

[96] *BayVGH* BayVBl. 2006, 605 (606).

[97] In den anderen Ländern: § 6a AGVwGO BW, § 6 AGVwGO NW (nur sehr eingeschränkter Ausschluß); § 8a NdsAGVwGO (Experimentierklausel für Verwaltungsakte vom 1. 1. 2005 bis 31. 12. 2009).

[98] In den anderen Ländern: § 42 Abs. 1 Satz 2 GemO BW; § 63 Abs. 1 Satz 2 Nds. GO; § 63 Abs. 1 Satz 1 GO NW; § 51 Abs. 1 Satz 2 SächsGemO.

2. Rechtmäßigkeit der Baugenehmigung

a) Verstoß gegen § 35 BauGB – bauplanungsrechtliche Unzulässigkeit des Vorhabens

Zur Genehmigungspflichtigkeit und -fähigkeit des Vorhabens siehe den Ausgangsfall. Dem Vorhaben steht zwar keine wirksame Veränderungssperre entgegen. Es verstößt jedoch gegen § 35 BauGB, da das nicht privilegierte Vorhaben öffentliche Belange beeinträchtigt (§ 35 Abs. 2 BauGB), namentlich den Darstellungen des Flächennutzungsplans widerspricht (§ 35 Abs. 3 Satz 1 Nr. 1 BauGB) und die Verfestigung einer Splittersiedlung befürchten lässt (§ 35 Abs. 3 Satz 1 Nr. 7 BauGB). Eine Teilprivilegierung nach § 35 Abs. 4 BauGB liegt nicht vor. Die Konstruktion eines verfassungsunmittelbaren überwirkenden Bestandsschutzes an den verfassungskonformen Regelungen des § 35 BauGB vorbei ist abzulehnen.

b) Verstoß gegen § 36 BauGB – Rechtswidrigkeit der Einvernehmensersetzung

Die Baugenehmigung könnte überdies rechtswidrig sein, weil sie ohne das nach § 36 BauGB erforderliche gemeindliche Einvernehmen erteilt und das (verweigerte) Einvernehmen vom Landratsamt in rechtswidriger Weise ersetzt wurde. Da es sich um ein Vorhaben nach dem § 35 BauGB handelt, bedurfte die Baugenehmigung gem. § 36 Abs. 1 Satz 1 BauGB des gemeindlichen Einvernehmens. Dieses wurde ausdrücklich verweigert; es gilt auch nicht nach § 36 Abs. 2 Satz 2 BauGB als erteilt. Die Baugenehmigung durfte folglich nur dann erteilt werden, wenn das Landratsamt das verweigerte Einvernehmen in rechtmäßiger Weise ersetzt hat.

aa) Rechtsgrundlage der Ersetzung

Sowohl § 36 Abs. 2 Satz 3 BauGB als auch Art. 67 BayBO sehen die Möglichkeit einer Ersetzung des gemeindlichen Einvernehmens vor. Das Verhältnis dieser Bestimmungen – namentlich die Frage, ob es sich um zwei je selbständige Rechtsgrundlagen der Ersetzung handelt oder ob die beiden Bestimmungen zusammenzulesen sind („i.V.m.“) und eine gemeinsame Rechtsgrundlage abgeben – ist umstritten:[99]

■ Nach einer weit verbreiteten Ansicht[100] stehen die beiden Rechtsgrundlagen selbständig nebeneinander. Art. 67 BayBO normiere (auf der Basis einer entsprechenden Landesgesetzgebungskompetenz) eine ihrer Natur nach kommunalaufsichtsrechtliche (nicht baurechtliche!) Ersatzvornahmebefugnis. An dem Bestand dieser Befugnis habe sich nichts dadurch geändert, dass § 36 Abs. 2 Satz 3 BauGB – auf der Basis einer entsprechenden bundesrechtlichen (bodenrechtlichen, Art. 74 Abs. 1 Nr. 18 GG) Gesetzgebungskompetenz – nunmehr daneben eine bauplanungsrechtliche Ersetzungsbefugnis vorsehe. Die bundesrechtliche Befugnis, so wird weiter argumentiert, bedürfe, um vollzugsfähig zu sein, einer landesrechtlichen Ausführungsbestimmung hinsichtlich Zuständigkeit und Verfahren (Art. 84 Abs. 1 Satz 1 GG). Solange diese – wie in Bayern – fehle, sei § 36 Abs. 2 Satz 3 BauGB nicht vollzugsfähig und daher in dem betreffenden Land ohne Bedeutung, sodass für Bayern im Ergebnis nur Art. 67 BayBO, nicht dagegen § 36 Abs. 2 Satz 3 BauGB anwendbar wäre. Zumindest der letzte Punkt (fehlende Vollzugsfähigkeit) unterliegt starken Bedenken. Denn abgesehen davon, dass bezweifelt werden muss, ob ein Land unter dem Grundgesetz das Recht haben kann, eine bundesrechtliche Befugnisnorm durch Verweigerung einer Ausführungsbestimmung schlicht ins Leere laufen zu lassen, scheint es gut vertretbar, nach Sinn und Zweck des § 36 Abs. 2 Satz 3 BauGB die nach Landesrecht für die Baugenehmigung zuständige Behörde automatisch als auch für die Ersetzung zuständig und die Norm daher für ohne weiteres vollzugsfähig anzusehen.[101]

---

[99] Zum Meinungsstand m.w.N.: *Möstl*, BayVBl. 2003, 225 (226f.); *ders.*, BayVBl. 2007, 129 (131). Die Rechtslage gestaltet sich hier in den verschiedenen Bundesländern recht unterschiedlich. Teilweise normieren die Länder ausdrückliche Ausführungsbestimmungen zu § 36 Abs. 2 Satz 3 BauGB (§ 22 Abs. 3 HDVO-BauGB; § 1a DVO BauGB Nds.; § 72 LBO Saarl.; Art. 1 Nr. 2 LVO BauGB SchlH). Teilweise belassen sie es – wie Bayern – bei ihren älteren, kommunalaufsichtsrechtlich konzipierten Ersetzungsregelungen (§ 70 BbgBauO; § 71 LBauO MV i.V.m. § 4 AG-BauGB M-V; § 2 Nr. 4 lit. a Bürokratieabbaugesetz I NW i.V.m. § 2 Abs. 3 DVBauGB NW; § 71 LBauO Rh-Pf; § 71 SächsBO; § 70 BauO LSA; § 69 ThürBO). In Bremen stellt sich aufgrund der Zuständigkeitszuweisung in § 60 Abs. 1 Nr. 2 BremLBO die Frage eines gemeindlichen Einvernehmens nicht; ebenso in Berlin nach § 1 BerlAGBauGB und in Hamburg aufgrund I der Anordnung über Zuständigkeiten im Bauordnungswesen. Keine Regelungen zur Ersetzung des Einvernehmens nach § 36 BauGB enthalten die LBO BW und die NdsBauO.

[100] *Söfker*, in: Ernst/Zinkahn/Bielenberg/Krautzberger, BauGB, § 36 Rn. 40; *Lechner*, in: Simon/Busse, BayBO, Art. 74 Rn. 8 m.w.N.; für Baden-Württemberg: *VGH Mannheim* NVwZ 1999, 442 (444).

[101] Davon geht unausgesprochen z.B. *OVG Koblenz* NVwZ-RR 2000, 85 aus; dazu *Jäde*, KommJur 2005, 368 (371) m.w.N.

■ Nach einer vorzugswürdigen und vordringenden Ansicht[102] ist es bereits im Ansatz verfehlt, Art. 67 BayBO und § 36 Abs. 2 Satz 3 BauGB als völlig unverbunden nebeneinander stehende Rechtsgrundlagen zu betrachten; vielmehr seien sie zusammen zu lesen und Art. 67 BayBO im Lichte des § 36 Abs. 2 Satz 3 BauGB dogmatisch neu zu justieren. Der Bundesgesetzgeber hat nach dieser Sichtweise – gestützt auf seine bodenrechtliche Gesetzgebungskompetenz – die Frage der Ersetzbarkeit des gemeindlichen Einvernehmens an sich gezogen und abschließend geregelt. Gemäß allgemeinen bundesstaatlichen Grundsätzen (Art. 72 Abs. 1, 31 GG) bleibt demnach kein Raum mehr für landesrechtliche Regelungen, die das gleiche Ergebnis/die gleiche Rechtsfolge auf anderem dogmatischen Wege (kommunalaufsichtsrechtliche statt baurechtliche Ersetzungsbefugnis) erreichen wollen. Raum für Landesrecht ist vielmehr nach Art. 84 Abs. 1 GG und § 36 Abs. 2 Satz 3 BauGB nur noch insoweit, als das Land im Wege der Ausführungsbestimmung Zuständigkeit und Verfahren der bundesrechtlichen Ersetzungsbefugnis näher bestimmen darf. Art. 67 BayBO bedarf insoweit – im Lichte des kompetenziell und normhierarchisch höherrangigem § 36 Abs. 2 Satz 3 BauGB – einer dogmatischen Neuausrichtung. Er kann – entgegen dem Wortlaut („Ersatzvornahme" u. ä.) – nicht mehr als eigenständige kommunalaufsichtsrechtliche Ersatzvornahmebefugnis verstanden werden, sondern ist zur bloßen Ausführungsbestimmung zu § 36 Abs. 2 Satz 3 BauGB, d. h. einer baurechtlichen Ersetzungsbefugnis, geworden. Die Rechtsgrundlage für die Ersetzung ergibt sich so aus § 36 Abs. 2 Satz 3 BauGB i. V. m. Art. 67 BayBO.

bb) Formelle Rechtmäßigkeit der Ersetzung
Art. 67 BayBO trifft – als Ausführungsbestimmung zu § 36 Abs. 2 Satz 3 BauGB (siehe aa) die näheren Regelungen. Zuständig war das Landratsamt als die auch für die Baugenehmigung zuständige Behörde. Die Gemeinde war gem. Art. 67 Abs. 4 BayBO anzuhören, und ihr musste eine angemessene Frist zur erneuten Entscheidung gegeben werden; dies ist laut Sachverhalt (beharrliche Weigerung trotz Anhörung) erfolgt. Dass eine vorhergehende Beanstandung entbehrlich ist (Art. 67 Abs. 2 BayBO), ergibt sich schon daraus, dass es sich bei der Ersetzung im Lichte des § 36 Abs. 2 Satz 3 BauGB nicht mehr um eine kommunalaufsichtsrechtliche Befugnis handelt (vgl. aa). Die Ersetzung durfte uno actu mit der Baugenehmigung erfolgen (Art. 67 Abs. 3 Satz 1 BayBO). Auch dem Begründungserfordernis in Bezug auf die Ersetzung (vgl. Art. 67 Abs. 3 Satz 1 2. HS. BayBO)[103] wurde laut Sachverhalt genügt. Die Ersetzung war somit formell einwandfrei.

cc) Materielle Rechtmäßigkeit der Ersetzung
Eine Ersetzung kommt nach § 36 Abs. 2 Satz 3 BauGB und Art. 67 Abs. 1 Satz 1 BayBO nur in Betracht, soweit das gemeindliche Einvernehmen rechtswidrig verweigert wurde. Ob dies der Fall ist, richtet sich nach § 36 Abs. 2 Satz 1 BauGB, wonach die Gemeinde ihr Einvernehmen nur aus den sich aus den §§ 31, 33, 34 und 35 BauGB ergebenden Gründen verweigern darf. Die zusätzliche Anforderung des Art. 67 Abs. 1 Satz 1 BayBO, dass ein Rechtsanspruch auf Genehmigungserteilung bestehen muss (d. h. die Genehmigung nicht im Ermessen stehen darf), spielt im vorliegenden Fall, in dem sich die planungsrechtliche Zulässigkeit nach § 35 BauGB richtet und kein Genehmigungsermessen (z. B. nach § 31 BauGB) ersichtlich ist, keine Rolle.[104]

Nach dem unter a) Ausgeführten verstößt das Vorhaben gegen § 35 BauGB. Die Gemeinde konnte daher das Einvernehmen zu Recht verweigern. Eine Ersetzung war deswegen nicht in materiell-rechtmäßiger Weise möglich; sie war materiell rechtswidrig.

---

[102] *Horn*, NVwZ 2002, 406 ff.; *Klinger*, BayVBl. 2002, 481 ff., *Hellermann*, Jura 2002, 589 (593); *Decker/Konrad*, Bayerisches Baurecht, S. 262; *Reidt*, in: Gelzer/Becher/Reidt, Bauplanungsrecht, 7. Aufl. 2004, Rn. 1762; ausführlich: *Möstl*, BayVBl. 2003, 225 (227); *ders.*, BayVBl. 2007, 129 (131); siehe auch *Sikora*, JA 2005, 40 (42).

[103] Die Norm regelt zwar die Begründung der Ersatzvornahme, nachdem diese Norm aber soeben in eine Ausführungsvorschrift zu § 36 Abs. 2 Satz 3 BauGB umgedeutet wurde, wirkt auch diese Aussage des Art. 67 BayBO als ein Verfahrenserfordernis direkt für die baurechtliche Ersetzung.

[104] Welche Bedeutung diese zusätzliche Einschränkung des Art. 67 Abs. 1 Satz 1 BayBO neben der vorrangigen Bundesrechtsnorm des § 36 Abs. 2 Satz 3 BauGB haben kann, kann deswegen offen bleiben. Tatsächlich folgt auch bereits aus Bundesrecht, dass sich die Bauaufsichtsbehörde, falls Ermessen besteht, nicht über die Ermessensbetätigung der Gemeinde (der insoweit ein echtes Mitentscheidungsrecht zusteht) hinwegsetzen darf; vgl. *Möstl*, BayVBl. 2007, 129 (134); siehe auch *BayVGH* BayVBl. 2007, 661.

Da folglich bereits die tatbestandlichen Voraussetzungen einer Ersetzung nicht vorliegen, kommt der Frage, inwieweit das Landratsamt bei seiner Entscheidung ein etwa bestehendes Rechtsfolgeermessen fehlerhaft ausgeübt hat (in Betracht kommt laut Sachverhalt ein Ermessensausfall, siehe bereits I.3.), keine eigenständige Bedeutung zu. Wie bereits im Rahmen der Klagebefugnis (I.3. am Ende) ausgeführt, ist es – trotz des Wortlauts des § 36 Abs. 2 Satz 3 BauGB, Art. 67 Abs. 1 Satz 1 BayBO („kann") – angesichts des Art. 14 GG äußerst fraglich, ob tatsächlich ein Ermessen besteht (nach vorzugswürdiger Ansicht ist das „kann" als bloßer Hinweis auf eine der Behörde zustehende Befugnis zu verstehen).[105] Selbst wenn ein Ermessen bestünde, wäre schließlich zu bedenken, dass dieses Ermessen nach der Rechtsprechung[106] nicht im Interesse der Gemeinde besteht und ein etwaiger Ermessensfehler deswegen keine Rechtsverletzung der Gemeinde auszulösen vermag (vgl. bereits I.3. am Ende).

Zwischenergebnis: Die Ersetzung und damit auch die Baugenehmigung waren materiell rechtswidrig.

3. Rechtsverletzung der Gemeinde

Hier kann in vollem Umfang auf das bereits im Rahmen der Klagebefugnis ausgeführte (I.3.) verwiesen werden. Allein schon der objektiv-rechtliche Verstoß gegen § 35 BauGB begründet an sich eine Verletzung der materiellen Planungshoheit der Gemeinde. Die materielle Planungshoheit erlangt jedoch keine eigenständige Bedeutung, soweit sie in § 36 BauGB einer spezialgesetzlichen Ausformung zugeführt wurde; maßgeblich ist insoweit allein § 36 BauGB. Darin, dass die Baugenehmigung ohne das Einvernehmen der Gemeinde und ohne, dass dieses in rechtmäßiger Weise ersetzt werden konnte, ersetzt wurde, liegt eine Verletzung des aus § 36 BauGB entspringenden subjektiven Einvernehmensrechts der Gemeinde, das ihre Planungshoheit näher konkretisiert. Die Gemeinde darf ihr Einvernehmen gem. § 36 Abs. 2 Satz 1 BauGB aus allen sich aus §§ 31, 33, 34, 35 BauGB ergebenden Gründen versagen; folglich spielt es auch für ihren Rechtsschutz gegen eine rechtswidrige Ersetzungsentscheidung und Baugenehmigung keine Rolle, von welcher Art (Verstoß gegen eine im Allgemeininteresse oder im spezifischen Gemeindeinteresse erlassene Norm) der in Rede stehende Verstoß des Bauvorhabens gegen §§ 31, 33, 34, 35 BauGB ist. Falsch ist insbesondere die vereinzelt vertretene Ansicht, der Gemeinde komme im Rahmen des § 36 BauGB eine wehrfähige Position nur zu, soweit das Vorhaben hinreichend konkretisierte Planungen der Gemeinde berühre oder wesentliche Gemeindeteile einer künftigen Planung entziehe (vgl. im Einzelnen bereits I.3. zur Klagebefugnis). Eine Rechtsverletzung ist folglich zu bejahen.

Ergebnis zur Abwandlung: Die Anfechtungsklage ist zulässig und begründet.

Rechtsprechungsvorlagen: BVerwGE 72, 362; 106, 228; *BVerwG* NVwZ 2002, 124; NVwZ 2004, 858; NVwZ 2004, 984; BauR 2008, 328; *BGH* NVwZ 2007, 485; *BayVerfGH* BayVBl. 2009, 109; *OVG Lüneburg* DVBl. 2000, 212; **zur Abwandlung:** *BVerwG* NVwZ 2005, 83, BayVBl. 2009, 27; *BayVGH* BayVBl. 2001, 242; *VGH Kassel* BRS 70 Nr. 102, S. 544; *OVG Koblenz* BauR 2006, 1873

Leseempfehlungen: *Aichele/Herr,* Die Aufgabe des übergesetzlichen Bestandsschutzes und die Folgen, NVwZ 2003, 415 ff.; *Dürr,* Die Klausur im Baurecht (Teile 1 und 2), JuS 2007, 328 und 431; *Hager/Kirchberg,* Veränderungssperre, Zurückstellung von Baugesuchen und faktische Bausperren, NVwZ 2002, 400 ff.; *Hager/Kirchberg,* Haftungsfragen bei Veränderungssperre, Zurückstellung und faktischer Bausperre, NVwZ 2002, 538 ff.; **speziell zur Reformierung des Widerspruchsverfahrens in Bayern:** *Biermann,* Das Widerspruchsverfahren unter Reformdruck, DÖV 2008, 395; *Dolde/Porsch,* Die Abschaffung des Widerspruchsverfahrens – ein bedauernswerter Abbruch eines Grundpfeilers der VwGO?, VBlBW 2008, 428; *Geiger,* Die Neuregelung des Widerspruchsverfahrens durch das AGVwGO, BayVBl. 2008, 161; *Heiß/Schreiner,* Zum fakultativen Vorverfahren nach Art. 15 Abs. 1 AGVwGO, BayVBl. 2007, 616 ff.; *Holzner,* Die Abschaffung des Widerspruchsverfahrens – Problemstellung und rechtliche Erwägungen, DÖV 2008, 217; *Kamp,* Die Reform des Widerspruchsverfahrens in Nordrhein-Westfalen, NWVBl. 2008, 41; *Koehl,* Referendarexamensklausur – Öffentliches Recht: Einrichtung einer Tempo-30-Zone – Folgen der „Abschaffung" des Widerspruchsverfahrens, JuS 2009, 145; *Lindner,* Abschaffung des Widerspruchsverfahrens durch die Länder? – Zur Verfassungsmäßigkeit des Art. 15 Nr. 21 AGVwGO, BayVBl. 2005, 65; *Müller-Grune/*

---

[105] So *OVG Koblenz* NVwZ-RR 2000, 85 (86); offen gelassen in *OVG Lüneburg* NVwZ-RR 2004, 91; für Ermessen *OVG Lüneburg* BauR 2005, 679; zum Ganzen: *Möstl,* BayVBl. 2007, 129 (131).

[106] *BayVGH* BayVBl. 2006, 605 (606).

Grune, Abschaffung des Widerspruchsverfahrens – Ein Bericht zum Modellversuch in Mittelfranken, BayVBl. 2007, 65 ff.; *Unterreitmeier*, Die Neuregelung des Widerspruchsverfahrens in Bayern, BayVBl. 2007, 609 ff.; **zur Abwandlung:** *Horn*, Das gemeindliche Einvernehmen unter städtebaulicher Aufsicht, NVwZ 2002, 402; *Jäde*, Aktuelle Probleme des gemeindlichen Einvernehmens, KommJur 2005, 325, 368; *Möstl*, § 44a VwGO und der Rechtsschutz gegen die Ersetzung des gemeindlichen Einvernehmens, BayVBl. 2003, 225; *Möstl*, Der Rückbau des § 36 BauGB schreitet voran, BayVBl. 2007, 129; *Sikora*, Ärger mit dem Einvernehmen, JA 2005, 40.

Fall 2: Weg mit den Mietern! *(Reimer)*

Sachverhalt

Der Rosenheimer Großinvestor G möchte im Münchener Westend ein in seinem Eigentum stehendes gründerzeitliches Mietshaus von Grund auf restaurieren. Das Mietshaus befindet sich in einem Sanierungsgebiet. Auf seinen Antrag hin erteilt ihm die Landeshauptstadt München Ende Oktober die sanierungsrechtliche Genehmigung für Instandsetzungs- und Modernisierungsarbeiten. Die Genehmigung enthält u. a. die der Einhaltung der festgestellten Sozialpläne dienende „Bedingung", dass mit mindestens 50 % der Mieter einvernehmliche Modernisierungsvereinbarungen oder Räumungsvereinbarungen abzuschließen sind. Dazu heißt es in der Genehmigung:

Diese Bedingung hat aufschiebende Wirkung, d. h. von der Genehmigung kann erst Gebrauch gemacht werden, wenn die Bedingung erfüllt ist. Die Erfüllung ist uns vor Beginn der Baumaßnahmen schriftlich anzuzeigen.

G ist mit dieser Bedingung nicht einverstanden. Er erhebt deshalb form- und fristgerecht Anfechtungsklage gegen die Bedingung. Über die Klage ist noch nicht entschieden. Die Verhandlungen mit den Mietern gestalten sich erwartungsgemäß als schwierig. Schon jetzt zeichnet sich ab, dass jedenfalls bis Ende Dezember keine ausreichende Anzahl von Vereinbarungen zustande kommen wird.

Um sich steuerliche Vorteile nicht entgehen zu lassen, beginnt G gleichwohl Anfang Dezember mit den Baumaßnahmen. Daraufhin verfügt die Landeshauptstadt München unter Hinweis auf das Fehlen einer vollziehbaren Sanierungsgenehmigung schriftlich die Einstellung der Bauarbeiten. Mit ordnungsgemäßer Begründung wird diese Verfügung außerdem für sofort vollziehbar erklärt. Gegen diesen Bescheid beantragt G beim Verwaltungsgericht München die Wiederherstellung der aufschiebenden Wirkung.

Vermerk für die Bearbeiter: Hat der Antrag Aussicht auf Erfolg?

Lösung

Der Antrag des G auf Wiederherstellung der aufschiebenden Wirkung (§ 80 Abs. 5 VwGO) hätte Aussicht auf Erfolg, wenn er zulässig und begründet wäre.

A. Zulässigkeit eines Antrags nach § 80 Abs. 5 VwGO

I. Verwaltungsrechtsweg

> **Hinweis zum Aufbau:** Wegen der Möglichkeit einer Verweisung des Rechtsstreits an eine andere Gerichtsbarkeit (§§ 173 Satz 1 VwGO i.V.m. 17a Abs. 2 Satz 1 GVG) wird teilweise die Ansicht vertreten, dass der Prüfungspunkt „Verwaltungsrechtsweg" kein Teil der Zulässigkeit sei, sondern separat vorweg geprüft werden sollte.[1] Ob diese Verweisungsmöglichkeit auch für Anträge auf Gewährung einstweiligen Rechtsschutzes nach §§ 80, 80a VwGO besteht, ist aber sehr strittig; von der h. M. wird die Verweisungsmöglichkeit in diesen Fällen abgelehnt (arg. § 17a Abs. 5 GVG, „Hauptsache"; zudem passen die Vorschriften des § 17a Abs. 4 GVG nicht)[2]. Auf die Frage ist zwar vorliegend mit keinem Wort einzugehen. Die Existenz des Streits spricht aber dafür, die Eröffnung des Verwaltungsrechtsweges jedenfalls bei Anträgen auf Gewährung einstweiligen Rechtsschutzes in die Zulässigkeitsprüfung einzugliedern.

Auseinandersetzungen um den Sofortvollzug von Verwaltungsakten sind öffentlich-rechtlicher Art. Ein spezifischer verfassungsrechtlicher Bezug fehlt ebenso wie eine Sonderzuweisung. Damit ist nach § 40 Abs. 1 Satz 1 VwGO der Verwaltungsrechtsweg eröffnet.

II. Statthaftigkeit des Antrages

Die Statthaftigkeit des Antrags auf Wiederherstellung der aufschiebenden Wirkung richtet sich nach § 80 Abs. 5 Satz 1, 2. HS i.V.m. Abs. 2 Nr. 4 VwGO. Sie setzt voraus,
- dass ein Verwaltungsakt vorliegt,
- der noch nicht erledigt und
- sofort vollziehbar ist.

Ein Verwaltungsakt i. S. d. Art. 35 Satz 1 BayVwVfG ist wirksam erlassen worden (hier: Baueinstellungsverfügung, nicht Baugenehmigung). Dieser VA ist noch nicht erledigt. Der Sofortvollzug wurde ausdrücklich angeordnet. Ob die Anordnung des Sofortvollzugs rechtmäßig war, ist im Rahmen der Zulässigkeitsprüfung unerheblich, denn jedenfalls ist sie wirksam.

Fraglich ist aber, ob der Statthaftigkeit des Antrags der Umstand entgegensteht, dass G hier bislang noch nicht gegen die Baueinstellungsverfügung vorgegangen ist, die hier die Hauptsache i.S.d. § 80 Abs. 5 Satz 1 VwGO bildet. Als statthafter Rechtsbehelf in der Hauptsache kommt in Bayern wegen Art. 15 Abs. 2 AGVwGO allein die sofortige Anfechtungsklage in Betracht. Nach § 80 Abs. 5. Satz 2 VwGO ist der Antrag nach § 80 Abs. 5 Satz 1 VwGO aber bereits vor Erhebung der Anfechtungsklage zulässig. Der bloße Umstand, dass G noch keine Anfechtungsklage gegen die Baueinstellungsverfügung erhoben hat, steht mithin der Zulässigkeit seines Antrags entgegen.

---

[1] Nähere Erörterungen hierzu bei *Seidel/Reimer/Möstl*, Allgemeines Verwaltungsrecht und Kommunalrecht 2005, Lösung zu Fall 1.
[2] So etwa *Schenke*, Verwaltungsprozessrecht, Rn. 155 mit Fn. 94.

Zur Vertiefung: In denjenigen Bundesländern, in denen regelmäßig der Anfechtungsklage noch ein Widerspruch vorausgehen muss (§ 68 VwGO), wäre an dieser Stelle die Frage zu erörtern, ob nicht zumindest der Widerspruch in der Hauptsache erhoben worden sein muss.

Dafür sprechen ein Umkehrschluss aus § 80 Abs. 5 Satz 2, vor allem aber der Wortlaut des § 80 Abs. 1 Satz 1 VwGO. Das Verwaltungsgericht kann nur „*wieder*herstellen", was zuvor bereits einmal „hergestellt" war. Die aufschiebende Wirkung tritt aber gerade nicht ipso iure ein (m. a. W.: ein VA wird nicht erst mit Eintritt der Bestandskraft vollziehbar), sondern nur für den Fall, dass ein Widerspruch erhoben worden ist[3].

Nach zutreffender Auffassung ist der vorherige Widerspruch gleichwohl entbehrlich. Das ergibt sich aus einer historisch-evolutiven Auslegung des § 80 Abs. 4 VwGO[4], vor allem aber aus dem Gebot der Gewährung effektiven Rechtsschutzes gerade auch im Eilverfahren (Art. 19 Abs. 4 GG). Denn der Betroffene soll die Möglichkeit behalten, mit der Einlegung des Widerspruchs in der Hauptsache bis kurz vor Ablauf der Widerspruchsfrist zu warten[5].

Die Statthaftigkeit setzt aber nach h. M. immerhin voraus, dass der **Rechtsbehelf**, den der Betroffene **in der Hauptsache** einlegen kann oder sogar schon eingelegt hat, **zulässig** ist. Nach a. A. ist es ausreichend, wenn ein Rechtsbehelf nicht **offensichtlich unzulässig** ist. Eine dritte Auffassung lässt sogar die bloße Existenz eines VA genügen, ohne dass die weiteren Zulässigkeitsvoraussetzungen des Rechtsbehelfs in der Hauptsache zu prüfen wären[6]. Auf die unterschiedlichen Auffassungen kommt es hier aber nicht an. Denn hier sind sogar die von der h. M. geforderten strengen Voraussetzungen erfüllt. Insbesondere ist G als Adressat der ihn belastenden Baueinstellungsverfügung klagebefugt (§ 42 Abs. 2 VwGO).

III. Antragsbefugnis

Da G zugleich Adressat der Anordnung des Sofortvollzugs ist, ist er auch antragsbefugt im Hinblick auf den Rechtsbehelf nach § 80 Abs. 5 VwGO. Im zweidimensionalen Staat-Bürger-Verhältnis ist die Antragsbefugnis nach § 80 Abs. 5 VwGO untrennbar mit der Widerspruchs-/Klagebefugnis in der Hauptsache verbunden.

Zur Vertiefung: Anders in Dreiecksfällen! Wenn ein VA seinen Adressaten begünstigt, einen Dritten aber belastet und der Dritte durch Einlegen von Anfechtungswiderspruch oder -klage die aufschiebende Wirkung auslöst, kann der Adressat – obwohl er mangels Beschwer nicht klagebefugt ist! – bei der Behörde (§ 80a Abs. 1 Nr. 1 VwGO), notfalls später bei dem Verwaltungsgericht (§ 80a Abs. 3 Satz 1 a. E. i. V. m. Satz 2, Abs. 1 Nr. 1 und § 80 Abs. 5 VwGO) einen zulässigen Antrag auf Herstellung des Sofortvollzugs stellen.

IV. Rechtsschutzbedürfnis; Vorverfahren

Vor der Erhebung des Antrages nach § 80 Abs. 5 VwGO bedarf es grundsätzlich keines Antrags bei der Behörde. Etwas anderes gilt nur kraft der ausdrücklichen Anordnung in Abs. 6 für den Antrag auf Anordnung der aufschiebenden Wirkung bei Kosten- und Abgabenbescheiden (§ 80 Abs. 2 Satz 1 Nr. 1 VwGO) und nach h. M. in den Fällen des § 80a Abs. 3 VwGO.

---

[3] Für eine zumindest gleichzeitige Einlegung des Widerspruchs daher *Schoch,* in: Schoch/Schmidt-Aßmann/Pietzner, VwGO, § 80 Rn. 314; offengelassen in *OVG Münster* DVBl. 1996, 115 = NVwZ-RR 1996, 184.

[4] Hierzu näher *Schenke,* Verwaltungsprozessrecht, Rn. 992 m. w. N.

[5] *VGH Mannheim,* VBlBW 1995, 17 (18); *Schenke,* JZ 1996, 1160; *ders.,* Verwaltungsprozessrecht, Rn. 992 m. w. N.; *Peine,* Klausurenkurs im Verwaltungsrecht, 3. Aufl., 2008, Rn. 313.

[6] *Schwabe,* Examensrelevantes Verwaltungsprozessrecht, 5. Aufl., 2000, S. 101.

V. Zuständiges Gericht

Für die Entscheidung über Anträge im Verfahren des einstweiligen Rechtsschutzes ist örtlich und sachlich das Gericht der Hauptsache zuständig (§ 80 Abs. 5 Satz 1 VwGO), hier also nach §§ 45, 52 Nr. 1 VwGO, Art. 1 Abs. 2 Nr. 1 AGVwGO das von G angerufene VG München.

VI. Form

Für die Form des Antrags auf Wiederherstellung der aufschiebenden Wirkung gelten an sich die §§ 81 ff. VwGO analog. An die Bestimmtheit des Antrags sind aber wegen des gerichtlichen Ermessen hinsichtlich des „Wie" der Aussetzung keine zu strengen Anforderungen zu stellen[7].

VII. Frist

Eine eigenständige Frist ist nicht zu beachten. Nach Ablauf der Rechtsbehelfsfrist in der Hauptsache (in Bayern: Ablauf der Klagefrist) entfällt aber nach h. M. die Statthaftigkeit des Antrages nach § 80 Abs. 5 VwGO, wenn bis dahin kein Rechtsbehelf in der Hauptsache eingelegt wurde (s. o. II.). Bis dahin ist der Antrag des G indes unproblematisch zulässig.

B. Begründetheit des Antrags nach § 80 Abs. 5 VwGO

Der Antrag des G ist begründet, wenn er sich gegen den richtigen Antragsgegner richtet und
- **wenn die Anordnung des Sofortvollzugs rechtswidrig war**
- **oder** sich aufgrund der eigenen Interessenabwägung, die das Gericht vornimmt, aus anderen Gründen – namentlich wegen einer Rechtswidrigkeit des VA, auf den sich die Anordnung des Sofortvollzugs bezieht – ein überwiegendes Interesse des Antragstellers an der Wiederherstellung der aufschiebenden Wirkung ergibt.

Zur Vertiefung: Der Prüfungsumfang ergibt sich hier nicht unmittelbar aus dem Gesetz. In der Literatur findet sich teilweise nur der Hinweis, dass die Interessenabwägung (unter maßgeblicher Berücksichtigung der Erfolgsaussichten in der Hauptsache) vorzunehmen sei[8]. Das greift in jedem Fall zu kurz. Zumindest die formelle Rechtmäßigkeit der Anordnung des Sofortvollzugs kann und muss das Verwaltungsgericht prüfen.

Zweifelhaft ist dagegen, ob auch seine materielle Rechtmäßigkeit zu prüfen ist. Die **h. M.** verneint dies[9]. Denn ob die Anordnung des Sofortvollzugs durch die Ausgangsbehörde materiell rechtmäßig ist, hängt wesentlich (möglicherweise sogar ausschließlich; das erfordert aber identische Prüfungsmaßstäbe auf Behördenebene einerseits und der Ebene des VG anderseits; dazu vgl. den Kasten unter B.II.2.) von der Rechtmäßigkeit des VA ab, auf den sich die Anordnung des Sofortvollzugs bezieht (hier: Baueinstellungsverfügung). Gerade diese Rechtmäßigkeit des VA ist aber zugleich Teil der Interessensabwägung, die das Gericht noch einmal eigenständig vornimmt (unten B.III.). Daher kommt es zu unnötigen Verdoppelungen. Wenn man bei § 80 Abs. 5 VwGO die Kompetenz des Gerichts betont, eine eigene Ermessensentscheidung über die Gewährung einstweiligen Rechtsschutzes zu treffen

---

[7] Vgl. *Schenke,* Verwaltungsprozessrecht, Rn. 990.

[8] So etwa *Tettinger/Wahrendorf,* Verwaltungsprozessrecht, § 24 Rn. 9 ff., die dann aber – in Durchbrechung ihres Obersatzes – im folgenden zusätzlich die formelle Rechtmäßigkeit der Anordnung des Sofortvollzuges durch die Behörde prüfen (Rn. 14).

[9] Exemplarisch: *Bosch/Schmidt,* Praktische Einführung in das verwaltungsgerichtliche Verfahren, 8. Aufl. 2005, § 49 II 2b; *Würtenberger,* Verwaltungsprozeßrecht, Rn. 531 m.w.N.

(was nicht ganz unproblematisch ist: Denn das Gericht ist allenfalls im Hinblick auf das *Wie* der Anordnung frei; für die Frage, *ob* einstweiliger Rechtsschutz zu gewähren ist, besteht keinerlei Ermessen[10]), dann liegt in der gerichtlichen Entscheidung keine bloße Kontrolle der Verwaltung. Vielmehr tritt das Gericht selbstständig an die Stelle der Behörde, kann also unvoreingenommen eine eigene Entscheidung treffen.

Nach **anderer Ansicht**, der hier gefolgt wird, ist dagegen auch die materielle Rechtmäßigkeit der behördlichen Anordnung des Sofortvollzugs zu prüfen[11]. Das Gesetz bietet keine Stütze für eine Überprüfung nur der formellen Rechtmäßigkeit. Der allgemeine subjektive Anspruch auf Beseitigung rechtswidriger staatlicher Maßnahmen, die in subjektive Rechte eingreifen, erfordert gerade auch eine Überprüfung der materiellen Rechtmäßigkeit. Insbesondere betrifft dieser allgemeine Aufhebungsanspruch nicht nur Verwaltungsakte, sondern auch deren Annexe (hier: die Anordnung des Sofortvollzugs).

I. Richtiger Antragsgegner

Richtiger Antragsgegner ist die Landeshauptstadt München. Das ergibt sich aus einer analogen Anwendung von § 78 Abs. 1 Nr. 1 VwGO, der seinem Wortlaut nach nur für das Hauptsacheverfahren gilt, auf die Verfahren nach § 80 Abs. 5 VwGO.

II. Rechtmäßigkeit der Anordnung des Sofortvollzugs

Die Anordnung des Sofortvollzugs, die mit der Baueinstellungsverfügung verbunden war, müsste rechtmäßig gewesen sein.

1. Formelle Rechtmäßigkeit

a) Zuständigkeit
Zuständig für die Anordnung des Sofortvollzugs eines Verwaltungsaktes sind die Ausgangsbehörde und – soweit der Widerspruch nicht nach Landesrecht (hier: Art. 15 Abs. 2 BayAGVwGO) ausgeschlossen ist – die Widerspruchsbehörde. Im Falle des G hat mit der Landeshauptstadt München die zuständige Ausgangsbehörde gehandelt.

b) Verfahren
Umstritten ist, ob die Anordnung des Sofortvollzugs einer Anhörung bedurft hätte. Seinem Wortlaut nach gilt Art. 28 Abs. 1 BayVwVfG nur für den Erlass von Verwaltungsakten. Die Anordnung des Sofortvollzugs ist aber nach h. M. kein eigener Verwaltungsakt, sondern lediglich ein Annex zu einem anderweitigen Verwaltungsakt (hier: der Baueinstellungsverfügung)[12].

Im Hinblick auf das Rechtsstaatsprinzip und das Gebot der Gewährung rechtlichen Gehörs wird teilweise aber eine entsprechende Anwendung von Art. 28 BayVwVfG auf die Anordnung des Sofortvollzugs befürwortet[13]. Für diese Auffassung spricht, dass in der Anordnung des Sofortvollzugs eine eigenständige Beschwer liegt, die rechtsstaatlich nicht unproblematisch ist. Das hat auch der Gesetzgeber anerkannt (vgl. das Erfordernis einer besonderen Begründung, § 80 Abs. 3 VwGO). Daher könne die verfahrensrechtliche Hemmschwelle auch im Hinblick auf das Anhörungserfordernis nicht abgesenkt

---

[10] Zutreffend *Schenke*, Verwaltungsprozessrecht, Rn. 1003; zu pauschal gegen ein gerichtliches Ermessen *Würtenberger*, Verwaltungsprozeßrecht, Rn. 532 Fn. 76.

[11] *Schenke*, Verwaltungsprozessrecht, Rn. 1000 m. w. N. in Fn. 54 a. E.; ebenso *Stein*, Fälle und Erläuterungen zum Allgemeinen Verwaltungsrecht/Verwaltungsprozeßrecht, S. 319 f.

[12] BVerwGE 24, 92 (94); *OVG Berlin*, NVwZ 1993, 198; *VGH Mannheim*, NVwZ-RR 1995, 175; *OVG Münster*, BauR 1995, 69; *Kopp/Ramsauer*, § 28 VwVfG Rn. 7 und § 35 Rn. 67; *Detterbeck*, Allgemeines Verwaltungsrecht, Rn. 1484; a. A. *OVG Bremen*, NordÖR 1999, 284 (285); *VGH Kassel*, DÖV 1988, 1023.

[13] *Nds. OVG*, NVwZ-RR 1993, 585 (586); *Müller* NVwZ 1998, 702 f.; *Redeker/v. Oertzen*, VwGO, § 80 Rn. 27.

werden. Gegen diese Auffassung wird eingewandt, sie verkenne die Besonderheiten einer derartigen Anordnung. Wegen der regelmäßig bestehenden Eilbedürftigkeit der Anordnung des Sofortvollzugs könne die Zeit, die ein Anhörungsverfahren erfordert, das Vollzugsinteresse vereiteln[14]. Diese Gefahr lässt sich aber durch Art. 28 Abs. 2 Nr. 1 BayVwVfG bannen; danach entfällt das Anhörungserfordernis bei Eilbedürftigkeit ohnehin. Gleiches gilt, wenn der Betroffene nicht gewarnt sein soll, weil die Gefahr besteht, dass er ansonsten vollendete Tatsachen schafft. Wo diese Gefahren aber nicht bestehen, spricht nichts gegen die – rechtsstaatlich tendenziell gebotene – entsprechende Anwendung von Art. 28 Bay-VwVfG auf die Anordnung des Sofortvollzugs[15].

Vorliegend ist die Anhörung unterblieben, ohne dass ein Ausnahmetatbestand nach Art. 28 Abs. 2 BayVwVfG vorgelegen hätte. Dieser Verfahrensfehler wird aber nach Art. 45 Abs. 1 Nr. 3 i.V.m. Abs. 2 BayVwVfG durch die Gewährung rechtlichen Gehörs im gerichtlichen Verfahren nach § 80 Abs. 5 VwGO geheilt[16].

c) Form

Das Erfordernis einer „besonderen Anordnung" (§ 80 Abs. 2 Satz 1 Nr. 4 VwGO) ist nach dem Sachverhalt gewahrt. Gleiches gilt für das Erfordernis einer schriftlichen Begründung (§ 80 Abs. 3 Satz 1 VwGO; eine Ausnahme nach Satz 2 liegt hier ersichtlich nicht vor). Daher ist die Anordnung formell rechtmäßig.

> **Zur Vertiefung:** Ein Verstoß gegen die Begründungspflicht wäre nach h. M. hier nicht heilbar gewesen. Darin liegt eine echte Besonderheit des einstweiligen Rechtsschutzes. Natürlich geriete man in einen Wertungswiderspruch zu dem oben (1.b.) Gesagten, wenn man hier streng formal darauf abstellte, dass es sich bei der Anordnung des Sofortvollzugs nicht um einen VA handelt, dass aber gerade die VA-Qualität nach der systematischen Stellung des § 45 Abs. 2 VwVfG Voraussetzung für die Anwendung dieser Vorschrift wäre. Entscheidend ist vielmehr die teleologische Erwägung, dass andernfalls das Begründungserfordernis zur Bedeutungslosigkeit verkäme[17].

2. Materielle Rechtmäßigkeit der Anordnung des Sofortvollzugs

> **Zum Aufbau:** Ob dieser Prüfungspunkt überhaupt geboten ist, ist strittig (s. o. unter B.), weil es zu unnötigen Verdoppelungen kommt. Wenn man ihn hier überspringt, ist sogleich die gerichtliche Interessenabwägung anzuschließen (unten B.II.).

Die Anordnung des Sofortvollzugs wäre materiell rechtmäßig, wenn die Voraussetzungen des § 80 Abs. 2 Nr. 4 VwGO vorgelegen hätten. Danach müssten

- das öffentliche Interesse oder
- (bei Verwaltungsakten mit Drittwirkung:) ein überwiegendes Interesse eines Beteiligten für die Anordnung des Sofortvollzuges gesprochen haben.

Sehr problematisch ist, ob der Sofortvollzug immer schon dann angeordnet werden kann, wenn der VA offensichtlich rechtmäßig ist. § 80 Abs. 2 Satz 1 Nr. 4 VwGO bietet dafür keinen direkten Anhaltspunkt. Für Kostenbescheide genügen zwar ernstliche Zweifel an der Rechtmäßigkeit des VA (§ 80 Abs. 4 Satz 3 Alt. 1 VwGO). Speziell für die Fälle des § 80 Abs. 2 Satz 1 Nr. 4 VwGO verlangt dagegen der exakt auf diese Norm bezogene Abs. 3 Satz 1 ein „besonderes" Interesse. Das spricht dafür, dass hier die offensichtliche Rechtmäßigkeit des VA noch nicht ausreicht[18], da sie lediglich das allgemeine Interesse am Vollzug rechtmäßiger VAe auslöst.

---

[14] Kopp/*Ramsauer*, § 28 VwVfG Rn. 7.
[15] Überzeugend *OVG Bremen*, NordÖR 1999, 284 (285).
[16] *OVG Bremen*, NordÖR 1999, 284 (285); ebenso bereits das *OVG Münster*, NJW 1978, 1764 (1765).
[17] *Schenke*, Verwaltungsprozessrecht, Rn. 981 m.w. N.; vgl. *Hufen*, Verwaltungsprozessrecht, § 32 Rn. 18; *Detterbeck*, Allgemeines Verwaltungsrecht, Rn. 1485.
[18] *Schenke*, Verwaltungsprozessrecht, Rn. 984 m.w. N.

Vielmehr ist erforderlich, dass der VA dem Schutz besonders hochwertiger Individualrechtsgüter (Leben, Gesundheit) dient. Das ergibt auch die Zusammenschau des § 80 Abs. 2 Satz 1 Nr. 4 VwGO mit den anderen Tatbeständen des § 80 Abs. 2. Das Interesse am Sofortvollzug muss also über das „Grundinteresse" hinausreichen, das den Erlass des VA rechtfertigt; die Anordnung des Sofortvollzugs soll aber nicht zur Regel werden.

> **Kritik:** Darin liegt ein Wertungswiderspruch zu der Auffassung, die – einhellig – zur Interessenabwägung durch das Gericht im Rahmen von § 80 Abs. 5 VwGO vertreten wird: Für das Gericht soll es auf die Erfolgsaussichten in der Hauptsache, also letztlich auf die Rechtmäßigkeit des VA ankommen. Trotz gegenteiliger Bestrebungen[19] klaffen damit die Anforderungen an die behördliche Anordnung des Sofortvollzugs einerseits und an die gerichtliche Aufhebung des Sofortvollzugs anderseits auseinander.

Dieses Auseinanderklaffen der Maßstäbe hat problematische Konsequenzen: Wenn die Behörde – wie hier – den Sofortvollzug anordnet, ohne dass die genannten strengen Anforderungen tatsächlich erfüllt sind, ist die Anordnung des Sofortvollzugs rechtswidrig. Muss das Verwaltungsgericht sie deshalb auch aufheben? Dagegen könnte sprechen, dass das Verwaltungsgericht wegen seiner – laxeren – Maßstäbe aber (in einer anderen prozessualen Konstellation, z. B. auf einen Antrag des Nachbarn nach §§ 80a Abs. 3 i. V. m. 80 Abs. 5 VwGO) den Sofortvollzug angeordnet hätte. Das ist widersprüchlich.

Ebenso misslich ist der umgekehrte Fall: Wenn die Behörde die – strengen – Anforderungen an den Sofortvollzug als nicht gegeben ansieht, kann ein betroffener Nachbar vor dem VG die Anordnung des Sofortvollzugs nach §§ 80a Abs. 3 i. V. m. 80 Abs. 5 VwGO beantragen. Das VG entscheidet dann anhand seiner laxeren Maßstäbe danach, ob (verkürzt gesagt) der VA rechtmäßig und drittschützend ist. Bejaht es dies, wird es den Sofortvollzug anordnen – was der Behörde gerade nicht möglich war! Auch das kann nicht richtig sein.

Daher spricht vieles dafür, dass man die Prüfungsmaßstäbe miteinander harmonisiert. Dies kann in zwei Richtungen geschehen:

- entweder dahingehend, dass es auch auf der Ebene der Behörde für die Anordnung des Sofortvollzugs ausreicht, dass der VA rechtmäßig ist;
- oder (wegen § 80 Abs. 3 Satz 1 VwGO) dahingehend, dass positive Erfolgsaussichten in der Hauptsache für die Anordnung des Sofortvollzugs noch nicht ausreichend sind, sondern dass immer ein *besonderes* Interesse hinzutreten muss – und dass diese Verschärfung des Prüfungsmaßstabs auch für die gerichtliche Entscheidung nach § 80 Abs. 5 VwGO gilt.

Der erstgenannte Weg hat den Nachteil, dass die Behörde ihre VAe immer für rechtmäßig erachtet; sonst hätte sie sie nicht erlassen. Damit würde die Anordnung des Sofortvollzugs zum praktischen Normalfall. Das widerspricht aber ausweislich des „Schwereniveaus" der anderen Tatbestandsmerkmale des § 80 Abs. 2 und des § 80 Abs. 3 Satz 1 VwGO eindeutig der Vorstellung des Gesetzgebers.

Damit bleibt der zweite Weg: Auch das Verwaltungsgericht darf nicht immer schon dann den Sofortvollzug bestehen lassen, wenn der VA in der Hauptsache rechtmäßig war. Sondern es müsste – weiter gehend als bisher! – auch in solchen Fällen grundsätzlich die aufschiebende Wirkung wiederherstellen.

Folgt man dem, so ergeben sich im vorliegenden Fall erhebliche Zweifel an der materiellen Rechtmäßigkeit der Anordnung des Sofortvollzugs durch die Landeshauptstadt München. Denn der Sachverhalt weist keine Besonderheiten auf, die dafür sprechen könnten, dass die Baueinstellungsverfügung sofort vollziehbar sein muss. Die durch den Sozialplan und die Bedingung geschützten Belange betreffen gerade nicht den Vorgang des Bauens (also z. B. Lärm- und Staubbelästigungen), sondern vielmehr das Interesse der Mieter an dauerhaft niedrigen Mieten. Für das Mietniveau ist aber unerheblich, ob G seine Maßnahmen bereits jetzt einstellen muss oder bis zu einer Entscheidung über die Rechtmäßigkeit der Baueinstellungsverfügung in der Hauptsache warten muss. Im Gegenteil könnten die Kostennachteile, die sich für ihn durch ein Zuwarten ergäben (entgehende Steuervergünstigungen), letztlich auf die Mieter abgewälzt werden. Daher war hier die Anordnung des Sofortvollzugs durch die Landeshauptstadt München materiell rechtswidrig. Schon aus diesem Grunde war die Anordnung des Sofortvollzugs aufzuheben.

---

[19] Vgl. z. B. *Schenke,* Verwaltungsprozessrecht, Rn. 984 a. E.

> **Zum Aufbau:** Diese Konsequenz ergibt sich nur daraus, dass hier die materielle Rechtmäßigkeit der behördlichen Anordnung des Sofortvollzugs geprüft wurde – was Mindermeinung oder jedenfalls nicht zwingend ist. Folgt man dem aber, steht jetzt schon fest, dass der Antrag des G begründet ist. Die nachfolgende eigene Interessenabwägung könnte dann unterbleiben.

Nach wohl h. M. („keine Prüfung der materiellen Rechtmäßigkeit der behördlichen Anordnung des Sofortvollzugs") entfiele dagegen der gesamte Prüfungspunkt B.II.2.; danach wäre dann folgendermaßen weiterzuprüfen:

III. Interessenabwägung

Der Antrag des G hätte Erfolg, wenn sich bei der vom Verwaltungsgericht eigenständig vorzunehmenden Abwägung ergibt, dass das Interesse des G an der Wiederherstellung der aufschiebenden Wirkung das öffentliche Interesse oder das Drittinteresse am Sofortvollzug überwiegt.

1. Erfolgsaussichten eines Hauptsacheverfahrens

Im Rahmen dieser Interessenabwägung kommt primär den Erfolgsaussichten eines möglichen Hauptsacheverfahrens (hier: Widerspruchsverfahren gegen die Baueinstellungsverfügung) Bedeutung zu. Denn am Vollzug eines rechtswidrigen VA, der den Betroffenen in seinen Rechten verletzt und daher nach § 113 Abs. 1 Satz 1 VwGO aufzuheben ist, besteht niemals ein öffentliches Interesse. Damit ist hier zu fragen, ob die Baueinstellungsverfügung rechtswidrig ist und den G in seinen Rechten verletzt.

a) Rechtsgrundlage für die Baueinstellungsverfügung
Befugnisnorm für die Baueinstellungsverfügung ist in Bayern Art. 75 Abs. 1 Satz 1, Satz 2 Nr. 1 i.V.m. Art. 68 Abs. 5 BayBO[20].

b) Formelle Rechtmäßigkeit der Baueinstellungsverfügung

aa) Zuständigkeit
Sachlich zuständig ist die untere Bauaufsichtsbehörde, Art. 61 Abs. 1 BayBO. Untere Bauaufsichtsbehörde ist nach Art. 59 Abs. 1 Satz 1 BayBO die Kreisverwaltungsbehörde; als kreisfreie Stadt ist dies die Landeshauptstadt München selber (Art. 9 Abs. 1 Satz 1 BayGO).

bb) Verfahren
Nach Art. 28 Abs. 1 BayVwVfG war eine Anhörung erforderlich; es liegt kein Fall des Abs. 2 vor. Diese Anhörung fehlte zwar, kann im Hinblick auf die Baueinstellungsverfügung aber nachgeholt werden (Art. 45 Abs. 1 Nr. 3 i.V.m. Abs. 2 BayVwVfG). Hier erhält G durch das Verfahren nach § 80 Abs. 5 VwGO rechtliches Gehör, das sich mittelbar auch auf die Baueinstellungsverfügung erstreckt.

cc) Form
Verstöße gegen Formvorschriften sind nicht ersichtlich.

Zwischenergebnis: Die Baueinstellungsverfügung ist damit formell rechtmäßig.

c) Materielle Rechtmäßigkeit der Baueinstellungsverfügung
Die Baueinstellungsverfügung wäre in der Sache rechtmäßig, wenn die Voraussetzungen der Art. 75 Abs. 1 Satz 1, Satz 2 Nr. 1 i.V.m. Art. 68 Abs. 5 BayBO[21] vorgelegen hätten.

Hier ist die Baugenehmigung dem G zwar bekanntgegeben worden. Sie stand aber nach ihrem klaren Wortlaut und Sinn unter einer aufschiebenden Bedingung[22]. Die Bedingung war noch nicht eingetreten.

---

[20] § 64 Abs. 1 Satz 1, Satz 2 Nr. 1 i.V.m. § 59 Abs. 1 Satz 1 LBO BW; §§ 71 Satz 1, Satz 2 Nr. 1 i.V.m. 65 Abs. 1 HBO; § 89 Abs. 1 Satz 1, Satz 2 Nr. 1 i.V.m. § 78 Abs. 1 Satz 1 NdsBauO; § 61 Abs. 1 Satz 2 i.V.m. § 75 Abs. 5 BauO NW und die Parallelvorschriften anderer Bundesländer.
[21] Oben Fn. 20.
[22] Zu den Kriterien für die Unterscheidung verschiedener Typen von Nebenbestimmungen vgl. *Seidel/Reimer/Möstl*, Allgemeines Verwaltungsrecht, 2005, Lösung zu Fall 1, unter A.I.2.c.

An sich war die Baugenehmigung zum Zeitpunkt ihrer Bekanntgabe deshalb schwebend unwirksam. Eine schwebend unwirksame Baugenehmigung erlaubt noch keinen Baubeginn. Zwar erwähnen Art. 68 Abs. 5 BayBO und die Parallelvorschriften in den anderen Bundesländern[23] den Bedingungseintritt nicht ausdrücklich. Diese Vorschrift hat aber ohnehin nur deklaratorischen Charakter. Der dort genannte Zeitpunkt der Bekanntgabe (die regelmäßig die Wirksamkeit i. S. d. zeitlichen Anwendbarkeit auslöst, Art. 43 Abs. 1 Satz 1 BayVwVfG) wird schon nach allgemeinen Regeln durch andere (spätere) Zeitpunkte ersetzt, wenn erst diese nach materiellem Recht den Beginn des zeitlichen Anwendungsbereichs der Baugenehmigung markieren. Anders gewendet: Solange die Baugenehmigung an die aufschiebende Bedingung geknüpft, diese Bedingung aber noch nicht eingetreten ist, fehlt dem G eine wirksame Baugenehmigung, so dass seine Arbeiten formell rechtswidrig sind.

Fraglich ist aber, ob die Bedingung überhaupt noch wirksam ist. Bedenken können sich daraus ergeben, dass G gegen diese Bedingung (Anfechtungs-)Klage erhoben hat. Falls dieser Klage nach § 80 Abs. 1 Satz 1 VwGO aufschiebende Wirkung zukommt, wäre die Nebenbestimmung (Bedingung) suspendiert – G wäre also (mindestens vorübergehend) im Besitz einer nebenbestimmungsfreien und mithin vollziehbaren Baugenehmigung. Ob die Klage des G gegen die Bedingung aufschiebende Wirkung hat, ist aber fraglich.

aa) Voraussetzungen für die aufschiebende Wirkung nach § 80 Abs. 1 Satz 1 VwGO
Nach dem Wortlaut des § 80 Abs. 1 Satz 1 VwGO haben grundsätzlich jeder (Anfechtungs-)Widerspruch und jede Anfechtungsklage aufschiebende Wirkung. Es kommt insbesondere nicht darauf an, ob sie erfolgreich sind. Allerdings gilt hier eine Einschränkung: Die aufschiebende Wirkung entfällt nach h. L., wenn der Widerspruch oder die Anfechtungsklage offensichtlich unzulässig sind[24]. Damit ist hier – inzident – die Zulässigkeit eines Rechtsbehelfs gegen die Nebenbestimmung (hier: Anfechtungsklage gegen die Bedingung, Art. 36 Abs. 2 Nr. 2 BayVwVfG) zu prüfen.

> **Zum Aufbau:** Gerade weil die tatsächliche Einlegung von Widerspruch oder Anfechtungsklage nicht zu verlangen ist (§ 80 Abs. 5 Satz 2 VwGO; s. oben A. II.), kann hier nicht die Zulässigkeit eines konkreten, d. h. tatsächlich eingelegten Rechtsbehelfs geprüft werden. Zu fragen ist demnach nur, ob die Sachentscheidungsvoraussetzungen eines Widerspruchs bzw. einer Anfechtungsklage erfüllt werden *können*[25].

(1) Verwaltungsrechtsweg
Der Verwaltungsrechtsweg ist eröffnet, § 40 Abs. 1 Satz 1 VwGO.

(2) Statthaftigkeit des Anfechtungswiderspruchs
Fraglich ist aber, ob die Anfechtungsklage statthaft ist. Das setzt voraus, dass die Bedingung (Art. 36 Abs. 2 Nr. 2 BayVwVfG) selbstständig anfechtbar ist. Das wäre zu bejahen, wenn G sich nicht auf eine Verpflichtungsklage (mit dem Ziel des Erlasses einer nebenbestimmungsfreien Baugenehmigung) verweisen lassen müsste.

Nach der neueren Rechtsprechung des *BVerwG* sind an sich alle Nebenbestimmungen isoliert anfechtbar, auch die in Art. 36 Abs. 2 Nrn. 1 bis 3 genannten[26]. Allerdings ist Voraussetzung, dass der Verwaltungsakt „teilbar" ist, d. h. dass der Grund-VA auch ohne die Nebenbestimmung sinnvoller- und rechtmäßigerweise bestehen kann. Da sich hier Überschneidungen zur Begründetheit der Anfechtung der belastenden Nebenbestimmung ergeben, ist der Prüfungsmaßstab des Gerichtes im Rahmen der Zulässigkeit allerdings stark reduziert. Die selbstständige Anfechtbarkeit soll nur dann entfallen, wenn der VA **offenkundig** nicht teilbar ist.

Hier ist die Erfüllung der Bedingung integraler Bestandteil der Sanierungsgenehmigung nach § 145 BauGB. Ohne diesen Bestandteil ist die Genehmigung rechtswidrig; zumindest aber würde eine ihrer

---

[23] Oben Fn. 20.

[24] Für diese Ansicht und deren genauere Ausdifferenzierung m. w. N. *Schenke*, Verwaltungsprozessrecht, Rn. 956 ff.; a. A. BVerwGE 13, 8; vermittelnd *Schoch*, BayVBl. 1983, 358.

[25] Vorbildlich auch hier *Schenke*, Verwaltungsprozessrecht, Rn. 957 ff.

[26] Hierzu m. w. N. *Brüning*, NVwZ 2002, 1081 ff.; sowie *Seidel/Reimer/Möstl*, Allgemeines Verwaltungsrecht 2005, Lösung zu Fall 1, unter A. 2.

zentralen Funktionen (die Sicherung von Zielen und Zwecken der Sanierung, vgl. §§ 145 Abs. 2 i.V.m. 140 Nr. 3 BauGB) gestört. Der Sinn der besonderen Genehmigungspflicht nach § 145 BauGB ist gerade die effektive Durchsetzung der spezifischen Anliegen der Sanierung; zu ihnen gehören insbesondere die im Sozialplan festgelegten Belange der Mieter (vgl. §§ 180 i.V.m. 140 Nr. 6 BauGB).

Diese Rechts- bzw. Sinnwidrigkeit des isolierten Grund-VA (Baugenehmigung ohne Nebenbestimmung) ist auch offenkundig. Es sind keine weiteren Tatsachenerhebungen mehr erforderlich. Damit ist schon im Rahmen der Prüfung der Zulässigkeit des Anfechtungswiderspruchs – trotz des stark reduzierten Prüfungsumfangs – die Teilbarkeit des Grund-VA offensichtlich zu verneinen. Mithin fehlt es ausnahmsweise an der selbstständigen Anfechtbarkeit der belastenden Nebenbestimmung.

Zwischenergebnis: Damit wäre der isolierte Anfechtungswiderspruch des G gegen diese belastende Nebenbestimmung offensichtlich unzulässig. In der Folge tritt die aufschiebende Wirkung des § 80 Abs. 1 Satz 1 VwGO nicht ein. Daher ist die dem G erteilte Baugenehmigung nach wie vor schwebend unwirksam; die Bau- und Renovierungsarbeiten sind derzeit formell baurechtswidrig.

bb) Hilfsgutachten: Spezialgesetzlicher Ausschluss der aufschiebenden Wirkung?

Wer dagegen eine isolierte Anfechtung der Bedingung und – darauf aufbauend – eine aufschiebende Wirkung der hier eingelegten Anfechtungsklage nach allgemeinen Regeln bejaht, müsste noch prüfen, ob die aufschiebende Wirkung aus einem anderen Grunde entfallen könnte. Im Baurecht ist sie in den wichtigen Fällen des § 212a BauGB kraft Gesetzes ausgeschlossen. Diese Regelung betrifft aber nur den Drittwiderspruch (Nachbarwiderspruch) bzw. die Nachbaranfechtungsklage gegen eine Baugenehmigung. Dieser Fall liegt hier nicht vor. Erstens ist Kläger hier nicht ein Dritter, sondern der Bauherr (G) selber; zweitens greift er die Baugenehmigung nicht im ganzen an, sondern lediglich einen Splitter aus ihr, nämlich die Nebenbestimmung „aufschiebende Bedingung". Damit liegen die Voraussetzungen des § 212a BauGB nicht vor.

Zwischenergebnis: Die Baueinstellungsverfügung ist damit materiell rechtmäßig. Das mindert das rechtliche Gewicht des Interesses, das G an einer Suspendierung der Baueinstellungsverfügung (d.h. an der Aufhebung des behördlich angeordneten Sofortvollzugs durch das Verwaltungsgericht) haben darf.

2. „Besonderes" öffentliches Interesse am Sofortvollzug?

Während positive Erfolgsaussichten in der Hauptsache das öffentliche Interesse am Sofortvollzug automatisch entfallen lassen, gilt im umgekehrten Fall (hier!) etwas anderes. Denn die negative Prognose des Rechtsbehelfs in der Hauptsache ist eine zwar notwendige, aber nicht hinreichende Bedingung für das öffentliche Interesse am Sofortvollzug (oben B.II.2.). Vielmehr müssen wegen § 80 Abs. 3 Satz 1 VwGO und wegen des Ausnahmecharakters des gesamten Katalogs des § 80 Abs. 2 VwGO zusätzliche Gesichtspunkte für das öffentliche Interesse (oder für das Interesse von mit subjektiven Rechten ausgestatteten Dritten, hier z.B. der Nachbarn) am Sofortvollzug sprechen. Derartige zusätzliche Gesichtspunkte sind aber nicht ersichtlich (s. auch dazu oben B.II.2.). Nach der hier vertretenen Auffassung darf das Gericht den Sofortvollzug daher nicht anordnen oder bestehen lassen.

Ergebnis: Deshalb ist der Antrag des G auf Wiederherstellung der aufschiebenden Wirkung (§ 80 Abs. 5 VwGO) zulässig und begründet, weil es an den verschärften Voraussetzungen für die Anordnung des Sofortvollzugs („besonderes Interesse", § 80 Abs. 3 VwGO) fehlt.

Rechtsprechungsvorlage: OVG Berlin NVwZ 2001, 1059.

Leseempfehlungen: Zu §§ 80, 80a VwGO *Detterbeck*, Allgemeines Verwaltungsrecht mit Verwaltungsprozessrecht, Rn. 1475 ff.; *W.-R. Schenke*, Verwaltungsprozessrecht, Rn. 927 ff.; **zum prozessualen Umgang mit Nebenbestimmungen:** *Hufen/Bickenbach*, Der Rechtsschutz gegen Nebenbestimmungen zum Verwaltungsakte, JuS 2004, 867; *Labrenz*, Die neuere Rechtsprechung des BVerwG zum Rechtsschutz gegen Nebenbestimmungen – falsch begründet, aber richtig, NVwZ 2007, 161; *Wagner*, Nebenbestimmungen zu Verwaltungsakten, JA 2008, 866; zur Vorbereitung auf das Zweite Staatsexamen ferner *Berger*, Gaststättenerlaubnis unter Auflagen, JA 2008, 375.

Fall 3: Rechtsschutz gegen Bebauungspläne *(Seidel)*

Sachverhalt

Im Gemeinderat der Bayerischen Gemeinde G wird debattiert, inwiefern durch bauplanerische Gebietsausweisung der künftige Wohnbedarf der Bevölkerung für die Zukunft gesichert werden könne. Im Norden der G liegt ein Gebiet, für das bislang kein Bebauungsplan existiert und für das der geltende Flächennutzungsplan landwirtschaftliche Nutzung vorsieht. Es zeigt sich schnell, dass die Mehrheit der Gemeinderatsmitglieder diesen Standort für eine Wohngebietsausweisung bevorzugt. Bei Umsetzung des Bebauungsplans würde die Wohnbebauung im Osten des zu beplanenden Gebietes recht nahe an ein bestehendes Industriegebiet (§ 9 BauNVO) heranrücken.

Der Gemeinderat fasst im Anschluss einen Planaufstellungsbeschluss. Hiernach soll ein Wohngebiet mit insgesamt 120 Wohnhäusern für einen potenziellen Zuwachs von 20 % der Bevölkerungszahl des Gemeindegebiets entstehen. Zur Begründung wird im Protokoll der Gemeinderatssitzung ohne nähere Bezifferung ausgeführt, dass in G in den vergangenen Jahren eine zunehmende Nachfrage an Wohnbauflächen zu verzeichnen gewesen sei. Die Gemeinde müsse für die Zukunft planen, auch wenn derzeit noch keine konkreten Bauinteressenten bekannt seien. Nach Ausweisung des Gebiets könne die Gemeinde daher eine Erschließung zunächst noch zurückstellen.

Es wird ein entsprechender Planentwurf ausgearbeitet. In der Folgezeit findet eine ordnungsgemäße Öffentlichkeits- und Behördenbeteiligung (§§ 3 ff. BauGB) statt. Das Ergebnis der Umweltprüfung (§§ 1 Abs. 6 Nr. 7, 1a, 2 Abs. 4, 2a Sätze 2 und 3 BauGB) wird in den jeweiligen Verfahrensschritten in einem Umweltbericht beschrieben und bewertet. Der Flächennutzungsplans wird fehlerfrei im Parallelverfahren gem. § 8 Abs. 3 Satz 1 BauGB angepasst. Am 1. November beschließt der Gemeinderat den Bebauungsplan „Wohngebiet Nord" unter unveränderter Übernahme des Planentwurfs. Als zulässige Nutzungsart wird ein reines Wohngebiet ausgewiesen. Die ortsübliche Bekanntmachung des Satzungsbeschlusses und die Bereithaltung zu jedermanns Einsicht nach § 10 Abs. 3 BauGB erfolgen im Anschluss.

Das ausgewiesene Wohngebiet wird hiernach im Osten bis auf 20 m ohne weitere Pufferzone an den im unmittelbar angrenzenden Industriegebiet gelegenen, bereits seit vielen Jahren legal errichteten und betriebenen Gewerbebetrieb der N-GmbH heranrücken. Die N-GmbH befürchtet bei Umsetzung der geplanten Wohnnutzung aufgrund von Geruchs- und Lärmimmissionen, die vom eigenen Betrieb ausgehen, nachteilige immissionsschutzrechtliche Konsequenzen und insbesondere Nachbarschaftsstreitigkeiten. Die N-GmbH hatte diesbezüglich im Verfahren der Bürgerbeteiligung gem. § 3 Abs. 2 BauGB während der einmonatigen Auslegungszeit Einwendungen gegen die Planung erhoben.

Aus der dem Bebauungsplan beigefügten abschließenden Begründung mit dem zugehörigen Umweltbericht (§§ 2a, 9 Abs. 8 BauGB) sowie aus der zusammenfassenden Erklärung nach § 10 Abs. 4 BauGB und den zugrundeliegenden Gemeinderatsprotokollen geht Folgendes hervor: Die Gemeinde hatte sich mit den Einwendungen der N-GmbH und anderer Emittenten im angrenzenden Industriegebiet dahingehend auseinandergesetzt, dass deren Bestandsinteressen zugunsten der Interessen der Gemeinde an der Sicherung der künftigen Wohnsituation zurücktreten müssten. Im Gebiet von G sei es schon immer so gewesen, dass sich Wohnnutzung und gewerbliche Nutzung arrangieren müssten. Jeder habe nach den sich entwickelnden Umständen auf den anderen Rücksicht zu nehmen. Ein Abstand von 20 m sei auch im Hinblick auf Geruchs- und Lärmbelastungen, die von dem Betrieb der N-GmbH und benachbarter Gewerbebetriebe ausgehen, nicht von vornherein für benachbarte Wohnnutzung unzumutbar. Besondere Belastungssituationen müssten im Rahmen des Vollzugs – z. B. im Baugenehmigungsverfahren oder durch bauordnungsrechtliche bzw. immissionsschutzrechtliche Maßnahmen zu Lasten der Gewerbebetriebe – geregelt werden. Nach den im Gemeinderat vorhandenen Erfahrungen könne insoweit auf weitere Ermittlungen zur Erfassung der Konfliktlage im Rahmen des Bebauungsplans verzichtet werden.

Am 1. Juni des Folgejahres stellt die N-GmbH einen Antrag beim *Bayerischen Verwaltungsgerichtshof* auf Normenkontrolle des neuen Bebauungsplans „Wohngebiet Nord". Wesentliche Belange der

N-GmbH seien im Planungsverfahren nicht hinreichend ermittelt bzw. berücksichtigt worden. Eine Bauleitplanung mit dem vorliegenden Ergebnis sei so überhaupt grundsätzlich unzulässig.

Vermerk für die Bearbeiter: In einem Gutachten sind die Erfolgsaussichten des Antrags der N-GmbH zu bewerten! Auf Raumordnungsrecht, insbesondere auf Vorschriften des Landesentwicklungsprogramms und des Regionalplans, ist nicht einzugehen.

Zusatzfrage: Welcher Eilrechtsbehelf ist der N-GmbH zu raten, wenn – im Gegensatz zum Ausgangsfall – die Umsetzung des erlassenen Bebauungsplans im Grenzbereich zum Betrieb des N-GmbH bevorsteht? Wie sind die diesbezüglichen Erfolgsaussichten, wenn die N-GmbH in Kürze mit der Errichtung von zehn Wohneinheiten in unmittelbarer Nähe zu rechnen hat, die zu immissionsschutzrechtlichen Konflikten führen können? Mit der Einleitung entsprechender Baugenehmigungsverfahren bzw. Freistellungsverfahren ist in den nächsten sechs Wochen zu rechnen.

Lösung

A. Ausgangsfall: Normenkontrollantrag der N-GmbH

Der Antrag der N-GmbH im Verfahren nach § 47 VwGO hat Erfolg, wenn er zulässig und begründet ist.

I. Zulässigkeit

1. Verwaltungsrechtsweg und sachliche Zuständigkeit

In Bayern ist gem. § 47 VwGO i.V.m. § 184 VwGO, Art. 1 Abs. 1 (Bay) AGVwGO der *Bayerische Verwaltungsgerichtshof* sachlich zuständig für Entscheidungen nach § 47 VwGO. Diese Zuständigkeit besteht aber nur „im Rahmen seiner Gerichtsbarkeit". Das ist dann der Fall, wenn auch Streitigkeiten über den Vollzug der zu überprüfenden Norm im Verwaltungsrechtsweg auszutragen sind.[1] Dies ist jedenfalls hinsichtlich des Vollzugs eines Bebauungsplans zu bejahen, zumal Satzungen nach dem BauGB gemäß § 47 Abs. 1 Nr. 1 VwGO ohnehin als typischer Gegenstand eines Normenkontrollverfahrens anzusehen sind.

2. Statthaftigkeit

Ein Bebauungsplan als Satzung nach § 10 Abs. 1 BauGB unterfällt § 47 Abs. 1 Nr. 1 VwGO und ist damit ohne weiteres statthafter Gegenstand eines Normenkontrollverfahrens.[2]

3. Antragsbefugnis

Soweit – wie hier – keine Behörde sondern eine natürliche oder juristische Person den Antrag stellt, verlangt § 47 Abs. 2 Satz 1 VwGO, dass der Antragsteller geltend machen können muss, durch die Rechtsvorschrift oder deren Anwendung in ihren Rechten verletzt zu sein oder in absehbarer Zeit verletzt zu werden. Neben der bloßen Betroffenheit in planungserheblichen Interessen muss zumindest die Möglichkeit bestehen, dass der Antragsteller durch eine Festsetzung oder deren Umsetzung in eigenen subjektiven Rechten verletzt wird.

Von der Antragsbefugnis ist jedenfalls dann unproblematisch auszugehen, wenn sich der Eigentümer eines überplanten Grundstücks oder der eigentumsähnlich dinglich Berechtigte gegen Festsetzungen des Bebauungsplans wendet, die unmittelbar sein Grundstück betreffen; es liegt nämlich dann ein unmittelbarer Eingriff in Art. 14 Abs. 1 GG bzw. eine (satzungsrechtliche) Inhalts- und Schrankenbestimmung gemäß Art. 14 Abs. 1 Satz 2 GG vor.[3]

---

[1] *Ehlers*, Jura 2005, 171 (172); *Schmidt*, in: Eyermann, VwGO, § 47 Rn. 32; *Kopp/Schenke*, VwGO, § 47 Rn. 17. In Sonderfällen ist dies nicht der Fall, z.B.: Verordnungen über die Zuständigkeit des Amtsgerichts für Familiensachen und über die Abgrenzung von Gerichtsbezirken; Verordnung über Tätigkeiten der Notare; Verordnungen mit Ordnungswidrigkeitsbestimmungen.

[2] Da der Flächennutzungsplan keine Satzung ist, kann dieser nicht Gegenstand eines Normenkontrollverfahrens sein: *BVerwG* NVwZ 1991, 262 f.; NVwZ 2004, 614; *Dürr*, JuS 2007, 521. Mangels Verwaltungsaktsqualität des Flächennutzungsplans (*BVerwG* NVwZ 1992, 882) scheidet auch eine Anfechtungsklage gegen ihn aus. Zu neueren Entwicklungen (analoge Anwendung des § 47 Abs. 1 Nr. 1 VwGO auf Darstellungen im Flächennutzungsplan mit Rechtswirkungen des § 35 Abs. 3 Satz 3 BauGB): *BVerwG* NVwZ 2007, 1081; *Stüer*, DVBl. 2008, 270 (272 f.); *Scheidler*, DÖV 2008, 766 ff.; *Frenz*, Jura 2008, 811.

[3] *BVerwG* NVwZ 1998, 732 f.; BauR 2000, 1834 f.; BayVBl. 2009, 117; *BayVGH* BayVBl. 2004, 110; BayVBl. 2009, 86; für den Grundstückskäufer, auf den Besitz, Nutzungen und Lasten übertragen worden sind und zu dessen Gunsten eine Auflassungsvormerkung in das Grundbuch eingetragen wurde: *BVerwG* NJW 1998, 770. Die planende Gemeinde bestimmt durch die Bauleitplanung Inhalt und Schranken des Eigentums i.S.v. Art. 14 Abs. 1 Satz 2 GG: BVerfGE 70, 35 (53); 79, 174 (188 f.); *BVerfG* NVwZ 1992, 972 f.; *BVerfG* DÖV 1998, 76; NVwZ 1998, 732 f.

> **Zur Vertiefung:** Ausnahmen sind denkbar, wenn der Antragsteller das Grundstück ohne wirklichen Gebrauchswillen als sog. „Sperrgrundstück" erworben hat, allein um den rechtspolitisch unerwünschten Bebauungsplan im Wege des Normenkontrollverfahrens angreifen zu können.[4]

In der hier zu begutachtenden Konstellation ist die N-GmbH als Antragstellerin allerdings nicht selbst unmittelbar Planbetroffene, weil sie mit ihrem Grundstück außerhalb des Plangebiets liegt. Hier ist die Antragsbefugnis nach § 47 Abs. 2 VwGO nicht ohne weiteres zu bejahen.

Es ist nunmehr in der höchstrichterlichen Rechtsprechung geklärt, dass ein Eigentümer eines außerhalb des Plangebiets gelegenen Grundstücks antragsbefugt ist, wenn er eine mögliche Verletzung des Abwägungsgebots zu seinen Lasten geltend machen kann. Das in § 1 Abs. 7 BauGB verankerte und nunmehr auch in § 2 Abs. 3 und 4 BauGB (s. u.) verfahrensrechtlich abgesicherte Abwägungsgebot als solches entfaltet hiernach selbst drittschützende Wirkung, soweit es um private Belange des Antragstellers geht, die für die Abwägung erheblich, also städtebaulich relevant sind (Recht auf gerechte Abwägung mit eigenen, planungserheblichen Belangen).[5] Hier befürchtet die N-GmbH bei Umsetzung des Vorhabens für sich unzumutbare Auswirkungen (Nachbarstreitigkeiten infolge Immissionsbelastung bzw. Intervention der Immissionsschutzbehörde zu ihren Lasten). Bei derartiger mittelbarer Betroffenheit wird für die Hürde der Antragsbefugnis verlangt, dass die angeführten Belange nicht nur ganz unerheblich betroffen sind.[6] Geht es um die Abwehr von künftigen (Lärm- oder Luft-) Belastungen, darf das Grundstück des Antragstellers nicht so weit vom neuen Plangebiet entfernt liegen, dass Auswirkungen des Bebauungsplans dieses Grundstück nicht nachteilig berühren können (Ausschluss der Antragsbefugnis wegen Geringfügigkeit).[7] Die N-GmbH kann hier ihre Belange als Eigentümer und Betreiber einer legal betriebenen Anlage geltend machen, weil sie bei einem Abstand von nur wenigen Metern Gefahr läuft, bei Umsetzung einer nahe heranrückenden Wohnbebauung immissionsschutzrechtlichen Beschränkungen zu unterliegen. Insofern erscheint es möglich[8], dass diese Belange in der Abwägung nach § 1 Abs. 7 BauGB nicht hinreichend berücksichtigt worden sind. Die N-GmbH ist antragsbefugt.

> **Zur Vertiefung:** Nach einer früheren Fassung des § 47 Abs. 2 VwGO reichte es für die Antragsbefugnis aus, dass der Antragsteller „durch die Rechtsvorschrift oder deren Anwendung einen Nachteil erlitten oder in absehbarer Zeit zu erwarten hat". Hierfür genügte im Fall eines Bebauungsplans, dass der Antragsteller durch die angegriffene Norm oder durch deren Anwendung negativ in einem Interesse betroffen wurde bzw. betroffen werden konnte, das bei der Entscheidung über den Erlass oder den Inhalt als privates, städtebaulich relevantes Interesse nach § 1 Abs. 7 BauGB (§ 1 Abs. 6 BauGB a. F.) in der Abwägung berücksichtigt werden musste.[9] Dem Gesetzgeber ging es mit der Neuregelung aus dem Jahr 1996 ausweislich der Gesetzesmaterialien um eine Angleichung an den subjektiv-rechtlich ausgerichteten § 42 Abs. 2 VwGO mit dem Ziel einer Entlastung der Verwaltungsgerichtsbarkeit.[10]

---

[4] So – dort in Bezug auf die Klagebefugnis (§ 42 Abs. 2 VwGO) im Falle der Anfechtung eines straßenrechtlichen Planfeststellungsbeschlusses – *BVerwG* NVwZ 2001 427 (428).

[5] *BVerwG* NJW 1999, 592 ff.; BauR 1999, 1128 f.; BauR 2000, 1834 (1835); NVwZ 2000, 806 f.; NVwZ 2004, 1120 f.; BayVBl. 2009, 117; *BayVGH* BayVBl. 2000, 628 (629); BayVBl. 2005, 177 (178); BayVBl. 2006, 407; BayVBl. 2007, 145; BayVBl. 2009, 86; *VGH Kassel* NVwZ-RR 2007, 298; *VGH Mannheim* DVBl. 1998, 236 f.; BauR 1998, 984 (985); ebenso: *Ibler*, Öffentliches Baurecht, S. 135 f.; *Frenz*, Jura 2008, 811 f.; *Dürr*, JuS 2007, 521 (522); *Rossen-Stadtfeldt/Ulleweit*, Jura 2004, 635 (636); *Schmidt-Preuß*, DVBl. 1999, 103 (105); *Muckel*, NVwZ 1999, 963 f.; *Dürr*, NVwZ 1996, 105 (109); *Hüttenbrink*, DVBl. 1997, 1253 (1255 ff.); *Schenke*, DVBl. 1997, 852 (853 f.); *ders.*, VerwArch 90 (1999), 301 (318 ff.).

[6] *Dürr*, JuS 2007, 521, m.w.N.

[7] *BVerwG* BauR 2000, 848 (849); NVwZ 2004, 1120 f.

[8] Zur Geltung der Möglichkeitstheorie im Rahmen von § 47 Abs. 2 VwGO: *BayVGH* BayVBl. 2000, 273 (274); BayVBl. 2005, 177 (178); BayVBl. 2006, 407.

[9] BVerwGE 59, 87 (94).

[10] BT-Drs. 13/3993 S. 1 und 10. Zum objektiv-rechtlichen Charakter mit subjektiver Rechtsschutzkomponente: *Ehlers*, Jura 2005, 171.

Hieraus erklärt sich ein restriktiverer Ansatz, wonach nach aktuellem Recht mit Blick auf die Absicht des Gesetzgebers, durch die Neuregelung des § 47 Abs. 2 VwGO zum 1. Januar 1997 die Antragsbefugnis enger zu fassen (s. o.), verlangt wird, dass es um abwägungserhebliche Belange des Antragstellers gehen muss, die als solche subjektivrechtlich durch die Rechtsordnung ausgestaltet sind (Festsetzungen, die sich auf die subjektive Rechtsstellung des Antragstellers auswirken können).[11] Dieser Ansatz hat sich in der Rechtspraxis allerdings nicht durchsetzen können. Für die vorliegende Fallgestaltung dürfte allerdings auch hiernach die Antragsbefugnis der N-GmbH zu bejahen sein. Denn es ist nicht von vornherein ausgeschlossen, dass bei Regelumsetzung des Bebauungsplans bauliche Anlagen im Plangebiet entstehen, deren bauplanungsrechtliche Zulässigkeit sich wegen einer möglichen Unwirksamkeit des Bebauungsplans nach § 35 BauGB richten und insofern unter dem Aspekt des Rücksichtnahmegebots[12] auch subjektive Rechte der N-GmbH verletzen.

4. Einhaltung der Antragsfrist

Der Antrag auf Normenkontrolle ist gemäß § 47 Abs. 2 Satz 1 VwGO innerhalb eines Jahres seit Bekanntmachung der Rechtsvorschrift zu stellen.[13] Diese Frist ist vorliegend gewahrt.

5. Rechtsschutzbedürfnis / keine Präklusion gem. § 47 Abs. 2a VwGO i. V. m. § 3 Abs. 2 Satz 2 Halbsatz 2 BauGB

Da der Bebauungsplan – insbesondere auch an der kritischen Grenze zum benachbarten Industriegebiet, in dem auch die N-GmbH ihren Betriebsstandort hat – noch nicht (vollständig) umgesetzt ist, kann die N-GmbH mit dem Normenkontrollantrag ihre Rechtsstellung verbessern[14] (Verhinderung der Heranrückung einer immissionsunverträglichen Wohnnutzung). Insofern kann sich die N-GmbH auf ein Rechtsschutzbedürfnis berufen.

Soweit der Normenkontrollantrag gegen einen Bebauungsplan gerichtet ist, ist der Antrag einer natürlichen oder – wie hier – juristischen Person gemäß § 47 Abs. 2a VwGO unzulässig, wenn der Antragsteller nur Einwendungen geltend macht, die er im Rahmen der öffentlichen Auslegung gemäß § 3 Abs. 2 BauGB nicht oder verspätet geltend gemacht hat, aber hätte geltend machen können, und wenn auf diese Rechtsfolge im Rahmen der Beteiligung hingewiesen worden ist (prozessuale Präklusion).[15] Im vorliegenden Fall ist die N-GmbH laut Sachverhaltsangaben ihrer diesbezüglichen Einwendungsobliegenheit im Rahmen der Öffentlichkeitsbeteiligung nachgekommen. Auf die Frage, ob die N-GmbH auf die Rechtsfolge im Rahmen der Bürgerbeteiligung hingewiesen worden ist (vgl. § 47 Abs. 2a VwGO i. V. m. § 3 Abs. 2 Satz 2 Halbsatz 2 BauGB), kommt es daher vorliegend nicht an.

Zwischenergebnis. Der Antrag der N-GmbH auf Normenkontrolle des Bebauungsplans „Wohngebiet Nord" ist zulässig.

II. Begründetheit

Der Antrag der N-GmbH im Normenkontrollverfahren ist begründet, wenn er gegen den richtigen Antragsgegner gerichtet ist (§ 47 Abs. 2 Satz 2 VwGO) und sich die überprüfte Norm aufgrund eines zur Unwirksamkeit führenden formellen oder materiellen Fehlers als ungültig erweist (§ 47 Abs. 1, Abs. 5 Satz 2 VwGO).

---

[11] *OVG Münster* NVwZ 1997, 694 (695) und 1002 (1003); BauR 1997, 974 (975); *VGH Mannheim* BauR 1998, 989 ff.; *Seidel*, Nachbarschutz, Rn. 741 ff.; *Schütz*, NVwZ 1999, 929; *Gerhardt/Bier*, in: Schoch/Schmidt-Aßmann/Pietzner (Hrsg), VwGO, § 47 Rn. 62; *Löhning*, JuS 1998, 315 (316 f.).

[12] Hierzu *Fall 4*.

[13] Zur Vereinbarkeit mit Art. 19 Abs. 4 GG: *Starke*, JA 2007, 488 (491); *Brohm*, Öffentliches Baurecht, § 16, Rn. 4.

[14] Zu dieser Einschränkung unter dem Gesichtspunkt des fehlenden Rechtsschutzbedürfnisses z. B. *BayVGH* BayVBl. 2006, 407, m. w. N.; *Frenz*, Jura 2008, 811 (812); *Ehlers*, Jura 2005, 171 (176).

[15] Hierzu *Starke*, JA 2007, 488 (491).

1. Passivlegitimation

Nach § 47 Abs. 2 Satz 2 VwGO ist der Antrag gegen den Rechtsträger zu richten, der (bzw. dessen rechtssetzendes Organ) die angegriffene Norm erlassen hat. Die G ist daher passivlegitimiert.

2. Ungültigkeit des Bebauungsplans „Wohngebiet Nord"

Der Bebauungsplan ist als Satzung – für deren Erlass §§ 1 Abs. 3, 2 Abs. 1, 10 Abs. 1 BauGB Rechtsgrundlage sind – ungültig, wenn er an einem formellen oder materiellen Fehler leidet, der erheblich bzw. beachtlich ist.

Obwohl sich das Normenkontrollverfahren im Hinblick auf die Antragsbefugnis nach § 47 Abs. 2 VwGO an die Voraussetzungen der Anfechtungsklage angenähert hat, bleibt das Normenkontrollverfahren objektives Beanstandungsverfahren. Das ergibt sich sowohl aus den Gesetzesmaterialien[16] als auch aus dem Gesetzeswortlaut: Im Verfahren der Nomenkontrolle ist gemäß § 47 Abs. 1 VwGO ohne Einschränkung „über die Gültigkeit" von Rechtsnormen zu entscheiden, zumal das Verfahren nach § 47 Abs. 5 Satz 2 VwGO auf die Unwirksamkeitserklärung mit Allgemeinverbindlichkeit ausgerichtet ist. Ist daher der Normenkontrollantrag zulässigerweise gestellt, wird die Norm vom Normenkontrollgericht auch hinsichtlich solcher Rechtsfehler untersucht, die die Antragsbefugnis nicht zu begründen vermögen.[17] Die Begründetheitsprüfung beschränkt sich daher nicht auf die Frage der Verletzung des Abwägungsgebots in Bezug auf Belange der N-GmbH, sondern die Norm (hier der Bebauungsplan) ist umfassend auf erhebliche formelle und materielle Mängel zu untersuchen.[18] Maßgeblicher Zeitpunkt für die Beurteilung der Sach- und Rechtslage ist der Zeitpunkt der Beschlussfassung über die Satzung (so ausdrücklich für die Abwägung: § 214 Abs. 3 Satz 1 BauGB).

Ggf. festgestellte Rechtsverstöße müssten zudem die Unwirksamkeit des Bebauungsplans begründen. Die Rechtswidrigkeit führt bei Rechtsnormen im materiellen Sinn (und damit auch bei Satzungen) im Gegensatz zu Verwaltungsakten (vgl. §§ 43, 44 VwVfG bzw. Art. 43, 44 BayVwVfG) regelmäßig zur Unwirksamkeit, allerdings normieren insbesondere §§ 214, 215 BauGB hiervon Ausnahmen.[19] Nicht jeder Fehler in der Bauleitplanung führt damit zur Begründetheit des Normenkontrollantrags nach § 47 VwGO.

a) Formelle Mängel

aa) Zuständigkeit, ordnungsgemäßer Planaufstellungsbeschluss, ordnungsgemäße Öffentlichkeits- und Behördenbeteiligung

Nach §§ 1 Abs. 3, 2 Abs. 1 BauGB ist die Gemeinde für den Erlass eines Bebauungsplans auf ihrem Gemeindegebiet zuständig. Die verfahrensmäßigen Vorgaben des BauGB sind mangels gegenteiliger Hinweise im Sachverhalt eingehalten, insbesondere ist von einem ordnungsgemäßen und ortsüblich bekannt gemachten Planaufstellungsbeschluss nach § 2 Abs. 1 Satz 2 BauGB sowie von der ordnungsgemäßen Beteiligung der Öffentlichkeit und der Behörden nach §§ 3 ff. BauGB auszugehen.[20] Von einem ordnungsgemäßen Satzungsbeschluss (vgl. § 10 Abs. 1 BauGB) ist auszugehen.

bb) Ermittlungs- und Bewertungsmängel

Gemäß § 2 Abs. 3 BauGB, der – mit der auf die Stärkung des Verfahrensrechts ausgerichteten Zielrichtung des EAG Bau[21] – als „Verfahrensgrundnorm"[22] und im Zusammenlesen mit § 214 Abs. 1 Nr. 1

---

[16] Vgl. BT-Drs. 13/3993, S. 10.

[17] Vgl. z.B. *BVerwG* NVwZ 2001, 431 f.; BayVBl. 2009, 117; *Ehlers*, Jura 2005, 171 (175).

[18] Zusammenfassend *BVerwG* BayVBl. 2009, 117; *Frenz*, Jura 2008, 811 (813).

[19] Zur Verfassungsmäßigkeit hinsichtlich Art. 14, Art. 19 Abs. 4 GG und hinsichtlich des Rechtsstaatsprinzips (Art. 20 Abs. 3 GG): BVerwGE 64, 33 ff.

[20] Zu den verfahrensrechtlichen Neuerungen durch das EAG Bau 2004: *Erbguth*, Jura 2006, 9 ff.; *Finkelnburg*, NVwZ 2004, 897 (899 f.); *Battis/Krautzberger/Löhr*, NJW 2004, 2553 (2554 f.).

[21] Europarechtsanpassungsgesetz Bau (EAG Bau) v. 24. Juni 2004 (BGBl. I S. 1359). Zu dieser verfahrensbezogenen Zielsetzung des EAG Bau: BT-Drs. 15/2250, S. 62 f.; *BVerwG* BayVBl. 2009, 117 (118 f.); *Erbguth*, JZ 2006, 484 (490); *Decker/Konrad*, Bayerisches Baurecht, S. 178 ff. Zur Streitfrage, ob diese Zielrichtung europarechtlich vorgegeben ist oder es lediglich darum geht, den Stellenwert des Verfahrensrechts der in anderen EU-Staaten üblichen Sichtweise anzupassen, vgl. zusammenfassend *Pieper*, Jura 2006, 817 (819).

[22] BT-Drs. 15/2250 S. 42; *Söfker*, in: Ernst/Zinkahn/Bielenberg, BauGB, § 2, Rn. 140.

BauGB als Norm mit verfahrensrechtlichem Charakter anzusehen ist, sind bei der Aufstellung der Bauleitpläne die Belange, die für die Abwägung von Bedeutung sind (Abwägungsmaterial), zu ermitteln und zu bewerten.

> **Zum Verständnis:** Das *Bundesverwaltungsgericht* hat durch Urteil vom 9. April 2008 (Az. 4 CN 1.07, BayVBl. 2009, 117 ff.) klargestellt, dass die in der Bauleitplanung zu beachtenden Anforderungen aus § 2 Abs. 3 dem Bereich des Verfahrens zuzuordnen sind. Inhaltlich entspreche die Vorschrift zwar der sich aus dem Abwägungsgebot des § 1 Abs. 7 BauGB ergebenden Rechtslage, sodass die Neuregelung in § 2 Abs. 3 BauGB durch das EAG Bau in der Sache keine neuen Anforderungen stelle.[23] Mit dem EAG Bau seien aber gemeinschaftsrechtliche *Verfahrens*vorgaben in das BauGB integriert worden. In diesem Zusammenhang habe der Gesetzgeber das Ermitteln und Bewerten der von der Planung berührten Belange insgesamt als verfahrensbezogene Pflicht ausgestalten und eine hierauf abgestimmte Planerhaltungsvorschrift schaffen wollen. Zu diesem Zweck habe er *„als Verfahrensgrundnorm (BT-Drs. 15/2250, S. 42) § 2 Abs. 3 in das Baugesetzbuch eingeführt."*[24] Im Zusammenlesen von § 2 Abs. 3 BauGB und § 214 Abs. 1 Satz 1 Nr. 1 BauGB wollte der Gesetzgeber des EAG Bau das Ermitteln und Bewerten der von der Planung berührten Belange nicht mehr als Teil des materiellrechtlichen Abwägungsvorgangs sondern als verfahrensbezogene Pflicht verstanden wissen und diesen Wechsel der Betrachtungsweise auch für die Planerhaltung nachvollziehen (BT-Drs. 15/2250, S. 63).[25]

§ 2 Abs. 3 BauGB ist jedenfalls im Falle eines Ermittlungsdefizits verletzt, wenn also bei der Planung abwägungserhebliche Belange von vornherein nicht ermittelt und daher unberücksichtigt geblieben sind. Umstritten ist demgegenüber, welche *Bewertungs*mängel von § 2 Abs. 3 BauGB umfasst werden. Während nach einer Meinung praktisch alle vormals von § 1 Abs. 7 BauGB erfassten Mängel im Abwägungsvorgang (neben dem Abwägungsdefizit also auch Abwägungsausfall und Abwägungsfehleinschätzung) erfasst sein sollen[26], ist nach einer anderen Ansicht eine einschränkende Auslegung geboten, um das materielle Abwägungsgebot des § 1 Abs. 7 BauGB nicht weitgehend durch die Verfahrensregelung des § 2 Abs. 3 BauGB auszuhöhlen. Nach dem zuletzt genannten Ansatz sei „Bewertung" eng mit der „Ermittlung" verbunden; „Bewertung" in diesem Sinne sei ausschließlich die wertende Entscheidung darüber, ob ein bestimmter Belang objektiv abwägungsrelevant ist.[27]

Im vorliegenden Fall ist – von vornherein – schon nicht hinreichend ermittelt worden, welche konkreten Auswirkungen die Lärm- und Geruchsbelastung letztlich auf die heranrückende Wohnnutzung hat. Darüber hinaus verlangt § 2 Abs. 4 BauGB, dass für die Belange des Umweltschutzes (§ 1 Abs. 6 Nr. 7, § 1a BauGB) eine Umweltprüfung durchgeführt wird, in der die voraussichtlichen erheblichen Umwelteinwirkungen ermittelt werden und in einem Umweltbericht beschrieben und bewertet werden.[28] § 2 Abs. 4 BauGB ist dabei als besondere Ausprägung des § 2 Abs. 3 BauGB zu verstehen.[29] Im vorliegenden Fall wurde eine Umweltprüfung durchgeführt und ein entsprechender Umweltbericht als Planungsgrundlage geschrieben. Zu den Belangen des Umweltschutzes zählen gemäß § 1 Abs. 6 Nr. 7 Buchst. c) BauGB auch die umweltbezogenen Auswirkungen einer Planung auf den Menschen und seine Gesundheit sowie die Bevölkerung insgesamt. Darüber hinaus verlangt § 50 Satz 1 BImSchG bei raumbedeutsamen Planungen u. a., dass schädliche Umwelteinwirkungen auf die ausschließlich oder überwiegend dem Wohnen dienenden Gebiete so weit wie möglich vermieden werden. Gerade im Grenzbereich zwischen dem auszuweisenden Wohngebiet und dem unmittelbar östlich angrenzenden Industriegebiet ist eine Ermittlung und Bewertung der zu erwartenden Belastungssituation unterblieben. Unabhängig von der Frage, ob eine Planung, durch deren Umsetzung ein Wohngebiet unmittelbar an ein Industrie- oder Gewerbegebiet angrenzt, aufgrund des zu erwartenden Konfliktpotenzials nicht

---

[23] *BVerwG* BayVBl. 2009, 117 (118).
[24] *BVerwG* BayVBl. 2009, 117 (119).
[25] BVerwG BayVBl. 2009, 117 (119).
[26] *Pieper*, Jura 2006, 817 ff.
[27] So *Stelkens*, UPR 2005, 81 (84).
[28] Hierzu z. B. *Stüer*, NVwZ 2005, 508 ff.; *ders.*, DVBl. 2005, 806 ff.; *Erbguth*, Jura 2006, 9 ff.
[29] Vgl. BT-Drs. 15/2250, S. 30 und 42: Die allgemeine Ermittlungs- und Bewertungsobliegenheit soll für Umweltbelange in einer besonderen Form der Umweltprüfung durchgeführt werden.

schon wegen Abwägungsdisproportionalität inhaltlich ausgeschlossen ist (hierzu unten)[30], hätte sich die G zumindest Klarheit darüber verschaffen müssen, ob und welche Konflikte bei Umsetzung des Wohnbauvorhabens unmittelbar an der Grenze zu dem bestehenden Industriegebiet überhaupt entstehen können. Damit sind abwägungsrelevante Belange (konkrete Konfliktlage im Grenzbereich zwischen Wohngebiet und Industriegebiet) nicht vollständig ermittelt worden. Durch das bewusste Offenlassen der Konfliktlage sind die Interessenlagen der aneinander angrenzenden widerstreitenden Nutzungen auch insoweit nicht hinreichend bewertet worden, als es um die Entscheidung der G geht, dass dieser Belang nicht umfassend einer abwägenden Konfliktbewältigung zugeführt werden sollte und er deshalb letztlich nicht nach entsprechender Ermittlung in die Abwägung mit eingestellt wurde. Es liegt damit ein Verfahrensfehler gemäß § 2 Abs. 3 i.V.m. § 2 Abs. 4 BauGB vor.

Fehlerfolge: Die Frage, ob der (verfahrensrechtliche) Verstoß gegen § 2 Abs. 3 BauGB für die Rechtswirksamkeit des Bebauungsplans beachtlich ist, ist am Maßstab des § 214 Abs. 1 Nr. 1 BauGB zu beantworten. Hiernach ist eine Verletzung von Verfahrens- und Formvorschriften des BauGB für die Rechtswirksamkeit der Satzungen nach dem BauGB nur beachtlich, wenn entgegen § 2 Abs. 3 BauGB die von der Planung berührten Belange, die der Gemeinde bekannt waren oder hätten bekannt sein müssen, in wesentlichen Punkten nicht zutreffend ermittelt oder bewertet worden sind und wenn der Mangel offensichtlich und auf das Ergebnis des Verfahrens von Einfluss gewesen ist.

Der vorliegende Ermittlungsmangel bzgl. des Ausmaßes der Konfliktlage im Grenzbereich zwischen Wohngebiet und Industriegebiet müsste zunächst *wesentlich* sein. Wesentlich in diesem Sinne sind Mängel bei der Sammlung und Aufbereitung des Abwägungsmaterials nicht erst, wenn es sich um gravierende Fehleinschätzungen in die für die Planung wesentlichen Fragen handelt, sondern bereits dann, wenn die nicht zutreffend ermittelten oder bewerteten Punkte in der konkreten Planungssituation abwägungsbeachtlich waren.[31] Die Konfliktlage zwischen Gewerbe- und Wohnnutzung im Angrenzungsbereich der beiden Baugebiete und ihr konkretes Ausmaß bedürfen einer planerischen Konfliktlösung, die in einem ersten Schritt zunächst die genaue Ermittlung des Konfliktpotenzials erfordert, zumal hierauf auch Einwendungen im Verfahren ausgerichtet waren. Die Frage des konkreten Ausmaßes der Belastungssituaton war insofern abwägungserheblich (s. auch oben) und damit auch wesentlich. Damit wird entscheidend, ob der Ermittlungsmangel „offensichtlich und auf das Ergebnis des Verfahrens von Einfluss gewesen ist". Im vorliegenden Fall ergibt sich der Ermittlungs- und Bewertungsmangel unmittelbar aus den Planungsunterlagen. Hieraus geht nämlich evident hervor, dass die planende G bewusst Ermittlungen hinsichtlich der zu erwartenden Folgewirkungen (Immissionsbelastungen) und die diesbezügliche Berücksichtigung als Abwägungsfaktor unterlassen hat. Der Abwägungsmangel ist daher leicht erkennbar und somit offensichtlich.[32] Ergebnisrelevanz i.S.v. § 214 Abs. 1 Nr. 1 BauGB besteht, *„wenn nach den Umständen des jeweiligen Falles die konkrete Möglichkeit besteht, dass ohne den Mangel im Vorgang die Planung anders ausgefallen wäre; eine solche konkrete Möglichkeit besteht immer dann, wenn sich anhand der Planunterlagen oder sonst erkennbarer oder naheliegender Umstände die Möglichkeit abzeichnet, dass der Mangel im Abwägungsvorgang von Einfluss auf das Abwägungsergebnis gewesen sein kann."*[33] Bei vollständiger Ermittlung des immissionsbezogenen Konfliktpotenzials hätte – insbesondere unter Berücksichtigung des Gewichts des insofern betroffenen Belangs[34] – nahe gelegen, zwischen der geplanten Wohnbebauung und der vorhandenen lärm- und geruchsintensiven Nutzung im östlich angrenzenden Gemeindegebiet eine ausreichende Pufferzone zu belassen. Es ist daher nicht ausgeschlossen, dass das Abwägungsergebnis ein anderes gewesen wäre, wäre die konkrete Belastungssituation im Grenzbereich der beiden Plangebiete näher durchleuchtet worden. Der Mangel war mithin auf das Ergebnis des Verfahrens von Einfluss.

---

[30] Die strikte Trennung von Wohn- und Industriegebieten ist zunächst nur ein Grundsatz, der je nach den Umständen des Einzelfalls ausnahmefähig ist, u.U. also durch Abwägung auf Basis des vollständig ermittelten und bewerteten Abwägungsmaterials also ggf. bei besonderer Sachlage überwunden werden kann.: BVerwGE 45, 309 (329); *Decker/Konrad*, Bayerisches Baurecht, S. 199 f.; *Stüer*, DVBl. 2008, 270 (280).

[31] *BVerwG* BayVBl. 2009, 117 (119), in kritischer Auseinandersetzung mit der Vorinstanz (OVG NRW).

[32] Vgl. *Ibler*, Öffentliches Baurecht, S. 141, m.w.N.

[33] *BVerwG* BayVBl. 2009, 117 (119); ebenso bereits: *BayVGH* BayVBl. 2006, 601 (603); für die frühere Gesetzesfassung: BVerwGE 64, 33 (39); *BVerwG* NVwZ 2004, 229; *BayVGH* BayVBl. 2000, 273 (276); BayVBl. 2004, 110 (112); *OVG Greifswald* NVwZ 2000, 826 (827); *Ibler*, Öffentliches Baurecht, S. 142.

[34] Zur Berücksichtigung in diesem Zusammenhang: *BVerwG* BayVBl. 2009, 117 (119), m.w.N.

Eine Unbeachtlichkeit ergibt sich auch nicht aus § 214 Abs. 1 Nr. 3 Halbsatz 3 BauGB, da hier erforderliche Ermittlungen und Bewertungen in Bezug auf erhebliche umweltbezogene Belange gänzlich unterblieben sind und es damit nicht lediglich um die Frage geht, ob die Begründung im Umweltbericht nur in unwesentlichen Punkten unvollständig ist. Da die Jahresfrist gemäß § 215 Abs. 1 Nr. 1 BauGB noch nicht abgelaufen ist, liegt auch keine Unbeachtlichkeit (Präklusion) wegen Zeitablaufs nach dieser Bestimmung vor.

Zum Verständnis: Das umstrittene Verhältnis zwischen einem Verstoß gegen § 2 Abs. 3 BauGB, der nach gesetzgeberischer Vorgabe in § 214 Abs. 1 Nr. 1 BauGB als formeller Verstoß anzusehen ist, zu einem materiellen Fehler im Abwägungsvorgang – d. h. die Frage, ob und unter welchen Voraussetzungen neben einem Fehler im Anwendungsbereich der §§ 2 Abs. 3 und 4, 214 Abs. 1 Nr. 1 BauGB ergänzend auch von einem materiellen Abwägungsfehler nach §§ 1 Abs. 7, 214 Abs. 3 Satz 2 Halbsatz 2 BauGB ausgegangen werden kann – muss an dieser Stelle noch nicht entschieden werden; hierzu unten *b) cc)*. Dogmatisch klare Linien – oder gar eine „herrschende Ansicht" – zur Abgrenzung rein formeller Fehler gemäß §§ 2 Abs. 3 / Abs. 4, 214 Abs. 1 Nr. 1 BauGB einerseits von materiellen Fehlern gemäß §§ 1 Abs. 7, § 214 Abs. 3 Satz 2 BauGB andererseits dürften sich erst im Laufe der Zeit herausbilden. Vor diesem Hintergrund dürfte es hier auch wohl möglich sein, Ermittlungs- und Bewertungsdefizite bei Umweltschutzbelangen (§§ 1 Abs. 6 Nr. 7, 1a BauGB) ausschließlich an § 2 Abs. 4 BauGB als lex specialis und damit außerhalb von der Verfahrensgrundnorm des § 2 Abs. 3 BauGB festzumachen. Konsequenz wäre, dass dann auch § 214 Abs. 1 Nr. 1 BauGB keine Anwendung fände und es m. E. gut vertretbar wäre, diesbezügliche Ermittlungs- und Bewertungsdefizite nach der klassischen Abwägungsfehlerlehre ausschließlich als Mängel im Abwägungsvorgang an der materiell-rechtlichen Prüfung des § 1 Abs. 7 BauGB und dem hieran anknüpfenden § 214 Abs. 3 Satz 2 Halbsatz 2 BauGB als Fehlerfolgennorm auszurichten. Die Rechtsprechung sollte man insofern im Auge behalten.

---

b) Materielle Mängel

Der Bebauungsplan könnte auch materiell, d. h. inhaltlich, an einem erheblichen Fehler leiden. §§ 1 Abs. 7 und 2 Abs. 1 BauGB räumen der planenden Gemeinde ein relativ weites, aber andererseits rechtlich gebundenes Planungsermessen ein.

aa) Planrechtfertigung

Die Planung müsste städtebaulich erforderlich sein, § 1 Abs. 3 BauGB. Nach der genannten Norm haben die Gemeinden die Bauleitpläne aufzustellen, sobald und soweit es für die städtebauliche Entwicklung erforderlich ist. Im Umkehrschluss bedarf jeder Bebauungsplan als Inhalts- und Schrankenbestimmung i. S. v. Art. 14 Abs. 1 Satz 2 GG einer Planrechtfertigung am Maßstab der Erforderlichkeit.[35] Es handelt sich mit Blick auf die in Art. 28 GG geschützte Planungshoheit der Gemeinde im Wesentlichen um eine Missbrauchsschranke.[36] Die Erforderlichkeit fehlt, wenn dem Bauleitplan kein positives Planungskonzept zugrunde liegt oder wenn dieser ersichtlich nur Ziele fördert, für die die Planungsinstrumente nicht bestimmt sind. Keine Planrechtfertigung besteht auch dann, wenn die Planung aus tatsächlichen oder rechtlichen Gründen auf Dauer oder auf unabsehbare Zeit nicht vollzogen werden kann. Zusammenfassend ist von Erforderlichkeit auszugehen, wenn die Gemeinde mit der Planung ein städtebauliches Ziel verfolgt, die Bauleitplanung tatsächlich vollzugsfähig ist und es sich weder um eine Gefälligkeitsplanung noch um eine Planung handelt, für die offensichtlich kein Bedarf besteht.[37]

Im vorliegenden Fall ist die Planung durch den künftigen Bedarf an Wohnnutzung in G motiviert. Der Bebauungsplan verfolgt hier die städtebauliche Konzeption zur Wohnansiedlung, die auf Basis des sonst

---

[35] *BVerwG* NVwZ 2003, 749 f., m. w. N.; NVwZ-RR 2004, 89; *Dürr*, JuS 2007, 521 (523); *Finkelnburg/Ortloff*, Öffentliches Baurecht, Band I, S. 28. Zu einem Negativbeispiel (durcharbeiten!): *Rossen-Stadtfeldt/Ulleweit*, Jura 2004, 635 (637 f.). Zur neuesten Rechtsprechung des *BayVGH*: *Jäde*, BayVBl. 2008, 517.

[36] Vgl. z. B. *VGH Kassel* NVwZ-RR 2007, 300; *Ibler*, Öffentliches Baurecht, S. 143.

[37] Zusammenfassend m. w. N. aus der Rspr.: *BayVGH* BayVBl. 2007, 145 (147); *Stüer*, DVBl. 2008, 270 f. Unterfall einer rechtswidrigen nicht erforderlichen Planung ist die sog. Negativplanung, bei der bestimmte ausgewiesene Nutzungen nur vorgeschoben werden, um eine andere Nutzung zu verhindern, vgl. z. B. BVerwGE 40, 258 (262).

einschlägigen § 35 BauGB nicht realisierbar wäre. Damit liegt der Planung grundsätzlich eine vernünftige städtebauliche Zielsetzung zugrunde.

Die Planrechtfertigung steht dennoch in Frage, weil derzeit ein *konkreter* Bedarf für die Planung in Frage steht. Zwar muss wegen der in Art. 28 GG geschützten Planungshoheit die Beurteilung, wie konkret und wie dringlich ein städtebauliches Bedürfnis nach Bauleitplanung ist, grundsätzlich der Einschätzung des Plangebers überlassen bleiben. Andererseits verlangt der Grundsatz der Planrechtfertigung eine hinreichend konkrete Verwirklichungsperspektive.[38] Im vorliegenden Fall bestand im Zeitpunkt der Planung keine aktuelle Nachfrage nach Bauplätzen, die darauf hindeuten könnte, dass die Planung auf Verwirklichung in angemessener Zeit angelegt ist. Wie konkret und dringlich das städtebauliche Bedürfnis nach Ausweisung des sehr groß dimensionierten Baugebiets ist, war nicht Gegenstand der Debatte im Gemeinderat. Die mangelnde aktuelle Nachfrage war umgekehrt der Grund, warum zunächst auf eine Erschließung verzichtet werden sollte. Der Planung liegt daher letztlich nur die bloße Vermutung oder Hoffnung zugrunde, dass in unbestimmter Zukunft Interessenten für die neu ausgewiesenen Baugebiete gefunden werden können. Es handelt sich damit um eine überdimensionierte Planung, für die derzeit kein konkreter Bedarf besteht. Die Planrechtfertigung scheitert daran, dass die Planung nicht auf Verwirklichung eines städtebaulichen Konzepts *in angemessener Zeit* angelegt ist.

Die Planung ist damit nicht städtebaulich erforderlich, sodass es an der erforderlichen Planrechtfertigung gemäß § 1 Abs. 3 BauGB fehlt. Dieser inhaltliche Mangel ist von der Fehlerfolgenregelung in §§ 214, 215 BauGB nicht erfasst, sodass er ohne Weiteres als beachtlich / erheblich anzusehen ist und insofern die Unwirksamkeit des Bebauungsplans begründet.

> **Zur Vertiefung:** In einer ähnlichen (aber insofern nicht identischen) Fallgestaltung ging der *Bayerische Verwaltungsgerichtshof* von einer mangelnden Planrechtfertigung aus, weil das planerische Konzept in sich widersprüchlich und inkonsistent war.[39] Ein solcher Konsistenzfehler wurde vom *BayVGH* damit begründet, dass das Konfliktpotenzial zwischen einem landwirtschaftlichem Betrieb und Wohnnutzung, das nach dem Planungswillen der Gemeinde mit der Bauleitplanung bewältigt werden sollte, durch die Planung tatsächlich nicht abgemildert, sondern im Gegenteil verschärft bzw. ein bewältigungsbedürftiger Konflikt überhaupt erst erzeugt wurde. In der dortigen Fallgestaltung bestand also die Besonderheit, dass der Bebauungsplan von seiner gewollten Zielsetzung mit dem Anspruch erlassen wurde, einen Konflikt widerstreitender Nutzungen zu lösen, jedoch tatsächlich einen echten Interessenkonflikt bzw. eine deutlich angespanntere immissionsschutzrechtliche Situation erst geschaffen und damit sein planerisches Ziel ins Gegenteil verkehrt hat. Dennoch dürfte auch hier die Annahme mangelnder Planrechtfertigung wegen Konfliktverschärfung nicht unvertretbar sein. Die folgende Diskussion zur Abwägungsdisproportionalität (s. u.) würde dann auf die Ebene der Planrechfertigung verschoben.

bb) Inhaltliche Vorgaben des BauGB und der BauNVO

Ermessensgrenzen umschreibt § 9 BauGB i.V.m. den Vorgaben der BauNVO. Hiernach läge Ermessensüberschreitung vor, wenn der Bebauungsplan inhaltliche Festsetzungen enthielte, die über den dort definierten, abschließenden Katalog hinausgingen.[40] Hierfür liegen keine Anhaltspunkte vor. Insbesondere entspricht die Ausweisung eines „reines Wohngebiets" den Vorgaben des § 9 Abs. 1 Nr. 1 BauGB i.V.m. § 9 a Nr. 1 BauGB, § 3 BauNVO.[41]

---

[38] *BayVGH* BayVBl. 2006, 601, m.w.N.

[39] *BayVGH* BayVBl. 2007, 177 ff.

[40] Vgl. *Brohm*, Öffentliches Baurecht, § 6, Rn. 22 ff.: § 9 BauGB i.V.m. §§ 1 ff. BauNVO als gesetzliche Grundlage für die durch die planende Gemeinde umzusetzenden Inhalts- und Schrankenbestimmungen des Eigentums (Art. 14 Abs. 1 Satz 2 GG) durch die Bauleitplanung.

[41] Ein vorhabenbezogener Bebauungsplan auf Basis eines Vorhaben- und Erschließungsplans nach § 12 BauGB unterliegt insofern weniger scharfen Vorgaben, § 12 Abs. 3 Satz 2 BauGB. Zum vorhabenbezogenen Bebauungsplan s. die Rechtsprechungsübersicht bei *Kuschnerus*, BauR 2004, 946 ff. Vgl. auch (durcharbeiten!) *Aufgabe 9 der Zweiten Juristischen Staatsprüfung 2003/2*, BayVBl. 2008, 221 ff. (Aufgabenstellung) und 250 ff. (Lösungsskizze).

Inhaltliche Grenzen ergeben sich – maßgeblich aufgrund des Eigentumsschutzes gem. Art. 14 Abs. 1 GG – auch aus dem Bestimmtheitsgebot.[42] Ferner muss der Bebauungsplan grundsätzlich gemäß § 8 Abs. 2 Satz 1 BauGB aus dem Flächennutzungsplan entwickelt werden. Im Fall bestehen hinsichtlich der Bestimmtheit der bauplanungsrechtlichen Festsetzungen keine Bedenken; auch ist laut Sachverhaltsangaben von einem zulässigen Parallelverfahren nach § 8 Abs. 3 Satz 1 BauGB auszugehen.

cc) Abwägungsgebot, §§ 1 Abs. 7, 214 Abs. 3 Satz 2 BauGB

Fraglich ist aber, ob § 1 Abs. 7 BauGB Genüge getan wurde. Diese Norm sieht vor, dass bei der Aufstellung der Bauleitpläne die öffentlichen und privaten Belange gegeneinander und untereinander gerecht abzuwägen sind. Dieses sog. Abwägungsgebot wird – uneingeschränkt jedenfalls vor den Neuregelungen in §§ 2 Abs. 3, 214 BauGB durch das EAG Bau – als materielle Rechtmäßigkeitsvorgabe angesehen. Nach der klassischen Abwägungsfehlerlehre[43] werden unterschieden:

(1) Abwägungsausfall: Eine sachgerechte Abwägung hat überhaupt nicht stattgefunden.[44]

(2) Abwägungsdefizit: In die Abwägung wurde nicht an Belangen eingestellt, was nach Lage der Dinge in sie hätte eingestellt werden müssen.

(3) Abwägungsfehleinschätzung: Die Bedeutung einzelner Belange wird von dem abwägenden Gemeinde- oder Stadtrat verkannt.

(4) Abwägungsdisproportionalität: Der Ausgleich zwischen den von der Planung betroffenen Belangen wird in einer Weise vorgenommen, die zur objektiven Gewichtung einzelner Belange außer Verhältnis steht.

(1) Mängel im Abwägungsvorgang (Abwägungsdefizit): Soweit hier auf verfahrensrechtlicher Seite von einem Verstoß gegen § 2 Abs. 3 (i.V.m. Abs. 4) BauGB in Form eines Ermittlungs- und Bewertungsdefizits auszugehen ist, weil sich die G zumindest Klarheit darüber hätte verschaffen müssen, ob und welche Konflikte bei Umsetzung des Wohnbauvorhabens unmittelbar an der Grenze zu dem bestehenden Industriegebiet überhaupt entstehen können (s.o.), kommt zusätzlich ein materieller Abwägungsfehler i.S. von § 1 Abs. 7 BauGB in Form des Abwägungsdefizit und der Abwägungsfehleinschätzung in Betracht.

§ 214 Abs. 3 Satz 2 Halbsatz 1 BauGB bestimmt allerdings, dass Mängel, die Gegenstand der Regelung in § 214 Abs. 1 Nr. 1 BauGB (also formelle Mängel i.S. von § 2 Abs. 3 BauGB) sind, nicht als (materielle) Mängel der Abwägung – also im Sinne eines Verstoßes gegen § 1 Abs. 7 BauGB – geltend gemacht werden können. Demgegenüber regelt § 214 Abs. 3 Satz 2 Halbsatz 2 BauGB, dass Mängel im Abwägungsvorgang „im Übrigen" – also Mängel, die außerhalb des Anwendungsbereiches von § 2 Abs. 3, 214 Abs. 1 Nr. 1 BauGB ergänzend von § 1 Abs. 7 BauGB erfasst werden – nur erheblich sind, wenn sie offensichtlich und auf das Abwägungsergebnis von Einfluss gewesen sind.

Aufgrund dieses gesetzlich vorgegebenen Ausschlussverhältnisses ist daher zu klären, in welchem Verhältnis ein Verfahrensverstoß gegen § 2 Abs. 3 und 4 BauGB zu einem materiellen Abwägungsfehler nach § 1 Abs. 7 BauGB steht, d.h. welche Fehler – auf formeller Seite – dem Anwendungsbereich der §§ 2 Abs. 3 und 4, 214 Abs. 1 Nr. 1 BauGB und welche – auf materieller Seite – ergänzend von §§ 1 Abs. 7, 214 Abs. 3 Satz 2 Halbsatz 2 BauGB erfasst werden. Die Abgrenzung ist umstritten[45] und bislang (seit der Neuregelung der §§ 2 Abs. 3, 214 BauGB durch das EAG Bau) auch in der höchstrichterlichen Rechtsprechung noch nicht abschließend geklärt. Insbesondere ist fraglich, welche Bedeutung

---

[42] *BayVGH* BayVBl. 2004, 110 f.

[43] Grundlegend zur Abwägungsfehlerlehre: BVerwGE 34, 301 (309); 45, 309 (314 f.); *BayVGH* BayVBl. 2003, 722; BayVBl. 2004, 110 (111); BayVBl. 2004, 180; *VGH Mannheim* VBlBW 2008, 218 (222); *Frenz*, Jura 2008, 811 (814); *Dürr*, JuS 2007, 521 (524); *Pieper*, Jura 2006, 817; *Rossen-Stadtfeldt/Ullweit*, Jura 2004, 635 (638 f.); *Decker/Konrad*, Bayerisches Baurecht, S. 187 ff.; Lösungsskizze zu *Aufgabe 9 der Zweiten Juristischen Staatsprüfung 2003/2*, BayVBl. 2008, 250 (253).

[44] Problematisch sind Vorabbindungen durch Absprachen und städtebauliche Verträge mit Investoren. Diese führen jedoch nicht grundsätzlich zur Fehlerhaftigkeit wegen Abwägungsausfalls, da solche Vorabsprachen in der Praxis oft unerlässlich sind, um überhaupt sachgerecht planen zu können, vgl. zum Ganzen: *BVerwG* 34, 309 ff.; *Ibler*, Öffentliches Baurecht, S. 139 f. Die Zulässigkeit derartiger Absprachen ist heute letztlich auch in §§ 11 und 12 BauGB (städtebauliche Verträge; Vorhaben- und Erschließungsplan) vorausgesetzt.

[45] Ein Überblick über die verschiedenen Ansätze findet sich bei: *Decker/Konrad*, Bayerisches Baurecht, S. 178 ff.; *Erbguth*, JZ 2006, 484 (490 ff.); *Pieper*, Jura 2006, 817 ff.

§ 214 Abs. 3 Satz 2 BauGB zukommen soll[46], sofern mit dem Wortlaut der genannten Regelungen die Mängel im Abwägungsvorgang umfassend oder zumindest weitgehend als formelle Fehler jenseits des materiellen Abwägungsgebots aufgefasst werden.

Nach einer Ansicht, für die die Gesetzessystematik und die Gesetzgebungshistorie spricht, sind die von § 2 Abs. 3 BauGB erfassten Ermittlungs- und Bewertungsmängel gemäß §§ 2 Abs. 3, 214 Abs. 1 Nr. 1 BauGB *ausschließlich* als Verfahrensfehler anzusehen bzw. aufgrund gesetzgeberischer Vorgabe ausschließlich wie Verfahrensmängel zu behandeln.[47] Durch die verfahrensrechtliche Neuregelung in §§ 2 Abs. 3 und 4, 214 Abs. 1 Nr. 1 BauGB wäre hiernach für solche Fehler ein weiterer Rückgriff auf die materielle Abwägungsfehlerlehre ausgeschlossen. Die bislang nach materiellem Recht in § 1 Abs. 7 BauGB festgemachte Abwägungsfehlerlehre sei daher hinsichtlich dieser dem Abwägungsvorgang anhaftenden Fehlerkategorien hinfällig geworden. Es verbleibt für die materielle Prüfung gemäß §§ 1 Abs. 7, 214 Abs. 3 Satz 2 BauGB – als Fehler, der unmittelbar dem Abwägungsergebnis anhaftet – die sog. Abwägungsdisproportionalität[48], bei engerer Auslegung des Begriffs des „Bewertens" in § 2 Abs. 3 BauGB (s. o.) ggf. auch die Abwägungsfehleinschätzung[49]. Soweit bei einem weiten Verständnis des § 2 Abs. 3 BauGB keine Mängel im Abwägungsvorgang für die materielle Prüfung verbleiben, läuft § 214 Abs. 3 Satz 2 Halbsatz 2 BauGB als rein theoretische Auffangnorm[50] („Angstklausel") de facto leer.[51] Zur Begründung wird u. a. angeführt, dass es mit Erlass des EAG Bau erklärte Absicht des Gesetzgebers gewesen sei, eine Angleichung der Regelung über die Aufstellung von Bauleitplänen an das überwiegend verfahrensrechtliche Verständnis im europäischen Rechtsraum vorzunehmen.[52] Darüber hinaus stelle § 214 Abs. 3 Satz 2 BauGB mit seinen beiden aufeinander bezogenen Halbsätzen und im Wortlaut („im Übrigen") klar, dass §§ 2 Abs. 3, 214 Abs. 1 Nr. 1 BauGB als Verfahrensregelungen grundsätzlich Vorrang vor dem Regelungskomplex der §§ 1 Abs. 7, 214 Abs. 3 Satz 2 BauGB genießen sollen.[53] Diese auch aus der Gesetzessystematik abzulesende Zielrichtung würde aber konterkariert, wenn in den besonders relevanten und typischen Fällen, in denen ein Ermittlungs- und Bewertungsmangel bis zum Schluss der Planung fortwirkt, nach herkömmlicher materieller Abwägungsfehlerlehre auch ein materieller Abwägungsmangel angenommen werden könnte. Nach diesem Ansatz kommt neben dem oben festgestellten Verfahrensfehler gem. § 2 Abs. 3 (i. V. m. Abs. 4) BauGB ein zusätzlicher materieller Abwägungsfehler nach § 1 Abs. 7 BauGB wegen Abwägungsdefizits bzw. Abwägungsfehleinschätzung nicht in Betracht.

Wohl überwiegend wird in der Literatur demgegenüber die These vertreten, dass mit der Normierung des § 2 Abs. 3 BauGB durch das EAG Bau kein Paradigmen- bzw. Systemwechsel im bauplanungsrechtlichen Abwägungsgebot verbunden sei. Während § 2 Abs. 3 BauGB das bei der Abwägung einzuhaltende Verfahren präzisiere, gehe § 1 Abs. 7 BauGB darüber hinaus, weil dieser auch materiell-rechtlich ein fehlerfreie Abwägung verlange. Im Ergebnis habe sich daher an der materiellen Abwägungsfehlerlehre in der Sache nichts geändert.[54] Hiernach ist der sich einer für § 2 Abs. 3 BauGB relevanten Ermittlungs- und Vorbewertungsphase[55] erst anschließende eigentliche Abwägungsvorgang am Maßstab des § 1 Abs. 7 BauGB auf materieller Ebene umfassend auf Mängel im Abwägungsvorgang (Abwägungsausfall, Abwägungsdefizit, Abwägungsfehleinschätzung) und Abwägungsergebnis (Abwägungsdisproportionalität) zu prüfen, deren Erheblichkeit sich an § 214 Abs. 3 Satz 2 Halbsatz 2 BauGB als Fehlerfolgennorm misst. Soweit sich Ermittlungs- und/oder Bewertungsmängel also im endgültigen Abwägungsvorgang fortsetzen, ist nach diesem Ansatz – neben einem Verfahrensfehler in der Vorphase der eigentlichen Abwägung nach § 2 Abs. 3 BauGB – auch ein Abwägungsfehler gemäß § 1 Abs. 7 BauGB

---

[46] BT-Drs. 15/2996 S. 71 spricht ohne genaue Abgrenzung salomonisch von „nur noch ergänzender Bedeutung".

[47] *Stelkens*, UPR 2005, 81 (85); *Pieper*, Jura 2006, 817 (820); *Kraft*, UPR 2004, 331 f.

[48] *Pieper*, Jura 2006, 817 (819).

[49] *Stelkens*, UPR 2005, 81 (85).

[50] Aus den Gesetzesmaterialien vgl. BT-Drs. 15/2250, S. 95 f.; BT-Drs. 15/2996, S. 71.

[51] *Pieper*, Jura 2006, 817 (818); *Kobor*, JuS 2005, 1071 f.

[52] *Pieper*, Jura 2006, 817 (820).

[53] *Erbguth*, JZ 2006, 484 (490 ff.).

[54] *Ibler*, Öffentliches Baurecht, S. 144; *Stollmann*, Öffentliches Baurecht, 4. Aufl. 2007, § 7, Rn. 20, 36 ff., § 8, Rn. 7, 25; *Happ*, NVwZ 2007, 304 ff.; *Hoppe*, NVwZ 2004, 903 (905); *Erbguth*, Jura 2006, 9 (14).

[55] *Erbguth*, Jura 2006, 9 (14 und 15): „(Vor-)Ermittlung und (Vor-)Gewichtung" im Sinne einer „sachlichen Vorklärung". Ähnlich *Happ*, NVwZ 2007, 304 (307).

gegeben. Auf Basis dieser Ansicht – für die u. a. spricht, dass die Auffangnorm des § 214 Abs. 3 Satz 2 Halbsatz 2 BauGB einen eigenständigen Anwendungsbereich jenseits von §§ 2 Abs. 3, 214 Abs. 1 Nr. 1 BauGB hätte[56] – wäre im vorliegenden Fall neben dem bereits oben festgestellten Verfahrensfehler nach § 2 Abs. 3 und Abs. 4 BauGB auch von einem Abwägungsfehler nach § 1 Abs. 7 BauGB wegen Abwägungsdefizits auszugehen, weil der Umstand, dass die immissionsbezogene Konfliktsituation in dem Bereich, in dem die neu ausgewiesene Wohnnutzung unmittelbar an das bereits bestehende Industriegebiet angrenzt, sich bis in die letzte Phase der Abwägung fortgesetzt hat und in den abschließenden Planungsunterlagen dokumentiert ist. Hinsichtlich der Fehlerfolge wären diese materiellen Mängel hinsichtlich ihrer Erheblichkeit an § 214 Abs. 3 Satz 2 Halbsatz 2 BauGB zu messen. Da diese Fehlerfolgennorm letztlich dieselben Anforderungen wie § 214 Abs. 1 Nr. 1 BauGB enthält[57], wäre von Erheblichkeit auszugehen.

Zwischenergebnis: Je nachdem, welchem Ansatz man folgt, liegt – neben dem Verfahrensfehler gemäß § 2 Abs. 3 BauGB – auch ein gemäß § 214 Abs. 3 Satz 2 Halbsatz 2 BauGB relevanter Abwägungsfehler in Form eines Abwägungsdefizits (Verstoß gegen § 1 Abs. 7 BauGB) vor. Da die gesamte Diskussion noch im Fluss ist und noch keine Aussagen in der Rechtsprechung vorliegen, wurde hier auf eine Entscheidung des Meinungsstreits verzichtet; in der Klausur oder Hausarbeit sollte aber eine Festlegung erfolgen.

(2) Abwägungsdisproportionalität als Mangel, der dem Abwägungsergebnis unmittelbar anhaftet: Unabhängig von dem vorher dargestellten Meinungsstreit verbleibt für die Frage eines möglichen materiellen Abwägungsfehlers nach § 1 Abs. 7 BauGB jedenfalls die Prüfung einer Abwägungsdisproportionalität (als Fehler im Abwägungsergebnis). Dass die Schaffung von Wohnraum in der Abwägung vor andere denkbare Alternativen gestellt worden ist, ist als solches nicht zu beanstanden. Im Rahmen der Abwägung können gem. §§ 1 Abs. 7, 2 Abs. 1 BauGB ganz selbstverständlich einzelne Belange auf Kosten anderer zurückgestellt werden.[58] Problematisch ist aber, dass durch den Bebauungsplan möglicherweise künftige Konflikte geradezu herausgefordert werden. Ein materieller Abwägungsfehler in Form der Abwägungsdisproportionalität liegt erst vor, wenn ein Planungsergebnis erzielt wird, in dem der Ausgleich zwischen den von der Planung betroffenen Belangen in einer Weise vorgenommen wird, die der objektiven Gewichtung einzelner Belange zuwiderläuft.

Im vorliegenden Fall hat sich die G bewusst für einen geringen Konkretisierungsgrad der Planung entschieden: Sie hat bewusst auf weitere Ermittlungen zur Erfassung der Konfliktlage verzichtet und dabei unterstellt, dass – wenn schon der verbleibender Abstand von 20 m nicht für einen hinreichenden Interessenausgleich sorge – ein Konfliktausgleich im Rahmen der Umsetzung des Bebauungsplans möglich sein wird. Zwar müssen nicht in jedem Fall alle Probleme im Rahmen der Abwägung einer Konfliktlösung zugeführt werden, wenn die Prognose gerechtfertigt ist, dass im anschließenden Genehmigungsverfahren – etwa unter Heranziehung des aus § 15 Abs. 1 BauNVO abzuleitenden Rücksichtnahmegebots – die Konfliktlösung einzelfallbezogen sachgerecht möglich ist. Dieser sog. planerischen Zurückhaltung[59] setzt aber das gegenläufige Prinzip planerischer Konfliktbewältigung Grenzen.[60] Die planende Gemeinde wäre daher gehalten gewesen, den hier offensichtlichen Konflikt zwischen heranrückender Wohnbebauung und vorhandener emittierender Nutzung im angrenzenden Industriegebiet zu lösen. Dabei leidet der Bebauungsplan schon von seinem Inhalt her an einem Abwägungsfehler in Form einer Abwägungsdisproportionalität, wenn der Ausgleich der zwischen den von der Planung betroffenen immissionsschutzrechtlichen Belangen in einer Weise vorgenommen wurde, die zur objektiven Gewichtung dieser Belange außer Verhältnis steht. Insofern gebietet der in der Rechtsprechungspraxis entwickelte und auch aus § 50 BImSchG sowie aus der grundsätzlichen Unzulässigkeit von Wohnnutzung in Gebieten nach §§ 8 und 9 BauNVO abzuleitende *Trennungs-*

---

[56] *Ibler*, Öffentliches Baurecht, S. 144; vgl. auch die Überlegungen bei *Erbguth*, Jura 2006, 9 (14).

[57] Vgl. ebenso *BayVGH* BayVBl. 2006, 601 (603).

[58] *Seidel*, Bauplanungs- und Bauordnungsrecht, S. 228; *Kuschnerus*, BauR 1998, 1 (4 f.).

[59] Z. B. *BVerwG* NVwZ 2004, 229 f. (durcharbeiten!); BayVBl. 1988, 568 (569); BayVBl. 1998, 314 (315).

[60] Vgl. z. B.: *OVG Münster* NVwZ-RR 2006, 94 (95); *BayVGH* BayVBl. 2000, 273 (275 f.); *Stüer*, DVBl. 2005, 461 (465).

grundsatz[61], dass hinsichtlich der Nutzungsart einander unverträgliche Baugebiete möglichst räumlich voneinander durch eine nachbarliche Konflikte abfedernde Pufferzone zu trennen sind. Ähnlich wie das Nebeneinander von Grundstücken mit konträren Nutzungen im Einzelfall gegen das Rücksichtnahmegebot verstoßen kann[62], kann auch ein Bebauungsplan abwägungsfehlerhaft sein, wenn seine Umsetzung zum unvereinbaren und damit rücksichtslosen Nebeneinander konträrer (insbesondere emissionsverursachender und immissionsempfindlicher) Nutzungsarten führt. Als Ausfluss des Gebots planerischer Konfliktbewältigung muss bereits der Bebauungsplan konfliktgeladene und gegensätzliche nachbarliche Nutzungsinteressen nach Möglichkeit zu vermeiden suchen und darf deren Ausgleich nicht zur Gänze dem anschließenden Genehmigungsverfahren überlassen. Eine Gemeinde ist, wenn sie ein Baugebiet ausweist, verpflichtet, die von der Planung hervorgerufenen Konflikte grundsätzlich vollständig zu bewerten. Ein Bebauungsplan, der – wie hier – ohne ausreichende Pufferzone die Heranrückung einer Wohnnutzung an eine landwirtschaftliche oder gewerbliche Nutzung zulässt, provoziert Nutzungskonflikte in unmittelbarer Nachbarschaft, statt sie konfliktlösend zu schlichten. Besondere Umstände – wie z. B. eine bestehende vorbelastete Gemengelage –, wonach ausnahmsweise von dem grundsätzlichen Gebot, Wohn- und Industriegebieten räumlich zu trennen, abgewichen werden könnte, sind hier nicht erkennbar.[63] Es ist daher von Abwägungsdisproportionalität auszugehen.

Fehlerfolge: §§ 214, 215 BauGB stellen nur Unbeachtlichkeitsregelungen für Fehler im Abwägungsvorgang auf. Eine *Abwägungsdisproportionalität* stellt aber keinen bloßen Mangel im Abwägungsvorgang dar, sondern haftet vielmehr unmittelbar dem Planinhalt, also dem *Abwägungsergebnis* an. Ein solcher Mangel ist daher ohne Weiteres beachtlich bzw. erheblich und führt zur Unwirksamkeit des Bebauungsplans.[64]

III. Ergebnis des Ausgangsfalls/Tenorierung des Gerichts

Der Normenkontrollantrag der N ist nicht nur zulässig, sondern wegen erheblicher formeller und materieller Fehler des Bebauungsplans „Wohngebiet Nord" auch begründet. Gemäß § 47 Abs. 5 Satz 2 VwGO ist der von der N-GmbH angegriffene Bebauungsplan mit allgemeinverbindlicher Wirkung für *unwirksam* zu erklären.

> **Zum Verständnis:** Nach der bis zum Inkrafttreten des EAG Bau geltenden Fassung des § 47 Abs. 5 VwGO war eine Norm im Falle eines begründeten Normenkontrollantrags grundsätzlich durch das OVG bzw. den VGH für *nichtig* zu erklären, sofern nicht die konkrete Möglichkeit einer Fehlerbehandlung in einem sog. ergänzenden Verfahren gem. § 47 Abs. 5 Satz 4 VwGO a. F. i. V. m. § 215 a Abs. 1 BauGB a. F. bestand.[65] Die bisherige Unterscheidung zwischen Nichtigkeit und Unwirksamkeit als Fehlerfolge des Bebauungsplans ist demgegenüber mit der Änderung des § 47 Abs. 5 VwGO und der Neuregelung des § 214 Abs. 4 BauGB durch das EAG Bau entfallen. Nunmehr kann – jedenfalls nach dem Wortlaut der Norm – jeder am Maßstab von § 214 BauGB beachtliche bzw. erhebliche fehlerhafte und deshalb zunächst als unwirksam anzusehende Bebauungsplan in einem ergänzenden

---

    [61] BVerwGE 45, 309 (326 ff.); 47, 144 (155 f.); *BayVGH* NVwZ 1985, 837 (839); BayVBl. 2004, 110 (111); *OVG Berlin-Brandenburg* BauR 2006, 1424 ff.; *VGH Mannheim* BRS 40, Nr. 5; UPR 1991, 355 f.; NVwZ-RR 1991, 233 f.; *VGH Kassel* BRS 48, Nr. 11; *Stüer*, DVBl. 2005, 806 (814); *ders.*, DVBl. 2008, 270 (280); *Jäde*, BayVBl. 2008, 517 (518, dort in Fußnote 20); *Decker/Konrad*, Bayerisches Baurecht, S. 199; Lösungsskizze zu *Aufgabe 9 der Zweiten Juristischen Staatsprüfung 2003/2*, BayVBl. 2008, 250 (251). Speziell zur Standortauswahl von Windenergieanlagen im Bebauungsplan: *OVG Lüneburg* NVwZ 1999, 1358 ff.

    [62] Vgl. *Fall 4*.

    [63] Zur Ausnahmefähigkeit des Trennungsgebots in Abhängigkeit von besonderen Umständen des Einzelfalls: BVerwGE 45, 309 (329); *Stüer*, DVBl. 2005, 806 (814); *Decker/Konrad*, Bayerisches Baurecht, S. 199 f.

    [64] Vgl. *BayVGH* BayVBl. 2007, 177 (179); *Dürr*, JuS 2007, 521 (524).

    [65] Die Möglichkeit eines „ergänzenden" Verfahrens bestand nur, wenn es lediglich um punktuelle Nachbesserungen ging, d. h. der festgestellte Mangel durfte nicht die Grundkonzeption der Planung berühren, also nicht so schwer wiegen, dass er den Kern der Abwägungsentscheidung bzw. die Planung als Ganze in Frage stellte, vgl. *BVerwG* NVwZ 1999, 414 f.; NVwZ 1999, 420; *BayVGH* BayVBl. 2000, 273 (276); *OVG Münster* BauR 1998, 984 (986); *Rossen-Stadtfeldt/Ulleweit*, Jura 2004, 635 (640).

Verfahren geheilt und im Anschluss rückwirkend in Kraft gesetzt werden.[66] Aber auch diesbezüglich müssen bei richtiger Auslegung der Norm Grenzen für die Heilbarkeit bestehen. Der Fehler darf nicht grundsätzlicher Art sein und muss tatsächlich in einem ergänzenden Verfahren nachbesserungsfähig sein.[67] Da im hier zu begutachtenden Fall der Bebauungsplan schon von seinem Inhalt her abwägungsfehlerhaft ist (Verstoß gegen das Trennungsgebot, Abwägungsdisproportionalität), dürfte die Heilbarkeit in einem ergänzenden Verfahren nach § 214 BauGB fraglich sein.

B. Zusatzfrage: Eilrechtsschutz gegen den Bebauungsplan

In Betracht kommt ein Eilrechtsbehelf, der darauf gerichtet ist, den Bebauungsplan als Grundlage der bauplanungsrechtlichen Zulässigkeit im Baugenehmigungsverfahren sowie im Freistellungsverfahren (vgl. Art. 58 Abs. 2 BayBO) vorläufig für nicht vollziehbar zu erklären. In Betracht kommt insofern ein Antrag nach § 47 Abs. 6 VwGO. Ein solcher Antrag hat Aussicht auf Erfolg, wenn er zulässig und begründet ist.

I. Zulässigkeit

1. Zuständigkeit und Verwaltungsrechtsweg

Zuständig für die Entscheidung über den Antrag nach § 47 Abs. 6 VwGO ist das Gericht der Hauptsache, hier also der auch für das herkömmliche Normenkontrollverfahren zuständige *Bayerische Verwaltungsgerichtshof* (s. o.).

2. Statthaftigkeit eines Antrags nach § 47 Abs. 6 VwGO

§ 80 Abs. 1 VwGO gilt für den Normenkontrollantrag nicht. Da der Normkomplex des § 47 VwGO keine vergleichbare Regelung vorsieht, kommt dem Normenkontrollantrag keine aufschiebende Wirkung zu. Der erlassene und formell in Kraft getretene Bebauungsplan ist damit keinem automatischen Vollzugshindernis im Falle eines Antrags nach § 47 Abs. 1 VwGO ausgesetzt. Nach § 47 Abs. 6 VwGO (als lex specialis, der § 123 VwGO als allgemeinere Regelung verdrängt) kann aber vorläufiger Rechtsschutz auf Antrag durch einstweilige Anordnung gewährt werden. Hierüber kann der Antragsteller erreichen, dass die angegriffene Rechtsnorm vorläufig außer Vollzug gesetzt wird. Die Behörde darf dann keine Baugenehmigungen erteilen, deren bauplanungsrechtliche Zulässigkeit am angegriffenen Bebauungsplan geprüft worden ist. Gegenüber Bauvorhaben, die innerhalb eines qualifizierten Bebauungsplans dem Freistellungsverfahren unterfallen, bewirkt die vorläufige Außervollzugsetzung des Bebauungsplans die einstweilige Aufhebung der Genehmigungsfreistellung.[68] Die Statthaftigkeit eines Eilrechtsbehelfs nach § 47 Abs. 6 VwGO bestimmt sich danach, ob in der Hauptsache ein Normenkontrollantrag nach § 47 Abs. 1 VwGO statthaft wäre. Da in der Hauptsache ein statthafter Gegenstand für eine Normenkontrolle gem. § 47 Abs. 1 Nr. 1 VwGO vorliegt (s. o.), ist auch ein Eilantrag nach § 47 Abs. 6 VwGO statthaft.

3. Antragsbefugnis

Die Antragsbefugnis deckt sich mit dem Hauptsacheverfahren[69], richtet sich also nach § 47 Abs. 2 VwGO. Die N-GmbH ist nach obiger Prüfung antragsbefugt (s. o.).

---

[66] Vgl. *Finkelnburg*, NVwZ 2004, 897 (901); *Battis/Krautzberger/Löhr*, NJW 2004, 2553 (2556).

[67] Vgl. *Stüer*, DVBl. 2005, 806 (814 f.); vgl. auch *Krautzberger/Stüer*, DVBl. 2004, 781 (790) – Planinhalt und Abwägungsgebot als Grenze einer rückwirkenden Heilungsmöglichkeit.

[68] *Uechtritz*, BauR 1998, 719 (731); *BayVGH* BayVBl. 2000, 628 ff.

[69] *OVG Münster* NVwZ-RR 2006, 94; *Schmitt Glaeser/Horn*, Verwaltungsprozessrecht, Rn. 451.

4. Rechtsschutzbedürfnis

Ggf. kann aber am Rechtsschutzbedürfnis gezweifelt werden, weil N möglicherweise sein Ziel auf andere Weise schneller und einfacher erreichen kann. Hier kann N in jedem Einzelfall vorläufigen Rechtsschutz über §§ 80, 80 a VwGO hinsichtlich genehmigter baulicher Anlagen bzw. nach § 123 VwGO hinsichtlich solcher Anlagen, die im Freistellungsverfahren errichtet werden, suchen.[70] Hier ist aber zu bedenken, dass N gegen eine Vielzahl von Objekten vorgehen müsste, während der Eilrechtsschutz über § 47 Abs. 6 VwGO den einzelnen Vorhaben in einem einzigen Verfahren vorläufig die planungsrechtliche Grundlage entziehen und somit einfacher zum Erfolg führen würde. Im Übrigen ist angesichts des unterschiedlichen Streitgegenstandes § 47 Abs. 6 VwGO nicht generell subsidiär gegenüber §§ 80, 80 a bzw. § 123 VwGO. Jedenfalls auf der Ebene der Zulässigkeit der Eilanträge ist es gut vertretbar, von grundsätzlicher Gleichwertigkeit der Verfahren nach § 47 Abs. 6 VwGO und §§ 80, 80 a, 123 VwGO auszugehen (str., a. A. vertretbar). Ebenso wie ein Antrag auf Normenkontrolle parallel zu einer Anfechtungsklage gestellt werden kann, können auch die Verfahren nach § 47 Abs. 6 VwGO und §§ 80, 80 a, 123 VwGO nebeneinander durchgeführt werden. Ein genereller Vorrang der einen oder anderen Verfahrensart lässt sich auf der Ebene des Rechtsschutzbedürfnisses nicht ausmachen. Wer seine Rechte (auch) durch die Festsetzungen des Bebauungsplans verletzt sieht, kann vorläufigen Rechtsschutz grundsätzlich auch mit dem unmittelbar gegen den Bebauungsplan gerichteten Antrag nach § 47 Abs. 6 VwGO zu erreichen suchen.[71]

Unter dem Blickwinkel des Rechtsschutzinteresses muss die N-GmbH als Antragstellerin mit der begehrten Außervollzugsetzung des Bebauungsplans ihre Rechtsstellung verbessern können. Einem Antrag nach § 47 Abs. 6 VwGO ist das Rechtsschutzinteresse abzusprechen, wenn die Inanspruchnahme des Gerichts als nutzlos erscheint, weil die Ungültigkeitserklärung bzw. die vorläufige Außervollzugsetzung der Rechtsnorm (resp. eines Bebauungsplans) dem Antragsteller keinerlei tatsächlichen oder rechtlichen Vorteil bringen kann.[72] Dies ist typischerweise dann der Fall, wenn die Festsetzungen des angegriffenen Bebauungsplans bereits vollständig umgesetzt sind (z. B. durch nunmehr unanfechtbare Baugenehmigungen) oder aber der Bebauungsplan keine wesentlich neue Rechtslage hervorbringt, also insbesondere mit vergleichbaren Bauarbeiten auch ohne den streitigen Bebauungsplan begonnen werden dürfte.[73] Derartige Sonderfälle stehen hier nicht zur Diskussion. Ein Rechtsschutzbedürfnis besteht daher.

Zwischenergebnis: Ein Antrag nach § 47 Abs. 6 VwGO wäre bei Einhaltung der Jahresfrist des § 47 Abs. 2 VwGO zulässig.

II. Begründetheit

Der Erlass der einstweiligen Anordnung muss zur Abwehr schwerer Nachteile oder aus anderen wichtigen Gründen dringend geboten sein. § 47 Abs. 6 VwGO stellt damit für einen Eilrechtsschutz besonders strenge Anforderungen. Ob eine einstweilige Anordnung geboten ist, bestimmt sich zunächst – vergleichbar § 123 VwGO – nach einer Abwägung der gegenläufigen Interessen der Beteiligten. Das Abwehrinteresse des Antragstellers gegen die Umsetzung des Bebauungsplans ist dabei dem Vollzugsinteresse der Gemeinde und der planbetroffenen Eigentümer gegenüberzustellen. Die Rechtsprechung orientiert sich an § 32 BVerfGG.[74] Demgemäß müssen die Gründe, die für den Erlass der begehrten einstweiligen Anordnung sprechen, so schwer wiegen, dass deren Erlass unabweisbar erscheint.[75] Es ist angesichts der Überlegung, dass eine vorläufige Außervollzugsetzung einer Rechtsnorm in der Regel eine Vielzahl von Rechtspositionen von Normbegünstigten berührt, ein strenger Maßstab anzulegen. Hierbei haben die Gründe, die für die Unwirksamkeit der Satzung sprechen, grundsätzlich keine allein aus-

---

[70] Vgl. *Fälle 4* und *5*.
[71] *BayVGH* BayVBl. 2000, 628 (629); BayVBl. 2007, 145; vgl. auch *Jäde,* UPR 2009, 41 ff.; einschränkend nunmehr allerdings: *BayVGH*, Beschl. v. 28.02. 2008, 1 NE 07.2946, 2981, vgl. FstBay 2008, Nr. 195.
[72] *BayVGH* BayVBl. 2000, 628 (629); BayVBl. 2007, 145; *Jäde,* UPR 2009, 41 (42).
[73] *BayVGH* BayVBl. 2000, 628 (629).
[74] Vgl. *BayVGH* BayVBl. 2000, 628 (630).
[75] *OVG Münster* NVwZ 1997, 923; NVwZ-RR 2006, 94.

schlaggebende oder vorrangige Bedeutung. Bloße ernsthafte Zweifel an der Rechtmäßigkeit des Bebauungsplans genügen für die Begründetheit eines Eilantrags nach § 47 Abs. 6 VwGO nicht. Die Erfolgsaussichten in der Hauptsache sind allenfalls dann vorwiegend entscheidend, wenn der Antrag in der Hauptsache sich bereits von vornherein als *offensichtlich* erfolgreich oder offensichtlich nicht erfolgreich erweist.[76] Das Gericht hat im Übrigen die Folgen, die sich ergeben würden, wenn die einstweilige Anordnung nicht erginge, die Hauptsache indes Erfolg hätte, gegenüber denjenigen Nachteilen (der Allgemeinheit und der sonstigen Planbetroffenen), die sich ergäben, wenn die Norm rechtswirksam wäre und dennoch außer Vollzug gesetzt würde, abzuwägen.[77]

Nach der obigen Prüfung (s. o. A.) bestehen an der Zulässigkeit des Normenkontrollantrags keine Bedenken, zudem ist – neben einem Ermittlungsdefizit (Verstoß gegen § 2 Abs. 3 BauGB sowie ggf. auch gegen § 1 Abs. 7 BauGB) – von einem offensichtlichen Verstoß gegen den Trennungsgrundsatz auszugehen, der zu einem Abwägungsfehler im Sinne einer Abwägungsdisproportionalität und damit zur Begründetheit des Normenkontrollantrags führt. Dies spricht bereits für den Erlass einer einstweiligen Anordnung.

Im Übrigen – d. h. soweit man nicht von offensichtlicher Erfolgsaussicht in der Hauptsache ausgeht – sind im Rahmen der allgemeinen Interessenabwägung die Folgen, die sich ergeben würden, wenn die einstweilige Anordnung nicht erginge, die Hauptsache indes Erfolg hätte, gegenüber denjenigen Nachteilen (der Allgemeinheit und der sonstigen Planbetroffenen), die sich ergäben, wenn die Norm rechtswirksam wäre und dennoch außer Vollzug gesetzt würde, abzuwägen.[78] „Dringend" geboten ist der Erlass der einstweiligen Anordnung insbesondere dann nicht, wenn sonstige Möglichkeiten zur Verhinderung vollendeter Tatsachen bestehen. Insbesondere wenn ein vorläufiger Rechtsschutz gegen einzelne Vorhaben ausreichende Rechtsschutzeffizienz verspricht, hat eine einstweilige Anordnung nach § 47 Abs. 6 VwGO zu unterbleiben. Auch insoweit ist zu bedenken, dass die N-GmbH gegen genehmigte Einzelvorhaben im Eilrechtsschutz über §§ 80, 80 a VwGO[79] und gegen Bauvorhaben, die im Freistellungsverfahren errichtet werden, über § 123 VwGO vorgehen kann.[80] Vorliegend ist jedoch entscheidend, dass sich die N-GmbH im Ergebnis gegen eine Vielzahl von im Entstehen befindlichen Einzelvorhaben wenden müsste. Für diese Fallgestaltung ist anerkannt, dass der Antragsteller im Verfahren nach § 47 Abs. 6 VwGO nicht auf Eilrechtsbehelfe gegen Einzelvorhaben nach §§ 80, 80 a VwGO oder § 123 VwGO verwiesen werden kann. Es wäre – auch und gerade im Lichte des Art. 19 Abs. 4 GG – im Hinblick auf Zeitaufwand und (kostenbezogene) Prozessrisiken für die N als Antragstellerin unzumutbar, eine Vielzahl von parallelen Eilprozessen zu betreiben, wenn sie ein entsprechendes Ergebnis über ein einziges Verfahren nach § 47 Abs. 6 VwGO erreichen kann.[81] Begnügt sich die N-GmbH mit dem Antrag in der Hauptsache nach § 47 Abs. 1 VwGO und wartet sie diese Entscheidung (die ggf. erst in Monaten oder Jahren ergeht) ab, kann der Bebauungsplan schon längst faktisch umgesetzt sein und de facto zu vollendeten Tatsachen geführt haben. Aufgrund dieser Besonderheit ist im vorliegenden Fall, in dem zudem ein Erfolg in der Hauptsache zumindest naheliegend ist, nach Maßgabe einer allgemeinen Interessenabwägung davon auszugehen, dass der Erlass einer einstweiligen Anordnung nach § 47 Abs. 6 VwGO dringend geboten ist. Die bevorstehende Verwirklichung des Bebauungsplans stellt hier einen die Aussetzung der Vollziehung des Bebauungsplans rechtfertigenden schweren Nachteil i. S. des § 47 Abs. 6 VwGO dar, da sie in tatsächlicher und rechtlicher Hinsicht eine schwerwiegende Beeinträchti-

---

[76] *OVG Münster* NVwZ 1997, 923 f.; *BayVGH* BauR 1999, 1275 (1277). Zusammenfassend auch *Jäde*, UPR 2009, 41 (44 f.); *Mampel*, BayVBl. 2001, 417 (419 f.). Krit. *Ehlers*, Jura 2005, 171 (177).

[77] Sog. folgenorientierte Doppelhypothese: *OVG Münster* NVwZ 1997, 923 (924); NVwZ-RR 2006, 94; *VGH Mannheim* NJW 1977, 1212; NVwZ-RR 1998, 421. Nach *BayVGH* BayVBl. 2000, 628 (630) soll zugunsten des Antragstellers ausnahmsweise ein günstigerer Maßstab anzuwenden sein, wenn der Anwendungsbereich der Norm räumlich und sachlich so eng begrenzt ist, dass die Entscheidung im Verfahren nach § 47 Abs. 6 VwGO nur die rechtlich geschützten Interessen der Beteiligten des Normenkontrollverfahrens berühren kann. Ernsthafte Zweifel an der Rechtmäßigkeit sollen dann für die Begründetheit des Eilantrags nach Art. 47 Abs. 6 VwGO genügen.

[78] *OVG Münster* NVwZ 1997, 923 (924); *VGH Mannheim* NJW 1977, 1212; NVwZ-RR 1998, 421; vgl. auch *Jäde*, UPR 2009, 41 (46 f.).

[79] *VGH Mannheim* NJW 1977, 1212 (1213).

[80] S. u. *Fälle* 4 und 5. Vgl. auch *VGH Mannheim* DÖV 1997, 1056; *Uechtritz*, BauR 1998, 719 (731).

[81] So etwa in der Fallgestaltung bei *OVG Münster* NVwZ 1997, 923 f. Siehe hierzu auch: *VGH Mannheim* NJW 1977, 1212 (1213); DÖV 1997, 1056; *Ortloff*, NVwZ 1998, 581 (586); *Uechtritz*, BauR 1998, 719 (731).

gung rechtlich geschützter Positionen der N-GmbH konkret erwarten lässt.[82] Der Antrag nach § 47 Abs. 6 VwGO auf vorläufige Außervollzugsetzung des Bebauungsplans ist daher begründet.

Ergebnis: Der Antrag der N-GmbH nach § 47 Abs. 6 VwGO hat gute Erfolgsaussichten.

Rechtsprechungsvorlagen: BVerwG BayVBl. 2009, 117; *BayVGH* BayVBl. 2000, 628; BayVBl. 2006, 601; BayVBl. 2007, 177; BayVBl. 2007, 145; *OVG Münster* NVwZ 1997, 923; NVwZ-RR 2006, 94; *VGH Mannheim* NJW 1977, 1212; DÖV 1997, 1056

Leseempfehlungen: Dürr, Die Klausur im Baurecht (dritter Teil), JuS 2007, 521; *Ehlers,* Die verwaltungsgerichtliche Normenkontrolle, Jura 2005, 171; *Erbguth,* Abwägung auf Abwegen? – Allgemeines und Aktuelles –, JZ 2006, 484; *Erbguth,* Die Rechtmäßigkeit von Bauleitplänen: Neuregelungen durch das EAG Bau, Jura 2006, 9; *Frenz,* Die Prüfung von Bebauungsplänen im verwaltungsgerichtlichen Normenkontrollverfahren nach dem BauGB 2007, Jura 2008, 811; *Happ,* Neues zur Abwägung (§ 1 VII BauGB)?, NVwZ 2007, 304; *Hoppe,* Die Abwägung im EAG Bau nach Maßgabe des § 1 VII BauGB 2004, NVwZ 2004, 903; *Jäde,* Rechtsschutzaspekte der einstweiligen Anordnung im verwaltungsgerichtlichen Normenkontrollverfahren gegen Bebauungspläne, UPR 2009, 41; *Löhning,* Rechtsschutz gegen Bauleitpläne nach § 47 VwGO n. F., JuS 1998, 315; *Pieper,* Teilweiser Abschied von der materiellen Abwägungsfehlerlehre im EAG Bau – Folgen für die Rechtmäßigkeitsprüfung des Bebauungsplans, Jura 2006, 817; *Rossen-Stadtfeldt/Ulleweit,* Ein zweifelhaftes Dorfgebiet, Jura 2004, 635; *Schütz,* Das „Recht auf gerechte Abwägung" im Bauplanungsrecht, NVwZ 1999, 929; *Seidel,* Öffentlich-rechtlicher und privatrechtlicher Nachbarschutz, 2000, insbesondere Rn. 747 ff.; *Stelkens,* Planerhaltung bei Abwägungsmängeln nach dem EAG Bau – zugleich Versuch einer Abgrenzung zwischen § 1 Abs. 7 und § 2 Abs. 3 BauGB, UPR 2005, 81; *Stüer,* Bauleitplanung – Rechtsprechungsbericht 2005 – 2007, DVBl. 2008, 270; *Aufgabe 9 der Zweiten Juristischen Staatsprüfung 2003/2,* BayVBl. 2008, 221 (Aufgabenstellung) und 250 (Lösungsskizze).

---

[82] Vgl. *OVG Münster* NVwZ-RR 2006, 94 (95 f.), m. w. N.

Fall 4: Nachbar(eilrechts)schutz im deregulierten Bauordnungsrecht
(Seidel)

Sachverhalt

Im August beschließt die bayerische Gemeinde G einen Bebauungsplan für ein bislang unbeplantes Gemeindegebiet im Außenbereich. Als zulässige Nutzungsart wird ein „reines Wohngebiet" ausgewiesen. Bei Umsetzung des Bebauungsplans würde die Wohnbebauung bis auf wenige Meter unmittelbar an bestehende landwirtschaftliche und gewerbliche Betriebe heranrücken.

Im Anschluss an den Beschluss des Bebauungsplans und die ortsübliche Bekanntmachung gemäß § 10 Abs. 3 BauGB reicht Egon (E) Bauunterlagen für die Errichtung eines Einfamilienhauses im sog. Freistellungsverfahren ein. Das Vorhaben widerspricht nicht den Festsetzungen des Bebauungsplans. Nachdem die Gemeinde nicht innerhalb der Monatsfrist nach Art. 58 Abs. 2 Nr. 4, Abs. 3 Satz 3 BayBO erklärt hat, dass das vereinfachte Baugenehmigungsverfahren durchgeführt werden soll, beginnt E noch im Oktober desselben Jahres mit der Errichtung des Wohnbauvorhabens. E geht dabei von der Gültigkeit des Bebauungsplans aus.

N, Eigentümer und Betreiber eines großen – gem. § 35 Abs. 1 Nrn. 1 und 4 BauGB privilegierten und immissionsschutzrechtlich genehmigten – Schweinemastbetriebes, der im Außenbereich an der Grenze zu dem neu ausgewiesenen Baugebiet und in unmittelbarer Nachbarschaft zum Grundstück des E liegt, befürchtet bei Umsetzung der geplanten Wohnnutzung behördliche Repressalien und Nachbarschaftsstreitigkeiten. Er stellt über seinen Anwalt im November einen Antrag auf Normenkontrolle. Nachdem bereits auf dem Grundstück des E die Baugrube ausgehoben wurde, erklärt der *Bayerische Verwaltungsgerichtshof* im April des Folgejahres den Bebauungsplan wegen eines Fehlers im Abwägungsergebnis (Missachtung des sog. Trennungsgebots als Ausfluss des Gebots planerischer Konfliktbewältigung, vgl. auch oben *Fall 3*) für ungültig. Die Entscheidung wird rechtskräftig. Ungeachtet dessen setzt E daraufhin die Errichtung seines Bauvorhabens fort.

N verlangt vom Landratsamt die Verfügung der Baueinstellung gegenüber E, um künftige Nutzungskonflikte und Nachbarstreitigkeiten zu unterbinden. Die Behörde erklärt, es bestünde hierfür kein besonderes öffentliches Interesse und schlägt dem N vor, sein Glück im Zivilrechtsweg zu suchen.

N fragt nach Möglichkeiten eines Eilrechtsbehelfs im Verwaltungsrechtsweg mit dem Ziel, dass dem E vorläufig – bis zur rechtskräftigen Entscheidung in der Hauptsache – die weitere Bauausführung untersagt wird. Es ist dabei in summarischer Prüfung davon auszugehen, dass aufgrund des geringen Abstands zwischen dem Grundstück des E und dem bestehenden Schweinemastbetrieb des N unter Berücksichtigung der konkreten Verhältnisse vor Ort sowie den Aussagen der VDI-Richtlinie 3471 „Emissionsminderung Tierhaltung – Schweine" das Grundstück des E durch den Betrieb des N Geruchsbelastungen ausgesetzt ist, die für den Fall der Wohnnutzung durch E als „schädliche Umwelteinwirkungen" i. S. d. § 3 Abs. 1 BImSchG einzustufen wären. Es ist davon auszugehen, dass N dies nur verhindern kann, wenn er seine Produktion drastisch drosselt bzw. einstellt oder aber so hohe Nachrüstungsinvestitionen tätigt, dass die wirtschaftliche Existenz seines Betriebes gefährdet wäre. Effektive Eigenmaßnahmen des E bei der Umsetzung seines Wohnbauvorhabens zur spürbaren Minderung der Geruchsstörung sind technisch nicht möglich.

Vermerk für die Bearbeiter: Beurteilen Sie in einem umfassenden Gutachten die Erfolgsaussichten eines verwaltungsgerichtlichen Eilrechtsbehelfs des N! Auf die bauordnungsrechtliche Zulässigkeit des Vorhabens des E ist dabei nicht einzugehen.

Lösung

In Betracht kommt ein Vorgehen im Verfahren nach § 123 VwGO mit dem Antrag, den Freistaat Bayern als Träger der Bauaufsichtsbehörde zu verpflichten, dem E die weitere Bauausführung vorläufig zu untersagen. Ein solcher Antrag auf Erlass einer einstweiligen Anordnung müsste zulässig und begründet sein.

A. Zulässigkeit eines Antrags auf Erlass einer einstweiligen Anordnung

I. Verwaltungsrechtsweg, § 40 Abs. 1 Satz 1 VwGO

In der Hauptsache bestimmt sich der Streitgegenstand (Anspruch des Nachbarn N gegen die Baubehörde auf bauordnungsrechtliches Einschreiten zu Lasten des Bauherrn E) maßgeblich nach Art. 75, 76 BayBO i.V.m. § 35 BauGB, also nach öffentlich-rechtlichen Vorschriften. Die Streitigkeit ist insofern auch nicht verfassungsrechtlicher Natur, eine gesetzliche Sonderzuweisung ist nicht einschlägig. Da somit in der Hauptsache der Verwaltungsrechtsweg nach Art. 40 Abs. 1 Satz 1 VwGO eröffnet ist, gilt Entsprechendes auch für den hier einschlägigen Eilrechtsschutz nach § 123 VwGO.

II. Statthafte Antragsart

In Abgrenzung von §§ 80, 80 a VwGO einerseits und dem gemäß § 123 Abs. 5 VwGO subsidiären Eilrechtsschutz nach § 123 VwGO andererseits ist hier entscheidend, dass es in der Hauptsache nicht um die Anfechtung einer Baugenehmigung, sondern um einen sog. Schutzanspruch des Nachbarn auf bauordnungsrechtliches Eingreifen zu Lasten des Bauherrn[1] (etwa in Form des Erlasses einer Baueinstellungsverfügung oder gar einer Beseitigungsverfügung) geht. N begehrt zu seinem Schutz den Erlass eines Verwaltungsakts, der für E zwar belastend, für ihn als Anspruchsteller aber begünstigend wirkt (Verwaltungsakt mit Dritt- bzw. Doppelwirkung, freilich im Vergleich zur Situation des sog. Genehmigungsabwehranspruchs in umgekehrten Rollen). Weil in der Hauptsache daher für N die Verpflichtungsklage gem. § 42 Abs. 1 (2. Alt.) VwGO statthafte Klageart wäre, sind die für die Anfechtungssituation vorgesehenen und vorrangigen §§ 80, 80 a VwGO vorliegend nicht einschlägig. Ein Antrag auf Erlass einer einstweiligen Anordnung gemäß § 123 VwGO ist damit statthaft.

III. Antragsbefugnis

Im Verfahren nach § 123 VwGO muss der Antragsteller analog § 42 Abs. 2 VwGO antragsbefugt sein.[2] Hier muss N also einen Sachverhalt vortragen können, nach dem in der Hauptsache ein Anspruch auf bauordnungsrechtliches Einschreiten oder zumindest auf ermessensfehlerfreie Entscheidung hierüber nicht von vornherein ausgeschlossen ist. Sofern die Eingriffsvoraussetzungen der Art. 75, 76 BayBO[3] einschlägig sind, ist hierdurch nicht in jedem Fall eine Anspruchsposition des Nachbarn gegeben,

---

[1] Allgemein hierzu *Schoch*, Jura 2004, 317 (324); *Gross/Meister*, JA 2004, 313 (315 ff.); *Seidel*, Öffentlich-rechtlicher und privatrechtlicher Nachbarschutz, 2000, Rn. 247 ff.; *Decker/Konrad*, Bayerisches Baurecht, S. 140 ff.; instruktiv auch *VGH Kassel* BauR 2000, 873 ff. (durcharbeiten!).

[2] *Stern/Blanke*, Verwaltungsprozessrecht in der Klausur, Rn. 630; *Hufen*, Verwaltungsprozessrecht, § 33 Rn. 9; *Schmitt Glaeser/Horn*, Verwaltungsprozessrecht, Rn. 319.

[3] Vergleichbare Regelungen: § 61 BauO NW, §§ 64, 65 LBO BW, §§ 78, 79 BauO Bln., §§ 73, 74 BbgBauO, § 81, 82 BremLBO, §§ 75, 76 Hbg.BauO, §§ 71, 72 HBO, §§ 79, 80 LBauO MV, § 89 NdsBauO, §§ 80, 81 LBauO Rh-Pf, §§ 81, 82 LBO Saarl., §§ 79, 80 SächsBO, §§ 78, 79 BauO LSA, §§ 85, 86 LBauO SchlH, §§ 76, 77 ThürBO.

sondern nur dann, wenn die geltend gemachte Rechtswidrigkeit der baulichen Anlage des Nachbarn gerade auf einem Verstoß gegen öffentlich-rechtliche Vorschriften beruht, die zugunsten des Nachbarn Drittschutz vermitteln.[4] Ein subjektives Recht des N auf bauordnungsrechtliches Einschreiten oder auf Treffen einer ermessensfehlerfreien Entscheidung kommt nur in Betracht, wenn N vortragen kann, dass der Bauherr mit dem Vorhaben gegen eine auch ihn als Nachbarn schützende Schutznorm verstößt.[5]

Die bauplanungsrechtliche Zulässigkeit des Wohnbauvorhabens des E ist mangels Gültigkeit des zugrundeliegenden Bebauungsplans an § 35 BauGB zu messen. Entscheidend ist daher, ob (und wenn: wie weit) § 35 BauGB drittschützend ist. Einigkeit besteht jedenfalls, dass der Berechtigte eines nach § 35 Abs. 1 BauGB privilegierten Betriebs gegenüber immissionsempfindlichen Nutzungen im Außenbereich keinen (dem Gebietserhaltungsanspruch innerhalb eines beplanten Gebiets[6] vergleichbaren) generellen Anspruch auf Bewahrung der Außenbereichsqualität hat.[7] Die frühere Rechtsprechung sprach § 35 BauGB (bzw. § 35 BBauG a. F. als Vorgängernorm) jeglichen Drittschutz ab und stellte zur Begründung maßgeblich auf den in der Regelung mehrfach verwendeten Begriff des „öffentlichen Belangs" ab, der als wesentlicher Maßstab der bauplanungsrechtlichen Zulässigkeit vom Wortlaut auf Interessen der Allgemeinheit und gerade nicht des Einzelnen ziele.[8]

In älteren Einzelentscheidungen leitete das *Bundesverwaltungsgericht* aus § 35 BauGB (damals BBauG a. F.) Nachbarschutz zugunsten des Inhabers einer privilegierten Anlage (§ 35 Abs. 1 BauGB bzw. § 35 Abs. 1 BBauG a. F.) ab – jedenfalls für die Konstellation, dass durch eine heranrückende immissionsempfindliche Nutzung die weitere Ausnutzung der Privilegierung in Frage gestellt oder gewichtig beeinträchtigt wird.[9] Nach diesem Ansatz könnte die Antragsbefugnis hier mit der besonderen Privilegierung des Betriebs des N nach § 35 Abs. 1 Nr. 1 und 4 BauGB begründet werden, weil N möglicherweise Gefahr läuft, trotz seiner Privilegierung im Nachhinein mit erheblichen immissionsschutzrechtlichen Beschränkungen belastet zu werden.

Die aktuelle Rechtsprechung und die herrschende Ansicht in der Literatur suchen heute die Lösung hinsichtlich des Drittschutzes über das Gebot der Rücksichtnahme. Sofern sich aus der zunächst unbegrenzten Vielzahl denkbar Betroffener einzelne Personen scheiden lassen, deren Betroffensein handgreiflich ist und sich gewissermaßen aufdrängt, kann hierüber eine nachbarschutzrelevante Individualisierung, wie sie ja auch Grundlage der Schutznormtheorie ist, bewirkt werden. Über das Gebot der Rücksichtnahme vermittelt § 35 BauGB Drittschutz, *soweit in qualifizierter und zugleich individualisierter Weise auf besondere Rechtspositionen Dritter Rücksicht zu nehmen ist.*[10] Nach heute überwiegendem Verständnis stellt das Gebot der Rücksichtnahme keinen ungeschriebenen Rechtsgrundsatz dar, der das Bauplanungsrecht konturlos überlagert, sondern es ist konkret in einzelnen bauplanungsrechtlichen Tatbestandsmerkmalen zu verorten[11] – im Fall des § 35 Abs. 1 und 2 BauGB im Begriff „öffentliche Belange"; soweit es hier speziell um die Abwehr unzumutbarer Immissionen geht, wird es in Bezug

---

[4] *Seidel*, Nachbarschutz, Rn. 262; ders., Bauplanungs- und Bauordnungsrecht, S. 66 f., 77; *Finkelnburg/Ortloff*, Öffentliches Baurecht, Bd. II, S. 269, 302 ff.

[5] *Numberger*, BayVBl. 2008, 741 (744); *Seidel*, NVwZ 2004, 139 (141).

[6] Hierzu unten *Fall 5.*

[7] *BVerwG* NVwZ 2000, 552 f.; BauR 1999, 1439; GewArch 1999, 494; BRS 57, Nr. 224.

[8] BVerwGE 28, 268 (273 f.).

[9] *BVerwG* DVBl. 1969, 263; DVBl. 1971, 746 (748) – heranrückende Wohnbebauung an einen legal errichteten und privilegierten emittierenden Betrieb. Dieser Ansatz lässt nicht nur klare dogmatische Grundsätze vermissen (letztlich wird im Wesentlichen auf die Schutzwürdigkeit eines legal errichteten emittierenden Betriebes abgestellt, dessen Bestand nicht durch nachträglich eintretende Umstände in Frage gestellt werden darf). Darüber hinaus versagt diese Lösung zugunsten des privilegierten Emittenten in vergleichbaren Konfliktlagen in faktischen Baugebieten i.S.v. § 34 BauGB oder sogar in geplanten Mischgebieten.

[10] Grundlegend BVerwGE 52, 122 ff.; aus der Lit.: *Dürr*, JuS 2007, 431 (433); *Konrad*, JA 2006, 59 f.; *Schoch*, Jura 2004, 317 (318 f.); *Mampel*, DVBl. 2000, 1830 ff.; *Muckel*, JuS 2000, 132 (133 f.); *Decker*, JA 2004, 246 ff.; *Decker/Konrad*, Bayerisches Baurecht, S. 277 ff.; *Seidel*, Nachbarschutz, Rn. 356 ff.; *Gubelt/Muckel/Stemmler*, Fälle zum Bau- und Raumordnungsrecht, 6. Aufl. 2007, Fall 10, S. 154 ff. S. auch *Aufgabe 8 – Wahlfachgruppe 6 – der Ersten Juristischen Staatsprüfung 2000/1*, BayVBl. 2003, 29 u. 59 ff. Rechtsprechungsübersichten: *Ortloff*, NVwZ 2005, 1381 (1386); *ders.*, NVwZ 2006, 999 (1005).

[11] S. die Übersicht bei *Decker*, JA 2004, 246 (248).

auf Außenbereichsvorhaben auch unmittelbar in § 35 Abs. 3 Nr. 3 BauGB festgemacht.[12] Gerade weil das Gebot der Rücksichtnahme in einzelnen Tatbestandsmerkmalen bauplanungsrechtlicher Normen platziert ist, geht der Vorwurf von Seiten der Literatur[13], das Rücksichtnahmegebot sei mit der Schutznormtheorie unvereinbar, fehl: Es geht nicht darum, Nachbarschutz allein wegen faktischer Betroffenheit zu ermöglichen. § 35 BauGB und die sonstigen Regelungen, in denen das Rücksichtnahmegebot tatbestandlich verankert ist (§§ 31 Abs. 2[14], 34 Abs. 1 BauGB[15] sowie § 15 Abs. 1 BauNVO[16]), sind selbst partiell nachbarschützend.[17] Dem Hinweis auf die Gefahr willkürlicher Handhabung (unkalkulierbarer Maßstab, der die Entscheidungsverantwortung vom Gesetzgeber auf den Rechtsanwender verlagert) kann dadurch begegnet werden, dass zur Ausfüllung des Zumutbarkeitsbegriffs in erster Linie auf vorhandene gesetzliche Maßstäbe abgestellt wird. Bei dem Hauptfall von Immissionsbelastungen entlehnt die Rechtsprechung insofern den Maßstab der gebotenen Rücksichtnahme den gesetzlichen Vorgaben des Immissionsschutzrechts (vgl. unten Begründetheitsprüfung).

Auf Ebene der Klagebefugnis ist entscheidend, ob E überhaupt in qualifizierter und individualisierter Weise auf den N Rücksicht zu nehmen hat. Es gilt hier zu fragen, ob N sich durch eine handfeste, sich aufdrängende Betroffenheit von der Allgemeinheit unterscheidet, ob also zu seinen Gunsten ein hinreichend individualisiertes Schutzbedürfnis besteht. Eine solche Rücksichtnahme ist nicht nur dann erforderlich, wenn eine neue emittierende Anlage in der Nähe einer immissionsempfindlichen Nutzung (z. B. Wohnnutzung) umgesetzt werden soll[18], sondern auch im umgekehrten Fall einer heranrückenden Wohnbebauung an einen zuerst vorhandenen und legal errichteten emittierenden Betrieb.[19] Denn dann läuft der Eigentümer / Betreiber ggf. Gefahr, in Zukunft mit immissionsschutzrechtlichen Beschränkungen (nach §§ 17, 20, 21 BImSchG bei genehmigungspflichtigen Anlagen oder nach §§ 24, 25 BImSchG bei nicht genehmigungspflichtigen Anlagen) zugunsten der benachbarten Wohnbebauung belastet zu werden. Hier ist die zuletzt genannte Fallgruppe betroffen: Es ist denkbar, dass auf dem Grundstück, auf dem das Wohnbauvorhaben des E realisiert werden soll, eine für Wohnnutzung unzumutbare Immissionssituation entsteht, die Anlass zu immissionsschutzrechtlichem Eingreifen gegen den Schweinemastbetrieb des N sein kann, insbesondere wenn von einer Immissionssituation im Sinne „schädlicher Umwelteinwirkungen" nach § 3 Abs. 1 BImSchG auszugehen ist (ob dies tatsächlich der Fall ist, ist dann eine Frage der Begründetheit). Die Antragsbefugnis des N ergibt sich somit aufgrund des partiellen Drittschutzes aus § 35 Abs. 2 und 3 (insbes. Nr. 3) BauGB über die Brücke des hierin enthaltenen bauplanungsrechtlichen Gebots der Rücksichtnahme.

---

[12] BVerwGE 52, 122 (125); *BVerwG* NVwZ 1983, 609 (610); NVwZ 1994, 686 (687); NVwZ 2007, 336; *OVG Lüneburg* NVwZ 2007, 356 (357); *OVG Münster* NVwZ-RR 2006, 306; *OVG Saarlouis* NVwZ-RR 2003, 260 (261); *BayVGH* BauR 1999, 617 (619); BayVBl. 1994, 215; NVwZ-RR 1999, 232; BRS 56, Nr. 168; *OVG Hamburg* NVwZ 2001, 98 f.; *VG München* BauR 1998, 1209.

[13] *Breuer*, DVBl. 1982, 1065 ff.; *Hauth*, BauR 1993, 673 ff.; *Redeker*, DVBl. 1984, 870 ff.; *Blankenagel*, Die Verwaltung 1993, 1 (13 ff.); *Hufen*, Verwaltungsprozessrecht, § 14 Rn. 79.

[14] *BVerwG* NVwZ 1987, 409 f.; NVwZ 1996, 170 (171); BauR 1998, 1206 (1207); *VGH Kassel* BauR 2000, 1845 (1847).

[15] *BVerwG* NJW 1981, 1973; NJW 1983, 2460 (2461); NVwZ 1987, 128 (129) und 884 (885); NVwZ 1996, 888; NVwZ 1999, 879 f.; BauR 1999, 152 (154 ff.); *BayVGH* BayVBl. 2006, 276 (277); BayVBl. 2006, 279; BayVBl. 2006, 668; *OVG Berlin* BauR 1999, 1004 (1007); *OVG Münster* BauR 1999, 1012 ff.; *OVG Saarlouis* NVwZ-RR 1998, 636 (637).

[16] Z.B: BVerwGE 67, 334 ff.; *BVerwG* NVwZ 1996, 1001; NVwZ 1999, 298 und 981 (983); *BayVGH* BayVBl. 2003, 370; BauR 1997, 84 (86); BauR 1999, 1450; NVwZ-RR 1999, 226 (227). Zur Geltung des § 15 BauNVO über § 34 Abs. 2 BauGB: BVerwGE 109, 314 (316 ff.). Zur Geltung im Fall der rechtswidrig erteilten Ausnahme von einer nicht nachbarschützenden Festsetzung des Bebauungsplans: BVerwGE 67, 334 (338). Zur entsprechenden Geltung des § 15 Abs. 1 BauNVO und dem hieraus abzuleitenden partiellen Drittschutz aus dem Rücksichtnahmegebot im Falle des sog. versteckten Dispenses von einer nicht nachbarschützenden Festsetzung des Bebauungsplans: BVerwGE 82, 343 (346); *VGH Kassel* BauR 2000, 873 (874).

[17] *Seidel*, Nachbarschutz, Rn. 365; *Finkelnburg/Ortloff*, Öffentliches Baurecht, Bd. II, S. 264; *Muckel*, JuS 2000, 132 (133 f.).

[18] So die Konstellation etwa in BVerwGE 52, 122 ff.; *BayVGH* BayVBl. 2002, 309 ff.; vgl. auch *BVerwG* DVBl. 2001, 642 ff.

[19] So wie hier z. B. *BVerwG* NVwZ 1993, 1184; DÖV 2001, 251 f.; *BayVGH* BayVBl. 2009, 208 ff.

> **Zur Vertiefung:** Ein vor einigen Jahren vom *Bundesverwaltungsgericht* entschiedener Fall betraf die Genehmigungsabwehr im Fall einer an eine Sportanlage heranrückende Wohnbebauung.[20] Der Fall ist für die Frage der Anfechtung einer Baugenehmigung durch den Nachbarn wegen Verstoßes gegen das Gebot der Rücksichtnahme geradezu exemplarisch und sollte zur Examensvorbereitung durchgearbeitet werden! Typische Beispiele sind auch die Abwehr von Geruchsbelastungen, die von landwirtschaftlichen Betrieben ausgehen (z. B. Schweinestall oder sonstige Tierhaltung).[21] Umstritten ist die Reichweite des Rücksichtnahmegebots im Falle einer heranrückenden Wohnbebauung, wenn sich der bereits ansässige Emittent auf ein noch nicht realisiertes Erweiterungsinteresse seines Betriebs beruft, also auf eine zukünftige Verschärfung der Immissionslage im Nachbarbereich.[22] Eine weitere typische Fallgestaltung betrifft die Abwehr von (gem. § 35 Abs. 1 Nr. 5 BauGB privilegierten) Windkraftanlagen durch Anfechtung der baurechtlichen oder immissionsschutzrechtlichen Genehmigung wegen in der Nachbarschaft störend empfundener Lärmbelastungen sowie Licht- und Schatteneffekte (sog. „Disco-Effekt").[23] Zu dem am Rücksichtnahmegebot zu messenden Nutzungskonflikt zwischen einer Windenergieanlage und einem bestehenden, luftverkehrsrechtlich genehmigten Segelflugplatz in der Nähe vgl. *BVerwG* NVwZ 2005, 329 ff. sowie *OVG Koblenz* NVwZ 2006, 844 ff.

Zwischenergebnis: Der Eilantrag nach § 123 VwGO ist bei Beachtung von §§ 81, 82 VwGO – insbesondere auch weil sich N vorher erfolglos mit der Behörde auseinandergesetzt hat und daher über ein Rechtsschutzinteresse verfügt[24] – zulässig.

B. Begründetheit

Der Antrag des N ist begründet, wenn der Freistaat Bayern passivlegitimiert ist sowie Anordnungsanspruch und Anordnungsgrund gemäß § 123 VwGO glaubhaft gemacht werden (vgl. § 123 Abs. 3 VwGO i. V. m. § 920 Abs. 2 ZPO).

I. Passivlegitimation

Das Landratsamt handelte gem. Art. 53 Abs. 1, 54 Abs. 1 BayBO, Art. 37 Abs. 1 Satz 2 LKrO als Staatsbehörde. Richtiger Antragsgegner ist analog § 78 Abs. 1 Nr. 1 VwGO daher der Freistaat Bayern.

---

[20] BVerwGE 109, 314 ff. Vgl. auch *OVG Münster* NVwZ-RR 2006, 306. Zur Normenkontrolle eines Bebauungsplans im Zusammenhang mit dem Nutzungskonflikt zwischen Sportstätte und Wohnnutzung: BVerwGE 109, 246 ff.

[21] Aktuelle Beispiele: *BayVGH* BayVBl. 2002, 309 ff.; BayVBl. 2006, 276 ff.; *OVG Lüneburg* BauR 2000, 362 ff.; NVwZ 2007, 478 ff.

[22] Hierzu: *BVerwG* DÖV 2001, 251 f. (durcharbeiten!).

[23] *BVerwG* NVwZ 2008, 76 ff.; BayVBl. 2008, 151 ff.; NVwZ 2007, 336 f. = BayVBl. 2007, 250 f. mit Anmerkung *Wurzel*, BayVBl. 2007, 537 ff.; *OVG Hamburg* NVwZ 2001, 98 f.; *OVG Münster* NVwZ 1997, 924 ff.; NVwZ 1999, 1360; NVwZ 2002, 1131 ff.; NVwZ 2003, 756 ff.; NVwZ 2007, 967; *OVG Greifswald* NVwZ 1999, 1238; *OVG Lüneburg* NVwZ-RR 2004, 23 f.; NVwZ 2005, 233 f.; NVwZ 2007, 356 (357); NVwZ 2007, 357 (358); NVwZ-RR 2007, 517 ff.; *VG Ansbach* BayVBl. 2000, 121 f.; *Middeke*, DVBl. 2008, 292 ff.; *Rolshoven*, NVwZ 2006, 526 ff.; *Ohms*, DVBl. 2003, 958 ff.; *Seidel*, Bauplanungs- und Bauordnungsrecht, S. 151 ff. Zur Anfechtung einer Baugenehmigung für Windenergieanlagen durch die Nachbargemeinde: *VG Koblenz* BauR 2000, 1714 ff. Zur Geltung der (nachbarschützenden) Anforderungen des Abstandsflächenrechts: *OVG Greifswald* DÖV 2001, 133 f. Zum privatrechtlichen Abwehranspruch gegen den Betrieb von Windkraftanlagen gem. §§ 1004, 906 BGB vgl. *BGH* NVwZ 2005, 116 f.

[24] Vgl. *Happ*, in: Eyermann, VwGO, § 123 Rn. 34; *Kopp/Schenke*, VwGO, § 123 Rn. 22, m. w. N.

II. Anordnungsanspruch und Anordnungsgrund

1. Abgrenzung zwischen Sicherungsanordnung (§ 123 Abs. 1 Satz 2 VwGO) und Regelungsanordnung (§ 123 Abs. 1 Satz 2 VwGO)

§ 123 Abs. 1 VwGO differenziert zwischen der so genannten Sicherungsanordnung (Satz 1) und der so genannten Regelungsanordnung (Satz 2). N berühmt sich hier eines Anspruches gegenüber dem Landratsamt auf ordnungsrechtliches Einschreiten zu Lasten des Bauherrn E nach Maßgabe der Art. 75, 76 BayBO. Er begehrt in der Hauptsache einen für ihn begünstigend wirkenden Verwaltungsakt. Die Behörde soll zu seinen Gunsten und zu Lasten des Bauherrn E ordnungsrechtlich intervenieren. Es geht damit nicht um die bloße Sicherung eines bereits bestehenden Rechts und damit um den Erlass einer auf Erhaltung des Status quo gerichteten Sicherungsanordnung (§ 123 Abs. 1 Satz 1 VwGO), sondern um einen nur mit Hilfe einer behördlichen Entscheidung realisierbaren künftigen Rechtszustand. Insofern erstrebt N den Erlass einer Regelungsanordnung nach § 123 Abs. 1 Satz 2 VwGO. Die Prüfung hinsichtlich Anordnungsanspruch und Anordnungsgrund ist daher auf § 123 Abs. 1 Satz 2 VwGO auszurichten. Der Antrag auf Erlass einer Regelungsanordnung ist begründet, wenn in Bezug auf ein streitiges Rechtsverhältnis eine Regelung – um wesentliche Nachteile abzuwenden oder drohende Gewalt zu verhindern oder aus anderen Gründen – nötig erscheint. N hat demnach sowohl ein streitiges Rechtsverhältnis, also das Bestehen des zu sichernden Anspruchs (Anordnungsanspruch), als auch die Notwendigkeit einer vorläufigen Regelung, also ein besonderes Bedürfnis für die Inanspruchnahme vorläufigen Rechtsschutzes (Anordnungsgrund) glaubhaft zu machen (vgl. § 123 Abs. 3 VwGO i.V.m. § 920 Abs. 2 ZPO).

> **Zum Aufbau:** Die Begründetheit der Regelungsanordnung wird uneinheitlich geprüft.[25] Alternativ kann z.B. im Rahmen des Anordnungsanspruchs die Prüfung darauf beschränkt werden, ob sich der Antragsteller eines Anspruchs gegenüber dem Antragsgegner berühmt und es deswegen um ein Rechtsverhältnis (rechtliche Beziehung zwischen den Parteien aus einem konkreten Sachverhalt aufgrund Rechtsnormen des öffentlichen Rechts) geht; der Schwerpunkt der Prüfung verschiebt sich dann auf die Ebene der Glaubhaftmachung eines Anordnungsgrundes, wo die Notwendigkeit einer vorläufigen Regelung am Maßstab der Erfolgsaussichten in der Hauptsache (summarische Prüfung) sowie ggf. einer ergänzenden Interessenbewertung zu bewerten ist.

2. Anordnungsanspruch (= Regelungsanspruch)

Nach § 123 Abs. 1 Satz 2 VwGO muss N als Anspruchsteller zunächst einen Anordnungsanspruch glaubhaft machen können, also einen sich aus einem streitigen Rechtsverhältnis ergebenden Rechtsanspruch – hier auf bauordnungsrechtliches Einschreiten des Freistaats als Antragsgegner zu Lasten des Bauherrn E. Die von N begehrte vorläufige Einstellung der Bauarbeiten könnte nur dann angeordnet werden, wenn N dies nach Maßgabe einer Einschreitensnorm sowie nach den Grundsätzen der Schutznormtheorie verlangen kann. Als Eingriffsnorm gegenüber Bauherrn E käme Art. 75 Abs. 1 Satz 1 BayBO in Betracht. Hiernach *kann* die Bauaufsichtsbehörde nach pflichtgemäßem Ermessen eine Einstellung anordnen, wenn eine bauliche Anlage im Widerspruch zu öffentlich-rechtlichen Vorschriften errichtet wird. Zudem vermögen Art. 75, 76 BayBO dem Nachbarn nur insoweit Anspruchspositionen zu vermitteln, soweit es um die Abwehr nachbarrechtswidriger baulicher Zustände geht. Ein (Anordnungs-)Anspruch des N auf Einschreiten der Bauaufsichtsbehörde besteht aufgrund des Art. 75 BayBO also nur dann, wenn das Vorhaben gegen nachbarschützende Vorschriften verstößt[26] – im Folgenden sub a) – und das an sich gem. Art. 75, 76 BayBO der Behörde eingeräumte Einschreitensermessen auf Null reduziert ist – hierzu unten sub b).

---

[25] Zum hier gewählten Aufbau vgl. *Finkelnburg/Dombert/Külpmann*, Vorläufiger Rechtsschutz, Rn. 115 ff. Die Praxis verzichtet häufig auf eine genaue Abgrenzung zwischen Sicherungs- und Regelungsanordnung, *VG Meiningen* NVwZ 1997, 926 (928). Nach *Hufen* – Verwaltungsprozessrecht, § 33, Rn. 16 – sollen sich Anordnungsanspruch und Anordnungsgrund nicht exakt trennen lassen, sodass sich eine genaue Abgrenzung erübrigen soll, wenn maßgeblich auf die Erfolgsaussichten in der Hauptsache abgestellt wird.

[26] *Numberger*, BayVBl. 2008, 741 (744); *Seidel*, NVwZ 2004, 139 (141).

Zur Vertiefung: Eine zur Examensvorbereitung zu empfehlende Darstellung über die Eingriffsbefugnisse der Bauaufsichtsbehörden findet sich bei *Glaser/Weißenberger*, BayVBl. 2008, 460 ff.; *Schoch*, Jura 2005, 178 ff.; zur aktuellen Rechtsprechung vgl. auch den Überblick bei *Ortloff*, NVwZ 2005, 1381 (1387); *ders.*, NVwZ 2006, 999 (1005).

---

a) Grundsätzliches Ob einer Anspruchsposition des N auf bauordnungsrechtliches Einschreiten zu Lasten des E

In der Hauptsache kann N nur dann einen Einschreitensanspruch (ggf. begrenzt auf ermessensfehlerfreie Entscheidung) nach Art. 75, 76 BayBO geltend machen, wenn das Wohnbauvorhaben des E ihm gegenüber tatsächlich das drittschützende Gebot der Rücksichtnahme verletzt (vgl. oben A III.). Das bauplanungsrechtliche Gebot der Rücksichtnahme soll gewährleisten, dass Nutzungen, die geeignet sind, Spannungen und Störungen hervorzurufen, einander in rücksichtsvoller Weise so zugeordnet werden, dass Konflikte möglichst vermieden werden. Die Bestimmung des konkreten Maßes der gegenseitig einzuhaltenden Rücksichtnahme ist Wertungsfrage des Einzelfalls. Es geht um eine „Feinabstimmung" der konkreten Nutzungsverhältnisse, in deren Rahmen die grundsätzlich nach Baugebieten zusammengefassten Zulässigkeitsmaßstäbe je nach Lage des Einzelfalls durch situationsbedingte Zumutbarkeitskriterien ergänzt werden.[27] „*Welche Anforderungen das Gebot der Rücksichtnahme stellt, hängt wesentlich von den jeweiligen Umständen ab. Je empfindlicher und schutzwürdiger die Stellung desjenigen ist, dem die Rücksichtnahme im gegebenen Zusammenhang zugute kommt, umso mehr kann er an Rücksichtnahme verlangen. Je verständlicher und unabweisbarer die mit dem Vorhaben verfolgten Interessen sind, umso weniger braucht derjenige, der das Vorhaben verwirklichen will, Rücksicht zu nehmen. Abzustellen ist darauf, was einerseits dem Rücksichtnahmebegünstigten und andererseits dem Rücksichtnahmeverpflichteten nach Lage der Dinge zuzumuten ist. Bei der Interessengewichtung spielt eine maßgebende Rolle, ob es um ein Vorhaben geht, das grundsätzlich zulässig und nur ausnahmsweise unter bestimmten Voraussetzungen nicht zuzulassen ist, oder ob es sich – umgekehrt – um ein solches handelt, das an sich unzulässig ist und nur ausnahmsweise zugelassen werden kann.*"[28]

Bei der Bewertung, ob Rücksichtslosigkeit vorliegt, sind vorgegebene gesetzgeberische Wertmaßstäbe, die dem gebotenen Maß an Rücksichtnahme Konturen verleihen, zu berücksichtigen. Geht es um Luft- oder Lärmimmissionen – und zwar sowohl in der Fallgestaltung, dass ein Eigentümer eines wohngenutzten Grundstücks eine heranrückende immissionsverursachende Nutzung abwehren will, als auch in der (hier vorliegenden) Fallgestaltung, in der der Betreiber einer bislang legal betriebenen emittierenden Anlage aus Furcht vor immissionsschutzrechtlichen Repressalien eine heranrückende immissionsempfindliche Wohnnutzung bekämpft –, so sind für die Frage, ab welcher Grenze Immissionen für die Nachbarschaft als unzumutbar und damit rücksichtslos einzustufen sind, die gesetzgeberischen Maßstäbe des Immissionsschutzrechtes heranzuziehen. Dies ergibt sich auch aus dem Wortlaut des § 35 Abs. 3 Nr. 3 BauGB, der auf den immissionsschutzrechtlichen Begriff der „schädlichen Umwelteinwirkungen" abstellt. Als Zumutbarkeitsschwelle gilt daher auch im Rahmen des bauplanungsrechtlichen Rücksichtnahmegebots § 3 Abs. 1 BImSchG. Der immissionsschutzrechtliche Begriff der „schädlichen Umwelteinwirkungen" konkretisiert insofern die Schwelle für die Rücksichtslosigkeit.[29] Denn das, was nach §§ 3 Abs. 1, 5 Abs. 1 Nr. 1 und 22 BImSchG für die Umgebung als zumutbar gilt, kann nicht als bauplanungsrechtlich rücksichtslos einzustufen sein.

Nach den Sachverhaltsangaben ist davon auszugehen, dass von dem Schweinemastbetrieb des N – unter Berücksichtigung der konkreten Verhältnisse vor Ort sowie nach den Aussagen der VDI-Richtlinie 3471 „Emissionsminderung Tierhaltung – Schweine" – Belastungen durch Luftschadstoffe und Gerüche ausgehen, die auf dem Grundstück des E für den Fall der Wohnnutzung als „schädliche Umwelteinwir-

---

[27] *BayVGH* BayVBl. 2006, 276 (277) sowie 279, jweils m.w.N.

[28] *OVG Münster* NVwZ-RR 2006, 306 (307), m.w.N. Zur gegenseitigen Pflicht zur Rücksichtnahme auch *BayVGH* BayVBl. 2006, 279 f.

[29] BVerwGE 68, 58 (59 f.); 109, 314 (319 f.); *BVerwG* NVwZ 1983, 609 (610); NVwZ 1987, 884 (886); NVwZ 1989, 666 (667); NVwZ 1996, 1001 (1002); NVwZ 2008, 76; BayVBl. 2008, 151 (152); *BayVGH* NVwZ 1998, 419; BayVBl. 2002, 309 (310); BayVBl. 2006, 276 (277); 279 (280); BayVBl. 2006, 668; *OVG Münster* NWVBl. 2008, 265 (266); *VG Arnsberg* NVwZ 1999, 450; *Decker*, JA 2004, 246 (250); *Dolde/Menke*, NJW 1996, 2905 (2906 und 2912); *Seidel*, Nachbarschutz, Rn. 370.

kungen" i. S. d. § 3 Abs. 1 BImSchG einzustufen wären.[30] Hierdurch verlangt die Betreiberpflicht des § 5 Abs. 1 Nr. 1 BImSchG (gilt für immissionsschutzrechtlich genehmigungsbedürftige Anlagen) Gegensteuerung, d. h. N müsste dafür Sorge tragen, dass die Immissionssituation unter die Erheblichkeitsschwelle des § 3 Abs. 1 BImSchG fällt. Zu berücksichtigen ist dabei allerdings, dass das Rücksichtnahmegebot nicht nur zu Beschränkungen zu Lasten desjenigen führt, der Immissionen verursacht, sondern auch gewisse Duldungspflichten desjenigen begründet, der sich solchen Immissionen aussetzt. Aufgrund der Gegenseitigkeit der Bindungen aus dem Rücksichtnahmegebot bestehen Obliegenheiten des Emittenten z. B. zu baulichen Vorkehrungen zur Minderung der Immissionen. Umgekehrt kann einem Bauherrn, der mit seinem Wohnbauvorhaben an eine Emissionsquelle heranrückt, seinerseits die Obliegenheit treffen, technisch mögliche und wirtschaftlich vertretbare bauliche Vorkehrungen vorzunehmen, die die Störung der Wohnnutzung spürbar mindern.[31]

Nach den Vorgaben des Sachverhalts wäre eine mit § 3 Abs. 1 BImSchG vereinbare Immissionssituation nur durch drastischen Produktionsrückgang bzw. durch Einstellung des Betriebes möglich oder durch Nachrüstungsmaßnahmen, die aufgrund ihrer Kostenträchtigkeit die wirtschaftliche Existenz des Betriebes gefährdeten. Effektive Maßnahmen des E zur spürbaren Minderung der Geruchsstörung bei der Umsetzung seines Wohnbauvorhabens scheiden nach den Sachverhaltsangaben aus. Das Wohnbauvorhaben des E setzt sich nach den konkreten Umständen des Einzelfalls unzumutbaren Immissionen in Form von Geruchsbelästigungen, die von dem landwirtschaftlichen Betrieb des N stammen, aus.[32] Handelt demgegenüber N nicht, drohen behördliche Repressalien nach §§ 17, 20, 21 BImSchG. Unter Berücksichtigung der Wertungen des Immissionsschutzrechts ist daher die Genehmigungserteilung an E dem N gegenüber als rücksichtslos einzustufen.[33] Das Vorhaben des E verstößt damit gegen Schutznormen zugunsten des N. N hat damit gem. Art. 75 Abs. 1 BayBO i. V. m. § 35 BauGB und dem darin enthaltenen Gebot der Rücksichtnahme einen Anspruch gegenüber der Baubehörde zumindest auf ermessensfehlerfreie Entscheidung über ein bauordnungsrechtliches Einschreiten zu Lasten des E.

b) Problem: Keine Überschreitung der Hauptsache – Ermessensreduzierung als Voraussetzung des Anordnungsgrundes

In der Hauptsache ist es das Ziel des N, dass die Behörde zum bauordnungsrechtlichen Einschreiten gegen E verpflichtet wird. Dort bestehen umfassende Erfolgsaussichten, wenn nicht nur ein Anspruch des N auf bloße ermessensfehlerfreie Entscheidung, sondern ein strikter Anspruch besteht. Dieser Ge-

---

[30] Vgl. bei Geruchsbelästigungen durch Schweinemastbetriebe: *BayVGH* BayVBl. 2006, 276 (277 ff.); BayVBl. 2006, 279 (280); *OVG Lüneburg* NVwZ-RR 2003, 24 ff. Speziell zu nachbarlichen Konfliktsituationen bei „Immissionen durch Tiere" und ihrer rechtlichen Behandlung: *Scheidler*, DVBl. 2007, 936 ff. Allgemein zur Heranziehung von immissionsbezogenen Grenz- und Richtwerten aus Rechtsverordnungen, aus sog. normkonkretisierenden Verwaltungsvorschriften (TA Luft und TA Lärm) sowie aus sonstigen Regelwerken staatlicher und privater Normungsgremien zur Konkretisierung immissionsschutzrechtlicher Erheblichkeitsschwellen: *Seidel*, Nachbarschutz, Rn. 509 ff. sowie 581 ff. sowie Bd. 1, Fall 9. Siehe auch exemplarisch: BVerwGE 109, 314 ff. sowie *VGH Mannheim* VBlBW 2008, 377 ff. – Sportanlagenlärmschutzverordnung (18. BImSchV); *BVerwG* NVwZ 2008, 76 ff. sowie BayVBl. 2008, 151 ff. (Lärmimmissionen durch Windenergieanlage); *BayVGH* BayVBl. 2006, 668 ff. (Lärmimmissionen durch Freisitzfläche für Gaststätte); *BayVGH* BayVBl. 2003, 503 ff. (Lärmimmissionen durch Kurhaus); *BayVGH* BayVBl. 2003, 370 ff. (Lärmimmissionen durch Bolzplatz); *OVG Münster* NWVBl. 2008, 265 ff. (Lärmimmissionen durch Tierpension); *OVG Münster* NVwZ 2003, 756 ff. und NVwZ 2007, 967 ff., *OVG Lüneburg* NVwZ 2007, 357 (358) und NVwZ-RR 2007, 517 ff., *BayVGH* BayVBl. 2009, 208 ff. sowie *VG Ansbach* BayVBl. 2000, 121 f. – TA Lärm (Abwehr einer Windkraftanlage). Allgemein zur Beurteilung von Geräuschimmissionen bei Freizeitanlagen: *Ketteler*, DVBl. 2008, 220 ff.

[31] *BayVGH* BayVBl. 2006, 279 f., m. w. N.

[32] Anders in der Fallgestaltung bei *BayVGH* BayVBl. 2006, 279 ff. – Zulässigkeit eines Wohnhauses im Dorfgebiet im Abstand von lediglich 10 m zu einem bestehenden Rinderstall, wenn der Bauherr zur Vermeidung erheblicher Geruchsbelästigungen seine Obliegenheit zu „architektonischer Selbsthilfe" erfüllt und dadurch – auch unter Berücksichtigung einer gesteigerte Duldungspflichten begründenden „Vorbelastung" des betroffenen Gebiets – eine unzumutbare Geruchsbelastung auf dem Grundstück, auf dem das Wohnbauvorhaben umgesetzt werden soll, verhindern kann.

[33] Ähnliches gilt nach dem früheren Lösungsansatz nach *BVerwG* DVBl. 1971, 746 ff. (vor Entwicklung der subjektiven Variante des Rücksichtnahmegebots): Auch hiernach ist neben dem objektiven Verstoß gegen § 35 BauGB von einer subjektiven Rechtsverletzung des N auszugehen, weil der Privilegierungstatbestand des N bei Realisierung des Wohnbauvorhabens in der Nachbarschaft entwertet wird.

danke hat Auswirkungen auf die Frage der Begründetheit eines Antrags nach § 123 VwGO: Da nach vorzugswürdiger Ansicht eine einstweilige Anordnung nicht über die Hauptsache hinausgehen darf, scheidet eine solche grundsätzlich aus, wenn in der Sache ein Ermessen der Behörde verbleibt. Etwas anderes gilt nur, wenn (in summarischer Prüfung) von einer Ermessensreduzierung auf Null auszugehen ist.[34]

Nach einer Ansicht soll im Fall eines durch den Nachbarn geltend gemachten Schutzanspruchs auf ordnungsrechtliches Einschreiten – unabhängig davon, ob es sich um einen Schwarzbau, um eine im Wege des Freistellungs- oder vereinfachten Verfahrens erstellte oder um eine bauliche Anlage handelt, deren zunächst erteilte Genehmigung durch die Behörde zurückgenommen oder seitens eines Verwaltungsgerichts kassiert wurde – generell von einer Ermessensreduzierung auszugehen sein, weil nur so die divergierenden Eigentümerinteressen in einen mit Art. 14 Abs. 1 GG zu vereinbarenden Ausgleich gebracht werden können. Eine Ausnahme soll nur im Falle ganz geringer Störungspotenziale bestehen, sodass eine entsprechende Anordnung an den Bauherrn als unverhältnismäßig erschiene.[35] Gegen diesen Ansatz spricht aber die Überlegung, dass er typische bauordnungsrechtliche Ermessensbefugnisse in weiten Anwendungsbereichen uminterpretiert in gebundene Entscheidungen. Auch wenn man etwa hinsichtlich Art. 75, 76 BayBO nicht von einer Ermessensreduzierung ausgeht, ist der Nachbar im Hinblick auf zivilrechtliche Abwehransprüche analog §§ 1004, 823 Abs. 2 BGB (sog. quasinegatorischer Abwehranspruch)[36] nicht gänzlich schutzlos. Hätte der Gesetzgeber eine derart weitreichende Ermessensreduzierung gewollt, so hätte er – wie etwa der systematische Vergleich zu § 17 Abs. 1 Satz 2 BImSchG zeigt – die bauordnungsrechtlichen Eingriffsnormen im Falle von Nachbarrechtsverletzungen zumindest als Sollvorschriften normiert. Die Ansicht, die im Falle der Missachtung einer nachbarschützenden Norm grundsätzlich von Ermessensreduzierung und daher von einem strikten Anspruch des Nachbarn auf bauordnungsrechtliches Einschreiten ausgeht, hat sich daher in der Praxis zu Recht nicht durchgesetzt und wird auch in der Literatur überwiegend abgelehnt.[37] Ermessen verbleibt daher im Grundsatz selbst für den Fall eines Verstoßes gegen eine drittschützende Vorschrift.[38] Für die Fallbearbeitung hat dies zur Konsequenz, dass die Frage der Ermessensreduzierung aufgrund anderer Erwägungen zu beantworten ist.

Zur Vertiefung: Die im öffentlichen Nachbarrecht diskutierte Fallgruppe der sog. Folgenbeseitigungslast[39] – gemeint sind hier Konstellationen, in denen der Bauherr zunächst unter Verstoß gegen nachbarschützende Normen eine Baugenehmigung erhält und umsetzt und sodann die Baugenehmigung wegen nachträglich erkannter Rechtswidrigkeit von der Behörde selbst gem. Art. 48 BayVwVfG bzw. im Widerspruchsverfahren aufgehoben oder im Wege der Anfechtungsklage durch das Gericht kassiert wird – kann hier zur Begründung einer Ermessensreduzierung nicht fruchtbar gemacht werden, weil E nicht auf Basis einer Genehmigung handelte.

---

[34] BVerwGE 63, 110 (111 ff.). Speziell für die vorliegende Konstellation des Eilrechtsschutzes des Nachbarn im Freistellungsverfahren: *VGH Mannheim* BauR 1995, 219 f.; *OVG Bautzen* NVwZ 1997, 922; *BayVGH* NVwZ 1997, 923; *VG Meiningen* NVwZ 1997, 926 (928); *VG München* NVwZ 1997, 928 (929). Zusammenfassend zur Ermessensreduzierung im Fall eines sog. Schutzanspruchs des Nachbarn auf ordnungsrechtliches Einschreiten: *Seidel*, Nachbarschutz, Rn. 296 ff.

[35] *OVG Münster* NJW 1984, 883 (884); NVwZ 1991, 1001; BauR 1990, 341 (342); BauR 1993, 713 (714); NWVBl. 1997, 11 (13); wohl auch NVwZ-RR 2003, 336 f. *OVG Saarlouis* BRS 44, Nr. 165; NVwZ 1983, 685; *Finkelnburg/Ortloff*, Öffentliches Baurecht, Band II, S. 307 f.; *Schoch*, Jura 2004, 317 (324); *Mampel*, UPR 1997, 267 (268 f.); *ders.*, NVwZ 1999, 385 (387); *ders.*, DVBl. 1999, 1403 (1407 f.).

[36] Zum quasinegatorischen Abwehranspruch im Falle der Verletzung einer nachbarschützenden Vorschrift des öffentlichen Rechts: *Seidel*, NVwZ 2004, 139 (142 ff.).; *Numberger*, BayVBl. 2008, 741 (744 f.).

[37] *BVerwG* BayVBl. 1997, 23 (24); NVwZ-RR 1997, 271; *BayVGH* NVwZ-RR 1994, 632 (633); *OVG Lüneburg* NVwZ-RR 2003, 484 f.; *VGH Kassel* BauR 2000, 873 (876 f.); *Di Fabio*, VerwArch 86 (1995), 214 (218 f.).

[38] *VGH Kassel* BauR 2000, 873 (876): „*Ein Anspruch auf Tätigwerden überhaupt ist daher zunächst ein Anspruch auf fehlerfreie Ermessensentscheidung (…).*" Vgl. auch *Gross/Meister*, JA 2004, 313 (317).

[39] Zum Streitstand: *Seidel*, Nachbarschutz, Rn. 303 ff.; *ders.*, Bauplanungs- und Bauordnungsrecht, S. 70 f.; unter Rekurs auf die norminterne Bedeutung des Art. 14 Abs. 1 GG als Auslegungsmaßstab: *BVerwG* BauR 2000, 1318 f.

Eine Ermessensreduzierung kommt aber im vorliegenden Fall gerade deshalb in Betracht, weil Bauherr E sein Vorhaben im Wege des Freistellungsverfahrens nach Art. 58 BayBO[40] errichtet hat – Gedanke der Kompensation eines sonst bestehenden Nachbarschutzdefizits: Mangels Genehmigung besteht für den Nachbarn keine Möglichkeit eines Anfechtungsrechtsbehelfs (d. h. einer Anfechtungsklage oder – soweit noch im Landesrecht vorgesehen – eines Anfechtungswiderspruchs) und paralleler Eilrechtsschutzmöglichkeiten nach §§ 80, 80a VwGO, wo er lediglich geltend machen müsste, die Genehmigung verstoße gegen ihn schützende Normen. Bei erfolgreicher Anfechtung einer Genehmigung hat der Nachbar sogar unter dem Aspekt der Folgenbeseitigungslast (s. o. Exkurs „Zur Vertiefung") einen weitgehenden Anspruch auf Wiederherstellung der früheren Zustände. Hätte der Nachbar dagegen im Freistellungsverfahren nur einen Anspruch auf ermessensfehlerfreie Entscheidung hinsichtlich des bauordnungsrechtlichen Eingreifens zu Lasten des gegen nachbarliche Schutznormen verstoßenden Bauherrn, wären seine verwaltungsgerichtlichen Rechtsschutzmöglichkeiten im Vergleich zum herkömmlichen Genehmigungsverfahren deutlich geschwächt.[41] Sieht die Bauaufsichtsbehörde in Ausübung ihres Ermessens z. B. aufgrund geringen öffentlichen Interesses von bauordnungsrechtlichen Eingriffsmaßnahmen ab, ist der Nachbar hier auf den – nicht dem Amtsermittlungsgrundsatz unterliegenden und zudem mit regelmäßig höheren Kosten- und Schadensersatzrisiken behafteten – Zivilrechtsweg verwiesen, wo er die Verletzung der öffentlich-rechtlichen Schutznorm über den sog. quasinegatorischen Abwehranspruch (s. o.) geltend machen müsste.[42] Dieses Ergebnis wird zum Teil als sachgerecht empfunden.[43] Schließlich ist die Errichtung eines Bauwerks im Freistellungsverfahren den Schwarzbaufällen vergleichbar, weil in beiden Fällen vorher keine Genehmigung ergeht. Es kann auch darauf verwiesen werden, dass das Freistellungsverfahren dem Deregulierungsgedanken verschrieben ist, also dadurch geprägt ist, dass der Gesellschaft im Ganzen Verantwortung zurückgegeben werden soll. Dem würde es gerade entsprechen, wenn Konflikte zwischen Nachbarn im Zivilrechtsweg ausgetragen werden. Im Übrigen ist nicht zu verkennen, dass bauordnungsrechtliche Deregulierungen tendenziell zunehmen, das bauordnungsrechtliche Freistellungsverfahren damit auf dem Weg ist, gegenüber dem Genehmigungsverfahren zur Regel zu werden. Auch hier droht – zumindest auf längere Sicht – das im Gesetz vorgesehene Ermessen zur Ausnahme zu werden, wenn man zu großzügig von einer Ermessensreduzierung ausginge. Des Weiteren wird darauf verwiesen, dass die rein verfahrensbezogenen Regelungen über das Freistellungsverfahren nicht aus sich heraus Modifikationen im materiellen Recht resp. im Ermessensbereich zu begründen vermögen.[44]

Eine verbreitete Ansicht sucht dennoch das oben genannte verwaltungsgerichtliche Rechtsschutzdefizit des Nachbarn im Freistellungsverfahren auf Rechtsanwendungsebene durch weitgehende Anerkennung einer Ermessensreduzierung zu kompensieren.[45] Wenn auch entgegen der Praxis der Verweis auf Art. 19 Abs. 4 GG zur Begründung wenig überzeugt[46] – es ist zu bedenken, dass im Falle der Errichtung einer baulichen Anlage im Freistellungsverfahren ein Nachbarrechtsverstoß allein vom Bauherrn, nicht

---

[40] Exemplarisch in sonstigen Bundesländern: § 65 ff. BauO NW, §§ 62, 67 LBauO Rh-Pf, §§ 65, 66 BremLBO, § 62 LBauO MV, §§ 69 ff. NdsBauO, §§ 61 ff. LBO Saarl., §§ 60, 61 BauO LSA; §§ 69, 74 LBauO SchlH – Freistellungsverfahren; § 61, 62, 77 SächsBO, § 63, 63a ThürBO, §§ 55, 58 BbgBauO – Anzeigeverfahren. Zu Gemeinsamkeiten und Unterschieden zwischen Freistellungsverfahren und Anzeigeverfahren im Überblick: *Preschel*, DÖV 1998, 45 (46 f.); *Martini*, DVBl. 2001, 1488 (1489). Allgemein zu den „Rechtsfolgen genehmigungsfreien Bauens": *Mampel*, BauR 2008, 1080 ff. Für das vereinfachte Genehmigungsverfahren in Bezug auf nachbarschützende Normen außerhalb des durch die Landesbauordnung vorgegebenen Prüfprogramms: *Numberger*, BayVBl. 2008, 741 (744).

[41] *Degenhart*, NJW 1996, 1433 (1436); *Mampel*, BayVBl. 2001, 417 (418); *ders.*, UPR 1997, 267 f.; *ders.*, DVBl. 1999, 1403 (1405); *Muckel*, JuS 2000, 132 (135).

[42] *Dolderer*, DVBl. 1998, 19 (26).

[43] *Preschel*, DÖV 1998, 45 (53); *Schmaltz*, NdsVBl. 1995, 241 (246 f.); *Manssen*, NVwZ 1996, 144 (146); *Oeter*, DVBl. 1999, 189 ff.

[44] *Mampel*, BayVBl. 2001, 417 (420).

[45] *VGH Mannheim* BauR 1995, 219 (220); *OVG Bautzen* NVwZ 1997, 922; *BayVGH* NVwZ 1997, 923; *OVG Münster* BauR 1999, 379 (380); *VG Meiningen* NVwZ 1997, 926 (928); *VG München* NVwZ 1997, 928 (929); aus der Literatur: *Kraft*, VerwArch 89 (1998), 264 (287 f.); *Martini*, DVBl. 2001, 1488 (1493); *Uechtritz*, NVwZ 1996, 640 (643 f.); *Degenhart*, NJW 1996, 1433 (1437 f.). Ausführlich zum Streitstand: *Lohmöller*, Anwendungsbezogene Rechtsschutzkompensation am Beispiel des „deregulierten" Bayerischen Bauordnungsrechts (Diss. München), 2003; *Seidel*, Nachbarschutz, Rn. 306 ff.; *ders.*, NVwZ 2004, 139 ff.; *Bock*, DVBl. 2006, 12 (13 ff.).

[46] *Oeter*, DVBl. 1999, 189 (193); *Decker*, JA 1998, 799 (804 f.).

aber von der Behörde ausgeht –, so kann für diese nachbarfreundliche Lösung angeführt werden, dass durch die Einführung des Freistellungsverfahrens nur die Eigenverantwortung des Bauherrn gestärkt werden sollte, damit dieser sein Vorhaben beschleunigt umsetzen kann. Eine Schlechterstellung des Nachbarn war mit den Regelungen über Freistellungs- und vereinfachte Genehmigungsverfahren hingegen nicht bezweckt. Es sprechen daher gute Argumente dafür, bauordnungsrechtliche Eingriffsgrundlagen nachbarschutzkompensierend auszulegen, d.h. tendenziell von einer Ermessensreduzierung auszugehen, wenn eine im Freistellungsverfahren errichtete oder begonnene bauliche Anlage nachbarliche Belange mehr als nur geringfügig berührt, um so auch im Ergebnis den Rechtsschutz nach § 123 VwGO dem des Rechtsschutzes gem. §§ 80, 80a VwGO anzunähern.

Damit die Rechtsfigur der Ermessensreduzierung als Ausnahme nicht inflationär gebraucht wird, dürfte in diesen Fällen zumindest eine spürbare Nachbarbeeinträchtigung von einigem Gewicht zu fordern sei. Darüber hinaus muss m.E. eine Ermessensreduzierung hinsichtlich des nachbarlichen Schutzanspruchs auf ordnungsbehördliches Einschreiten ausscheiden, soweit der Verstoß gegen die nachbarschützende Vorschrift durch einen Dispens nach § 31 Abs. 2 BauGB oder eine Abweichungszulassung nach Art. 63 BayBO, also seinerseits durch eine Ermessensentscheidung der Genehmigungsbehörde, geheilt werden könnte.[47] Der Nachbar ist dann nicht in einer besonders schutzwürdigen Situation, die ein bauordnungsrechtliches Einschreiten zu seinen Gunsten zwingend erforderlich machte. Das gilt erst recht, wenn der nachbarrechtswidrige Zustand durch eine bauplanerisch vorgesehene Ausnahmeerteilung nach § 31 Abs. 1 BauGB zu kompensieren wäre.

> **Zum Verständnis:** Dieselben Fragen wie im Rahmen des Freistellungsverfahrens können sich für den Nachbarschutz im vereinfachten Genehmigungsverfahren nach Art. 59 BayBO stellen. Die erteilte Baugenehmigung trifft keine Aussage über die Vereinbarkeit des Vorhabens mit nachbarschützenden Vorschriften außerhalb des Prüfprogramms des Art. 59 BayBO. Soweit der Nachbar im Rahmen einer Anfechtungsklage gegen die Baugenehmigung ausschließlich die Verletzung solcher nicht prüfpflichtiger Vorschriften rügt, geht die Anfechtung ins Leere (richtigerweise fehlt dann bereits die Klagebefugnis, weil die Baugenehmigung dann von vornherein Rechte des Nachbarn nicht verletzen kann). Vgl. hierzu ausführlich unten *Fall 5*; vgl. auch *Numberger*, BayVBl. 2008, 741 ff. Nachbarschutz ist dann nur über die Geltendmachung eines Schutzanspruchs auf bauordnungsrechtliches Eingreifen gegen den Bauherrn denkbar, der prozessual in der Hauptsache über die Verpflichtungsklage sowie im vorläufigen Rechtsschutz über § 123 BauGB geltend zu machen ist. Auch insofern kommt es dann darauf an, ob – u.a. unter Berücksichtigung der Deregulierung des Bauordnungsrechts – von einer Ermessensreduzierung bzgl. der bauordnungsrechtlichen Eingriffsgrundlagen auszugehen ist oder ob ein bloßer Anspruch des Nachbarn auf ermessensfehlerfreie Entscheidung besteht.

Eine Befreiungserteilung von entgegenstehendem Bauplanungsrecht nach § 31 Abs. 2 BauGB (Geltung nur im Bereich eines Bebauungsplans) oder § 34 Abs. 2 letzter HS i.V.m. § 31 Abs. 2 BauGB (Geltung nur im Bereich eines faktisch gewachsenen Baugebiets) scheidet im vorliegenden Fall eines Verstoßes gegen das Rücksichtnahmegebot im Anwendungsbereich des § 35 BauGB aber von vornherein aus. Gerade für N kann die Unvereinbarkeit mit dem Rücksichtnahmegebot in Zukunft gravierende Auswirkungen haben, weil er mit Betriebseinschränkungen rechnen muss. Insofern ist auch von einer spürbaren Betroffenheit von einigem Gewicht auszugehen. Es ist damit von Ermessensreduzierung auszugehen, alleine weil das Vorhaben im Wege des Freistellungsverfahrens errichtet worden ist und nach summarischer Prüfung subjektive Rechte des Nachbarn N mehr als nur geringfügig verletzt.

> **Zur Vertiefung:** Ggf. ist es im vorliegenden Fall vertretbar, auf die Existenzgefährdung des Betriebs des N abzustellen (Einstellung des Betriebs, Tätigung existenzgefährdender Investitionen bzw. Gefahr immissionsschutzrechtlicher Repressalien nach §§ 17, 20, 21 BImSchG). Die Ermessensreduzierung

---

[47] *Seidel*, NVwZ 2004, 139 (142); *ders.*, Nachbarschutz, Rn. 313 f.; *Bock*, DVBl. 2006, 12 (15). Aus der Rspr.: *OVG Münster* BauR 1999, 628 (630 f.) – Möglichkeit einer bauordnungsrechtlichen Abweichungszulassung; *VG Meiningen* BauR 1997, 99 (100) – mögliche Befreiung nach § 31 Abs. 2 BauGB.

mag dann ergänzend auch mit dem hohen Störungs- oder Gefährdungsgrad gegenüber N begründet werden. Im öffentlichen Nachbarrecht wie auch im allgemeinen Ordnungsrecht verdichtet sich ein Anspruch auf an sich nur ermessensfehlerfreie Entscheidung zu einem strikten Anspruch auf Erlass einer Schutzanordnung, wenn aus der Schutzgesetzverletzung eine Gefährdung/Störung von Leben oder körperlicher Unversehrtheit eines Menschen oder auch von bedeutenden Sachwerten resultiert.[48]

Zwischenergebnis: In summarischer Prüfung ist daher davon auszugehen, dass N einen Anspruch gegenüber der Behörde auf ordnungsbehördliches Einschreiten zu Lasten des E nach Art. 75, ggf. auch Art. 76 BayBO hat. Ein Anordnungsanspruch ist damit glaubhaft gemacht. Aufgrund der Ermessensreduzierung begehrt N auch nicht mehr als in der Hauptsache.

Zur Vertiefung: Nach einem nur sporadisch vertretenen Ansatz soll das Verhältnis zwischen Nachbarn und Bauherrn im Freistellungsverfahren unmittelbar dem öffentlichen Recht zuzuordnen sein, sodass im Falle der Verletzung nachbarschützender Normen ein öffentlich-rechtlicher Unterlassungs- bzw. Folgenbeseitigungsanspruch des Nachbarn gegen den Bauherrn bestehen soll, der im Verwaltungsrechtsweg geltend zu machen sei. Dieser Ansatz hat sich in Rechtsprechung und Lehre zu Recht nicht durchgesetzt.[49]

3. Anordnungsgrund (= Regelungsgrund)

Für einen Anordnungsgrund (Eilbedürftigkeit) müsste N glaubhaft machen können, dass ihm schwere Nachteile drohen, wenn über die Frage einer Baueinstellung gegenüber E nicht sofort, sondern erst in einem sich anschließenden Hauptsacheverfahren entschieden wird. Es ist zu berücksichtigen, dass mit einer endgültigen Entscheidung in der Hauptsache (Verpflichtungsklage) erst in mehreren Wochen bzw. Monaten zu rechnen ist. In der Zwischenzeit kann das Vorhaben des E vollendet sein und sich die Immissionsschutzbehörde gehalten sehen, gegen N zum Schutz der herangerückten Wohnbevölkerung vorzugehen. Es drohen die Schaffung vollendeter Tatsachen sowie weitere Folgerechtsstreitigkeiten. Eine vorläufige Regelung erscheint daher nötig, um wesentliche Nachteile zu Lasten des N abzuwenden. N vermag daher einen Anordnungsgrund glaubhaft zu machen.

Ergebnis: N kann Anordnungsanspruch und Anordnungsgrund glaubhaft machen. Darüber hinaus zielt N mit seinem Antrag nur auf *vorläufige* Maßnahmen – er verlangt nur die vorläufige Baueinstellung bis zur Klärung der Hauptsache. Damit liegt auch keine Vorwegnahme der Hauptsache[50] vor. Der Antrag auf Erlass einer Regelungsanordnung nach § 123 Abs. 1 Satz 2 VwGO ist zulässig und begründet und hat damit gute Erfolgsaussichten.

Zur Vertiefung: Zum Verhältnis von Freistellungsverfahren und Veränderungssperre siehe den Beschluss *BayVGH* BayVBl. 2000, 311 ff., der zur Examensvorbereitung durchgearbeitet werden sollte!

---

[48] BVerwGE 11, 95 (97); *VGH Kassel* BauR 2000, 873 (877); *Seidel*, Nachbarschutz, Rn. 302; *Steinberg*, NJW 1984, 457 (463); *Kraft*, VerwArch 89 (1998), 264 (285); *Muckel*, JuS 2000, 132 (135); *Drews/Wacke/Vogel/Martens*, Gefahrenabwehr, 9. Aufl. 1986, S. 399.

[49] *Ortloff*, NVwZ 1998, 932 ff.; *ders.*, NVwZ 1999, 955 (960). Gegen diese dogmatisch kaum haltbare Konstruktion: *Sacksofsky*, DÖV 1999, 946 (952); *Mampel*, NVwZ 1999, 385 f.; *Seidel*, Nachbarschutz, Rn. 310.

[50] Zu dieser Einschränkung (und ihren Ausnahmen): *Finkelnburg/Dombert/Külpmann*, Vorläufiger Rechtsschutz, Rn. 174 ff.; *Hopp*, in: Eyermann, VwGO, § 123 Rn. 66a; *Schoch*, in: ders./Schmidt-Aßmann/Pietzner (Hrsg.), VwGO, § 123, Rn. 88, 141 ff.; *Kopp/Schenke*, VwGO, § 123 Rn. 13. Zum Teil wird dieses Merkmal bereits bei der Zulässigkeit – Statthaftigkeit des Antrags – geprüft, so etwa *Schmitt Glaeser/Horn*, Verwaltungsprozessrecht, Rn. 318.

Rechtsprechungsvorlagen: BVerwGE 52, 122; *BVerwG* NVwZ 2008, 76; *BayVGH* BayVBl. 2006, 276; BayVBl. 2006, 279 (Gebot der Rücksichtnahme, insbesondere im Zusammenhang mit dem Konflikt von Wohnnutzung und landwirtschaftlicher Tierhaltung); *VGH Mannheim* BauR 1995, 219; *OVG Bautzen* NVwZ 1997, 922; *BayVGH* NVwZ 1997, 923; *OVG Münster* BauR 1999, 379; NVwZ-RR 2006, 306; *VG Meiningen* NVwZ 1997, 926; *VG München* NVwZ 1997, 928 (zur Frage der Ermessensreduzierung sowie zum Eilverfahren im Zusammenhang mit dem Freistellungsverfahren)

Leseempfehlungen: Bock, Die Verfahrensbeschleunigung im Baurecht und der Nachbarschutz, DVBl. 2006, 12; *Decker,* Die Grundzüge des (bauplanungsrechtlichen) Gebots der Rücksichtnahme, JA 2004, 246; *Degenhart,* Genehmigungsfreies Bauen und Rechtsschutz des Nachbarn, NJW 1996, 1433; *Dürr,* Die Klausur im Baurecht (Teil 2), JuS 2007, 431; *Gross/Meister,* Der Umbau auf der Nachbargrenze, JA 2004, 313; *Konrad,* Gebietserhaltungsanspruch und Gebot der Rücksichtnahme, JA 2006, 59; *Mampel,* Baurechtlicher Drittschutz nach der Deregulierung, UPR 1997, 267; *Mampel,* Drittschutz durch das bauplanungsrechtliche Gebot der Rücksichtnahme, DVBl. 2000, 1830; *Mampel,* Nachbarschutz im Freistellungsverfahren, BayVBl. 2001, 417; *Muckel,* Der Nachbarschutz im öffentlichen Baurecht – Grundlagen und aktuelle Entscheidungen, JuS 2000, 132; *Numberger,* Abstandsflächenrecht und Nachbarschutz im vereinfachten Baugenehmigungsverfahren der Bayerischen Bauordnung 2008, BayVBl. 2008, 741; *Scheidler,* Immissionen durch Tiere, DVBl. 2007, 936; *Schoch,* Nachbarschutz im öffentlichen Baurecht, Jura 2004, 317 ff.; *Seidel,* Bauordnungsrechtliche Verfahrensprivatisierung und Rechtsschutz des Nachbarn – Öffentlich-rechtlicher Schutzanspruch und quasinegatorischer Abwehranspruch im Vergleich, NVwZ 2004, 139; *Seidel,* Öffentlich-rechtlicher und privatrechtlicher Nachbarschutz, 2000; *Uechtritz,* Nachbarschutz bei der Errichtung von Wohngebäuden in Freistellungs-, Anzeige- und vereinfachten Verfahren, NVwZ 1996, 640

Fall 5: Gebietscharakter und Abstandsflächenrecht – Nachbarschutz
(Seidel)

Sachverhalt

Emil (E) ist Eigentümer eines rd. 1.000 qm großen, bislang unbebauten Grundstücks in einer bayerischen kreisangehörigen Gemeinde. Das Grundstück ist eine singuläre Baulücke in einem faktisch gewachsenen Siedlungsgebiet, das die Merkmale eines im Zusammenhang bebauten Ortsteils aufweist. Die Eigenart der näheren Umgebung entspricht einem „allgemeinen Wohngebiet" im Sinne des § 4 BauNVO.

E beantragt beim zuständigen Landratsamt eine Baugenehmigung. Nach den eingereichten Bauunterlagen beabsichtigt E die Errichtung eines sich nach Maß und Lage in die Umgebung einfügenden zweigeschossigen Wohnhauses mit insgesamt 150 m² Wohnfläche. Aufgrund eines Berechnungsfehlers des Entwurfsverfassers ist im Plan die hierfür erforderliche Abstandsfläche gem. Art. 6 BayBO zum östlich angrenzenden Grundstück, das Norbert (N) gehört, um 30 cm Zentimeter nicht eingehalten. Nach den Bauunterlagen soll überdies auf dem Grundstück neben einer herkömmlichen Doppelgarage (für die beiden Personenkraftwagen, die E und seine Frau zum täglichen Gebrauch nutzen) und zwei PKW-Stellplätzen (für Besucher) ein weiterer Gebäudekomplex von fünf Doppelgaragen entstehen. Diesen will E für den örtlich ansässigen „Silberpfeil e.V.", der historische Sportwagen sammelt und für besondere Veranstaltungen und Ausstellungen wieder herrichtet, als Unterstellplatz zur Verfügung stellen.

Das Landratsamt erteilt – ohne hinsichtlich des Wohngebäudes die rechtlichen Vorgaben aus Art. 6 BayBO sowie die Voraussetzungen einer Abweichung gemäß Art. 63 BayBO zu prüfen – die beantragte Baugenehmigung.

Drei Wochen nach Zustellung der Baugenehmigung an N, der die Unterschrift auf dem Lageplan und den Bauzeichnungen verweigert hatte, erhebt N formgerecht beim örtlich zuständigen Verwaltungsgericht Klage gegen den Freistaat Bayern mit dem Ziel der Aufhebung der Baugenehmigung. N rügt, dass sowohl aufgrund seines Grundstückseigentums (Art. 14 Abs. 1 GG) als auch aufgrund der Vorschriften der Bayerischen Bauordnung die Genehmigungsbehörde ihm gegenüber verpflichtet sei, keine baulichen Anlagen zu genehmigen, die unzulässig nah an die Grundstücksgrenze gebaut werden. Im Übrigen seien auch die fünf Doppelgaragen in einem Wohngebiet unzulässig; auch insofern habe er als Nachbar Anspruch darauf, dass die Baugenehmigungsbehörde gleiches Recht für alle durchsetze.

Vermerk für die Bearbeiter: In einem umfassenden Gutachten sind die Erfolgsaussichten der Klage zu beurteilen! Es ist davon auszugehen, dass durch Nutzung der Garagen keine für das N-Grundstück unzumutbare Immissionsbelastung entsteht. Schließlich ist zu unterstellen, dass in dem betroffenen faktischen allgemeinen Wohngebiet, auch bezogen auf den Gesamtbedarf der dortigen Bevölkerung, Fahrzeugstellplätze in insgesamt ausreichender Zahl zur Verfügung stehen.

Abwandlung 1: Trotz der bereits erhobenen Anfechtungsklage des N beginnt E mit der Bauausführung. N beantragt beim örtlich zuständigen Verwaltungsgericht, die aufschiebenden Wirkung seiner Anfechtungsklage anzuordnen. Wie sind die Erfolgsaussichten dieses Eilantrags zu beurteilen?

Abwandlung 2: Welche Klagefrist gilt, wenn dem N die Baugenehmigung nicht zugestellt oder in sonstiger Weise bekannt gegeben wurde?

Abwandlung 3: N hatte vor Erteilung der Baugenehmigung sämtliche Bauvorlagen vorbehaltlos in vollem Bewusstsein über das beabsichtigte Vorhaben des E unterschrieben. Am 23. Juli geht der Bauantrag beim zuständigen Landratsamt ein. Am 23. August geht beim Landratsamt ein Schreiben des N ein, mit dem dieser seine Zustimmung zum Vorhaben des E widerruft. Am 24. Oktober wird die Baugenehmigung erteilt. Wie sind in diesem Fall die Erfolgsaussichten der rechtzeitigen Anfechtungsklage des N gegen den Gebäudekomplex mit den fünf Doppelgaragen zu beurteilen?

Abwandlung 4: Wie sind die Erfolgsaussichten einer gegen die Baugenehmigung der fünf Doppelgaragen gerichteten Anfechtungsklage des im Wohnhaus des N lebenden Mieters Martin (M) zu beurteilen?

Lösung

A. Ausgangsfall: Die verwaltungsgerichtliche Klage des N

Eine verwaltungsgerichtliche Klage des N hat Aussicht auf Erfolg, wenn sie zulässig und begründet ist.

I. Zulässigkeit der Klage

1. Verwaltungsrechtsweg

Der Streitgegenstand betrifft die Frage, inwiefern N einen sog. Genehmigungsabwehranspruch[1] hinsichtlich der dem E erteilten Baugenehmigung hat. Der Streitgegenstand richtet sich maßgeblich nach Normen des Bauplanungsrechts (§ 34 BauGB) sowie des Bauordnungsrechts (Art. 6, 55, 59, 68 Abs. 1 BayBO) und damit nach öffentlichem Recht. Die Streitigkeit ist auch nicht verfassungsrechtlicher Art. Mangels Sonderzuweisung ist daher der Verwaltungsrechtsweg nach § 40 Abs. 1 Satz 1 VwGO eröffnet.

2. Statthafte Klageart

N wendet sich gegen eine Baugenehmigung. Diese hat insbesondere Regelungscharakter, einerseits gestattender Art (Baufreigabe, Aufhebung eines präventiven Verbots mit Erlaubnisvorbehalt), andererseits feststellender Art (öffentlich-rechtliche Unbedenklichkeitserklärung hinsichtlich der im Genehmigungsverfahren zu prüfenden öffentlich-rechtlichen Vorschriften).[2] Es handelt sich damit um einen Verwaltungsakt. Dieser Verwaltungsakt hat Dritt- bzw. Doppelwirkung[3]: Zwar ist er für E begünstigend, für den sich gestört fühlenden N aber belastend. Statthafte Klageart ist damit nach § 42 Abs. 1 (1. Alt.) VwGO die Anfechtungsklage.

3. Klagebefugnis – Schutznormtheorie

N müsste gem. § 42 Abs. 2 VwGO geltend machen können, durch die an E erteilte Baugenehmigung möglicherweise in eigenen subjektiven Rechten verletzt zu sein.

> **Zum Aufbau:** Der Aufbau im Gutachten – maßgeblich die Behandlung in der Zulässigkeit (Klagebefugnis) oder in der Begründetheit (subjektive Rechtsverletzung) – wird unterschiedlich gehandhabt. Der vorliegende Prüfungsaufbau handelt die Frage, ob sich der klagende Nachbar überhaupt auf eine drittschützende Norm berufen kann (ob also die als verletzt zu diskutierende Rechtsvorschrift Schutznormqualität im vorgenannten Sinne hat), schon auf Ebene der Klagebefugnis ab. In der Begründetheit ist dann (nur noch) relevant, ob tatsächlich ein Verstoß gegen die vorher als Schutznorm deklarierte Norm vorliegt.[4]
>
> Wem hierdurch die Zulässigkeitsprüfung zu kopflastig erscheint, kann sich auch vertretbar im Rahmen der Prüfung der Klagebefugnis darauf beschränken, dass die als verletzt in Betracht kommende Vorschrift (nur) möglicherweise drittschützenden Charakter zugunsten des Klägers entfaltet.

---

[1] Zur Terminologie: *Seidel*, Öffentlich-rechtlicher und privatrechtlicher Nachbarschutz, 2000, Rn. 8, 72 ff., 152 ff.

[2] Vgl. *VG Berlin* NJW 1995, 2650 (2651).

[3] *VG Berlin* NJW 1995, 2650 (2651). S. auch: *Seibel*, BauR 2006, 1845 ff.; *Muckel*, JuS 2000, 132 (137).

[4] So auch der Aufbauvorschlag nach *Muckel*, JuS 2000, 132 (137).

> Der Schwerpunkt der Prüfung (tatsächliche Schutznormqualität sowie Verletzung dieser Norm) verschiebt sich dann auf die Begründetheitsprüfung.[5]

a) Klagebefugnis unter unmittelbarem Rekurs auf Art. 14 Abs. 1 GG?

Inwiefern Art. 14 GG überhaupt zur Begründung unmittelbarer Klagerechte im öffentlichen Baunachbarrecht herangezogen werden kann, ist umstritten.[6] Ausgangsüberlegung ist, dass infolge der Genehmigungserteilung ein Nachbar als Dritter allenfalls mittelbar in eigenen Grundrechtspositionen betroffen sein kann (letztlich erst in Folge der Umsetzung durch den Genehmigungsempfänger). Hier bedarf es besonderer Bewertungen, um diese mittelbaren Folgen der staatlichen Baugenehmigungsbehörde als Eingriff in das Eigentumsrecht des Nachbarn zuzurechnen. Die frühere Rechtsprechung zog als Zurechnungskriterium den Belastungsgrad heran. Die relevante Erheblichkeitsgrenze sollte hiernach überschritten sein, wenn die Umsetzung der Baugenehmigung zu einer nachhaltigen Veränderung der vorgegebenen Grundstückssituation des Nachbarn führt, die diesen *schwer und unerträglich* belastet.[7] Ob diese Voraussetzungen im vorliegenden Fall allein wegen des zu nahen Heranrückens des Wohnbauvorhabens an den Grundstücksnachbarn anzunehmen wären, ist letztlich Wertungsfrage. Im Übrigen setzt sich die Konstruktion der früheren Rechtsprechung in Widerspruch zu den Aussagen des Art. 14 Abs. 1 GG. Der Verfassungsgeber sieht in Art. 14 Abs. 1 Satz 2 GG gerade eine gesetzgeberische Ausgestaltungsbefugnis vor, die – sofern es nicht um den direkten staatlichen Zugriff auf eine eigentumsrechtlich geschützte Position geht – allenfalls begrenzt die Ableitung subjektiver Abwehrpositionen i. S. v. §§ 42 Abs. 2, 113 VwGO unter unmittelbarem Rekurs auf das Eigentumsgrundrecht zulässt. Es ist grundsätzlich Sache des Gesetzgebers, durch rechtliche Regelungen Einzelinteressen zu eigentumsrechtlich geschützten Positionen zu erheben. Weil der Gesetzgeber im Spannungsfeld zwischen Behörde, Bauherrn und Nachbarn unter Ausnutzung seines legislatorischen Kreationsspielraums Bauberechtigungen und Abwehrrechte (verfassungskonform) ausgestaltet hat, beansprucht das einfache Gesetz als von der Verfassung in Art. 14 Abs. 1 Satz 2 GG vorausgesetzter Gestaltungsmaßstab sog. *Anwendungsvorrang.* Nachbarschutz kann als Ausfluss des Eigentumsrechts grundsätzlich nur bestehen, soweit der Gesetzgeber ihn auch selbst normiert hat. Das Baurecht stellt in Fragen des nachbarlichen Drittschutzes (insbesondere unter Einschluss der Grundsätze des nachbarschützenden Rücksichtnahmegebots) ein geschlossenes System bereit. Die frühere Konstruktion der „schweren und unerträglichen Betroffenheit" zur Begründung eines Genehmigungsabwehranspruchs ist damit angesichts Art. 14 Abs. 1 Satz 2 GG dogmatisch nicht haltbar[8] und angesichts des weitgehenden einfachgesetzlichen Nachbarschutzes[9] auch nicht mehr notwendig.

> **Zum Verständnis:** Eine vermittelnde Ansicht will in Reservefunktion den Rückgriff auf Art. 14 Abs. 1 GG als unmittelbares Abwehrrecht auch in Dreiecksverhältnissen offen halten, wenn – was für das Bauplanungs- und Bauordnungsrecht im gegenwärtigen Zuschnitt praktisch nicht in Betracht kommt – das einfache Gesetzesrecht keinen ausreichenden Nachbarschutz zur Verfügung stellt, die Wertentscheidung des Art. 14 Abs. 1 GG aber die Anerkennung eines Abwehrrechts verlange.[10]

---

[5] Diesen Aufbau bevorzugt etwa *Brohm*, Öffentliches Baurecht, § 30 Rn. 13.

[6] Zum Streitstand: *Seidel*, Öffentlich-rechtlicher und privatrechtlicher Nachbarschutz, 2000, Rn. 87 ff.; *ders.*, Bauplanungs- und Bauordnungsrecht, 1999, S. 42 f.

[7] BVerwGE 32, 173 (178 f.); 36, 248 (249); 50, 282 (287 f.); 52, 122 (125, 130); *BVerwG* DVBl. 1970, 60 ff. Der Sache nach wurden dabei jeweils die Kriterien herangezogen, die im staatshaftungsrechtlichen Sinne die Opfergrenze für enteignende und enteignungsgleiche Eingriffe darstellen.

[8] *BVerwG* DVBl. 1997, 61 (62); NVwZ-RR 1997, 516; NVwZ 1998, 735 (736); *OVG Greifswald* NVwZ 1999, 1238 (1239); *Seidel*, ZG 2002, 131 (134); *Numberger*, BayVBl. 2008, 741; *Dürr*, JuS 2007, 431 (433); *ders.*, Nachbarschutz, Rn. 87 ff.; *Ortloff*, NVwZ 2006, 999 (1003); *Koch/Hendler*, Baurecht, § 28 Rn. 40 ff.; *Mampel*, NJW 1999, 975 (977 f.); *ders.*, BayVBl. 2001, 417 (421); *Kraft*, VerwArch. 89 (1998), 264 (278 ff.); *Pecher*, JuS 1996, 887 (889 f.); *Happ*, in: Eyermann, VwGO, § 42 Rn. 83a; a. A. offenbar *Zilkens*, JA 2006, 127 (128); vgl. auch *BayVGH* BayVBl. 1997, 758 und NVwZ 1999, 446 (448).

[9] Vielfach übernimmt heute der einfachgesetzliche Drittschutz über das bauplanungsrechtliche Gebot der Rücksichtnahme (vgl. *Fall 4*) die Auffangfunktion, die früher der Konstruktion über Art. 14 GG zukam.

[10] *Muckel*, JuS 2000, 132 (136 f.); *Hufen*, Verwaltungsprozessrecht, § 14 Rn. 84; *Kopp/Schenke*, VwGO, § 42 Rn. 122; *Schmitt Glaeser/Horn*, Verwaltungsprozessrecht, Rn. 163.

Entscheidend für die Klagebefugnis nach § 42 Abs. 2 VwGO ist daher, ob sich N auf ein subjektives Recht einfachgesetzlicher Provenienz berufen kann. Der Gesetzgeber hat sich im Baurecht (wie auch regelmäßig auf anderen Gebieten des öffentlichen Rechts) mit ausdrücklichen Regelungen über Ob und Umfang des Nachbarschutzes zurückgehalten.[11] Die Konkretisierung des Drittschutzes bleibt damit der – in der Praxis: richterlichen – Gesetzesauslegung überlassen.[12] Die ganz herrschende Ansicht stützt sich dabei im Ausgangspunkt auf die sog. *Schutznormtheorie*. Eine Norm des öffentlichen Rechts vermittelt hiernach dann Drittschutz, wenn sie nicht nur den Interessen der Allgemeinheit, sondern zumindest auch privaten Interessen einzelner (bestimmbarer) Individuen zu dienen bestimmt ist.[13] Nach herkömmlichen Auslegungsmethoden ist bezüglich der möglicherweise verletzten Rechtsnormen – hier: Art. 6 BayBO sowie § 34 Abs. 2 BauGB – zunächst zu klären, ob der Normgeber diesbezüglich überhaupt individuellen Schutz beabsichtigt hat. Die einschlägige Norm darf also den betroffenen Dritten resp. Nachbarn nicht rein faktisch bloß einen günstigen Rechtsreflex vermitteln. Darüber hinaus muss der Kläger auch dem personellen Anwendungsbereich der einschlägigen Schutznorm zuzurechnen sein.[14] Schließlich ist zu berücksichtigen, ob die Schutznorm tatsächlich Genehmigungsvoraussetzungen enthält und daher im Genehmigungsverfahren überhaupt zu prüfen ist.

b) Klagebefugnis aus Art. 6 BayBO wegen Nichteinhaltung der erforderlichen Abstandsfläche in Bezug auf das Wohngebäude – Problem: Prüfumfang und Reichweite des Nachbarschutzes im vereinfachten Genehmigungsverfahren

In der hier zu begutachtenden Fallgestaltung kommt zunächst eine Verletzung des Abstandsflächenrechts nach Art. 6 BayBO[15] in Betracht. Das Abstandsflächenrecht bezweckt Schutz vor Brandübergriffen auf benachbarte Gebäude und soll zudem im nachbarlichen Verhältnis für ausreichende Belichtung, Besonnung und Belüftung sorgen. Nach unumstrittener Ansicht sind bauordnungsrechtliche Abstandsflächenregelungen daher zumindest zugunsten des Eigentümers des unmittelbar angrenzenden Nachbargrundstückes drittschützend.[16] Der *Bayerische Verwaltungsgerichtshof* begründet dies zudem damit, dass Abstandsflächenregelungen auch den Schutz des sozialen Wohnfriedens im Blick haben.[17]

> **Zum Verständnis:** Entgegen einer früheren Ansicht, die für eine subjektive Rechtsverletzung des klagenden Nachbarn eine tatsächliche und spürbare Beeinträchtigung forderte[18], sind – vorbehaltlich einer anderweitigen landesrechtlichen Normierung[19] – nach heute einhelliger Ansicht die Vorschriften

---

[11] Krit. hierzu *Schwerdtfeger*, NVwZ 1983, 199 ff. Eine Ausnahme findet sich für das drittschützende Maß des Abstandsflächenrechts z. B. in § 5 Abs. 7 Satz 3 LBO BW.

[12] *Seidel*, Nachbarschutz, Rn. 107; *Kraft*, VerwArch 89 (1998), 264 (265).

[13] BVerfGE 27, 297 (307); BVerwGE 1, 83; 3, 362 (363); 27, 29 (31 f.); 28, 268 (270); 32, 173; 39, 235 (237); 52, 122 (128); 55, 280 (285); 62, 243 (246 ff.); 65, 167 (170 f.); 66, 307 (308 ff.); 72, 226 (229 f.); 75, 285 (286); 80, 259 (260); 95, 333 (337); *VG Berlin* NJW 1995, 2650 (2651); *Dürr*, JuS 2007, 431 (433); *Happ* in: Eyermann, VwGO, § 42 Rn. 86; s. auch *Aufgabe 6 der Ersten Juristischen Staatsprüfung 2001/1*, BayVBl. 2003, 286 u. 313 (314). Die Schutznormtheorie als richterrechtlich entwickeltes Institut war nie ganz unumstritten, hat sich aber in der Praxis und weitestgehend in der Literatur durchgesetzt. Zur Kritik und abweichenden Ansätzen (z. B. Orientierung an der faktischen Betroffenheit) siehe den Überblick bei *Seidel*, Nachbarschutz, Rn. 117 ff.; insbesondere zu einem an der norminternen Bedeutung des Art. 14 Abs. 1 GG ausgerichteten Drittschutzmodell: *Mampel*, BauR 1998, 697 ff.; *ders.*, NJW 1999, 975 (978 ff.). Vgl. auch die Diskussion bei *Koch/Hendler*, Baurecht, § 28 Rn. 7 ff.

[14] *Muckel*, JuS 2000, 132 (133); *Schoch*, Jura 2004, 317. Zum Nachbarschutz gegen ein auf Grundlage von § 37 BauGB zugelassenes Vorhaben des Bundes oder eines Landes: *OVG Münster* NVwZ-RR 2004, 175.

[15] Vergleichbare Regelungen: § 6 BauO NW, §§ 5, 6 LBO BW, § 6 BauO Bln., § 6 BbgBauO, § 6 BremLBO, § 6 Hbg.BauO, § 6 HBO, § 6 LBauO MV, §§ 7 ff. NdsBauO, §§ 8, 9 LBauO Rh.-Pf., §§ 7, 8 LBO Saarl., § 6 SächsBO, § 6 BauO LSA, §§ 6, 7 LBauO SchlH, § 6 ThürBO.

[16] *OVG Bautzen* DÖV 1994, 614 (615); BRS 56, Nr. 106; *OVG Koblenz* BRS 47, Nr. 168; NVwZ-RR 2003, 485; *OVG Münster* NVwZ-RR 2003, 263; *BayVGH* BRS 55, Nr. 188; *OVG Berlin* BRS 56, Nr. 173; *OVG Saarlouis* BRS 57, Nr. 153; *Schoch*, Jura 2004, 317 (323). Zur aktuellen Entwicklung in der Rspr.: *Ortloff*, NVwZ 2005, 1381 (1387); *ders.*, NVwZ 2006, 999 (1004).

[17] *BayVGH* BRS 55, Nr. 188; *Muckel*, JuS 2000, 132 (134); krit. *OVG Bautzen* DÖV 1994, 614 (615).

[18] *OVG Münster* BRS 44, Nr. 161; 48, Nr. 139; so früher ebenfalls: *VGH Kassel* BauR 1982, 369 (371); *VGH Mannheim* NVwZ 1986, 143 (145); *OVG Berlin* BRS 47, Nr. 167.

[19] Einige Bundesländer – nicht aber Bayern – haben den Nachbarschutz auf einen bestimmten Anteil an der objektiv einzuhaltenden Abstandsflächentiefe bzw. auf ein absolutes Mindestmaß begrenzt, vgl. die Nachweise bei *Seidel*, Nachbarschutz, Rn. 490 (dort in Fn. 432).

> über die einzuhaltenden Mindestabstandsflächentiefen als generell nachbarschützend anzusehen, weil sie über die jeweiligen Berechnungsmodi zentimeterscharf aus sich selbst heraus bestimmen, was dem Nachbarn an heranrückender Bebauung zumutbar ist.[20] Der Landesgesetzgeber hat damit die Zumutbarkeit konkretisiert. Allein aus der Nichteinhaltung der vorgeschriebenen Abstandsfläche folgt daher automatisch eine subjektive Rechtsverletzung des N als unmittelbarem Angrenzer.

Trotz des Charakters des hier ggf. durch das Vorhaben verletzten Art. 6 BayBO als Schutznorm steht die Klagebefugnis des N in Frage, sofern das Abstandsflächenrecht im vorliegenden Fall nicht zu den Genehmigungsvoraussetzungen gehört. Da das Vorhaben des E nicht verfahrensfrei (Art. 57 BayBO) ist, nicht dem Freistellungsverfahren unterfällt (Art. 58 BayBO) und nicht die Voraussetzungen eines Sonderbaus gemäß Art. 2 Abs. 4 BayBO erfüllt, ist vorliegend das vereinfachte Genehmigungsverfahren gem. Art. 59 BayBO einschlägig. Im Gegensatz zur Vorgängerregelung in Art. 73 BayBO a. F. (Geltung bis 31. Dezember 2007) ist das Abstandsflächenrecht nach Art. 6 BayBO nicht mehr Prüfmaßstab im vereinfachten Genehmigungsverfahren, soweit der Antragsteller keine Abweichung gemäß Art. 59 Nr. 2 i. V. m. Art. 63 Abs. 1 und Abs. 2 S. 2 BayBO gesondert schriftlich beantragt.[21] Dies hat auch Auswirkungen auf den Nachbarschutz:

Das vereinfachte Genehmigungsverfahren[22], das (jedenfalls in Bayern) faktisch zur Regel geworden ist[23], steht zwischen dem traditionellen Genehmigungsverfahren, in dem umfassend das Vorhaben auf seine Vereinbarkeit mit dem öffentlichen Recht (vorbehaltlich Normen, die Gegenstand eines besonderen, zusätzlichen Verwaltungsverfahrens sind) geprüft wird, und dem Freistellungsverfahren[24]. Als Abschluss des Genehmigungsverfahrens ergeht zwar – bei positivem Prüfergebnis – eine Baugenehmigung, jedoch ist der Prüfumfang nach Art. 59 BayBO deutlich reduziert. Als Folge ergibt sich, dass die Feststellungswirkung der im vereinfachten Genehmigungsverfahren ergehenden Baugenehmigung (sog. öffentlich-rechtliche Unbedenklichkeitserklärung) hinsichtlich der Vereinbarkeit mit öffentlich-rechtlichen Vorschriften nur so weit reicht, wie diese Vorschriften nach Art. 59 BayBO Prüfmaßstab, also Genehmigungsvoraussetzung sind.[25] Soweit es um einen Verstoß gegen nachbarschützende Voraussetzungen geht, die auch im vereinfachten Genehmigungsverfahren zu prüfen sind – z. B. nachbarschützende Vorgaben des Bauplanungsrechts, vgl. Art. 59 Satz 1 Nr. 1 BayBO –, sind diese Aspekte von der Baugenehmigung erfasst. Nachbarschutz ist hier über den klassischen, im Weg der Anfechtungsklage geltend zu machenden Genehmigungsabwehranspruch zu suchen; der Eilrechtsschutz richtet sich nach §§ 80, 80 a VwGO.

Wegen der Beschränkung der Unbedenklichkeitserklärung in Art. 59 BayBO kann eine im vereinfachten Verfahren ergehende Baugenehmigung demgegenüber von vornherein nicht rechtswidrig sein, soweit das genehmigte Vorhaben gegen öffentlich-rechtliche Vorschriften verstößt, die nicht Genehmigungsvoraussetzungen dieses Verfahrens sind. Auch soweit ein Vorhaben gegen eine Schutznorm zugunsten des Nachbarn verstößt, kann sich von vornherein kein Genehmigungsabwehranspruch ergeben, wenn diese Schutznorm außerhalb des zu prüfenden Katalogs der Genehmigungsvoraussetzungen steht. Denn die Genehmigung bezieht sich nicht auf diesen Rechtsverstoß und kann insofern auch keine Rechte des Nachbarn verletzen. Im Katalog des Art. 59 Satz 1 BayBO sind die in Art. 6 BayBO geregelten Abstandsflächen als solche nicht aufgelistet. Art. 6 BayBO ist damit grundsätzlich nicht mehr Genehmigungsvoraussetzung im vereinfachten Genehmigungsverfahren. Im vorliegenden Fall ist insbesondere von E auch keine Abweichung gemäß Art. 63 BayBO ausdrücklich beantragt worden, sodass das

---

[20] *OVG Münster* UPR 1996, 276 f.; *OVG Koblenz* BRS 35, Nr. 200; *OVG Saarl.* BRS 55, Nr. 158; *OVG Bautzen* BRS 56, Nr. 106; *OVG Berlin* BRS 54, Nr. 97; BRS 55, Nr. 111 und 121; BRS 56, Nr. 172.

[21] Zur Entwicklung und zur Neukonzeption nach der BayBO 2008: *Jäde*, KommunalPraxis BY 2007, 324 ff.; *Jäde/Famers*, BayVBl. 2008, 33 ff.; aus kritischer Perspektive: *Decker*, BauR 2008, 443 ff.

[22] Vgl. auch: § 68 BauO NW, § 64 BauO Bln., § 57 BbgBauO, § 67 BremLBO, § 61 Hbg.BauO, § 63 LBauO MV, § 66 LBauO Rh-Pf, § 64 LBO Saarl., § 2 a SächsBO, § 62 BauO LSA, § 75 LBauO SchlH, § 63b ThürBO; § 75a NdsBO.

[23] *Sauter*, BayVBl. 1998, 2; *Decker*, BauR 2008, 443 (448); *Nurnberger*, BayVBl. 2008, 741.

[24] Vgl. hierzu *Fall 4*.

[25] Ausdrücklich: *BayVGH* BayVBl. 2000, 377; BayVBl. 2002, 499; *OVG Saarlouis* BauR 2009, 806. Die im vereinfachten Verfahren nach Art. 59 BayBO ergehende Genehmigung ist im Kern nur noch eine bauplanungsrechtliche Genehmigung, *Nurnberger*, BayVBl. 2008, 741; *Jäde/Famers*, BayVBl. 2008, 33 (34).

Abstandsflächenrecht auch nicht über Art. 59 Satz 1 Nr. 2 BayBO zum Gegenstand der Baugenehmigung wurde.

Zur Vertiefung: Die Konsequenz, dass trotz Verstößen des Bauvorhabens gegen Normen (insbesondere des Bauordnungsrechts), die aus dem Prüfprogramm im vereinfachten Genehmigungsverfahren fallen, wegen Art. 68 Abs. 1 Satz 1 BayBO ein – auch verwaltungsprozessual mit der Verpflichtungsklage durchsetzbarer – Anspruch des Bauherrn auf die Baugenehmigung besteht, ist durch verschiedene Ansätze in Frage gestellt bzw. zu kompensieren versucht worden:

(1) So wird vertreten, die Behörde könne **fakultativ den Prüfmaßstab** des vereinfachten Genehmigungsverfahrens **erweitern** und damit auch nicht zum Kanon dieses Verfahrens gehörende rechtliche Anforderungen in die Prüfung der Genehmigungsvoraussetzungen einbeziehen[26], mit der Folge, dass sich die Unbedenklichkeitserklärung / Feststellungswirkung der Baugenehmigung dann auch auf diese öffentlich-rechtliche Anforderungen erstreckt. Diese fakultative Erstreckung des Prüfmaßstabs soll dann auch den Nachbarschutz in Form des Genehmigungsabwehranspruchs erfassen. Diese Ansicht ist allerdings mit dem auf Deregulierung und Beschleunigung des Verfahrens gerichteten Normzweck der landesrechtlichen Regelungen über das vereinfachte Genehmigungsverfahren unvereinbar.[27]

(2) Außerdem wird vertreten, dass im Fall eines offenkundigen Verstoßes gegen an sich nicht prüfpflichtige öffentlich-rechtliche Anforderungen außerhalb des Prüfprogramms die Baugenehmigung wegen **fehlenden Sachbescheidungsinteresses** versagt werden kann, weil eine Genehmigungserteilung keinen Sinn mache, wenn die Behörde zu bauordnungsrechtlichen Maßnahmen nach Art. 75, 76 BayBO (Baueinstellung, Beseitigung von Anlagen, Nutzungsuntersagung) berechtigt wäre, sobald die erste Baumaßnahme ergriffen wird.[28] Dogmatisch ist das Sachbescheidungsinteresse im Verwaltungsverfahren das prozessuale Gegenstück zum Rechtsschutzbedürfnis im verwaltungsgerichtlichen Verfahren.[29] Die Rechtsprechung des *Bayerischen Verwaltungsgerichtshofs* hat aber in jüngerer Zeit eine restriktive Haltung hinsichtlich der Möglichkeit der Versagung einer auf Genehmigungserteilung gerichteten Verpflichtungsklage wegen Fehlens des Sachbescheidungsinteresses eingenommen: Voraussetzung für die Verneinung des Sachbescheidungsinteresses ist hiernach, dass sich das außerhalb der eigentlichen Genehmigungsvoraussetzungen stehende Hindernis schlechterdings nicht ausräumen lässt. Es müsse von vornherein klar sein, dass der Bauherr an der Verwertung der Genehmigung verhindert ist, sodass deren Erteilung ersichtlich nutzlos wäre, wie etwa bei offensichtlichem Fehlen zur Ausführung des Vorhabens unerlässlicher zivilrechtlicher Befugnisse oder bei unanfechtbarer Versagung neben der Baugenehmigung erforderlicher weiterer öffentlich-rechtlicher Erlaubnisse angenommen wird.[30] Die Zielsetzung des Gesetzgebers, das präventive Prüfprogramm im Baugenehmigungsverfahren abzubauen und das Prüfprogramm insbesondere im Bereich des materiellen Bauordnungsrechts zu beschränken, dürfe aber nicht umgangen werden. Mit der Regelung in Art. 59 BayBO habe der Bayerische Gesetzgeber klargestellt, dass der Anspruch auf Baugenehmigung von etwaigen bauordnungsrechtlichen Mängeln nicht berührt wird. Eine noch zu treffende Entscheidung über ein

---

[26] So etwa: *OVG Münster* BauR 2009, 802 ff.; *Winkler*, BayVBl. 1997, 744 (746); vgl. auch *OVG Koblenz* BauR 2009, 799 (800).

[27] Überzeugend: *Reicherzer*, BayVBl. 2000, 750 (753); *Decker*, BauR 2008, 443 (450). Aus den Aussagen in *BayVGH* BayVBl. 2000, 377f. (insbesondere: *„Der von der Bauaufsichtsbehörde vorzunehmende Umfang der Prüfung wird allein durch Art. 73 Abs. 1 BayBO bestimmt."*) ist zu schließen, dass der *Bayerische Verwaltungsgerichtshof* dogmatisch gegen einen erweiterten „Kann-Prüfbereich" eingestellt ist. Ebenso *BayVGH* BayVBl. 2002, 499. Zum Streitstand auch *Decker/Konrad*, Bayerisches Baurecht, S. 83 ff.

[28] Vgl. *OVG Koblenz* BauR 1992, 219 (220); BauR 2009, 799 (800 f.); *Seidel*, Bauplanungs- und Bauordnungsrecht, S. 32 f. und 134 f.; *Reicherzer*, BayVBl. 2000, 750 (751); *Numberger*, BayVBl. 2008, 741 (743). Eine entsprechende Verpflichtungsklage des Bauherrn auf Erlass der Baugenehmigung wäre dann unbegründet. Hierzu auch: Decker, BauR 2008, 443 (449 f.); *Fischer*, BayVBl. 2005, 299 f. sowie *Jäde*, BayVBl. 2005, 301 f.

[29] *Numberger*, BayVBl. 2008, 741 (742 f.).

[30] *BayVGH*, Urt. v. 19. 01. 2009, Az. 2 BV 08.2567 – kein mangelndes Sachbescheidungsinteresse allein wegen Verstoßes des Vorhabens gegen das bauordnungsrechtliche Verunstaltungsverbot; *BayVGH* BayVBl. 2006, 537 f. – kein mangelndes Sachbescheidungsinteresse allein wegen Verstoßes des Vorhabens gegen § 33 Abs. 2 StVO. Vgl. insofern die kritische Urteilsanmerkung von *Jäde*, BayVBl. 206, 538 ff. Ähnlich einschränkend: *OVG Koblenz* BauR 2009, 799 (801).

bauordnungsrechtliches Einschreiten wegen bauordnungswidriger Zustände stehe demgegenüber im Ermessen der Bauaufsichtsbehörden, *„das ohne Berücksichtigung der durch die Genehmigung vermittelten Rechtsposition auch dann kaum fehlerfrei auszuüben ist, wenn der bauordnungswidrige Zustand für sich betrachtet evident zu sein scheint"*, wobei *„die Voraussetzung dafür, die Ausführung eines wegen planungsrechtlicher Zulässigkeit eines Vorhabens durch sofort vollziehbare bauaufsichtliche Maßnahmen verhindern zu können, (…) in der Regel (…) nicht gegeben sein"* werden.[31] Der Gesetzgeber gehe davon aus, dass es einer präventiven Kontrolle des Bauordnungsrechts im vereinfachten Genehmigungsverfahren nach Art. 59 BayBO nicht mehr bedürfe. Die vom Gesetzgeber unerwünschte Prüfung des Bauordnungsrechts würde die Bauaufsichtsbehörde aber – über die Hintertür – durchführen, wenn sie unter Berufung auf ein mangelndes Sachbescheidungsrecht die positive Bescheidung des Bauantrags trotz Erfüllung der eigentlichen Genehmigungsvoraussetzungen unterlässt. Dies sei mit Art. 59 Satz 1 BayBO unvereinbar. *„Darauf, wie offensichtlich oder gravierend ein solcher Verstoß zu bewerten wäre, kommt es hier – anders als bei Überprüfung der Rechtmäßigkeit etwaigen bauaufsichtlichen Einschreitens wegen des Verstoßes – daher nicht an."*[32] Der Bayerische Gesetzgeber hat mit dem neuen Art. 68 Abs. 1 Satz 1 Halbsatz 2 BayBO, der zum 1. 8. 2009 in Kraft getreten ist, nunmehr auf diese Entwicklung in der Rechtsprechung reagiert. Die Neuregelung stellt klar, dass die Bauaufsichtsbehörde den Bauantrag – ohne weitere Einschränkung – wegen fehlenden Sachbescheidungsinteresses ablehnen *darf*, wenn ein Verstoß gegen Vorschriften erkannt wird, die nicht im Prüfungsprogramm der Art. 59, 60 BayBO enthalten sind. Ein Abwehranspruch oder ein Anspruch des Nachbarn auf ermessensfehlerfreie Entscheidung resultiert aus dieser nicht drittschützenden Befugnis aber nicht.

(3) Nach *Jäde/Famers*, BayVBl. 2008, 33 (34) soll ein unterlassener Abweichungsantrag gemäß Art. 59 Satz 1 Nr. 2 BayBO dazu führen, dass der Bauantrag i. S. von Art. 65 Abs. 2 BayBO unvollständig wird, sodass sich dann die aus Art. 65 Abs. 2 Satz 2 BayBO normierten Rechtsfolgen ergeben können. Hiernach hätte die Bauaufsichtsbehörde die Möglichkeit, den Bauherrn – zwecks Vervollständigung der Bauunterlagen – zur Stellung des Abweichungsantrags innerhalb angemessener Frist aufzufordern. Kommt der Bauherr dieser Aufforderung nicht oder nicht fristgemäß nach, würde der Bauantrag als zurückgenommen gelten. Auf diesem Wege könnte „über die Hintertür" eine Kontrolle der Abstandsflächen zum Prüfgegenstand im vereinfachten Genehmigungsverfahren gemacht werden. Dieser Ansatz ist m. E. nicht überzeugend: Diese Konstruktion und insbesondere die sich aus Art. 65 Abs. 2 BayBO ergebenden Konsequenzen würden normlogisch eine gesetzliche Verpflichtung zur Stellung des Abweichungsantrags voraussetzen. Denn nur dann könnte dem Bauherrn Unvollständigkeit der Bauunterlagen vorgeworfen werden. Eine solche Verpflichtung ist aber in der BayBO als solche nicht normiert. Es ist vielmehr nach den einschlägigen gesetzlichen Regeln allein der freiwilligen Entscheidung des Bauherrn unterworfen, ob er über Art. 59 Satz 1 Nr. 2, 63 BayBO eine Abweichung zu Art. 6 BayBO zum Gegenstand des Prüfumfangs im Genehmigungsverfahren macht oder nicht. Der Weg über Art. 65 Abs. 2 BayBO ist daher dogmatisch fragwürdig[33], die weitere Entwicklung in Praxis und Literatur sollte aber von den Examenskandidaten im Auge behalten werden, zumal diese Fragen noch nicht von der verwaltungsgerichtlichen Rechtsprechung thematisiert worden sind.

Nachbarschützende Rechte können nicht verletzt sein, wenn diese Rechte – wie hier Art. 6 BayBO – nicht zum Prüfumfang des Genehmigungsverfahrens gehören. Eine Anfechtung der Baugenehmigung durch N gestützt auf eine mögliche Verletzung des Art. 6 BayBO geht damit von vornherein ins Leere.[34] Die Klagebefugnis für eine Anfechtungsklage kann im vorliegenden Fall mithin hierauf nicht gestützt werden.

---

[31] *BayVGH*, Urt. v. 19.01. 2009, Az. 2 BV 08.2567.

[32] *BayVGH*, Urt. v. 19.01. 2009, Az. 2 BV 08.2567.

[33] *Numberger*, BayVBl. 2008, 741 (742 f.).

[34] Zum Ganzen: *BayVGH* BayVBl. 2000, 377 f.; BayVBl. 2002, 499; BayVBl. 2003, 342 f.; *BVerwG* NVwZ 1998, 58; *OVG Saarlouis* BauR 2009, 806 ff.; *OVG Lüneburg* UPR 1997, 159; *OVG Koblenz* BauR 1992, 219 (220); *Numberger*, BayVBl. 2008, 741 (742); *Reicherzer*, BayVBl. 2000, 750 (753); *Winkler*, BayVBl. 1997, 744 (749); *Uechtritz*, NVwZ 1996, 640 (647); *Ortloff*, NVwZ 1999, 955 (961); *Seidel*, NVwZ 2004, 139 (141); *Decker*, BauR 2008, 443 (450).

Zum Verständnis: Anderes würde gelten, wenn E mit seinem Bauantrag ausdrücklich eine Abweichung von den Vorgaben des Art. 6 BayBO beantragt hätte. In diesem Fall wird das Abstandflächenrecht über Art. 59 Satz 1 Nr. 2, 63 BayBO zum Prüfgegenstand im vereinfachten Verfahren und wird damit zum Gegenstand der Baugenehmigung. Genehmigt die Baugenehmigungsbehörde hierauf das Vorhaben unter Abweichung von Art. 6 BayBO, wäre der Nachbar gemäß § 42 Abs. 2 VwGO bezüglich einer Anfechtungsklage gegen die Baugenehmigung aus Art. 6 BayBO i.V.m. Art. 59 Satz 1 Nr. 2, 63 BayBO klagebefugt. Auf Begründetheitseben wäre dann für den Genehmigungsabwehranspruch entscheidend, ob ein Rechtsverstoß gegen Art. 6 BayBO vorliegt, ohne dass es auf eine spürbare Beeinträchtigung des Nachbarn ankäme.[35]

Soweit der Bauherr – wie hier E – keinen Antrag auf Abweichung von den Vorgaben des Art. 6 BayBO stellt und damit das Abstandflächenrecht nicht über Art. 59 Satz 1 Nr. 2, 63 BayBO zum Gegenstand der Baugenehmigung wird, verbleiben dem Nachbarn – hier N – hinsichtlich der Verletzung des Abstandsflächenrechts – ganz parallel zum Nachbarschutz im Freistellungsverfahren[36] – gegenüber dem Rechtsträger der Bauaufsichtsbehörde Schutzansprüche auf bauordnungsrechtliches Einschreiten zu Lasten des Bauherrn. Gerade weil die bestehende Baugenehmigung keine Aussage über die Vereinbarkeit mit dem geltend gemachten Rechtsverstoß außerhalb des Prüfkatalogs des Art. 59 BayBO beinhaltet und die Baugenehmigung keine Feststellungen hinsichtlich der Vereinbarkeit mit geltendem Recht trifft, ist ein entsprechendes bauordnungsrechtliches Eingreifen, insbesondere nach Maßgabe von Art. 75 und 76 BayBO, von der vorherigen Aufhebung der zugrundeliegenden Genehmigung unabhängig.[37] Geht es um Verstöße des Bauvorhabens gegen nachbarschützende Vorgaben, so steht dem betroffenen Nachbarn grundsätzlich ein subjektiver Schutzanspruch auf ordnungsrechtliches Einschreiten zu: Weil in nachbarschutzrechtlicher Hinsicht die Situation dem Freistellungsverfahren vergleichbar ist – auch dort entfallen Genehmigungsabwehranspruch und dementsprechend Anfechtungsrechtsbehelfe sowie der Eilrechtsschutz über §§ 80, 80a VwGO –, ergibt sich aufgrund gleicher Erwägungen wie oben zu *Fall 4* (nachbarschutzfreundliche Auslegung der bauordnungsrechtlichen Eingriffsgrundlagen zur Kompensation eines sonst bestehenden Rechtsschutzdefizits) ein Anknüpfungspunkt für eine Ermessensreduzierung.[38] Die Behörde wäre dann – wenn man diesem Ansatz prinzipiell folgt – grundsätzlich verpflichtet, bauordnungsrechtlich gegen den nachbarrechtswidrigen Zustand vorzugehen und für die Wiederherstellung nachbarrechtskonformer Zustände zu sorgen. Wie im Freistellungsverfahren muss der Nachbar (insbesondere gestützt auf Art. 75, 76 BayBO) mit der Verpflichtungsklage (je nach landesrechtlicher Ausgestaltung ggf. vorher mit dem

---

[35] Zur begrenzten Möglichkeit des Bauherrn, sich bei einer Nutzungsänderung oder geringen baulichen Veränderungen auf Bestandsschutz aus Art. 14 GG zu berufen vgl. *BVerwG* NVwZ 1998, 735 f.; *OVG Bautzen* BRS 58, Nr. 107; *OVG Münster* NVwZ-RR 1998, 614 (615); *VGH Mannheim* BauR 1999, 1282; *OVG Greifswald* BauR 1999, 624 f.; *OVG Weimar* BauR 2000, 1465 f.; vgl. auch *BVerwG* NVwZ 1998, 735 (736 f.); *Seidel*, Nachbarschutz, Rn. 217; *Hauth*, BayVBl. 2000, 545 (552). Abstandsflächenregelungen wie Art. 6 BayBO sind das Produkt der gesetzgeberischen Ausgestaltungsbefugnis nach Art. 14 Abs. 1 Satz 2 GG, stellen also Inhaltsbestimmung des Eigentums dar. Auf Rechtsanwendungsebene ist danach zu differenzieren, ob sich die Änderung nachteilig auf die durch die Abstandsvorschriften geschützten Belange auswirkt oder nicht: Berührt das geänderte Gebäude mit seiner neuen Nutzung die von Art. 6 BayBO geschützten Belange des Nachbarn – Brandschutz, Belüftung, Belichtung, Besonnung sowie (str.) sozialer Wohnfriede – stärker als das ursprüngliche Gebäude in seiner bisherigen Nutzung, gelten die aktuellen Voraussetzungen des Abstandsflächenrechts in vollem Umfang als Rechtmäßigkeitsmaßstab. Hat die genehmigungspflichtige Änderung hingegen keinerlei abstandsflächenrechtliche Relevanz, ist Art. 6 BayBO im Lichte der Eigentumsgarantie teleologisch zu reduzieren. Denn es ist gegenüber dem Bauherrn kaum zu rechtfertigen, wenn ihm unter Berufung auf Art. 6 BayBO ein Vorhaben versagt wird, obwohl im Vergleich zur bislang (legal) bestehenden Situation für die von Art. 6 BayBO geschützten Belange keinerlei Auswirkungen zu befürchten sind oder das Konfliktpotential sogar vermindert wird.

[36] Hierzu oben *Fall 4*.

[37] *Seidel*, NVwZ 2004, 139 ff.; *ders.*, Nachbarschutz, Rn. 261. Hier zeigt sich die gesteigerte Eigenverantwortung des Bauherrn im Freistellungs- und im vereinfachten Verfahren. Der hiermit verbundenen Beschleunigung und Entlastung des Staates steht auf der anderen Seite ein Verlust von Investitionssicherheit des Vorhabenträgers gegenüber! Zum grundsätzlichen Erfordernis der Aufhebung der Baugenehmigung vor dem Erlass von bauordnungsrechtlichen Einstellungs- und Beseitigungsverfügungen: *Manssen*, in: Becker/Heckmann/Kempen/Manssen, Öffentliches Recht in Bayern, 4. Teil, Rn. 436.

[38] Vgl. auch *Numberger*, BayVBl. 2008, 741 (744).

Verpflichtungswiderspruch), im Eilverfahren über § 123 VwGO vorgehen.[39] Sofern aber je nach den Umständen des Einzelfalls ein bestehender Widerspruch zu Art. 6 BayBO in seinen Auswirkungen für den Nachbarn nicht besonders gravierend oder durch eine Abweichungsentscheidung gemäß Art. 63 BayBO „heilbar" wäre, wäre mit der hier vertretenen Ansicht (zum Streitstand s. o. *Fall 4*) eine Ermessensreduzierung zu verneinen (a. A. vertretbar).

c) Klagebefugnis bezüglich der bauplanungsrechtlichen Zulässigkeit des Vorhabens

Entscheidend ist daher, ob sich N in bauplanungsrechtlicher Hinsicht auf einen Abwehranspruch berufen kann. Vorliegend steht die bauplanungsrechtliche Zulässigkeit nur hinsichtlich der fünf Doppelgaragen zur Unterbringung der historischen Sportwagen für den „Silberpfeil e.V." am Maßstab von § 34 Abs. 2 BauGB i. V. m. §§ 4, 12 Abs. 2 BauNVO in Frage. Es gilt daher für die Frage der Klagebefugnis zu klären, ob § 34 Abs. 2 BauGB überhaupt subjektive Rechte vermittelt und – bejahendenfalls – ob N in den subjektiven Schutzbereich der Norm fällt. Entscheidend ist also m. a. W., ob der möglicherweise verletzte § 34 Abs. 2 BauGB, der gemäß Art. 59 Satz 1 Nr. 1 BayBO Gegenstand des Prüfkatalogs des vereinfachten Genehmigungsverfahrens ist, Schutznorm zugunsten des N ist.

Die frühere Rechtsprechung begrenzte den Drittschutz auf den in § 34 Abs. 2 BauGB enthaltenen Verweis auf § 15 Abs. 1 BauNVO und das darin enthaltene bauplanungsrechtliche Gebot der Rücksichtnahme.[40] Eine hierfür erforderliche qualifizierte und individualisierte Betroffenheit scheidet aber nach den Sachverhaltsvorgaben aus: Insbesondere die Immissionsbelastung übertritt die Erheblichkeitsschwelle nicht (vgl. §§ 3 Abs. 1, 22 BImSchG), sodass auch das Maß der bauplanungsrechtlich geforderten Rücksichtnahme nicht überschritten sein kann.

Demgegenüber ist heute Ausgangsüberlegung, dass § 34 Abs. 2 BauGB den Charakter einer Planersatznorm hat. Soweit eine Festsetzung im Bebauungsplan ohne weiteres drittschützend wirkt, muss dies auch für § 34 Abs. 2 BauGB und die hierin enthaltene Verweisung auf die einschlägigen Nutzungsarten der BauNVO gelten.[41] Im vorliegenden Fall verstößt das Vorhaben des E möglicherweise gegen § 34 Abs. 2 BauGB i. V. m. §§ 4, 12 Abs. 2 BauNVO, denn es steht in Frage, ob die Anzahl der von E geplanten Garagenplätze bedarfsgerecht i. S. v. § 12 Abs. 2 BauNVO ist. Nach den vorangegangenen Überlegungen wäre N daher klagebefugt, wenn das hier faktisch gewachsene allgemeine Wohngebiet durch Bebauungsplan festgesetzt worden wäre und eine derartige Festsetzung in der Zusammenschau mit ihrem Regelungsinhalt nach § 4 BauNVO i. V. m. § 12 Abs. 2 BauNVO als drittschützend zu bewerten wäre.

Allerdings entfaltet eine bauplanerische Festsetzung im Geltungsbereich eines Bebauungsplans grundsätzlich nur dann drittschützende Wirkung, wenn die Festsetzung nach Auslegung den Willen der planenden Gemeinde als örtlichem Normgeber erkennen lässt, dass sie ein nachbarschaftliches Austauschverhältnis begründen soll.[42] Drittschutz aus bauplanungsrechtlichen Festsetzungen ist daher jedenfalls im Grundsatz einzelfallabhängig und nicht generalisierbar. Hiervon besteht aber eine wichtige Ausnahme: Aufgrund der für die betroffenen Eigentümer des Plangebiets besonders einschneidenden Wirkungen von bauplanerischen Festsetzungen über die *Nutzungsart* ermächtigt die BauNVO über § 9 Abs. 1 Nr. 1, § 9 a Nr. 1, Buchst. a) BauGB die planende Gemeinde von vornherein nur zu nachbarschützenden Gebietsartfestsetzungen. Dahinter steht die Überlegung, dass die Interessen der Eigentümer der betroffenen überplanten Grundstücke nur dann in ein mit § 1 Abs. 7 BauGB und Art. 14 Abs. 1 GG zu vereinbarendes, ausgewogenes Verhältnis gebracht werden, wenn die planbetroffenen Grundeigentümer hinsichtlich der Gebietsartfestsetzung in ein wechselseitiges Austauschverhältnis eingebunden sind und demgemäß untereinander die Wahrung des Gebietscharakters beanspruchen können. Jeder Eigentümer, der durch derartige Festsetzungen in der Art der Nutzung seines Grundstücks stark eingeschränkt wird, muss sich darauf verlassen können, dass auch die anderen im Plangebiet diese Vorgaben einhalten. Dies

---

[39] *BayVGH* BayVBl. 2003, 342 (343); *Seidel*, Nachbarschutz, Rn. 312, 324; *Uechtritz*, NVwZ 1996, 640 (647).

[40] So noch *BVerwG* NJW 1986, 1703 (1704); *BVerwG* WUR 1991, 342 (343); *BayVGH* NVwZ-RR 1992, 60.

[41] BVerwGE 94, 151 (155); *OVG Saarlouis* BRS 56, Nr. 121; *Mampel*, BauR 1994, 299 ff.; *Seidel*, Bauplanungs- und Bauordnungsrecht, S. 44; *ders.*, Nachbarschutz, Rn. 446.

[42] *BVerwG* NVwZ 1996, 888; *OVG Weimar* NVwZ-RR 1997, 596; *VGH Mannheim* NVwZ 1997, 401 (402); NVwZ 1999, 439 (441); *OVG Lüneburg* NVwZ-RR 2004, 23; Im Ausgangspunkt auch BVerwGE 94, 151 (155); zusammenfassend *Dürr*, JuS 2007, 431 (434); *Jäde*, BayVBl. 2008, 517 (522).

muss er im Verhältnis zum Nachbarn auch im Klagewege durchsetzen können. Aufgrund dieser Überlegungen gewährleisten Gebietsartfestsetzungen jedem Grundeigentümer im festgesetzten Plangebiet *generellen* Nachbarschutz kraft bundesrechtlicher Vorgabe, d. h. unabhängig von einer besonderen resp. unzumutbaren Betroffenheit – *Anspruch auf Gebietserhaltung* bzw. *Schutz vor schleichender Umwandlung des Baugebiets durch Eindringen einer gebietsfremden Nutzung.*[43]

Der Anspruch auf Schutz vor gebietsfremden Nutzung gilt über die einzelnen Anforderungen der §§ 2 ff. BauNVO hinaus auch für die – systematisch abgesetzten und für mehrere Gebietsarten geltenden – Anforderungen aus § 12 BauNVO; auch diese Regelung ist ebenso wie §§ 2 ff. BauNVO Bestandteil der kraft Bundesrechts nachbarschützenden Gebietsartfestsetzungen.[44] Denn auch ohne ausdrückliche Aufnahme in den Bebauungsplan gilt – vorbehaltlich einer abweichenden Festsetzung gemäß § 12 Abs. 4 bis 6 BauNVO – nach § 1 Abs. 3 Satz 2 BauNVO i.V.m. § 12 Abs. 2 BauNVO, dass in allgemeinen Wohngebieten Stellplätze und Garagen nur für den durch die zugelassene Nutzung verursachten Bedarf zulässig sind. § 12 BauNVO betrifft damit wie die §§ 2 ff. BauNVO die Art der baulichen Nutzung. Die Vorschrift ergänzt ebenso wie § 14 BauNVO (Zulässigkeit von Nebenanlagen) die Regelungen zu den Baugebieten nach §§ 2 ff. BauNVO.[45] Ihre Bestimmungen sind nur aus rechtstechnischen Gründen in einer besonderen Vorschrift zusammengefasst, sie hätten ebenso in den jeweils betroffenen Baugebietsvorschriften (z. B. in §§ 2–4 BauNVO) als besonderer Absatz formuliert werden können. Auch bei § 12 (hier Abs. 2) BauNVO lässt sich aus individualisierenden Tatbestandsmerkmalen ein Personenkreis entnehmen, der sich von der Allgemeinheit unterscheidet.[46] Es geht um die (eingegrenzte) Zulässigkeit von Stellplätzen und Garagen in besonders schutzwürdigen Baugebieten. Die Schutzwirkung kommt somit den Grundeigentümern der jeweils betroffenen Baugebiete zugute. Kann sich also der Nachbar im Plangebiet in subjektiv-rechtlicher Hinsicht (§ 42 Abs. 2 VwGO) auf die Einhaltung des § 12 Abs. 2 BauNVO in einem beplanten allgemeinen Wohngebiet berufen, so muss auch die planersetzende Vorschrift des § 34 Abs. 2 BauGB in entsprechendem Maße Drittschutz vermitteln.[47] Die Klagebefugnis folgt dann unmittelbar aus dem auch im vereinfachten Genehmigungsverfahren zu prüfenden § 34 Abs. 2 BauGB (i.V.m. § 12 Abs. 2 BauNVO). Als Eigentümer eines Grundstücks im faktischen Plangebiet fällt jedenfalls N in den persönlichen Schutzbereich von § 34 Abs. 2 BauGB i.V.m. § 12 Abs. 2 BauNVO.[48]

N ist daher klagebefugt, soweit er die Baugenehmigung hinsichtlich des Gebäudekomplexes der fünf Doppelgaragen angreift, nicht hingegen hinsichtlich des als zu gering gerügten Abstands des geplanten Hauptgebäudes.

4. Vorverfahren

In Bayern ist gemäß Art. 15 Abs. 1 und 2 BayAGVwGO als Ausnahme von § 68 Abs. 1 Satz 2 VwGO das Vorverfahren im Baurecht entbehrlich bzw. sogar unstatthaft. Die Anfechtungsklage des N ist auch ohne Durchführung eines Widerspruchsverfahrens zulässig.[49]

---

[43] BVerwGE 94, 151 (154 f.); *BVerwG* DVBl. 1997, 61 (63 f.); BauR 2000, 1306 (1307); NVwZ 2000, 679 f.; BauR 2008, 793; *OVG Münster* DVBl. 2003, 810; NVwZ-RR 2003, 818 (819); *BayVGH* BayVBl. 2003, 307 f. sowie BayVBl. 2003, 599; *Dürr*, JuS 2007, 431 (434); *Konrad*, JA 2006, 59 f.; *Schoch*, Jura 2004, 317 (318); *Ortloff*, NVwZ 2005, 1381 (1387); *ders.*, NVwZ 2006, 999 (1004); *Decker*, JA 2004, 246 (247); *Seidel*, Nachbarschutz, Rn. 383 ff. und 389 ff.; *Muckel*, JuS 2000, 132 (133); *Stüer*, DVBl. 2008, 270 (278); *Jäde*, BayVBl. 2008, 517 (522). Ein Nachbar, dessen Grundstück nicht im Plangebiet liegt, hat grundsätzlich keinen von konkreten Beeinträchtigungen unabhängigen Anspruch auf Schutz vor gebietsfremden Nutzungen im angrenzenden Plangebiet. Insofern bestimmt sich der bauplanungsrechtliche Nachbarschutz nur nach dem in § 15 Abs. 1 Satz 2 BauNVO enthaltenen Gebot der Rücksichtnahme, *BVerwG* BauR 2008, 793 f.

[44] BVerwGE 94, 151 (157 f.).

[45] *BVerwG* NVwZ 2007, 585 (586); BVerwGE 94, 151 (157).

[46] BVerwGE 94, 151 (158).

[47] BVerwGE 94, 151 (156); *Schoch*, Jura 2004, 317 (321); *Stüer*, DVBl. 2008, 270 (278).

[48] Vgl. BVerwGE 82, 61 (74 f.); *BVerwG* NJW 1983, 1626; NJW 1994, 1233 (1234); *OVG Lüneburg* NVwZ 1996, 918; *VG Magdeburg* NVwZ 1997, 97; *OVG Bautzen* BRS 56, Nr. 153.

[49] Vgl. ausführlich hierzu oben *Fall 1.*

5. Sonstige Zulässigkeitsvoraussetzungen/Zwischenergebnis

Die Beteiligten- und Prozessfähigkeit des N ergibt sich aus §§ 61 Nr. 1, 62 Abs. 1 Nr. 1 VwGO, die des Freistaats Bayern als Beklagtem (vgl. unten II 1.) folgt aus §§ 61 Nr. 1, 62 Abs. 1 Nr. 1 und Abs. 3 VwGO. Bei Einhaltung von Form (§ 81 VwGO) und Frist (§ 74 Abs. 1 Satz 2 VwGO) ist die auf Kassation der dem E erteilten Baugenehmigung gerichtete Anfechtungsklage in Bezug auf den Gebäudekomplex mit den fünf Doppelgaragen zulässig, im Übrigen unzulässig. E ist gem. § 65 Abs. 2 VwGO zwingend beizuladen.

II. Begründetheit

Die Anfechtungsklage – soweit zulässig – ist begründet, wenn sich die Klage gegen den richtigen Beklagten richtet (§ 78 VwGO), die Baugenehmigung rechtswidrig ist und der N hierdurch in subjektiven Rechten verletzt wird (§ 113 Abs. 1 Satz 1 VwGO).

1. Passivlegitimation

Mit der Erteilung der Baugenehmigung gegenüber E hat das („janusköpfige") Landratsamt gem. Art. 53 Abs. 1, 54 Abs. 1 BayBO, Art. 37 Abs. 1 Satz 2 LKrO vorliegend als Staatsbehörde – und nicht als Behörde des Landkreises – gehandelt. Nach dem Rechtsträgerprinzip des § 78 Abs. 1 Nr. 1 VwGO ist daher der Freistaat Bayern richtiger Beklagter.

2. Rechtswidrigkeit und subjektive Rechtsverletzung

Eine nach dem Sachverhalt vorliegende Unvereinbarkeit des Vorhabens gegen das bauordnungsrechtliche Abstandsflächenrecht vermag weder die Rechtswidrigkeit der Baugenehmigung noch eine subjektive Rechtsverletzung des N zu begründen, da Art. 6 BayBO nicht zum Prüfprogramm des vereinfachten Genehmigungsverfahrens zählt (s. o.).

Nach den Sachverhaltsangaben fügt sich das beantragte Hauptgebäude als solches nach Maß und Lage in die Umgebung ein, § 34 Abs. 1 BauGB. Da die Eigenart der näheren Umgebung einem allgemeinen Wohngebiet i. S. von § 4 BauNVO entspricht, ist das Hauptgebäude nach seiner Art (Wohnnutzung) gemäß § 34 Abs. 2 BauGB i. V. m. § 4 Abs. 2 Nr. 1 BauNVO bauplanungsrechtlich zulässig und kann insofern keine subjektiven Rechte des Nachbarn verletzen.

Für die Frage der (bauplanungsrechtlichen) Zulässigkeit des Gebäudekomplexes von fünf Doppelgaragen – und damit für die Frage der Rechtmäßigkeit der Baugenehmigung im Übrigen – kommt es darauf an, ob diese Nebengebäude mit § 34 Abs. 2 BauGB i. V. m. § 12 Abs. 2 BauNVO vereinbar sind.

> **Zur Vertiefung:** Maßgebend für die Beurteilung der Begründetheit einer baurechtlichen Nachbarklage, mit der eine Baugenehmigung oder ein Bauvorbescheid angefochten wird, ist die Sach- und Rechtslage im Zeitpunkt der Erteilung der Baugenehmigung. Nachträgliche Änderungen zu Lasten des Bauherrn und zugunsten des Nachbarn lassen eine erteilte Baugenehmigung oder einen erteilten Vorbescheid nicht rechtswidrig werden.[50]

Gemäß § 12 Abs. 2 BauNVO sind in den dort aufgeführten Gebieten Stellplätze und Garagen nur für den durch die zugelassene Nutzung verursachten Bedarf zulässig. Der grundstücksbezogene Bedarf ist allerdings bereits durch die Doppelgarage und die beiden Stellplätze gedeckt; der darüber hinaus geplante Gebäudekomplex von fünf Doppelgaragen geht über das hinaus, was ein Bewohner eines Hauses mit der geplanten Größe mit seiner Familie objektiv benötigt, zumal diese Unterstellplätze nach dem von E beabsichtigten Verwendungszweck mit der von § 4 BauNVO erfassten Wohnnutzung nichts zu tun haben.

Nach umstrittener Ansicht soll auch eine ergänzende gebietsbezogene Betrachtung möglich sein, weil nach bauordnungsrechtlichen Vorgaben notwendige Stellplätze nicht unbedingt auf dem Grundstück

---

[50] *BayVGH* BayVBl. 2005, 726 f.

selbst errichtet werden müssen (vgl. z. B. Art. 47 Abs. 3 Nr. 2 BayBO[51]) und weil nach § 9 Abs. 1 Nr. 22 BauGB auch Gemeinschaftsanlagen für Stellplätze und Garagen geplant werden können.[52] Nach den Sachverhaltsvorgaben ist aber davon auszugehen, dass in dem betroffenen faktischen Baugebiet auch bezogen auf den Gesamtbedarf der Bevölkerung Fahrzeugstellplätze in ausreichender Zahl zur Verfügung stehen. Im Übrigen wird vorliegend von E auch kein gebietsbezogener Bedarf geltend gemacht.[53]

Die fünf genehmigten Garagen stehen damit im Widerspruch zu § 34 Abs. 2 BauGB. Die Genehmigung ist damit rechtswidrig. Aufgrund des oben im Rahmen der Klagebefugnis begründeten generell drittschützenden Charakters des § 34 Abs. 2 BauGB (hier i. V. m. § 12 Abs. 2 BauNVO) zugunsten der Nachbarn im betroffenen faktischen Plangebiet liegt gleichzeitig eine subjektive Rechtsverletzung des N vor.

Ergebnis zum Ausgangsfall: Die Klage hat teilweise Erfolg. Soweit N wegen nicht eingehaltener Abstandsfläche gegen die Genehmigung des Hauptgebäudes (Einfamilienhaus) vorgeht, ist die Klage mangels Klagebefugnis schon unzulässig. Soweit sich N mit seiner Anfechtungsklage gegen die Errichtung des Gebäudekomplexes mit fünf Doppelgaragen richtet, ist sie zulässig und begründet.

B. Abwandlung 1: Eilrechtsschutz nach § 80 a Abs. 1 Nr. 2, Abs. 3 VwGO

Ein Eilantrag des N auf Anordnung der aufschiebenden Wirkung seiner Anfechtungsklage gemäß § 80 a Abs. 1 Nr. 2, Abs. 3 VwGO, um zu verhindern, dass E während des womöglich viele Monate dauernden Verwaltungsrechtsstreits weiter baut und so vollendete Tatsachen schafft, hat Aussicht auf Erfolg, soweit dieser zulässig und begründet ist.

I. Zulässigkeit eines Antrags nach § 80 a Abs. 1 Nr. 2, Abs. 3 VwGO

1. Verwaltungsrechtsweg

Der Verwaltungsrechtsweg für einen Antrag gem. § 80 a Abs. 1 Nr. 2, Abs. 3 VwGO richtet sich nach dem Hauptsacherechtsbehelf. Insofern kann auf die Prüfung des Ausgangsfalls verwiesen werden. Der Verwaltungsrechtsweg ist eröffnet.

2. Statthaftigkeit des Antrags

Ein solcher Antrag müsste statthaft sein. Da es in der Hauptsache um eine Anfechtungsklage geht, richtet sich der Eilrechtsschutz gemäß der Abgrenzungsnorm des § 123 Abs. 5 VwGO nach §§ 80, 80 a VwGO.[54] Für die Statthaftigkeit bzw. zur Bejahung eines Rechtsschutzbedürfnisses eines Antrags auf Anordnung der aufschiebenden Wirkung ist grundsätzlich erforderlich, dass dieser Rechtsbehelf keinen Suspensiveffekt hat: Ein Antrag gemäß § 80 a Abs. 1 Nr. 2, Abs. 3 VwGO auf Anordnung der Vollzugsaussetzung verfolgt nach der Terminologie des § 80 Abs. 5 Satz 1 VwGO das Ziel, dass das Gericht im Eilverfahren die aufschiebende Wirkung wiederherstellt oder anordnet. Zwar haben gem. § 80 Abs. 1 Satz 2 VwGO Widerspruch und Anfechtungsklage auch bei Verwaltungsakten mit Doppel- bzw. Drittwirkung[55] grundsätzlich aufschiebende Wirkung[56], allerdings steht der Suspensiveffekt u. a. unter dem

---

[51] Vergleichbare Regelungen: § 51 Abs. 3 BauO NW; § 47 Abs. 3 LBauO Rh-Pf; § 37 Abs. 4 LBO BW, § 43 Abs. 2 BbgBauO, § 49 Abs. 4 BremLBO, § 48 Abs. 5 LBauO MV, § 47 Abs. 2 LBO Saarl., § 48 Abs. 1 BauO LSA, § 49 Abs. 2 ThürBO, § 55 Abs. 5 LBauO SchlH; § 50 Abs. 2 BerlBO.

[52] So BVerwGE 94, 151 (161 f.), auch unter Verweis auf die Auslegung der Vorgängervorschrift (§ 11 Abs. 2 Satz 1 RGaO). Vgl. auch *BVerwG* NVwZ 2007, 585 (586).

[53] Zu dieser Einschränkung: *BVerwG* NVwZ 2007, 585 (586).

[54] Zu Eilanträgen nach §§ 80, 80a VwGO im Überblick auch *Koehl*, BayVBl. 2007, 540 ff.; Vgl. auch *Schmitt Glaeser/Horn*, Verwaltungsprozessrecht, Rn. 245.

[55] Hierzu *Seibel*, BauR 2006, 1845 ff.

[56] Folge des Suspensiveffekts ist, dass der Begünstigte vorerst keinen Gebrauch von der Genehmigung machen darf: *Finkelnburg/Dombert/Külpmann*, Vorläufiger Rechtsschutz, Rn. 636; *Schmitt Glaeser/Horn*, Verwaltungsprozessrecht, Rn. 253; *Kopp/Schenke*, VwGO, § 80 Rn. 43.

Vorbehalt einer durch Bundesgesetz vorgesehenen anderweitigen Regelung, vgl. § 80 Abs. 2 Nr. 3 VwGO. Ein Antrag nach § 80 a Abs. 1 Nr. 2, Abs. 3 VwGO ist jedenfalls dann statthaft[57], wenn entgegen dem Grundsatz des § 80 Abs. 1 Satz 2 VwGO der an sich wegen des eingelegten Nachbarrechtsbehelfs automatisch eintretende Suspensiveffekt entweder gesetzlich ausgeschlossen ist (§ 80 Abs. 2 Nrn. 1 – 3 VwGO) oder der Ausschluss der aufschiebenden Wirkung gem. §§ 80 a Abs. 1 Nr. 1, 80 Abs. 2 Nr. 4 VwGO behördlich angeordnet wurde. Im Baurecht existiert mit § 212 a Abs. 1 BauGB eine Sondervorschrift im Sinne des § 80 Abs. 2 Nr. 3 VwGO. Hiernach kommt Widerspruch und Anfechtungsklage eines Dritten gegen die bauaufsichtsrechtliche Zulassung eines Vorhabens keine aufschiebende Wirkung zu. Mangels Suspensiveffekts des nachbarlichen Anfechtungsrechtsmittels kann E damit weiterhin seine Genehmigung ausnutzen und das Bauvorhaben weiter verwirklichen. N muss daher im Eilrechtsweg die Anordnung der aufschiebenden Wirkung erstreiten. Ein Antrag nach §§ 80 a Abs. 3, Abs. 1 Nr. 2, 80 Abs. 5 VwGO ist damit statthaft.

> **Zur Vertiefung:** Die Abgrenzung des Eilrechtsschutzes nach §§ 80, 80 a VwGO von § 123 VwGO ist umstritten, wenn das nachbarliche Anfechtungsrechtsmittel (Widerspruch oder Anfechtungsklage) gemäß der Grundregel des § 80 Abs. 1 Satz 2 VwGO aufschiebende Wirkung hat und der Genehmigungsinhaber den Suspensiveffekt ignoriert, sog. „faktische Vollziehung". Überzeugend ist hier eine entsprechende Anwendung der §§ 80 a Abs. 1 Nr. 2, Abs. 3 VwGO.[58]

3. Antragsbefugnis

§ 42 Abs. 2 VwGO gilt im Verfahren nach §§ 80 a Abs. 3, Abs. 1 Nr. 2, 80 Abs. 5 VwGO analog.[59] Der Antragsteller muss daher antragsbefugt sein, d. h. er muss sich auf eine möglicherweise verletzte Schutznorm berufen können.[60]

Daher ist hier wie oben (Ausgangsfall) zu differenzieren: Die erteilte Baugenehmigung kann von vornherein nachbarschützende Normen nur insoweit verletzen, als diese Gegenstand des Prüfkatalogs im hier einschlägigen vereinfachten Genehmigungsverfahren sind. Dies trifft hier bezüglich der bauplanungsrechtlichen Zulässigkeit des Gebäudekomplexes von fünf Doppelgaragen am Maßstab des nachbarschützenden § 34 BauGB i. V. m. der Baunutzungsverordnung zu, nicht aber für das Abstandsflächenrecht nach Art. 6 BayBO.

N ist daher antragsbefugt, soweit er die Baugenehmigung hinsichtlich des Gebäudekomplexes der fünf Doppelgaragen angreift, nicht hingegen hinsichtlich des als zu gering gerügten Abstands des geplanten Hauptgebäudes. Am Maßstab der Klagebefugnis ist der Antrag auf Anordnung der aufschiebenden Wirkung nur begrenzt zulässig. Hierdurch wird auch der Prüfmaßstab der Begründetheitsprüfung des Eilantrags eingeschränkt.

> **Zur Vertiefung:** Soweit N sich bzgl. des Hauptgebäudes auf eine Verletzung des Art. 6 BayBO beruft, wäre Nachbarschutz ausschließlich über die Geltendmachung eines Schutzanspruchs auf bauordnungsrechtlichen Eingreifens gegen den Bauherrn möglich, der im vorläufigen Rechtsschutz über § 123 BauGB geltend zu machen ist (s. o.).

4. Frist

Der Eilantrag ist grundsätzlich fristungebunden, der anzufechtende Verwaltungsakt (hier die Baugenehmigung zugunsten des E) darf allerdings noch nicht bestandskräftig geworden sein. Den Eintritt der Bestandskraft der Baugenehmigung hat N durch rechtzeitige Erhebung der Anfechtungsklage verhindert.

---

[57] *VG Neustadt* NVwZ 1999, 101 (102); *OVG Münster* BauR 1998, 93 f.
[58] *OVG Berlin* NVwZ-RR 1993, 458; *Schoch*, NVwZ 1991, 1121 (1125).
[59] Z. B. *VGH Kassel* NVwZ-RR 1997, 404; *Hufen*, Verwaltungsprozessrecht, § 32 Rn. 34; *Seidel*, Nachbarschutz, Rn. 683; *Finkelnburg/Dombert/Külpmann*, Vorläufiger Rechtsschutz, Rn. 881.
[60] Z. B. *VGH Kassel* NVwZ-RR 1997, 404.

5. Vorheriger Antrag bei der Behörde als Zulässigkeitsvoraussetzung?

Nach §§ 80 a Abs. 1 Nr. 2, 80 Abs. 4 VwGO hat der Nachbar die Möglichkeit, zunächst bei der Behörde zu beantragen, die Vollziehung der an E erteilten Genehmigung auszusetzen. Es stellt sich die Frage, ob gerichtliche Anträge nach § 80 a Abs. 3 VwGO nur dann zulässig sind, wenn der Nachbar sich vorher vergeblich bei der Behörde um Suspendierung bemüht hat. Die Beantwortung hängt davon ab, ob man den in § 80 a Abs. 3 Satz 2 VwGO enthaltenen Verweis auf § 80 Abs. 6 VwGO als Rechtsgrundverweisung oder Rechtsfolgenverweisung versteht.[61] Die Ansicht, die §§ 80 a Abs. 3 Satz 2, 80 Abs. 6 VwGO als Rechtsgrundverweisung interpretiert, sieht einen gescheiterten behördlichen Aussetzungsantrag nur dann als Zulässigkeitsvoraussetzung für einen gerichtlichen Eilantrag an, wenn auch die Tatbestandsvoraussetzungen des § 80 Abs. 6 VwGO erfüllt sind. Weil aber Kosten- oder Abgabenbescheide i. S. v. § 80 Abs. 6, Abs. 2 Nr. 1 VwGO regelmäßig keine Verwaltungsakte mit Drittwirkung nach § 80 a VwGO sind, wird der Verweis auf § 80 Abs. 6 VwGO von den Vertretern dieser Ansicht meist als legislatorisches Redaktionsversehen bewertet.[62] Nach anderer Ansicht soll es sich hingegen um eine Rechtsfolgenverweisung handeln. Hiernach ist für die Zulässigkeit eines gerichtlichen Eilantrags nach § 80 a Abs. 3 Satz 1 VwGO stets und unabhängig von den Tatbestandsmerkmalen des § 80 Abs. 6 VwGO erforderlich, dass zuvor erfolglos ein Antrag auf Vollzugsaussetzung bei der Behörde gestellt wurde.[63]

Für die erste Ansicht (Deutung als gesetzgeberisch misslungene Rechtsgrundverweisung) spricht die generelle Eilbedürftigkeit im Zusammenhang mit einstweiligem Rechtsschutz. Andererseits ist zu bedenken, dass das Rechtsschutzbedürfnis für eine gerichtliche Anrufung in Frage steht, wenn ebenso gut über die Behörde Abhilfe verschafft werden kann.[64] Zudem lässt die nach § 80 a Abs. 3 Satz 2 VwGO gebotene *entsprechende* Anwendung des § 80 Abs. 6 VwGO genügend Auslegungsspielraum, um in besonderen Fällen Ausnahmen vom Erfordernis der vorherigen behördlichen Anrufung zuzulassen. Im Übrigen kann § 80 Abs. 6 Satz 2 VwGO den Bedürfnissen des § 80 a VwGO interpretatorisch angepasst werden.[65] Verlangt man eine erfolglose vorherige behördliche Befassung als (grundsätzliche) Zulässigkeitsvoraussetzung eines gerichtlichen Eilantrags, so ist diese jedenfalls nachholbar. Das angerufene Gericht hat dem N dann noch Gelegenheit zu geben, sich zunächst mit der Behörde auseinander zu setzen. Unterstellt man, dass ein entsprechender Antrag gegenüber der Behörde nachgeholt wird und dass die Behörde diesen Antrag nicht positiv oder nicht innerhalb angemessener Zeit bescheidet, und berücksichtigt man, dass wegen des bereits eingelegten Rechtsbehelfs (Anfechtungsklage) auch ein Rechtsschutzbedürfnis für einen Antrag nach §§ 80, 80 a VwGO besteht, wird der gerichtliche Eilantrag zumindest dann zulässig.

II. Begründetheit des Antrags gem. § 80 a Abs. 1 Nr. 2, Abs. 3 VwGO und Entscheidungsmaßstab

Der Eilantrag ist begründet, wenn er sich gegen den richtigen Antragsgegner richtet (analog § 78 Abs. 1 Nr. 1 VwGO) und sich nach dem Ergebnis einer vom Gricht vorzunehmenden Interessenabwägung (§ 80 a Abs. 3 Satz 2 i. V. mit § 80 Abs. 5 VwGO) das Interesse des N an der Anordnung der aufschiebenden Wirkung gegenüber dem Vollzugsinteresse durchsetzt.

Passivlegitimiert entsprechend § 78 Abs. 1 Nr. 1 VwGO ist wie im Ausgangsfall und mit der gleichen Begründung der Freistaat Bayern (s. o.).

Das angerufene Gericht entscheidet unter Abwägung der konfligierenden Interessen. Im vorliegenden Fall eines Verwaltungsakts mit Drittwirkung sind das private Interesse des Genehmigungsadressaten an

---

[61] Zum Meinungsstand mit Nachweisen über die unterschiedlichen Standpunkte in der Rspr.: *Ortloff*, NVwZ 2005, 1381 (1385); *ders.*, NVwZ 2006, 999 (1004).

[62] *VGH Kassel* NVwZ 1993, 491 (492); *OVG Bremen* NVwZ 1993, 592 (593); *VGH Mannheim* NVwZ 1995, 292 (293) und 1004; nunmehr auch *OVG Koblenz* DÖV 2004, 167 f.; *Schoch*, NVwZ 1991, 1121 (1125 f.); i. E. ebenso *Kopp*, BayVBl. 1994, 524 f.

[63] *OVG Koblenz* BauR 1993, 718; NVwZ 1994, 1015; *OVG Lüneburg* BauR 1992, 603 f.; NVwZ 1993, 592; *VG Neustadt* NVwZ 1999, 101 (102); *VG Meiningen* NVwZ-RR 1997, 376.

[64] Vgl. auch *VGH Mannheim* VBlBW 1991, 57. S. insofern auch zum Streitstand: *Aufgabe 8 der Zweiten Juristischen Staatsprüfung 1998/2*, BayVBl. 2003, 607 u. 637 (639).

[65] *Seidel*, Nachbarschutz, Rn. 687.

der alsbaldigen Verwirklichung des genehmigten Vorhabens und das Aussetzungsinteresse des Nachbarn gegeneinander abzuwägen.[66] Sind die Erfolgsaussichten in der Hauptsache nach dem gegenwärtigen Stand offen, so entscheidet das Gericht aufgrund einer vom voraussichtlichen Ausgang des Hauptsacheverfahrens unabhängigen Interessenwürdigung, wobei es dann maßgeblich auf eine umfassende Folgenbeurteilung ankommt.[67] Demgegenüber sind die Erfolgsaussichten des Nachbarrechtsmittels für die Abwägung ausschlaggebend, wenn diese in summarischer Prüfung bereits jetzt prognostiziert werden können.[68] Hat der Hauptsacherechtsbehelf (hier: die Anfechtungsklage des N) am Maßstab des § 113 Abs. 1 Satz 1 VwGO voraussichtlich Erfolg, weil sich die angefochtene Genehmigung nach summarischer Prüfung sowohl als rechtswidrig erweist als auch subjektiv-öffentliche Nachbarrechte des Antragstellers verletzt, geht die Abwägung zugunsten des anfechtenden Nachbarn aus und das Gericht ordnet die aufschiebende Wirkung an. Ergibt die summarische Prüfung der Sach- und Rechtslage hingegen, dass die Genehmigung voraussichtlich nicht gegen eine den Antragsteller schützende Rechtsnorm verstößt, überwiegt das Vollzugsinteresse des Genehmigungsinhabers. Die Anordnung der aufschiebenden Wirkung unterbleibt dann.

Da im vorliegenden Fall die Anfechtungsklage voraussichtlich Erfolg haben wird, soweit N die Genehmigung der fünf Doppelgaragen angreift (siehe die Prüfung des Ausgangsfalls), geht die Interessenabwägung insoweit zugunsten des N aus.

Ergebnis: Soweit N gegen die Genehmigung des Hauptgebäudes (Einfamilienhaus) vorgeht, ist der Eilantrag mangels Antragsbefugnis unzulässig. Im Übrigen ist der Antrag zulässig und begründet. Das Gericht wird die aufschiebende Wirkung der Anfechtungsklage anordnen, soweit sich die Genehmigung auf die Errichtung der fünf Doppelgaragen bezieht (je nach vertretener Ansicht erst nach vorheriger erfolgloser Anrufung der Behörde gem. § 80 a Abs. 1 Nr. 2 VwGO). Damit wird der Eilantrag des N teilweise erfolgreich sein.

C. Abwandlung 2: Unterbliebene Bekanntmachung der Baugenehmigung an N

Wenn dem N die Baugenehmigung nicht bekannt gegeben wird, läuft keine Klagefrist gemäß § 74 VwGO (bzw. – je nach Landesrecht – keine Widerspruchsfrist nach § 70 Abs. 1 VwGO), weil für den Fristbeginn ausschließlich die Bekanntgabe des Verwaltungsakts (bzw. die Zustellung des Widerspruchsbescheids) ausschlaggebend ist. Nach den Grundsätzen der verfahrensrechtlichen Verwirkung kann die Berufung auf die fehlende Bekanntgabe jedoch rechtsmissbräuchlich sein und nach einem gewissen Zeitablauf die Nachbarklage unzulässig werden, wenn der Nachbar in Kenntnis oder in vorwerfbarer Unkenntnis vom Bauvorhaben ohne jeglichen Protest zulässt, dass der Bauherr im Vertrauen auf die Akzeptanz der Nachbarschaft erhebliche Investitionen tätigt.[69] Es ist dann eine Frage des Einzelfalls, ob das Rechtsmittelrecht des Nachbarn verwirkt wurde, weil der Bauherr aufgrund der Umstände darauf vertrauen durfte, dass das Anfechtungsrecht nicht mehr ausgeübt werde (sog. Vertrauensgrundlage), er tatsächlich hierauf vertraut hat (sog. Vertrauenstatbestand) und auch insbesondere durch Tätigung er-

---

[66] Siehe z. B. *VGH Mannheim* NVwZ 1997, 401; *BayVGH* NVwZ 1998, 1191 (1192); *OVG Greifswald* NVwZ 1999, 1238. Zum Ganzen *Seidel*, Nachbarschutz, Rn. 689 ff.

[67] *BayVGH* BayVBl. 2002, 309; BayVBl. 2003, 48 (49); *OVG Greifswald* NVwZ 1999, 1238; *OVG Münster* NVwZ 1998, 980 ff.; *OVG Saarlouis* BauR 1998, 320 f.; *VG Neustadt* NVwZ 1999, 101 (102); *VG Meiningen* NVwZ-RR 1997, 376 (377).

[68] *BVerwG* NVwZ 1998, 1178; NVwZ-RR 1997, 339, 340 und 344; NVwZ-RR 1998, 297; *BayVGH* NVwZ 1998, 1191 (1192); NVwZ 1999, 446 (447); *VGH Mannheim* NVwZ 1997, 401; NVwZ 1999, 442 (443); NVwZ-RR 2003, 335; *OVG Münster* NVwZ-RR 2003, 263; NVwZ-RR 2003, 818; NVwZ-RR 2006, 306; NVwZ 2007, 967; *OVG Lüneburg* BauR 1997, 983; NVwZ-RR 2004, 23; *OVG Bautzen* BauR 1998, 1226 (1227); *OVG Koblenz* NVwZ 1999, 435 (436); *VGH Kassel* DVBl. 1992, 45 (46) sowie 780 (781); *OVG Frankfurt/Oder* NVwZ 1999, 434; *OVG Greifswald* NVwZ 1999, 1238 f.

[69] Siehe BVerwGE 44, 294 (300 ff.); *BVerwG* NVwZ 1988, 532; NVwZ-RR 1991, 111; *OVG Lüneburg* BauR 1997, 452 (453 f.); *VGH Mannheim* NVwZ 1989, 76 ff.; *Dürr*, JuS 2007, 431 (435); *Muckel*, JuS 2000, 132 (137). Allgemein zur Verwirkung, insbesondere im öffentlichen Nachbarrecht: *Seidel*, Nachbarschutz, Rn. 612 ff.; *Bauer*, Die Verwaltung 1990, 211 ff. Zur aktuellen Entwicklung in der Rspr.: *Ortloff*, NVwZ 2005, 1381 (1387); *ders.*, NVwZ 2006, 999 (1003).

heblicher Investitionen sein Verhalten auf die Nichtausübung des Nachbarrechts ausgerichtet hat, so-dass ihm durch eine spätere Ausübung des Rechts ein unzumutbarer Nachteil entstehen würde (sog. Vertrauensbetätigung). Für die Ermittlung der Verwirkungszeitspanne zieht die Rechtsprechung den Rechtsgedanken des § 58 Abs. 2 VwGO heran. Vorbehaltlich besonderer Umstände des Einzelfalles ist von verfahrensrechtlicher Verwirkung – und damit von der Unzulässigkeit des Rechtsmittels (also der Anfechtungsklage bzw. eines je nach Landesrecht ggf. vorher erforderlichen Widerspruchs) – jedenfalls dann auszugehen, wenn der Nachbar ein Jahr untätig blieb. Diese Jahresspanne berechnet sich dabei grundsätzlich von dem Zeitpunkt an, in dem der Nachbar zuverlässige Kenntnis von der Bauerlaubnis zugunsten des Bauherrn hatte oder hätte haben müssen, weil sich ihm das Vorliegen der Baugenehmi-gung aufdrängen musste und es ihm möglich und zumutbar war, sich hierüber Gewissheit zu verschaf-fen. Es handelt sich hierbei aber nur um einen Anhaltspunkt, entscheidend sind stets Umstände des Einzelfalls.[70]

> **Zur Vertiefung:** Die Verwirkung des verfahrensbezogenen Widerspruchs- und Anfechtungsrechts setzt voraus, dass tatsächlich eine behördliche Erlaubnis erteilt wurde, da nur dann ein mit diesen Rechtsbehelfen anfechtbarer Streitgegenstand vorliegt. Denkbar ist aber auch eine sog. materielle Verwirkung, die die Anfechtungsklage unbegründet macht. Erfasst sind hiervon Fallgestaltungen, in denen der Bauherr zunächst formell illegal (also ohne Genehmigung) eine genehmigungspflichtige Anlage errichtet hatte, gegen die sich ein Nachbar anfänglich nicht zur Wehr setzte und damit einen Vertrauenstatbestand zugunsten des Bauherrn setzte. Wird nunmehr eine Baugenehmigung zugunst-en des Bauherrn nachträglich erteilt und erhebt der Nachbar unmittelbar hiernach ein Anfechtungs-rechtsmittel (Anfechtungsklage bzw. ggf. vorher Anfechtungswiderspruch), so sind diese Rechtsbe-helfe bei Einhaltung der Fristen gem. §§ 70, 74 VwGO zwar zulässig, allerdings kann nach den Umständen des Einzelfalles der materielle Genehmigungsabwehranspruch verwirkt sein (d.h. auf Ebene der Begründetheit kann sich der anfechtende Nachbar dann nicht auf eine subjektive Rechts-verletzung berufen).[71] Denkbar sind auch Fallgestaltungen, in denen der Nachbar, nachdem er den bestehenden Zustand über lange Zeit hingenommen hat, einen (dann ggf. unbegründeten) Anspruch auf bauordnungsrechtliches Einschreiten gegen ein nicht genehmigtes Gebäude (Schwarzbau oder Freistellungsverfahren) geltend macht.[72]

D. Abwandlung 3: Unterschrift des N auf den Bauunterlagen

Im Gegensatz zum Ausgangsfall könnte dem N auch im Hinblick auf § 34 Abs. 2 BauGB die Klage-befugnis fehlen. Bedenken ergeben sich insofern, als er mittels der Unterschrift auf den von E vor-gelegten Bauunterlagen nach Art. 66 Abs. 1 Satz 1 und 2 BayBO[73] seine Zustimmung zum Bau-vorhaben erklärt hat. Nach den Auslegungsgrundsätzen entsprechend § 133 BGB bedeutet diese Zustimmung in materieller Hinsicht, dass der Nachbar wegen des konkreten Bauvorhabens, wie es sich aus Lageplan und Bauzeichnungen zum Zeitpunkt der Vorlage ergibt, auf seine subjektiv-öffent-lichen Nachbarrechte verzichtet.[74] Dies schließt bei eindeutiger Sachlage (z.B. wenn eine Anfechtung

---

[70] Vgl. etwa *OVG Greifswald* NVwZ-RR 2003, 15 ff.; *Dürr*, JuS 2007, 431 (435).

[71] Vgl. *BVerwG* BayVBl. 1988, 693; NVwZ 1991, 1182 f.; *BayVGH* BauR 1990, 201; *OVG Münster* NWBBl. 1999, 218 (219); *OVG Greifswald* NVwZ-RR 2003, 15 ff. (dort auch zur Bindung des Rechtsnachfolgers); *Muckel*, JuS 2000, 132 (137); *Seidel*, Nachbarschutz, Rn. 620 f.

[72] Vgl. insofern mit guter Darstellung der Verwirkungsdogmatik (Vertrauensgrundlage und Vertrauenstatbe-stand): *OVG Münster* NVwZ-RR 2006, 236 f. – dort wurde eine Verwirkung i. E. verneint und eine Verpflichtung zum bauordnungsrechtlichen Einschreiten gegen ein ungenehmigt errichtetes Garagen- und Stallgebäude zugunsten des Nachbarn ausgesprochen.

[73] Zur (z. T. unterschiedlich geregelten) Nachbarbeteiligung auch: § 74 BauO NW, § 55 LBO BW, § 64 BbgBauO, § 73 BremLBO, § 71 Abs. 3 Hbg.BauO, § 62 HBO, § 70 LBauO MV, § 72 NdsBauO, § 68 LBauO Rh-Pf, § 71 LBO Saarl., § 70 SächsBO, § 69 BauO LSA, § 77 LBauO SchlH, § 68 ThürBO.

[74] *BayVGH* BayVBl. 2006, 246

des Verzichts wegen Irrtums analog § 119 BGB von vornherein nicht in Diskussion steht) bereits die Klagebefugnis aus.[75]

Zum Aufbau: Ebenso vertretbar ist es, wegen der vorbehaltlosen Unterschrift das Rechtsschutzinteresse zu versagen.[76] Vertretbar ist es auch, die nachbarliche Zustimmungserklärung auf den Bauvorlagen des Bauherrn rein prozessual als Rechtsbehelfsverzicht zu bewerten[77], also als einen Verzicht auf die prozessuale Geltendmachung des nachbarlichen Abwehranspruchs. Die Unzulässigkeit eines Anfechtungsrechtsmittels (Widerspruch oder Anfechtungsklage) ergibt sich dann nicht wegen mangelnder Klagebefugnis (die materielle Rechtsposition des Nachbarn wird durch den Rechtsbehelfsverzicht nicht tangiert) sondern aufgrund eines Ausschlusses der Klagbarkeit (prozessualer Verzicht).

Die Anfechtungsklage des N ist damit im Ganzen unzulässig, soweit nicht durch das Schreiben an die Baugenehmigungsbehörde, mit dem N seine Zustimmung zum Vorhaben des E widerrufen hat, die Wirkungen seiner Unterschrift rückgängig gemacht worden sind. Die Frage, bis zu welchem Zeitpunkt die Nachbarunterschrift widerrufen werden kann, wird unterschiedlich beantwortet.[78]

Nach einer Ansicht ist freie Widerruflichkeit bis zur Erteilung der Baugenehmigung anzunehmen.[79] Der durch die Zustimmung erklärte Verzicht sei bis zum Erlass der Baugenehmigung aufschiebend bedingt; entsprechend § 183 BGB erlange die Erklärung erst mit Erlass der Baugenehmigung rechtliche Relevanz. N verliert nach dieser Ansicht durch die vorherige Unterschrift also nicht seine Klagebefugnis oder sein Rechtsschutzbedürfnis, weil er seine Zustimmung rechtzeitig noch vor Erlass der Baugenehmigung widerrufen hat.

Nach anderer Ansicht kann demgegenüber eine Widerruflichkeit nur bis zum Eingang des Bauantrags bei der zuständigen Baugenehmigungsbehörde angenommen werden.[80] Diese Ansicht verweist überzeugend darauf, dass eine Analogie zu § 183 BGB nicht zielführend ist: § 183 BGB muss im Zusammenhang mit § 182 BGB gelesen werden, wonach ausschließlich Fallgestaltungen erfasst werden, in denen die Wirksamkeit eines Rechtsgeschäfts von der Zustimmung eines Dritten abhängig ist. Insofern besteht aber keine Vergleichbarkeit zum Baugenehmigungsverfahren. Dort hängt die Entscheidung über die Genehmigungserteilung allein von der Vereinbarkeit mit öffentlich-rechtlichen Vorschriften ab. Selbst bei der Ermessensentscheidung über Abweichungen oder Befreiungen sind zwar nachbarliche Interessen zu würdigen, von der erteilten oder fehlenden Nachbarunterschrift geht aber keine konstitutive Wirkung für die Genehmigungsfähigkeit des Bauvorhabens aus. Weder die Wirksamkeit des Bauantrags noch die Erteilung der Baugenehmigung ist daher von der Zustimmung des Nachbarn abhängig. Es ist vielmehr § 130 Abs. 1 BGB entsprechend anzuwenden: Mit Zugang bei der Genehmigungsbehörde wird der Verzicht, der ebenso wie das gemeindliche Einvernehmen nach § 36 BauGB an die Baugenehmigungsbehörde und nicht an den Bauherrn gerichtet ist, wirksam, sofern nicht vorher oder gleichzeitig ein Widerruf zugeht. *„Sind hiernach mit dem Zugang der vom Nachbarn vorbehaltlos unterzeichneten Bauvorlagen bei der Baugenehmigungsbehörde die dem Nachbarn zustehenden Abwehrrechte durch Verzicht untergegangen, können sie im konkreten Verfahren nicht wieder aufleben; ein späterer Widerruf ist nicht möglich.“*[81] Dieser Ansatz überzeugt.

---

[75] Vgl. *BayVGH* BayVBl. 2006, 246; *Seidel*, Bauplanungs- und Bauordnungsrecht, S. 46; *Schröer/Dziallas*, NVwZ 2004, 134 (135); *Decker/Konrad*, Bayerisches Baurecht, S. 40 f. (dort auch zur Möglichkeit und zu den Grenzen eines Widerrufs bzw. einer Anfechtung analog §§ 119 ff. BGB).

[76] *Schröer/Dziallas*, NVwZ 2004, 134 (135).

[77] So *OVG Koblenz* DÖV 1981, 879 f. *VGH Mannheim* NVwZ 1983, 229 stellt sowohl auf materiellen als auch auf prozessualen Verzicht ab.

[78] Ausführlich zum Streitstand *BayVGH* BayVBl. 2006, 246 ff. = DÖV 2006, 303 f., mit Anmerkung *Hablitzel*, BayVBl. 2006, 769.

[79] *Jäde*, UPR 2005, 161 ff. So auch noch z. B. *BayVGH* BayVBl. 1972, 635 und BayVBl. 1980, 88.

[80] So nunmehr – unter Verweis auf zahlreiche weitere Fundstellen: *BayVGH – Großer Senat* – BayVBl. 2006, 246 ff.

[81] *BayVGH* BayVBl. 2006, 246 f., m. w. N.

Ergebnis: N hat mithin zu spät widerrufen. Die Anfechtungsklage des N ist damit wegen mangelnder Klagebefugnis gemäß § 42 Abs. 2 VwGO oder mangelnden Rechtsschutzbedürfnisses im Ganzen unzulässig.

E. Abwandlung 4: Zulässigkeit der Klage des M?

Problematisch ist in Abwandlung 4 bereits die Klagebefugnis gem. § 42 Abs. 2 VwGO und damit die Zulässigkeit der Klage. Es kommt darauf an, ob auch bloß obligatorisch Berechtigte in den persönlichen Schutzbereich von § 34 Abs. 2 BauGB i.V.m. § 12 Abs. 2 BauNVO fallen. Generalisierend ist insofern die Frage zu stellen und zu beantworten, ob nicht nur dinglich Berechtigte (wie N), sondern auch bloß obligatorisch Berechtigte (wie M) *Nachbarn im Sinne des Bauplanungsrechts* sein können. Rechtsprechung und herrschende Literaturansicht begrenzen den bauplanungsrechtlichen Drittschutz personell auf Grundstückseigentümer und auf in eigentumsähnlicher Weise dinglich Berechtigte, wie z. B. Erbbauberechtigte oder Nießbraucher, sowie auf Grundstückskäufer, auf die Nutzen und Lasten übertragen worden sind und die als Inhaber einer im Grundbuch eingetragenen Auflassungsvormerkung bereits ein Anwartschaftsrecht erworben haben. Obligatorisch Berechtigte, wie insbesondere Mieter und Pächter, sind hiernach vom persönlichen Schutzbereich bauplanungsrechtlicher Schutznormen nicht erfasst.[82] Diese sind darauf begrenzt, mögliche Beeinträchtigungen ihres Nutzungsrechts auf dem Zivilrechtsweg über die bürgerlich-rechtlichen Gewährleistungsvorschriften gegenüber dem Vermieter / Verpächter geltend zu machen.

Nach der Gegenansicht, die sich auf die Rechtsprechung des *Bundesverfassungsgerichts* zum Eigentumsschutz des Mieters aus Art. 14 GG[83] beruft, sollen obligatorisch Berechtigte zumindest dann klagebefugte „Nachbarn" sein, wenn sie geltend machen können, als Folge des behaupteten Schutznormverstoßes in ihrem Nutzungsrecht nachteilig betroffen zu sein.[84] Schon diese Voraussetzungen dürften hinsichtlich der fünf Doppelgaragen fehlen. Im Übrigen hat sich dieser Ansatz in der Praxis zu Recht nicht durchgesetzt[85]: Ausweislich der Kompetenznorm des Art. 74 Abs. 1 Nr. 18 GG geht es im Bauplanungsrecht um die Schlichtung bodenrechtlicher Nutzungskonflikte. Das Bauplanungsrecht hat daher eine grundstücks- und keine personenbezogene Zielrichtung. Die Beschränkung des personellen Schutzbereichs auf Eigentümer oder eigentümerähnlich dinglich Berechtigte, die die Grundstücke mit ihren widersprechenden Nutzungen repräsentieren, deckt sich dann hiermit. Es widerspräche dieser grundstücksbezogenen Ausrichtung, wenn Mieter und Pächter, die nur eine vom dinglich berechtigten Grundstücksrepräsentanten abgeleitete Rechtsposition innehaben, in den Interessenausgleich der Grundstückseigentümer – womöglich gegen deren Willen – mit eigenen verwaltungsrechtlichen Abwehransprüchen und ihrer klageweisen Geltendmachung intervenieren könnten.[86] Selbst wenn man dem Mieter den Schutz aus Art. 14 Abs. 1 GG zuerkennt[87], ergibt sich hieraus eine Vorgabe für eine kraft Verfassungsrechts geforderte weite Auslegung von bauplanungsrechtlichen Schutznormen allenfalls dann, wenn ein Ausschluss des obligatorisch Berechtigten vom Drittschutz mit Art. 14 Abs. 1 GG unvereinbar wäre. Insofern sind Mieter und Pächter aber über die privatrechtlichen Gewährleistungsansprüche gegenüber Vermieter bzw. Verpächter ausreichend geschützt. Ein Verfassungsgebot zur doppelten Absicherung

---

[82] BVerwGE 82, 61 (74 f.); *BVerwG* NJW 1983, 1626; NJW 1989, 2766; NJW 1994, 1233 (1234); NVwZ 1989, 1163 (1167); NVwZ 1998, 956; *OVG Lüneburg* NVwZ 1996, 918 (919); *VGH Mannheim* NJW 1995, 1308 f.; DÖV 2007, 568 f.; *OVG Münster* NVwZ 1994, 696; *OVG Berlin* NVwZ 1989, 267; *VG Berlin* NJW 1995, 2650 (2651); *VG Magdeburg* NVwZ 1997, 97; *OVG Bautzen* BRS 56, Nr. 153; aus der Lit.: *Schmidt-Preuß*, NJW 1995, 27 (28 f.); *Dolde/Menke*, NJW 1996, 2905 (2912); *Seidel*, Nachbarschutz, Rn. 330 ff.; *Brohm*, Öffentliches Baurecht, § 30 Rn. 9.

[83] BVerfGE 89, 1 ff.

[84] *Jäde*, UPR 1993, 330 (331); *Thews*, NVwZ 1995, 224 (228 f.); *Dürr*, JuS 2007, 431 (433); *ders.*, DÖV 1994, 841 (844); *Peine*, Öffentliches Baurecht, Rn. 870.

[85] So auch weiterhin nach der oben zitierten Entscheidung des Bundesverfassungsgerichts: *BVerwG* NVwZ 1998, 956; *VGH Mannheim* DÖV 2007, 568 f.; *OVG Bautzen* BRS 56, Nr. 153; *OVG Lüneburg* NVwZ 1996, 918 (919).

[86] BVerwGE 82, 61 (75); *BVerwG* NJW 1983, 1626; NJW 1994, 1233 (1234); NVwZ 1989, 1163 (1167); *OVG Münster* NVwZ 1994, 696; *OVG Berlin* NVwZ 1989, 267; *VG Gießen* NVwZ-RR 1995, 367 (368).

[87] In BVerfGE 89, 1 ff. ging es nur um das Verhältnis zwischen Mieter und Vermieter.

über die Zweigleisigkeit des Rechtswegs ist aus Art. 14 Abs. 1 GG nicht abzuleiten. Es bleibt also dabei, dass obligatorisch Berechtigte keine Nachbarn im Sinne des Bauplanungsrechts sind und deswegen insoweit keine subjektiven Abwehrrechte geltend machen können. Für das Anfechtungsrechtsmittel (Widerspruch und Anfechtungsklage) fehlen die Voraussetzungen des § 42 Abs. 2 VwGO, wenn ein benachbarter Mieter ausschließlich einen bauplanungsrechtlichen Rechtsverstoß geltend machen kann. M ist daher hier nicht klagebefugt. Seine auf Genehmigungsabwehr gerichtete Anfechtungsklage ist unzulässig.

> **Zur Vertiefung:** Inwiefern der am Nachbargrundstück nur obligatorisch Berechtigte andere Rechtsverstöße (z.B. gegen Bauordnungsrecht oder Immissionsschutzrecht) zwecks Genehmigungsabwehr geltend machen kann, ist im Detail umstritten.[88]

Rechtsprechungsvorlagen: BVerwGE 94, 151; *BVerwG* NVwZ 1998, 58; NVwZ 1998, 735; NVwZ 2007, 585; BauR 2008, 793; *OVG Münster* NVwZ-RR 1998, 614; BauR 1997, 811; *BayVGH* BayVBl. 2000, 377; BayVBl. 2006, 246 (mit Anmerkung *Hablitzel*, BayVBl. 2006, 769); BayVBl. 2006, 573 (mit Anmerkung *Jäde*, BayVBl. 2006, 538); *BayVGH*, Urt. v. 19.01.2009, Az. 2 BV 08.2567; *OVG Lüneburg* UPR 1997, 159; *OVG Koblenz* BauR 1992, 219

Leseempfehlungen: *Decker*, Das Gesetz zur Änderung der BayBO vom 24.7.2007, BauR 2008, 443; *Dürr*, Die Klausur im Baurecht (Teil 2), JuS 2007, 431; *Hauth*, Rechtsfragen zum Abstandsflächenrecht, BayVBl. 2000, 545; *Jäde/Famers*, Schwerpunkte der Bayerischen Bauordnung 2008, BayVBl. 2008, 33; *Koehl*, Der einstweilige Rechtsschutz im Verwaltungsprozess nach § 80 Abs. 5 und § 123 VwGO – eine pointierte Zusammenstellung der examensrelevanten Probleme unter besonderer Berücksichtigung der Rechtsprechung des BayVGH, BayVBl. 2007, 540; *Konrad*, Gebietserhaltungsanspruch und Gebot der Rücksichtnahme, JA 2006, 59; *Muckel*, Der Nachbarschutz im öffentlichen Baurecht – Grundlagen und aktuelle Entscheidungen, JuS 2000, 132; *Numberger*, Abstandsflächenrecht und Nachbarschutz im vereinfachten Baugenehmigungsverfahren der Bayerischen Bauordnung 2008, BayVBl. 2008, 741; *Pecher*, Die Rechtsprechung zum Drittschutz im öffentlichen Baurecht, JuS 1996, 887; *Reicherzer*, Art. 73 BayBO: Potenzieller Prüfungsumfang bei partieller Prüfungspflicht, BayVBl. 2000, 750; *Schoch*, Nachbarschutz im öffentlichen Baurecht, Jura 2004, 317 ff.; *Schwarzer*, Nachbarschutz bei Verstößen gegen Abstandsvorschriften, BayVBl. 1992, 225; *Seidel*, Bauordnungsrechtliche Verfahrensprivatisierung und Rechtsschutz des Nachbarn – Öffentlich-rechtlicher Schutzanspruch und quasinegatorischer Abwehranspruch im Vergleich, NVwZ 2004, 139; *Seidel*, Öffentlich-rechtlicher und privatrechtlicher Nachbarschutz, 2000; *Winkler*, Das vereinfachte Baugenehmigungsverfahren nach Art. 80 BayBO (Art. 73 BayBO 1998), BayVBl. 1997, 744

---

[88] Zum Ganzen *Seidel*, Nachbarschutz, Rn. 326 ff., 335 ff.

Fall 6: Vitrinenbefreiung *(Reimer)*

Sachverhalt

Der wohlhabende E ist Eigentümer eines Baugrundstücks an einer viel befahrenen Durchgangsstraße in der bayerischen Gemeinde G, das er seinem Bruder B großzügig zur freien Nutzung überlassen hat. B möchte auf dem Grundstück einen Baufachhandel betreiben und zu diesem Zweck ein – baurechtlich zulässiges – 12 m hohes Geschäftsgebäude errichten. Um sich eine zusätzlich Einnahmequelle zu verschaffen, möchte B auf dem Grundstück zudem eine 2 x 3 m große Plakatvitrine anbringen, die straßennah auf einem 8,5 m hohen Standfuß stehen wird, von der Durchgangsstraße aus gut zu sehen sein soll und mit der er für seinen Baumarkt werben will.

Das Grundstück liegt im Geltungsbereich eines qualifizierten Bebauungsplans, der eine Nutzung des Grundstücks als Gewerbegebiet vorsieht. Der Bebauungsplan sieht für die straßennahen Grundstücksteile eine Vorplatzfläche vor, in der jede Bebauung einschließlich der Aufstellung von Vitrinen und Hinweisschildern untersagt ist. B hält den Bebauungsplan in diesem Punkt allerdings für problematisch und verweist auf eine Vitrine ähnlicher Größe auf dem Nachbargrundstück, das mit einer Tankstelle bebaut ist. Er trägt zutreffend vor, die Verkehrssicherheit werde durch seine Vitrine nicht gefährdet. Er sei aber auf die Vitrine angewiesen, um ausreichend Kunden in sein Geschäft zu locken. Gerade für ihn sei Laufkundschaft besonders wichtig. Außerdem beziehe sich das Verbot der Anbringung von Werbetafeln nach dem Sinn des Bebauungsplans ersichtlich auf den hinteren Bereich des Gewerbebetriebs, der von einem Wohngebiet aus einsehbar sein; die wenigen Grundstücke, die entlang der Bundesstraße liegen, seien von diesem Wohngebiet aus dagegen nicht zu sehen. Die dort zu errichtende Vitrine könne daher niemanden stören.

Auf seinen Bauantrag hin entschließt sich die zuständige Bauaufsichtsbehörde dazu, dem B die beantragte Baugenehmigung zu erteilen, und legt den Vorgang daher zunächst der G mit der Bitte um Erteilung des gemeindlichen Einvernehmens vor.

Mit einem an die Bauaufsichtsbehörde gerichteten Schreiben verweigert die G ihr Einvernehmen. Zur Begründung verweist sie darauf, B habe schon keinen zulässigen Antrag gestellt, da er nicht als Eigentümer im Grundbuch eingetragen sei. Außerdem verstoße sein Vorhaben gegen die Festsetzungen des Bebauungsplans. Eine Befreiung von diesen Festsetzungen komme nicht in Betracht, da keine atypische Situation vorliege.

Den zuständigen Sachbearbeiter der Bauaufsichtsbehörde überzeugt die Argumentation der G nicht. Da er aber ohne das gemeindliche Einvernehmen keine Baugenehmigung erteilen möchte, versagt er dem B die Erteilung der Baugenehmigung mit der von der G formulierten Begründung.

Vermerk für die Bearbeiter:
1. Gegen wen müsste B klagen, um doch noch eine Baugenehmigung zu erlangen?
2. Wie wird das Verwaltungsgericht entscheiden?

Abwandlung: Nach der Ablehnung seines Antrags auf den Erlass einer Baugenehmigung beschließt B, die Plakatvitrine ohne die erforderliche Baugenehmigung zu errichten. Schon kurz nach dem Abschluss der Bauarbeiten erlässt die zuständige Bauaufsichtsbehörde gegenüber dem B eine Beseitigungsanordnung nach Art. 76 BayBO, in der zugleich die sofortige Vollziehbarkeit gem. § 80 Abs. 2 Satz 1 Nr. 4 VwGO angeordnet und ordnungsgemäß begründet wird. Darüber hinaus droht die Bauaufsichtsbehörde dem B die Vollstreckung im Wege der Ersatzvornahme auf seine Kosten an, sollte er der Anordnung nicht innerhalb eines Monats nachkommen. Die dabei voraussichtlich anfallenden Kosten sind in dem Schreiben zutreffend angegeben.

Nachdem B die Plakatvitrine innerhalb der Monatsfrist nicht entfernt hat, lässt die Bauaufsichtsbehörde durch eigene Arbeiter die Vitrine abreißen und erlässt einen an B gerichteten Bescheid, in dem B zur Zahlung der Kosten aufgefordert wird.

B ist aufgebracht darüber, dass er nicht nur seiner werbewirksamen Plakatvitrine beraubt wurde, sondern auch noch die Kosten des Abrisses tragen soll. Er fragt, ob und wie er mit Aussicht auf Erfolg gegen die Auferlegung der Kosten vorgehen kann.

Vermerk für die Bearbeiter: Was ist ihm zu antworten? Gehen Sie, sofern dies nach landesrechtlichen Vorschriften nicht entbehrlich sein sollte, von einem ordnungsgemäß durchgeführten Widerspruchsverfahren aus.

Lösung

Frage 1: Gegen wen müsste B klagen?

Ein eigenständiger Anspruch auf Erteilung des gemeindlichen Einvernehmens steht dem B nicht zu (vgl. § 44a Satz 1 VwGO). B müsste vielmehr unmittelbar auf Erteilung einer Baugenehmigung klagen.

Richtiger Beklagter für den Anspruch auf Erteilung einer Baugenehmigung ist nach § 78 Abs. 1 Nr. 1 VwGO grundsätzlich der Träger der Behörde, die die Baugenehmigung zu erteilen hat. Zuständig für die Erteilung einer Baugenehmigung ist nach Art. 53 Abs. 1 Satz 2 BayBO[1] die untere Bauaufsichtsbehörde. Diese ist nach Art. 53 Abs. 1 S. 1 BayBO[2] die untere Kreisverwaltungsbehörde, also nach Art. 53 Abs. 1 Satz 1, 37 Abs. 1 Satz 2, Abs. 2 LKrO[3] das Landratsamt des L-Kreises in seiner Eigenschaft als Staatsbehörde. Träger des Landratsamts ist insoweit der Freistaat Bayern, nicht der L-Kreis.

B müsste seine Klage daher gegen den Freistaat Bayern richten.

Frage 2: Wie wird das Verwaltungsgericht entscheiden?

Das Verwaltungsgericht wird zunächst über die Zulässigkeit einer Klage des B, ggf. anschließend über eine Beiladung der Gemeinde G und sodann über die Begründetheit der Klage entscheiden.

A. Zulässigkeit der Klage

I. Eröffnung des Verwaltungsrechtswegs

Der Streit um die Erteilung einer Baugenehmigung ist eine öffentlich-rechtliche Streitigkeit nichtverfassungsrechtlicher Art. Abdrängende Sonderzuweisungen sind nicht ersichtlich. Daher ist der Verwaltungsrechtsweg eröffnet (§ 40 Abs. 1 Satz 1 VwGO).

II. Statthaftigkeit der Verpflichtungsklage

Baugenehmigungen sind Verwaltungsakte (Art. 35 Satz 1 VwVfG); für die Verpflichtung einer Behörde zum Erlass von Verwaltungsakten ist die Verpflichtungsklage gegeben (§ 42 Abs. 1 VwGO).

III. Klagebefugnis

B muss bei der Verpflichtungsklage geltend machen, dass er durch die Ablehnung der Erteilung der Baugenehmigung in eigenen Rechten verletzt ist, § 42 Abs. 2 VwGO. Es ist nicht von vornherein ausgeschlossen, dass B in seinem subjektiven Baurecht aus Art. 68 Abs. 1 Satz 1 BayBO[4] i. V. m. Art. 14 Abs. 1 GG verletzt ist. Auch der Umstand, dass B nicht selbst Eigentümer des Grundstücks ist, steht dieser Annahme nicht entgegen, da seine Bauherreneigenschaft als Nutzer des Grundstücks nicht ausgeschlossen erscheint[5]. Im Rahmen der Klagebefugnis ist dies als ausreichend anzusehen. B ist damit klagebefugt.

---

[1] § 48 Abs. 1 LBO BW; § 52 Abs. 1 Satz 1 S. 3 HBO; § 62 BauO NW.
[2] § 46 Abs. 1 Nr. 3 LBO BW; § 52 Abs. 1 Satz 1 Nr. 1 lit. b HBO; § 60 Abs. 1 Nr. 3 lit. b BauO NW.
[3] § 13 Abs. 1 Nr. 1 LVG BW; § 41 Satz 3 Nr. 1 HKO; § 2 Abs. 2 KrO NW.
[4] § 58 Abs. 1 Satz 1 LBO BW; § 64 Abs. 1 HBO; § 75 Abs. 1 Satz 1 BauO NW.
[5] Zur Sachprüfung s. u. C.I.

IV. Widerspruchsverfahren

Eines nach §§ 68 ff. VwGO grundsätzlich erforderlichen Widerspruchsverfahrens bedarf es in Bayern nach § 68 Abs. 1 Satz 2 VwGO i.V.m. Art. 15 Abs. 2 AGVwGO[6] nicht.

V. Form und Frist

Von der Einhaltung der Form- und Fristvorschriften ist auszugehen. Insbesondere läuft die einmonatige Klagefrist nach § 74 Abs. 1 Satz 2 VwGO ab Bekanntgabe des ablehnenden Bescheids.

Zwischenergebnis: Die Verpflichtungsklage des B ist zulässig.

B. Beiladung

Bevor das Verwaltungsgericht zur Sache verhandelt, ist die Gemeinde G notwendig nach § 65 Abs. 2 VwGO[7] beizuladen. Ein stattgebendes Urteil des Verwaltungsgerichts würde hier das gemeindliche Einvernehmen ersetzen, so dass die Entscheidung gegenüber B und G nur einheitlich ergehen kann.

Damit wird neben Kläger (B) und Beklagtem (Freistaat Bayern) auch die Gemeinde G nach § 63 Nr. 3 VwGO Beteiligte des Verfahrens.

C. Begründetheit der Klage

Die Klage des B ist begründet, wenn er Inhaber des behaupteten Anspruchs ist, die Klage sich gegen den richtigen Beklagten richtet (s.o. Frage 1) und B durch die Ablehnung der Baugenehmigung in seinem Baurecht (Art. 68 Abs. 1 Satz 1 BayBO[8], Art. 14 Abs. 1 GG) verletzt ist.

I. Aktivlegitimation

Der Anspruch auf Erteilung einer Baugenehmigung steht dem Bauherrn zu. Bauherr ist, wer eine – rechtlich abgesicherte – tatsächliche Sachherrschaft über das Grundstück hat. Nachdem E, der Eigentümer des Grundstücks, seinem Bruder B das Grundstück zur freien Nutzung überlassen hat, ist B tauglicher Bauherr und damit der richtige Kläger.

II. Passivlegitimation

Richtiger Beklagter ist der wahre Schuldner des behaupteten Anspruchs. Anspruchsgegner ist bei der Verpflichtungsklage der Träger der Behörde, die den eingeklagten Verwaltungsakt zu erlassen hat, § 78 Abs. 1 Nr. 1 VwGO. Dies ist hier der Freistaat Bayern (s.o. Frage 1).

---

[6] Ebenso die derzeitige Rechtslage in Nordrhein-Westfalen. Soweit in anderen Bundesländern (z.B. in Baden-Württemberg) entsprechende Ausschlussklauseln in den AGenVwGO fehlen, setzt die Zulässigkeit der Klage dagegen die erfolglose Durchführung eines Widerspruchverfahrens voraus.

[7] *Porz*, in: Fehling/Kastner/Wahrendorf, Hk-VerwR, § 65 VwGO Rn. 10.

[8] § 58 Abs. 1 Satz 1 LBO BW; § 64 Abs. 1 HBO; § 75 Abs. 1 Satz 1 BauO NW.

III. Anspruch auf Baugenehmigung

Ein solcher Anspruch setzt voraus, dass das Vorhaben des B genehmigungspflichtig und genehmigungsfähig ist. Letzteres ist der Fall, sofern ihm keine von der Bauaufsichtsbehörde zu prüfenden öffentlich-rechtlichen Vorschriften entgegenstehen, Art. 68 Abs. 1 Satz 1 BayBO[9].

> **Zur Vertiefung:** Als Minus gegenüber der Klage auf Erlass des begehrten VA kann eine Verpflichtungsklage auch auf die bloße (Neu-)Verbescheidung eines Antrags des Klägers gerichtet sein (§ 113 Abs. 5 Satz 2 VwGO).
>
> Das ist auch im Zusammenhang mit Baugenehmigungen denkbar – z. B. dann, wenn die Behörde die beantragte Baugenehmigung rechtsfehlerhaft unter Berufung auf Fragen des Bauplanungsrechts versagt hat, die bauordnungsrechtliche Zulässigkeit des Vorhabens aber unklar ist und noch nicht Gegenstand des bisherigen Verfahrens war. Hier kann der Kläger sein Kostenrisiko verringern, wenn er statt auf Erteilung der Baugenehmigung (§ 113 Abs. 5 Satz 1 VwGO) auf bloße Neuverbescheidung klagt (§ 113 Abs. 5 Satz 2 VwGO)[10].

1. Genehmigungsbedürftigkeit

Ob das Vorhaben des B genehmigungspflichtig ist, richtet sich nach Art. 55 ff. BayBO[11]. B möchte ein Ladengeschäft und die Werbevitrine errichten; in beiden Fällen handelt es sich um bauliche Anlagen i. S. d. Art. 2 Abs. 1 BayBO[12]. Insbesondere gelten Werbeanlagen nach Art. 2 Abs. 1 Satz 2 BayBO als bauliche Anlagen.

Eine Verfahrensfreiheit scheidet für beide Anlagen aufgrund ihrer Größe aus: nach Art. 57 Abs. 1 Nr. 1 BayBO für das Gebäude und nach Art. 57 Abs. 1 Nr. 11 lit. a, g BayBO für die Werbeanlage, wobei hinsichtlich der Werbeanlage auf deren Gesamthöhe von 11,50 m (Standfuß und Plakatvitrine) abzustellen ist.[13] Somit sind beide Vorhaben genehmigungsbedürftig.

2. Zulässigkeit des Gebäudes

Die Zulässigkeit des Gebäudes ist zu unterstellen (Sachverhalt).

3. Zulässigkeit der Werbevitrine

Fraglich ist allein, ob die erstrebte Baugenehmigung sich auch auf die Werbevitrine erstrecken kann.

a) Bauplanungsrecht
Von der Baurechtsbehörde zu prüfende Normen sind solche, die keinem eigenen Genehmigungsverfahren unterliegen. Dabei können sich entgegenstehende Normen insbesondere aus dem Bauplanungsrecht ergeben.

aa) Vorgaben des Bebauungsplans
Die §§ 29 ff. BauGB sind anwendbar, wenn es sich bei der Vitrine um eine bauliche Anlage i. S. d. § 29 Abs. 1 BauGB handelt. Für den Begriff der baulichen Anlage ist die bodenrechtliche Relevanz auslegungsleitend. Die auf dem Grundstück errichtete Vitrine ist fest mit dem Erdboden verbunden; sie ist damit bodenrechtlich relevant.

---

[9] § 58 Abs. 1 Satz 1 LBO BW; § 64 Abs. 1 HBO; § 75 Abs. 1 Satz 1 BauO NW.

[10] Vgl. *Dürr*, Die Klausur im Baurecht, in: JuS 2007, 328 ff. (Teil I), 431 ff. (Teil II) und 521 ff. (Teil III), hier: S. 329 (unter II.2.).

[11] §§ 49 ff. LBO BW; §§ 54 ff. HBO; §§ 63 ff. BauO NW.

[12] Vergleichbare Regelungen in den größtenteils gleich lautenden Regelungen der § 2 Abs. 1 LBO BW, § 2 Abs. 1 HBO und § 2 Abs. 1 BauO NW.

[13] Vergleiche auch: § 50 Abs. 1 LBO BW i. V. m. Nr. 1 (Gebäude) und Nr. 55 (Werbeanlagen) des Anhangs zur LBO; Ziff. I 1.1 (Gebäude) und I 10.1 (Werbeanlagen) der Anlage 2 zur HBO; § 65 Abs. 1 Nr. 1 ff. (Gebäude) und Nr. 33 ff. (Werbeanlagen) BauO NW.

Da die Vitrine im Geltungsbereich eines qualifizierten Bebauungsplans errichtet werden soll, bestimmt sich ihre Zulässigkeit somit gemäß § 30 Abs. 1 BauGB primär nach den Festsetzungen des Bebauungsplans.

Der Bebauungsplan sieht an dieser Stelle ein Gewerbegebiet vor, § 1 Abs. 2 Nr. 8 BauNVO. Nach § 1 Abs. 3 Satz 2 i.V.m. § 8 BauNVO wird der Gebietscharakter durch nicht erheblich belästigende Gewerbebetriebe geprägt. Regelmäßig sind in Gewerbegebieten nicht nur die in § 8 Abs. 2 BauNVO genannten Vorhaben zulässig, sondern auch Nebenanlagen (§ 14 BauNVO).

Im vorliegenden Fall erlaubt der Bebauungsplan an der Stelle, an der die Vitrine stehen soll, die Errichtung baulicher Anlagen aber gerade nicht. Der Bebauungsplan sieht lediglich eine Vorplatzfläche vor, in der jede Bebauung einschließlich der Aufstellung von Vitrinen und Hinweisschildern untersagt ist.

> **Zur Vertiefung:** Hier kann offen bleiben, ob in dieser Festsetzung ein Fall des § 1 Abs. 5 BauNVO zu sehen ist. Nach dieser Vorschrift kann die Gemeinde die automatische Einbeziehung der §§ 2–14 BauNVO ganz oder teilweise ausschließen oder auf Ausnahmefälle beschränken, sofern die allgemeine Zweckbestimmung des Baugebiets gewahrt bleibt.
>
> M. E. ist die Festsetzung, die der Bebauungsplan vorliegend trifft, allerdings **kein** Fall des § 1 Abs. 5 BauNVO. Denn der Bebauungsplan schließt nicht generell bestimmte Anlagen/Vorhaben aus, die nach § 8 BauNVO in diesem Gebiet zulässig sind, sondern trifft lediglich Arrangements über die räumliche Anordnung der dem Grunde nach gemäß §§ 8, 14 BauNVO zulässigen Anlagen/Vorhaben. Über das „Wo" innerhalb eines Grundstücks trifft die BauNVO aber ohnehin keine Aussage.

bb) Ausnahmen (§ 31 Abs. 1 BauGB i.Vm. § 8 Abs. 3 BauNVO)

Die Werbevitrine könnte allerdings ausnahmsweise zulässig sein. Der Bebauungsplan selbst sieht ersichtlich keine Ausnahme i.S.d. § 31 Abs. 1 BauGB zu Gunsten von Werbeanlagen vor. Allerdings ist dies für § 31 Abs. 1 BauGB auch nicht zwingend erforderlich; ausreichend wäre vielmehr, dass das Vorhaben den Tatbestand einer Ausnahme i.S.d. § 8 Abs. 3 BauNVO erfüllt. § 8 Abs. 3 BauNVO konkretisiert den Bebauungsplan und wird zu dessen Bestandteil, § 1 Abs. 3 Satz 2 BauNVO. Er ist daher ebenfalls auf der Stufe von § 31 Abs. 1 BauGB zu prüfen.

> **Zur Vertiefung:** Entsprechendes gilt für die anderen Tatbestände des jeweiligen Absatzes 3 in §§ 2–9 BauNVO.
>
> Zur Wahrung der gemeindlichen Planungshoheit sieht der Verordnungsgeber allerdings vor, dass die Gemeinde die automatische Einbeziehung der §§ 2–14 BauNVO (einschließlich der Ausnahmetatbestände in den Absätzen 3 der §§ 2–9 BauNVO) ganz oder teilweise ausschließen kann, § 1 Abs. 6 Nr. 1 BauNVO. Ebenso kann die Gemeinde umgekehrt Vorhaben, die nach der BauNVO nur ausnahmsweise zulässig sind, für allgemein zulässig erklären, § 1 Abs. 6 Nr. 2 BauNVO.

§ 8 Abs. 3 BauNVO enthält jedoch keinen Ausnahmetatbestand für Werbeanlagen. Insbesondere handelt es sich bei Werbeanlagen nicht um eine Anlage für kulturelle oder soziale Zwecke. Im Ergebnis kann sich B daher nicht auf eine Ausnahme i.S.d. § 31 Abs. 1 BauGB berufen.

cc) Befreiung von den Festsetzungen des Bebauungsplans (§ 31 Abs. 2 BauGB)?

Möglicherweise kommt aber eine Befreiung von den Festsetzungen des Bebauungsplans gemäß § 31 Abs. 2 BauGB in Betracht.

(1) Auslegungsgrundsätze

Die Tatbestände des § 31 Abs. 2 BauGB sind eng auszulegen. Das ergibt sich allerdings nicht schon daraus, dass die untere Baurechtsbehörde den Willen der Gemeinde, wie er im Bebauungsplan Ausdruck gefunden hat, nicht konterkarieren soll. Denn diese Gefahr ist ohnehin durch das Recht der Gemeinde gebannt, ihr Einvernehmen i.R.d. § 36 Abs. 1 BauGB – wie hier geschehen – zu verweigern.

Vielmehr folgt die enge Auslegung daraus, dass die besonderen Verfahrensanforderungen, die § 8 BauGB an den Erlass eines Bebauungsplans stellt, nicht umgangen werden sollen. Dies gilt namentlich für die Beteiligung der Öffentlichkeit. Insofern kann § 31 Abs. 2 BauGB immer nur zu Randkorrekturen führen[14].

Andererseits setzt § 31 Abs. 2 BauGB seit 1998 nicht mehr – wie zuvor – voraus, dass das Vorhaben ein atypischer Einzelfall ist[15]. Dieser „Abschied vom Einzelfall"[16] ergibt sich aus der Streichung des Tatbestandsmerkmals „im Einzelfall" durch das Bau- und Raumordnungsgesetz 1998.

> **Zur Vertiefung:** Vielmehr dient § 31 Abs. 2 BauGB heute als allgemeines Ventil zur Herstellung verhältnismäßiger Zustände in Fällen, in denen der Bebauungsplan wegen seiner Streubreite den besonderen Umständen des Einzelfalls nicht gerecht wird. Insofern stellt § 31 Abs. 2 BauGB eine sinnvolle Entlastung des Satzungsgebers dar und bewahrt die Gemeinde davor, allzu detailreiche Regelungen in den Bebauungsplan aufnehmen zu müssen.

(2) Übergreifende Tatbestandsvoraussetzungen aus § 31 Abs. 2 BauGB

Eine Befreiung zu Gunsten des Bauherrn setzt zunächst – übergreifend – voraus, dass

- die Grundzüge der Planung nicht berührt werden und
- die Abweichung auch unter Würdigung nachbarlicher Interessen mit den öffentlichen Belangen vereinbar ist.

Große Hinweistafeln und aufgeständerte Vitrinen sind für ein Gewerbegebiet nicht unüblich, sondern betonen eher den Gebietscharakter. Auch ist nicht ersichtlich, dass die Einhaltung der Festsetzung als Vorplatzfläche, in der jede Bebauung untersagt ist, die Bauplanung so zentral determiniert, dass sie sich als unverzichtbarer Bestandteil des Bebauungsplans und damit als conditio sine qua non für die übrigen Elemente der Bauleitplanung darstellt. Die Grundzüge der Planung sind daher nicht berührt.

Die Vitrine überragt die – zulässige – Bebauung des Grundstücks nicht. Sie ist insbesondere nicht vom Wohngebiet aus einsehbar, wird also nicht als Verschandelung wahrgenommen. Damit ist sie auch mit öffentlichen Belangen und nachbarlichen Interessen vereinbar.

(3) Tatbestand des § 31 Abs. 2 Nr. 2 BauGB

Zusätzlich muss einer der drei Einzeltatbestände des § 31 Abs. 2 BauGB erfüllt sein. Im Fall des B kommt allein eine Befreiung nach Nr. 2 (städtebauliche Vertretbarkeit der Abweichung) in Betracht. Wann eine Abweichung städtebaulich vertretbar ist, wird in Rechtsprechung und Literatur mit unterschiedlichen Formeln konkretisiert:

- Das BVerwG stellt darauf ab, ob das Vorhaben unter Beachtung der Abwägungsgrundsätze des § 1 Abs. 6 und Abs. 7 BauGB auch im Bebauungsplan hätte festgesetzt werden können[17].
- Teile der Literatur sind demgegenüber enger und verlangen, dass die vom Plan angestrebte städtebauliche Ordnung in gleicher oder besserer Weise verwirklicht wird als durch Einhaltung der Norm, ohne dass dabei der Gleichheitssatz verletzt wird[18].

In beiden Varianten ist damit zunächst entscheidend, dass der Gebietscharakter gewahrt bleibt. Das ist aus den o. g. Gründen hier zu bejahen.

Nach der strengeren Auffassung setzt § 31 Abs. 2 Nr. 2 BauGB weiter voraus, dass die städtebauliche Ordnung mindestens gleich gut verwirklicht wird und dass der Gleichheitssatz nicht verletzt wird. Gerade weil Befreiungen nach § 31 Abs. 2 BauGB nicht mehr auf Einzelfälle beschränkt sind[19], ergeben sich auch hier keine Schwierigkeiten. Vielmehr hat auch jeder Nachbar in ähnlicher Lage ein Recht auf Befreiung für ähnliche Vorhaben. Somit sind auch diese beiden Voraussetzungen erfüllt.

Damit hielte sich eine Befreiung zu Gunsten des B auch im Rahmen der speziellen Voraussetzungen des § 31 Abs. 2 Nr. 2 BauGB. Tatbestandlich steht einer Befreiung von den Festsetzungen des Bebauungsplans also nichts entgegen.

---

[14] *Dürr,* Die Klausur im Baurecht, in: JuS 2007, 328 ff. (Teil I), 431 ff. (Teil II) und 521 ff. (Teil III), hier: S. 331 (unter II.4.b.cc.).

[15] *VGH Mannheim,* Urt. v. 16. 6. 2003, 3 S 2324/02, NVwZ 2004, S. 357 ff. (359).

[16] *Schmidt-Eichstaedt,* NVwZ 1998, 571.

[17] BVerwGE 108, 190 = NVwZ 1999, 981; BVerwGE 117, 50 = NVwZ 2003, 478.

[18] *Schmidt-Eichstaedt,* NVwZ 1998, 571 (577).

[19] Oben (1).

(4) Ermessensreduzierung auf null

Die Rechtsfolge aus § 31 Abs. 2 BauGB ist allerdings kein automatischer Anspruch des Bauherrn auf Befreiung. Wie sich aus der Formulierung „kann" ergibt, liegt die Befreiung im Ermessen der unteren Bauaufsichtsbehörde. Räumt ein Gesetz bestimmten Vorhaben eine vorrangige Stellung ein, reduziert sich das Ermessen auf null, wenn dem Vorhaben nicht zumindest gleichgewichtige Belange entgegenstehen.[20] Solche sind hier nicht ersichtlich. Somit ist hier wegen des subjektiven Baurechts (oben A.III.) das Entschließungsermessen der Behörde auf null reduziert[21].

(5) Gemeindliches Einvernehmen (§ 36 BauGB)

Allerdings setzt die Erteilung einer Befreiung nach § 36 BauGB voraus, dass die Gemeinde der unteren Bauaufsichtsbehörde gegenüber ihr Einvernehmen erklärt. Das ist hier gerade nicht geschehen.

Die Gemeinde darf ihr Einvernehmen allerdings nur aus den sich aus den §§ 31, 33, 34 und 35 BauGB ergebenden Gründen versagen. Dagegen ist die Gemeinde in Fällen, in denen der Bauherr – wie hier – einen Anspruch auf Erteilung einer Befreiung nach § 31 Abs. 2 BauGB hat, zur Erteilung ihres Einvernehmens verpflichtet. Das rechtswidrig versagte gemeindliche Einvernehmen wird in diesem Fall durch ein stattgebendes Urteil des Verwaltungsgerichts auf Erteilung der Baugenehmigung ersetzt (oben B.).

Daher ist das Fehlen des gemeindlichen Einvernehmens hier unschädlich.

Zwischenergebnis: Da B einen Anspruch auf Befreiung von den Festsetzungen des Bebauungsplans hat, steht auch die Errichtung der aufgeständerten Vitrine im Ergebnis mit den bauplanungsrechtlichen Vorgaben in Einklang.

b) Bauordnungsrecht

Dass der Errichtung oder der Nutzung der Werbevitrine Vorschriften des Bauordnungsrechts entgegenstehen, ist nicht ersichtlich.

Zwischenergebnis: Damit ist auch die Werbevitrine baurechtlich zulässig. B hat einen Anspruch auf die Erteilung einer Baugenehmigung gemäß Art. 68 Abs. 1 Satz 1 BayBO. Ein Ermessen der Behörde ist nicht eröffnet, so dass die Sache nach § 113 Abs. 5 Satz 1 a. E. VwGO auch spruchreif ist.

Ergebnis: Da die Verpflichtungsklage des B mithin in vollem Umfang zulässig und begründet ist, wird sie Erfolg haben.

Abwandlung

Eine Klage des B hat Erfolg, wenn sie zulässig und begründet ist.

A. Zulässigkeit der Klage

I. Eröffnung des Verwaltungsrechtswegs, § 40 Abs. 1 VwGO

Die streitentscheidenden Normen sind hier solche des BayVwZVG und des KostenG; es handelt sich mithin um eine öffentlich-rechtliche Streitigkeit. Mangels doppelter Verfassungsunmittelbarkeit ist diese Streitigkeit nichtverfassungsrechtlicher Art. Eine anderweitige Rechtswegzuweisung ist nicht ersichtlich. Der Verwaltungsrechtsweg nach § 40 Abs. 1 VwGO ist eröffnet.

---

[20] *Löhr*, in: Battis/Krautzberger/Löhr, BauGB , 10. Auflage 2007, § 31 Rn. 43.
[21] *Dürr*, Die Klausur im Baurecht, in: JuS 2007, 328 ff. (Teil I), 431 ff. (Teil II) und 521 ff. (Teil III), hier: S. 329 f. (unter II.2.) m. w. N. in Fn. 14.

II. Statthafte Klageart

B möchte ausweislich des Sachverhalts gegen den Kostenbescheid der Bauaufsichtsbehörde vorgehen. Bei dem Kostenbescheid handelt es sich um einen Verwaltungsakt i.S.d. § 35 Satz 1 BayVwVfG[22], der sich auch noch nicht erledigt hat. In Betracht kommen daher sowohl eine Anfechtungsklage nach § 42 Abs. 1 Fall 1 VwGO als auch ein Anfechtungswiderspruch nach §§ 68 ff. VwGO. Gem. § 68 Abs. 1 S. 1 ist vor Erhebung der Klage grundsätzlich die Rechtmäßigkeit und Zweckmäßigkeit eines Verwaltungsakts in einem Vorverfahren zu prüfen. In Bayern lassen aber – wie gesehen – Art. 15 Abs. 1 und 2 BayAGVwGO ein solches Vorverfahren nur noch in den dort genannten Ausnahmefällen zu, die hinsichtlich des Kostenbescheids nicht einschlägig sind[23]. Statthafte Verfahrensart ist daher die Anfechtungsklage.

III. Klagebefugnis, § 42 Abs. 2 VwGO

B muss gem. § 42 Abs. 2 VwGO geltend machen in einem eigenen Recht verletzt zu sein. Die Rechtsverletzung muss möglich erscheinen und darf nicht von vornherein auszuschließen sein.[24] Gerade beim Adressaten eines belastenden Verwaltungsakts erscheint eine Rechtsverletzung möglich.[25] B ist Adressat eines ihn belastenden Kostenbescheids. Eine Verletzung der allgemeinen Handlungsfreiheit aus Art. 2 Abs. 2 GG erscheint zumindest möglich. B besitzt mithin die notwendige Klagebefugnis.

IV. Vorverfahren, §§ 68 ff. VwGO

Die Durchführung eines außergerichtlichen Vorverfahrens nach den §§ 68 ff. VwGO ist in Bayern nicht mehr notwendig (Art. 15 Abs. 1 und 2 AGVwGO[26]).

V. Weitere Zulässigkeitsvoraussetzungen

Schließlich müssen von B auch die übrigen Zulässigkeitsvoraussetzungen eingehalten werden. Hiervon kann ausgegangen werden.

Zwischenergebnis: Eine von B erhobene Anfechtungsklage wäre demnach zulässig.

B. Begründetheit der Klage

Die Klage des B wäre auch begründet, wenn sie sich gegen den richtigen Beklagten richtet, der angefochtene Kostenbescheid rechtswidrig ist und den B in seinen subjektiven Rechten verletzt, § 78 Abs. 1 Nr. 1 VwGO i.V.m. § 113 Abs. 1 Satz 1 VwGO.

---

[22] Vergleichbare Regelungen: § 35 Abs. 1 Satz 1 LVwVfG BW; § 35 Abs. 1 Satz 1 LVwVfG NW; § 35 Abs. 1 Satz 1 HVwVfG.

[23] Ebenso (befristet) § 6 Abs. 1 Satz 1 AG VwGO NW. In den meisten anderen Bundesländern (so z.B. Baden-Württemberg und Hessen) existiert eine solche Regelung, die das Vorverfahren grundsätzlich ausschließt, dagegen nicht. In diesen Ländern würde zunächst ein außergerichtliches Rechtsbehelfsverfahren stattfinden, wobei im Rahmen der Begründetheitsprüfung im Wesentlichen parallele Überlegungen anzustellen wären.

[24] BVerwGE 95, 334, 335; *Schenke*, Verwaltungsprozessrecht, Rn. 494.

[25] *Kopp/Schenke*, VwGO, § 42 Rn. 69.

[26] Zur Rechtslage in anderen Bundesländern s. Fn. 23.

I. Passivlegitimation

Entsprechend dem Rechtsträgerprinzip aus § 78 Abs. 1 Nr. 1 VwGO ist die Klage gegen den Freistaat Bayern zu richten.

II. Rechtmäßigkeit des Kostenbescheids

1. Rechtsgrundlage des Kostenbescheids

Nach dem Grundsatz des grundrechtlichen Vorbehalts des Gesetzes bedürfen belastende Maßnahmen des Staates einer formell-gesetzlichen Grundlage.[27] Die Rechtsgrundlage eines Kostenbescheids für eine durchgeführte Ersatzvornahme sind Art. 32, 41 Abs. 1 BayVwZVG.[28]

2. Formelle Rechtmäßigkeit

a) Zuständigkeit
Zuständig für den Erlass des Kostenbescheids ist nach Art. 41 Abs. 1 BayVwZVG, 1 Abs. 1 KostenG[29] die Vollstreckungsbehörde, somit die Bauaufsichtsbehörde.

b) Verfahren und Form
Von der Einhaltung der Verfahrens- und Formvorschriften, namentlich dem Anhörungserfordernis, kann ausgegangen werden.

3. Materielle Rechtmäßigkeit

Der Kostenbescheid der Bauaufsichtsbehörde ist materiell rechtmäßig, wenn die Ersatzvornahme ihrerseits rechtmäßig war und dem B die Kosten auferlegt werden durften.

a) Rechtmäßigkeit der Vollstreckungsmaßnahme
Die Ersatzvornahme muss daher allen formellen und materiellen Rechtmäßigkeitsvoraussetzungen, also insbesondere den allgemeinen und besonderen Vollstreckungsvoraussetzungen genügt haben.

aa) Rechtsgrundlage der Ersatzvornahme
Die Rechtsgrundlage für die Ersatzvornahme ergibt sich aus Art. 32, 18 Abs. 1 und 19 Abs. 1 BayVwZVG.[30]

bb) Formelle Rechtmäßigkeit
Zuständige Vollstreckungsbehörde ist die Behörde, die den Ausgangsverwaltungsakt erlassen hat, Art. 30 Abs. 1 Satz 1 BayVwZVG.[31] Die Abrissanordnung wurde von der unteren Bauaufsichtsbehörde erlassen; diese ist daher zugleich Vollstreckungsbehörde. Eine Anhörung des B im Verwaltungsvollstreckungsverfahren war nach Art. 28 Abs. 2 Nr. 5 BayVwVfG[32] entbehrlich. Die Ersatzvornahme wurde gemäß Art. 36 Abs. 1 BayVwZVG[33] schriftlich mit angemessener Frist angedroht. Auch die voraussichtlichen Kosten wurden gemäß Art. 36 Abs. 4 Satz 1 BayVwVZG[34] angegeben. Damit war die Ersatzvornahme formell rechtmäßig.

---

[27] *Sachs*, in: Sachs, GG, Art. 20 Rn. 113.

[28] Vergleichbare Regelungen: §§ 25, 31 LVwVG i.V.m. dem LGebG BW; §§ 59 Abs. 1, 77 Abs. 1 LVwVG NW i.V.m. den Vorschriften der KostO NW; §§ 74 Abs. 1, 80 Abs. 1 HVwVG i.V.m. dem HVwKostG.

[29] Vergleichbare Regelungen: §§ 31 Abs. 6 LVwVG, 4 Abs. 1 LGebG BW; vgl. § 77 Abs. 1 Satz 2 KostO NW; § 6a HAllgVwKostO.

[30] Vergleichbare Regelungen: §§ 25, 1 und 2 LVwVG BW; §§ 59 Abs. 1, 55 VwVG NW; §§ 74, 1, 2 HVwVG.

[31] Vergleichbare Regelungen: § 4 Abs. 1 LVwVG BW; § 56 Abs. 1 VwVG NW; § 68 Abs. 1 HVwVG.

[32] Vergleichbare Regelungen: § 28 Abs. 2 Nr. 5 LVwVfG BW; § 28 Abs. 2 Nr. 5 VwVfG NW; § 28 Abs. 2 Nr. 5 HVwVfG.

[33] Vergleichbare Regelungen: § 20 Abs. 1 LVwVG BW; § 63 Abs. 1 VwVG NW; § 69 Abs. 1 HVwVG.

[34] Vergleichbare Regelungen: § 20 Abs. 5 LVwVG BW; § 63 Abs. 4 VwVG NW; § 74 Abs. 3 Satz 1 HVwVG.

cc) Materielle Rechtmäßigkeit

(1) Allgemeine Vollstreckungsvoraussetzungen

B muss in einem wirksamen und vollstreckbaren Grundverwaltungsakt zu einem Tun, Dulden oder Unterlassen verpflichtet worden sein, Art. 18 Abs. 1 und 19 BayVwZVG[35].

Der Grundverwaltungsakt besteht hier in der Abrissanordnung, die dem B nach Art. 43 Abs. 1 Satz 1 BayVwVfG[36] wirksam bekannt gegeben wurde. In dieser wurde er aufgefordert, die Plakatvitrine zu entfernen, und damit zu einem Tun verpflichtet. Angesichts der wirksamen Anordnung der sofortigen Vollziehung nach § 80 Abs. 2 Satz 1 Nr. 4 VwGO war der Verwaltungsakt nach Art. 19 Abs. 1 Nr. 3 BayVwZVG[37] auch vollstreckbar.

Den allgemeinen Vollstreckungsvoraussetzungen könnte aber möglicherweise eine Rechtswidrigkeit der Abrissanordnung entgegenstehen. Gem. Art. 76 Satz 1 BayBO[38] kann eine Abrissanordnung nur ergehen, sofern nicht auf andere Weise rechtmäßige Zustände hergestellt werden können. Dies zielt auf eine mögliche nachträgliche Genehmigungsfähigkeit der Anlage ab. Wie bereits im Ausgangsfall dargestellt, hat der B einen Anspruch auf Erteilung einer Baugenehmigung. Die Anlage war somit lediglich formell rechtswidrig. Dies zieht eine Rechtswidrigkeit der Abrissanordnung nach sich, da durch einfache Beantragung einer Baugenehmigung, auf die nach Art. 68 Abs. 1 Satz 1 BayBO[39] ein Anspruch besteht, anderweitig rechtmäßige Zustände hergestellt werden könnten.

Fraglich ist aber, ob die Rechtswidrigkeit der Abrissanordnung auf die Ersatzvornahme durchschlägt. Nach einer früher vertretenen Auffassung besteht zwischen dem Grundverwaltungsakt und der Vollstreckungsmaßnahme in der Tat eine strenge Konnexität.[40] Sie ergebe sich aus den Verfassungsprinzipien der Gesetzmäßigkeit der Verwaltung, des Verhältnismäßigkeitsgrundsatzes und des effektiven Rechtsschutzes.[41] Hiernach wäre auch die Ersatzvornahme rechtswidrig.

Das zusätzliche Erfordernis eines rechtmäßigen Grundverwaltungsakts ist aber abzulehnen. So stellt Art. 19 Abs. 1 BayVwZVG[42] lediglich auf die Unanfechtbarkeit bzw. die sofortige Vollziehbarkeit eines wirksam bekanntgegebenen Grundverwaltungsakts ab.[43] Eine solche Einschränkung ist demnach schon aus dem Wortlaut nicht herzuleiten. Weiterhin käme durch eine Überprüfung der Rechtmäßigkeit im Vollstreckungsverfahren die Wirksamkeit des Grundverwaltungsakts, die ihm gerade durch die Bestandskraft bzw. die sofortige Vollziehbarkeit zukommen soll, nicht zur Geltung.[44] Entstehende Unbilligkeiten können im Rahmen des Ermessens innerhalb der Kostenentscheidung berücksichtigt werden. Die Rechtswidrigkeit der Abrissanordnung ist demnach unbeachtlich.

(2) Besondere Vollstreckungsvoraussetzungen

Im Rahmen der besonderen Vollstreckungsvoraussetzungen ist zu prüfen, ob die Ersatzvornahme das richtige Zwangsmittel darstellt und die Anwendung dem Grundsatz der Verhältnismäßigkeit genügt.

Gemäß Art. 29 Abs. 2 Nr. 2 i.V.m. Art. 32 BayVwVZG[45] ist die Ersatzvornahme nur für vertretbare Handlungen zulässig. Eine Handlung ist, wenn sie nach Sachverhaltslage anstelle des Pflichtigen auch von einem Dritten vorgenommen werden kann. Die Plakatvitrine konnte hier auch von den Arbeitern der Bauaufsichtsbehörde entfernt werden. Damit stellt die Ersatzvornahme das richtige Zwangsmittel dar.

---

[35] Vergleichbare Regelungen: § 1 Abs. 1 und § 2 LVwVG BW; §§ 55 Abs. 1 VwVG NW; §§ 1, 2 HVwVG.

[36] Vergleichbare Regelungen: § 43 Abs. 1 Satz 1 LVwVfG BW; § 43 Abs. 1 Satz 1 VwVfG NW; § 43 Abs. 1 Satz 1 HVwVfG.

[37] Vergleichbare Regelungen: § 2 Nr. 2 LVwVG BW; § 55 Abs. 1 VwVG NW; § 2 Nr. 2 HVwVG.

[38] Vergleichbare Regelungen: § 65 Satz 1 LBO BW, § 61 Abs. 1 Satz 1 und 2 BauO NW; § 72 Abs. 1 Satz 1 HBO.

[39] Vergleichbare Regelungen: § 58 Abs. 1 Satz 1 LBO BW; § 75 Abs. 1 Satz 1 BauO NW; § 64 Abs. 1 HBO.

[40] Vgl. die Übersicht bei *Weiß*, DÖV 2001, 275 ff.

[41] *Heckmann*, VBlBW 1993, 41 ff.

[42] Vergleichbare Regelungen: § 2 LVwVG BW, § 55 Abs. 1 VwVG NW; § 2 HVwVG.

[43] *BVerfG* NVwZ 1999, 290, 292.

[44] *Schenke/Baumeister*, NVwZ 1993, 1, 3.

[45] Vergleichbare Regelungen: § 19 Abs. 1 Nr. 2 und § 25 LVwVG BW; §§ 57 Abs. 1 Nr. 1, 59 Abs. 1 VwVG NW; § 74 Abs. 1 HVwVG.

Darüber hinaus muss im Rahmen des Art. 29 Abs. 3 BayVwVZG[46] das Zwangsmittel in einem angemessenen Verhältnis zu seinem Zweck stehen. Gründe, die für eine Unverhältnismäßigkeit der Ersatzvornahme sprechen, sind nicht ersichtlich. Insbesondere stand es B offen, eine auf den Erlass einer Baugenehmigung gerichtete Verpflichtungsklage zu erheben (zur Begründetheit einer solchen Klage siehe
den Ausgangsfall).

Zwischenergebnis: Damit war die Ersatzvornahme rechtmäßig.

b) Richtiger Kostenschuldner

Kostenschuldner ist nach Art. 2 Abs. 1 Satz 1 KostenG[47] derjenige, der die Amtshandlung veranlasst hat.
Richtiger Kostenschuldner ist damit B.

c) Ermessen hinsichtlich des Kostenbescheids

Letztlich steht der Erlass des Kostenbescheids auch im Ermessen der Bauaufsichtsbehörde.[48] Das Ermessen ist gerichtlich nur in den Grenzen des § 114 Satz 1 VwGO überprüfbar. Die Ermessensentschei-
dungen sind hiernach nur überprüfbar auf Ermessensunterschreitung, -überschreitung und -fehlge-
brauch.

Möglicherweise hätte die Bauaufsichtsbehörde aber die Rechtswidrigkeit der Abrissanordnung als
Grundverwaltungsakt bei der Ermessenausübung berücksichtigen müssen. Wie oben dargestellt, berührt die Rechtswidrigkeit des Grundverwaltungsakts die Rechtmäßigkeit der Vollstreckungsmaßnahme nicht. Dies beruht auf der Wertung, dass die sofortige Vollziehbarkeit aus Gründen der Effizienz
des Verwaltungshandelns eine sofortige Vollstreckung ermöglichen muss. Dieser Belang ist aber auf der
Ebene der hieran anschließenden Kosten nicht mehr gegeben. Als rechtliches Korrektiv könnte somit
zumindest die Kostentragung vom Betroffenen abgewendet werden.[49]

Es ist aber zu beachten, dass B keinerlei Rechtsschutz gegen die Abrissanordnung gesucht hat. Vielmehr hat er die einmonatige Klagefrist des § 74 Abs. 1 Satz 2 VwGO i.V.m. Art. 15 Abs. 2 AGVwGO
ab Bekanntgabe des Verwaltungsakts verstreichen lassen. Die Abrissanordnung ist damit formell bestandskräftig. Schutzwürdige Belange des B, die die Behörde im Rahmen des Ermessens hätte berücksichtigen können, entfallen somit. Unter dem Gesichtspunkt der gerechten Lastenverteilung bestehen
somit keine Bedenken gegen die Kostenanforderung.

Die Rechtmäßigkeit des Grundverwaltungsakts spielt daher im Rahmen des Ermessens keine Rolle.
Ermessensfehler der Bauaufsichtsbehörde sind diesbezüglich nicht ersichtlich.

Zwischenergebnis: Der Kostenbescheid ist sowohl formell als auch materiell rechtmäßig.

Ergebnis: Eine Klage des B wäre zulässig, aber angesichts der Rechtmäßigkeit des Kostenbescheids nicht
begründet. Von der Erhebung einer Anfechtungsklage ist ihm daher abzuraten.

---

[46] Vergleichbare Regelungen: § 19 Abs. 2 und 3 LVwG BW; § 58 VwVG NW; § 70 HVwVG.

[47] Vergleichbare Regelungen: § 5 Abs. 1 LGebG BW; § 77 Abs. 1 Satz 1 VwVG NW; § 80 Abs. 3 Satz 1 HVwVG
i.V.m. § 11 Abs. 1 HVwKostG.

[48] Umstritten, vgl. *Michaelis*, Jura 2003, 298, 303.

[49] *Michaelis*, Jura 2003, 298, 303.

Fall 7: Die Garage im Villenviertel *(Möstl)*

Sachverhalt

Die am idyllischen S-See gelegene bayerische kreisangehörige Gemeinde G verfügt über ein Villenviertel mit großen Grundstücken, aufgelockerter Bebauung und ausgedehnten Grünbereichen. In jüngerer Zeit ist es – über Baugenehmigungen auf der Basis des § 34 BauGB – in dem begehrten Wohnviertel vermehrt zu Verdichtungen der Bausubstanz gekommen, die den überkommenen großzügigen Charakter der Siedlung in Frage stellen. Gestützt auf Art. 81 Abs. 1 Nr. 6 BayBO[1] hat die Gemeinde für das Villenviertel daher eine Satzung zur Gestaltung des Ortsbildes beschlossen, die seitliche Abstandsflächen von 10 Metern vorschreibt, die auch von Nebenanlagen freizuhalten sind.

Der in dem Villenviertel wohnende E hat eine Garage an der Grundstücksgrenze zum Nachbarn errichtet. Eine Baugenehmigung hat er nicht beantragt, da er das Vorhaben für verfahrensfrei hält. Die Gemeinde G wendet sich an das Landratsamt und beantragt den Erlass einer Baubeseitigungsanordnung gegen E, da seine Garage gegen die örtliche Bauvorschrift verstoße. Das Landratsamt verweist auf sein Ermessen und will nicht einschreiten; Bauaufsicht sei eine Staatsaufgabe, die inhaltlich nicht durch den Schutz kommunaler Interessen bestimmt sei. Im Übrigen äußert es Zweifel, ob die Ortsbilderhaltungssatzung auf Art. 81 Abs. 1 Nr. 6 BayBO gestützt werden durfte und ob sie das Grundeigentum zumutbar beschränkt. Die Gemeinde G hat Klage zum Verwaltungsgericht erhoben und beantragt, den Beklagten zu verpflichten, dem E die Beseitigung der Garage aufzugeben, hilfsweise den Beklagten zu verpflichten, über den Erlass einer Beseitigungsanordnung erneut zu entscheiden.

Vermerk für die Bearbeiter: Hat die Klage der Gemeinde G Aussicht auf Erfolg?

Abwandlung: E hat – erneut ohne Genehmigung – die Nutzung seines Hauses geändert und im Erdgeschoss einen Tante-Emma-Laden eröffnet. Die Gemeinde verlangt vom Landratsamt eine Nutzungsuntersagung, weil die Nutzungsänderung weder genehmigt wurde, noch genehmigungsfähig wäre; sie weist in diesem Zusammenhang darauf hin, dass sie – bei ordnungsgemäßer Durchführung des Genehmigungsverfahrens – niemals ihr Einvernehmen nach § 36 BauGB erteilt hätte. Das Villenviertel sei seinem Gepräge nach ein reines Wohngebiet ohne jede gewerbliche Nutzung; diesen Charakter wolle sie auf jeden Fall erhalten. Hat die Gemeinde einen Anspruch auf bauaufsichtliches Einschreiten?

---

[1] In den anderen Ländern: § 74 Abs. 1 Nr. 6 LBO BW, § 86 Abs. 1 Nr. 6 BauO NW, § 89 Abs. 1 Nr. 5 SächsBO. Keine Regelung zu den Maßen der Abstandsflächentiefe in § 56 NdsBauO.

Lösung

A. Ausgangsfall

Die Klage hat Aussicht auf Erfolg, wenn sie zulässig und begründet ist.

I. Zulässigkeit

1. Verwaltungsrechtsweg, § 40 Abs. 1 Satz 1 VwGO

> **Zum Aufbau:** Die Eröffnung des Verwaltungsrechtswegs bleibt trotz § 17a Abs. 2 GVG Sachurteils- und insofern auch Zulässigkeitsvoraussetzung einer Klage vor den Verwaltungsgerichten. Vgl. im Einzelnen *Seidel/Reimer/Möstl*, Allgemeines Verwaltungsrecht, Fall 1.

Das Rechtsverhältnis zwischen der klagenden Kommune und dem Freistaat Bayern als Träger der Bauaufsicht, aus dem der streitentscheidende Anspruch auf Erlass einer Baubeseitigungsanordnung abgeleitet wird, wird von Normen des Baurechts sowie von der Garantie der kommunalen Selbstverwaltung (Art. 28 Abs. 2 GG) bestimmt, d. h. von Normen, die gerade Träger öffentlicher Gewalt als solche berechtigen oder verpflichten und daher nach der herrschenden Sonderrechtslehre als öffentlich-rechtlich zu beurteilen sind. Da auch keine verfassungsrechtliche Streitigkeit vorliegt (allein dass das verwaltungsrechtliche Rechtsverhältnis zwischen Kommune und Bauaufsicht auch durch die Verfassungsnorm des Art. 28 Abs. 2 GG determiniert sein kann, macht die Streitigkeit nicht zu einer verfassungsrechtlichen), ist der Verwaltungsrechtsweg nach § 40 Abs. 1 VwGO eröffnet.

2. Statthafte Klageart, § 88 VwGO

Die Klage ist im Hauptantrag auf Erlass einer Baubeseitigungsanordnung, d. h. auf den Erlass eines Verwaltungsakts i. S. v. Art. 35 Satz 1 BayVwVfG[2] gerichtet. Nicht nur gegenüber dem Bauherrn, sondern auch gegenüber der klagenden Gemeinde stellt die Baubeseitigungsanordnung bzw. ihre Ablehnung eine Regelung mit Außenwirkung dar, da der Gemeinde als einem vom Freistaat Bayern verschiedenen Rechtsträger gegenüber eine Entscheidung über die Durchsetzung von Ortsrecht getroffen wird. Statthaft ist folglich die Verpflichtungsklage in Form einer Versagungsgegenklage nach § 42 Abs. 1 Alt. 2 VwGO.

Zu klären ist, ob ein auf Vornahme der Beseitigungsanordnung gerichteter Antrag genügt, oder ob (hilfsweise) ein auf bloße Bescheidung gerichteter weiterer Antrag erforderlich ist. Nach h. A. ist der Bescheidungsantrag ein eigenständiges Institut im Rahmen der Verpflichtungsklage, den der Kläger auch selbstständig anstelle eines Vornahmeantrags stellen kann, um so – bei fehlender Spruchreife – eine (kostenpflichtige) Teilabweisung seiner Klage zu vermeiden.[3] Andererseits allerdings ist der Bescheidungsantrag als ein in jedem weitergehenden Vornahmeantrag automatisch enthaltenes Minus anzusehen, da das Gericht auch bei fehlender Spruchreife ohne weiteres, auch wenn allein ein Vornahmeantrag gestellt ist, auf Bescheidung erkennen kann und muss (§ 113 Abs. 5 Satz 2 VwGO). Die Stellung eines hilfsweisen Bescheidungsantrags neben einem Vornahmeantrag ist deswegen nicht nur überflüssig[4], sondern kann von vornherein nicht als ein eigenständiges (vom Hauptantrag verschiedenes) und im Wege der

---

[2] In den anderen Ländern: § 35 Satz 1 LVwVfG BW und VwVfG NW, § 1 Satz 1 SächsVwVfG und § 1 Abs. 1 NdsVwVfG i. V. m. § 35 Satz 1 VwVfG.

[3] *Pietzcker*, in: Schoch/Schmidt-Aßmann/Pietzner (Hrsg.), VwGO, § 42 Rn. 101 f.; *Kopp/Schenke*, VwGO, § 42 Rn. 8.

[4] *Happ*, in: Eyermann (Hrsg.), VwGO, § 42 Rn. 33.

Eventualklagehäufung (§ 44 VwGO) geltend gemachtes Klagebegehren verstanden werden. Vielmehr ist es eine reine Begründetheitsfrage, ob die Verpflichtungsklage letztlich zu einem Vornahmeausspruch nach § 113 Abs. 5 Satz 1 VwGO oder zu einem Bescheidungsausspruch nach § 113 Abs. 5 Satz 2 VwGO führt.

3. Klagebefugnis, § 42 Abs. 2 VwGO

Die Klägerin muss gemäß § 42 Abs. 2 VwGO geltend machen, durch die Ablehnung des begehrten Verwaltungsakts in ihren Rechten verletzt zu sein; das Bestehen des behaupteten Anspruchs darf nicht als ausgeschlossen erscheinen.

> **Zum Verständnis:** Im Rahmen der hiesigen Verpflichtungsklage würde es zu kurz greifen, die Klagebefugnis mit einem schlichten Hinweis auf die möglicherweise verletzte Selbstverwaltungsgarantie (Art. 28 Abs. 2 GG) zu begründen[5], denn erstens genügt bei der Verpflichtungsklage (anders als bei der Anfechtungsklage) nicht der Hinweis auf ein möglicherweise verletztes Recht, vielmehr ist ein möglicherweise bestehender Anspruch darzutun; zweitens ist nicht von vornherein sicher, dass die Selbstverwaltungsgarantie wirklich berührt ist. Zu argumentieren ist vielmehr folgendermaßen:

Ein Anspruch auf Erlass einer Baubeseitigungsanordnung oder jedenfalls einer ermessensfehlerfreien Entscheidung hierüber erscheint zwar als in verschiedener Hinsicht problematisch, nicht jedoch als von vornherein ausgeschlossen. Denn zwar steht der Erlass einer Baubeseitigungsanordnung im Ermessen des Staates (Art. 76 Satz 1 BayBO[6]: „kann"), sodass jedenfalls der Anspruch auf Erlass der Anordnung fraglich ist, und ist Bauaufsicht eine staatliche Angelegenheit (keine kommunale Aufgabe, vgl. Art. 54 Abs. 1 BayBO[7]), sodass darüber hinaus auch keineswegs sicher ist, dass die Gemeinde überhaupt irgendeine Rechtsposition (z. B. in Gestalt eines Anspruchs auf ermessensfehlerfreie Entscheidung) in Bezug auf die begehrte Beseitigungsanordnung hat. Zu bedenken ist andererseits jedoch, dass der Gemeinde wenigstens insofern ein subjektives Recht in Bezug auf die begehrte Beseitigungsanordnung zukommen könnte, als es – wie hier – um die bauaufsichtliche Durchsetzung einer örtlichen Bauvorschrift geht, die als Ausfluss der kommunalen Selbstverwaltung (Art. 28 Abs. 2 GG), also im eigenen Wirkungskreis[8] erlassen wurde (so nun ausdrücklich Art. 81 Abs. 1 BayBO: „im eigenen Wirkungskreis")[9].

Wenn nach alledem eine subjektive Rechtsposition der Gemeinde in Bezug auf die Baubeseitigungsanordnung daraus erwachsen könnte, dass es um die Durchsetzung von dem eigenen Wirkungskreis unterfallendem Ortsrecht geht, so erscheint jedenfalls ein Anspruch auf ermessensfehlerfreie Entschei-

---

[5] Vgl. *Erichsen*, Jura 1998 Heft 8, JK, GG Art. 28 II/23, kritisch zu *BayVGH* BayVBl. 1998, 81 f.

[6] Allein Nordrhein-Westfalen kennt keine spezielle Befugnisnorm für den Erlass einer Baubeseitigungsanordnung /Abrissverfügung, sodass dort auf die allgemeinen Ordnungsbefugnisse (§ 61 Abs. 1 Satz 2 BauO NW i. V. m. § 14 OBG NW) abzustellen ist (wie in Bayern dagegen z. B. § 65 Satz 1 LBO BW, § 89 Abs. 1 Satz 2 Nr. 4 NdsBauO, § 80 Satz 1 SächsBO). Auch in NW freilich ist anerkannt, dass für die Anwendung der allgemeinen ordnungsbehördlichen Befugnisse die in anderen Ländern für die Abbruchverfügung maßgeblichen Anforderungen entsprechend gelten (*Finkelnburg/Ortloff*, Öffentliches Baurecht II, S. 195 Fn. 4). Insbesondere steht die Inanspruchnahme der Befugnis – wie hier – im Ermessen der Behörde.

[7] In den anderen Ländern: In Baden-Württemberg sind die Aufgaben der unteren Bauaufsichtsbehörden Pflichtaufgaben nach Weisung, vgl. § 47 Abs. 4 Satz 1 LBO BW; in Niedersachsen Aufgaben im übertragenen Wirkungskreis, vgl. § 65 Abs. 2 NdsBauO; in Nordrhein-Westfalen handeln die unteren Bauaufsichtsbehörden als Ordnungsbehörden, vgl. § 60 Abs. 1 BauO NW; in Sachsen sind es Weisungsaufgaben mit unbeschränktem Weisungsrecht, vgl. § 58 Abs. 1 SächsBO.

[8] Die hier verwendete Terminologie „eigene" – „übertragene" (staatliche) Aufgaben ist auf Länder mit dualistischer Aufgabenkonzeption im Kommunalrecht zugeschnitten (Bayern, aber auch Niedersachsen, Mecklenburg-Vorpommern, Rheinland-Pfalz, Saarland, Sachsen-Anhalt, Thüringen); anders Länder mit Aufgabenmonismus, insbesondere Nordrhein-Westfalen, vgl. §§ 2, 3 GO NW (in eigener Verantwortung wahrzunehmende Selbstverwaltungsangelegenheiten – Pflichtaufgaben zur Erfüllung nach Weisung), in denen sich die Abgrenzungsproblematik nicht mit der gleichen Schärfe stellt.

[9] Solch eine ausdrückliche Regelung findet sich weder in Baden-Württemberg, noch in Niedersachsen, Nordrhein-Westfalen oder Sachsen.

dung als möglich,[10] und auch, dass sich diese Rechtsposition im Wege der Ermessensreduzierung auf Null zu einem Anspruch auf Erlass der Anordnung verdichtet, erscheint nicht als von vornherein ausgeschlossen.

Die Klagebefugnis ist deswegen zu bejahen.

4. Vorverfahren

Das nach § 68 Abs. 2 VwGO grundsätzlich erforderliche Vorverfahren ist in Bayern nach Art. 15 Bay-AGVwGO seit dem 1. Juli 2007 entfallen (vgl. dazu Fall 1).

5. Klagefrist

Von der Einhaltung der Klagefrist des § 74 Abs. 1 Satz 2 VwGO ist auszugehen.

6. Beteiligungsfähigkeit

Sowohl die klagende Gemeinde (Gebietskörperschaft nach Art. 1 Satz 1 BayGO[11]) als auch der beklagte Freistaat Bayern sind als juristische Personen des öffentlichen Rechts nach § 61 Nr. 1 2. Alt. VwGO beteiligungsfähig.

7. Prozessfähigkeit

Die Gemeinde wird gemäß § 62 Abs. 3 VwGO vertreten, und zwar nach Art. 38 Abs. 1 BayGO[12] durch ihren ersten Bürgermeister; der Freistaat Bayern wird ebenfalls gemäß § 62 Abs. 3 VwGO vertreten, und zwar nach Art. 16 AGVwGO, § 5 Abs. 1 Satz 1 lit. a, Abs. 2 Satz 1 LABV grundsätzlich durch das Landratsamt als Ausgangsbehörde.

8. Zuständiges Gericht:

§§ 45, 52 Abs. 3 Satz 5 i.V.m. Satz 1 VwGO

9. Ordnungsgemäße Antragstellung

Vgl. §§ 81 f. VwGO

Zwischenergebnis: Die Klage ist zulässig.

II. Beiladung

Da E an dem streitigen Rechtsverhältnis zwischen den Parteien in der Weise beteiligt ist, dass die Entscheidung auch ihm gegenüber nur einheitlich ergehen kann, ist er nach § 65 Abs. 2 VwGO notwendig beizuladen.

---

[10] Vgl. zum Fall einer Kfz-Stellplatzsatzung: *VG München*, Beschluss vom 9. 2. 2007, Az. M 11 S 06.2936, Tz. 21 (juris); zum Fall einer Dachformregelung: *VG Augsburg*, Beschluss vom 29. 3. 2006, Az. Au 5 S 06.293, Tz. 32 (juris); und zum Fall einer Sanierungsgebietssatzung: *OVG Weimar*, BauR 1999, 164 (167).

[11] In den anderen Ländern: § 1 Abs. 4 GemO BW, § 1 Abs. 2 Nds. GO, § 1 Abs. 2 GO NW, § 1 Abs. 3 Sächs-GemO.

[12] In den anderen Ländern: § 42 Abs. 1 Satz 2 GemO BW, § 63 Abs. 1 Satz 2 Nds. GO, § 63 Abs. 1 Satz 1 GO NW, § 51 Abs. 1 Satz 2 SächsGemO.

> **Zum Verständnis:** Anders als bei Anfechtungsklagen eines Dritten gegen die einem Bauherrn erteilte Baugenehmigung, bei der das Gericht die Genehmigung ggf. kassiert und so die Rechtsposition des Bauherrn unmittelbar gestaltet (so dass seine notwendige Beiladung nicht zweifelhaft sein kann), ist die notwendige Beiladung des Bauherrn bei von Dritten erhobenen Verpflichtungsklagen auf bauaufsichtliches Einschreiten gegen den Bauherrn keineswegs selbstverständlich. Denn wenn das Gericht der Verpflichtungsklage stattgibt und die Behörde daraufhin die beantragte Beseitigungsanordnung erlässt, bleibt es dem Bauherrn prinzipiell unbenommen, sich im Wege der Anfechtungsklage gegen diese Anordnung zu wehren, so dass zweifelhaft erscheint, ob das zuerst ergangene Verpflichtungsurteil die Position des Bauherrn wirklich „unmittelbar" betrifft und in diesem Sinne nur „einheitlich" gegenüber dem klagenden Dritten und dem (u. U. beizuladenden) Bauherrn ergehen kann. Erst die ggf. erfolgende Beiladung schlägt dem Bauherrn – aufgrund der mit ihr verbundenen Rechtskrafterstreckung (§§ 121 Nr. 1, 63 Nr. 3 VwGO) – die Möglichkeit einer späteren Anfechtung aus der Hand. Dennoch nimmt die Praxis aus Erwägungen des Rechtsschutzes (Beteiligungsrechte des Beizuladenden bereits im Verpflichtungsprozess) und der Prozessökonomie (Vermeidung eines späteren Anfechtungsprozesses) eine notwendige Beiladung an, wenn der Kreis der potentiell Beizuladenden ohne weiteres feststeht (wie z. B. hier, wo von vornherein klar ist, dass gerade E Adressat der beantragten Baubeseitigungsanordnung wäre; anders dagegen z. B. Verpflichtungsklagen auf Erteilung bau- oder immissionsschutzrechtlicher Genehmigungen, bei denen nicht feststeht, ob und wie viele Nachbarn hiervon betroffen sind); das „Unmittelbarkeitsdefizit", das allein daraus resultiert, dass das Verpflichtungsurteil die Rechtslage nicht selbst gestaltet, sondern nur zum Erlass eines die Rechtslage gestaltenden VA verpflichtet, wird als in der Sache letztlich vernachlässigbar angesehen.[13]

III. Begründetheit

Richtiger Beklagter ist gemäß § 78 Abs. 1 Nr. 1 VwGO der Freistaat Bayern als Träger des Landratsamtes, das als untere Bauaufsichtsbehörde den ablehnenden Bescheid erlassen hat (Art. 53 Abs. 1 Satz 2, Satz 1, 54 Abs. 1 BayBO i. V. m. Art. 37 Abs. 1 Satz 2 LKrO).

Begründet ist die Klage, soweit die Ablehnung des Verwaltungsakts rechtswidrig war, die Klägerin hierdurch in ihren Rechten verletzt und die Sache spruchreif ist (§ 113 Abs. 5 VwGO). Dies ist der Fall, soweit die Klägerin einen Anspruch auf Erlass einer Baubeseitigungsanordnung gegenüber E oder zumindest einen Anspruch auf (erneute) ermessensfehlerfreie Entscheidung hat.

> **Zum Aufbau:** Bei der Prüfung eines Anspruchs auf bauaufsichtliches Einschreiten besteht grundsätzlich ein aufbaumäßiges Wahlrecht, ob man zuerst die objektive Zulässigkeit des begehrten Einschreitens und sodann die Reichweite der subjektiven Rechtsposition des Klägers prüft oder aber ob man umgekehrt vorgeht. Allein aus klausurtaktischen Gründen (um die Prüfung nicht vorzeitig abbrechen oder aber auf hilfsgutachtliche Erwägungen ausweichen zu müssen) wird hier die Reichweite der subjektiven Rechtsposition (weil die Klage hieran nicht scheitert) zuerst thematisiert; der Anspruch soll „erst" und nicht „bereits" am objektiven Nichtvorliegen der Voraussetzungen der beantragten Beseitigungsanordnung scheitern. In der Abwandlung wird – aus den gleichen taktischen Gründen – die umgekehrte Vorgehensweise gewählt.

1. Existenz und Reichweite einer subjektiven Rechtsposition der Gemeinde G zur Erwirkung der Baubeseitigungsanordnung

a) Erwächst der Gemeinde aus Art. 76 BayBO i. V. m. der Selbstverwaltungsgarantie überhaupt eine subjektive Rechtsposition?

Fraglich ist zuerst, ob die Gemeinde G ein subjektives Recht darauf haben kann, dass eine derartige Beseitigungsanordnung ergeht. Bei der Frage, ob der Gemeinde eine subjektive Rechtsposition in Bezug

---

[13] Zum Ganzen: *Kopp/Schenke*, VwGO, § 65 Rn. 18, 18a; *Bier*, in: Schoch/Schmidt-Aßmann/Pietzner, VwGO, § 65 Rn. 22; *Czybulka*, in: Sodan/Ziekow, VwGO, § 65 Rn. 135; siehe auch *BVerwG* NJW 1993, 79.

auf die Beseitigungsanordnung zukommt, geht es nicht allein darum, ob die Gemeinde einen Anspruch auf Baubeseitigung oder aber nur einen Anspruch auf ermessensfehlerfreie Entscheidung hierüber hat. Vielmehr ist noch grundsätzlicher zu fragen, ob die Gemeinde überhaupt irgendeine subjektive Rechtsposition geltend machen kann.

> **Zum Verständnis:** Falsch wäre es insbesondere, allein aus der Tatsache, dass Art. 76 BayBO eine Ermessensnorm ist, zu schließen, dass der Gemeinde auch ein Anspruch auf fehlerfreie Ermessensentscheidung zukommen müsste. Einen generellen Anspruch auf fehlerfreies Ermessen nämlich gibt es nicht, ein Anspruch auf fehlerfreies Ermessen besteht im Einklang mit der herrschenden Schutznormtheorie vielmehr nur, soweit die Ermessensnorm nicht nur dem öffentlichen Interesse, sondern auch den Interessen des Anspruchsstellers zu dienen bestimmt ist.[14]

Art. 76 BayBO begründet eine Befugnis gegenüber dem Bauherrn, sie ist nicht als eine Anspruchsnorm zugunsten Dritter konzipiert. Primärer Zweck der Befugnisnorm und des der Behörde eingeräumten Ermessens ist die Durchsetzung baurechtlicher Anforderungen; die Norm ist insoweit der Sicherung der Unversehrtheit der Rechtsordnung, d.h. der Abwehr von Gefahren für die öffentliche Sicherheit, also einem öffentlichen Interesse verpflichtet. Die früher (bis in die 1950er Jahre) herrschende Ansicht leitete aus dieser Ausrichtung der bauaufsichtlichen Befugnisse auf die öffentliche Sicherheit ab, Ansprüche Dritter auf bauaufsichtliches Einschreiten, und sei es nur in Gestalt eines Anspruchs auf fehlerfreies Ermessen, könne es grundsätzlich nicht geben.[15] Auch die jetzige Rechtspraxis erkennt nicht etwa einen grundsätzlichen, jedermann berechtigenden Anspruch auf fehlerfreies Ermessen an, hat aber doch Fallgruppen herausgearbeitet, in denen Dritten eine subjektive Rechtsposition in Bezug auf bauaufsichtliches Einschreiten zukommt.[16] Dies geschah zu Recht, denn in der Tat gibt es Konstellationen, in denen der Gedanke des Schutzes der öffentlichen Sicherheit und des Schutzes Dritter, wie er nach der Schutznormtheorie Voraussetzung für subjektiv-öffentliche Rechte ist, in keinem Widerspruch zueinander stehen, sondern zusammenfallen. Vor allem zwei Fallgruppen sind relevant (zu einer dritten Fallgruppe vgl. die Abwandlung):

■ Zum einen diejenige Fallgruppe, in der es bei der Baubeseitigungsanordnung um die Durchsetzung einer Norm geht, die ihrerseits einen Dritten (insbesondere den Nachbarn) schützt. Soweit das Bauvorhaben nachbarschützende Vorschriften verletzt, hat der Nachbar jedenfalls Anspruch auf ermessensfehlerfreie Entscheidung über bauaufsichtliches Einschreiten. Dies ist auch konsequent, da bei der Durchsetzung drittschützender Normen die bauaufsichtliche Befugnis sowohl dem öffentlichen (Unversehrtheit der Rechtsordnung) als auch dem privaten Interesse (Nachbarschutz) zu dienen bestimmt ist.

■ Die andere – im hiesigen Fall in Frage kommende – Fallgruppe[17] bezieht sich auf die bauaufsichtliche Durchsetzung von Normen, die zwar nicht einen Dritten schützen, aber von einem Dritten (der Gemeinde) im Rahmen einer ihr zukommenden Satzungsautonomie erlassen wurden, sodass die Durchsetzung der Norm wiederum nicht allein im öffentlichen Interesse, sondern zugleich im spezifischen Interesse eines Dritten (der Gemeinde) liegt. Dass der Gemeinde in solchen Konstellationen eine subjektive Rechtsposition in Bezug auf das bauaufsichtliche Einschreiten zukommen muss, ergibt sich sowohl aus der Schutznormtheorie, da die bauaufsichtliche Rechtsdurchsetzung insoweit nicht nur dem staatlichen, sondern auch dem Interesse eines dritten Normgebers zu dienen bestimmt ist, als auch aus der verfassungsrechtlichen Garantie der kommunalen Selbstverwaltung (Art. 28 Abs. 2 GG, Art. 11 Abs. 2 Satz 2 BV[18]): Zu der von der Selbstverwaltungsgarantie gewährleisteten Eigenverantwortlichkeit im Bereich der den Gemeinden zugewiesenen Satzungsautonomie muss grundsätzlich nämlich auch die Rechtsmacht zur Durchsetzung dieses autonom gesetzten Rechts gerechnet wer-

---

[14] *Maurer*, Allgemeines Verwaltungsrecht, § 8 Rn. 15.

[15] *Mampel*, DVBl. 1999, 1403.

[16] *Decker*, in: Simon/Busse, BayBO, Bd. II, Art. 82 a.F. Rn. 479 ff.; *König*, in: Dürr/König, Baurecht (Bayern), 4. Aufl., 2000, Rn. 454.

[17] *Decker*, in: Simon/Busse, BayBO, Bd. II, Art. 82 a.F. Rn. 495 ff.; *BVerwG* NVwZ 1992, S. 878 (879).

[18] In den anderen Ländern: Art. 71 Abs. 1 Satz 1 Verf BW, Art. 57 Abs. 1 NdsVerf, Art. 78 Abs. 1 Verf NW, Art. 82 Abs. 2 SächsVerf.

den.[19] Ist die Durchsetzung des Ortsrechts dagegen – wie im Baurecht (vgl. Art. 53 Abs. 1 Satz 1 und 2 BayBO[20]) – den Gemeinden entzogen und beim Staat monopolisiert, so muss der Gemeinde, soll das Selbstverwaltungsrecht nicht leerlaufen, in Bezug auf die staatliche Durchsetzung des Ortsrechts zumindest eine subjektive Rechtsposition zukommen.

Die Anwendung der soeben beschriebenen Fallgruppe auf den hiesigen Fall setzt freilich voraus, dass das durchzusetzende Ortsrecht – hier die örtliche Bauvorschrift – auch wirklich im eigenen Wirkungskreis[21] der Gemeinde erlassen wurde. Wäre der Normerlass dagegen Teil des übertragenen Wirkungskreises, könnte weder die Selbstverwaltungsgarantie als Basis eines Rechtsdurchsetzungsanspruchs greifen, noch passte der Gedanke der Schutznormtheorie, denn wäre der Erlass örtlicher Bauvorschriften eine staatliche, der Gemeinde nur übertragene Angelegenheit, könnte nicht davon ausgegangen werden, dass die Rechtsdurchsetzungsnorm des Art. 76 BayBO insoweit auch dem eigenständigen Interesse eines vom Staat verschiedenen Dritten zu dienen bestimmt ist.

Erst mit der Neufassung des Art. 81 Abs. 1 BayBO (früher Art. 91 Abs. 1 BayBO) im Zuge der Novellierung der BayBO 2008 hat der Gesetzgeber nunmehr ausdrücklich klargestellt, dass örtliche Bauvorschriften „im eigenen Wirkungskreis" erlassen werden. Der Gemeinde G kommt deswegen in Bezug auf die Durchsetzung dieser örtlichen Bauvorschrift durch den Staat eine subjektive Rechtsposition zu.

> **Zum Verständnis:** Vor dieser Klarstellung durch Art. 81 Abs. 1 BayBO n. F. war die Zugehörigkeit örtlicher Bauvorschriften zum eigenen oder übertragenen Wirkungskreis lange Zeit streitig oder jedenfalls nicht eindeutig geregelt gewesen. Zwar war bereits die seit 1982 gültige ausdrückliche Qualifizierung als „Satzung" (zuvor: „Rechtverordnung") ein starkes Indiz für die Zugehörigkeit zum eigenen Wirkungskreis. Zwingend ist diese Zuordnung indes nicht (vgl. Art. 23 Satz 2 BayGO[22]: Satzungen im übertragenen Wirkungskreis). Auch sind örtliche Bauvorschriften jedenfalls nicht Ausfluss der Planungshoheit der Gemeinde;[23] sie gehören nicht zum Bauplanungsrecht, sondern zum Bauordnungsrecht (Baupolizeirecht). Baupolizeiliche Aufgaben jedoch sind grundsätzlich staatliche, den Gemeinden allenfalls übertragene Angelegenheiten (vgl. Art. 54 Abs. 1 BayBO). Art. 83 Abs. 1 BV zeigt für Bayern andererseits, dass Aufgaben der „örtlichen Polizei" auch zum eigenen Wirkungskreis gehören können. Für eine Zuordnung zu den eigenen Angelegenheiten spricht vor allem, dass es sich bei *örtlichen* Bauvorschriften, insbesondere solchen zur Gestaltung des *Orts*bildes nach Art. 81 Abs. 1 Nr. 1 oder Nr. 6 BayBO um typisch *örtliche* Angelegenheiten handelt, d. h. um Angelegenheiten, die in der örtlichen Gemeinschaft wurzeln und auf sie einen spezifischen Bezug haben und daher grundsätzlich der Selbstverwaltungsgarantie unterfallen. Hinzu kommt, dass der Gesetzgeber auch durch weitere Regelungen (z. B. die Möglichkeit, örtliche Bauvorschriften durch Bebauungsplan zu erlassen, nach Art. 81 Abs. 3 Satz 1 BayBO[24] oder das § 36 BauGB entsprechende Einvernehmenserfordernis bei Abweichungen von örtlichen Bauvorschriften nach Art. 63 Abs. 3 Satz 2 BayBO[25]) zum Ausdruck gebracht hat, dass er die örtlichen Bauvorschriften den eigenen Angelegenheiten zurechnet. Die ausdrückliche Zuweisung zum eigenen Wirkungskreis durch Art. 81 Abs. 1 BayBO n. F. ist daher konsequent und entspricht auch der bereits zuvor h. M.[26]

b) Anspruch auf Erlass der Baubeseitigungsanordnung?

Fraglich ist, wie weit die der Gemeinde zukommende subjektive Rechtsposition reicht. Reicht sie insbesondere so weit, dass die Gemeinde einen Anspruch auf Erlass der begehrten Baubeseitigungsanordnung geltend machen kann oder hat sie nur einen Anspruch auf fehlerfreie Ermessensausübung?

---

[19] *Erichsen*, Jura 1998, Heft 8, JK GG Art. 28 II/23.

[20] In den anderen Ländern: § 46 Abs. 1 Nr. 3 i. V. m. Abs. 2, 5 LBO BW, § 63 Abs. 1 Satz 1 NdsBauO, § 60 Abs. 1 Nr. 3 b BauO NW, § 57 Abs. 1 Nr. 1 SächsBO.

[21] In Ländern mit Aufgabenmonismus (vgl. bereits Fn. 6) stellt sich die Frage nicht mit dieser Schärfe.

[22] So auch § 6 Abs. 1 Satz 2 Nds. GO.

[23] Schief: *König*, in: Dürr/König, Baurecht (Bayern), 4. Aufl. 2000, Rn. 455 a. E.

[24] § 74 Abs. 7 i. V. m. Abs. 6 LBO BW, § 86 Abs. 4 BauO NW, § 89 Abs. 2 SächsBO.

[25] § 86 Abs. 5 BauO NW, § 67 Abs. 3 SächsBO.

[26] Für eine Zuordnung zum eigenen Wirkungskreis schon vor Art. 81 Abs. 1 BayBO n. F.: *BayVGH* NVwZ 1998, 205 m. w. N.; s. a. *Decker*, in: Simon/Busse, BayBO, Bd. II, Art. 91 a. F. Rn. 37 ff.

Art. 76 Satz 1 BayBO ist eine Ermessensnorm. Einen Anspruch auf Erlass einer Baubeseitigungsanordnung kann es folglich nur im Falle einer *Ermessensreduzierung auf Null*[27] geben, wenn aufgrund der besonderen Umstände also nur eine einzige Entscheidung (der Erlass der Beseitigungsanordnung) als ermessenfehlerfrei nach den Kriterien des Art. 40 BayVwVfG[28], § 114 VwGO erschiene. Die Einräumung von Verwaltungsermessen durch den Gesetzgeber bezweckt einen von den Gerichten nach dem Gewaltenteilungsprinzip zu respektierenden Entscheidungsfreiraum der Verwaltung,[29] sodass eine Ermessensreduzierung nur ausnahmsweise, so etwa bei erheblichen Gefahren für besonders wichtige Rechtsgüter, bei einer schwerwiegenden Betroffenheit von Grundrechten etc. in Betracht kommt.[30] Derartige besondere Gründe sind im vorliegenden Fall nicht ersichtlich.

Eine Ermessensschrumpfung kann insbesondere nicht allein deswegen angenommen werden, weil es um einen Fall der Durchsetzung von nach Art. 28 Abs. 2 GG geschütztem Ortsrecht geht. Denn zwar hat, wie unter a) gezeigt, die aus dem Selbstverwaltungsrecht resultierende Rechtsposition der Gemeinde bei der Entscheidung über die Beseitigungsanordnung ins Gewicht zu fallen. Der Schutz, den das Ortsrecht der Gemeinden auf diese Weise erhält, kann im Ergebnis aber kein höherer sein als der, den die Durchsetzung jeglichen Rechts beanspruchen kann. Ortsrecht ist kein höherrangiges Recht, das etwa zwingender durchzusetzen wäre als sonstiges Baurecht. Es darf dem Bürger (dem E) nicht zum Nachteil gereichen (indem eine automatische Pflicht zur Baubeseitigung angenommen würde), dass die verletzte Norm gerade von der Gemeinde, und nicht vom Staat erlassen wurde. Art. 28 Abs. 2 GG gibt der Gemeinde also nur einen Anspruch darauf, dass das Interesse der Rechtsdurchsetzung, das jede Norm beanspruchen kann, auch im Falle des von ihr erlassenen Ortsrechts angemessen berücksichtigt wird. Ein gesteigertes, sich in einem Anspruch auf Baubeseitigung niederschlagendes Interesse an der Durchsetzung von Ortsrecht gewährleistet Art. 28 Abs. 2 GG dagegen nicht.

c) Anspruch auf ermessensfehlerfreie Entscheidung

Die Gemeinde hat – das ist das Ergebnis des bis hierher Gesagten – zwar keinen Anspruch auf Erlass der Baubeseitigungsanordnung, sie hat aber doch einen Anspruch darauf, dass das Interesse an der Durchsetzung des von ihr erlassenen Ortsrechts bei der Entscheidung über die Baubeseitigung angemessen berücksichtigt wird. Sie hat insofern einen Anspruch auf fehlerfreie Ermessensausübung.[31] Ein Anspruch auf erneute Entscheidung durch das Landratsamt folgt hieraus allerdings nur, wenn nicht bereits die erste Entscheidung ermessensfehlerfrei war und den Anspruch auf ermessensfehlerfreie Entscheidung damit erfüllt hat. An der Fehlerfreiheit der Ermessensbetätigung des Landratsamtes könnten im vorliegenden Fall – legt man die Maßstäbe des Art. 40 BayVwVfG, § 114 Satz 1 VwGO zugrunde – Zweifel bestehen:

- Erstens entspricht es nach st. Rspr. regelmäßig pflichtgemäßer Ermessensbetätigung, wenn gegen eine baurechtswidrige Anlage auch eingeschritten wird (Regelermessen, intendiertes Ermessen).[32] Will die Behörde von dieser regelmäßig richtigen Entscheidung abweichen und von einem Einschreiten absehen, so muss sie hierfür entsprechende Gründe anführen. Ob dies geschehen ist, ist hier nicht sicher.

- Zweitens erscheint es fraglich, ob die Behörde mit ihrer – so nicht richtigen – Aussage, Bauaufsicht sei eine staatliche Aufgabe, die inhaltlich nicht durch kommunale Interessen bestimmt sei, ihrer Pflicht, das durch die Selbstverwaltungsgarantie geschützte Interesse der Gemeinde an einer Durchsetzung ihres Ortsrechts angemessen zu berücksichtigen, wirklich hinreichend nachgekommen ist.

Auf all dies (d. h. auf alle Fragen des Rechtsfolgeermessens) kommt es im vorliegenden Fall jedoch nicht an, wenn – vorgelagert – bereits die tatbestandlichen Voraussetzungen für die beantragte Baubeseitigungsanordnung nicht gegeben waren und ein Anspruch auf bauaufsichtliches Einschreiten bereits hieran scheitert.

---

[27] Zur Ermessensreduzierung bei Art. 76 BayBO: *Decker*, in: Simon/Busse, BayBO, Bd. II, Art. 82 a. F. Rn. 219.

[28] In den anderen Ländern: § 40 LVwVfG BW und VwVfG NW, § 1 Satz 1 SächsVwVfG und § 1 Abs. 1 Nds-VwVfG i. V. m. § 40 VwVfG.

[29] Darauf weist *BayVGH* BayVBl. 1998, 81 (82) hin.

[30] *Maurer*, Allgemeines Verwaltungsrecht, § 7 Rn. 24 f.

[31] So *BayVGH* BayVBl. 1998, 81; *BVerwG* NVwZ 1992, 878.

[32] *BayVGH* BayVBl. 1998, 81 (82); *Decker*, in: Simon/Busse, BayBO, Bd. II, Art. 82 a. F. Rn. 204.

2. Voraussetzungen einer Baubeseitigungsanordnung nach Art. 76 Satz 1 BayBO[33]

Ein Anspruch der Gemeinde in Bezug auf den Erlass einer Beseitigungsanordnung nach Art. 76 Satz 1 BayBO setzt voraus, dass die tatbestandlichen Voraussetzungen der begehrten Beseitigungsanordnung überhaupt gegeben sind.

a) Widerspruch zu öffentlich-rechtlichen Vorschriften
Die zentrale tatbestandliche Voraussetzung einer Baubeseitigungsanordnung besteht nach Art. 76 Satz 1 BayBO darin, dass Anlagen im Widerspruch zu öffentlich-rechtlichen Vorschriften errichtet oder geändert werden.

aa) Formelle Baurechtswidrigkeit
Da Garagen nach der ausdrücklichen Regelung des Art. 57 Abs. 1 Nr. 1 lit. b BayBO[34] verfahrensfrei sind, liegt jedenfalls keine formelle Baurechtswidrigkeit vor.

bb) Materielle Baurechtswidrigkeit – Verstoß gegen die örtliche Bauvorschrift
Die Genehmigungsfreiheit nach Art. 57 BayBO entbindet nicht von der Pflicht zur Einhaltung der Anforderungen des materiellen Baurechts (Art. 55 Abs. 2 BayBO).[35] Die Anforderungen der örtlichen Bauvorschrift waren daher bei Errichtung der Garage zu beachten. In der Sache liegt ein Verstoß gegen die Regelungen der örtlichen Bauvorschrift vor, da die Garage direkt an der Grundstücksgrenze errichtet wurde. Sie hält damit nicht die auch für Nebenanlagen geltende Abstandsfläche von 10 Metern ein. In jedem Fall kann der Verstoß gegen die örtliche Bauvorschrift freilich nur dann zur materiellen Illegalität der Garage führen, wenn diese Bauvorschrift ihrerseits rechtmäßig und wirksam ist.

- **Formelle Rechtmäßigkeit der Bauvorschrift:** Die Zuständigkeit der Gemeinde G für örtliche Bauvorschriften ist nach Art. 81 BayBO gegeben und über das Verfahren des Erlasses der Bauvorschrift nichts weiter bekannt.

> **Zur Vertiefung:** Örtliche Bauvorschriften können (Wahlrecht!) nach Art. 81 Abs. 2 BayBO auch „durch Bebauungsplan" erlassen werden, d. h. Regelungsgegenstände des Art. 81 BayBO können in einen Bebauungsplan integriert werden und werden damit zu Festsetzungen des Bebauungsplans; diese Ergänzung der nach § 9 Abs. 1 BauGB regulär möglichen Festsetzungen eines Bebauungsplans gestattet § 9 Abs. 4 BauGB ausdrücklich. Im Fall einer derartigen Integration in den Bebauungsplan sind die prozeduralen Anforderungen des Planaufstellungsverfahrens nach dem BauGB (Öffentlichkeits-, Behördenbeteiligung, Begründungspflichten etc.) sowie das Abwägungsgebot (§§ 1 Abs. 7, 2 Abs. 3 BauGB) auf den Erlass der örtlichen Bauvorschrift entsprechend anzuwenden (Art. 81 Abs. 2 Satz 2 BayBO).[36] Im vorliegenden Fall ist jedoch nichts dafür ersichtlich, dass die Ortsbildgestaltungssatzung in einen Bebauungsplan integriert wäre; vielmehr ist von einer eigenständigen örtlichen Bauvorschrift (selbständige Satzung) auszugehen. In diesem Fall gelten die besonderen prozeduralen und inhaltlichen Maßgaben des BauGB nicht, sondern es bleibt bei den gewöhnlichen Anforderungen an die formelle und materielle Rechtmäßigkeit kommunaler Satzungen.

- **Materielle Rechtmäßigkeit der Bauvorschrift:** Hinsichtlich der materiellen Rechtmäßigkeit stellen sich vor allem zwei Fragen:

---

[33] Zur Rechtslage in Nordrhein-Westfalen vgl. bereits Fn. 6.

[34] In den anderen Ländern: nicht eindeutig in § 50 Abs. 1 i.V.m. Anhang Nr. 1, § 51 Abs. 1 Nr. 5 LBO BW, § 69 Abs. 1 Satz 1 i.V.m. Anhang Nr. 1.1, § 69a Abs. 1 NdsBauO. Anders: § 65 Abs. 1 Nr. 1 a.E. BauO NW. Wie in Bayern § 61 Abs. 1 Nr. 1 b SächsBO.

[35] In den anderen Ländern: § 50 Abs. 5 LBO BW, § 69 Abs. 6 Satz 1 NdsBauO, § 65 Abs. 4 BauO NW, § 59 Abs. 2 SachsBO.

[36] Vgl. *VG Ansbach*, Urteil vom 29. 11. 2006, Az. AN 3 K 05.02019, Tz. 28 (juris); *VG Würzburg*, Urteil vom 5. 4. 2005, Az. W 4 K 05.186, Tz. 36 (juris). Vgl. zur abweichenden Rechtslage in Hessen: *VGH Kassel* NVwZ-RR 2007, 746 (747); *VGH Kassel* BRS 69 Nr. 150, S. 669 (702); bzw. in Schleswig-Holstein: *BVerwG* BauR 2005, 1752 f.

Die Bauvorschrift muss zunächst inhaltlich von einer Satzungsermächtigung des Art. 81 BayBO gedeckt sein. Art 81 Abs. 1 Nr. 6 BayBO ermächtigt die Gemeinde zum Erlass von Bauvorschriften über
abweichende Maße der Abstandsflächentiefe, soweit dies zur Gestaltung des Ortsbildes erforderlich
ist.[37]

- Fraglich ist bereits, ob die Grenzen der durch Art. 81 Abs. 1 Nr. 6 BayBO erteilten Regelungsermäch-
tigung eingehalten sind: Art. 81 Abs. 1 Nr. 6 BayBO gestattet, wie durch seinen neuen Wortlaut ausdrücklich klargestellt werden sollte, allein die Regelung einer abweichenden Abstandsflächentiefe,
nicht jedoch die Einführung eines von Art. 6 BayBO[38] grundsätzlich abweichenden Abstandsflächen-
systems.[39] Die Satzung erschöpft sich jedoch nicht in der Statuierung einer abweichenden Abstandsflächentiefe, vielmehr ist die hinzutretende Regelung, dass die Abstandsflächen auch von Nebenanlagen freizuhalten sind, als eine grundsätzliche Abweichung von der Systementscheidung des Art. 6
Abs. 9 Satz 1 Nr. 1 BayBO[40] anzusehen, wonach Garagen in den Abstandsflächen zulässig sind, d. h.
Abstandsflächen gerade auch den Zweck haben sollen, als Freifläche für Garagen zu Verfügung zu
stehen.[41] Auch dass die Abstandsfläche von 10 Metern pauschal und völlig unabhängig von der
Wandhöhe bemessen wird, stellt sich als eine grundsätzliche Abweichung von einer Systementscheidung des Art. 6 Abs. 4 BayBO[42] dar.

- Fraglich ist darüber hinaus, ob die tatbestandlichen Voraussetzungen für einen Satzungserlass nach
Art. 81 Abs. 1 Nr. 6 BayBO gegeben sind. Nicht einschlägig ist jedenfalls die dort vorgesehene Alternative „oder der Verbesserung der Wohnqualität dient". Wohnqualität im Sinne dieser Tatbestandsalternative bezieht sich auf die klassischen Ziele des Abstandsflächenrechts, eine ausreichende Belichtung, Besonnung und Belüftung zu gewährleisten.[43] Art. 81 Abs. 1 Nr. 6 gestattet insoweit – zur
Verbesserung der Wohnqualität – auch eine großzügigere Bemessung der Abstandsflächen, die über
das in Art. 6 BayBO normierte Mindestmaß hinausgeht. Es ist jedoch nicht ersichtlich, dass der
Zweck der Verbesserung der Wohnqualität durch eine verbesserte Belichtung und Belüftung für den
Erlass der Satzung irgendeine Rolle gespielt hätte. Vielmehr ist die Satzung ausdrücklich als eine Satzung zur Gestaltung des Ortsbildes bezeichnet, die sich somit ausschließlich auf die erste Tatbestandsalternative des Art. 81 Abs. 1 Nr. 6 BayBO („soweit dies zur Gestaltung des Ortsbildes … erforderlich
ist") stützt.

- Die Tatbestandsalternative „soweit dies zur Gestaltung des Ortsbildes … erforderlich ist" scheint bei
einer isolierten Betrachtung des Art. 81 Abs. 1 Nr. 6 BayBO gegeben zu sein. Dass das Bauordnungsrecht neben der Gewährleistung der Bausicherheit auch gestalterische und ästhetische Zwecke verfolgen darf und dass gerade die Ortsbildgestaltung und -erhaltung ein legitimes und typisches Regelungs-
ziel örtlicher Bauvorschriften darstellt (vgl. auch Art. 81 Abs. 1 Nr. 1 BayBO), steht außer Zweifel.
Auch ist anerkannt, dass die Gemeinde beim Erlass örtlicher Bauvorschriften positive Gestaltungs-
zwecke verfolgen darf, die über die bloße Abwehr von Verunstaltungen (Art. 8 BayBO)[44] hinausgehen.[45] Schließlich wird man auch davon ausgehen können, dass bzgl. des parkähnlichen, nur locker
bebauten Villenviertels das Gegebensein eines schutzwürdigen Ortbildes bejaht werden kann; die Ge-
staltungssatzung darf sich dabei – trotz des Wortlauts („Ortsbild" statt „Ortsbilder") – grundsätzlich
nicht auf das gesamte Gemeindegebiet, sondern – aufgrund einer entsprechenden Ortsbildanalyse[46] –

[37] Dazu: *Decker*, in: Simon/Busse, BayBO, Bd. II, Art. 91 a. F. Rn. 93 ff.

[38] In den anderen Ländern: § 5 LBO BW, §§ 7 ff. NdsBauO, § 6 BauO NW, § 6 SächsBO.

[39] LT-Drs. 15/7161, S. 73.

[40] In den anderen Ländern: § 6 Abs. 1 Satz 2 LBO BW, § 12 Abs. 1 Satz 1 Nr. 1 NdsBauO, § 6 Abs. 11 BauO NW,
§ 6 Abs. 7 Satz 1 Nr. 1 SächsBO.

[41] Zu diesem Zweck: *BayVGH* BayVBl. 2004, 369 (371).

[42] Vgl. *BayVerfGH* BayVBl. 2004, 559 (560). In den anderen Ländern: § 5 Abs. 4 LBO BW, § 7 Abs. 1 NdsBauO,
§ 6 Abs. 4 BauO NW, § 6 Abs. 4 SächsBO.

[43] LT-Drs. 15/7161, S. 73; *BayVGH* BayVBl. 2004, 369 (370).

[44] In den anderen Ländern: § 11 LBO BW, § 53 NdsBauO, § 12 BauO NW, § 9 SächsBO.

[45] *VGH Kassel*, Urteil vom 29. 3. 2007, Az. 4 UE 1287/06 – Quelle: Juris, Rn. 45; *BayVGH*, Urteil vom 12. 5.
2005, Az. 26 B 03.2454, Tz. 21 (juris); *VGH Kassel* BRS 69 Nr. 150, S. 699 (703); *VG Würzburg*, Urteil vom 5. 4.
2005, Az. W 4 K 05.186, Tz. 36 (juris); *BayVGH* BayVBl. 2004, 369 (370).

[46] *VG München*, Urteil vom 15. 12. 2006, Az. M 11 K 05.310, Tz. 26 (juris).

allein auf bestimmte Gemeindeteile beziehen, für die eine gebietsspezifische gestalterische Absicht verfolgt wird.[47] Diese Voraussetzungen sind erfüllt.

■ Zu bedenken ist allerdings, dass Art. 81 Abs. 1 Nr. 6 BayBO nicht isoliert betrachtet werden darf, sondern im Kontext des – bundesrechtlich geregelten – Bauplanungsrechts gesehen werden muss und hierbei insbesondere der Abgrenzung von etwaigen (konkurrierenden) bundesrechtlichen Satzungsermächtigungen bedarf. Weder das Ziel der Ortsbildgestaltung noch das eingesetzte Mittel der Statuierung von Grenzlinien (10 Meter), jenseits derer auch Nebenanlagen verboten sein sollen, sind exklusiv im Bauordnungsrecht geregelt; vielmehr hält auch das bundesrechtliche Bauplanungsrecht Ermächtigungen an die Gemeinde bereit, mithilfe derer sie das Ziel der Ortsbildgestaltung mit vergleichbaren Mitteln erreichen kann bzw. hätte können:[48] So ist die Ortsbildgestaltung ein anerkanntes Ziel der Bauleitplanung (§ 1 Abs. 5 Satz 2 BauGB) und so gestattet § 23 Abs. 3 BauNVO die Festsetzung äußerer Baugrenzen, für die gemäß § 23 Abs. 5 BauNVO auch festgelegt werden darf, dass jenseits dieser Baugrenzen selbst Nebenanlagen, z. B. Garagen verboten sein sollen.[49] Aufgeworfen ist somit in aller Schärfe das Problem der Abgrenzung bauplanungsrechtlicher (städtebaulicher/bodenrechtlicher) und baupolizeilicher (bauordnungsrechtlicher) Ortsbildgestaltung. Mit anderen Worten: Hat die Gemeinde für ihr Regelungsanliegen mit Art. 81 Abs. 1 Nr. 6 BayBO die richtige Rechtsgrundlage gewählt oder hätte sie – statt einer auf Art. 81 BayBO basierenden örtlichen Bauvorschrift – eine Regelung durch Bebauungsplan gemäß den Vorgaben des BauGB und der BauNVO treffen müssen?

■ Dem Bund ist im Bereich des Baurechts allein die Gesetzgebungskompetenz für die Materie „Bodenrecht" (Art. 74 Abs. 1 Nr. 18 GG) zugewiesen; von dieser Kompetenz hat er durch Erlass des BauGB und – darauf basierend – der BauNVO abschließend Gebrauch gemacht (Art. 72 Abs. 1 GG); dem Landesgesetzgeber verbleibt daher nur noch die Kompetenz für die Materie Bauordnungsrecht.[50] Art. 81 BayBO kann vor diesem Hintergrund nur zu einer Satzungsregelung ermächtigen, die sich der Sache nach als bauordnungsrechtlich, nicht jedoch als städtebaulich/bodenrechtlich qualifizieren lässt.[51] Die Gemeinden sind nicht befugt, im Gewande bauordnungsrechtlicher Gestaltungsvorschriften bodenrechtliche Regelungen zu treffen.[52] Verboten ist es ihnen insbesondere, gestützt auf landesrechtliche Ermächtigungen zum Erlass örtlicher Bauvorschriften Regelungen zu erlassen, die das Ortsbild dadurch gestalten, dass sie die Nutzung des Grund und Bodens unmittelbar zum Gegenstand rechtlicher Ordnung machen, denn „Bodenrecht" im Sinne des Art. 74 Abs. 1 Nr. 18 GG sind gerade solche Vorschriften, die den Grund und Boden unmittelbar zum Gegenstand rechtlicher Ordnung haben, also die rechtlichen Beziehungen des Menschen zum Grund und Boden regeln.[53]

■ Legt man diese Maßstäbe zugrunde, erweist sich die getroffene Regelung – zumindest ihrem Schwerpunkt[54] nach – als boden- und nicht bauordnungsrechtlicher Art.[55] Entscheidend hierfür ist, dass die Gemeinde das Ortsbild mithilfe einer Siedlungsstruktur gestalten will, die durch größere nicht (auch nicht mit Nebengebäuden) bebaute Grundstücksflächen gekennzeichnet ist. Das aber macht den Grund und Boden unmittelbar zum Gegenstand rechtlicher Ordnung; die Regelung von Art und Maß der Bebauung sowie der überbaubaren Grundstücksflächen ist eine typische Materie des Bauplanungsrechts. Für Ortsbildgestaltung mittels örtlicher Bauvorschriften bleibt im Wesentlichen Raum, soweit der Akzent auf der Gestaltung des Bauwerks selbst (Baugestaltung) liegt (Art. 81 Abs. 1 Nr. 1 BayBO; z. B. Regelungen zur Dachfarbe, zum Verbot von Dachliegefenstern, zum Verbot von Kunst-

---

[47] *VG München*, Urteil vom 12. 6. 2007, Az. M 1 K 06.4217, Tz. 19 f. (juris); *VG München*, Urteil vom 18. 5. 2007, Az. M 9 K 06.1989, Tz. 18 ff. (juris); *VGH Kassel*, Urteil vom 29. 3. 2007, Az. 4 UE 1287/06, Tz. 45 (juris).

[48] *BayVGH* BayVBl. 2004, 559 (560).

[49] Vgl. *VGH Mannheim* NJOZ 2007, 4956.

[50] BVerfGE 3, 407; *BayVerfGH* BayVBl. 2003, 559 (560).

[51] *VG München*, Urteil vom 12. 6. 2007, Az. M 1 K 06.4217, Tz. 20 (juris); *BayVGH* BayVBl. 2004, 369 (370).

[52] *BVerwG* BauR 2005, 1768.

[53] BVerfGE 3, 407 (424); *BayVGH* BayVBl. 2004, 369 (370).

[54] Zu diesem Kriterium: *VG München*, Urteil vom 12. 6. 2007, Az. M 1 K 06.4217, Tz. 21 (juris).

[55] Zum Folgenden: *BayVerfGH* BayVBl. 2004, 559 (560 f.); *BayVGH* BayVBl. 2004, S. 369 (371); siehe auch *VG München*, Urteil vom 12. 6. 2007, Az. M 1 K 06.4217 (juris); sowie *BVerwG* BauR 2005, 1768 (Stellplätze im Vorgartenbereich).

stofffenstern etc. können durch örtliche Bauvorschrift geregelt werden[56]). Abstandsflächenregelungen mittels örtlicher Bauvorschrift sind kompetenzrechtlich unbedenklich, wenn es ihnen um die Verfolgung spezifisch bauordnungsrechtlicher Ziele (verbesserte Besonnung, Belüftung etc.; vgl. oben zur „Verbesserung der Wohnqualität"[57]) geht. Indes ist nicht klar, inwieweit für eine im Wege örtlicher Bauvorschriften erfolgenden Abstandsflächenregelung zur Ortsbildgestaltung, wie von Art. 81 Abs. 1 Nr. 6 1. Alt. BayBO beansprucht, aus kompetenzrechtlichen Gründen wirklich noch Raum sein kann. Der BayVerfGH hat offen gelassen, ob die in Art. 91 Abs. 1 Nr. 5 BayBO a. F. (entspricht Art. 81 Abs. 1 Nr. 6 BayBO n. F.) ausdrücklich erwähnte Ortsbildgestaltung durch Abstandsflächenregelung etwa bei einer besonderen Kleinräumigkeit des in den Blick Genommenen ohne planungsrechtliche Relevanz und so kompetenzrechtlich zulässig bleiben kann.[58] Solange zumindest theoretisch – wenngleich nicht im vorliegenden Fall – Konstellationen denkbar sind, in denen eine bauordnungsrechtliche Ortsbildgestaltung durch Abstandsflächenregelung möglich erscheint, unterliegt Art. 81 Abs. 1 Nr. 6 1. Alt BayBO nicht als solcher dem Verdikt, wegen Art. 72 Abs. 1 i. V. m. Art. 74 Abs. 1 Nr. 18 GG oder wegen Art. 31 GG nichtig zu sein; vielmehr ist, sofern – wie im vorliegenden Fall – im Gewande örtlicher Bauvorschriften bodenrechtliche Regelungen getroffen werden, von einem Fehler auf der Rechtsanwendungsebene (Anwendung des Art. 81 Abs. 1 Nr. 6 BayBO) auszugehen.[59]

■ Zu prüfen wäre schließlich, ob das Verbot auch jeglicher Nebenanlagen zur Gestaltung des Ortsbildes wirklich „erforderlich" ist. Soweit das Gebiet tatsächlich davon geprägt ist, dass selbst Nebenanlagen innerhalb eines 10 Meter-Streifens zur Grundstücksgrenze regelmäßig nicht vorhanden sind, scheint dies nicht ausgeschlossen.

Zwischenergebnis: Die getroffene Abstandsflächenregelung (samt Ausschluss von Nebenanlagen) ist von der Ermächtigungsnorm des Art. 81 Abs. 1 Nr. 6 BayBO nicht gedeckt.

Die getroffene Regelung dürfte – falls sie von der Ermächtigungsgrundlage des Art. 81 BayBO gedeckt wäre – des weiteren nicht gegen sonstiges höherrangiges Recht, insbesondere[60] nicht gegen die durch Art. 14 Abs. 1 GG gewährleistete Baufreiheit[61] verstoßen.

Seinem *Schutzbereich* nach gewährleistet Art. 14 Abs. 1 GG Bestand und Nutzung des Eigentums, insbesondere des Grundeigentums. Die Baufreiheit ist kein erst durch Gesetz verliehenes, sondern ein unmittelbar aus Art. 14 Abs. 1 GG fließendes (wenngleich freilich vom Gesetzgeber näher auszugestaltendes und einzugrenzendes) Recht zur Grundstücksnutzung.

Eine Regelung, die die Errichtung von Nebenanlagen beschränkt bzw. die einzuhaltenden Abstandsflächen gegenüber Art. 6 BayBO ausdehnt, stellt einen *Eingriff* in diese Gewährleistung dar.

Nach Art. 14 Abs. 1 Satz 2 GG werden *Inhalt und Schranken* des Eigentums durch Gesetz (gemeint sind alle Gesetze im materiellen Sinne, also auch Satzungen der hier vorliegenden Art)[62] bestimmt. Der Gesetzgeber – und auf der Basis einer gesetzlichen Ermächtigung auch der Satzungsgeber – hat ein Mandat, die Baufreiheit in einer Weise auszugestalten und zu beschränken, die der Sozialpflichtigkeit des Eigentums (Art. 14 Abs. 2 GG) Rechnung trägt und sie näher konkretisiert. Durch seinen besonderen sozialen Bezug weist gerade das Grundeigentum ein hohes Maß an Sozialpflichtigkeit auf. Die Erhaltung der historisch gewachsenen Siedlungsstruktur ist ein legitimer (wenn auch kein bauordnungsrechtlicher) Grund zur Beschränkung der Baufreiheit.

Die die Sozialpflichtigkeit näher konkretisierenden Regelungen müssen freilich ihrerseits *verhältnismäßig*, also geeignet, erforderlich und zumutbar sein.[63] Vor allem zwei Kriterien sind für die Bestim-

---

[56] *VG Augsburg*, Urteil vom 7. 6. 2006, Az. Au 4 K 06.14 (juris); *VGH Kassel*, Urteil vom 29. 3. 2007, Az. 4 UE 1287/06 (juris); *BayVGH* BayVBl. 1998, 81.

[57] BayLT-Drs. 15/7161, S. 73.

[58] *BayVerfGH* BayVBl. 2004, 559 (560 f.).

[59] *BayVGH* BayVBl. 2004, 369 (371).

[60] Örtliche Bauvorschriften müssen auch dem Bestimmtheitsgebot genügen, dürfen aber dennoch unbestimmte Rechtsbegriffe verwenden. Vgl.: *BayVGH*, Urteil vom 12. 5. 2005, Az. 26 B 03.2454, Tz. 29 (juris).

[61] Zur Gewährleistung und zu den im folgenden zu behandelnden Schranken der Baufreiheit: *Badura*, Staatsrecht, 3. Aufl., 2003, C 85; *Papier*, in: Maunz/Dürig u. a., GG, Bd. II, Art. 14 Rn. 57 f., 379 ff.

[62] *Papier*, in: Maunz/Dürig u. a., GG, Bd. II, Art. 14 Rn. 339.

[63] *VGH Kassel* NVwZ-RR 2007, 746 (747).

mung des Maßes zulässiger Beschränkung des Grundeigentums und der Baufreiheit von besonderer Bedeutung:

Zum einen die *Situationsgebundenheit* eines Grundstücks. Die Lage, Beschaffenheit und Einbettung eines Grundstücks verleihen ihm eine spezifische Situation, die es prägt und seine Nutzbarkeit immanent beschränkt. Würde ein vernünftiger, auf das Gemeinwohl bedachter Eigentümer von sich aus auf bestimmte Nutzungen verzichten, kann auch das hoheitliche Verbot derartiger Nutzungen nicht unzumutbar sein. Es kann demnach nicht unberücksichtigt bleiben, dass im hiesigen Fall nicht irgendein Grundstück in Rede steht, sondern eines in einem idyllisch gelegenen und ansprechend gestalteten Villenviertel, das naturgemäß von einem Stil geprägt ist, mit dem sich die erst in jüngerer Zeit aufgekommene Bebauungsverdichtung nicht verträgt. Ein Verbot von mit dieser Siedlungsstruktur unverträglichen Nebenanlagen erscheint nicht unzumutbar, zumal andere, mit dem Charakter des Villenviertels durchaus verträgliche Formen der Garagenerrichtung vorstellbar sind, also nicht etwa auf eine sinnvolle Nutzung des Wohngrundstückes verzichtet werden muss.

Zum anderen die *Privatnützigkeit* des Grundstücks. Die Einschränkungen aus Gründen des öffentlichen Wohls dürfen nicht so weit reichen, dass eine privatnützige Verwendung nicht mehr möglich ist (Argument Art. 14 Abs. 2 Satz 2 GG: soll *zugleich*, d.h. nicht ausschließlich dem Wohl der Allgemeinheit dienen). Für eine derartig weitreichende Beschränkung ist hier indes nichts ersichtlich. Ist folglich gegen ein Verbot von seitlichen Nebenanlagen mit einer geringeren Abstandsflächentiefe als 10 Meter im Grundsatz nichts einzuwenden, so ist auch, was die konkrete Ausgestaltung dieser speziellen Abstandsflächenregelung anbelangt, nichts ersichtlich, was dessen Verhältnismäßigkeit in Frage stellen könnte: Einwandfrei ist insbesondere die Bestimmung, nur die seitlichen Abstandsflächen auszudehnen, weil diese Bestimmung bereits versucht, die Beschränkung auf das zur Erhaltung des gartenstadtartigen Ortsbildes erforderliche Maß zu begrenzen.

Mit der die Bebauungsverdichtung verbietenden Bauvorschrift verfolgt die Gemeinde G also städtebauliche Ziele, so dass sie nicht von der für ihren Erlass herangezogenen Ermächtigungsgrundlage des Art. 81 BayBO gedeckt ist. Die danach rechtswidrige örtliche Bauvorschrift kann der Garage nicht entgegengehalten werden, so dass dieses Vorhaben nicht nur formell, sondern auch materiell rechtmäßig ist.

Allerdings wäre eine (inhaltsgleiche) kommunale Regelung unter Heranziehung des städtebaulichen Instrumentariums (d.h. insbesondere eine Normierung im Rahmen eines Bebauungsplanes – vgl. § 9 Abs. 1 Nr. 2, 6 BauGB, § 23 BauNVO[64]) rechtmäßig, so dass die Gemeinde G durch eine derartige (bodenrechtliche) Satzung ihre Ziele (die Erhaltung der Siedlungsstruktur im Villenviertel) erreichen könnte.

Gegen das formell und materiell nicht baurechtswidrige Vorhaben der Garagenerrichtung kann gemäß Art. 76 Satz 1 BayBO keine Baubeseitigungsanordnung erlassen werden. Der Bauaufsichtsbehörde verblieb also insoweit überhaupt kein Ermessensspielraum. Dann ist aber auch ausgeschlossen, dass die Entscheidung des Landratsamtes einen Ermessensfehler enthielt, und hierdurch der Anspruch der Gemeinde G auf fehlerfreie Ermessenentscheidung verletzt wurde.

Zwischenergebnis: Die Klage ist zulässig, aber unbegründet. Das Gericht wird daher die Verpflichtungsklage der Gemeinde G gegen den beklagten Freistaat Bayern abweisen.

B. Abwandlung (Anspruch der Gemeinde auf bauaufsichtliches Einschreiten)

I. Wäre eine Nutzungsuntersagung zulässig?

Ein Anspruch der Gemeinde auf Erlass einer Nutzungsuntersagung gegenüber E setzt zunächst voraus, dass die Bauaufsichtsbehörde im vorliegenden Fall rechtlich befugt ist, die begehrte Nutzungsuntersagung gegenüber E zu verfügen.[65] Zu prüfen ist deswegen, ob die Voraussetzungen des Art. 76 Satz 2 BayBO gegeben sind. (Darüber, ob zusätzlich zur Nutzungsänderung auch Veränderungen der Bausubstanz vorgenommen wurden, die nur mithilfe einer Baubeseitigungsanordnung nach Art. 76 Satz 1

---

[64] *BayVerfGH* BayVBl. 2004, 559; *BayVGH* BayVBl. 2004, 369. Vgl. zu den bauplanungsrechtlichen Regelungsmöglichkeiten auch *VGH Mannheim* NJOZ 2007, 4956 ff.

[65] *BVerwG* NVwZ 1992, 878 (Leitsatz 2).

BayBO rückgängig gemacht werden könnten, sagt der Sachverhalt nichts aus, so dass sich die Prüfung auf die begehrte Nutzungsuntersagung beschränken kann).

> **Zum Aufbau:** Anders als im Ausgangsfall wird hier die Zulässigkeit des bauaufsichtlichen Einschreitens zunächst und erst danach die Reichweite des subjektiven Rechts der Gemeinde geprüft. Maßgebend sind erneut allein taktische Gründe: Der Anspruch scheitert – im Gegensatz zum Ausgangsfall – hier nicht daran, dass bereits das Einschreiten unzulässig wäre; das Hauptproblem ist vielmehr die Reichweite des subjektiven Rechts. Es ist günstig, diese Frage zum Schluss zu behandeln.

1. Was bedeutet „im Widerspruch zu öffentlich-rechtlichen Vorschriften" bei der Nutzungsuntersagung?

Die Befugnisse zum bauaufsichtlichen Einschreiten hängen regelmäßig davon ab, dass eine bauliche Anlage „im Widerspruch zu öffentlich-rechtlichen Vorschriften" errichtet, geändert, genutzt etc. wird. Je nach Art und Schwere des bauaufsichtlichen Eingriffs ist dieses Erfordernis im Lichte des Verhältnismäßigkeitsgrundsatzes unterschiedlich auszulegen. Während für die Baueinstellungsverfügung bereits die sog. formelle Illegalität genügt (vgl. Art. 75 Abs. 1 Satz 2 BayBO[66]), ist für die Baubeseitigungsanordnung anerkannt, dass diese nicht ausreicht, sondern auch die materielle Illegalität (keine Genehmigungsfähigkeit des Vorhabens) zu fordern ist (vgl. Art. 76 Satz 1 und 3 BayBO: „wenn nicht auf andere Weise" – nämlich durch Genehmigungsantrag und Erteilung der Baugenehmigung – „rechtmäßige Zustände hergestellt werden können"). Die Nutzungsuntersagung wiederum steht – ihrer Wirkungsweise und Schwere nach – sozusagen „zwischen" der Baueinstellungs- und der Baubeseitigungsverfügung: Sie ist nicht nur eine vorläufige Sicherung des status quo, sondern verfügt die Rückgängigmachung einer eingetretenen Änderung; andererseits ist sie (da eine eingestellte Nutzung wieder aufgenommen werden kann) nicht so endgültig und irreversibel wie eine Baubeseitigung; ein Substanzeingriff erfolgt nicht. Dementsprechend wird für die Rechtmäßigkeit der Nutzungsuntersagung – in einer Art Mittelweg – verlangt, dass zwar grundsätzlich bereits die formelle Illegalität ausreicht – dies allerdings nur dann, wenn das Vorhaben nicht offensichtlich genehmigungsfähig ist; erschwerte Voraussetzungen (auch materielle Illegalität) gelten nur unter besonderen Umständen der Grundrechtsbetroffenheit (z. B. wenn es um die Nutzung von Wohnraum geht, der für den Betroffenen den alleinigen Mittelpunkt seiner privaten Existenz bildet), die hier nicht gegeben sind.[67]

2. Formelle Illegalität

Formelle Rechtswidrigkeit läge vor, wenn das Vorhaben einer Baugenehmigung bedürfte, ohne dass diese dem E erteilt wurde. Nach Art. 55 Abs. 1 BayBO[68] ist eine Baugenehmigung erforderlich für die Nutzungsänderung einer Anlage i. S. v. Art. 2 Abs. 1 Satz 4 BayBO[69], worunter zumindest die baulichen Anlagen nach Art. 2 Abs. 1 Satz 1 BayBO fallen; die hier vorgenommene Nutzungsänderung innerhalb eines Gebäudes ist danach prinzipiell genehmigungspflichtig. Anhaltspunkte für eine Verfahrensfreiheit nach Art. 57 BayBO[70] bestehen nicht. Insbesondere enthält der Sachverhalt keine Angaben dazu, dass das Haus des E so klein ist, dass es nur einen Brutto-Rauminhalt von bis zu 75 m³ aufweist, so dass nicht davon ausgegangen werden kann, daß diese Änderung verfahrensfrei i. S. v. Art. 57 Abs. 4 Nr. 2 i. V. m. 57 Abs. 1 Nr. 1 lit. a BayBO ist. Auch aus Art. 57 Abs. 4 Nr. 1 BayBO ergibt sich keine Verfahrensfreiheit, da eine gewerbliche Nutzung anderen öffentlich-rechtlichen Vorschriften unterliegt als eine

---

[66] In den anderen Ländern: § 64 Abs. 1 LBO BW, § 89 Abs. 1 Satz 2 Nr. 1 NdsBauO, § 79 SächsBO.

[67] Dazu *BayVGH* BayVBl. 2006, 702.

[68] In den anderen Ländern: § 49 Abs. 1 i. V. m. § 2 Abs. 12 Nr. 1 LBO BW, § 68 Abs. 1 i. V. m. § 2 Abs. 5 NdsBauO, § 63 Abs. 1 Satz 1 BauO NW, § 59 Abs. 1 SächsBO.

[69] In den anderen Ländern: §§ 49 Abs. 1, 2 Abs. 1, Abs. 2 LBO BW, §§ 68 Abs. 1, 2 Abs. 5, Abs. 1 Satz 1, Abs. 2 NdsBauO, §§ 63 Abs. 1 Satz 1, 2 Abs. 1 Satz 1, Abs. 2 BauO NW – jeweils Gebäude als bauliche Anlagen; und §§ 59 Abs. 1, 2 Abs. 1 Satz 4 i. V. m. Satz 1, Abs. 2 SächsBO – Gebäude als Anlagen.

[70] In den anderen Ländern: § 50 Abs. 1 i. V. m. Nr. 1 bis 9 des Anhangs LBO BW, § 69 Abs. 1 i. V. m. Nr. 1 Anhang NdsBauO, § 65 Abs. 1 Nr. 1 bis 7, Abs. 2 Nr. 3 BauO NW, § 61 Abs. 1 Nr. 1 SächsBO.

reine Wohnnutzung. Nach Art. 58 BayBO[71] wäre das Vorhaben grundsätzlich im Rahmen des Genehmigungsfreistellungsverfahrens durchzuführen, da es sich bei dem Haus auch nicht um einen Sonderbau gemäß Art. 58 Abs. 1 Satz 1 BayBO i.V.m. Art. 2 Abs. 4 (insbesondere Nr. 4 und 18) BayBO handelt; jedoch liegt das Grundstück des E nicht im Geltungsbereich eines qualifizierten Bebauungsplanes, so dass das Genehmigungsfreistellungsverfahren gemäß Art. 58 Abs. 2 Nr. 1 BayBO hier nicht anwendbar ist. Demnach hätte E für die Nutzungsänderung einer Baugenehmigung (im vereinfachten Baugenehmigungsverfahren) nach Art. 68 i.V.m. Art. 59 BayBO[72] bedurft.

3. Materielle Illegalität

Materiell rechtswidrig ist das Vorhaben, wenn es gegen öffentliches Recht verstößt, wobei der Prüfungsumfang der im Rahmen des Art. 76 BayBO repressiv handelnden Bauaufsichtsbehörde aufgrund des Art. 55 Abs. 2 2. Halbsatz BayBO nicht etwa parallel zum präventiven Prüfungsumfang nach Art. 59 BayBO (im Wesentlichen) auf das Bauplanungsrecht beschränkt ist, sondern alle öffentlich-rechtlichen Vorgaben für dieses Vorhaben erfasst. Mangels Angaben zum Bauordnungs- oder sonstigen öffentlichen Recht beschränkt sich die Prüfung des konkreten Vorhabens jedoch im Ergebnis auf das Bauplanungsrecht.

Nach § 29 Abs. 1 BauGB richtet sich die Zulässigkeit der Nutzungsänderung einer baulichen Anlage nach den §§ 30 ff. BauGB – das Haus des E stellt eine solche bauliche Anlage dar, da es nicht nur aus Bauprodukten hergestellt und fest mit dem Erdboden verbunden ist, sondern auch die insoweit erforderliche planungsrechtliche Relevanz aufweist, vgl. insbesondere § 1 Abs. 6 Nr. 1, 4, 5, 8 lit. a BauGB. Da das Grundstück nicht im Geltungsbereich eines Bebauungsplanes liegt, ist nicht § 30 BauGB maßgeblich; da das Villenviertel einen im Zusammenhang bebauten Ortsteil darstellt, richtet sich die Zulässigkeit des Vorhabens vielmehr nach § 34 BauGB (und nicht nach § 35 BauGB). Um nach § 34 BauGB zulässig zu sein, müsste sich das Vorhaben – allein dies ist hier von Interesse – insbesondere nach der Art der baulichen Nutzung in die Eigenart der näheren Umgebung einfügen (§ 34 Abs. 1 Satz 1 BauGB), wobei hierfür nach § 34 Abs. 2 BauGB – wenn es sich bei der näheren Umgebung um ein faktisches Baugebiet i.S.d. BauNVO handelt – allein entscheidend ist, ob das Vorhaben in diesem Baugebiet nach der BauNVO allgemein zulässig ist. Aufgrund der bisher ausschließlich vorhandenen Wohnnutzung in dem Gebiet handelt es sich um ein faktisches reines Wohngebiet i.S.v. § 3 BauNVO; dort sind nach § 3 Abs. 2 BauNVO allgemein nur Wohngebäude zulässig. Allerdings können nach § 34 Abs. 2 2. Halbsatz BauGB auch die nach § 3 Abs. 3 BauNVO ausnahmsweise zulässigen Vorhaben nach § 31 Abs. 1 BauGB als Ausnahme zugelassen werden bzw. ist darüber hinaus nach § 34 Abs. 2 2. Halbsatz a.E. i.V.m. § 31 Abs. 2 BauGB eine Befreiung möglich. Der Tante-Emma-Laden des E fällt als Laden, der zur Deckung des täglichen Bedarfs für die Bewohner des Gebiets dient, unter § 3 Abs. 3 Nr. 1 BauNVO, so dass für ihn eine Ausnahme nach § 31 Abs. 1 BauGB in Betracht kommt; freilich steht diese, soweit es um die Ausnahme nach § 31 Abs. 1 BauGB geht, im Ermessen der Bauaufsichtsbehörde. Unter dem Vorbehalt einer entsprechenden Ermessensausübung erscheint das Vorhaben nach alledem genehmigungsfähig.

Jedoch müsste in dem für die Durchführung der Nutzungsänderung erforderlichen Genehmigungsverfahren auch das gemeindliche Einvernehmen nach § 36 Abs. 1 Satz 1 BauGB eingeholt werden; dieses darf die Gemeinde zwar nur aus den sich aus §§ 31, 33, 34 und 35 BauGB ergebenden Gründen verweigern (vgl. § 36 Abs. 2 Satz 1 BauGB), insoweit kann die Gemeinde allerdings eine eigenständige Ermessensentscheidung im Rahmen des § 31 Abs. 1 BauGB treffen.[73] Hierzu trägt G schon jetzt vor, dass sie niemals ihr Einvernehmen erteilt hätte, da sie das Gepräge des Villenviertels als ausschließlich der Wohnnutzung dienendes reines Wohngebiet auf jeden Fall erhalten wolle. Da sich aus dem Sachverhalt keine Anhaltspunkte dafür ergeben, dass diese kommunale Entscheidung im konkreten Fall fehlerhaft bzw. rechtswidrig wäre, ist davon auszugehen, dass die Gemeinde ihr Einvernehmen rechtmäßig ver-

---

[71] In den anderen Ländern: § 51 (Abs. 2 Nr. 1) LBO BW, § 69a Abs. 1 NdsBauO, § 67 Abs. 1 BauO NW, § 62 (Abs. 2 Nr. 1) SächsBO.

[72] In den anderen Ländern: § 58 LBO BW, §§ 75, 75a NdsBauO, § 75 i.V.m. § 68 BauO NW, § 72 i.V.m. §§ 63, 64 SächsBO.

[73] Vgl. hierzu *BayVGH* DÖV 2007, 979f.

weigern könnte. Dann aber könnte dieses auch nicht nach § 36 Abs. 2 Satz 3 BauGB, Art. 67 BayBO[74] ersetzt und folglich keine Baugenehmigung erteilt werden.

Zwischenergebnis: Es ist nach alledem nicht so, dass – im Falle der nachträglichen Stellung eines Genehmigungsantrags – offensichtlich mit einer Genehmigung gerechnet werden könnte. Legt man die für die Nutzungsuntersagung geltenden Maßstäbe (s. o. 1.) zugrunde, dass die formelle Illegalität grundsätzlich genügt, es sei denn das Vorhaben ist offensichtlich genehmigungsfähig (was es nicht ist), so liegen die tatbestandlichen Voraussetzungen für die beantragte Nutzungsuntersagung vor. Diese könnte – da auch keine besonderen Gründe für eine Unverhältnismäßigkeit im konkreten Einzelfall ersichtlich sind – folglich in rechtmäßiger Weise ausgesprochen werden.

II. Reichweite des subjektiven Rechts der Gemeinde

Zu prüfen ist allerdings, ob die Gemeinde auch ein subjektives Recht darauf hat, dass die Nutzugsuntersagung (die nach dem Gesagten objektiv rechtmäßig wäre) auch tatsächlich ausgesprochen wird. Aufgeworfen ist die Frage nach der Reichweite der subjektiven Rechtsposition der Gemeinde.

Hierzu wurde bereits im Ausgangsfall (A.III.1.a.) ausgeführt, dass ein subjektives Recht eines Dritten auf bauaufsichtliches Einschreiten keineswegs selbstverständlich ist. Art. 76 Satz 2 BayBO ist als Befugnis-, nicht als Anspruchsnorm ausgestaltet; einen allgemeinen Anspruch auf ermessensfehlerfreie Entscheidung unabhängig von einer eigenen Rechtsbetroffenheit gibt es nicht. Nur in besonderen Fallkonstellationen ergeben sich subjektive Rechte. Die beiden bereits im Ausgangsfall erwähnten Fallkonstellationen (Anspruch des Nachbarn auf Durchsetzung nachbarschützender Normen; Anspruch der Gemeinde auf Durchsetzung von im eigenen Wirkungskreis erlassenen gemeindlichen Rechtsvorschriften) sind hier nicht einschlägig; in Betracht kommt allein eine dritte Fallgruppe: Ansprüche auf bauaufsichtliches Einschreiten (zumindest in Gestalt eines Anspruchs auf ermessensfehlerfreie Entscheidung) kann eine Gemeinde auch dann haben, wenn dies in sonstiger Weise zur Sicherung der kommunalen Planungshoheit (sowie der sie näher umsetzenden und ausgestaltenden Normen) erforderlich ist.[75] Zu bedenken ist hierbei insbesondere die Rechtsposition, die der Gemeinde aus § 36 BauGB erwächst (die ihrerseits die Planungshoheit in bestimmter Weise näher ausgestaltet und konkretisiert). Die Nutzungsänderung war, wie ausgeführt, genehmigungspflichtig. Wäre ein Genehmigungsverfahren ordnungsgemäß durchgeführt worden, hätte der Gemeinde das Einvernehmensrecht des § 36 BauGB zugestanden; die Baugenehmigung hätte ohne Einvernehmen nicht erteilt werden dürfen. Auch eine Ersetzung (§ 36 Abs. 2 Satz 3 BauGB, Art. 67 BayBO) wäre nicht in Betracht gekommen, da die Gemeinde das Einvernehmen – in Bezug auf § 36 Abs. 1 BauGB – in rechtmäßiger Weise hätte verweigern dürfen (siehe oben). Für den Fall, dass die Genehmigungsbehörde dennoch rechtswidrig das Einvernehmen ersetzt und die Baugenehmigung erteilt hätte, hätte die Gemeinde hiergegen mit Erfolg im Wege der Anfechtungsklage vorgehen können, da die rechtswidrige Ersetzung/Baugenehmigung sie in ihrem Recht aus § 36 BauGB verletzt hätte (vgl. die Abwandlung zu Fall 1). In jedem Falle also hätte der Gemeinde eine Rechtsposition zugestanden, mithilfe derer sie das Vorhaben hätte verhindern können. Diese Rechtsposition der Gemeinde ist rechtswidrig vereitelt worden dadurch, dass die Nutzungsänderung „schwarz" und ohne das vorgeschriebene Genehmigungsverfahren durchgeführt worden ist. Eine derartige Rechtsverletzung verlangt grundsätzlich nach Wiederherstellung rechtmäßiger Zustände. Die Gemeinde selbst ist jedoch nicht imstande, diese Wiederherstellung ihres die Planungshoheit konkretisierenden Rechts aus § 36 BauGB auszuräumen. Zuständig ist (bei kreisangehörigen Gemeinden) vielmehr allein der Staat als Träger der Bauaufsicht. Soll die kommunale Planungshoheit in ihrer speziellen Ausformung des § 36 BauGB nicht leer laufen, trifft folglich den Staat eine Verantwortung, für ihre Durchsetzung zu sorgen. Der Gemeinde muss daher in Bezug auf die bauaufsichtlichen Eingriffsbefugnisse zumindest ein An-

---

[74] Vgl. zur Rechtslage in den anderen Bundesländern: *Fall 1 Abwandlung*, S. 16 ff.

[75] Zum Folgenden (Fallgruppe „Position der Gemeinde gegenüber rechtwidrig ohne Baugenehmigungsverfahren durchgeführten Vorhaben, zu denen die Gemeinde ihr Einvernehmen nach § 36 BauGB hätte verweigern dürfen") siehe: *BVerwG* NVwZ 1992, 878; *BayVGH* BayVBl. 2005, 115; *VGH Kassel* NVwZ-RR 2005, 275 ff.; *VG Würzburg*, Beschluss vom 12. 3. 2003, Az. W 4 E 03.208, Tz. 11 ff. (juris); *VGH Mannheim* BauR 1999, 1447 (1448).

spruch auf ermessensfehlerfreie, die kommunale Planungshoheit hinreichend berücksichtigende Ent-scheidung zustehen. Hierbei kann es auch keinen Unterschied machen, ob die Genehmigungsbehörde (bei beantragter Baugenehmigung) rechtsirrig von einer Genehmigungsfreiheit ausging (so die meisten bisher entschiedenen Fälle) oder ob bereits von vornherein kein Bauantrag gestellt wurde und die Nut-zungsänderung „schwarz" erfolgte.[76]

Fraglich ist, ob darüber hinaus eine Ermessensreduzierung auf Null angenommen werden kann, d. h. der Gemeinde ein Anspruch auf Erlass der Nutzungsuntersagung zusteht. Die Rechtsprechung hat hin-sichtlich der Frage, wann bei Umgehung des Rechts aus § 36 BauGB eine Ermessensreduzierung auf Null anzunehmen ist, noch keine ganz klare Linie entwickelt, zugleich aber deutlich werden lassen, dass eine Ermessensreduzierung in Betracht kommt. Das BVerwG konnte die Frage offen lassen.[77] Der HessVGH hat eine Ermessensreduzierung unter der Voraussetzung angenommen, dass die Gemeinde von der Mög-lichkeit einer Einvernehmensverweigerung auch rechtmäßigerweise hätte Gebrauch machen dürfen[78] (was hier der Fall wäre). Der BayVGH[79] schließlich hat eine Ermessensreduzierung angenommen, so-weit erstens nur mithilfe des bauaufsichtlichen Einschreitens rechtmäßige Zustände hergestellt werden können (was der Fall wäre) und zweitens dem Einschreiten keine Vertrauensschutzgesichtspunkte ent-gegenstehen (auch dies könnte bejaht werden, da bzgl. einer ohne das erforderliche Genehmigungsver-fahren durchgeführten Nutzungsänderung grundsätzlich kein schutzwürdiges Vertrauen entstehen kann und auch besondere sonstige Vertrauensgesichtspunkte nicht ersichtlich sind). In der Literatur wird eine regelmäßige Ermessensreduzierung auf Null befürwortet.[80] Die Frage der Reichweite der Ansprüche Dritter in Bezug auf die Verhinderung rechtswidriger Vorhaben ist nach hier vertretener Ansicht in erster Linie danach auszurichten, welche Weichenstellungen der Gesetzgeber getroffen hat.[81] Die ent-scheidende Weichenstellung ist hierbei, ob ein Vorhaben einem präventiven Genehmigungsverfahren unterworfen wird oder allein der repressiven Bauaufsicht unterliegt. Ist ein Genehmigungsverfahren vorgeschrieben, hat der Gesetzgeber implizit entschieden, dass Dritte das Vorhaben mittels Anfech-tungsklage verhindern können, soweit drittschützende Normen verletzt sind. Unterliegt das Vorhaben allein der repressiven Bauaufsicht, ist die Rechtsposition schwächer; selbst die Verletzung drittschüt-zender Normen führt hier regelmäßig nur zu einem Anspruch auf bauaufsichtliches Einschreiten. Das Maß an Drittschutz, das der Gesetzgeber einer bestimmten Konstellation zugedacht hat, sollte auch die entscheidende Messlatte sein, wenn das Vorhaben rechtswidrig unter Missachtung der gesetzgeberischen Weichenstellung ausgeführt wird. Aus einer Umgehung des vorgeschriebenen Verfahrens sollte dem Dritten kein Nachteil erwachsen. Bei einem rechtswidrigen „Schwarzbau" bzw. „schwarz" durchge-führten Nutzungsänderung, der Rechte eines Dritten verletzt, sollte der Anspruch auf Einschreiten da-her die Regel sein. Besondere Umstände, die einer Ermessensreduzierung auf Null entgegengehalten werden könnten, sind im Fall nicht ersichtlich. Ein Anspruch kann daher bejaht werden.

Ergebnis: Die Gemeinde hat einen Anspruch auf bauaufsichtliches Einschreiten.

Rechtsprechungsvorlagen: Zum Ausgangsfall: *BayVerfGH* BayVBl. 2004, 559; *BayVGH* BayVBl. 2004, 369 mit Anmerkung *Jäde* KommP Bayern 2005, 296 ff.; siehe auch: *BayVGH* BayVBl. 1998, 81; *VG München*, Urteil vom 12. 6. 2007, Az. M 1 K 06.4217 – Quelle: Juris; sowie *BVerwG* BauR 2005, 1768 (Stellplätze im Vorgartenbereich). Zur Abwandlung: *BVerwG* NVwZ 1992, 878; *BayVGH* BayVBl. 2005, 115; *VGH Kassel* NVwZ-RR 2005, 275 ff.; *VG Würzburg*, Beschluss vom 12. 3. 2003, Az. W 4 E 03.208 – Quelle: Juris, Rn. 11 ff.; *VGH Mannheim* BauR 1999, 1447.

Leseempfehlungen: *Erichsen*, Jura 1998 Heft 8, JK, GG Art. 28 II/23; *Decker*, Kommentierungen zu Art. 82, 91 BayBO a. F. in: Simon/Busse (Hrsg.), Bayerische Bauordnung, Stand 2007; *Jäde*, Keine Bauleitplanung durch ört-liche Bauvorschriften, KommP Bayern 2005, 296; *Maurer*, Allgemeines Verwaltungsrecht, §§ 7, 8; *Schoch*, Ein-griffsbefugnisse der Bauaufsichtsbehörden, Jura 2005, 178; *Büchner/Schlotterbeck*, Die Stellung der Gemeinden im bauaufsichtlichen Verfahren, ZfBR 2004, 747

---

[76] So ausdrücklich: *VG Würzburg*, Beschluss vom 12. 3. 2003, Az. W 4 E 03.208, Tz. 11 (juris).
[77] *BVerwG* NVwZ 1992, 878.
[78] *VGH Kassel* NVwZ-RR 2005, 275.
[79] *BayVGH* BayVBl. 2005, 115 (116).
[80] *Lasotta*, Das Einvernehmen der Gemeinde nach § 36 BauGB, 1998, S. 177.
[81] Zum Folgenden: *Huber*, Konkurrenzschutz im Verwaltungsrecht, 1991, S. 257 f.; *Möstl*, Die staatliche Ga-rantie für die öffentliche Sicherheit und Ordnung, 2002, S. 441 f.

Fall 8: David gegen Goliath *(Reimer)*

Sachverhalt

In unmittelbarer Nähe der Autobahn A 9 hat die 15 km nördlich von München gelegene oberbayerische Gemeinde Eching (Lkr. Freising) ein ausgedehntes Gewerbegebiet erschlossen. In den letzten Jahren haben dort diverse Investoren eine Vielzahl von großflächigen Verkaufsgeschäften eröffnet, die sich großer Beliebtheit in der Bevölkerung erfreuen. Der Einzugsbereich erfasst neben der Gemeinde Eching das Gebiet der Landeshauptstadt München, weite Teile des Landkreises München, ferner die Städte Freising, Landshut, Pfaffenhofen und Ingolstadt sowie diverse kleinere Ortschaften der Umgebung. Da noch große Flächen für eine Erweiterung und Verdichtung des Gewerbegebiets zur Verfügung stehen, ist kein Ende des dynamischen Wachstums in Sicht. Ein Bebauungsplan besteht nicht; die Gemeinde Eching steht einer weiteren Ausdehnung des Gewerbegebietes aber erklärtermaßen positiv gegenüber.

Dagegen mehren sich im Kreis der Einzelhändler aus den umliegenden Gemeinden die Bedenken gegen einen weiteren Ausbau. Diese Bedenken teilt auch der Freisinger Landrat. Nachdem Gespräche mit der Gemeinde Eching über eine Begrenzung des Gewerbegebiets erfolglos geblieben sind, erlässt das Landratsamt Freising einen Bescheid, durch den der Gemeinde Eching aufgegeben wird:

1. *für das Gewerbegebiet … (im einzelnen näher bezeichnet) die Aufstellung eines Bebauungsplanes zu beschließen,*
2. *für dasselbe Gebiet eine Veränderungssperre des Inhalts zu beschließen, dass Vorhaben, die die Errichtung und Änderung von Einzelhandelsbetrieben zum Gegenstand haben, nicht durchgeführt werden dürfen, und*
3. *zu beschließen, dass bezüglich noch nicht beschiedener Bauanträge, die die Errichtung und Änderung von Einzelhandelsbetrieben zum Inhalt haben, Anträge auf Zurückstellung nach § 15 BauGB gestellt werden sollen.*

Der für sofort vollziehbar erklärte Bescheid ist damit begründet, dass eine Eindämmung des Gewerbegebiets aus Gründen der Raumordnung und Landesplanung geboten sei. Der bereits vorhandene Bestand an Spezialeinzelhandel und insbesondere an großflächigem Einzelhandel sei weit übersetzt. Er lasse keine Erweiterung mehr zu. Es komme schon jetzt zu empfindlichen Beeinträchtigungen umliegender Städte und Gemeinden. Dadurch werde die angestrebte gleichgewichtige Entwicklung in Verbindung mit einer polyzentrischen Struktur unterlaufen. Eine Erweiterung der Verkaufsflächen widerspreche dem städtebaulichen Integrationsgebot, wie es im Landesentwicklungsprogramm festgeschrieben sei, und dem Konzentrationsgebot. Dass die Gemeinde Eching ausschließlich eigene Interessen verfolge, verstoße schließlich auch gegen das Gebot interkommunaler Kooperation.

Bearbeitervermerk: Der erste Bürgermeister von Eching reagiert mit Unverständnis auf diesen Bescheid des Landratsamtes und möchte rasch dagegen vorgehen. Was ist ihm zu raten?

Abwandlung: Das Landratsamt hat von rechtsaufsichtlichen Maßnahmen gegen die Gemeinde Eching abgesehen. Die angrenzenden Gemeinden möchten nun ihrerseits aktiv werden und verhindern, dass das Gewerbegebiet weiter wächst. Wie?

Lösung

Ein Verwaltungsgericht könnte die aufschiebende Wirkung einer – noch einzulegenden – Anfechtungsklage der Gemeinde Eching gegen den Bescheid des Landratsamts anordnen, wenn der entsprechende Antrag der Gemeinde zulässig und begründet wäre.

> **Zum Verständnis:** Nach dem Wortlaut von § 80 Abs. 5 Satz 1 VwGO ist nicht eindeutig, ob das Gericht im Verfahren nach § 80 Abs. 5 VwGO zur (Wieder-)Herstellung der aufschiebenden Wirkung verpflichtet ist. Richtigerweise ist diese Frage aber – wie auch im Rahmen von § 123 VwGO – wegen Art. 19 Abs. 4 GG zu bejahen, wenn nach Maßgabe der gerichtlichen Interessenabwägung das Aussetzungsinteresse des Adressaten das öffentliche Interesse am Sofortvollzug deutlich überwiegt (siehe dazu ausführlich die Lösung zu Fall 2, Abschn. A.II.).

A. Ausgangsfall: Einstweiliger Rechtsschutz

I. Zulässigkeit des Antrags der Gemeinde Eching

1. Verwaltungsrechtsweg

Nach der Natur des geltend gemachten Anspruchs liegt eine öffentlich-rechtliche Streitigkeit (§ 40 Abs. 1 Satz 1 VwGO) vor, da sich die Antragstellerin – wie die Auslegung ihres Antrags (§ 122 Abs. 1 VwGO i.V.m. § 88 2. Halbs. VwGO) ergibt – auf die Vorschrift des § 80 VwGO i.V.m. den Normen des materiellen Rechts über die Rechtmäßigkeit der vom Landratsamt getroffenen rechtsaufsichtlichen Anordnung stützt. Bei diesen Normen handelt es sich durchgehend um dem öffentlichen Recht zuzuordnende Bestimmungen: Das Recht der staatlichen Kommunalaufsicht ist Sonderrecht des Staates, das sein Verhältnis zu den Gemeinden, Landkreisen und Bezirken (soweit diese im jeweiligen Bundesland eigenständige Gebietskörperschaften sind) subordinationsrechtlich regelt.

> **Zum Aufbau:** Auf die Frage, ob – und ggf. unter welchen Voraussetzungen – aufsichtlichen Maßnahmen gegenüber eine Gemeinde echte Außenwirkung i.S.v. Art. 35 Satz 1 BayVwVfG zukommt, ist an dieser Stelle noch nicht einzugehen (dazu nachfolgend 2.a.bb.).

Eine verfassungsrechtliche Streitigkeit liegt nicht vor, da verfassungsrechtliche Normen nicht allein und auch nicht in erster Linie streitentscheidend sein werden. Auch eine anderweitige Sonderzuweisung ist nicht ersichtlich. Daher ist der Verwaltungsrechtsweg eröffnet. Art. 83 Abs. 5 BV[1] stellt dies ausdrücklich klar.

2. Statthaftigkeit des Antrags

Die Antragstellerin begehrt einstweiligen Rechtsschutz. Dabei läge ein nach § 123 Abs. 5 VwGO vorrangig zu prüfender Fall des § 80 VwGO vor, wenn die angegriffene Maßnahme des Landratsamts einen Verwaltungsakt i.S.d. Art. 35 Satz 1 BayVwVfG darstellte und in der Hauptsache die Anfechtungsklage statthaft wäre.

---

[1] Vgl. auch § 125 GemO BW.

a) Verwaltungsaktqualität der Verfügung des Landratsamts Freising

Aufsichtliche Maßnahmen stellen jedenfalls nicht unter allen Umständen Verwaltungsakte dar. Vielmehr ist stets im einzelnen zu prüfen, ob die Voraussetzungen des Art. 35 Satz 1 BayVwVfG erfüllt sind. Dabei kommt es vor allem auf die Merkmale der Regelungswirkung und der Außenwirkung an.

aa) Regelungswirkung

Eine Regelungswirkung entfällt, wenn die Aufsichtsbehörde die Rechtsverhältnisse der Gemeinde nicht umgestaltet. Ein bloßer Hinweis auf die Rechtslage ist daher kein Verwaltungsakt. Umstritten ist, ob z. B. die Ausübung des aufsichtlichen Informationsrechts (Art. 111, 116 Abs. 1 Satz 1 BayGO[2]) und hier insbesondere die Anforderung von Informationen gegenüber der Gemeinde als „Regelung" zu qualifizieren ist[3]. Beanstandungen und Weisungen entfalten dagegen stets Regelungswirkung.

Im vorliegenden Fall werden der Erlass eines Bebauungsplanes und einer Veränderungssperre sowie das Stellen von Anträgen nach § 15 BauGB verlangt. In jedem der drei Begehren liegt eine Aufforderung nach Art. 112 Satz 2 BayGO[4], die die Gemeinde verpflichten soll und mithin Regelungswirkung entfaltet.

bb) Außenwirkung

Fraglich ist zweitens, ob den Maßnahmen auch Außenwirkung zukommt. Dabei soll es nach h. M. nicht genügen, dass die Gemeinde *formell* eine eigenständige (ursprüngliche) Gebietskörperschaft des öffentlichen Rechts ist, also dem Staat als rechtlich selbstständige juristische Person (Art. 1 Satz 1 BayGO[5]) gegenübertritt. Vielmehr soll eine *materielle* Betrachtungsweise maßgeblich sein. Es kommt also darauf an, ob die Gemeinde durch die aufsichtlichen Maßnahmen in ihrem Recht auf Selbstverwaltung betroffen wird. Das wäre jedenfalls insoweit zu bejahen, als die Maßnahmen sich auf Kompetenzen beziehen, die in den eigenen Wirkungskreis der Gemeinde fallen.

(1) Aufforderung zur Aufstellung eines Bebauungsplans

Die Anordnung in Ziff. 1 des Bescheids (Pflicht zur Aufstellung eines Bebauungsplans) betrifft die Gemeinde in der Ausübung ihrer gemeindlichen Planungshoheit, also in ihrem Selbstverwaltungsrecht. Daher kann diese Anordnung nur als Maßnahme der *Rechts*aufsicht zulässig sein (Art. 109 Abs. 1 BayGO, Art. 83 Abs. 4 Satz 2 BV[6]). Bei rechtsaufsichtlichen Maßnahmen i. e. S. tritt die Gemeinde dem Staat auch materiell stets als eigenständige und staatsferne juristische Person gegenüber. Hier liegt daher eine Außenwirkung vor.

(2) Aufforderung zum Erlass einer Veränderungssperre

Gleiches gilt für den Erlass einer Veränderungssperre. Die Veränderungssperre sichert die gemeindliche Planungshoheit ab und liegt deshalb in der Zuständigkeit der Gemeinde (nicht etwa der Bauaufsichtsbehörde) im eigenen Wirkungskreis. Daher kommt auch insoweit nur eine rechtsaufsichtliche Maßnahme in Betracht, der unproblematisch Außenwirkung beizumessen ist.

(3) Aufforderung zum Zurückstellen von Baugesuchen

Das Zurückstellen von Baugesuchen (Ziff. 3 des Bescheids) ist *als solches* zwar eine Handlung der unteren Bauaufsichtsbehörde (§ 15 Abs. 1 Satz 1 BauGB i.V.m. Art. 53 Abs. 1 Satz 2 BayBO[7]), hier also des Landratsamts Freising (Art. 53 Abs. 1 Satz 2 BayBO; kein Fall der Übertragung auf die Gemeinde nach Art. 53 Abs. 2 Satz 1 Nr. 1 und 2 BayBO[8]; Eching ist auch keine Große Kreisstadt, vgl. § 1 Nr. 1 GrKrV). Das Zurückstellen ist aber strikt antragsgebunden. Das Stellen eines Zurückstellungs*antrags* ist eine Angelegenheit der Gemeinde. Das Antragserfordernis dient wiederum der Absicherung der gemeindlichen Planungshoheit; die in § 15 Abs. 1 Satz 1 BauGB angelegte Zweistufigkeit wäre überflüssig, wenn das Stellen des Antrags zum übertragenen Wirkungskreis gehörte. Mithin betrifft der Bescheid auch in seiner Ziff. 3 die Gemeinde Eching in ihrer Selbstverwaltung.

---

[2] §§ 120, 129 Abs. 2 Satz 1 GemO BW; § 121 GO NW.

[3] Grundsätzlich ablehnend *Becker/Heckmann/Kempen/Manssen*, Öffentliches Recht in Bayern, 2. Teil (Kommunalrecht), Rn. 602.

[4] § 122 GemO BW; § 123 Abs. 1 GO NW.

[5] § 1 Abs. 4 GemO BW; § 1 Abs. 2 GO NW.

[6] §§ 118 Abs. 1, 119 ff. GemO BW; in Nordrhein-Westfalen: „allgemeine Aufsicht": §§ 119 Abs. 1, 120 ff. GO NW.

[7] § 48 Abs. 1 LBO BW; § 62 BauO NW.

[8] § 47 Abs. 2 Satz 1 Nr. 1 LBO BW.

Zwischenergebnis: Damit haben alle drei in dem Bescheid des Landratsamts Freising enthaltenen Anordnungen sowohl Regelungsqualität als auch Außenwirkung. Es handelt sich daher um drei Verwaltungsakte, nicht um bloße Verwaltungsinterna.

> **Zur Vertiefung:** Sehr strittig ist dagegen, ob auch fachaufsichtliche Weisungen Außenwirkung entfalten können. Für fachaufsichtliche Maßnahmen (einschließlich der Rechtsaufsicht in den Fällen des Art. 116 Abs. 2 Satz 1 BayGO, also bei gemeindlichem Handeln im übertragenen Wirkungskreis) ist die Gemeinde materiell dem Staat eingegliedert; Gegenstand der „Übertragung" sind gerade die an sich gemeindefremden Staatsaufgaben. Die verfassungsrechtlichen Selbstverwaltungsgarantien (Art. 28 Abs. 2 GG, Art. 11 Abs. 2 Satz 2 und 83 Abs. 1 BV[9]) gebieten es nicht, der Gemeinde hier eigene Rechtspositionen einzuräumen. Die Rechtsprechung und die außerhalb Bayerns h. M. hält deshalb fachaufsichtliche Maßnahmen nicht für Verwaltungsakte[10].

Dagegen vertritt die in Bayern h. L. eine abweichende Auffassung[11]. Sie verweist darauf, dass die Gemeinde selbst im Anwendungsbereich der Fachaufsicht zwar keine verfassungsrechtlich fundierten, aber durchaus einfachgesetzlich verliehenen eigene Rechtspositionen innehat. Dabei wird maßgeblich auf Art. 109 Abs. 2 Satz 2 BayGO verwiesen; aus dieser Vorschrift folgen – unter bestimmten Voraussetzungen – Abwehransprüche der Gemeinde selbst gegen fachaufsichtliche Maßnahmen. Damit können auch fachaufsichtliche Maßnahmen die Gemeinde in eigenen Rechten beeinträchtigen, so dass ihnen Außenwirkung zukommt[12].

b) Keine Bestandskraft oder Erledigung der Verwaltungsakte

Mangels entgegenstehender Angaben im Sachverhalt ist davon auszugehen, dass für diese Verwaltungsakte die Fristen der §§ 70, 74 VwGO noch nicht abgelaufen sind. Damit steht der Gewährung einstweiligen Rechtsschutzes keine formelle Bestandskraft entgegen. Auf die tatsächliche Erhebung von Anfechtungswiderspruch bzw. Anfechtungsklage kommt es für die Zulässigkeit des Antrages nach § 80 Abs. 5 VwGO nach hier vertretener Auffassung nicht an (vgl. § 80 Abs. 5 Satz 2 VwGO, dessen Wertung sich auf den Fall des Anfechtungswiderspruchs übertragen lässt)[13]. Die Verwaltungsakte haben sich auch nicht erledigt.

c) Anfechtungsklage als statthafte Klageart in der Hauptsache

Die Gemeinde Eching möchte in der Hauptsache die Kassation dieses Verwaltungsaktes erreichen. Statthafter Rechtsbehelf hierfür ist in den meisten Bundesländern weiterhin vorrangig der (Anfechtungs-) Widerspruch; in Bayern (und ebenso z. B. in Nordrhein-Westfalen) dagegen sogleich die Anfechtungsklage.

Zwischenergebnis: Damit ist der Antrag nach § 80 Abs. 5 VwGO statthaft.

3. Antragsbefugnis

Die Antragsbefugnis der Gemeinde im Verfahren nach § 80 Abs. 5 VwGO ergibt sich aus der Möglichkeit, dass die Gemeinde durch die Anordnung des Sofortvollzugs in ihrer Planungshoheit (Art. 28 Abs. 2 GG; Art. 11 Abs. 2, 83 Abs. 1 BV; Art. 7 Abs. 1, 57 Abs. 1 Satz 1 BayGO[14]) beeinträchtigt ist.

---

[9]   Art. 71 Abs. 1 Satz 1 LV BW; Art. 78 Abs. 1 LV NW.

[10]   Statt aller BVerwG DVBl. 1977, 497 = BayVBl. 1978, 374; BayVGH BayVBl. 1977, 152; differenziert aber BayVGH v. 16.8. 1993, FSt 1993/309; und BayVGH KommP 1994, 222.

[11]   *Widtmann/Grasser*, BayGO, Art. 115 Anm. 2 a); pointiert auch *Bauer/Böhle/Masson/Samper*, Bay. Kommunalgesetze, Art. 116 BayGO Rn. 4 m.w.N.

[12]   Eine ausdrückliche Regelung enthält § 125 GemO BW, der Gemeinden gegen Verfügungen der Rechtsaufsichtsbehörde die Institute der Anfechtungs- und Verpflichtungsklage bereitstellt.

[13]   Das ergibt sich v. a. aus einem Vergleich des § 80 VwGO heutiger Fassung mit dem früheren § 80 Abs. 4 Satz 1 VwGO a. F. (bis zum 4. VwGO-ÄndG), ferner aus Art. 19 Abs. 4 GG. Hierzu näher die Lösung zu Fall 2, unter A.II.; ferner *VGH Mannheim*, VBlBW 1995, 17 (18); *Schenke*, JZ 1996, 1160; *ders.*, Verwaltungsprozessrecht, Rn. 992 m.w.N.; für die Gegenauffassung *Schoch*, in: Schoch/Schmidt-Aßmann/Pietzner, VwGO, § 80 Rn. 314; *Detterbeck*, Allgemeines Verwaltungsrecht, Rn. 1498; *Hufen*, Verwaltungsprozessrecht, § 32 Rn. 34.

[14]   Art. 71 LV BW; § 2 Abs. 1 und Abs. 4 GemO BW; Art. 78 Abs. 1 LV NW; § 1 Abs. 1 Satz 2 GO NW.

4. Rechtsschutzbedürfnis

Der Gemeinde Eching fehlt auch das Rechtsschutzbedürfnis nicht. Insbesondere ist irrelevant, dass sie noch keinen Rechtsbehelf in der Hauptsache eingelegt hat (s. o. 2.b.). Auch setzt die Gewährung gerichtlichen Rechtsschutzes nach § 80 Abs. 5 i.V. m. Abs. 2 Nr. 4 VwGO keinen vorherigen Antrag bei der Behörde auf Aussetzung der Vollziehung voraus (arg. § 80 Abs. 6 Satz 1 VwGO e contrario).

5. Zulässigkeitsvoraussetzungen in der Hauptsache

Anfechtungswiderspruch bzw. -klage müssten in der Hauptsache zulässig sein. Einzugehen ist hierbei (nur) noch auf die „kleinen Zulässigkeitsvoraussetzungen", die in den vorstehenden Prüfungspunkten nicht bereits inzident mitbehandelt wurden:[15] Beteiligtenfähigkeit, Prozessfähigkeit, Klagebefugnis und Fristwahrung hinsichtlich der Hauptsache. Die Beteiligten- und Prozessfähigkeit der Gemeinde Eching, vertreten durch ihren ersten Bürgermeister (§ 62 Abs. 3 VwGO analog i.V. m. Art. 38 Abs. 1 BayGO[16]), sind unproblematisch zu bejahen. Gleiches gilt für die Beteiligten- und Prozessfähigkeit des Freistaats Bayern als Antragsgegner. Anwaltszwang besteht nicht (§ 67 Abs. 1 Satz 1 VwGO e contrario). Auch im Übrigen ergeben sich keine Zweifel an der Zulässigkeit eines Rechtsbehelfs in der Hauptsache.

6. Zuständigkeit; Form und Frist des Antrags

Die Gemeinde muss ihren Antrag beim Gericht der Hauptsache (§ 80 Abs. 5 Satz 1 VwGO), also beim Verwaltungsgericht München (§§ 45, 52 Nr. 1 VwGO, Art. 1 Abs. 2 Nr. 1 BayAGVwGO) einreichen. Der Antrag nach § 80 Abs. 5 VwGO ist nicht formgebunden. Auch eine besondere Frist ist nicht zu beachten (zur Widerspruchs-/Klagefrist in der Hauptsache vgl. aber oben 2.b.).

Zwischenergebnis: Der Antrag der Gemeinde Eching ist nach § 80 Abs. 5 VwGO zulässig.

II. Begründetheit

Ein Erfolg des Antrags der Gemeinde Eching in der Sache setzt zunächst voraus, dass der Antrag sich gegen den richtigen Antragsgegner richtet (unten 1.). Weiter ist erforderlich, dass die Anordnung des Sofortvollzugs formell rechtswidrig war (unten 2.) oder dass die vom Verwaltungsgericht eigenständig vorzunehmende Interessenabwägung die Aussetzung der sofortigen Vollziehung als geboten erscheinen lässt (unten 3.).

Zum Aufbau: Vgl. die Hinweise in der Lösung zu Fall 2, unter B.

1. Passivlegitimation

Die Passivlegitimation im Verfahren nach § 80 Abs. 5 VwGO entspricht regelmäßig der Passivlegitimation in der Hauptsache. In der Hauptsache (Anfechtungsklage) ist nach § 78 Abs. 1 Nr. 1 VwGO der Träger der Behörde zu verklagen, die den angegriffenen Verwaltungsakt erlassen hat. Wo – wie in Bayern – eine Behörde (hier: das Landratsamt Freising) zwei Träger hat, hängt die Passivlegitimation davon ab, ob die Behörde in ihrer Eigenschaft als Verwaltung der kommunalen Gebietskörperschaft (Landkreis) oder in ihrer Eigenschaft als Staatsbehörde tätig geworden ist (Art. 37 Abs. 1 Satz 1 bzw. Satz 2 LKrO[17]). Die Kommunalaufsicht über die Gemeinden ist eine Staatsaufgabe (Art. 108 ff. BayGO, Art. 37 Abs. 1 Satz 2 LKrO[18]). Richtiger Antragsgegner ist hier deshalb der Freistaat Bayern.

---

[15] Vgl. zutr. *Schenke*, Verwaltungsprozessrecht, Rn. 993.
[16] § 42 Abs. 1 Satz 2 GemO BW; § 63 Abs. 1 Satz 1 GO NW.
[17] § 1 Abs. 3 Satz 1 bzw. Satz 2 LKrO BW.
[18] § 119 Satz 1 GemO BW, § 1 Abs. 3 Satz 2 LKrO BW.

Zur Vertiefung: Alternativ kann auch folgender Obersatz verwendet werden: „Der Antrag muss gegen den Rechtsträger derjenigen Behörde gerichtet sein, die über den Vollzug entschieden hat oder entscheidet (vgl. § 78 Abs. 1 Nr. 1 VwGO)"[19]. Dieser Satz lässt Raum für die (seltenen) Fälle, in denen der Beklagte in der Hauptsache und der Antragsgegner im Verfahren nach § 80 Abs. 5 VwGO auseinanderfallen.

  Beispiel: Anfechtungsklage gegen einen gemeindlichen VA, dessen Sofortvollzug aber erst von der Widerspruchsbehörde angeordnet worden ist. Hier ist in der Hauptsache i.d.R. die Gemeinde passivlegitimiert, im Verfahren nach § 80 Abs. 5 VwGO dagegen der Träger der Widerspruchsbehörde.

2. Formelle Rechtmäßigkeit der Anordnung des Sofortvollzugs

Fraglich ist zunächst, ob die Anordnung des Sofortvollzugs durch das Landratsamt den formellen Voraussetzungen des § 80 Abs. 2 und Abs. 3 VwGO entsprach. Keine Besonderheiten ergeben sich im Hinblick auf die Zuständigkeit und das behördliche Verfahren. Zweifel sind allerdings im Hinblick auf die Form der Anordnung des Sofortvollzugs anzumelden.

a) Besondere Anordnung

Erforderlich ist zunächst eine besondere Anordnung (§ 80 Abs. 2 Satz 1 Nr. 4 VwGO a. E.). Von ihrer Existenz ist nach dem Sachverhalt auszugehen.

b) Schriftliche Begründung

Der Bescheid ist insgesamt schriftlich begründet worden. Dem speziellen Schriftformerfordernis des § 80 Abs. 3 Satz 1 VwGO ist insofern Genüge getan, als die besondere Anordnung (oben a)) offensichtlich Teil des insgesamt schriftlich ergangenen Verwaltungsakts (Bescheids) ist.

c) Gesonderte Begründung

Allerdings zeigt die Formulierung „besondere Begründung" in § 80 Abs. 3 Satz 2 VwGO, dass die Begründung für die Anordnung des Sofortvollzugs nicht mit der Begründung des Bescheids in der Hauptsache (den Regelungen unter Ziff. 1. bis 3.) identisch sein darf. In formeller Hinsicht bedeutet das, dass die Begründung für die Anordnung des Sofortvollzugs textlich von der Begründung der zu vollziehenden Anordnung abgesetzt (abgesondert) werden muss. In materieller Hinsicht erfordert die „besondere Begründung" eigenständige Argumente, aus denen sich die Dringlichkeit des Vollzugs ergibt. Im vorliegenden Fall fehlen derartige Argumente. Der Bescheid lässt jede gesonderte Begründung i. S. d. § 80 Abs. 3 Satz 1 VwGO vermissen. Aus diesem Grund ist die Anordnung des Sofortvollzugs formell rechtswidrig.

Zur Vertiefung: Nicht ausreichend sind insbesondere formelhafte Verweise auf § 80 Abs. 2 Satz 1 Nr. 4 VwGO oder Paraphrasen des Gesetzeswortlauts, Verweise auf die Begründung der Hauptsache oder die bloße Behauptung der Dringlichkeit *ohne* nähere Begründung.

d) Heilung?

Fraglich ist allerdings, ob dieser Mangel gemäß Art. 45 Abs. 1 Nr. 2 BayVwVfG durch Nachholung geheilt werden kann. Die h. M. verneint diese Heilungsmöglichkeit unter Hinweis auf die Schutzbedürftigkeit des Betroffenen und die besondere Teleologie des § 80 Abs. 3 VwGO. Das ist auch überzeugend. Denn nur so kann die Behörde dazu angehalten werden, die Notwendigkeit des Sofortvollzugs *vor* Ergehen der entsprechenden Anordnung zu überlegen und abzuwägen[20].

---

[19]   Vgl. BayVGH, DVBl. 1982, 210; *Hufen,* Verwaltungsprozessrecht, § 32 Rn. 39.
[20]   Vgl. statt aller *Kopp/Schenke,* VwGO, § 80 Rn. 87.

> **Zur Vertiefung:** Natürlich nützt die Berufung auf die bloße formelle Rechtswidrigkeit der Anordnung des Sofortvollzugs dem Antragsteller häufig nicht viel, da die Behörde – mit nunmehr ordnungsgemäßer Begründung – den Sofortvollzug sogleich, nach h. M. noch im Verfahren nach § 80 Abs. 5 VwGO[21], erneut anordnen kann[22].

Die Anordnung des Sofortvollzugs ist damit formell rechtswidrig.

3. Interessenabwägung

Die vom Verwaltungsgericht vorzunehmende Interessenabwägung müsste ergeben, dass das Interesse der Gemeinde Eching an einer Wiederherstellung der aufschiebenden Wirkung das öffentliche Interesse am Sofortvollzug überwöge. Das wäre dann der Fall, wenn sich die aufsichtsrechtliche Maßnahme bei der – im Verfahren um den einstweiligen Rechtsschutz – gebotenen summarischen Prüfung nach Maßgabe der einschlägigen Befugnisnorm (unten a.) als formell (unten b.) oder materiell (unten c.) rechtswidrig erwiese.

a) Befugnisnorm

Da alle drei Anordnungen in Rechte der Gemeinde Eching eingreifen (s. o. A.I.2.a.bb)), stehen sie unter dem Vorbehalt des Gesetzes. Sie bedürfen also einer gesetzlichen Befugnisnorm, die dann als Hauptmaßstab für die Prüfung der formellen und der materiellen Rechtmäßigkeit der Anordnungen dient.

Hier kommen in erster Linie die Vorschriften über die Kommunalaufsicht (Art. 108 ff. BayGO[23]) in Betracht. Dabei ist für die einzelnen Regelungsgegenstände zu differenzieren, ob das Landratsamt als Rechtsaufsichtsbehörde oder als Fachaufsichtsbehörde gehandelt hat.

aa) Anordnung, die Aufstellung eines Bebauungsplans zu beschließen

Der Erlass von Bauleitplänen fällt in den eigenen Wirkungskreis der Gemeinde (Art. 7 BayGO, Art. 28 Abs. 2 Satz 1 GG[24]). Gleiches gilt für den – hier geforderten – sog. Planaufstellungsbeschluss, der dem Erlass eines Bebauungsplanes vorgelagert ist. Für Maßnahmen im eigenen Wirkungskreis gibt es keine Fachaufsicht. Es kommt daher nur ein rechtsaufsichtliches Handeln des Landratsamtes in Betracht (Art. 109 Abs. 1 BayGO, Art. 83 Abs. 4 Satz 2 BV[25]). Danach könnte die Anordnung des Landratsamtes eine **Beanstandung** (hier in Form der Aufforderung zur Durchführung der notwendigen Maßnahmen, Art. 112 Satz 2 BayGO[26]) sein.

bb) Anordnung, eine Veränderungssperre zu beschließen

Die Veränderungssperre wird nach § 16 Abs. 1 BauGB von der Gemeinde als Satzung beschlossen. Damit handelt es sich auch hier um eine Maßnahme des eigenen Wirkungskreises, sodass wiederum nur ein rechtsaufsichtliches Handeln des Landratsamtes im Wege einer Beanstandung (Art. 112 Satz 2 BayGO[27]) in Betracht kommt.

cc) Anordnung, Anträge auf Zurückstellen von Baugesuchen zu stellen

Schließlich ist auch das Stellen eines **Antrags** auf Zurückstellen von Baugesuchen nach § 15 Abs. 1 Satz 1 BauGB eine Angelegenheit, die bei der örtlich betroffenen Gemeinde in den eigenen Wirkungskreis fällt. Denn auch sie dient allein dem Zweck, die Planungshoheit der Gemeinde abzusichern. Die Entscheidung darüber, ob ein Antrag nach § 15 Abs. 1 Satz 1 BauGB gestellt werden soll, liegt folgerichtig allein bei der Gemeinde. Die Bauaufsichtsbehörde kann eingereichte Bauanträge nicht von Amts wegen zurückstellen. Daher kommt auch in diesem Punkt allein Art. 112 Satz 2 BayGO[28] als Befugnisnorm in Betracht.

---

[21] Auch hierzu im Einzelnen *Kopp/Schenke*, VwGO, § 80 Rn. 87 m. w. N.
[22] Vgl. *Hufen*, Verwaltungsprozessrecht, § 32 Rn. 40.
[23] §§ 118 ff. GemO BW; §§ 119 ff. GO NW.
[24] Art. 71 LV BW; § 2 Abs. 1 und Abs. 4 GemO BW; Art. 78 Abs. 1 LV NW, § 1 Abs. 1 Satz 2 GO NW.
[25] §§ 118 Abs. 1, 119 ff. GemO BW; in Nordrhein-Westfalen: „allgemeine Aufsicht", §§ 119 Abs. 1, 120 ff. GO NW.
[26] § 121 Abs. 1 Satz 1 GemO BW; § 122 Abs. 1 Satz 1 GO NW.
[27] § 121 Abs. 1 Satz 1 GemO BW; § 122 Abs. 1 Satz 1 GO NW.
[28] § 121 Abs. 1 GemO BW; § 122 Abs. 1 GO NW.

> **Zum Aufbau:** Nachdem in der Zulässigkeit (oben A.I.2.a.bb)) bereits festgestellt wurde, dass dem Bescheid in allen drei Punkten Außenwirkung zukommt, kann die Prüfung an dieser Stelle auch deutlich kürzer ausfallen. Sie sollte aber nicht völlig fehlen, wenn man davon ausgeht, dass es auch im Bereich der Fachaufsicht Anweisungen mit Außenwirkung gibt (zu dieser Möglichkeit vgl. den Vertiefungshinweis oben A.I.2.a.cc)).

> **Zur Vertiefung:** Anders wäre der Fall zu entscheiden gewesen, wenn das Landratsamt die Gemeinde unmittelbar zur Zurückstellung von Baugesuchen angewiesen hätte. Da die Zurückstellung von Baugesuchen Sache der Bauaufsichtsbehörde ist, wäre eine entsprechende Weisung gegenüber einer gewöhnlichen kreisangehörigen Gemeinde (die nicht Bauaufsichtsbehörde ist) ins Leere gegangen und schon aus diesem Grunde materiell rechtswidrig gewesen.

Gegenüber einer leistungsfähigen kreisangehörigen Gemeinde, die nicht Große Kreisstadt ist, der aber nach Art. 53 Abs. 2 Satz 1 BayBO[29] einschlägige Aufgaben der unteren Bauaufsichtsbehörde übertragen worden sind, wäre eine solche Anweisung dagegen als fachaufsichtliche Weisung der übergeordneten Behörde nach Art. 8 Abs. 2 BayGO[30] anzusehen gewesen (Zurückstellung von Baugesuchen als Maßnahme des übertragenen Wirkungskreises). Im Bereich der Fachaufsicht verengt sich der Prüfungsmaßstab auf die Einhaltung der in Art. 109 Abs. 2 Satz 2 BayGO markierten Grenzen der Eingriffe in das Verwaltungsermessen. Allerdings stellt sich in diesem Fall die Folgefrage, ob das Antragserfordernis des § 15 Abs. 1 Satz 1 BauGB (eigener Wirkungskreis!) durch fachaufsichtliche Weisung überwunden werden kann. Aus den oben genannten Gründen ist das abzulehnen. Daher wäre die Weisung auch gegenüber einer leistungsfähigen kreisangehörigen Gemeinde materiell rechtswidrig.

Wiederum anders lägen die Dinge in dem Fall, dass die angewiesene Gemeinde eine Große Kreisstadt oder gar eine kreisfreie Stadt ist. Zwar ist auch in diesem Fall die Gemeinde als solche die untere Bauaufsichtsbehörde; sie wäre auch im übertragenen Wirkungskreis (Art. 8 Abs. 1, 58 Abs. 1 BayGO) betroffen gewesen (Art. 60 Abs. 1 BayBO, § 1 Nr. 1 GrKrV). Aufsichtsbehörde ist hier aber nicht mehr das Landratsamt, sondern (auch für die Große Kreisstadt: Art. 115 Abs. 2 BayGO!) die Regierung von Oberbayern. Daher wäre eine Weisung des Landratsamts schon formell – und aus den o.a. Gründen auch materiell – rechtswidrig gewesen.

b) Formelle Rechtmäßigkeit der aufsichtsrechtlichen Maßnahme

aa) Zuständigkeit
Nach dem oben (a.aa.–cc.) Gesagten hat das Landratsamt im Hinblick auf alle drei Teilregelungen des Bescheids als Kommunalaufsichtsbehörde (untere Rechtsaufsichtsbehörde) gehandelt. Die einschlägige Zuständigkeit des Landratsamts ergibt sich aus Art. 110 Satz 1 BayGO.

Fraglich könnte allenfalls sein, ob Vorschriften des Landesplanungsrechts ein Vorrang zukommt. Hier ist an eine Kompetenz anderer Behörden nach Art. 28 Abs. 1 LplG (Z-T Nr. 417) zu denken. Diese – nicht zentrale – Frage hat das *OVG Koblenz* zutreffend verneint: Es fehle jedenfalls an der Anordnung eines Vorrangs des Landesplanungsrechts. An der kommunalrechtlich begründeten Zuständigkeit des Landratsamtes, die letztlich Reflex des materiellen Rechts (hier: § 1 Abs. 4 BauGB; dazu s. u.) ist, können die Vorschriften des Landesplanungsrechts (in Bayern: Art. 28 Abs. 1 LplG) daher nichts ändern. Es kommt allenfalls zu konkurrierenden Kompetenzen zweier Behörden.

bb) Verfahren, Form
Hinweise auf Verfahrens- oder Formfehler sind nicht ersichtlich. Insbesondere fehlt es nicht an der nach Art. 28 BayVwVfG erforderlichen Anhörung der Gemeinde Eching (arg. Erfolglosigkeit bisheriger Gespräche). Der Bescheid des Landratsamts Freising ist damit formell rechtmäßig.

c) Materielle Rechtmäßigkeit der aufsichtsrechtlichen Maßnahme
Die rechtsaufsichtliche Maßnahme ist nur dann materiell rechtmäßig, wenn das beanstandete Verhalten der Gemeinde formell oder materiell rechtswidrig war.

---

[29] § 46 Abs. 2 und 3 LBO BW; § 60 Abs. 1 Nr. 3 lit. a BauO NW.
[30] § 2 Abs. 3 GemO BW; § 3 Abs. 2 Satz 1 GO NW.

> **Zur Vertiefung:** Etwas Anderes gilt bei der **Fachaufsicht.** Eine fachaufsichtliche Maßnahme ist auch dann rechtmäßig, wenn das vorangegangene gemeindliche Unterlassen zwar rechtmäßig, aber unzweckmäßig war.

Beanstandetes Verhalten waren drei Unterlassungen der Gemeinde Eching (vgl. Art. 112 Satz 2 BayGO). In formeller Hinsicht kann ein Unterlassen niemals rechtswidrig sein. Daher steht im Folgenden allein die materielle Rechtmäßigkeit des gemeindlichen Unterlassens zur Prüfung. Das Verhalten der Gemeinde wäre nur insoweit materiell rechtmäßig, als sie (unter Außerachtlassung der sich erst aus der rechtsaufsichtlichen Anordnung ergebenden Pflicht) nicht verpflichtet war, die drei – nunmehr rechtsaufsichtlich angeordneten – Maßnahmen zu treffen.

aa) Pflicht der Gemeinde Eching zur Aufstellung eines Bebauungsplanes

Im Hinblick auf Ziff. 1 des Bescheids des Landratsamts Freising ist fraglich, ob die Gemeinde Eching zum Erlass eines Beschlusses über die Aufstellung eines Bebauungsplanes (zum sog. förmlichen Aufstellungsbeschluss; vgl. § 14 Abs. 1 BauGB) verpflichtet war. Eine solche Pflicht setzt ihrerseits voraus, dass ein Bebauungsplan mit dem geforderten Inhalt überhaupt hätte beschlossen werden dürfen (unten (1)). Sodann ist zu prüfen, ob das grundsätzlich bestehende gemeindliche Planungsermessen hier auf null reduziert war, sodass sich die *Kompetenz* zum Erlass eines Bebauungsplanes nunmehr zu einer – rechtsaufsichtlich durchsetzbaren – *Pflicht* zu seinem Erlass verdichtet hat (unten (2)).

(1) Rechtmäßigkeit des geforderten Beschlusses über die Aufstellung eines Bebauungsplanes

Die Gemeinde Eching ist für den Erlass von Bebauungsplänen, die das Gemeindegebiet betreffen, unproblematisch zuständig. Damit obliegt ihr zugleich die Zuständigkeit für den Erlass des – hier geforderten – Aufstellungsbeschlusses nach § 14 Abs. 1 BauGB. Auch die weiteren formell-rechtlichen Voraussetzungen für den Erlass eines solchen Aufstellungsbeschlusses müssten gewahrt sein. Da es noch keinen Aufstellungsbeschluss gibt, erübrigt sich hier eine nähere Prüfung dieser formell-rechtlichen Anforderungen.

Fraglich ist damit nur, ob der Rechtmäßigkeit des Aufstellungsbeschlusses materiell-rechtliche Bedenken entgegenstehen. Käme es hier zum unmittelbaren „Durchgriff" auf die materielle Rechtmäßigkeit eines jede Bebauung untersagenden Bebauungsplans, könnten sich aus dem grundsätzlichen Verbot der Negativplanung Bedenken ergeben. Ein solcher Durchgriff ist hier aber problematisch. Denn zu beurteilen ist nur die Rechtmäßigkeit der Maßnahmen, die die Rechtsaufsichtsbehörde gefordert hat – also in erster Linie des Beschlusses nach § 14 Abs. 1 BauGB zur Aufstellung eines (sc. späteren) Bebauungsplanes. Solange der Inhalt des Bebauungsplanes noch nicht feststeht, kann ein solcher Beschluss von vornherein nicht gegen das Verbot der Negativplanung verstoßen; die Gemeinde hat ja gerade die Chance zu rechtmäßigem Handeln und insbesondere zu einer anderweitigen Positivplanung. Im Übrigen wäre selbst auf der Stufe des (späteren) Bebauungsplanes eine reine Negativplanung im vorliegenden Fall angesichts der einschlägigen Festlegungen des Raumordnungs- und Landesplanungsrechts (dazu näher sogleich) möglicherweise nicht verboten. Mithin greifen – bei der gebotenen normativen Betrachtung – die Bedenken hinsichtlich der materiellen Rechtmäßigkeit des geforderten Planaufstellungsbeschlusses im Ergebnis nicht durch.

Der durch Ziff. 1 geforderte Planaufstellungsbeschluss wäre deshalb materiell rechtmäßig.

(2) Reduzierung des gemeindlichen Planungsermessens auf Null?

Die Rechtmäßigkeit der vom Landratsamt getroffenen Weisung setzt aber weiter voraus, dass sich das grundsätzlich bestehende gemeindliche Planungsermessen (in Form eines Entschließungs- und Gestaltungsermessens) hier – ausnahmsweise – zu einer Planungspflicht verdichtet hat, dass also zumindest das Entschließungsermessen entfällt. Das setzt voraus, dass die vorhandenen städtebaulichen Bedürfnisse nicht anders als durch die von der Rechtsaufsichtsbehörde skizzierte Bauleitplanung in geordnete Bahnen gelenkt werden könnten. Aus welchen Normen sich eine solche Reduzierung des Planungsermessens ergeben könnte, ist umstritten. In Betracht kommen § 1 Abs. 3, § 1 Abs. 4 und § 2 Abs. 2 BauGB.

(a) § 1 Abs. 3 BauGB

In erster Linie stützt die Rechtsprechung die Pflicht der Gemeinde zur Aufstellung eines Bebauungsplans auf § 1 Abs. 3 BauGB. Die Vorschrift setzt voraus, dass die Aufstellung eines Bebauungsplans für die städtebauliche Entwicklung und Ordnung erforderlich ist.

(aa) § 1 Abs. 3 BauGB als mögliche sedes materiae einer Erstplanungspflicht?

Anders als für § 1 Abs. 4 BauGB (dazu unten (b)(aa)) ist in Rechtsprechung und Literatur eine sich aus § 1 Abs. 3 BauGB ergebende Pflicht zum Erlass eines Bebauungsplans für ein bislang unbeplantes Gebiet (Erstplanungspflicht) einhellig anerkannt[31].

(bb) Erfüllung der Tatbestandsvoraussetzungen des § 1 Abs. 3 BauGB

Die Voraussetzungen, die sich aus § 1 Abs. 3 BauGB für die Annahme einer solchen Erstplanungspflicht ergeben, hat das BVerwG überzeugend konkretisiert. Danach ist erforderlich, dass „qualifizierte städtebauliche Gründe von besonderem Gewicht vorliegen […]. Ein qualifizierter (gesteigerter) Planungsbedarf besteht, wenn die Genehmigungspraxis auf der Grundlage von § 34 Abs. 1 und 2 BauGB städtebauliche Konflikte auslöst oder auszulösen droht, die eine Gesamtkoordination der widerstreitenden öffentlichen und privaten Belange in einem förmlichen Planungsverfahren dringend erfordern"[32].

Tatbestandlich beschränkt sich das Erfordernis einer geordneten städtebaulichen Entwicklung und Ordnung i. S. d. § 1 Abs. 3 BauGB dabei nicht auf das Gebiet der planenden Gemeinde. Vielmehr hat die Gemeinde auch die Auswirkungen ihrer Planungen – und auch des Ausbleibens einer Planung! – auf die benachbarten Gemeinden zu berücksichtigen. Das ergibt sich aus ihrer Pflicht zur interkommunalen Abstimmung (§ 2 Abs. 2 BauGB). Dabei muss sie Fehlentwicklungen bauleitplanerisch begegnen.

Insbesondere in verdichteten Siedlungsgebieten wie der Region München erstreckt sich das Bedürfnis nach einer städtebaulichen Ordnung auf den gesamten Ballungsraum. Denn städtebauliche Entwicklungen in einer Kommune tangieren nahezu unweigerlich auch die städtebauliche Ordnung der Nachbargemeinden und des gesamten Siedlungsraums.

Insofern ist die Gemeinde Eching hier auch rechtlich in ein „Planungsgeflecht" eingebunden. Sie darf die bauliche Entwicklung auf ihrem Gebiet nicht dem freien Spiel der Kräfte überlassen. Vorliegend können auch die §§ 34 und 35 BauGB, die zwar „Planersatzvorschriften, aber nicht Ersatzplanungsvorschriften" sind (BVerwG), eine geordnete städtebauliche Entwicklung nicht mehr gewährleisten. Dementsprechend können sich ein Planungserfordernis und eine Planungspflicht auch dann aus § 1 Abs. 3 BauGB ergeben, wenn das Unterlassen einer Bauleitplanung die Belange einer benachbarten Gemeinde in schwerwiegender Weise beeinträchtigt.

Das ist vorliegend zu bejahen. Denn ohne einen Bebauungsplan kommt es zu „unorganischen Entwicklungen" mit negativen Folgen für die städtebauliche Ordnung der umliegenden Städte und Gemeinden. Nach dem Sachverhalt ist bereits jetzt eine erhebliche Verschiebung an Kaufkraft eingetreten. Diese Tendenz würde sich ohne eine (eindämmende) Bauleitplanung auf breiter Front weiter verschärfen. Insbesondere besteht die Gefahr eines Ausblutens der Innenstädte. Daraus ergibt sich eine Ermessensreduzierung auf null.

(b) § 1 Abs. 4 BauGB

Als zweite Rechtsgrundlage zieht die neuere Rspr. neben § 1 Abs. 3 auch § 1 Abs. 4 BauGB heran. Nach § 1 Abs. 4 BauGB haben die Gemeinden ihre Bauleitpläne den Zielen der Raumordnung anzupassen.

(aa) Erstplanungspflicht?

Fraglich ist zunächst, ob sich aus § 1 Abs. 4 BauGB überhaupt eine Erstplanungspflicht ergeben kann. Nach seinem Wortlaut erfasst die Vorschrift primär die Veränderung bestehender Bauleitpläne: „Anpassen" lässt sich nur, was bereits existiert. In der Literatur ist diese Frage jedoch umstritten; die überwiegende Auffassung bejaht eine aus § 1 Abs. 4 BauGB folgende Erstplanungspflicht[33]. In der Rechtsprechung war die Frage lange unentschieden geblieben. Aus drei Gründen hat das BVerwG nunmehr aber

---

[31] Vgl. nur *OVG Koblenz*, Urteil v. 20. 1. 1998, 1 B 10056/98.OVG, Umdruck S. 14; *BVerwG* NVwZ 2004, 220, unter II.1.

[32] *BVerwG* NVwZ 2004, 220, unter II.1.3.

[33] Vgl. *OVG Koblenz*, Urteil v. 20.1. 1998, 1 B 10056/98.OVG (unveröffentlicht) m.w.N. im Umdruck S. 9 oben; ebenso die Revisionsentscheidung *BVerwG* NVwZ 2004, 220 (unter II.2.). Dagegen v.a. *Gierke*, in: Brügelmann, BauGB, § 1 Rn. 435 (unter Hinweis auf Meinungsverschiedenheiten im Gesetzgebungsverfahren).

die Einbeziehung der Erstplanungspflicht in den Kreis möglicher Rechtsfolgen des § 1 Abs. 4 BauGB bejaht:

- historisch-genetische Auslegung (Rspr. zur Vorgängervorschrift),
- subjektiv-historische Auslegung (Auffassung im Antrag der Bundesregierung zum Erlass des BauGB),
- teleologische Auslegung (nur die Annahme einer Erstplanungspflicht gewährleiste eine vollständige Umsetzung der Ziele der Raumordnung und Landesplanung; Grundsatz umfassender materieller Konkordanz).

> **Zum Verständnis:** Letztlich geht es um die klassische Frage, wie die staatliche Planung im Großen und die gemeindliche Selbstverwaltungsautonomie im Kleinen so miteinander in Einklang gebracht werden können, dass ein schonender Ausgleich gefunden wird, bei dem beide Güter möglichst weitgehend zur Geltung kommen.

In der Klausur sind vor allem die teleologischen Argumente zu verlangen. Dabei ist mit dem BVerwG darauf abzustellen, dass oft erst ein Bebauungsplan die Gewähr für die Verwirklichung raumordnungsrechtlicher Ziele und Erfordernisse (vgl. § 3 ROG) bietet. Das arbeitsteilige System der Gesamtplanung funktioniert daher nur, wenn die Entwicklung der gemeindlichen Planungsräume mit der des größeren Raums in Einklang gebracht wird. Gerade weil die Ziele der Raumordnung grundsätzlich keine unmittelbare bodenrechtliche Wirkung entfalten, ist die Annahme einer raumordnerisch bedingten Erstplanungs- und Änderungspflicht der Gemeinde gerechtfertigt.[34]

Auch die Regelung des § 2 Abs. 3 BauGB (kein Anspruch auf Aufstellung von Bauleitplänen und städtebaulichen Satzungen) steht diesem Ergebnis nicht entgegen. Denn § 2 Abs. 3 BauGB betrifft nicht das Verhältnis der Aufsichtsbehörde zur Gemeinde, sondern das Verhältnis der öffentlichen Hoheitsträger (hier: der Gemeinde) zu betroffenen Privaten. Der die Rechtsaufsicht wahrnehmende Staat braucht gerade keinen materiellen „Anspruch" gegen die Gemeinde. Vielmehr liegt es im Wesen der Rechtsaufsicht, dass die Beachtung *objektiver* Pflichten angemahnt und notfalls durchgesetzt wird.

Damit kann § 1 Abs. 4 BauGB als prinzipiell taugliche, d. h. eine Ermessensreduzierung auf null begründende Norm herangezogen werden.

(bb) Bestehen einschlägiger raumordnungsrechtlicher Vorgaben
Der Sachverhalt lässt in der mitgeteilten Begründung der Rechtsaufsichtsbehörde erkennen, dass einschlägige raumordnungsrechtliche (landesplanungsrechtliche) Vorgaben bestehen.

Diese Vorgaben müssen hinreichend bestimmt oder zumindest bestimmbar sein; ferner müssen sie rechtmäßig sein. Vorliegend ist mangels näherer Angaben im Sachverhalt davon auszugehen, dass die raumordnungsrechtlichen Ziele klar benannt und auch rechtmäßig sind. Abzustellen ist dabei maßgeblich auf das raumordnungsrechtliche Konzentrationsgebot. Es enthält eine Zielaussage, nach der großflächige Einzelhandelsbetriebe grundsätzlich in zentralen Orten vorzusehen sind. Es soll zu einer Konzentration von Einkaufsmöglichkeiten in den klassischen gewachsenen Strukturen der Innenstadt- und Dorflagen kommen. Große Geschäftszentren auf dem Gebiet kleiner Gemeinden sind damit tendenziell zu unterbinden[35].

> **Zur Vertiefung:** Das Konzentrationsgebot betrifft also die Frage, in *welcher* Gemeinde die Einkaufsmöglichkeiten vorzusehen sind. Ob es zugleich eine weitergehende Aussage darüber enthält, wo *innerhalb* der richtigen Gemeinde die Einkaufsmöglichkeiten eröffnet werden sollen, ist sehr fraglich. Denn wäre auch dies vorgezeichnet, so liefe die gemeindliche Planungshoheit faktisch leer. Die Bauleitplanung würde zu einer bloßen Exekution der Landes- und Raumordnungsplanung degradiert. Insofern ist es zumindest irreführend, von einem „städtebaulichen Konzentrationsverbot" zu sprechen[36]. Diese Überlegung spricht auch dagegen, dass man dem Konzentrationsgebot die generelle Aussage entnimmt, „auf der grünen Wiese" sollten keine großen Geschäftszentren entstehen.

---

[34] *BVerwG* NVwZ 2004, 220, unter II.2.1.
[35] Vgl. zur benachbarten Problematik der *Factory Outlet Center* den nachfolgenden *Fall 9*, insbesondere die Lösung unter A.II.2.b.
[36] So aber *OVG Koblenz*, Urteil v. 20. 1. 1998, 1 B 10056/98.OVG.

Dem läuft freilich das in der Begründung ebenfalls genannte Gebot gleichgewichtiger Entwicklung und die Herausbildung polyzentrischer Strukturen zuwider. Das sog. „Konzentrationsgebot" wirkt vorliegend also zugleich als „Konzentrationsverbot", genauer: als Verbot einer Zusammenballung künstlicher neuer Gewerbegebiete. Dadurch soll einem Bedeutungsverlust des Oberzentrums München entgegengesteuert werden. Es darf nicht zu einer überhöhten Kaufkraftbindung in der Gemeinde Eching oder anderen „Grundzentren" (= dezentralen, örtlichen Einkaufsbereichen außerhalb der Städte) kommen.

(cc) Raumordnungsrechtliche (landesplanerische) Vorgaben als taugliche Schranken für das Recht der kommunalen Selbstverwaltung?

Derartige raumordnungsrechtliche Vorgaben des Landes bilden nach der Leitentscheidung des Bundesverfassungsgerichts zur Stadtplanung in Wilhelmshaven grundsätzlich taugliche Schranken der gemeindlichen Planungshoheit[37]. Die gemeindliche Selbstverwaltung kann danach nicht nur durch Gesetze im formellen Sinne, sondern auch durch untergesetzliche Rechtsnormen ausgestaltet und eingeschränkt werden (Art. 28 Abs. 2 Satz 1 GG). Jede Einschränkung der gemeindlichen Selbstverwaltungsautonomie ist aber rechtfertigungsbedürftig. Das gilt umso stärker, je mehr einer Gemeinde im Vergleich zu anderen Gemeinden eine Sonderbelastung auferlegt wird. Eine solche Sonderbelastung darf zunächst nicht willkürlich sein, muss also einen zureichenden Grund in der Wahrung überörtlicher Interessen besitzen. Freilich genügt nicht jedes überörtliche Interesse. Vielmehr muss der Eingriff in die Planungshoheit der einzelnen Gemeinde gerade angesichts der Bedeutung der kommunalen Selbstverwaltung verhältnismäßig sein[38]. Entscheidende Bedeutung soll dabei einer genauen Sachverhaltsanalyse im Einzelfall zukommen: „Das Spannungsverhältnis zwischen Staat und Gemeinden ist von Teilraum zu Teilraum und von Aufgabe zu Aufgabe unterschiedlich"[39].

(dd) Anwendung auf den vorliegenden Fall

Eine geordnete landesplanerische Entwicklung, eine Eindämmung des Ausblutens der Innenstädte und der Schutz hochverdichteter Innenstadträume sind taugliche Zwecksetzungen, die als Schranken des Rechts der kommunalen Selbstverwaltung herangezogen werden können[40].

Dem Konzentrationsgebot widerspricht das ungebremste Wachstum des Einzelhandels im Echinger Gewerbegebiet in eklatanter Weise. Solange es keinen Bebauungsplan – oder zumindest die in Ziff. 2 und 3 des Bescheides angeordneten Vorfeldmaßnahmen (dazu s. u. bb), cc)) – gibt, hat die zuständige untere Bauaufsichtsbehörde neuen Bauanträgen wegen § 34 BauGB stattzugeben. Sie hat keine Möglichkeit, von sich aus der weiteren Ausdehnung des Gewerbegebietes Einhalt zu gebieten. Dadurch kommt es zu einer weiteren Vermehrung von Einkaufsmöglichkeiten und einem weiteren Abzug der Kaufkraft aus den betroffenen Nachbarstädten und -gemeinden. Ein derartiges Wachstum begründet zugleich einen sich selbst tragenden Effekt: Das Ganze ist mehr als die Summe seiner Teile; gerade durch die Vielzahl einzelner Geschäfte wird das Einkaufsgebiet insgesamt weiter attraktiv. Davon geht ein erheblicher wirtschaftlicher Druck auf auf anderweits betriebene Geschäfte aus, sich ebenfalls in Eching anzusiedeln.

Das Verhältnismäßigkeitsprinzip ist gewahrt. Die Anordnung des Landratsamtes belässt der Gemeinde Eching den nötigen planerischen Gestaltungsspielraum. Die Rechtsaufsichtsbehörde hat insbesondere nicht den Erlass eines bestimmten Bebauungsplans vorgegeben.

Danach rechtfertigt bereits § 1 Abs. 4 BauGB die Anordnung zur Aufstellung eines Bebauungsplans (Ziff. 1 des Bescheides des Landratsamts Freising).

(c) § 2 Abs. 2 BauGB

Drittens lässt sich die Ermessensreduzierung der Gemeinde auf § 2 Abs. 2 BauGB stützen. Wie oben (a) zu § 1 Abs. 3 BauGB bereits ausgeführt, können gerade auch interkommunale, d.h. das Gebiet der einzelnen Gemeinde überschreitende Umstände die Erstplanungspflicht auslösen. Denn § 2 Abs. 2 BauGB wirkt nicht nur *in* der Planung (Konkretisierung von § 1 Abs. 6 BauGB), sondern erst recht *vor* der Pla-

---

[37] BVerfGE 76, 107.
[38] BVerfGE 76, 107 (119 f.).
[39] *OVG Koblenz*, Urteil v. 20. 1. 1998, 1 B 10056/98.OVG, Umdruck S. 12 unten mit Nachweis *Gierke*, in: Brügelmann, § 1 BauGB Rn. 410 ff.
[40] *OVG Koblenz*, Urteil v. 20. 1. 1998, 1 B 10056/98.OVG, Umdruck S. 13; *BVerwG* NVwZ 2004, 220 (unter II.4.2.).

nung: Die gemeindliche Planungshoheit aus Art. 28 Abs. 2 Satz 1 GG steht von vornherein unter dem „nachbarrechtlichen Vorbehalt" des Gebots wechselseitiger kommunaler Rücksichtnahme (BVerwG).

> **Zum Aufbau:** Die hier vorgeführte Abschichtung in drei separate Prüfungspunkte (a)–(c) ist nicht zwingend. Die Rechtsprechung hat § 2 Abs. 2 BauGB zusammen mit § 1 Abs. 3 BauGB geprüft. Denkbar ist sogar eine gemeinsame Abhandlung aller drei Vorschriften, also auch des § 1 Abs. 4 BauGB.

Zwischenergebnis: Damit ist die Anordnung in Ziff. 1 des Bescheides des Landratsamts materiell rechtmäßig.

> **Zur Vertiefung:** Natürlich hätte die Abwägung der widerstreitenden Interessen des Landes einerseits und der Gemeinde anderseits auch zu einem anderen Ergebnis führen können. Insofern ist hier auch die **Gegenauffassung gut vertretbar.** Ein möglicher – aber den Erwartungshorizont weit übertreffender – Begründungsstrang für diese Gegenauffassung hätte auch sein können: § 1 Abs. 4 bzw. Abs. 3 BauGB verpflichten die Gemeinde allenfalls zum Erlass eines *Bebauungsplans.* Hier wird aber – im Vorfeld des Bebauungsplans – der förmliche *Aufstellungsbeschluss* i. S. v. § 14 Abs. 1 BauGB angeordnet. Ein solcher Aufstellungsbeschluss ist kein zwingender Bestandteil des bauleitplanerischen Verfahrens. Die Gemeinde kann nämlich einen Bebauungsplan – wenngleich es in der Praxis sehr selten ist – auch ohne vorangehenden förmlichen Aufstellungsbeschluss erlassen. Ob für eine analoge Anwendung der §§ 1 Abs. 3 und 4, 2 Abs. 2 BauGB auf der Ebene des § 14 Abs. 1 BauGB Raum wäre, ist sehr zweifelhaft.
>
> Für die Befugnis der Aufsichtsbehörde, die Gemeinde auch zum Erlass eines förmlichen Aufstellungsbeschlusses anweisen zu können, spricht aber, dass die Gemeinde auf diese Weise die Möglichkeit hat, eine Veränderungssperre zu erlassen (§ 14 BauGB) oder eine Zurückstellung von Baugesuchen (§ 15 BauGB) zu verlangen.

> **Zur Vertiefung:** In der kommunalen Praxis sind Planaufstellungsbeschlüsse fast durchgehend anzutreffen. Sie werden durch den Gemeinderat oder einen beschließenden Ausschuss (Art. 32 Abs. 2 Satz 2 Nr. 2 BayGO[41]) gefasst und sind nach § 2 Abs. 1 Satz 2 BauGB, Art. 27 Abs. 2 Satz 1 i. V. m. 26 Abs. 2 BayGO[42] ortsüblich bekanntzumachen. Fehler beim Erlass des Aufstellungsbeschlusses haben keinen Einfluss auf die Rechtmäßigkeit des späteren Bebauungsplans.

bb) Pflicht der Gemeinde Eching zum Erlass einer Veränderungssperre

Fraglich ist, ob das Landratsamt die Gemeinde Eching auch zum Erlass einer Veränderungssperre anweisen durfte. Die Veränderungssperre müsste zunächst formell rechtmäßig sein; nach § 16 Abs. 1 BauGB ist sie als gemeindliche Satzung zu beschließen. Die Gemeinde müsste in formeller Hinsicht also insbesondere die Vorgaben der Art. 24 ff. BayGO beachten.

Die Voraussetzungen für die materielle Rechtmäßigkeit einer Veränderungssperre ergeben sich aus § 14 Abs. 1 BauGB. Erforderlich ist zunächst der förmliche Aufstellungsbeschluss. Er muss nach hier vertretener Ansicht erlassen werden (oben aa)). Sobald er erlassen ist, steht der nachfolgende Erlass einer Veränderungssperre an sich wiederum im Ermessen der Gemeinde (§ 14 Abs. 1 BauGB). Aus den dort (oben aa) (2)) angegebenen Gründen lässt sich aber auch in diesem Punkt eine Ermessensreduzierung auf null bejahen.

Mithin durfte das Landratsamt als Rechtsaufsichtsbehörde auch den Erlass einer Veränderungssperre anordnen.

cc) Pflicht der Gemeinde Eching zum Zurückstellen von Baugesuchen

Gleiches gilt sinngemäß für die Anordnung in Ziff. 3 des Bescheides des Landratsamts Freising, nach der die Gemeinde Eching einen Antrag nach § 15 Abs. 1 BauGB stellen solle, wonach die Baugenehmigungsbehörde ihre bauaufsichtliche Entscheidung über die Zulässigkeit von Vorhaben bis zum Erlass des Be-

---

[41] §§ 39 f. GemO BW; §§ 57 f. GO NW.
[42] § 4 Abs. 3 Satz 1 GemO BW; §§ 52 Abs. 3, 7 Abs. 4 Satz 1 und Abs. 5 GO NW.

bauungsplanes auszusetzen habe. Der materiellen Rechtmäßigkeit dieser Anordnung des Landratsamtes steht insbesondere nicht entgegen, dass das Landratsamt Freising selbst Bauaufsichtsbehörde ist. Denn nach dem klaren Wortlaut des § 15 Abs. 1 BauGB ist das Zurückstellen von Baugesuchen nur auf Antrag der Gemeinde möglich; die Bauaufsichtsbehörde kann Baugesuche nicht von Amts wegen zurückstellen. Daher ist die Anordnung des Landratsamtes auch in diesem Punkt im Grundsatz rechtmäßig.

dd) Verstoß gegen Grundsatz gemeindefreundlichen Verhaltens?

In allen drei Regelungspunkten könnte sich allerdings dann etwas Anderes ergeben, wenn die Rechtsaufsichtsbehörde gegen den allgemeinen Grundsatz gemeindefreundlichen Verhaltens verstoßen hätte. Dieser Grundsatz ergibt sich aus Art. 108 BayGO[43], Art. 28 Abs. 2 Satz 1 GG.

Ein Verstoß gegen diesen Grundsatz ist insbesondere dann denkbar, wenn sich die Gemeinde Eching durch den Vollzug der ihr auferlegten Verpflichtungen Schadensersatz- oder Entschädigungspflichten aussetzen würde. Ob solche Staatshaftungspflichten bestehen, kann zwar nach dem vorliegenden Sachverhalt nicht abschließend entschieden werden.

In jedem Fall wäre die Gemeinde in diesem Punkt nicht schutzwürdig. Denn sie selber hat sich trotz diverser Vorgespräche und damit sehenden Auges in die gegenwärtige Situation hineinmanövriert. Insofern kann in der rechtsaufsichtlichen Maßnahme kein Verstoß gegen den Grundsatz gemeindefreundlichen Verhaltens erblickt werden[44].

ee) Verwirkung des Beanstandungsrechts

Zweifelhaft ist auch, ob das Landratsamt sein Beanstandungsrecht deshalb verwirkt hat, weil es – in seiner Funktion als untere Bauaufsichtsbehörde – in der Vergangenheit stets alle Vorhaben im Bereich des Echinger Gewerbegebietes genehmigt hatte.

Das Landratsamt hatte rechtlich keine Möglichkeit, die Baugenehmigungen zu versagen. Denn da es an einem Bebauungsplan fehlt, ist § 34 BauGB (evtl. i.V.m. den typologischen Beschreibungen der BauNVO) einziger Prüfungsmaßstab. Anders als § 34 BBauG enthält § 34 BauGB nicht mehr den Passus „wenn sonstige öffentliche Belange nicht entgegenstehen". Daher darf die Kompatibilität des Vorhabens mit den Zielen der Raumordnung und Landesplanung von der unteren Bauaufsichtsbehörde nicht geprüft werden. Das Landratsamt konnte also gar nicht anders, als die beantragten Vorhaben zu genehmigen. Daher scheidet eine Verwirkung seines kommunalaufsichtsrechtlichen Beanstandungsrechts vorliegend aus[45].

ff) Ermessensfehlerfreiheit

Auch Ermessensfehler des Landratsamtes (vgl. Art. 112 Satz 2 BayGO) sind nicht ersichtlich.

> **Zur Vertiefung:** Bis 1997 galt im Rahmen der Rechtsaufsicht das Legalitätsprinzip; die Rechtsaufsichtsbehörde war zu Beanstandungsverfügungen verpflichtet. Durch die Neufassung wurde ihr ein Ermessen („kann") eingeräumt. Dadurch eröffnen sich Möglichkeiten der Kooperation zwischen Kommune und Aufsichtsbehörden[46]. Die Rechtsaufsicht ist aber auch weiterhin dem Grundsatz der Gesetzmäßigkeit der Verwaltung (Art. 20 Abs. 3 GG) verpflichtet. Ermessen ist daher nicht mit Beliebigkeit gleichzusetzen[47]. Da die Rechtsaufsichtsbehörde weiterhin Garantin für die rechtmäßige Gesetzesanwendung durch die überwachte Kommune (auch in Fragen des eigenen Wirkungskreises) ist, sind an ihre Ermessensentscheidung keine überzogenen Anforderungen zu stellen. Grundsätzlich gelten die **Grundsätze des intendierten Ermessens**. Die Rechtsaufsichtsbehörde genügt deshalb den Anforderungen aus Art. 40 BayVwVfG, wenn sie zur Begründung ihres Einschreitens auf die Rechtswidrigkeit der beanstandeten Maßnahmen verweist und ihr Handeln allein damit begründet, rechtmäßige Zustände herstellen zu wollen.

Ergebnis: Damit ist der Antrag der Gemeinde Eching zwar zulässig, aber unbegründet. Er hat also keinen Erfolg.

---

[43] Entsprechend § 118 Abs. 3 GemO BW; die §§ 116 ff. GO NW enthalten keine ausdrückliche Regelung.
[44] *OVG Koblenz*, Urteil v. 20. 1. 1998, 1 B 10056/98.OVG.
[45] *OVG Koblenz*, Urteil v. 20. 1. 1998, 1 B 10056/98.OVG, Umdruck S. 16.
[46] Vgl. *Knemeyer*, BayVBl. 1999, 193 (195).
[47] *Knemeyer*, BayVBl. 1999, 193 (195f.).

B. Ausgangsfall: Rechtsschutz in der Hauptsache

Da es sich bei dem angegriffenen Bescheid um drei Verwaltungsakte i. S. v. Art. 35 Satz 1 BayVwVfG handelt, kommen als statthafte Rechtsbehelfe in der Hauptsache Anfechtungswiderspruch und Anfechtungsklage in Betracht.

Die grundsätzliche Notwendigkeit eines Widerspruchsverfahrens ergibt sich aus § 68 Abs. 1 Satz 1 VwGO. Allerdings entfällt dieses in Bayern nach Art. 15 Abs. 2 AGVwGO. Die Fallgruppen des Art. 15 Abs. 1 Satz 1 AGVwGO, nach denen der Betroffene zumindest wahlweise das Recht zum Widerspruch hat, sind hier nicht einschlägig. Somit kann kein Widerspruch erhoben werden. Eine Anfechtungsklage wäre nach obigem Ergebnis unbegründet und empfiehlt sich daher in keinem Fall.

C. Abwandlung

In der Abwandlung kommen für den Fall der Untätigkeit der Rechtsaufsichtsbehörde Rechtsbehelfe der Nachbargemeinden gegen die Gemeinde Eching, aber auch gegen den Freistaat Bayern als Träger der Rechtsaufsichtsbehörden in Betracht.

I. Verpflichtungsklage gegen die Gemeinde Eching

Eine Verpflichtungsklage gegen die Gemeinde Eching scheidet schon deshalb aus, weil nicht ersichtlich ist, was für ein Verwaltungsakt der Gemeinde Eching hier begehrt werden könnte.

II. Allgemeine Leistungsklage gegen die Gemeinde Eching (hier: Normerlassklage)

Allerdings scheidet die Gemeinde Eching aus dem Kreis möglicher Beklagter nicht von vornherein aus. In Betracht kommt nämlich eine allgemeine Leistungsklage auf Erlass eines – das Gewerbegebiet eindämmenden – Bebauungsplanes.

Eine solche sog. Normerlassklage scheitert indes an der Klagebefugnis der Nachbargemeinden. Denn ihnen steht kein subjektives öffentliches Recht auf Aufstellung eines Bebauungsplans durch die Gemeinde Eching und mithin auch nicht auf die Sicherung eines solchen Bauleitplanungsverfahrens zu[48].

Daran ändert auch das in § 2 Abs. 2 BauGB verankerte interkommunale Abstimmungsgebot nichts. Zwar würde das Unterlassen einer Bauleitplanung durch die Gemeinde Eching im Ergebnis dazu führen, dass dieses Gebot leerläuft, da § 34 BauGB nach dem oben Gesagten weder eine Berücksichtigung der Belange der Raumordnung und Landesplanung zulässt noch den durch die Zulassung von Vorhaben beeinträchtigten Nachbargemeinden eigene Abwehrrechte gibt. Die Rechtsprechung erachtet es aber als ausreichend, dass die Nachbargemeinden die Möglichkeit haben, ein rechtsaufsichtliches Vorgehen anzuregen (wie dies im Ausgangsfall geschehen ist)[49]. Folgt man dem, wäre eine allgemeine Leistungsklage gegen die Gemeinde Eching daher ebenfalls unzulässig.

III. Feststellungsklage gegen die Gemeinde Eching

Ob eine verwaltungsgerichtliche Feststellungsklage der Nachbargemeinden gegen die gemeinde Eching zulässig (und ggf. auch begründet) wäre, ist ebenfalls zweifelhaft. Die Zulässigkeit setzt nach § 43 Abs. 1 VwGO einen Streit über ein „Rechtsverhältnis" (unten 1.) und ein berechtigtes Interesse der Kläger an der baldigen Feststellung (unten 2.) voraus.

---

[48] *OVG Koblenz*, Beschl. v. 8. 12. 1997, 1 B 12881/97.OVG; ebenso wohl auch *BVerwG* NVwZ 2004, 220 (unter II.1.3.3.).

[49] Zur Problematik eines möglichen Anspruchs auf rechtsaufsichtliches Eingreifen s. u. C.IV.

1. Rechtsverhältnis

Rechtsverhältnisse sind „rechtliche Beziehungen (...), die sich aus einem konkreten Sachverhalt aufgrund einer öffentlich-rechtlichen Norm für das Verhältnis von (natürlichen oder juristischen) Personen untereinander oder einer Person zu einer Sache ergeben, kraft deren eine der beteiligten Personen etwas Bestimmtes tun muss, kann oder darf oder nicht zu tun braucht"[50].

Das Vorliegen eines Rechtsverhältnisses lässt sich im vorliegenden Fall bejahen.

2. Feststellungsinteresse?

Aus den oben (I., II.) genannten Gründen scheitert aber wohl auch eine allgemeine Feststellungsklage der Nachbargemeinden gegen die Gemeinde Eching. Mangels eines subjektiven Rechtes steht ihnen kein hinreichendes Festellungsinteresse zu.

> **Zur Vertiefung:** Eine a. A. wäre hier allerdings dann vertretbar, wenn man die Anforderungen an das Feststellungsinteresse gegenüber den oben zu prüfenden Anforderungen an eine (echte) Klagebefugnis i. S. v. § 42 Abs. 2 VwGO bewusst absenkt.

IV. Verpflichtungsklage gegen den Freistaat Bayern auf rechtsaufsichtliches Vorgehen gegen die Gemeinde Eching

Ebenso wie für das Verhältnis Bürger-Rechtsaufsichtsbehörde ist anerkannt, dass auch Nachbargemeinden keinen Anspruch auf rechtsaufsichtliches Einschreiten haben. Denn die Art. 108 ff. BayGO[51] sind keine Schutznormen, aus denen sich subjektive Rechtsansprüche ableiten ließen[52].

Ergebnis: Im Ergebnis steht den angrenzenden Gemeinden daher kein Rechtsbehelf zu.

Rechtsprechungsvorlagen: BVerfGE 76, 107; *OVG Koblenz* v. 20. 1. 1998, 1 B 10056/98.OVG (juris); *BVerwG* v. 17. 9. 2003, NVwZ 2004, 220; s. auch *OVG Mecklenburg-Vorpommern* v. 5. 11. 2008, 3 L 281/03, NordÖR 2009, 75 ff.

Leseempfehlungen: Buchinger/Pfeiffer, Anm. zu BVerwG a. a. O., JA 2004, 522 ff.; *Moench*, Die Planungspflicht der Gemeinde, DVBl. 2005, 676 ff.; **allgemein zum Anspruch auf Normerlass auch** *Sodan*, Der Anspruch auf Rechtsetzung und seine prozessuale Durchsetzbarkeit, NVwZ 2000, 601 ff.

---

[50] BVerwGE 100, 262 (264 f.); siehe auch: *VGH München* BayVBl. 1987, 239 (240); *Schmitt Glaeser/Horn*, Verwaltungsprozessrecht, Rn. 328; *Stern*, Verwaltungsprozessuale Probleme, Rn. 252; siehe auch *Fall 6*.

[51] §§ 118 ff. GemO BW; §§ 119 ff. GO NW.

[52] *Becker*, in: ders./Heckmann/Kempen/Manssen, Öffentliches Recht in Bayern, 2. Teil, Rn. 559; *Knemeyer*, Bayerisches Kommunalrecht, Rn. 417; *Bauer/Böhle/Masson/Samper*, Bayerische Kommunalgesetze, zu Art. 112 GO, Rn. 2.

Sachverhalt

Aufgrund einer konkreten Anfrage eines Großprojektträgers, die bauplanungsrechtlichen Voraussetzungen für ein sog. Factory-Outlet-Center zu schaffen, sieht die Mehrheit des Stadtrats der bayerischen Stadt S gute Chancen, Arbeitsplätze in S zu schaffen und steuerliche Einnahmen zu erhöhen. Auch wenn der Einzelhandel in S und der näheren Umgebung Konkurrenz erhalte, ist die Ratsmehrheit der Meinung, ein großer Gebäudekomplex, in dem diverse Ladengeschäfte baulich zusammengefasst werden und in dem die Hersteller ihre Waren ohne Umweg über den Groß- und Einzelhandel direkt an den Endverbraucher verkaufen, fördere aufgrund des Einzugsgebiets von S die lokale Wirtschaftsstruktur. Der Stadtrat debattiert, inwiefern derartige Möglichkeiten durch Bauleitplanung realisiert werden könnten. Im Nord-Osten der S liegt ein landwirtschaftlich genutztes Gebiet, für das bislang kein Bebauungsplan existiert. Aufgrund der an ein bestehendes Gewerbegebiet angrenzenden Randlage eignet sich dieser Stadtteil nach Ansicht einer Ratsmehrheit besonders gut für das Vorhaben.

Stadtratsmitglied A engagiert sich als aktives Mitglied des örtlichen Jungbauernverbandes intensiv für die Erhaltung der regionalen landwirtschaftlichen Kultur. Aufgrund dessen wird er von der Mehrheit des restlichen Stadtrats als befangen angesehen, weil seine Meinung hinsichtlich der Abschaffung landwirtschaftlich genutzter Flächen zugunsten eines großflächigen Warenhandels offensichtlich zu sehr vorgeformt sei. Im Verfahren nach Art. 49 Abs. 3 BayGO wird er daher mehrheitlich durch den restlichen Stadtrat von der weiteren Beratung und Abstimmung über die Beplanung des betroffenen Gemeindegebiets wegen persönlicher Beteiligung ausgeschlossen.

Der Stadtrat fasst einen entsprechenden Planaufstellungsbeschluss. In den nächsten Monaten wird ein Planentwurf ausgearbeitet. In der Folgezeit findet eine ordnungsgemäße Öffentlichkeits- und Behördenbeteiligung (§§ 3 ff. BauGB) statt. Auch die Nachbargemeinden werden dabei einbezogen. Das Ergebnis der Umweltprüfung (§§ 1 Abs. 6 Nr. 7, 1a, 2 Abs. 4, 2a Sätze 2 und 3 BauGB) wird in den jeweiligen Verfahrensschritten in einem Umweltbericht beschrieben und bewertet. Der Flächennutzungsplan wird fehlerfrei im Parallelverfahren gem. § 8 Abs. 3 Satz 1 BauGB angepasst. Nach Auslegung des Planentwurfs gem. § 3 Abs. 2 BauGB und dem Beteiligungsverfahren nach § 4 Abs. 2 BauGB beschließt der Stadtrat – ohne den weiterhin ausgeschlossenen A – mit acht Stimmen Mehrheit den Bebauungsplan „Sondergebiet Gewerbepark Nord-Ost". Es folgen die ortsübliche Bekanntmachung und die Bereithaltung des Bebauungsplans zu jedermanns Einsicht nach § 10 Abs. 3 BauGB. Der Bebauungsplan enthält hinsichtlich der Nutzungsart die Festsetzung eines „Sondergebiets für großflächigen Einzelhandel mit einer Gesamtverkaufsfläche bis zu 40.000 m²" sowie hinsichtlich des Maßes der baulichen Nutzung eine Geschossflächenzahl von bis zu 10.000 m². Bei Umsetzung dieser Planung wird die derzeit bestehende Gesamtverkaufsfläche in der Stadt S um ca. 20 % erweitert.

Aus der dem Bebauungsplan beigefügten Begründung sowie aus den Stadtratsprotokollen geht Folgendes hervor: Die Stadt S hatte auf Hinweis der IHK überlegt, aus Gründen der rein innerstädtischen Entwicklung und zum Schutz der innerstädtischen Konkurrenz im Bebauungsplan Sortimentsbeschränkungen aufzunehmen. Hiervon wurde abgesehen, um sich bei der Auswahl der Investoren (die Stadt ist zum Teil Eigentümer der beplanten Flächen, z. T. kann sie aufgrund von Vereinbarungen mit den sonstigen privaten Eigentümern über die Grundstücke verfügen) größtmögliche Flexibilität zu bewahren. Kosten- und zeitintensive Ermittlungen hinsichtlich möglicher wirtschaftlicher Auswirkungen in den Nachbargemeinden und die Einbeziehung diesbezüglicher Fragen in die Abwägung über den Satzungserlass hat die S bewusst unterlassen, und zwar – laut der endgültigen Planbegründung – mit folgender Begründung: Konkurrenzschutz zugunsten privater Anbieter in der Umgebung sei kein planungserheblicher Belang, der in der bauplanungsrechtlichen Abwägung Berücksichtigung finden müsse. Besondere Konfliktpotenziale, wie z. B. Auswirkungen auf die Entwicklung zentraler Versorgungsbereiche in anderen Gemeinden, könnten gegebenenfalls noch in den dem Planungsverfahren nachfolgenden Einzelbaugenehmigungsverfahren ermittelt und dort zum Ausgleich gebracht werden.

Noch im selben Jahr stellt die Nachbargemeinde N, die 8.000 Einwohner zählt und ca. 10 km von S entfernt liegt, einen Antrag beim *Bayerischen Verwaltungsgerichtshof* auf Normenkontrolle des neuen Bebauungsplans „Sondergebiet Gewerbepark Nord-Ost". Wesentliche Belange der N seien im Planungsverfahren nicht hinreichend berücksichtigt worden. Es sei nahe liegend, dass die Sogwirkung (Kaufkraftentzug) eines derart großflächigen Einkaufszentrums mit breit gestreutem Warensortiment in S zur Folge hat, dass insgesamt 14 Einzelhandelsbetriebe in N in ihrer Existenz gefährdet würden. Im Falle der Schließung dieser Betriebe wäre das Warensortiment in N derart dezimiert, dass ein ortsnaher Bezug der betroffenen Waren in N dann nicht mehr gewährleistet sei. Die Stadt S hätte im Rahmen ihrer Planung diese Umstände im einzelnen – ggf. im Wege der Begutachtung – ermitteln und für ihre Abwägung bewerten müssen. Dies hatte die N auch schon im Beteiligungsverfahren vorgetragen.

Vermerk für die Bearbeiter: In einem Gutachten sind die Erfolgsaussichten des Antrags der N zu bewerten! Auf Raumordnungsrecht, insbesondere auf Vorgaben des Landesentwicklungsprogramms und des Regionalplans, ist im Gutachten nicht einzugehen.

Abwandlung: Im Gegensatz zum Ausgangsfall ist der neue Bebauungsplan noch nicht beschlossen. Mehrere Investoren haben aber bereits Anträge auf Erteilung von Baugenehmigungen gestellt, die nach dem gegenwärtigen Planungsstadium in bauplanungsrechtlicher Hinsicht an § 33 BauGB zu messen wären, wenn der künftige Bebauungsplan fehlerfrei wäre. N fragt Sie nach Möglichkeiten, bereits jetzt, also vorbeugend, gegen den bevorstehenden Erlass des Bebauungsplans „Sondergebiet Gewerbepark Nord-Ost" gerichtlich vorzugehen.

Vermerk für die Bearbeiter: Zur Frage der N ist gutachterlich Stellung zu nehmen!

Zusatzfall: Die U-GmbH (U) plant die Errichtung eines großen Einkaufszentrums auf einem derzeit im Außenbereich der bayerischen Gemeinde G gelegenen Grundstück. U und G schließen schriftlich einen Vertrag, wonach sich U gegenüber der G zur Übernahme der Erschließung des Grundstücks bereiterklärt, sofern die G die planungsrechtlichen Grundlagen für ein Einkaufszentrum mit einem ausgehandelten bestimmten Maß der baulichen Nutzung (§ 9 Abs. 1 Nr. 1 BauGB i.V. m. §§ 16 ff. BauNVO) schafft. Im Anschluss an den Planaufstellungsbeschluss beauftragt die U ein Architektenbüro mit der konkreten Gebäudeplanung nach Maßgabe der vereinbarten Maße der baulichen Nutzung. Der Entwurf eines Bebauungsplans wird nach einem entsprechenden Planaufstellungsbeschluss öffentlich ausgelegt (§ 3 Abs. 2 BauGB). Im Auslegungsverfahren bringen nunmehr diverse Träger öffentlicher Belange Bedenken gegen die Planung vor. Auch von privater Seite erfährt die Planung deutliche Kritik. Hierüber verzögert sich der Satzungsbeschluss (vgl. § 10 Abs. 1 BauGB). Der Gemeinderat lässt sich schließlich mehrheitlich von der vorgebrachten Kritik überzeugen. Die G teilt der U schließlich mit, dass nunmehr andere Planungsabsichten verfolgt werden. Es wird ein neuer Planaufstellungsbeschluss gefasst, der zwar weiterhin die Möglichkeit der Errichtung eines Einkaufszentrums eröffnet, allerdings nur mit geringeren baulichen Maßen hinsichtlich Geschossflächen- und Grundflächenzahl. Die U verlangt nunmehr von G Schadensersatz in Höhe von 1.000.000,– €, ein Betrag, der sich aus den unnützen Planungskosten für die früher ins Auge gefassten baulichen Maße ergibt. G habe im Rahmen des Abschlusses des Erschließungsvertrags eine gesicherte Planungsgrundlage für das ursprüngliche Vorhaben in Aussicht gestellt und U habe hierauf vertrauen dürfen.

Vermerk für die Bearbeiter: Besteht ein solcher Schadensersatzanspruch? Auf welchem Rechtsweg ist er zu verfolgen?

Lösung

A. Ausgangsfall – Normenkontrollantrag der N

Der Antrag der N im Verfahren nach § 47 VwGO hat Erfolg, wenn er zulässig und begründet ist.

I. Zulässigkeit

1. Verwaltungsrechtsweg und sachliche Zuständigkeit

In Bayern ist gem. § 47 VwGO i.V.m § 184 VwGO, Art. 1 Abs. 1 (Bay) AGVwGO der *Bayerische Verwaltungsgerichtshof* sachlich zuständig für Entscheidungen nach § 47 VwGO. Diese Zuständigkeit besteht aber nur „im Rahmen seiner Gerichtsbarkeit". Das ist dann der Fall, wenn Streitigkeiten über den Vollzug der zu überprüfenden Norm im Verwaltungsrechtsweg auszutragen sind.[1] Dies ist jedenfalls hinsichtlich des Vollzugs eines Bebauungsplans zu bejahen, zumal eine Satzung nach dem BauGB gemäß § 47 Abs. 1 Nr. 1 VwGO ohnehin als typischer Gegenstand eines Normenkontrollverfahrens anzusehen ist.

2. Statthaftigkeit

Ein Bebauungsplan als Satzung nach § 10 Abs. 1 BauGB unterfällt § 47 Abs. 1 Nr. 1 VwGO und ist damit ohne weiteres statthafter Gegenstand eines Normenkontrollverfahrens.

3. Antragsbefugnis

In Anlehnung an die Klagebefugnis gemäß § 42 Abs. 2 VwGO verlangt § 47 Abs. 2 VwGO, dass eine natürliche oder juristische Person als Antragsteller geltend machen können muss, durch die Rechtsvorschrift oder deren Anwendung in ihren Rechten verletzt zu sein oder in absehbarer Zeit verletzt zu werden. Hierbei ist umstritten, ob bereits § 1 Abs. 7 BauGB selbst im Sinne eines subjektiven Rechts auf Abwägung Schutznorm ist (ob es m. a.W. für die Antragsbefugnis nach § 47 Abs. 2 VwGO genügt, dass möglicherweise abwägungserhebliche Belange des Antragstellers in der Abwägung nicht oder nicht hinreichend Berücksichtigung gefunden haben), oder ob es darüber hinaus erforderlich ist, dass der möglicherweise fehlerhaft berücksichtigte Belang als solcher subjektiv-rechtlich geschützt ist.[2] Dieser Streitstand kann hier dahinstehen, denn im vorliegenden Fall geht es darum, dass durch die Bauleitplanung der S möglicherweise das Abstimmungsgebot nach § 2 Abs. 2 BauGB zu Lasten der N verletzt wurde, hier speziell im Hinblick auf § 2 Abs. 2 Satz 2 (2. Alt.) BauGB (Auswirkungen auf zentrale Versorgungsbereiche). Dieses sog. interkommunale Abstimmungsgebot schützt die gemeindliche Planungshoheit (hier der von Auswirkungen der Bauleitplanung betroffenen Nachbargemeinde) als Ausfluss des verfassungsrechtlich nach Art. 28 Abs. 2 GG / Art. 11 Abs. 2 Satz 2 BV geschützten Selbstverwaltungsrechts. Das interkommunale Abstimmungsgebot nach § 2 Abs. 2 BauGB, das im Rahmen der Abwägung des § 1 Abs. 7 BauGB sowie auf Verfahrensebene gemäß § 2 Abs. 3 BauGB hinreichend zu beachten ist, stellt insoweit nach allgemeiner Ansicht bereits selbst ein subjektives Recht der Nachbargemeinde, hier der N, dar.[3] Im Fall hat die S bei ihrer Planung Ermittlungen hinsichtlich der wirtschaftlichen Auswirkungen

---

[1] S.o. *Fall 3*.
[2] Zum Streitstand oben *Fall 3*.
[3] Zur Antragsbefugnis einer Nachbargemeinde unter Berufung auf das Gebot der interkommunalen Abstimmung: BVerwGE 117, 25 (32); *BayVGH* BayVBl. 1999, 760; BayVBl. 2000, 273 (274); BayVBl. 2001, 174 (174 und 179); *VGH Mannheim* VBlBW 2008, 218 ff.; *OVG Münster* NVwZ 2005, 1201 f.; NVwZ-RR 2006, 94; *OVG Greifswald* NVwZ 2000, 826; *Jahn*, BayVBl. 2000, 267 (268). Zum interkommunalen Abstimmungsgebot im Fall der Ausweisung eines Windparks: *OVG Lüneburg* NVwZ 2001, 452 ff. (durcharbeiten!).

ihrer Planung in den Nachbargemeinden (Gefährdung der verbrauchernahen Versorgung) unterlassen und insoweit keine Erwägungen in ihre Abwägung zum Planerlass eingestellt. Eine Verletzung der Rechte der N aus § 2 Abs. 2 BauGB (i.V.m. § 2 Abs. 3 BauGB und/oder § 1 Abs. 7 BauGB) ist daher nicht von vornherein auszuschließen. Nach der Möglichkeitstheorie[4] ist N als „juristische Person" (Art. 1 BayGO – Gebietskörperschaft) folglich nach § 47 Abs. 2 VwGO antragsbefugt.

4. Antragsfrist

Die Jahresfrist für einen Normenkontrollantrag gemäß § 47 Abs. 2 Satz 1 VwGO ist vorliegend gewahrt.

Zwischenergebnis: Da auch an einem Rechtsschutzinteresse der N nicht zu zweifeln ist (insbesondere ist der Bebauungsplan noch nicht umgesetzt), ist ihr Antrag auf Normenkontrolle hinsichtlich des Bebauungsplans „Sondergebiet Gewerbepark Nord-Ost" zulässig.

II. Begründetheit

Der Antrag der N im Normenkontrollverfahren ist begründet, wenn er gegen den richtigen Antragsgegner gerichtet ist (§ 47 Abs. 2 Satz 2 VwGO) und sich die überprüfte Norm aufgrund eines zur Unwirksamkeit führenden formellen oder materiellen Fehlers als ungültig erweist (§ 47 Abs. 1, Abs. 5 Satz 2 VwGO).

1. Passivlegitimation

Nach § 47 Abs. 2 Satz 2 VwGO ist der Antrag gegen den Rechtsträger zu richten, der (bzw. dessen rechtssetzendes Organ) die angegriffene Norm erlassen hat. S ist daher passivlegitimiert.

2. Ungültigkeit des Bebauungsplans „Sondergebiet Gewerbepark Nord-Ost"

Der Bebauungsplan ist als Satzung (§ 10 Abs. 1 BauGB) ungültig, wenn er an einem formellen oder materiellen Fehler leidet, der erheblich ist, d.h. der auch zur Unwirksamkeit führt. Obwohl sich das Normenkontrollverfahren im Hinblick auf die Antragsbefugnis nach § 47 Abs. 2 VwGO an die subjektivrechtlichen Voraussetzungen der Anfechtungsklage angenähert hat, bleibt das Normenkontrollverfahren objektives Beanstandungsverfahren. Ist daher der Normenkontrollantrag zulässigerweise gestellt, wird die Norm vom Normenkontrollgericht auch hinsichtlich solcher Rechtsfehler untersucht, die die Antragsbefugnis nicht zu begründen vermögen.[5] Die Begründetheitsprüfung beschränkt sich daher nicht auf die Frage der Verletzung des interkommunalen Abstimmungsgebots aus § 2 Abs. 2 BauGB, sondern die Norm (hier der Bebauungsplan) ist umfassend auf erhebliche formelle und materielle Mängel zu untersuchen. Ggf. festgestellte Rechtsverstöße müssten zudem – insbesondere am Maßstab von §§ 214, 215 BauGB – die Unwirksamkeit des Bebauungsplans begründen.

a) Formelle Mängel
Die formellen Vorgaben für den Erlass eines Bebauungsplans ergeben sich aus einem Zusammenspiel von Regelungen der BayGO und des BauGB.

aa) Verstoß gegen formelle Anforderungen der Gemeindeordnung
Nach §§ 1 Abs. 3, 2 Abs. 1 BauGB ist die Gemeinde für den Erlass eines Bebauungsplans auf ihrem Gemeindegebiet zuständig. Der Gemeinderat hat einen Planaufstellungsbeschluss getroffen und diesen ortsüblich bekannt gemacht, § 2 Abs. 1 Satz 2 BauGB. Von der ordnungsgemäßen Beteiligung der Öffentlichkeit und der Behörden nach §§ 3 ff. ist nach den Sachverhaltsvorgaben auszugehen. Auch die

---

[4] Zu deren Geltung im Rahmen von § 47 Abs. 2 VwGO: *BayVGH* BayVBl. 2000, 273 (274); BayVBl. 2005, 177 (178); BayVBl. 2006, 407.
[5] S.o. *Fall 3*; *BVerwG* BayVBl. 2009, 117.

Verfahrensanforderungen der Umweltprüfung und des Umweltberichts wurden beachtet, §§ 1 Abs. 6 Nr. 7, 1a, 2 Abs. 4, 2a Sätze 2 und 3 BauGB. Der Bebauungsplan ist schließlich als Satzung beschlossen worden, § 10 Abs. 1 BauGB. Das Verfahren der Bauleitplanung würde aber an einem Fehler leiden – insbesondere wäre der Stadtratsbeschluss über den Bebauungsplan formell rechtswidrig –, wenn Stadtratsmitglied A zu Unrecht von der Beratung und Abstimmung ausgeschlossen wurde und nach den Vorschriften der BayGO dieser Abstimmungsfehler für die Gültigkeit eines Beschlusses auch als erheblich zu bewerten ist.

Die Frage der Rechtmäßigkeit eines Ausschlusses wegen sog. persönlicher Beteiligung ist an Art. 49 BayGO[6] zu messen. Nach Art. 49 Abs. 3 BayGO entscheidet über den Ausschluss der Gemeinderat ohne Mitwirkung des (ggf. nur vermeintlich) persönlich Beteiligten. Diese formelle Anforderung für eine Ausschlussentscheidung ist hier erfüllt. Im Übrigen erfordert Art. 49 Abs. 1 BayGO, dass der Beschluss dem ausgeschlossenen Mitglied oder einer diesem nahe stehenden Person einen *unmittelbaren Vorteil oder Nachteil* wirtschaftlicher oder ideeller Art bringen kann.[7] Für den Fall fragt sich daher, ob eine persönliche Beteiligung des A schon allein deshalb anzunehmen ist, weil er als aktives Mitglied des örtlichen Jungbauernverbandes möglicherweise in seiner Objektivität hinsichtlich der „Opferung" landwirtschaftlich genutzter Flächen eingeschränkt ist. Art. 49 Abs. 1 BayGO ist allerdings nicht als allgemeine Befangenheitsvorschrift formuliert. Ein *unmittelbarer* Vor- oder Nachteil ist nur dann anzunehmen, „*wenn er sich aus dem Beschluss selbst, also nicht erst über die Begünstigung oder Belastung Dritter bzw. als weitere Folge ergibt.*"[8] Der Umstand, dass sich A in verstärktem Maße für die Interessen der Bauern einsetzt, reflektiert ggf. seine grundsätzlich politischen Interessen. Es handelt sich bei der Frage der Ausweisung eines Sondergebiets auf Kosten landwirtschaftlich genutzter Flächen allenfalls um ein beeinträchtigtes Gruppeninteresse[9], das für A – wie auch für den Verein, in dem er tätig ist – einen Nachteil von allenfalls mittelbarer Natur darstellt.[10] Ein sonstiger Anknüpfungspunkt für eine wirklich unmittelbare Betroffenheit des A ist dem Sachverhalt nicht zu entnehmen. A durfte daher von Beratung und Abstimmung hinsichtlich des Bebauungsplans „Sondergebiet Gewerbepark Nord-Ost" nicht ausgeschlossen werden. Damit war zunächst die Ausschlussentscheidung des (Rest-) Gemeinderats nach Art. 49 Abs. 1 und 3 BayGO rechtswidrig. Mit dieser Rechtswidrigkeit wird auch der Stadtratsbeschluss, an dem A nicht mitwirken konnte, infiziert. Denn die Ausschlussentscheidung manifestiert sich geradezu in der Beratung und Abstimmung über den Bebauungsplan. Bei dieser Betrachtung wirkt die Rechtsverletzung in der ohne A getroffenen Sachentscheidung des Rats fort. Der Beschluss über den Bebauungsplan setzt sich damit dem Verdikt formeller Rechtswidrigkeit aus.

Fehlerfolge: Die Unbeachtlichkeitsnormen in §§ 214, 215 BauGB gelten nur für Verstöße gegen Vorschriften des BauGB, sodass der vorliegende Verstoß gegen (den landesrechtlichen) Art. 49 BayGO nicht an diesen Fehlerfolgennormen zu messen ist.[11] Der Rechtsverstoß könnte jedoch nach den Vorgaben der BayGO selbst unbeachtlich sein. In Betracht kommt eine analoge Anwendung des Art. 49 Abs. 4 BayGO.[12] Der rechtsfehlerhafte Ausschluss des A könnte für die Wirksamkeit des hierauf ergehenden Sachbeschlusses unerheblich sein, weil – angesichts des deutlichen Abstimmungsergebnisses von acht Stimmen Mehrheit – die Stimme des A, hätte sie abgegeben werden können, kein maßgebliches Gewicht gehabt hätte. Gegen eine Analogie spricht aber zunächst, dass Art. 49 Abs. 4 BayGO nur für den umgekehrten Fall der Mitwirkung eines an sich auszuschließenden Ratsmitglieds vorgesehen ist. „*Hätte diese Regelung auch für den Fall der Beschlussfassung ohne Mitwirkung eines zu Unrecht ausgeschlossenen*

---

[6] Vergleichbare Regelungen: § 31 GO NW, § 22 GO Rh-Pf, § 18 GemO BW, § 28 GO Bbg., § 25 HGO, § 26 Nds. GO; § 24 KV MV, § 27 KSVG Saarl., § 20 SächsGemO, § 31 GO LSA, § 38 ThürKO, § 22 SchlHGO.

[7] Zum Ganzen: *Molitor*, JA 1992, 303 ff.; *Becker*, in: Becker/Heckmann/Kempen/Manssen, Öffentliches Recht in Bayern, 2. Teil, Rn. 247 ff.

[8] *Knemeyer*, Bayerisches Kommunalrecht, Rn. 215, m.w.N.

[9] Vgl. *Knemeyer*, Bayerisches Kommunalrecht, Rn. 215.

[10] Vgl. auch *BayVGH* BayVBl. 1976, 753 (755).

[11] Zur mangelnden Geltung des § 214 BauGB für kommunalrechtliche Verfahrensregelungen: *Stock*, in: Ernst/ Zinkahn/Bielenberg, BauGB, § 214, Rn. 5 und 37; *Pfab*, Jura 1999, 625; *Brohm*, Öffentliches Baurecht, § 15, Rn. 9.

[12] Ähnliche Regelungen enthalten: § 31 Abs. 6 GO NW, § 28 Abs. 6 GO Bbg., § 26 Abs. 6 Satz 1 Nds. GO; § 22 Abs. 5 Nr. 1 SchlHGO; hiervon abweichende Regelungen: § 22 Abs. 6 GO Rh-Pf, § 18 Abs. 6 GemO BW, § 25 Abs. 6 HGO, § 24 Abs. 5 KV MV, § 27 Abs. 6 KSVG Saarl., § 20 Abs. 5 SächsGemO, § 31 Abs. 6 GO LSA, § 38 Abs. 4 ThürKO.

Gemeinderates gelten sollen, dann hätte dies der Gesetzgeber ausdrücklich aussprechen müssen."[13] Der Gesetzgeber hat aber gerade davon abgesehen, die Anforderungen des Art. 49 BayGO im Ganzen unter einen Erheblichkeitsvorbehalt zu stellen. Art. 49 Abs. 4 BayGO ist als enge Ausnahmevorschrift anzusehen. Damit ist schon eine unbewusste Rechtslücke als Voraussetzung einer Analogie abzulehnen. Ferner spricht der systematische Vergleich zu Art. 47 Abs. 2 BayGO gegen eine analoge Anwendung des Art. 49 Abs. 4 BayGO: Wenn ein Beschluss schon dann als rechtswidrig und daher unwirksam anzusehen ist, weil er ohne Mitwirkung eines nicht ordnungsgemäß geladenen Gemeinderatsmitglieds ergangen ist, dann muss dies erst recht gelten, wenn die unterlassene Mitwirkung auf einem nicht gerechtfertigten Ausschließungsbeschluss nach Art. 49 BayGO beruht.[14] Darüber hinaus ist die vorliegende Fallgestaltung mit dem normierten Fall des Art. 49 Abs. 4 BayGO in rechtlicher Hinsicht nicht vergleichbar. Während Art. 49 Abs. 4 BayGO für den Fall der Mitwirkung eines an sich auszuschließenden Ratsmitglieds die Rechtssicherheit fördern will, weil außer dem objektiven Rechtsverstoß im Ergebnis keine weiteren Interessen verletzt worden sind, geht es in der hier zu diskutierenden umgekehrten Konstellation (unrechtmäßiger Ausschluss eines vermeintlich persönlich betroffenen Ratsmitglieds) zusätzlich auch um das verletzte Mitgliedschaftsrecht des Ausgeschlossenen.[15] Für eine Analogie des Art. 49 Abs. 4 BayGO bleibt daher kein Raum.[16] Für dieses Ergebnis spricht auch die Überlegung, dass ein sanktionsloses rechtswidriges Ausschließen eines unliebsamen Mitglieds durch die Gemeinderatsmehrheit die Gefahr begründet, dass die gewählten Gemeinderatsmitglieder nicht mehr frei und unbeeinflusst ihr Mandat ausüben können.[17] Der Bebauungsplan leidet daher schon an einem erheblichen formellen Mangel und ist aus diesem Grunde als ungültig anzusehen.

bb) Ermittlungs- und Bewertungsdefizit am Maßstab von § 2 Abs. 3 BauGB i.V.m. § 2 Abs. 2 Sätze 1 und 2 BauGB (interkommunales Abstimmungsgebot)

Gemäß § 2 Abs. 3 BauGB, der mit der auf die Stärkung des Verfahrensrechts ausgerichteten Zielrichtung des EAG Bau und im Zusammenlesen mit § 214 Abs. 1 Nr. 1 BauGB als Norm mit verfahrensrechtlichem Charakter anzusehen ist, sind bei der Aufstellung der Bauleitpläne die Belange, die für die Abwägung von Bedeutung sind (Abwägungsmaterial), zu ermitteln und zu bewerten. Seit dem Inkrafttreten des EAG Bau unterscheidet das BauGB zwischen Mängeln im Abwägungsvorgang, die gem. § 2 Abs. 3 BauGB als Verfahrensfehler anzusehen sind und daher nach der Planerhaltungsvorschrift des § 214 Abs. 1 Nr. 1 BauGB zu beurteilen sind (hierzu noch unten), und solchen, die zum materiell-rechtlichen Abwägungsgebot i.S. von § 1 Abs. 7 BauGB gehören und für die deshalb die Planerhaltungsvorschrift des § 214 Abs. 3 Satz 2 Halbsatz 2 BauGB einschlägig ist. Die Abgrenzung ist umstritten und bislang auch in der höchstrichterlichen Rechtsprechung noch nicht abschließend geklärt. Insbesondere ist fraglich, welche Bedeutung § 214 Abs. 3 Satz 2 BauGB zukommen soll, sofern mit dem Wortlaut des § 2 Abs. 3 BauGB die Mängel im Abwägungsvorgang umfassend oder zumindest weitgehend als formelle Fehler jenseits des materiellen Abwägungsgebots aufgefasst werden. Mit der Neuregelung des § 2 Abs. 3 BauGB sind aber zumindest Teilaspekte der klassischen Abwägungsfehlerlehre als verfahrensbezogene Anforderungen ausgestaltet worden, ohne dass an dieser Stelle grundsätzlich geklärt werden muss, ob und inwiefern ergänzend auch § 1 Abs. 7 BauGB als materielle Anforderung herangezogen werden kann.[18]

Aus dem Umstand, dass das interkommunale Abstimmungsgebot nach wie vor und unverändert in § 2 Abs. 2 BauGB verankert ist, ist in der Literatur gefolgert worden, dass Verstöße hiergegen im Rahmen der planerischen Abwägung auch nach neuer Rechtslage keine Verfahrensverstöße i.S. von § 2 Abs. 3 BauGB, sondern ausschließlich materielle Verstöße gemäß § 1 Abs. 7 i.V.m. § 214 Abs. 3 Satz 2 BauGB darstellen.[19] Hiernach wäre die gesamte Diskussion hinsichtlich der Verletzung des interkommunalen Abstimmungsgebots in die materielle Prüfung der Abwägungsfehlerlehre (s.u.) zu verschieben,

---

[13] *BayVGH* BayVBl. 1976, 753 (755).

[14] *Knemeyer*, Bayerisches Kommunalrecht, Rn. 217.

[15] *BayVGH* BayVBl. 1976, 753 (755) – dort auch zur Geltendmachung im Kommunalverfassungsstreit.

[16] *BayVGH* BayVBl. 1976, 753 (755); zustimmend: *Knemeyer*, Bayerisches Kommunalrecht, Rn. 217; *Becker*, in: ders./Heckmann/Kempen/Manssen, Öffentliches Recht in Bayern, 2. Teil, Rn. 257.

[17] *Knemeyer*, Bayerisches Kommunalrecht, Rn. 217.

[18] Zur grundsätzlichen Problematik s. bereits *Fall 3.*

[19] *Stelkens*, UPR 2005, 81 (86 f.); *VGH Mannheim* VBlBW 2008, 145 (146) sowie 218.

§ 2 Abs. 3 BauGB fände insofern keine Anwendung. Gerade weil das interkommunale Abstimmungsgebot bei der planerischen Abwägung eine besondere Ausprägung des Abwägungsgebots darstellt[20], ist es m. E. nur konsequent, § 2 Abs. 3 BauGB als Verfahrensgrundnorm der Abwägung auch auf die Ermittlung und Bewertung der für das interkommunale Abstimmungsgebot relevanten Belange anzuwenden. Im vorliegenden Fall kommt dann zunächst ein (verfahrensrechtlicher) Verstoß gegen § 2 Abs. 3 BauGB in Betracht, wenn die S nicht hinreichend die Belange der Nachbargemeinden – insbesondere die wirtschaftlichen Auswirkungen der Umsetzung eines großflächigen Factory-Outlet-Centers in S auf den Kaufkraftentzug und die diesbezüglichen Folgen für N – ermittelt und bewertet hat und diese Belange als „Abwägungsmaterial" für die Abwägung nach § 1 Abs. 7 BauGB von Bedeutung sind.

Das interkommunale Abstimmungsgebot gemäß § 2 Abs. 2 BauGB bedeutet zunächst, dass planungserhebliche Belange der Nachbargemeinde (hier N) für die Abwägung als erheblicher Faktor von der planenden Gemeinde (hier S) erkannt und entsprechend ihrer Bedeutung berücksichtigt werden müssen. Zur Vermeidung eines Verfahrensfehlers nach § 2 Abs. 3 BauGB hat die planende Gemeinde die planerischen Belange der Nachbargemeinde als erhebliches Abwägungsmaterial zu ermitteln und zu bewerten.[21]

Es muss sich zunächst bei diesen wirtschaftlichen Folgewirkungen (Sogwirkung des in S umzusetzenden Einkaufszentrenkomplexes / Entzug der Kaufkraft in N) um planungsrechtlich erhebliche Belange der Nachbargemeinde N handeln, also um Belange, die gemäß § 2 Abs. 3 BauGB für die Abwägung von Bedeutung sind und die die planende Stadt S bei der Planung daher überhaupt berücksichtigen musste. Insofern gilt zunächst: Weil sich Gemeinden bei der Bauleitplanung auf Gleichordnungsebene gegenüberstehen, gilt das interkommunale Abstimmungsgebot unabhängig davon, welche Körperschaft zuerst von der Möglichkeit der Bauleitplanung Gebrauch gemacht hat. Daher hängt die Abstimmungspflicht aus § 2 Abs. 2 BauGB nicht davon ab, ob die Nachbargemeinde bereits selbst Bauleitpläne erlassen hat oder in sonstiger Weise planerische Absichten in N bereits hinreichende Konturen aufweisen. Für die Abstimmungspflicht genügt es, dass von der Umsetzung des Bebauungsplans unmittelbare Auswirkungen gewichtiger Art auf die städtebauliche Ordnung oder Entwicklung der Nachbargemeinde ausgehen.[22] Die Abstimmungspflicht betrifft andererseits nur das, was aus *planungsrechtlicher* Sicht abstimmungsbedürftig ist. Es genügt für das Auslösen der materiellen Abstimmungspflicht nicht, dass die Nachbargemeinde irgendwelchen faktischen Fernwirkungen durch die Bauleitplanung der planenden Gemeinde ausgesetzt ist, dass m. a. W. der planenden Gemeinde irgendwelche allgemeinen Interessen der Nachbargemeinde gegenüberstehen.[23] Denn solche rein faktischen Folgen sind jeder Planung inhärent. Es muss sich vielmehr um Belange der Nachbargemeinde handeln, die in spezifischer Weise für ihre eigene Planungshoheit eine gewisse Relevanz aufweisen. Das bedeutet für die zu begutachtende Fallgestaltung: Der von N gerügte Bebauungsplan „Sondergebiet Gewerbepark Nord-Ost" muss spezifische Auswirkungen auf die *städtebauliche Entwicklung* der Nachbargemeinde aufweisen.[24] Im Falle wirtschaftlicher Auswirkungen einer Bauleitplanung auf die Nachbargemeinde wegen Kaufkraftentzugs spielen insofern bloße Erwägungen des Konkurrenzschutzes nach Maßgabe des rein planungsrechtlich ausgerichteten § 2 Abs. 2 BauGB keine eigene Rolle. Denn das öffentliche Baurecht schützt nicht vor

---

[20] BVerwGE 117, 25 (33); *VGH Mannheim* VBlBW 2008, 145 (146) sowie 218.

[21] So vor der Neuregelung des § 2 Abs. 3 BauGB durch das EAG Bau auf Basis des Abwägungsgebots und der klassischen Abwägungsfehlerlehre am Maßstab des materiell-rechtlichen § 1 Abs. 6 BauGB a. F. (das interkommunale Abstimmungsgebot als besondere Ausprägung des Abwägungsgebots): BVerwGE 117, 25 (33); *BVerwG* DÖV 1995, 820; NVwZ 1995, 266; *BayVGH* BayVBl. 2000, 273 (274); NVwZ 1985, 837; *OVG Münster* NVwZ 2005, 1201 (1203); *Krausnick*, VerwArch Bd. 96 (2005), 191 (199 ff.); *Hoppe*, NVwZ 2005, 1141 (1145 f.), *Jahn*, BayVBl. 2000, 267 (268); *Uechtritz*, BauR 1999, 572 (573); *Moench/Sander*, NVwZ 1999, 337 (342 f.); *Büchner*, NVwZ 1999, 345 (349); *Bönker*, BauR 1999, 328 (339 und 341).

[22] BVerwGE 40, 323 (330 f.); *BVerwG* NVwZ 1995, 694 (695); *BayVGH* BayVBl. 2000, 273 (274 f.); *OVG Greifswald* NVwZ 2000, 826. Strengere Anforderungen gelten demgegenüber, wenn die Nachbargemeinde Planfeststellungsentscheidungen abwehren will: *BVerwG* NVwZ 1999, 876 (877); *OVG Berlin* NVwZ 1999, 95 (96); *Seidel*, Nachbarschutz, Rn. 778.

[23] *BayVGH* BayVBl. 2000, 273 (274); *OVG Greifswald* NVwZ 2000, 826; *Jahn*, BayVBl. 2000, 267 (269); *Paul*, NVwZ 2004, 1033 (1037).

[24] *OVG Greifswald* NVwZ 2000, 826; ebenso: *VG Neustadt* NVwZ 1999, 101 (103); *Paul*, NVwZ 2004, 1033 (1037 f.).

Konkurrenz, sondern verhält sich – auch im Lichte von Art. 12 und 14 GG – wettbewerbsneutral.[25] Wirtschaftliche Auswirkungen für die Nachbargemeinde sind nur dann i. S. von § 2 Abs. 3 BauGB und §§ 1 Abs. 7, 2 Abs. 2 BauGB planungsrechtlich relevant, wenn die Nachbargemeinde zu planerischen Gegensteuerungsmaßnahmen herausgefordert wird (städtebauliche Auswirkungen).[26] Insofern geht auch § 11 Abs. 3 Satz 2 i. V. m. Satz 1 Nr. 2 BauNVO davon aus, dass großflächige Einzelhandelsbetriebe sich auf die *städtebauliche* Entwicklung und Ordnung nicht nur unwesentlich auswirken können, u. a. wenn es um Auswirkungen auf die Versorgung der Bevölkerung im Einzugsbereich dieser Betriebe sowie auf die Entwicklung zentraler Versorgungsbereiche in *anderen* Gemeinden geht. Die durch das EAG Bau eingeführte Regelung in § 2 Abs. 2 Satz 2 BauGB stellt daher nunmehr ausdrücklich klar, dass sich die Nachbargemeinde wegen städtebaulicher Relevanz im Rahmen des interkommunalen Abstimmungsgebots auch auf Auswirkungen auf ihre zentralen Versorgungsbereiche berufen kann.[27]

Eine solche städtebauliche Relevanz kann bereits der normativen Wertung des § 11 Abs. 3 Satz 3 BauNVO entnommen werden, wonach (in Bezugnahme auf Satz 2 der angesprochenen Regelung) Auswirkungen städtebaulicher Natur auch auf die „Entwicklung zentraler Versorgungsbereiche (…) in anderen Gemeinden" bereits bei einer – auch im hier zu begutachtenden Sachverhalt vorliegenden – Überschreitung einer geplanten Gesamtgeschossfläche von über 1200 m² vermutet werden.[28] Eine Widerlegung dieser Vermutung nach § 11 Abs. 3 Satz 4 BauNVO ist hier nicht auszumachen. Es ist daher – trotz hinreichender Anhaltspunkte – nicht von der S ermittelt worden, welche konkreten Auswirkungen die Planung auf zentrale Versorgungsbereiche[29] der Nachbargemeinden, u. a. der N, hat. Im Übrigen ist nach den Sachverhaltsangaben aufgrund der erheblichen Größe des geplanten Factory-Outlet-Centers und der angebotenen Warenpalette nicht auszuschließen, dass der geschäftliche Innenbereich der Nachbargemeinde N aufgrund Kaufkraftentzugs verödet. Eine die Abstimmungspflicht auslösende städtebauliche Dimension ist zu bejahen, weil dann die Nahversorgung der Bevölkerung in N (vgl. § 1 Abs. 6 Nr. 8 BauGB) mit Waren des täglichen Gebrauchs gefährdet ist. Je nach dem Umfang der Sogwirkung des neu zu errichtenden Zentrums in S kann es sein, dass die N durch die Umsetzung des von der S beschlossenen Bebauungsplans „Sondergebiet Gewerbepark Nord-Ost" ihr bisheriges zentralörtliches urbanes Profil, wonach der ortsnahe Bezug der o. g. Waren bislang gewährleistet war, verliert.[30]

Es geht damit nicht nur unmittelbar um den Schutz der in N ansässigen Handelsbetriebe vor wirtschaftlicher Konkurrenz aus dem Bereich der S, sondern vielmehr um auch dem sachlichen Schutzbereich des § 2 Abs. 2 BauGB unterfallende Auswirkungen städtebaulicher Natur mit Bezug zur Planungshoheit der N. Die Abstimmungspflicht gem. § 2 Abs. 2 BauGB und damit auch die Ermittlungs- und Bewertungspflicht gemäß § 2 Abs. 3 BauGB sowie das Abwägungsgebot gemäß § 1 Abs. 7 BauGB verlangen zwar nur eine hinreichende Rücksichtnahme auf die Interessen der Nachbargemeinde, d. h. in den Grenzen des Planungs*ermessens* ist es nicht ausgeschlossen, dass S ihre eigenen Planungsinteressen abwägend für vorrangig erklärt und dementsprechend die Belange der N zurückstellt.[31] Andererseits ist die planende Stadt gehalten gewesen, diese bei N anfallenden wirtschaftlichen Auswirkungen überhaupt konfliktbewältigend in die Abwägung einzustellen, d. h. zur Vermeidung eines Ermittlungsdefizits diesbezügliche Ermittlungen anzustellen und die Ergebnisse in den „Abwägungspool" eingehen zu lassen. Die S hätte also in gebotenem Umfang das Abwägungsmaterial, hier also auch die die N treffenden wirtschaftlichen Umstände, ermitteln müssen, um diese im Anschluss als planungsrechtlich erheblichen Belang in die Abwägung nach § 1 Abs. 7 BauGB einzustellen. Zwar müssen nicht in jedem Fall alle Probleme im Rahmen der Abwägung einer Konfliktlösung zugeführt werden, wenn die Prognose gerechtfer-

[25] *OVG Münster* NVwZ 2005, 1201 (1203); *OVG Greifswald* NVwZ 2000, 826; *VG Neustadt* NVwZ 1999, 101 (103); *VG Potsdam* BauR 1999, 1146 (1148); *Jahn*, BayVBl. 2000, 267 (270); *Seidel*, Nachbarschutz, Rn. 788, m. w. N.

[26] *OVG Münster* NVwZ 2005, 1201 (1203); *OVG Greifswald* NVwZ 2000, 826 (827); *BayVGH* BayVBl. 2000, 273 (274); *VG Potsdam* BauR 1999, 1146 (1148); *VG Neustadt* NVwZ 1999, 101 (103).

[27] Zur klarstellenden Bedeutung von § 2 Abs. 2 Satz 2 BauGB n. F. insoweit: *Uechtritz*, NVwZ 2004, 1025 ff.

[28] Hierzu *BVerwG* NVwZ 2006, 340 f.; NVwZ 2006, 452 ff.; NVwZ 2006, 455 ff.; *BayVGH* BayVBl. 2000, 273 (274 f.); *Krausnick*, VerwArch Bd. 96 (2005), 191 (196).

[29] Zum Begriff vgl. *OVG Münster* NVwZ 2007, 727 (730 ff.) – dort am Maßstab des § 34 Abs. 3 BauGB.

[30] So i. E. bereits vor der Neuregelung des § 2 Abs. 2 Satz 2 BauGB durch das EAG Bau: *BayVGH* BayVBl. 2000, 273 (275); vgl. auch: *OVG Greifswald* NVwZ 2000, 826 (827); *VG Potsdam* BauR 1999, 1146 (1148).

[31] *Moench/Sander*, NVwZ 1999, 337 (344); *Uechtritz*, BauR 1999, 572 (575). Zur absoluten Grenze der Abwägungsdisproportionalität: *Seidel*, Nachbarschutz, Rn. 787, m. w. N.

tigt ist, dass im anschließenden Genehmigungsverfahren – etwa unter Heranziehung des aus § 15 Abs. 1 BauNVO abzuleitenden Rücksichtnahmegebots – die Konfliktlösung einzelfallbezogen sachgerecht möglich ist. Dieser sog. planerischen Zurückhaltung[32] setzt aber das gegenläufige Prinzip planerischer Konfliktbewältigung Grenzen.[33] Im vorliegenden Fall hat sich die Stadt S bewusst für einen geringen Konkretisierungsgrad der Planung entschieden: Sie hat sich insbesondere bewusst gegen eine Sortimentsbeschränkung entschieden, um sich bei der Auswahl der Investoren größtmögliche Flexibilität zu bewahren. Die S hätte sich aber zumindest Klarheit darüber verschaffen müssen,

welche Konflikte bei den möglichen Nutzungsvarianten jeweils zu bewältigen sind. Erst nach diesem Schritt ist eine Beurteilung möglich, ob diese Konflikte überhaupt realistischerweise im Baugenehmigungsverfahren gelöst werden können oder ob sie nicht durch Festsetzungen des Bebauungsplans selbst gelöst werden müssen. Denn eine Konfliktbewältigung im Bebauungsplan ist nur dann nicht zwingend geboten, wenn sichergestellt ist, dass der erforderliche Ausgleich der widerstreitenden Interessen noch im Rahmen des Planvollzugs stattfinden kann.[34]

Da S sich nur mit lokalen Planungsfolgen im eigenen Stadtgebiet beschäftigt hat, wurde sie diesen Anforderungen nicht gerecht. Es liegt daher ein Verstoß gegen § 2 Abs. 3 BauGB in Form eines Ermittlungsdefizits vor.

Fehlerfolge: Die Frage, ob der (verfahrensrechtliche) Verstoß gegen § 2 Abs. 3 BauGB für die Rechtswirksamkeit des Bebauungsplans beachtlich ist, ist am Maßstab des § 214 Abs. 1 Nr. 1 BauGB zu beantworten. Da davon auszugehen ist, dass der S der hier nicht ausreichend ermittelte Belang (wirtschaftliche und hieraus folgende städtebauliche Folgen der Planung für die Nachbargemeinde N) zumindest hätte bekannt sein müssen, ist entscheidend, ob dieser Mangel „offensichtlich und auf das Ergebnis des Verfahrens von Einfluss gewesen ist." Im vorliegenden Fall ergibt sich der Abwägungsmangel unmittelbar aus der Planbegründung, aus der hervorgeht, dass die planende S bewusst Ermittlungen hinsichtlich wirtschaftlicher Folgewirkungen bei Nachbargemeinden und die diesbezügliche Berücksichtigung als Abwägungsfaktor unterlassen hat. Der Abwägungsmangel ist daher leicht erkennbar und somit offensichtlich. Ergebnisrelevanz i. S. v. § 214 Abs. 1 Nr. 1 BauGB besteht, wenn die konkrete Möglichkeit besteht, dass ohne den Abwägungsfehler die Planung anders ausgefallen wäre.[35] Nach dem *Bayerischen Verwaltungsgerichtshof* ist dies für die hier einschlägige Fallkonstellation zu bejahen: „*Bei vollständiger Ermittlung und Berücksichtigung des gebotenen Abwägungsmaterials hätte die Antragsgegnerin die Festsetzung möglicherweise nicht in der geschehenen Weise vorgenommen, sondern maßgeblich modifiziert. Insbesondere eine Sortimentsbeschränkung o. Ä. hätte sich zur Konfliktbewältigung angeboten.*"[36]

Der Ermittlungsmangel ist daher gemäß § 214 Abs. 1 Nr. 1 BauGB beachtlich. Da die Jahresfrist gemäß § 215 Abs. 1 Nr. 1 BauGB noch nicht abgelaufen ist, liegt auch keine Unbeachtlichkeit (Präklusion) wegen Zeitablaufs nach dieser Bestimmung vor.

b) Materielle Mängel

Der Bebauungsplan könnte auch materiell, d. h. inhaltlich, an einem erheblichen Fehler leiden. §§ 1 Abs. 7 und 2 Abs. 1 BauGB räumen der planenden Gemeinde ein relativ weites, aber andererseits rechtlich gebundenes Planungsermessen ein.

---

[32] Z. B. *BVerwG* NVwZ 2004, 229 f. (durcharbeiten!); BayVBl. 1988, 568 (569); BayVBl. 1998, 314 (315).

[33] Für den vorliegenden Fall: *BayVGH* BayVBl. 2000, 273 (275 f.).

[34] So vor der Neuregelung des § 2 Abs. 3 BauGB durch das EAG Bau auf Basis des Abwägungsgebots und der klassischen Abwägungsfehlerlehre am Maßstab des materiell-rechtlichen § 1 Abs. 6 BauGB a. F.: *BayVGH* BayVBl. 2000, 273 (276). Ähnlich *VGH Mannheim* VBlBW 2008, 218 (222): *Sind (...) Anhaltspunkte für eine nicht lediglich geringfügige Beeinträchtigung von Belangen der Nachbargemeinde vorhanden, so hat die planende Gemeinde sich über das Ausmaß der planbedingten Auswirkungen zu vergewissern, d. h. diese im Regelfall durch ein Gutachten zu ermitteln.*

[35] BVerwGE 64, 33 (39); *BVerwG* NVwZ 2004, 229; *BayVGH* BayVBl. 2000, 273 (276); BayVBl. 2004, 110 (112); *OVG Greifswald* NVwZ 2000, 826 (827).

[36] So vor der Neuregelung der §§ 2 Abs. 3, 214 Abs. 1 Nr. 1 BauGB: *BayVGH* BayVBl. 2000, 273 (276). S. auch *BayVGH* BayVBl. 2006, 601 (603).

aa) Planrechtfertigung

Die Planung müsste städtebaulich erforderlich sein, § 1 Abs. 3 BauGB. Es handelt sich dabei mit Blick auf die in Art. 28 GG geschützte Planungshoheit der Gemeinde im Wesentlichen um eine Missbrauchsschranke. Der Bebauungsplan verfolgt hier eine städtebauliche Konzeption zur Ansiedlung von großflächigen Einzelhandelsbetrieben, die sich ansonsten im Hinblick auf § 35 BauGB nicht realisieren ließen, im Rahmen eines Factory-Outlet-Centers. Damit liegt der Planung grundsätzlich eine vernünftige städtebauliche Zielsetzung zugrunde. Die S verfolgt daher mit ihrer Planung ein städtebauliches Ziel. Zudem ist die Bauleitplanung tatsächlich vollzugsfähig, es handelt sich weder um eine Gefälligkeitsplanung noch um eine Planung, für die offensichtlich kein Bedarf besteht.[37] Unschädlich ist es für die Erforderlichkeit, wenn – wie hier durch die Anfrage eines Großprojektträgers – der Anstoß der Planung von „Außen" erfolgt[38]; denn in der Praxis wird gerade erst durch Interessenten mit konkretem Bauwunsch ein Bedürfnis für eine planerische Fortentwicklung erkennbar. Die erforderliche Planrechtfertigung ist damit gegeben.

bb) Inhaltliche Vorgaben des BauGB und der BauNVO

Ermessensgrenzen umschreibt zunächst § 9 BauGB i. V. m. den Vorgaben der BauNVO. Hiernach läge Ermessensüberschreitung vor, wenn der Bebauungsplan inhaltliche Festsetzungen enthielte, die über den dort definierten, abschließenden Katalog hinausgingen.[39] Hierfür liegen keine Anhaltspunkte vor. Die Ausweisung als „Sondergebiet für großflächigen Einzelhandel" entspricht den Vorgaben des § 9 Abs. 1 Nr. 1 BauGB i. V. m. § 9 a Nr. 1 BauGB, § 11 BauNVO. Weitere Ermessensgrenzen determiniert § 8 Abs. 2 BauGB. Hiernach muss der Bebauungsplan inhaltlich grundsätzlich aus dem Flächennutzungsplan entwickelt werden. Im Fall ist laut Sachverhaltsangaben von einem zulässigen Parallelverfahren nach § 8 Abs. 3 Satz 1 BauGB auszugehen.

cc) Abwägungsgebot, §§ 1 Abs. 7, 214 Abs. 3 Satz 2 BauGB

Nach dem materiell-rechtlichen Abwägungsgebot des § 1 Abs. 7 BauGB sind bei der Aufstellung der Bauleitpläne die öffentlichen und privaten Belange gegeneinander und untereinander gerecht abzuwägen. Nach der klassischen Abwägungsfehlerlehre[40] wird unterschieden:

(1) *Abwägungsausfall*: Eine sachgerechte Abwägung hat überhaupt nicht stattgefunden.

(2) *Abwägungsdefizit*: In die Abwägung wurde nicht an Belangen eingestellt, was nach Lage der Dinge in sie hätte eingestellt werden müssen.

(3) *Abwägungsfehleinschätzung*: Die Bedeutung einzelner Belange wird von dem abwägenden Gemeinde- oder Stadtrat verkannt.

(4) *Abwägungsdisproportionalität*: Der Ausgleich zwischen den von der Planung betroffenen Belangen wird in einer Weise vorgenommen, die zur objektiven Gewichtung einzelner Belange außer Verhältnis steht.

In Betracht käme vorliegend ein Abwägungsdefizit. Dies wurde mit der Prüfung des (kraft gesetzgeberischer Vorgabe: verfahrensrechtlichen) § 2 Abs. 3 BauGB i. V. m. § 2 Abs. 2 BauGB oben bereits festgestellt. Die S hat abwägungserhebliche Belange der Nachbargemeinde (wirtschaftliche und städtebauliche Auswirkungen der Planung auf das Gebiet von N) nicht hinreichend ermittelt und deswegen auch nicht in die Abwägung eingestellt. Das interkommunale Abstimmungsgebot stellt sich insofern als besondere Ausprägung des Abwägungsgebots dar.[41]

§ 214 Abs. 3 Satz 2 Halbsatz 1 BauGB bestimmt allerdings, dass Mängel, die Gegenstand der Regelung in § 214 Abs. 1 Nr. 1 BauGB (also formelle Mängel i. S. von § 2 Abs. 3 BauGB) sind, nicht als (materielle) Mängel der Abwägung – also im Sinne eines Verstoßes gegen § 1 Abs. 7 BauGB – geltend

---

[37] Zum Ganzen bereits oben *Fall 3*. Zusammenfassend m. w. N. aus der Rspr.: *BayVGH* BayVBl. 2007, 145 (147).

[38] *Dürr*, JuS 2007, 521 (523), m. w. N.

[39] Vgl. oben *Fall 3*. Speziell im Zusammenhang mit dem interkommunalen Abstimmungsgebot: *VGH Mannheim* VBlBW 2008, 218 (222).

[40] Ausführlich oben *Fall 3*.

[41] BVerwGE 117, 25 (32); *BayVGH* BayVBl. 2000, 273 (274); *VGH Mannheim* VBlBW 2008, 218 (222) sowie 218; *OVG Münster* NVwZ 2005, 1201 (1203); *Krausnick*, VerwArch Bd. 96 (2005), 191 (199 ff.).

gemacht werden können. Ergänzend regelt § 214 Abs. 3 Satz 2 Halbsatz 2 BauGB, dass Mängel im Abwägungsvorgang „im Übrigen" – also Mängel, die außerhalb des Anwendungsbereiches von § 2 Abs. 3, 214 Abs. 1 Nr. 1 BauGB dann von § 1 Abs. 7 BauGB erfasst werden – nur erheblich sind, wenn sie offensichtlich und auf das Abwägungsergebnis von Einfluss gewesen sind. Aufgrund dieses gesetzlich vorgegebenen Ausschlussverhältnisses ist daher entscheidend, in welchem Verhältnis ein Verfahrensverstoß gegen § 2 Abs. 3 BauGB zu einem materiellen Abwägungsfehler nach § 1 Abs. 7 steht, d. h. welche Fehler – auf formeller Seite – dem Anwendungsbereich der §§ 2 Abs. 3 und 4, 214 Abs. 1 Nr. 1 BauGB und welche – auf materieller Seite – ergänzend von §§ 1 Abs. 7, 214 Abs. 3 Satz 2 Halbsatz 2 BauGB erfasst werden. Die Abgrenzung ist umstritten.[42]

Geht man mit einer Ansicht davon aus, dass trotz §§ 2 Abs. 3 BauGB, 214 Abs. 1 Nr. 1 BauGB durch das EAG Bau die materiellen Anforderungen des § 1 Abs. 7 BauGB nicht modifiziert worden sind und es deshalb nicht zu einem Paradigmenwechsel in der Abwägungsfehlerlehre gekommen ist, ist neben einem Verstoß gegen den verfahrensrechtlichen § 2 Abs. 3 BauGB auch ein Verstoß gegen das Abwägungsgebot i. S. des § 1 Abs. 7 BauGB in Form eines Mangels im Abwägungsvorgang (Abwägungsausfall, Abwägungsdefizit, Abwägungsfehleinschätzung) möglich, wenn sich dieser Mangel bis in die letzte Phase der Abwägung fortgesetzt hat resp. in den abschließenden Planungsunterlagen dokumentiert ist. Hiervon wäre im Fall auszugehen, da sich das Ermittlungsdefizit in Bezug auf die Auswirkungen auf die Nachbargemeinde N nicht nur auf die der eigentlichen Abwägung vorverlagerten Ermittlungsphase beschränkt sondern sich bis in die abschließende Begründung dokumentieren lässt. Hinsichtlich der Fehlerfolge wären diese materiellen Mängel hinsichtlich ihrer Erheblichkeit an § 214 Abs. 3 Satz 2 Halbsatz 2 BauGB zu messen. Da diese Fehlerfolgennorm letztlich dieselben Anforderungen wie § 214 Abs. 1 Nr. 1 BauGB enthält[43], wäre von Erheblichkeit des Abwägungsdefizits auszugehen.

Vertritt man wegen § 214 Abs. 3 Satz 2 Halbsatz 1 BauGB mit der anderen Ansicht, dass die bisherigen Kategorien Abwägungsausfall, Abwägungsdefizit, Abwägungsfehleinschätzung als typische Mängel bei der Ermittlung und Bewertung der Belange, die im Rahmen der Aufstellung von Bauleitplänen für die Abwägung von Bedeutung sind, gemäß §§ 2 Abs. 3, 214 Abs. 1 Nr. 1 BauGB ausschließlich als Verfahrensfehler zu behandeln sind, ist ein zusätzlicher Rückgriff auf § 1 Abs. 7 BauGB hingegen ausgeschlossen.

Ergebnis des Ausgangsfalls/Tenorierung des Gerichts: Der Bebauungsplan „Sondergebiet Gewerbepark Nord-Ost" leidet wegen Verstoßes gegen Art. 49 BayGO sowie gegen §§ 2 Abs. 3 i. V. m. 2 Abs. 2 BauGB an beachtlichen verfahrensrechtlichen Fehlern sowie (je nach Argumentation) auch an einem materiellen Abwägungsfehler. Gemäß § 47 Abs. 5 Satz 2 VwGO ist der von der Nachbargemeinde N angegriffene Bebauungsplan mit allgemeinverbindlicher Wirkung für *unwirksam* zu erklären.

Zur Vertiefung: Ein Überblick zu Rechtsproblemen bzgl. Factory-Outlet-Centern findet sich bei *Krausnick*, VerwArch Bd. 96 (2005), 191 ff. Zur Anfechtung einer Baugenehmigung für ein großflächiges Einkaufszentrum oder für ein Factory-Outlet-Center durch eine Nachbargemeinde: *BVerwG* NVwZ 2003, 86 ff.; BayVBl. 2008, 212 ff.; *OVG Lüneburg* NVwZ-RR 2003, 486 ff.; NVwZ-RR 2007, 7 ff.; *VG Hannover* NVwZ-RR 2006, 16 ff.; *VG Darmstadt* NVwZ-RR 2006, 237 ff.; *Ortloff*, NVwZ 2004, 934 (938 f.); *Wurzel/Probst*, DVBl. 2003, 201 ff.; *Uechtritz*, NVwZ 2003, 176 ff.; *Schröppel/Schübel-Pfister*, JuS 2005, 415 (418 f.); *Uechtritz*, NVwZ 2004, 1025 (1029 ff.). Insofern auch zur Neuregelung des § 34 Abs. 3 BauGB durch das EAG Bau (durcharbeiten!): *OVG Münster* NVwZ 2007, 727 ff. sowie (Nachbarschutz) 734 f.; *Wahlhäuser*, BauR 2007, 1359 ff.; *Gatawis*, NVwZ 2006, 272 ff.

---

[42] Ausführlich zum Streitstand oben *Fall 3*.
[43] Vgl. ebenso *BayVGH* BayVBl. 2006, 601 (603).

B. Abwandlung

Der Gemeinde N geht es in der Abwandlung um sog. vorbeugenden Rechtsschutz, d. h. sie will mit Rechtsbehelfen gegen den noch nicht rechtswirksamen Bebauungsplan der Stadt S vorgehen. Um hiermit Erfolg zu haben, müsste der Gemeinde N eine statthafte Klageart zur Verfügung stehen und die Klage müsste im Übrigen zulässig und begründet sein.

I. Verwaltungsrechtsweg

Es geht um die Streitfrage, ob ein (künftiger) Bebauungsplan rechtswidrig ist und subjektive Rechte der Nachbargemeinde verletzt. Dies richtet sich nach §§ 1 ff. BauGB, also nach öffentlichem Recht. Da die Streitigkeit auch nicht verfassungsrechtlicher Natur ist, ist nach § 40 Abs. 1 Satz 1 VwGO der Verwaltungsrechtsweg eröffnet.

II. § 47 VwGO und präventive Normenkontrolle

Ein Teil der Literatur anerkennt in Fällen, in denen ein Bebauungsplan zwar noch nicht erlassen, dieser aber bereits in das Stadium der Planreife nach § 33 BauGB eingetreten ist, eine präventive Normenkontrolle analog § 47 VwGO (im Eilverfahren ggf. auch § 47 Abs. 6 VwGO) als statthafte Klage- bzw. Antragsart. Zur Begründung wird angeführt, dass von einem i. S. v. § 33 BauGB „planreifen" Bebauungsplan bereits Rechtswirkungen ausgehen, nämlich eine faktische Vollzugsfähigkeit resp. Genehmigungsmöglichkeit nach § 33 BauGB, wodurch der künftige Bebauungsplan de facto wie ein bereits existenter Bebauungsplan gehandhabt wird.[44] Gegen diese Konstruktion spricht aber der eindeutige Wortlaut des § 47 Abs. 1 VwGO. Hiernach hat das OVG/der VGH über die „Gültigkeit" der Rechtsnorm zu entscheiden. Als Gegenstand eines Normenkontrollverfahrens kommt daher nur eine Norm in Betracht, die formell aufgrund Verkündung oder Verkündungsersatz nach § 10 Abs. 3 BauGB mit dem Anspruch auf Rechtsverbindlichkeit nach außen hin auftritt. Vor diesem Zeitpunkt liegt ein bloßer Entwurf vor, also eine rechtlich noch nicht existente Norm, gegen die Anträge nach § 47 Abs. 1 und Abs. 6 VwGO unstatthaft sind.[45] Für die Gegenansicht lässt sich auch nicht der Gedanke effektiven Rechtsschutzes (Art. 19 Abs. 4 GG) anführen, denn die Nachbargemeinde ist grundsätzlich hinreichend geschützt: Zum einen hat sie die Möglichkeit, mit einem Rechtsmittel (Anfechtungsklage bzw. – je nach Landerrecht – mit vorgelagertem Widerspruchsverfahren) gegen Einzelbaugenehmigungen, die nach Maßgabe eines gegen § 2 Abs. 2 BauGB verstoßenden Bebauungsplans erteilt wurden, vorzugehen (Eilrechtsschutz über §§ 80, 80 a VwGO), zum anderen kann sie – etwa im Fall des Freistellungsverfahrens – nachbarliche Schutzansprüche mit dem Ziel einer Baueinstellung (Eilrechtsschutz über § 123 VwGO) geltend machen.[46] Sofern im Einzelfall ein besonderes Bedürfnis auf vorbeugenden Rechtsschutz, d. h. auf Abwehr eines bevorstehenden Bebauungsplans besteht, stehen als Alternativen die allgemeine Leistungsklage (in Form der Unterlassungsklage) bzw. die Feststellungsklage zur Verfügung (zu diesen beiden Möglichkeiten nunmehr im Folgenden). Anträge nach § 47 Abs. 1 und Abs. 6 VwGO sind jedenfalls unstatthaft.

---

[44] *Jäde*, BayVBl. 1985, 225 (226); *ders.*, BayVBl. 1986, 499; *ders.*, BayVBl. 2003, 449 ff.; *Uechtritz*, BauR 1999, 572 (578).

[45] *BVerwG* NVwZ-RR 2002, 256; *BayVGH* BayVBl. 1986, 497 (498 f.); BayVBl. 1999, 760 f.; *OVG Bautzen* BauR 1998, 513 f.; *Ehlers*, Jura 2005, 171 (173).

[46] *BayVGH* BayVBl. 1999, 760 (761).

III. Vorbeugende Allgemeine Leistungs- (Unterlassungs-)klage oder vorbeugende Feststellungsklage

1. Sperrwirkung des § 47 VwGO?

Die ansonsten in Betracht kommenden Möglichkeiten der vorbeugenden Unterlassungs- oder der vorbeugenden Feststellungsklage werden z. T. pauschal als unzulässig angesehen: § 47 VwGO sei als Überprüfungsverfahren für Satzungen und Rechtsverordnungen abschließend. Die vorbeugende, planungsbegleitende Klage greife in das Planungsermessen der Gemeinde ein, was aber eben nur über § 47 VwGO im Nachhinein – also nach abgeschlossener Planung – gesetzlich abgedeckt sei.[47] Eine derart pauschale Ablehnung vorbeugenden Rechtsschutzes widerspricht jedoch dem Gedanken des Art. 19 Abs. 4 GG. Es kann Fallgestaltungen geben, in denen der Betroffene auf vorbeugenden, auf Unterlassung einer konkreten Bauleitplanung ausgerichteten Rechtsschutz angewiesen ist, weil das Abwarten des Normerlasses vollendete Tatsachen schaffen würde. Durch die Anerkennung einer vorbeugenden Rechtsschutzmöglichkeit in Form der Unterlassungs- oder Feststellungsklage wird auch nicht in unzulässiger Weise das gemeindliche Planungsermessen unterlaufen: Das Gericht setzt in diesen Konstellationen ja nicht sein Ermessen an die Stelle des Planungsermessens der Gemeinde: es plant nicht selbst, sondern hat nur subjektive Rechtsverletzungen zu unterbinden.[48] § 47 VwGO kommt damit keine absolute Sperrwirkung zu. Vorbeugender Rechtsschutz gegen Bauleitpläne ist nicht pauschal unzulässig.[49] Allerdings darf der Klageantrag nicht darauf hinauslaufen, jedwede Aufstellung eines Bebauungsplans zu verhindern. Insofern wäre tatsächlich von einem unzulässigen Eingriff in die gemeindliche Planungshoheit der S auszugehen und vorbeugender Rechtsschutz in dieser Weise unzulässig. Klageziel und dementsprechend die Formulierung der Klageanträge müssen vielmehr darauf hinauslaufen, die weitere Fortführung der (bereits konkreten) Bauleitplanung auf der Grundlage der bisher hierzu gefassten Beschlüsse zu verhindern.[50]

2. Zulässigkeit und Begründetheit der vorbeugenden Unterlassungsklage

In Betracht kommt zunächst eine allgemeine Leistungsklage in Form der vorbeugenden Unterlassungsklage. Diese wäre zu richten auf die Verurteilung der S, eine Ortsplanung nach Maßgabe ihrer bisherigen Beschlüsse, d. h. so wie sie sich im derzeitigen Entwurf zum Bebauungsplan „Sondergebiet Gewerbepark Nord-Ost" niederschlägt, zu unterlassen.[51]

a) Zulässigkeit

aa) Statthaftigkeit
Als statthafte Klageart kommt die allgemeine Leistungsklage in Form der Unterlassungsklage in Betracht. Die allgemeine Leistungsklage ist zwar nicht expressis verbis in §§ 42 ff. VwGO geregelt, ihre Existenz wird aber letztlich einfachgesetzlich von § 40 VwGO und auf Verfassungsebene von Art. 19 Abs. 4 GG vorausgesetzt, zumal sie auch in anderen Vorschriften der VwGO – etwa in §§ 43 Abs. 2, 111, 113 Abs. 4 VwGO – jedenfalls Erwähnung findet.[52] Eines Vorverfahrens nach §§ 68 ff. VwGO bedarf es hier nicht. Die allgemeine Leistungsklage ist auch fristungebunden und daher bis zur Verwirkungsgrenze zulässig.

bb) Klagebefugnis, § 42 Abs. 2 VwGO analog
Zum Ausschluss der Popularklage und im Einklang mit den verfassungsrechtlichen Vorgaben des Art. 19 Abs. 4 GG (der eine Rechtswegeröffnung eben nur für den Fall der möglichen subjektiven Rechtsverlet-

---

[47] So: *VG Ansbach* BayVBl. 1975, 26 (27); *OVG Lüneburg* DVBl. 1971, 322 f.; *Birk*, JuS 1979, 412 (413).

[48] BVerwGE 40, 323 (327).

[49] So auch im Ergebnis: BVerwGE 40, 323 ff.; *BayVGH* BayVBl. 1976, 112 ff.; NVwZ 1985, 837; *VG München* BayVBl. 1974, 198 (200); aus der Lit.: *Seidel*, Nachbarschutz, Rn. 767; *Dolde/Menke*, NJW 1999, 1070 (1076).

[50] *BayVGH* NVwZ 1985, 837.

[51] So die Konstellation bei *BayVGH* NVwZ 1985, 837 ff.

[52] BVerwGE 31, 301 (303); 36, 192 (199); *BayVGH* BayVBl. 1976, 753 (754).

zung verlangt) gilt für die allgemeine Leistungsklage § 42 Abs. 2 VwGO entsprechend.[53] Die Gemeinde N muss also einen Sachverhalt vortragen können, aus dem heraus eine Verletzung eines subjektiv-öffentlichen Rechtes möglich erscheint. In Betracht kommt vorliegend das interkommunale Abstimmungsgebot aus § 2 Abs. 2 BauGB, dem zugunsten der betroffenen Nachbargemeinde Drittschutz zukommt (s. o. Ausgangsfall, A I 3.). Da nach den Sachverhaltsvorgaben bereits Planreife i. S. v. § 33 BauGB eingetreten ist, liegt ein bereits hinreichend konkretes Planungsstadium vor[54], anhand dessen die Wertung möglich ist, ob der künftige Bebauungsplan aufgrund eines Ermittlungs- und Abwägungsdefizits hinsichtlich der wirtschaftlichen Auswirkungen bei N möglicherweise das Abstimmungsgebot nach § 2 Abs. 2 Sätze 1 und 2 BauGB zu Lasten der N verletzt. Möglicherweise wird also durch die unterbliebene Berücksichtigung des Kaufkraftentzugs bei N das Ermittlungsgebot des § 2 Abs. 3 BauGB und/oder das Abwägungsgebot des § 1 Abs. 7 BauGB verletzt, wobei gerade über § 2 Abs. 2 BauGB eine subjektive Rechtsverletzung der N nicht von vornherein auszuschließen ist. N ist daher klagebefugt.

cc) Rechtsschutzbedürfnis

Bei einer auf Unterlassen einer bevorstehenden Bauleitplanung gerichteten Leistungsklage ist aber ein besonderes, qualifiziertes Rechtsschutzinteresse zu fordern, das gerade auf die Inanspruchnahme vorbeugenden Rechtsschutzes ausgerichtet ist. Denn der Gesetzgeber zeigt mit den Möglichkeiten des Rechtsschutzes aus § 47 Abs. 1 und Abs. 6 VwGO (Normenkontrolle gegen den erlassenen Bebauungsplan) bzw. aus §§ 42 Abs. 2, 80, 80 a, 113, 123 VwGO (Rechtsschutzmöglichkeiten gegen Einzelvorhaben), dass er an sich diese ausdrücklich vorgesehenen Instrumente im Hinblick auf Art. 19 Abs. 4 GG als ausreichend ansieht. Ein Rechtsschutzbedürfnis auf vorbeugenden Rechtsschutz kann daher im Lichte des Art. 19 Abs. 4 GG nur bestehen, wenn es für den Kläger (hier die N) aufgrund der Umstände des Einzelfalls unzumutbar ist, auf den von der VwGO ausdrücklich vorgesehenen nachträglichen Rechtsschutz verwiesen zu werden, etwa weil ansonsten die Schaffung vollendeter Tatsachen droht.[55]

Die Rechtsprechung verfährt insbesondere im Zusammenhang mit der Geltendmachung der Verletzung des interkommunalen Abstimmungsgebots großzügig. Regelmäßig soll – wohl gerade weil dem Betroffenen trotz faktischer Vorwirkung des noch nicht existenten Bauleitplans nicht die Möglichkeit eines Antrags nach § 47 Abs. 6 VwGO offen steht – von einem qualifizierten Rechtsschutzbedürfnis auszugehen sein, wenn nach dem konkreten Stand der Planung (wie hier laut Sachverhaltsvorgaben) der vorzeitige oder faktische Planvollzug über § 33 BauGB bevorsteht.[56] Ein Rechtsschutzbedürfnis auf Inanspruchnahme vorbeugenden Rechtsschutzes besteht insbesondere dann, wenn der Kläger (hier die Nachbargemeinde N) ansonsten gegen eine Vielzahl von Baugenehmigungen vorgehen müsste, um den faktischen Planvollzug zu verhindern.[57] Letzteres wäre unzumutbar. So im zu begutachtenden Fall: Laut Sachverhaltsvorgaben haben mehrere Investoren bereits Anträge auf Erteilung von Baugenehmigungen gestellt, die nach dem gegenwärtigen Planungsstadium in bauplanungsrechtlicher Hinsicht an § 33 BauGB zu messen wären. Es ist daher von einem qualifizierten Rechtsschutzbedürfnis auf Inanspruchnahme vorbeugenden Rechtsschutzes auszugehen.

Zwischenergebnis: Eine allgemeine Leistungsklage in Form der vorbeugenden Unterlassungsklage ist zulässig.

b) Begründetheit

Die Klage ist begründet, weil die angegriffene Planung der Stadt S rechtswidrig ist und die Gemeinde N im Hinblick auf die Verletzung des § 2 Abs. 2 BauGB in subjektiv-öffentlichen Rechten verletzt ist (siehe Prüfung des Ausgangsfalles). Eine allgemeine Leistungsklage der N (gerichtet auf Unterlassen der konkreten Bauleitplanung) wäre mithin nicht nur zulässig, sondern auch begründet. Das angerufene Gericht wird die S verurteilen, ihre Ortsplanung nach Maßgabe des derzeitigen Entwurfs zum Bebauungsplan „Sondergebiet Gewerbepark Nord-Ost" zu unterlassen.

---

[53] *Schmitt Glaeser/Horn*, Verwaltungsprozessrecht, Rn. 387; *BayVGH* BayVBl. 1981, 499 (503); krit. *Neumeyer*, JuS 1979, 31 (34 f.).

[54] Zum Erfordernis einer hinreichend konkreten Planung für die Zulässigkeit der Feststellungsklage s. u. *B III 3 a) aa)*.

[55] BVerwGE 40, 323 (326); *BayVGH* NVwZ 1985, 837; *VG München* BayVBl. 1974, 198 (200); *Stern/Blanke*, Verwaltungsprozessrecht in der Klausur, Rn. 506.

[56] BVerwGE 40, 323 (327); *BayVGH* NVwZ 1985, 837.

[57] *BayVGH* NVwZ 1985, 837; *Seidel*, Nachbarschutz, Rn. 771.

3. Zulässigkeit und Begründetheit der vorbeugenden Feststellungsklage als Alternative

Alternativ käme anstelle der vorbeugenden Unterlassungsklage eine vorbeugende Feststellungsklage nach § 43 VwGO in Betracht, mit dem Antrag auf Feststellung, dass die beklagte S nicht berechtigt ist, auf der Grundlage ihrer bisherigen Beschlüsse die Ortsplanung, so wie sie sich im derzeitigen Entwurf zum Bebauungsplan „Sondergebiet Gewerbepark Nord-Ost" niederschlägt, weiter zu betreiben.[58]

a) Zulässigkeit

aa) Statthaftigkeit der Feststellungsklage: Rechtsverhältnis

Nach § 43 Abs. 1 VwGO muss N die Feststellung des Bestehens oder Nichtbestehens eines Rechtsverhältnisses begehren. Insofern geht es um die rechtliche Beziehung zwischen N und S, nach der N geklärt wissen will, dass S eine Bauleitplanung betreibt, die zu Lasten der N gegen § 2 Abs. 2 (Sätze 1 und 2) BauGB verstößt. Bei vorbeugenden Klagen ist allerdings nur dann von einem hinreichend konkreten Rechtsverhältnis auszugehen, wenn der Inhalt der künftigen Norm (hier des Bebauungsplans) bereits hinreichend konkrete Konturen aufweist.[59] Dies ist hier zu bejahen, weil nach gegenwärtigem Planungsstand sogar schon von Planreife nach § 33 BauGB auszugehen ist.

bb) Feststellungsinteresse

N muss nach § 43 Abs. 1 VwGO ein „berechtigtes Interesse an der baldigen Feststellung" haben. In der Situation der vorbeugenden Feststellungsklage gelten insofern die gleichen Anforderungen wie für das qualifizierte Rechtsschutzinteresse bei der vorbeugenden Unterlassungsklage: Es kommt darauf an, ob N ein spezifisches Feststellungsinteresse gerade auf vorbeugende Feststellung hat. Es muss ein besonderes Bedürfnis bestehen, wonach ein Abwarten des Planerlasses (mit anschließender Angriffsmöglichkeit nach § 47 Abs. 1 und Abs. 6 VwGO) oder ein Abwarten der Erteilung einer Einzelgenehmigung (mit anschließender Möglichkeit eines Anfechtungsrechtsmittels, im Eilrechtsschutz nach Maßgabe von §§ 80, 80 a VwGO i.V.m. § 212 a BauGB) als unzumutbar erscheint.[60] Dies kann mit obiger Argumentation zum Rechtsschutzbedürfnis bei der allgemeinen Leistungsklage aufgrund der Gefahr des faktischen Planvollzuges bejaht werden.[61]

cc) Subsidiarität

Gemäß § 43 Abs. 2 VwGO ist die Feststellungsklage gegenüber sonstigen Klagemöglichkeiten subsidiär.[62] Z.T. handhabt dies die Literatur unter Berufung auf den Wortlaut streng. Weil N Rechtsschutz über die allgemeine Leistungsklage in Form der vorbeugenden Unterlassungsklage zusteht (s.o.), wird eine alternative Feststellungsklage hiernach als unzulässig angesehen.[63] Zu einem anderen Ergebnis kommt demgegenüber die vorzugswürdige Gegenansicht, die sich auf teleologische Argumente stützen kann und insofern den Wortlaut des § 43 Abs. 2 Satz 1 VwGO einschränkend auslegt. Primärer Zweck der Regelung ist es zu verhindern, dass über die Wahl der Feststellungsklage die besonderen Sachurteilsvoraussetzungen spezieller Klagearten (resp. Fristen nach §§ 70, 74 VwGO und das Vorverfahren nach §§ 68 ff. VwGO) umgangen werden.[64] Die hier in Betracht kommende Alternative, nämlich die vorbeugende Unterlassungsklage (s.o.), ist aber nicht fristgebunden und ist auch ohne die Vorschaltung eines Widerspruchsverfahrens zulässig. Die Gefahr der Umgehung der besonderen Zulässigkeitsvoraussetzungen von Anfechtungs- und Verpflichtungsklage besteht daher in Konstellationen vorbeugender Abwehrklagen nicht. Die vorbeugende Feststellungsklage ist damit entgegen dem Wortlaut des § 43 Abs. 2 VwGO nicht gegenüber der vorbeugenden Unterlassungsklage subsidiär. Der Kläger hat hier die freie

---

[58] So die Konstellation bei BVerwGE 40, 323 ff.
[59] *Jörgensen*, BayVBl. 1992, 353 (358).
[60] BVerwGE 40, 323 (326); *Stern/Blanke*, Verwaltungsprozessrecht in der Klausur, Rn. 473.
[61] BVerwGE 40, 323 (327).
[62] Hierzu z.B. *BVerwG* DÖV 2001, 297f.
[63] *Schenke*, AöR 95 (1970), 223 (255); *Stern/Blanke*, Verwaltungsprozessrecht in der Klausur, Rn. 473; *Kopp/Schenke*, VwGO, § 43 Rn. 24 und 26; *Happ*, in: Eyermann, VwGO, § 43 Rn. 40.
[64] BVerwGE 36, 179 (181 f.); 40, 323 (327 f.); 51, 69 (75 f.); *BVerwG* NVwZ 1988, 430 (431); *Seidel*, Nachbarschutz, Rn. 727, m.w.N.

Wahl, ob er mit der vorbeugenden Unterlassungsklage oder der vorbeugenden Feststellungsklage vorgeht.[65] Eine vorbeugende Feststellungsklage ist folglich ebenfalls (alternativ) zulässig.

b) Begründetheit

Die vorbeugende Feststellungsklage ist mit der gleichen Argumentation wie bei der vorbeugenden Unterlassungsklage begründet, weil der (künftige) Bebauungsplan nach derzeitigem Planungsstand gegen § 2 Abs. 2, Abs. 3 BauGB (ggf. auch § 1 Abs. 7 BauGB) verstößt.

Auch eine Feststellungsklage wäre daher zulässig und begründet. Das Gericht wird in diesem Fall feststellen, dass die beklagte S nicht berechtigt ist, auf der Grundlage ihrer bisherigen Beschlüsse die Ortsplanung, so wie sie sich im derzeitigen Entwurf zum Bebauungsplan „Sondergebiet Gewerbepark Nord-Ost" niederschlägt, weiter zu betreiben.

C. Zusatzfall: Anspruch auf Ersatz des Vertrauensschadens bei nicht eingehaltener Planungszusage

I. Besteht ein Anspruch der U gegen die G auf Ersatz des Vertrauensschadens?

1. Anspruch aus Verschulden bei Vertragsschluss, Art. 62 Satz 2 BayVwVfG, § 280 Abs. 1 i.V.m. §§ 241 Abs. 2, 311 Abs. 2 Nr. 1 BGB

Die faktische Planungszusage kann einen Vertrauenstatbestand geschaffen haben, der unter dem Gesichtspunkt des Verschuldens bei Vertragsschluss (culpa in contrahendo) zu einem Anspruch auf Ersatz des Vertrauensschadens führt, Art. 62 Satz 2 BayVwVfG, § 280 Abs. 1 i.V.m. §§ 241 Abs. 2, 311 Abs. 2 Nr. 1 BGB.[66] Erschließungs- und ähnliche Folgenkostenverträge stellen öffentlich-rechtliche Verträge dar, auf die über Art. 62 Satz 2 BayVwVfG die Grundsätze des Verschuldens bei Vertragsschluss Anwendung finden, gerade wenn durch sie tatsächlich keine Verpflichtung des öffentlichen Planungsträgers auf Erlass eines Bebauungsplans wegen § 1 Abs. 7 BauGB begründet werden kann.[67] Allerdings ist zu bedenken, dass eine Gemeinde auch nach Einleitung des Bebauungsplanverfahrens in Ausübung ihrer Planungshoheit das Verfahren wieder einstellen kann. Daher kann eine Haftung aus culpa in contrahendo nur unter ganz engen Voraussetzungen in Betracht kommen.[68] Wenn auch die Gemeinde sich nicht wirksam dahin zu binden vermag, einen bestimmten Bebauungsplan zu erlassen, so kann sie doch angesichts fließender Grenzen zwischen „Zusagen", „Auskunft" und „gentlemen's agreement"[69] im Einzelfall durch ihr Verhalten einen Vertrauenstatbestand setzen, der entsprechend §§ 241 Abs. 2 Nr. 3, 280 Abs. 1, 311 Abs. 2 BGB bei Enttäuschung des beim anderen Teil geweckten Vertrauens zu einem Schadensersatzanspruch führen kann.

Faktische Zusagen sowie das In-Aussicht-Stellen einer bestimmten Planung im Zusammenhang mit Folgelastenverträgen können entsprechend § 241 Abs. 2 BGB im Einzelfall schutzwürdiges Vertrauen des Vorhabenträgers begründen. Eine Kompensationspflicht nach den Grundsätzen des Verschuldens bei Vertragsschluss ist zwar nicht erst dann anzunehmen, wenn der Vorhabenträger den Eindruck haben muss, dass über die Planung bereits verbindlich entschieden ist, eine gesteigerte – und damit u. U. schadensersatzbewehrte – Nebenpflicht zur Berücksichtigung der Interessen des Verhandlungspartners i. S. von § 241 Abs. 2 BGB analog kann unter Umständen die Gemeinde schon dann treffen, wenn ein in Aussicht gestelltes Verhalten zwar nicht erzwingbar ist, das Ausbleiben des Verhaltens aber nach Treu und Glauben die Sanktion des Schadensersatzes erfordert. Ähnlich der Fallgruppe grundlos abgebrochener Vertragsverhandlungen[70] kann eine verschuldete Pflichtverletzung gerade außerhalb der eigent-

---

[65] So ausdrücklich: BVerwGE 40, 323 (327f.); *BVerwG* NVwZ 1988, 430 (431); *Dreier*, NVwZ 1988, 1073 (1077).

[66] *Maurer*, Allgemeines Verwaltungsrecht, § 14 Rn. 52; *Geis*, NVwZ 2002, 385 (387f.). Zur früheren Rechtslage: BGHZ 71, 386 (392ff.); 76, 343 (348).

[67] BGHZ 71, 386 (393).

[68] *BGH* NVwZ 2006, 1207 (1208).

[69] BGHZ 71, 386 (394).

[70] Im Falle eines öffentlich-rechtlichen Vertrages: BGHZ 76, 343 (348f.) – Haftung wegen Abbruchs der Verhandlungen über einen Erschließungsvertrag.

lichen Bauleitplanung darin gesehen werden, dass die planende Gemeinde als Vertragspartnerin unrichtige, Vermögensdispositionen auslösende Eindrücke über den Stand der Bauleitplanung vermittelt hat.[71] Hier ist zu differenzieren: Schutzwürdiges Vertrauen ist um so eher anzunehmen, je fortgeschrittener der tatsächliche oder nur vorgespiegelte Verfahrensstand der Planung ist. Relevant ist insbesondere, ob Einwände von Trägern öffentlicher und privater Belange bereits umfassend Berücksichtigung finden konnten.[72] Im Falle eines Folgenkostenvertrages erwartet der Vorhabenträger zwar für sein eigenes Leistungsversprechen keine Gegenleistung (s.o.), aber regelmäßig macht die Verpflichtung zur Erbringung von Erschließungsleistungen nur Sinn, wenn sich die Parteien darüber einig sind, dass die Gemeinde eine entsprechende Planungsgrundlage, wie sie Gegenstand der Verhandlungen war, schaffen wird. In einem solchen Fall darf die Gemeinde nicht den Eindruck vermitteln, als habe der private Vorhabenträger praktisch planungsrechtliche Sicherheit.[73] Allerdings ist eine hinreichende Planungssicherheit wegen § 33 Abs. 1 BauGB grundsätzlich erst dann gegeben, wenn das Anhörungsverfahren gem. §§ 3, 4 BauGB stattgefunden hat. Von einer schadensersatzbegründenden Pflichtverletzung kann damit nur dann ausgegangen werden, wenn durch die planende Gemeinde ein Vertrauenstatbestand geschaffen wurde, kraft dessen der Vertragspartner annehmen durfte, es sei bereits Planreife nach § 33 Abs. 1 BauGB eingetreten. Die Gemeinde darf durch Erklärungen nicht den Eindruck erwecken, als habe das Verfahren gem. §§ 3 und 4 BauGB bereits stattgefunden, sodass hierdurch bei U ein unrichtiger Eindruck vom Planungsstand entstanden ist.[74] Hierfür gibt der Sachverhalt allerdings nichts her. Auch weitergehende Aufklärungspflichten der Gemeinde kann es allenfalls geben, wenn sich für die Gemeinde der Eindruck aufdrängen musste, dass sich die U in einem entsprechenden Irrtum über den Planungsstand befunden hat. Auch hierfür sind dem Sachverhalt keine Hinweise zu entnehmen. Das Scheitern der Planung aufgrund von Einwendungen der Träger öffentlicher Belange und einer dem Rechnung zollenden neuen Planungskonzeption stellt keine Pflichtverletzung der Gemeinde dar, sondern ein allgemeines Risiko, das Vorhabenträger bei noch ungesicherter planungsrechtlicher Grundlage tragen müssen.[75] Zwar trifft die Gemeinde mit dem Abschluss des Folgekostenvertrags die Pflicht, den anderen Teil über alle ihm nicht zugänglichen relevanten Tatsachen zu unterrichten, die ihn von sinnlosen vermögenswirksamen Dispositionen abhalten lassen. Hier ist aber nicht ersichtlich, dass die Gemeinde wesentliche Umstände verschwiegen hat. Mangels Pflichtverletzung der G scheidet ein Anspruch aus Art. 62 Satz 2 BayVwVfG i.V.m. §§ 241 Abs. 2, 280, 311 Abs. 2 BGB aus.

2. Amtshaftung, § 839 BGB i.V.m. Art. 34 GG

Eine möglicherweise verletzte Amtspflicht, einen bestimmten Bebauungsplan zu erlassen, widerspräche dem Abwägungsgebot aus § 1 Abs. 7 BauGB und kann daher aus rechtlichen Gründen nicht bestehen. Einer rein faktischen Planungszusage kann kein Erfüllungsanspruch entsprechen. Des Weiteren scheidet auch eine Amtspflichtverletzung unter dem Gesichtspunkt verschwiegener Tatsachen oder der Vorspiegelung einer gesicherten Planungsgrundlage aus (s.o. sub 1.). Ein Anspruch aus Amtshaftung kommt daher nicht in Betracht.[76]

> **Zur Vertiefung:** Ein Überblick zur aktuellen höchstrichterlichen Rechtsprechung zur Amtshaftung im Zusammenhang mit dem Baurecht (Themen u.a.: Schadensersatz eines Investors wegen Nichtrealisierung eines Vorhabens- und Erschließungsplans; Ablehnung eines Baugesuchs nach Erlass einer Veränderungssperre; Amtshaftung einer Gemeinde wegen rechtswidriger Rücknahme und Versagung eines gemäß § 36 Abs. 2 Satz 2 BauGB fingierten gemeindlichen Einvernehmens; Amtshaftung wegen

---

[71] BGHZ 71, 386 (396); *BGH* NVwZ 2006, 1207 (1208).
[72] BGHZ 71, 386 (394f.).
[73] BGHZ 71, 386 (395ff.); zustimmend: *BGH* DVBl. 1986, 409 (410).
[74] BGHZ 71, 386 (396).
[75] BGHZ 71, 386 (396).
[76] Vgl. auch *BGH* NVwZ 2006, 1207 (1208): „*Solange sich die Gemeinde jedoch im Rahmen des ihr gesetzlich zustehenden Planungsermessens hält, kann ihr der mit der Sanktion des Schadensersatzes bewehrte Vorwurf einer amtspflichtwidrigen Inkonsequenz nicht gemacht werden.*"

rechtswidriger Erteilung einer Baugenehmigung; Amtshaftung wegen unrichtiger Auskünfte) findet sich bei *Schlick*, DVBl. 2007, 457 ff., *ders.*, BauR 2008, 290 ff. sowie bei *Rohlfing*, BauR 2006, 893 ff.(zur Examensvorbereitung durcharbeiten!).

II. Auf welchem Rechtsweg ist das Begehren zu verfolgen?

Die vertraglichen Beziehungen, in deren Rahmen das Verschulden bei Vertragsschluss zu diskutieren ist, sind vorliegend dem öffentlichen Recht zuzuordnen, weil ein derartiger Vertrag über kommunale Folgelasten (hier Erschließungsvertrag, vgl. § 124 BaGB) öffentlich-rechtlicher Natur ist.[77] An sich wäre der Anspruch daher gem. § 40 Abs. 1 VwGO im Verwaltungsrechtsweg zu verfolgen, es sei denn, dass § 40 Abs. 2 Satz 1 VwGO einschlägig ist. Nach § 40 Abs. 2 Satz 1 VwGO ist der ordentliche Rechtsweg eröffnet, wenn es um die Entscheidung über Schadensersatzansprüche aus der Verletzung öffentlich-rechtlicher Pflichten geht, die *nicht* auf einem öffentlich-rechtlichen Vertrag beruhen. Für Leistungsansprüche und Schadensersatzansprüche wegen Schlecht- oder Nichtleistung aus einem öffentlich-rechtlichen Vertrag verbleibt es also bei der Grundsatzregelung des § 40 Abs. 1 VwGO, d. h. insofern ist der Verwaltungsrechtsweg eröffnet.[78] Die Behandlung von Ansprüchen aus Verschulden bei Vertragsschluss (culpa in contrahendo) ist dabei gerade umstritten. Hier ist gut vertretbar, die Schadensersatzpflicht im Sachzusammenhang mit dem öffentlich-rechtlichen Erschließungsvertrag zu sehen und deshalb den Anspruch aus c.i.c. als auf dem Vertrag beruhend anzusehen. Die Ausnahmeregelung des § 40 Abs. 2 VwGO ist dann nicht einschlägig. Es bleibt dann bei § 40 Abs. 1 VwGO. Der Schadensersatzanspruch wäre im Verwaltungsrechtsweg geltend zu machen.[79] Nach der Rechtsprechung des *BGH* sowie nunmehr auch des *BVerwG* fällt hingegen die Verletzung vorvertraglicher Pflichten in den Anwendungsbereich des § 40 Abs. 2 VwGO. Da eine Haftung aus c.i.c. gerade nicht davon abhängt, dass es zu einem Vertragsschluss kommt, ist diese Ansicht überzeugend: Es handelt sich nicht um Ansprüche aus Pflichtverletzungen, die schon auf einem öffentlich-rechtlichen Vertrag beruhen. Der geschaffene Vertrauenstatbestand begründet vielmehr ein gesetzliches Schuldverhältnis als Basis der Haftung.[80] Eine Geltendmachung im Verwaltungsrechtsweg fällt dann außer Betracht. Für die Einklagung eines Anspruchs aus Art. 62 Satz 2 BayVwVfG, § 280 Abs. 1 i.V.m. §§ 241 Abs. 2, 311 Abs. 2 Nr. 1 BGB ist dann, ebenso wie für einen möglichen Anspruch aus Amtshaftung, der ordentliche Rechtsweg zu beschreiten. Anderes kann nur gelten, wenn der Schadensersatzanspruch aus culpa in contrahendo neben Ansprüchen aus einem Vertrag geltend gemacht wird. Geht es demgegenüber um die Geltendmachung von Vertrauensschutz, wie er typischerweise auch Gegenstand eines Amtshaftungsanspruches sein kann, bleibt es beim ordentlichen Rechtsweg gem. § 40 Abs. 2 VwGO.[81]

Rechtsprechungsvorlagen: BVerwGE 117, 25; *BVerwG* NVwZ 2006, 340; NVwZ 2006, 452; NVwZ 2006, 455 (= DVBl. 2006, 452); *BayVGH* BayVBl. 1976, 753; BayVBl. 2000, 273 (= NVwZ 2000, 822, GewArch 1999, 432); BayVBl. 2001, 174; *OVG Münster* NVwZ 2005, 1201; *OVG Greifswald* NVwZ 2000, 826; *OVG Lüneburg* NVwZ 2001, 452; *VGH Mannheim* VBlBW 2008, 145 und 218; zur Abwandlung: BVerwGE 40, 323; *BayVGH* NVwZ 1985, 837; BayVBl. 1999, 760; zum Zusatzfall: *BVerwG* DVBl. 2002, 1555; *OVG Weimar* BauR 2002, 757; BGHZ 71, 386; 76, 343; *BGH*, DVBl. 1986, 409 ff.; NVwZ 2006, 1207 (= BayVBl. 2007, 155)

Leseempfehlung: Finkelnburg, Die Änderungen des Baugesetzbuchs durch das Europarechtsanpassungsgesetz Bau, NVwZ 2004, 897; *Jahn*, Abwehransprüche von Gemeinden bei der Ansiedlung von Factory-Outlets, BayVBl. 2000, 267; *Krausnick*, Factory-Outlet-Center, VerwArch Bd. 96 (2005), 191; *Moench/Sander*, Die Planung und Zulassung von Factory Outlet Centern, NVwZ 1999, 337; *Paul*, Rechtliche Bindungen und Steuerungsmöglichkeiten der

---

[77] *BGH* DVBl. 1986, 409.

[78] *BGH* DVBl. 1986, 409 f.

[79] So: *OVG Weimar*, BauR 2002, 757 (759 f.); *Maurer*, Allgemeines Verwaltungsrecht, § 14 Rn. 57. In diese Richtung auch, allerdings nach Maßgabe der früheren Gesetzesfassung von § 40 Abs. 1 und 2 VwGO: *BVerwG* DÖV 1974, 133; *VG München* BayVBl. 1973, 135 f.

[80] *BGH* DVBl. 1986, 409 (410); vgl. bereits BGHZ 71, 386 (388). Vgl. auch *Kellner*, DVBl. 2002, 1648 ff.

[81] *BVerwG* DVBl. 2002, 1555 (1556); i.E. auch *BGH* NVwZ 2006, 1207. Krit. hierzu: *Hufen*, JuS 2003, 201 f.

Gemeinde bei der Ansiedlung von Einkaufszentren in der Innenstadt, NVwZ 2004, 1033; *Seidel*, Öffentlich-rechtlicher und privatrechtlicher Nachbarschutz, 2000, insbesondere Rn. 773 ff., 784 ff.; *Stelkens*, Planerhaltung bei Abwägungsmängeln nach dem EAG Bau – zugleich Versuch einer Abgrenzung zwischen § 1 Abs. 7 und § 2 Abs. 3 BauGB, UPR 2005, 81; *Uechtritz*, Die Gemeinde als Nachbar – Abwehransprüche und Rechtsschutz von Nachbargemeinden gegen Einkaufszentren, Factory-Outlets und Großkinos, BauR 1999, 572; *Uechtritz*, Neuregelungen im EAG Bau zur „standortgerechten Steuerung des Einzelhandels", NVwZ 2004, 1025; im Übrigen wie *Fall 3*.

Fall 10: Terror im Westend *(Reimer)*

Sachverhalt

Seit 1999 betreibt der in Kufstein (Tirol) lebende Geschäftsmann G im ersten Obergeschoss einer ehemaligen Fabrikhalle im Münchener Westend das Freizeitzentrum „Nightlife", in dem er eine Bowlingbahn und einen Flugsimulator zur entgeltlichen Nutzung bereitstellt. Minderjährige haben keinen Eintritt. Für beide Einrichtungen hatte ihm die Landeshauptstadt München bereits im Jahr 1994 eine baurechtliche Genehmigung zur Nutzungsänderung erteilt.

Durch den langjährigen Betrieb der Bowlingbahn und die damit einhergehenden Erschütterungen ist es zu erheblichen Rissen in der Decke des Erdgeschosses gekommen. Vereinzelt haben sich bereits Deckenteile und Lampen aus der Verankerung gelöst. Dadurch hat im Januar 2000 ein Gast der Firma K-KG, die im Erdgeschoss ein Kino betreibt, leichte Verletzungen davongetragen. Diese Schäden waren bei Erteilung der Baugenehmigung im Jahr 1994 nicht vorhersehbar. Nachdem G sich weigert, für den Schaden aufzukommen und Maßnahmen zur Sicherung des Gebäudes zu ergreifen, wendet sich der Geschäftsführer der K-KG an den Oberbürgermeister der Landeshauptstadt München. Er legt den Sachverhalt dar und bittet um ein bauaufsichtsrechtliches Einschreiten. Das Schreiben geht am 24. 3. 2000 im Büro des Oberbürgermeisters ein und wird von dort am 31. 3. 2000 mit der Bitte um selbstständige Beantwortung an den zuständigen Sachbearbeiter weitergeleitet, der es fast ein Jahr lang unbearbeitet lässt.

Erst durch einen am Freitag, den 30. 3. 2001 zur Post gegebenen Bescheid „widerruft" die Landeshauptstadt München die dem G erteilte Genehmigung zur Änderung der baulichen Nutzung. Man sehe sich dazu verpflichtet, weil die Nutzung der baulichen Anlage als Bowlingbahn eine erhebliche Gefahr für die körperliche Unversehrtheit anderer Nutzer des Gebäudes begründe. Daher widerspreche sie zwingenden Vorschriften des Bauordnungsrechts.

G erhebt fristgemäß Anfechtungsklage gegen den Aufhebungsbescheid. Er trägt vor, die Behörde habe anders entscheiden können und müssen. Das Geld für die Beseitigung der durch die Bowlingbahn verursachten Schäden könne er nur aufbringen, wenn ihm zumindest der Betrieb des Flugsimulators weiterhin gestattet sei. Außerdem liege ein Verstoß gegen die Dienstleistungsfreiheit (Art. 49 EG-Vertrag) vor.

In ihrer Klageerwiderung vom Oktober 2001 beruft sich die Landeshauptstadt München darauf, dass inzwischen auch der Betrieb des Flugsimulators gegen die öffentliche Sicherheit und Ordnung verstoße. Dies hänge mit den Ereignissen des 11. September 2001 zusammen. G habe nach den Angriffen auf New York und Washington damit geworben, in der „Fun Mall" könne jeder selber einmal in die Rolle der Flugzeugentführer schlüpfen. Der Flugsimulator sei seitdem zu einem Mekka zweifelhafter Gestalten geworden, die die Angriffe auf das World Trade Center nachspielten. In der örtlichen Presse sei der Fall aufgegriffen und – zu Recht – heftig kritisiert worden. Der Flugsimulator sei eine unangemessene Verharmlosung des Terrors in den USA, die dem Ansehen Münchens schade und für die in einer freiheitlich verfassten Gesellschaft kein Raum sei. Daher sei der Bescheid vom 30. 3. 2001 in vollem Umfang aufrechtzuerhalten.

Vermerk für die Bearbeiter: Die Entscheidung des Verwaltungsgerichts ist gutachtlich vorzubereiten. Dabei ist – notfalls in einem Hilfsgutachten – auf alle aufgeworfenen Rechtsfragen einzugehen.

Lösung

A. Zulässigkeit

I. Verwaltungsrechtsweg

Der Verwaltungsrechtsweg ist eröffnet, wenn die Voraussetzungen des § 40 VwGO erfüllt sind. Eine öffentlich-rechtliche Streitigkeit liegt vor, wenn der Streit im Schwerpunkt nach Normen zu entscheiden ist, die dem öffentlichen Recht angehören, weil sie zwingend einen Träger hoheitlicher Gewalt berechtigen oder verpflichten. Das ist hier sowohl für die verfahrensrechtlichen Regelungen der Art. 48, 49 BayVwVfG als auch für die materiellrechtlichen Regelungen der BayBO zu bejahen.

Vorliegend streiten auch nicht unmittelbar am Verfassungsleben beteiligte Rechtsträger im Kern um verfassungsrechtliche Positionen. Dass Grundrechte (Art. 12 Abs. 1, 14 Abs. 1, 2 Abs. 1 GG) des G mitbetroffen sind, macht den Streit nicht zu einem Verfassungsrechtsstreit. Die Streitigkeit ist daher nichtverfassungsrechtlicher Art. Es fehlt an einer Sonderzuweisung. Damit ist der Verwaltungsrechtsweg eröffnet.

> **Zur Vertiefung:** Welcher Rechtsweg wäre zu beschreiten gewesen, wenn G an Stelle des Primärrechtsschutzes eine Entschädigung eingeklagt hätte? Hier ist zu unterscheiden: Wenn G von einem **Widerruf** der ihn begünstigenden Nutzungsgenehmigung ausgegangen wäre, hätte er einen Entschädigungsanspruch nach Art. 49 Abs. 5 BayVwVfG (entspricht § 49 Abs. 6 VwVfG des Bundes) geltend machen müssen. Nach Art. 49 Abs. 5 Satz 3 BayVwVfG (§ 49 Abs. 6 Satz 3 VwVfG des Bundes) wären insofern ausschließlich die ordentlichen Gerichte zur Entscheidung berufen gewesen. Wenn das Verwaltungsgericht mit diesem Entschädigungsanspruch befasst worden wäre, hätte es den Rechtsstreit nach § 17a Abs. 2 Satz 1 GVG an die streitige Zivilgerichtsbarkeit verweisen müssen.
>
> Demgegenüber wäre für die Entschädigungsklage der Verwaltungsrechtsweg eröffnet, wenn man statt eines Widerrufs (Art. 49 BayVwVfG) eine **Rücknahme** (Art. 48 BayVwVfG) annimmt. Zwar sieht auch Art. 48 Abs. 3 BayVwVfG einen bedingten Entschädigungsanspruch vor. Er wird aber – anders als im Falle des Art. 49 BayVwVfG – von der Behörde durch VA festgesetzt. Unterbleibt ein solcher VA oder ist die festgesetzte Entschädigung nach Auffassung des Bürgers zu niedrig, so ist mangels einer Sonderzuweisung der **Verwaltungsrechtsweg** eröffnet; statthafte Klageart ist die Verpflichtungsklage[1].

II. Statthafte Verfahrensart

Als statthafte Klageart kommt die Anfechtungsklage gegen den Aufhebungsbescheid vom 30. 3. 2001 in Betracht. Die Anfechtungsklage ist nach § 42 Abs. 1 VwGO statthaft, wenn der angegriffene Aufhebungsbescheid ein Verwaltungsakt ist. Unabhängig von ihrer näheren Qualifizierung (Rücknahme oder Widerruf) handelt es sich bei der Aufhebung jedenfalls um einen Verwaltungsakt i. S. d. Art. 35 Satz 1 BayVwVfG; die Aufhebung ist actus contrarius zur Erteilung der Nutzungsänderungsgenehmigung von 1994.

Dem G genügt auch die Beseitigung dieses Aufhebungs-VA, denn mit seiner Kassation lebt die ursprüngliche Genehmigung wieder auf. Daher ist auch keine Verpflichtungsklage geboten. Die Anfechtungsklage ist also statthaft.

---

[1] Kopp/Ramsauer, VwVfG, § 48 Rn. 144 m.w.N.

> **Zur Vertiefung:** Fraglich könnte allenfalls sein, ob sich der Verwaltungsakt mit dem Nachschieben
> von Gründen (Missbrauch des Flugsimulators nach dem 11. September 2001) möglicherweise erle-
> digt hat. Diese – auf den ersten Blick überraschende – Überlegung beruht darauf, dass es sich bei dem
> angegriffenen Aufhebungs-VA (Art. 48 oder 49 VwVfG) vom 30. 3. 2001 der Sache nach um einen
> ErmessensVA handelt. Für ErmessensVAe sind die tragenden Ermessenserwägungen so wichtig, dass
> sie über die Identität des VA mitbestimmen. Obwohl die Anordnung im Tenor gleich bleibt, könnte
> der Umstand, dass sie nachträglich auf andere Erwägungen gestützt wird als bei ihrem Erlass (sog.
> Nachschieben von Gründen), zu einem **neuen VA** führen. Da nicht davon auszugehen ist, dass die
> Behörde zwei VAe mit gleicher Regelung nebeneinander bestehen lassen wollte, wäre mit dem Erlass
> des neuen AufhebungsVA der bisherige AufhebungsVA vom 30. 3. 2001 seinerseits konkludent auf-
> gehoben. Er könnte damit nicht mehr Gegenstand einer zulässigen Anfechtungsklage, sondern allen-
> falls noch Gegenstand einer Fortsetzungsfeststellungsklage sein.
>
> Selbst wenn es hier zu einem derartigen Identitätswechsel des VA gekommen wäre (dazu näher in
> der Begründetheit: unten C.IV.4.a.), bliebe die Ende August 2001 statthaft erhobene Anfechtungs-
> klage des G aber auch weiterhin statthaft. Dies ergibt sich aus § 114 Satz 2 VwGO, der das Nach-
> schieben von Gründen im laufenden Prozess um einen ErmessensVA – jedenfalls grundsätzlich; auch
> hierzu näher unten C.IV.4.a. – erlaubt. § 114 Satz 2 VwGO zeigt damit, dass der einmal begonnene
> Prozess auch nach der Auswechslung des Klagegegenstandes (und insbesondere ohne ausdrückliche
> Klageänderung nach § 91 VwGO) in seiner bisherigen Verfahrensart fortgeführt werden kann.
>
> Ob G **zusätzlich** zu der erhobenen Anfechtungsklage noch eine Fortsetzungsfeststellungsklage er-
> heben könnte, braucht das Verwaltungsgericht aber nicht zu prüfen. Ein einmal als Anfechtungsklage
> anhängig gemachter Rechtsbehelf kann sich jedenfalls nicht von sich aus verdoppeln (auch nicht
> durch § 114 Satz 2 VwGO).

III. Klagebefugnis

G müsste geltend machen, durch den angegriffenen Verwaltungsakt in eigenen Rechten verletzt zu sein
(§ 42 Abs. 2 VwGO). Für sich genommen ist ein Aufhebungs-VA neutral. Ob er eine Rechtsverletzung
darstellt, hängt davon ab, wie der aufgehobene Ausgangs-VA zu qualifizieren ist. Vorliegend wird mit
der Nutzungsgenehmigung ein den G begünstigender Verwaltungsakt aufgehoben. Durch die Aufhebung wird die dem G zuvor gestattete Nutzung zumindest ex nunc formell rechtswidrig. Damit wird G
in seiner Berufsausübung (Art. 12 Abs. 1 GG) beeinträchtigt. Mithin stellt sich die Aufhebung als belastender Verwaltungsakt dar. Damit besteht die Möglichkeit einer Verletzung des G in eigenen Rechten.
Auf eine derartige Rechtsverletzung beruft G sich auch. Er erfüllt deshalb die Voraussetzungen der Klagebefugnis nach § 42 Abs. 2 VwGO.

IV. Rechtsschutzbedürfnis

Die Klagebefugnis indiziert das Rechtsschutzbedürfnis; Gründe für seinen Wegfall sind vorliegend nicht
ersichtlich.

V. Ordnungsgemäßes Vorverfahren

Das Widerspruchsverfahren (§§ 68 ff. VwGO) ist in Bayern nach Art. 15 AGVwGO abgeschafft.

VI. Zuständigkeit des Gerichts

1. Sachlich

Die sachliche Zuständigkeit liegt für Anfechtungsklagen im ersten Rechtszug beim Verwaltungsgericht
(§ 45 VwGO).

2. Örtlich

Die örtliche Zuständigkeit des VG ergibt sich vorliegend aus § 52 Nr. 1 VwGO (Belegenheitsprinzip); nach Art. 1 Abs. 2 Nr. 1 BayAGVwGO liegt sie für das Gebiet der Landeshauptstadt München (Oberbayern) beim Verwaltungsgericht München.

VII. Beteiligtenfähigkeit

Nach § 61 Nr. 1 VwGO ist G als natürliche Person ein möglicher Kläger, die Landeshauptstadt München als juristische Person (kommunale Gebietskörperschaft) ein möglicher Beklagter.

VIII. Prozessfähigkeit, Prozessvertretung, Postulationsfähigkeit

G ist nach bürgerlichem Recht geschäftsfähig und daher nach § 62 Abs. 1 Nr. 1 VwGO auch prozessfähig. Für die Landeshauptstadt München, eine Gemeinde, handelt der erste Bürgermeister („Oberbürgermeister": Art. 34 Abs. 1 Satz 2 BayGO) als gesetzlicher Vertreter (§ 62 Abs. 3 VwGO, Art. 38 Abs. 1 BayGO[2]). Anwaltszwang besteht vor dem Verwaltungsgericht nicht (vgl. § 67 Abs. 2 Satz 1 VwGO).

IX. Form und Frist

Mangels entgegenstehender Hinweise im Sachverhalt ist davon auszugehen, dass G die Formvorschriften der §§ 81, 82 VwGO beachtet hat und dass die Anfechtungsklage fristgemäß erhoben wurde (§ 74 Abs. 1 VwGO). Die Anfechtungsklage des G ist daher zulässig.

B. Beiladung der K-KG

Da die K-KG durch die Entscheidung, ob der gegen G ergangene Aufhebungsbescheid rechtmäßig war, in eigenen Rechten betroffen ist, liegt ein Fall der notwendigen Beiladung nach § 65 Abs. 2 VwGO vor.

Als Personenhandelsgesellschaft ist die K-KG nach §§ 161 Abs. 2 i.V. m. 124 Abs. 1 HGB beteiligtenfähig; auf § 61 VwGO (einschlägig wäre wohl § 61 Nr. 2) kommt es daher nicht mehr an[3]. Nach § 63 Nr. 3 VwGO ist sie am Verfahren beteiligt. Die K-KG kann nach §§ 161 Abs. 1, 125 Abs. 1, 170 HGB vor Gericht durch jeden persönlich haftenden Gesellschafter (Komplementär) vertreten werden, wenn im Gesellschaftsvertrag nichts anderes bestimmt ist.

C. Begründetheit

Die Anfechtungsklage des G ist begründet, wenn sie sich gegen den richtigen Beklagten richtet (unten I.), der angegriffene Aufhebungsbescheid am Maßstab seiner Befugnisnorm (unten II.) formell (unten III.) oder materiell (unten IV.) rechtswidrig oder ermessensfehlerhaft (unten V.; vgl. § 114 Satz 1 VwGO) ist und den G in seinen Rechten verletzt (unten VII.; § 113 Abs. 1 Satz 1 VwGO).

---

[2] § 42 Abs. 1 Satz 2 GemO BW; § 63 Abs. 1 Satz 1 GO NW.
[3] Kopp/Schenke, VwGO, § 61 Rn. 6.

I. Passivlegitimation

Da der angegriffene Aufhebungsbescheid von der Landeshauptstadt München erlassen worden ist, ist sie die richtige Beklagte (§ 78 Abs. 1 Nr. 1 VwGO).

II. Rechtsgrundlage für den Aufhebungsbescheid

Durch den angegriffenen Verwaltungsakt beseitigt die Landeshauptstadt München die dem G durch die Baugenehmigung (Nutzungsänderungsgenehmigung) verliehenen formellen Rechte. Die Nutzungsänderungsgenehmigung war ein begünstigender VA; daher liegt im hier angegriffenen actus contrarius ein den Adressaten belastender VA. Nach der Lehre vom Vorbehalt des Gesetzes bedarf er einer gesetzlichen Grundlage.

Da der Regelungsgehalt des hier angegriffenen VA lediglich ein negatives Abbild der 1994 erlassenen Nutzungsänderungsgenehmigung ist, aber keine weitergehende Regelung (insbesondere: keine vollstreckbare Anordnung) getroffen wird, kommen als Rechtsgrundlage für den VA weder die baurechtliche Nutzungsuntersagung (Art. 76 Satz 2 BayBO[4]) noch eine bausicherheitsrechtliche Anordnung nach Art. 54 Abs. 2 Satz 2 und Abs. 3 bis 5 BayBO[5] in Betracht.

Hinweis zum Verhältnis dieser Befugnisnormen zu Art. 48, 49 BayVwVfG: Art. 54 BayBO enthält Rechtsgrundlagen für den Erlass unterschiedlicher **bauaufsichtsrechtlicher Anordnungen**. Die **Generalklausel des Art. 54 Abs. 2 Satz 2 Halbs. 1 BayBO** deckt nach Wortlaut und Systematik prinzipiell alle verhältnismäßigen (insbesondere: erforderlichen) Maßnahmen der Bauaufsichtsbehörden, soweit nicht Zuweisungen an Spezialbehörden getroffen sind. Wegen ihrer Unbestimmtheit ist diese Generalklausel allerdings verfassungskonform restriktiv auszulegen, so dass sie – ähnlich der polizeilichen Generalklausel – im Ergebnis nur seltene, keiner gesetzlichen Typisierung (als „Standardmaßnahme") zugängliche Eingriffsarten sowie geringfügige Eingriffe umfasst. Damit ist sie insbesondere subsidiär gegenüber der Nutzungsuntersagung des Art. 76 Satz 2 BayBO, aber auch gegenüber Maßnahmen nach Art. 54 Abs. 3 bis 5.

Die **Absätze 3 und 5** decken bestimmte, dort näher geregelte **Spezialfälle** ab. Eine **bausicherheitsrechtliche Anordnung nach Art. 54 Abs. 4 BayBO**[6] betrifft „bestandsgeschützte" bauliche Anlagen, also Anlagen, die entweder zu irgendeiner Zeit materiell baurechtmäßig waren (und seitdem nicht verändert worden sind) oder zum Zeitpunkt des Erlasses des VA nach Art. 54 Abs. 4 BayBO formell baurechtmäßig sind (= für die eine wirksame Genehmigung erteilt ist). Damit kann eine Anordnung nach Art. 54 Abs. 4 BayBO gerade auch dann ergehen, wenn der Grund-VA (Baugenehmigung) nicht angegriffen oder nach Art. 48, 49 BayVwVfG aufgehoben werden konnte. Im vorliegenden Fall hätte die Landeshauptstadt München den von der Bowlingbahn ausgehenden Gefahren daher mit einer Anordnung nach Art. 54 Abs. 4 BayBO begegnen können (vgl. auch unten C.IV.3.d.); diesen Weg hat sie aber ersichtlich nicht gewählt.

Die **Beseitigungsanordnung (Art. 76 Satz 1 BayBO**[7]) und ebenso die **Nutzungsuntersagung (Art. 76 Satz 2 BayBO**[8]) setzen dagegen u. a. voraus, dass das Vorhaben formell baurechtswidrig ist. Sie können also nur ergehen, wenn eine zuvor erteilte Baugenehmigung/Nutzungsänderungsgenehmigung zuvor aufgehoben (d. h. erfolgreich angefochten, widerrufen oder zurückgenommen) wurde. Insofern besteht zwischen Art. 48/49 BayVwVfG und Art. 76 BayBO ein Stufenverhältnis.

Im vorliegenden Fall liegt nach dem Regelungsgehalt des angegriffenen Verwaltungsakts vielmehr die Aufhebung eines Verwaltungsakts i. S. d. Art. 35 Satz 1 BayVwVfG vor. In Betracht kommen eine Rücknahme (Art. 48 Abs. 1 Satz 2 BayVwVfG) oder ein Widerruf (dann Art. 49 Abs. 2 BayVwVfG). Maß-

---

geblich ist, ob es sich um einen rechtswidrigen (dann Rücknahme) oder rechtmäßigen (dann Widerruf) VA handelt. Diese Frage braucht an dieser Stelle aber nicht entschieden zu werden, da sich jedenfalls für die formelle Rechtmäßigkeit des Aufhebungs-VA zwischen Art. 48 und Art. 49 BayVwVfG keine Unterschiede ergeben.

> **Zum Aufbau:** Teilweise wird empfohlen, man solle bereits hier eine Entscheidung darüber treffen, ob ein Fall des Art. 48 oder des Art. 49 BayVwVfG vorliegt. Die Weichenstellung zwischen Art. 48 und Art. 49 BayVwVfG würde hier aber umfangreiche Inzidentprüfungen erfordern, auf die es an dieser Stelle nicht ankommt. Das spricht für den hier eingeschlagenen Weg, die Frage zunächst offen zu lassen (vgl. erst unten IV.).

III. Formelle Rechtmäßigkeit des Aufhebungsbescheides

1. Zuständigkeit

Für die Aufhebung eines VA ist nach Art. 48 Abs. 5 bzw. Art. 49 Abs. 5 BayVwVfG i. V. m. Art. 3 BayVwVfG und den materiellrechtlichen Zuständigkeitsregelungen des Art. 53 BayBO die Behörde zuständig, die heute über eine Baugenehmigung zu entscheiden hätte (und vorliegend auch den aufgehobenen VA erlassen hat), also die Landeshauptstadt München. Sie hat hier den Aufhebungsbescheid erlassen. Damit hat die zuständige Behörde gehandelt.

2. Verfahren

Vor Erlass des Aufhebungsbescheides ist G nicht angehört worden. Das Fehlen einer Anhörung verstößt gegen Art. 28 Abs. 1 BayVwVfG. Dieser Verstoß ist aber nach Art. 45 Abs. 1 Nr. 3 BayVwVfG unbeachtlich, weil er nicht zur Nichtigkeit des Widerrufs führt und der G die Möglichkeit hatte, seine Position im gerichtlichen Verfahren (durch die Erhebung der Klage und ihre Begründung) darzulegen.

3. Form

Die nach Art. 39 Abs. 1 BayVwVfG erforderliche Begründung ist dem Widerruf beigefügt. Ob die beigefügte Begründung sachlich ausreicht, ist eine Frage der materiellen Rechtmäßigkeit des Widerrufs (dazu und zum Nachschieben von Gründen s. u.).

4. Frist

Fraglich ist allerdings, ob die Aufhebung fristgemäß war. Das Fristerfordernis ergibt sich aus Art. 48 Abs. 4 Satz 1, im Falle eines Widerrufs zusätzlich aus den Verweisungen in Art. 49 Abs. 2 Satz 2 (oder auch Abs. 3 Satz 2) BayVwVfG.

a) Fristbeginn

Das Gesetz legt als Fristbeginn den „Zeitpunkt der Kenntnisnahme" fest. Fraglich ist, auf wessen Kenntnis hier abzustellen ist. Stellt man für die Auslegung des Art. 48 Abs. 4 Satz 1 BayVwVfG den Schutz des Adressaten in den Vordergrund, käme zunächst eine Anwendung der allgemeinen Regeln zur Wissenszurechnung innerhalb von Behörden und juristischen Personen in Betracht. Danach begänne die Frist zu laufen, sobald nach dem üblichen Lauf der Dinge, bei ordnungsgemäßer verwaltungsinterner Organisation und einem zügigen Informationsfluss der zuständige Sachbearbeiter die maßgeblichen Tatsachen zur Kenntnis nehmen *könnte*. Der Wortlaut des Gesetzes stellt indes nicht auf die bloße Möglichkeit, sondern auf die faktische Kenntnisnahme ab.

Nach der Rechtsprechung des *BVerwG* soll deshalb maßgeblich sein, wann der zuständige Amtswalter (Sachbearbeiter) vollständige Kenntnis der entscheidungserheblichen Tatsachen gewonnen hat. Die Kenntnis eines einzelne Fachfragen begutachtenden Mitarbeiters derselben oder gar einer anderen Behörde genügt nicht. Wenn die Behörde eine Anhörung des Betroffenen und evtl. weiterer Beteiligter für geboten hält (Art. 28 BayVwVfG), beginnt die Frist erst nach der Anhörung zu laufen.

Für diese Auslegung sprechen neben dem Wortlaut des Art. 48 Abs. 4, auf den Art. 49 Abs. 2 Satz 2 BayVwVfG verweist, auch Sinn und Zweck des Art. 48 Abs. 4 Satz 1 BayVwVfG. Die Vorschrift unterwirft die zuständige Behörde einer Jahresfrist, weil der Behörde die Notwendigkeit einer Entscheidung über die Rücknahme bewusst und diese Entscheidung infolge vollständiger Kenntnis des hierfür erheblichen Sachverhalts auch möglich geworden ist. Die Jahresfrist dient der im Interesse der Rechtssicherheit nötigen Klarstellung, ob ein rechtswidriger begünstigender Verwaltungsakt zurückgenommen wird oder ob und von welchem Zeitpunkt an der jeweilige Einzelfall durch Nichtrücknahme des Verwaltungsakts endgültig abgeschlossen ist[9]. Außerdem wird diese Auslegung durch die Gesetzesmaterialien bestätigt[10].

> **Zur Vertiefung:** Der Schutz des Bürgers bleibt gleichwohl nicht vollständig auf der Strecke. Falls Umstände die Annahme nahelegen, dass die Behörde das Verfahren unter Verstoß gegen das rechtsstaatliche Erfordernis eines zügigen Verwaltungsverfahrens verschleppt hat, kommt eine normative Korrektur der obigen Maßstäbe in Betracht. Insbesondere setzen die Gedanken des Rechtsmissbrauchs und der Verwirkung einer übermäßigen zeitlichen Verschiebung des Fristbeginns Grenzen.

Vorliegend genügt jedenfalls nicht bereits der Eingang des Schreibens im Büro des Oberbürgermeisters[11]. Entscheidend ist vielmehr, wann der zuständige Sachbearbeiter Kenntnis erlangt hat. Dieses Datum war vorliegend der 31. 3. 2000. Dabei handelt es sich um eine Ereignisfrist. Der Fristbeginn im Rechtssinne ist daher der 1. 4. 2000, 0 Uhr.

b) Fristdauer und -ende

Die Frist beträgt ein Jahr (Art. 48 Abs. 4 Satz 1, i. F. d. Widerrufs i. V. m. Art. 49 Abs. 2 Satz 2 bzw. Abs. 3 Satz 2 BayVwVfG). Sie endet damit an sich am 31. 3. 2001 um 24 Uhr. Dieser Termin liegt aber an einem Samstag. Wegen Art. 31 Abs. 3 Satz 1 BayVwVfG verschiebt sich das Fristende daher auf Montag, den 2. 4. 2001, 24 Uhr.

c) Zeitpunkt des maßgeblichen Ereignisses

Zeitpunkt der Rücknahme (bzw. des Widerrufs) ist der Zeitpunkt ihrer (seiner) Wirksamkeit. Dieser Zeitpunkt ist nach Art. 43 Abs. 1 Satz 1 der Zeitpunkt der Bekanntgabe des Aufhebungs-VA. Vorliegend gilt der am 30. 3. 2001 zur Post gegebene Bescheid wegen der Bekanntgabefiktion des Art. 41 Abs. 2 BayVwVfG als am 2. 4. 2001 bekanntgegeben. Damit ist die Jahresfrist gerade noch gewahrt.

Der angegriffene Bescheid ist damit formell rechtmäßig.

IV. Materielle Rechtmäßigkeit des Aufhebungsbescheides

Für die materielle Rechtmäßigkeit des Aufhebungsbescheides ist nunmehr entscheidend, ob sich der aufgehobene VA als rechtswidrig (dann Rücknahme, Art. 48 BayVwVfG) oder als rechtmäßig (dann Widerruf, Art. 49 BayVwVfG) darstellt.

1. Maßgeblicher Zeitpunkt für die Beurteilung der Rechtswidrigkeit des Ausgangs-VA

Dabei ist zunächst fraglich, ob es für die Beurteilung der Rechtswidrigkeit der dem G erteilten Nutzungsgenehmigung auf den Zeitpunkt ihres Erlasses (1994) oder auf den Zeitpunkt der Aufhebung (2001) ankommt. Diese Frage ist umstritten.

> **Zur Vertiefung:** Der Streit betrifft natürlich nur Verwaltungsakte mit Dauerwirkung – also diejenigen VAe, die sich nicht durch punktuellen Befolgung oder Vollziehung erledigen[12] und deren Wirksamkeit

---

9 *BVerwG* DVBl. 2001, 599 ff. unter Berufung auf BVerwGE 70, 356 (359 f.).
10 BVerwGE 70, 356 (361 f.).
11 *BVerwG* DVBl. 2001, 599 ff.
12 Zum Begriff der VAe mit Dauerwirkung *Wolff/Bachof/Stober*, Verwaltungsrecht, Bd. 2, § 46 Rn. 18–20.

daher der Sache nach nicht in unterschiedliche Zeitphasen eingeteilt werden kann. Er betrifft ferner nur die Fälle, in denen sich die *Sachlage* nachträglich ändert; für eine Änderung der *Gesetzeslage* verlaufen die Streitlinien anders[13].

a) Zeitpunkt des Erlasses des Ausgangs-VA

Die herrschende Lehre stellt auf den Zeitpunkt des Erlasses des Ausgangs-VA ab[14]. Wenn der VA zum Zeitpunkt seines Erlasses rechtmäßig war, kommt als Aufhebung nur der Widerruf (§ 49 VwVfG) in Betracht. Für dieses Abstellen auf den Zeitpunkt des Erlasses des ursprünglichen Verwaltungsakts sprechen spezialgesetzliche Parallelvorschriften zu §§ 48, 49 VwVfG, aber auch die Definition von Rechtswidrigkeit in § 44 Abs. 1 Satz 1 SGB X, die auf den Zeitpunkt des VA-Erlasses abstellt[15]. Dieser Gedanke lag auch der amtlichen Begründung zum Entwurf eines VwVfG zugrunde[16]. Für diese Ansicht wird ferner der Wortlaut von § 49 Abs. 2 Nrn. 3 und 4 VwVfG angeführt: Die reine Existenz dieser Klauseln sei ein Beleg dafür, dass es im Grundsatz auf die Rechtslage im Zeitpunkt des VA-Erlasses ankomme. Die Rechtsprechung hatte diesen Ansatz zunächst favorisiert[17]; in der Literatur findet er nach wie vor großen Zuspruch[18].

b) Zeitpunkt der Aufhebung

In der neueren Rechtsprechung regt sich allerdings Widerstand gegen diese Auffassung[19]. Er wird vor allem mit dem Bedürfnis nach einer Aufhebung ex tunc begründet; diese Möglichkeit bietet lediglich § 48 VwVfG. Es müsse möglich sein, einen durch Änderung der Sachlage rechtswidrig gewordenen VA mit Wirkung auf den Zeitpunkt aufzuheben, zu dem sich die Sachlage änderte und die Rechtswidrigkeit eintrat. Das sei angesichts des klaren Wortlauts des § 49 VwVfG aber im Wege eines Widerrufs nicht möglich[20].

Gegen die herrschende Lehre lässt sich weiter einwenden, dass die Abweichung im Wortlaut der §§ 48, 49 VwVfG (und der Parallelvorschriften des BayVwVfG) von § 44 SGB X und dem ursprünglichen Entwurf eines VwVfG prima facie eher den Gegenschluss (Maßgeblichkeit des Zeitpunkts der Aufhebung) begründet. Auch der Verweis auf § 49 Abs. 2 Nrn. 3 und 4 VwVfG ist bedenklich. Denn die Vorschriften regeln lediglich den Fall, dass die Behörde den VA heute nicht mehr erlassen müsste (vgl. die Stellung des „nicht" in § 49 Abs. 2 Nrn. 3 und 4 VwVfG!), weil sich z.B. ein ehemals gebundener VA heute als Ermessens-VA darstellen würde. Damit ist aber nichts darüber ausgesagt, ob die Vorschrift auch den Fall erfasst, dass die Behörde den VA heute nicht mehr erlassen *dürfte*, weil sein Erlass heute rechtswidrig wäre.

---

[13] Zumindest eine rückwirkende Änderung der Rechtslage – ihre Wirksamkeit unter dem verfassungsrechtlichen Maßstab von Rechtsstaatsprinzip und Grundrechten vorausgesetzt – macht den zunächst als rechtmäßig erscheinenden VA ex tunc rechtswidrig. Zumindest in diesem Fall ist die Rücknahme (§ 48 VwVfG) stets statthaft.

[14] Hierzu insbesondere *Wolff/Bachof/Stober*, Verwaltungsrecht, Bd. 2, § 49 Rn. 57 und § 51 Rn. 21 f., jeweils m.w.N. Vgl. auch *Stelkens/Bonk/Sachs*, VwVfG, § 48 Rn. 62 ff.

[15] Die Vorschrift lautet: *Soweit sich im Einzelfall ergibt, dass bei Erlass eines Verwaltungsaktes das Recht unrichtig angewandt oder von einem Sachverhalt ausgegangen worden ist, der sich als unrichtig erweist, und soweit deshalb Sozialleistungen zu Unrecht nicht erbracht oder Beiträge zu Unrecht erhoben worden sind, ist der Verwaltungsakt, auch nachdem er unanfechtbar geworden ist, mit Wirkung für die Vergangenheit zurückzunehmen.*

[16] BT-Drs. 7/910, S. 68.

[17] BVerwGE 31, 222 f.

[18] *Wolff/Bachof/Stober*, Verwaltungsrecht, Bd. 2, § 51 II 2, Rn. 21 m.w.N.; *Lehner*, Verwaltung 1993, S. 183 ff.; Kopp, BayVBl. 1989, 652; *Kopp/Ramsauer*, VwVfG, § 48 Rn. 57; *Stelkens/Bonk/Sachs*, VwVfG, § 48 Rn. 62 ff.

[19] *OVG Münster* NVwZ-RR 1988, 1 = JA 1988, 625 ff.; ebenso *VGH Mannheim* v. 24. 9. 2001, 8 S 641/01: *Die Aufhebung eines bei seinem Erlass rechtmäßigen begünstigenden Verwaltungsakts mit Dauerwirkung, der infolge einer Änderung der Sachlage rechtswidrig geworden ist, richtet sich nach § 48 Abs. 1 VwVfG und nicht nach den Regeln über den Widerruf rechtmäßiger Verwaltungsakte in § 49 VwVfG.* Ähnlich auch *Schenke*, DVBl. 1989, 433.

[20] A. A. *Lehner* (oben Fn. 19), der für die Abgrenzung von § 48 zu § 49 zwar streng auf den Zeitpunkt des Erlasses des aufzuhebenden VA abstellt (wie die h. L.), aber in bestimmten engen Fällen gegen den Wortlaut des § 49 VwVfG („für die Zukunft") auch einen Widerruf ex tunc (auf den Zeitpunkt des nachträglichen Eintrits der Rechtswidrigkeit) zulassen will.

c) Stellungnahme

Allerdings spricht viel dafür, den letztgenannten Fall gleichwohl unter § 49 Abs. 2 Nrn. 3 und 4 VwVfG zu subsumieren. Denn das Nichtdürfen ist ein Unterfall des Nichtmüssens. Wortlaut und Systematik der Norm lassen auch nicht erkennen, dass hier ausschließlich Ermessensverwaltungsakte geregelt werden sollten. Teleologisch lässt sich ergänzen, dass das Vertrauen des Bürgers in den Bestand eines VA, der im Zeitpunkt seines Erlasses rechtmäßig war, nicht dadurch an Schutzwürdigkeit verliert, dass der VA nachträglich rechtswidrig wird. Dass das zunächst parallel laufende öffentliche Interesse an der Rechtsrichtigkeit jetzt entgegengesetzt wirkt, kann auch im Rahmen von § 49 VwVfG flexibel berücksichtigt werden (Merkmale des „öffentlichen Interesses" und des „Gemeinwohls" in § 49 Abs. 2 Nrn. 3 bis 5 VwVfG). Selbst ein Widerruf ex tunc (auf den Zeitpunkt des nachträglichen Eintritts der Rechtswidrigkeit) ist nicht von vornherein ausgeschlossen[21]. Damit entfällt das Bedürfnis zur Anwendung des § 48 VwVfG. Mithin ist der h. L. zu folgen, wonach es für die Rechtmäßigkeitsprüfung auf den Zeitpunkt des Erlasses des aufgehobenen VA ankommt.

2. Ursprüngliche Rechtmäßigkeit des Ausgangs-VA

Fraglich ist mithin, ob Nutzungsgenehmigung im Zeitpunkt ihres Erlasses im Jahr 1994 rechtmäßig war.

> **Zum Aufbau:** Die nachfolgende Prüfung kann nicht unter Hinweis auf die materielle Bestandskraft des Ausgangsverwaltungsakts abgekürzt werden. Das ergibt sich aus der ausdrücklichen Einbeziehung bestandskräftiger Verwaltungsakte in den Anwendungsbereich des Art. 48 Abs. 1 BayVwVfG und dem Nebeneinander der Merkmale „rechtmäßig" und „bestandskräftig" in Art. 49 Abs. 1 BayVwVfG.

a) Rechtsgrundlage

Die Änderung der Nutzung baulicher Anlagen ist nach Art. 55 Satz 1 BayBO[22] grundsätzlich genehmigungspflichtig. Nach Satz 2 liegt eine Nutzungsänderung immer schon dann vor, wenn einer baulichen Anlage eine andere Zweckbestimmung gegeben wird. Davon ist hier auszugehen, nachdem das offenbar schon lange bestehende Gebäude zunächst als Fabrikhalle gedient hatte, bevor 1999 das „Nightlife" einzog. Ausnahmen von der Genehmigungspflicht (insbes. nach Art. 57 Abs. 4 BayBO) greifen nicht ein. Auch Gründe für eine Genehmigungsfreistellung (Art. 58 BayBO[23]) sind aus dem Sachverhalt nicht ersichtlich. Daher ist nach Art. 68 Abs. 1 BayBO[24] entscheidend, ob die Nutzungsänderung öffentlich-rechtlichen Vorschriften widerspricht, die im bauaufsichtlichen Genehmigungsverfahren zu prüfen sind.

b) Formelle Rechtmäßigkeit

Die Genehmigung zur Nutzungsänderung hatte 1994 die Landeshauptstadt München erteilt. Sie müsste zuständig gewesen sein (vgl. aber Art. 53 Abs. 2 S. 5 BayBO: eingeschränkter Prüfungsumfang bei latenter Nichtigkeit eines Bebauungsplanes, wenn der Bescheid von einer „leistungsfähigen Gemeinde" i. S. d. Art. 53 Abs. 2 S. 1 BayBO stammt; hier nicht einschlägig). Sachlich zuständig für die Erteilung von Baugenehmigungen und anderen VAen nach der BayBO ist nach Art. 53 Abs. 1 S. 2 BayBO grundsätzlich die untere Bauaufsichtsbehörde[25], also die Kreisverwaltungsbehörde (Art. 53 Abs. 1 Satz 1 BayBO[26]). In kreisfreien Gemeinden[27] – wie der Landeshauptstadt München – nimmt die Gemeinde selber im übertragenen Wirkungskreis die Aufgaben wahr, die sonst vom Landratsamt als der unteren

---

[21] *Lehner* (oben Fn. 19).

[22] In anderen Bundesländern ist die Nutzungsänderung z. T. nicht mehr genehmigungsbedürftig (so etwa § 63 BauO NW i. d. F. seit 2007).

[23] § 50 Abs. 2 LBO BW; §§ 69 ff. NdsBauO; § 65 BauO NW.

[24] § 75 Abs. 1 1 i. V. m. § 2 Abs. 5 NdsBauO.

[25] § 52 Abs. 1 Satz 1 Nr. 1 i. V. m. Satz 3 HBO; § 63 Abs. 1 Satz 1 NdsBO; §62 i. V. m. § 60 Abs. 1 Nr. 3 BauO NW; in Baden-Württemberg: „untere Baurechtsbehörde", § 46 Abs. 1 Nr. 3 LBO BW.

[26] In Hessen: der Kreisausschuss in den Landkreisen, § 52 Abs. 1 Nr. 1 b HBO.

[27] In einigen Bundesländern: „Stadtkreisen", vgl. etwa § 3 Abs. 1 GO BW.

staatlichen Verwaltungsbehörde wahrzunehmen sind[28]; sie ist insoweit „Kreisverwaltungsbehörde" (Art. 9 Abs. 1 Satz 1 BayGO). Damit war sie für den Erlass der ursprünglichen Nutzungsänderungsgenehmigung zuständig. Auch Verstöße gegen Verfahrens- oder Formvorschriften sind nicht ersichtlich. Der Ausgangs-VA war mithin formell rechtmäßig.

c) Materielle Rechtmäßigkeit

Mangels gegenteiliger Angaben im Sachverhalt ist auch davon auszugehen, dass die materiellen bauordnungs- und bauplanungsrechtlichen Voraussetzungen für die Erteilung der Genehmigung vorgelegen haben. Dem stehen insbesondere die vom Betrieb der Bowlingbahn ausgehenden Gefahren nicht entgegen, da diese zum Zeitpunkt des Erlasses der Genehmigung nicht vorhersehbar waren.

> **Zur Vertiefung:** Weitergehende Anforderungen ergeben sich auch nicht aus § 8 Abs. 1 Jugendschutzgesetz. Dabei kann dahinstehen, ob es sich bei dem Flugsimulator um eine sportliche Betätigung (die auch Jugendlichen offensteht) oder um ein entgeltliches Spiel (dann Beschränkungen nach § 8 Abs. 1 JSchG) handelt[29], da G sein Geschäft ohnehin nur Volljährigen zugänglich macht. Daher kann auch offen bleiben, ob diese Vorschriften überhaupt im Baugenehmigungsverfahren zu prüfen sind.

Zwischenergebnis: War mithin der Ausgangs-VA im Zeitpunkt seines Erlasses rechtmäßig, kommt für seine Aufhebung nur der Widerruf (Art. 49 BayVwVfG) in Betracht. Da der Ausgangs-VA den Adressaten begünstigte, unterliegt der Widerruf hier den verschärften Voraussetzungen des Art. 49 Abs. 2 BayVwVfG. Fraglich ist vor allem, ob Widerrufsgründe vorlagen. Dabei ist zu differenzieren:

3. Schäden durch die Bowlingbahn

Im Hinblick auf die Schäden, die durch den Betrieb der Bowlingbahn verursacht worden sind, kommt als Widerrufsgrund Art. 49 Abs. 2 Nr. 3 BayVwVfG in Betracht.

a) Neue Tatsachen

Seine Anwendung setzt zunächst voraus, dass sich die Aufhebung auf nachträglich eingetretene Tatsachen stützt. Hier waren die Gefahren zum Zeitpunkt des VA-Erlasses nicht erkennbar; sie sind vielmehr erst nachträglich eingetreten.

b) VA müsste nicht erneut erlassen werden

Da es sich bei der Genehmigung zur Änderung der baulichen Nutzung – wie auch bei der umfassenden Baugenehmigung – um einen gebundenen VA handelt, sind die Voraussetzungen des Art. 49 Abs. 2 Nr. 3 BayVwVfG hier nur dann erfüllt, wenn ein erneuter Erlass der Genehmigung rechtswidrig wäre. Auch dieser Fall ist von Art. 49 Abs. 2 Nr. 3 BayVwVfG erfasst (vgl. oben 1.c). Dabei lässt die Formulierung des Art. 49 Abs. 2 Nr. 3 BayVwVfG es zu, dass als Prüfungsmaßstab nur die im vereinfachten Genehmigungsverfahren (Art. 59 BayBO[30]) zu prüfenden Normen herangezogen werden. Beim „Nighlife" handelt es sich – soweit ersichtlich – nicht um einen Sonderbau i.S.d. Art. 2 Abs. 4 BayBO. Insofern kommt hier eine Reduktion des Prüfungsumfangs in der Tat in Betracht. Grundsätzlich bindet Art. 59 BayBO auch die Behörde, gebietet also eine partielle Blindheit. Das gilt allerdings nur im Regelfalle. Ausnahmsweise kann sie die Erteilung der Nutzungsänderungsgenehmigung auch dann versagen, wenn das Vorhaben (die Nutzungsänderung) gegen Normen verstößt, die im vereinfachten Verfahren nach Art. 59 BayBO *nicht* geprüft werden *müssen*. Voraussetzung ist das Vorliegen eines entsprechenden Verdachts[31]; er lässt es zu, dass die Erfüllung dieser Normen zumindest geprüft werden *darf*. Vorliegend hatte sich der Nachbar um ein bauaufsichtsrechtliches Einschreiten bemüht. Das muss genügen, sodass der Prüfungsmaßstab der Behörde über die in Art. 59 BayBO genannten Normen hinaus erweitert ist[32].

---

[28] In Hessen: der Gemeindevorstand, § 52 Abs. 1 Nr. 1 a HBO.

[29] Die Benutzung eines Laserdromes ist keine sportliche Betätigung und fällt daher unter das JSchG. Ein Verstoß gegen das JSchG begründet zugleich eine Wettbewerbswidrigkeit i.S.d. § 1 UWG (*LG Stuttgart* NJW-RR 1994, 427 f.).

[30] § 68 BauO NW; für weitere Nachweise vgl. die Lösung zu Fall 4 Fn. 12.

[31] Zu dieser Voraussetzung näher *Schwarzer/König*, BayBO, 3. Aufl., 2000, Art. 73 Rn. 15.

[32] *Schwarzer/König*, BayBO, 3. Aufl., 2000, Art. 73 Rn. 15.

Mithin ist hier eine umfassende Prüfung (wie bei Art. 68 Abs. 1 BayBO) möglich[33]. In Betracht kommen hier Verstöße gegen folgende Normen:

aa) Standsicherheit, Art. 10 Satz 1 BayBO
Ein Verstoß gegen Art. 10 Satz 1 BayBO scheidet aus, da das Merkmal der Standsicherheit lediglich die Stabilität gegen Einwirkungen *von außen* bezeichnet[34].

bb) Erschütterungsschutz, Art. 13 Abs. 3 BayBO
Einschlägig ist aber die bauordnungsrechtliche Bestimmung zur Dämmpflicht gegen Erschütterungen, Schwingungen und Geräusche, die von ortsfesten Einrichtungen in baulichen Anlagen oder auf Baugrundstücken ausgehen (Art. 16 Abs. 3 BayBO[35]).

cc) Öffentliche Sicherheit, Art. 3 Abs. 1 Satz 1 i.V.m. Abs. 3 BayBO
Wegen ihrer systematischen Subsidiarität zu Art. 16 BayBO ist die bauordnungsrechtliche Generalklausel (Art. 3 Abs. 1 i.V.m. Abs. 3 BayBO[36]) hier nicht mehr zu prüfen.

c) Gefährdung des öffentlichen Interesses
Weiter setzt der Widerruf nach Art. 49 Abs. 2 Nr. 3 BayVwVfG voraus, dass ohne den Widerruf das öffentliche Interesse gefährdet würde. Das lässt sich hier angesichts der erheblichen Gefahren, die von den Erschütterungen ausgehen, einen unbestimmten Personenkreis von Kinobesuchern betreffen und sich in der Vergangenheit bereits realisiert haben, ohne weiteres bejahen.

d) Verhältnismäßigkeit
Wie jeder belastende VA muss aber auch die Aufhebung dem grundrechtlich (Art. 12 Abs. 1, 14 Abs. 1, 2 Abs. 1 GG) und rechtsstaatlich begründeten Gebot der Verhältnismäßigkeit entsprechen. Nach dem oben Gesagten dient die Aufhebung einem verfassungslegitimen Zweck. Sie ist auch geeignet, diesen Zweck zu erreichen.

Fraglich könnte allenfalls sein, ob sie in diesem Umfange erforderlich ist. Da es an dieser Stelle nur um die Bowlingbahn geht (zur Untersagung des Flugsimulators erst unten 4.), ist zu prüfen, ob der Erlass einer Sanierungsanordnung nach Art. 54 Abs. 5 BayBO[37] ein gleich sicheres milderes Mittel wäre.

> **Zum Aufbau:** Natürlich ist die Untersagung des gesamten „Nightlife" unverhältnismäßig, wenn sie sich allein auf die Gefahr stützt, die von der Bowlingbahn ausgeht. Ob der Flugsimulator eine eigene Gefahr begründet, wird unter 4. separat geprüft. Wenn dies zu verneinen ist, erweist sich die vollumfängliche Aufhebung automatisch als übermäßig.

Eine Sanierungsanordnung griffe jedenfalls insofern *weniger intensiv* in Rechte des G ein, als sie ihm – jedenfalls rechtlich – den fortdauernden Betrieb der Bowlingbahn nicht verboten hätte. Dazu wäre auch keinerlei Aufhebung erforderlich gewesen, weil diese Befugnisnorm gerade den Fall bestandsgeschützter Bauten betrifft[38]. Zweifelhaft – und aus dem Sachverhalt nicht ersichtlich – ist allerdings schon, ob eine Sanierung überhaupt ohne eine zumindest vorübergehende Stilllegung faktisch möglich wäre. Jedenfalls griffe die Sanierungsanordnung aber insoweit *stärker* in Rechte des G ein, als sie ihn zu einem positiven (und kostspieligen) Tun auffordern würde. Aus diesem Grund lässt sie sich bei wertender Betrachtung nicht als milderes Mittel gegenüber der bloßen Aufhebung der Genehmigung begreifen.

---

[33] Zwingend ist diese Argumentation aber nicht. Wenn man – abweichend – den Prüfungsmaßstab auf die in Art. 59 BayBO genannten Normen beschränkt, ist im folgenden je einzeln festzustellen, dass eine bauordnungsrechtliche Norm in den Bereich zulässiger Prüfungsmaßstäbe fällt. Dies ist z.B. für Art. 13 BayBO zu bejahen; vgl. Art. 59 Abs. 2 Sätze 2 und 3 BayBO; ferner *Schwarzer/König*, BayBO, 3. Aufl., 2000, Art. 10 Rn. 3. Zweifel ergeben sich dabei gerade für die – hier entscheidenden – Normen der Art. 13 Abs. 3, 3 Abs. 1 BayBO. Insofern ist diese Weichenstellung durchaus entscheidend.
[34] *Schwarzer/König*, BayBO, Art. 13 Rn. 1.
[35] § 14 Abs. 1 LBO BW; § 18 Abs. 2 und 3 BauO NW.
[36] § 3 Abs. 1 LBO BW; § 3 Abs. 1 und Abs. 4 i.V.m. § 14 OBG NW BauO NW.
[37] § 47 Abs. 1 Satz 2 LBO BW; § 61 Abs. 2 BauO NW.
[38] Vgl. oben C.II.

Zwischenergebnis: Bei der hier zunächst angestellten isolierten Betrachtung allein des Komplexes „Bowlingbahn" lässt sich die Aufhebung als rechtmäßig und insbesondere als noch verhältnismäßig ansehen. Dies steht aber unter dem Vorbehalt, dass sich die Aufhebung der *gesamten* Genehmigung insoweit, als der Flugsimulator mitbetroffen ist, auf eigenständige Aufhebungsgründe stützen kann. Ist dies nicht der Fall, erweist sich die Aufhebung als unverhältnismäßig (genauer: als ihrem Umfang nach nicht erforderlich).

4. Missbrauch des Flugsimulators

Nachdem bis zum Abschluss des Widerspruchsverfahrens keine eigenständigen Gründe für eine Aufhebung der Nutzungsgenehmigung auch im Hinblick auf den Flugsimulator bestanden, wird es entscheidend darauf ankommen, ob die Behörde sich auf die erstmals im verwaltungsgerichtlichen Verfahren vorgetragene Störung der öffentlichen Ordnung durch den Betrieb des Flugsimulators berufen kann. Das setzt zunächst voraus, dass sie mit diesem Sachvortrag überhaupt noch gehört wird und es für die gerichtliche Entscheidung über das Vorliegen von Widerrufsgründen auf den Zeitpunkt der letzten mündlichen Verhandlung (und nicht etwa schon auf den Abschluss des eigentlichen Verwaltungsverfahrens) ankommt (zu beidem unten a.). Gegebenenfalls ist weiter zu fragen, ob die Vorgänge um den 11. September (genauer: der Missbrauch des Flugsimulators seither) der Sache nach ein tauglicher Widerrufsgrund sind (unten b.).

a) Nachschieben von Gründen hier möglich?

Fraglich ist also, ob die Landeshauptstadt München mit ihrem Vortrag zur Störung der öffentlichen Sicherheit und Ordnung durch den Flugsimulator noch gehört werden kann. Denn dieses Argument zur Stützung ihrer Ermessensentscheidung hat sie erst im gerichtlichen Verfahren vorgebracht. Für die Frage, ob und inwieweit Gründe für den Erlass eines Ermessensverwaltungsakts noch vor dem Verwaltungsgericht mit Heilungswirkung, d.h. materiellrechtlicher Beachtlichkeit nachgeschoben werden können, sind prozessrechtliche und sachlich-rechtliche (formelle, materielle) Vorgaben zu beachten.

aa) Prozessrechtliche Zulässigkeit

Zum Verständnis: Das Nachschieben von Gründen bei Anfechtungs- und Verpflichtungsklage: Unproblematisch ist das Nachschieben von Gründen im Widerspruchsverfahren (arg. § 79 Abs. 1 Nr. 1 VwGO). Unter welchen Voraussetzungen das Nachschieben von Gründen bei Anfechtungs- und Verpflichtungsklage allgemein zulässig ist, haben Rechtsprechung und Literatur zu § 113 VwGO herausgearbeitet[39]. Die Rechtsprechung benutzt für **gebundene Verwaltungsakte** traditionell folgende Formel: Das Nachschieben von Gründen ist nur zulässig, wenn (1) der VA nicht in seinem Wesen verändert wird und (2) die Rechtsverteidigung des Klägers nicht beeinträchtigt wird.

(1) Der Begriff der **„Wesensveränderung"** lässt sich kaum konkretisieren. Teilweise wird vorgeschlagen, die Identität des Streitgegenstands zum entscheidenden Kriterium zu machen. Danach liegt eine Wesensveränderung vor, wenn durch das Nachschieben von Gründen ein VA mit einem anderen Regelungsgegenstand entsteht[40]. Dies soll jedenfalls dann zu bejahen sein, wenn sich der VA nunmehr auf einen anderen Sachverhalt stützt und für dessen rechtliche Würdigung – ganz oder teilweise – andere Normen einschlägig sind. Das setzt nicht voraus, dass sich die Befugnisnorm ändert. Eine Wesensänderung kann auch dann vorliegen, wenn zwar nach wie vor ein und dieselbe Befugnisnorm angewendet wird, diese Befugnisnorm aber nicht abschließend ist, sondern (wie z.B. die polizeiliche Generalklausel mit dem Begriff der „öffentlichen Ordnung") auf unterschiedliche andere Normen verweist. Wenn in diesem Falle die Befugnisnorm für den neuen Sachverhalt auf eine andere „Sekundärnorm" verweist als für den alten Sachverhalt, liegt also ebenfalls eine Wesensänderung vor.

---

[39] Leitentscheidung: BVerwGE 39, 191 (195); vgl. allgemein *Kopp/Schenke*, VwGO, § 113 Rn. 63 ff.
[40] *BVerwG* NVwZ 1993, 976; *Kopp/Schenke*, VwGO, § 113 Rn. 65.

Beispiel: Gewerbeuntersagung, die erst mit sicherheitsrechtlichen Bedenken, dann mit einer vollendeten Steuerhinterziehung begründet wird[41]. Hier stützt sich die Behörde nach wie vor auf dieselbe Befugnisnorm (GewO); diese verweist wegen der nachgeschobenen Gründe nunmehr aber auf das Steuerrecht, nicht mehr auf das Sicherheitsrecht. Daher liegt eine Wesensänderung vor; die Verwaltung wird also mit den nachgeschobenen Gründen vor Gericht von vornherein nicht gehört.

Eine Änderung der rechtlichen Grundlagen (einschließlich einer Änderung der Befugnisnorm selbst) genügt aber für sich genommen nicht, wenn der zugrundeliegende Sachverhalt identisch bleibt oder große Überschneidungen aufweist.

Beispiel: Ein Gebührenbescheid wird zunächst auf Normen des Straßenbaubeitragsrechts, dann auf das Erschließungsrecht gestützt[42].

(2) Ob das zweite Kriterium (**keine Beeinträchtigung der Rechtsverteidigung des Bürgers**) auch unter Geltung des – noch relativ jungen – § 114 Satz 2 VwGO aufrechtzuerhalten ist, erscheint als zweifelhaft. Denn jedes Nachschieben von Gründen führt dazu, dass der Kläger mit seiner zunächst begründeten Klage nun scheitert. Immerhin wird man die ursprüngliche Begründetheit der Klage im Rahmen der Kostenentscheidung berücksichtigen müssen: Abweichend vom formalen Erfolgsprinzip im Gerichtskostenrecht (§ 154 Abs. 1 VwGO) sind im Falle des § 114 Satz 2 VwGO der Behörde gemäß §§ 155 Abs. 5 bzw. 156 VwGO die Kosten aufzuerlegen.

Da es sich vorliegend bei dem Widerruf um einen **Ermessensverwaltungsakt** handelt, kommt es aber auf diese allgemeinen paragesetzlichen Maßstäbe an sich nicht an, da § 114 Satz 2 VwGO eine ausdrückliche gesetzliche Regelung enthält[43]. Das Nachschieben von Gründen wäre vielmehr prozessrechtlich dann und nur dann zulässig, wenn ein Fall des § 114 Satz 2 VwGO vorläge.

Zur Vertiefung: In Rechtsprechung[44] und Literatur wurde und wird hier teilweise erörtert, ob/wann im Nachschieben von Gründen eine Auswechslung des angegriffenen Verwaltungsakts oder seines Regelungsgehalts oder zumindest eine sonstige Änderung des Streitgegenstands (Bezug zu einem konkreten Sachverhalt) zu erblicken sein könnte, sodass eine Klageänderung erforderlich wäre. Diese Frage kann aber dahinstehen. Denn die allgemeinen Anforderungen, die § 91 VwGO an die Klageänderung stellt, werden jedenfalls durch die Spezialvorschrift des § 114 Satz 2 VwGO verdrängt.

Diese Vorschrift ist nur scheinbar weit gefasst. Als entscheidende Einschränkung dient das Tatbestandsmerkmal „ergänzen". Es stellt zunächst klar, dass § 114 Satz 2 VwGO keine Handhabe gegen eine erstmalige Einführung von Ermessenserwägungen bietet, wenn im außergerichtlichen Verfahren noch keinerlei Ermessenserwägungen angestellt worden sind[45]. § 114 Satz 2 VwGO schafft die prozessualen Voraussetzungen lediglich dafür, dass defizitäre Ermessenserwägungen ergänzt werden, nicht hingegen, dass das Ermessen erstmals ausgeübt oder die Gründe einer Ermessensausübung ausgewechselt (ersetzt) werden[46].

Umstritten – und kaum allgemein zu beantworten – ist die Frage, inwieweit das Tatbestandsmerkmal „ergänzt" darüber hinausgehende Beschränkungen enthält. Teilweise wird – wie bei gebunden Verwaltungsakten; vgl. die o. g. allgemeinen Ausführungen § 113 VwGO – die Auffassung vertreten, ein Nachschieben von Gründen sei auch dann nicht mehr möglich, wenn „wesentliche Teile der Ermessenserwägungen ausgetauscht oder erst nachträglich nachgeschoben wurden"[47].

---

[41] *Kopp/Schenke*, VwGO, § 113 Rn. 66.

[42] *BVerwG* BayVBl. 1993, 758; *Kopp/Schenke*, VwGO, § 113 Rn. 67.

[43] Vgl. *Kopp/Schenke*, VwGO, § 113 Rn. 69.

[44] BVerwGE 85, 161. Die Entscheidung ist vor Einführung des § 114 Satz 2 VwGO durch das 6. VwGO-Änderungsgesetz aus dem Jahr 1996 ergangen. Die Gesetzesänderung ist letztlich auf diese Entscheidung zurückzuführen.

[45] *BVerwG* NJW 1999, 2912 ff.; ebenso VG Berlin v. 12. 1. 2000, 1 A 295.98.

[46] *BVerwG* NJW 1999, 2912 ff.

[47] *Kopp/Schenke*, VwGO, § 114 Rn. 50 m. w. N.

Im vorliegenden Fall lassen sich Bedenken gegen die prozessrechtliche Zulässigkeit des Nachschiebens des Sachvortrags zum Flugsimulator aus zwei unterschiedlichen Perspektiven begründen. Erstens könnte man – entsprechend dem hier gewählten Vorgehen – die beiden Sachverhaltskomplexe isoliert voneinander betrachten und im Hinblick auf den Sachverhaltskomplex „Flugsimulator" feststellen, dass im behördlichen Verfahren noch keinerlei Gründe vorgetragen waren. Die nachgeschobenen Gründe sind daher insoweit keine *Ergänzung* (§ 114 Satz 2 VwGO), sondern das erstmalige Anführen von Gründen. Sie wären danach unbeachtlich.

Zum andern könnte man die Frage, ob bereits Gründe vorgetragen waren, im Hinblick auf die Regelung des VA einheitlich betrachten (also nicht nach Sachverhaltskomplexen getrennt). Dann liegt zwar eine Begründung vor, so dass ein „Ergänzen" an sich möglich ist. Hier ließe sich dann aber die obige Formel aktivieren, wonach der neue Sachvortrag auf dem bisherigen aufbauen muss und keine gänzlich neue, d. h. sachlich, räumlich und im Hinblick auf das Schutzgut ganz anders gelagerte Gefahr in die Prüfung einführen darf. Genau das ist hier aber geschehen. Die Umstände rund um den Flugsimulator haben keinerlei Bedeutung für den Erschütterungsschutz i. S. d. Art. 13 Abs. 3 BayBO[48]. Die von der Bowlingbahn ausgehenden Gefahren betreffen die körperliche Unversehrtheit, begründen also eine Rechtsverletzung und fallen damit in den Bereich der öffentlichen Sicherheit. Demgegenüber betrifft die beanstandete Nutzung des Flugsimulators im Schwerpunkt die öffentliche Ordnung. Es handelt sich also um zwei qualitativ unterschiedliche Gefahren, nicht bloß um die Erhöhung einer schon bestehenden Gefahr. Insofern stellt sich die nachgeschobene Begründung gegenüber der Erstbegründung als echtes *aliud* dar. Dieser neue Sachvortrag ist ein **„wesentlicher Teil"** i. S. d. obigen Formel, mithin mehr als eine bloße „Ergänzung".

> **Zur Vertiefung:** Ähnlich wie in den oben angesprochenen Beispielen zum Nachschieben von Gründen bei gebundenen Verwaltungsakten im Rahmen von § 113 VwGO wird man auch hier eine wertende und abwägende Betrachtung anstellen müssen. Danach ist insbesondere von Bedeutung, ob die neu vorgetragenen Umstände die Anwendung derselben gesetzlichen Eingriffstatbestände tragen, die von Anfang an herangezogen wurden (dann tendenziell „Ergänzung" i. S. d. § 114 Satz 2 VwGO), oder ob sie die Anwendung neuer Tatbestände begründen (so dass die Grenzen des § 114 Satz 2 VwGO überschritten sind).

Beide Ansätze führen zum selben Ergebnis: Die nachgeschobenen Ermessenserwägungen „11. September" überschreiten die Grenzen des § 114 Satz 2 VwGO und sind damit schon prozessual unbeachtlich. Das Verwaltungsgericht hört sie also gar nicht erst an.

bb) Hilfsgutachten: Materiellrechtliche Zulässigkeit

Wenn man demgegenüber ein Nachschieben dieser Gründe als noch zulässig und damit als wirksam ansieht, müsste man sodann fragen, ob die nachgeschobenen Gründe auch materiellrechtlich beachtlich sind.

> **Zur Vertiefung:** Diese Frage ist nicht schon durch § 114 Satz 2 VwGO entschieden. Hierzu kann die VwGO als Bundesgesetz keine Aussagen enthalten, weil die Gesetzgebungskompetenz für die materiellrechtliche Festsetzung des maßgeblichen Zeitpunkts für die Rechtmäßigkeit einer behördlichen Entscheidung (also eine Frage im Tatbestand von Art. 49 BayVwVfG) beim Landesgesetzgeber liegt. Es gibt keine Anzeichen dafür, dass der Landesgesetzgeber diese materiellrechtliche Frage durch – konkludenten – dynamischen Verweis auf § 114 Satz 2 VwGO beantworten wollte. Insbesondere lässt sich Art. 79 BayVwVfG nicht als Beleg hierfür heranziehen, da diese Regelung allein prozessrechtlichen Charakter hat.

Zweifel hieran ergeben sich deshalb, weil die nachträglich von der Behörde angegebenen Gründe beim Erlass des Verwaltungsakts noch nicht vorlagen. Denn der Ansturm auf den Flugsimulator hat erst nach

---

[48]   § 14 Abs. 1 LBO BW; § 18 Abs. 3 BauO NW.

dem 11. September 2001 begonnen. Zu diesem Zeitpunkt war der angegriffene Widerruf aber längst erlassen; auch das Widerspruchsverfahren war bereits abgeschlossen.

Es kommt somit auf zwei Fragen an: (1) Kann ein ursprünglich rechtswidrig erlassener VA durch eine nachträgliche Änderung der Sachlage noch rechtmäßig werden? Wenn ja: (2) Welcher Zeitpunkt ist maßgeblich für die Frage, ob der angegriffene Verwaltungsakt „rechtswidrig" i. S. d. § 113 Abs. 1 VwGO ist?

(1) Rechtmäßigwerden eines ursprünglich rechtswidrigen VA durch Änderung der Sachlage

Dass ein ursprünglich rechtmäßiger Verwaltungsakt mit Dauerwirkung durch Änderung der Sach- oder Rechtslage nachträglich materiell rechtswidrig werden kann[49], ist anerkannt (vgl. oben 1.b.)[50]. Ebenso ist anerkannt, dass ein VA mit Dauerwirkung, der ursprünglich rechtswidrig war, weil es an einer wirksamen gesetzlichen Befugnisnorm fehlte, durch rückwirkenden Erlass einer solchen Befugnisnorm nachträglich (sogar ex tunc) rechtmäßig werden kann[51]. Angesichts dessen spricht nichts dagegen, auch den letzten verbleibenden Fall (Rechtmäßigwerden eines ursprünglich rechtswidrigen VA mit Dauerwirkung durch Änderung der Sachlage) für möglich zu halten.

Zur Vertiefung: Restlos geklärt ist allerdings diese Frage nicht. So benutzt das *BVerwG* gelegentlich die Formel, rechtswidrig sei derjenige VA, der durch unrichtige Anwendung bestehender Rechtssätze zustande gekommen ist. Wenn diese Formel – was näher zu untersuchen wäre – auch eine Aussage zum maßgeblichen Zeitpunkt enthalten soll, so wäre zu folgern, dass es allein auf den Erlasszeitpunkt ankommt. Lag zu diesem Zeitpunkt ein Rechtsverstoß vor, so wäre der VA ein für allemal als rechtswidrig anzusehen.

---

(2) Maßgeblicher Zeitpunkt für die Beurteilung der Rechtswidrigkeit i. S. d. § 113 Abs. 1 VwGO

Sehr fraglich ist aber, ob ein zeitlich hinter dem Erlass des angegriffenen Verwaltungsaktes und des Widerspruchsbescheids liegendes Ereignis noch ein tauglicher Anknüpfungspunkt für die Beurteilung der Rechtswidrigkeit im Rahmen einer Anfechtungsklage sein kann. Grundsätzlich gilt: Maßgebend für die gerichtliche Beurteilung der Rechtmäßigkeit des angegriffenen Verwaltungsakts ist die Sach- und Rechtslage im Zeitpunkt der Widerspruchsentscheidung.

Das *OVG Berlin* hat zwar angedeutet, dass im Falle des § 114 Satz 2 VwGO (der nach dem oben Gesagten hier allerdings nicht eingreift) auch Umstände in Betracht gezogen werden dürfen, die erst nach dem Erlass des Widerspruchsbescheides eingetreten sind[52]. Diese Entscheidung betraf aber einen besonderen Einzelfall, der nicht verallgemeinert werden kann.

Das *BVerwG*[53] und das Sächsische Oberverwaltungsgericht[54] bemühen sich demgegenüber um ein strenges Festhalten an dem Grundsatz, dass für die Beurteilung der Begründetheit der Anfechtungsklage stets die Verhältnisse im Zeitpunkt der letzten Behördenentscheidung (regelmäßig: der Widerspruchsentscheidung) maßgebend sind. Dies gelte auch dann, wenn von der Möglichkeit des § 114 Satz 2 VwGO Gebrauch gemacht worden ist. Demnach bleibt unbeachtlich, dass die Behörde heute einen VA mit gleichem Regelungshalt (und richtiger Begründung) erlassen könnte. Das bedeute, dass „später entstandene oder bekanntgewordene Erkenntnisse über die zu dem maßgeblichen Zeitpunkt bestehende Sachlage zu berücksichtigen sind, nicht aber, dass die von der Behörde getroffene Prognose durch später eingetretene Tatsachen gerechtfertigt oder widerlegt werden kann; die Entwicklung nach dem maßgebenden Zeitpunkt muss also als solche unberücksichtigt bleiben"[55].

---

[49] Anders für die formelle Rechtmäßigkeit: Für sie kommt es auch bei den VAen mit Dauerwirkung immer nur auf den Erlasszeitpunkt an. Vgl. *Maurer*, Allgemeines Verwaltungsrecht, § 10 Rn. 3.

[50] Statt vieler *Maurer*, Allgemeines Verwaltungsrecht, § 10 Rn. 3.

[51] Ebenso auch *BVerwG* NVwZ-RR 1996, 628, für den Fall einer Nachbaranfechtungsklage: Die Nachbaranfechtungsklage gegen eine ursprünglich rechtswidrige Baugenehmigung sei unbegründet, wenn sich nachträglich die Rechtslage zugunsten des Bauherrn ändere (dolo agit!).

[52] *OVG Berlin* NJ 1999, 219 m. Anm. *Brandner*.

[53] BVerwGE 106, 351 = DVBl. 1998, 1023; *BVerwG* NJW 1999, 2912; ebenso nunmehr *OVG Münster* DÖV 2001, 921 = DVBl. 2001, 1012.

[54] *Sächs. OVG* SächsVBl. 1998, 218–222.

[55] BVerwGE 106, 351 = DVBl. 1998, 1023.

Ausnahmen gelten nur, wenn das Gesetz ausdrücklich eine Heilung vorsieht, die auf die Rechtmäßigkeit des VA durchschlägt; in solchen Ausnahmefällen kommt es auf die prozessuale Zulässigkeit des Nachschiebens von Gründen (oben aa)) nicht mehr an. Im vorliegenden Fall greift keine Heilungsvorschrift ein. Insbesondere liegen die Voraussetzungen des Art. 45 BayVwVfG nicht vor, da diese Heilungsvorschrift nur *formelle* Fehler in der Begründung (insbesondere das völlige Fehlen einer Begründung) heilen kann, nicht aber die *inhaltliche* Unrichtigkeit einer gegebenen Begründung.

Folgt man der Auffassung des *BVerwG*, so können die Ereignisse um den 11. September 2001 und ihre Bedeutung für den Missbrauch des Flugsimulators hier nichts mehr an der ursprünglichen Rechtswidrigkeit des angegriffenen Widerrufs ändern.

b) Widerrufsgrund gem. Art. 49 Abs. 2 Nr. 3 BayVwVfG

Nur äußerst hilfsweise ist daher weiterzuprüfen, ob die als missbräuchlich angesehene Nutzung des Flugsimulators in der Sache einen Widerrufsgrund i. S. d. Art. 49 Abs. 2 Nr. 3 BayVwVfG bildet.

aa) Neue Tatsachen

Die besondere Attraktivität des Flugsimulators nach dem 11. September 2001, aber auch der Umstand, dass seine Benutzung heute besonders makaber und das Leid verharmlosend wirkt, war bei Erlass des Ausgangsbescheids 1994 noch nicht erkennbar. Damit handelt es sich um neue Tatsachen i. S. d. Art. 49 Abs. 2 Nr. 3 BayVwVfG.

bb) VA müsste nicht erneut erlassen werden

Da es sich bei der Genehmigung zur Änderung der baulichen Nutzung – wie auch bei der umfassenden Baugenehmigung – um einen gebundenen VA handelt, sind die Voraussetzungen des Art. 49 Abs. 2 Nr. 3 BayVwVfG wiederum nur dann erfüllt, wenn ein erneuter Erlass der Genehmigung rechtswidrig wäre (zum Prüfungsmaßstab vgl. wiederum oben 3.b.).

In Betracht kommt hier ein Verstoß gegen Art. 3 Abs. 1 i. V. m. Abs. 3 BayBO[56]. Allerdings ist nicht ersichtlich, dass der Betrieb des Flugsimulators rechtswidrig ist. Damit scheidet eine Verletzung der öffentlichen Sicherheit aus.

Denkbar ist nach dem Sachverhalt aber eine **Störung der öffentlichen Ordnung**. Der Begriff der öffentlichen Ordnung, der in Art. 13 Abs. 7 GG und Art. 35 Abs. 2 Satz 1 GG seine verfassungsrechtliche Anerkennung gefunden hat, umfasst die Gesamtheit jener ungeschriebenen Regeln für das Verhalten des Einzelnen in der Öffentlichkeit, deren Beobachtung nach den jeweils herrschenden Anschauungen als unerlässliche Voraussetzung eines geordneten Zusammenlebens betrachtet wird[57].

Die „jeweils herrschenden Anschauungen" sind keine rein demographisch-deskriptiv feststellbare Größe. Als unbestimmter Rechtsbegriff verweist dieser Ausdruck auch auf die Rechtsordnung. Insofern lässt sich verkürzt sagen, dass die jeweils herrschenden Anschauungen auch durch die Wertmaßstäbe des Grundgesetzes geprägt werden[58]. Im vorliegenden Zusammenhang sind dies die Menschenwürde (Art. 1 Abs. 1 GG), das Recht auf Leben und körperliche Unversehrtheit (Art. 2 Abs. 2 Satz 1 GG) und das im Begriff des modernen Staates enthaltene staatliche Gewaltmonopol (vgl. Art. 20 GG). Die grundrechtlichen Wertmaßstäbe beeinflussen insbesondere die polizeilichen „Generalklauseln", die – wie Art. 3 Abs. 1 BayBO, aber auch Art. 6 LStVG, Art. 2 Abs. 1 PAG[59] – mit dem Tatbestandsmerkmal „öffentliche Ordnung" zur Beurteilung menschlichen Verhaltens auf außerrechtliche Maßstäbe verweisen. Denn bei der Entscheidung darüber, was diese sozialen Gebote jeweils im Einzelfall fordern, muss in erster Linie von der Gesamtheit der Wertvorstellungen ausgegangen werden, die die Gesellschaft in einem bestimmten Zeitpunkt ihrer geistig-kulturellen Entwicklung erreicht und in ihrer Verfassung fixiert hat. Die geschichtlich wandelbaren Anschauungen davon, was als maßgebliche unerlässliche Ordnungsvoraussetzungen in der Rechtsgemeinschaft anzusehen ist, werden auch durch rechtliche Gebote und Verbote beeinflusst. Der Rechtsgehalt der Grundrechte entfaltet sich daher mittelbar durch die

---

[56] § 3 Abs. 1 LBO BW; § 3 Abs. 1 i. V. m. Abs. 4 BauO NW.

[57] *OVG Münster* DÖV 2001, 217–218; *Franßen*, in: FG aus Anlass des 25-jährigen Bestehens des BVerwG, 1978, S. 201 (206); *Drews/Wacke/Vogel/Martens*, Gefahrenabwehr, S. 245.

[58] Hierzu und zum folgenden *OVG Münster* DÖV 2001, 217 f.

[59] Aus dem Recht anderer Bundesländer exemplarisch: §§ 1 Abs. 1, 3 PolG BW; § 11 HSOG; § 14 Abs. 1 OBG NW; vgl. im Übrigen die Nachweise in Fall 14, Fn. 27.

ordnungsrechtliche Generalklausel der „öffentlichen Ordnung"[60]. Menschenwürde und grundrechtliche Freiheiten sind mithin konstituierende Bestandteile der öffentlichen Ordnung.

Den sich so ergebenden Regeln für ein geordnetes Gemeinschaftsleben widerspricht die Nutzung des Flugsimulators zum Zweck eines spielerischen Tötens von Menschen. Mit dem Menschenbild des Grundgesetzes, insbesondere mit der in Art. 1 Abs. 1 GG normierten Unantastbarkeit der Würde des Menschen ist es unvereinbar, die simulierte Tötung von Menschen zum Gegenstand und Ziel eines Unterhaltungsspiels zu machen.

> **Zur Vertiefung:** Hier berührt sich der vorliegende Fall mit der mittlerweile umfangreichen und bis heute die höchstrichterliche Rechtsprechung beschäftigenden Problematik der sog. „Laserdrome", bei denen Mitspieler andere Mitspieler mit Hilfe von Laser- oder Infrarotwaffen einerseits und auf der Kleidung angebrachten Sensoren anderseits „spielerisch töten", und mit den Fällen einer Untersagung der sog. Körperwelten-Ausstellung (kommerzielle Zur-Schau-Stellung plastinierter Leichen)[61].

Im Interesse des Spielerfolgs und der Unterhaltung simulieren die Spieler (Kampf-)Handlungen und entwickeln sie zur Perfektion. Diese Kampfhandlungen wären – wenn sie realiter geschähen – als Verbrechen mit hoher Freiheitsstrafe bedroht. Das Angebot an einen unbestimmten Kreis von Personen zur Teilnahme an einem Gewalt- und Tötungsspiel ruft die Gefahr hervor, dass ein entsprechendes Verhalten in der Realität entgegen den grundgesetzlichen und strafrechtlichen Wertungen als akzeptabel angesehen und damit ein Abstumpfen gegenüber Gewalt- und Tötungshandlungen gefördert wird. Es besteht die Gefahr, dass der im Spiel erlebte und kultivierte Macht- und Lustgewinn durch „Tötungshandlungen" Tabugrenzen in diesem Bereich verschiebt und Grenzüberschreitungen vorbereitet[62]. Mithin liegt ein Verstoß gegen die öffentliche Ordnung vor. Daher dürfte der aufgehobene Verwaltungsakt nach Art. 3 Abs. 1 i.V.m. Abs. 3 BayBO heute nicht mehr erlassen werden. Darin liegt ein tauglicher Widerrufsgrund nach Art. 49 Abs. 2 Nr. 3 BayVwVfG.

c) Vereinbarkeit mit Art. 12 Abs. 1 GG

Die Formulierung und Auslegung des Art. 3 Abs. 1 i.V.m. Abs. 3 BayBO[63] steht auch mit höherrangigem Recht in Einklang. Zwar schränkt sie die Berufsfreiheit der Art. 12 Abs. 1 GG, Art. 166 Abs. 2 BV (und in anderen Konstellationen auch die Eigentümerfreiheit, Art. 14 Abs. 1 GG, 103 Abs. 1 BV) tatbestandlich ein. Angesichts der objektiv berufsregelnden Tendenz (dogmatische Besonderheit des Art. 12 GG!) liegt auch ein Eingriff vor. Dieser Eingriff ist aber verfassungsrechtlich gerechtfertigt.

> **Zum Aufbau:** Bei entsprechenden Hinweisen im Sachverhalt müsste die Grundrechtsprüfung im Examen natürlich eingehender sein als hier skizziert.

d) Abweichendes Ergebnis durch Einfluss des Europarecht?

Möglicherweise könnte aber das Europäische Gemeinschaftsrecht einer Anwendung des innerstaatlichen Rechts im vorliegenden Fall entgegenstehen. Hier kommt insbesondere ein Verstoß gegen Grundfreiheiten des EGV in Betracht. Da es sich bei G um einen Selbstständigen handelt, ist an die Niederlassungsfreiheit (Art. 43 EGV) zu denken.

aa) Grenzüberschreitender Bezug

Da G in Österreich ansässig ist und von dort aus ein Unternehmen in Deutschland betreibt, weist der Sachverhalt den erforderlichen grenzüberschreitenden, den Binnenmarkt (Art. 3 Abs. 1 lit. c EGV) be-

---

[60] BVerfGE 7, 198 (206, 215) – Lüth.

[61] Zu dieser sehr examensrelevanten Problematik, auch in ihren Bezügen zu Art. 49 EG, *EuGH*, Urt. v. 14. 10. 2004, Rs. C-36/02 – Omega (hierzu s. unten d)); vorangegangen *BVerwG*, NVwZ 2002, 598 und *OVG Münster*, DÖV 2001, 217; s. auch *BVerwG* GewArch 2007, 247; ferner *OVG Münster*, NVwZ 2000, 1069; *OVG Münster*, DÖV 1995, 1004; und *VG Dresden* v. 26. 1. 2007, 14 K 2097/03 (juris). – Zum Fall „Körperwelten" *VGH München* NVwZ 2003, 1283 = JuS 2003, 1135; Rossen-Stadtfeld, JA 2004, 383; *Finger/Müller*, NJW 2004, 1073. (Fundstelle Omega, EuZW 2004, 753)

[62] *OVG Münster* DÖV 2001, 217f.

[63] § 3 Abs. 1 LBO BW; § 3 Abs. 1 BauO NW.

rührenden Bezug auf. Nach neuester Rechtsprechung des EuGH hätte es sogar ausgereicht, wenn G in Deutschland ansässig gewesen wäre und lediglich seine Geschäftsausstattung von einem EU-Ausländer angemietet hätte.[64]

bb) Anwendbare Grundfreiheit

Vorliegend kommt eine Anwendung der Bestimmungen über die Niederlassungsfreiheit (Art. 43 ff. EGV), subsidiär möglicherweise auch der Vorschriften über die Dienstleistungsfreiheit (Art. 49 ff. EGV) in Betracht. Da Einschränkungen der Dienstleistungsfreiheit aber keinen strengeren Anforderungen unterliegen als Einschränkungen der Niederlassungsfreiheit, dürfte im vorliegenden Fall eine Prüfung der Niederlassungsfreiheit genügen[65].

cc) Funktionsmodus als Diskriminierungs- oder Beschränkungsverbot

Allerdings liegt in der vorliegenden Maßnahme keine spezifische Diskriminierung von EG-Ausländern oder Gebietsfremden. Vielmehr würde eine ähnliche Maßnahme ebenso gegenüber einem in Deutschland ansässigen deutschen Betreiber ergehen.

Es ist aber anerkannt, dass sich die Grundfreiheiten – auch die Niederlassungsfreiheit – in diesem gleichheitsrechtlichen Garantiegehalt nicht erschöpfen. Vielmehr erfassen sie grundsätzlich auch unterschiedslos anwendbare nationale Maßnahmen, wenn sich diese als sog. **Beschränkungen** der Niederlassungsfreiheit darstellen.

Eine tatbestandliche Beschränkung ist aber (ebenso wie eine tatbestandliche Ungleichbehandlung) ausnahmsweise zulässig, wenn sie durch zwingende Gründe des Allgemeininteresses gerechtfertigt ist. Hier kommt es in der Sache zu einer Verhältnismäßigkeitsprüfung (legitimer Rechtfertigungsgrund, Eignung, Erforderlichkeit, Angemessenheit).

Die Voraussetzungen für eine Rechtfertigung sind hier gegeben. Das Verbot soll nämlich verhindern, dass die durch die Wertmaßstäbe des Grundgesetzes geprägten unerlässlichen Ordnungsvoraussetzungen missachtet und simulierte Tötungshandlungen zum Gegenstand eines öffentlich veranstalteten Unterhaltungsspiels werden. Es soll der Gefahr begegnet werden, dass durch das realistische „spielerische Töten" von Menschen Hemmungen im Bereich von Gewalt- und Tötungsdelikten abgebaut und Tabus gebrochen werden. Das Verbot dient damit auch dem vorbeugenden Schutz gegen Gewaltdelikte und gehört zu den Anliegen der Sozialpolitik und Verbrechensbekämpfung, die vom Europäischen Gerichtshof als zwingende Gründe des Allgemeininteresses angesehen werden[66].

Die Untersagung des in Rede stehenden Flugsimulators ist geeignet, der aufgezeigten Gefahr zu begegnen. Eine weniger einschneidende Maßnahme mit gleicher Wirksamkeit ist nicht erkennbar. Die Maßnahme ist auch nicht unverhältnismäßig. Damit scheidet im Ergebnis eine Unanwendbarkeit der innerstaatlichen Normen wegen des Anwendungsvorrangs der Niederlassungsfreiheit aus.

V. Rechtsfehlerfreie Ermessensausübung

1. Ermessensausfall

Allerdings liegt die Aufhebung von VAen grundsätzlich im Ermessen der Behörde. Vorliegend könnte es aber zu einem Ermessensausfall gekommen sein: Die Landeshauptstadt München hat in der Begründung des Bescheides vorgetragen, man sehe sich zur Aufhebung der Nutzungsgenehmigung verpflichtet.

Ein Ermessensausfall führt an sich zur Rechtswidrigkeit des angegriffenen Bescheides; entsprechend § 114 Satz 1 VwGO kann darauf die Anfechtungsklage gestützt werden[67]. Etwas anderes gälte aber dann, wenn der Ermessensspielraum der Behörde hier – ausnahmsweise – auf null reduziert war. Das wäre jedenfalls dann zu bejahen, wenn der K-KG ein Anspruch auf bauaufsichtsrechtliches Einschreiten zugestanden hätte.

---

[64] *EuGH*, Urteil v. 14. 10. 2004 (oben Fn. 62) – Omega.

[65] Vgl. zur Subsidiarität der Dienstleistungsfreiheit EuGH Slg. 1995, I-4165 (4194; insbes. Tz. 22). Zur Übereinstimmung der Maßstäbe vgl. *Lenz/Borchard* (Hrsg.), EG-Vertrag, Kommentar, 4. Aufl., 2006, Art. 43, Rn. 11.

[66] Vgl. *EuGH* Slg. 1994, I-1039, 1096 f. (Tz. 57 ff.); Slg. 1997, I-6067, 6116 f. (Tz. 31 ff.); sowie zuletzt das Urt. v. 14. 10. 2004 (oben Fn. 62).

[67] *Kopp/Schenke*, VwGO, § 114 Rn. 14.

2. Anspruch auf bauaufsichtsrechtliches Einschreiten

Ein Anspruch auf bauaufsichtliches Einschreiten gegen G gem. Art. 82 Satz 2 BayBO[68] im Wege einer Nutzungsuntersagung setzt voraus, dass die beanstandete Bebauung oder ihre Nutzung mit öffentlich-rechtlichen Vorschriften nicht vereinbar ist (unten a.), der Nachbar hierdurch in seinen Rechten verletzt wird (unten b.) und keine andere Entscheidung rechtmäßig wäre (unten c.)[69].

a) Baurechtswidrigkeit
Nach dem oben (C.IV.3.b.) Gesagten ist der Betrieb der Bowlingbahn heute materiell baurechtswidrig.

b) Rechtsverletzung der K-KG
Die K-KG ist durch die andauernde Benutzung der Bowlingbahn zwar nicht selber in ihrer körperlichen Integrität beeinträchtigt. Sie ist aber in ihrem Recht am eingerichteten und ausgeübten Gewerbebetrieb verletzt.

c) Ermessensreduzierung auf Null
Hinzukommen muss, dass das der Bauaufsichtsbehörde gem. Art. 76 Satz 2 BayBO[70] eingeräumte Ermessen derart eingeschränkt ist, dass nur ein Einschreiten im begehrten Sinne ermessensfehlerfrei wäre. Nach dem im Baurecht geltenden Opportunitätsprinzip steht es grundsätzlich im pflichtgemäßen Ermessen der Bauaufsichtsbehörde, ob sie im Rahmen ihrer Zuständigkeit gegen baurechtswidrige Zustände vorgehen will oder nicht. Dies gilt grundsätzlich auch dann, wenn nachbarschützendes Recht verletzt ist.

Nur in Ausnahmefällen verdichtet sich das Eingriffsermessen zu einer behördlichen Pflicht (mit der Folge, dass ein Anspruch des Dritten gegen die Behörde auf Einschreiten gegen den baurechtswidrigen Zustand entsteht). Für die im gerichtlichen Verfahren allein überprüfbare Ermessenausübung sind – neben anderen Umständen des Einzelfalls – das Ausmaß und die Schwere der Störung, der Gefährdung des Nachbarn und des Eingriffs in seine Rechte von Bedeutung. Insbesondere kann sich aus der Verletzung oder Gefährdung von Leben oder Gesundheit von Menschen, ausnahmsweise aber auch von bedeutenden Sachwerten ein Anspruch auf Einschreiten ergeben[71]. Eine derartige Fallkonstellation liegt hier vor.

Zwischenergebnis: Damit war das Ermessen der Landeshauptstadt München auf null reduziert, so dass sie in der Tat zum Einschreiten verpflichtet war. Mithin liegt hier kein rechtswidriger Ermessensausfall und kein sonstiger Ermessensfehler vor.

Ergebnis zum Hilfsgutachten: Der Aufhebungsbescheid wäre nach dieser Lösung als Widerruf rechtmäßig gewesen. Die zulässige Klage des G hätte mithin in der Sache keinen Erfolg.

VII. Subjektive Rechtsverletzung des G

Als Adressat des begünstigenden Ausgangsbescheides (Nutzungsänderungsgenehmigung von 1994) und des auf diesen bezogenen Widerrufs ist G in seinem subjektiven Recht aus Art. 68 Abs. 1 BayBO auf Erteilung und Bestand einer Baugenehmigung verletzt, soweit das materielle Recht reicht.

Ergebnis: Da das Nachschieben von Gründen (Flugsimulator) unwirksam war und die von der Bowlingbahn ausgehenden Gefahren den vollumfänglichen Widerruf der Genehmigung nicht tragen, ist bereits der Hauptantrag des G (Anfechtungsklage) zulässig und begründet.

---

[68] § 65 Satz 2 LBO BW; § 89 Abs. 1 Satz 1 NBauO; § 61 Abs. 1 Satz 2 BauO NW.
[69] Hierzu vgl. *Dietlein*, DVBl. 1991, 685 ff.
[70] § 65 Satz 2 LBO BW; § 89 Abs. 1 Satz 1 NBauO; § 61 Abs. 1 Satz 2 BauO NW.
[71] Zu den Voraussetzungen einer Ermessensreduzierung auf null vgl. auch die restriktive Entscheidung des BVerwG BayVBl. 1997, 23.

Rechtsprechungsvorlagen: BVerwG DVBl. 2001, 599 ff.; *BVerwG*, NVwZ 2002, 598 = DÖV 2002, 479; *BVerwG* GewArch 2007, 247; *OVG Münster*, DÖV 2001, 217 = NWVBl. 2001, 94; *OVG Münster*, NVwZ 2000, 1069 = DVBl. 2000, 1075; *OVG Münster*, DÖV 1995, 1004; *OVG Koblenz*, NVwZ-RR 1995, 30; *VGH München*, NVwZ-RR 1995, 32; EuGH, Urt. v. 14. 10. 2004, Rs. C-36/02 – *Omega.*

Leseempfehlungen: **zu § 114 VwGO:** *Dolderer,* Die neu eingeführte „Ergänzung von Ermessenserwägungen" im Verwaltungsprozeß, DÖV 1999, 104 ff.; und *W.-R. Schenke,* Das Nachschieben von Gründen nach dem 6. VwGO-Änderungsgesetz, VerwArch 1999, 232 ff.; **zum Einfluss des Europäischen Gemeinschaftsrechts auf das Wirtschaftsverwaltungsrecht exemplarisch:** *Schönberger,* Rechtsberatungsgesetz und Berufsfreiheit, NJW 2003, 249 ff.; **zum Problem menschenunwürdiger Freizeitangebote:** *Ch. Gröpl/C. Brandt,* „Tötungsspiele" und öffentlich-rechtliche Möglichkeiten zu ihrer Verhinderung, VerwArch 2004, 223 ff.

Fall 11: Open-Air-Konzert *(Seidel)*

Sachverhalt

In der Bayerischen Stadt Wutstock (W) finden in jedem Sommer mehrere „Open-Air-Konzerte" statt. In den letzten Jahren sind im Zusammenhang mit den Musikveranstaltungen (und zwar auf dem Konzertplatz selbst wie auch auf den nahe gelegenen Zelt- und Parkplätzen) wiederholt Verstöße von Besuchern gegen das Betäubungsmittelgesetz festgestellt worden. Beim letzten Polizeieinsatz sind bei 30 Personen insgesamt 100 g Haschisch, 50 g Marihuana, 10 g Speed, 40 Ecstasy-Tabletten, 10 Einwegspritzen (eine davon aufgezogen) und eine Haschischmühle sichergestellt worden. Als die Polizei an einem Samstagnachmittag im September – die allgemeinen Sicherheitsbehörden sind nicht mehr besetzt und haben auch keinen Bereitschaftsdienst eingerichtet – von einer Musikveranstaltung am selben Abend erfährt, richtet sie an strategisch günstig gelegenen Zufahrtsstellen in ca. 250 m Entfernung zum eigentlichen Konzertplatz Kontrollstellen ein, um präventiv gegen illegale Drogengeschäfte vorzugehen und zugunsten der überwiegend drogenfreien Zuhörerschaft für einen ordnungsgemäßen Ablauf der Veranstaltung zu sorgen.

Gegen 19.00 Uhr wird Klara Klein (K) auf einem der Zufahrtswege mit ihrem Kraftfahrzeug von der Polizeiobermeisterin Petra Pflichtig (P) angehalten und aufgefordert, sich auszuweisen. Dem kommt K nach. K, die von dem als Angehörigen der Drogenszene bekannten Theo Trip (T) begleitet wird und die aufgrund ihrer unordentlichen Kleidung einen „schlampigen Eindruck" hinterlässt, wird von P an eine etwas abseits gelegene Stelle gebracht und zunächst am bekleideten Körper abgetastet. Des Weiteren unterzieht P auch den Genitalbereich der K einer näheren „visuellen Kontrolle", um eventuell dort versteckte Betäubungsmittel aufzufinden. Die Nachschau hat ein negatives Ergebnis. K wird im Anschluss die Weiterfahrt ermöglicht.

T hingegen, der gegenüber P ohne Umschweife zugibt, auf dem anstehenden Konzert illegale Betäubungsmittel erwerben zu wollen, wird angewiesen, den Konzertort in den nächsten 6 Stunden (der voraussichtlichen Dauer bis zum Ende des Konzerts und der Auflösung der Besuchergruppe) nicht zu betreten. T gibt an, sich dieser Anordnung zu widersetzen. Als er an den Polizeibeamten vorbei zum Konzertgelände schreiten will und nach nochmaliger Aufforderung seitens P erwidert, am Konzert teilnehmen und jedem obrigkeitlichem Unrecht trotzen zu wollen, wird er in einen Dienstwagen gesetzt und auf Anordnung von P nach einer 45-minütigen Fahrt in einen 40 km entfernt gelegenen Außenbezirk mit schlechten Anschlüssen an das öffentliche Verkehrsnetz verbracht, um ihn auf diese Weise am Besuch des Konzerts zu hindern. Der Ort ist so gewählt worden, dass unter Einbeziehung notwendiger Erstorientierung und der Schwierigkeit, geeignete Verkehrsmittel aufzufinden, nicht damit zu rechnen ist, dass T vor Abschluss der Veranstaltung zurückkehren kann.

Vermerk für die Bearbeiter: In einem umfassenden Gutachten sind folgende Fragen zu beantworten:

Teil A: K, die auch in Zukunft Open-Air-Konzerte in Wutstock besuchen möchte, fragt Sie im April des folgenden Jahres nach den Erfolgsaussichten eines verwaltungsgerichtlichen Rechtsbehelfs zur Klärung der Rechtmäßigkeit der ihr gegenüber getroffenen polizeilichen Maßnahmen. Was ist ihr zu antworten?

Teil B: Waren die gegenüber T getroffenen polizeilichen Maßnahmen rechtmäßig?

Lösung

A. Erfolgsaussichten einer verwaltungsgerichtlichen Klage der K

Eine verwaltungsgerichtliche Klage der K hat Aussicht auf Erfolg, wenn diese zulässig und begründet ist.

I. Zulässigkeit

1. Verwaltungsrechtsweg, § 40 Abs. 1 VwGO (Abgrenzung zu § 23 EGGVG)

Die Eröffnung des Verwaltungsrechtswegs nach § 40 Abs. 1 VwGO steht unter dem Vorbehalt einer besonderen Rechtswegzuweisung. Da die Polizei auch auf Ebene der Strafverfolgung agiert und ihr insofern nach der StPO Standardbefugnisse zur Verfügung stehen – vgl. für den vorliegenden Fall etwa §§ 163 b und 163 c StPO (Maßnahmen zur Identitätsfeststellung) sowie § 102 StPO (Durchsuchung des Verdächtigen) –, könnte sich eine abdrängende Sonderzuweisung zugunsten der ordentlichen Gerichte aus § 23 EGGVG ergeben. Der Begriff der Justizbehörde in § 23 Abs. 1 EGGVG ist funktionell zu verstehen. Die Polizei ist hierunter subsumierbar, sofern sie über § 163 StPO im Bereich der Strafrechtspflege agierte.[1] Anderes würde hingegen gelten, wenn die Polizei zur Gefahrenabwehr tätig geworden ist. In diesem Fall richtet sich der Streitgegenstand nach Vorschriften über sog. Standardmaßnahmen des Polizeirechts, maßgeblich nach Art. 13 und 21 PAG. Es läge dann eine öffentlich-rechtliche Streitigkeit nicht verfassungsrechtlicher Art zu Grunde, ohne dass eine gesetzliche Sonderzuweisung einschlägig wäre. Für diesen Fall wäre der Verwaltungsrechtsweg nach § 40 Abs. 1 VwGO eröffnet.

Entscheidend ist damit, ob die Polizei gegenüber K zur Strafverfolgung oder zur Gefahrenabwehr handelte. Ausschlaggebend ist der Gesamteindruck im jeweiligen Einzelfall.[2] Insofern mag die Polizei durch beide Zwecke motiviert gewesen sein, denn wenn anlässlich einer Gefahrenabwehrmaßnahme eine Straftat (z.B. hier ein Drogendelikt) aktenkundig wird, so hat dies regelmäßig auch ein Strafverfahren zur Folge. Bei Mehrdeutigkeit ist in erster Linie auf die Handlungsmotivation der Polizei[3], im Übrigen auf das Schwergewicht der Maßnahme aus der Sicht des handelnden Polizeibeamten abzustellen.[4] Im Fall dienten die polizeilichen Maßnahmen der frühzeitigen Verhinderung und Unterbindung von Drogendelikten auf dem Konzert, um für dessen störungsfreien Ablauf zu sorgen. Nach dem primären Handlungszweck lag damit der Schwerpunkt auf präventiver Gefahrenabwehr und weniger auf repressiver Strafverfolgung. Mithin ist nicht auf § 23 EGGVG, sondern auf § 40 Abs. 1 Satz 1 VwGO abzustellen. Der Verwaltungsrechtsweg ist daher nach § 40 Abs. 1 VwGO, Art. 12 Abs. 1 POG eröffnet.

2. Statthafte Klageart

In Betracht kommt eine Anfechtungsklage, sofern es K um die Kassation eines oder mehrerer belastender Verwaltungsakte i.S.v. § 35 (Bundes-)VwVfG / Art. 35 BayVwVfG geht. Anknüpfungspunkte für eine verwaltungsgerichtliche Kontrolle sind vorliegend das Anhalten und die Personalienfeststellung einerseits sowie die Durchsuchung der K (inklusive der visuellen Kontrolle des Vaginalbereichs) andererseits. Das Anhalten und die Anordnung zur Ausweisung zwecks Identitätsfeststellung erfüllen ohne Weiteres die Merkmale des Art. 35 Satz 1 BayVwVfG bzw. des § 35 (Bundes-)VwVfG. Schwieriger ge-

---

[1] BVerwGE 47, 255 (262); *BayVGH* BayVBl. 1986, 337; *VGH Mannheim* NVwZ-RR 1989, 412 (413).

[2] *BayVGH* BayVBl. 1986, 337; *VGH Mannheim* NVwZ-RR 1989, 412 (413).

[3] *Götz*, JuS 1985, 869 (872).

[4] BVerwGE 47, 255 (262); *BayVGH* BayVBl. 1986, 337; *VGH Mannheim* NVwZ-RR 1989, 412 (413); *Drews/ Wacke/Vogel/Martens*, Gefahrenabwehr, S. 139; *Erichsen*, Jura 1993, 45 (49).

staltet sich die Einordnung der Durchsuchung der K als Verwaltungs- oder Realakt.[5] Nach einer (im Vordringen befindlichen) Ansicht handelt es sich hierbei ausschließlich um einen Realakt.[6] Dem liegt aber tatsächlich eine Duldungsverfügung gegenüber K zugrunde.[7] Auch insofern geht die Durchsuchung selbst Hand in Hand mit einer konkludenten Regelung des Einzelfalls, wonach K die Maßnahme in der Form, in der sie vollzogen wird, zu dulden hat. Allerdings ist die Aufhebung dieser belastenden Verfügungen als Rechtsschutzziel der Anfechtungsklage für K nicht mehr zu erreichen. Die Maßnahmen sind nicht mehr rückgängig zu machen, sie enthalten keine aktuelle Beschwer mehr und sind damit erledigt. Einer Anfechtungsklage fehlt dann das Sachbescheidungsinteresse bzw. das Rechtsschutzbedürfnis, weil ein Kassationsurteil dem Kläger keinen Vorteil mehr bringen würde. Eine Anfechtungsklage wäre damit unzulässig.[8]

K geht es laut Sachverhaltsvorgaben primär darum, klären zu lassen, ob die gegen sie gerichteten Maßnahmen rechtswidrig waren. Als statthafte Klageart kommt daher die in § 113 Abs. 1 Satz 4 VwGO vorausgesetzte Fortsetzungsfeststellungsklage[9] in Betracht. Im vorliegenden Fall ist hinsichtlich § 113 Abs. 1 Satz 4 VwGO von der Grundsituation einer wegen Erledigung des belastenden Verwaltungsakts nunmehr unstatthaften Anfechtungsklage auszugehen.[10] Allerdings besteht im Vergleich zum Wortlaut des § 113 Abs. 1 Satz 4 VwGO die Besonderheit, dass Erledigung schon vor Klageerhebung eingetreten ist, mithin kein Umschwenken von der zunächst zulässigen Anfechtungsklage auf die Fortsetzungsfeststellungsklage im Wege der Klageänderung möglich ist. Aufgrund der Wertungen des Art. 19 Abs. 4 GG ist aber auch in Fällen der anfänglichen Erledigung die Fortsetzungsfeststellungsklage statthaft, § 113 Abs. 1 Satz 4 VwGO gilt hier analog.[11]

> **Zum Verständnis:** Zum Teil wird die Fortsetzungsfeststellungsklage als allgemeine Feststellungsklage i.S.v. § 43 VwGO behandelt.[12] Auf eine herkömmliche Feststellungsklage wäre auch abzustellen, wenn man hinsichtlich der Durchsuchung eine zugrundeliegende Duldungsverfügung verneint, weil dann mangels Verwaltungsakt die Fortsetzungsfeststellungsklage unstatthaft wäre.[13] Im Hinblick auf das erforderliche Feststellungsinteresse gilt nichts anderes als bei der Fortsetzungsfeststellungsklage (s. im Folgenden sub 4.). Der Sache nach ergeben sich also dann keine wesentlichen Unterschiede zu dem hier eingeschlagenen Lösungsweg.

3. Klagebefugnis

§ 42 Abs. 2 VwGO gilt für die Fortsetzungsfeststellungsklage entsprechend.[14] K kann geltend machen, durch die Identitätsfeststellung möglicherweise in ihrem Recht auf informationelle Selbstbestimmung aus Art. 2 Abs. 1 i.V.m. Art. 1 Abs. 1 GG, hinsichtlich der Pflicht zur Vorlage der Ausweispapiere auch

---

[5] Dies ist ein allgemeines Problem bei polizeilichen Standardmaßnahmen, vgl. *Finger*, JuS 2005, 116 (117f.) – dort näher durchleuchtet am Beispiel der Ingewahrsamnahme.

[6] *Finger*, JuS 2005, 116 (117 ff.); *Heckmann*, in: Becker/Heckmann/Kempen/Manssen, Öffentliches Recht in Bayern, 3. Teil, Rn. 81 f., 290 ff. sowie *Drews/Wacke/Vogel/Martens*, Gefahrenabwehr, S. 217 f.

[7] Z. B. *Gornig/Jahn*, Sicherheits- und Polizeirecht, S. 90; vgl. hierzu die Nachweise sowie die Kritik bei *Finger*, JuS 2005, 116 (118 f.).

[8] *Rozek*, JuS 1995, 414.

[9] Beispiele: *BVerwG* NVwZ 1999, 523 ff. und 1105 ff.; NVwZ 2000, 63 ff.; *OVG Hamburg* NVwZ-RR 2003, 276; *BayVGH* NVwZ 1999, 1122 (1123); *VGH Mannheim* NVwZ-RR 1992, 132 ff.; DVBl. 1998, 835 ff. Allgemein: *Schenke*, JuS 2007, 697 ff.; *Rozek*, JuS 2000, 1162 ff.; *ders.*, JuS 1995, 414 ff., 598 ff. und 697 ff.; *Erichsen*, Jura 1989, 49 ff.

[10] Zur Statthaftigkeit der Fortsetzungsfeststellungsklage in der Situation der erledigten Verpflichtungsklage kraft analoger Anwendung des § 113 Abs. 1 Satz 4 VwGO: BVerwGE 52, 313 (316); *VGH Mannheim* NVwZ 1990, 1090.

[11] BVerwGE 12, 87 (90); 49, 36 (39); *BayVGH* BayVBl. 1992, 51 (52); *Kühling*, Jura 2005, 198 (200); zum Diskussionsstand: *Weber*, BayVBl. 2003, 488 ff.

[12] Vgl. die Nachweise bei *BVerwG* NVwZ 2000, 63 (64); hierzu auch: *Schenke*, JuS 2007, 697 ff.; *Wehr*, DVBl. 2001, 785 ff.; über § 43 VwGO analog: *Weber*, BayVBl. 2003, 488 (494).

[13] *Heckmann*, in: Becker/Heckmann/Kempen/Manssen, Öffentliches Recht in Bayern, 3. Teil, Rn. 82 sowie *Drews/Wacke/Vogel/Martens*, Gefahrenabwehr, S. 217 f.

[14] *BayVGH* BayVBl. 1982, 151 (152); *Erichsen*, Jura 1989, 49 (50); *Rozek*, JuS 1995, 697.

in ihrem Recht auf allgemeine Handlungsfreiheit verletzt zu sein. Im Hinblick auf die Durchsuchung unter Einschluss der Genitalbetrachtung scheint eine Verletzung des allgemeinen Persönlichkeitsrechts gemäß Art. 2 Abs. 1 i.V.m. Art. 1 Abs. 1 GG unter dem Aspekt des Privatsphärenschutzes bzw. des Schutzes des Sexualbereichs nicht von vornherein abwegig. Jedenfalls ist auch insofern zumindest an eine Verletzung des subsidiären Art. 2 Abs. 1 GG in der Ausprägung als allgemeine Handlungsfreiheit zu denken. Nach der Möglichkeitstheorie[15] ist K daher klagebefugt.

4. Besonderes Feststellungsinteresse

Nach § 113 Abs. 1 Satz 4 letzter HS VwGO unterliegt die Fortsetzungsfeststellungsklage einer besonderen Zulässigkeitsvoraussetzung (qualifiziertes Rechtsschutzbedürfnis): Der Kläger (hier die K) muss ein berechtigtes Interesse an der begehrten Feststellung haben (Fortsetzungsfeststellungsinteresse). Anerkannt ist insofern das sog. Rehabilitationsinteresse, die Präjudizität zur Vorbereitung eines Amtshaftungsprozesses[16] sowie die Wiederholungsgefahr. Ein *Rehabilitationsinteresse* als besonderes Feststellungsinteresse besteht im Falle diskriminierender Wirkung des angegriffenen Verwaltungsakts (insbesondere bei Schädigungen des Rufs resp. des beruflichen oder gesellschaftlichen Ansehens) bzw. in Fällen besonders nachhaltiger Grundrechtsbetroffenheit[17], dessen Nachwirkungen nur durch gerichtliche Sachentscheidung ausgeglichen werden können.[18] Ein solches Rehabilitationsinteresse scheidet jedenfalls hinsichtlich des bloßen Anhaltens und der Forderung nach Ausweisung aus. Anderes kann aber für die Durchsuchungsmaßnahme gelten. Auch insofern kann zwar nicht von einer nachhaltigen Rufschädigung der K ausgegangen werden, weil die „Durchsuchung" nicht in der Öffentlichkeit stattfand, allerdings ist K dennoch nicht unerheblich in ihrem Persönlichkeitsrecht betroffen. Immerhin musste sie sich einer an die Grenze der Entwürdigung heranrückenden visuellen Kontrolle ihres Genitalbereichs unterziehen lassen. Insofern ist ein Rehabilitationsinteresse zu bejahen. Für den gesamten Handlungskomplex ist jedenfalls auch ein Feststellungsinteresse wegen *Wiederholungsgefahr* naheliegend. Ein Feststellungsinteresse wegen Wiederholungsgefahr ist zu bejahen, wenn mit ähnlichen Maßnahmen in einer nicht allzu fernliegenden vergleichbaren Situation zu rechnen ist.[19] Hiervon ist auszugehen, weil K laut Bearbeitervermerk auch in Zukunft Open-Air-Konzerte in W besuchen möchte und mithin Gefahr läuft, in ähnliche polizeiliche Kontrollen zu geraten. Das Feststellungsinteresse der K ergibt sich demnach – für den gesamten Maßnahmenkomplex – aus der Wiederholungsgefahr.

> **Zum Verständnis:** Soweit – je nach Landesrecht[20] – im Falle einer Anfechtungsklage gemäß §§ 68 ff. VwGO ein erfolglos durchgeführtes Widerspruchsverfahren Sachurteilsvoraussetzung ist, gilt für die Zulässigkeit der Fortsetzungsfeststellungsklage in Konstellationen der vorliegenden Art Folgendes: Entgegen einer Mindermeinung[21], die zur Selbstkontrolle der Verwaltung auch Fortsetzungsfeststellungswidersprüche analog § 68 VwGO als statthaft und daher ein abgeschlossenes und erfolgloses Widerspruchsverfahren auch im Falle der Erledigung des Verwaltungsakts vor Klageerhebung als Zulässigkeitsvoraussetzung für eine Fortsetzungsfeststellungsklage ansieht, ist angesichts des klaren Wortlauts von § 68 Abs. 1 und 2 VwGO, der sich ausdrücklich nur auf Anfechtungs- und Verpflich-

---

[15]   Z. B. *Stern/Blanke*, Verwaltungsprozessrecht in der Klausur, Rn. 301.

[16]   Zu den Grenzen eines solchen Feststellungsinteresses *Bd. 1, Fall 11*.

[17]   Vgl. hierzu unter dem Blickwinkel des Art. 19 Abs. 4 GG: BVerfGE 96, 27 (39 ff.) – Rechtsschutz gegen erledigte Durchsuchungsanordnungen des Ermittlungsrichters.

[18]   Zusammenfassend: *VGH Mannheim* NVwZ 1990, 378; ebenso: *BVerwG* DVBl. 1991, 51; BayVBl. 1991, 26; BayVBl. 1992, 596 f.; *BayVGH* BayVBl. 1998, 406; *VGH Mannheim* DVBl. 1991, 60 (62); *OVG Hamburg* NVwZ-RR 2003, 276; *VG Neunstadt a.d.W.* NVwZ-RR 2003, 277 (278).

[19]   *BVerwG* NVwZ 2000, 63 (64); *VGH Mannheim* NVwZ-RR 1992, 132.

[20]   In Bayern ist gemäß Art. 15 Abs. 1 und 2 BayAGVwGO als Ausnahme von § 68 Abs. 1 Satz 2 VwGO das Vorverfahren nunmehr auch im Polizeirecht entbehrlich, vgl. ausführlich hierzu *Fall 1*.

[21]   *Dolde/Porsch*, in: Schoch/Schmidt-Aßmann/Pietzner (Hrsg.), VwGO, § 68 Rn. 23; *Kopp/Schenke*, VwGO, § 68 Rn. 34; *Schenke*, Jura 1980, 133 (140 f.).

tungsklage bezieht, richtigerweise die Statthaftigkeit eines derartigen Widerspruchs zu verneinen.[22] Im Übrigen ist §§ 72, 73 VwGO zu entnehmen, dass das Widerspruchsverfahren auf Gestaltung (in der Anfechtungssituation: auf Kassation einer Belastung), nicht aber auf bloße Feststellung gerichtet ist. Ein abgeschlossenes (Fortsetzungsfeststellungs-) Widerspruchsverfahren ist daher nicht Zulässigkeitsvoraussetzung der Fortsetzungsfeststellungsklage bei vorprozessualer Erledigung.[23]

5. Fristen

Während im Falle der Erledigung nach Klageerhebung (Umstellung von Anfechtungs- auf Fortsetzungsfeststellungsklage) die zunächst erhobene Anfechtungsklage zulässigerweise – insbesondere unter Einhaltung erforderlicher Fristen gem. § 74 VwGO – erhoben sein muss, ist die Frage, ob im Falle einer vorprozessualen Erledigung eine Klagefrist einzuhalten ist, umstritten. Vereinzelt wird hier eine analoge Anwendung der §§ 74, 58 Abs. 2 VwGO vertreten, weil die Fortsetzungsfeststellungsklage als Sonderfall der Anfechtungs- und Verpflichtungsklage zu bewerten sei.[24] Dies ist abzulehnen; die Fortsetzungsfeststellungsklage ist ihrem Wesen und insbesondere ihrem Tenor nach keine kassatorische Gestaltungs-, sondern eine Feststellungsklage[25], für die im System der VwGO grundsätzlich keine Fristbindung vorgesehen ist.[26] Die Fortsetzungsfeststellungsklage ist auf Feststellung ausgerichtet und damit trotz thematischer Nähe zur Anfechtungs- und Verpflichtungsklage von einer anderen Interessenlage gekennzeichnet. Interessen der Verwaltung unter dem Gesichtspunkt der Rechtssicherheit können bei der Fortfestsetzungsfeststellungsklage maßgeblich auch unter dem Gesichtspunkt des Feststellungsinteresses berücksichtigt werden. Es darf allerdings der vom Kläger angegriffene Verwaltungsakt nicht bereits vor dem Zeitpunkt der Erledigung bestandskräftig geworden sein, denn dann wäre auch die an sich zunächst statthafte Anfechtungs- oder Verpflichtungsklage unzulässig geworden.[27] M. a. W.: Hat der Betroffene den noch nicht erledigten Verwaltungsakt nicht rechtzeitig mit dem zulässigen Rechtsmittel (Anfechtungsklage sowie – je nach Ausgestaltung des Landesrechts – ggf. vorher Widerspruch) angefochten und ist die Erledigung erst nach Verstreichenlassen der Rechtsmittelfrist (§§ 70, 74 VwGO) eingetreten, dann ist auch die Erhebung einer späteren Fortsetzungsfeststellungsklage unzulässig. Keinerlei Fristbindung (bis zur Verwirkungsgrenze) besteht demnach nur, wenn die Erledigung schon vor Ablauf der Anfechtungs- oder Widerspruchsfrist eingetreten ist.[28] Von Letzterem ist aber in der hier zu begutachtenden Fallgestaltung auszugehen: Sowohl die Maßnahmen zur Identitätsfeststellung (Anhalten und Verlangen nach Ausweisung) als auch die Durchsuchungsmaßnahme erledigten sich unmittelbar nach ihrer Durchführung. Eine Anfechtungsfrist war daher nicht einzuhalten. Auch für die Verwirkung des Klagerechts sprechen keine Anhaltspunkte.

Zwischenergebnis: Eine Fortsetzungsfeststellungsklage mit dem Ziel der gerichtlichen Feststellung, dass die polizeilichen Maßnahmen gegenüber K rechtswidrig waren und diese in subjektiven Rechten verletzten, ist zulässig.

[22]   BVerwGE 26, 161 (165 ff.); *BVerwG* DVBl. 1981, 502 (503); *OVG Bremen* NVwZ 1990, 1188; *VG Neustadt* NVwZ 1985, 371 (372); *Erichsen*, Jura 1989, 49 (51); *Rozek*, JuS 1995, 697 (698); *ders.*, JuS 2000, 1162 (1163); *Rennert*, in: Eyermann, VwGO, § 73 Rn. 11.

[23]   *Rozek*, JuS 1995, 697 (698); *Erichsen*, Jura 1989, 49 (51); Anderes gilt freilich im Fall der Erledigung nach Klageerhebung, weil hier zunächst zulässigerweise Anfechtungsklage erhoben worden sein muss, vgl. *Rozek*, JuS 1995, 697.

[24]   Vgl.: *VGH Mannheim* DVBl. 1998, 835 ff.; *OVG Koblenz* NJW 1982, 1301 (1302); *VG Frankfurt* NVwZ 1988, 381; zum Streitstand: *Kühling*, Jura 2005, 198 (202 f.).

[25]   *Rozek*, JuS 1995, 414 f.; *ders.*, JuS 1995, 697 (700); *ders.*, JuS 2000, 1162 (1164).

[26]   *BVerwG* NVwZ 2000, 63 (64); *BayVGH* BayVBl. 1992, 51 f.; *VG Neustadt a.d.W.* NVwZ-RR 2003, 277 (278).

[27]   BVerwGE 26, 161 (167); *BVerwG* NVwZ 2000, 63 (64); *BayVGH* BayVBl. 1992, 51 f.; *Erichsen*, Jura 1989, 49 (50); *Rozek*, JuS 1995, 697 (698); *Kopp/Schenke*, VwGO, § 113 Rn. 126. Dies ergibt sich auch aus dem Rechtsgedanken des § 43 Abs. 2 Satz 1 VwGO („oder hätte verfolgen können").

[28]   BVerwGE 26, 161 (167 f.); *VG Neustadt a.d.W.* NVwZ-RR 2003, 277 (278)

II. Begründetheit

Die Fortsetzungsfeststellungsklage ist begründet, wenn sie gegen den richtigen Beklagten gerichtet ist (§ 78 Abs. 1 Nr. 1 VwGO) und wenn die polizeilichen Maßnahmen gegenüber K rechtswidrig waren und sie in subjektiven Rechten verletzten (§ 113 Abs. 1 Sätze 1 und 4 VwGO).

1. Passivlegitimation

Als Träger der Polizei ist der Freistaat Bayern richtiger Beklagter, § 78 Abs. 1 Nr. 1 VwGO, Art. 1 PAG, Art. 1 Abs. 1 und 2 POG.

2. Rechtswidrigkeit der einzelnen Maßnahmen

Da die polizeilichen Maßnahmen in die Rechtssphäre der K (insbesondere in deren Grundrechte aus Art. 2 Abs. 1 i.V.m. Art. 1 Abs. 1 GG) eingreifen, müssen sie sich auf eine Ermächtigungsgrundlage (= Befugnisnorm) stützen lassen und nach deren Vorgaben jeweils formell und materiell rechtmäßig sein.

> **Zum Aufbau:** Herkömmlicherweise ist wegen des Grundsatzes vom Vorbehalt des Gesetzes[29] im Falle einer Rechtmäßigkeitsprüfung hinsichtlich einer belastenden (und daher in Grundrechte eingreifenden) staatlichen Maßnahme zunächst die eigentliche Ermächtigungsnorm (= Befugnisnorm) aufzusuchen. Diese ist sodann daraufhin zu untersuchen, ob (1) die handelnde Behörde für eine diesbezügliche Entscheidung zuständig war und ggf. erforderliche Verfahrensanforderungen – z.B. Anhörung – erfüllt hat (sog. formelle Rechtmäßigkeit) und ob (2) die inhaltlichen Vorgaben der Norm – Tatbestandsvoraussetzungen, ordnungsgemäße Ermessensausübung – erfüllt sind (materielle Rechtmäßigkeit). Nach diesem Schema erfolgt die Prüfung in den meisten Bundesländern. In Bayern wird hingegen in der Polizeirechtsklausur häufig ein anderer Aufbau bevorzugt. Einerseits weil sich bei polizeilichen Maßnahmen regelmäßig keine Verfahrensprobleme ergeben (die Maßnahmen ergehen regelmäßig mündlich gem. Art. 37 Abs. 2 BayVwVfG; eine Anhörung ist regelmäßig wegen der Eilbedürftigkeit nach Art. 3 PAG entbehrlich, Art. 28 Abs. 2 Nr. 1 BayVwVfG[30]), andererseits weil die Systematik des PAG in Art. 2 und Art. 11 ff. streng zwischen Aufgabeneröffnung und Einzelbefugnissen trenne, soll ein Aufbau bevorzugt werden, der – ohne Trennung von formeller und materieller Rechtmäßigkeit – in einem ersten Schritt die Aufgabeneröffnung für polizeiliches Handeln klärt und erst sodann auf einzelne Befugnisnormen für in Grundrechte eingreifende Maßnahmen abstellt.[31] In Problemfällen kann hiernach unter der Rubrik „formelle Rechtmäßigkeit" gegebenenfalls untersucht werden, ob tatsächlich die Polizei im institutionellen Sinne handelte, um zu klären, dass die polizeirechtlichen Aufgaben- und Befugnisnormen überhaupt anwendbar sind. Ob dieser Aufbau für die Rechtslage Bayerns wirklich zwingend ist – oder ob nicht doch aus Perspektive des Art. 20 Abs. 3 GG der Aufbau ausgehend von der eigentlichen Befugnisnorm stringenter ist, weil die Aufgabeneröffnungsnorm (die auch unter der Rubrik „sachliche Zuständigkeit" im Rahmen der formellen Rechtmäßigkeit geprüft werden könnte) aus sich heraus Grundrechtseingriffe nicht zu rechtfertigen vermag –, ist zu bezweifeln.[32] Nunmehr kommt auch *Knemeyer* diesen Bedenken insoweit entgegen, als er – im Gegensatz zu früheren Auflagen[33] – in der aktuellen Auflage seines Lehrbuchs zum Polizei- und Ordnungsrecht die Prüfung tatsächlich an der einschlägigen Ermächtigungsgrundlage ausrichtet und hierauf aufbauend zunächst die Aufgabeneröffnung (praktisch: sachliche Zuständigkeit) und sodann die Befugnis inklusive Maßnahmerichtung = Verantwortlichkeit des Maßnahmeadressaten, polizeiliche Handlungsgrundsätze und fehlerfreie Ermessensausübung (praktisch: materielle

[29] Zum rechtsstaatlichen Eingriffsvorbehalt: BVerwGE 90, 112 (122), m.w.N.
[30] *Knemeyer*, Polizei- und Ordnungsrecht, Rn. 398.
[31] Siehe z.B. *Knemeyer*, Polizei- und Ordnungsrecht, Rn. 68, 76 f., 398.
[32] Für die Anwendung des allgemeinen verwaltungsrechtlichen Prüfschemas daher: *Heckmann*, in: Becker/Heckmann/Kempen/Manssen, Öffentliches Recht in Bayern, 3. Teil, Rn. 83, 89.
[33] Vgl. *Knemeyer*, Polizei- und Ordnungsrecht, 8. Aufl. 2000, Rn. 399.

Rechtmäßigkeit) prüft.[34] In der Sache läuft dies auf das herkömmliche verwaltungsrechtliche Prüfungsschema hinaus, wenn auch unter Verwendung spezieller, polizeirechtlicher Terminologie. Der hier vertretene Aufbau richtet sich daher auch an der Rechtsgrundlage (Befugnisnorm) aus und versucht dabei terminologisch eine Synthese der beiden Ansätze zu erreichen.

a) Die Maßnahmen zur Identitätsfeststellung (Anhalten und Ausweiskontrolle) am Maßstab des Art. 13 Abs. 1 und Abs. 2 PAG

Die Maßnahmen zur Identitätsfeststellung wären an Art. 13 Abs. 1 und 2 PAG als Ermächtigungsgrundlage zu messen.

aa) Formelle Rechtmäßigkeit / Eröffnung des polizeilichen Aufgabenbereichs (sachliche Zuständigkeit)

Weil im vorliegenden Fall die Polizei i. S. v. Art. 1 (bay.) PAG[35] handelte, hängt die formelle Rechtmäßigkeit maßgeblich davon ab, ob der polizeiliche Aufgabenbereich eröffnet und die Polizei deshalb sachlich zuständig war. Die Identitätsfeststellung diente dem Aufspüren von illegalen Drogen. Insofern könnte sich eine Aufgabeneröffnung zunächst aus Art. 2 Abs. 4 PAG i. V. m. § 163 StPO ergeben, wenn P zwecks Strafverfolgung, also repressiv tätig war. Diese Frage ist bereits im Rahmen der Prüfung des Verwaltungsrechtswegs geklärt worden. Selbst wenn das Entdecken illegaler Betäubungsmittel auch aus Sicht der handelnden Polizeibeamtin ein Strafverfahren nach sich ziehen mag, so war doch Strafverfolgung (oder die Verfolgung einer Ordnungswidrigkeit, Art. 2 Abs. 4 PAG i. V. m. § 53 OWiG) nicht primärer Handlungszweck der Kontrollmaßnahmen. Es sollte durch rechtzeitiges Entdecken verhindert werden, dass das Konzert zu einem Drogenumschlagplatz wird. Es ging darum, für einen ordnungsgemäßen, drogenfreien Ablauf der Veranstaltung zu sorgen. Die Polizei agierte aufgrund dieser Handlungsziele im präventiven Bereich. Die Eröffnung des Aufgabenbereiches der Polizei hängt damit von den Voraussetzungen des Art. 2 Abs. 1, Art. 3 PAG ab.[36]

Erforderlich ist nach Art. 2 Abs. 1 PAG zunächst ein Handeln zur Abwehr von Gefahren für die öffentliche Sicherheit oder Ordnung. Die öffentliche Sicherheit als Schutzgut des Polizeirechts umfasst den Staat und seine Einrichtungen, Individualgüter (z. B. Leben, körperliche Unversehrtheit, körperliche Bewegungsfreiheit, Eigentum und Vermögen) sowie das geschriebene Recht schlechthin (Gesetze, Verordnungen und Satzungen, insbesondere mit Ge- oder Verbotswirkung gegenüber den Rechtsunterworfenen).[37] P handelte vorliegend zur Verhinderung von Verstößen gegen das BtMG (vgl. z. B. § 29 Abs. 1 Nr. 1 und 3 BtMG) und damit zur Verhinderung von Straftaten.

Zur Vertiefung: Einen Überblick über die polizei- und sicherheitsrechtlichen Schutzgüter der öffentlichen Sicherheit und Ordnung mit zahlreichen Beispielen gibt *Schoch*, Jura 2003, 177 ff. (durcharbeiten!).

Zu beachten ist, dass im Hinblick auf das aus Art. 2 Abs. 1 i. V. m. Art. 1 Abs. 1 GG abzuleitende Selbstbestimmungsrecht jeder in gewissen Grenzen das Recht zur Selbstgefährdung besitzt. Es bedarf daher zumindest eines erhöhten Begründungsaufwands, neben dem drohenden Verstoß gegen § 29 BtMG ergänzend auf den Schutz von Individualrechtsgütern im Hinblick auf Gesundheitsgefährdungen durch Drogenkonsum zu rekurrieren. Es kann nicht ohne weiteres in dieser Hinsicht von einem Handeln zum Schutz der öffentlichen Sicherheit gesprochen werden. Allenfalls dann, wenn die Selbstgefährdung einen gewissen Schweregrad erreicht – insbesondere in den Selbstmordfällen –,

---

34 *Knemeyer*, Polizei- und Ordnungsrecht, 11. Aufl. 2007, Rn. 399.

35 Hinweis: Bayern folgt im Polizei- und Sicherheitsrecht dem sog. Trennungssystem. Zum Ländervergleich: *Götz*, Allgemeines Polizei- und Ordnungsrecht, § 3.

36 Vergleichbare Regelungen: §§ 1–3 PAG Thür. Vgl. auch: § 1 PolG NW, § 1 POG Rh-Pf, §§ 1, 2 PolG BW, §§ 1, 2 ASOG Bln., §§ 1, 2 PolG Bbg., §§ 1–3 HSOG, § 1 PolG Brem., § 3 Abs. 2 SOG Hbg., §§ 1, 2 SOG MV, §§ 1–3 NdsSOG, § 1 PolG Saarl., §§ 1, 2 SächsPolG, §§ 1, 2 SOG LSA, § 173 LVwG SchlH.

37 Z. B.: *Drews/Wacke/Vogel/Martens*, Gefahrenabwehr, S. 232 ff.; *Schenke*, Polizei- und Ordnungsrecht, Rn. 53; *Pieroth/Schlink/Kniesel*, Polizei- und Ordnungsrecht, § 8 Rn. 3 ff.; *Knemeyer*, Polizei- und Ordnungsrecht, Rn. 100; *Heckmann*, in: Becker/Heckmann/Kempen/Manssen, Öffentliches Recht in Bayern, 3. Teil, Rn. 100; *Gallwas/Wolff*, Bayerisches Polizei- und Sicherheitsrecht, Rn. 74; *Brandt/Smeddinck*, Jura 1994, 225; *Schloer*, BayVBl. 1991, 257; *Waechter*, NVwZ 1997, 728 (733); *Schoch*, JuS 1994, 570 f.

kann sich unter Rekurs auf die objektive Werteordnung des grundrechtlichen Lebensschutzes resp. auf staatliche Schutzpflichten aus Art. 2 Abs. 2 Satz 1 GG ein anderes Ergebnis ergeben.[38] Das ist hier Wertungsfrage, kann aber gerade bei Jugendlichen und in der Willensfreiheit eingeschränkten Drogenabhängigen gut vertretbar bejaht werden.

Unter einer „Gefahr" versteht man eine Sachlage, die bei verständiger Würdigung der konkreten Umstände und aus Ex-ante-Sicht bei ungehindertem Geschehensablauf den Eintritt einer Störung resp. eines Schadens für die polizeirechtlichen Schutzgüter mit hinreichender Wahrscheinlichkeit erwarten lässt.[39] Während etwa Art. 11 PAG[40] als Befugnisnorm eine konkrete Gefahr voraussetzt, genügt für die Aufgabeneröffnungsnorm des Art. 2 Abs. 1 PAG auch ein vorbereitendes Handeln zur Abwehr einer allgemein bestehenden (= abstrakten) Gefahr. Hiervon ist auszugehen, wenn nach allgemeiner Lebenserfahrung eine konkrete Gefährdung der polizeilichen Schutzgüter entstehen kann.[41] Dies ist hier zu bejahen, weil nach den Erfahrungen der Vergangenheit auf Konzerten dieser Art mit Verstößen gegen das BtMG zu rechnen war.

Zum Aufbau: Die Prüfung der (abstrakten) Gefahr schon im Rahmen der polizeilichen Aufgabeneröffnung ist jedenfalls in Bayern üblich. Man mag sich hier auch vertretbar mit einer oberflächlicheren Prüfung begnügen, wenn der Gefahrbegriff spätestens im Rahmen der materiellen Rechtmäßigkeitsvoraussetzungen geklärt wird (dort regelmäßig: konkrete Gefahr).

Zudem darf die Abwehr der Gefahr durch eine andere Behörde (insbesondere eine Sicherheitsbehörde) nicht oder nicht rechtzeitig möglich erscheinen, Art. 3 PAG. Die allgemeinen Sicherheitsbehörden waren vorliegend nicht handlungsfähig, weil sie aufgrund des Wochenendes nicht mehr besetzt waren und auch keinen Bereitschaftsdienst eingerichtet hatten. Weil ein Abwarten bis Montag zu lange gedauert hätte – das Konzert wäre beendet gewesen! –, erschien bei verständiger Beurteilung im Handlungszeitpunkt aus Sicht der Polizei ein Tätigwerden unaufschiebbar. Damit liegen auch die Voraussetzungen des Art. 3 PAG vor.

Zur Vertiefung: Ein polizeiliches Handeln wäre vorliegend auch auf Weisung der Sicherheitsbehörden denkbar gewesen, Art. 9 Abs. 2 POG, Art. 10 Satz 2 LStVG. Eine solche Weisung ergeht „im polizeilichen Aufgabenbereich". Damit sind Weisungen nicht nur hinsichtlich der Anwendung unmittelbaren Zwangs (Sekundärebene) zum Vollzug einer sicherheitsbehördlichen Anordnung möglich, sondern auch hinsichtlich polizeilicher Primärmaßnahmen (Standardmaßnahmen bzw. atypische Maßnahmen nach Art. 11 PAG). Hierdurch unterscheidet sich das Handeln auf Weisung nach Art. 9 Abs. 2 POG von der sog. Vollzugshilfe gem. Art. 2 Abs. 3 PAG. Die sicherheitsbehördliche Weisung ersetzt nur die sonst erforderliche Unaufschiebbarkeit nach Art. 3 PAG, ansonsten bleibt es bei der Prüfung der Art. 2 Abs. 1 PAG (Aufgabeneröffnung) und der polizeirechtlichen Befugnisse nach Art. 11 ff. PAG. Die Polizei wird also auch hier aus eigenem Recht tätig, ihr Handeln wird nicht etwa der Sicherheitsbehörde zugerechnet, sodass sich die Rechtmäßigkeit der Maßnahmen nach PAG und nicht nach LStVG richtet![42]

---

[38] Zum Ganzen: *BayObLG* DÖV 1989, 273; *Heckmann*, in: Becker/Heckmann/Kempen/Manssen, Öffentliches Recht in Bayern, 3. Teil, Rn. 103 f.; *Gornig/Jahn*, Sicherheits- und Polizeirecht, S. 282 ff.

[39] *Schenke*, Polizei- und Ordnungsrecht, Rn. 69; *Pieroth/Schlink/Kniesel*, Polizei- und Ordnungsrecht, § 4 Rn. 2; *Knemeyer*, Polizei- und Ordnungsrecht, Rn. 87; *Gornig/Jahn*, Sicherheits- und Polizeirecht, S. 37; *Heckmann*, in: Becker/Heckmann/Kempen/Manssen, Öffentliches Recht in Bayern, 3. Teil, Rn. 8, 111; *Gallwas/Wolff*, Bayerisches Polizei- und Sicherheitsrecht, Rn. 87; *Voßkuhle*, JuS 2007, 908; *Schoch*, Jura 2003, 472; *Brandt/Smeddinck*, Jura 1994, 225 (227). Zur geschichtlichen Entwicklung und zum Wandel des Gefahrenbegriffs im Polizeirecht: *Pils*, DÖV 2008, 941 ff.

[40] Vergleichbare Regelungen: § 3 PolG BW, § 17 Abs. 1 ASOG Bln., § 10 PolG Bbg., § 10 Abs. 1 PolG Brem., § 3 Abs. 1 SOG Hbg., § 11 HSOG, § 13 SOG MV, § 11 NdsSOG, § 8 Abs. 1 PolG NW, § 9 Abs. 1 POG Rh-Pf, § 8 Abs. 1 PolG Saarl., § 3 Abs. 1 SächsPolG, § 13 SOG LSA, § 174 LVwG SchlH, § 12 Abs. 1 PAG Thür.

[41] *Knemeyer*, Polizei- und Ordnungsrecht, Rn. 89.

[42] Zum Ganzen: *Heckmann*, in: Becker/Heckmann/Kempen/Manssen, Öffentliches Recht in Bayern, 3. Teil, Rn. 59, 87 und 482; *Knemeyer*, Polizei- und Ordnungsrecht, Rn. 105 ff.; *Gallwas/Wolff*, Bayerisches Polizei- und Sicherheitsrecht, Rn. 189 ff.

Der polizeiliche Aufgabenbereich ist gem. Art. 2 Abs. 1, Art. 3 PAG eröffnet. Die Polizei war sachlich zuständig. Im Übrigen ist an der formellen Rechtmäßigkeit der Maßnahme nicht zu zweifeln. Insbesondere war wegen Eilbedürftigkeit gem. Art. 28 Abs. 2 Nr. 1 BayVwVfG eine vorherige Anhörung entbehrlich.

bb) Materielle Rechtmäßigkeit nach Maßgabe von Art. 13 PAG als Befugnisnorm

Art. 13 Abs. 1 PAG[43] sieht diverse Tatbestände vor, nach denen die Polizei befugt ist, die Identität einer Person, d. h. ihre Personalien i. S. v. § 111 Abs. 1 OWiG, festzustellen. Zweck der Norm ist es, dass sich die Polizei vergewissern kann, „mit wem sie es zu tun hat bzw. ob jemand derjenige ist, der er zu sein vorgibt."[44] Es könnte insofern Art. 13 Abs. 1 Nr. 2 a) aa) PAG einschlägig sein. Die polizeiliche Kontrollstelle wurde im Eingangsbereich des Open-Air-Konzerts eingerichtet. Der Konzertplatz selbst, wie auch sein unmittelbares Umfeld (Zelt- und Parkplätze) sind nicht nur aufgrund bloßer Vermutungen – reine Ausforschung ist von Art. 13 Abs. 1 Nr. 2 a) aa) PAG nicht abgedeckt –, sondern aufgrund tatsächlicher Anhaltspunkte (polizeiliche Lagebeurteilung, insbesondere aufgrund der Erfahrungen aus den vergangenen Veranstaltungen) als Orte zu qualifizieren, bei denen die Prognose gerechtfertigt ist, dass dort bei Konzerten der vorliegenden Art mit Drogendelikten in nicht unerheblichem Umfang zu rechnen ist. Es handelt sich dabei um einen Ort, an dem – jedenfalls während eines Konzerts – zu besorgen war, dass dort unerlaubt Betäubungsmittel erworben, in sonstiger Weise verschafft oder mit ihnen Handel getrieben werden. Der Bereich des Konzertplatzes erfüllt die Voraussetzungen eines „verrufenen" Ortes, von dem aufgrund tatsächlicher Anhaltspunkte anzunehmen war, dass dort Straftaten nach § 29 BtMG verübt werden.[45] An einem solchen Ort kann die Polizei gem. Art. 13 Abs. 1 Nr. 2 a) aa) PAG die Identität von Personen feststellen, und zwar gegenüber jedermann, der sich hier aufhält, ohne dass es darauf ankommt, ob gerade der Betroffene durch besondere Verdachtsmomente auffällt oder gar die Merkmale eines Verhaltensverantwortlichen nach Art. 7 PAG aufweist. Dabei reicht es für die Rechtmäßigkeit einer Identitätsfeststellungsmaßnahme aus, dass diese aus polizeitaktischen Gründen in unmittelbar räumlicher Nähe zu den vorgenannten „verrufenen" Orten – hier etwa auf Zufahrtswegen in 250 m Entfernung – stattfindet.[46] Nach Art. 13 Abs. 2 Satz 1 PAG ist die Polizei befugt, die zur Identitätsfeststellung erforderlichen Maßnahmen zu treffen, insbesondere kann sie nach Art. 13 Abs. 2 Satz 2 PAG den Betroffenen anhalten und verlangen, dass er mitgeführte Ausweispapiere vorlegt. Genau dies geschah gegenüber K. Die getroffenen Maßnahmen waren zur Identitätsfeststellung geeignet, erforderlich sowie auch zumutbar und entsprachen damit den in Art. 4 PAG niedergelegten polizeilichen Handlungsgrundsätzen (Grundsatz der Verhältnismäßigkeit). Anhaltspunkte für Ermessensfehler (Art. 40 BayVwVfG, § 114 VwGO, Art. 5 PAG) bestehen nicht. Das Anhalten der K und die Aufforderung an sie zur Ausweisung waren von Art. 13 Abs. 1 Nr. 1 a) aa), Abs. 2 PAG und mithin von einer Befugnisnorm gedeckt. Die polizeiliche Maßnahme der P war insofern rechtmäßig. Die Fortsetzungsfeststellungsklage ist in dieser Hinsicht unbegründet.

Zum Verständnis: Das Anhalten als Mittel zum Zweck der Identitätsmaßnahme ist Primärmaßnahme, nicht aber vollstreckungsrechtliche Sekundärmaßnahme zur zwangsweisen Durchsetzung der Identitätsfeststellung, *Knemeyer*, Polizei- und Ordnungsrecht, Rn. 165.

---

b) Die Durchsuchung (einschließlich „visuelle Kontrolle" des Schambereichs)

Die Ermächtigung (Befugnis) der Polizei zur Durchführung dieser Maßnahmen könnte sich aus Art. 13 Abs. 2 Satz 4, Art. 21 Abs. 1 Nr. 1, Art. 21 Abs. 1 Nr. 3 i. V. m. Art. 13 Abs. 1 Nr. 2 a) aa) oder Art. 11 Abs. 1 i. V. m. Abs. 2 Nr. 1 PAG ergeben.

---

[43] Vergleichbare Regelungen: § 26 PolG BW, § 21 ASOG Bln., § 12 PolG Bbg., § 11 PolG Brem., § 12 SOG Hbg., § 18 HSOG, § 29 SOG MV, § 13 NdsSOG, § 12 PolG NW, § 10 POG Rh.-Pf., § 9 PolG Saarl., § 19 SächsPolG, § 20 SOG LSA, § 181 LVwG SchlH, § 14 PAG Thür.

[44] *Gallwas/Wolff*, Bayerisches Polizei- und Sicherheitsrecht, Rn. 644.

[45] *VG Regensburg* BayVBl. 1999, 347 (348).

[46] *VG Regensburg* BayVBl. 1999, 347 (348); *OVG Berlin* NJW 1986, 3223.

aa) Formelle Rechtmäßigkeit / Eröffnung des polizeilichen Aufgabenbereichs.
Der polizeiliche Aufgabenbereich ist gem. Art. 2 Abs. 1, Art. 3 PAG eröffnet und die Polizei daher sachlich zuständig (s. o.).

bb) Materielle Rechtmäßigkeit

(1) Art. 13 Abs. 2 Satz 4 PAG als Befugnisnorm:
Als Rechtsgrundlage der Durchsuchung der K scheidet zunächst Art. 13 Abs. 2 Satz 4 PAG aus, da Handlungszweck das Auffinden illegaler Drogen war, nicht aber die Feststellung der Identität.

(2) Art. 21 Abs. 1 Nr. 1 PAG als Befugnisnorm:
Weil es P darum ging, illegale Drogen aufzuspüren, die nach Auffinden zur Abwehr einer (dann gegenwärtigen und konkreten) Gefahr (Unterbindung des illegalen Besitzes und einer denkbaren Veräußerung an Dritte) sichergestellt werden können, liegt Art. 21 Abs. 1 Nr. 1 PAG[47] als Befugnisnorm nahe. Es müssen insofern aber gerade *Tatsachen* die Annahme rechtfertigen, dass K Sachen (hier Drogen) mit sich führte, die sichergestellt werden durften. Sinnliche Wahrnehmungen am äußeren Erscheinungsbild des Betroffenen stellen nur dann Tatsachen in diesem Sinne dar, wenn sie über bloße Vermutungen oder Vorurteile hinausgehen.[48] Ausreichend ist etwa das Erkennen der Umrisse des sicherzustellenden Gegenstandes (etwa einer Waffe). Der bloße aufgrund der Kleidung hinterlassene „schlampige Eindruck" der K stellt keine solche Tatsache dar.[49] Eine Tatsache, die die Annahme rechtfertigt, dass K sicherzustellende Drogen mit sich führt, könnte darin zu sehen sein, dass in ihrer Begleitung der als Angehörige der Drogenszene bekannte T war. Tatsachen i. S. v. Art. 21 Abs. 1 Nr. 1 PAG sind aber nur solche, die sich auf die zu durchsuchende Person beziehen lassen. Umstände, die sich lediglich auf eine Begleitperson beziehen (etwa deren äußeres Erscheinungsbild oder deren Zugehörigkeit zu einer bestimmten Verdachtsgruppe), sind hiernach irrelevant. Der Schluss von einer Person, die womöglich für sich die Annahme rechtfertigt, dass bei ihr Gegenstände gefunden werden können, die sichergestellt werden dürfen, auf einen Dritten ist hiernach nicht zulässig (a. A. aber gut vertretbar).[50] Art. 21 Abs. 1 Nr. 1 PAG scheidet daher als Befugnisnorm aus.

(3) Art. 21 Abs. 1 Nr. 3 i. V. m. Art. 13 Abs. 1 Nr. 2 a) aa) PAG als Rechtsgrundlage:
Durchsuchungen von Personen sind gem. Art. 21 Abs. 1 Nr. 3 PAG auch gegenüber denjenigen zulässig, die sich an verrufenen Orten i. S. v. Art. 13 Abs. 1 Nr. 2 a) aa) PAG aufhalten.[51] Dies traf für K zu, s. o. Prüfung a) bb). P war daher grundsätzlich befugt, die K an der Kontrollstelle zu durchsuchen. Weiteren tatbestandlichen Eingriffsschwellen unterliegt Art. 21 Abs. 1 Nr. 3 PAG nicht. Das Gesetz geht in Art. 21 Abs. 1 Nr. 3 i. V. m. Art. 13 Abs. 1 Nr. 2 a) aa) PAG davon aus, dass betroffene Bürger sich allein aufgrund der abstrakten, potenziellen Gefährlichkeit des Aufenthaltsortes auf Anordnung einer Durchsuchung unterziehen lassen müssen.[52] Gerade weil Art. 21 Abs. 1 Nr. 3 PAG eine selbständige Befugnisnorm gegenüber Art. 21 Abs. 1 Nr. 1 PAG darstellt, müssen nicht etwa zusätzlich, als ungeschriebene Voraussetzung, tatsächliche Anhaltspunkte oder erhärtete Verdachtsmomente dafür vorliegen, dass gerade die zu durchsuchende Person sicherstellungsfähige Sachen mit sich führt.[53] Für eine Durchsuchung der K genügte damit der bloße Umstand, dass sie erkennbar und erklärtermaßen auf dem Weg zum Konzertplatz war. Überdies wurde auch Art. 21 Abs. 3 PAG beachtet, weil P als Frau die Nachschau am Körper der K vornahm.

Allerdings sind von Art. 21 Abs. 1 Nr. 3 i. V. m. Art. 13 Abs. 1 Nr. 2 a) aa) PAG nur solche Anordnungen und hierauf beruhende Maßnahmen abgedeckt, die auch den Durchsuchungsbegriff des Art. 21 Abs. 1 PAG erfüllen. Allgemein wird Durchsuchung der Person definiert als Suche nach Gegenständen,

---

[47] Vergleichbare Regelungen: § 29 PolG BW, § 34 ASOG Bln., § 21 PolG Bbg., § 19 PolG Brem., § 15 SOG Hbg., § 36 HSOG, § 53 SOG MV, § 22 NdsSOG, § 39 PolG NW, § 18 POG Rh-Pf, § 17 PolG Saarl., § 23 SächsPolG, § 41 SOG LSA, § 202 LVwG SchlH, § 23 PAG Thür.
[48] *Gornig/Jahn*, Sicherheits- und Polizeirecht, S. 101.
[49] *VG Regensburg* BayVBl. 1999, 347 (348).
[50] *VG Regensburg* BayVBl. 1999, 347 (348).
[51] Zur problematischen Abgrenzung, ob sich ein Betroffener an einem verrufenen Ort „aufhält" oder sich lediglich kurzfristig „befindet": *OVG Hamburg* NVwZ-RR 2003, 276 (277).
[52] *VG Regensburg* BayVBl. 1999, 347 (348); *OVG Berlin* NJW 1986, 3223.
[53] *VG Regensburg* BayVBl. 1999, 347 (348).

die sich möglicherweise in oder zwischen den Kleidern des Betroffenen oder *an* seinem Körper befinden. Neben dem bloßen Nachschauen in Kleidertaschen ist hiervon unproblematischerweise jedenfalls das bloße Abtasten des bekleideten Körpers sowie die visuelle Kontrolle ohne weiteres zugänglicher (da herkömmlich unbekleideter) Körperöffnungen wie etwa des Mundbereiches erfasst.[54] Im Übrigen ist aber die Durchsuchung von der weitergehenden *Untersuchung* abzugrenzen.[55] Die Schwelle zur Untersuchung ist jedenfalls dann eindeutig erreicht, wenn Eingriffe zur Klärung eines Sachverhalts mit (medizinischen) Hilfsmitteln durchgeführt werden.[56] Die Einordnung der Nachschau in nicht ohne weiteres zugängliche Körperhöhlen und -öffnungen, die aufgrund des Schamgefühls bedeckt zu werden pflegen, stellt insoweit einen Grenzfall dar. Bedenkt man, dass Art. 21 Abs. 1 Nr. 3 PAG für Durchsuchungen nur ganz niedrige Eingriffsschwellen vorsieht (der Aufenthalt an einem „verrufenen" Ort genügt), bedarf es hinsichtlich der Einordnung als Durchsuchung oder als Untersuchung (als stärkerem Eingriff) einer an der Eingriffsintensität orientierten Wertung. Bedeutsam ist dann, dass die Suche in einer nicht ohne weiteres zugänglichen Körperöffnung wie dem Vaginal- oder Afterbereich das Schamgefühl der betroffenen Person empfindlich beeinträchtigt. Die Situation ist mit der Nachschau im Mund nicht zu vergleichen. Die visuelle Kontrolle in derartigen Schambereichen ist daher bei wertender Betrachtung mit körperlichen Eingriffen mittels (medizinischer) Hilfsmittel gleichzusetzen. Bei dieser vorzugswürdigen Betrachtung handelt es sich um eine Untersuchung, die nicht vom Durchsuchungsbegriff des Art. 21 Abs. 1 PAG abgedeckt ist.[57]

Selbst wenn man entgegen der vorherigen Wertung noch von einer Durchsuchung ausginge, so müsste diese mit den polizeilichen Handlungsgrundsätzen des Art. 4 PAG[58] (Grundsatz der Verhältnismäßigkeit) übereinstimmen. Insofern sind Geeignetheit und Erforderlichkeit (vgl. Art. 4 Abs. 1 PAG) zwar zu bejahen, in Frage steht aber die Verhältnismäßigkeit im engeren Sinne gem. Art. 4 Abs. 2 PAG. Im Hinblick auf die außerordentliche Eingriffsintensität, die mit einer erheblichen Beeinträchtigung des von Art. 2 Abs. 1 i. V. m. Art. 1 Abs. 1 GG geschützten Schamgefühls der K einherging, ist insofern die Maßnahme gegenüber K, die selbst keinerlei Anlass hierfür gab, als unzumutbar zu bewerten. Damit ist jedenfalls Art. 4 Abs. 2 PAG missachtet worden.[59] Von Art. 21 Abs. 1 Nr. 3 i. V. m. Art. 13 Abs. 1 Nr. 2 a) aa) PAG ist damit nur das Abtasten des bekleideten Körpers der K, nicht aber die Nachschau im Genitalbereich abgedeckt.

(4) Art. 11 Abs. 1 i. V. m. Abs. 2 Nr. 1 PAG als Befugnisnorm:
Eine Befugnis zur Untersuchung des Genitalbereichs der K nach Maßgabe der Generalklausel[60] des Art. 11 Abs. 1 Abs. 1 i. V. m. Abs. 2 Nr. 1 PAG setzt im Hinblick auf zu verhütende oder zu unterbindende Straftaten nach dem BtMG eine *konkrete* Gefahr voraus, für die zudem der Betroffene gem. Art. 7 oder 8 PAG verantwortlich sein muss. Insofern bedarf es für die befugnisbegründende konkrete Gefahr zumindest des konkreten Anscheins eines tatbestandsmäßigen Verhaltens der K für ein Delikt gem. § 29 BtMG.[61] Hiervon kann für die Person der K nicht ausgegangen werden. Die abstrakte Gefahr, dass auf dem Konzert von Besuchern allgemein Straftaten gegen das BtMG verübt werden, rechtfertigt kein Eingreifen nach Art. 11 Abs. 1 Abs. 1 i. V. m. Abs. 2 Nr. 1 PAG gegenüber K, wenn in Bezug auf ihre Person von einer konkreten Gefahrenlage (mit der hinreichend sicheren Wahrscheinlichkeitsprognose, dass sie in Drogenmachenschaften verwickelt ist) nicht die Rede sein kann. Im Übrigen scheiterte der Rückgriff auf Art. 11 Abs. 1 i. V. m. Abs. 2 Nr. 1 PAG zudem an der mangelnden Zumutbarkeit nach Art. 4 Abs. 2 PAG.

---

54 *VG Regensburg* BayVBl. 1999, 347 (348); *Drews/Wacke/Vogel/Martens*, Gefahrenabwehr, S. 201.

55 *BayVGH* BayVBl. 1999, 343; *VG Regensburg* BayVBl. 1999, 347 (348 f.); *Gusy*, Polizeirecht, Rn. 255.

56 *VG Regensburg* BayVBl. 1999, 347 (348).

57 *BayVGH* BayVBl. 1999, 343; *VG Regensburg* BayVBl. 1999, 347 (348 f.), mit Nachweisen zur Gegenansicht.

58 Vergleichbare Regelungen: § 5 PolG BW, § 11 ASOG Bln., § 3 PolG Bbg., § 3 PolG Brem., § 4 SOG Hbg., § 4 HSOG, § 15 SOG MV, § 4 NdsSOG, § 2 PolG NW, § 2 POG Rh-Pf, § 2 PolG Saarl., § 3 Abs. 2–4 SächsPolG, § 5 SOG LSA, § 73 Abs. 2 und 3 LVwG SchlH, § 4 PAG Thür.

59 *VG Regensburg* BayVBl. 1999, 347 (349); vgl. auch *BayVGH* BayVBl. 1999, 343.

60 Zur polizeilichen Generalklausel in anderen Bundesländern: § 3 PolG BW, § 17 Abs. 1 ASOG Bln., § 10 PolG Bbg., § 10 Abs. 1 PolG Brem., § 3 Abs. 1 SOG Hbg., § 11 HSOG, § 13 SOG MV, § 11 NdsSOG, § 8 Abs. 1 PolG NW, § 9 Abs. 1 POG Rh-Pf, § 8 Abs. 1 PolG Saarl., § 3 Abs. 1 SächsPolG, § 13 SOG LSA, § 174 LVwG SchlH, § 12 Abs. 1 PAG Thür.

61 Vgl. *Gallwas/Wolff*, Bayerisches Polizei- und Sicherheitsrecht, Rn. 367.

Ergebnis zu A: Das Handeln der P war insoweit rechtswidrig, als sie anlässlich der Durchsuchung der K auch eine visuelle Kontrolle des Genitalbereichs vornahm. Insoweit liegt auch eine Verletzung des allgemeinen Persönlichkeitsrechts der K aus Art. 2 Abs. 1 i.V.m. Art. 1 Abs. 1 GG (bzw. Art. 101 i.V.m. Art. 100 BV) vor. Die Fortsetzungsfeststellungsklage ist insoweit nicht nur zulässig, sondern auch begründet (vgl. § 113 Abs. 1 Sätze 1 und 4 VwGO). Im Übrigen sind die Maßnahmen der P gegenüber K (Anhalten und Ausweiskontrolle zur Identitätsfeststellung, Durchsuchung in Form des Abtastens der Kleider) als rechtmäßig zu bewerten. Die Fortsetzungsfeststellungsklage ist insoweit unbegründet.

B. Prüfung der Rechtmäßigkeit der Maßnahmen gegenüber T

Die polizeilichen Maßnahmen sind wegen ihrer eingreifenden Wirkung gegenüber T nur rechtmäßig, wenn sie von einer Ermächtigungsgrundlage, d.h. einer Befugnisnorm abgedeckt sind. In Betracht kommen hinsichtlich der Platzverweisung Art. 16 Satz 1 PAG, hinsichtlich des sog. „Verbringungsgewahrsams" Art. 17 Abs. 1 Nr. 3 oder Art. 11 Abs. 1 i.V.m. Abs. 2 Nr. 1 PAG, ggf. auch Art. 53, 58 i.V.m. Art. 16 PAG.

I. Formelle Rechtmäßigkeit (sachliche Zuständigkeit/Aufgabeneröffnung)

Die Polizei handelte nicht repressiv zur Verfolgung oder Aufklärung von Straftaten, sondern ausschließlich präventiv, um in Bezug auf T die Begehung von Straftaten (Erwerb von illegalen Drogen, § 29 Abs. 1 Nr. 1 BtMG) zu verhindern. Die Eröffnung des polizeilichen Aufgabenfeldes richtet sich daher nicht nach Art. 2 Abs. 4 PAG i.V.m. § 163 StPO bzw. § 53 OWiG, sondern nur nach Art. 2 Abs. 1 und Art. 3 PAG. Die Polizei handelte auch zur Gefahrenabwehr (Art. 2 Abs. 1 PAG), zudem lagen die Voraussetzungen der Unaufschiebbarkeit nach Art. 3 PAG vor (vgl. im einzelnen die Argumentation zu A II 2 a)). Der polizeiliche Aufgabenbereich ist damit eröffnet, die Polizei war sachlich zuständig.

II. Materielle Rechtmäßigkeit (Befugnis) hinsichtlich der Platzverweisung

Unter den Voraussetzungen des Art. 16 Satz 1 PAG[62] kann die Polizei eine Person vorübergehend von einem Ort verweisen oder ihr vorübergehend das Betreten eines Orts verbieten. Da T angewiesen wurde, den Konzertort in den nächsten 6 Stunden nicht zu betreten, liegt eine Platzverweisung in diesem Sinne vor. Diese ist nach Art. 16 Satz 1 PAG zulässig zur Abwehr einer konkreten Gefahr, also zu Abwehr eines Zustandes, der bei ungehindertem Ablauf des objektiv zu erwartenden Geschehens den Eintritt eines Schadens für die polizeilichen Schutzgüter bereits konkret erwarten lässt.[63] Hier gab T unumwunden zu, im Rahmen des Konzerts Drogen erwerben zu wollen. Insofern stand die Verletzung der Rechtsordnung insbesondere des Betäubungsmittelrechts unmittelbar bevor. Eine konkrete Gefahr für die öffentliche Sicherheit ist damit zu bejahen. Die Platzverweisung erfolgte auch zur Abwehr dieser Gefahr, weil mittels der Platzverweisung T am Drogenerwerb und damit an der Begehung von Straftaten gehindert werden sollte. Richtiger Adressat einer Platzverweisung ist nach Sinn und Zweck des Art. 16 Satz 1 PAG die die Gefahr verursachende Person[64], was für T ohne Weiteres zu bejahen ist. Auch Ermessensfehler sind nicht ersichtlich, insbesondere entsprach die Maßnahme den Grundsätzen der Geeignetheit, Erforderlichkeit und Zumutbarkeit und damit auch den Anforderungen des Grundsatzes der Verhältnismäßigkeit gem. Art. 4 Abs. 1 und 2 PAG. Die Platzverweisung gegenüber T ist von Art. 16 Satz 1 PAG abgedeckt und erfolgte damit in rechtmäßiger Weise.

---

[62] Vergleichbare Regelungen: § 29 Abs. 1 ASOG Bln., § 16 Abs. 1 PolG Bbg., § 14 PolG Brem., § 12 a SOG Hbg., § 31 HSOG, § 52 Abs. 1 SOG MV, § 17 Abs. 1 NdsSOG, § 34 PolG NW, § 13 POG Rh-Pf, § 12 PolG Saarl., § 21 Abs. 1 SächsPolG, § 36 Abs. 1 SOG LSA, § 201 LVwG SchlH, § 18 PAG Thür. Zur umstrittenen Einordnung der Ingewahrsamnahme als Verwaltungs- oder Realakt vgl. *Finger*, JuS 2005, 116 (117ff.)

[63] Z.B. *BayVGH* BayVBl. 2006, 635 (636); *Knemeyer*, Polizei- und Ordnungsrecht, Rn. 87.

[64] *Knemeyer*, Polizei- und Ordnungsrecht, Rn. 218.

III. Materielle Rechtmäßigkeit (Befugnis) hinsichtlich des sog. „Verbringungsgewahrsams"?

1. Art. 17 Abs. 1 Nr. 3 PAG in direkter Anwendung

Die Rechtmäßigkeit hinsichtlich der zwangsweisen Verbringung in den Außenbezirk zur Durchsetzung des Platzverweises, dem sich T widersetzte, könnte sich unmittelbar aus Art. 17 Abs. 1 Nr. 3 PAG[65] ergeben.[66] Hiernach kann die Polizei eine Person in Gewahrsam nehmen, wenn dies unerlässlich ist, um eine Platzverweisung nach Art. 16 PAG durchzusetzen. Dieser Durchsetzungsgewahrsam – der zur Durchsetzung eines Platzverweises den Weg über Sekundärmaßnahmen nach Art. 53 ff. PAG vermeidet und die Durchsetzungsmaßnahme selbst zur polizeilichen Primärmaßnahme erhebt – ist hier nach Art. 17 Abs. 1 Nr. 3 PAG grundsätzlich zulässig, weil T die (rechtmäßige) Platzverweisung schlicht missachtete und ungeachtet des Betretungsverbots an der Kontrollstelle vorbei gehen und am Konzert teilnehmen wollte. Aufgrund der beharrlichen Widersetzung erscheint eine derartige Zwangsmaßnahme auch unerlässlich. Daneben dürften auch die tatbestandlichen Voraussetzungen des Art. 17 Abs. 1 Nr. 2 PAG erfüllt sein, da T selbst die Begehung von Straftaten nach § 29 Abs. 1 Nr. 1 BtMG ankündigte. Art. 17 Abs. 1 Nr. 2 PAG ist dabei so auszulegen, dass Polizeigewahrsam zur Verhinderung von Straftaten allgemein (freilich nach Maßgabe des Verhältnismäßigkeitsprinzips, Art. 4 PAG) zulässig ist, die Einschränkung „der erheblichen Bedeutung für die Allgemeinheit" bezieht sich nur auf Ordnungswidrigkeiten.[67]

Entscheidend ist aber, ob der hier gewählte Weg des sog. „Verbringungsgewahrsams" dem Begriff des Gewahrsams i.S.v. Art. 17 Abs. 1 PAG unterfällt. Eine Ansicht bejaht dies, z.T. mit der Begründung, dass das Gesetz keine bestimmte Form des Gewahrsams vorschreibe.[68] Die Möglichkeit der unmittelbaren Subsumtion unter Art. 17 Abs. 1 PAG ist jedoch zu bezweifeln. Die Ingewahrsamnahme einer Person zielt nach dem natürlichen Sprachgebrauch auf den Entzug der körperlichen Bewegungsfreiheit. Gewahrsam i.S.v. Art. 17 Abs. 1 PAG kann damit definiert werden als hoheitlich begründetes Rechtsverhältnis, *„kraft dessen einer Person die Freiheit dergestalt entzogen wird, dass sie von der Polizei in einer dem polizeilichen Zweck entsprechenden Weise verwahrt und daran gehindert wird, sich fortzubewegen."*[69] Hiernach ist eine Ingewahrsamnahme also nur anzunehmen, wenn Handlungszweck die Verwahrung selbst, also das Festhalten schlechthin ist und zudem über den Betroffenen ein Obhutsverhältnis in Form einer Unterbringung begründet wird (herkömmlicherweise, wenn auch nicht unbedingt zwingend, in einem Arrest- oder Haftraum). Eine im Zusammenhang mit der Verwahrung stehende Verbringung an einen anderen Ort ist damit allenfalls dann direkt von Art. 17 Abs. 1 PAG erfasst, wenn die Ortsveränderung im engen Sachzusammenhang mit der Ingewahrsamnahme steht, etwa wenn der Betroffene erst noch zur Zelle gebracht werden muss oder aber im Hinblick auf die Obhutspflicht der Polizei gegenüber dem Eingesperrten ein Krankenhaus- oder Arztbesuch während des Festhaltens notwendig wird.[70] Der hier vorliegende Verbringungsgewahrsam geht jedoch insoweit darüber hinaus, weil

---

[65] Vergleichbare Regelungen: § 30 Abs. 1 Nr. 3 ASOG Bln., § 17 Abs. 1 Nr. 3 PolG Bbg., § 15 Abs. 1 Nr. 3 PolG Brem., § 13 Abs. 1 Nr. 3 SOG Hbg., § 32 Abs. 1 Nr. 3 HSOG, § 55 Abs. 1 Nr. 5 SOG MV, § 18 Abs. 1 Nr. 3 NdsSOG, § 35 Abs. 1 Nr. 3 PolG NW, § 14 Abs. 1 Nr. 3 POG Rh-Pf, § 22 Abs. 1 Nr. 4 SächsPolG, § 37 Abs. 1 Nr. 3 SOG LSA, § 204 Abs. 1 Nr. 4 LVwG SchlH, § 19 Abs. 1 Nr. 3 PAG Thür.

[66] Hierzu etwa *BayObLG* BayVBl. 1999, 349 f. Zur Verfassungsmäßigkeit der Art. 17 ff. PAG (bzw. der Art. 16 ff. PAG a. F.): *BayVerfGH* BayVBl. 1990, 654 ff. und 685 ff. Zur Verfassungsmäßigkeit der Ingewahrsamnahme nach Art. 17 Abs. 1 Nr. 1 PAG bzw. der Unterbringung nach dem BayUnterbrG: *BayVerfGH* BayVB. 1989, 205 ff.; zur Unterbringung auch *BayObLG* NJW 2000, 881 f. sowie *LG München I* NJW 2000, 883 ff.; zur Ingewahrsamnahme zur Verhinderung eines Selbstmordes: *BayObLG* DÖV 1989, 273 f.

[67] *BayObLG* NVwZ 1999, 106. Zu weiteren aktuellen Fallgestaltungen der Ingewahrsamnahme zur Verhinderung von Straftaten: *OVG Bremen* NVwZ 2001, 221 ff.; *VG Frankfurt* NVwZ 1994, 720 ff.

[68] *Niethammer*, BayVBl. 1989, 449 (454); s. auch *Berner/Köhler*, PAG, Art. 17, Rn. 25 f.; *Schmidbauer*, in: ders./Steiner, Bayerisches Polizeiaufgabengesetz, 2. Aufl. 2006, § 17 Rn. 65 ff.

[69] *LG Hamburg* NVwZ-RR 1997, 537 (538), unter Rekurs auf *OVG Münster* NJW 1980, 138 f. sowie *VG Bremen* NVwZ 1986, 862; ebenso: *Heckmann*, in: Becker/Heckmann/Kempen/Manssen, Öffentliches Recht in Bayern, 3. Teil, Rn. 367; *Gallwas/Wolff*, Bayerisches Polizei- und Sicherheitsrecht, Rn. 671. Der zitierten Entscheidung des *LG Hamburg* liegt eine Strafverfolgung des verantwortlichen Polizisten wegen Freiheitsberaubung und Nötigung zu Grunde (erfolgreiche Beschwerde der Staatsanwaltschaft gegen den Beschluss des Amtsgerichts, durch den die Hauptverhandlung mangels hinreichenden Tatverdachts nicht eröffnet wurde, vgl. §§ 199, 203, 204, 207, 210 Abs. 2 StPO). Krit. zu dieser Entscheidung *Leggereit*, NVwZ 1999, 263 ff.

[70] *LG Hamburg* NVwZ-RR 1997, 537 (538); *Kappeler*, DÖV 2000, 227 (233 f.).

mit ihm zielgerichtet eine Ortsveränderung verfolgt wird, ohne dass die Ortsveränderung dazu dient, den Betroffenen am Zielort weiter festzuhalten oder in sonstiger Weise das durch die Ingewahrsamnahme begründete Obhutsverhältnis aufrechtzuerhalten. Im Übrigen stand hinsichtlich des Verbringungsgewahrsams der Eingriff in die Bewegungsfreiheit nicht im Vordergrund. Die Polizei erstrebte einen vom engen Gewahrsamsbegriff nicht abgedeckten Verbringungszweck an. Schließlich sprechen grundrechtliche Schutzpflichten des Betroffenen dafür, dass eine Freiheitsbeschränkung oder -entziehung nach § 17 Abs. 1 PAG in einer speziellen Gewahrsamseinrichtung vorzunehmen ist. Der hier vollzogene Verbringungsgewahrsam ist daher nicht von Art. 17 Abs. 1 Nr. 3 PAG in direkter Anwendung abgedeckt.[71] Wenn vereinzelt darauf verwiesen wird, dass ein Verbringungsgewahrsam in seinen Belastungswirkungen unterhalb des eigentlichen Gewahrsamsvollzugs liegen kann[72], so kann dieses Argument, das aus sich heraus den abweichenden Gesetzeswortlaut und den eigentlichen Normsinn zu überwinden sucht, allenfalls für eine analoge Heranziehung des Art. 17 Abs. 1 Nr. 3 PAG angeführt werden.

2. Art. 17 Abs. 1 Nr. 3 PAG in analoger Anwendung

Die Rechtslehre spricht sich in Fällen der vorliegenden Art im Wege eines a-maiore-ad-minus-Schlusses z. T. für eine analoge Anwendung des Art. 17 Abs. 1 Nr. 3 PAG (bzw. der entsprechenden Vorschriften der anderen Bundesländer) aus. Denn regelmäßig (ggf. abhängig von den Umständen des Einzelfalles wie Witterungsverhältnissen bzw. Alter oder Krankheit des Betroffenen) stelle der Verbringungsgewahrsam, der dem Betroffenen nur für die Zeit der Fahrt die körperliche Bewegungsfreiheit nehme, das mildere Mittel dar gegenüber einem mehrstündigen Einsperren. Das gelte zumindest dann, wenn er unter Einbeziehung mangelnder Ortskenntnisse am Verbringungsort und den (auch tageszeitbedingten) Möglichkeiten der Nutzung öffentlicher Verkehrsmittel so berechnet sei, dass die zu prognostizierende Rückkehrzeit den ansonsten verhängten Gewahrsam nicht übersteigt.[73]

Hiergegen sprechen aber gewichtige Bedenken. Unabhängig davon, dass die Frage der Rechtmäßigkeit des Verbringungsgewahrsams seit Jahrzehnten umstritten ist und damit eine Untätigkeit des Gesetzgebers eher gegen eine unbewusste Rechtslücke als Voraussetzung der Analogie spricht[74], ist zu bedenken, dass die schützenden Verfahrensvorschriften nach Art. 18–20 PAG auf typische Fälle der echten Ingewahrsamnahme, also auf die Verbringung in eine Haft- oder Arrestzelle zugeschnitten sind. Wäre ein Verbringungsgewahrsam zulässig, so bestünde ein Bedürfnis nach ähnlichen Schutzvorschriften, die auf die berechtigten Interessen des Betroffenen und seiner Angehörigen zugeschnitten sind und die insbesondere in rechtsstaatlicher Hinsicht den noch zulässigen Verbringungsgewahrsam von einer im Hinblick auf staatliche Schutzpflichten aus Art. 2 Abs. 2 Satz 1 GG bedenklichen Aussetzung abgrenzen.[75] Vor allem aber ist das Hauptargument für eine Analogie, nämlich die mit dem Verhältnismäßigkeitsgrundsatz gekoppelte Überlegung, dass der Verbringungsgewahrsam sich als regelmäßig milderes Mittel gegenüber dem Festhalten in einer Zelle darstelle, nicht schlüssig, weil mit der Aussetzung neben der eher kurzfristigen Freiheitsberaubung während der Fahrt weitere erhebliche Belastungen einhergehen[76]: Der Verbringungsgewahrsam ist typischerweise – so auch im vorliegenden Fall – darauf gerichtet, dass der Betroffene in der Zeit, für die ansonsten ein Festhalten im polizeilichen Gewahrsam erforderlich gewesen wäre, nicht zu dem Ort, für den die Platzverweisung ausgesprochen wurde, zurückkehren kann. Der Betroffene erhält nach der (hier 45-minütigen) Beeinträchtigung seiner in Art. 2 Abs. 2

[71] *VG Bremen* NVwZ 1986, 862 (863); *LG Hamburg* NVwZ-RR 1997, 537 (538); *Kappeler*, DÖV 2000, 227 (233 f.); *Maaß*, NVwZ 1985, 151 (156); insoweit auch *Leggereit*, NVwZ 1999, 263 (264); offenlassend OVG Bremen NVwZ 1987, 235 (236 f.).

[72] *Niethammer*, BayVBl. 1989, 449 (454); ansatzweise auch *BayObLG* 1990, 347 (350) sowie *OVG Bremen* NVwZ 1987, 235 (237).

[73] In diese Richtung: *Niethammer*, BayVBl. 1989, 449 (454); *Leggereit*, NVwZ 1999, 263 (264 f.); *Berner/Köhler*, PAG, Art. 17, Rn. 25 f. Vgl. auch die eher einzelfallorientierte Betrachtungsweise bei *OVG Bremen* DÖV 1987, 253 (254) sowie – eher am Rande – *BayObLG* BayVBl. 1990, 347 (350).

[74] *LG Hamburg* NVwZ-RR 1997, 537 (539).

[75] *LG Hamburg* NVwZ-RR 1997, 537 (538 f.); krit. – für eine Übertragung der auf den Gewahrsam i. e. S. zugeschnittenen Verfahrensvorschriften plädierend – *Leggereit*, NVwZ 1999, 263 (265).

[76] Hierzu im einzelnen *LG Hamburg* NVwZ-RR 1997, 537 (538 f.)

Satz 2 GG geschützten Fortbewegungsfreiheit immerhin zwar früher diese Freiheit als bei Inhaftierung zurück, ist aber zudem damit belastet, sich zunächst in dem ihm regelmäßig nicht vertrauten Gebiet zu orientieren und sich um ein Verkehrsmittel für den Rückweg zu kümmern. Ebenso wie bei der Ingewahrsamnahme ergibt sich ein Zeitverlust, der Betroffene muss zudem aktive (und ggf. kostenintensive) Gegenmaßnahmen ergreifen, um die für ihn normalen Zustände wiederherzustellen. Je nach Einzelfall können Tageszeit, Wetter und eventuell physische oder psychische Probleme des „Ausgesetzten" erschwerend hinzukommen. In dieser Hinsicht ist auch von Bedeutung, dass der Betroffene nicht den Schutz erhält, dem er im Falle der hoheitlichen Obhut bei herkömmlichem Gewahrsam unterliegt. In der Gesamtbetrachtung ergibt sich somit keine geringere Belastung als bei der echten Ingewahrsamnahme. Der Verbringungsgewahrsam stellt somit im Hinblick auf die herkömmlichen Maßnahmen des Art. 17 Abs. 1 PAG kein Minus, sondern ein Aliud dar. Hinsichtlich der gänzlich anderen Belastungsarten liegt daher auch keine für eine Analogie erforderliche Vergleichbarkeit der Fälle vor. Der hier gegenüber T angeordnete und durchgeführte Verbringungsgewahrsam ist damit nicht von einer analogen Anwendung des Art. 17 Abs. 1 Nr. 3 PAG abgedeckt (a. A. vertretbar).

3. Die Generalermächtigung nach Art. 11 Abs. 1 i.V.m. Abs. 2 Nr. 1 PAG als gesetzliche Handlungsermächtigung?

Da die Polizei den T an einen entlegenen Ort verbrachte, um ihn von der Begehung einer konkret bevorstehenden Straftat nach § 29 Abs. 1 Nr. 1 BtMG abzuhalten, ist es naheliegend, die Anordnung des Verbringungsgewahrsams als atypische Maßnahme i.S.v. Art. 11 Abs. 1 i.V.m. Abs. 2 Nr. 1 PAG anzusehen.[77]

> **Zur Vertiefung:** In eine ähnlich Richtung geht die (von *LG Hamburg* NVwZ-RR 1997, 537 ff. nicht angesprochene) Überlegung, die Verbringungsmaßnahme als Form des Sofortvollzugs gem. Art. 53 Abs. 2 PAG anzusehen, gerichtet auf Vollstreckung einer (auf die Generalermächtigung gestützten und sofort vollzogenen) Anordnung an K, sich an den Zielort der Verbringungsmaßnahme zu begeben (unmittelbare Ausführung nach Art. 9 PAG scheidet schon deshalb aus, weil es sich nicht um ein Handeln anstelle des T, sondern um eine seinen Willen brechende Maßnahme handelt). Jedenfalls setzt der Sofortvollzug nach Art. 53 Abs. 2 PAG nicht nur eine vollstreckbare Grundverfügung voraus (vgl. § 80 Abs. 2 Nr. 2 VwGO), sondern zudem, dass die Grundvoraussetzungen für eine Primärmaßnahme – hier gem. Art. 11 Abs. 1 i.V.m. Abs. 2 Nr. 1 PAG – erfüllt sind.[78] Auch für diesen Ansatz ist mithin entscheidend, ob (1) die tatbestandlichen Voraussetzungen der Befugnisnorm der Generalermächtigung nach Art. 11 Abs. 1 i.V.m. Abs. 2 Nr. 1 PAG vorliegen und (2) wie das Verhältnis von Art. 53 Abs. 2 i.V.m. Art. 11 Abs. 1 i.V.m. Abs. 2 Nr. 1 PAG zu Art. 17 Abs. 1 Satz 3 PAG, der als Spezialnorm die Voraussetzungen der Durchsetzung einer vorangegangenen Platzverweisung regeln soll, zu bestimmen ist. Die folgenden Argumente können auf diesen Ansatz übertragen werden.

Gegen die Einschlägigkeit der Generalklausel spricht aber deren Subsidiarität.[79] Immer dann, wenn ein spezieller Tatbestand von Regelungen über Standardmaßnahmen erfasst ist, wird die Generalermächtigung des Art. 11 PAG verdrängt. Hier ist zu bedenken, dass Art. 17 PAG als zentrale Vorschrift über den Gewahrsam Beschränkungen der körperlichen Bewegungsfreiheit spezialgesetzlich regelt und gerade deswegen spezielle Verfahrensanforderungen in Art. 18 ff. PAG bereithält. Die Spezialität des Art. 17 (hier Abs. 1 Nr. 3) PAG ist vor allem dann zwingend anzunehmen, wenn auch der Verbringungsgewahrsam als Freiheitsentziehung bewertet wird, die zur ihrer Verfassungsmäßigkeit verfahrensbezogener Normen bedarf, die den Anforderungen des Art. 104 GG entsprechen.[80] Insofern ist zu bedenken, dass auch ein Verbringungsgewahrsam die körperliche Bewegungsfreiheit über einen gewissen Zeitraum entzieht, wenn dies i. E. auch regelmäßig kürzer ist als bei Inhaftierung in einer Arrestzelle. Dies ist be-

---

[77] Vgl. die Prüfung bei *LG Hamburg* NVwZ-RR 1997, 537 (539 f.).

[78] Z.B. *Schoch*, JuS 1995, 307 (312).

[79] Hierzu *VG Bremen* NVwZ 1986, 862 (864); *LG Hamburg* NVwZ-RR 1997, 537 (539 f.).

[80] Zum Streitstand *LG Hamburg* NVwZ-RR 1997, 537 (539 f.).

zweckt, da der Betroffene – wie beim herkömmlichen Gewahrsam – daran gehindert werden soll, in nächster Zeit zu dem Ort, für den der Platzverweis ausgesprochen wurde, zurückzukehren: Auch in der Zeit, in der er im Fahrzeug eingesperrt ist, soll er nicht die Gelegenheit erhalten, den von ihm gewünschten Platz zu betreten.[81] Deshalb spricht Vieles dafür, nicht von einer bloßen Freiheitsbeschränkung i. S. v. Art. 2 Abs. 2 Satz 2 GG, sondern von einer Freiheitsentziehung i. S. v. Art. 2 Abs. 2 Satz 2 i. V. m. Art. 104 Abs. 2 GG auszugehen.[82] Jedenfalls ist auch unabhängig von dieser Einordnung die mit dem Verbringungsgewahrsam einhergehende längerfristige Freiheitsbeschränkung an Art. 17 PAG als lex specialis zu messen. Art. 11 PAG als Generalermächtigung wird insofern verdrängt.[83]

4. Art. 53, 58 i. V. m. Art. 16 PAG als Handlungsermächtigung – Verbringungsgewahrsam als Vollziehung des Platzverweises im Wege des Verwaltungszwangs (unmittelbarer Zwang)?

Letztlich kommt in Betracht, den Verbringungsgewahrsam als Maßnahme des unmittelbaren Zwangs zur Erzwingung des vorher ausgesprochenen (und – s. o. – rechtmäßigen) Platzverweises anzusehen. Die Handlungsbefugnis für diesen, dann als Maßnahme des Verwaltungszwangs zu qualifizierenden Akt ergäbe sich dann möglicherweise aus Art. 53, 58 i. V. m. Art. 16 PAG.[84] Aber auch Maßnahmen des Verwaltungszwangs sind gegenüber spezielleren Primärmaßnahmen des PAG subsidiär. Art. 17 Abs. 1 Nr. 3 PAG stellt in dieser Hinsicht eine Spezialnorm zur Durchsetzung eines Platzverweises dar. Art. 53 ff. PAG werden insofern verdrängt und sind nicht anwendbar.[85] Im Übrigen darf unmittelbarer Zwang als Vollstreckungsmaßnahme nicht über das hinausgehen, wozu die zu vollstreckende Primärmaßnahme den Betroffenen verpflichtet. Die Platzverweisung spricht aber nur aus, dass ein bestimmter Ort (hier das Konzertgelände) nicht betreten werden darf. Der Verbringungsgewahrsam geht über diese Raumbeziehung aber hinaus. Als Vollstreckungsmaßnahme könnte er allenfalls von der Rechtsfolge her gesehen ergehen, wenn die vollstreckbare Grundverfügung die Pflicht des Betroffenen enthielte, sich gerade an den Verbringungsort zu begeben.[86]

Endergebnis: Nach der hier vertretenen Auffassung ist der Verbringungsgewahrsam rechtswidrig und verletzt K in subjektiven Rechten aus Art. 2 Abs. 2 Satz 2 i. V. m. Art. 104 GG.

> **Zur Vertiefung:** Nicht eindeutig ist der Weg der prozessualen Geltendmachung durch T. Im Hinblick auf die Platzverweisung ergibt sich kein Unterschied zum Ausgangsfall (Teil A). T kann hier auf dem Verwaltungsrechtsweg mittels der Fortsetzungsfeststellungsklage vorgehen, die hier zulässig, aber i. E. unbegründet ist. Hinsichtlich der prozessualen Geltendmachung der Rechtswidrigkeit des Verbringungsgewahrsams dürfte die auf Basis von § 40 Abs. 1 Satz 2 VwGO erlassene Sonderrechtswegzuweisung des Art. 18 Abs. 2 i. V. m. Abs. 3 Satz 2 PAG einschlägig sein[87], jedenfalls wenn der Verbringungsgewahrsam als Freiheitsentziehung bewertet wird (s. o.).[88] Es dürfte aber auch vertretbar sein, lediglich eine Freiheitsbeschränkung anzunehmen und daher hinsichtlich der Heranziehung des Art. 11 PAG bzw. der Art. 53, 58 i. V. m. Art. 16 PAG als Maßstab für die Rechtmäßigkeit des Ver-

---

[81] Vgl. *VG Bremen* NVwZ 1986, 862 (863).

[82] So mit guter Begründung *LG Hamburg* NVwZ-RR 1997, 537 (539 f.). I. E. auch: *Kappeler*, DÖV 2000, 227 (230 f.); *Maaß*, NVwZ 1985, 151 (156 f.). A. A. – bloße Freiheitsbeschränkung: *Berner/Köhler*, PAG, Art. 17, Rn. 25.

[83] Zustimmend *Kappeler*, DÖV 2000, 227 (234); ebenso insoweit *Leggereit*, NVwZ 1999, 263 (264). I. E. auch *Maaß*, NVwZ 1985, 151 (156 f.), mit dem Argument, dass die polizeiliche Generalklausel nicht auf Freiheitsbeschränkungen bzw. Freiheitsentziehungen gem. Art. 2 Abs. 2 Satz 2 (ggf. i. V. m. Art. 104) GG zugeschnitten ist.

[84] Vgl. die Nachweise bei *LG Hamburg* NVwZ-RR 1997, 537 (538).

[85] *LG Hamburg* NVwZ-RR 1997, 537 (540).

[86] *LG Hamburg* NVwZ-RR 1997, 537 (540); *Maaß*, NVwZ 1985, 151 (157); zustimmend insoweit *Leggereit*, NVwZ 1999, 263 (264).

[87] Zum richterrechtlich entwickelten nachträglichen Rechtsschutz bei erledigter Ingewahrsamnahme vor der Neufassung des Art. 18 PAG: *Niethammer*, BayVBl. 1989, 449 (450).

[88] In diesem Zusammenhang wird zum Thema „nachträgliche gerichtliche Überprüfung freiheitsentziehender Maßnahmen der Polizei" auf *BVerfG* NVwZ 2006, 579 verwiesen, wo die grundrechtliche Ausstrahlungswirkung von Art. 2 Abs. 2 Satz 2 i. V. m. Art. 104 Abs. 2 GG sowie von Art. 19 Abs. 4 GG auf das Verfahren der unverzüglich nachzuholenden richterlichen Kontrolle näher ausgeführt wird (durcharbeiten!).

bringungsgewahrsams den Verwaltungsrechtsweg nach § 40 Abs. 1 Satz 1 VwGO und mithin die Fortsetzungsfeststellungsklage oder (bei Einordnung als Realakt) die allgemeine Feststellungsklage gemäß § 43 VwGO als statthafte Klageart anzunehmen.[89]

Vom Verbringungsgewahrsam zur Durchsetzung eines Platzverweises ist die im Ergebnis vergleichbare, in der rechtlichen Beurteilung aber anders zu handhabende sicherheitsbehördliche Anordnung eines längerfristigen Aufenthaltsverbots zu unterscheiden, hierzu unten *Fall 17.*

Rechtsprechungsvorlagen: BayVGH BayVBl. 1999, 343, *VG Regensburg* BayVBl. 1999, 347; *LG Hamburg* NVwZ-RR 1997, 537; *VG Bremen* NVwZ 1986, 862; *OVG Bremen* NVwZ 1987, 235

Leseempfehlungen: Erichsen, Polizeiliche Standardmaßnahmen, Jura 1993, 45; *Finger*, Polizeiliche Standardmaßnahmen und ihre zwangsweise Durchsetzung – Rechtsnatur, Rechtsgrundlage und Rechtsschutz am Beispiel der Ingewahrsamnahme, JuS 2005, 116; *Kappeler*, Der Verbindungsgewahrsam im System vollzugspolizeilicher Eingriffsbefugnisse, DÖV 2000, 227; *Leggereit*, Der Verbringungsgewahrsam – ein generell rechtswidriges Instrumentarium der Vollzugspolizei?, NVwZ 1999, 263; *Rozek*, Grundfälle zur verwaltungsgerichtlichen Fortsetzungsfeststellungsklage, JuS 1995, 414, 598, und 697; *Rozek*, Neues zur Fortsetzungsfeststellungsklage: Fortsetzung folgt? – BVerwGE 109, 203, JuS 2000, 1162; *Schenke*, Die Neujustierung der Fortsetzungsfeststellungsklage, JuS 2007, 697; *Schoch*, Die Schutzgüter der polizei- und ordnungsrechtlichen Generalklausel, Jura 2003, 177; *Voßkuhle*, Grundwissen – öffentliches Recht: Der Gefahrenbegriff im Polizei- und Ordnungsrecht, JuS 2007, 908; *Weber*, Die erweiterte Fortsetzungsfeststellungsklage, BayVBl. 2003, 488

---

[89] Zu den denkbaren Ansätzen hier auch *Finger*, JuS 2005, 116 (119).

Fall 12: Pressefotograf *(Möstl)*

Sachverhalt

Im 3. Stock eines Mehrfamilienhauses in der oberbayerischen Stadt S wurde im Oktober 2006 eine Hausbewohnerin ausgeraubt und ermordet aufgefunden. Die Polizei begab sich dorthin, um die Ermittlungen aufzunehmen. Fünf Arbeiter, die in dem Haus Renovierungsarbeiten durchführten, führte die Polizei zur Feststellung der Personalien und zur Befragung auf der Dienststelle zu ihren Dienstfahrzeugen ab.

Vor dem Haus wartete der Fotograf F, der für die lokale Tageszeitung arbeitet und von dem Vorfall informiert worden war. Er fertigte mehrere Bilder von den abgeführten Arbeitern und von den sie abführenden Polizisten. Nachdem die Arbeiter, aber auch einige Polizisten geäußert hatten, dass sie nicht fotografiert werden wollten, forderte ein Polizeibeamter F auf, den Film herauszugeben. Als dieser sich weigerte, wurde der Film sichergestellt.

Noch am selben Tag wandte sich der Redaktionsleiter der Tageszeitung gegen das Vorgehen der Polizei und verlangte von ihr, den Film nicht, wie angekündigt, zu entwickeln, sondern umgehend zurückzugeben. Gleichwohl wurde der Film auf der Dienststelle entwickelt. Die Negative, auf denen die Arbeiter und die Polizisten zu sehen waren, wurden einbehalten, die restlichen Negative dem F am selben Tag zurückgegeben. Kurz danach wurde die Sicherstellung ausdrücklich aufgehoben und der ganze Film dem F zurückgegeben; dabei wurde F auf die Möglichkeit einer Feststellungsklage beim Verwaltungsgericht hingewiesen, falls die Rechtmäßigkeit der Sicherstellung gerichtlich geklärt werden solle.

F hatte sogleich nach dem Vorfall gegen die Sicherstellung des Films Widerspruch erhoben, über den nicht entschieden wurde. Achtzehn Monate nach Aufhebung der Sicherstellung hat F Klage zum Verwaltungsgericht erhoben. Er beantragt festzustellen, dass die Sicherstellung und das Entwickeln des Films rechtswidrig waren. Für die Sicherstellung habe kein Grund bestanden, für das Entwickeln des Films habe überhaupt eine Rechtsgrundlage gefehlt. Das Vorgehen der Polizei sei überdies eine eklatante Verletzung der Pressefreiheit.

Der Beklagte beantragt Klageabweisung. Die Klage sei unzulässig. Selbst wenn man dem Kläger eine Jahresfrist für die Klageerhebung einräume, sei die Klage verspätet; denn jedenfalls mit der Aufhebung der Sicherstellung habe er zuverlässig Kenntnis davon erlangt, dass der Widerspruch sich erledigt habe. Die Entwicklung des Films sei Teil der Sicherstellung und könne deshalb nicht selbstständig angegriffen werden. Selbst wenn man das anders beurteile, müsse berücksichtigt werden, dass eine Verwaltungsrealhandlung nicht Gegenstand einer Fortsetzungsfeststellungsklage sein könne und dass – wie vorsorglich zu bemerken sei – in der Sache die Maßnahme durch die polizeiliche Generalklausel gedeckt sei. Insgesamt sei es darum gegangen, die Beteiligten vor einer möglichen Bloßstellung oder Verunglimpfung in der Öffentlichkeit zu schützen und eine Straftat nach § 33 KunstUrhG zu verhindern, die offensichtlich in allernächster Zeit zu erwarten gewesen sei.

Vermerk für die Bearbeiter: Die Entscheidung des Gerichts ist unter Berücksichtigung aller aufgeworfenen Rechtsfragen gutachtlich vorzubereiten.

Hinweis: Das Gesetz betreffend das Urheberrecht an Werken der bildenden Künste und der Photographie (KunstUrhG) vom 9.1.1907 (RGBl. S. 7) ist im Schönfelder (Nr. 67) abgedruckt.

Lösung

A. Klärung der Klagebegehren

Die gutachtliche Vorbereitung der gerichtlichen Entscheidung setzt zunächst voraus, Klarheit über die vom Kläger verfolgten Klagebegehren zu gewinnen. Zu klären ist insbesondere, ob mit der Klage zwei getrennte oder nur ein Klagebegehren verfolgt werden.

Das Rechtsschutzbegehren des F bezieht sich auf zwei voneinander zu unterscheidende Streitgegenstände: zum einen auf die Feststellung der Rechtswidrigkeit der Sicherstellung, zum anderen auf die Feststellung der Rechtswidrigkeit der Filmentwicklung. Dass sich der geltend gemachte Feststellungsanspruch auf zwei zu trennende Rechtsverhältnisse bezieht, bringt schon die Formulierung des Klageantrags („dass die Sicherstellung *und* das Entwickeln des Films rechtswidrig waren") zum Ausdruck und wird durch die den geltend gemachten Ansprüchen zugrunde liegenden Lebenssachverhalte unterstrichen: Das Entwickeln des Films ist nämlich keineswegs ein in jeder Sicherstellung eines Films notwendig enthaltener Sachverhalt, sondern ein zur Sicherstellung hinzukommender, selbstständiger Angriffsgegenstand. Das Vorliegen zweier, durch Antrag und zugrunde liegenden Lebenssachverhalt bestimmter Streitgegenstände (vgl. herrschender zweigliedriger Streitgegenstandsbegriff[1]) wird auch durch die Einlassung des Beklagten, das Entwickeln sei ein nicht selbstständig angreifbarer Teil der Sicherstellung, nicht erschüttert. Sollte damit gemeint sein, dass die Filmentwicklung ein selbstverständlicher Teil des durch die Sicherstellung begründeten Verwahrungsverhältnisses sei, so wäre dies unrichtig, weil sehr wohl Sicherstellungen ohne Filmentwicklung vorstellbar sind. Sollte hingegen gemeint sein, auch die Filmentwicklung könne letztlich auf die Befugnisnorm zur Sicherstellung gestützt werden, so änderte diese materiellrechtliche Einlassung für die Frage des Streitgegenstandes nichts daran, dass das Entwickeln einen gegenüber der bloßen Sicherstellung eigenständigen Lebenssachverhalt darstellt, an den sich ein eigenständiger Feststellungsantrag knüpft. Überdies wird die weitere Prüfung zeigen, dass die beiden Feststellungsbegehren sowohl hinsichtlich ihrer Zulässigkeit als auch ihrer Begründetheit unterschiedlich zu beurteilen sind, und auf diese Weise bekräftigen, dass zwei unterschiedliche Rechtsverhältnisse gegeben sind. Es liegen folglich zwei getrennt zu prüfende, wenngleich im Wege objektiver Klagehäufung zusammen verfolgte (§ 44 VwGO) Klagebegehren vor.

Die Sicherstellung[2] zerfällt nicht ihrerseits in zwei Streitgegenstände (Anordnung [Art. 25 PAG] und zwangsweiser Vollzug [Art. 53 ff. PAG] der Sicherstellung). Vielmehr ist eine Sicherstellung i. S. v. Art. 25 PAG bereits definitionsgemäß Begründung eines öffentlich-rechtlichen Verwahrungsverhältnisses durch Sicherstellungsanordnung *und* deren Vollzug durch Realakt[3], schließt den faktischen Vollzug also bereits ein. Ebenso erfolgt die Sicherstellung definitionsgemäß gegen den Willen des Gewahrsamsinhabers, weil bei freiwilliger Herausgabe eine Sicherstellungsanordnung nicht erforderlich ist. Für eine eigenständig angreifbare Anwendung von Verwaltungszwang i. S. v. Art. 53 ff. PAG bleibt daher nur Raum, soweit der Gewahrsamsinhaber sich in die gegen seinen Willen erfolgte Anordnung nicht fügt und der Gewahrsamswechsel z. B. durch unmittelbaren Zwang erzwungen werden muss. Dafür bestehen im Sachverhalt keine Anhaltspunkte. Ein Auseinanderfallen der Streitgegenstände ergibt sich auch nicht daraus, dass die Polizei den F laut Sachverhalt bereits vor der Sicherstellung zur Herausgabe des Films aufgefordert hat. Diese Aufforderung ist nämlich entweder als eine unverbindliche Aufforderung zur freiwilligen Herausgabe zu verstehen, die nur klären will, ob eine Sicherstellungsanordnung erforderlich ist, aber

---

[1] *Kopp/Schenke*, VwGO, § 90 Rn. 7 ff., 12 ff.

[2] Art. 25 PAG entsprechende Nomen über die Sicherstellung gibt es in allen Landespolizeigesetzen (§§ 32 f. PolG BW, § 38 ASOG Bln., § 25 PolG Bbg., § 23 PolG Brem., § 14 SOG Hbg., § 40 HSOG, § 61 SOG MV, § 26 Nds. SOG, § 43 PolG NW, § 22 POG Rh-Pf, § 21 SPolG, §§ 26 f. SächsPolG, § 45 SOG LSA, § 210 LVwG SchlH., § 27 PAG Thür.). In Sachsen und Baden-Württemberg wird die nicht zum Schutz der sichergestellten Sache erfolgende, sondern – wie hier – der Abwehr einer von der Sache oder von ihrem Gebrauch ausgehenden Gefahr dienende Sicherstellung als „Beschlagnahme" bezeichnet.

[3] Vollzugsbekanntmachung 25.2. Die Vollzugsbekanntmachung zum PAG findet sich in *Berner/Köhler* nach dem Gesetzestext des jeweiligen Artikels abgedruckt.

keinen selbstständig angreifbaren, eigenständigen Regelungsgehalt hat. Oder aber sie ist bereits die verbindliche Anordnung der Herausgabe und wäre als solche bereits Bestandteil der *einen* Lebenssachverhalt darstellenden Sicherstellung; eine ggf. im weiteren Verlauf erfolgende erneute Aufforderung wäre nur eine unselbstständige wiederholende Verfügung.

B. Die Sicherstellung

I. Zulässigkeit

1. Verwaltungsrechtsweg, § 40 Abs. 1 VwGO

> **Zum Aufbau:** Die Eröffnung des Verwaltungsrechtswegs bleibt trotz § 17a Abs. 2 GVG Sachurteils- und insofern auch Zulässigkeitsvoraussetzung einer Klage vor den Verwaltungsgerichten. Vgl. im Einzelnen Seidel/Reimer/Möstl, Allgemeines Verwaltungsrecht, Fall 1.

Der Verwaltungsrechtsweg ist in allen öffentlich-rechtlichen Streitigkeiten nichtverfassungsrechtlicher Art gegeben, soweit die Streitigkeit nicht durch Bundesgesetz einem anderen Gericht zugewiesen ist (§ 40 Abs. 1 Satz 1 VwGO). Der Rechtsweg bei Streitigkeiten, die Handlungen der Polizei betreffen, hängt von der verfolgten Aufgabe ab, insbesondere davon, ob die Polizei repressiv, d. h. zur Verfolgung von Straftaten und Ordnungswidrigkeiten (dann z. B. die Rechtsbehelfe der StPO, § 23 EGGVG), oder präventiv, also im Bereich der Gefahrenabwehr (dann § 40 Abs. 1 Satz 1 VwGO, vgl. auch Art. 12 Abs. 1 POG), tätig wird. Soweit im Fall eine Straftat nach § 33 KunstUrhG verhindert werden soll, die ja erst in einer zukünftigen Veröffentlichung der Fotos liegen könnte (der bereits die Herstellung von Fotos verbietende § 201a StGB ist nicht einschlägig), ist eindeutig präventives Handeln gegeben. Auch soweit die Sicherstellung dem Schutz des allgemeinen Persönlichkeitsrechts der abgeführten Personen dienen soll, gilt nichts anderes: Zwar kann schon das (bereits geschehene) Fotografieren selbst gegen das Persönlichkeitsrecht verstoßen, dieser zivilrechtliche Rechtsverstoß für sich genommen stellt jedoch keine repressiv zu verfolgende Straftat oder Ordnungswidrigkeit dar, § 201a StGB (der allein für Fotos von Personen in Wohnungen oder gegen Einblick besonders geschützten Räumen gilt) ist nicht einschlägig, und auch eine erweiternde Auslegung des § 33 KunstUrhG, die schon das Herstellen von Fotografien unter Strafe stellen würde, kommt wegen des darin liegenden Verstoßes gegen das Analogieverbot (Art. 103 Abs. 2 GG, § 1 StGB) nicht in Frage.[4] Auch in Bezug auf das Persönlichkeitsrecht geht es um Gefahrenabwehr, nämlich um Unterbindung einer durch die gemachten Aufnahmen u. U. bereits begonnenen sowie um Verhütung einer durch weitere Aufnahmen, Filmentwicklung, Veröffentlichung etc. fortdauernden und verschärften Störung des Persönlichkeitsrechts. Die Sicherstellung dient folglich durchwegs präventiven Zwecken und beurteilt sich nach den öffentlich-rechtlichen Normen des Polizeirechts. Sie stellt insbesondere keine Beschlagnahme nach §§ 94 ff. StPO dar, die vor den ordentlichen Gerichten gemäß § 98 Abs. 2 Satz 2 StPO angegriffen werden könnte. Gegeben ist folglich der Verwaltungsrechtsweg gemäß § 40 Abs. 1 Satz 1 VwGO, Art. 12 Abs. 1 POG.

2. Statthaftigkeit der Fortsetzungsfeststellungsklage, § 113 Abs. 1 Satz 4 VwGO analog

Richtige Klageart könnte eine Fortsetzungsfeststellungsklage in analoger Anwendung des § 113 Abs. 1 Satz 4 VwGO sein.

Das Begehren der Feststellung der Rechtswidrigkeit müsste sich hierzu auf einen Verwaltungsakt beziehen. Bei der Sicherstellung handelt es sich um einen Verwaltungsakt gemäß Art. 35 Satz 1 BayVwVfG.[5] Dies würde selbst dann gelten, wenn die Sicherstellung äußerlich als Realakt ausgestaltet gewesen

---

[4] *Rebmann,* Archiv für Presserecht 1982, 189 (194), Fn. 54.

[5] In anderen Ländern: § 35 (L) VwVfG; in Sachsen-Anhalt gilt § 35 VwVfG des Bundes über § 1 VwVfG LSA entsprechend, in Schleswig-Holstein (§ 106 LVwG) (auch im Folgenden).

wäre, etwa wenn der Polizist dem F den Film schlicht weggenommen hätte. Auch dann nämlich enthielte das polizeiliche Vorgehen konkludent eine rechtserhebliche Regelung – eine Polizeiverfügung[6] –, hier gerichtet auf Duldung der Wegnahme des Films und Begründung eines öffentlich-rechtlichen Verwahrungsverhältnisses.[7]

Der Verwaltungsakt müsste sich erledigt haben. Dies ist hier geschehen durch ausdrückliche Aufhebung der Sicherstellung (vgl. § 113 Abs. 1 Satz 4 VwGO: „durch Zurücknahme … erledigt"). Eine Anfechtungsklage gerichtet auf die – bereits geschehene – Aufhebung des VA ist damit gegenstandslos geworden. Da die Erledigung jedoch bereits vor Klageerhebung erfolgt ist, kommt nur eine analoge Anwendung von § 113 Abs. 1 Satz 4 VwGO in Betracht, die von der ständigen Rechtspraxis im Hinblick auf die im Wesentlichen vergleichbare Interessenlage und darauf, dass die Frage des Rechtsschutzes nicht von dem – oft zufälligen – Zeitpunkt der Erledigung abhängen dürfe, bejaht wird.[8]

In Frage gestellt sieht sich diese ständige Rechtspraxis zur „nachgezogenen" bzw. „erweiterten" Fortsetzungsfeststellungsklage analog § 113 Abs. 1 Satz 4 VwGO in jüngerer Zeit durch ein obiter dictum des *BVerwG*. Dieses hatte – am Ende der Prüfung einer nach VA-Erledigung erhobenen, auf Feststellung der Rechtswidrigkeit des VA gerichteten Klage, insbesondere nachdem es gezeigt hatte, dass eine derartige Klage nicht an die Einhaltung der Klagefrist nach § 74 Abs. 1 VwGO gebunden ist – erstmals Zweifel daran geäußert hatte, ob für derartige Klagen überhaupt auf § 113 Abs. 1 Satz 4 VwGO analog zurückzugreifen sei, oder ob die Zulässigkeit dieser „Feststellungsklagen" nicht schlicht nach § 43 VwGO bemessen werden könne, da doch die für Fortsetzungsfeststellungsklagen (als „amputierte" bzw. „umgestellte" Anfechtungsklagen) geltenden Klagevoraussetzungen (Vorverfahren, Klagefrist) für derartige „nachgezogene" Fortsetzungsfeststellungsklagen ohnehin nicht gälten, die Zulässigkeitsvoraussetzungen der „nachgezogenen" Fortsetzungsfeststellungsklage also ohnehin denen des § 43 VwGO entsprächen.[9] In der Literatur sind diese Einlassungen z. T. als „Abschied von der Fortsetzungsfeststellungsklage analog § 113 Abs. 1 Satz 4 VwGO" gewertet worden[10], und in der Tat muss es nunmehr als ohne weiteres vertretbar angesehen werden, nach Erledigung des VA erhobene „Fortsetzungsfeststellungsklagen" unmittelbar nach § 43 VwGO zu bemessen, d. h. als einfache Feststellungsklage zu werten.

Das *BVerwG* hat andererseits seine (ausdrücklich als solche bezeichnete) *ständige* Rspr. zur analogen Anwendung des § 113 Abs. 1 Satz 4 VwGO auch nicht ausdrücklich aufgegeben und die Frage bewusst offengelassen. Auch dass es infolge der Äußerung des *BVerwG* zu einer Änderung der Rechtspraxis gekommen wäre, ist nicht ersichtlich.[11]

Zum Aufbau: Das *BVerwG* hat die Heranziehung von § 43 VwGO erst angedacht, nachdem es zuvor gezeigt hatte, dass die traditionelle analoge Anwendung des § 113 Abs. 1 Satz 4 VwGO ohnehin zu den gleichen Zulässigkeitsvoraussetzungen (kein Vorverfahren, keine Klagefrist) führt wie § 43 VwGO. Dies setzt die Bewältigung schwieriger Zulässigkeitsfragen zu § 113 Abs. 1 Satz 4 VwGO voraus, die allzu leicht unter den Tisch fallen, wenn man von vornherein auf § 43 VwGO abstellt (bei dem die Entbehrlichkeit von Vorverfahren und Klagefrist völlig eindeutig ist und die entsprechenden Prüfungspunkte daher entfallen). Es erscheint demnach bis zur Klärung der Rechtsprechung vorzugswürdig (v. a. auch klausurtaktisch), an der alten ständigen Rechtspraxis zur analogen Anwendung von § 113 Abs. 1 Satz 4 VwGO festzuhalten, die eine umfassendere Problemerörterung ermöglicht,

---

[6] *VG Frankfurt* NJW 1981, 2372.

[7] Vgl. auch 25.2. Vollzugsbekanntmachung zum PAG: Sicherstellung ist Begründung eines öffentlich-rechtlichen Verwahrungsverhältnisses durch Sicherstellungsanordnung und deren Vollzug durch Realakt.

[8] *Kopp/Schenke*, VwGO, § 113 Rn. 99.

[9] *BVerwG* DVBl. 1999, 1660 (1661 f.).

[10] *Wehr*, DVBl. 2001, 785; *Weber*, BayVBl. 2003, 488; *Glaser*, NJW 2009, 1043; a. A.: *Heinze/Sahan*, JA 2007, 805; *Schenke*, JuS 2007 697; *Möstl*, in: Posser/Wolff, Beck'scher Online-Kommentar VwGO, § 43 Rn. 24; *Sodan/Kluckert*, VerwArch 2003, 3 (19 ff.).

[11] Vgl. *Hufen/Bickenbach*, Die Verwaltung 39 (2006), 525 (544); überwiegend wird weiterhin die Fortsetzungsfeststellungsklage nach § 113 Abs. 1 Satz 4 VwGO als statthafte Klageart angesehen, z. T. mit dem Hinweis darauf, dass die Frage offen bleiben kann, vgl. *VGH München*, NVwZ-RR 2003, 771; *VGH Mannheim*, NVwZ-RR 2004, 572; ohne Begründung nach § 43 VwGO z. B. *OVG Lüneburg* NJW 2006, 391.

und – wie das *BVerwG* – allenfalls nach Erörterung der sich zu § 113 Abs. 1 Satz 4 VwGO stellenden Zulässigkeitsfragen in Erwägung zu ziehen, ob nicht sogleich auf § 43 VwGO hätte abgestellt werden können.

Die Fortsetzungsfeststellungsklage kann nach alledem auch weiterhin als statthaft angesehen werden (a. A.: § 43 VwGO vertretbar). Für die Beibehaltung der traditionellen Ansicht sprechen im Übrigen auch die besseren Gründe:[12] Das Klageartensystem der VwGO trennt relativ scharf zwischen verwaltungsaktsbezogenen und sonstigen Rechtsbehelfen; es erscheint vor diesem Hintergrund sachnäher, die Konstellation eines vor Klageerhebung erledigten Verwaltungsakts der Fortsetzungsfeststellungsklage zuzuordnen, zumal eine Zuordnung zu § 43 VwGO, was die Formulierung des Antrags anbelangt, ohnehin nicht bruchlos möglich wäre (die Rechtswidrigkeit des VA ist als solche kein Rechtsverhältnis; insofern müsste der Klageantrag erst umgedeutet werden), so dass auch das Argument nicht greift, wegen des – vermeintlich – ohne weiteres einschlägigen § 43 VwGO fehle es an einer planwidrigen Regelungslücke, die durch analoge Anwendung des § 113 Abs. 1 Nr. 4 VwGO geschlossen werden könnte.

3. Prozessvoraussetzungen der Anfechtungsklage im Zeitpunkt der Erledigung

Zum Zeitpunkt der Erledigung müssten die sonstigen Voraussetzungen einer Anfechtungsklage vorgelegen haben, da auch die analoge Fortsetzungsfeststellungsklage an eine bis zur Erledigung bestehende „Anfechtungssituation" anknüpft. Dies ist der Fall. Insbesondere wäre F klagebefugt gewesen (§ 42 Abs. 2 VwGO), da nicht ausgeschlossen ist, dass ihn die Sicherstellung in seiner Pressefreiheit (Art 5 Abs. 1 Satz 2 GG) verletzt haben könnte. Auch hatte F keine Fristen zur Einlegung von Widerspruch und Anfechtungsklage verstreichen lassen, sodass noch keine Bestandskraft der Sicherstellungsanordnung eingetreten war. Dass nämlich die Fristen von §§ 70 und 74 VwGO bei der analogen Fortsetzungsfeststellungsklage jedenfalls bis zum Zeitpunkt der Erledigung maßgeblich sind, ist in Rspr. und Lit. unbestritten. Wäre bereits Bestandskraft eingetreten, so würde diese nicht durch die Erledigung wieder entfallen. Eine Fortsetzungsfeststellungsklage wäre in einem solchen Fall nicht zulässig.[13]

> **Zur Vertiefung:** Dass jedenfalls bis zur Erledigung Vorverfahrens- und Fristerfordernisse eingehalten werden müssen, ergibt sich – bei Anwendung des § 43 VwGO (s. o.) – laut *BVerwG*[14] auch aus der Subsidiaritätsklausel des § 43 Abs. 2 Satz 1 VwGO, die eine Feststellungsklage ausschließt, soweit eine Anfechtungsklage möglich gewesen wäre).

4. Feststellungsinteresse

F müsste ein berechtigtes Interesse an der Feststellung der Rechtswidrigkeit der Sicherstellung haben. Der Begriff des berechtigten Interesses[15] ist zwar weit, nicht erfasst ist aber das bloß abstrakte Bedürfnis nach Klärung der Rechtslage oder allein ein verletztes Rechtsgefühl. Zur Klärung der Frage des Feststellungsinteresses sind insbesondere die von der Rechtsprechung entwickelten Fallgruppen heranzuziehen: In Frage kommt erstens eine Wiederholungsgefahr.[16] In der Tat hat F als Pressefotograf ein Interesse daran, die Frage, ob die Polizei in Fällen wie dem vorgefallenen das Erstellen und ggf. Veröffentlichen von Bildern unterbinden kann, geklärt zu wissen. Fraglich ist allein, ob die Gefahr, dass eine im Wesentlichen vergleichbare (Gleichartigkeit ist nicht erforderlich) Situation wieder eintritt, hinreichend konkret ist, sich also bereits abzeichnet oder zumindest in absehbarer Zeit als möglich erscheint, oder aber nur vage oder abstrakt besteht. Die Frage kann hier sicher in beiderlei Richtung entschieden werden, es

---

[12] Zum Folgenden: *Möstl*, in: Posser/Wolff, Beck'scher Online-Kommentar VwGO, § 43 Rn. 24, *Kopp/Schenke*, § 43, Rn. 99.

[13] *BayVGH* DVBl. 1992, 1492.

[14] *BVerwG* DVBl. 1999, 1660 (1661).

[15] *Gerhardt*, in: Schoch/Schmidt-Aßmann/Pietzner (Hrsg.), VwGO, § 113 Rn. 90 ff.

[16] *Kopp/Schenke*, VwGO, § 113 Rn. 141.

spricht jedoch vieles dafür, im Falle eines Pressefotografen von einer permanent greifbaren Gefahr auszugehen, bei der Arbeit in Konflikt mit dem Recht am eigenen Bild Betroffener und der zu deren Schutz eingreifenden Polizei zu geraten, also eine konkrete Wiederholungsgefahr zu bejahen.[17] Auch die Fallgruppe des Rehabilitationsinteresses bei VAen mit diskriminierender Wirkung bereitet Schwierigkeiten: Sofern man deren Anwendungsbereich eng zieht, um ein Ausufern der Klagemöglichkeiten trotz entfallener Beschwer zu vermeiden, und ein hinreichendes Interesse nur anerkennt, soweit das Persönlichkeitsrecht durch die angegriffene Maßnahme in einer Weise beeinträchtigt ist, die einen Ansehensverlust in der Öffentlichkeit zur Folge hat, und soweit außerdem die Beeinträchtigung auch nach der Erledigung in irgendeiner Weise fortdauert[18], wird man ein Rehabilitationsinteresse im vorliegenden Fall kaum bejahen können. Andererseits sind die Anforderungen an das Feststellungsinteresse als Konkretisierung der Gewährleistung des Art. 19 Abs. 4 GG zu sehen:[19] In diesem Sinne ist in der jüngeren Rechtsprechung deutlich geworden, dass ein Feststellungsinteresse auch außerhalb des Falls fortwirkender abträglicher Nachwirkungen der erledigten Verwaltungsmaßnahme unter Umständen aufgrund verfassungsrechtlicher Gewährleistungen – der betroffenen Grundrechte in Verbindung mit Art. 19 Abs. 4 GG – bejaht werden muss. Zwar sei es nicht zu beanstanden, dass ein Rechtsschutzinteresse grundsätzlich nur bei gegenwärtiger Beschwer angenommen werde, jedoch könne die Garantie effektiven Rechtsschutzes es jedenfalls bei schwerwiegenden Eingriffen im grundrechtlich geschützten Bereich erfordern, eine nachträgliche Feststellungsklage zuzulassen, wenn effektiver Rechtsschutz zuvor – z.B. bei typischerweise sofortigem Vollzug – nicht habe erlangt werden können.[20] Diese Überlegungen gelten auch im vorliegenden Fall: Die Sicherstellung des Pressefilms ist eine erhebliche Beeinträchtigung der Pressefreiheit. Effektiver Rechtsschutz gegenüber der Sicherstellung ist – auch unter Anstrengung vorläufigen Rechtsschutzes – im Geschäft der Tageszeitungen, wo es u.U. um eine Veröffentlichung am nächsten Tag geht, eine Entscheidung also innerhalb weniger Stunden zu ergehen hätte, kaum möglich. Da es gleichwohl um eine für die Grundrechtsausübung des F wesentliche und grundlegende Frage geht, wäre es mit den Grundsätzen des Rechtsstaats unvereinbar, ihm den Zugang zum Gericht gänzlich zu versagen, nur weil eine Erledigung regelmäßig innerhalb weniger Tage eintreten wird. Ein hinreichendes Feststellungsinteresse ist daher zu bejahen.

5. Notwendigkeit der erfolglosen Durchführung eines Vorverfahrens (§§ 68 ff. VwGO)?

Ein Widerspruch gegen die Sicherstellung ist innerhalb der Frist des § 70 VwGO eingelegt worden. Dies war – im Jahre 2006 galt das Vorverfahrenserfordernis auch in Bayern noch (Art. 15 AGV-GO n.F. greift erst für VAe, die ab dem 1.7.2007 bekannt geben wurden) – jedenfalls notwendig, um das Eintreten der Unanfechtbarkeit der Sicherstellung zu vermeiden (vgl. 3.).

Die Sicherstellung hat sich noch vor der Entscheidung über den Widerspruch erledigt. Zu einer Widerspruchsentscheidung ist es auch danach nicht gekommen. Fraglich ist, ob F, auch ohne die Widerspruchsentscheidung abzuwarten, also ohne ein Widerspruchsverfahren erfolglos durchgeführt zu haben, Klage erheben konnte. Dies wäre der Fall, wenn nach der Erledigung des Verwaltungsakts die Weiterführung eines Widerspruchsverfahrens entbehrlich (oder sogar unstatthaft) wäre oder wenn nach den Regeln des § 75 VwGO die Widerspruchsentscheidung nicht hätte abgewartet werden müssen.

> **Zum Verständnis:** Anderenfalls dagegen müsste die Widerspruchsentscheidung abgewartet werden; es reicht also nicht darauf hinzuweisen, der Streit über die Statthaftigkeit und Notwendigkeit des Widerspruchsverfahrens bei analogen Fortsetzungsfeststellungsklagen könne dahinstehen, da F ja Widerspruch eingelegt habe.

---

[17] Noch weitergehend: *VG Frankfurt* NJW 1981, 2372.

[18] *Berner/Köhler*, Polizeiaufgabengesetz, Vorbem. zu Art. 11 Rn. 13.

[19] *Gerhardt*, in: Schoch/Schmidt-Aßmann/Pietzner (Hrsg.), VwGO, § 113 Rn. 90.

[20] *VGH BW* DVBl. 1998, 837; *BVerwG* BayVBl. 1997, 761 (die Ausführungen zur allgemeinen Feststellungsklage gelten für § 113 Abs. 1 S. 4 VwGO in gleicher Weise); vgl. auch BVerfGE 96, 27.

Die Frage, inwieweit es bei einer nach Erledigung des Verwaltungsakts erhobenen Fortsetzungsfeststellungsklage überhaupt noch eines Vorverfahrens bedarf, ist nicht unumstritten.[21] Gegen die Notwendigkeit eines Vorverfahrens spricht einerseits, dass die §§ 68 ff. VwGO nur für Anfechtungs- und Verpflichtungsklagen gelten, die Klage nach § 113 Abs. 1 Satz 4 VwGO jedoch eher als spezieller Fall einer Feststellungsklage erscheint. Andererseits ist unübersehbar, dass die Fortsetzungsfeststellungsklage, indem sie Verwaltungsakte zum Gegenstand hat, doch Parallelen zu den Anfechtungs- und Verpflichtungsklagen aufweist. Die Notwendigkeit eines Vorverfahrens wird teilweise mit dem auch hier geltenden Bedürfnis nach Selbstkontrolle der Verwaltung begründet. Diese Argumentation übersieht, dass es der Verwaltung unbenommen bleibt, auch außerhalb eines Widerspruchsverfahrens – von Amts wegen oder auf eine Aufsichtsbeschwerde hin – sich selbst zu korrigieren. Auch die Auffassung, selbst nach Erledigung sei ein Vorverfahren sinnvoll, da es auf eine der Bestandskraft fähige Feststellung der Rechtswidrigkeit des erledigten VA abziele, unterliegt – abgesehen davon, dass sie dem Bürger nicht denselben Rechtsschutz bringt wie eine rechtskräftige Gerichtsentscheidung – Bedenken und steht zumindest in Bayern in klarem Widerspruch zum Gesetz, da in Art. 80 Abs. 1 Satz 5 BayVwVfG[22] eindeutig geregelt ist, dass bei erledigtem Widerspruch (eine Erledigung ist im Fall mit Aufhebung der Sicherstellung eingetreten) über die Kosten unter Berücksichtigung des Sachstandes entschieden wird, dass – im Gegenschluss – eine Entscheidung in der Sache also unterbleibt.

Ein Vorverfahren ist vor diesem Hintergrund ab Erledigung des Verwaltungsaktes nicht nur entbehrlich, sondern sogar unzulässig. Es kann Klage erhoben werden, ohne dass ein Widerspruch eingelegt wird oder, wenn – wie hier – bereits Widerspruch erhoben wurde, ohne dass eine Widerspruchsentscheidung abzuwarten wäre.

Auf § 75 VwGO kommt es folglich nicht mehr an; er wäre außerdem schon deswegen nicht einschlägig, da durchaus ein Grund für die Unterlassung der – nach Art. 80 Abs. 1 Satz 5 BayVwVfG nämlich unzulässigen – Sachentscheidung (=Entscheidung in der – erledigten – Hauptsache) bestand.

> **Zur Vertiefung:** Folgt man hingegen der bei entsprechender Begründung vertretbaren Mindermeinung, die von der Notwendigkeit der Fortführung eines Widerspruchsverfahrens auch bei erledigtem VA ausgeht, ist in Zukunft (nicht für den hiesigen Fall) zu beachten, dass in einigen Bundesländern das Widerspruchsverfahren weitgehend abgeschafft oder zumindest erheblich eingeschränkt wurde, davon teilweise im Rahmen von Erprobungsversuchen. Vgl. z. B. Art. 15 BayAGVwGO n. F.; 8a Nds. AGVwGO; § 6 AGVwGO NW; § 8a ThürAGVwGO.

6. Bestehen und Einhaltung einer Klagefrist gemäß § 74 VwGO?

Fraglich ist, ob F bei der Klageerhebung eine Frist wahren musste und ob diese 18 Monate nach Aufhebung der Sicherstellung bereits verstrichen war. In Frage käme die Frist des § 74 Abs. 1 VwGO, hier, da ein Widerspruchsbescheid nicht erforderlich war (vgl. 5.), grundsätzlich zu rechnen ab Bekanntgabe der Sicherstellungsanordnung (§ 74 Abs. 1 Satz 2 VwGO; vgl. näher unten).

> **Zur Vertiefung:** Hält man mit der Mindermeinung (vgl. 5.) ein Widerspruchsverfahren auch nach Erledigung des VA für statthaft und notwendig, stellt sich die Frage der Klagefrist in dieser Form nicht: dann nämlich hätte F mit Einlegung des Widerspruchs zunächst alle Fristen gewahrt, die Klagefrist könnte erst ab der – noch nicht erfolgten – Zustellung eines Widerspruchsbescheids zu laufen beginnen (§ 74 Abs. 1 Satz 1 VwGO). Vor diesem Zeitpunkt käme nur eine Untätigkeitsklage gemäß § 75 VwGO in Betracht.

---

[21] Vgl. *Dolde/Porsch*, in: Schoch/Schmidt-Aßmann/Pietzner (Hrsg.), VwGO, § 68 Rn. 22 f.; *Kopp/Schenke*, VwGO, Vorb § 68 Rn. 2, § 68 Rn. 2 a; *Schenke* JuS 2007, 697 (699 f.); *Kopp*, DVBl. 1992, 1493 (1494 f.); Schenke, JuS 2007, 697 (700).

[22] In anderen Ländern (z. B. § 80 VwVfG NW) fehlt diese Regelung. Gleichwohl dürfte die hier vertretene Ansicht auch dort richtig sein.

Die Frage, ob die nach Erledigung des VA erhobene Fortsetzungsfeststellungsklage gemäß § 74 VwGO fristgebunden ist, war lange Zeit strittig; in diesem Streit spiegelt sich insbesondere die Kontroverse wider, ob die Fortsetzungsfeststellungsklage ihrem Wesen nach eher eine („amputierte" bzw. „umgestellte") Anfechtungsklage (dann Fristbindung) oder eine besondere Feststellungsklage (dann keine Fristbindung) darstellt.[23]

Unter Hinweis auf den Charakter einer Feststellungsklage hatte sich insbesondere der *BayVGH*[24] gegen eine Fristbindung ausgesprochen. Unterstützt hat er diese Ansicht mit dem Argument, ein erledigter und folglich seiner äußeren Wirksamkeit beraubter, insbesondere aber ein – wie hier – aufgehobener Verwaltungsakt könne nicht mehr in materielle Bestandskraft erwachsen; der entscheidende Zweck von Fristvorschriften, nämlich Bestandskraft und Rechtssicherheit herbeizuführen, sei somit entfallen; ein Grund für die analoge Anwendung von § 74 VwGO bestehe folglich nicht. Die Ansicht des *BayVGH* trägt den Vorzug großer Klarheit. Sie vermeidet die – unten noch aufzuzeigenden – Schwierigkeiten, bei einer analogen Anwendung des § 74 VwGO den richtigen Fristlauf zu bestimmen. Die Bedeutung der Rechtssicherheit in der gegebenen Konstellation wird zutreffend relativiert. Die Auffassung des *BayVGH* führt auch nicht zu einer unnützen, weil durch langen Zeitablauf interesselos gewordenen Befassung der Gerichte mit Klagen gegen erledigte VAe, denn das vorauszusetzende Bestehen eines Feststellungsinteresses ist ein ausreichender Filter zur Abwehr unnützer Klagen.

Die von einigen anderen Instanzgerichten[25] vertretene Gegenansicht hatte auf den Charakter der Fortsetzungsfeststellungsklage als Sonderfall der Anfechtungs- und Verpflichtungsklage verwiesen, da jene wie diese Verwaltungsakte zum Gegenstand hätten. Im Interesse der Rechtssicherheit und der vordringlichen Aufgabe der Gerichte, aktuelle Lebenssachverhalte zu regeln, könne die Fortsetzungsfeststellungsklage nicht unbefristet zugelassen werden und sei § 74 VwGO anzuwenden. Zweifelhaft wäre unter Zugrundelegung dieser Ansicht allerdings, wie genau der Fristlauf zu bestimmen ist. Dies gilt erstens für den Fristbeginn: Dieser müsste bei analoger Anwendung an sich bei der Bekanntgabe der Sicherstellungsverfügung liegen (§ 74 Abs. 1 Satz 2 VwGO). Weil die Fortsetzungsfeststellungsklage allerdings noch die Erledigung des VA voraussetzt, fragt sich, ob, wenn die Erledigung erst nach der Bekanntgabe eintritt, der Fristlauf nicht erst ab Kenntnis von der Erledigung beginnen sollte, da es nicht hinnehmbar wäre, bereits eine Frist für eine Klage laufen zu haben, die mangels Erledigung noch gar nicht zulässig ist. Der demnach maßgebliche Zeitpunkt wäre die Bekanntgabe der Aufhebung der Sicherstellung. Des Weiteren fraglich wäre die Fristlänge, insbesondere, ob es bei der Monatsfrist des § 74 VwGO verbleibt oder ob nicht in Ermangelung einer Rechtsbehelfsbelehrung die Jahresfrist des § 58 Abs. 2 Satz 1 VwGO gilt. Es ist davon auszugehen, dass bei der Verfügung der Sicherstellung keine Rechtsbehelfsbelehrung erfolgt ist. Bei der Aufhebung der Sicherstellung ist F zwar auf die Möglichkeit einer Feststellungsklage hingewiesen worden, ob dieser Hinweis aber den Anforderungen an eine förmliche Rechtsbehelfsbelehrung im Sinne von § 58 Abs. 1 VwGO genügt, ist fraglich. All diese Fragen brauchen jedoch nicht abschließend entschieden zu werden, da bei allen Alternativen die Klage verspätet eingelegt worden wäre. Eine Wiedereinsetzung (§ 60 VwGO) käme nicht in Betracht, da ein Wiedereinsetzungsgrund nicht ersichtlich ist, zumal F auf die Möglichkeit einer Feststellungsklage hingewiesen worden war und daher nicht einfach den Erlass eines Widerspruchsbescheids abwarten durfte, die Fristversäumung mithin zu vertreten hat.

Klärung in der dargestellten Kontroverse hat eine Entscheidung des *BVerwG* gebracht.[26] Dieses hat sich sowohl im Ergebnis als auch in der Begründung der oben dargestellten Linie des *BayVGH* angeschlossen und ein Fristerfordernis v. a. deswegen abgelehnt, weil es nicht angehe, einem erledigten VA – ungeachtet seiner durch Erledigung beendeten Verbindlichkeit der Regelung – eine im Hinblick auf den Lauf von Klagefristen fortdauernde Wirkung beizumessen.

Eine Klagefrist war nach alledem nicht einzuhalten.

---

[23] *BVerwG* DVBl. 1999, 1660; offengelassen noch in BVerwGE 26, 161 (167 f.); aus der Lit.: *Kopp/Schenke*, VwGO, § 113 Rn. 128; *Kopp*, DVBl. 1992, 1493 ff.; *Gerhardt*, in: Schoch/Schmidt-Aßmann/Pietzner (Hrsg.), VwGO, § 113 Rn. 98; Schenke, Jus 2007, 697 (700); vgl. oben 2. zur Statthaftigkeit der Klageart.

[24] *BayVGH* DVBl. 1992, 1493.

[25] *OVG Koblenz* NJW 1982, 1301; *VGH BW* DVBl. 1998, 836.

[26] *BVerwG* DVBl. 1999, 1660; ebenso nun *VGH München*, NVwZ-RR 2003, 771 und *OVG Lüneburg*, BauR 2007, 2024, Tz. 34.

> **Zur Vertiefung:** Zur weitergehenden Erwägung des *BVerwG*, ob die Zulässigkeit einer nach Erledigung erhobenen „Fortsetzungsfeststellungsklage" gerade angesichts dieses Fehlens eines Fristerfordernisses nicht unmittelbar nach § 43 VwGO bemessen werden könne, s. o. 2.

7. Verwirkung des Klagerechts?

Verneint man das Bestehen einer Klagefrist, wäre daran zu denken, ob das Klagerecht nicht durch den langen Zeitablauf (18 Monate) verwirkt worden ist. Dies würde voraussetzen, dass die Verzögerung der Klageerhebung unredlich und gegen Treu und Glauben verstoßend erschiene und mit einer Klageerhebung nicht mehr gerechnet werden musste. Eine Beantwortung dieser Frage darf sich nicht in Widerspruch setzen mit dem zum Feststellungsinteresse Gesagten: Wenn also auch nach 18 Monaten ein Feststellungsinteresse bejaht werden kann, kann keine Verwirkung angenommen werden. Zu bedenken ist auch, dass F Widerspruch eingelegt hatte: Dieser ist mit der Erledigung zwar unstatthaft geworden. Solange aber die Widerspruchsbehörde keinerlei Entscheidung – auch nicht die über die Kosten nach Art. 80 Abs. 1 Satz 5 BayVwVfG – trifft, kann es nicht als gegen Treu und Glauben verstoßende, rechtsmissbräuchliche Verzögerung der Klage angesehen werden, wenn F noch zuwartet. Hieran dürfte auch der behördliche Hinweis auf die Möglichkeit einer Feststellungsklage nichts ändern. Die Anforderungen an eine Verwirkung sind insoweit höher als die Anforderungen an eine schuldhafte Fristversäumung (s. o. 6. am Ende) im Falle der Bejahung einer Klagefrist.

Zwischenergebnis: Die Klage ist zulässig.

II. Begründetheit

Der Freistaat Bayern ist als Träger der Polizei (Art. 1 Abs. 2 POG), die die Sicherstellungsanordnung erlassen hat, richtiger Beklagter i. S. v. § 78 Abs. 1 Nr. 1 VwGO.

Die Klage ist begründet, wenn die angegriffene Sicherstellungsanordnung rechtswidrig war und der Kläger dadurch in seinen Rechten verletzt worden ist (§ 113 Abs. 1 Satz 4 VwGO).

Die Sicherstellung des Films bewirkte, indem sie das Beschaffen von Bildmaterial zum Zwecke der Berichterstattung unterband, einen Eingriff in die Pressefreiheit (Art. 5 Abs. 1 Satz 2 GG) des F; denn die Pressefreiheit schützt die im Pressewesen tätigen Personen umfassend von der Beschaffung von Informationen bis hin zu ihrer Verbreitung. Rechtmäßig kann dieser Eingriff nur sein, wenn er auf eine Ermächtigungsgrundlage gestützt ist, die ein allgemeines Gesetz i. S. v. Art. 5 Abs. 2 GG darstellt. In Frage kommen insbesondere die dem Schutz anderer Rechtsgüter dienenden Eingriffsermächtigungen des Polizeirechts (ggf. in Verbindung mit anderen Gesetzen, hier z. B. dem KunstUrhG). Diese Eingriffsermächtigungen sind nach der Wechselwirkungstheorie wiederum im Lichte der Pressefreiheit auszulegen und zu begrenzen.

1. Rechtmäßigkeit der Sicherstellungsanordnung

a) Zuständigkeit und polizeiliche Aufgabe

> **Zum Aufbau:** Zu dem in Bayern üblichen Aufbau „Aufgabe – Befugnis" im Gegensatz zu dem ansonsten gebräuchlichen Aufbau „formelle – materielle Rechtmäßigkeit" vgl. Fall 11. Im Ergebnis bedeuten die Prüfungspunkte „polizeiliche Aufgabe" und „Zuständigkeit der Polizei" das Gleiche.

Gehandelt hat eine im Vollzugsdienst tätige Dienstkraft der Polizei (Art. 1 PAG). Zuständig ist diese im gesamten Staatsgebiet, soweit sie zur Wahrnehmung der Aufgaben der Polizei (Art. 2 PAG) tätig wird (vgl. Art. 3 Abs. 1 POG) und soweit nicht eine andere Sicherheitsbehörde vorrangig zuständig ist (Art. 3 PAG).[27]

---

[27] Oder entsprechende Normen anderer Landespolizeigesetze, vgl. § 60 Abs. 2 BWPolG, § 1 Abs. 2 NdsSOG, § 1 Abs. 1 S. 3 PolG NW, § 2 Abs. 1 S. 1 SächsPolG.

Eine besondere, durch Normen außerhalb des Polizeirechts zugewiesene Aufgabe (Art. 2 Abs. 4 PAG) ist nicht ersichtlich. Insbesondere wurde die Polizei, wie bereits dargelegt (I.1.), nicht repressiv zur Verfolgung einer bereits begangenen Straftat oder Ordnungswidrigkeit tätig.

In Frage kommt ein Tätigwerden zum Schutze des allgemeinen Persönlichkeitsrechts (Art. 2 Abs. 1 i.V.m. 1 Abs. 1 GG), vor allem der abgeführten Arbeiter, aber auch der beteiligten Polizeibeamten. Das allgemeine Persönlichkeitsrecht ist jedoch ein privatrechtlich geschütztes Rechtsgut; im Bereich des Schutzes privater Rechte aber unterliegt die Gefahrenabwehraufgabe der Polizei der Begrenzung durch das Subsidiaritätsprinzip, wie es in Art. 2 Abs. 2 PAG[28] zum Ausdruck kommt.[29] Demnach wird die Polizei nur tätig, soweit gerichtlicher Schutz nicht rechtzeitig zu erlangen ist und wenn ohne polizeiliche Hilfe die Verwirklichung des Rechts vereitelt oder wesentlich erschwert würde. Jedenfalls soweit das Persönlichkeitsrecht bereits durch das Herstellen der Fotografien verletzt sein könnte, sind diese Voraussetzungen unzweifelhaft erfüllt, denn allein die vor Ort anwesende Polizei vermag eine Fortsetzung der ggf. rechtswidrigen Aufnahmen mit Erfolg zu verhindern. Soweit es dagegen um die Verhinderung von Persönlichkeitsrechtsverletzungen durch die spätere Veröffentlichung der Fotos geht, scheint es immerhin nicht ausgeschlossen, dass rechtzeitiger gerichtlicher Rechtschutz zu erlangen sein könnte.

Auch dies steht der Eröffnung der polizeilichen Aufgaben im Ergebnis jedoch nicht entgegen. Der Subsidiaritätsgrundsatz greift nämlich stets nur insoweit, als eine Gefahr ausschließlich privatrechtswidrig ist. Soweit sie dagegen zugleich gegen öffentliches Recht verstößt, insbesondere gegen Strafgesetze, verbleibt es bei der Aufgabe des Art. 2 Abs. 1 PAG, Gefahren für die öffentliche Sicherheit, zu der auch die Unversehrtheit der Rechtsordnung gehört, abzuwehren. Die Polizei handelt im vorliegenden Fall, gerade soweit es um die Verhinderung einer Veröffentlichung der Fotos geht, nicht allein zum Schutz des allgemeinen Persönlichkeitsrechts, sondern vor allem auch dazu, eine nach ihrer Ansicht bevorstehende Straftat nach § 33 KunstUrhG zu verhindern. Sie handelt insoweit im Rahmen ihrer allgemeinen Aufgabe der Gefahrenabwehr nach Art. 2 Abs. 1 PAG.

Die Möglichkeit rechtzeitigen Handelns einer anderen Sicherheitsbehörde und folglich ihrer vorrangigen Zuständigkeit (Art. 3 PAG) ist nicht ersichtlich.

Die Polizei handelte folglich in ihrem Zuständigkeits- und Aufgabenbereich.

b) Sonstige Fragen der formellen Rechtmäßigkeit
Soweit die Polizeibeamten auch zum Schutz ihres eigenen Persönlichkeitsrechts und Rechts am eigenen Bild tätig werden, könnten sie gemäß Art. 20 Abs. 1 Satz 1 BayVwVfG als Beteiligte ausgeschlossen sein.[30] Dieser Ausschluss erstreckt sich jedoch nicht auf – hier gegebene – unaufschiebbare Maßnahmen bei Gefahr im Verzug (Art. 20 Abs. 3 BayVwVfG).

c) Befugnis, Art. 25 PAG[31]
Die belastende Maßnahme der Polizei muss auf einer Befugnisnorm beruhen.

aa) Einschlägige Befugnisnorm
Die angegriffene Maßnahme ist ihrer Art nach eine Sicherstellung im Sinne von Art. 25 PAG, nämlich die Begründung eines öffentlich-rechtlichen Verwahrungsverhältnisses durch Sicherstellungsanordnung und deren Vollzug (vgl. 25.2 Vollzugsbekanntmachung).

bb) Anwendbarkeit
Der Anwendbarkeit der Befugnisnorm des Art. 25 PAG steht Art. 15 BayPrG (Bayerisches Pressegesetz)[32] nicht entgegen.[33] Diese die Beschlagnahme weitgehend dem Richter vorbehaltene Norm bezieht sich nämlich nur auf Druckwerke. Ein Film fällt jedoch nicht unter die Legaldefinition eines Druckwerks nach Art. 6 Abs. 1 BayPrG. Eine über den Anwendungsbereich des Pressegesetzes und den Schutz von Druckwerken hinausgehende allgemeine Polizeifestigkeit der Pressefreiheit kann jedoch nicht angenom-

---

[28] Vgl. § 2 Abs. 2 PolG BW, § 1 Abs. 3 NdsSOG, § 1 Abs. 2 PolG NW, § 2 Abs. 2 Sächs PolG.

[29] Vgl. zu dieser Problematik *VGH Mannheim* NVwZ-RR 1995, 527 (528); *Götz*, Allgemeines Polizei- und Ordnungsrecht, Rn. 94.

[30] Vgl. *Lenz*, BayVBl. 1995, S. 164 (168).

[31] Zu den Parallelnormen anderer Länder vgl. Fn. 2.

[32] Oder entsprechende Normen anderer Landespressegesetze, soweit vorhanden (im PresseG NW z. B. fehlt eine entsprechende Regelung).

[33] *Lenz*, BayVBl. 1995, 164 (168); *OVG Koblenz* NVwZ-RR 1998, 237.

men werden[34]. Vielmehr unterliegt die Pressefreiheit der Schranke der allgemeinen Gesetze (Art. 5 Abs. 2 GG). Hierzu zählen auch die Normen des Polizeirechts in Verbindung mit § 33 KunstUrhG und dem allgemeinen Persönlichkeitsrecht, die – ohne sich spezifisch gegen die Pressefreiheit zu richten – dem Schutz gegen Gefahren für schlechthin zu schützende Rechtsgüter, hier insbesondere das Recht am eigenen Bild (§§ 22 f., 33 KunstUrhG) und das allgemeine Persönlichkeitsrecht, dienen.

cc) Gegenwärtige Gefahr

Die hier allein in Frage kommende Tatbestandsvoraussetzung einer rechtmäßigen Sicherstellung besteht darin, dass sie geschieht, „um eine gegenwärtige Gefahr abzuwehren" (Art. 25 Nr. 1 PAG).

(1) Eine gegenwärtige Gefahr könnte darin liegen, dass ein Verstoß gegen das KunstUrhG (§§ 33 i.V.m. 22 f.) bevorsteht, der von der Polizei verhütet werden soll.

Voraussetzung hierfür ist zunächst, dass das von der Polizei abgewehrte Verhalten überhaupt gegen die Strafvorschrift des § 33 i.V.m. §§ 22 f. KunstUrhG verstoßen würde. Nur dann nämlich stünde tatsächlich die Unversehrtheit der Rechtsordnung auf dem Spiel und kann überhaupt eine Gefahr für die öffentliche Sicherheit bestehen.

Festzuhalten ist dabei zunächst, dass das bloße Herstellen von Fotografien ihrem eindeutigen Wortlaut nach nicht unter die Vorschriften der §§ 22 f., 33 KunstUrhG fällt. Jede andere Auslegung wäre wegen ihres strafschärfenden Charakters ein Verstoß gegen das in Art. 103 Abs. 2 GG begründete Analogieverbot. § 201 a StGB dagegen, der bereits das Fotografieren selbst unter Strafe stellt, betrifft allein Fotos von Personen in Wohnungen oder gegen Einblick besonders geschützten Räumen und ist hier, wo die Fotos auf offener Straße gemacht werden, nicht einschlägig.

Das hier maßgebliche abgewehrte Verhalten kann folglich ausschließlich die mögliche Veröffentlichung der Fotografien sein. Die Veröffentlichung von Fotografien – wie hier – ohne Einwilligung der Abgebildeten ist nach § 22 Satz 1 KunstUrhG grundsätzlich verboten; § 22 schützt auf diese Weise das Recht am eigenen Bild als Ausprägung des allgemeinen Persönlichkeitsrechts und des in ihm enthaltenen Prinzips der Selbstbestimmung bezüglich der Darstellung der eigenen Person in der Öffentlichkeit. Allerdings gelten die Ausnahmen des § 23 KunstUrhG. Zu fragen ist dabei zunächst, ob es sich um Bildnisse aus dem Bereich der Zeitgeschichte handelt, vgl. § 23 Abs. 1 Nr. 1 KunstUrhG, eine Norm, die dem allgemeinen Publikationsinteresse und unter diesem Blickwinkel auch der Freiheit der Presse dient. Nach gängiger Vorgehensweise wird dabei geprüft, ob die Abgebildeten absolute oder – hier allein in Frage kommend – relative, d.h. nur in Bezug auf ein bestimmtes Geschehen in den Blickpunkt der Öffentlichkeit gerückte und allein insoweit ein Informationsbedürfnis hervorrufende Personen der Zeitgeschichte sind. Das Vorliegen von relativen Personen der Zeitgeschichte kann im Hinblick auf das Interesse der Öffentlichkeit an der Aufklärung des hier begangenen Raubmordes mit guten Gründen bejaht werden. Auch dann aber bleibt die Gegenausnahme des § 23 Abs. 2 KunstUrhG zu beachten, die Veröffentlichungen wiederum verbietet, wenn ein berechtigtes Interesse des Abgebildeten entgegensteht, wobei wiederum Erwägungen des Schutzes des allgemeinen Persönlichkeitsrechts einfließen. Die Rechtsprechung wendet im Gefolge von BVerfGE 35, 202/224 f. die §§ 22 ff. KunstUrhG so an, dass die Frage der Rechtmäßigkeit der Bildveröffentlichung im wesentlichen von einer umfassenden Güterabwägung abhängt, die auf der einen Seite v.a. das allgemeine Persönlichkeitsrecht des Abgebildeten (Art. 2 Abs. 1, 1 Abs. 1 GG) und auf der anderen Seite die Pressefreiheit (Art. 5 Abs. 1 Satz 2 GG) sowie das öffentliche Informationsinteresse berücksichtigt, wobei regelmäßig offenbleibt, ob diese Abwägung im Rahmen der Auslegung von § 23 Abs. 1 Nr. 1 (also der Frage, ob eine relative Person der Zeitgeschichte gegeben ist) oder § 23 Abs. 2 KunstUrhG (also der Frage, ob ein berechtigtes Interesse der Veröffentlichung entgegensteht) erfolgt.[35]

> **Zum Aufbau:** Die Ausstrahlung von Art. 5 GG ist hier, bei der Frage, ob überhaupt eine strafbare Handlung droht, zu berücksichtigen; aufbaumäßig falsch dagegen ist es, zunächst die Strafbarkeit zu bejahen und Art. 5 GG erst bei der Verhältnismäßigkeit der polizeilichen Maßnahme erstmals zu prüfen, denn wenn die Fotoveröffentlichung auch im Lichte der Pressefreiheit wirklich strafbar ist, dann wäre ggf. auch die Verhinderung dieser Straftat durch Sicherstellung zumutbar.

---

[34] *VG Karlsruhe* NJW 1980, 1708 (1709).
[35] *Müller*, NJW 1982, 863 f.; *OVG Koblenz* NVwZ-RR 1998, 237 (238).

> **Zur Vertiefung:** Im Anschluss an die „Caroline"-Entscheidung des EGMR[36] hat der BGH nun in mehreren Entscheidungen die Voraussetzungen der Zulässigkeit von Bildveröffentlichungen bei „absoluten" Personen der Zeitgeschichte verschärft; erforderlich ist danach auch bei „absoluten" Personen der Zeitgeschichte ein konkretes zeitgeschichtliches Interesse für das im Einzelfall zu veröffentlichende Bild, so dass die Unterscheidung an Bedeutung verliert.[37]

Die Subsumtion des vorliegenden Falles unter die genannten Grundsätze hat zu unterscheiden zwischen der Abbildung der abgeführten Arbeiter einerseits und der abführenden Polizisten andererseits.

Was die abgeführten Arbeiter anbelangt, ist zunächst davon auszugehen, dass durchaus ein Informationsinteresse hinsichtlich des Raubmordes und der möglichen Verwicklung der Arbeiter besteht. Zu bedenken ist dabei auch, dass in erster Linie die Presse selbst zu entscheiden hat, wann ein Publikationsinteresse besteht, dass die in Art. 5 Abs. 1 Satz 2 GG vorausgesetzte Rolle der Presse dem Richter also eine gewisse Zurückhaltung bei der Frage des Publikationsinteresses auferlegt. Während demnach ein Informationsinteresse und die Qualifizierung als relative Personen der Zeitgeschichte (§ 23 Abs. 1 Nr. 1 KunstUrhG) durchaus bejaht werden können, sind andererseits auch die berechtigten Interessen der Abgebildeten zu beachten (§ 23 Abs. 2 KunstUrhG). Deren Persönlichkeitsrecht wird durch eine Veröffentlichung empfindlich berührt, denn eine Abbildung in der Situation des Abgeführtwerdens erweckt den Eindruck, als seien die Arbeiter in die Straftat verwickelt. Für die Zulässigkeit der Abbildung spricht in gewisser Weise die Praxis der Presse, die häufig zu solchen Abbildungen schreitet. Andererseits mag hier die Rechtspraxis und das in §§ 22 f. KunstUrhG statuierte, recht restriktive Recht auseinanderdriften. Letztlich eher gegen eine Zulässigkeit der Veröffentlichung dürften die von der Rechtsprechung entwickelten Grundsätze zur Berichterstattung über Ermittlungs- und Strafverfahren sprechen.[38] Zwar kann demnach das Informationsbedürfnis bei Ermittlungsverfahren im Einzelfall so groß sein, dass eine Bildveröffentlichung zulässig sein kann, jedoch ist dabei darauf zu achten, dass der jeweilige Erkenntnisstand der Ermittlungsbehörden zutreffend wiedergegeben wird und keine darüber hinausgehende Vorverurteilung erfolgt. Der Rechtsgedanke der Unschuldsvermutung (für das Strafverfahren vgl. Art. 6 Abs. 2 EMRK) ist insoweit als Ausprägung des allgemeinen Persönlichkeitsrechts zu beachten. Im vorliegenden Fall würde eine Abbildung der abgeführten Arbeiter – nicht zuletzt aufgrund der besonderen Situation des Abgeführtwerdens – diese bei der Öffentlichkeit auf einprägsame Weise mit dem von der Polizei untersuchten Raubmord in Verbindung bringen. Die damit erreichte, recht weitgehende Abstempelung der Arbeiter steht in keinem Verhältnis zum tatsächlichen Stand der Ermittlungen: Diese befinden sich erst ganz am Anfang, die Identitätsfeststellung und erste Befragung sind Maßnahmen, die nur einen ersten Anfangsverdacht voraussetzen, die Betroffenen dürften bei der Abführung noch nicht einmal den Status eines Beschuldigten haben. In diesem frühen Stadium dürfte ein so weitreichender Eingriff in das Persönlichkeitsrecht wie eine Abbildung nicht gerechtfertigt sein; sie kann vom Stand der Ermittlungen noch nicht gedeckt sein. Dem Informationsbedürfnis der Bevölkerung könnte mit der Mitteilung, es seien Arbeiter abgeführt worden, hinreichend genügt werden. Die Veröffentlichung der Fotos wäre gemäß § 33 i. V. m. §§ 22 f. KunstUrhG also strafbar.

Was die Abbildung der Polizisten anbelangt, kann auf die in Literatur[39] und Rechtsprechung[40] diskutierte Fallgruppe der Sicherstellung von Filmen, die Abbildungen der Polizei bei ihrem Einsatz enthalten, zurückgegriffen werden. Als Leitlinie gilt dabei, dass sich auch Polizisten auf das Recht am eigenen Bild berufen können und dass eine Veröffentlichung eines Bildes eines Polizisten deshalb nur dann in Frage kommt, wenn die Art des Polizeieinsatzes selbst zum aufsehenerregenden Ereignis wird, wie etwa bei gewalttätigen Zusammenstößen zwischen Polizei und Demonstranten. Im vorliegenden Fall liegt mit dem Abführen der Arbeiter eine polizeiliche Standardmaßnahme vor; irgendwelche Anhaltspunkte da-

---

[36] *EGMR* NJW 2004, 2647.

[37] *BGH* NJW 2007, 1977; *BGH* NJW 2007, 1981; *BGH* GRUR 2007, 902. Zusammenfassend *Teichmann* NJW 2007, 1917.

[38] BVerfGE 35, 202; *OLG Düsseldorf* NJW 1980, 599; *OLG Köln* NJW 1987, 2682; *OLG Brandenburg* NJW 1995, 886.

[39] *Müller*, NJW 1982, 863; *Rebmann*, Archiv für Presserecht 1982, 192 ff.; *Lenz*, BayVBl. 1995, 164.

[40] *VG Karlsruhe* NJW 1980, 1708; *VG Frankfurt* NJW 1981, 2372; *VG Köln* NJW 1988, 367; *VGH Mannheim* NVwZ-RR 1995, 527; *OVG Koblenz* NVwZ-RR 1998, 237.

für, dass die Art des polizeilichen Vorgehens für die Öffentlichkeit interessant sein könnte, bestehen nicht, sodass das Recht auf Selbstbestimmung hinsichtlich des eigenen Bildes durchschlagen müsste. Andererseits ist der Eingriff in das Persönlichkeitsrecht der Polizisten nicht besonders tief, da sie im Gegensatz zu den Abgeführten in keiner für sie in irgendeiner Weise herabwürdigenden Situation gezeigt werden. Denkbar wäre auch, die Abbildung der Polizisten damit zu rechtfertigen, dass sie notwendig sei, um die Gesamtsituation festzuhalten, an deren Veröffentlichung ein Interesse bestehe. Dies setzt freilich voraus, dass schon die Abbildung der abgeführten Arbeiter als zulässig angesehen wird. Eine Strafbarkeit der Veröffentlichung allein wegen der Abbildung der Polizisten ist jedenfalls zweifelhaft.

Nach der hier vertretenen Ansicht wäre die Veröffentlichung der Bilder zumindest wegen der darin liegenden Beeinträchtigung der berechtigten Interessen der abgeführten Arbeiter nach § 33 KunstUrhG strafbar und würde folglich eine Störung der öffentlichen Sicherheit darstellen.

Soweit die Veröffentlichung der Bilder eine Störung der öffentlichen Sicherheit darstellen würde, fordert Art. 25 Nr. 1 PAG des weiteren, dass eine gegenwärtige Gefahr des Eintritts dieser Störung besteht. Gegenwärtige Gefahr ist mehr als eine konkrete Gefahr (eine Sachlage, die bei ungehindertem Ablauf des objektiv zu erwartenden Geschehens im Einzelfall mit hinreichender Wahrscheinlichkeit zu einer Verletzung der Schutzgüter öffentlicher Sicherheit und Ordnung führt); sie liegt nur vor, wenn die Straftat oder sonstige Störung bereits begonnen hat oder unmittelbar oder in allernächster Zeit mit an Sicherheit grenzender Wahrscheinlichkeit bevorsteht.[41] Diese Voraussetzung ist ex ante aus der Sicht eines verständigen Polizeibeamten zu beurteilen. Die Frage, wann bei der Sicherstellung von Filmen eines Pressefotografen die Gegenwärtigkeit der Gefahr eines Verstoßes gegen das KunstUrhG vorliegt, hat die Rechtsprechung wiederholt beschäftigt.[42] Die Tendenz geht dabei dahin, gemäß dem strengen Erfordernis einer mit an Sicherheit grenzenden Wahrscheinlichkeit eher restriktiv mit der Annahme umzugehen, das jeweilige Presseorgan werde zur rechtswidrigen Veröffentlichung von Bildern schreiten. Zu unterscheiden sei zwischen der – an sich nicht strafbaren – Herstellung der Fotos und der etwaigen Veröffentlichung; allein aufgrund der Herstellung eines Fotos durch einen Pressefotografen könne nicht darauf geschlossen werden, die für die Auswahl der Fotos zuständigen Redakteure (i. d. R. nicht identisch mit dem Fotografen) würden sich rechtsuntreu verhalten, zumal beträchtliche zivilrechtliche und strafrechtliche Sanktionen bestehen, die Journalisten regelmäßig auch bekannt seien. Von der Grundannahme der Rechtstreue der zuständigen Redakteure ausgehend könne eine Sicherstellung nur in Betracht kommen, wenn ausnahmsweise konkrete Anhaltspunkte dafür bestehen, dass es zu einer rechtswidrigen Veröffentlichung kommen wird. Zu nennen sind hier insbesondere die Fallgruppen eines einschlägigen Vorverhaltens oder einer entsprechenden Ankündigung, aber auch einer uneinsichtigen Haltung des Fotografen auf eine entsprechende Belehrung durch die Polizei hin.[43] Solche konkreten Anhaltspunkte dürften im vorliegenden Fall fehlen; die bloße Weigerung, den Film herauszugeben, dürfte mangels ausdrücklicher Belehrung durch die Polizei nach der Linie der Rspr. nicht genügen.

Was die Verhütung einer Straftat nach dem KunstUrhG angeht, fehlt es also an einer gegenwärtigen Gefahr.

(2) Es könnte aber eine gegenwärtige Gefahr für das allgemeine Persönlichkeitsrecht der Beteiligten vorliegen, das, obwohl privates Recht, wie dargelegt (s. o. B.II.1.a.), hier von der Polizei zu schützen ist (schon nach gängiger Definition gehört die Ehre zum Gut der öffentlichen Sicherheit; außerdem meint die zur öffentlichen Sicherheit gehörende Unversehrtheit der Rechtsordnung auch die Privatrechtsordnung und die durch sie geschützten privaten Rechte wie das Persönlichkeitsrecht[44] – freilich gilt die Einschränkung durch das Subsidiaritätsprinzip des Art. 2 Abs. 2 PAG, das hier jedoch, wie gezeigt, nicht greift). Das im Verhältnis zum Recht am eigenen Bild des KunstUrhG weitere allgemeine Persönlichkeitsrecht schützt nämlich nicht nur gegen die Veröffentlichung von Abbildungen, sondern – das ist in der Rspr. unbestritten[45] – kann u. U. auch schon durch das Herstellen von Abbildungen, also einen in der vorliegenden Fallkonstellation durchaus *gegenwärtigen* Vorgang, verletzt werden. Die Konse-

---

[41] Vgl 25.3 und 10.2 Vollzugsbekanntmachung zum PAG.
[42] Vgl. die o. g. Urteile (Fn. 40).
[43] *OVG Koblenz* NVwZ-RR 1998, 237 (238 f.).
[44] Vgl. *Gallwas/Wolff,* Bayerisches Polizei- und Sicherheitsrecht, Rn. 74 ff.
[45] Z. B. BGHZ 24, 200 (208 f.).

quenzen hieraus sind in der Rspr.[46] und Lit.[47] bisher nur angedacht, aber noch wenig ausgelotet worden. Gängig ist noch immer die Vorgehensweise, die – vom KunstUrhG ausgehend – im bloßen Herstellen von Bildern keine für die Sicherstellung maßgebliche Gefahr sieht. Einen Gegenschluss aus dem Kunst-UrhG dahingehend, da dort nur die Veröffentlichung unter Strafe gestellt sei, sei das Herstellen von Fotos immer rechtmäßig, darf man bei der nur bruchstückhaften Regelung, die das Persönlichkeitsrecht im KunstUrhG gefunden hat, jedoch nicht ziehen.[48] Bei der Frage, wann das Herstellen von Abbildungen eine von der Polizei abwehrbare rechtswidrige Verletzung des Persönlichkeitsrechts ist, wird man zunächst die gleichen Abwägungskriterien anlegen wie im Rahmen des KunstUrhG und den Grundsatz aufstellen können, dass bei einem Foto, dessen Veröffentlichung rechtswidrig wäre, auch schon die Herstellung rechtswidrig ist. So könnte man folgern, schon das bildliche Festhalten der Arbeiter in der Situation des Abgeführtwerdens stelle einen Eingriff in das Persönlichkeitsrecht dar, der ihrer Position im Ermittlungsverfahren nicht gerecht wird. Andererseits gibt es Situationen, bei denen die Pressefreiheit im frühen Stadium des Herstellen eines Fotos doch eine andere Entscheidung verlangt als bei der Frage der Veröffentlichung, so etwa in dem – hier allerdings nicht einschlägigen – Fall, dass ein Fotograf bei einer unübersichtlichen Situation eine Vielzahl von Fotos (und dabei unvermeidbar auch einige unzulässige) macht und die nähere Auswahl den Redakteuren überlässt. Die Problematik geht aber noch weiter: Man wird der Presse das Herstellen von Fotos jedenfalls immer dann erlauben müssen, wenn auch ihre Veröffentlichung rechtmäßig wäre. Eine Veröffentlichung ist aber immer dann rechtmäßig, wenn zumindest die Gesichter durch Balken etc. unkenntlich gemacht werden.[49] Fraglich ist nur, zu wessen Lasten es geht, dass die Polizei nicht weiß, ob das Presseorgan das Foto auf rechtmäßige oder rechtswidrige Weise veröffentlichen wird. An dieser Stelle wird deutlich, dass alle beim KunstUrhG unter dem Stichwort Gegenwärtigkeit der Gefahr erörterten Probleme der Prognose hinsichtlich des zukünftigen Verhaltens des Presseorgans auch hier in die Abwägung bei der Frage, ob die – freilich gegenwärtige – Herstellung von Fotos rechtswidrig ist, einfließen müssen. Auf diese Weise kann das Tätigwerden der Polizei zum Schutze des Persönlichkeitsrechts letztlich keinen anderen Maßstäben folgen als das Tätigwerden zur Unterbindung einer Straftat nach dem KunstUrhG.

Auch unter dem Blickwinkel des allgemeinen Persönlichkeitsrechts besteht folglich keine gegenwärtige Gefahr i.S.v. Art. 25 Nr. 1 PAG. Die Polizei kann ihr Vorgehen nicht auf die Befugnisnorm des Art. 25 PAG stützen.

d) Verhältnismäßigkeit, Art. 4 PAG[50]

Der durch die Sicherstellung bewirkte Eingriff in die Pressefreiheit könnte außerdem (zusätzlich zum Problem der fehlenden Befugnis) unverhältnismäßig sein und somit (selbst falls man das Vorliegen einer Befugnis unterstellt) gegen Art. 4 PAG sowie Art. 5 Abs. 1 Satz 2 GG verstoßen.

Problematisch ist insbesondere die Frage der Erforderlichkeit der Sicherstellung. Es ist zweifelhaft, ob die Polizei – wie hier – unmittelbar zur Sicherstellung schreiten darf, ohne zuvor als milderes Mittel die Personalien des Fotografen festgestellt (Art. 13 PAG) und ihn über das Recht am eigenen Bild belehrt zu haben.[51] Allein dieses Vorgehen, das auch praxisüblich zu sein scheint[52], wird häufig erfolgversprechend sein. Es hat den weiteren Vorteil, dass, wenn der Fotograf uneinsichtig bleibt, nach den oben genannten Kriterien auch auf eine gegenwärtige Gefahr i.S.v. Art. 25 PAG geschlossen werden kann. Das Erforderlichkeitsprinzip und die Anforderungen des Art. 25 PAG greifen insoweit ineinander. Regelmäßig ist eine unmittelbare Sicherstellung nicht erforderlich.

Die Überlegungen zur Zumutbarkeit sind weitgehend schon in die Abwägung im Rahmen der Prüfung des Art. 25 PAG eingeflossen.

Die Sicherstellung ist eine nicht auf einer Befugnisnorm beruhende und außerdem unverhältnismäßige, folglich rechtswidrige Maßnahme.

---

[46] V.a. *VGH Mannheim* NVwZ-RR 1995, 527.
[47] V.a. *Rebmann*, Archiv für Presserecht 1982, 194.
[48] Str., vgl. *Rebmann*, Archiv für Presserecht 1982, 194, Fn. 57.
[49] *Rebmann*, Archiv für Presserecht 1982, 194.
[50] Vgl. § 5 PolG BW, § 4 NdsSOG, § 2 PolG NW, § 3 SächsPolG.
[51] *Lenz*, BayVBl. 1995, 168.
[52] Vgl. die erwähnten Belehrungen in *OVG Koblenz* NVwZ-RR 1998, 237 (239); *VG Karlsruhe* NJW 1980, 1708; zur Personalienfeststellung *Lenz*, BayVBl. 1995, 164 (166).

2. Rechtsverletzung des F

F ist durch diese Maßnahme auch in seinen Rechten verletzt worden. Die Sicherstellung stellt nämlich einen Eingriff in seine Pressefreiheit (Art. 5 Abs. 1 Satz 2 GG) dar, der nicht auf Art. 25 PAG als ein allgemeines Gesetz i. S. v. Art. 5 Abs. 2 GG gestützt werden kann und zudem unverhältnismäßig ist.

Zwischenergebnis: Die Klage in Bezug auf die Sicherstellung ist folglich begründet.

C. Das Entwickeln des Films

I. Zulässigkeit

1. Verwaltungsrechtsweg

Es gilt weitgehend das oben (B.I.1.) Gesagte.

> **Zum Verständnis:** Auf § 40 Abs. 2 Satz 1 VwGO (ordentlicher Rechtsweg bei Klagen aus einem öffentlich-rechtlichen Verwahrungsverhältnis) ist entgegen *VGH BW* DVBl. 1998, 835/837 schon deswegen nicht einzugehen, da das durch die Sicherstellung begründete Verwahrungsverhältnis hier nicht das streitentscheidende Rechtsverhältnis ist; auch der *VGH BW* nämlich prüft die Entwicklung ansonsten als von der Sicherstellung und dem mit ihr begründeten Verwahrungsverhältnis zu trennenden und auf eine eigene Rechtsgrundlage zu stützenden Streitgegenstand.

2. Statthaftigkeit der Klage

Fraglich ist, ob es sich bei der auf Feststellung der Rechtswidrigkeit der Filmentwicklung gerichteten Klage um eine (nachgezogene) Fortsetzungsfeststellungsklage gemäß § 113 Abs. 1 Satz 4 VwGO analog (sofern man an deren Statthaftigkeit festhält, s. o. B.I.2.) oder um eine allgemeine Feststellungsklage gemäß § 43 VwGO handelt. Dies hängt davon ab, ob das Entwickeln des Films einen Verwaltungsakt darstellt oder nicht. Das Entwickeln selbst ist freilich ein Realakt. Allerdings ist es im Polizeirecht häufig so, dass Realakte mit Eingriffscharakter gegeben sind, die die Rechtsprechung aufgrund eines in dem Realakt konkludent zum Ausdruck kommenden Duldungsbefehls dennoch als Verwaltungsakt qualifiziert. So ist oben (B.I.2.) schon ausgeführt worden, dass selbst eine in einer bloßen Wegnahme bestehende Sicherstellung als Verwaltungsakt anzusehen wäre. Von dem hiesigen Fall unterscheiden sich jene Fälle aber dadurch, dass bei ihnen der Adressat anwesend ist, den Inhalt des an ihn ergangenen Befehls aus den Umständen sofort erkennen kann und sein Unterlassen für die Durchführung der polizeilichen Realhandlung auch von Bedeutung ist. Hier hingegen kann die Filmentwicklung auch ohne Kenntnis des F stattfinden, es bedarf zu ihr weder eines Tuns noch eines Unterlassens des F, da sich der Film außerhalb seiner Einflusssphäre befindet. Unter diesen Umständen einen Verwaltungsakt zu konstruieren, wäre künstlich, zumal gerichtlicher Rechtsschutz vom Vorliegen der Verwaltungsaktseigenschaft keineswegs abhängt. Es liegt also eine bloße Realhandlung mit Eingriffscharakter vor.

Die Frage, ob die Polizei dem F gegenüber zur Filmentwicklung befugt war, ist ein feststellungsfähiges konkretes Rechtsverhältnis i. S. v. § 43 Abs. 1 VwGO. Auch ein vergangenes Rechtsverhältnis wie das vorliegende kann Gegenstand einer Feststellungsklage sein.[53]

Zur Frage des Feststellungsinteresses gilt weitgehend das schon unter B.I.2 Gesagte: Insbesondere hängt es bei schwerwiegenden und sich üblicherweise sofort erledigenden Grundrechtseingriffen, wie dies auch bei der Filmentwicklung in Bezug auf die Pressefreiheit der Fall ist, nicht davon ab, dass die Maßnahme Rechtswirkungen zeitigt, die noch in die Gegenwart hinein fortdauern. Dies fordert die Garantie effektiven Rechtsschutzes in Verbindung mit dem einschlägigen Grundrecht.[54]

---

[53] *VGH Mannheim* DVBl. 1998, 835 (837).
[54] *VGH Mannheim* DVBl. 1998, 835 (837).

Eine nach § 43 Abs. 2 Satz 1 VwGO (Subsidiarität der Feststellungsklage) vorrangig zu verfolgende Leistungsklage ist nicht ersichtlich, insbesondere ist nach der Durchführung der Entwicklung keine Unterlassungsklage mehr möglich.

3. Fristen und Vorverfahren

Eine allgemeine Feststellungsklage kennt weder Fristen noch die Notwendigkeit eines Vorverfahrens.

Zwischenergebnis: Die Klage ist zulässig.

II. Begründetheit

Die Klage ist begründet, wenn die Entwicklung des Films rechtswidrig war.

1. Aufgabe

Zur Frage von polizeilicher Aufgabe und Zuständigkeit gilt das oben (B.II.1.a.) Gesagte. Entscheidend ist hierbei die Zielrichtung des polizeilichen Handelns (Verhinderung einer Straftat nach § 33 KunstUrhG, Schutz des Persönlichkeitsrechts). Ob – nach vollzogener Sicherstellung – eine entsprechende Gefahr auch wirklich bejaht werden kann, ist dagegen eine Frage der Befugnis (siehe sogleich) und nicht der Aufgabe.

2. Befugnis

Fraglich ist, ob die Polizei zur Entwicklung des Films, die ihr Einblick in das von F recherchierte Filmmaterial verschafft und so einen Eingriff in die Pressefreiheit (Art. 5 Abs. 1 Satz 2 GG) bedeutet, befugt war, ob ihr Vorgehen also auf eine Befugnisnorm gestützt werden kann, die ein allgemeines Gesetz i. S. v. Art. 5 Abs. 2 GG darstellt.

Art. 25 PAG[55] kommt als Befugnisnorm nicht in Betracht. Das Entwickeln des Films ist keine in jeder Sicherstellung notwendig enthaltene, sondern eine zusätzliche polizeiliche Maßnahme, die einen zusätzlichen Grundrechtseingriff (durch Kenntnisnahme vom Filminhalt) enthält und auch einer eigenen Rechtsgrundlage bedarf. Diese Rechtsgrundlage kann auch nicht in dem durch die Sicherstellung begründeten Verwahrungsverhältnis (Art. 26 PAG) gesehen werden. Denn nach dem allgemeinen Wesen eines Verwahrungsverhältnisses gehört es nicht zu den Rechten des Verwahrers, auf die Sache einzuwirken und sie – wie bei der Entwicklung – umzugestalten. Auch Art. 27 PAG liefert keine Rechtsgrundlage: Insbesondere ist das Entwickeln des Films kein Minus gegenüber dem dort unter bestimmten Umständen gestatteten Vernichten des Films (Art. 27 Abs. 4 PAG), da es gegenüber dem Vernichten aufgrund der mit dem Entwickeln des Films ermöglichten Kenntnisnahme vom Filminhalt einen zusätzlichen Grundrechtseingriff enthält – ganz abgesehen davon, dass die Voraussetzungen einer Vernichtung nicht vorlägen, weil, wie an der alsbaldigen Aufhebung der Sicherstellung zu ersehen, der Film durchaus innerhalb eines Jahres an den F herausgegeben werden konnte, ohne dass die Sicherstellungsgründe noch vorlagen (Art. 27 Abs. 4 Satz 1 i. V. m. Abs. 1 Nr. 4 PAG). Zu allem bisher Gesagten kommt hinzu, dass nach der hier vertretenen Ansicht (B.II.) schon die Gründe für eine Sicherstellung nicht vorlagen.

Scheiden die Art. 25 ff. PAG als Ermächtigungsnormen aus, kommt für das Entwickeln des Films, das keine Standardmaßnahme i. S. d. Art. 12 ff. PAG darstellt, grundsätzlich die allgemeine Befugnisnorm des Art. 11 PAG[56] in Betracht, insbesondere Art. 11 Abs. 2 Nr. 1 soweit es um die Verhütung einer Straftat nach dem Kunsturhebergesetz geht, und Art. 11 Abs. 2 Nr. 3 oder jedenfalls Art. 11 Abs. 1, soweit es allgemein um den Schutz des Persönlichkeitsrechts der Beteiligten geht, denn auch die Ehre und die durch die Privatrechtsordnung geschützten Rechtsgüter gehören – mit der Maßgabe des Art. 2 Abs. 2

---

[55] Fn. 2 zu anderen Landespolizeigesetzen.

[56] Bzw. die Generalklauseln der anderen Landespolizeigesetze, z. B. §§ 1, 3 PolG BW, § 11 NdsSOG, § 8 Abs. 1 PolG NW, § 8 Abs. 1 SächsPolG.

PAG – zum Schutzgut der öffentlichen Sicherheit. Auch Art. 11 PAG kann jedoch nicht weiter führen, da mit der Sicherstellung die relevante Gefahr einer Veröffentlichung oder einer sonstigen Persönlichkeitsrechtsverletzung bereits vollständig entfallen ist. Eine fortbestehende Gefahrenlage, die Anknüpfungspunkt eines zusätzlichen sicherheitsrechtlichen Eingriffs sein könnte, liegt nicht vor. Eine Entwicklung kommt deshalb allenfalls in Betracht, wenn der Betroffene zustimmt.

Es fehlt somit an einer einschlägigen Befugnisnorm.

3. Verhältnismäßigkeit

Das Entwickeln des Films könnte außerdem unverhältnismäßig sein (Art. 4 PAG).[57] Auf das Moment der Unverhältnismäßigkeit hat vor allem der *VGH BW*[58] abgestellt, wenn er herausstreicht, das Entwickeln des Films sei nicht das weniger einschneidende Mittel gegenüber der Sicherstellung des gesamten Films, sondern ein zusätzlicher Eingriff. Dieser zusätzliche Eingriff aber erweist sich nach der bereits erfolgten Sicherstellung als nicht mehr erforderlich (ein Aspekt der wohl richtiger dadurch erfasst wird, dass bereits keine relevante Gefahr mehr besteht, s. o.).

Dem Gesagten geradezu entgegengesetzt stünde eine Ansicht, die Sicherstellung des Gesamtfilms, sofortige Entwicklung und Rückgabe des sicherheitsrechtlich nicht relevanten Teils als *eine* Gesamtmaßnahme ansieht, die, da sich die Sicherstellung nach kurzer Zeit nur noch auf einen Teil des Films bezieht, als insgesamt durch Art. 25 PAG gedeckter weniger schwerer Eingriff im Vergleich zu einer fortdauernden Sicherstellung des Gesamtfilms erscheinen könnte.[59] Diese Ansicht, die freilich zu einem völlig anderen Prüfungsaufbau führen müsste, da konsequenterweise nur ein einziger Streitgegenstand angenommen werden könnte, unterliegt schweren Bedenken: Sie zieht erstens zwei Lebenssachverhalte (Sicherstellung und Entwicklung) zu einem einzigen zusammen, die keineswegs zwingend zusammengehören und durchaus auf unterschiedlichen Willensentschlüssen der Polizei beruhen können, und verkennt so, dass zwei polizeiliche Maßnahmen vorliegen (vgl. oben A.). Sie übersieht zweitens, dass die Sicherstellung des Gesamtfilms zunächst vollständig verwirklicht ist und schon deswegen kein weniger einschneidendes Mittel vorliegt. Vor allem aber wird außer Acht gelassen, dass das Entwickeln des Films der Polizei eine genaue Kenntnisnahme vom Filminhalt ermöglicht und auf diese Weise einen schwerwiegenden – zusätzlichen – Grundrechtseingriff bedeutet, der durch die Sicherstellung allein nicht erfasst ist und zu dem Art. 25 PAG folglich auch nicht ermächtigen kann.

Richtig freilich ist, dass die Polizei durch das Verhältnismäßigkeitsprinzip gehalten ist, die Sicherstellung nicht weiter auszudehnen, als erforderlich, und die Sicherstellung zu beenden, sobald möglich. In diesem Sinne kann die Polizei gehalten sein, dem Betroffenen eine einverständliche Filmentwicklung anzubieten, um im Anschluss an sie die Sicherstellung auf das erforderliche Maß beschränken zu können oder den Film auch ganz freizugeben. Sie darf den Film jedoch nicht eigenmächtig entwickeln und bedarf des Einverständnisses des Betroffenen.[60]

Die Filmentwicklung ist folglich auch unverhältnismäßig.

4. Vorzensur?

Das Vorgehen der Polizei, den zu Zwecken der Presse und u. U. der Veröffentlichung gemachten Film zu entwickeln, sicherheitsrechtlich zu überprüfen und nur teilweise freizugeben, könnte außerdem einen durch Art. 5 Abs. 1 Satz 3 GG verbotenen Fall der Vorzensur darstellen. Zwar liegt kein für die Vorzensur typischer Fall des Veröffentlichungsverbots mit Erlaubnisvorbehalt vor. Gleichwohl kommt die gewählte Vorgehensweise ihrem Wesen und ihren Auswirkungen nach dem typischen Fall der Vorzensur so nahe, dass sie auch unter diesem Blickwinkel als rechtswidrig erscheint.

Zwischenergebnis: Die Klage ist begründet.

Gesamtergebnis: Beide Klagen sind zulässig und begründet.

---

[57] Vgl. u. a. § 5 PolG BW, § 1 Abs. 2 NdsSOG, § 2 PolG NW, § 3 SächsPolG.

[58] *VGH BW* DVBl. 1998, 835 ff.

[59] So wohl auch *Rebmann*, Archiv für Presserecht 1982, 195.

[60] So auch *VGH Mannheim*, DVBl. 1998, 835 (837).

Rechtsprechungsvorlage: *VGH BW* DVBl. 1998, 836; *BVerwG* DVBl. 1999, 1660 = BVerwGE 109, 203.

Leseempfehlungen: *Lenz*, Das Recht am eigenen Bild des Polizeibeamten im Einsatz bei Demonstrationen contra Pressefreiheit, BayVBl. 1995, 164; *Rozek*, Grundfälle zur Fortsetzungsfeststellungsklage, JuS 1995, 414, 598, 697; *Schenke*, Die Neujustierung der Fortsetzungsfeststellungsklage, JuS 2007 697; *Heinze/Sahan*, Der verbliebene Anwendungsbereich der Fortsetzungsfeststellungsklage nach § 113 I 4 VwGO, JA 2007, 805; *Glaser*, Die nachträgliche Feststellungsklage, NJW 2009, 1043.

Fall 13: Abschleppfallvarianten *(Seidel)*

Sachverhalt

Die bayerische Stadt M hat per Abstufungsverfügung und nach Maßgabe vorangegangener Stadtratsbeschlüsse große Bereiche ihrer Altstadt zur Fußgängerzone umgewidmet. Der Bereich der Fußgängerzone wird durch Verkehrszeichen nach Bild 242 zu § 41 StVO für jedermann erkenntlich abgesteckt. An ihnen befindet sich ein Zusatzschild *„Lieferverkehr frei: Montag – Freitag 22.30–12.45"*. Egon (E) besucht an einem Freitag um 14.30 Uhr das Gasthaus „Huberwirt", das im Grenzbereich zwischen Fußgängerzone und einer für den Fahrverkehr offenen Straße liegt. Da E keinen geeigneten Parkplatz gefunden hatte – in M herrscht einerseits eine extrem hohe Verkehrsbelastung, andererseits aber auch Raumknappheit –, hat er den von ihm benutzten PKW, dessen Eigentümer und Halter er zudem ist, im Anfangsbereich (aber bereits innerhalb) der Fußgängerzone abgestellt. Die stark frequentierte Fußgängerzone ist gerade in diesem Bereich sehr eng. Die Passanten werden hierdurch genötigt, dem Fahrzeug auszuweichen und sich nahe an den Hauswänden zu bewegen. Insbesondere Fußgänger mit Gepäck (z. B. Einkaufstüten) werden durch den PKW besonders behindert. Als E um 15.15 Uhr zu seinem Auto zurückkehren will, findet er es dort nicht mehr vor. Polizeiobermeister Paul (P) hatte zum Schutz der Fußgänger und zum Schutz des Zwecks der Fußgängerzone um 14.40 Uhr das Abschleppen des PKW zum nächstgelegenen öffentlichen Parkplatz (der amtliche Verwahrplatz der Polizei ist wesentlich weiter entfernt) veranlasst. Durch Kostenbescheid des Polizeipräsidiums M wird E nach Anhörung aufgefordert, für das Abschleppen einen Betrag in Höhe von insgesamt 70,– € zu bezahlen. Der Betrag setzt sich zusammen aus der (angemessenen) Vergütung in Höhe von 50,– €, die dem Abschleppunternehmer gezahlt wurde (Auslage), sowie aus einer aus Art. 76 Satz 3 PAG i.V.m. § 1 Nr. 1 PolKV ermittelten Gebühr in Höhe von 20,– €.

Vermerk für die Bearbeiter: Wie sind die Erfolgsaussichten einer auf Aufhebung des Kostenbescheids gerichteten und form- und fristgemäß gegen den Freistaat Bayern erhobenen verwaltungsgerichtlichen Klage zu beurteilen?

Variante 1: Aus Gründen der Effizienzsteigerung der Verkehrsüberwachung ist eine besondere Form der Kooperation zwischen Polizeibehörden und der Stadt M entwickelt worden: Nach Maßgabe einer Vereinbarung teilen städtische Dienstkräfte der Abteilung „Kommunale Verkehrsüberwachung" (KVÜ), die an sich nach den einschlägigen gesetzlichen Bestimmungen (§ 2 Abs. 3 ZuVOWiG) nur zur Verfolgung von Ordnungswidrigkeiten im ruhenden Verkehr zuständig sind, der zuständigen Polizeiinspektion fernmündlich Feststellungen hinsichtlich verkehrswidrig parkender Kraftfahrzeuge mit. Auf Basis des mitgeteilten Sachverhalts entscheidet dann die Polizei, ob polizeirechtliche Maßnahmen getroffen werden, insbesondere ob ein Abschleppen veranlasst werden soll. Die Ausführung wird dann der KVÜ überlassen, die im Falle der Abschleppanordnung regelmäßig einen privaten Abschleppunternehmer beauftragt. In Zweifelsfällen ziehen die Polizeibeamten zur Erfassung der Situation einen Katalog zu Rate, der Fotos und Anlageskizzen der jeweiligen Örtlichkeit der Innenstadt von M enthält. Nur in Grenzfällen wird ein Streifenwagen eingesetzt, um die Situation vor Ort zu erfassen.

Vermerk für die Bearbeiter: Ist der Ausgangsfall anders zu beurteilen, wenn Polizeidienststelle und KVÜ nach diesem Modell vorgegangen sind und kein Streifenwagen eingesetzt wurde?

Variante 2: Ein Dieb (D) stiehlt einen PKW, verursacht einen Verkehrsunfall und entkommt unerkannt. Polizeibeamte finden den bereits als gestohlen gemeldeten PKW beschädigt und völlig ungesichert mitten auf der Straßenfahrbahn. Nachdem mehrere Versuche scheitern, E als Eigentümer und Halter telefonisch zu benachrichtigen, veranlassen die Polizisten die Umsetzung des von ihnen ordnungsgemäß verschlossenen Wagens auf den nächstgelegenen öffentlichen Parkplatz. Wie im Ausgangsfall ergeht ein Kostenbescheid gegenüber E.

Vermerk für die Bearbeiter: Beurteilen Sie die Erfolgsaussichten einer verwaltungsgerichtlichen Klage des E mit dem Ziel der Kassation des Kostenbescheids!

Zusatzfrage: Der von P beauftragte (private) Abschleppunternehmer U beschädigt fahrlässig das Fahrzeug des E beim Abschleppvorgang. Dem E entsteht hierdurch ein Schaden in Höhe von 1.000,– €. U ist insolvent und kann daher für den Schaden des E nicht einstehen.

Vermerk für die Bearbeiter: Kann E Schadensersatz vom Freistaat Bayern unter dem Gesichtspunkt der Amtshaftung verlangen? Auf sonstige mögliche Ersatz- oder Entschädigungsansprüche ist nicht einzugehen!

Lösung

A. Ausgangsfall

Die verwaltungsgerichtliche Klage hat Aussicht auf Erfolg, wenn sie zulässig und begründet ist.

I. Zulässigkeit

1. Verwaltungsrechtsweg

Streitgegenstand ist die Frage der Rechtmäßigkeit des Kostenbescheids. Dies bestimmt sich nach Vorschriften des PAG – in Betracht kommen Art. 9 Abs. 2 PAG, Art. 28 Abs. 3 PAG und/oder Art. 55 Abs. 1 Satz 2 PAG – sowie ergänzend nach Vorgaben des Kostengesetzes. Es handelt sich dabei um Normen des öffentlichen Rechts, die Streitigkeit ist also öffentlich-rechtlicher Natur. Da es sich auch nicht um eine verfassungsrechtliche Streitigkeit handelt (keine doppelte Verfassungsunmittelbarkeit) und auch keine spezialgesetzliche Sonderzuweisung in Betracht kommt, ist der Verwaltungsrechtsweg nach § 40 Abs. 1 VwGO, Art. 12 Abs. 1 POG eröffnet.

2. Statthafte Klageart

E begehrt die Aufhebung des ihn belastenden Kostenbescheids. Dieser erfüllt die Merkmale des § (Art.) 35 Satz 1 (Bay)VwVfG, stellt demnach einen Verwaltungsakt dar. Statthafte Klageart ist mithin gem. § 42 Abs. 1 (1. Alt.) VwGO die Anfechtungsklage.

3. Klagebefugnis, sonstige Zulässigkeitsvoraussetzungen

Gem. § 42 Abs. 2 VwGO muss E eine subjektive Rechtsverletzung geltend machen können, d. h. einen Sachverhalt vortragen können, nach dem die Verletzung eines subjektiv-öffentlichen Rechts zumindest möglich ist (Möglichkeitstheorie). E ist Adressat eines belastenden Verwaltungsakts. Folglich erscheint ihm gegenüber eine Verletzung jedenfalls des subsidiären Art. 2 Abs. 1 GG nicht von vornherein ausgeschlossen (Adressatentheorie). E ist somit klagebefugt. In Bayern ist gemäß Art. 15 Abs. 1 und 2 Bay-AGVwGO als Ausnahme von § 68 Abs. 1 Satz 2 VwGO das Vorverfahren nunmehr auch im Polizeirecht entbehrlich. Die Anfechtungsklage des E ist daher auch ohne Durchführung eines erfolglosen Widerspruchsverfahrens zulässig.[1] Überdies ist auch von form- und fristgemäßer Klageerhebung auszugehen. Die auf Kassation des Kostenbescheids gerichtete verwaltungsgerichtliche Klage ist daher zulässig.

II. Begründetheit

Die Anfechtungsklage des E ist begründet, wenn sie sich gegen den richtigen Klagegegner richtet (§ 78 Abs. 1 Nr. 1 VwGO, im Folgenden sub 1.) und wenn der angefochtene Kostenbescheid rechtswidrig ist und den Kläger E in subjektiven Rechten verletzt (§ 113 Abs. 1 Satz 1 VwGO, im Folgenden sub 2.).

1. Passivlegitimation

Im Fall erließ das Polizeipräsidium (Art. 4 Abs. 2 Nr. 1 POG), also die Polizei im institutionellen Sinne als Organ des Freistaats den Kostenbescheid (Art. 1 PAG, Art. 1 POG). Nach dem Rechtsträgerprinzip des § 78 Abs. 1 Nr. 1 VwGO ist daher die Klage zu Recht gegen den Freistaat Bayern erhoben worden.

---

[1] Vgl. ausführlich hierzu oben *Fall 1*.

2. Rechtswidrigkeit und subjektive Rechtsverletzung

Der Kostenbescheid müsste des Weiteren rechtswidrig sein.

> **Zur Vertiefung:** In der Praxis erfolgt die Einforderung der Kosten durch die Polizei häufig dadurch, dass der Abschleppunternehmer in Botenfunktion den Kostenbescheid – ggf. unter Bezeichnung als „Quittung" – dem abholenden Fahrer oder Halter übergibt.[2] Zu möglichen rechtlichen Konsequenzen vgl. z. B. *BGH* NVwZ 2006, 964 ff.

a) Ermächtigungsgrundlage für den Kostenbescheid – Abgrenzung zwischen Sicherstellung, Sofortvollzug und unmittelbarer Ausführung

Ein Kostenbescheid bedarf als belastende Maßnahme nach dem rechtsstaatlichen Grundsatz vom Vorbehalt des Gesetzes einer gesetzlichen Grundlage, dessen Voraussetzungen im Einzelfall erfüllt sein müssen. Eine analoge Anwendung der §§ 679, 683 BGB als Rechtsgrundlage für die Einforderung von Aufwendungsersatz scheidet schon deshalb aus, weil im Hinblick auf Kostenfragen die entsprechende Geltung der GoA im öffentlichen Recht wegen des Grundsatzes der Gesetzbindung (Art. 20 Abs. 3 GG) zumindest dann nicht in Betracht kommt, wenn der Staat ein Geschäft des Bürgers besorgt. Die speziellen Gebühren- und Kostenregelungen des öffentlichen Rechts bestimmen insofern abschließend Kostenpflichten des Bürgers für Amtshandlungen staatlicher Organe.[3] Zudem bestimmt Art. 3 Abs. 1 Nr. 10 Satz 1 (Bay) KostenG, dass Polizeihandlungen grundsätzlich kostenfrei sind, wenn nicht ausnahmsweise die Kostenerhebung spezialgesetzlich angeordnet ist. Damit scheidet auch die allgemeine Kostenregelung des Art. 1 KostenG als Rechtsgrundlage aus. Entscheidend ist damit, ob sich eine spezielle polizeirechtliche Ermächtigungsgrundlage für Kostenbescheide der vorliegenden Art finden lässt.

aa) Art. 28 Abs. 3 PAG

In Betracht kommt Art. 28 Abs. 3 PAG, wenn die Abschleppmaßnahme als Inverwahrungnahme und damit als Bestandteil einer Sicherstellung anzusehen wäre, vgl. Art. 25, 26 PAG[4]. Sieht man eine Sicherstellung schon in der ganz kurzfristigen Inbesitznahme einer Sache, um diese aus einem unsicheren in einen sicheren oder zumindest weniger unsicheren Zustand zu versetzen, so wäre letztlich in fast jedem Fall, in dem die Polizei das Abschleppen eines falsch geparkten Fahrzeugs veranlasst, eine Sicherstellung anzunehmen.[5] Hiergegen spricht aber, dass die Sicherstellung nach Art. 25, 26 PAG auf die Begründung eines Verwahrungsverhältnisses abzielt. Für den *Bayerischen Verwaltungsgerichtshof* ist entscheidend, ob tatsächlich zum Zwecke der Gefahrenabwehr eine amtliche Obhutsübernahme/Gewahrsamsbegründung durch die Polizei von gewisser Dauer (Besitzwille) erfolgt.[6] Es ist hiernach zu unterscheiden, ob das Fahrzeug auf einen von der Polizei eingerichteten Verwahrparkplatz gebracht werden soll (dann Sicherstellung: nach außen dokumentierter Wille, das Fahrzeug in Gewahrsam zu nehmen) oder aber ob das Fahrzeug nur *versetzt* wird. In letzterem Fall – in dem etwa das Fahrzeug wie hier zu einem öffentlichen Parkplatz gebracht wird – scheide eine Sicherstellung aus, weil polizeilicher Gewahrsam nur kurzfristig und lediglich sekundär als Nebenfolge eintrete, da es vom Handlungszweck allein darum gehe, das Fahrzeug von seinem gegenwärtigen Ort zu entfernen.[7] Nach dieser Argumentation handelt

---

[2] Vgl. *BayVGH* BayVBl. 1984, 559 f.; BayVBl. 1991, 433 (435); NVwZ 1990, 180.

[3] *Maurer*, Allgemeines Verwaltungsrecht, § 29 Rn. 11; *Drews/Wacke/Vogel/Martens*, Gefahrenabwehr, S. 678 f.; *Götz*, Allgemeines Polizei- und Ordnungsrecht, § 14 Rn. 8; *Württemberger*, NVwZ 1983, 192 (193 f.). Vgl. hierzu auch (durcharbeiten!): *BGH* BayVBl. 2004, 410 ff.

[4] Vergleichbare Regelungen: § 32 PolG BW, §§ 38, 39 ASOG Bln., §§ 25, 26 PolG Bbg., §§ 23, 24 PolG Brem., § 14 SOG Hbg., §§ 40, 41 HSOG, §§ 61, 62 SOG MV, §§ 26, 27 NdsSOG, §§ 43, 44 PolG NW, §§ 22, 23 POG Rh-Pf, §§ 21, 22 PolG Saarl., § 26 SächsPolG, §§ 45, 46 SOG LSA, §§ 210 ff. LVwG SchlH, §§ 27, 28 PAG Thür.

[5] So: *Gallwas/Wolff*, Bayerisches Polizei- und Sicherheitsrecht, Rn. 705; *Köhler*, BayVBl. 1984, 630 (631).

[6] Typischerweise etwa, wenn die Polizei ein gestohlenes Fahrzeug findet und allein zum Zweck der Sicherung gegen fremden Zugriff handelt: *BayVGH* NVwZ 1990, 180 (181); *VGH Kassel* NJW 1999, 3793; *OVG Bautzen* SächsVBl. 1996, 252 ff.; aber auch hier ist auf den Einzelfall abzustellen (vgl. etwa unten die Lösung zu Variante 2). Vgl. auch *BayVGH* BayVBl. 2001, 310 f. – Sicherstellung eines Kfz mit offen gelassenem Seitenfenster. S. auch *Lösungsskizze zur Aufgabe 6 der Ersten Juristischen Staatsprüfung 2003/2*, BayVBl. 2006, 193 (194).

[7] *BayVGH* BayVBl. 1984, 559 (560 f.); NVwZ 1990, 180 (181).

es sich folglich nicht um eine Sicherstellung nach Art. 25 PAG, sodass Art. 28 Abs. 3 PAG als Rechtsgrundlage nicht in Betracht kommt.

> **Zur Vertiefung:** Die Annahme einer Sicherstellung ist mit der Mindermeinung bei entsprechender Argumentation selbstverständlich vertretbar. Im Übrigen ist nicht unumstritten, ob im Falle der Sicherstellung auch die Kosten für den Abschleppvorgang bereits zu den über Art. 28 Abs. 3 PAG geltend zu machenden Verwahrungskosten zählen, wofür aber wohl die besseren Argumente sprechen.[8] Anders urteilt teilweise der *Bayerische VGH*, der hinsichtlich des reinen Abschleppvorgangs im Fall der Sicherstellung nicht auf Art. 28 Abs. 3 PAG (bzw. auf die Vorgängervorschrift Art. 27 Abs. 3 PAG a. F.), sondern auf Art. 9 Abs. 2 i. V. m. Art. 25 PAG abstellt[9] und damit offenbar die Abschleppmaßnahme als unmittelbare Ausführung der Sicherstellungsanordnung bewertet. In einer anderen Entscheidung wird ohne jegliche Differenzierung auf Art. 9 Abs. 2 i. V. m. Art. 28 Abs. 3 Satz 1 PAG abgestellt.[10]

Zum gleichen Ergebnis gelangt man, wenn man mit einer anderen Ansicht den Begriff der Sicherstellung auf Fallgestaltungen begrenzt, in denen die Polizei darauf abzielt, die Sache in Besitz zu nehmen, um andere von negativen Einwirkungen auszuschließen.[11] Das Abschleppen bloß verkehrswidrig geparkter Fahrzeuge stellt nach dieser Ansicht auch bei Verbringung auf einen polizeilichen Verwahrparkplatz regelmäßig keine Sicherstellung und Verwahrung dar, denn es kommt der Polizei gar nicht darauf an, Gewahrsam zu begründen. Etwas anderes könne nur gelten, wenn ausnahmsweise die Umstände des Einzelfalls für eine andere Bewertung sprechen.[12] Da für Letzteres keine Anhaltspunkte bestehen, ist auch nach diesem Ansatz eine Sicherstellung i. S. v. Art. 25 PAG zu verneinen, sodass auch hiernach Art. 28 Abs. 3 PAG als Grundlage des Kostenbescheides ausscheidet.

bb) Art. 55 Abs. 1 Satz 2 PAG oder Art. 9 Abs. 2 PAG?

Art. 55 Abs. 1 Satz 2 PAG ist Rechtsgrundlage für den Kostenbescheid, wenn es sich bei dem veranlassten Abschleppen um eine *Ersatzvornahme* i. S. v. Art. 55 Abs. 1 Satz 1 PAG, also um eine Vollstreckungsmaßnahme handelt. Demgegenüber wäre Art. 9 Abs. 2 PAG als Maßstab für den Kostenbescheid heranzuziehen, wenn die Abschleppmaßnahme als *unmittelbare Ausführung* einer polizeilichen Maßnahme i. S. v. Art. 9 Abs. 1 PAG[13] anzusehen wäre. Da das Abschleppen eines Kfz ohne weiteres als vertretbare Handlung einzustufen ist, kommen zunächst beide Ermächtigungsgrundlagen in Betracht.

Das Abschleppenlassen kann zumindest dann eine Ersatzvornahme (im echten mehraktigen Verfahren) darstellen, wenn vorher ein Wegfahrgebot verfügt wurde. Neben der eher seltenen Fallgruppe, dass ein Polizist gegenüber dem anwesenden Fahrer ein ausdrückliches Wegfahrgebot ausspricht, stellen nach überwiegender Ansicht Verkehrszeichen mit Gebotscharakter (analog § 80 Abs. 2 Nr. 2 VwGO sofort vollziehbare) benutzungsregelnde Allgemeinverfügungen nach Art. 35 Satz 2 3. Alt. BayVwVfG dar.[14] Das gilt z. B. für Halteverbotsschilder, die dem Verkehrsteilnehmer nicht nur das Abstellen des PKW verbieten, sondern darüber hinaus in positiver Umschreibung konkludent das Weiterfahren auferlegen (wertungsbedürftig bei Schildern wie z. B. für Frauen- oder Behindertenparkplätze). Es liegt dann eine

---

[8] So auch *BayVGH* BayVBl. 1984, 559 ff. – dort wurde der PKW anders als im vorliegenden Fall zu einer polizeilichen Verwahrstelle abgeschleppt.

[9] *BayVGH* NVwZ 1990, 180 f. und NJW 1999, 1130.

[10] *BayVGH* BayVBl. 2001, 210.

[11] *Knemeyer*, Polizei- und Ordnungsrecht, Rn. 251; *Gornig/Jahn*, Sicherheits- und Polizeirecht, S. 254 f.; *Klein*, JA 2004, 544.

[12] Z. B. wenn das Kfz gestohlen ist (s. o.) oder „wenn die Polizei verhindern will, dass das verkehrsgefährdende Kfz (völlig abgefahrene Reifen) benutzt wird" (Beispiel nach *Knemeyer*, a. a. O., Rn. 252, vgl. auch *BayVGH* BayVBl. 1984, 559 [560]).

[13] Eine unmittelbare Ausführung sehen auch vor: § 8 PolG BW, § 15 ASOG Bln., § 7 SOG Hbg., § 8 HSOG, § 70 a SOG MV, § 6 POG Rh-Pf, § 6 SächsPolG, § 9 SOG LSA, § 9 PAG Thür.

[14] BVerwGE 59, 221 ff. sowie BayVBl. 2004, 567; *Klein*, JA 2004, 544 (546) – str. Zu den verschiedenen Ansätzen: *Maurer*, Allgemeines Verwaltungsrecht, § 9 Rn. 36. Hierzu insbes.: *Aufgabe 7 der Ersten Juristischen Staatsprüfung 2000/1*, BayVBl. 2002, 158 f. sowie 188 (190); s. auch die krit. Betrachtung bei *Michaelis*, Jura 2003, 298 (300 ff.).

mittels Ersatzvornahme vollstreckbare Primärmaßnahme (Wegfahrgebot) vor, der der Adressat zuwider gehandelt hat.[15]

> **Zur Vertiefung:** Besondere Probleme bestehen nach der Verkehrsschilderrechtsprechung des *BVerwG*, wenn bei einem Langzeitparker ein Halteverbotsschild nachträglich, also nach Abstellen des Fahrzeugs, aber vor Rückkehr des Fahrers aufgestellt wird! Hier ist zu diskutieren, ob dem Verwaltungsakt nicht nur äußere Wirksamkeit, sondern auch innere Wirksamkeit (also Verbindlichkeit gegenüber dem Betroffenen, der von der Regelung keine Kenntnis haben kann) zukommt. Nach der Rechtsprechung des Bundesverwaltungsgerichts soll hier auf Spezialregelungen der StVO abzustellen sein, die Art. 41 Abs. 3 BayVwVfG verdrängen oder zumindest überlagern. Verkehrszeichen sollen daher bereits mit der Aufstellung gegenüber jedermann wirksam werden, wenn gewährleistet ist, dass ein durchschnittlicher Verkehrsteilnehmer bei Anwendung der nach § 1 StVO erforderlichen Sorgfalt das Schild zumindest beiläufig erblicken kann. Auf die tatsächliche Wahrnehmung kommt es für die innere Wirksamkeit gegenüber jedermann nicht an. Weil es nach den genannten Vorschriften gerade nicht auf die subjektive Kenntnisnahme ankommt, gilt dies gegenüber dem Parkenden selbst dann, wenn das Halteverbotsschild erst nach dem Parkvorgang aufgestellt wird.[16]

Ausgehend hiervon dürfte es zumindest vertretbar sein, auch ein Fußgängerzonenzeichen nach Bild 242 zu § 41 StVO als konkludent ausgesprochenes Wegfahrgebot zu bewerten und nach dem vorgenannten Ansatz von Ersatzvornahme eines im Vorhinein ergangenen Verwaltungsaktes auszugehen.[17] Allerdings bestehen erhebliche Unterschiede zu einem Halteverbotsschild. Die Frage der Nutzung einer Fußgängerzone als Parkplatz betrifft zunächst die anhand der Widmung zu ermittelnde Abgrenzung zwischen zulässigem Gemeingebrauch und unzulässiger Sondernutzung (Art. 14, 18 BayStrWG). In Verkehrszeichen nach Bild 242 zu § 41 StVO ist keine zusätzliche straßenverkehrsrechtliche Anordnung zu sehen. Hiermit wird nur in einer für das Publikum einsichtigen Form auf die straßen- und wegerechtlichen Beschränkungen des Gemeingebrauchs hingewiesen, nicht jedoch eine straßenverkehrsrechtliche Anordnung der Stadt M kenntlich gemacht.[18] Es besteht damit keine Primärverfügung in Form eines Verkehrsschildes mit konkludentem Wegfahrgebot.

> **Zur Vertiefung:** Selbst wenn es sich um ein vollstreckungsfähiges Verkehrszeichen handeln würde, ist für das Trennungssystem in Bayern zu bedenken, dass an sich die erlassende Straßenverkehrsbehörde für die Vollstreckung – dann nach dem bayerischen BayVwZVG – zuständig wäre. Hierüber setzt sich eine Meinung in der Literatur in nicht unbedenklicher Weise hinweg, indem sie in funktionaler Betrachtung ein Verkehrszeichen mit Wegfahrgebot als Ersatz für die Einzelweisung eines Polizisten bewertet.[19] Dogmatisch richtiger dürfte demgegenüber sein, die polizeiliche Vollstreckung eines Verkehrsschilds (als Erlass der Straßenverkehrsbehörde) nur über die Sondervorschriften der Art. 50–52 PAG als Ermächtigungsgrundlagen abgedeckt zu sehen.[20] Die Voraussetzungen des Art. 50 Abs. 1 PAG liegen aber schon deshalb nicht vor, weil weder ein Ersuchen der Straßenverkehrsbehörde vorliegt, noch die Abschleppmaßnahme einen Anwendungsfall des unmittelbaren Zwangs darstellt (das

---

[15] Zu dieser Konstruktion: *VGH Kassel* NVwZ-RR 1999, 23 ff. – Parkuhr als modifiziertes Halteverbotsschild; *VGH Mannheim* NVwZ-RR 2003, 558 sowie *OVG Schleswig* NVwZ 2003, 647 – Abschleppen eines Fahrzeugs von einem Behindertenparkplatz; *Heckmann*, in: Becker/Heckmann/Kempen/Manssen, Öffentliches Recht in Bayern, 3. Teil, Rn. 555 ff.; *Perrey*, BayVBl. 2000, 609; *Janssen*, JA 1996, 165 (166 f.). Krit. (durcharbeiten!) *Schoch*, JuS 1995, 307 (312 f.). Verneint bei *OVG Hamburg* NJW 2001, 168 (169) für ein Parken auf einem beschilderten Radweg. S. auch die Nachweise bei *Gornig/Jahn*, Sicherheits- und Polizeirecht, S. 255.

[16] Hierzu (unbedingt durcharbeiten!): *BVerwG* DVBl. 1998, 93 f.; *Aufgabe 7 der Ersten Juristischen Staatsprüfung 2000/1*, BayVBl. 2002, 158 f. sowie 188 (190); *Koch/Niebaum*, JuS 1997, 312 ff. Hierzu auch: *Perrey*, BayVBl. 2000, 609 f. Siehe auch *VGH Mannheim* DVBl. 1991, 1370. Krit.: *Hansen/Meyer*, NJW 1998, 284 ff.; *Michaelis*, Jura 2003, 298 (301 f.).

[17] So *OVG Münster* NJW 1982, 2277.

[18] *BayVGH* BayVBl. 1984, 559 (561); NVwZ 1990, 180.

[19] *Heckmann*, in: Becker/Heckmann/Kempen/Manssen, Öffentliches Recht in Bayern, 3. Teil, Rn. 564.

[20] *Lösungsskizze zur Aufgabe 7 der Ersten Juristischen Staatsprüfung 2000/1*, BayVBl. 2002, 188 (191).

> Wegfahrgebot eines Verkehrszeichens stellt eine vertretbare Handlung dar, die im Wege der Ersatz-
> vornahme vollstreckt wird).[21] Für den Fall, dass nicht die Straßenverkehrsbehörde, sondern die
> Polizei von sich aus ein Fahrzeug abschleppen lässt, das im Bereich eines durch Verkehrszeichen aus-
> gewiesenen Halteverbots parkt, ist daher vorzugsweise die Annahme der Vollstreckung des Verkehrs-
> zeichens zu verwerfen. In diesem Fall kommen ausschließlich die nunmehr zu diskutierende sofortige
> Vollziehung (Art. 53 Abs. 2, 55 PAG) oder die unmittelbare Ausführung (Art. 9 Abs. 1 PAG) als
> Rechtsgrundlage in Betracht. Wohl deswegen geht *BayVGH* BayVBl. 1991, 433 (434) bei einer po-
> lizeilichen Abschleppmaßnahme wegen Parkens in einer Feuerwehranfahrtszone trotz des zusätzlich
> vorhandenen Halteverbotsschilds von einer unmittelbaren Ausführung gem. Art. 9 Abs. 1 PAG (und
> damit von Art. 9 Abs. 2 PAG als Rechtsgrundlage für den Kostenbescheid) aus. Das Gericht sieht hier
> neben dem Verstoß gegen § 12 Abs. 1 Nr. 6a und Nr. 8 StVO (Ordnungswidrigkeit gem. § 49 Abs. 1
> Nr. 12 StVO und § 24 StVG) eine zusätzliche Gefährdung der öffentlichen Sicherheit in dem Um-
> stand, dass der Parkende gegen das in dem Verkehrszeichen enthaltene Gebot, unverzüglich weiter-
> zufahren, verstoßen habe. Insofern sei gem. Art. 11 Abs. 1 und 2 PAG eine polizeiliche Anordnung
> und damit auch unter den Voraussetzungen des Art. 9 Abs. 1 PAG eine unmittelbare Ausführung ge-
> rechtfertigt.

Allerdings ist eine Ersatzvornahme auch in Form des *Sofortvollzugs* nach Art. 53 Abs. 2, 55 Abs. 1
Satz 1 PAG[22] vorgesehen als besondere Vollstreckungsmaßnahme, die keine vorherige polizeiliche Primärmaßnahme voraussetzt. In einem Bundesland, das – wie z. B. Bayern – sowohl das Institut der unmittelbaren Ausführung als auch des Sofortvollzugs kennt, ist eine Differenzierung und Zuordnung
für jeden Einzelfall geboten.[23] Die Abgrenzung zur unmittelbaren Ausführung i. S. v. Art. 9 Abs. 1 PAG
erfolgt anhand der Überlegung, dass die Ersatzvornahme selbst im Fall des Sofortvollzugs als Vollstreckungsmaßnahme in der Sache eine Sekundärmaßnahme darstellt und damit letztlich auf Willensbre-
chung abzielt.[24] Bei Ersatzvornahme in Form des Sofortvollzugs i. S. v. Art. 53 Abs. 2, 55 Abs. 1 Satz 1
PAG ist der Betroffene als denkbarer Adressat einer vorangehenden Verfügung regelmäßig bekannt
oder zumindest zu ermitteln, der Anordnende geht aber vom entgegenstehenden Ausführungswillen
des Betroffenen und daher von der Überflüssigkeit einer Primärverfügung aus. Er hält dann von vornherein Vollstreckungsmaßnahmen für erforderlich. Bei der unmittelbaren Ausführung nach Art. 9
Abs. 1 PAG ist hingegen der Verantwortliche (Art. 7, 8 PAG) nicht rechtzeitig greifbar, um nach Maßgabe einer Primärverfügung den Gefahrentatbestand selbst beseitigen zu können. Deshalb ist die unmittelbare Ausführung nicht wie der Sofortvollzug eine vollstreckungsrechtliche Sekundär- sondern
Primärmaßnahme. Beseitigt also der handelnde Polizist die Gefahr (hier: Veranlassung des Abschleppens), nicht weil er von einem entgegenstehenden Willen des Betroffenen ausgeht (womöglich ist dieser
Wille im Handlungszeitpunkt gar nicht zu ermitteln), sondern weil er den Verantwortlichen als denkbaren Adressaten einer Polizeiverfügung nicht rechtzeitig fassen kann oder weil eine an diesen erlassene
Verfügung zu spät zuginge, so handelt es sich um einen Fall der unmittelbaren Ausführung nach Art. 9
Abs. 1 PAG. Von Letzterem ist hier auszugehen: Weil E nicht greifbar war, konnte eine Wegfahranord-
nung an ihn gar nicht ergehen. Es ging also nicht um Brechung eines möglicherweise entgegenstehen-
den Willens des E, sondern schlicht um das Handeln anstelle des nicht anwesenden Verantwortlichen.
Nichts anderes gilt, wenn man mit einem anderen Ansatz, der unter Rekurs auf den Wortlaut des
Art. 53 Abs. 2 PAG von der Subsidiarität des Sofortvollzugs ausgeht, einen generellen Vorrang des
Art. 9 Abs. 1 PAG annimmt, sofern es um die Vornahme einer vertretbaren Handlung und zudem um
ein Handeln anstelle des Verantwortlichen nach Art. 7, 8 PAG (und nicht anstelle des Nichtverantwort-

---

[21] *Lösungsskizze zur Aufgabe 7 der Ersten Juristischen Staatsprüfung 2000/1*, BayVBl. 2002, 188 (191).

[22] Den Sofortvollzug normieren auch: § 53 Abs. 2 PolG Bbg., § 47 Abs. 2 HSOG, § 81 SOG MV, § 64 Abs. 2
NdsSOG, § 50 Abs. 2 PolG NW, § 61 Abs. 2 VwVG Rh-Pf, § 44 Abs. 2 PolG Saarl., § 53 Abs. 2 SOG LSA, § 230
LVwG SchlH, § 51 Abs. 2 PAG Thür.

[23] Vgl. *Schoch*, JuS 1995, 307 (312); *Perrey*, BayVBl. 2000, 609 (611 f.). .

[24] *Gallwas/Wolff*, Bayerisches Polizei- und Sicherheitsrecht, Rn. 558; *Klein*, JA 2004, 544 (545); *Lösungsskizze
zur Aufgabe 7 der Ersten Juristischen Staatsprüfung 2000/1*, BayVBl. 2002, 188 (191).

lichen nach Art. 10 PAG) geht.[25] Als Rechtsgrundlage für den Kostenbescheid kommt damit nur Art. 9 Abs. 2 PAG in Betracht.[26]

Zur Vertiefung: Nach dem *Sächsischen* OVG (vgl. SächsVBl. 1996, 70 f.) sind Kosten der unmittelbaren Ausführung keine öffentlichen Abgaben und Kosten i.S.v. § 80 Abs. 2 Nr. 1 VwGO. Widerspruch (soweit nach Landesrecht statthaft) und Anfechtungsklage gegen den Kostenbescheid haben daher grundsätzlich aufschiebende Wirkung.

Zum Verständnis: Sieht das Landesrecht keine unmittelbare Ausführung vor, ist die Diskussion auf die Abgrenzung zwischen Ersatzvornahme und Sicherstellung zu begrenzen, vgl. *Klein*, JA 2004, 544 (545, Fußn. 16). Für die Rechtslage in Nordrhein-Westfalen – in krit. Auseinandersetzung mit der Rechtsprechung des *OVG Münster: Michaelis*, Jura 2003, 298 ff.

---

b) Formelle Rechtmäßigkeit des Kostenbescheids

Das Polizeipräsidium (Art. 9 Abs. 2 PAG, Art. 3, 4 POG) handelte beim Erlass des Kostenbescheids als Vollzugspolizei nach Art. 1 PAG. Es handelte damit für den Vollzug des PAG und damit auch für den Erlass eines Kostenbescheids nach Art. 9 Abs. 2 PAG eine zuständige Behörde. Die einzelnen Aufgabenbereiche der Polizeidienststellen sind in der Verordnung zur Durchführung des POG (Ziegler/Tremel Nr. 581) festgelegt. Die diesbezüglichen Regelungen haben allerdings nur innerdienstliche Relevanz und damit keine Aussagekraft für die formelle Rechtmäßigkeit einer polizeilichen Verfügung; sie sind insbesondere nicht relevant für die Frage der sachlichen Zuständigkeit.[27] Auch sonstige formelle Fehler sind nicht ersichtlich. Insbesondere fand vor Erlass des Kostenbescheids auch eine Anhörung (Art. 28 BayVwVfG) statt.

c) Materielle Rechtmäßigkeit

Der Kostenbescheid muss inhaltlich von Art. 9 Abs. 2 PAG gedeckt sein. Hiernach können von den nach Art. 7 oder 8 PAG Verantwortlichen die Kosten für die ihrerseits rechtmäßige unmittelbare Ausführung einer Maßnahme erhoben werden.

aa) Rechtmäßigkeit der unmittelbaren Ausführung selbst

Voraussetzung für die materielle Rechtmäßigkeit einer Kostenverfügung ist nach Art. 9 Abs. 2 PAG zunächst, dass die unmittelbare Ausführung einer polizeilichen Maßnahme ihrerseits rechtmäßig war.

(1) Ggf. kann unter dem Aspekt der **formellen Rechtmäßigkeit** der Abschleppanordnung diskutiert werden, ob die Abschleppanordnung wegen Verstoßes gegen Art. 43 Abs. 1 BayVwVfG – keine vorherige Bekanntgabe gegenüber dem Adressaten – gar nicht im Zeitpunkt der Abschleppmaßnahme wirksam geworden ist, sodass die Abschleppmaßnahme selbst als unmittelbare Ausführung möglicherweise rechtswidrig wäre.[28] Das setzt voraus, dass in den Fällen der unmittelbaren Ausführung nach Art. 9 Abs. 1 PAG überhaupt ein Verwaltungsakt vorliegt und damit der Anwendungsbereich des Art. 43 Abs. 1 BayVwVfG betroffen ist.[29] Gerade weil Art. 9 Abs. 1 PAG wegen nicht rechtzeitiger Erreichbarkeit des ansonsten als Verfügungsadressaten in Betracht kommenden Verantwortlichen von der Möglichkeit der polizeilichen Selbstausführung ausgeht, spricht einiges dafür, dass (anders als bei einer

---

[25] *Heckmann*, in: Becker/Heckmann/Kempen/Manssen, Öffentliches Recht in Bayern, 3. Teil, Rn. 283 ff.

[26] So auch: *BayVGH* BayVBl. 2007, 249 – Abschleppen eines PKW, der verbotswidrig auf einem Taxistand abgestellt wurde; *BayVGH* BayVBl. 1991, 433 ff. – Parken im Bereich der Feuerwehrzufahrt; *OVG Hamburg* NJW 2001, 168 ff. – Parken auf Radweg; *OVG Koblenz* NJW 1999, 3573 f. – Behinderung der Grundstückszufahrt durch parkendes Fahrzeug; *VGH Kassel* NJW 1999, 3659 ff. sowie *OVG Hamburg* NJW 2000, 2600 ff. – Abschleppen eines im öffentlichen Verkehrsraum abgestellten, schrottreifen Fahrzeugs; *VG Freiburg* DVBl. 1979, 745 ff. – Abschleppen bei Parken in zweiter Reihe sowie vor einer Garageneinfahrt; vgl. auch *Lösungsskizze zur Aufgabe 6 der Ersten Juristischen Staatsprüfung 2003/2*, BayVBl. 2006, 193 (194). Zur Annahme einer Ersatzvornahme (Sofortvollzug) in Abhängigkeit vom jeweiligen Landesrecht: *OVG Münster* NJW 1982, 2277; DÖV 2001, 215; *VGH Kassel* NJW 1984, 1197 (1198).

[27] *Heckmann*, in: Becker/Heckmann/Kempen/Manssen, Öffentliches Recht in Bayern, 3. Teil, Rn. 33 f.

[28] Vgl. *BayVGH* BayVBl. 1991, 433 (435).

[29] Zum Streitstand: *BayVGH* BayVBl. 1991, 433 (435); *Schäfer*, BayVBl. 1989, 742 ff.

Vollstreckungsmaßnahme) keine Anordnung i. S. v. Art. 35 BayVwVfG ergeht. Nach wohl überwiegender Ansicht stellt daher die unmittelbare Ausführung einen Realakt[30] dar, auf den Art. 43 Abs. 1 BayVwVfG von vornherein keine Anwendung findet. Geht man hingegen von der tatsächlichen Überlegung aus, dass der unmittelbaren Ausführung notwendigerweise eine polizeiliche Entscheidung vorauszugehen hat, so ist auch vertretbar, dieser Grundentscheidung als Basis der unmittelbaren Ausführung die Qualität eines Verwaltungsakts zuzuschreiben.[31] Dann ist aber nach Sinn und Zweck des Art. 9 Abs. 1 PAG von einem gesetzlich geregelten Sonderfall auszugehen, der Art. 43 Abs. 1 BayVwVfG insofern verdrängt, da ansonsten vom Institut der unmittelbaren Ausführung zur effizienten Gefahrenabwehr nichts übrig bliebe. Mithin ist wegen Art. 9 Abs. 1 PAG als Lex specialis die Bekanntgabe nicht als Voraussetzung der Wirksamkeit der Abschleppanordnung und damit auch der Rechtmäßigkeit der Abschleppmaßnahme anzusehen.[32]

(2) Es müssen die **Tatbestandsvoraussetzungen einer polizeilichen Gefahrenabwehrmaßnahme** – sei es hinsichtlich einer atypischen Maßnahme nach Maßgabe der Generalklausel, sei es hinsichtlich einer Standardmaßnahme – vorliegen. D. h. es ist zu prüfen, ob eine hypothetische Anordnung an den Verantwortlichen rechtmäßig gewesen wäre. Im Rahmen der Prüfung der Rechtmäßigkeit der unmittelbaren Ausführung müssen damit die allgemeinen Voraussetzungen für ein polizeiliches Eingreifen vorliegen. Da es sich um eine für den Betroffenen belastende Maßnahme handelt, müsste diese hypothetische Anordnung nach Maßgabe einer Befugnisnorm[33] des PAG formell und materiell rechtmäßig sein. Da es sich nicht um eine Sicherstellung handelt (s. o.), ist nicht Art. 25 PAG einschlägig. Gegenüber dieser sog. atypischen Maßnahme kann nur die Generalklausel des Art. 11 Abs. 1, Abs. 2 Satz 1 Nrn. 1 und 2 PAG greifen.[34]

Formelle Rechtmäßigkeit (insbesondere polizeiliche Aufgabeneröffnung): Polizeiobermeister P (als Entscheidungsträger) veranlasste in amtlicher Eigenschaft die Umsetzung des Wagens. Art. 9 Abs. 1 PAG lässt dabei ausdrücklich die Ausführung durch einen Beauftragten (z. B. privates Abschleppunternehmen) zu. Es liegt damit ein Handeln der Polizei im institutionellen Sinne, d. h. gem. Art. 1 PAG vor. Die Abschleppmaßnahme diente jedenfalls nicht der Verfolgung des Parkverstoßes als Ordnungswidrigkeit, sondern bezweckte allein, die Fußgängerzone von einem dort geparkten Fahrzeug zu befreien. Insofern kommt hinsichtlich der Eröffnung des Aufgabenbereiches der Polizei nicht Art. 2 Abs. 4 PAG, § 53 OWiG, sondern ausschließlich Art. 2 Abs. 1, Art. 3 PAG in Betracht. Art. 2 Abs. 1 PAG setzt ein Handeln zur Abwehr von Gefahren für die öffentliche Sicherheit oder Ordnung voraus. Als betroffenes Schutzgut kommt die öffentliche Sicherheit in Betracht. Schutzgüter der öffentlichen Sicherheit sind der Staat und seine Einrichtungen, Individualgüter (z. B. Leben, körperliche Unversehrtheit, körperliche Bewegungsfreiheit, Eigentum und Vermögen) sowie das geschriebene Recht schlechthin (Gesetze, Verordnungen und Satzungen, insbesondere mit Ge- oder Verbotswirkung gegenüber den Rechtsunterworfenen).[35]

Für den vorliegenden Fall: Zum einen geht das Parken eines PKW in einer Fußgängerzone über den Gemeingebrauch gem. Art. 14 BayStrWG hinaus (s. o.), stellt also eine nach Art. 18 Abs. 1 Satz 1 BayStrWG erlaubnispflichtige Sondernutzung dar. Schon allein dieser Verstoß gegen eine gesetzliche Vorschrift, der zudem als Ordnungswidrigkeit gem. Art. 66 Nr. 2 BayStrWG sanktioniert ist, stellt eine Gefährdung der öffentlichen Sicherheit i. S. v. Art. 2 Abs. 1 PAG dar.[36] Darüber hinaus ist zu bedenken, dass Fußgängerzonen als Ruhezonen Fußgänger gerade unbeeinflusst von sonst störendem Fahrverkehr

---

[30] *Knemeyer*, Polizei- und Ordnungsrecht, Rn. 343; *Schäfer*, BayVBl. 1989, 742 ff.; *Götz*, Allgemeines Polizei- und Ordnungsrecht, § 12 Rn. 20. Konsequenzen hat dies für die statthafte Klageart vgl. *Klein*, JA 2004, 544 (545). Vgl. auch *Lösungsskizze zur Aufgabe 6 der Ersten Juristischen Staatsprüfung 2003/2*, BayVBl. 2006, 193 (194).

[31] So *BayVGH* BayVBl. 1991, 433 (435).

[32] *BayVGH* BayVBl. 1991, 433 (435). Vgl. auch *Lösungsskizze zur Aufgabe 7 der Ersten Juristischen Staatsprüfung 2000/1*, BayVBl. 2002, 188 (191).

[33] Z. B. *Schoch*, JuS 1994, 391 (396 f.).

[34] Zur polizeilichen Generalklausel anderer Bundesländer: § 3 PolG BW, § 17 Abs. 1 ASOG Bln., § 10 PolG Bbg., § 10 Abs. 1 PolG Brem., § 3 Abs. 1 SOG Hbg., § 11 HSOG, § 13 SOG MV, § 11 NdsSOG, § 8 Abs. 1 PolG NW, § 9 Abs. 1 POG Rh-Pf, § 8 Abs. 1 PolG Saarl., § 3 Abs. 1 SächsPolG, § 13 SOG LSA, § 174 LVwG SchlH, § 12 Abs. 1 PAG Thür.

[35] Z. B.: *Schloer*, BayVBl. 1991, 257; *Waechter*, NVwZ 1997, 728 (733); *Schoch*, JuS 1994, 570 f.

[36] *BayVGH* BayVBl. 1984, 559 (561); NVwZ 1990, 180.

zum Verweilen und zur Kommunikation einladen. Parkende Fahrzeuge stören nicht nur diese Funktion, zudem ergibt sich die nicht fernliegende Möglichkeit einer Schädigung von Fußgängern (z. B. beim Wegfahren des Fahrzeugs), da gerade nicht mit Fahrverkehr hier gerechnet werden muss. Auch insofern liegt – unabhängig vom Gesetzesverstoß – eine Gefährdung der öffentlichen Sicherheit vor. In der konkreten Handlungssituation wäre aufgrund immensen Zeitverlustes ein Abwarten des Handelns sonstiger Behörden aus Ex-ante-Sicht eines Durchschnittspolizisten der rechtzeitigen Gefahrenabwehr abträglich gewesen. Damit ist auch von Unaufschiebbarkeit i. S. v. Art. 3 PAG auszugehen. Der polizeiliche Aufgabenbereich ist mithin eröffnet, die Polizei war sachlich zuständig.

Materielle Rechtmäßigkeit: Die Tatbestandvoraussetzungen der Generalklausel liegen gem. Art. 11 Abs. 1, Abs. 2 Satz 1 Nrn. 1 und 2 PAG vor. Insbesondere ist von einer *konkreten* Gefährdung der o. g. Schutzgüter auszugehen (s. o.: Das Parken in der Fußgängerzone erfüllt den Tatbestand einer Ordnungswidrigkeit). Die Abschleppmaßnahme muss zudem gem. Art. 4 PAG[37] dem Grundsatz der Verhältnismäßigkeit entsprechen.[38] Die Geeignetheit zur Abwehr der Gefahr steht außer Frage. Zudem ist ein gleich effizientes, weniger belastendes Mittel nicht ersichtlich, insbesondere wurde der PKW zum nächstgelegenen Parkplatz und nicht etwa zu einer weiter entfernten polizeilichen Verwahrstelle verbracht.[39] Erforderlichkeit ist daher auch zu bejahen, Art. 4 Abs. 1 PAG. Weiterhin darf die Maßnahme nicht zu einem Nachteil führen, der zum erstrebten Erfolg erkennbar außer Verhältnis steht, Art. 4 Abs. 2 PAG (Verhältnismäßigkeit im engeren Sinne). Der bloße Verstoß gegen die straßenverkehrsrechtlichen Vorschriften rechtfertigt nicht ohne Weiteres und in jedem Fall für sich gesehen schon eine Abschleppmaßnahme.[40]

Hier ist zu bedenken, dass von falsch parkenden Fahrzeugen eine negative Vorbildwirkung für andere PKW-Fahrer ausgehen kann (Nachahmungseffekt), was zur Intensivierung der bereits eingetretenen Störung beitragen kann. In diesem Zusammenhang entspricht es einem besonderen öffentlichen Anliegen, auch aus generalpräventiven Gründen Fehlentwicklungen entgegenzutreten.[41] Insofern ist anzuführen, dass insbesondere im Fall des Mangels an Parkplätzen wie in M die naheliegende Möglichkeit besteht,

„dass die ausschließlich dem Fußgängerverkehr dienenden Fußgängerzonen mehr und mehr unter Verdrängung der ohnehin in ihrem Freiraum durch den innerstädtischen dichten Autoverkehr stark eingeschränkten Fußgänger zu Parkplätzen umfunktioniert würden für diejenigen, die sie rücksichtslos als erste besetzen. Die Gefahr wäre dort am größten, wo für den Fahrverkehr offene Straßen (...) an Randzonen der Fußgängerzone (...) stoßen. Die Fußgänger würden durch eine solche Massenentwicklung nicht nur regelrecht an die Wand gedrückt; es käme dann auch durch den allenthalben einsetzenden Zu- und Abgangsverkehr in der Fußgängerzone unvermeidbar zu Personenschäden."[42]

Die Ermessensentscheidung des P ist damit an sich schon mit den vorgenannten Erwägungen nicht als unverhältnismäßig anzusehen.[43] Allerdings ist eine Ansicht im Vordringen, die die bloße negative Vorbildwirkung bzw. den Gesichtspunkt der Generalprävention nicht unter Übermaßgesichtspunkten ausreichen lässt, sondern zudem eine relevante Behinderung der anderen Verkehrsteilnehmer allein durch das einzelne parkende Fahrzeug verlangt.[44] Insofern ergibt sich aber aus dem Sachverhalt, dass auch

---

[37] Parallelvorschriften zum Verhältnismäßigkeitsgrundsatz: § 5 PolG BW, § 11 ASOG Bln., § 3 PolG Bbg., § 3 PolG Brem., § 4 SOG Hbg., § 4 HSOG, § 15 SOG MV, § 4 NdsSOG, § 2 PolG NW, § 2 POG Rh-Pf, § 2 PolG Saarl., § 3 Abs. 2–4 SächsPolG, § 5 SOG LSA, § 73 Abs. 2 und 3 LVwG SchlH., § 4 PAG Thür.

[38] Hierzu ausführlich im Falle von Abschleppmaßnahmen: *Perrey*, BayVBl. 2000, 609 (613 f.); *Michaelis*, Jura 2003, 298 (303 f.).

[39] Vgl. *BayVGH* BayVBl. 1984, 559 (560).

[40] *BayVGH* BayVBl. 2007, 249.

[41] *BayVGH* NVwZ 1990, 180 (181); vgl. die weiteren Nachweise bei *Gornig/Jahn*, Sicherheits- und Polizeirecht, S. 261.

[42] *BayVGH* NVwZ 1990, 180 (181).

[43] In vergleichbarer Argumentation bereits *BayVGH* BayVBl. 1984, 559 (561 f.). Für den Fall einer Abschleppmaßnahme wegen eines zweistündigen Parkens im Bereich eines absoluten Halteverbots: *BVerwG* DÖV 1990, 482. S. auch *VGH Mannheim* NJW 2003, 3363 – keine Unverhältnismäßigkeit einer Abschleppmaßnahme in einer Anwohnerparkzone im Fall des Parkens im (neu geregelten) Halteverbot gem. Verkehrszeichen Nr. 283.

[44] *OVG Hamburg* NJW 2001, 168 (169), dort bejaht für den Fall des Parkens auf einem Radweg. Vgl. auch *OVG Koblenz* NJW 1999, 3573 (3574); *Michaelis*, Jura 2003, 298 (302).

eine konkrete Behinderung der die Fußgängerzone benutzenden Passanten vorlag: Diese mussten ausweichen; insbesondere für Passanten mit Einkaufstüten o. ä. ergaben sich dabei Platzprobleme. Die widmungsgemäße Funktion der Fußgängerzone war erheblich gestört.[45] Die Nachteile, die sich für den Betroffenen aus dem Abschleppen eines in der Fußgängerzone geparkten PKW ergeben, sind daher angesichts der besonderen Schutzbedürftigkeit des Fußgängerverkehrs in der Innenstadt von M hinzunehmen. Die Maßnahme des P war mithin auch zumutbar i. S. v. Art. 4 Abs. 2 PAG.[46] Allenfalls dann könnte eine andere Bewertung getroffen werden, wenn aus Ex-ante-Sicht die Beendigung der Störung alsbald erfolgt wäre (Kfz wird be- oder entladen) oder wenn ohne weiteres mit dem Halter oder Fahrer mündlich Kontakt hätte aufgenommen werden können bzw. wenn der Fahrer am Fahrzeug eine Nachricht hinterlassen hätte, mit dem Hinweis, dass er sich in unmittelbarer Nähe befand und das Fahrzeug in den nächsten Minuten entfernt hätte.[47] Hierfür spricht aber im vorliegenden Fall nichts. Auch ansonsten sind keine Ermessensfehler ersichtlich.

(3) Als besondere Voraussetzung des Art. 9 Abs. 1 PAG darf unter dem Blickwinkel einer effektiven Gefahrenabwehr der Zweck der Maßnahme durch Inanspruchnahme der nach Art. 7 oder 8 PAG[48] Verantwortlichen nicht oder nicht rechtzeitig erreicht werden können. Ein eigenes Handeln der Polizei zur Wiederherstellung der widmungsgemäßen Zweckbestimmung der Fußgängerzone war hier das notwendige Mittel, weil aus Sicht des handelnden Polizeibeamten nicht ersichtlich war, wie lange der störende Zustand (bis zur Rückkehr des Fahrers) anhalten würde. Eine Anordnung an Fahrer oder Halter, das Fahrzeug selbst aus dem Halteverbotsbereich zu entfernen, war insofern nicht möglich. Zur effizienten Gefahrenabwehr durfte P daher davon ausgehen, dass ein nach Art. 7 oder 8 PAG Verantwortlicher nicht rechtzeitig erreicht werden konnte.[49]

bb) Verantwortlichkeit des E
Die Rechtmäßigkeit des Kostenbescheides setzt nach Art. 9 Abs. 2 Satz 1 PAG zudem voraus, dass der in Anspruch genommene E nach Art. 7 oder 8 PAG verantwortlich ist. Als Halter und Eigentümer ist E zunächst gemäß Art. 8 Abs. 2 Satz 1 PAG zustandsverantwortlich. Zudem hat E selbst das Auto in der Fußgängerzone geparkt, mithin unmittelbar die Gefahr verursacht. Er ist daher auch unter dem Gesichtspunkt der Verhaltensverantwortlichkeit gem. Art. 7 Abs. 1 PAG polizeipflichtig.[50]

cc) Kostenhöhe
Auch der Höhe nach sind die geltend gemachten Kosten von Art. 9 Abs. 2 PAG i. V. m. Art. 76 PAG, § 1 PolKV gedeckt. Hinsichtlich der Abschleppkosten in Höhe von 50,- € ist laut Sachverhalt vorgegeben, dass es sich um eine angemessene Vergütung handelt. Die festgesetzte Gebühr i. H. v. 20,- € ist nach § 1 Nr. 1 PolKV am unteren Limit angesetzt.

Ergebnis zum Ausgangsfall: Der Kostenbescheid ist von Art. 9 Abs. 2 Satz 1 PAG gedeckt und ist daher rechtmäßig. Die Anfechtungsklage des E ist zwar zulässig aber nicht begründet

---

[45] Zur Funktionsbeeinträchtigung der betreffenden Verkehrsfläche als maßgebliches Kriterium der Verhältnismäßigkeit einer Abschleppmaßnahme: *OVG Münster* NJW 1998, 2465; NJW 1999, 1275.

[46] Nach *BayVGH* BayVBl. 2007, 249 ist es zur Bejahung der Verhältnismäßigkeit im Falle eines Verstoßes gegen eine straßenverkehrsrechtliche Vorschrift nicht erforderlich, dass bereits eine akute Verkehrsbehinderung eingetreten ist oder unmittelbar bevorsteht. Entscheidend ist, ob nach der vernünftigen Prognose des handelnden Polizisten möglicherweise mit dem Eintritt einer Behinderung zu rechnen ist.

[47] *BayVGH* NVwZ 1990, 180 (181); *OVG Hamburg* NJW 2001, 168 (169); *Koblenz* NJW 1999, 3573 (3574); *Michaelis*, Jura 2003, 298 (303); einschränkend *VG Gießen* NVwZ-RR 2003, 212f

[48] Vergleichbare Regelungen: §§ 6, 7 PolG BW, §§ 13, 14 ASOG Bln., §§ 5, 6 PolG Bbg., §§ 5, 6 PolG Brem., §§ 8, 9 SOG Hbg., §§ 6, 7 HSOG, §§ 69, 70 SOG MV, §§ 6, 7 NdsSOG, §§ 4, 5 PolG NW, §§ 4, 5 POG Rh-Pf, §§ 4, 5 PolG Saarl., §§ 4, 5 SächsPolG, §§ 7, 8 SOG LSA, §§ 218, 219 LVwG SchlH, §§ 7, 8 PAG Thür.

[49] Vgl. auch *BayVGH* BayVBl. 1991, 433 (434); BayVBl. 2007, 249.

[50] Zur Theorie der unmittelbaren Verursachung als Zurechnungskriterium für die Verhaltensverantwortlichkeit: *OVG Hamburg* NJW 2000, 2600 (2601); *Hartmann*, JuS 2008, 593 (594); *Knemeyer*, Polizei- und Ordnungsrecht, Rn. 325. Vgl. zur Verantwortlichkeit in Abschleppfällen auch: *OVG Hamburg* NJW 2001, 168 (169); *VG Berlin* NJW 2000, 603.

B. Variante 1 („Münchener Modell")

Problematisch erscheint, ob im Falle eines derartigen kooperativen Vorgehens zwischen KVÜ und der Polizei überhaupt noch ein Handeln der Polizei i. S. v. Art. 1 PAG vorliegt. Wäre das Handeln der Bediensteten der KVÜ nicht der Polizei zuzurechnen, so läge letztlich keine von Art. 9 Abs. 1 PAG gedeckte Maßnahme vor, sodass sich die Rechtmäßigkeit einer Kostenabwälzung nicht nach Art. 9 Abs. 2 PAG ergäbe, vgl. oben Prüfungspunkt A II 2 c) aa) (2). Gegen eine solche Zurechnung spricht, dass an sich die Sachverhaltsermittlung letztlich ganz in die Hände der KVÜ gelegt wird. Wesentliche Teile der Amtsermittlung i. S. v. Art. 24 BayVwVfG (als wesentlicher Bestandteil der Entscheidungsfindung) werden damit faktisch letztlich nicht unmittelbar von den zuständigen Polizeibeamten wahrgenommen. Dies ist problematisch, weil doch erst die volle Erfassung des Sachverhalts, die an sich vor Ort durch Augenschein erfolgt, eine ausreichende rechtliche Beurteilung der Tatbestandsvoraussetzungen der Befugnisnormen sowie die Möglichkeit der ordnungsgemäßen Ausübung des Entscheidungs- und Auswahlermessens (Art. 5 PAG) ermöglicht.[51] Es liegt dann die Annahme nahe, dass faktisch die Ermessensentscheidung auf die KVÜ übertragen worden ist. Handelnder (faktischer Entscheider) wäre nicht die Polizei, sondern die – für polizeiliche Maßnahmen unzuständigen (Art. 1 PAG) – Bediensteten der KVÜ. Es ist dann gut vertretbar, das vorliegende (sog. Münchener) Modell als nicht von Art. 9 Abs. 1 PAG abgedeckt und damit als rechtswidrig anzusehen. Bei dieser Bewertung entfiele – je nach Argumentation kumulativ oder alternativ mangels einer der Polizei zurechenbaren Anordnung und/oder mangels ordnungsgemäßer Ermessensausübung – Art. 9 Abs. 2 PAG als Rechtsgrundlage für den Kostenbescheid.[52] Der *Bayerische Verwaltungsgerichtshof* sieht dennoch das vorliegende (sog. Münchener) Modell als noch von Art. 9 Abs. 1 PAG gedeckt an.[53] Neben pragmatischen Überlegungen (Notwendigkeit einer Effektuierung der Verkehrsüberwachung) ist wohl für den *VGH* entscheidend, dass einerseits die Entscheidung formal nach telefonischer Sachverhaltsschilderung bei der Polizei verbleibt (die Bediensteten der KVÜ teilen den Sachverhalt dem entscheidenden Beamten im Einzelnen mit, der Polizist trifft sodann die Anordnung, die er durch die KVÜ als Beauftragte i. S. v. Art. 9 Abs. 1 PAG ausführen lässt). Zudem ist bei unterstellter Kenntnis des anordnenden Polizisten von den örtlichen Voraussetzungen davon auszugehen, dass dieser den zugrundeliegenden Sachverhalt – wie bei einem Tatsachenbericht durch einen Zeugen – hinreichend bewerten kann. Dann mag man mit verbleibenden Bedenken noch von einer echten Sachverhaltswürdigung durch die Polizei und damit auch von einer der zuständigen Polizeibehörde zurechenbaren Amtsermittlung ausgehen können. Die Abschleppmaßnahme ist dann der Polizei zuzurechnen (d. h. es liegt eine Maßnahme der zuständigen Polizei und nicht der KVÜ vor), zudem kann auch (noch) von einer ordnungsgemäßen Ermessensausübung durch den anordnenden Polizisten ausgegangen werden.[54] Stimmt man dem zu, so ergibt sich kein Unterschied zum Ausgangsfall: Der Kostenbescheid ist von Art. 9 Abs. 2 PAG gedeckt, die Anfechtungsklage des E folglich unbegründet.

C. Variante 2 (nach *VG Berlin* NJW 2000, 603)

Wie im Ausgangsfall ist die Klage als Anfechtungsklage (gerichtet auf Kassation des Kostenbescheids) zulässig (oben A I). Zur Begründetheit: Wie im Ausgangsfall handelt es sich um ein bloßes Umsetzen, nicht aber um eine Sicherstellung/Verwahrung. Zudem ging es um ein Handeln anstelle des nicht anwe-

---

[51] *Jahn*, BayVBl. 1990, 424 (425), m. w. N. Zum Parallelproblem der Einsetzung von privaten Sachverständigen, die der an sich zuständigen Behörde letztlich den gesamten Sachverhalt ausarbeiten, den der staatliche Rechtsanwender dann mehr oder weniger blind zugrundelegt: *Seidel*, Privater Sachverstand und staatliche Garantenstellung im Verwaltungsrecht, 2000, S. 89 ff.

[52] Zu prüfen wäre dann (Achtung: Passivlegitimation ändert sich!), ob eine rechtmäßige Eigenmaßnahme der Kommune nach Art. 7 Abs. 3 LStVG, ggf. auch nach Art. 18 a Abs. 1 Sätze 1 und 2 BayStrWG vorliegt. Zu dieser Ersatzlösung: *Jahn*, BayVBl. 1990, 424 (426 ff.).

[53] *BayVGH* BayVBl. 1991, 433 (435); der Sache nach bereits *BayVGH* NVwZ 1990, 180 f.; im Wesentlichen zustimmend: *Perrey*, BayVBl. 2000, 609 (614).

[54] Vgl. *BayVGH* BayVBl. 1991, 433 (435).

senden E, mithin nicht um Sofortvollzug nach Art. 53 Abs. 2, 55 PAG sondern um unmittelbare Ausführung nach Maßgabe von Art. 9 Abs. 1 PAG (s. o. A II 2 a)). Wie im Ausgangsfall ist von der formellen Rechtmäßigkeit des Kostenbescheides auszugehen (oben A II 2 b)).

> **Zum Verständnis:** Weil das Fahrzeug gestohlen war, ist auch die Annahme einer Sicherstellung gut vertretbar. Es wäre dann hinsichtlich der Kostentragungspflicht Art. 28 Abs. 3 PAG heranzuziehen. Insbesondere im Rahmen von Art. 28 Abs. 3 Satz 2 PAG wäre dann die Verantwortlichkeit nach Art. 7 oder 8 PAG zu klären. Die Problematik der Zustandsstörerhaftung (s. u.) wäre dann in diesem Zusammenhang abzuhandeln.

Im Rahmen der Prüfung der materiellen Rechtmäßigkeit des Kostenbescheides ist zunächst entscheidend, ob die Abschleppmaßnahme selbst als unmittelbare Ausführung am Maßstab des Art. 9 Abs. 1 PAG rechtmäßig war. Von der formellen Rechtmäßigkeit ist auszugehen, insbesondere bedurfte es keiner vorherigen Bekanntgabe der Abschleppanordnung gegenüber E (oben A II 2 c) aa) (1)). Maßgeblich kommt es damit auf die materielle Rechtmäßigkeit der Abschleppmaßnahme an. Zunächst bedarf es der Voraussetzungen einer polizeilichen Gefahrenabwehrmaßnahme. Wie im Ausgangsfall liegt ein Handeln der Polizei gem. Art. 1 PAG vor. Des Weiteren muss der vollzugspolizeiliche Handlungsraum eröffnet sein (Aufgabeneröffnung). Es ist auf Art. 2 Abs. 1, 3 Abs. 1 PAG abzustellen. Art. 2 Abs. 1 PAG setzt zunächst ein Handeln zur Abwehr von Gefahren für die öffentliche Sicherheit oder Ordnung voraus. In Betracht kommt auch hier die öffentliche Sicherheit als polizeiliches Schutzgut. Das Fahrzeug behinderte den Verkehr am Unfallort. Damit kann eine Gefährdung der öffentlichen Sicherheit einmal unter der Rubrik der verletzten Rechtsordnung (§ 1 Abs. 2 StVO)[55], zum anderen unter dem Aspekt der Lebens- und Gesundheitsgefährdung der anderen Verkehrsteilnehmer (Möglichkeit von Auffahrunfällen) gesehen werden. Insbesondere aufgrund der aktuellen Verkehrsbehinderung und -gefährdung sowie aufgrund des gescheiterten Versuchs, den Eigentümer E telefonisch zu benachrichtigen, ist im Sinne einer effizienten, rechtzeitigen Gefahrenabwehr zudem von Unaufschiebbarkeit i. S. v. Art. 3 PAG auszugehen.[56] Der polizeiliche Aufgabenbereich ist daher eröffnet (sachliche Zuständigkeit der Polizei). Wie im Ausgangsfall ergibt sich die Befugnis zum (gegenüber E eingreifenden) Handeln nicht aus Art. 25 PAG (da die bloße Fahrzeugversetzung keine Sicherstellung ist, a. A. insbesondere hier wegen des Diebstahls vertretbar, s. o.), sondern aus Art. 11 Abs. 1, Abs. 2 Satz 1 Nrn. 1 und 2 PAG. Insofern ist auch von einer konkreten Gefährdung der o. g. Schutzgüter auszugehen. Weiterhin war die Abschleppmaßnahme nach den in Art. 4 PAG ausdrücklich normierten Handlungsgrundsätzen wegen des hohen Gefahrenpotentials für den Straßenverkehr und seine Teilnehmer auch verhältnismäßig. Die Voraussetzungen für eine polizeiliche Gefahrenabwehrmaßnahme lagen damit vor. Schließlich konnte (als besondere Voraussetzung des Art. 9 Abs. 1 PAG) unter dem Blickwinkel einer effektiven Gefahrenabwehr der Zweck der Maßnahme durch Inanspruchnahme der nach Art. 7 oder 8 PAG Verantwortlichen nicht bzw. nicht rechtzeitig erreicht werden. Problematisch ist aber, ob E – wie es Art. 9 Abs. 2 Satz 1 PAG für die Kostenabwälzung voraussetzt – nach Art. 7 oder 8 PAG verantwortlich ist. Weil das Fahrzeug gestohlen wurde, also nicht von E selbst gelenkt wurde, scheidet eine Verhaltensverantwortlichkeit des E nach Art. 7 PAG jedenfalls aus. Als Halter und insbesondere Eigentümer ist E aber gemäß Art. 8 Abs. 2 Satz 1 PAG grundsätzlich zustandsverantwortlich. Die Zustandsverantwortlichkeit ist von der Verhaltensverantwortlichkeit strikt zu trennen. Erstere findet ihren Grund allein in der Sachherrschaft, d. h. in der tatsächlichen oder rechtlichen Einwirkungsmöglichkeit des Eigentümers oder eines Besitzers, der eine Verfügungsbefugnis über die gefahrbegründende Sache hat.

Allerdings macht Art. 8 Abs. 2 Satz 2 PAG eine Einschränkung für die Polizeipflichtigkeit des Eigentümers, wenn der Inhaber der tatsächlichen Gewalt diese ohne den Willen des Eigentümers oder Berechtigten ausübt. Diese Ausnahme könnte einschlägig sein, weil der Dieb, der in den Unfall mit dem Fahrzeug unmittelbar als Verhaltensstörer involviert war, das Fahrzeug gestohlen und mithin dem E Besitz

---

[55] Vgl. *VG Berlin* NJW 2000, 603.
[56] *VG Berlin* NJW 2000, 603.

und Gewahrsam entzogen hatte.[57] Entscheidend ist aber der Zeitpunkt der Abschleppmaßnahme. In diesem lagen die Voraussetzungen des Art. 8 Abs. 2 Satz 2 PAG nicht mehr vor. Das Fahrzeug stand verlassen auf der Straße, der Dieb hatte also selbst nicht mehr die Herrschaftsgewalt. Ohne dass es eines besonderen Besitzbegründungsaktes des Eigentümer bedürfte, ist daher die nur vorübergehend nach Art. 8 Abs. 2 Satz 2 PAG entfallene Verantwortlichkeit des Eigentümers (und Halters) E wieder auf diesen zurückgefallen.[58] Für diese Auslegung spricht nicht nur der Wortlaut, der auf die aktuelle Ausübung der tatsächlichen Gewalt eines Dritten abstellt, sondern auch die Systematik des Art. 8 Abs. 2 PAG.[59] Art. 8 Abs. 2 Satz 1 PAG erklärt den Eigentümer wegen seiner Sachherrschaft bzw. wegen seines Willens zur Sachherrschaft für grundsätzlich polizeipflichtig. Art. 8 Abs. 2 Satz 2 PAG ist demgegenüber Ausnahmevorschrift. Verliert der Dritte die Sachherrschaft wieder, so entfällt auch der gesetzliche Ausnahmefall. Hierfür spricht auch der systematische Vergleich zu Art. 8 Abs. 3 PAG, der selbst im Falle einer Dereliktion den dann ehemaligen Eigentümer für verantwortlich erklärt. Dies muss erst recht bei vorübergehendem Sachherrschaftsverlust durch Entwendung gelten, insbesondere weil hier ein fortwirkender Wille, die Sachherrschaft wiederzuerlangen, unterstellt werden kann. Im Übrigen ist es Sinn und Zweck des Art. 8 Abs. 2 Satz 2 PAG, den Eigentümer nur deswegen von seiner Zustandshaftung zu befreien, weil die Einwirkung auf die Sache und damit auch die Gefahrenabwehr ihm selbst tatsächlich unmöglich ist. Dieses tatsächliche Hindernis besteht aber faktisch wie auch nach der Bewertung des Art. 8 Abs. 2 Satz 2 PAG nur so lange, wie die tatsächliche Sachherrschaft durch den Dritten gegen den Willen des Eigentümers ausgeübt wird, ersterer also gewillt ist, seine Sachherrschaft auch gegenüber dem Eigentümer durchzusetzen. Die Inanspruchnahme des Eigentümers ist also nach der gesetzlichen Wertung des Art. 8 Abs. 2 Satz 2 PAG von vornherein kein taugliches Mittel für eine effektive Gefahrenabwehr. Auch in teleologischer Auslegung ist damit Art. 8 Abs. 2 Satz 2 PAG nur so lange einschlägig, wie der Dritte *„willens ist, die Sachherrschaft selbst auszuüben und auch gegenüber dem Eigentümer zu behaupten.“*[60]

Unerheblich ist, dass E auch nach dem Unfall rein faktisch nicht zur Einwirkung auf sein Fahrzeug in der Lage war, weil er von seinem Standort nichts wusste. Die Zustandshaftung ist einsichts- und verschuldensunabhängig. Zudem verlangt sie keinen aktuellen Herrschaftswillen über die gefahrbegründende Sache. Die Zustandsverantwortlichkeit basiert letztlich allein auf der gesetzgeberischen Wertung, dass derjenige, der die Vorteile aus einer Sache zieht, auch polizeipflichtig sein und deswegen auch im Ergebnis die Lasten tragen soll, welche aus der Sache resultieren. Wer befugtermaßen über die Sache verfügen kann – etwa die Entscheidung treffen kann, ein Fahrzeug im Straßenverkehr einzusetzen –, soll auch für die aus der Sache selbst resultierenden Gefahren einstehen müssen.[61] Die Zustandshaftung ist insofern der Sozialbindung i. S. von Art. 14 Abs. 2 GG zuzurechnen und als grundsätzlich verfassungsmäßige Inhaltsbestimmung des Eigentums nach Art. 14 Abs. 1 Satz 2 GG anzusehen.[62]

E ist damit gem. Art. 8 Abs. 2 Satz 1 PAG polizeipflichtig. Allenfalls könnte daran gedacht werden, ob die Polizei sich nicht zunächst an den Verhaltensverantwortlichen hätte halten müssen. Ausdrückliche gesetzliche Regelungen hinsichtlich einer Rangfolge bei der Störerauswahl finden sich jedenfalls nicht. Die Auswahl paralleler Verantwortlicher liegt im pflichtgemäßen Ermessen der Polizei.[63] Insofern wird unter Heranziehung des Übermaßverbots und des aus Art. 3 Abs. 1 GG abzuleitenden Prinzips gerechter Lastenverteilung vertreten, dass die Polizei unter dem Gesichtspunkt der Ausübung eines rechtsfehlerfreien Auswahlermessens nach Art einer „Daumenregel“ oder eines „Anhaltspunkts“ tendenziell

---

[57] Art. 8 Abs. 2 Satz 2 PAG ist von vornherein nicht anwendbar, wenn der Eigentümer dem Dritten das Fahrzeug willentlich überlassen hat und dieser lediglich das Benutzungsrecht überschreitet, vgl. *BayVGH* BayVBl. 1989, 438 (439).

[58] *OVG Koblenz* DVBl. 1989, 1011; *VG Berlin* NJW 2000, 603, m.w.N.; *Habermehl*, Polizei- und Ordnungsrecht, 2. Aufl. 1993, Rn. 190; *Götz*, Allgemeines Polizei- und Ordnungsrecht, § 9 Rn. 56, mit Nachweisen zur Gegenansicht.

[59] Vgl. zur folgenden Argumentation *VG Berlin* NJW 2000, 603 f.

[60] *VG Berlin* NJW 2000, 603 (604), m.w.N.

[61] Vgl. *BayVGH* BayVBl. 1989, 438 – Verantwortlichkeit des Fahrzeughalters, der dem Verhaltensverantwortlichen den PKW zum Gebrauch überlassen hat; s. auch *Lepsius*, JZ 2001, 22 f.

[62] *VG Berlin* NJW 2000, 603 (604); *Gusy*, Polizeirecht, Rn. 353.

[63] *BayVGH* BayVBl. 2005, 441 (442).

den Verhaltensverantwortlichen vor dem Zustandsverantwortlichen in Anspruch zu nehmen hat.[64] Allerdings ist das polizeiliche Ermessen hauptsächlich an einer *effektiven* Gefahrenabwehr auszurichten.[65] Auch bei tendenzieller Privilegierung des Zustandsstörers am Maßstab der Verhältnismäßigkeit ist dessen Heranziehung zur Gefahrbeseitigung – oder hier zur Kostentragung einer unmittelbaren Ausführung – jedenfalls dann nicht zu beanstanden, wenn der Handlungsstörer nur mit erheblichem Aufwand zu ermitteln ist. Hiervon ist im zu begutachtenden Sachverhalt auszugehen, weil der Dieb unerkannt entkam und somit als Kostenschuldner nicht ohne weiteres greifbar ist. Zum gleichen Ergebnis kommt man mit einem anderen Meinungsstrang, der Verhaltens- und Zustandsverantwortliche generell gleichrangig (d. h. ohne Abstufung unter Verhältnismäßigkeitskriterien) als polizeipflichtig ansieht.[66] An der vorrangigen Heranziehung des E als Verantwortlichem bestehen daher nach beiden Ansätzen keine rechtlichen Bedenken. Da die Rechtmäßigkeit der geltend gemachten Kostenhöhe unterstellt werden kann, ergeben sich im Ergebnis keine Unterschiede zum Ausgangsfall. Auch in Variante 2 ist die auf Kassation des Kostenbescheids gerichtete Anfechtungsklage des E unbegründet.

D. Zusatzfrage

A könnte gegen den Freistaat Bayern einen Anspruch auf Schadensersatz i. H. v. 1.000,– € aus Art. 34 GG i. V. m. § 839 BGB haben.

I. Hoheitliches Handeln

Es müsste ein Beamter im haftungsrechtlichen Sinn gehandelt haben (Art. 34 GG). § 839 Abs. 1 BGB erfasst als Anknüpfungspunkt zunächst nur eine Handlung eines Beamten im engeren, beamtenrechtlichen Sinn. Der Haftungstatbestand wird aber über Art. 34 Satz 1 GG auf den gesamten Bereich hoheitlicher, also öffentlich-rechtlicher Tätigkeit ausgeweitet. Entscheidend ist also, ob der eingetretene Schaden des E aufgrund einer hoheitlichen Tätigkeit eingetreten ist. Ein amtspflichtwidriges Verhalten des Polizisten P selbst ist nicht ersichtlich. Die Schädigung beruht vielmehr auf einer Handlung des privaten Unternehmers U. Allerdings wurde die Schädigung im sachlichen Zusammenhang mit einer unmittelbaren Ausführung gem. Art. 9 Abs. 2 PAG vorgenommen. Es fragt sich daher, inwiefern auch Handlungen von Privatpersonen, die vom Staat zur Erfüllung öffentlicher Aufgaben in Dienst genommen werden, als hoheitliches Handeln dem Staat zuzurechnen sind.

Eine Zurechnung des Handelns des U an den Freistaat Bayern über das Institut der *Beleihung*[67] scheidet aus. Es handelt sich bei der Tätigkeit des U nicht um die Wahrnehmung hoheitlicher Kompetenzen, die U (durch oder aufgrund Gesetzes) zur selbständigen und eigenverantwortlichen Wahrnehmung im eigenen Namen übertragen worden sind. U ist lediglich eine Art Vollzugshelfer, er hilft bei der unmit-

---

[64] *BayVGH* BayVBl. 1984, 16; NVwZ 1986, 942 (945); *OVG Koblenz* DÖV 1990, 844; *OVG Lüneburg* NVwZ 1990, 786 (787); *Heckmann*, in: Becker/Heckmann/Kempen/Manssen, Öffentliches Recht in Bayern, 3. Teil, Rn. 193, 567; *Knemeyer*, Polizei- und Ordnungsrecht, Rn. 340; *Drews/Wacke/Vogel/Martens*, Gefahrenabwehr, S. 304 f.

[65] *BayVGH* BayVBl. 2005, 441 (442); vgl. auch *Gornig/Jahn*, Sicherheits- und Polizeirecht, S. 265; *Drews/Wacke/Vogel/Martens*, Gefahrenabwehr, S. 304 f.; *Hartmann*, JuS 2008, 593 (595); *Krenz*, BayVBl. 1985, 301 (302); *Garbe*, DÖV 1998, 632; *Schoch*, JuS 1994, 1026 (1028); speziell im Zusammenhang mit der Frage der Rangfolge der Polizeipflichtigkeit: *BayVGH* BayVBl. 1987, 404; NVwZ 1987, 912; *OVG Koblenz* NJW 1986, 1369 (1370); DÖV 1990, 844 (845).

[66] *VGH Mannheim* DVBl. 1990, 1046 (1047); *Gusy*, Polizeirecht, Rn. 367 ff.; vermittelnd wohl *Gallwas/Wolff*, Bayerisches Polizei- und Sicherheitsrecht, Rn. 509 f. sowie *Schoch*, JuS 1994, 1026 (1028), unter Betonung der Umstände des Einzelfalls.

[67] Zum Begriff des Beliehenen z. B. *Seidel*, Privater Sachverstand und staatliche Garantenstellung im Verwaltungsrecht, 2000, S. 25 ff.; *Papier/Dengler*, Jura 1995, 38 (41). Beispiele aus der Rechtsprechung: BGHZ 49, 108 ff. – amtlich anerkannter Sachverständiger für den Kraftfahrzeugverkehr; BGH DÖV 1993, 671 ff. – TÜV-Sachverständiger nach § 24 c GewO a. F. im Rahmen der Anlagenüberwachung; BGHZ 39, 358 (361); 59, 310 (314); *OLG Hamm* NVwZ 1989, 502 f. – Prüfingenieur für Baustatik.

telbaren Ausführung i. S. v. Art. 9 PAG, über die der Polizist P hoheitlich entschieden hat.[68] Eine Zurechnung als hoheitliches Handeln kommt aber über das Institut der sog. *Verwaltungshilfe* in Betracht. Rechtsprechung und überwiegende Literatur vertraten lange den Standpunkt, dass eine haftungsrechtliche Zurechnung des Verhaltens eines eingeschalteten Privatmanns als Verwaltungshelfer an die öffentliche Hand nur dann in Betracht komme, wenn der zuständige Hoheitsträger insbesondere über ins Einzelne gehende Direktiven und Weisungen einen derart intensiven Einfluss auf die Ausführungshandlung nimmt, dass der Privatmann wertungsmäßig als bloßes Werkzeug der öffentlichen Hand anzusehen ist – sog. *Werkzeugtheorie*.[69] Dies wurde für einen privaten Abschleppunternehmer, der im Wege eines Werkvertrages staatlicherseits beauftragt wurde, verneint.[70] Der Staat könne hier allenfalls über die eher schwache Haftungsnorm des § 831 BGB für den Schaden in Anspruch genommen werden (relativ einfache Exkulpationsmöglichkeit!). Von Seiten der Literatur ist demgegenüber zu Recht kritisiert worden, dass es im Haftungsrecht gerade nach der Schutzrichtung des Art. 34 GG auf eine funktionale Anknüpfung, d. h. auf die Aufgabe, für die die private Person genutzt wird, ankommen müsse.[71] Allein die privatrechtliche Beziehung im Innenverhältnis zwischen Behörde und beauftragtem Privaten dürfe nicht darüber hinwegtäuschen, dass es etwa in den Abschleppfällen materiell und unmittelbar gegenüber dem betroffenen Bürger um die Erledigung einer hoheitlichen Aufgabe – etwa der Umsetzung einer Ersatzvornahme, eines Sofortvollzugs oder einer unmittelbaren Ausführung – mittels eines privaten Unternehmers gehe. Ein enger, an der Werkzeugqualität ausgerichteter Verwaltungshelferbegriff im haftungsrechtlichen Sinne würde insbesondere auch einer „Flucht ins Privatrecht" zur Umgehung der staatshaftungsrechtlichen Verantwortlichkeit alle Wege ebnen.

Der *Bundesgerichtshof* hat auf die berechtigte Literaturkritik reagiert und sieht nunmehr konsequenterweise zumindest für den Bereich der Eingriffsverwaltung hoheitliches Handeln im Sinne des Amtshaftungsrechts generell für einschlägig an, wenn ein privater, nicht beliehener Unternehmer, den der Staat zur Erfüllung seiner Aufgaben durch privatrechtlichen Vertrag herangezogen hat, in Ausübung dieser Beauftragung einem Dritten gegenüber einen Schaden verursacht.[72] Auch bei einem privatrechtlichen Verhältnis zwischen Behörde und Unternehmer ist der Blick für die haftungsrechtliche Verantwortung gem. Art. 34 GG auf das Außenverhältnis zwischen Staat und Geschädigten zu richten.[73] Letzterem gegenüber wird jedenfalls eine hoheitliche Aufgabe erledigt. Darüber hinaus sprechen für die Zurechnung als hoheitliches Handeln auch Wertungen wie die „Sachnähe der übertragenen Tätigkeit zu dieser Aufgabe" und der „Grad der Einbindung des Unternehmens in den behördlichen Pflichtenkreis".[74] Entscheidend ist daher nach dem Rechtsgedanken des § 278 BGB allein, ob der Private mit Wissen und Wollen des zuständigen Hoheitsträgers in Erfüllung öffentlich-rechtlicher Pflichten für den Hoheitsträger gegenüber Dritten tätig wurde.[75] Nach vorzugswürdiger und jetzt auch von der Rechtsprechung vertretenen Ansicht ist das Handeln des U, der ja mit der tatsächlichen Wahrnehmung der als unmittelbare Ausführung i. S. v. Art. 9 Abs. 1 PAG zu qualifizierenden Maßnahme beauftragt wurde, in haftungsrechtlicher Hinsicht (Art. 34 GG, § 839 BGB) dem staatlichen Bereich zuzurechnen und daher als hoheitlich zu bewerten.

---

[68] Z. B.: *Papier/Dengler*, Jura 1995, 38 (41).

[69] Beispiele: *BGH* VersR 1958, 705 (706) – Hilfestellung beim Schulsport; *BGH* NJW 1980, 1679 – Sorgfaltspflichtverletzung durch private Baufirma im Straßenbau, die insofern „aufgrund bindender Weisungen" als verlängerter Arm der Behörde anzusehen ist; *OLG Köln* NJW 1968, 655 f. – Schülerlotse; *LG Rottweil* NJW 1970, 474 (475) – Ordnungsschüler als Pausenaufsicht. Zur – vor allem kritischen – Auseinandersetzung mit der Werkzeugtheorie in der Literatur: *Ossenbühl*, VVDStRL 29 (1971), 137 (199 f.); *ders.*, JuS 1973, 421 (423); *Ehlers*, Verwaltung in Privatrechtsform, 1984, S. 504 f.

[70] *OLG Nürnberg* JZ 1967, 61 (62); *LG München* NJW 1978, 48 f.; *OLG Düsseldorf* VersR 1982, 246 (248); ebenso für den Fall der fehlerhaften Inbetriebsetzung einer Ampelanlage: *BGH* NJW 1971, 2220 (2221).

[71] *Ossenbühl*, VVDStRL 29 (1971), 137 (199 f.); *ders.*, JuS 1973, 421 (423); *Schimikowski*, VersR 1984, 315 (316 ff.).

[72] *BGH* JZ 1993, 1001 ff.; NVwZ 2006, 964 ff. Hierzu: *Seidel*, Privater Sachverstand und staatliche Garantenstellung im Verwaltungsrecht, S. 336 ff.; *Papier/Dengler*, Jura 1995, 38 (40 ff.); *Kreissl*, NVwZ 1994, 349 ff.; *Würtenberger*, JZ 1993, 1003 ff.; *Meysen*, JuS 1998, 404 (405); *Notthoff*, NVwZ 1994, 771 (772); *Windthorst*, JuS 1995, 791 (794).

[73] Siehe auch *Papier*, in: Maunz/Dürig u. a., Grundgesetz, Kommentar, Art. 34 Rn. 113.

[74] *BGH* JZ 1993, 1001 (1002). In der Sache ebenso: *BGH* NJW 1996, 2431 f. – Haftung für eine ärztlichen Behandlung, die im Auftrag der Bundeswehr durch Ärzte eines zivilen Krankenhauses durchgeführt wurde.

[75] *Papier*, in: Maunz/Dürig u. a., Grundgesetz, Kommentar, Art. 34 Rn. 113; *Windhorst*, JuS 1995, 791 (794).

II. Sonstige Tatbestandsvoraussetzungen

U hat die – in Bezug auf den Fahrzeugeigentümer E auch drittbezogene – Amtspflicht, deliktische Schädigungen zu unterlassen, verletzt.[76] Dies geschah laut Sachverhalt fahrlässig und damit schuldhaft. Dem E ist auch durch die Amtspflichtverletzung ein Schaden i. H. v. 1.000,– € entstanden. Eine anderweitige Ersatzmöglichkeit i. S. v. § 839 Abs. 1 Satz 2 BGB besteht jedenfalls deshalb nicht, weil U zahlungsunfähig ist. Da P den U beauftragt hat und der beauftragende P über Art. 1 Abs. 2 POG als Organ des Freistaats Bayern handelte, trifft nach Art. 34 Satz 1 GG und der hier zugrundeliegenden Anvertrauenstheorie die Haftung den Freistaat Bayern.

Zwischenergebnis: E hat gegen den Freistaat Bayern einen Amtshaftungsanspruch i. H. v. 1.000,– € gem. Art. 34 GG, § 839 BGB.

> **Zur Vertiefung:** Auf sonstige Anspruchsgrundlagen war laut Bearbeitervermerk nicht einzugehen. Zu diskutieren wären: positive Forderungsverletzung eines öffentlich-rechtlichen Schuldverhältnisses (nach der Schuldrechtsreform unter analoger Heranziehung von § 280 BGB n. F.) und Ansprüche aus enteignungsgleichem Eingriff.[77]
>
> Exemplarische Abschleppentscheidungen (nicht nur in polizei-, sondern auch in sicherheitsrechtlicher Einkleidung), die zur Examensvorbereitung durchgearbeitet werden sollten: *BayVGH* BayVBl. 2007, 248 ff. – Abschleppen eines Pkw, der verbotswidrig auf einem Taxistand abgestellt wurde; *VGH Mannheim* DÖV 2007, 661 ff. – Kosten der Verwahrung abgeschleppter Fahrzeuge; *VGH Mannheim* NVwZ-RR 2003, 558 f. sowie *OVG Schleswig* NVwZ-RR 2003, 647 f. – Abschleppen eines Fahrzeugs von einem Behindertenparkplatz; *VGH Mannheim* NJW 2003, 3363 – Abschleppmaßnahme in Anwohnerparkzone; *VG Gießen* NVwZ-RR 2003, 212 f. – Abschleppen eines Kfz, obwohl Anschrift, Telefon- und Handynummer sichtbar am Kfz angebracht sind; *BayVGH* BayVBl. 2001, 310 f. – Sicherstellung eines Kfz mit offen gelassenem Seitenfenster; *OVG Hamburg* NJW 2001, 168 ff. – Abschleppkosten für abgebrochenen Abschleppvorgang / Parken auf Radweg; *OVG Koblenz* NJW 1999, 3573 f. – Abschleppen eines eine Grundstückszufahrt behindernden Fahrzeugs (Verstoß gegen § 12 Abs. 3 Nr. 3 StVO); *VGH Kassel* NJW 1999, 3650 ff. sowie *OVG Hamburg* NJW 2000, 2600 ff. und *VG Bremen* NVwZ-RR 2000, 593 (Achtung: teilweise divergierend!) – Verantwortlichkeit des Veräußerers, wenn der Käufer das Fahrzeug verkehrswidrig im öffentlichen Verkehrsraum abstellt (Relevanz des § 27 Abs. 3 StVZO a. F.); *BayVGH* NJW 1999, 1130 – Abschleppen wegen Überschreitens der Parkzeit; *OVG Münster* NJW 1998, 2465 – Abschleppen eines Kfz bei Parken im eingeschränkten Halteverbot; *OVG Münster* NJW 1999, 1275 – Abschleppen vom Busparkplatz; *VGH Kassel* NJW 1999, 3793 – Sicherstellung eines gestohlenen Fahrzeugs; *VGH Kassel* NVwZ-RR 1999, 23 ff. – Abschleppen eines unter Verstoß gegen ein Verkehrszeichen oder eine Verkehrseinrichtung gem. § 13 StVO (Parkuhr, Parkscheinautomat) rechtswidrig abgestellten Fahrzeugs.
>
> Eine weitere Abschleppfallvariante findet sich in diesem Buch im Zusammenhang mit der Rechtsfigur des Gefahrenverdachts bzw. des Verdachtstörers im Zusatzfall zu *Fall 14*.
>
> Zur Zusatzfrage s. auch *BGH* NVwZ 2006, 964 ff.: Ein Abschleppunternehmer, der auf Weisung der Polizeibehörde Kostenansprüche wegen des Abschleppens eines verbotswidrig abgestellten Kraftfahrzeugs geltend macht, handelt nicht im geschäftlichen Verkehr, sondern als verlängerter Arm der Behörde.

Rechtsprechungsvorlagen: BayVGH BayVBl. 1984, 559; BayVBl. 2001, 310; BayVBl. 2007, 248; NVwZ 1990, 180 (Ausgangsfall); *BayVGH* BayVBl. 1991, 433 (Variante 1); *VG Berlin* NJW 2000, 603 (Variante 2); *BGH* JZ 1993, 1001; NVwZ 2006, 964 (Zusatzfrage)

---

[76] *Papier/Dengler*, Jura 1995, 38 (42).
[77] Hierzu: *Papier/Dengler*, Jura 1995, 38 (40 ff.).

Leseempfehluneng: *Hartmann,* Grundwissen – Öffentliches Recht: Pflichtikeit in Polizei- und Ordnungsrecht, JuS 2008, 593; *Heckmann*, Bayerisches Polizei- und Sicherheitsrecht, in: Becker/Heckmann/Kempen/Manssen, Öffentliches Recht in Bayern, 3. Aufl. 2005, 3. Teil, Rn. 543 ff.; *Michaelis*, Abschleppen von Kraftfahrzeugen, Jura 2003, 298; *Klein*, Probleme des Abschleppens verbotswidrig abgestellter Kraftfahrzeuge im öffentlichen Recht, JA 2004, 544; *Jahn*, Polizeiliche Abschleppmaßnahmen nach dem „Münchener Modell" durch Einsatz sog. kommunaler Parküberwacher, BayVBl. 1990, 424; *Perrey*, Abschleppen von Kraftfahrzeugen, BayVBl. 2000, 609; zur Zusatzfrage: *Papier/Dengler*, Die misslungene Fahrzeugbergung, Jura 1995, 38; *Seidel*, Privater Sachverstand und staatliche Garantenstellung im Verwaltungsrecht, 2000, S. 336 ff.

Fall 14: Gefahrenverdacht *(Seidel)*

Sachverhalt

Ludwig (L) hat vom Vorbesitzer (V) ein Wohnhaus im landschaftlich reizvollen Außenbezirk der bayerischen Stadt S erworben. In einem Anbau des Hauses sind drei Ferienwohnungen untergebracht.

Diese Wohnungen waren bis vor einigen Wochen mit Wärmespeicheröfen der Baujahre 1968 bis 1971 ausgestattet. Die Öfen enthielten jeweils eine asbesthaltige Bodenplatte aus Hartstyropor. Zwei Monate vor der Veräußerung an L hatte V in Eigenarbeit ohne Einschaltung einer Fachfirma die Speicheröfen durch modernere Heizkörper ersetzt. V hatte die ausgedienten Speicheröfen in den Wohnungen selbst zerlegt, um sie besser abtransportieren zu können. Von alldem wusste L nichts.

Nach dem Erwerb durch L erhält die Stadtverwaltung von S über einen anonymen Hinweis Kenntnis von den Sanierungsarbeiten der Heizanlage. Hierauf ordnet die Sicherheitsbehörde von S gegenüber dem (vorher angehörten) L unter Berufung auf Art. 7 Abs. 2 LStVG die Duldung der Untersuchung der Raumluft und des Hausstaubs auf Asbestbelastung durch ein privates Umweltinstitut an.

In der Begründung des Bescheids heißt es, dass die Untersuchung erforderlich sei, um zu ermitteln, ob für Mieter der Ferienwohnung aufgrund einer möglichen Asbestbelastung Gesundheitsgefahren zu befürchten sind. Es sei völlig unklar, ob und wieviel Asbest in Staubform anlässlich der Zerlegungsarbeiten entstanden sei und ob und in welchem Ausmaß hierdurch die Räumlichkeiten belastet worden sind. Da kein fachkundiges Unternehmen beauftragt worden sei und da V weder eine entsprechende Ausbildung noch Erfahrung bezüglich des Umgangs mit asbesthaltigen Heizkörpern besessen habe, sei nicht ausgeschlossen, dass die Benutzung der Räume aufgrund einer Asbestbelastung mit Gesundheitsgefahren einhergehen. Dies bedürfe der Untersuchung. L sei als Eigentümer verantwortlich.

Die Verfügung wird für sofort vollziehbar erklärt, weil – so die schriftliche Begründung – aus Gründen des Schutzes der Mieter und sonstiger Personen, die sich in den Räumlichkeiten aufhalten, schnell Klarheit über die Gesundheitsgefährdung geschaffen werden müsse, um bei einem möglichen positivem Befund weitere Gegensteuerungsmaßnahmen treffen zu können. Auch in dieser Hinsicht ist L vorher angehört worden.

L will die Untersuchung verhindern, da er während der etwa einwöchigen Untersuchungsdauer die Wohnungen nicht vermieten kann und ihm somit Einnahmen entgehen. Es könne nicht angehen, dass er auf Basis bloßer Verdachtsmomente Repressalien hinnehmen müsse. Schließlich habe nicht er selbst, sondern der Vorbesitzer V die Heizkörper ausgetauscht.

Vermerk für die Bearbeiter: Hätte ein verwaltungsgerichtlicher Eilrechtsbehelf gegen die Anordnung Aussicht auf Erfolg? Gehen Sie bei der Begutachtung davon aus, dass die Klagefrist für eine Anfechtungsklage gemäß § 74 VwGO noch nicht abgelaufen ist und dass aufgrund der Beschaffenheit der alten Heizungskörper und der Vorgehensweise des V eine Asbestbelastung und hierdurch bedingte Gesundheitsschäden für Personen, die sich in den betroffenen Räumen aufhalten, im Zeitpunkt der Anordnung durch die Behörden nicht auszuschließen sind. Auf bauordnungsrechtliche Eingriffsgrundlagen ist nicht einzugehen; der Sachverhalt ist ausschließlich an Rechtsgrundlagen des LStVG zu messen.

Zusatzfall: Erich (E) stellt früh am Morgen seinen PKW ordnungsgemäß und ohne Verstoß gegen straßenverkehrsrechtliche Vorschriften auf einer Straßenseite innerhalb der bayerischen Gemeinde Großdorf ab. Die Restfahrbahn ist breit genug, um die Durchfahrt von Fahrzeugen aller Art, die nach Straßenverkehrsrecht ohne Weiteres auf Straßen fahren dürfen, zu ermöglichen. E, der seit Jahren in Großdorf arbeitet, will erst abends wieder zu seinem Fahrzeug zurückkehren. Weil am gleichen Tag in Großdorf – wie in jedem Jahr – ein Volksfest stattfindet, werden um die Mittagszeit die Parkplätze knapp. Mehrere Besucher der Veranstaltung stellen daher ihre Fahrzeuge auf der dem PKW des E gegenüberliegenden Straßenseite ab. Erst hierdurch kommt es zu einer den Verkehrsfluss behindernden und daher gegen § 12 Abs. 1 Nr. 1 StVO verstoßenden Verengung der Fahrbahn. Da nunmehr auf beiden Seiten geparkt wird,

wird die Durchfahrt für herkömmliche Personenkraftwagen, die nur unter deutlicher Unterschreitung des notwendigen Sicherheitsabstands (50 cm) passieren können, erheblich erschwert. Die Durchfahrt für breitere Fahrzeuge wie z. B. Busse, die auf der betroffenen Straße verkehren dürfen, ist gänzlich versperrt, sodass der öffentliche Personennahverkehr an dieser Stelle zum Erliegen kommt. Polizeiobermeister Peter (P), der mit seinem Streifenwagen vorbeikommt, sieht Handlungsbedarf, um die Verkehrsbehinderung zu beseitigen. Es ist in dieser Situation objektiv weder erkennbar noch ermittelbar, ob das Fahrzeug des E oder aber die auf der gegenüberliegenden Straßenseite parkenden Autos zuerst abgestellt worden sind. Da der Verkehrsfluss schon durch Entfernung des Fahrzeugs des E wieder hergestellt werden kann, lässt P nur dieses abschleppen. Ein amtlicher PKW-Verwahrplatz ist weit entfernt; deshalb wird das Kfz des E auf Anordnung des P zum nächstgelegenen öffentlichen Parkplatz abgeschleppt.

Durch schriftlichen Kostenbescheid des Polizeipräsidiums wird E nach Anhörung aufgefordert, für das Abschleppen einen Betrag in Höhe von insgesamt 70,– € (Gebühr und Auslagen) zu bezahlen. E hält den Kostenbescheid für rechtswidrig. Er trägt vor, dass sein Fahrzeug schon gar nicht hätte sichergestellt werden dürfen, weil in dem Zeitpunkt, als er parkte, noch keine Behinderung für andere Verkehrsteilnehmer ersichtlich war. Selbst wenn er die Abschleppmaßnahme also solche hinzunehmen habe, so müsse er doch nicht für die diesbezüglichen Kosten einstehen.

Das Polizeipräsidium hält dem ortskundigen E entgegen, dass er angesichts des jährlich in Großdorf stattfindenden Volksfestes und der hierbei immer wiederkehrenden Parkplatznot hätte voraussehen müssen, dass auch auf der anderen Seite der Fahrbahn Fahrzeuge abgestellt werden. Zudem müsse er als Eigentümer dafür einstehen, dass sein Fahrzeug aufs Ganze gesehen die Blockade mitverursacht habe. Abgesehen davon müsse jedenfalls bedacht werden, dass sich aus der Sicht des handelnden Polizeibeamten vor Ort nicht habe ermitteln lassen, durch welche Verkehrsteilnehmer letztlich die verkehrswidrige Situation herbeigeführt worden sei. Es habe jedenfalls nach den gegebenen Umständen die naheliegende Möglichkeit bestanden, dass E sein Fahrzeug unter Verstoß gegen die StVO parkte.

Vermerk für die Bearbeiter: Wie sind für E die Erfolgsaussichten einer auf Aufhebung des Kostenbescheides gerichteten und form- und fristgemäß gegen den Freistaat Bayern erhobenen verwaltungsgerichtlichen Klage zu beurteilen? Dabei ist auf alle aufgeworfenen Rechtsfragen einzugehen!

Lösung

A. Aufgabe 1: Erfolgsaussichten eines verwaltungsgerichtlichen Eilantrags des L

In Betracht kommt ein Antrag auf Wiederherstellung der aufschiebenden Wirkung gem. § 80 Abs. 5 VwGO.

I. Zulässigkeit eines Antrags nach § 80 Abs. 5 VwGO

1. Verwaltungsrechtsweg, § 40 Abs. 1 Satz 1 VwGO

Der Aussetzungsantrag ist nur zulässig, wenn für den Streitgegenstand in der Hauptsache der Verwaltungsrechtsweg eröffnet ist.[1] In der Hauptsache geht es um die Frage der Rechtmäßigkeit einer Verfügung der Stadt S hinsichtlich der von E zu duldenden Untersuchung der Ferienwohnungen auf eine gesundheitsgefährdende Asbestbelastung. Dieser Streitgegenstand richtet sich mangels speziellerer Regelungen (vgl. Bearbeiterhinweis) nach Art. 6 und 7 LStVG, also nach öffentlichem Recht. Es handelt sich damit um eine öffentlich-rechtliche Streitigkeit nicht verfassungsrechtlicher Art. Weil auch keine Sonderzuweisung an einen anderen Rechtsweg einschlägig ist, ist der Verwaltungsrechtsweg nach § 40 Abs. 1 Satz 1 VwGO eröffnet.

2. Statthaftigkeit eines Antrags nach § 80 Abs. 5 VwGO

Die Verfügung des städtischen Ordnungsamts ist gegenüber dem Eigentümer L ein belastender Verwaltungsakt. In der Hauptsache wäre die Anfechtungsklage statthafte Klageart. Nach der Abgrenzungsnorm des § 123 Abs. 5 VwGO richtet sich der einstweilige Rechtsschutz nicht nach § 123 VwGO, sondern nach § 80 VwGO.[2] Da die Stadt S die sofortige Vollziehung des Bescheids angeordnet hat[3], entfällt gem. § 80 Abs. 2 Satz 1 Nr. 4 VwGO die an sich nach § 80 Abs. 1 Satz 1 VwGO mit Einlegung eines Anfechtungsrechtsmittels einsetzende aufschiebende Wirkung.[4] Ein Eilantrag, gerichtet auf Wiederherstellung der aufschiebenden Wirkung gem. § 80 Abs. 5 Satz 1 2. Alt. VwGO, ist mithin statthaft.

> **Zum Verständnis:** Bei der Bearbeitung ist auf folgende terminologische Differenzierung zu achten: In den Fällen, in denen Widerspruch und Anfechtungsklage kraft Gesetzes keinen Suspensiveffekt haben (§ 80 Abs. 2 Nrn. 1–3 VwGO), geht das Begehren des Antragstellers im Eilverfahren dahin, dass das Gericht die aufschiebende Wirkung **anordnet**, in Konstellationen, in denen die Behörde – wie hier – die sofortige Vollziehung angeordnet hat (§ 80 Abs. 2 Nr. 4 VwGO), ist das Begehren auf Wiederherstellung der aufschiebenden Wirkung gerichtet.[5]

---

[1] *Finkelnburg/Dombert/Külpmann*, Vorläufiger Rechtsschutz, Rn. 860; *Hufen*, Verwaltungsprozessrecht, § 32 Rn. 30.

[2] Vgl. *Hufen*, Verwaltungsprozessrecht, § 32 Rn. 34; *Schmitt Glaeser/Horn*, Verwaltungsprozessrecht, Rn. 33. Allgemein zum Rechtsschutz gemäß § 80 Abs. 5 VwGO: *Koehl*, BayVBl. 2007, 540.

[3] Zu diesbezüglichen Zuständigkeits- und Verfahrensfragen (z.B. Zuständigkeit von Ausgangs- und Widerspruchsbehörde, Begründungserfordernis gem. § 80 Abs. 3 VwGO, Geltung verfahrensmäßiger Anforderungen des VwVfG, wie z.B. Anhörung o.ä.): *Hufen*, Verwaltungsprozessrecht, § 32 Rn. 14ff.; *Schmitt Glaeser/Horn*, Verwaltungsprozessrecht, Rn. 265ff.

[4] Zum sog. Suspensiveffekt nach § 80 Abs. 1 VwGO, seiner dogmatischen Einordnung im Spannungsfeld zwischen Wirksamkeits- und Vollziehbarkeitstheorie sowie zur umstrittenen Frage der aufschiebenden Wirkung im Falle eines unzulässigen Widerspruchs: *Hufen*, Verwaltungsprozessrecht, § 32 Rn. 2ff.; *Schmitt Glaeser/ Horn*, Verwaltungsprozessrecht, Rn. 246ff.

[5] *Finkelnburg/Dombert/Külpmann*, Vorläufiger Rechtsschutz, Rn. 935; *Stern/Blanke*, Verwaltungsprozessrecht in der Klausur, Rn. 594; *Schmitt Glaeser/Horn*, Verwaltungsprozessrecht, Rn. 280ff.

> **Zur Vertiefung:** Ist kein Ausnahmefall nach § 80 Abs. 2 VwGO einschlägig, bleibt es bei der aufschiebenden Wirkung von Widerspruch und Anfechtungsklage als Grundregel des § 80 Abs. 1 VwGO. In Fallgestaltungen, in denen die Behörde den Suspensiveffekt ignoriert (sog. faktische Vollziehung), kommt nach wohl überwiegender Ansicht eine analoge Anwendung des § 80 Abs. 5 VwGO in Betracht. Da in diesen Fällen der Suspensiveffekt nach § 80 Abs. 1 VwGO bereits de iure besteht, ist das Begehren (Formulierung von Antrag und Tenor) nicht auf die Anordnung oder Wiederherstellung der aufschiebenden Wirkung zu richten[6], sondern auf die Feststellung, dass der eingelegte Widerspruch bzw. die eingelegte Anfechtungsklage aufschiebende Wirkung hat[7], ggf. auch auf die Verpflichtung der Behörde, die aufschiebende Wirkung zu beachten. Auch § 80 Abs. 5 Satz 3 VwGO kann je nach Fallgestaltung analog anzuwenden sein.[8] Im Hinblick auf die Subsidiarität der einstweiligen Anordnung gem. § 123 Abs. 5 VwGO in der Situation der Anfechtungsklage ist der auch mitunter vom *BayVGH* vertretene Ansatz, wonach in den Fällen des faktischen Vollzugs Eilrechtsschutz über § 123 VwGO zu suchen sein soll[9], hingegen wenig überzeugend.[10]

3. Antragsbefugnis, § 42 Abs. 2 VwGO analog

Auch ein Eilantrag nach § 80 Abs. 5 VwGO verlangt analog § 42 Abs. 2 VwGO die Antragsbefugnis des Antragstellers.[11] Dies richtet sich de facto nach der Klagebefugnis in der Hauptsache (Anfechtung der belastenden Untersuchungsanordnung). L ist durch den an ihn adressierten Verwaltungsakt in seiner Eigentümerstellung betroffen. Die Antragsbefugnis ergibt sich daher aus einer möglichen Verletzung seines Grundrechts aus Art. 14 GG, subsidiär – da eine belastenden Anordnung an den L als Adressaten vorliegt – zumindest aus Art. 2 Abs. 1 GG (Adressatentheorie).

4. Rechtsschutzbedürfnis

Ein Antrag nach § 80 Abs. 5 VwGO ist zwar als solcher fristungebunden, ihm fehlt aber das Rechtsschutzbedürfnis, wenn der vom Antragsteller angegriffene Verwaltungsakt bereits bestandskräftig geworden ist.[12] Da in Bayern gemäß Art. 15 Abs. 1 und 2 BayAGVwGO als Ausnahme von § 68 Abs. 1 Satz 2 VwGO das Vorverfahren nunmehr auch im allgemeinen Sicherheitsrecht entbehrlich ist[13], kommt es alleine darauf an, ob die Klagefrist gemäß § 74 Abs. 1 Satz 2 VwGO noch läuft. Hiervon ist auszugehen. Gemäß § 80 Abs. 5 Satz 2 VwGO kann der Eilantrag auch schon vor Erhebung der Anfechtungsklage gestellt werden.[14]

Unter dem Gesichtspunkt des Rechtsschutzbedürfnisses ist L darüber hinaus nicht gehalten, sich zunächst gem. § 80 Abs. 4 VwGO an die Behörde zu halten.[15] Dies ergibt der Umkehrschluss aus § 80 Abs. 6 VwGO, der nur für die Fälle des § 80 Abs. 2 Nr. 1 VwGO etwas anderes vorsieht. Im Übrigen wäre es der regelmäßigen Eilbedürftigkeit in Situationen des einstweiligen Rechtsschutzes nach § 80

---

[6] So aber *OVG Münster* NJW 1977, 214.

[7] Mit zahlreichen weiteren Nachweisen: *Stern/Blanke*, Verwaltungsprozessrecht in der Klausur, Rn. 594.

[8] *Stern/Blanke*, Verwaltungsprozessrecht in der Klausur, Rn. 598; *Schmitt Glaeser/Horn*, Verwaltungsprozessrecht, Rn. 284.

[9] *BayVGH* BayVBl. 1992, 178 (179).

[10] *Finkelnburg/Dombert/Külpmann*, Vorläufiger Rechtsschutz, Rn. 1046.

[11] *Hufen*, Verwaltungsprozessrecht, § 32 Rn. 35; *Finkelnburg/Dombert/Külpmann*, Vorläufiger Rechtsschutz, Rn. 881.

[12] *Hufen*, Verwaltungsprozessrecht, § 32 Rn. 35.

[13] Vgl. ausführlich hierzu oben *Fall 1*.

[14] Soweit (in Abhängigkeit von der Ausgestaltung des Landesrechts) ein erfolglos durchgeführtes Widerspruchsverfahren gemäß § 68 VwGO Sachurteilsvoraussetzung der Anfechtungsklage ist, ist umstritten, ob der Eilantrag nach § 80 Abs. 5 VwGO vor Einlegung eines statthaften Widerspruchs zulässig ist. Nach einer Ansicht ist dies mit Blick auf die Eilbedürftigkeit und die Wertungen aus Art. 19 Abs. 4 GG nicht erforderlich, vgl. z. B. *Kopp/Schenke*, VwGO, Art. 80, Rn. 139. A. A. demgegenüber z. B. *BayVGH* BayVBl. 1997, 22 f., da es ansonsten an einem Anordnungsgegenstand fehlte (die Wiederherstellung der aufschiebenden Wirkung des Widerspruchs setzt logisch voraus, dass ein entsprechender Widerspruch überhaupt existent ist).

[15] Hierzu *Hufen*, Verwaltungsprozessrecht, § 32 Rn. 35.

Abs. 5 VwGO abträglich, wenn der Betroffene zunächst unter Zeitverlust einen erfolglosen Antrag bei der Behörde auf Aussetzung der Vollziehung stellen müsste. Von einem Rechtsschutzbedürfnis für einen Antrag auf Wiederherstellung der aufschiebenden Wirkung ist daher auszugehen.

Zwischenergebnis: Da auch ansonsten keine Bedenken an der Zulässigkeit bestehen – nach § 80 Abs. 5 VwGO hat L seinen Antrag beim Gericht der Hauptsache, also beim erstinstanzlich zuständigen Verwaltungsgericht (§ 45 VwGO) zu stellen[16] –, wäre ein Antrag des L nach § 80 Abs. 1 VwGO zulässig.

II. Begründetheit eines Antrags nach § 80 Abs. 5 VwGO

Der Antrag des L ist begründet, wenn er sich gegen den richtigen Antragsgegner richtet und (im folgenden alternativ) wenn die Anordnung des Sofortvollzugs rechtswidrig war oder auf Basis einer Interessenbewertung das Aussetzungsinteresse des L das öffentliche Vollzugsinteresse überwiegt.

1. Passivlegitimation

Analog § 78 Abs. 1 Nr. 1 VwGO ist der Rechtsträger der Ausgangsbehörde passivlegitimiert, wenn diese – wie hier – auch selbst die sofortige Vollziehung angeordnet hat.

> **Zur Vertiefung:** Umstritten ist die Rechtslage, wenn erst die Widerspruchsbehörde die sofortige Vollziehung anordnet. Da die Ausgangsbehörde hier nicht für die vom Ausgangsbescheid zu trennende Entscheidung über den sofortigen Vollzug verantwortlich zu machen ist, sprechen die überzeugenderen Argumente m. E. dafür, in diesem Fall den Rechtsträger der Widerspruchsbehörde als richtigen Antragsgegner anzusehen.[17] Die (womöglich herrschende) Gegenansicht sieht demgegenüber stets den Rechtsträger der Ausgangsbehörde als passivlegitimiert an, auch wenn erst die Widerspruchsbehörde die Anordnung der sofortigen Vollziehung ausgesprochen hat.[18]

Da hier eine städtische Behörde sowohl die Grundverfügung getroffen als auch die sofortige Vollziehung angeordnet hat, ist die Stadt S richtiger Antragsgegner.[19]

> **Zur Vertiefung:** Umstritten ist die Passivlegitimation, wenn das *Landratsamt* als Sicherheitsbehörde handelt. Nach Art. 37 Abs. 1 Sätze 1 und 2 LKrO i.V.m. § 78 Abs. 1 Nr. 1 VwGO hängt die Passivlegitimation davon ab, ob die janusköpfige Kreisverwaltungsbehörde als Kreisbehörde oder als Staatsbehörde gehandelt hat. Die Auslegung, ob Art. 6 LStVG die Landratsämter als Behörden des Landkreises oder des Freistaats anspricht, ist aber gerade problematisch.[20]

2. Rechtmäßigkeit der behördlichen Anordnung des Sofortvollzugs

Als Ausgangsbehörde war die Stadt S hier für die Anordnung des Sofortvollzugs zuständig, § 80 Abs. 5 Satz 1 Nr. 4 VwGO.

Ein Antrag auf Wiederherstellung der aufschiebenden Wirkung nach § 80 Abs. 5 VwGO kann bereits Erfolg haben, wenn die Aufhebung des Suspensiveffekts unter Verletzung des § 80 Abs. 3 Satz 1 VwGO

---

[16] Einzelheiten bei *Hufen*, Verwaltungsprozessrecht, § 32 Rn. 31 sowie *Schmitt Glaeser/Horn*, Verwaltungsprozessrecht, Rn. 278.

[17] So auch *Hufen*, Verwaltungsprozessrecht, § 32 Rn. 37.

[18] *BayVGH* BayVBl. 1984, 598; *VGH Kassel* NVwZ 1990, 677; *Kopp/Schenke*, VwGO, § 80 Rn. 140.

[19] Zur (umstrittenen und im einzelnen differenziert zu beantwortenden) Frage, ob Gemeinden und Städte bei Erledigung der Aufgaben aus Art. 6 LStVG im übertragenen oder eigenen Wirkungskreis agieren: *Heckmann*, in: Becker/Heckmann/Kempen/Manssen, Öffentliches Recht in Bayern, 3. Teil, Rn. 480 ff.; *Gallwas/Wolff*, Bayerisches Polizei- und Sicherheitsrecht, Rn. 104 ff.

[20] Zum Diskussionsstand: *Gallwas/Wolff*, Bayerisches Polizei- und Sicherheitsrecht, Rn. 118 ff. Nach *Heckmann*, in: Becker/Heckmann/Kempen/Manssen, Öffentliches Recht in Bayern, 3. Teil, Rn. 481, handeln die Landratsämter bei der Gefahrenabwehr nach LStVG stets als staatliche Behörden.

nicht von der Behörde formell ordnungsgemäß begründet wurde.[21] Hier wurde als Begründung von der Behörde das öffentliche Interesse an rascher Aufklärung (Schutz potenzieller Nutzer der Räumlichkeiten vor Gesundheitsgefahren) vorgebracht. Diese hat nicht nur formelhaften Charakter, sondern lässt erkennen, dass die Behörde von einem besonderen Gemeinwohlinteresse an der raschen Vollziehung des Verwaltungsakts ausgegangen ist, das nach ihrer Wertung das Individualinteresse des L an der aufschiebenden Wirkung übersteigt.[22] Den Anforderungen des § 80 Abs. 3 Satz 1 VwGO wurde damit Genüge getan. Es kann damit dahin stehen, ob wegen Gefahr im Verzug eine Begründung gemäß § 80 Abs. 3 Satz 2 VwGO ausnahmsweise entbehrlich gewesen wäre.

Im Übrigen bestehen hinsichtlich der Anordnung der sofortigen Vollziehung keine weiteren formellen Bedenken, insbesondere ist L vorher angehört worden, sodass es auf die Streitfrage, ob Art. 28 Bay-VwVfG auf die Anordnung des Sofortvollzugs überhaupt anwendbar ist[23], hier nicht ankommt.

3. Materielle Voraussetzungen für die Wiederherstellung der aufschiebenden Wirkung

Im Übrigen hängt die Begründetheit des Eilantrags von einer Abwägung der konfligierenden Interessen ab. Entscheidend ist, ob das öffentliche Vollzugsinteresse (Klärung eines Gefahrenverdachts) oder das private Suspensivinteresse des L überwiegt.[24] Soweit nach summarischer Prüfung bereits zum gegenwärtigen Zeitpunkt die Frage beantwortet werden kann, ob das Rechtsmittel in der Hauptsache Erfolg haben wird oder nicht, kommt dieser Prognose für die Abwägungsentscheidung ausschlaggebende Bedeutung zu[25]: Soweit L mit der Anfechtung des Bescheids in der Hauptsache voraussichtlich obsiegt (weil aus jetziger Sicht die Anfechtungsklage offensichtlich zulässig und begründet ist und damit erfolgreich sein wird), überwiegt das Aussetzungsinteresse des L und die aufschiebende Wirkung ist durch das Gericht wiederherzustellen. Ist dem Hauptsacherechtsbehelf nach summarischer Prüfung voraussichtlich der Erfolg zu versagen, überwiegt das öffentliche Interesse am Vollzug des Bescheids; der Eilantrag ist dann unbegründet.

Weil an der Zulässigkeit der noch zu erhebenden Anfechtungsklage hier keine Bedenken bestehen, kommt es letztlich darauf an, ob das Anfechtungsrechtsmittel voraussichtlich begründet ist. Das hängt davon ab, ob nach der gegenwärtigen Sachverhaltsbeurteilung (für die Fallbearbeitung also letztlich nach dem vorgegebenen Sachverhalt) die gegenüber L für sofort vollziehbar erklärte Ordnungsverfügung (Anordnung der Duldung der Untersuchung der Räumlichkeiten auf Asbestbelastung) rechtmäßig oder rechtswidrig und gegenüber L rechtsverletzend ist.

> **Zum Aufbau:** Anders als bei der Polizeirechtsklausur vertritt im Bereich der Ordnungsrechts- (= Sicherheitsrechts-) Klausur auch *Knemeyer* als sonst vehementer Verteidiger des „bayerischen Prüfaufbaus" (Schema: Aufgabeneröffnung/Befugnis) den traditionellen Aufbau nach dem Strickmuster formelle/materielle Rechtmäßigkeit.[26] Dies ist auch sinnvoll, weil nur so denkbare Verfahrensfehler – z.B. Anhörungsmängel nach Art. 28 BayVwVfG und ihre mögliche Heilung nach Art. 45 Abs. 1 Nr. 3 BayVwVfG – in die Prüfung integriert werden können. Konsequenterweise ist dann die Aufgabeneröffnung (hier: Art. 6 LStVG) im Rahmen der formellen Rechtmäßigkeit unter der Rubrik der sachlichen Zuständigkeit der Ordnungsbehörde (rglm. knapp) abzuhandeln.[27]

---

[21] *Hufen*, Verwaltungsprozessrecht, § 32 Rn. 17, 38; *OVG Magdeburg* DVBl. 1994, 808 f.

[22] Vgl. *Hufen*, Verwaltungsprozessrecht, § 32 Rn. 17.

[23] Zum Streitstand oben *Fall 2*.

[24] *Hufen*, Verwaltungsprozessrecht, § 32 Rn. 18, 39; *Stern/Blanke*, Verwaltungsprozessrecht in der Klausur, Rn. 601.

[25] *BayVGH* BayVBl. 1977, 567 (568); BayVBl. 1983, 23 (24); *Zuleeg*, Fälle zum Allgemeinen Verwaltungsrecht, 3. Aufl. 2001, S. 69; *Finkelnburg/Dombert/Külpmann*, Vorläufiger Rechtsschutz, Rn. 961 ff.; *Hufen*, Verwaltungsprozessrecht, § 32 Rn. 19, 39; *Schmitt Glaeser/Horn*, Verwaltungsprozessrecht, Rn. 282.

[26] *Knemeyer*, Polizei- und Ordnungsrecht, Rn. 434 ff.

[27] So auch *Knemeyer*, Polizei- und Ordnungsrecht, Rn. 438.

a) Rechtsgrundlage

Für den hier in Grundrechte des L (Art. 14 GG, Art. 2 Abs. 1 GG) eingreifenden Verwaltungsakt bedarf es nach dem Grundsatz vom Vorbehalt des Gesetzes (ausdrücklich Art. 7 Abs. 1 LStVG) einer Rechtsgrundlage. Da nach dem Bearbeitervermerk keine sonderordnungsrechtlich geregelten Rechtsgrundlage einschlägig sind, ist als Befugnisnorm daher auf die ordnungsrechtliche Generalklausel des Art. 7 Abs. 2 LStVG[28] abzustellen.

Zur Vertiefung: In den Altlastenfällen (ordnungsrechtliche Eingriffe bei Bodenkontamination oder diesbezüglichem Verdacht) mussten vormals – sowohl hinsichtlich Gefahrerforschungsmaßnahmen als auch hinsichtlich Anordnungen zur Bodensanierung – immissionsschutzrechtliche, abfallrechtliche, wasserrechtliche, spezielle landesrechtliche, auf Bodenkontaminationen zugeschnittene Eingriffsnormen oder (subsidiär) die ordnungsrechtliche Generalklausel geprüft werden.[29] Seit einigen Jahren stellt das BBodSchG nunmehr z. T. spezielle, gegenüber landesrechtlichen Normen grundsätzlich vorrangige Regelungen bereit.[30] Befugnisnormen sind in §§ 9, 10 BBodSchG enthalten (§ 9 BBodSchG enthält insofern eine Spezialregelung für Gefahrerforschungseingriffe). Zur Examensvorbereitung wird im Hinblick auf das BBodSchG und seine Bezüge zum allgemeinen Polizei- und Sicherheitsrecht diesseits empfohlen: *Zilkens*, JuS 2003, 688 ff.; *v. Arnauld*, Jura 2003, 53 ff.; *Kügel*, NJW 2004, 1570 ff. Zum Anspruch des Grundstückseigentümers auf Erlass von bodenschutzrechtlichen Anordnungen: *BayVGH* NVwZ 2007, 112 ff. Speziell zur Störerauswahl im Anwendungsbereich des § 4 Abs. 3 BBodSchG (Verhältnis Zustands- und Verhaltensverantwortlichkeit): *BayVGH* BayVBl. 2008, 23 f.

b) Formelle Rechtmäßigkeit der Untersuchungsanordnung

aa) Zuständigkeit

Nach Art. 6 LStVG (Aufgabeneröffnungsnorm) sind neben den Landratsämtern, den Regierungen und dem Bayerischen Innenministerium die Gemeinden und damit über Art. 3 Abs. 1 BayGO auch die Städte bzw. deren Sicherheitsbehörden für gefahrabwehrende Anordnungen nach dem LStVG zuständig (sicherheitsbehördliche Mehrfachkompetenz).

Zur Vertiefung: Über Art. 4 VGemO nehmen auch die Verwaltungsgemeinschaften sicherheitsbehördliche Aufgaben nach Art. 6 LStVG wahr.[31]

(1) Sicherheitsbehördliche Aufgabeneröffnung, Art. 6 LStVG

Voraussetzung für die Zuständigkeit ist jedoch, dass es auch inhaltlich um eine Maßnahme im Aufgabenbereich des Art. 6 LStVG geht. Nach Art. 6 LStVG haben die Sicherheitsbehörden die Aufgabe, die öffentliche Sicherheit und Ordnung durch Abwehr von Gefahren sowie durch Unterbindung und Beseitigung von Störungen aufrechtzuerhalten. Im vorliegenden Fall war aus Ex-ante-Sicht die Behörde von einer Asbestbelastung der Räumlichkeiten nicht völlig überzeugt. Es bestand jedoch aufgrund des Vorverhaltens des V ein entsprechender Verdacht, dass eine gesundheitsgefährdende Asbestbelastung vorliegen könnte. Auch bei einem Gefahrenverdacht – im einzelnen unten – ist der polizeiliche Aufgabenbereich eröffnet, zumindest soweit es wie hier um Maßnahmen zur weiteren Sachverhaltsaufklärung geht. Un-

---

[28] Vergleichbare Regelungen: § 3 PolG BW, § 17 Abs. 1 ASOG Bln., § 13 Abs. 1 OBG Bbg., § 10 Abs. 1 PolG Brem., § 3 Abs. 1 SOG Hbg., § 11 HSOG, § 13 SOG MV, § 11 NdsSOG, § 14 Abs. 1 OBG NW, § 9 Abs. 1 POG Rh-Pf, § 8 Abs. 1 PolG Saarl., § 3 Abs. 1 SächsPolG, § 13 SOG LSA, § 174 LVwG SchlH, § 5 Abs. 1 OBG Thür.

[29] Vgl. zur Rechtslage bis zum Inkrafttreten des BBodSchG: *BGH* NJW 1994, 2355 f.; *BayVGH* BayVBl. 1986, 590; BayVBl. 1997, 406 ff.; NVwZ 2000, 450 ff.; *OVG Koblenz*, NVwZ 1987, 240 f.; DÖV 1991, 1075 f.; *VGH Mannheim* DÖV 1985, 687 f.; NVwZ 1986, 325 ff.; DVBl. 1990, 1047 f.; *VGH Kassel* NVwZ 1990, 383 ff.; *OVG Münster* DVBl. 1989, 1009 (1010); *Bleicher*, JuS 1995, 432 (433 f.); *Papier*, DVBl. 1996, 125 ff.; *Breuer*, NVwZ 1987, 751 ff.; *ders.*, JuS 1986, 359 ff.; *Schink*, DVBl. 1989, 1182 ff.

[30] Hierzu: *BVerwG* NVwZ 2006, 928 ff. = DVBl. 2006, 1114 ff.; NVwZ 2000, 1197 ff.; NVwZ 1999, 421 f.; *OVG Lüneburg* NVwZ 2000, 1194 ff.; *VGH Mannheim* DÖV 2000, 782 ff.; *VG Frankfurt* NVwZ 2000, 107 ff.; *Kutzschbach/Pohl*, Jura 2000, 225 ff.; *Klüppel*, Jura 2001, 26 ff.; *Palme*, NVwZ 2006, 1130 ff. Zum Ausgleichsanspruch nach § 24 Abs. 2 BBodSchG: *Frenz*, NVwZ 2000, 647 f.; *Schönfeld*, NVwZ 2000, 648 ff.

[31] Siehe im einzelnen *Gallwas/Wolff*, Bayerisches Polizei- und Sicherheitsrecht, Rn. 101, 115 ff.

abhängig davon, unter welchen Voraussetzungen die Gefahr als Eingriffsvoraussetzung einen für die Befugnisnorm des Art. 7 LStVG ausreichenden Konkretisierungsgrad erhält und zu welchen konkreten
Maßnahmen mit Eingriffswirkung die Behörde hiernach berechtigt ist (hierzu im Folgenden sub c)), so
rechnet doch die Erforschung des Vorfeldes zur Ermittlung einer womöglich vorliegenden Gefahr bereits
selbst ohne weiteres zum sicherheitsbehördlichen Aufgabenbereich nach Art. 6 LStVG.[32]

(2) Sachliche Zuständigkeit des städtischen Ordnungsamts:

Da hier jedenfalls die unterste (gemeindliche) Behördenebene gehandelt hat, muss die Streitfrage, ob der
Gesetzgeber eine echte alternative Mehrfachkompetenz ohne jegliche Zuständigkeitsschranken hinsichtlich eines Handelns der höheren Handlungsebenen (Landratsamt, Regierung, Ministerium) im
Blick hatte oder ob nach dem Rechtsgedanken aus Art. 44 LStVG wie sonst auch nach dem Verwal-
tungsaufbau von unten nach oben in erster Linie zunächst die unterste Behörde zuständig ist[33], nicht
entschieden werden.

bb) Ordnungsgemäßes Verfahren

In verfahrensmäßiger Hinsicht ist der Erlass der sicherheitsbehördlichen Verfügung ordnungsgemäß
erfolgt. Insbesondere ist L gemäß Art. 28 BayVwVfG angehört worden.

c) Materielle Rechtmäßigkeit

aa) Art. 7 Abs. 2 Nr. 3 LStVG als Befugnisnorm im Fall eines bloßen Gefahrenverdachts

In Betracht kommt die Heranziehung von Art. 7 Abs. 2 Nr. 3 LStVG als Befugnisnorm. Hiernach können die Sicherheitsbehörden zur Erfüllung ihrer Aufgaben für den Einzelfall Anordnungen treffen, um
Gefahren abzuwehren oder Störungen zu beseitigen, die Leben, Gesundheit oder die Freiheit von Menschen oder Sachwerte, deren Erhaltung im öffentlichen Interesse geboten erscheint, bedrohen oder verletzen. Vorliegend könnte es sein, dass durch die Sanierungsarbeiten des V eine gesundheitsgefährdende
Kontaminierung der Ferienwohnungen mit Asbest erfolgte. Die Rechtmäßigkeit der Maßnahme der S
gegenüber L hängt mithin davon ab, ob eine konkrete Gefahr für ein Schutzgut in diesem Sinne vorliegt.
Das städtische Ordnungsamt handelte vorliegend jedenfalls zunächst zum Schutz der Gesundheit von
künftigen Mietern oder sonstigen Nutzern der Ferienwohnung. Die von L angegriffene Verfügung diente
mithin der öffentlichen Sicherheit als polizeilichem Schutzgut.[34] Entscheidend ist des Weiteren, ob auch
dann von einer konkreten Gefahr im Sinne der polizei- und sicherheitsrechtlichen Terminologie ausgegangen werden kann, wenn die Behörde aufgrund eines (noch) nicht aufgeklärten Sachverhalts hinsichtlich der naheliegenden oder bereits eingetretenen Störung im Ungewissen ist, andererseits aber ein Handeln zum Schutz der polizeilichen Schutzgüter für erforderlich hält.

Allgemein versteht man unter einer konkreten „Gefahr" einen Zustand, der aufgrund der konkreten
Umstände des Einzelfalls bei verständiger, objektiver Würdigung aus Ex-ante-Sicht bei ungehindertem
Geschehensablauf den Eintritt einer Störung oder eines Schadens für die geschützten Güter mit hinreichender Wahrscheinlichkeit in absehbarer Zeit erwarten lässt.[35] Gerade mit dieser Prognose soll
eine Abgrenzung zu nicht tatbestandlichen bloßen Risiken abstrakterer Art im Vorfeld der Gefahr gefunden werden. Letztere ermächtigen nicht zu Handlungen nach der ordnungsrechtlichen (oder polizeirechtlichen) Generalklausel, allenfalls in Sondervorschriften des Umweltrechts – z. B. § 5 Abs. 1
Nr. 2 i. V. m. §§ 17, 20 BImSchG – sind derartige Vorsorgemaßnahmen von besonderen Befugnisnormen
abgedeckt.

Die Kategorien der sog. *Anscheinsgefahr* und des sog. *Gefahrenverdachts* liegen in einer Grauzone
zwischen konkreter Gefahr und bloß vorsorgerelevantem Risiko.[36] Bei der sog. *Anscheinsgefahr* stellt
sich aus der Ex-ante-Perspektive eines objektiven Beobachters bzw. eines besonnenen und sachkundigen

---

[32] *Gallwas/Wolff*, Bayerisches Polizei- und Sicherheitsrecht, Rn. 262.

[33] *Knemeyer*, Polizei- und Ordnungsrecht, Rn. 436.

[34] Siehe auch *OLG Hamm* NWVBl. 1992, 110 (111).

[35] Z. B. *BayVGH* BayVBl. 2006, 635 (636); *Voßkuhle*, JuS 2007, 908; *Brandt/Smeddinck*, Jura 1994, 225
(227).

[36] Vgl.: *Di Fabio*, Jura 1996, 566 ff.; *Voßkuhle*, JuS 2007, 908 (909); *Petri*, DÖV 1996, 443 ff.; *Poscher*, NVwZ
2001, 141 ff.; *Kokott*, DVBl. 1992, 749 ff.; *Brenner/Nehring*, DÖV 2003, 1024 ff.; *Pieroth/Schlink/Kniesel*, Polizei-
und Ordnungsrecht, § 4 Rn. 6. Zur Abgrenzung von Gefahr und bloßem Risiko auch *BVerwG* NVwZ 2002, 598
(600) – Laserdrome.

Beamten im Zeitpunkt des Einschreitens ein Sachverhalt als konkret gefährlich dar, ohne es tatsächlich zu sein.[37] Da es maßgeblich für die Gefahrbeurteilung auf die objektive Ex-ante-Sicht ankommt, erfüllt die Anscheinsgefahr ohne Weiteres den Begriff der konkreten Gefahr.[38] Etwas anderes gilt nur, wenn ein objektiver Beobachter die Ungefährlichkeit erkennen würde, der handelnde Beamte hingegen aufgrund einer individuellen Fehlbeurteilung von einer gefährlichen Sachlage ausgeht – sog. *Schein- oder Putativgefahr*.[39] Im letzteren Fall fehlt es an hinreichend objektiven Kriterien für die Annahme einer Gefahr. Die Voraussetzungen der Befugnisnorm des Art. 7 LStVG sind dann nicht erfüllt.

Im vorliegenden Fall geht es aber nicht um eine „falsche" Einschätzung einer in Wahrheit nicht gegebenen Gefahrenlage, sondern die Behörde ist sich vielmehr im Vorhinein im Ungewissen, ob ein tatsächlicher Gefahrenzustand vorliegt. Der handelnde Beamte geht also nicht von einem feststehenden Sachverhalt aus, aus dem er eine Gefahrenprognose ableitet. Er ist sich vielmehr kognitiver Lücken hinsichtlich der Sachverhaltsdiagnose und damit hinsichtlich der Prognose des Kausalverlaufs bewusst, was mithin auch gerade die Prognose über die Wahrscheinlichkeit des Schadenseintritts erschwert – sog. *Gefahrenverdacht*.[40] Für einen Teil der Rechtslehre ist der Gefahrenverdacht im Vergleich zur (konkreten) Gefahr ein Weniger. Die ordnungsbehördliche Generalklausel kann hiernach nicht ohne weiteres als Befugnisnorm für ein Eingreifen herangezogen werden. Es bedürfte einer – hier nicht einschlägigen – Spezialnorm.[41] Die Gegenansicht behandelt den Gefahrenverdacht hingegen wie eine Gefahr geringeren Wahrscheinlichkeitsgrades.[42] Dies ist überzeugend: Aus der Überlegung, dass je nach Wertigkeit des bedrohten Rechtsguts und der Höhe des möglicherweise eintretenden Schadens auch ein geringerer Grad an Wahrscheinlichkeit für den Störungseintritt zur Bejahung einer Gefahr im Rechtssinne genügt[43], kann auch der Gefahrenverdacht als konkrete Gefahr zu bewerten sein. Das ist dann der Fall, wenn das bedrohte Rechtsgut von entsprechend hoher Bedeutung ist und der Gefahrenverdacht durch Tatsachen erhärtet, also durch konkrete Umstände tatsächlicher Art gestützt wird.[44] Unterschiede zwischen Gefahrenverdacht und „echter" Gefahr bestehen unter Beachtung des Übermaßverbots dann nur auf Rechtsfolgeseite (s. u.). Zum gleichen Ergebnis kommt ein weiterer Meinungsstrang, der zwar die Gleichstellung von Gefahr und Gefahrenverdacht im Ausgangspunkt ablehnt, allerdings Gefahrerforschungs-

---

[37] *Voßkuhle*, JuS 2007, 908 (909); *Schoch*, Jura 2003, 472 (474); Beispiele: *BayVGH* BayVBl. 1981, 625 f. – Fehlalarm bei einer Alarmanlage; *OVG Hamburg* NJW 1986, 2005 ff. – zahmer Löwe; *OLG Köln* DÖV 1996, 86 ff. – vermeintlicher Einbruch; sonstige Beispiele: falscher Bombenalarm; Bedrohung mit echt aussehender Scheinwaffe. Siehe auch die Beispiele bei *Erichsen/Wernsmann*, Jura 1995, 219 ff.

[38] BVerwGE 45, 51 (58); *OVG Hamburg* NJW 1986, 2005 (2006); *VGH Mannheim* DVBl. 1990, 1047 (1048); *VG Münster* NVwZ 1983, 238; *Schenke/Ruthig*, VerwArch 87 (1996), 229 (330); *Schoch*, JuS 1994, 667 (668 f.); *Brandt/Smeddinck*, Jura 1994, 225 (230 f.); *Erichsen/Wernsmann*, Jura 1995, 219 (220); *Drews/Wacke/Vogel/Martens*, Gefahrenabwehr, 9. Aufl., 1986, S. 226.

[39] Z.B.: *VGH Mannheim* DVBl. 1990, 1047 (1048); *OLG Karlsruhe* VBlBW 2000, 329 ff.; *Schenke*, Polizei- und Ordnungsrecht, Rn. 82; *Drews/Wacke/ Vogel/Martens*, Gefahrenabwehr, S. 225; *Voßkuhle*, JuS 2007, 908 (909); *Schoch*, JuS 1994, 667 (669); *ders.*, Jura 2003, 472 (475); *Brandt/Smeddinck*, Jura 1994, 225 (230); *Erichsen/Wernsmann*, Jura 1995, 219 (220); *Gerhardt*, Jura 1987, 521 (525). Z.T. wird das Begriffspaar Anscheinsgefahr/Scheingefahr als überflüssig bzw. verwirrend bewertet: *Di Fabio*, Jura 1996, 566 (569); *Götz*, Allgemeines Polizei- und Ordnungsrecht, § 6 Rn. 39.

[40] *VGH Mannheim* DÖV 1985, 687 f.; *Voßkuhle*, JuS 2007, 908 (909); *Poscher*, NVwZ 2001, 141 ff.; *Di Fabio*, DÖV 1991, 629 (632); *ders.*, Jura 1996, 566 (568); *Papier*, NVwZ 1986, 256 (257); *Schoch*, JuS 1994, 667 (669); *Petri*, DÖV 1996, 443 (445); *de Wall*, JuS 1993, 939 (940); *Ladeur/Prelle*, Jura 2000, 138 (140 f.); *v. Arnauld*, Jura 2003, 53 (56); *Schenke*, Polizei- und Ordnungsrecht, Rn. 83 ff.; *Pieroth/Schlink/Kniesel,* Polizei- und Ordnungsrecht, § 4 Rn. 50 ff.

[41] Vgl. die krit. Betrachtung bei *Schenke*, Polizei- und Ordnungsrecht, Rn. 88 f. Vgl. auch *Gornig/Jahn*, Sicherheits- und Polizeirecht, S. 225 f. S. auch *Poscher*, NVwZ 2001, 141 ff., der für den Fall des Gefahrenverdachts die Annahme einer Gefahr im materiell-rechtlichen Sinn als Subjektivierung des Gefahrbegriffs ablehnt und statt dessen eine verfahrensrechtliche Ersatzlösung anbietet.

[42] *Heckmann*, in: Becker/Heckmann/Kempen/Manssen, Öffentliches Recht in Bayern, 3. Teil, Rn. 130; *Knemeyer*, Polizei- und Ordnungsrecht, Rn. 96; *Voßkuhle*, JuS 2007, 908 (909).

[43] BVerwGE 45, 51 (61); 47, 31 (40); *BVerwG* DÖV 1992, 30 (31); *BayVGH* BayVBl. 1997, 406 (407); *OVG Koblenz*, DÖV 1991, 1075; *VG Münster* NVwZ 1983, 238; *Di Fabio*, Jura 1996, 566 (568); *Voßkuhle*, JuS 2007, 908 (909); *Pieroth/ Schlink/Kniesel*, Polizei- und Ordnungsrecht, § 4 Rn. 7. Kritisch hierzu: *Leisner*, DÖV 2002, 326 ff.

[44] BVerwGE 39, 190 (193 f.); BGHZ 117, 303 (305 f.); 136, 172 (175); *OVG Münster* UPR 2003, 195 f.; *Di Fabio*, Jura 1996, 566 (568 f.); *ders.*, DÖV 1991, 629 (633); *Erichsen/Wernsmann*, Jura 1995, 219 (221); *Ladeur/ Prelle*, Jura 2000, 138 (140).

eingriffe als vorläufige Verwaltungsakte im Fall des erhärteten Gefahrenverdachts als sinngemäß von der ordnungsrechtlichen Generalklausel abgedeckt sieht.[45] Hier geht es um das ranghohe Gut der Gesundheit bzw. der körperlichen Unversehrtheit. Darüber hinaus ist der hier bestehende Gefahrenverdacht durch den Umstand, dass asbesthaltige Bodenplatten aus Hartstyropor Bestandteile der ersetzten und in den Wohnungen zerlegten Heizkörpern waren und der handelnde V nicht über ein hinreichendes Wissen und über eine hinreichende Erfahrung hinsichtlich der Demontage des asbesthaltigen Materials verfügte, durch Tatsachen hinreichend erhärtet. Nach dem Bearbeitervermerk ist aufgrund der Beschaffenheit der alten Heizungskörper und der Vorgehensweise des V eine Asbestbelastung und hierdurch bedingte Gesundheitsschäden für Personen, die sich in den betroffenen Räumen aufhalten, im Zeitpunkt der Anordnung durch die Behörden nicht auszuschließen. Es liegt damit eine konkrete Gefahr im Sinne der ordnungsrechtlichen Terminologie vor.

bb) Maßnahmerichtung – Verantwortlichkeit des L als Verfügungsadressaten
Eine Verhaltensverantwortlichkeit des L nach Art. 9 Abs. 1 Satz 1 LStVG[46] steht vorliegend nicht zur Debatte. Nicht er selbst, sondern der Vorbesitzer V hat die Gefahr selbst verursacht.[47] L könnte als Erwerber und damit Eigentümer der Ferienwohnungen aber Zustandsverantwortlicher gem. Art. 9 Abs. 2 Sätze 1 und 2 LStVG[48] sein.

Gegen eine Zustandsverantwortlichkeit des L könnte aber sprechen, dass nach gegenwärtigem Zeitpunkt völlig ungewiss ist, ob die zu untersuchenden Räumlichkeiten in gesundheitsgefährdendem Ausmaß mit Asbest belastet sind. Es könnte sich ja im Nachhinein das Gegenteil herausstellen. Vereinzelt wird daher für die Eigenschaft als Verantwortlicher verlangt, dass der Betroffene *zurechenbar* den Gefahrenverdacht ausgelöst bzw. den Anschein der Gefahr erweckt hat, ansonsten käme allenfalls eine Inanspruchnahme als Notstandspflichtiger in Betracht[49], in Bayern also nach Maßgabe von Art. 9 Abs. 3 LStVG (hierzu auch noch *Fall 15*). Die *Gegensicht* kommt hingegen bei der Frage der Rechtmäßigkeit einer Verfügung zur Gefahrenabwehr (bzw. hier bei der Frage der Rechtmäßigkeit einer Inanspruchnahme zur Duldung eines Gefahrerforschungseingriffs) überzeugend zu einem anderen Ergebnis: Lässt man den erhärteten Gefahrenverdacht (und die sog. Anscheinsgefahr) als ausreichend konkrete Gefahr gelten, dann ist es nur konsequent, bei der Frage der Maßnahmerichtung ebenso auf diese Ex-ante-Betrachtungsweise abzustellen. Auch derjenige, der aus objektiver Sicht des handelnden Beamten hinreichend verdächtig ist, eine Gefahr verursacht zu haben, sowie der Eigentümer einer Sache, von der ein Gefahrenverdacht (oder eine Anscheinsgefahr) ausgeht, müssen daher im Grundsatz als verantwortlich i.S.v. Art. 9 Abs. 1 bzw. (hier) Abs. 2 LStVG angesehen werden.[50]

Es könnte allenfalls noch daran gedacht werden, die aus Art. 9 Abs. 2 LStVG resultierende Zustandsverantwortlichkeit im Lichte des Art. 14 Abs. 1 GG einer einschränkenden Auslegung zuzuführen. Insbesondere in sog. Altlastenfällen (Kontaminierung von Erdreich durch den früheren Grundstückseigentümer oder -nutzer) findet sich die verbreitete Ansicht, dass der Eigentümer nicht für atypische, nur der Allgemeinheit oder Dritten zuzurechnende Risiken als verantwortlich angesehen werden könne.[51] Insofern könnte auch hier argumentiert werden, dass eine mögliche Verursachung einer Asbestbelastung

---

[45] *Götz*, Allgemeines Polizei- und Ordnungsrecht, § 6 Rn. 29.

[46] Vergleichbare Regelungen: § 6 PolG BW, § 13 ASOG Bln., § 16 OBG Bbg., § 5 PolG Brem., § 8 SOG Hbg., § 6 HSOG, § 69 SOG MV, § 6 NdsSOG, § 17 OBG NW, § 4 POG Rh-Pf., § 4 PolG Saarl., § 4 SächsPolG, § 7 SOG LSA, § 218 LVwG SchlH, § 10 OBG Thür.

[47] BGHZ 117, 303 (305); *OLG Hamm* NWVBl. 1992, 110 (111).

[48] Vergleichbare Regelungen: § 7 PolG BW, § 14 ASOG Bln., § 17 OBG Bbg., § 6 PolG Brem., § 9 SOG Hbg., § 7 HSOG, § 70 SOG MV, § 7 NdsSOG, § 18 OBG NW, § 5 POG Rh-Pf., § 5 PolG Saarl., § 5 SächsPolG, § 8 SOG LSA, § 219 LVwG SchlH, § 11 OBG Thür.

[49] Vgl. z.B. *Schenke/Ruthig*, VerwArch 87 (1996), 229 ff. sowie wohl auch *Drews/Wacke/Vogel/Martens*, Gefahrenabwehr, S. 226 f. Zum Streitstand im Fall der Anscheinshaftung auch *Gornig/Jahn*, Sicherheits- und Polizeirecht, S. 225 f.

[50] *Hartmann*, JuS 2008, 593 (594 f.); *Voßkuhle*, JuS 2007, 908 (909); *v. Arnauld*, Jura 2003, 53 (56); *Ladeur/Prelle*, Jura 2000, 138 (141); *Erichsen/Wernsmann*, Jura 1995, 219 (221); *de Wall*, JuS 1993, 939 (940). Der Sache nach ebenso: BGHZ 117, 303 (305 ff.); *BGH* NJW 1994, 2355; *OLG Hamm* NWVBl. 1992, 110 (111). Für den Fall der Anscheinsstörung: *VGH Mannheim* DVBl. 1990, 1047 f.; *OVG Hamburg* NJW 1986, 2005 (2006).

[51] *Friauf*, in: Festschrift für Gerhard Wacke, 1972, S. 293 (300 ff.); vgl. auch *Breuer*, NVwZ 1987, 751 (756); ders., JuS 1986, 359 (363). Zum Streitstand: *Schoch*, JuS 1994, 1026 f.; *Bleicher*, JuS 1995, 432 (436).

durch den V außerhalb der Risikosphäre des L liegt, sodass die Annahme einer Zustandsverantwortlichkeit hiernach mit der grundrechtlichen Eigentumsgarantie unvereinbar wäre. Als Ersatzweg wäre dann eine Notinanspruchnahme des L als Nichtstörer nach Art. 9 Abs. 3 LStVG zu prüfen.

> **Zur Vertiefung:** Besteht für ein gefahrbegründendes Verhalten eine behördliche Erlaubnis, ist zu diskutieren, ob und inwieweit dieser eine sog. Legalisierungswirkung zukommt, die dem von der Gestattung erfassten Tatbestand die ordnungsrechtliche Pflichtwidrigkeit nimmt. Ggf. entfällt sowohl beim Verursacher als auch beim Eigentümer bzw. Inhaber der tatsächlichen Gewalt dann die Eigenschaft als Verhaltens- oder Zustandsverantwortlicher.[52]

Gegen eine so weitgehende Einschränkung der Zustandsverantwortlichkeit spricht aber die Überlegung, dass Art. 9 Abs. 2 LStVG – anders als Art. 9 Abs. 1 LStVG – einen Verursachungsbeitrag gerade nicht voraussetzt. Der Gesetzgeber bezweckte mit Art. 9 Abs. 2 LStVG eine strikte Trennung von der Verhaltensverantwortlichkeit. Die Zustandsverantwortlichkeit nach Art. 9 Abs. 2 LStVG findet ihren Grund allein in der Sachherrschaft. Derjenige, der befugtermaßen über die Sache verfügen kann und der die Vorteile aus einer Sache zieht, soll auch ordnungspflichtig sein und deswegen für aus der Sache selbst resultierende Gefahren einstehen müssen.[53] Die Zustandshaftung ist insofern Ausdruck der Sozialbindung des Art. 14 Abs. 2 GG und als grundsätzlich verfassungsmäßige Inhaltsbestimmung des Eigentums nach Art. 14 Abs. 1 Satz 2 GG anzusehen.[54] Berechtigte Eigentümerinteressen können im Rahmen der Verhältnismäßigkeitsprüfung, ggf. bei der Frage der Störerauswahl sowie bei der Frage eines möglichen kompensierenden Entschädigungsanspruchs analog Art. 11 Abs. 1 LStVG i.V.m. Art. 70 Abs. 1 POG berücksichtigt werden (unten sub B.). Daher ist eine an Art. 14 Abs. 1 GG orientierte einschränkende Auslegung der Zustandsverantwortlichkeit, nur weil die Gefahr nicht der Risikosphäre des Eigentümers zuzuschreiben ist, abzulehnen.[55] Eine Einschränkung der Zustandsverantwortlichkeit in verfassungskonformer Auslegung anhand der Ausstrahlungswirkung des Art. 14 Abs. 1 GG kommt allenfalls in Situationen in Betracht, in denen die Erfüllung der behördlichen Verfügung den Zustandsverantwortlichen mit besonders hohen Zusatzkosten belastet (hierzu der folgende *Exkurs*). L, der hier zunächst zur Duldung weiterer Untersuchungsmaßnahmen verpflichtet wird, ist daher gemäß Art. 9 Abs. 2 LStVG ordnungspflichtig.

> **Zur Vertiefung:** Ist die Gefahr nicht der Risikosphäre des Eigentümers zuzuordnen (etwa weil sie aus Naturereignissen, aus der Allgemeinheit zuzurechnenden Ursachen oder von Dritten herrührt), soll nach der Rechtsprechung des *Bundesverfassungsgerichts* immerhin in besonderen Härtefällen eine Einschränkung der Zustandshaftung aufgrund der norminternen Bedeutung des Art. 14 Abs. 1 GG geboten sein. Es geht hierbei um Fallgestaltungen, in denen der Eigentümer mit hohen Zusatzkosten belastet wird, insbesondere wenn diese den Wert des betroffenen Eigentumsgegenstandes übersteigen.
>
> Das *Bundesverfassungsgericht* hat insofern der Zustandsverantwortlichkeit im Bereich der Altlastensanierung Grenzen gesetzt.[56] Wenn auch bodenverbessernde Maßnahmen regelmäßig den Verkehrswert des betroffenen Grundstücks steigern, sollen hiernach Zumutbarkeitsgrenzen tendenziell dann überschritten sein, wenn die den Eigentümer treffenden Sanierungskosten höher sind als der Verkehrswert des Grundstücks. Ggf. liegt die Belastungsgrenze niedriger, wenn das sanierungsbedürf-

---

[52] Hierzu: *BGH* NVwZ 2000, 1206 ff.; *Papier*, NVwZ 1986, 256 (257 ff.); *ders.*, DVBl. 1985, 873 (875 f.); *Schink*, DVBl. 1986, 161 (166 f.); *Breuer*, NVwZ 1987, 751 (755 f.); *ders.*, JuS 1986, 359 (362 f.); *Bleicher*, JuS 1995, 432 (435 f.); *Schoch*, JuS 1994, 1026 (1027); *Kokott*, DVBl. 1992, 749 (753).

[53] *Lepsius*, JZ 2001, 22 f.

[54] *BVerfG* BayVBl. 2001, 269 (270); *Gusy*, Polizeirecht, Rn. 353.

[55] *BVerwG* DÖV 1991, 428; *BayVGH* BayVBl. 1986, 590 (592); *OVG Münster* NJW 1980, 956; DVBl. 1989, 1009 (1010); *VGH Mannheim* DÖV 1986, 249.

[56] *BVerfG* NJW 2000, 2573 ff.; hierzu: *v. Arnauld*, Jura 2003, 53 (55); *Müggenborg*, NVwZ 2001, 39 ff.; *Lepsius*, JZ 2001, 22 ff.; *Klüppel*, Jura 2001, 26 ff. Siehe auch die Folgeentscheidung *BVerfG*, NVwZ 2001, 65 f. sowie die Ausgangsüberlegungen bei *VG Frankfurt a.M.*, NVwZ 2000, 107 (109). Vgl. bereits: *Pietzcker*, DVBl. 1984, 457 (463); *Papier*, NVwZ 1986, 256 (261); *ders.*, DVBl. 1985, 873 (878); *Götz*, NVwZ 1998, 679 (687 f.).

tige Grundstück der privaten resp. familiären Lebensführung dient. Andererseits sollen Erwerb eines Grundstücks in Kenntnis oder in fahrlässiger Unkenntnis einer Kontamination sowie mögliche Vorteile aus der Risikoübernahme (z. B. reduzierter Kaufpreis oder erhöhter Pachtzins) die Schutzwürdigkeit des Eigentümers mindern und damit – angepasst an den Grad der Vorwerfbarkeit bzw. an die gezogenen Vorteile – unter Berücksichtigung der wirtschaftlichen Leistungsfähigkeit des Betroffenen Belastungen über die Verkehrswertgrenze hinaus rechtfertigen können. Aber auch dann soll es dem Eigentümer im Lichte des Art. 14 Abs. 1 GG nicht grundsätzlich zuzumuten sein, Vermögenswerte einzusetzen, die mit dem sanierungsbedürftigen Grundstück in keinem funktionellen Zusammenhang stehen.[57] Darüber hinaus soll unter dem Gesichtspunkt des prozeduralen Grundrechtsschutzes Art. 14 Abs. 1 GG der Behörde abverlangen, bereits in der die Sanierung anordnenden Verfügung selbst ausdrücklich über die Begrenzung der Kostenbelastung des Zustandsverantwortlichen mitzuentscheiden, damit der Inanspruchgenommene die Zumutbarkeit der Ordnungsverfügung im Hinblick auf materielle Belastungsgrenzen einschätzen kann. Nur so sei gewährleistet, dass der Zustandsverantwortliche auch sinnvoll entscheiden kann, „ob er die seine Zustandsverantwortlichkeit aktualisierende Sanierungsanordnung hinnehmen oder anfechten will."

Die verfassungsgerichtlichen Vorgaben betreffen zwar direkt nur die Auslegung der landesrechtlichen Zustandshaftungsnormen, der Sache nach sind sie aber auch auf das aktuelle Bodenschutzrecht resp. §§ 4 Abs. 2 und 3, 10, 25 BBodSchG anwendbar.[58]

cc) Zulässige Rechtsfolge – Amtsermittlungsgrundsatz und Grundsatz der Verhältnismäßigkeit (Art. 8 LStVG)

In der hier gegebenen Konstellation des Gefahrenverdachts erfolgt die Anordnung zur Duldung der Untersuchung der Asbestbelastung nicht primär zur Beseitigung der Gefahr, sondern zunächst, damit sich die Behörde Gewissheit darüber verschaffen kann, ob überhaupt in tatsächlicher Hinsicht eine Störung oder eine Gefahr vorliegt, um auf das ermittelte Ergebnis hin womöglich weitere Maßnahmen zur Gefahrenabwehr zu treffen – sog. *Gefahrerforschungseingriff*.

Insbesondere in Fallgestaltungen, in denen die Behörde nicht selbst die tatsächlichen Grundlagen für die Gefahrenbeurteilung ermittelt, sondern dem Verantwortlichen aufgibt, eine entsprechende Untersuchung unter Einsatz eigener Mittel durchzuführen oder in Auftrag zu geben, wird vielfach diskutiert, ob eine solche Rechtsfolge, die letztlich die Sachverhaltserforschung dem Betroffenen aufbürdet, Art. 24 BayVwVfG zuwiderläuft. Während z. T. die Rechtsprechung es recht großzügig zulässt, dass die Behörde dem Verdachtsstörer, der zurechenbar – z. B. unter Verstoß gegen eine Rechtsnorm – den Gefahrenverdacht mitverursacht hat, entsprechende Eigenuntersuchungen (z. B. Beauftragung eines Sachverständigen unter Einsatz eigener Kosten) aufgibt[59], sieht der *BayVGH* und ein Teil der Literatur im nicht sonderordnungsrechtlich geregelten Bereich die Inpflichtnahme des Verdachtsstörers, in Eigenregie Gefahrerforschungsmaßnahmen durchzuführen, grundsätzlich als ermessensfehlerhaft an, wenn die Behörde selbst Ermittlungsmaßnahmen in eigener Verantwortung durchführen kann.[60]

In der vorliegenden Fallgestaltung ist aber lediglich die Duldung der Untersuchung angeordnet. In Umsetzung der Verfügung wird die Behörde das sachverständige Umweltinstitut beauftragen; die Kostenabwälzung auf den betroffenen L hätte die Behörde dann erst auf Sekundärebene zu prüfen (Kostenabwälzung als Auslagen über das Gebührenrecht, hierzu unten B.). Nach Art. 26 Abs. 2 Satz 3 BayVwVfG ist hier also entscheidend, ob eine besondere Mitwirkungs- oder Duldungspflicht durch eine besondere

---

[57] *BVerfG* BayVBl. 2001, 269 (271 f.). Krit. *Lepsius*, JZ 2001, 22 ff., der einerseits trotz Anknüpfung der Zustandsverantwortlichkeit an die Eigentümerstellung den Kostenfaktor als Vermögensbelastung von vornherein nicht im Schutzbereich des Art. 14 GG, sondern im subsidiären Art. 2 Abs. 1 GG verankert sieht und zudem dem Ansatz des BVerfG vorwirft, die von Art. 14 Abs. 1 und 3 GG vorgegebene Differenzierung von Bestands- und Wertgarantie zu nivellieren.

[58] *Müggenborg*, NVwZ 2001, 39 ff.; *Klüppel*, Jura 2001, 26 (29).

[59] Vgl. z. B. *OVG Münster* UPR 2003, 195 f.; *VGH Kassel* DVBl. 1992, 43 f.; *de Wall*, JuS 1993, 939 (941), unter Hervorhebung des Gedankens der Sozialbindung aus Art. 14 Abs. 2 GG. Zum Streitstand: *Schoch*, JuS 1994, 667 (669 f.); *Schink*, DVBl. 1986, 161 (165 f.); *ders.*, DVBl. 1989, 1182 ff.; *Papier*, DVBl. 1985, 873 (875); *Breuer*, NVwZ 1987, 751 (754); *v. Arnauld*, Jura 2003, 53 (56 f.).

[60] Vgl. zu den Altlastenfällen: *BayVGH* BayVBl. 1986, 590 (592); BayVBl. 1997, 406 (407); aus der Lit.: *Voßkuhle*, JuS 2007, 908 (909); in diese Richtung auch *BGH* NJW 1994, 2355.

Rechtsvorschrift – hier Art. 7 Abs. 2 Nr. 3 LStVG – geregelt ist.[61] Dies führt wieder letztlich zur Frage, inwiefern Gefahrerforschungseingriffe überhaupt von der Befugnisnorm des Art. 7 Abs. 2 LStVG abgedeckt sind. Hieran mag man zunächst vom Wortlaut zweifeln, weil Art. 7 Abs. 2 Nr. 3 LStVG an sich ein Handeln zur Gefahren*abwehr* bzw. Störungs*beseitigung* voraussetzen. Die hier angeordnete Untersuchung diente aber als solche zunächst nicht der direkten Gefahrenabwehr, es ging vielmehr zunächst nur um Sachverhaltsermittlung. Es sollte eine sichere Tatsachenbasis geschaffen werden für eventuell weitere ordnungsrechtliche Maßnahmen, falls sich der Gefahrenverdacht (gesundheitsgefährdende Belastung der Räumlichkeiten der Ferienwohnungen) bestätigt hätte. Dennoch wird zumindest überwiegend auch der Gefahrerforschungseingriff als von Art. 7 LStVG gedeckt angesehen. Denn sofern Verdachtslagen als ausreichende konkrete Gefahr angesehen und damit die Eingriffsvoraussetzungen der Generalklausel als Befugnisnorm bejaht werden, ist es nur konsequent, die Gefahrerforschung als Vorstufe der Gefahr- und Störungsbeseitigung zu bewerten.[62] Bei normativer Betrachtung stellt mithin die Ermittlung, ob eine tatsächliche Gefahr vorliegt, im Falle eines durch Tatsachen erhärteten Gefahrenverdachts bereits den ersten Schritt zur Gefahrbeseitigung dar.

Im Übrigen spricht für dieses Ergebnis auch der Grundsatz der Verhältnismäßigkeit: Bei einem Gefahrenverdacht ist es für den Betroffenen, gerade weil die Tatsachenbasis eine noch unsichere ist, grundsätzlich zunächst nicht zumutbar, dass die Behörde endgültige Maßnahmen trifft. Ein bloßer Gefahrenverdacht befugt also m. a. W. regelmäßig (vorbehaltlich besonderer Umstände des Einzelfalls) nur zu vorläufigen Maßnahmen, insbesondere zu Gefahrerforschungsmaßnahmen.[63] Im Hinblick auf die Erforderlichkeit und die Verhältnismäßigkeit im engeren Sinne (Art. 8 Abs. 1 und 2 LStVG[64]) muss im Interesse des Verantwortlichen einer Gefahrerforschungsmaßnahme zunächst Priorität zukommen.

Mit dem hier gewählten Gefahrerforschungseingriff sollte der Behörde ermöglicht werden, aus dem Untersuchungsergebnis Rückschlüsse auf die Asbestbelastung und hieraus resultierende Gesundheitsgefahren für die Nutzer der betroffenen Räume zu ziehen. Die angeordnete Untersuchung war zu diesem Zweck geeignet und auch im Sinne von Art. 8 Abs. 1 LStVG erforderlich. Zudem diente sie dem Schutz besonders hochwertiger Güter. Sie war angesichts der möglichen Gefährdungen für die Gesundheit der Nutzer der Räume (insbesondere der Feriengäste) auch dem L nach Art. 8 Abs. 2 LStVG zumutbar und entsprach damit dem Grundsatz der Verhältnismäßigkeit.[65]

Letztlich ist die Maßnahme auch nicht unter dem Aspekt der ermessensfehlerhaften Auswahl des Verantwortlichen zu beanstanden.[66] Zwar mag man die Behörde tendenziell – allerdings nicht ohne die Effizienz der Gefahrenabwehr aus den Augen zu verlieren – als verpflichtet ansehen, den Verhaltensverantwortlichen vor dem Zustandsverantwortlichen heranzuziehen. In der hier gegebenen Fallgestaltung scheidet aber die Heranziehung des V als Verhaltensverantwortlicher aus: Eine Duldungsverfügung zur Untersuchung ihm gegenüber ginge ins Leere, da er nach der Veräußerung an L nicht mehr über die betroffenen Räumlichkeiten verfügen kann. Es verblieb mithin für die S nur die Inanspruchnahme des L.

Ergebnis zum Ausgangsfall: Die ordnungsrechtliche Verfügung an L zur Duldung der Untersuchung der Asbestbelastung ist nach dem gegenwärtigen Stand rechtmäßig. Eine Anfechtungsklage des L verspricht daher voraussichtlich keinen Erfolg. Es überwiegt daher das Vollzugsinteresse der Allgemeinheit gegenüber dem Aussetzungsinteresse des L. Der Antrag nach § 80 Abs. 5 VwGO ist unbegründet. Das Gericht wird die aufschiebende Wirkung nicht wiederherstellen.

---

61 Siehe z. B. im immissionsschutzrechtlichen Überwachungsverfahren § 52 BImSchG.

62 *VGH Mannheim* DÖV 1985, 687 f.; *de Wall*, JuS 1993, 939 (940); *Schink*, DVBl. 1986, 161 (165 f.); *ders.*, DVBl. 1989, 1182 (1187).

63 Z. B.: *VG Münster* NVwZ 1983, 238 (239); *Di Fabio*, Jura 1996, 566 (569); *ders.*, DÖV 1991, 629 ff.; *Hartmann*, JuS 2008, 593 (594 f.); *Schoch*, JuS 1994, 667 (669); *Drews/Wacke/Vogel/Martens*, Gefahrenabwehr, S. 227; *Erichsen/Wernsmann*, Jura 1995, 219 (221). Zur sicherheitsrechtlichen Anordnung der Tötung hormonbehandelter Kälber: *OVG Münster* NJW 1988, 2968 f.

64 Vergleichbare Regelungen: § 5 PolG BW, § 11 ASOG Bln., § 14 OBG Bbg., § 3 PolG Brem., § 4 SOG Hbg., § 4 HSOG, § 15 SOG MV, § 4 NdsSOG, § 15 OBG NW, § 2 POG Rh-Pf., § 2 PolG Saarl., § 3 Abs. 2–4 SächsPolG, § 5 SOG LSA, § 73 Abs. 2 und 3 LVwG SchlH, § 6 OBG Thür.

65 Vgl. auch: BGHZ 117, 303 (307); BVerwGE 39, 190 (196 f.); *VG Münster* NVwZ 1983, 238 (239); *Schink*, DVBl. 1986, 161 (166); *Drews/Wacke/Vogel/Martens*, Gefahrenabwehr, S. 227.

66 Zum diesbezüglichen Ermessen vgl. z. B. *BayVGH* BayVBl. 2005, 441 (442).

Zur Vertiefung: Dem Verdachts- oder Anscheinsstörer können auf Sekundärebene Ersatzansprüche zustehen. Ein Amtshaftungsanspruch nach § 839 BGB i.V.m. Art. 34 GG scheidet aber aus, wenn die angeordnete Gefahrerforschungsmaßnahme rechtmäßig war und insofern keinerlei Anknüpfungspunkt für eine Amtspflichtverletzung besteht.[67] Anderes gilt bei einem rechtswidrigen Eingreifen bei bloßer Putativgefahr: *Erichsen/Wernsmann*, Jura 1995, 219 (220); vgl. auch *OLG München* VersR 2004, 1319 f. – Beschädigung eines Kernspintomographen durch Drücken eines STOP-Knopfes. Zur Amtshaftung für Fehler im Rahmen von BSE-Tests (als sonderordnungsrechtlich geregelter Fall des Gefahrerforschungseingriffs): *BGH* NVwZ 2006, 966 f.; vgl. in diesem Zusammenhang auch *Fischer*, JuS 2005, 52 ff.

Nach überwiegender Ansicht kommen im Falle der rechtmäßigen Inanspruchnahme von Verdachts- oder Anscheinsstörern Entschädigungsansprüche analog Art. 11 Abs. 1 Satz 1 LStVG i.V.m. Art. 70 Abs. 1 PAG[68] in Betracht: An sich scheidet die Heranziehung als Anspruchsgrundlage aus, weil der „Verdachtsstörer" als tatsächlich Verantwortlicher gem. Art. 9 LStVG (s.o.) und nicht als Nichtverantwortlicher i.S.v. Art. 9 Abs. 3 LStVG herangezogen wurde. Bleibt man (wie bei der Beurteilung der ordnungsrechtlichen Primärmaßnahme) auch hinsichtlich des polizei- und ordnungsrechtlichen Entschädigungsanspruchs bei einer Ex-ante-Betrachtung, so könnte der rechtmäßig in Anspruch genommene Anscheins- oder Verdachtsverantwortliche keinen Ausgleich verlangen.[69] Nach der Rechtsprechung des *Bundesgerichtshofs* ist aber eine weite Auslegung der Anspruchsnorm zu fordern, d.h. der Verdachtsstörer ist (ebenso wie der Anscheinsstörer) unter bestimmten Voraussetzungen wie ein Nichtstörer zu entschädigen, *„wenn sich (...) nachträglich herausstellt, dass die angenommene Gefahr in Wirklichkeit nicht bestand."*[70]

Der Anscheins- und Verdachtsstörer, der für die Maßnahme der Gefahrenabwehr bzw. für den Gefahrerforschungseingriff in Ex-ante-Perspektive als echter Handlungs- oder Zustandsverantwortlicher angesehen wird, wird damit auf Sekundärebene wie ein Nichtstörer behandelt, sodass für die Beurteilung von Ausgleichansprüchen die tatsächliche Situation, also eine Ex-post-Betrachtung maßgeblich ist.[71] Für eine analoge Anwendung[72] der polizei- bzw. ordnungsrechtlichen Entschädigungsregelungen spricht, dass die Situation dessen, der für eine Anscheinsgefahr oder einen Gefahrenverdacht keinerlei Anlass gegeben hat, der Situation des Nichtstörers ähnlich ist. In beiden Fällen wird dem Verfügungsadressaten ein vergleichbares Sonderopfer zugunsten der Allgemeinheit abverlangt. In dieser Hinsicht besteht hinsichtlich des Verdachts- und Anscheinsstörers eine vom Gesetzgeber nicht bedachte Rechtslücke. Ein Verdachts- oder Anscheinsstörer ist daher über den Wortlaut von Art. 11 Abs. 1 Satz 1 LStVG i.V.m. Art. 70 Abs. 1 PAG hinaus auch zu entschädigen, wenn – insofern in Ex-post-Betrachtung – (1) sich nachträglich herausstellt, dass die Gefahr tatsächlich nicht bestand, und (2) der Herangezogene die verdachtsbegründenden Umstände nicht in zurechenbarer Weise zu verantworten hat.[73] Nach Art. 11 Abs. 1 Satz 2 LStVG ist Anspruchsgegner der Rechtsträger der han-

---

[67] Vgl. auch *BGH* DVBl. 1996, 1312 f. sowie *de Wall*, JuS 1993, 939 (941 f.).

[68] Vergleichbare Regelungen: § 55 PolG BW, § 59 ASOG Bln., § 38 OBG Bbg., § 56 PolG Brem., § 10 Abs. 3 SOG Hbg., § 64 HSOG, § 72 SOG MV, § 80 NdsSOG, § 39 OBG NW, § 68 Abs. 1 POG Rh-Pf, § 68 PolG Saarl., § 52 Abs. 1 SächsPolG, § 69 SOG LSA, § 221 LVwG SchlH, § 52 OBG Thür., § 68 PAG Thür.

[69] So i.E.: *Gerhardt*, Jura 1987, 521 (526); *Brandt/Smeddinck*, Jura 1994, 225 (231); im Grundsatz auch *Drews/Wacke/Vogel/Martens*, Gefahrenabwehr, S. 227, 668.

[70] BGHZ 117, 303 (307 f.). Ebenso (durcharbeiten!): *BGH* NJW 1994, 2355 f.; *BGH* DVBl. 1996, 1312 ff.; *OLG Hamm* NWVBl. 1992, 110 ff.; *VGH Mannheim* DVBl. 1990, 1047 (1048). Zu einer Sonderkonstellation, in der die Grundsätze der Anscheinsgefahr und des sog. Zweckveranlassers zusammentreffen: *OLG Köln* DÖV 1996, 86 ff. Zur Problematik auch: *Kokott*, DVBl. 1992, 749 ff.

[71] *Voßkuhle*, JuS 2007, 908 (909).

[72] Angesichts des Wortlauts der Entschädigungsnormen, der sich ausdrücklich auf Nichtstörer begrenzt, kann es sich nur um eine Analogie handeln, vgl. auch: BGHZ 126, 279 (283); *BGH* NJW 1994, 2355; *BGH* DVBl. 1996, 1312 (1313); *Voßkuhle*, JuS 2007, 908 (909); *Sydow*, Jura 2007, 7 (10); *Schmalz*, Staatshaftungsrecht, 2000, S. 74 f.; *Erichsen/Wernsmann*, Jura 1995, 219 (221 f.); *de Wall*, JuS 1993, 939 (942); *Schoch*, JuS 1995, 504 (510); *Götz*, DVBl. 1992, 1160. Für eine direkte Anwendung wohl: *Götz*, Allgemeines Polizei- und Ordnungsrecht, § 6 Rn. 30; *Ossenbühl*, Staatshaftungsrecht, S. 403 f. sowie *Gallwas/Wolff*, Bayerisches Polizei- und Sicherheitsrecht, Rn. 806.

[73] BGHZ 117, 303 (308); 126, 279 (283); *BGH* NJW 1994, 2355 f.; *BGH* DVBl. 1996, 1312 (1313 f.); *OLG Hamm* NWVBl. 1992, 110 ff.; *Schoch*, JuS 1995, 504 (510); *Schmalz*, Staatshaftungsrecht, S. 75.

delnden Behörde. Der Anspruch ist gem. Art. 11 Abs. 1 Satz 1 LStVG i.V.m. Art. 73 PAG, § 40 Abs. 2 Satz 1 VwGO im ordentlichen Rechtsweg geltend zu machen.[74]

Zum Verhältnis von tierseuchenrechtlichem Entschädigungsanspruch und allgemeinem polizeilichen Schadensausgleichsanspruch bei Abwehrmaßnahmen gegen eine Tierseuchengefahr bzw. bei einem entsprechenden Gefahrenverdacht (am Beispiel der Schweinepest in Niedersachsen): BGHZ 136, 172 ff.

Eine ähnliche Ex-post-Betrachtung wie bei der Frage der Entschädigung ist im Fall der Anscheinsgefahr und des (i.E. unbegründeten) Gefahrenverdachts auch im Falle der Heranziehung für Verwaltungs- oder Vollstreckungskosten indiziert: Hierzu der Originalfall *OVG Münster* UPR 2003, 195 f., dem der vorliegende Sachverhalt nachgebildet wurde, sowie auch der folgende Zusatzfall.

B. Zusatzfall (*OVG Münster* NWVBl. 2001, 142 f. = DÖV 2001, 215)

I. Falleinstieg wie im Ausgangsfall zu *Fall 13* (Abschleppfallvarianten)

Die verwaltungsgerichtliche Klage hat Erfolg, wenn sie zulässig und begründet ist.

Der Verwaltungsrechtsweg ist eröffnet; die verwaltungsgerichtliche Klage ist als Anfechtungsklage statthaft und auch im Übrigen zulässig.[75]

Die Anfechtungsklage des E ist begründet, wenn sie sich gegen den richtigen Klagegegner richtet (§ 78 Abs. 1 Nr. 1 VwGO) und wenn der angefochtene Kostenbescheid rechtswidrig ist und den Kläger E in subjektiven Rechten verletzt (§ 113 Abs. 1 Satz 1 VwGO).

Der Freistaat Bayern ist richtiger Beklagter.[76] Im Übrigen ist bei der Prüfung der Begründetheit der Anfechtungsklage zunächst Ausgangsfrage, an welcher Norm als Ermächtigungsgrundlage die Rechtmäßigkeit des Kostenbescheides zu messen ist. Art. 28 Abs. 3 PAG ist nicht einschlägig, weil das Fahrzeug nicht auf einen amtlichen Verwahrparkplatz gebracht wurde. Eine Vollstreckung eines vorherigen Wegfahrgebots (etwa in Form eines Verkehrszeichens als Allgemeinverfügung) im Wege der Ersatzvornahme nach Art. 55 Abs. 1 PAG (mit dann einschlägiger Kostenermächtigung nach Art. 55 Abs. 1 Satz 2 PAG) steht nicht zur Debatte. In Abgrenzung zu Art. 55 Abs. 1 i.V mit Art. 53 Abs. 2 PAG ist (wenn man nicht ohnehin wegen des Wortlauts des Art. 53 Abs. 2 PAG von der Subsidiarität des Sofortvollzugs ausgeht) auch maßgeblich, dass P nicht wegen eines mutmaßlich entgegenstehenden Willens des E, sondern nur deshalb das Fahrzeug abschleppen ließ, weil er den E als (mutmaßlich) Verantwortlichen nicht rechtzeitig fassen konnte. Es kommt daher nur Art. 9 Abs. 2 PAG als gesetzliche Grundlage in Betracht.[77]

II. Rechtmäßigkeit des Kostenbescheids nach Maßgabe von Art. 9 Abs. 2 PAG

Das Polizeipräsidium ist laut Sachverhaltsvorgaben örtlich und sachlich zuständig. Auch sonstige formelle Fehler sind nicht ersichtlich. Insbesondere fand vor Erlass des Kostenbescheids auch eine Anhörung (Art. 28 BayVwVfG) statt. Der Kostenbescheid ist formell rechtmäßig.

Hinsichtlich der materiellen Rechtmäßigkeit ist zu klären, ob der Kostenbescheid inhaltlich von Art. 9 Abs. 2 PAG gedeckt ist. Hierfür müssen die Tatbestandsvoraussetzungen des Art. 9 Abs. 1 PAG vorliegen (Rechtmäßigkeitsvoraussetzungen für die unmittelbare Ausführung) – im Folgenden sub 1. Zudem können gem. Art. 9 Abs. 2 PAG Kosten nur von den nach Art. 7 oder 8 PAG Verantwortlichen erhoben werden – unten sub 2.

---

[74] Vgl. *Heckmann*, in: Becker/Heckmann/Kempen/Manssen, Öffentliches Recht in Bayern, 3. Teil, Rn. 473.

[75] Vgl. die Prüfung zum Ausgangsfall zu *Fall 13* (Abschleppfallvarianten).

[76] Vgl. die Prüfung zum Ausgangsfall zu *Fall 13* (Abschleppfallvarianten).

[77] Zur gutachterlichen Prüfung sowie ausführlich zum Streitstand vgl. den Ausgangsfall zu *Fall 13* (Abschleppfallvarianten).

1. Rechtmäßigkeit der unmittelbaren Ausführung selbst

Voraussetzung für die materielle Rechtmäßigkeit einer Kostenverfügung ist nach Art. 9 Abs. 2 PAG zunächst, dass die unmittelbare Ausführung einer polizeilichen Maßnahme ihrerseits rechtmäßig war. Auf die Vorschriften der Bekanntmachung gem. Art. 43 Abs. 1 BayVwVfG kommt es dabei nicht an.[78]

a) Hypothetische Prüfung einer gedachten polizeilichen Primärverfügung

Es kommt zunächst darauf an, ob eine hypothetische polizeiliche Anordnung rechtmäßig gewesen wäre. Wie im Ausgangsfall zu *Fall 13* stellt die Abschleppmaßnahme des P jedenfalls ein Handeln der Polizei im institutionellen Sinne dar. Als Ermächtigungsgrundlage wäre mangels Einschlägigkeit des Art. 25 PAG (keine Sicherstellung, s. o.) die Generalklausel gem. Art. 11 Abs. 1 und 2 PAG in Betracht zu ziehen.

Hinsichtlich der sachlichen Zuständigkeit – also der Eröffnung *des vollzugspolizeilichen Handlungsraums (Aufgabeneröffnung)* – kommt hier nur Art. 2 Abs. 1, Art. 3 PAG in Betracht. Art. 2 Abs. 1 PAG setzt ein Handeln zur Abwehr von Gefahren für die öffentliche Sicherheit oder Ordnung voraus. Hier ist die öffentliche Sicherheit womöglich wegen eines Verstoßes gegen Rechtsnormen betroffen. Nach § 12 Abs. 1 Nr. 1 StVO ist das Halten an engen Straßenstellen verboten. Nach den Sachverhaltsvorgaben trat ein gegen § 12 Abs. 1 Nr. 1 StVO verstoßender Zustand zwar noch nicht ein, als E sein Fahrzeug parkte, wohl aber, als die Fahrzeuge auf der gegenüberliegenden Straßenseite abgestellt worden sind. Hierdurch kam es zu einer Behinderung des fließenden Verkehrs, insbesondere wurde die Durchfahrt für breitere Fahrzeuge – z. B. für Linienbusse – versperrt. Aufgrund eines Verstoßes gegen § 12 Abs. 1 Nr. 1 StVO ist von einer Störung der öffentlichen Sicherheit (Verstoß gegen die Rechtsordnung) auszugehen. Flankierend mag man auch darauf abstellen, dass das vom Gemeingebrauch (Art. 14 BayStrWG) umfasste Recht zur Straßenbenutzung anderer Verkehrsteilnehmer von den parkenden Autos beeinträchtigt wird. In der konkreten Handlungssituation wäre aufgrund Zeitverlustes ein Abwarten des Handelns sonstiger Sicherheitsbehörden aus Ex-ante-Sicht eines Durchschnittspolizisten der rechtzeitigen Gefahrenabwehr abträglich gewesen. Damit ist auch von Unaufschiebbarkeit i. S. v. Art. 3 PAG auszugehen. Der polizeiliche Aufgabenbereich ist mithin eröffnet. Ansonsten bestehen an der formellen Rechtmäßigkeit einer hypothetischen polizeilichen Verfügung keine Bedenken.

Für die materielle Rechtmäßigkeit ist zunächst entscheidend, ob die Tatbestandsvoraussetzungen gem. Art. 11 Abs. 1 und 2 PAG als Befugnisnorm erfüllt sind. Da es hier – jedenfalls durch die Fahrzeuge, die später auf der anderen Seite der Fahrbahn abgestellt worden sind – zu einem Verstoß gegen § 12 Abs. 1 Nr. 1 StVO und daher zu einer Verkehrsbeeinträchtigung gekommen ist (s. o.), ist eine *konkrete* Gefahr i. S. v. Art. 11 Abs. 1 PAG, hier sogar bereits eine konkrete Störung zu bejahen. Da – zumindest durch die späteren Parker – gleichzeitig ein Ordnungswidrigkeitstatbestand gem. § 49 Abs. 1 Nr. 12 StVO erfüllt wird, liegt ein Handeln zur Zustandsbeseitigung i. S. v. § 11 Abs. 2 Nr. 2 PAG vor. Hinsichtlich des Grundsatzes der Verhältnismäßigkeit (Art. 4 PAG) ist jedenfalls von Geeignetheit und Erforderlichkeit auszugehen (vgl. auch den Ausgangsfall zu *Fall 11*). Darüber hinaus drohte hier der öffentliche Personennahverkehr lahmgelegt zu werden, weil die Durchfahrt für Linienbusse gänzlich versperrt war. Sonstige Fahrzeuge konnten nur unter Unterschreitung des erforderlichen Sicherheitsabstands passieren. Hinweise dafür, dass sich die Störung alsbald von selbst aufgelöst hätte, gibt es keine.[79] Die Nachteile, die sich für den Betroffenen aus dem Abschleppen des PKW ergeben, sind daher angesichts der besonderen Schutzbedürftigkeit des fließenden Verkehrs hinzunehmen. Die Maßnahme des P war somit auch zumutbar i. S. v. Art. 4 Abs. 2 PAG. Etwas anderes könnte sich allenfalls daraus ergeben, dass A nicht als Störer angesehen werden kann bzw. dass P andere Störer vorrangig vor E hätte in Anspruch nehmen müssen. Dieser Frage wird erst im Folgenden sub 2. nachgegangen.

b) Keine Möglichkeit der rechtzeitigen Inanspruchnahme des oder der Verantwortlichen

P durfte davon ausgehen, dass ein nach Art. 7 oder 8 PAG Verantwortlicher nicht rechtzeitig erreicht werden konnte.

---

[78] Vgl. *Fall 13*, unter A II 2 c) aa) (1).
[79] Zur Berücksichtigung solcher Aspekte auf Ebene der Verhältnismäßigkeitsprüfung: *BayVGH* NVwZ 1990, 180 (181); *OVG Hamburg* NJW 2001, 168 (169); *OVG Koblenz* NJW 1999, 3573 (3574).

2. Verantwortlichkeit des E

Art. 9 Abs. 2 Satz 1 PAG hat als weitere Voraussetzung für die Rechtmäßigkeit des Kostenbescheides, dass der in Anspruch genommene E nach Art. 7 oder 8 PAG verantwortlich ist.

a) Verantwortlichkeit des E auf Basis des tatsächlichen – ex post betrachteten – Sachverhalts

E wäre als Verhaltensverantwortlicher ordnungspflichtig, wenn er im Sinne von Art. 7 Abs. 1 PAG die Gefahr verursacht hätte. E selbst hat aber sein Fahrzeug *tatsächlich* ordnungsgemäß, d. h. ohne Verstoß gegen die StVO (insbesondere gegen § 12 Abs. 1 Nr. 1 StVO) geparkt. Allerdings ist sein Verhalten conditio-sine-qua-non für den Gefahrentatbestand. Eine bloße äquivalente Kausalität genügt aber nicht für die Verhaltensverantwortlichkeit. Im Fall ist zu bedenken, dass die eigentliche Gefahr bzw. Störung erst durch ein zweites Ereignis – nämlich das rechtswidrige Parken später ankommender Fahrzeugführer auf der anderen Straßenseite – eingetreten ist. Art. 7 Abs. 1 PAG verlangt einen besonderen Zurechnungszusammenhang zwischen dem Verhalten der in Anspruch genommenen Person und der Gefahr/Störung. Das Verhalten des Betroffenen muss eine typische Gefahrengrenze überschritten haben, der Betroffene (hier E) muss bei wertender Betrachtung die unmittelbare Ursache für den Eintritt der Gefahr gesetzt haben – sog. *Theorie der unmittelbaren Verursachung*.[80] Hierfür muss der Inanspruchgenommene grundsätzlich die letzte Ursache setzen. In dieser rein naturalistischen Betrachtung wäre hier eine Verhaltensverantwortlichkeit abzulehnen. Auch eine Zustandsverantwortlichkeit nach Art. 8 PAG würde ausscheiden, da die Gefahr eben nicht von dem (ordnungsgemäß abgestellten) Fahrzeug des E, sondern erst von den später abgestellten Fahrzeugen ausging.[81]

Ausnahmsweise wird eine (Verhaltens- wie auch eine Zustands-) Verantwortlichkeit bei bloß indirekter Verursachung nach den Grundsätzen der sog. *latenten Gefahr* bzw. des *Zweckveranlassers* bejaht, wenn das Verhalten bzw. eine im Eigentum des Inanspruchgenommenen stehende Sache bei wertender Betrachtung die Gefahrengrenze von vornherein überschreitet[82], wenn also eine zeitlich frühere Ursache bereits eine erhöhte Gefahrentendenz (Risikoerhöhung) in sich trägt.[83] In den von der Figur des sog. Zweckveranlassers erfassten Konstellationen wird das gefahren- oder störungsauslösende Handeln Dritter einem Hintermann als eigene Gefahrverursachung zugerechnet, weil zwischen dessen Verursachungsbeitrag und der die Gefahr/Störung unmittelbar herbeiführenden Letzturache entweder ein beabsichtigter bzw. zumindest in Kauf genommener Erfolg steht (subjektive Variante der Zweckveranlassung) oder weil zwischen dem Verhalten des Hintermannes und der letztlich eingetretenen Gefahr ein ganz typischer Wirkungs- und Verantwortungszusammenhang besteht, da ersteres bereits ein typisch gefahrerhöhendes Risiko geschaffen hat (objektive Variante der Zweckveranlassung).[84] Eine solche Verantwortlichkeitszurechnung nach den Kriterien der latenten Gefahr bzw. des Zweckveranlassers wird vom *OVG Münster* in einer vergleichbaren Fallgestaltung überzeugend verneint[85]:

„Allein verantwortlich für die in Rede stehende Verkehrsbeeinträchtigung sind (...) Fahrer und Eigentümer der zuletzt abgestellten Fahrzeuge auf der gegenüberliegenden Straßenseite, weil erst durch ihr verkehrswidriges Verhalten und durch die Lage ihrer Fahrzeuge im Raum die polizeiliche Gefahrengrenze überschritten worden ist. Das Abstellen des klägerischen Fahrzeugs stand hingegen im Einklang mit den (straßenverkehrs-) rechtlichen Bestimmungen. Vom Zustand dieses Fahrzeugs, auch bezogen auf seinen Standort, ging nach Abschluss des Parkvorgangs keinerlei Gefahr aus. Dem Fahrzeug wohnte auch keine im Verhältnis zum Normalmaß erhöhte Gefahrentendenz inne. Dass das Parken eines zuerst abgestellten Fahrzeugs mittelbar dazu beitragen kann, dass durch verkehrswidriges Verhalten anderer Verkehrsteilnehmer eine Verkehrsbehinderung entsteht, ist kein dem Parkvorgang immanentes Risiko. Ein ordnungsgemäß parkender Autofahrer muss ein verkehrswidriges Verhalten anderer grundsätzlich nicht in Rechnung stellen. Dem steht vorliegend nicht der Vortrag der Beklagten entgegen, bei der jährlich stattfindenden Großveranstaltung habe man aufgrund der Erfahrungen in der Vergangenheit mit chaotischen Verkehrs-

---

[80] *OVG Lüneburg* NVwZ 1988, 638 (639); *Götz*, Allgemeines Polizei- und Ordnungsrecht, § 9 Rn. 11; *Drews/Wacke/Vogel/Martens*, Gefahrenabwehr, S. 310 ff.

[81] Vgl. *OVG Münster* NWVBl. 2001, 142.

[82] *OVG Münster* NWVBl. 2001, 142.

[83] *Schoch*, JuS 1994, 932; zur sog. „latenten Gefahr": *OVG Münster* NVwZ 1985, 355 ff.

[84] Ausführlich hierzu unten *Fall 16*. S. auch *Durner*, JA 2008, 238 f.; *Hartmann*, JuS 2008, 593 (594).

[85] *OVG Münster* NWVBl. 2001, 142.

verhältnissen rechnen müssen. Liegen solche Erfahrungen vor, wäre es Sache der Verkehrsbehörde gewesen, durch Aufstellen von entsprechenden mobilen Verkehrszeichen das Parken auf einer der beiden Straßenseiten zu untersagen (...). Den Autofahrer trifft demgegenüber keine Pflicht, zulässige Parkmöglichkeiten ungenutzt zu lassen, weil andere Verkehrsteilnehmer sich rechtswidrig verhalten könnten."

Nach den tatsächlichen Umständen – also in *Ex-post-Betrachtung* – war E weder Handlungs- noch Zustandsstörer, weil sein Fahrzeug einwandfrei und ohne Verstoß gegen die StVO ursprünglich abgestellt wurde.

b) Verantwortlichkeit des E in Ex-ante-Betrachtung, also aus der Perspektive des handelnden Polizeibeamten – die Verantwortlichkeit des E als sog. Verdachtsstörer

Stellt man auf die Perspektive des P ab, so ergibt sich allerdings ein anderes Bild. Für P, der die Störung beenden wollte, war nicht ersichtlich, welche Fahrzeuge zuerst – d. h. in ordnungsgemäßer Weise – abgestellt worden sind. Es war für ihn objektiv nicht zu ermitteln, ob E (bzw. sein Fahrzeug) oder aber die Fahrzeugführer der auf der anderen Fahrbahnseite abgestellten Fahrzeuge in einer gegen § 12 Abs. 1 Nr. 1 StVO verstoßenden Weise die Fahrbahnblockierung herbeigeführt haben. Nach den konkreten Umständen des Falles bestand in Ex-ante-Betrachtung jedenfalls der Verdacht, dass der Zustand von E verursacht worden ist. E ist insofern in Ex-ante-Betrachtung *Verdachtsstörer*[86], und zwar sowohl Verdachtshandlungs- als auch Verdachtszustandsstörer. P ging nicht von einem feststehenden Sachverhalt aus, sondern hielt verschiedene Sachverhaltsvarianten für möglich, wobei zumindest bei einer denkbaren Variante der Betroffene E als verantwortlich einzustufen gewesen wäre.[87]

c) Der maßgebliche Beurteilungszeitpunkt für die Frage der Kostenlast – Betrachtung ex-ante oder ex post?

Für die Frage, ob eine polizeiliche Primärmaßnahme zur Gefahrenabwehr (hier die unmittelbare Ausführung nach Art. 9 Abs. 1 PAG) rechtmäßig ist, ist hinsichtlich der Gefahrbeurteilung auf eine Ex-ante-Betrachtung abzustellen. Nach vorzugswürdiger Ansicht ist der Gefahrenverdacht wie eine Gefahr geringeren Wahrscheinlichkeitsgrades zu behandeln (s. o. zur Bearbeitung des Ausgangsfalles). Im Falle eines Gefahrenverdachts kann daher bereits von einer hinreichend konkreten Gefahr ausgegangen werden, wenn das bedrohte Rechtsgut von entsprechend hoher Bedeutung ist und der Gefahrenverdacht durch Tatsachen erhärtet, also durch konkrete Umstände tatsächlicher Art gestützt wird (s. o.). Hier lässt sich immerhin die Behinderung des ÖPNV als Allgemeingut von hoher Bedeutung anführen. In Ex-ante-Betrachtung bestand jedenfalls der konkrete Verdacht (im Sinne einer naheliegenden Sachverhaltsalternative), dass das Fahrzeug des E später als die anderen Fahrzeuge und daher unter Verstoß gegen § 12 Abs. 1 Nr. 1 StVO abgestellt wurde. Es bestand also der konkrete Verdacht, dass die Gefahr / Störung von dem Fahrzeug des E ausging. Ein der konkreten Gefahr gleichzusetzender Gefahrenverdacht lag mithin vor.

Bei dieser Ausgangsbasis – Gefahrenverdacht als hinreichende Gefahr – wird allerdings uneinheitlich die Frage der Maßnahmerichtung (Eigenschaft als Störer bzw. Verantwortlicher) beantwortet. Lässt man den erhärteten Gefahrenverdacht (und die sog. Anscheinsgefahr) als ausreichend konkrete Gefahr gelten, dann ist es entgegen einer Mindermeinung[88] nur konsequent, bei der Frage der Maßnahmerichtung ebenso auf diese Ex-ante-Betrachtungsweise abzustellen. Auch derjenige, der aus objektiver Sicht des handelnden Beamten hinreichend verdächtig ist, eine Gefahr verursacht zu haben, sowie der Eigentümer einer Sache, von der ein Gefahrenverdacht (oder eine Anscheinsgefahr) ausgeht, müssen daher im Grundsatz als verantwortlich i. S. v. Art. 7 Abs. 1, 8 Abs. 1 und 2 PAG angesehen werden. Bei dieser vorzugswürdigen *Ex-ante Betrachtung* ist E daher zunächst polizeipflichtiger Verdachtsstörer (s. auch oben Ausgangsfall). Insofern durfte E polizeirechtlich schlechthin, hier im Wege der unmittelbaren Ausführung gem. Art. 9 Abs. 1 PAG, in Anspruch genommen werden. M.a.W.: Die Inanspruchnahme des E als Verdachtsstörer (in Ex-ante-Sicht) im Wege der unmittelbaren Ausführung gem. Art. 9 Abs. 1 PAG als solche ist rechtmäßig.[89]

[86] *VGH Münster* NWVBl. 2001, 142.

[87] S. auch: *VGH Mannheim* DÖV 1985, 687 f.; *Di Fabio*, Jura 1996, 566 (568); *ders.*, DÖV 1991, 629 (632); *Papier*, NVwZ 1986, 256 (257); *Poscher*, NVwZ 2001, 141 ff.; *Petri*, DÖV 1996, 443 (445).

[88] Ausführlich zum Streitstand s. oben Ausgangsfall A II 3 c) bb).

[89] So auch *OVG Münster* NWVBl. 2001, 142, dort allerdings nach Maßgabe des nordrhein-westfälischen Landesrechts unter Abstellen auf den Sofortvollzug.

Eine andere Frage ist jedoch, wie E auf *Sekundär-*, also der *Kostenebene* zu behandeln ist. Beharrt man auf dem Grundsatz, dass die Kostentragungspflicht – wie es der Wortlaut des Art. 9 Abs. 2 PAG in Anknüpfung an Art. 7, 8 PAG nahe legt – mit der Ordnungspflicht korrespondiert, also deckungsgleich ist, so folgt aus der Bejahung der polizeirechtlichen Ordnungspflicht an sich auch die Kostenlast. Es könnte jedoch für die in Art. 9 Abs. 2 PAG angesprochene Verantwortlichkeit in den Sonderfällen des Gefahrenverdachts und der Anscheinsgefahr auf einen anderen Beurteilungsmaßstab als im unmittelbaren Anwendungsbereich der Art. 7, 8 PAG ankommen.

So gehen im Falle des Entschädigungsanspruchs gem. Art. 70 Abs. 1 PAG, der vom Wortlaut an sich nur für den Notstandspflichtigen (Art. 10 PAG) einschlägig ist, die Rechtsprechung und die überwiegende Literatur zugunsten des Verdachts- und Anscheinsstörers von einer analogen Anwendung der Anspruchsgrundlage aus, wenn sich nachträglich – also in Ex-post-Betrachtung – herausstellt, dass die angenommene Gefahr in Wirklichkeit nicht bestand und der Herangezogene die verdachtsbegründenden Umstände nicht in zurechenbarer Weise zu verantworten hat.[90] Ein solcher Ansatz ist zu begrüßen, weil die Situation dessen, der für eine Anscheinsgefahr oder einen Gefahrenverdacht keinerlei Anlass gegeben hat, der Situation des Nichtstörers vergleichbar ist und der Gesetzgeber für diesen Fall eine unbewusste Rechtslücke hinterlassen hat.

Eine ähnliche Ex-post-Betrachtung wie bei der Frage der Entschädigung ist im Fall der Anscheinsgefahr und des (i. E. unbegründeten) Gefahrenverdachts auch im Falle der Heranziehung für Verwaltungs- oder Vollstreckungskosten zu fordern.[91] Denn die Kostenpflicht (hier nach Art. 9 Abs. 2 PAG) betrifft ebenso wie die Entschädigung gem. Art. 70 Abs. 1 PAG die Frage, wer letztlich die Kostenlast für eine Maßnahme zu tragen hat, die zwar in Ex-ante-Betrachtung als rechtmäßig zu beurteilen ist, bei der sich aber retrospektiv herausstellt, dass der Gefahrentatbestand bzw. die Verantwortlichkeit hierfür entgegen der ursprünglichen Prognose tatsächlich nicht bestand. Es gilt daher: „*Wird der Verursachungsverdacht (...) nachträglich widerlegt und hat der Verdachtsstörer die den Verdacht begründenden Umstände nicht zu verantworten, so bleibt es bei der Maßnahmen- und Kostenlast der Behörde.*"[92] Bestätigt sich hingegen später der Verdacht, so ist der Betroffene nach allgemeinen Grundsätzen kostenpflichtig[93]; Gleiches gilt, wenn der Betroffene die Anscheinsgefahr oder den Gefahrenverdacht zurechenbar verursacht hat.[94] Das *OVG Münster* löst verbleibende dogmatische Spannungen zwischen den unterschiedlichen Beurteilungszeitpunkten (Ex-ante-Betrachtung im Zeitpunkt der Gefahr- bzw. Störungsbeseitigung und Ex-Post-Betrachtung hinsichtlich der Kostentragungspflicht) dadurch auf, dass es die primäre Gefahrbeseitigungsmaßnahme bei unsicherem Sachverhalt kraft Gefahrenverdachts als Unterfall des *vorläufigen Verwaltungsakts* ansieht[95]:

„*Diese Ablösung der Ex-ante-Perspektive auf der Ebene der Gefahrbeseitigung durch eine Ex-post-Betrachtung bei der (endgültigen) Kostentragungspflicht durchbricht nicht den Zusammenhang von Ordnungs- und Kostentragungspflicht. Eingriffe gegen Verdachtsstörer sind einstweilige oder vorläufige Regelungen, die sich nur auf die Zeitspanne bis zur abschließenden Sachverhaltsaufklärung und endgültigen Entscheidung über die Kostentragungspflicht beziehen. Weder wird die vorläufige Inanspruchnahme zur Gefahrbeseitigung durch die späteren Erkenntnisse nachträglich rechtswidrig, noch bedarf es im Hinblick auf den begrenzten Regelungsgehalt des vorläufigen Verwaltungsakts einer Aufhebung desselben, um über die endgültige Kostentragungspflicht befinden zu können.*"[96]

---

[90] *Voßkuhle*, JuS 2007, 908 (909); BGHZ 117, 303 (307 f.); 126, 279 (283); *BGH* NJW 1994, 2355 f.; DVBl. 1996, 1312 ff.; *OLG Hamm* NWVBl. 1992, 110 ff.; *LG Köln* NJW 1998, 317 f.; *VGH Mannheim* DVBl. 1990, 1047 (1048). S. auch oben (Exkurs am Ende von Teil A.).

[91] Für die vorliegende Fallgestaltung: *OVG Münster* NWVBl. 2001, 142 f. Ebenso bereits in der Sache: *BayVGH* BayVBl. 1981, 625 f.; – Fehlalarm, der ohne Verschulden ausgelöst wurde; *OVG Hamburg* NJW 1986, 2005 ff. – Kosten für unmittelbare Ausführung eines Polizeieinsatzes (zahmer Junglöwe auf dem eigenen Grundstück); vgl. auch *OVG Berlin* NVwZ-RR 2002, 623 f.; *OVG Koblenz* NVwZ 1987, 240 f.; aus der Lit.: *Breuer*, NVwZ 1987, 751 (754 f.); *Schmalz*, Staatshaftungsrecht, 2000, S. 75; *Schoch*, JuS 1995, 504 (507); *Erichsen/Wernsmann*, Jura 1995, 219 (222).

[92] *OVG Münster* NWVBl. 2001, 142.

[93] *VGH Kassel* DVBl. 1992, 43 (44); *Breuer*, NVwZ 1987, 751 (755).

[94] So für den Sonderfall der Untersuchung einer Bodenprobe auf Kontamination: *BayVGH* BayVBl. 1995, 309 f. sowie 760 ff.

[95] Vgl. bereits: *Di Fabio*, DÖV 1991, 629 ff.

[96] *OVG Münster* NWVBl. 2001, 142 (143).

Da hier in retrospektiver Betrachtung E die Gefahr / Störung tatsächlich nicht verursacht hat – s.o. sub *a)* – und zudem den Gefahrenverdacht in Bezug auf seine Person nicht zurechenbar veranlasst hat (s.o.), ist E als bloßer Verdachtsstörer nicht verantwortlich im Sinne der Kostentragungsregelung des Art. 9 Abs. 2 GG.

Ergebnis: Der Kostenbescheid ist nicht von Art. 9 Abs. 2 PAG abgedeckt und daher rechtswidrig. Gleichzeitig verletzt der Kostenbescheid Rechte des E (Art. 2 Abs. 1 GG). Die Anfechtungsklage ist mithin nicht nur zulässig, sondern auch begründet und wird daher Erfolg haben.

> **Zum Verständnis:** Die im Wesentlichen gleichen Anschluss-Rechtsfragen ergeben sich, wenn anstelle von Art. 9 Abs. 2 PAG auf Art. 55 Abs. 1 Satz 2 PAG oder Art. 28 Abs. 3 (vgl. insbes. Satz 2) PAG als Ermächtigungsgrundlage für den Kostenbescheid abgestellt wird.

Rechtsprechungsvorlagen: BGHZ 117, 303; *OVG Münster* UPR 2003, 195; *Zusatzfall: OVG Münster* NWVBl. 2001, 142 = DÖV 2001, 215.

Leseempfehlungen: Di Fabio, Gefahr, Vorsorge, Risiko: Die Gefahrenabwehr unter dem Einfluss des Vorsorgeprinzips, Jura 1996, 566; *ders.,* Vorläufiger Verwaltungsakt bei ungewissem Sachverhalt, DÖV 1991, 629; *Durner,* Inanspruchnahme des Zweckveranlassers, JA 2008, 238; *Erichsen/Wernsmann,* Anscheinsgefahr und Anscheinsstörer, Jura 1995, 219; *Hartmann,* Grundwissen – Öffentliches Recht: Pflichtigkeit im Polizei- und Ordnungsrecht, JuS 2008, 593; *Koehl,* Der einstweilige Rechtsschutz im Verwaltungsprozess nach § 80 Abs. 5 und § 123 VwGO – eine pointierte Zusammenstellung der examensrelevanten Probleme unter besonderer Berücksichtigung der Rechtsprechung des BayVGH, BayVBl. 2007, 540; *Klüppel,* Zustandsstörerhaftung bei der Altlastensanierung, Jura 2001, 26; *Ladeur/Prelle,* Bombenalarm im Krankenhaus, Jura 2000, 138; *de Wall,* Der praktische Fall – Öffentliches Recht: Entschädigung für den Zustandsstörer?, JuS 1993, 939; *von Arnauld,* Examensklausur im Polizeirecht: Von Blindgängern und Giftfässern, Jura 2003, 53; *Zilkens,* Der praktische Fall – Öffentliches Recht: Bodenkontamination durch ehemalige Tuchfabrik, JuS 2003, 688; *Schoch,* Die „Gefahr" im Polizei- und Ordnungsrecht, Jura 2003, 472; *Voßkuhle,* Grundwissen – öffentliches Recht: Der Gefahrenbegriff im Polizei- und Ordnungsrecht, JuS 2007, 908.

Sachverhalt

Egon (E) ist Eigentümer eines Mietshauses in der bayerischen Stadt S. E hatte der Mieterin Martha (M), die mit mehreren Monatsmieten in Rückstand ist, ordnungsgemäß gekündigt und ein Räumungsurteil erwirkt. Der Gerichtsvollzieher bestimmt den Räumungstermin auf den 19. Januar. M hat am 16. Januar noch keine anderweitige Wohnmöglichkeit. Es droht Obdachlosigkeit. M ist wegen Einkommenslosigkeit derzeit nicht in der Lage, auf dem freien Wohnungsmarkt eine geeignete Wohnung zu finden; Anträge auf Sozialleistungen hat sie erst vor einigen Tagen gestellt; eine Entscheidung hierüber steht noch aus. Sie verlangt von der Sicherheitsbehörde der Stadt S, ihr für die Dauer der Obdachlosigkeit eine geeignete Unterkunft zur Verfügung zu stellen. Die Stadtverwaltung von S verweist M auf eine städtische Einrichtung, die von abends 18.00 Uhr bis morgens 8.00 Uhr geöffnet ist und Obdachlosen eine Übernachtungsmöglichkeit gewährleistet. Das weitergehende Verlangen der M auf Gewährung einer Unterkunft „rund um die Uhr" wird abgelehnt, weil ausreichend Möglichkeiten bestünden, tagsüber Schutz in Bahnhofshallen, kirchlichen oder karitativen Stellen sowie in sonstigen allgemein zugänglichen Räumen (Bibliotheken, U-Bahn-Stationen, Gaststätten, Cafés o. ä.) zu suchen. M beantragt beim örtlich zuständigen Verwaltungsgericht, die S als Antragsgegnerin im Wege des einstweiligen Rechtsschutzes zu verpflichten, ihr vorläufig bis zur Entscheidung in der Hauptsache eine ganztägige Unterkunft zu Wohnzwecken zur Verfügung zu stellen.

Vermerk für die Bearbeiter: In einem umfassenden Rechtsgutachten sind die Erfolgsaussichten des Eilantrags der M zu beurteilen? **Hinweis:** Es ist davon auszugehen, dass zwischen der S und den kirchlichen und karitativen Stellen, auf die die städtische Behörde die M hingewiesen hat, keine Regelungen oder Absprachen über die Unterbringung von Obdachlosen bestehen. Es ist ferner zu unterstellen, dass keine spezialgesetzlichen Regelungen über die Zuweisung von Obdachlosenunterkünften existieren.

Abwandlung 1: M ist alleinerziehende (verwitwete) Mutter mit vier minderjährigen Kindern. Am Morgen des Räumungstermins (19. Januar) verfügt die Stadt S gegenüber dem vorher ordnungsgemäß angehörten E die Wiedereinweisung der M mit ihren Kindern in die bisherige Wohnung, und zwar befristet bis zum 19. März. Zur Begründung wird die Obdachlosigkeit der M angegeben, die angesichts der Wohnungsnot in S derzeit bei Ausschöpfung aller Möglichkeiten nicht anders abgewendet werden könne (wovon auch tatsächlich auszugehen ist). Die Befristung ergebe sich daraus, dass nicht vor dem 19. März für M und ihre Kinder eine anderweitige Unterbringungsmöglichkeit in einer städtischen Einrichtung zur Verfügung stehe.

Vermerk für die Bearbeiter: In einem Gutachten ist zu klären, ob die Verfügung gegenüber E rechtmäßig ist!

Zusatzfrage: Wie hat E in der Hauptsache prozessual vorzugehen, um die Rechtmäßigkeit der für sofort vollziehbar erklärten Verfügung klären zu lassen? Es ist dabei zu unterstellen, dass E mehreren zahlungsunfähigen Mietern ordnungsgemäß gekündigt hat, mit denen derzeit noch zivilgerichtliche Räumungsstreitigkeiten laufen.

Abwandlung 2: M verweigert (bei Zugrundelegung des Sachverhalts der Variante 1) am 19. März trotz anderweitiger, seitens der Stadt S vermittelter Unterbringungsmöglichkeit den Auszug aus der Wohnung des E.

Vermerk für die Bearbeiter: Es ist zu begutachten, ob E von der Stadt S die zwangsweise Räumung und Reinigung der Wohnung verlangen kann! Wie hat E prozessual vorzugehen?

Abwandlung 3: Als M am 19. März den Auszug verweigert und auch die städtische Behörde ein Einschreiten ausdrücklich gegenüber E ablehnt, verzichtet E zunächst auf eine weitere Auseinandersetzung mit der Stadt S und betreibt nunmehr die Zwangsvollstreckung aus dem ursprünglichen (zivilgerichtlichen) Räumungstitel. Da M zahlungsunfähig ist, muss E für die Kosten für Räumung und Reinigung in Höhe von 1.750,– € selbst aufkommen.

Vermerk für die Bearbeiter: Kann E von S nach Amtshaftungsgrundsätzen Schadensersatz in dieser Höhe verlangen?

Abwandlung 4: M zieht mit Ablauf der Einweisungsfrist am 19. März aus. In der Zeit ab der Wiedereinweisung (19. Januar) bis zum 19. März hat M durch unsachgemäßen Gebrauch der Wohnung diverse Schäden angerichtet. U.a. wurde das Schloss der Wohnungstür aufgebrochen. Dabei ist auch der Türrahmen beschädigt worden. Diverse Lichtschalter sind von M absichtlich zerbrochen worden. Die Teppichböden werden fleckig und die Tapeten beschmiert vorgefunden. E kann den diesbezüglichen Schaden auf 1.000,– € beziffern.

Vermerk für die Bearbeiter: Kann E von S Ersatz in dieser Höhe verlangen, wenn Schadensersatzansprüche gegen die zahlungsunfähige M nicht realisierbar sind?

Lösung

A. Ausgangsfall: Anspruch auf ordnungsbehördliches Handeln; Eilantrag nach § 123 VwGO

Als Maßstab für die Erfolgsaussichten eines Eilantrags beim Verwaltungsgericht, mit dem Ziel, die S zu verpflichten, der M vorläufig eine Unterkunft zur Verfügung zu stellen, in der auch tagsüber der Aufenthalt gewährleistet ist, kommt vorliegend § 123 VwGO in Betracht. Ein derartiger Antrag müsste zulässig und begründet sein.

I. Zulässigkeit des Eilantrags

1. Verwaltungsrechtsweg, § 40 Abs. 1 Satz 1 VwGO

Ein Antrag nach § 123 VwGO ist nur zulässig, wenn in der Hauptsache der Verwaltungsrechtsweg eröffnet ist.[1] In der Hauptsache geht es um die Frage, ob und in welchem Umfang M gegenüber der S einen Anspruch auf Gewährung einer Unterkunft zur Abwendung von Obdachlosigkeit hat. Ein derartiger Streitgegenstand richtet sich nach Normen des allgemeinen Ordnungsrechts, maßgeblich nach Art. 6 und Art. 7 Abs. 2 Nr. 3 LStVG. Sowohl nach der Subordinationstheorie als auch nach der modifizierten Subjektstheorie[2] handelt es sich hierbei um Normen des öffentlichen Rechts. Für diese öffentlich-rechtliche Streitigkeit, die nicht verfassungsrechtlicher Art ist und für die auch keine Sonderrechtswegzuweisung besteht, ist gem. § 40 Abs. 1 Satz 1 VwGO der Verwaltungsrechtsweg eröffnet.

2. Statthafte Antragsart

Entscheidend ist hier zunächst, dass es M nicht um die Anfechtung bzw. vorläufige Suspendierung eines belastenden Verwaltungsakts geht. Weil in der Hauptsache für M die Verpflichtungsklage statthafte Klageart ist (die Einweisung in eine Unterkunft stellt für sie einen begünstigenden Verwaltungsakt dar), sind die für die Anfechtungssituation vorgesehenen und wegen § 123 Abs. 5 VwGO vorrangigen §§ 80, 80 a VwGO hier nicht einschlägig. Ein Antrag auf Erlass einer einstweiligen Verfügung gemäß § 123 VwGO ist damit statthaft.[3]

3. Antragsbefugnis

Im Verfahren nach § 123 VwGO muss der Antragsteller analog § 42 Abs. 2 VwGO antragsbefugt sein.[4] Die für den Maßstab des § 123 VwGO entscheidenden Begründetheitsvoraussetzungen – nämlich Anordnungsanspruch und Anordnungsgrund (s. u. II 2) – dürfen hierfür nicht von vornherein ausgeschlossen sein (Möglichkeitstheorie). M muss also einen Anspruch auf angemessene Unterkunft (auch tagsüber) gegenüber der S geltend machen können. Die Frage, ob und in welchem Umfang S der M eine Unterkunft bereitzustellen bzw. nach welchen Kriterien S ein möglicherweise verbleibendes Ermessen auszuüben hat, richtet sich mangels spezieller Rechtsnormen nach Art. 6 und 7 Abs. 2 Nr. 3 LStVG.[5] Mangels allgemeinen Gesetzesvollziehungsanspruchs des Bürgers ist entscheidend, ob die Aufgabener-

---

[1] *Finkelnburg/Dombert/Külpmann*, Vorläufiger Rechtsschutz, Rn. 26 ff.

[2] Zu den verschiedenen Ansätzen: *Maurer*, Allgemeines Verwaltungsrecht, § 3 Rn. 10 ff.

[3] Speziell für den Eilrechtsschutz im Falle eines geltend gemachten Anspruchs eines Obdachlosen auf Unterbringung: *OVG Münster* NVwZ 1993, 202 f.; *OVG Lüneburg* NVwZ 1992, 502 f.; *VGH Kassel* NVwZ 1992, 503 f.

[4] *Stern/Blanke*, Verwaltungsprozessrecht in der Klausur, Rn. 630; *Hufen*, Verwaltungsprozessrecht, § 33 Rn. 9; *Schmitt Glaeser/Horn*, Verwaltungsprozessrecht, Rn. 319.

[5] Im einzelnen unten II 2 b).

öffnungsnorm des Art. 6 LStVG und / oder die ordnungsrechtliche Generalklausel[6] im Sinne der Schutznormtheorie drittschützende Wirkung zugunsten der M entfalten. Es kommt darauf an, ob diese Normen nicht nur Allgemeininteressen, sondern auch Individualinteressen – und zwar auch solcher der M – zu dienen bestimmt sind.[7] Geht man davon aus, dass es Aufgabe der Sicherheitsbehörden ist, die *öffentliche* Sicherheit vor Gefahren zu schützen, so scheinen zunächst nur öffentliche Interessen der Allgemeinheit vom Polizei- und Sicherheitsrecht und insbesondere von diesbezüglichen Generalklauseln erfasst zu sein.[8] Dennoch ist heute anerkannt, dass polizei- und ordnungsrechtliche Aufgaben- und Befugnisnormen, soweit sie auch auf die Bekämpfung von Gefahren für Individualrechtsgüter wie Leben, Gesundheit, Ehre und Eigentum ausgerichtet sind, drittschützend wirken.[9] Denn die öffentliche Sicherheit wird als „Blankettbegriff" gerade auch durch individuelle Rechtsgüter umschrieben und steht damit im Dienste des Rechtsträgers, soweit dessen Rechtskreis betroffen ist.[10] Unterstützend kann zur Begründung von Drittschutz auf grundrechtliche Schutzpflichten – hier aus Art. 1 Abs. 1 sowie Art. 2 Abs. 2 Satz 1 GG –, die auf Rechtsanwendungsebene auch auf die Auslegung einfachen Rechts ausstrahlen können, rekurriert werden.[11] Das bedeutet: Aufgabeneröffnungsnormen wie Art. 2 Abs. 1 PAG und Art. 6 LStVG sowie Generalklauseln wie Art. 11 Abs. 1 und Abs. 2 PAG und Art. 7 Abs. 2 LStVG sind drittschützend, sofern es um den Schutz der vom Begriff der „öffentlichen Sicherheit" mitumfassten Individualrechtsgüter der o. g. Art geht. Die hier als denkbare Anspruchsgrundlagen heranzuziehenden Art. 6 und 7 Abs. 2 Nr. 3 LStVG sind von ihrem Tatbestand her auf den Schutz bestimmter Individualrechtsgüter ausgerichtet (Leben, Gesundheit, Freiheit, bedeutende Sachwerte) und vermitteln daher insofern zugunsten der Träger dieser Rechtsgüter subjektive Rechte gegenüber den Sicherheitsbehörden. Ob sich hieraus tatsächlich eine strikte Anspruchsposition auf ordnungsrechtliche Gewährung einer Unterkunft oder ggf. nur eine beschränkte Rechtsposition auf ermessensfehlerfreie Entscheidung ergibt und ob überhaupt die Anspruchsvoraussetzungen der Art. 6 und Art. 7 Abs. 2 Nr. 3 LStVG erfüllt sind, ist eine Frage der Begründetheit. Weil eine solche Anspruchsposition hier jedenfalls nicht von vornherein ausgeschlossen ist, ist M, die vorliegend obdachlos zu werden droht und damit möglicherweise Gesundheitsgefahren ausgesetzt ist, analog § 42 Abs. 2 VwGO antragsbefugt.

4. Allgemeines Rechtsschutzbedürfnis

Fordert man auch bei einem Eilantrag nach § 123 VwGO, dass sich der Antragsteller vorher erfolglos mit der Behörde auseinandergesetzt hat, so ist dies im zu begutachtenden Sachverhalt jedenfalls geschehen.[12]

Zwischenergebnis: Der Eilantrag der M ist nach § 123 VwGO zulässig.

---

[6] Vergleichbare Regelungen: § 3 PolG BW, § 17 Abs. 1 ASOG Bln., § 13 Abs. 1 OBG Bbg., § 10 Abs. 1 PolG Brem., § 3 Abs. 1 SOG Hbg., § 11 HSOG, § 13 SOG MV, § 11 NdsSOG, § 14 Abs. 1 OBG NW, § 9 Abs. 1 POG Rh-Pf, § 8 Abs. 1 PolG Saarl., § 3 Abs. 1 SächsPolG, § 13 SOG LSA, § 174 LVwG SchlH, § 5 Abs. 1 OBG Thür. Auf die Generalermächtigung abstellend: *OVG Lüneburg* NVwZ 1992, 502 f.; *VGH Kassel* NVwZ 1992, 503 f.; *OVG Münster* NVwZ 1993, 202 f. Auf Aufgabeneröffnungs- und Befugnisnorm abstellend z. B. die beiden Entscheidungen des *VGH Mannheim* NVwZ-RR 1996, 439 f.

[7] Speziell im Zusammenhang mit Ansprüchen auf behördliches Handeln auf Grundlage der polizei- und ordnungsbehördlichen Generalklauseln: *Dietlein*, DVBl. 1991, 685 (687); *Schoch*, JuS 1994, 754 (758).

[8] Im Grundsatz restriktiv – polizei- und ordnungsrechtliche Generalklauseln schützen nur die Allgemeinheit: *OVG Münster* OVGE 6, 43 (51); *VG Minden* DVBl. 1965, 780 (783).

[9] *OVG Lüneburg* NVwZ 1992, 502 f.; *VGH Kassel* NVwZ 1992, 503 f.; *OVG Münster* NVwZ 1993, 202 f. Hieraus können sich auch Anspruchspositionen auf behördliches Einschreiten gegen Handlungen Dritter ergeben: BVerwGE 37, 112 ff.; vgl. auch *OVG Münster* NVwZ 1983, 101 f.

[10] *Dietlein*, DVBl. 1991, 685 (689 f.).

[11] *Maunz*, BayVBl. 1977, 135 (138); *Robbers*, Sicherheit als Menschenrecht, 1987, S. 232 f.

[12] Vgl. *Kopp/Schenke*, VwGO, § 123 Rn. 22; *Happ*, in: Eyermann, VwGO, § 123 Rn. 34. Im Hinblick auf Art. 19 Abs. 4 GG ist die Entscheidung des *BayVGH* NVwZ 1997, 923 zu begrüßen, wonach die vorherige Auseinandersetzung mit der Behörde als entbehrlich angesehen wird, wenn aufgrund des damit verbundenen Zeitverlustes die Schaffung vollendeter Tatsachen droht.

II. Begründetheit

Der Antrag ist begründet, wenn die Stadt S passivlegitimiert ist und darüber hinaus die M Anordnungsanspruch und Anordnungsgrund gemäß § 123 VwGO glaubhaft gemacht hat (vgl. § 123 Abs. 3 VwGO i.V.m. § 920 Abs. 2 ZPO).

1. Passivlegitimation

Für die Passivlegitimation gilt § 78 Abs. 1 Nr. 1 VwGO analog (Rechtsträgerprinzip). Den Antrag auf Gewährung einer ganztägig zu nutzenden Unterkunft hat das städtische Sicherheitsamt, also ein Organ der Stadt S abgelehnt. Richtiger Antragsgegner ist daher die Stadt S.

2. Anordnungsanspruch und Anordnungsgrund

a) Abgrenzung zwischen Sicherungsanordnung (§ 123 Abs. 1 Satz 1 VwGO) und Regelungsanordnung (§ 123 Abs. 1 Satz 2 VwGO)

Im Hinblick auf die beiden in § 123 Abs. 1 VwGO unterschiedenen Fallgruppen bedarf es zunächst der Klärung, ob der Antrag auf Erlass einer Sicherungsanordnung (Satz 1) oder einer Regelungsanordnung (Satz 2) gerichtet ist. M macht einen Anspruch gegenüber der S auf Zuweisung einer Unterkunft zur Abwendung von Obdachlosigkeit geltend. Die Behörde soll sie in eine Unterkunft einweisen, in der nicht nur Übernachtungsmöglichkeiten bestehen, sondern die sie ganztägig zu Wohnzwecken nutzen kann. Sie begehrt in der Hauptsache damit einen begünstigenden Verwaltungsakt. Es geht nicht um die bloße Sicherung eines bereits bestehenden Rechts und damit nicht um den Erlass einer auf Erhaltung des Status quo gerichteten Sicherungsanordnung (§ 123 Abs. 1 Satz 1 VwGO), sondern um einen nur mit Hilfe einer behördlichen Entscheidung realisierbaren künftigen Rechtszustand. Insofern zielt ihr Rechtsschutzbegehren auf den Erlass einer Regelungsanordnung nach § 123 Abs. 1 Satz 2 VwGO.[13] Die Prüfung von Anordnungsanspruch und Anordnungsgrund ist daher auf § 123 Abs. 1 Satz 2 VwGO auszurichten.

Der Antrag auf Erlass einer Regelungsanordnung ist begründet, wenn M sowohl das Bestehen eines zu sichernden Anspruchs im Rahmen eines Rechtsverhältnisses (Anordnungsanspruch) als auch die Notwendigkeit einer vorläufigen Regelung (Anordnungsgrund) glaubhaft machen kann.[14]

b) Anordnungsanspruch (= Regelungsanspruch)

Entscheidend für die Glaubhaftmachung eines Anordnungsanspruchs ist, ob M – in der Praxis nach summarischer Prüfung[15] – als (bald) obdachloser Person ein Anspruch gegenüber der S auf Gewährung einer angemessenen ganztägigen Unterkunft zu Wohnzwecken zusteht.[16]

Als Anspruchsgrundlage kommt zunächst die Aufgabeneröffnungsnorm des Art. 6 LStVG in Betracht.[17] Hier mag ggf. schon der alleinige Rekurs auf Art. 6 LStVG genügen, weil die Gewährung von Unterkunft zugunsten eines Obdachlosen nicht notwendig mit Eingriffen in Rechte Dritter verbunden sein muss (der Anspruch kann auch durch eine eigene kommunale öffentliche Einrichtung erfüllt werden, ohne dass ein privater Dritter – etwa der bisherige Vermieter – in Pflicht genommen werden muss).[18] Daneben kann auch auf die engere Befugnisnorm der ordnungsrechtlichen Generalklausel

---

[13] *OVG Lüneburg* NVwZ 1992, 502 f. Demgegenüber verzichtet *OVG Münster* NVwZ 1993, 202 f. auf eine genaue Abgrenzung zwischen Sicherungs- und Regelungsanordnung.

[14] Zum Aufbau oben *Fall 4* A II.

[15] Vgl. *Finkelnburg/Dombert/Külpmann*, Vorläufiger Rechtsschutz, Rn. 313 ff.

[16] Vgl. *OVG Münster* NVwZ 1993, 202 f.

[17] Generell auf die Aufgabeneröffnungsnorm als Anspruchsgrundlage (auch unter Rekurs auf Art. 99 Satz 2 BV) abstellend: *Knemeyer*, Polizei- und Ordnungsrecht, Rn. 131 ff.

[18] Zu dieser Differenzierung – Art. 6 LStVG/Art. 2 PAG als Anspruchsnorm, wenn die Erfüllung des Anspruchs nicht im Wege eines Eingriffs gegenüber einem Dritten zu erfüllen ist, die Befugnisnorm als Anspruchsnorm im Falle der Inanspruchnahme Dritter: *Gallwas/Wolff*, Bayerisches Polizei- und Sicherheitsrecht, Rn. 776 f.; *Gornig/Jahn*, Sicherheits- und Polizeirecht, S. 45 f. Auf Aufgabeneröffnungs- und Befugnisnorm abstellend z.B. die beiden Entscheidungen des *VGH Mannheim* NVwZ-RR 1996, 439 f.

gem. Art. 7 Abs. 2 Nr. 3 LStVG abgestellt werden.[19] Es kommt zunächst darauf an (in der Praxis: summarische Prüfung), ob die Tatbestandsvoraussetzungen von Art. 6 und / oder dem engeren Art. 7 Abs. 2
Nr. 3 LStVG einschlägig und aus diesen Normen subjektive Rechte der M abzuleiten sind (im Folgenden
sub aa)). Darüber hinaus ist zu klären, ob das an sich gem. Art. 6 / Art. 7 Abs. 2 LStVG der Behörde
eröffnete Ermessen zugunsten der M reduziert ist, sich also zu einer entsprechenden Handlungspflicht
bestimmten Inhalts verdichtet hat (unten sub bb)).

aa) Tatbestandsmäßigkeit hinsichtlich Art. 6 LStVG / Art. 7 Abs. 2 Nr. 3 LStVG und subjektive Rechts-
qualität zugunsten der M

Voraussetzung für einen Anspruch aus der Aufgabeneröffnungsnorm des Art. 6 LStVG und/oder der
(engeren) Befugnisnorm des Art. 7 Abs. 2 Nr. 3 LStVG ist zunächst die Erfüllung des jeweiligen Tatbe-
standes. Die Aufgabeneröffnungsnorm des Art. 6 LStVG erfasst allgemein die Abwehr von (abstrakten
oder konkreten) Gefahren für die öffentliche Sicherheit und Ordnung. Diese gesetzliche Aufgabe ist gerade auch den Gemeinden und folglich der Stadt S zugewiesen (vgl. Art. 3 BayGO). Örtlich zuständig
ist die Sicherheitsbehörde des Rechtsträgers, in dessen Zuständigkeitsbereich die Gefahr der Obdachlosigkeit eintritt, regelmäßig also dort, wo sich der Obdachlose tatsächlich aufhält[20], hier also die Sicherheitsbehörde der Stadt S. Inhaltlich kommt es darauf an, ob es bei der Frage der Gewährung einer ausreichenden Unterkunft zugunsten eines Obdachlosen um die Abwehr einer Gefahr bzw. um die
Unterbindung einer Störung für die öffentliche Sicherheit und Ordnung geht. Zur öffentlichen Sicherheit
rechnet auch das individuelle Schutzgut der Gesundheit.[21] Entscheidend ist mithin, ob für dieses Schutzgut der M eine (zumindest abstrakte) Gefahr bejaht werden kann. Ähnliches gilt, wenn man für die
Frage eines Anspruchs auf ordnungsbehördliches Handeln zugunsten der M nicht auf die Aufgabeneröffnungsnorm, sondern auf die Befugnisnorm des Art. 7 Abs. 2 Nr. 3 LStVG rekurriert.[22] In diesem Fall
ist maßgeblich, ob es um die Abwehr von Gefahren für die hier genannten Schutzgüter geht. Art. 7
Abs. 2 Nr. 3 LStVG verlangt insofern eine *konkrete Gefahr*. Hierunter versteht man einen Zustand, der
aufgrund der konkreten Umstände des Einzelfalls bei verständiger, objektiver Würdigung aus Ex-ante-
Sicht bei ungehindertem Geschehensablauf den Eintritt einer Störung resp. eines Schadens für die geschützten Güter mit hinreichender Wahrscheinlichkeit in absehbarer Zeit erwarten lässt.[23]

Sollte daher von einer konkreten Gefahr für die Gesundheit der M auszugehen sein, wäre sowohl der
engere Tatbestand des Art. 7 Abs. 2 Nr. 3 LStVG als auch der weitere Tatbestand des Art. 6 LStVG erfüllt, sodass die Streitfrage, ob die Aufgabeneröffnungsnorm oder die Generalklausel als Anspruchsgrundlage zugunsten der M heranzuziehen ist, dahinstehen kann. Wer schutzlos unter freiem Himmel
leben muss, ist durch verstärkte Witterungseinflüsse sowie aufgrund mangelnder Möglichkeiten zur
Hygiene deutlich größeren Gesundheitsrisiken ausgesetzt (z. B. Infektionskrankheiten, Parasitenbefall
etc.). Weil M am 16. Januar noch keine Wohnung hat, droht ab dem 19. Januar (angesetzter Termin zur
zwangsweisen Räumung) Obdachlosigkeit mit den vorbeschriebenen konkreten Gefahren für die Gesundheit. Allenfalls für den Fall, dass der Betroffene in freier Willensbestimmung ohne Unterkunft leben
will, wäre wegen freiwilliger Selbstgefährdung, die im Hinblick auf das Selbstbestimmungsrecht des In-
dividuums über Art. 2 Abs. 1 und Art. 1 Abs. 1 GG grundrechtlichen Schutz genießt, Zurückhaltung bei
der Annahme einer Gefahr i. S. v. Art. 6 oder Art. 7 Abs. 2 Nr. 3 LStVG geboten.[24] Im hier zu begutachtenden Fall handelt es sich aber in Bezug auf M um unfreiwillige Obdachlosigkeit. Insbesondere kann
M nach den Sachverhaltvorgaben zum gegenwärtigen Zeitpunkt die Wohnungslosigkeit nicht selbst aus

---

[19] Vgl. für die Rechtslage Bayerns: *BayVGH* BayVBl. 1991, 114 f. Auf die Generalklausel als Anspruchsgrundlage in Fällen der vorliegenden Art abstellend (insbesondere zur Anspruchsqualität): *OVG Lüneburg* NVwZ 1992,
502 f.; *VGH Kassel* NVwZ 1992, 503 f.; *OVG Münster* NVwZ 1993, 202 f.

[20] *BayVGH* BayVBl. 2006, 635 (636); BayVBl. 2007, 439 (440), m.w. N.; *VGH Mannheim* NVwZ-RR 1996,
439.

[21] Z. B. *Knemeyer*, Polizei- und Ordnungsrecht, Rn. 100.

[22] Vgl.: *OVG Lüneburg* NVwZ 1992, 502 f.; *VGH Kassel* NVwZ 1992, 503 f.; *OVG Münster* NVwZ 1993,
202 f.

[23] Z. B. *OVG Bremen* NVwZ 1999, 314 (316 f.); *Voßkuhle*, JuS 2007, 908; *Brandt/Smeddinck*, Jura 1994, 225
(227); *Burgi*, JuS 1997, 1106 (1109).

[24] Z. B. *BayObLG* DÖV 1989, 273.

eigenen Kräften oder mit Hilfe der Sozialleistungsträger in zumutbarer Weise und Zeit abwenden.[25] Weil M nicht unter freiem Himmel leben will und zudem wegen derzeitiger Einkommenslosigkeit aus eigener Kraft nicht in der Lage ist, auf dem freien Wohnungsmarkt eine Wohnung zu finden, ist von einer konkreten Gefahr für die Gesundheit auszugehen.[26] Auf die Frage, ob M die Obdachlosigkeit zu verschulden hat oder nicht, kommt es nicht an. Gemessen an Art. 6, Art. 7 Abs. 2 Nr. 3 LStVG geht es mithin um die Abwehr von Gefahren, die die Gesundheit eines Menschen bedrohen. Die Tatbestände von Art. 6 und 7 Abs. 2 Nr. 3 LStVG sind einschlägig. Im Falle typischer Gefahren für individuelle Rechtsgüter – hier bzgl. der Gesundheit der M – vermittelt Art. 6 LStVG bzw. Art. 7 Abs. 2 Nr. 3 LStVG auch subjektive Anspruchspositionen, (s. o. A I 3.). Weil Art. 6 und 7 Abs. 2 LStVG Ermessensnormen sind, geht diese Anspruchsposition grundsätzlich zunächst nur auf ermessensfehlerfreie Entscheidung.[27]

> **Zum Verständnis:** Zum Teil wird in der Obdachlosigkeit auch eine Störung der öffentlichen Ordnung gesehen[28], die im bayerischen Sicherheitsrecht zwar von Art. 6 LStVG, nicht aber von der Befugnisnorm des Art. 7 Abs. 2 Nr. 3 LStVG tatbestandlich erfasst ist.

bb) Keine Überschreitung der Hauptsache – Ermessensreduzierung als Voraussetzung für den Erlass einer einstweiligen Anordnung

In der Hauptsache kann M über die Verpflichtungsklage nur dann die Zuweisung einer ganztägigen Unterkunft verlangen, wenn nicht nur ein Anspruch auf bloße ermessensfehlerfreie Entscheidung, sondern ein strikter Anspruch besteht. Bliebe es bei einem bloßen Anspruch auf ermessensfehlerfreie Entscheidung, könnte M in der Hauptsache allenfalls ein Bescheidungsurteil nach § 113 Abs. 5 Satz 2 VwGO erhalten. Nur nach einer Mindermeinung, die maßgeblich mit dem Grundsatz der Garantie eines effektiven Rechtsschutzes aus Art. 19 Abs. 4 GG argumentiert, soll eine einstweilige Anordnung auch bei behördlichem Ermessen ergehen können, sofern nicht von vornherein klar ist, dass die Gründe für eine ablehnende Haltung der Behörde überwiegen.[29] Die überwiegende Ansicht hingegen verweist überzeugend darauf, dass der Antragsteller mit einem Antrag nach § 123 VwGO nicht mehr erhalten kann und darf, als er in der Hauptsache erstreiten könnte.[30] Aus diesem Grund scheidet eine einstweilige Anordnung im Falle einer Ermessensentscheidung grundsätzlich aus, es sei denn, es ist (in summarischer Prüfung) von einer Ermessensreduzierung auf Null auszugehen.[31] Ermessensreduzierung auf Null bedeutet, dass sich aufgrund der Besonderheiten des Einzelfalles die kraft des eingeräumten Ermessens an sich gegebene Wahlmöglichkeit der Behörde auf eine Alternative beschränkt.[32] Jede hiervon abweichende Entscheidung wäre ermessensfehlerhaft.

Insbesondere im Polizei- und Ordnungsrecht ist die Annahme einer Ermessensreduzierung regelmäßig von der Bedeutung des bedrohten Schutzguts sowie von der Intensität der Gefahr oder Störung abhängig.[33] M. a. W.: Bei besonders hoher Wertigkeit des bedrohten Schutzguts oder bei einem drohenden besonders hohen Schaden kann eine behördliche Entscheidung gegen ein ordnungsrechtliches Handeln zugunsten des Anspruchstellers ermessensfehlerhaft sein. Im Hinblick auf grundrechtliche Wertungen aus Art. 2 Abs. 2 GG (staatliche Schutzpflicht für die Gesundheit) und Art. 1 Abs. 1 GG (staatliche Schutzpflicht für menschenwürdige Mindest-Lebensbedingungen, vgl. insbesondere Art. 1 Abs. 1 Satz 2 GG) ist in der hier zu begutachtenden Konstellation zunächst von einer Reduzierung des Entschlie-

---

[25] Zu dieser Einschränkung: *BayVGH* BayVBl. 2007, 439 (440).

[26] *OVG Lüneburg* NVwZ 1992, 502 f.; *VGH Kassel* NVwZ 1992, 503 f.; *OVG Münster* NVwZ 1993, 202 f.; *VGH Mannheim* NVwZ-RR 1996, 439 (440).

[27] *OVG Münster* NVwZ 1983, 101 f.; *VGH Mannheim* NVwZ-RR 1996, 439 f. Im Polizei- und Sicherheitsrecht gilt grundsätzlich das sog. Opportunitätsprinzip: *Schoch*, JuS 1994, 754 ff.

[28] *Günther/Traumann*, NVwZ 1993, 130 f.; auch *OVG Lüneburg* NVwZ 1992, 502 (503); nicht eindeutig: *VGH Mannheim* NVwZ-RR 1996, 439 f.

[29] So *Kopp/Schenke*, VwGO, § 123 Rn. 12, m. w. N.

[30] Zum Streitstand: *Finkelnburg/Dombert/Külpmann*, Vorläufiger Rechtsschutz, Rn. 209 ff.

[31] BVerwGE 63, 110 (111 ff.); *OVG Lüneburg* NVwZ 1992, 502 (503).

[32] Allgemein hierzu: *Maurer*, Allgemeines Verwaltungsrecht, § 7 Rn. 24 f.

[33] BVerwGE 11, 95 (97); *OVG Münster* DVBl. 1967, 546 (547 f.); *OVG Lüneburg* DVBl. 1967, 779 (780).

ßungsermessens auszugehen. Ein effektiver Schutz ist nur zu bewerkstelligen, wenn die Behörde zum Handeln verpflichtet ist und für eine angemessene Unterkunft zugunsten der M Sorge trägt.[34]

Im Übrigen mag für die städtische Sicherheitsbehörde ein Auswahlermessen verbleiben, etwa im Hinblick auf den zu gewährenden Komfort. Aber auch das Auswahlermessen kann kraft grundrechtlicher Ausstrahlung eingeengt sein. Insofern ist die Sicherheitsbehörde insbesondere gegenüber einer Einzelperson zwar nicht verpflichtet, für eine Unterkunft zu sorgen, die den durchschnittlichen Wohnanforderungen hinsichtlich Lage, Größe, Einrichtung und sonstiger Verhältnisse entspricht. Sie genügt ihren Pflichten, wenn sie eine Unterkunft zu Verfügung stellt, *„die vorübergehend Schutz vor den Unbilden des Wetters bietet und Raum für notwendige Lebensbedürfnisse lässt (…).“*[35] Insbesondere besteht – auch unter Berücksichtigung der Interessen des Vermieters aus Art. 14 Abs. 1 GG – kein Anspruch auf Wiedereinweisung in die bisherige Wohnung.[36] Dem Obdachlosen sind auch Sammelunterkünfte mit Schlaf- und Tagesräumen für mehrere Personen zumutbar, d. h. ein strikter Anspruch auf einen Raum, der dem Betroffenen ganz allein zur Verfügung steht, ist aus der ordnungsrechtlichen Generalklausel nicht abzuleiten. Hinsichtlich mehrerer Unterkunftsmöglichkeiten besteht kein Auswahlrecht des Obdachlosen.[37] Der Betroffene hat auch hinzunehmen, mit anderen eine Waschgelegenheit teilen zu müssen, selbst Bad oder Dusche können nicht beansprucht werden.[38] Grenzen zumutbarer Einschränkungen vom Wohnkomfort sind aber wiederum aus den Wertungen der Art. 1 Abs. 1 GG und Art. 2 Abs. 2 GG abzuleiten. Insofern wird eine Unterbringung nur zur Nachtzeit den Anforderungen aus Art. 6, 7 Abs. 2 Nr. 3 LStVG nicht gerecht, der Obdachlose hat vielmehr auch Anspruch auf eine Unterkunft, in der er sich ganztägig aufhalten kann. Obdachlosen muss mit Blick auf die grundrechtliche Schutzpflicht aus Art. 2 Abs. 2 Satz 1 GG auch tagsüber Schutz vor Witterung geboten werden. Die Menschenwürde fordert, dass auch ganz unabhängig von den Witterungsverhältnissen rund um die Uhr eine geschützte Sphäre zur Verfügung steht, wenn auch gegebenenfalls die Örtlichkeiten für die Übernachtung und für den Aufenthalt am Tag örtlich voneinander getrennt sein können.[39]

Im zu begutachtenden Fall hat sich die S letztlich darauf beschränkt, der M eine Übernachtungsmöglichkeit von abends 18.00 Uhr bis morgens 8.00 Uhr zur Verfügung zu stellen. Durch den Verweis auf Aufenthaltsmöglichkeiten in allgemein zugänglichen Räumen (Bahnhofshallen, Bibliotheken, U-Bahn-Stationen, Gaststätten und Cafés o. ä.) wird sie ihrer eigenen Verantwortung für die Gewährleistung angemessener Unterkunft nicht gerecht. Es handelt sich dabei um nichts anderes als um einen Verweis auf das Wohlwollen Dritter. Das gilt auch in Bezug auf kirchliche und karitative Stellen. Ein Aufgabenträger kann zwar nach Art. 6 LStVG seine Pflichten mit Hilfe Dritter erfüllen. Erforderlich sind aber dann Absprachen und Regelungen zwischen zuständiger Behörde und Dritteinrichtung, damit sichergestellt ist, dass gegenüber dem Obdachlosen alle rechtlichen Mindestanforderungen umgesetzt werden.[40] Da derartige Regelungen oder Absprachen im vorliegenden Fall nicht bestehen, ist die S gegenüber M den Anforderungen aus Art. 6 und 7 Abs. 2 Nr. 3 LStVG nicht gerecht geworden. Nach summarischer Prüfung ist daher davon auszugehen, dass M einen Anspruch gegenüber der S auf Zuweisung einer angemessenen Unterkunft – auch tagsüber – hat.

Mit ihrem Eilantrag begehrt sie wegen Ermessensreduzierung nicht mehr als in der Hauptsache. Darüber hinaus zielt M mit ihrem Antrag nur auf vorläufige Maßnahmen – sie verlangt nur die *vorläufige* Bereitstellung einer entsprechenden Unterkunft bis zur Klärung der Hauptsache. Es liegt dann auch keine Vorwegnahme der Hauptsache vor.

c) Anordnungsgrund (= Regelungsgrund)

Nach § 123 Abs. 1 Satz 2 VwGO muss die Regelungsanordnung zur Abwendung wesentlicher Nachteile, zur Verhinderung drohender Gewalt oder aus anderen Gründen nötig erscheinen. Zur Glaubhaftmachung eines Anordnungsgrundes muss M geltend machen können, dass ihr wesentliche Nachteile

---

[34] *Schoch*, JuS 1994, 754 (759). Zur Ermessensreduzierung wegen Art. 1 Abs. 1 GG auch BVerwGE NVwZ 2002, 598 (601) – „Laserdrome“. Hierzu auch (durcharbeiten!) *Aubel*, Jura 2004, 355 ff.; *Beaucamp*, DVBl. 2005, 1174 ff.; *Jestaedt*, Jura 2006, 127 ff.

[35] *OVG Münster* NVwZ 1993, 202; ebenso *VGH Mannheim* NVwZ-RR 1996, 439 (440).

[36] Hierzu auch *VG München*, Beschl. v. 7. Juni 2002, Az.: M 22 E 02.2582.

[37] *VG München*, F St 8/2003, 318 f.

[38] *BayVGH* BayVBl. 1991, 114 (115); *Schoch*, JuS 1994, 754 (759).

[39] *OVG Münster* NVwZ 1993, 202 f.; *OVG Lüneburg* NVwZ 1992, 502 (503).

[40] *OVG Münster* NVwZ 1993, 202 (203).

drohen, wenn das Gericht nicht sofort eine vorläufige Regelung trifft. Insofern sind auch die Wertungen aus Art. 2 Abs. 2 Satz 1 und Art. 1 Abs. 1 GG relevant. Zum Schutz grundrechtlicher Positionen ist ein schnelles Handeln zugunsten der M erforderlich. Dies gilt insbesondere auch aufgrund der winterlichen Jahreszeit (die Räumung droht am 19. Januar!). Ein Abwarten einer Hauptsacheentscheidung wäre der M nicht zumutbar. Eine sofortige vorläufige Regelung erscheint daher nötig, um wesentliche Nachteile von M abzuwenden.

Ergebnis zum Ausgangsfall

Der Antrag auf Erlass einer Regelungsanordnung nach § 123 Abs. 1 Satz 2 VwGO ist zulässig und begründet und hat damit gute Erfolgsaussichten. Es bietet sich eine zeitlich befristete Anordnung an, um einerseits die Vorläufigkeit einer einstweiligen Anordnung (s. o. keine Vorwegnahme der Hauptsache) und andererseits die primäre Selbstverantwortung des Betroffenen, der sich in erster Linie selbst weiter um eine permanente Unterkunft bemühen muss, zu betonen.[41] Folgt man dem, wird man hier eine angemessene Befristung bei etwa drei Monaten ansetzen. Das Verwaltungsgericht wird die S dann verpflichten, der M vorläufig, bis sie eine eigene permanente Unterkunft gefunden hat, zunächst jedoch nur bis zum 19. April, eine angemessene, ganztägige Unterkunft zuzuweisen.

Zum Verständnis: Bei Ablauf der gesetzten Frist, hat die S erneut zu prüfen, ob der M noch Obdachlosigkeit droht.[42] Notfalls kann M erneut einen Antrag nach § 123 VwGO stellen.

B. Abwandlung 1

I. Ist die Wiedereinweisungsverfügung gegenüber E rechtmäßig?

1. Art. 7 Abs. 2 Nr. 3 LStVG als Rechtsgrundlage und Rechtmäßigkeitsmaßstab

Gegenüber E, der sich von M als Mieterin trennen will und ihr deswegen ordnungsgemäß gekündigt und einen Räumungstitel erstritten hat, stellt sich die Wiedereinweisungsverfügung als belastender Verwaltungsakt dar. E muss Einschränkungen in der Nutzbarkeit seines Eigentums hinnehmen und ist daher in seinem Grundrecht aus Art. 14 Abs. 1 GG betroffen. Nach dem Grundsatz vom Vorbehalt des Gesetzes muss eine derartige Maßnahme von einer Ermächtigungsgrundlage, also von einer Befugnisnorm abgedeckt sein (vgl. auch Art. 7 Abs. 1 LStVG). Mangels spezialgesetzlicher Befugnisnorm ist auf die ordnungsrechtliche Generalermächtigung des Art. 7 Abs. 2 Nr. 3 LStVG abzustellen.[43]

2. Keine Sperrwirkung nach Art. 7 Abs. 4 LStVG

Der Rückgriff auf Art. 7 Abs. 2 LStVG als Befugnisnorm wäre gemäß der Sperrklausel des Art. 7 Abs. 4 LStVG als bayerischer Sonderregelung von vornherein ausgeschlossen, wenn die Wiedereinweisungsmaßnahme gegenüber E einen Eingriff in Art. 13 GG (Recht auf Unverletzlichkeit der Wohnung) darstellen würde. Dies wurde früher vom *Bayerischen Verwaltungsgerichtshof* vertreten.[44] Diese Rechtsprechung ist aber mittlerweile zu Recht aufgegeben worden.[45] Art. 13 GG schützt eine Räumlichkeit als Stätte des privaten Lebens und Wirkens[46] E ist zwar als Eigentümer (Art. 14 GG) betroffen. Weil er selbst nicht in dieser Wohnung lebt oder arbeitet, sind diese Räume aber nicht seiner Privatsphäre zuzurechnen. Art. 13 Abs. 1 GG schützt nur die durch den Grundrechtsträger *benutzte* Wohnung, nicht aber bloßen Wohn*raum* als solchen.[47] Bei Mieträumen ist daher nur der dort tatsächlich Wohnende (also der

---

41 *OVG Münster* NVwZ 1993, 202 (203).
42 *OVG Münster* NVwZ 1993, 202 (203).
43 Vgl. auch *BayVGH* BayVBl. 1991, 114 f.
44 So zuletzt *BayVGH* BayVBl. 1979, 244.
45 *BayVGH* BayVBl. 1984, 116 f.; BayVBl. 1991, 114 f.
46 *Jarass*, in: Jarass/Pieroth, Grundgesetz, 9. Aufl., 2007, Art. 13 Rn. 1.
47 *BayVGH* BayVBl. 1984, 116 (117).

Mieter und ggf. seine Familienangehörigen), nicht aber der durch Art. 14 GG hinreichend geschützte Eigentümer von Art. 13 GG erfasst.[48] Nach vorzugswürdiger Betrachtung ist daher für E der Schutzbereich des Art. 13 Abs. 1 GG nicht betroffen. Mangels Eingriffs in Art. 13 GG entfaltet Art. 7 Abs. 4 LStVG – jedenfalls solange der Vermieter die Wohnung nach dem Auszug des bisherigen Mieters nicht selbst nutzen will (Eigenbedarf)[49] – keine Sperrwirkung für den Rückgriff auf Art. 7 Abs. 2 LStVG als Befugnisnorm.[50] Die Betroffenheit im Eigentumsrecht des Art. 14 Abs. 1 GG schließt eine Rechtfertigung am Maßstab des Art. 7 Abs. 2 Nr. 3 LStVG nicht aus grundrechtsdogmatischer Sicht aus, zumal auch Art. 58 LStVG ausdrücklich von der Einschränkbarkeit des Art. 14 GG nach Maßgabe des LStVG ausgeht.[51]

3. Formelle Rechtmäßigkeit

Der sicherheitsbehördliche Aufgabenbereich nach Art. 6 LStVG ist vorliegend eröffnet (siehe bereits oben A II 2 b) aa)). Die Stadt S (bzw. deren Sicherheitsbehörde) ist für eine auf Art. 7 Abs. 2 Nr. 3 LStVG gestützte Maßnahme zuständig. Da der betroffene E gem. Art. 28 BayVwVfG ordnungsgemäß angehört worden ist, ist die Verfügung formell rechtmäßig.

4. Materielle Rechtmäßigkeit

a) Tatbestand des Art. 7 Abs. 2 Nr. 3 LStVG als Befugnisnorm

Weil M am Tag der Räumung obdachlos zu werden droht, liegt eine konkrete Gefahr für die Gesundheit der M vor (siehe oben A II 2 b) aa)). Es handelt sich damit um eine Anordnung, um Gefahren abzuwehren, die die Gesundheit eines Menschen bedrohen. Der Eingriffstatbestand des Art. 7 Abs. 2 Nr. 3 LStVG ist erfüllt.

b) Maßnahmerichtung

An sich hat E durch die Kündigung und die Erstreitung des Räumungstitels die Gefahr für die M unmittelbar verursacht. E wäre damit nach herkömmlichen Kriterien verhaltensverantwortlich gem. Art. 9 Abs. 1 Satz 1 LStVG. Dieses Ergebnis widerspricht aber dem Umstand, dass E mit der Kündigung, der Räumungsklage und dem Zwangsvollstreckungsrecht genau die Instrumentarien ausgenutzt hat, die die Rechtsordnung für den Vermieter in einer derartigen Situation vorsieht. Bei wertender Betrachtung kann von einer Verhaltensverantwortlichkeit des E im Rechtssinne nicht die Rede sein. Wer zivilrechtliche Rechtspositionen geltend macht und sich entsprechender prozeduraler Mittel bedient, sich demnach im Einklang mit der Rechtsordnung und innerhalb seines durch die Privatautonomie konturierten Rechtskreises bewegt, stört nicht und kann daher nicht als Gefahrverursacher bzw. Verhaltensstörer im polizei- und sicherheitsrechtlichen Sinne angesehen werden.[52] In Betracht kommt daher nur die Inanspruchnahme als Nichtstörer unter den Voraussetzungen des Art. 9 Abs. 3 LStVG (sog. polizei- oder ordnungsrechtlicher Notstand).[53] Es müsste dann eine unmittelbar bevorstehende erhebliche Gefahr vorliegen. Die Erheblichkeit der Gefahr ist an der Bedeutung des bedrohten Rechtsguts zu messen. Die hier bedrohte Gesundheit der M und ihrer Kinder ist ein Rechtsgut von elementarem Gewicht. Die somit zu bejahende erhebliche Gefahr steht angesichts des nahen Räumungstermins auch unmittelbar bevor. Da E durch die Wiedereinweisung nicht selbst an Leben oder Gesundheit gefährdet bzw. an der

---

[48] *Papier*, in: Maunz/Dürig u. a., GG, Art. 13 Rn. 12.

[49] Zur Einschlägigkeit des Art. 7 Abs. 4 LStVG im Falle des Eigenbedarfs: *VG München*, Beschl. v. 18. Februar 2004, Az.: M 22 S 03.6249.

[50] *BayVGH* BayVBl. 1991, 114.

[51] Art. 58 LStVG setzt das Zitiergebot des Art. 19 Abs. 1 Satz 2 GG um. Wegen des Gestaltungsauftrags in Art. 14 Abs. 1 Satz 2 GG gilt das Zitiergebot an sich nicht für die Eigentumsfreiheit, BVerfGE 64, 72 (80). Art. 58 LStVG müsste also Art. 14 GG nicht zwingend nennen.

[52] *Enders*, Die Verwaltung 1997, 29 (32); *Günther/Traumann*, NVwZ 1993, 130 (132).

[53] Vergleichbare Regelungen: § 9 PolG BW, § 16 ASOG Bln., § 18 OBG Bbg., § 7 PolG Brem., § 10 SOG Hbg., § 9 HSOG, § 71 SOG MV, § 8 NdsSOG, § 19 OBG NW, § 7 POG Rh-Pf, § 6 PolG Saarl., § 7 SächsPolG, § 10 SOG LSA, § 220 LVwG SchlH, § 13 OBG Thür.

Erfüllung überwiegender anderweitiger Pflichten gehindert wird, sind die tatbestandlichen Voraussetzungen für die Inanspruchnahme als Nichtverantwortlicher gem. Art. 9 Abs. 3 LStVG erfüllt.[54]

c) Ermessensfehlerfreie Rechtsfolge – insbesondere: Grundsatz der Verhältnismäßigkeit

Da insbesondere durch die Befristung die Wiedereinweisungsverfügung hinreichend bestimmt ist (Art. 37 BayVwVfG), ist letztlich entscheidend, ob die sicherheitsrechtliche Maßnahme gegenüber E mit dem Grundsatz der Verhältnismäßigkeit (Art. 8 LStVG[55]) übereinstimmt. Die Wiedereinweisung in die bisherige Wohnung verhindert, dass Obdachlosigkeit eintritt. Die Geeignetheit der Maßnahme ist somit zu bejahen. Zudem gibt der Sachverhalt vor, dass der Stadt S bis zum Ablauf der im Bescheid gesetzten Frist keine anderweitige Unterbringungsmöglichkeit zur Verfügung steht. Daher ist auch von Erforderlichkeit i.S.v. Art. 8 Abs. 1 LStVG auszugehen. Letztlich muss die Maßnahme zumutbar sein, d.h. ein durch sie zu erwartender Schaden des E darf nicht erkennbar außer Verhältnis zu dem beabsichtigten Erfolg stehen (Art. 8 Abs. 2 LStVG). Gerade hier ist zu berücksichtigen, dass E als Nichtstörer in Anspruch genommen worden ist. Unter Berücksichtigung des Eigentumsschutzes des Vermieters aus Art. 14 Abs. 1 GG und der in Art. 2 Abs. 1 GG geschützten Privatautonomie ist zu bedenken, dass auch die freie Verfügungsmöglichkeit über einen Wohnraum grundrechtlich geschützt ist und dass sich deshalb grundsätzlich niemand einen Zwangsmieter aufdrängen lassen muss. Dies gilt insbesondere, wenn man dem unliebsamen Mieter nach zivilrechtlichen Regelungen ordnungsgemäß gekündigt und sogar einen Räumungstitel erstritten hat. Allgemein muss im Hinblick auf Art. 14 GG die Inanspruchnahme des Hauseigentümers auf schwerste Notlagen, die die zuständige Behörde nicht anders abwenden kann, begrenzt bleiben.[56] Die Wiedereinweisung eines Obdachlosen in die bisherige Wohnung zu Lasten des Eigentümers muss Ausnahme sein und darf insbesondere *„nicht dazu führen, dass die Gemeinden sich dadurch zu Lasten privater Nichtstörer ihrer gesetzlichen Aufgabe aus Art. 57 Abs. 1 (...) BayGO, jederzeit Obdachlosen-Unterkünfte vorzuhalten oder anderweitig Vorsorge für die sofortige Unterbringung obdachloser Personen zu treffen, auf erhebliche Zeiten entziehen können.“*[57] Die Inanspruchnahme privater Räume für die Unterbringung Obdachloser ist für den Eigentümer nur zumutbar, wenn es sich um eine zeitlich begrenzte Übergangs- und Notlösung handelt. Die Behörde darf hierauf nur so lange zurückgreifen, wie es *„unvermeidbar notwendig ist, um für die obdachlose Person irgendeine – sei es auch nur wiederum vorübergehend – geeignete Unterbringungsmöglichkeit aufzutreiben.“*[58] Hier kann die S auch bei Anwendung aller Anstrengungen der M erst ab dem 19. März eine anderweitige Unterkunft zur Verfügung stellen. Die hier insgesamt zweimonatige Wiedereinweisung ist daher angesichts der für M drohenden Gesundheitsgefahren (gerade noch[59]) gegenüber E als zumutbar und damit als verhältnismäßig i.S.v. Art. 8 Abs. 2 LStVG anzusehen.

Ergebnis

Die Wiedereinweisung der M durch die Ordnungsbehörde ist gegenüber E rechtmäßig.

> **Zum Verständnis:** Nicht gänzlich unvertretbar erscheint es, aufgrund der bestehenden Spannungen zwischen E und M (die letztlich in Kündigung und im ausgefochtenen Rechtsstreit erkennbar sind)

---

[54] Zur Heranziehung des bisherigen Vermieters als Nichtstörer in den sog. Obdachlosenfällen: *BayVGH* BayVBl. 1984, 116 (117); *OVG Münster* OVGE 35, 303 ff.; *Drews/Wacke/Vogel/Martens*, Gefahrenabwehr, S. 336 f.; *Günther/Traumann*, NVwZ 1993, 130 (132 ff.).

[55] Vergleichbare Regelungen: § 5 PolG BW, § 11 ASOG Bln., § 14 OBG Bbg., § 3 PolG Brem., § 4 SOG Hbg., § 4 HSOG, § 15 SOG MV, § 4 NdsSOG, § 15 OBG NW, § 2 POG Rh-Pf., § 2 PolG Saarl., § 3 Abs. 2–4 SächsPolG, § 5 SOG LSA, § 73 Abs. 2 und 3 LVwG SchlH, § 6 OBG Thür.

[56] *Knemeyer*, Allgemeines Polizei- und Ordnungsrecht, Rn. 444. Vgl. auch *Gornig/Jahn*, Sicherheits- und Polizeirecht, S. 203 f.; ebenso *VG München*, Beschl. v. 18. Februar 2004, Az.: M 22 S 03.6249.

[57] *BayVGH* BayVBl. 1984, 116 (117).

[58] *BayVGH* BayVBl. 1984, 116 (117); ebenso *BayVGH* BayVBl. 1991, 114. Vgl. auch: *OVG Münster* OVGE 35, 303 (305); *Günther/Traumann*, NVwZ 1993, 130 (134 f.).

[59] Nach *BayVGH* BayVBl. 1984, 116 (117) und BayVBl. 1991, 114 ist die Wiedereinweisung aus Gründen der Verhältnismäßigkeit auf *äußerstenfalls* zwei Monate zu begrenzen; ebenso *VG München*, Beschl. v. 7. Juni 2002, Az.: M 22 E 02.2582 sowie Beschl. v. 18. Februar 2004, Az.: M 22 S 03.6249. Hier ist aber keine einheitliche Rechtsprechungslinie zu verzeichnen; andere Gerichte sind in der Fristberechnung großzügiger, vgl. die Übersicht bei *Günther/Traumann*, NVwZ 1993, 130 (134 f.).

die Auswahl des E als in Anspruch genommener Nichtstörer als ermessensfehlerhaft anzusehen. Es könnte argumentiert werden, dass M vorrangig bei einem anderen Wohnungseigentümer zwangsweise unterzubringen wäre. Dieser Ansatz wird aber nur ganz sporadisch vertreten. Ein wirklich rechtliches Kriterium, warum gerade ein Unbeteiligter vorrangig vor E herangezogen werden soll, ist – solange es nicht zu Handgreiflichkeiten oder Beleidigungen gekommen ist – nicht auszumachen.[60]

II. Zusatzfrage

1. Rechtsschutz in der Hauptsache

Die Wiedereinweisung stellt für E einen belastenden Verwaltungsakt i. S. v. Art. 35 Satz 1 BayVwVfG bzw. § 35 Satz 1 VwVfG dar. Da in Bayern gemäß Art. 15 Abs. 1 und 2 BayAGVwGO als Ausnahme von § 68 Abs. 1 Satz 2 VwGO das Vorverfahren nunmehr auch im allgemeinen Sicherheitsrecht entbehrlich ist[61], ist statthafter Rechtsbehelf ausschließlich die Anfechtungsklage gem. § 42 Abs. 1 (1. Alt.) VwGO. Die Zulässigkeitsvoraussetzungen sind insofern erfüllt: Der Verwaltungsrechtsweg ergibt sich aus § 40 Abs. 1 Satz 1 VwGO (Streitgegenstand ist die an Art. 7 Abs. 2 LStVG zu messende Frage der Rechtmäßigkeit der Wiedereinweisungsverfügung); die Klagebefugnis gem. § 42 Abs. 2 VwGO folgt aus der Adressatentheorie bzw. auch speziell aus Art. 14 GG. Zur Verhinderung der Bestandskraft muss E auf die Klagefrist gem. § 74 Abs. 1 Satz 2 VwGO achten.

Es ist vorliegend zu berücksichtigen, dass die Wiedereinweisung auf zwei Monate befristet ist. Erfahrungsgemäß ist nicht damit zu rechnen, dass das Verfahren der Anfechtungsklage bis dahin seinen Abschluss finden kann. In Betracht kommt dann eine sog. Fortsetzungsfeststellungsklage, d. h. im Zeitpunkt der Erledigung (Ablauf der Frist am 19. März) muss die (zur Verhinderung des Eintritts der Bestandskraft) bereits erhobene Anfechtungsklage gemäß § 113 Abs. 1 Satz 4 VwGO auf einen Feststellungsantrag umgestellt werden. Das für die Zulässigkeit notwendige Fortsetzungsfeststellungsinteresse ergibt sich vorliegend aus der Wiederholungsgefahr, da E laut Bearbeitervermerk mehreren zahlungsunfähigen Mietern ordnungsgemäß gekündigt hat, mit denen derzeit noch zivilgerichtliche Räumungsstreitigkeiten laufen. Auf die Darstellung der Zulässigkeitsvoraussetzungen der Fortsetzungsfeststellungsklage im Einzelnen wird hier verzichtet.[62]

Passivlegitimiert ist gem. § 78 Abs. 1 Nr. 1 VwGO die Stadt S (s. o. A II 1.). Die Fortsetzungsfeststellungsklage ist aber im Ergebnis unbegründet, weil die Wiedereinweisungsverfügung als rechtmäßig zu beurteilen ist.

Zum Verständnis: Soweit außerhalb Bayerns in Abhängigkeit von der landesrechtlichen Ausgestaltung ein Widerspruchsverfahren vorgeschaltet ist, kann die Erledigung bereits vor Erhebung der Anfechtungsklage eintreten. In diesem Fall kann analog § 113 Abs. 1 Satz 4 VwGO auch direkt Fortsetzungsfeststellungsklage erhoben werden. Sollte im Zeitpunkt der Erledigung das Widerspruchsverfahren noch im Gang sein, wird dies wegen Unstatthaftigkeit eines sog. Fortsetzungsfeststellungswiderspruchs (so die ganz herrschende Ansicht) eingestellt. Der Abschluss eines Widerspruchsverfahrens durch Widerspruchsbescheid ist dann nicht Zulässigkeitsvoraussetzung der Fortsetzungsfeststellungsklage. Zu beachten ist aber in diesem Fall, dass zumindest rechtzeitig Widerspruch erhoben worden sein muss, da auch eine Fortsetzungsfeststellungsklage unzulässig ist, wenn der belastende Verwaltungsakt vor Eintritt der Erledigung bestandskräftig geworden ist.

---

[60] *Gornig/Jahn*, Sicherheits- und Polizeirecht, S. 202. Allgemein zum behördlichen Ermessen bei der Störerauswahl: *BayVGH* BayVBl. 2005, 441 (442).

[61] Vgl. ausführlich hierzu oben *Fall 1*.

[62] S. im Detail oben *Fall 11*.

2. Eilrechtsschutz

Praxisnah wäre für E die Stellung eines Eilantrags.[63] Hier sind die Sonderregelungen des § 80 a VwGO zu beachten. Es handelt sich um einen Fall der Anfechtung eines Verwaltungsakts, der den Adressaten (E) belastet und einen Dritten (M) begünstigt, also um einen Verwaltungsakt mit Doppelwirkung. Für diese Konstellation ist an sich § 80 a Abs. 2 i.V.m. Abs. 3 VwGO vorgesehen. Direkt erfasst diese Regelung aber nur den Fall des Eilrechtsschutzes des Drittbegünstigten (Ziel: Anordnung der sofortigen Vollziehung). Der Fall des vorläufigen Rechtsschutzes des belasteten Adressaten für den Fall, dass die Anfechtung keinen Suspensiveffekt begründet, ist in § 80 a VwGO nicht geregelt. Die Regelungslücke ist so zu schließen, dass der belastete Adressat analog §§ 80 a Abs. 1 Nr. 2 VwGO bei der Behörde die Aussetzung und / oder analog §§ 80 a Abs. 3, 80 Abs. 5 VwGO beim Verwaltungsgericht die Anordnung bzw. (hier) Wiederherstellung der aufschiebenden Wirkung beantragen kann.[64] Die Begründetheit des gerichtlichen Antrags hängt von der Abwägung der widerstreitenden Interessen (Suspensivinteresse des E einerseits, Vollzugsinteresse der Allgemeinheit andererseits) ab. Diese Abwägung geht hier i.E. zu Lasten des E aus, da er in der Hauptsache voraussichtlich unterliegen wird, weil die Wiedereinweisungsverfügung als rechtmäßig zu bewerten ist.

C. Abwandlung 2: Räumungsanspruch gegenüber dem Träger der Sicherheitsbehörde

I. Folgenbeseitigungsanspruch

Möglicherweise kann E von S die Räumung der Wohnung nach den Grundsätzen des sog. Folgenbeseitigungsanspruchs verlangen.[65] Als dogmatische Grundlagen werden vor allem Art. 19 Abs. 4 GG, die Freiheitsgewährung der Grundrechte (Abwehrfunktion), Art. 20 Abs. 3 GG (Gesetzmäßigkeit der Verwaltung) und/oder §§ 12, 862, 1004 BGB analog genannt. Der Folgenbeseitigungsanspruch stellt heute jedenfalls ein allgemein anerkanntes und auch in § 113 Abs. 1 Sätze 2 und 3 VwGO vorausgesetztes Rechtsinstitut des Allgemeinen Verwaltungsrechts dar. Der richterrechtlich entwickelte Folgenbeseitigungsanspruch ist daher heute zumindest gewohnheitsrechtlich anerkannt. Weil über die tatbestandlichen Voraussetzungen weitgehend Einigkeit besteht, kann der Streit über die dogmatische Grundlage für die weitere Begutachtung dahinstehen. Vom Tatbestand verlangt der Folgenbeseitigungsanspruch zunächst einen hoheitlichen Eingriff in ein subjektives Recht des Betroffenen, durch den für diesen ein noch andauernder rechtswidriger und daher nicht zu duldender Zustand entstanden sein muss. Der auf Wiederherstellung des Status quo ante gerichtete Anspruch ist ausgeschlossen, wenn diese Wiederherstellung dem Anspruchsgegner aus tatsächlichen oder rechtlichen Gründen unmöglich und (nach überwiegender, wenngleich nicht unumstrittener Ansicht) die Beseitigung dem Anspruchsgegner bei wertender Betrachtung unzumutbar ist.[66]

1. Verhältnis von Folgenbeseitigungsanspruch und ordnungsrechtlicher Befugnisnorm als Anspruchsgrundlage des Hauseigentümers

Die Einschlägigkeit des Folgenbeseitigungsanspruchs in Konstellationen der vorliegenden Art wird z.T. in Zweifel gezogen, weil die vom Anspruchsteller (hier E) begehrte Rechtsfolge (Räumung der Wohnung) gegenüber einem Dritten (hier M) Eingriffswirkung hat. Wegen des Grundsatzes vom Vorbehalt des Gesetzes (Art. 20 Abs. 3 GG) könne als Anspruchsgrundlage allenfalls auf eine ordnungsrechtliche Befugnisnorm – z.B. auf die ordnungsrechtliche Generalklausel gem. Art. 7 Abs. 2 LStVG – abgestellt werden, sofern diese Befugnisnorm drittschützende Wirkung entfaltet und ein ggf. an sich bestehendes

---

[63] Vgl. auch *OVG Münster* OVGE 35, 303 ff.

[64] *Finkelnburg/Dombert/Külpmann*, Vorläufiger Rechtsschutz, Rn. 1089 ff.

[65] Hierauf abstellend: BGHZ 130, 332 (335); *OVG Münster* DVBl. 1991, 1372; *OLG Köln* NJW 1994, 1012 f.; *Rüfner*, JuS 1997, 309; *Knemeyer*, JuS 1988, 696 ff.; *Günther/Traumann*, NVwZ 1993, 130 (135 f.); *Maurer*, Allgemeines Verwaltungsrecht, § 30 Rn. 12.

[66] Zum Ganzen bereits *Band 1, 2. Aufl. 2005, Fälle 5* und *9*.

behördliches Ermessen zugunsten des Anspruchstellers und zu Lasten des Dritten auf Null reduziert ist.[67] Zwingend ist diese Argumentation allerdings nicht. Denn mit der tatsächlichen und *rechtlichen* Möglichkeit der Folgenbeseitigung existieren im Tatbestand des Folgenbeseitigungsanspruchs selbst eingrenzende Voraussetzungen, die dem besonderen Umstand der Drittbetroffenheit (hier der M) Rechnung zollen, sodass hierüber die Einschlägigkeit einer Eingriffsbefugnis zum Tatbestandsmerkmal des Folgenbeseitigungsanspruchs wird.[68]

> **Zum Aufbau:** Beide Ansätze unterscheiden sich damit nicht wesentlich voneinander. Für die Ansicht, die von vornherein auf die ordnungsrechtliche Generalklausel des Art. 7 Abs. 2 Nr. 3 LStVG als Anspruchsgrundlage des E auf Räumung der Wohnung abstellt, muss zunächst die subjektiv-rechtliche Qualität der ordnungsrechtlichen Generalklausel herausgearbeitet (hierzu oben A I 3.) und nach Feststellung der Tatbestandsmäßigkeit (vgl. unten 4 a)) eruiert werden, ob kraft Ermessensreduzierung ein strikter Einschreitensanspruch besteht (vgl. unten 4 b)). Stellt man – wie hier – zunächst auf den allgemeinen Folgenbeseitigungsanspruch ab, so braucht dessen subjektiv-rechtliche Qualität nicht noch einmal besonders hervorgehoben zu werden, allerdings muss unter dem Tatbestandsmerkmal „Möglichkeit der Folgenbeseitigung" untersucht werden, ob eine behördliche Eingriffsbefugnis gegenüber M besteht und ob sich das nach der einschlägigen Befugnisnorm an sich eröffnete Ermessen zugunsten des E reduziert hat (im einzelnen unten 4.).

2. Positive Tatbestandsvoraussetzungen des Folgenbeseitigungsanspruchs

Die Wiedereinweisungsverfügung greift in das durch Art. 14 Abs. 1 GG geschützte Eigentumsrecht des E ein. Ein hoheitlicher Eingriff in ein subjektives Recht des Anspruchstellers ist damit zu bejahen. Hierdurch muss für E ein rechtswidriger Zustand geschaffen worden sein. Entscheidend ist zunächst, ob das Verweilen der M in der Wohnung über den 19. März hinaus als Zustand zu bewerten ist, der noch als relevante Folge des behördlichen Handelns angesehen werden kann. Problematisch ist im vorliegenden Fall, dass die behördliche Maßnahme gerade nicht auf das Verbleiben der M über den 19. März hinaus gerichtet war. Der nunmehr von E monierte rechtswidrige Zustand, der unmittelbar aus dem Verhalten der M resultiert, könnte als bloß mittelbare Folge behördlichen Handelns der Stadt S womöglich nicht zugerechnet werden.[69] Hier bedarf es hinsichtlich der Zurechnungsfrage einer besonderen Bewertung. An sich wird beim Folgenbeseitigungsanspruch der Zurechnungszusammenhang als unterbrochen angesehen, wenn eine Folge unmittelbar auf einem eigenständigen Willensentschluss eines Dritten (oder gar des Betroffenen selbst) beruht.[70] Andererseits ist zu berücksichtigen, dass die Behörde im Fall der Wiedereinweisung die Verfügungsgewalt über die Wohnung erhält, diese also für eigene Zwecke beschlagnahmt.[71] Hierdurch wird einerseits ein verwahrungsähnliches öffentlich-rechtliches Rechtsverhältnis zwischen Behörde und Eigentümer[72] und andererseits ein besonderes Rechtsverhältnis zwischen Behörde und Eingewiesenem begründet. Unabhängig von der rein dogmatischen Frage, ob der Eingewiesene im zivilrechtlichen Sinne nur Besitzdiener der Behörde oder aber selbst unmittelbarer Besitzer ist, sind die besonderen öffentlich-rechtlichen Beziehungen nicht mit dem Ablauf der Wiedereinweisungsfrist sofort beendet, sodass die Behörde auch für Folgefragen in besonderer Verantwortung steht. Außerdem realisiert sich in derartigen Fallgestaltungen ein ganz typisches Risiko. Denn wenn zur Vermeidung von Obdachlosigkeit der gekündigte Mieter wieder in seine bisherige Wohnung eingewiesen wird, mag dieser sich zu einem weiteren Verweilen über die eingeräumte Frist hinaus verleitet sehen, in der Hoffnung, dass dies weiterhin geduldet werde. Schon dies genügt, um der Behörde auch den über den 19. März andauernden Zustand zuzurechnen.[73] Für dieses Ergebnis spricht im vorliegenden Fall

---

[67] So z.B.: *VGH Mannheim* NVwZ 1987, 1101; *Drews/Wacke/Vogel/Martens*, Gefahrenabwehr, S. 340. Siehe auch die kritische Auseinandersetzung bei *Enders*, Die Verwaltung 1997, 29 (36 ff.).

[68] *Knemeyer*, JuS 1988, 696 (698 f.). Zum Streitstand auch *Ossenbühl*, Staatshaftungsrecht, S. 319 f.

[69] So etwa *OLG Köln* NJW 1994, 1012 (1013). Vgl. auch *Enders*, Die Verwaltung 1997, 29 (34 f.).

[70] Z.B. BVerwGE 69, 366 (370).

[71] *Rüfner*, JuS 1997, 309.

[72] BGHZ 130, 332 (337).

[73] *OVG Münster* DVBl. 1991, 1372.

zudem die Existenz des zivilgerichtlich erstrittenen Räumungstitels, denn ohne die Wiedereinweisungsverfügung wäre die Wohnung im Wege der Zwangsvollstreckung längst geräumt.[74]

Dieser weiterhin andauernde Zustand ist auch als rechtswidrig zu bewerten, denn mit Ablauf der Wiedereinweisungsfrist am 19. März endete auch die für E kraft Wiedereinweisungsverfügung bestehende Duldungspflicht. Bei Loslösung vom historischen Vorbild des engeren Vollzugsfolgenbeseitigungsanspruchs (vgl. § 113 Abs. 1 Satz 2 VwGO) ist im Lichte der geschützten Freiheitsrechte und des Art. 20 Abs. 3 GG für die Einschlägigkeit des Folgenbeseitigungsanspruchs das bloße Erfolgsunrecht (also der jetzt aktuelle rechtswidrige Zustand), nicht aber das Handlungsunrecht entscheidend.[75] Unerheblich ist daher, dass die Wiedereinweisungsverfügung als solche rechtmäßig war. Ist also der Behörde ein nunmehr rechtswidriger Zustand zuzurechnen (s. o.), dann hat sie diesen nach den Vorgaben des Folgenbeseitigungsanspruchs auch dann zu beseitigen, wenn dieser Zustand zunächst in rechtmäßiger Weise herbeigeführt wurde. Die positiven Voraussetzungen des Folgenbeseitigungsanspruchs sind mithin zu bejahen.

3. Ziel des Folgenbeseitigungsanspruchs

Von der Rechtsfolge her geht der Folgenbeseitigungsanspruch auf Wiederherstellung des früheren Zustandes.[76] Die S als Anspruchsgegnerin hat die Beeinträchtigung des Eigentümers E zu beseitigen. Das auf Räumung und Reinigung der Wohnung gerichtete Begehren des E könnte aber über das Ziel des Folgenbeseitigungsanspruchs hinausgehen, weil die Wohnung des E auch vor der Wiedereinweisung der M noch nicht geräumt und gesäubert war. Es kann mit guten Argumenten vorgebracht werden, dass der E nach Ablauf der Wiedereinweisungsfrist genau den früheren Zustand automatisch vorfindet, sodass der Folgenbeseitigungsanspruch von der Rechtsfolge her ins Leere ginge: Er könnte ja nunmehr – wie vor der Wiedereinweisungsverfügung – mit der Vollstreckung aus dem Räumungsurteil beginnen![77] Die Rechtsprechung und die herrschende Literatur verfahren allerdings gegenüber dem Wohnungseigentümer großzügiger: Die Übernahme der ungeräumten Wohnung ist nur erfolgt, weil gerade der Räumungsschuldner dort wohnen bleiben sollte. Auch wenn die Ordnungsbehörde die Räume nicht leer übernommen hat, so war Gegenstand der Inanspruchnahme eine freiwerdende, also für den Obdachlosen verfügbare Wohnung. Demgemäß ist der Folgenbeseitigungsanspruch darauf gerichtet, dem Eigentümer eine verfügbare, durch Dritte ohne weiteres nutzbare Wohnung bereit zu stellen. Folgt man dem, so geht der Anspruch inhaltlich dahin, dass dem E die Wohnung von S geräumt und gereinigt zurückgegeben wird.[78]

4. Möglichkeit der Folgenbeseitigung als einschränkende Voraussetzung

Die vom Anspruchsteller E begehrte Folgenbeseitigung (nach den vorherigen Prüfungspunkten: Überlassung einer geräumten und gereinigten Wohnung) muss der Behörde tatsächlich und rechtlich möglich sein. Stellt sich die Wiederherstellungshandlung gegenüber einem Dritten als ordnungsrechtlicher Eingriff dar, so ist von rechtlicher Möglichkeit der Folgenbeseitigung nur auszugehen, wenn gegenüber dem Dritten eine Eingriffsbefugnis besteht, wobei zudem ein hiernach womöglich eingeräumtes Ermessen an sich (rechtsfehlerfrei) ausgeübt werden muss.

a) Gesetzliche Befugnis zum Eingriff gegenüber M
Mangels spezieller gesetzlicher Grundlagen kann für die Räumung gegenüber M nur die ordnungsrechtliche Generalklausel eine solche Eingriffsbefugnis (Art. 7 Abs. 2 LStVG) eröffnen.[79] Dabei mag vertretbar auf Art. 7 Abs. 2 Nrn. 1 und 2 LStVG abgestellt werden, sofern im bloßen Verbleiben der M in der

---

[74] *VGH Mannheim* NJW 1990, 2770 (2771).

[75] BVerwGE 82, 76 (95); BGHZ 130, 332 (335). Vgl. *Ossenbühl*, Staatshaftungsrecht, S. 312 f.

[76] Z. B. BGHZ 130, 332 (335).

[77] Vgl.: *OVG Münster* MDR 1957, 188; *OLG Köln* NJW 1994, 1012 (1013); *Masing*, DÖV 1999, 573 (576 f.).

[78] BGHZ 130, 332 (337); *OVG Münster* DVBl. 1991, 1372; *Bettermann*, MDR 1957, 130 ff.; *Knemeyer*, JuS 1988, 696 (698).

[79] BGHZ 130, 332 (335); *VGH Mannheim* NJW 1990, 2770 (2771).

bisherigen Wohnung ein Hausfriedensbruch gem. § 123 StGB gesehen wird.[80] Jedenfalls kann (zumindest ergänzend) auch auf Art. 7 Abs. 2 Nr. 3 LStVG abgestellt werden. Insofern ist hier das Eigentum des E resp. das Nutzungsrecht an der Wohnung betroffen. Das besondere Interesse an dessen Erhaltung ergibt sich aus der besonderen Verantwortung der Behörde gegenüber dem vorher als Nichtverantwortlichen (Art. 9 Abs. 3 LStVG) in Anspruch genommenen E, der aus Gründen des Übermaßverbots nur zeitlich befristet und nur so lange den Rückgriff auf sein durch Art. 14 GG geschütztes Eigentum dulden muss, als keine andere Möglichkeit der Beseitigung der Obdachlosigkeit besteht. Um der Verantwortung aus dem Übermaßverbot des Art. 8 Abs. 2 LStVG gegenüber E gerecht zu werden, trägt die Behörde daher auch eine besondere Folgenverantwortung, wenn die Wiedereinweisungsfrist abgelaufen ist und eine weitere Inanspruchnahme der Wohnung zur Beseitigung der Obdachlosigkeit (insbesondere bei anderweitiger Unterbringungsmöglichkeit) nicht mehr mit Art. 8 LStVG vereinbar wäre. Insofern kann auch der Rechtsgedanke aus Art. 8 Abs. 3 LStVG argumentativ herangezogen werden. Es ist daher von einer relevanten Störung, nämlich einer Verletzung eines Sachwerts des E, dessen Erhaltung im öffentlichen Interesse geboten erscheint, auszugehen. Eine Räumung der Wohnung würde diese Störung beseitigen. Der Tatbestand des Art. 7 Abs. 2 Nr. 3 LStVG ist erfüllt. M kann als Verhaltensverantwortliche nach Art. 9 Abs. 1 LStVG herangezogen werden.

Der Rekurs auf die Befugnisnorm des Art. 7 Abs. 2 LStVG im Verhältnis zu M könnte aber an der Sperrwirkung des Art. 7 Abs. 4 LStVG scheitern. Dies kommt hier in Betracht, weil die zwangsweise Wohnungsräumung (als Folgenbeseitigungsmaßnahme zugunsten des E) in Rechte der M aus Art. 13 GG eingreifen könnte.[81] Allerdings wird überwiegend für die Trägerschaft des Grundrechts verlangt, dass der Betroffene rechtmäßiger Inhaber der Wohnung ist[82], was etwa bei illegalen Hausbesetzungen zu verneinen ist. Allerdings wird z. T. dem gekündigten Mieter ein fortwirkender Schutz aus Art. 13 GG zugebilligt.[83] Zieht man hieraus den allgemeinen Grundsatz, dass der Schutz des Mieters aus Art. 13 GG ganz pauschal erst mit dem Auszug aus der Wohnung endet[84], wäre hier der Rückgriff auf die Befugnisnorm des Art. 7 Abs. 2 LStVG wegen Art. 7 Abs. 4 LStVG ausgeschlossen. Allerdings wäre zu bedenken, dass sich die vorliegende Fallgestaltung, in der die M nur noch aufgrund der befristeten Wiedereinweisung ein vorübergehendes Nutzungsrecht erhalten soll, von den herkömmlichen Konstellationen des Weiterwohnens nach Ablauf des Mietverhältnisses unterscheidet. Gegen M ist bereits ein rechtskräftiges, an sich vollstreckbares Räumungsurteil ergangen; durch die Befristung in der Wiedereinweisungsverfügung wird – gerade auch unter Berücksichtigung der besonderen Belastungen für den E – von vornherein klargestellt, dass mit Ablauf des 19. März jede weitere Nutzungsberechtigung der M enden soll. In dieser Situation kann sich M mit Ablauf dieser Frist nicht mehr auf Art. 13 GG berufen. Eine verfügte Ausweisung aus der Wohnung durch S ist dann nur noch an Art. 2 Abs. 1 GG, nicht aber am Spezialgrundrecht des Art. 13 GG zu messen. Die Sperrwirkung des Art. 7 Abs. 4 LStVG greift nicht. Der Rekurs auf Art. 7 Abs. 2 LStVG als Befugnisnorm bleibt offen.

b) Ermessen/Ermessensreduzierung

Für die städtische Behörde bestehen damit zunächst die tatbestandlichen Möglichkeiten, um gegen M vorzugehen und zugunsten des E den früheren Zustand wiederherzustellen. Allerdings ist das Ordnungsrecht und insbesondere die ordnungsrechtliche Generalklausel durch das Opportunitätsprinzip geprägt. Art. 7 Abs. 2 LStVG eröffnet der Behörde Ermessen, das die Behörde auch grundsätzlich gegenüber M auszuüben hat, um sich mit Blick auf Art. 40 BayVwVfG nicht eine sog. Ermessensunterschreitung (Ermessensnichtgebrauch) vorwerfen zu lassen. Insofern wäre auch ein Folgenbeseitigungsanspruch des E, der aufgrund der Eingriffswirkungen gegenüber M über die Befugnisnorm des Art. 7 Abs. 2 LStVG umzusetzen wäre, grundsätzlich nur ein Anspruch auf ermessensfehlerfreie Entscheidung, weil sich über den Folgenbeseitigungsanspruch an sich nicht mehr ergeben kann als über die Befugnisnorm des Art. 7

---

[80] *VGH Mannheim* NVwZ 1987, 1101; *Drews/Wacke/Vogel/Martens*, Gefahrenabwehr, S. 340. A. A.: *Günther/Traumann*, NVwZ 1993, 130 (136), m. w. N.

[81] Hierzu *Detterbeck*, Jura 1990, 38 (42).

[82] *Papier*, in: Maunz/Dürig u. a., GG, Art. 13 Rn. 12.

[83] *Gornig*, in: v. Mangoldt/Klein/Starck (Hrsg.), Das Bonner Grundgesetz, Bd. 1, 5. Aufl. 2005, Art. 13 Abs. 1 Rn. 32; *Kunig*, in: v. Münch-Kunig, Grundgesetz-Kommentar, Bd. 1, 5. Aufl. 2000, Art. 13 Rn. 13.

[84] In diese Richtung: *Gornig*, in: v. Mangoldt/Klein/Starck (Hrsg.), Das Bonner GG, Bd. 1, Art. 13 Abs. 1 Rn. 32.

Abs. 2 LStVG. Etwas anderes gilt jedoch im Falle einer Ermessensreduzierung zugunsten des E. Insofern ist zu bedenken, dass der Stadt S der jetzt rechtswidrige Zustand zuzurechnen ist und sie deshalb für dessen Beseitigung besonders verantwortlich ist. Wegen dieser besonderen Verantwortung für den rechtswidrigen Zustand erscheint jede andere Entscheidung außer der Entscheidung für die Wiederherstellung des früheren Zustandes als ermessensfehlerhaft. Unter dem Gesichtspunkt der sog. *Folgenbeseitigungslast* ist daher von Ermessensreduzierung zugunsten des E auszugehen.[85] Die Folgenbeseitigung ist daher der S – gerade auch unter Berücksichtigung des Art. 7 Abs. 2 LStVG – rechtlich möglich. Der Tatbestand des Folgenbeseitigungsanspruchs ist erfüllt.

Ergebnis: E hat gegen S einen Anspruch auf Räumung und Reinigung der Wohnung unter dem Gesichtspunkt des Folgenbeseitigungsanspruchs. Zum gleichen Ergebnis kommt man, wenn anstelle des Folgenbeseitigungsanspruchs unmittelbar auf die ordnungsrechtliche Generalklausel als Anspruchsgrundlage abgestellt wird.[86]

II. Prozessuale Geltendmachung

1. Allgemeine Leistungsklage oder Verpflichtungsklage in der Hauptsache

In der Hauptsache geht es vom Streitgegenstand her um die Frage, ob die S unter dem Gesichtspunkt des öffentlich-rechtlichen Folgenbeseitigungsanspruchs i.V.m. Art. 7 Abs. 2 LStVG gegenüber E verpflichtet ist, für eine ordnungsgemäße Rückgabe der Wohnung zu sorgen. Weil der Folgenbeseitigungsanspruch öffentlich-rechtlicher Natur ist, handelt es sich um eine öffentlich-rechtliche Streitigkeit. Mangels spezialgesetzlicher Sonderzuweisung und mangels verfassungsrechtlicher Natur des Streitverhältnisses ist gem. § 40 Abs. 1 Satz 1 VwGO der Verwaltungsrechtsweg eröffnet.[87] Stellt man darauf ab, dass das Klageziel letztlich nur durch Erlass einer Räumungsverfügung gegenüber M zu realisieren ist, könnte als statthafte Klageart auf die Verpflichtungsklage nach § 42 Abs. 1 (2. Alt.) VwGO abgestellt werden. Vom Blickwinkel des Eigentümers E kommt es aber letztlich nicht darauf an, auf welchem Weg die Stadt S Räumung und Reinigung durchsetzt. Sein Klageziel ist nur auf Verurteilung zur Räumung und Reinigung (auf welchem Weg auch immer), also auf ein faktisches Handeln ausgerichtet. Richtige Klageart ist dann die in der VwGO nicht ausdrücklich als statthafte Klageart genannte, aber in einigen Vorschriften vorausgesetzte (§§ 43 Abs. 2, 111, 113 Abs. 4, 191 Abs. 1 VwGO) allgemeine Leistungsklage, deren Statthaftigkeit letztlich Konsequenz aus Art. 19 Abs. 4 GG und § 40 Abs. 1 Satz 1 VwGO ist.[88] Die analog § 42 Abs. 2 VwGO erforderliche Klagebefugnis folgt aus Art. 14 GG (Inanspruchnahme von Eigentum des E) bzw. aus der möglichen Inhaberschaft eines öffentlich-rechtlichen Folgenbeseitigungsanspruchs. Klagefristen sind nicht einzuhalten (Verwirkungsgrenze). Ein Widerspruchsverfahren ist entbehrlich.

2. § 123 Abs. 1 Satz 2 VwGO (Antrag auf Erlass einer Regelungsanordnung) als Eilrechtsbehelf

Da sich die Hauptsache über viele Monate erstrecken kann, verbleibt für E die Möglichkeit eines Eilrechtsbehelfs gemäß § 123 VwGO.[89] In der Sache handelt es sich ebenso wie im Ausgangsfall um eine Regelungsanordnung[90] (a. A. – Sicherung der Rechte aus Art. 14 GG durch Folgenbeseitigung – vertretbar). Auf Ebene der Begründetheit ist nicht allein ausschlaggebend, dass wegen der Einschlägigkeit des Folgenbeseitigungsanspruchs die Erfolgsaussichten in der Hauptsache für E als günstig zu prognostizieren sind (s. o.). Zu problematisieren ist zudem, dass schon der Antrag nach § 123 VwGO das Ziel hat,

[85] BGHZ 130, 332 (335 f.); *OVG Berlin* NVwZ 1992, 501 (502); *VGH Mannheim* NJW 1990, 2770 (2771); *Rüfner*, JuS 1997, 309; ebenso – unter Abstellen auf die ordnungsrechtliche Generalklausel als Anspruchsgrundlage: *VGH Mannheim* NVwZ 1987, 1101; *Drews/Wacke/Vogel/Martens*, Gefahrenabwehr, S. 340. Krit. hingegen: *Masing*, DÖV 1999, 573 (576).

[86] Vgl. *VGH Mannheim* NVwZ 1987, 1101.

[87] *BVerwG* NVwZ 1983, 472; *VGH Kassel* NVwZ 1982, 565.

[88] Generell zur allgemeinen Leistungsklage: *Band 1, 2. Aufl. 2005, Fälle 5, 7, 12 und 13.*

[89] Vgl.: BGHZ 130, 332 (338 f.); *OVG Berlin* NVwZ 1992, 501 f.; *VGH Mannheim* NVwZ 1987, 1101.

[90] *VGH Mannheim* NVwZ 1987, 1101

die Behörde zu verpflichten, die Wohnung geräumt herauszugeben. Inhaltlich ist hiermit eine Vorwegnahme der Hauptsache verbunden.[91] Dies ist zwar grundsätzlich mit einem Antrag nach § 123 VwGO nicht zu erstreiten, Ausnahmen bestehen im Lichte des Art. 19 Abs. 4 GG und der hieraus abzuleitenden Garantie eines effektiven Rechtsschutzes freilich dann, wenn sich der Streitgegenstand einer lediglich vorläufigen Regelung entzieht, die Vorwegnahme der Hauptsache bei überwiegender Erfolgsaussicht in der Hauptsache aber erforderlich ist, um schwerwiegende Nachteile vom Antragsteller abzuwenden.[92] *„Solche Nachteile sind regelmäßig zu befürchten, wenn nach Beendigung einer Beschlagnahme von Wohnraum zur Beseitigung drohender Obdachlosigkeit oder nach Wegfall ihrer Voraussetzungen die Behörde der sie treffenden Folgenbeseitigungslast nicht unverzüglich Rechnung trägt. Denn dann kommt es zu einer Beeinträchtigung des Eigentums oder der Verfügungsbefugnis des Vermieters über die Räume ohne sachlichen Grund (…).“*[93] Ein auf § 123 VwGO gestützter und auf Räumung und Reinigung der von M belagerten Wohnung gerichteter Eilantrag wäre daher trotz Vorwegnahme der Hauptsache zulässig und begründet.

D. Abwandlung 3: Amtshaftungsanspruch des E bei behördlicher Untätigkeit

E hat womöglich gegen S einen Anspruch auf Ersatz der Räumungs- und Reinigungskosten i. H. v. 1.750,– € nach Amtshaftungsgrundsätzen gem. § 839 BGB i. V. m. Art. 34 GG.[94]

> **Zum Verständnis:** Wie bereits vorher sub C. dargelegt besteht zwischen E und der Stadt S eine öffentlich-rechtliche Sonderbeziehung mit verwahrungsähnlichem Charakter. S greift auf das Eigentum des E zurück, um sozialstaatliche Aufgaben gegenüber M zu erfüllen. Ein Anspruch auf Ersatz der Räumungs- und Reinigungskosten kommt daher ggf. auch nach den Grundsätzen des verwaltungsrechtlichen Schuldverhältnisses i. V. m. den zivilrechtlichen Regelungen des Schuldnerverzugs (nicht rechtzeitige Erfüllung eines Folgenbeseitigungsanspruchs) bzw. den Grundsätzen der positiven Forderungsverletzung in Betracht. Die Aufgabenstellung ist aber hier laut Bearbeitervermerk auf Amtshaftungsansprüche begrenzt. Ansprüche aus verwaltungsrechtlichen Schuldverhältnissen sind noch unten sub E. (Variante 4) zu diskutieren und daher hier aus der Bearbeitung ausgeklammert worden.

I. Hoheitliches Handeln

Im Zusammenlesen von § 839 Abs. 1 BGB und Art. 34 Satz 1 GG knüpft die Amtshaftung an ein hoheitliches Handeln an. Es kommt nicht auf eine im engeren Sinne beamtenrechtliche Stellung des Amtswalters an, ausschlaggebend ist in funktioneller Betrachtung, ob jemand in Ausübung eines ihm anvertrauten öffentlichen Amtes gehandelt hat (sog. Beamter im haftungsrechtlichen Sinn).[95] Als haftungsauslösende Handlung kommt hier sowohl die Wiedereinweisung der M in die bisherige Wohnung als auch das Unterlassen der Räumung nach Ablauf der Wiedereinweisungsfrist in Betracht. Das diesbezügliche Handeln bzw. Unterlassen der Behörde ist öffentlich-rechtlicher Natur, da es sich nach Art. 7 Abs. 2, 9 Abs. 3 LStVG bzw. nach dem öffentlich-rechtlichen Folgenbeseitigungsanspruch (s. o. sub C.) bemisst. Hoheitliches Handeln i. S. v. § 839 BGB, Art. 34 GG ist gegeben.

---

[91] Nach *Schmitt Glaeser/Horn*, Verwaltungsprozessrecht, Rn. 318 ist dieses Problem bereits auf Ebene der Statthaftigkeit der Antragsart zu diskutieren. Ausführlich zur Problematik: *Schoch*, in: ders./Schmidt-Aßmann/ Pietzner (Hrsg.), VwGO, § 123 Rn. 141 ff.

[92] BGHZ 130, 332 (338 f.); *VGH Mannheim* NVwZ 1987, 1101; *Kopp/Schenke*, VwGO, § 123 Rn. 14. Siehe auch *Finkelnburg/Dombert/Külpmann*, Vorläufiger Rechtsschutz, Rn. 174 ff.

[93] *VGH Mannheim* NVwZ 1987, 1101.

[94] Zu dieser Fallgestaltung im Original: BGHZ 130, 332 ff.; hierzu: *Rüfner*, JuS 1997, 309 ff.; *Schmalz*, Staatshaftungsrecht, 2000, Fall 8 (S. 51 ff.); aus kritischer Perspektive *Masing*, DÖV 1999, 573 (578 ff.).

[95] *Maurer*, Allgemeines Verwaltungsrecht, § 26 Rn. 12 ff.; *Ossenbühl*, Staatshaftungsrecht, S. 12 ff.; *Kluth*, in: *Wolff/Bachof/Stober*, Verwaltungsrecht, Bd. 2, § 67 Rn. 13 f.

II. Schuldhafte Verletzung einer dem E gegenüber obliegenden Amtspflicht

1. Verletzung der Amtspflicht zum rechtmäßigen Verwaltungshandeln durch Nichterfüllung des Folgenbeseitigungsanspruchs

Nach Art. 20 Abs. 3 GG ist wichtigste haftungsauslösende Fallgruppe die Verletzung der Amtspflicht zum rechtmäßigen Verwaltungshandeln.[96] Allein die Wiedereinweisung kommt als Amtspflichtverletzung insoweit nicht in Betracht, weil diese – siehe die Prüfung sub B. (Variante 1) – von Art. 7 Abs. 2 Nr. 3, 9 Abs. 3 LStVG abgedeckt und damit als rechtmäßig zu qualifizieren ist. Denkbar ist aber eine Amtspflichtverletzung, weil S nicht für Räumung und Säuberung nach Ablauf der Wiedereinweisungsfrist (19. März) gesorgt, ein diesbezügliches Handeln sogar ausdrücklich gegenüber E abgelehnt hat. Ein Unterlassen ist nur dann amtshaftungsrechtlich relevant, wenn eine Rechtspflicht zum Handeln bestand.[97] Folgt man der oben sub C. (Variante 2) vorgestellten Linie der Rechtsprechung, so ergibt sich die Pflicht der S, die Wohnung räumen und reinigen zu lassen, aus dem öffentlich-rechtlichen Folgenbeseitigungsanspruch des E (bzw. aus der ordnungsrechtlichen Generalklausel des Art. 7 Abs. 2 Nr. 3 LStVG).[98] Die Bediensteten der städtischen Sicherheitsbehörde kamen damit einer öffentlich-rechtlichen Verpflichtung gegenüber E nicht nach und haben damit ihre Amtspflichten verletzt.

> **Zum Verständnis:** Im Originalfall BGHZ 130, 332 (334 ff.) war die Frage nach einem Folgenbeseitigungsanspruch (s. o. sub C.) inzident im Rahmen des geltend gemachten Amtshaftungsanspruchs zu prüfen (verschachtelte Prüfung!).

2. Drittbezogenheit der Amtspflicht gegenüber E

Weil E Inhaber des Folgenbeseitigungsanspruchs (bzw. des Anspruchs auf ordnungsrechtliches Einschreiten gem. Art. 7 Abs. 2 Nr. 3 LStVG) ist, bestand die verletzte Amtspflicht gerade auch ihm gegenüber.

3. Verschulden

Der Anspruch nach § 839 BGB, Art. 34 GG setzt schuldhaftes Handeln des Amtswalters voraus. Von einem pflichtgetreuen Durchschnittsbeamten sind ausreichende Rechtskenntnisse zu erwarten.[99] Insbesondere angesichts der gefestigten Rechtsprechung zur Folgenbeseitigungspflicht der Ordnungsbehörde im Falle der Inanspruchnahme des Wohnungseigentümers als Notstandspflichtigem (Art. 9 Abs. 3 LStVG) ist das Nichthandeln der städtischen Sicherheitsbehörde als sorgfaltswidrig und damit als fahrlässig i. S. v. § 276 Abs. 1 Sätze 1 und 2 BGB zu beurteilen.

III. Kausalität

Zwischen dem Schaden – hier: Räumungs- und Reinigungskosten (im einzelnen unten V.) – und der Amtspflichtverletzung muss ein ursächlicher Zusammenhang im Sinne der Adäquanztheorie bestehen.[100] Wäre die S ihrer Folgenbeseitigungspflicht nachgekommen, wäre E nicht zu eigenem Handeln herausgefordert worden und es wären weder die Räumungs- noch die Reinigungskosten angefallen. Ein hinreichender, adäquater Kausalzusammenhang zwischen geltend gemachtem Schaden und Pflichtverletzung besteht daher.

---

[96] *Ossenbühl*, Staatshaftungsrecht, S. 43; *Kluth*, in: *Wolff/Bachof/Stober*, Verwaltungsrecht, Bd. 2, § 67 Rn. 53.

[97] *OLG Köln* NJW 1994, 1012 f.; *Maurer*, Allgemeines Verwaltungsrecht, § 26 Rn. 22.

[98] BGHZ 130, 332 (334 f.); *Rüfner*, JuS 1997, 309 (310).

[99] Vgl. *Maurer*, Allgemeines Verwaltungsrecht, § 26 Rn. 24 f.; *Kluth*, in: *Wolff/Bachof/Stober*, Verwaltungsrecht, Bd. 2, § 67 Rn. 92. Eingehend zur Verschuldensfrage in der vorliegenden Fallkonstellation auch *Rüfner*, JuS 1997, 309 (310 f.).

[100] *Maurer*, Allgemeines Verwaltungsrecht, § 26 Rn. 26.

IV. Haftungsbeschränkungen

1. Subsidiaritätsklausel, § 839 Abs. 1 Satz 2 BGB

Ein Ersatzanspruch gegenüber M als Vollstreckungsschuldnerin ist jedenfalls wegen Zahlungsunfähigkeit nicht realisierbar. E vermag daher als Geschädigter nicht auf andere Weise Ersatz zu erlangen.[101] Der Amtshaftungsanspruch gegen S scheitert also nicht an § 839 Abs. 1 Satz 2 BGB.

2. Rechtsmittelversäumnis, § 839 Abs. 3 BGB

Gemäß § 839 Abs. 3 BGB darf es E nicht vorsätzlich oder fahrlässig unterlassen haben, den Schaden durch Einlegung eines Rechtsmittels abzuwenden. Insofern stellt sich die Frage, ob E vorzuwerfen ist, dass er auf die verwaltungsgerichtliche Geltendmachung seines Folgenbeseitigungsanspruchs verzichtet und zur Selbsthilfe direkt auf den bereits vorhandenen Räumungstitel zurückgegriffen hat. Hinsichtlich der in der Hauptsache geltend zu machenden allgemeinen Leistungsklage (s. o. sub C II 1.) ist zu bedenken, dass erfahrungsgemäß erst in vielen Monaten mit einem verfahrensabschließenden Urteil zu rechnen ist. Insofern war es für E als Inhaber eines Vollstreckungstitels nicht zumutbar gewesen, so lange abzuwarten, zumal sich sein Schaden wegen Zahlungsunfähigkeit der M wahrscheinlich vergrößert hätte.[102] Allerdings hätte E sein Räumungsziel auch über einen Eilantrag nach § 123 VwGO erreichen können. Immerhin lässt sich eine mittlerweile mehr oder weniger gefestigte Rechtsprechung ausmachen, wonach ein solcher Antrag trotz Vorwegnahme der Hauptsache als erfolgreich zu qualifizieren gewesen wäre (oben C II 2.). In dieser Hinsicht erscheint es durchaus gut vertretbar, den Amtshaftungsanspruch wegen vorwerfbarer Versäumung eines Rechtsmittels nach § 839 Abs. 3 BGB als ausgeschlossen anzusehen.[103] Der *Bundesgerichtshof* judiziert hingegen zugunsten des Wohnungseigentümers großzügiger: Abgesehen von der dem Verfahren nach § 123 VwGO anhaftenden Unsicherheit wegen Vorwegnahme der Hauptsache könne auch von einem sorgfältigen Rechtsanwalt nicht sicher prognostiziert werden, *„innerhalb welchen Zeitraums der Freimachungsanspruch gegen die Beklagte auf dem dargestellten Verwaltungsrechtsweg durchzusetzen und notfalls auch noch zu vollstrecken war.“*[104] Insbesondere wenn bereits ein zivilgerichtlicher Vollstreckungstitel vorhanden ist, sei es dem Betroffenen nicht zuzumuten, zunächst auf den risikoträchtigeren und womöglich wesentlich zeitintensiveren Weg des Antrags nach § 123 VwGO zu setzen. Die naheliegende Vollstreckung aus dem (noch nicht verbrauchten) privatrechtlichen Räumungstitel gegen M diente zudem im Hinblick auf die schnellere Durchsetzbarkeit auch der Schadensminderungsobliegenheit des E (vgl. § 254 Abs. 2 BGB)[105], weil der Schaden des E womöglich um so größer geworden wäre, je länger die zahlungsunfähige M den Wohnraum des E blockiert hätte. Folgt man dem, so ist es dem E nicht vorzuwerfen, dass er seinen Folgenbeseitigungsanspruch nicht zunächst im Verwaltungsrechtsweg resp. im Wege des Eilantrags nach § 123 VwGO geltend gemacht hat. Der Amtshaftungsanspruch entfällt hiernach nicht gemäß § 839 Abs. 3 BGB. Auch eine Verjährung[106] steht nicht zur Debatte.

V. Umfang des Schadensersatzes und Ergebnis

E hat gegen die Stadt S einen Anspruch aus Amtshaftung gemäß § 839 BGB, Art. 34 GG. S hat den Schaden zu ersetzen, der kausal adäquat durch die Amtspflichtverletzung entstanden ist. Weil S den Folgenbeseitigungsanspruch nicht erfüllte, durfte sich E herausgefordert fühlen, selbst zu handeln. In einer solchen Situation erstreckt sich die Schadensersatzpflicht nach § 249 Abs. 1 BGB *„auch auf Aufwen-*

---

[101]   *Ossenbühl*, Staatshaftungsrecht, S. 85 f.

[102]   Vgl. BGHZ 130, 332 (338).

[103]   So, in kritischer Auseinandersetzung mit BGHZ 130, 332 ff. und unter Hervorhebung der kompetenzzuweisenden Funktion des § 839 Abs. 3 BGB: *Masing*, DÖV 1999, 573 (579).

[104]   BGHZ 130, 332 (340).

[105]   BGHZ 130, 332 (340); hierzu auch *Rüfner*, JuS 1997, 309 (311).

[106]   Zur Geltung der §§ 194 ff. BGB n. F. für die Verjährung des Amtshaftungsanspruchs nach der Schuldrechtsreform (früher § 852 BGB a. F.): *Lässig*, NVwZ 2002, 304 ff.; *Kellner*, NVwZ 2002, 395 ff.

dungen des Geschädigten, soweit er sie nach den Umständen des Falles als notwendig ansehen durfte; der Willensentschluss des Geschädigten unterbricht den Zusammenhang nicht, weil er durch das Verhalten des Schädigers veranlasst worden ist (…)."[107] Eine Anspruchsminderung unter dem Aspekt des Vorteilsausgleichs, weil E möglicherweise Räumungskosten gespart hat, die ohne die Wiedereinweisungsverfügung per se angefallen wären, kommt nicht in Betracht. Denn die Räumungskosten wurden dem E schon mit der rechtmäßigen Einweisungsverfügung erspart, nicht aber gerade durch die erst spätere und schadensauslösende Nichterfüllung des Folgenbeseitigungsanspruchs. Im Übrigen wäre es widersprüchlich, den Folgenbeseitigungsanspruch im Ganzen auf Räumung und Reinigung anzuerkennen, den Schadensposten nach Amtshaftungsgrundsätzen im Falle der Selbstabhilfe aber um diese Beträge zu kürzen. Eine Vorteilsausgleichung führte zu einer unverständlichen Entlastung der S als Schuldnerin der Folgenbeseitigung und wäre mit dem Sinn und Zweck der primär bestehenden Folgenbeseitigungspflicht nicht vereinbar.[108] Der Anspruch geht daher dem Umfang nach auf Ersatz der gesamten Räumungs- und Reinigungskosten i.H.v. 1.750,– € (für ein anspruchsminderndes Mitverschulden nach § 254 BGB bestehen keine Anhaltspunkte). Der Anspruch ist vor den ordentlichen Gerichten geltend zu machen, Art. 34 Satz 3 GG, § 40 Abs. 2 VwGO. Sachlich zuständig ist das Landgericht, § 71 Abs. 2 Nr. 2 GVG.

E. Abwandlung 4: Schadensersatz bei unsachgemäßem Gebrauch der Wohnung durch den Wiedereingewiesenen

Ein Ersatzanspruch des E gegen S in Höhe von 1.000,– € wegen Beschädigung des Wohnungsinventars durch unsachgemäßen Gebrauch durch die wiedereingewiesene M scheidet jedenfalls unter dem Aspekt der Amtshaftung (§ 839 BGB i.V.m. Art. 34 GG) aus, weil als Anknüpfungspunkt für eine diesbezügliche Haftung nur die Wiedereinweisungsverfügung in Betracht kommt. Diese ist aber rechtmäßig ergangen (oben Prüfung B.).[109] Eine privatrechtliche Haftung der S nach §§ 823 ff. BGB scheitert an der zwischen E und S bestehenden, durch das Ordnungsrecht geprägten öffentlich-rechtlichen Beziehung. E kann daher allenfalls nach Art. 11 Abs. 1 Satz 1 LStVG i.V.m. Art. 70 Abs. 1 PAG oder analog § 280 BGB n.F. nach den Grundsätzen der positiven Forderungsverletzung (pFV) eines verwaltungsrechtlichen Schuldverhältnisses von S Ersatz verlangen.

I. Anspruch aus verwaltungsrechtlichem Sonderverhältnis

Ein Anspruch auf Ersatz der 1.000,– € ist zunächst wegen schuldhafter Verletzung von Pflichten aus einem verwaltungsrechtlichen Schuldverhältnis denkbar. Ein solcher Anspruch ist zwar nicht ausdrücklich formuliert, wird jedoch in § 40 Abs. 2 Satz 1 VwGO vorausgesetzt und kann letztlich auf eine Analogie zu den schuldrechtlichen Regelungen des BGB über die Haftung bei Leistungsstörungen gestützt werden.[110] Gemäß bisheriger Rechtsprechung und Literatur sind die allgemeinen zivilrechtlichen Grundsätze der positiven Forderungs- oder Vertragsverletzung anzuwenden. Nach der Schuldrechtsreform dürfte der Anspruch nunmehr auf eine analoge Anwendung des § 280 BGB zu stützen sein.[111]

Eine derartige Haftung setzt zunächst das Bestehen einer solchen Sonderbeziehung zwischen S und E voraus. Es muss sich um eine Rechtsbeziehung handeln, die nach Struktur und Gegenstand den bürgerlich-rechtlichen Schuldverhältnissen vergleichbar ist, sodass sich eine Analogie zu den schuldrechtlichen Vorschriften des BGB rechtfertigt.[112] E wird von S zur Erfüllung (sozial-) staatlicher Aufgaben genutzt. Der Sache nach geht es um eine (wenngleich zwangsweise) Besitzübernahme der Wohnung durch S, also

---

[107] BGHZ 130, 332 (334).
[108] BGHZ 130, 332 (341); zustimmend *Rüfner*, JuS 1997, 309 (311).
[109] Vgl. auch *Günther/Traumann*, NVwZ 1993, 130 (136).
[110] Allgemein hierzu: *Maurer*, Allgemeines Verwaltungsrecht, § 29 Rn. 1 ff.; *Ossenbühl*, Staatshaftungsrecht, S. 33 6 ff.; *Kluth*, in: Wolff/Bachof/Stober, Verwaltungsrecht, Bd. 2, § 68 Rn. 1 ff.
[111] Vgl. *Geis*, NVwZ 2002, 385 (390). Die künftige Rechtsprechung ist diesbezüglich im Auge zu behalten!
[112] *Maurer*, Allgemeines Verwaltungsrecht, § 29 Rn. 2.

um eine öffentlich-rechtliche Sonderbeziehung mit verwahrungsähnlichem Charakter.[113] Es handelt sich hierbei um eine anerkannte Fallgruppe eines verwaltungsrechtlichen Schuldverhältnisses, das besondere Obhutspflichten begründet.[114]

S hat vorliegend aber keine eigene schuldhafte Pflichtverletzung begangen. Dass M plötzlich durch vertragswidrigen Gebrauch das Wohnungsinventar beschädigt, war nicht voraussehbar. Allerdings gilt im Rahmen eines verwaltungsrechtlichen Sonderverhältnisses § 278 BGB analog.[115] Entscheidend ist daher, ob sich die S das Verhalten der M als Erfüllungsgehilfin zurechnen lassen muss. Erfüllungsgehilfe in diesem Sinne ist, wer mit Wissen und Willen eines Schuldners in dessen Rechts- und Pflichtenkreis im Zusammenhang mit dem Schuldverhältnis als dessen Hilfsperson agiert, insbesondere bei der Erfüllung der obliegenden Verbindlichkeiten, aber auch hinsichtlich der Beachtung sog. Nebenpflichten (resp. Obhutspflichten).[116]

Für eine Zurechnung über § 278 BGB[117] könnte sprechen, dass auch der Mieter über § 278 BGB gegenüber dem Vermieter für Dritte haftet, denen er die vermietete Sache zum Gebrauch willentlich überlassen hat.[118] S müsste dann dem E aus pVV bzw. pFV des verwaltungsrechtlichen Schuldverhältnisses den Schaden ersetzen, der kausal adäquat durch die schuldhaften Handlungen der M entstanden ist (hier die geltend gemachten 1.000,– €).

Gegen die entsprechende Anwendung des § 278 BGB spricht aber mit der überzeugenden Ansicht des *Bundesgerichtshofs*[119] die mangelnde Vergleichbarkeit zu der vorgenannten Fallgestaltung: Im Falle der Inanspruchnahme einer Wohnung durch die Behörde zwecks Einweisung eines Obdachlosen erhält die Behörde – anders als ein Mieter –

„nicht das Recht, über die Wohnung wie ein Nutzungsberechtigter zu verfügen; die Nutzung der Wohnung durch die von der Behörde eingewiesene Person ist auch nicht gleichzeitig Nutzung der Räume durch die Behörde (...). Die Obdachlosenbehörde beansprucht nicht den Gebrauch für sich und trifft in tatsächlicher Hinsicht auch keine Anstalten zum eigenen Gebrauch oder zum Gebrauch durch einen anderen in ihrem eigenen Interesse. Mithin übergibt sie auch nicht etwa den Gebrauch der Wohnung, statt sie selbst zu nutzen, an den Obdachlosen weiter, sie ‚überlässt' also nicht dem Obdachlosen den Gebrauch in einer einem Untermietverhältnis vergleichbaren Weise. Vielmehr disponiert sie über die Wohnung lediglich dahin, dass sie den Obdachlosen in die Wohnung einweist, d.h. ihm die Wohnung zum Wohnen zur Verfügung stellt und sie dem Eigentümer gegenüber mit der Anordnung, den Eingewiesenen wohnen zu lassen, beschlagnahmt. Diese Disposition der Ordnungsbehörde erschöpft sich also darin, dass sie dem Obdachlosen bzw. dem, dem die Obdachlosigkeit droht, das (Weiter-) Wohnen ermöglicht. Das ist kein (eigener) Gebrauch der Wohnräume, der als Kehrseite eine Verpflichtung der Behörde zum ‚sachgerechten Gebrauch' hätte."

Nach der voranstehenden überzeugenden Argumentation kommt keine Schadensersatzpflicht der S gegenüber E für durch M verursachte „Exzessschäden" aus verwaltungsrechtlichem Schuldverhältnis i.V.m. § 278 BGB analog in Betracht.

II. Anspruch nach Art. 11 Abs. 1 Satz 1 LStVG i.V.m. Art. 70 Abs. 1 PAG

Ein Anspruch auf Ersatz der 1.000,– € kann aber möglicherweise wegen der ordnungsrechtlichen Inanspruchnahme des E als Nichtverantwortlichem mit Art. 11 Abs. 1 Satz 1 LStVG i.V.m. Art. 70 Abs. 1 PAG begründet werden.[120] E ist vorliegend durch eine auf Art. 7 Abs. 2 Nr. 3 LStVG gestützte ordnungs-

---

[113] *BGH* NVwZ 2006, 963 (964); *OLG Hamm* als Vorinstanz zu BGHZ 131, 163 (vgl. dort 164 f.). In diese Richtung auch : BGHZ 130, 332 (337); *Rüfner*, JuS 1997, 309; offen lassend: BGHZ 131, 163 (165).

[114] Siehe im einzelnen *Ossenbühl*, Staatshaftungsrecht, S. 339 ff.; auch *Kluth*, in: Wolff/Bachof/Stober, Verwaltungsrecht, Bd. 2, § 68 Rn. 8; *Geis*, NVwZ 2002, 385 (390).

[115] *Maurer*, Allgemeines Verwaltungsrecht, § 29 Rn. 6.

[116] Vgl. Palandt/*Heinrichs*, Bürgerliches Gesetzbuch, 68. Aufl., 2009, § 278 BGB Rn. 7 und 18.

[117] So i.E. *OLG Hamm* als Vorinstanz zu BGHZ 131, 163 (vgl. dort 165).

[118] Palandt/*Heinrichs*, BGB, § 278 BGB Rn. 18.

[119] *BGH* NVwZ 2006, 963 (964).

[120] Allein hierauf abstellend: BGHZ 131, 163 ff.

behördliche Maßnahme als Nichtverantwortlicher i. S. v. Art. 9 Abs. 3 LStVG (entspricht Art. 10 PAG) in Anspruch genommen worden. Nach Art. 11 Abs. 1 Satz 1 LStVG i. V. m. Art. 70 Abs. 1 PAG hat S daher dem E Entschädigung (vgl. Art. 70 Abs. 7 PAG) zu leisten, sofern der geltend gemachte Schaden durch die sicherheitsrechtliche Maßnahme entstanden ist und E nicht von einem anderen Ersatz zu erlangen vermag.

Fraglich ist vorliegend, ob die Zerstörungshandlungen durch M im unmittelbaren Zusammenhang mit der Einweisungsverfügung durch S stehen oder ob der Zurechnungszusammenhang durch das eigenverantwortliches Handeln der M unterbrochen worden ist. Hier ist zu differenzieren: Entscheidend ist, wie aufgrund der Vorgeschichte das Verhältnis zwischen Vermieter und (bisherigem) Mieter zu bewerten ist.[121] Ist dieses Verhältnis im Großen und Ganzen „in Ordnung", entfällt der erforderliche Zurechnungszusammenhang; Ansprüche des Eigentümers nach Art. 11 Abs. 1 Satz 1 LStVG i. V. m. Art. 70 Abs. 1 PAG entfallen dann.[122] Anders hingegen ist die Situation zu beurteilen, wenn der bisherige Mieter und Eingewiesene sich als zahlungsunfähig oder zahlungsunwillig erwiesen, der Eigentümer deshalb das Mietverhältnis gekündigt, einen Räumungstitel erwirkt, anschließend die Vollstreckung der Räumung in die Wege geleitet hatte und erst durch die im letzten Augenblick ergangene Einweisungsverfügung der Ordnungsbehörde daran gehindert worden ist, die Wohnung frei zu bekommen und den bisherigen Mieter „loszuwerden". In einer solchen Konstellation – gerade im hier zu begutachtenden Fall – besteht aufgrund der zwischen den bisherigen Mietparteien bestehenden Spannungen ein erhöhtes Risiko mutwilliger Beschädigungen. In den eingetretenen Beschädigungen haben sich die durch die behördliche Einweisung begründeten Gefahren ausgewirkt; die Schäden sind bei wertender Betrachtung (Risikozusammenhang) unmittelbare Folgen der Einweisungsverfügung. Der Schaden des E ist im vorliegenden Fall daher infolge der ordnungsrechtlichen Inanspruchnahme entstanden. Zwischen der Wiedereinweisungsverfügung und der Beschädigungshandlung der M besteht ein insofern ausreichender Zurechnungszusammenhang.[123]

Weil M zahlungsunfähig ist, kann E auch nicht anderweitig Ersatz verlangen. M kann daher nach Art. 11 Abs. 1 Satz 1 LStVG i. V. m. Art. 70 Abs. 1 PAG nicht nur eine Nutzungsentschädigung in der ortsüblichen Höhe (praktisch: Mietausfall)[124], sondern auch die hier verlangten Schadensposten i. H. v. 1.000,– € geltend machen. Gemäß Art. 11 Abs. 1 Satz 2 LStVG ist die Stadt S auch Zahlungsschuldner.

> **Zur Vertiefung:** Sowohl Ansprüche wegen schuldhafter Verletzung von Pflichten aus einem (nicht vertraglichen) verwaltungsrechtlichen Sonderverhältnis mit dem Charakter einer öffentlich-rechtlichen Verwahrung als auch Ansprüche aus Art. 11 Abs. 1 Satz 1 LStVG i. V. m. Art. 70 Abs. 1 PAG sind im ordentlichen Rechtsweg geltend zu machen: § 40 Abs. 2 Satz 1 VwGO, Art. 73 Abs. 1 PAG.[125]

Rechtsprechungsvorlagen: BayVGH BayVBl. 2007, 439; *OVG Lüneburg* NVwZ 1992, 502; *VGH Kassel* NVwZ 1992, 503; *OVG Münster* NVwZ 1993, 202; *VGH Mannheim* NVwZ-RR 1996, 439 (Ausgangsfall); *OVG Münster* OVGE 35, 303; *BayVGH* BayVBl. 1984, 116; BayVBl. 1991, 114 (Variante 1); BGHZ 130, 332; *VGH Mannheim* NVwZ 1987, 1101; NJW 1990, 2770; *OVG Berlin* NVwZ 1992, 501; *OVG Münster* DVBl. 1991, 1372; *OLG Köln* NJW 1994, 1012 (Variante 2); BGHZ 130, 332 (Variante 3); BGHZ 131, 163; *BGH* NVwZ 2006, 963 (Variante 4).

Leseempfehlungen: Brugger, Gehalt und Begründung des Folgenbeseitigungsanspruchs, JuS 1999, 625; *Günther/ Traumann*, Aktuelle Rechtsprobleme der Wohnraumbeschlagnahme zur Unterbringung Obdachloser, NVwZ 1993, 130; *Koehl*, Der einstweilige Rechtsschutz im Verwaltungsprozess nach § 80 Abs. 5 und § 123 VwGO – eine pointierte Zusammenstellung der examensrelevanten Probleme unter besonderer Berücksichtigung der Rechtsprechung des BayVGH, BayVBl. 2007, 540; *Rüfner*, Folgenbeseitigungsanspruch bei Wiedereinweisung eines Mieters in seine bisherige Wohnung – BGHZ 130, 332, JuS 1997, 309.

---

[121] Vgl. zusammenfassend *BGH* NVwZ 2006, 963 (964).
[122] *BGH* NVwZ 2006, 963 (964).
[123] BGHZ 131, 163 (166 ff.); *BGH* NVwZ 2006, 963 (964).
[124] Hierzu: *Günther/Traumann*, NVwZ 1993, 130 (135).
[125] Zu § 40 Abs. 2 Satz 1 VwGO: *Kluth*, in: Wolff/Bachof/Stober, Verwaltungsrecht, Bd. 2, § 68 Rn. 24.

Fall 16: Die gewalttätige Gegendemonstration *(Seidel)*

Sachverhalt

Die als rechtsradikal geltende, aber bislang nicht im Verfahren nach Art. 21 Abs. 2 GG i.V.m. §§ 13 Nr. 2, 43 ff. BVerfGG für verboten erklärte R-Partei richtet sich u. a. mit ihrem Parteiprogramm gegen Minderheiten, wie z. B. ausländische Mitbürger. Politische Gegner der linken Szene werden mit scharfer Zunge bekämpft. Der Bundesverband der R-Partei plant eine Parteiveranstaltung für den 5. und 6. Juni. Die Veranstaltung soll in einem privaten Schloss in der bayerischen (kreisfreien) Stadt S stattfinden; die Räumlichkeiten sind bereits angemietet. Für die Veranstaltung werden nur Mitglieder der R-Partei geladen. Konkrete Anhaltspunkte dafür, dass auf dieser Veranstaltung von Teilnehmern irgendwelche Straf- oder sonstige rechtswidrige Taten begangen werden sollen, bestehen nicht.

Die Stadt S erfährt von der Parteiveranstaltung erst am 2. Juni. Durch Verfügung vom 3. Juni, die für sofort vollziehbar erklärt wird, verbietet die städtische Sicherheitsbehörde von S die Veranstaltung. Zur Begründung führt der Bescheid aus: Der Behörde sei eine Gegendemonstration mit ca. 1.000 Teilnehmern angekündigt worden. Die der linken (sog. autonomen) Szene zuzurechnenden Teilnehmer dieser Gegendemonstration seien nach eigener Aussage aus Rache wegen rechtsradikaler Verbrechen gegen Andersdenkende und gegen ausländische Mitbürger zur Gewaltanwendung bereit. Es sei daher mit Sachbeschädigungen im Umfeld der Veranstaltung der R-Partei sowie mit tätlichen Angriffen auf mutmaßliche Teilnehmer zu rechnen. Die Drohungen seien ernst zu nehmen. Bei einer vergleichbaren Veranstaltung in der Stadt T sei es in der vergangenen Woche zu einer Gegendemonstration der linken Szene gekommen, wobei Passanten tätlich angegriffen, Veranstaltungsteilnehmer zum Teil lebensgefährlich verletzt, Ampelanlagen und Straßenschilder beschädigt sowie parkende Kraftfahrzeuge in Brand gesteckt worden seien. Es sei aufgrund gesicherter behördlicher Erkenntnisse zu erwarten, dass sich der Teilnehmerkreis der Gegendemonstration in der letzten Woche mit dem der sich nunmehr ankündigenden Gegenveranstaltung im Wesentlichen decke. Mit ähnlichen Ausschreitungen sei daher zu rechnen. Ein Verbot der Veranstaltung der R-Partei sei daher zum Schutz von Leben und Gesundheit der Menschen in S sowie von erheblichen Sachwerten geboten. Der Bundesverband der R-Partei müsse sich diese Situation zurechnen lassen, weil er durch sein ausländerfeindlich gesinntes Parteiprogramm Protestveranstaltungen unfriedlicher Art geradezu herausfordere. Darüber hinaus stünden nicht genügend Kräfte der Vollzugspolizei zur Verfügung, um für einen störungsfreien Ablauf der Parteiveranstaltung zu sorgen. Die Rechtsbehelfsbelehrung des Bescheids enthält keinen Hinweis auf die Möglichkeit der Fortsetzungsfeststellungsklage.

Der Bundesverband der R-Partei legt zwar noch am 5. Juni einen auf Wiederherstellung der aufschiebenden Wirkung gerichteten Eilrechtsbehelf ein, über den das angerufene Verwaltungsgericht aber nicht mehr rechtzeitig entscheiden kann. Am 3. August desselben Jahres erhebt der Bundesverband der R-Partei beim örtlich zuständigen Verwaltungsgericht Klage gegen die Stadt S, mit dem Antrag festzustellen, dass die Verbotsverfügung der Beklagten vom 3. Juni rechtswidrig war und Rechte der R-Partei verletzte.

Vermerk für die Bearbeiter: In einem Gutachten sind die Erfolgsaussichten der verwaltungsgerichtlichen Klage zu beurteilen! Dabei ist auf alle aufgeworfenen Rechtsfragen einzugehen! Gehen Sie dabei davon aus, dass der Vortrag der S hinsichtlich der zu befürchtenden Gegendemonstration und hinsichtlich der insofern befürchteten Ausschreitungen auf gesicherte Erkenntnisse gestützt werden kann. S kann zudem nachweisen, dass die Polizeikräfte, die in der näheren Umgebung stationiert sind, am 5. und 6. Juni bereits anderweitig eingesetzt sind und dass ein Einsatz sonstiger Polizeikräfte des Freistaats Bayern bzw. ein Anfordern von Polizeikräften anderer Bundesländer bzw. des Bundesgrenzschutzes in der kurzen Zeit bis zur geplanten Veranstaltung nicht möglich war. Es ist zu unterstellen, dass aufgrund der Zeitknappheit eine vorherige Anhörung der R-Partei bzw. deren Bundesverbandes gem. Art. 28 Abs. 2 Nr. 1 BayVwVfG entbehrlich war.

Lösung

Die Klage hat Aussicht auf Erfolg, wenn sie zulässig und begründet ist.

A. Zulässigkeit

I. Verwaltungsrechtsweg, § 40 Abs. 1 VwGO

Da eine besondere Rechtswegzuweisung – etwa nach § 23 EGGVG – nicht zur Debatte steht, richtet sich der Verwaltungsrechtsweg nach § 40 Abs. 1 VwGO. Streitgegenstand der Klage ist die Frage der Rechtmäßigkeit des hier gegenüber dem Bundesverband der R-Partei ausgesprochenen Versammlungsverbots. Streitentscheidend sind insofern Normen der Versammlungsgesetze (insbesondere Art. 12 BayVersG = § 5 VersammlG des Bundes) oder aber des allgemeinen Sicherheitsrechts (insbesondere Art. 6, 7 Abs. 2, 9 LStVG). Diese Normen berechtigen und verpflichten typischerweise Hoheitsträger (modifizierte Subjektstheorie = Zuordnungs- oder Sonderrechtstheorie) bzw. konturieren ein Über- und Unterordnungsverhältnis zwischen Staat und Bürger (Subordinationstheorie).[1] Es ist daher von einer öffentlich-rechtlichen Streitigkeit auszugehen. Obwohl ein Eingriff in Rechte der R-Partei in Art. 8 GG Diskussionsgegenstand ist, handelt es sich mangels doppelter Verfassungsunmittelbarkeit nicht um eine verfassungsrechtliche Streitigkeit. Der Verwaltungsrechtsweg ist gem. § 40 Abs. 1 Satz 1 VwGO eröffnet.

II. Statthafte Klageart

Als statthafte Klageart käme zunächst die Anfechtungsklage gem. § 42 Abs. 1 (1. Alt.) VwGO in Betracht. Ein Veranstaltungsverbot ist eine behördliche Maßnahme auf dem Gebiet des öffentlichen Rechts (siehe bereits oben sub I.), zudem handelt es sich um eine Regelung eines Einzelfalles, die gegenüber dem außerhalb des Behördenapparates stehenden Parteiverband Außenwirkung entfaltet. Die Verbotsverfügung ist damit Verwaltungsakt i. S. v. § 35 VwVfG bzw. Art. 35 BayVwVfG. Für die diesbezügliche Kassation stellt die Rechtsordnung an sich die Anfechtungsklage zur Verfügung. Andererseits macht im Zeitpunkt der Klageerhebung eine gerichtliche Aufhebung des Verbotsbescheides keinen Sinn mehr, weil der vorgesehene Termin für die Abhaltung der Parteiveranstaltung bereits abgelaufen ist. Die Verbotsverfügung enthält keine aktuelle Beschwer mehr, sie regelt aktuell nichts mehr und ist daher i. S. v. Art. 43 Abs. 2 BayVwVfG erledigt. Eine Anfechtungsklage ist dann mangels Sachbescheidungsinteresses bzw. mangels Rechtsschutzbedürfnisses unzulässig. In einer solchen Situation kommt als statthafte Klageart die in § 113 Abs. 1 Satz 4 VwGO vorausgesetzte Fortsetzungsfeststellungsklage in Betracht.[2] An sich geht § 113 Abs. 1 Satz 4 VwGO zwar davon aus, dass zunächst – d. h. vor der Erledigung – Anfechtungsklage erhoben wurde, die nunmehr im Wege einer ohne weiteres zulässigen Klageänderung in einen Feststellungsantrag umgestellt werden kann. Allerdings ist auch im Falle der Erledigung vor Klageerhebung analog § 113 Abs. 1 Satz 4 VwGO die sofortige Stellung eines Fortsetzungsfeststellungsantrags statthaft[3] (a. A. vertretbar – dann: allgemeine Feststellungsklage gemäß § 43 VwGO).

---

[1] Zu den einzelnen Theorien zur Abgrenzung zwischen öffentlichem Recht und Privatrecht: *Maurer*, Allgemeines Verwaltungsrecht, § 3 Rn. 10 ff.

[2] *BVerwG* NVwZ 1999, 990 ff.; *OVG Lüneburg* NVwZ 1988, 638 f.; *VGH Mannheim* NVwZ 1987, 237 ff.

[3] S. o. *Fall 11*. Hiervon geht auch *BVerwG* NVwZ 1999, 990 ff. für eine ähnliche Fallkonstellation implizit aus.

III. Klagebefugnis

Im Hinblick auf die nach überwiegender Ansicht analog § 42 Abs. 2 VwGO erforderliche Klagebefugnis könnte auf Art. 8 GG abgestellt werden. Nach Art. 19 Abs. 3 GG gelten die Grundrechte auch für inländische juristische Personen, soweit sie ihrem Wesen nach auf diese anwendbar sind. Da das Abhalten einer Versammlung nicht an die menschliche Existenz als solche geknüpft ist, sondern das von Art. 8 Abs. 1 GG geschützte Selbstbestimmungsrecht über Ort, Zeitpunkt sowie Art und Inhalt einer Versammlung auch von Personenvereinigungen – und zwar auch unabhängig von ihrer Rechtsfähigkeit – wahrgenommen werden kann, fallen auch diese in den persönlichen Schutzbereich des Grundrechts.[4] Da mithin eine Verletzung der R-Partei in ihren Rechten aus Art. 8 Abs. 1 GG nicht von vornherein ausgeschlossen erscheint (Möglichkeitstheorie), ist der Bundesverband nach § 42 Abs. 2 VwGO klagebefugt.[5] Ergänzend kann zudem auf eine denkbare Verletzung der Rechte aus Art. 21 GG abgestellt werden.

IV. Besonderes Feststellungsinteresse

Gemäß § 113 Abs. 1 Satz 4 letzter Halbsatz VwGO muss der Kläger – hier also der Bundesverband der R-Partei – ein berechtigtes Interesse an der begehrten Feststellung (Fortsetzungsfeststellungsinteresse) vorbringen können (typische Fallgruppen: Rehabilitationsinteresse, Präjudizität zur Vorbereitung eines Amtshaftungsprozesses, Wiederholungsgefahr).[6] Unter dem Gesichtspunkt ideeller schützenswerter Belange fasst die Rechtspraxis das sog. Rehabilitationsinteresse. Herkömmlicherweise geht es hierbei um diskriminierende Grundrechtseingriffe, die – etwa aufgrund einer Rufschädigung – auch nach der eigentlichen Erledigung des Verwaltungsakts noch abträgliche Nachwirkungen entfalten.[7] Das Feststellungsinteresse ergibt sich in diesen Fällen daraus, dass eine begehrte Feststellungsentscheidung die fortwirkende Beeinträchtigung zu kompensieren vermag (Wiederherstellung des Ansehens). In dieser Ausrichtung wäre ein Rehabilitationsinteresse wohl zu verneinen: Die Verbotsverfügung wirkt gegenüber der R-Partei nicht diskriminierend, weil es allein wegen einer angekündigten Gegendemonstration ergangen ist.[8] Ein Feststellungsinteresse ideeller Art – sei es, dass man ein solches als Unterfall des Rehabilitationsinteresses, sei es, dass man es als eigenständige Fallgruppe auffasst – kann jedoch aufgrund der Wertungen des Art. 19 Abs. 4 GG darüber hinaus auch mit der Art des Eingriffs, insbesondere mit einer diesbezüglich besonderen Grundrechtsrelevanz begründet werden: Jedenfalls dann, wenn sich die hoheitlich auferlegte Belastung auf eine Zeitspanne beschränkt, in welcher der Betroffene eine gerichtliche Entscheidung praktisch nicht erlangen kann (sich also der belastende Verwaltungsakt innerhalb ganz kurzer Zeit erledigt), muss im Lichte der Garantie eines effektiven Rechtsschutzes (Art. 19 Abs. 4 GG) allein der substantiierte Vortrag einer erheblichen Grundrechtsbetroffenheit für ein Fortsetzungsfeststellungsinteresse genügen. Weiterer Voraussetzungen – wie z. B. eines fortwirkenden Grundrechtseingriffs, einer Herabsetzung des Ansehens in der Öffentlichkeit oder der Statuierung eines Exempels – bedarf es dann nicht.[9]

Im vorliegenden Fall ist Art. 8 Abs. 1 GG von Relevanz. Eine Versammlung ist eine Zusammenkunft mehrerer, die (zur Abgrenzung von der bloßen Ansammlung) einen gemeinsamen geistigen Zweck verfolgen, wobei nach wohl noch überwiegender Ansicht dieser gemeinsame Zweck durch kollektive Meinungs-

---

[4] *BVerwG* NVwZ 1999, 990 (991); BVerfG NVwZ 2009, 441 m.w.N.

[5] So auch *Jahn*, JuS 2001, 172 (174).

[6] Zusammenfassend *BayVGH* BayVBl. 2007, 373; s. auch *Fall 11*.

[7] *BVerwG* DVBl. 1991, 51; BayVBl. 1991, 26; BayVBl. 1992, 596 f.; *BayVGH* BayVBl. 1998, 406; *VGH Mannheim* DVBl. 1991, 60 (62); NVwZ 1990, 378; NVwZ 1998, 761 (762); *Rozek*, JuS 1995, 598 (599).

[8] Offengelassen nach *BVerwG* NVwZ 1999, 990 (992).

[9] BVerfGE 96, 27 (39 ff.); *BVerfG* NVwZ 1999, 290 (291 f.); *BVerwG* NVwZ 1999, 990 (991); vgl. auch *BVerfG* BayVBl. 2005, 463 (464); tendenziell bereits auch *OVG Lüneburg* NVwZ 1988, 638; restriktiver hingegen noch *BayVGH* BayVBl. 1998, 406. S. bereits oben *Fall 11*, A I 4. (dort auch zu weiteren Rechtsprechungsnachweisen).

bildung oder Meinungsäußerung gekennzeichnet sein muss.[10] Während zumeist jede Art der kollektiven Meinungskundgabe und/oder Meinungsbildung zu welchem Thema auch immer als ausreichend angesehen wird, unterstellt eine besonders enge Ansicht in der Literatur Art. 8 GG eine stärkere politische Ausrichtung und sieht nur die Erörterung öffentlicher Angelegenheiten als geschützt an.[11] Eine Parteiveranstaltung für Parteimitglieder unterfällt im Hinblick auf den Zweck politischer Parteien, bei der politischen Willensbildung des Volkes mitzuwirken (Art. 21 Abs. 1 GG), und im Hinblick auf die typischerweise dort erörterten politischen Themen auch dem engsten Versammlungsbegriff. Insbesondere erfasst der sachliche Schutzbereich der Versammlungsfreiheit – über die lediglich öffentliche Versammlungen regelnden Versammlungsgesetze (des Bundes bzw. nunmehr auch des Freistaats Bayern) hinaus (s. u. B II 1.) – auch nichtöffentliche Versammlungen.[12] Auch rechtsradikale Versammlungen unterfallen dem Schutz des Art. 8 GG.[13] Das durch S hoheitlich gegenüber dem Bundesverband der R-Partei auferlegte Veranstaltungsverbot greift in den Schutzbereich des Art. 8 Abs. 1 GG ein. Das vorläufige Rechtsschutzverfahren nach § 80 Abs. 5 VwGO nutzte dem Bundesverband der Partei im vorliegenden Fall nichts. Aufgrund des Grundrechtseingriffs, dessen Rechtmäßigkeit ansonsten nicht gerichtlich überprüfbar wäre, ist daher im Lichte der Garantie des effektiven Rechtsschutzes (Art. 19 Abs. 4 GG) von einem ausreichenden ideellen Fortsetzungsfeststellungsinteresse auszugehen.[14] Ggf. kann auch ergänzend auf eine Wiederholungsgefahr abgestellt werden, mit der Überlegung, dass politische Parteien in regelmäßiger Wiederkehr Parteiveranstaltungen abhalten, die R-Partei also in absehbarer Zeit mit ähnlichen sicherheitsrechtlichen Entscheidungen rechnen muss.[15] Der Sachverhalt verhält sich diesbezüglich allerdings neutral. Ein besonderes Feststellungsinteresse für die hier erhobene Fortsetzungsfeststellungsklage besteht jedenfalls wegen eines sonst nicht effektiv überprüfbaren Eingriffs in das Recht der Versammlungsfreiheit aus Art. 8 GG.

> **Zur Vertiefung:** Zur Begründung des Feststellungsinteresses wegen Wiederholungsgefahr im Falle eines Versammlungsverbots geht der *Bayerische Verwaltungsgerichtshof* nunmehr von folgender Einschränkung aus: *„Ein berechtigtes Interesse an der nachträglichen Feststellung der Rechtswidrigkeit eines Versammlungsverbots kann nicht (mehr) aus einer drohenden Wiederholungsgefahr abgeleitet werden, wenn die zuständige Behörde verbindlich erklärt hat, an der dem Verbot zu Grunde liegenden tragenden Argumentation bzw. Rechtsauffassung zukünftig nicht mehr festzuhalten."*[16]

V. Widerspruchsverfahren

Da in Bayern gemäß Art. 15 Abs. 1 und 2 BayAGVwGO als Ausnahme von § 68 Abs. 1 Satz 2 VwGO das Vorverfahren nunmehr auch im allgemeinen Sicherheitsrecht sowie im Versammlungsrecht entbehrlich ist[17], ist schon aus diesem Grund ein Widerspruchsverfahren nicht erforderlich. Auf die Streitfragen, ob ein sog. Fortsetzungsfeststellungswiderspruch statthaft ist und deshalb ein erfolgloses Widerspruchsverfahren Sachurteilsvoraussetzung für eine Fortsetzungsfeststellungsklage in der Situation der Erledigung vor Klageerhebung ist (nach überwiegender Ansicht sind beide Fragen mit „Nein" zu beantworten), kommt es daher nicht an.

---

[10] BVerwGE 82, 34 (39); *BVerwG* NVwZ 2007, 1431 (1432); *OVG Weimar* NVwZ-RR 1998, 497 (498); *Kutscha*, NVwZ 2008, 1210; vgl. nunmehr Art. 2 Abs. 1 BayVersG, hierzu auch *Scheidler*, BayVBl. 2009, 33 (34) sowie *Heidebach/Unger*, DVBl. 2009, 283 (284). Großzügiger hingegen *Pieroth/Schlink*, Grundrechte, Staatsrecht II, 23. Aufl. 2007, Rn. 693 f. sowie *Gusy*, in: v. Mangoldt/Klein/Starck, Das Bonner Grundgesetz, Bd. 1, 5. Aufl. 2005, Art. 8 Rn. 18, die Art. 8 Abs. 1 GG als Garantie der Persönlichkeitsentfaltung in Gruppenform auffassen und damit auf das kommunikative Element verzichten. Zum Meinungsstreit: *Bredt*, NVwZ 2007, 1358 ff.; *Enders*, Jura 2003, 34 (35 f.).

[11] *VGH Mannheim* NVwZ-RR 1995, 271 f.; NVwZ 1998, 761 (763).

[12] *BVerwG* NVwZ 1999, 990 (991).

[13] *Tölle*, NVwZ 2000, 153.

[14] *BVerwG* NVwZ 1999, 990 (992); zustimmend *Jahn*, JuS 2001, 172 (174 f.). Zum Gebot des nachträglichen Rechtsschutzes, wenn die Ausübung des Grundrechts aus Art. 8 GG durch ein Versammlungsverbot tatsächlich unterbunden oder die Versammlung aufgelöst worden ist: BVerfGE 110, 77 (89); *BayVGH* BayVBl. 2007, 373.

[15] Vgl. *VGH Mannheim* NVwZ 1987, 237.

[16] *BayVGH* BayVBl. 2007, 373 f. – amtlicher Leitsatz.

[17] Vgl. ausführlich hierzu oben *Fall 1*.

VI. Fristen

Inwiefern hinsichtlich der Fortsetzungsfeststellungsklage Klagefristen einzuhalten sind, ist umstritten.[18] Einigkeit besteht jedenfalls insoweit, als im direkten Anwendungsbereich des § 113 Abs. 1 Satz 4 VwGO, also im Fall der Erledigung nach Klageerhebung, die zunächst erhobene Anfechtungsklage unter Wahrung der einschlägigen Fristen gem. §§ 70, 74 VwGO erhoben sein muss. Des Weiteren ist unstreitig, dass im Fall der Erledigung vor Klageerhebung der angegriffene Verwaltungsakt nicht vor seiner Erledigung bestandskräftig geworden sein darf (vgl. im Einzelnen oben *Fall 11*, A I 5). Den Betroffenen trifft also die Obliegenheit, den noch nicht erledigten Verwaltungsakt mit der Anfechtungsklage (je nach landesrechtlicher Vorgabe ggf. vorher mit Widerspruch) rechtzeitig innerhalb der Rechtsmittelfristen zu bekämpfen. Ist die Erledigung nach Verstreichenlassen der (Widerspruchs- bzw.) Klagefrist eingetreten, dann ist auch die Erhebung einer späteren Fortsetzungsfeststellungsklage unzulässig. Im hier zu begutachtenden Fall ist der Verwaltungsakt vom 3. Juni bereits am 6. Juni erledigt. Die Frist gemäß § 74 Abs. 1 Satz 2 VwGO war zu diesem Zeitpunkt noch nicht abgelaufen.

In einer solchen Konstellation ist umstritten, ob § 74 Abs. 1 Satz 2 VwGO analog heranzuziehen ist. Die wohl herrschende Ansicht lehnt dies zu Recht ab[19], weil die Fortsetzungsfeststellungsklage von ihrem Antrag her keine kassatorische Gestaltungs-, sondern eine Feststellungsklage sei, für die die VwGO grundsätzlich keine Fristbindung vorsehe. In Fallgestaltungen, in denen – wie hier – die Erledigung schon vor Ablauf der Widerspruchsfrist eingetreten ist, besteht bis zur Verwirkungsgrenze dann keinerlei Fristbindung. Nach der Gegenansicht[20] müsste die Fortsetzungsfeststellungsklage innerhalb eines Monats nach Bekanntgabe des angegriffenen Verwaltungsakts erhoben worden sein. Die Erhebung der Klage am 3. August käme dann an sich zu spät. Allerdings ist der Kläger (Bundesverband der R-Partei) in der Rechtsbehelfsbelehrung nicht auf die Fortsetzungsfeststellungsklage im Falle der Erledigung hingewiesen worden. Es ist daher insofern eine unvollständige Rechtsbehelfsbelehrung erteilt worden. In diesem Falle ist – jedenfalls auf Basis dieses Meinungsstrangs – § 58 Abs. 2 VwGO anzuwenden, d. h. es gilt dann für die Klageerhebung die Jahresfrist.[21] Damit scheitert auch nach dieser Ansicht die Zulässigkeit der Fortsetzungsfeststellungsklage nicht an einer Verfristung, sodass eine Streitentscheidung dahin stehen kann.

VII. Parteifähigkeit

Die beklagte Stadt S ist gem. § 61 Nr. 1 VwGO als juristische Person (Art. 1 Satz 1, 3 Abs. 1 BayGO) parteifähig. Sie wird im Prozess durch den Oberbürgermeister vertreten (§ 62 Abs. 3 VwGO i.V.m. Art. 34 Abs. 1 Satz 2, 38 Abs. 1 BayGO). Unabhängig von der Frage der Rechtsfähigkeit ist die R-Partei bzw. deren Bundesverband jedenfalls gem. § 3 ParteiG i.V.m. § 61 Nr. 1 VwGO parteifähig. Gem. § 62 Abs. 3 VwGO, § 11 Abs. 3 Satz 2 ParteiG wird die klägerische R-Partei (bzw. deren Bundesverband) im Prozess durch den Parteivorstand vertreten.

Zwischenergebnis: Die Fortsetzungsfeststellungsklage ist zulässig.

B. Begründetheit

Die Fortsetzungsfeststellungsklage ist begründet, wenn sie gegen den richtigen Beklagten gerichtet wird (§ 78 Abs. 1 Nr. 1 VwGO) und wenn das ausgesprochene Veranstaltungsverbot rechtswidrig war sowie Rechte des Bundesverbands der R-Partei verletzte (§ 113 Abs. 1 Sätze 1 und 4 VwGO).

---

[18] Zum Streitstand bereits oben *Fall 11*.
[19] *BVerwG* NVwZ 2000, 63 (64); *BayVGH* BayVBl. 1992, 51 f.
[20] *VGH Mannheim* DVBl. 1998, 835 ff.; *OVG Koblenz* NJW 1982, 1301 (1302); *VG Frankfurt* NVwZ 1988, 381; *Erichsen*, Jura 1989, 49 (51).
[21] *VG Frankfurt a.M.* NVwZ 1988, 381.

I. Passivlegitimation

Nach § 78 Abs. 1 Nr. 1 VwGO muss die R-Partei den Rechtsträger der entscheidenden Behörde verklagen. Weil hier die städtische Sicherheitsbehörde handelte, ist die Stadt S richtige Beklagte.

> **Zur Vertiefung:** Im Originalfall *BayVGH* NVwZ 1999, 990 ff. handelte das Landratsamt (auf Weisung des Bayerischen Staatsministeriums des Innern). In einem solchen Fall ist die Passivlegitimation umstritten mit Blick auf die Frage, ob das nach Art. 37 Abs. 1 Sätze 1 und 2 LKrO janusköpfige Landratsamt als Organ des Landkreises oder des Freistaats Bayern handelt. Bei der Antwort auf die Frage, ob Art. 6 LStVG die Landratsämter als Behörden des Landkreises oder des Freistaats anspricht, wird z. T. danach differenziert, ob es um Gefahrenabwehr im eigenen Wirkungskreis des Landkreises geht oder nicht.[22] Nach einer anderen Ansicht sollen die Landratsämter bei der Gefahrenabwehr nach LStVG stets als staatliche Behörden handeln.[23]

II. Rechtmäßigkeit/Rechtswidrigkeit des Veranstaltungsverbots

Da das Veranstaltungsverbot in Rechte der R-Partei aus Art. 8 Abs. 1 GG eingreift, muss sich diese Verfügung nach dem Grundsatz vom Vorbehalt des Gesetzes (vgl. auch Art. 7 Abs. 1 LStVG) auf eine Ermächtigungsgrundlage (Befugnisnorm) stützen lassen.[24]

1. Rechtsnormen des Versammlungsrechts

Da es nicht um ein Verbot einer Versammlung unter freiem Himmel geht, scheidet Art. 15 BayVersG (vgl. § 15 VersammlG des Bundes) als gesetzliche Grundlage aus.[25] In Betracht kommt aber Art. 12 BayVersG (vgl. § 5 VersammlG des Bundes) (Verbot einer Versammlung in geschlossenen Räumen).[26]

> **Zum Verständnis:** Art. 74 Abs. 1 Nr. 3 GG a. F. regelte für das Versammlungsrecht die konkurrierende Gesetzgebungskompetenz des Bundes. Der Bund hatte mit dem (Bundes-) Versammlungsgesetz (neugefasst durch Bekanntmachung vom 15. 1. 1978, BGBl. I S. 1789, zuletzt geändert durch Art. 2 des Gesetzes vom 8. 12. 2008, BGBl. I S. 2366) von dieser Gesetzgebungskompetenz Gebrauch gemacht. Die konkurrierende Gesetzgebungszuständigkeit des Bundes nach Art. 74 Abs. 1 Nr. 3 GG ist im Rahmen der am 1. 9. 2006 in Kraft getretenen Föderalismusreform aufgehoben worden, sodass das Versammlungsrecht nach der Grundregel des Art. 70 Abs. 1 GG der Gesetzgebungskompetenz der Länder unterfällt. Nach Art. 125 a Abs. 1 Satz 1 GG gilt das (Bundes-) Versammlungsgesetz zunächst als Bundesrecht fort, allerdings kann durch die neue Befugnisverteilung dieses Bundes-„Altrecht" durch Landesrecht ersetzt werden, Art. 125 a Abs. 1 Satz 2 GG. Bayern hat als erstes Bundesland durch den Erlass des Bayerischen Versammlungsgesetzes (BayVersG) vom 22. 7. 2008 (GVBl. 2008, 421) von dieser Regelungsmöglichkeit für öffentliche Versammlungen Gebrauch gemacht. Die Regelungen des BayVersG sind umfassend, sodass im Gebiet des Freistaats Bayern das Versammlungsgesetz des Bundes nicht mehr gilt (Art. 28 Abs. 1 Satz 2 BayVersG); zum Ganzen: *Scheidler*, BayVBl. 2009, 33 ff.; *Heidebach/Unger*, DVBl. 2009, 283 ff.; *Kutscha*, NVwZ 2008, 1210 ff. Mit Eilentscheidung

---

[22] Zum Diskussionsstand: *Gallwas/Wolff*, Bayerisches Polizei- und Sicherheitsrecht, Rn. 118 ff.

[23] *Heckmann*, in: Becker/Heckmann/Kempen/Manssen, Öffentliches Recht in Bayern, 3. Teil, Rn. 481; für Fallgestaltungen der vorliegenden Art auch *Jahn*, JuS 2001, 172 (175, insbes. dort in Fn. 14).

[24] *BVerwG* NVwZ 1999, 990 (992).

[25] *Jahn*, JuS 2001, 172 (175 f.). Zur Anwendung des § 15 VersG unter Berücksichtigung der Wertentscheidungen aus Art. 5 und 8 GG: *BVerfG* BayVBl. 2001, 1054 ff. und 1056 f. Vgl. auch *Scheidler*, BayVBl. 2009, 33 ff.; s. auch *BayVGH* BayVBl. 2008, 109.

[26] Zur Systematik der versammlungsrechtlichen Befugnisse der Behörde: *Knemeyer*, Polizei- und Ordnungsrecht, Rn. 540 ff.; *Heckmann*, in: Becker/Heckmann/Kempen/Manssen, Öffentliches Recht in Bayern, 3. Teil, Rn. 517 ff.; *Tölle*, NVwZ 2000, 153 ff.

vom 17. 2. 2009 hat das *Bundesverfassungsgericht* (NVwZ 2009, 441) bestimmte Bußgeldvorschriften des BayVersG vorläufig außer Kraft gesetzt sowie Befugnisse für polizeiliche Beobachtungs- und Dokumentationsmaßnahmen im Zusammenhang mit Versammlungen einstweilen modifizierend eingeschränkt.

Zur Vertiefung: Zur Zuständigkeit der städtischen Verwaltungsbehörde der kreisfreien Stadt S für Entscheidungen nach Art. 12 BayVersG siehe Art. 24 Abs. 2 BayVersG i. V. m. Art. 9 Abs. 1 BayGO. Versammlungsrechtliche Fallkonstellationen zeichnen sich dadurch aus, dass auf Rechtsanwendungsebene stets Art. 8 GG mit berücksichtigt werden muss. Beispiele aus jüngerer Zeit (durcharbeiten!): *BVerfG* BayVBl. 1998, 562 f. – Antrag auf Wiederherstellung der aufschiebenden Wirkung des Widerspruchs gegen für sofort vollziehbar erklärte Versammlungsauflagen (§ 15 Abs. 1 VersammlG); *BVerfG* BayVBl. 2001, 81 f. – Rechtmäßigkeit eines für sofort vollziehbar erklärten Versammlungsverbots wegen befürchteter Gewalttätigkeit einzelner Teilnehmer bzw. Sympathisanten; BVerfG DVBl. 2006, 368 ff. – Verbot einer rechtsextremistischen Demonstration unter dem Motto „Keine Demonstrationsverbote – Meinungsfreiheit erkämpfen"; *BVerfG* NVwZ 2009, 441 – Eilentscheidung gegen Einzelvorschriften des BayVersG. *BayVGH* BayVBl. 2008, 109 ff. – Verbot einer rechtsextremen Versammlung zum „Gedenken an Rudolf Hess" (Wunsiedel) wegen bevorstehender Straftaten nach § 130 Abs. 4 StGB (sollte zur Examensvorbereitung durchgearbeitet werden!); *OVG Münster* DVBl. 2001, 584 f. – Verbot eines Fackelaufzugs der NPD. S. auch *BayVGH*, BayVBl. 2003, 52 f.; BayVBl. 2006, 185 ff.

Ein versammlungsrechtlicher Klausurfall findet sich z. B. bei *Steinhorst*, JuS 2005, 813 ff.; zur Bekämpfung rechtsextremistischer Versammlungen durch den im Jahr 2005 neu gefassten § 15 Abs. 2 VersG: *Stohrer*, JuS 2006, 15 ff. – vgl. nunmehr in Bayern: Art. 15 Abs. 2 BayVersG; hierzu: *Scheidler*, BayVBl. 2009, 33 (39); *Kutscha*, NVwZ 2008, 1210 (1211).

Zu einer Fallgestaltung, in der ein Ortsverband einer Partei die Überlassung eines gemeindlichen Sitzungssaals fordert: *Aufgabe 6 der Ersten Juristischen Staatsprüfung 2004/2*, BayVBl. 2007, 288 (Text) und 316 ff. (Lösung).

Der sachliche Anwendungsbereich des BayVersG begrenzt sich – wie das Versammlungsgesetz des Bundes – grundsätzlich auf *öffentliche* Versammlungen, Art. 2 Abs. 3 BayVersG. Etwas anderes gilt nur, wenn ausdrücklich etwas anderes geregelt ist, vgl. Art. 7, 8 BayVersG (§§ 3, 21, 28 VersammlG des Bundes). Eine Versammlung ist nur dann öffentlich, wenn sie der Teilnahme durch jedermann offen steht, also einem individuell nicht abgegrenzten Personenkreis zugänglich ist.[27] Im hier zu bearbeitenden Fall waren für die Parteiveranstaltung nur Parteimitglieder geladen. Es handelte sich somit um eine geschlossene, nichtöffentliche Versammlung. Art. 12 BayVersG ist damit jedenfalls nicht direkt anwendbar. Ein Teil der Rechtslehre sucht aufgrund der Überlegung, dass die einfachgesetzlichen Spezialregelungen des Versammlungsrechts auf die Besonderheiten des Art. 8 GG zugeschnitten sind, die Lösung über eine entsprechende Anwendung der Befugnisnormen der Versammlungsgesetze; insofern wäre also als Eingriffsgrundlage auf Art. 12 BayVersG (§ 5 VersammlG des Bundes) analog abzustellen.[28] Hiergegen spricht aber die eindeutige legislative Begrenzung der Versammlungsgesetze auf öffentliche Versammlungen, mit der der Gesetzgeber zu erkennen gegeben hat, dass er nichtöffentliche Versammlungen insbesondere aufgrund der fehlenden Außenwirkung für weniger gefährlich und damit weniger regelungsbedürftig einstuft.[29] Dies verbietet die Annahme einer unbewussten Regelungslücke als Voraussetzung für eine Analogie.[30] Dies gilt insbesondere aufgrund der nunmehr ausdrücklichen Regelung im Bayerischen Versammlungsgesetz, Art. 2 Abs. 3 BayVersG.

---

[27] *BVerwG* NVwZ 1999, 990 (992).

[28] *Messmann*, JuS 2007, 524 (526 f.); *Rühl*, NVwZ 1988, 577 (581); *Drews/Wacke/Vogel/Martens*, Gefahrenabwehr, 1986, S. 176. Offenlassend: *BVerwG* NVwZ 1999, 990 (992).

[29] *Deger*, NVwZ 1999, 265 (268); *Scheidler*, BayVBl. 2009, 33 (35).

[30] *Jahn*, JuS 2001, 172 (175); i. E. auch *Frenz*, JA 2007, 334.

Zur Vertiefung: Allgemein zum Verhältnis zwischen Versammlungsgesetz und dem allgemeinen Polizei- und Sicherheitsrecht[31]: Sofern der personale, sachliche und zeitliche Anwendungsbereich des (Bundes- oder Landes-)Versammlungsgesetzes eröffnet ist, wird das allgemeine Polizei- und Sicherheitsrecht vom spezielleren Versammlungsrecht verdrängt (Polizeifestigkeit des Versammlungsrechts)[32]; im Übrigen kann subsidiär das allgemeine Polizei- und Sicherheitsrecht eingreifen.[33] In sachlicher Hinsicht erfasst das Versammlungsgesetz im Wesentlichen nur öffentliche Versammlungen, sodass für Beschränkungen von nichtöffentlichen Versammlungen – wie gesehen – auf das allgemeine Polizei- und Sicherheitsrecht abgestellt werden kann. Während störende Versammlungsteilnehmer den speziellen Art. 11, 15 Abs. 4 BayVersG, §§ 18 Abs. 3, 19 Abs. 4 VersammlG des Bundes unterfallen, können gegen Störer von Außen polizeiliche Maßnahmen nach allgemeinem Polizeirecht (z. B. Platzverweisung gem. Art. 16 PAG) getroffen werden. In zeitlicher Hinsicht soll das (Bundes- oder Landes-)Versammlungsgesetz nach überwiegender (aber umstrittener) Ansicht nur den Zeitraum zwischen tatsächlicher Zusammenkunft und deren Beendigung erfassen. So kommt z. B. nach Ansicht des *Bundesverfassungsgerichts* nach Auflösung einer Versammlung gemäß § 15 Abs. 3 VersG oder nach versammlungsrechtlich begründetem Ausschluss eines Teilnehmers aus der Versammlung ein Platzverweis nach Polizeirecht in Betracht, an den sich eine Ingewahrsamnahme anschließen kann.[34] Sowohl Vorfeldmaßnahmen (z. B. Kontrolle anreisender Versammlungsteilnehmer, um Ausschreitungen bzw. Straftaten oder Verstöße gegen § 2 Abs. 3 Satz 2 VersammlG bzw. Art. 6, 7 BayVersG zu unterbinden[35]) als auch Maßnahmen nach Beendigung der Versammlung[36] (auch nach behördlicher Auflösung) sollen hiernach unter Rückgriff auf die Befugnisnormen des allgemeinem Polizeirechts möglich sein. Auch Maßnahmen zur Unterbindung der Teilnahme an einer verbotenen Versammlung werden in der Praxis auf allgemeines Polizeirecht gestützt.[37]

Zu einer Fallkonstellation im Grenzbereich zwischen allgemeinem Polizei- und Versammlungsrecht (durcharbeiten!): *VG München* NVwZ 2000, 461 ff. – Feststellungsklage bei Behinderung einer Demonstration durch polizeiliches Musikkorps (lautes Musizieren und Unterbrechung des Sichtkontakts).

2. Art. 7 Abs. 2 LStVG als Befugnisnorm

Es verbleibt damit für behördliche Beschränkungen einer nichtöffentlichen Versammlung nur der Rekurs auf die ordnungsrechtliche Generalklausel[38] des Art. 7 Abs. 2 LStVG als Befugnisnorm.[39]

---

[31] Hierzu auch zusammenfassend: *Messmann*, JuS 2007, 524 ff., *Frenz*, JA 2007, 335 ff.; *Scheidler*, BayVBl. 2009, 33 (35).

[32] Z. B. *VGH Mannheim* NVwZ 1998, 761 (763); *OVG Bremen* NVwZ 1987, 235 ff.; *VG Bremen* NVwZ 1986, 862 ff. – durcharbeiten! S. ferner *Enders*, Jura 2003, 34 (39).

[33] Hierzu: *Heckmann*, in: Becker/Heckmann/Kempen/Manssen, Öffentliches Recht in Bayern, 3. Teil, Rn. 525 ff.; siehe auch *Götz*, Allgemeines Polizei- und Ordnungsrecht, § 17 Rn. 8 ff. sowie *Deger*, NVwZ 1999, 265 ff.

[34] *BVerfG* NVwZ 2005, 80 f. (durcharbeiten!).

[35] Siehe z. B.: *OVG Münster* NVwZ 1982, 46 f. – Durchsuchung von Personen und Sicherstellung von Sachen anlässlich einer Demonstration; *Deger*, NVwZ 1999, 265 (267); *Knemeyer*, Polizei- und Ordnungsrecht, Rn. 173. Hierzu auch die Fallgestaltung bei *Gornig/Jahn*, Sicherheits- und Polizeirecht, Fall 7, S. 91 ff.

[36] Siehe z. B.: *KG* NVwZ 2000, 468 ff. – „Berliner Kessel" (durcharbeiten!); vgl. auch *BVerfG* NVwZ 1999, 290 ff. – Verfassungsmäßigkeit eines Wasserwerfereinsatzes als Zwangsmittel zur Durchsetzung eines Platzverweises nach Versammlungsauflösung.

[37] *BayObLG* NVwZ 2000, 467 f. – Platzverweisung und Ingewahrsamnahme.

[38] Vergleichbare Regelungen: § 3 PolG BW, § 17 Abs. 1 ASOG Bln., § 13 Abs. 1 OBG Bbg., § 10 Abs. 1 PolG Brem., § 3 Abs. 1 SOG Hbg., § 11 HSOG, § 13 SOG MV, § 11 NdsSOG, § 14 Abs. 1 OBG NW, § 9 Abs. 1 POG Rh-Pf, § 8 Abs. 1 PolG Saarl., § 3 Abs. 1 SächsPolG, § 13 SOG LSA, § 174 LVwG SchlH, § 5 Abs. 1 OBG Thür.

[39] Ebenso auf die ordnungsrechtliche Generalklausel abstellend: *BVerwG* NVwZ 1999, 990 ff.; *OVG Lüneburg* NVwZ 1988, 638 f.; *VGH Mannheim* NVwZ 1987, 237 ff.; *VG Frankfurt a.M.* NVwZ 1998, 770; *Götz*, Allgemeines Polizei- und Ordnungsrecht, § 10 Rn. 20; *Deger*, NVwZ 1999, 265 (268).

a) Formelle Rechtmäßigkeit resp. Zuständigkeit der städtischen Sicherheitsbehörde gem. Art. 6 LStVG (Aufgabeneröffnung)

Die Aufgabeneröffnungsnorm des Art. 6 LStVG erfasst allgemein die Abwehr von (abstrakten oder konkreten) Gefahren für die öffentliche Sicherheit und Ordnung. Diese gesetzliche Aufgabe ist gerade auch den Gemeinden und folglich auch der Stadt S zugewiesen (vgl. Art. 3 BayGO). Der Stadt ging es hier um den Schutz von Personen (Gesundheit und Leben) und um die Verhinderung gravierender Sachbeschädigungen. Es liegt daher ein Handeln zwecks Abwehr von Gefahren für Individualrechtsgüter vor, die vom Begriff der öffentlichen Sicherheit mit umfasst werden. Zudem ging es der S um die Verhinderung von Straftaten nach § 303 StGB (Sachbeschädigung) und §§ 223 ff. StGB (Körperverletzung), also auch um den Schutz der Rechtsordnung als Bestandteil des Schutzguts „öffentliche Sicherheit". Der Aufgabenbereich nach § 6 LStVG ist eröffnet. Die Stadt S ist mithin für die Verfügung zuständig gewesen. Da eine Anhörung nach den Vorgaben des Sachverhalts nach Art. 28 Abs. 2 Nr. 1 BayVwVfG entbehrlich war und auch sonst keine Verfahrensfehler ersichtlich sind, ist das ausgesprochene Veranstaltungsverbot formell rechtmäßig ergangen.

b) Materielle Rechtmäßigkeit nach Maßgabe des Art. 7 Abs. 2 LStVG

Zum Verständnis: Bis zum Inkrafttreten der Föderalismusreform, mit der die frühere konkurrierende Gesetzgebungskompetenz des Bundes für das Versammlungsrecht gemäß Art. 74 Abs. 1 Nr. 3 GG a. F. gestrichen wurde, war mit Blick auf die Subsidiaritätsklausel des Art. 72 Abs. 1 GG ein möglicher Ausschluss des Rückgriffs auf Art. 7 Abs. 2 LStVG wegen mangelnder Gesetzgebungskompetenz des Freistaats Bayern zu diskutieren, soweit man das Versammlungsgesetz des Bundes als Normenkomplex mit abschließendem Charakter gewertet hätte.[40] Aufgrund der thematischen Begrenzung des Versammlungsgesetzes des Bundes auf *öffentliche* Versammlungen wurde aber davon ausgegangen, dass der Bundesgesetzgeber keine abschließende Regelung für jegliche Versammlungen hatte schaffen wollen. Insbesondere für *nichtöffentliche* Versammlungen ist daher schon bislang der Rückgriff auf landesrechtliche Grundlagen nicht als ausgeschlossen angesehen worden.[41] Mit der Aufhebung des Art. 74 Abs. 1 Nr. 3 GG haben die Länder nunmehr die Kompetenz zurück erhalten, das Versammlungsgesetz des Bundes durch eigene Regelungen umfassend oder in Teilen zu ersetzen, Art. 70 Abs. 1, Art. 125 a Abs. 1 Sätze 1 und 2 GG. Der Bayerische Landesgesetzgeber hat durch Erlass des BayVersG von dieser Regelungsmöglichkeit für öffentliche Versammlungen bereits umfassend Gebrauch gemacht (s. o.). Aufgrund der Verfassungsänderung stellt sich die Frage, ob Art. 7 Abs. 2 LStVG wegen vorrangiger Gesetzgebungskompetenz des Bundes sowie Art. 31 GG verdrängt wird, heute so nicht mehr.

aa) Kein Ausschluss des Rückgriffs auf Art. 7 Abs. 2 LStVG wegen vorbehaltloser Gewährleistung der Versammlungsfreiheit in geschlossenen Räumen

Der in Art. 8 Abs. 2 GG formulierte Gesetzesvorbehalt bezieht sich nur auf Versammlungen unter freiem Himmel. Es liegt daher der Rückschluss nahe, dass Beschränkungen der Versammlungsfreiheit in geschlossenen Räumen (wie hier) unter keinen Umständen, auch nicht über eine einfachgesetzliche Grundlage, gerechtfertigt werden können. Art. 7 Abs. 2 LStVG würde als gesetzliche Grundlage von vornherein ausscheiden. Anerkanntermaßen können aber auch Eingriffe in sog. vorbehaltlos gewährleistete Grundrechte legitimiert sein. Es bestehen dann aber verschärfte Rechtfertigungsanforderungen. Unter dem Gesichtspunkt der Einheit der Verfassung kann die Beschränkung solcher Grundrechte von verfassungsimmanenten Schranken abgedeckt, also durch kollidierende Verfassungspositionen gerechtfertigt sein.[42] Ein Eingriff in Art. 8 Abs. 1 GG im Falle einer Versammlung in geschlossenen Räumen kann also von der Befugnisnorm des Art. 7 Abs. 2 LStVG gedeckt sein, wenn dies zum Schutz von Grundrechten

---

[40] Allgemein hierzu: *Pieroth*, in: Jarass/Pieroth, GG, 6. Aufl. 2002, Art. 72 Rn. 2.

[41] *BVerwG* NVwZ 1999, 990 (992). Vgl. insofern auch noch die Falllösung zu Fall 16 in der 2. Auflage dieses Bandes.

[42] Am Beispiel der Kollision von Kunstfreiheit (Art. 5 Abs. 3 GG) und allgemeinem Persönlichkeitsrecht (Art. 2 Abs. 1 i. V. m. Art. 1 Abs. 1 GG): BVerfGE 67, 231 (228). Allgemein zu verfassungsimmanenten Schranken: *v. Münch*, in: ders./Kunig (Hrsg.), Grundgesetz-Kommentar, Bd. 1, Vorb. Art. 1–19 Rn. 56 f.

anderer – hier etwa von Leben und körperlicher Unversehrtheit Dritter – oder anderer mit Verfassungsrang ausgestatteter Rechte notwendig ist.[43] Damit ist also der Rückgriff auf Art. 7 Abs. 2 LStVG als
Befugnisnorm nicht wegen vorbehaltloser Gewährleistung der Versammlungsfreiheit in geschlossenen
Räumen gänzlich ausgeschlossen. Bei Auslegung und Anwendung dieser Ermächtigungsgrundlage ist
aber – insbesondere hinsichtlich Fragen der Verantwortlichkeit des Verfügungsadressaten und der Verhältnismäßigkeit – besonderes Augenmerk darauf zu legen, dass die widerstreitenden Verfassungspositionen im Sinne praktischer Konkordanz[44] in Ausgleich gebracht werden.

bb) Kein Ausschluss des Rückgriffs auf Art. 7 Abs. 2 LStVG im Falle eines Eingriffs in Art. 8 GG wegen des Zitiergebots, Art. 19 Abs. 1 Satz 2 GG, Art. 58 LStVG

Möglicherweise kann Art. 7 Abs. 2 LStVG unabhängig von der Einschlägigkeit der einzelnen Tatbestandsmerkmale von vornherein schon deshalb nicht als Befugnisnorm im vorliegenden Fall herangezogen werden, weil Art. 58 LStVG den Art. 8 GG nicht als durch das LStVG einschränkbares Grundrecht
nennt.[45] Insofern könnte ein Eingriff den verfassungsrechtlichen Vorgaben des Zitiergebots aus Art. 19
Abs. 1 Satz 2 GG widersprechen. Allerdings ist zu bedenken, dass das Zitiergebot nur bei Grundrechten
gilt, die unter ausdrücklichem Gesetzesvorbehalt stehen. Das Zitiergebot gilt hingegen nicht für Grundrechte, die vorbehaltlos gewährleistet werden, aber dennoch durch sog. verfassungsimmanente Schranken (kollidierende, im Einzelfall vorrangige Verfassungspositionen) eingeschränkt werden können.[46]
Insofern ist zu bedenken, dass für die Versammlungsfreiheit in geschlossenen Räumen nur verfassungsimmanente Schranken bestehen (s. o. sub *aa)*). Da es sich um den Fall einer Versammlung in geschlossenen Räumen handelt, kann hier auf die allgemeine ordnungsrechtliche Generalklausel des Art. 7 Abs. 2
LStVG ohne Rücksicht auf das Zitiergebot zurückgegriffen werden – es muss auf Rechtsanwendungsebene lediglich darauf geachtet werden, dass die Rechtfertigungshürden für Eingriffe in nicht-öffentliche
Versammlungen nicht niedriger sein dürfen als bei Art. 12 und 15 BayVersG/§§ 5, 13, 15 VersammlG
des Bundes.[47] Darüber hinaus kann die Anwendung des Zitiergebots auch damit abgelehnt werden, dass
die ordnungsrechtliche Generalklausel bereits im Ordnungsrecht vor 1949 enthalten war. Das Zitiergebot will aufgrund seiner Warnfunktion für den nunmehr grundrechtsgebundenen Gesetzgeber nicht
Eingriffsmöglichkeiten ausschließen, die bereits nach vorkonstitutionellem Recht bestanden.[48]

cc) Der Eingriffstatbestand des Art. 7 Abs. 2 LStVG

Es bestehen im zu begutachtenden Sachverhalt konkrete Anhaltspunkte für gewalttätige Ausschreitungen durch Gegendemonstranten. Es ist mit hinreichender Wahrscheinlichkeit damit zu rechnen, dass
es zu Verletzungen von Personen kommt, die an der Veranstaltung teilnehmen wollen, aber auch von
gänzlich unbeteiligten Dritten. Es geht damit im Sinne von Art. 7 Abs. 2 Nr. 3 LStVG um die Abwehr
konkreter Gefahren, die Leben und Gesundheit von Menschen bedrohen.[49] Da auch Vandalismus konkret zu befürchten ist, der u. a. Gefährdungen des Straßenverkehrs zur Folge haben wird (brennende
Autos, abgeknickte Verkehrsschilder), geht es auch um ein Handeln zur Verhinderung von Gefahren für
Sachwerte, deren Erhaltung im öffentlichen Interesse geboten erscheint. Daher ist der Eingriffstatbestand des Art. 7 Abs. 2 Nr. 3 LStVG erfüllt. Zudem wären die befürchteten Schäden Folgen von konkret
zu besorgenden Straftaten der Gegendemonstranten nach §§ 223 ff. und § 303 StGB. Die Verbotsverfügung stellt daher zudem i. S. v. Art. 7 Abs. 2 Nr. 1 LStVG eine Anordnung dar, die erlassen wird, um
rechtswidrige Straftaten zu verhüten.

---

[43] *BVerwG* NVwZ 1999, 990 (992), m. w. N.; *Deger*, NVwZ 1999, 265 (268).

[44] *Hesse*, Grundzüge des Verfassungsrechts der Bundesrepublik Deutschland, 20. Aufl. 1995, Rn. 72.

[45] Ebenso: § 44 OBG NW, § 8 POG Rh-Pf, § 4 PolG BW, § 66 ASOG Bln., § 43 OBG Bbg., § 10 HSOG, § 9 PolG
Brem., § 31 SOG Hbg., § 10 NdsSOG, § 78 SOG MV, § 7 PolG Saarl., § 79 SächsPolG, § 11 SOG LSA, § 14 OBG
Thür., § 321 LVwG SchlH.

[46] BVerfGE 83, 130 (154).

[47] *Heckmann*, in: Becker/Heckmann/Kempen/Manssen, Öffentliches Recht in Bayern, 3. Teil, Rn. 529 f.

[48] BVerfGE 2, 121 (122); 5, 13 (16); 28, 36 (46); *Krebs*, in: v. Münch/Kunig (Hrsg.), Grundgesetz-Kommentar,
Bd. 1, Art. 19 Rn. 17, m. w. N.

[49] So auch *Jahn*, JuS 2001, 172 (176 f.).

dd) Maßnahmerichtung

(1) Verantwortlichkeit der R-Partei nach Art. 9 Abs. 1 LStVG[50] als Quasi-Störer bzw. Zweckveranlasser:
Die R-Partei wäre als Verhaltensverantwortliche ordnungspflichtig, wenn sie im Sinne des Art. 9 Abs. 1 LStVG die Gefahr verursacht hätte. Wenn die R-Partei keine Veranstaltung abhalten würde, käme es nicht zu gewalttätigen Gegenveranstaltungen. Insofern hat die R-Partei jedenfalls eine Ursache im Sinne der conditio-sine-qua-non-Formel gesetzt. Eine bloße äquivalente Kausalität genügt aber nicht für die Verhaltensverantwortlichkeit. Im vorliegenden Fall ist zu bedenken, dass die R-Partei und ihre Mitglieder selbst nicht Personen und Sachen bedrohen, sondern dass die Gefahr erst dadurch auftritt, dass ein zweites Ereignis – nämlich der Entschluss einer politischen Gegenbewegung zu gewalttätigen Protestaktionen – hinzutritt. Art. 9 Abs. 1 LStVG verlangt einen besonderen Zurechnungszusammenhang zwischen dem Verhalten der in Anspruch genommenen Person und der Gefahr / Störung. Das Verhalten des Betroffenen muss eine typische Gefahrengrenze überschritten haben, er muss bei wertender Betrachtung die unmittelbare Ursache für den Eintritt der Gefahr gesetzt haben – sog. *Theorie der unmittelbaren Verursachung.*[51]

Im vorliegenden Fall haben die R-Partei und ihre Mitglieder selbst keinerlei Gewaltaktionen vor. Dafür, dass die Parteiveranstaltung selbst unfriedlich verlaufen soll, insbesondere dass Veranstaltungsteilnehmer Körperverletzungshandlungen oder Straftaten in verbaler Form (z. B. Volksverhetzung, Beleidigung o. ä.) begehen werden, gibt es keinerlei Anhaltspunkte. Die Gefahr selbst scheint nach der Theorie der unmittelbaren Gefahrverursachung direkt nur von den Teilnehmern der angekündigten Gegendemonstration auszugehen. Bei einer mehrgliedrigen Kausalkette ist zwar regelmäßig nur das letzte Verursachungsglied die unmittelbare Ursache. Ausnahmen sind aber möglich, wenn eine zeitlich frühere Ursache bereits eine erhöhte Gefahrentendenz (Risikoerhöhung) in sich trägt.[52] Eine solche Ausnahme wird im Falle psychisch vermittelter Kausalität durch die Figur des sog. *Zweckveranlassers* zu konturieren versucht.[53] In den hiervon erfassten Konstellationen wird das gefahren- oder störungsauslösende Handeln Dritter einem Hintermann als eigene Gefahrverursachung zugerechnet, weil zwischen dessen Verursachungsbeitrag und der die Gefahr/Störung letztlich herbeiführenden Letztursache entweder ein beabsichtigter bzw. zumindest in Kauf genommener Erfolg steht (subjektive Variante der Zweckveranlassung) oder weil zwischen dem Verhalten des Hintermannes und der letztlich eingetretenen Gefahr ein ganz typischer Wirkungs- und Verantwortungszusammenhang besteht, da ersteres bereits ein typisch gefahrerhöhendes Risiko geschaffen hat (objektive Variante der Zweckveranlassung).[54]

Zur Vertiefung: Einzelfälle aus der Rechtsprechung: *PrOVG* 40, 216 ff. sowie 85, 270 ff. – Verkehrsbehinderung durch Massenauflauf wegen Schaufensterpuppen / Schaufensterwerbung; *PrOVG* 80, 176 ff. – Die von einer Kapelle gespielte Melodie veranlasst Zuhörer, antisemitische Texte zu singen („Borkumlied"; dort wurde Zweckveranlassung – aus heutiger Sicht unverständlich – verneint); *VGH Kassel* NVwZ 1992, 1111 ff. – Überlassung von Wohnraum an Prostituierte im Geltungsbereich einer Sperrgebietsverordnung; *VGH Mannheim* DVBl. 1996, 564 – Überlassung von Wohnraum an Personen, die illegal der Prostitution nachgehen (Zweckveranlassung dort i. E. verneint); s. auch: *VG Schleswig* NVwZ 2000, 464 (465). Für Fallgestaltungen der vorliegenden Art auch *OVG Lüneburg* NVwZ 1988, 638 (639).

---

[50] Parallelvorschriften zur Verhaltens- und Zustandsverantwortlichkeit: §§ 6, 7 PolG BW, §§ 13, 14 ASOG Bln., §§ 16, 17 OBG Bbg., §§ 5, 6 PolG Brem., §§ 8, 9 SOG Hbg., §§ 6, 7 HSOG, §§ 69, 70 SOG MV, §§ 6, 7 NdsSOG, §§ 17, 18 OBG NW, §§ 4, 5 POG Rh-Pf, §§ 4, 5 PolG Saarl., §§ 4, 5 SächsPolG, §§ 7, 8 SOG LSA, §§ 218, 219 LVwG SchlH., §§ 10, 11 OBG Thür.

[51] *OVG Lüneburg* NVwZ 1988, 638 (639); *Götz*, Allgemeines Polizei- und Ordnungsrecht, § 9 Rn. 11; *Hartmann*, JuS 2008, 593 (594); *Schoch*, JuS 1994, 932 f., dort auch zu abweichenden Ansätzen (Theorie der rechtswidrigen Verursachung, Lehre von der Sozialadäquanz).

[52] *Schoch*, JuS 1994, 932; *Heckmann*, in: Becker/Heckmann/Kempen/Manssen, Öffentliches Recht in Bayern, 3. Teil, Rn. 169; zur sog. „latenten Gefahr": *OVG Münster* NVwZ 1985, 355 ff.

[53] Hierzu bereits oben *Fall 14.*

[54] Zum Ganzen: *Durner*, JA 2008, 238 f.; *Hartmann*, JuS 2008, 593 (594); *Huber*, BayVBl. 1994, 513 ff.; *Schenke*, NJW 1983, 1882 (1883 f.); *Schoch*, JuS 1994, 932 (933 f.); *Götz*, Allgemeines Polizei- und Ordnungsrecht, § 9 Rn. 21; aus kritischer Perspektive: *Erbel*, JuS 1985, 257 ff.

Im vorliegenden Fall wäre die Behandlung der R-Partei als „Quasi-Handlungsstörerin" unter dem Gesichtspunkt der (objektiven) Zweckveranlassung zu diskutieren, weil durch die radikale, ausländerfeindliche Haltung der Partei, die sich auch im Parteiprogramm niederschlägt, Proteste und gewalttätige Gegenaktionen geradezu provoziert werden könnten.[55] Unabhängig davon, dass die Figur der Zweckveranlassung ohnehin nicht unumstritten ist[56], stünde einer solchen Argumentation im vorliegenden Fall aber jedenfalls das sog. Parteienprivileg nach Art. 21 Abs. 2 GG entgegen. Hieraus folgt zum einen, dass eine Partei so lange nicht als verfassungsfeindlich behandelt werden darf, als sie nicht durch das *Bundesverfassungsgericht* verboten wurde.[57] Darüber hinaus wäre es ein Wertungswiderspruch zu Art. 21 Abs. 1 und Abs. 2 GG, wenn ein – auch womöglich radikaler – Inhalt eines Parteiprogramms eine „Mitverantwortlichkeit" für gewaltsame Protestaktionen des politischen Gegners zu begründen vermöge, solange die betroffene Partei nicht nach Art. 21 Abs. 2 GG für verfassungswidrig erklärt wurde. Von der in Art. 21 GG gewährleisteten Betätigungs- und Programmfreiheit bliebe wenig übrig, wenn die R-Partei allein wegen der Ankündigung gewalttätiger Gegenprotestaktionen als Handlungsstörerin in Anspruch genommen werden könnte und hierüber praktisch gehindert wäre, politische Veranstaltungen abzuhalten. Es bestünde die Gefahr, dass eine Partei im Wege des Ordnungsrechts praktisch wie eine für verfassungswidrig behandelte Partei behandelt würde.[58]

Gegen die Figur der Zweckveranlassung im vorliegenden Fall spricht aber nicht nur Art. 21 GG, sondern auch Art. 8 GG: Schon allgemein kann in Frage gestellt werden, ob der Gebrauch eines in Art. 8 GG gewährleisteten Rechtes – selbst wenn dies gefährliche Reaktionen Dritter auszulösen vermag – überhaupt ohne Wertungswidersprüche mit der Verfassung eine Störereigenschaft auslösen kann.[59] Denn es wäre widersprüchlich, denjenigen, der von einer Handlungsbefugnis Gebrauch macht, die ihm die Rechtsordnung ausdrücklich eingeräumt hat, als Störer anzusehen. Das *Bundesverfassungsgericht* hat im Rahmen einer Eilentscheidung nach § 32 BVerfGG offengelassen, inwieweit Art. 8 GG dem Rückgriff auf die Figur des Zweckveranlassers im Versammlungsrecht gänzlich entgegensteht. Jedenfalls sei Art. 8 GG auf Rechtsanwendungsebene insoweit zu berücksichtigen, dass eine Handlungsverantwortlichkeit allenfalls dann denkbar sei, wenn der vom Veranstalter angegebene Versammlungszweck (hier: Parteiveranstaltung) *„nur Vorwand und die Provokation von Gegengewalt das eigentliche vom Veranstalter ,objektiv' oder gar ,subjektiv' bezweckte Vorhaben ist."*[60] Ansonsten ist in einer Demokratie eine Versammlung (als Medium kollektiv geäußerter Meinungsinhalte) auch bei missliebigem Inhalt zu dulden. Zur Begründung der sicherheitsrechtlichen Verantwortlichkeit kann sich die Behörde nicht auf einen möglicherweise provokanten Inhalt der auf der Versammlung anstehenden Themen und damit nicht auf die Figur der Zweckveranlassung stützen.[61] Ansonsten käme es zu einem Widerspruch mit Art. 8 GG und dessen konstitutiver Bedeutung für die demokratische Meinungsbildung.

(2) Verantwortlichkeit gem. Art. 9 Abs. 2 LStVG unter dem Gesichtspunkt der Zustandsverantwortlichkeit:

Obwohl die R-Partei als Pächterin auftritt, scheidet eine Zustandsverantwortlichkeit nach Art. 9 Abs. 2 LStVG aus, da es nicht um eine Gefahr geht, die auf dem Zustand, der Beschaffenheit oder der Lage des Tagungsraumes, sondern allein auf dem erwarteten Verhalten der Gegendemonstranten beruht.[62]

---

[55] In diese Richtung z.B. *OVG Lüneburg* NVwZ 1988, 638 (639); differenzierend am Maßstab des Art. 8 GG (Ausschluss des rein objektiven Zweckveranlasserbegriffs im Versammlungsrecht): *Huber*, BayVBl. 1994, 513 (515 ff.).

[56] Zusammenfassend zum Streitstand *VG Schleswig* NVwZ 2000, 464 (465).

[57] Für den Fall, dass eine Gemeinde den Zugang zu einer öffentlichen Einrichtung (z.B. Abhaltung einer Parteiveranstaltung in einer Gemeindehalle) verweigert: *BVerwG* NJW 1990, 134 (135); *BayVGH* BayVBl. 1988, 497 (498).

[58] Vgl. *BVerwG* NVwZ 1999, 990 (993).

[59] Generell verneinend z.B.: *Heckmann*, in: Becker/Heckmann/Kempen/Manssen, Öffentliches Recht in Bayern, 3. Teil, Rn. 171; *Enders*, Jura 2003, 103 (108); *Pietzcker*, DVBl. 1984, 457 (461); *Rühl*, NVwZ 1988, 577 (578); *Tölle*, NVwZ 2000, 153 (155); *Gornig/Jahn*, Sicherheits- und Polizeirecht, S. 190.

[60] *BVerfG* NVwZ 2000, 1406 (1407). Hierzu auch *Hoffmann-Riem*, NVwZ 2002, 257 (263 f.): Selbst billigendes Inkaufnehmen einer gewalttätigen Gegendemonstration genügt jedenfalls für eine Zweckveranlassung am Maßstab des Art. 8 GG nicht.

[61] *BVerfG* NVwZ 2000, 1406 (1407). So i.E. auch für vergleichbare Fallgestaltungen: *BayVGH* DÖV 1979, 569; *VGH Mannheim* NVwZ 1987, 237 (238).

[62] *VGH Mannheim* NVwZ 1987, 237 (238).

(3) Inanspruchnahme der R-Partei im Wege des ordnungsrechtlichen Notstands gem. Art. 9 Abs. 3 LStVG[63]**:**

Die Inanspruchnahme der R-Partei als Nichtstörer kann daher nur unter den Voraussetzungen des polizei- bzw. ordnungsrechtlichen Notstandes gemäß Art. 9 Abs. 3 LStVG rechtmäßig sein.[64] Die engen Voraussetzungen des Art. 9 Abs. 3 LStVG sowie der über Art. 8 LStVG geltende Verhältnismäßigkeitsgrundsatz dienen dabei als rechtliche Instrumentarien, um sicherzustellen, dass nach den Grundsätzen der verfassungsimmanenten Schranken und der sog. praktischen Konkordanz die grundrechtlich geschützte Versammlungsfreiheit nur dann zurücktritt, wenn dies zum Schutz anderer verfassungsrechtlich geschützter Güter – hier insbesondere Leben und Gesundheit von Versammlungsteilnehmern und Dritten – zwingend erforderlich ist (vgl. bereits oben B II 2 b) aa)). Auf Rechtsanwendungsebene ist demnach sicherzustellen, dass die Inanspruchnahme als Nichtstörer nur bei einer hohen Wahrscheinlichkeit der Gefahrenprognose und nur als ultima ratio erfolgt.[65]

Es müsste zunächst eine unmittelbar bevorstehende erhebliche Gefahr vorliegen. Die Erheblichkeit der Gefahr ist an der Bedeutung des bedrohten Rechtsguts zu messen und ergibt sich hier auch unter Berücksichtigung der Wertungen aus Art. 2 Abs. 2 Satz 1 GG aus der Bedrohung von Leib und Leben einer Vielzahl von Menschen. Aufgrund des zeitlich nahen Veranstaltungstermins steht diese erhebliche Gefahr auch unmittelbar bevor. Angesichts der Erfahrungen der jüngsten Vergangenheit und angesichts der Tatsache, dass mit einer Vielzahl unfriedlicher Gegendemonstranten zu rechnen ist, sind gewalttätige Ausschreitungen sehr wahrscheinlich. Aus Art. 9 Abs. 3 Satz 1, 2. Halbsatz LStVG geht aber als Ausfluss des Verhältnismäßigkeitsprinzips zudem hervor, dass Maßnahmen gegenüber dem Nichtstörer nur subsidiärer Natur sein dürfen. *„Ein Versammlungsverbot gegen den Veranstalter als Nichtstörer ist nur ausnahmsweise dort zulässig, wo es (...) unmöglich ist, die öffentliche Sicherheit durch ein Vorgehen gegen den Störer aufrecht zu erhalten, oder wo Maßnahmen gegen die Störer eine größere Gefahr hervorriefen als Maßnahmen gegen den Nichtstörer.“*[66] Nach den Sachverhaltsvorgaben waren die Vollzugspolizeikräfte, die in der Gegend stationiert sind, bereits anderweitig verplant. Zudem war ein Einsatz sonstiger Polizeikräfte des Freistaats Bayern bzw. ein Anfordern von Polizeikräften anderer Bundesländer bzw. des Bundesgrenzschutzes, um erfolgreich gegen gewalttätige Gegendemonstranten in der erwarteten Anzahl vorzugehen, in der kurzen Zeit bis zur anstehenden Veranstaltung der R-Partei nicht mehr möglich. Eine effektive Gefahrenabwehr durch Vorgehen gegen die nach Art. 9 Abs. 1 LStVG verantwortlichen Gefahrverursacher war also für die Sicherheitsbehörden nicht umsetzbar.[67] Die Voraussetzungen des polizeilichen Notstandes lagen damit vor.

> **Zur Vertiefung:** Ähnliche Problemfragen hinsichtlich der Maßnahmerichtung stellen sich auch im Falle einer auf § 5 Nr. 3 oder § 15 Abs. 1 VersammlG des Bundes (vgl. nunmehr Art. 15 BayVersG) gestützten Maßnahme.[68]

---

[63] Vergleichbare Regelungen: § 9 PolG BW, § 16 ASOG Bln., § 18 OBG Bbg., § 7 PolG Brem., § 10 SOG Hbg., § 9 HSOG, § 71 SOG MV, § 8 NdsSOG, § 19 OBG NW, § 7 POG Rh-Pf., § 6 PolG Saarl., § 7 SächsPolG § 10 SOG LSA, § 220 LVwG SchlH, § 13 OBG Thür.

[64] Hierzu: *BVerfG* NVwZ 2000, 1406 f.; NJW 2000, 3053 ff.; *BVerwG* NVwZ 1999, 990 (992 f.); *BayVGH* DÖV 1979, 569 (570); BayVBl. 2003, 52 (53); *Enders*, Jura 2003, 103 (108).

[65] *BVerwG* NVwZ 1999, 990 (992 f.); *VGH Mannheim* NVwZ 1987, 237 (238); *Jahn*, JuS 2001, 172 (177); *Tölle*, NVwZ 2000, 153 (155). Instruktiv auch *BVerfG* NVwZ 2000, 1406 (1407) sowie NJW 2000, 3053 ff. (durcharbeiten!). Zu den strengen Voraussetzungen des polizeilichen Notstandes im Zusammenhang mit gewalttätigen Gegendemonstrationen auch *Hoffmann-Riem*, NVwZ 2002, 257 (263).

[66] *BayVGH* DÖV 1979, 569 (570); vgl. auch *BayVGH* BayVBl. 2003, 52 (53) – keine Inanspruchnahme als Notstandspflichtiger, wenn die Polizei durch hohe Präsenz und niedrige Einschreitschwelle Zusammenstöße zwischen linken und rechten Demonstranten verhindern kann (dort im Anwendungsbereich von § 15 VersG); s. auch: *Götz*, Allgemeines Polizei- und Ordnungsrecht, § 9 Rn. 16 ff.

[67] Zur Vereinbarkeit der Annahme eines polizeilichen Notstandes in diesen Konstellationen mit Art. 8 GG: *BVerfG* NJW 2001, 2069 ff.; *Hoffmann-Riem*, NVwZ 2002, 257 (264).

[68] Vgl.: *BayVGH* DÖV 1979, 569 ff.; BayVBl. 1995, 658 f.; s. auch: *Gornig/Jahn*, Sicherheits- und Polizeirecht, S. 189 ff.; *Huber*, BayVBl. 1994, 513 (514).

ee) Keine Ermessensfehler, insbesondere ordnungsrechtliche Handlungsgrundsätze gem. Art. 8 LStVG (Verhältnismäßigkeit)

Die Verbotsverfügung war der Abwehr von gewalttätigen Gegenveranstaltungen förderlich und daher geeignet. Mildere, gleich effektive Mittel zur Gefahrbekämpfung (etwa in Form von Auflagen oder – s. o. – ein Vorgehen gegen die Gegendemonstranten) sind nicht ersichtlich oder erfolgsversprechend, sodass auch von Erforderlichkeit i. S. v. Art. 8 Abs. 1 LStVG auszugehen ist.[69] Angesichts des Ausmaßes der drohenden Gefahr und der betroffenen Rechtsgüter (Leib und Leben von Menschen, hochwertige Sachgüter) ist die Maßnahme nach den Vorgaben des Art. 8 Abs. 2 LStVG auch als zumutbar (verhältnismäßig im engeren Sinne) einzustufen. Da auch andere Ermessensfehler nicht ersichtlich sind, ist die Verbotsverfügung als rechtmäßig zu bewerten.

Ergebnis: Die Fortsetzungsfeststellungsklage ist zwar zulässig, mangels Rechtswidrigkeit des Veranstaltungsverbots aber unbegründet. Die Klage hat folglich keinen Erfolg.

Rechtsprechungsvorlagen: BVerfG NVwZ 2000, 1406; NJW 2001, 2069; *BVerwG* NVwZ 1999, 990; *BayVGH* DÖV 1979, 569; *VGH Mannheim* NVwZ 1987, 237; *OVG Lüneburg* NVwZ 1988, 638; *BayVGH* BayVBl. 2003, 52; BayVBl. 2007, 373; *BayVGH* BayVBl. 2008, 109.

Leseempfehlungen: Deger, Polizeiliche Maßnahmen bei Versammlungen?, NVwZ 1999, 265; *Durner*, Inanspruchnahme des Zweckveranlassers, JA 2008, 238; *Hartmann*, Grundwissen – Öffentliches Recht: Pflichtigkeit im Polizei- und Ordnungsrecht, JuS 2008, 593; *Jahn*, Der praktische Fall – Öffentlich-rechtliche Klausur: Der missglückte Parteitag, JuS 2001, 172; *Tölle*, Polizei- und ordnungsbehördliche Maßnahmen bei rechtsextremistischen Versammlungen, NVwZ 2000, 153; *Hoffmann-Riem*, Neuere Rechtsprechung des BVerfG zur Versammlungsfreiheit, NVwZ 2002, 257; *Enders*, Der Schutz der Versammlungsfreiheit, Jura 2003, 34 und 103; *Heidebach/Unger*, Das Bayerische Versammlungsgesetz – Vorbild für andere Länder oder Gefährdung der Versammlungsfreiheit unter Föderalisierungsdruck?, DVBl. 2009, 283; *Kutscha*, Neues Versammlungsrecht – Bayern als Modell?, NVwZ 2008, 1210; *Scheidler*, Das neue Bayerische Versammlungsgesetz, BayVBl. 2009, 33.

---

[69] Vgl. insofern auch *BayVGH* DÖV 1979, 569 (570); *Jahn*, JuS 2001, 172 (178).

Fall 17: Bekämpfung der Drogenszene *(Seidel)*

Sachverhalt

In der bayerischen Stadt S hat sich eine sog. Drogenszene entwickelt. Drogenabhängige und Dealer treffen sich regelmäßig an denselben Orten, wickeln dort ihre Drogengeschäfte ab, konsumieren gemeinsam Rauschmittel und verbringen hier ohne jede weitere Aktivität ihre Freizeit. Der deutsche Staatsbürger D ist stadtbekannter Angehöriger dieser Szene. Er hält sich ständig an den o. g. Orten auf. Er fiel in den letzen beiden Jahren mehrfach wegen illegalen Handeltreibens und Erwerbs von Haschisch und Heroin auf (§ 29 Abs. 1 Nr. 1 BtMG). Die städtische Sicherheitsbehörde erlässt daher gegenüber dem vorher ordnungsgemäß angehörten Verfügungsadressaten D ein für sofort vollziehbar erklärtes

„(...) zwölfmonatiges Aufenthaltsverbot für den Hauptbahnhof, den Ostbahnhof, die U-Bahnstationen A-, B- und C-Straße sowie für den X- und den Y-Platz."

Als Begründung gibt die Behörde die Bekämpfung der offenen Drogenszene in S an. Es ist davon auszugehen, dass die genannten Örtlichkeiten, auf die sich das Aufenthaltsverbot bezieht, jene Bereiche umschreiben, an denen sich derzeit die Drogenszene in S trifft. Die (auch hinsichtlich der Anordnung der sofortigen Vollziehung) formell hinreichend begründete Verfügung, die dem D am Dienstag, den 3. April, zugestellt wird, enthält eine ordnungsgemäße Rechtsbehelfsbelehrung.

D erhebt am 10. April Anfechtungsklage. Als er registriert, dass über seine Anfechtungsklage womöglich erst in vielen Monaten entschieden wird, stellt er am 15. Juni unter Berufung auf § 123 VwGO beim örtlich zuständigen Verwaltungsgericht einen Antrag, die Stadt S als Antragsgegnerin vorläufig zu verpflichten, ihm den Aufenthalt an den in der Verfügung genannten Örtlichkeiten zu gestatten. In seinem Antrag führt er aus: Auf die spezielle polizeirechtliche Platzverweisungsnorm könne sich die städtische Sicherheitsbehörde nicht berufen. Eine als Ordnungsverfügung deklarierte Maßnahme dürfe nicht in sein Recht auf Freiheit der Person aus Art. 2 Abs. 2 Satz 2 GG eingreifen. Darüber hinaus müsse bedacht werden, dass ihm als deutschem Staatsbürger verfassungsrechtlich garantiert sei, jeden beliebigen Ort in der Bundesrepublik aufzusuchen. Des Weiteren sei die inhaltliche Reichweite einer solchen Verfügung nur schwer fassbar. Letztlich sei die Maßnahme auch überzogen.

Vermerk für die Bearbeiter: In einem umfassenden Gutachten, das auf alle aufgeworfenen Rechtsfragen einzugehen hat, sind die Erfolgsaussichten des gestellten Eilantrags zu beurteilen! Gehen Sie in der Bearbeitung davon aus, (1) dass Art. 26 Abs. 2 LStVG vorliegend nicht einschlägig ist, weil diese Norm nur dann zu sicherheitsbehördlichen Eingriffen berechtigt, wenn allein schon das Betreten des gefahrenträchtigen Ortes als solches zu einer Körperverletzung oder zum Tode führen kann und (2) dass die ordnungsrechtliche Generalklausel heutiger Prägung inhaltlich im Wesentlichen einem vorkonstitutionellen Vorbild entspricht!

Lösung

A. Ausgangsfall

Der Eilantrag hat Erfolg, wenn er zulässig und begründet ist.

I. Zulässigkeit eines verwaltungsgerichtlichen Eilantrags

1. Verwaltungsrechtsweg, § 40 Abs. 1 Satz 1 VwGO

Der Eilantrag ist nur zulässig, wenn in der Hauptsache der Verwaltungsrechtsweg eröffnet ist.[1] In der Hauptsache geht es um die Rechtmäßigkeit des verfügten Aufenthaltsverbots gegenüber D. Mangels spezieller ordnungsrechtlicher Befugnisnormen richtet sich diese Frage nach allgemeinem Sicherheitsrecht, insbesondere nach der sicherheitsrechtlichen Generalklausel des Art. 7 LStVG. Die streitentscheidenden Normen sind sowohl nach der Zuordnungs- als auch nach der Subordinationslehre dem öffentlichen Recht zuzuordnen und charakterisieren daher die Streitigkeit als öffentlich-rechtliche. Weil diese Streitigkeit mangels sog. doppelter Verfassungsunmittelbarkeit auch nicht verfassungsrechtlicher Art ist und zudem keine Sonderzuweisung an einen anderen Rechtsweg (etwa nach § 23 EGGVG) in Betracht kommt, ist der Verwaltungsrechtsweg nach § 40 Abs. 1 Satz 2 VwGO eröffnet.

2. Statthafte Antragsart – Abgrenzung zwischen § 123 VwGO und § 80 Abs. 5 VwGO

a) Subsidiarität des Antrags nach § 123 VwGO (§ 123 Abs. 5 VwGO)

D beruft sich auf § 123 VwGO und hat auch der Formulierung nach einen Antrag auf Erlass einer Regelungsanordnung gem. § 123 Abs. 1 Satz 2 VwGO gestellt. Nach § 123 Abs. 5 VwGO ist aber § 123 VwGO gegenüber §§ 80, 80a VwGO subsidiär. Soweit also Eilrechtsschutz über §§ 80, 80a VwGO zugunsten des D einschlägig wäre, wäre ein Antrag nach § 123 VwGO unstatthaft. In Betracht kommt als Alternative ein Antrag nach § 80 Abs. 5 VwGO, wenn D in der Hauptsache sein Anliegen mit der Anfechtungsklage verfolgen muss. Das von der städtischen Sicherheitsbehörde gegenüber D verhängte Aufenthaltsverbot erfüllt die Merkmale des § 35 Satz 1 VwVfG bzw. des Art. 35 Satz 1 BayVwVfG, ist mithin (für den Antragsteller D) belastender Verwaltungsakt. Nach § 42 Abs. 1 (1. Alt.) VwGO ist damit für den Rechtsstreit in der Hauptsache die Anfechtungsklage statthafte Klageart. Damit hat wegen § 123 Abs. 5 VwGO der Eilrechtsschutz nach §§ 80, 80a VwGO Vorrang. Ein hier von der Formulierung her gewählter Antrag nach § 123 Abs. 1 (Satz 2) VwGO wäre daher unstatthaft.

b) Umdeutung in einen Antrag auf Wiederherstellung der aufschiebenden Wirkung nach § 80 Abs. 5 VwGO über § 88 VwGO

Die falsche Formulierung eines unstatthaften Antrags führt aber noch nicht automatisch zur Abweisung wegen Unzulässigkeit. Nach § 88 VwGO darf das Gericht zwar nicht über das Antragsbegehren hinausgehen. Anträge sind aber auslegungs- bzw. umdeutungsfähig. Das Gericht ist also nicht an einen formulierten unstatthaften Antrag gebunden, wenn der Kläger erkennbar ein Klageziel verfolgt, das nur mit einer anderen Klage- bzw. (hier) Antragsart zum Erfolg führen kann.[2] Hier ist entscheidend, dass die städtische Behörde die sofortige Vollziehung angeordnet hat. Es entfällt damit gem. § 80 Abs. 2 Nr. 4 VwGO die an sich nach § 80 Abs. 1 Satz 1 VwGO automatisch einsetzende aufschiebende Wirkung des Widerspruchs bzw. der Anfechtungsklage. Da D mit seinem Antrag bezweckt, vorläufig die relevanten Örtlichkeiten betreten zu können, ohne die Vollstreckung des Aufenthaltsverbots befürchten zu müssen, geht es ihm in der Sache um die Wiederherstellung der aufschiebenden Wirkung. Daher kann der falsch

---

[1] *Hufen*, Verwaltungsprozessrecht, § 32 Rn. 31 und § 33 Rn. 4.
[2] *Seidel*, Bauplanungs- und Bauordnungsrecht, 1999, S. 24, m.w.N.

formulierte, zunächst auf die Regelungsanordnung gem. § 123 Abs. 1 Satz 2 VwGO hinauslaufende (unstatthafte) Antrag in einen (statthaften) Antrag nach § 80 Abs. 5 VwGO uminterpretiert werden.[3]

3. Antragsbefugnis, § 42 Abs. 2 VwGO analog

Die analog § 42 Abs. 2 VwGO erforderliche Antragsbefugnis[4] des D ergibt sich jedenfalls aus der Adressatentheorie[5], denn D ist Adressat einer belastenden Verfügung und als solcher zumindest in seinem subsidiären Recht auf allgemeine Handlungsfreiheit aus Art. 2 Abs. 1 GG berührt. Im vorliegenden Fall erscheint sogar die Betroffenheit im Recht auf Freiheit der Person aus Art. 2 Abs. 2 Satz 2 GG oder auf Freizügigkeit aus Art. 11 GG (Art. 102 und 109 BV) nicht von vornherein ausgeschlossen. Damit ergibt sich die Möglichkeit einer subjektiven Rechtsverletzung aufgrund einer denkbaren Grundrechtsverletzung. D ist analog § 42 Abs. 2 VwGO antragsbefugt.

4. Rechtsschutzbedürfnis

D muss sich nicht zunächst gem. § 80 Abs. 4 VwGO erfolglos an die Behörde halten.[6] Insbesondere ist dies kein Gebot des Rechtsschutzbedürfnisses und damit der Zulässigkeit eines Antrags nach § 80 Abs. 5 VwGO. Dies ergibt der Umkehrschluss aus § 80 Abs. 6 VwGO, der nur für die Fälle des § 80 Abs. 2 Nr. 1 VwGO Gegenteiliges verlangt. Dahinter steht auch die Überlegung, dass in der Situation des § 80 Abs. 5 VwGO Eile geboten ist. Der Betroffene würde aber Zeit verlieren, wenn er sich zunächst nochmals mit der Behörde auseinandersetzen müsste.

Dem an sich fristungebundenen Antrag nach § 80 Abs. 5 VwGO fehlt das Rechtsschutzbedürfnis aber, wenn der vom Antragsteller angegriffene Verwaltungsakt bereits bestandskräftig geworden ist.[7] Da in Bayern gemäß Art. 15 Abs. 1 und 2 BayAGVwGO als Ausnahme von § 68 Abs. 1 Satz 2 VwGO das Vorverfahren nunmehr auch im allgemeinen Sicherheitsrecht entbehrlich ist[8], kommt es vorliegend alleine darauf an, ob durch rechtzeitige Erhebung der Anfechtungsklage die Klagefrist gemäß § 74 Abs. 1 Satz 2 VwGO eingehalten wurde. Vorliegend hat D seine Anfechtungsklage am 10. April und damit innerhalb der Monatsfrist des § 74 Abs. 1 Satz 2 VwGO erhoben. Die Verfügung ist nicht bestandskräftig geworden.

Zwischenergebnis: Da D seinen Antrag auf Wiederherstellung der aufschiebenden Wirkung beim Verwaltungsgericht, also bei dem gemäß § 45 VwGO zuständigen Gericht der Hauptsache eingelegt hat, ist dieser nach § 80 Abs. 5 VwGO zulässig.

II. Begründetheit eines Antrags nach § 80 Abs. 5 VwGO

Der Antrag nach § 80 Abs. 5 VwGO ist begründet, wenn er gegen den richtigen Antragsgegner gerichtet ist (§ 78 Abs. 1 Nr. 1 VwGO) und wenn die formellen Rechtmäßigkeitsvoraussetzungen für die Anordnung der sofortigen Vollziehbarkeit nicht gegeben waren und/oder im Rahmen einer Gesamtabwägung die Lage zugunsten des Suspensivinteresses des D spricht.

1. Passivlegitimation

Auch bei einem Antrag nach § 80 Abs. 5 VwGO ist für die Frage des richtigen Antragsgegners analog § 78 Abs. 1 Nr. 1 VwGO auf das Rechtsträgerprinzip abzustellen. Der Streitstand, ob für den Antrag auf Wiederherstellung der aufschiebenden Wirkung der Rechtsträger der Behörde, die den Ausgangsbe-

---

[3] *VGH Mannheim* DÖV 1989, 776; *Hufen*, Verwaltungsprozessrecht, § 32 Rn. 33.
[4] *Hufen*, Verwaltungsprozessrecht, § 32 Rn. 34.
[5] BVerfGE 97, 49 (62 f.); *BVerwG* NJW 1988, 2752 (2753); BayVBl. 2004, 567.
[6] *Hufen*, Verwaltungsprozessrecht, § 32 Rn. 35.
[7] *Hufen*, Verwaltungsprozessrecht, § 32 Rn. 35.
[8] Vgl. ausführlich hierzu oben *Fall 1*.

scheid erlassen hat, oder aber der Rechtsträger der Behörde, die die sofortige Vollziehung angeordnet hat, passivlegitimiert ist, ist dann irrelevant, wenn – wie hier das Ordnungsamt der Stadt S – die gleiche Behörde uno actu beide Entscheidungen getroffen hat.[9] Damit ist hier die Stadt S als Verwaltungsträgerin der entscheidenden Behörde richtige Antragsgegnerin.

2. Voraussetzungen für die Wiederherstellung der aufschiebenden Wirkung: Abwägung der konfligierenden Interessen/Erfolgsaussichten des Hauptsacherechtsbehelfs als ausschlaggebendes Abwägungskriterium

Als Ausgangsbehörde war die Stadt S hier für die Anordnung des Sofortvollzugs zuständig, § 80 Abs. Satz 1 Nr. 4 VwGO. In formeller Hinsicht ist die Anordnung der sofortigen Vollziehung ordnungsgemäß nach § 80 Abs. 3 VwGO begründet worden.[10] Die umstrittene Frage der analogen Geltung des Art. 28 BayVwVfG bereitet hier keine Probleme, da eine Anhörung jedenfalls erfolgt ist.

In materieller Hinsicht hängt die Begründetheit des Antrags nach § 80 Abs. 5 VwGO von einer Abwägung der konfligierenden Interessen ab. Entscheidend ist, ob das öffentliche Vollzugsinteresse oder das private Suspensivinteresse des D überwiegt.[11] Dabei kommt den Erfolgsaussichten der Hauptsache besondere Bedeutung zu[12]: Soweit aus jetziger Sicht (in der Praxis nach sog. summarischer Prüfung) die auf Kassation des Aufenthaltsverbots gerichtete Anfechtungsklage voraussichtlich erfolgreich, also zulässig und begründet ist, überwiegt das private Suspensivinteresse des D und die aufschiebende Wirkung ist durch das Gericht wiederherzustellen. Ist der Hauptsacherechtsbehelf hingegen voraussichtlich unzulässig oder unbegründet, ist der Eilantrag wegen dann überwiegenden öffentlichen Vollzugsinteresses unbegründet.

An der Zulässigkeit der form- und fristgemäß eingelegten Anfechtungsklage bestehen keine Bedenken. Für eine Abwägungsentscheidung zugunsten des Antragstellers D nach § 80 Abs. 5 VwGO ist daher letztlich entscheidend, ob die Anfechtungsklage voraussichtlich begründet ist, ob also nach der gegenwärtigen Sachverhaltsbeurteilung (für die Fallbearbeitung also letztlich nach dem vorgegebenen Sachverhalt) das für sofort vollziehbar erklärte Aufenthaltsverbot am Maßstab des § 113 Abs. 1 Satz 1 VwGO rechtswidrig ist und deswegen Rechte des D verletzt.

a) Rechtsgrundlage

Da das Aufenthaltsverbot gegenüber D als Adressaten einer belastenden Maßnahme eingreifende Wirkung (zumindest in Bezug auf Art. 2 Abs. 1 GG) hat, ist für die Rechtmäßigkeit der Verfügung entscheidend, ob sich die Behörde nach dem rechtsstaatlichen Grundsatz vom Vorbehalt des Gesetzes auf eine Rechtsgrundlage (in polizei- und ordnungsrechtlicher Terminologie: Befugnisnorm) stützen kann (für das Sicherheitsrecht auch speziell Art. 7 Abs. 1 LStVG). Eine Art Aufenthaltsverbot sieht das PAG mit der Platzverweisung nach Art. 16 PAG[13] vor. Eine solche Regelung könnte als Sonderregelung angesehen werden, die abschließend die Möglichkeit von Aufenthaltsbeschränkungen regelt, sodass auch für längerfristige Aufenthaltsverbote der Rückgriff auf die ordnungsrechtliche Generalklausel abgeschnitten sein könnte. Der Existenz der Sonderregelung des Platzverweises könnte m. a. W. ggf. zu entnehmen sein, dass der Gesetzgeber es für notwendig gehalten habe, die Möglichkeiten polizei- und ordnungsrecht-

---

[9] Das Problem besteht, wenn erst die Widerspruchsbehörde die sofortige Vollziehung anordnet; zum Streitstand: *Hufen,* Verwaltungsprozessrecht, § 32 Rn. 37.

[10] Die Begründung muss erkennen lassen, dass die Behörde die konfligierenden Interessen (öffentliches Vollzugsinteresse und individuelles Suspensivinteresse des Verfügungsadressaten) abgewogen hat und dabei von einem besonderen Gemeinwohlinteresse an der raschen Vollziehung des Verwaltungsakts ausgegangen ist, das nach ihrer Wertung das Individualinteresse an der aufschiebenden Wirkung übersteigt: *BayVGH* NVwZ 2000, 454 (455); *Hufen,* Verwaltungsprozessrecht, § 32 Rn. 17.

[11] Z. B. *OVG Münster* NVwZ 2001, 459.

[12] *BayVGH* NVwZ 2000, 454 (455); *OVG Münster* NVwZ 2001, 459; *VG Siegmaringen* NVwZ-RR 1995, 327; *Hufen,* Verwaltungsprozessrecht, § 32 Rn. 19, 39; *Schmitt Glaeser/Horn,* Verwaltungsprozessrecht, Rn. 282; *Stern/Blanke,* Verwaltungsprozessrecht in der Klausur, Rn. 603; *Zuleeg,* Fälle zum Allgemeinen Verwaltungsrecht, 3. Aufl. 2001, S. 69.

[13] Vergleichbare Regelungen: § 29 Abs. 1 ASOG Bln., § 16 Abs. 1 PolG Bbg., § 14 Abs. 1 PolG Brem., § 12 a SOG Hbg., § 31 HSOG, § 52 Abs. 1 SOG MV, § 17 Abs. 1 NdsSOG, § 34 PolG NW, § 13 POG Rh-Pf, § 12 PolG Saarl., § 21 Abs. 1 SächsPolG, § 36 Abs. 1 SOG LSA, § 201 LVwG SchlH, § 18 PAG Thür., § 17 OBG Thür.

licher Aufenthaltsbestimmungen besonders zu regeln.[14] Allerdings ist nach dem bayerischen Trennungssystem[15] für den Vollzug des PAG nur die Vollzugspolizei im institutionellen Sinn i. S. v. Art. 1 PAG, Art. 1 POG zuständig. Den Sicherheitsbehörden i. S. v. Art. 6 LStVG ist der Rückgriff auf die Befugnisnormen des PAG verwehrt. Im Übrigen ermächtigt Art. 16 PAG nur zu einer *vorübergehenden* Platzverweisung. Hierunter kann ein mehrmonatiges Aufenthaltsverbot schon begrifflich nicht subsumiert werden.[16] Die Heranziehung des Art. 16 PAG als Befugnisnorm scheidet daher von vornherein aus. Eine spezielle Ermächtigungsgrundlage für derartige Aufenthaltsverbote existiert für das bayerische Ordnungsrecht nicht.[17]

Zum Verständnis: In den meisten Bundesländern bestehen mittlerweile besondere Ermächtigungsgrundlagen für den Erlass eines längerfristigen Aufenthaltsverbots: § 23 Nr. 1 lit. e OBG Bbg. i. V. m. § 16 Abs. 2 PolG Bbg., § 14 Abs. 2 PolG Brem., § 21 Abs. 2 SächsPolG, § 36 Abs. 2 SOG LSA, § 52 Abs. 3 SOG M-V, § 17 Abs. 4 NdsSOG, § 18 Abs. 3 PAG Thür, § 17 Abs. 2 OBG Thür, § 201 Abs. 2 LVwG SchlH, § 29 Abs. 2 ASOG Bln., § 34 Abs. 2 PolG NRW, § 13 Abs. 3 POG Rh-Pf, § 12 Abs. 3 PolG Saarl., § 31 Abs. 3 HSOG; hierzu auch: *Götz*, Allgemeines Polizei- und Ordnungsrecht, § 8 Rn. 24 ff.; *ders.*, NVwZ 1998, 679 (683); *OVG Lüneburg* NVwZ 2000, 454. Bedenken an der Verfassungsmäßigkeit derartiger Regelungen äußert wegen Art. 11 Abs. 2 GG *Alberts*, NVwZ 1997, 45 (48).

Laut Bearbeitervermerk scheidet auch der Rückgriff auf Art. 26 Abs. 2 LStVG aus.[18] Als Befugnisnorm kommt daher nur die ordnungsrechtliche Generalklausel[19] des Art. 7 (hier Abs. 2 Nrn. 1 und/oder 3) LStVG in Betracht.[20] Eine aus Art. 16 PAG als vermeintlich abschließender Spezialregelung umkehrschlussartig abzuleitende Sperrwirkung für den Rückgriff auf die ordnungsrechtliche Generalklausel des Art. 7 Abs. 2 LStVG im Fall längerfristiger Aufenthaltsverbote[21] ist jedenfalls für das bayerische Trennsystem abzulehnen. Denn hiernach stehen der Polizei im institutionellen Sinn mit den Regelungen des PAG und den allgemeinen Sicherheitsbehörden mit den Regelungen des LStVG jeweils ganz unterschiedliche Normenkomplexe zur Verfügung, wobei für die Sicherheitsbehörden der Rückgriff auf das PAG ebenso verwehrt ist, wie für die Polizei der Rückgriff auf Befugnisnormen des LStVG.[22]

b) Formelle Rechtmäßigkeit der Aufenthaltsverbotsverfügung

Der Stadt S ging es inhaltlich um Gefahrenabwehr im Hinblick auf das Schutzgut der öffentlichen Sicherheit, nämlich um Verhinderung von Rechtsverstößen gegen das BtMG sowie um den Schutz von Gesundheit und (im Hinblick auf Folgekriminalität) Eigentum Dritter. Der ordnungsrechtliche Aufgabenbereich nach Art. 6 LStVG ist damit eröffnet.[23] Nach Art. 6 LStVG sind u. a. die Sicherheitsbehörden der Gemeinden und damit über Art. 3 Abs. 1 BayGO auch die Sicherheitsbehörden der Städte für gefahrabwehrende Anordnungen nach dem LStVG zuständig. Da hier jedenfalls die unterste (gemeind-

---

[14] So für die ordnungsrechtliche Regelung in Hessen *VGH Kassel* NVwZ 2003, 1400 (1401), m. w. N.; zustimmend *Hecker*, NVwZ 2003, 1334 ff.; ebenso *Schenke*, Polizei- und Ordnungsrecht, Rn. 134.

[15] Zu den unterschiedlichen landesrechtlichen Ausgestaltungen des Behördensystems im Bereich des Polizei- und Ordnungsrechts (Einheitssystem, Trennungssystem): *Götz*, Allgemeines Polizei- und Ordnungsrecht, § 3.

[16] *OVG Bremen* NVwZ 1999, 314 (315); *Hecker*, JuS 1998, 575; *ders.*, NVwZ 1999, 261; *Götz*, NVwZ 1998, 679 (683).

[17] *Heckmann*, in: Becker/Heckmann/Kempen/Manssen, Öffentliches Recht in Bayern, Rn. 359.

[18] Vgl. auch *Lösungsskizze zur Aufgabe 8 der Zweiten Juristischen Staatsprüfung 2001/2*, BayVBl. 2006, 382 (383). Art. 25 LStVG wird in der Rechtsprechung bayerischer Verwaltungsgerichte sowie in der spezifisch bayerischen Literatur nicht ansatzweise im Zusammenhang mit Aufenthaltsverboten der vorliegenden Art erörtert.

[19] Vergleichbare Regelungen: § 3 PolG BW, § 17 Abs. 1 ASOG Bln., § 13 Abs. 1 OBG Bbg., § 10 Abs. 1 PolG Brem., § 3 Abs. 1 SOG Hbg., § 11 HSOG, § 13 SOG MV, § 11 NdsSOG, § 14 Abs. 1 OBG NW, § 9 Abs. 1 POG Rh-Pf, § 8 Abs. 1 PolG Saarl., § 3 Abs. 1 SächsPolG, § 13 SOG LSA, § 174 LVwG SchlH, § 5 Abs. 1 OBG Thür.

[20] *BayVGH* NVwZ 2000, 454 ff.; *VGH Mannheim* DVBl. 1998, 97 f.; *Burgi*, JuS 1997, 1106 (1108); *Götz*, NVwZ 1998, 679 (683).

[21] *VG Frankfurt a. M.* NVwZ-RR 2002, 575 f.; *Hecker*, JuS 1998, 575. S. auch den Ansatz bei *VGH Kassel* NVwZ 2003, 1400 (1401), s. o.

[22] Zu diesem Ergebnis auch für das Mischsystem in Bremen: *OVG Bremen* NVwZ 1999, 314 (315); krit. hierzu *Hecker*, NVwZ 1999, 261 (262).

[23] Ausführlicher *Lösungsskizze zur Aufgabe 8 der Zweiten Juristischen Staatsprüfung 2001/2*, BayVBl. 2006, 382.

liche bzw. städtische) Behördenebene gehandelt hat, muss die Streitfrage, ob Art. 6 LStVG eine echte alternative Mehrfachkompetenz begründet oder ob nach dem Rechtsgedanken aus Art. 44 LStVG zunächst die unterste Behörde handeln muss[24], nicht entschieden werden. Die städtische Behörde war daher nach Art. 6 LStVG für eine auf Art. 7 Abs. 2 LStVG gestützte ordnungsrechtliche Maßnahme zuständig. Da D laut Sachverhaltsangaben gemäß Art. 28 BayVwVfG angehört wurde, ist der Erlass der sicherheitsbehördlichen Verfügung auch in verfahrensmäßiger Hinsicht ordnungsgemäß erfolgt. Das verfügte Aufenthaltsverbot ist in formeller Hinsicht nicht zu beanstanden.

c) Materielle Rechtmäßigkeit

aa) Sperrwirkung nach Art. 7 Abs. 4 LStVG bei Eingriffen in Art. 2 Abs. 2 Satz 2 GG

Die Heranziehung von Art. 7 Abs. 2 LStVG als Befugnisnorm könnte von vornherein an der Sperrwirkung des Art. 7 Abs. 4 LStVG (bayerische Sonderregelung) scheitern. Hiernach darf u. a. die in Art. 2 Abs. 2 Satz 2 GG geschützte Freiheit der Person durch eine auf Art. 7 Abs. 2 LStVG gestützte atypische Maßnahme nicht eingeschränkt werden. Es ist daher zu klären, ob das gegenüber D verhängte Aufenthaltsverbot in den Schutzbereich des Art. 2 Abs. 2 Satz 2 GG eingreift.[25] Allgemein kann Art. 2 Abs. 2 Satz 2 GG nicht als Freiheit vor jedem staatlichen Zwang interpretiert werden. Einer solch weiten Auslegung steht in gesetzessystematischer Hinsicht die allgemeine Handlungsfreiheit aus Art. 2 Abs. 1 GG als allgemeines Freiheitsrecht entgegen. Art. 2 Abs. 2 Satz 1 GG muss als speziellem Freiheitsrecht ein wesentlich engerer Anwendungsbereich zukommen.[26] Geschützt ist von Art. 2 Abs. 2 Satz 2 GG im systematischen Zusammenhang zu Art. 104 GG sowie in Anlehnung an das historische Vorbild des Instituts des „habeas corpus" nur die körperliche Bewegungsfreiheit.[27] Ein Eingriff in das Recht auf Freiheit der Person ist also nur durch solche staatliche Maßnahmen denkbar, die die körperliche Bewegungsfreiheit allseitig bzw. auf einen engen Raum beschränken.[28]

Insofern geht es zu weit, von der Fortbewegungsfreiheit auch das Recht, jeden beliebigen Ort aufzusuchen, als geschützt anzusehen.[29] Es werden dann auch letztlich die Differenzierungen zwischen Art. 2 Abs. 2 Satz 2 GG und dem nur Deutschen zustehenden Recht auf Freizügigkeit aus Art. 11 GG nivelliert. Vorzugswürdig ist daher eine enge Ansicht: Art. 2 Abs. 2 Satz 2 GG schützt im Wesentlichen nur das Recht, einen bestimmten Ort zu verlassen. Das Recht, sich unbegrenzt überall aufhalten und überall hin bewegen zu dürfen, wird von Art. 2 Abs. 2 Satz 2 GG hingegen nicht erfasst.[30] Durch das auf einzelne Plätze in der Stadt S beschränkte Aufenthaltsverbot wird D nicht generell in seiner körperlichen Bewegungsfreiheit eingeschränkt. Ihm wird lediglich verboten, einzelne, punktuelle Orte aufzusuchen. Nach den vorgenannten Maßgaben ist daher der Schutzbereich des Art. 2 Abs. 2 Satz 2 GG nicht einmal eröffnet. D wird in seinen hiervon geschützten Rechten nicht tangiert. Art. 7 Abs. 4 LStVG steht einer atypischen, auf die ordnungsrechtliche Generalklausel des Art. 7 Abs. 2 LStVG gestützten sicherheitsbehördlichen Maßnahme nicht entgegen.[31]

bb) Anwendungsverbot der Generalklausel als Befugnisnorm bei Eingriffen in Art. 11 GG?

> **Zum Verständnis:** Im Originalfall *BayVGH* NVwZ 2000, 454 ff. war der Verfügungsbetroffene ein Ausländer, dem die Berufung auf das Bürgerrecht (sog. Deutschengrundrecht) des Art. 11 GG von vornherein abgeschnitten war. Art. 11 GG hatte daher dort – anders als etwa in der Fallgestaltung nach *OVG Bremen* NVwZ 1999, 314 ff. – keinerlei Bedeutung und wurde deswegen vom Bayerischen Verwaltungsgerichtshof nicht erörtert.

---

[24] Zum Streitstand: *BayVGH* BayVBl. 1974, 471 (472); *Knemeyer*, Polizei- und Ordnungsrecht, Rn. 436.

[25] Ausführlich auch die Diskussion in der *Lösungsskizze zur Aufgabe 8 der Zweiten Juristischen Staatsprüfung 2001/2*, BayVBl. 2006, 382 (383).

[26] BVerwGE 6, 354 (355); *BayVGH* NVwZ 2000, 454 (456); BayVBl. 2006, 671; *Grote/Kraus*, Fälle zu den Grundrechten, 2. Aufl. 2001, S. 238 f.; *Kappeler*, BayVBl. 2001, 336 (337 f.).

[27] *BayVGH* NVwZ 2000, 454 (456); BayVBl. 2006, 671; *Grote/Kraus*, Fälle zu den Grundrechten, S. 239.

[28] *BayVGH* NVwZ 2000, 454 (456); BayVBl. 2006, 671.

[29] So aber *Pieroth/Schlink*, Grundrechte, Staatsrecht II, 23. Aufl. 2007, Rn. 413.

[30] BVerfGE 94, 166 (198); *BayVGH* NVwZ 2000, 454 (455); BayVBl. 2006, 671; *Kappeler*, BayVBl. 2001, 336 (337 f.).

[31] *BayVGH* NVwZ 2000, 454 (455 f.); BayVBl. 2006, 671; zustimmend *Götz*, Allgemeines Polizei- und Ordnungsrecht, § 8 Rn. 25.

Sofern das Aufenthaltsverbot inhaltlich einen Eingriff in das Recht auf Freizügigkeit aus Art. 11 Abs. 1 GG darstellt, bestehen insbesondere im Hinblick auf Art. 73 Nr. 3 GG sowie Art. 19 Abs. 1 Satz 2 GG i. V. m. Art. 58 LStVG verfassungsrechtliche Zweifel, ob die ordnungsrechtliche Generalklausel als Rechtsgrundlage herangezogen werden kann. Es bedarf daher zunächst der Klärung, ob von einem Eingriff in den Schutzbereich des Rechts auf Freizügigkeit auszugehen ist.[32]

(1) Eingriff in den Schutzbereich: Art. 11 GG umfasst das Recht, an jedem Ort innerhalb der Bundesrepublik Aufenthalt und Wohnsitz zu nehmen.[33] Als Deutscher fällt D jedenfalls in den subjektiven Schutzbereich des Art. 11 Abs. 1 GG. Ein gewichtiger Strang in der Literatur vertritt mit Blick auf die Alternative der Wohnsitznahme aber eine restriktive Auslegung des Begriffs des Aufenthalts. Der sehr eng gefasste qualifizierte Gesetzesvorbehalt in Art. 11 Abs. 2 GG lasse hiernach nur den Schluss zu, dass auf Schutzbereichsebene eine besonders weitreichende Garantie der Bewegungsfreiheit mit Art. 11 Abs. 1 GG nicht gemeint sein kann. Es wird hiernach eine Mindestverweildauer verlangt, die als Untergrenze eine Übernachtung ansetzt.[34] In dieser Hinsicht ist in der zu begutachtenden Konstellation die Annahme eines Eingriffs in den Schutzbereich des Art. 11 Abs. 1 GG zweifelhaft. Es geht inhaltlich darum, dass bestimmte Straßen oder Bahnhöfe nicht als offene Drogenszene genutzt werden. Deswegen soll der Sache nach nur ein mehrstündiges Verweilen verhindert werden. Es geht nicht inhaltlich darum, dass das Aufenthaltsverbot ausgesprochen wird, um eine Übernachtung oder gar ein mehrtägiges Lagern zu verhindern. Bei restriktiver Auslegung wäre es daher gut vertretbar, den Schutzbereich des Art. 11 Abs. 1 GG als nicht tangiert anzusehen.[35] Zum gleichen Ergebnis kommt man, wenn man nach einer anderen restriktiven Variante Beschränkungen der sog. interlokalen Freizügigkeit (also hinsichtlich des bloßen Wechsels des Aufenthaltsortes innerhalb des Gebietes derselben Gemeinde oder Stadt) nicht vom Schutzbereich des Art. 11 Abs. 1 GG erfasst ansieht.[36] Das Aufenthaltsverbot würde dann einen Eingriff in das subsidiäre Auffanggrundrecht des Art. 2 Abs. 1 GG darstellen, das im Rahmen der Verhältnismäßigkeit und den Vorgaben des Bestimmtheitsgrundsatzes ohne weiteres durch Art. 7 Abs. 2 LStVG und seine Anwendung im Einzelfall eingeschränkt werden kann

Überwiegend wird Art. 11 Abs. 1 GG aber weit ausgelegt als umfassendes Aufenthaltsrecht.[37] Dies ist vorzugswürdig, weil der (vom allgemeinen Auffanggrundrecht des Art. 2 Abs. 1 GG zu differenzierende) besondere Zweck des Art. 11 GG letztlich auf den Schutz der selbstbestimmten Ortswahl zugeschnitten ist.[38] Für den vom Begriff her geschützten „freien Zug" wird in Abgrenzung zu Art. 2 Abs. 2 Satz 2 und 2 Abs. 1 GG nur gefordert, dass bei objektiver Betrachtung unter zeitlichen, räumlichen und finalen Gesichtspunkten die Beschränkung des Fortbewegungsvorgangs Relevanz für die Persönlichkeitsentfaltung aufweist.[39] Hiernach greift ein behördlich angeordnetes Aufenthaltsverbot für bestimmte Stadtbezirke, Straßen, Bahnhöfe oder sonstige Plätze, um dem Betroffenen die Anwesenheit in einem örtlich angebundenen Milieu zu erschweren, in den Schutzbereich des Art. 11 Abs. 1 GG ein.[40]

(2) Grundsätzliche Einschränkbarkeit des Art. 11 Abs. 1 GG durch die ordnungsrechtliche Generalklausel?: Wird dem letzteren Ansatz gefolgt, so ergibt sich als Anschlussfrage, ob der Rückgriff auf die ordnungsrechtliche Generalklausel als Ermächtigungsgrundlage für einen Eingriff in das Freizügigkeitsrecht aus grundrechtsdogmatischen Gründen ausgeschlossen ist.[41] Zum Teil wird mit Art. 73 Nr. 3 GG

---

[32] Ausführlich auch die Diskussion in der *Lösungsskizze zur Aufgabe 8 der Zweiten Juristischen Staatsprüfung 2001/2*, BayVBl. 2006, 382 (383 f.).

[33] BVerfGE 80, 137 (150); *OVG Bremen* NVwZ 1999, 314 (315); *Grote/Kraus*, Fälle zu den Grundrechten, S. 237.

[34] Vgl. auch *Jarass*, in: Jarass/Pieroth, GG, 9. Aufl. 2007, Art. 11, Rn. 2; zum Streitstand auch *Grote/Kraus*, Fälle zu den Grundrechten, S. 237 f.

[35] So: *Götz*, NVwZ 1998, 679 (683); vgl. auch *VG Sigmaringen* NVwZ-RR 1995, 327 (329).

[36] Zum Streitstand *Burgi*, JuS 1997, 1106 (1109); vgl. auch *VG Sigmaringen* NVwZ-RR 1995, 327 (329).

[37] *OVG Bremen* NVwZ 1999, 314 (315); *OVG Münster* NVwZ 2001, 459 (460).

[38] *Alberts*, NVwZ 1997, 45 (47).

[39] *Kunig*, in: v.Münch/Kunig (Hrsg.), Grundgesetz-Kommentar, Bd. 1, 5. Aufl. 2000, Art. 11 Rn. 13, m.w.N.; der Sache nach ebenso *OVG Bremen* NVwZ 1999, 314 (315).

[40] *OVG Bremen* NVwZ 1999, 314 (315); *Lesting*, KJ 1997, 214 (221); *Hecker*, JuS 1998, 575; *ders.*, NVwZ 1999, 261 (262); *Alberts*, NVwZ 1997, 45 (47); *Götz*, Allgemeines Polizei- und Ordnungsrecht, § 8 Rn. 25.

[41] So i.E.: *Hecker*, JuS 1998, 575 f.; *ders.*, NVwZ 1999, 261 (262 f.); vgl. auch *Heckmann*, in: Becker/Heckmann/Kempen/Manssen, Öffentliches Recht in Bayern, 3. Teil, Rn. 359.

argumentiert: Wenn hiernach der Bund für die Regelung der Freizügigkeit ausschließlich gesetzgebungsbefugt ist, so könne eine landesgesetzliche Generalklausel zur Eingriffsrechtfertigung nicht herangezogen werden[42]; hierin liege auch der Grund, warum die polizeirechtliche Standardmaßnahme der Platzverweisung (Art. 16 PAG) nur *vorübergehend*, also so kurzzeitig ausgesprochen werden dürfe, damit die Belastung für den Betroffenen nicht in einen Eingriff in Art. 11 GG übergehe. Gegen diese Argumentation spricht aber in verfassunssystematischer Betrachtung, dass Art. 11 Abs. 2 GG als Einschränkungsmöglichkeit ausdrücklich ein staatliches Handeln vorsieht, um strafbaren Handlungen vorzubeugen (sog. Kriminalvorbehalt). Da die Vorbeugung und Verhinderung von strafbaren Handlungen zur Gefahrenabwehr zählt – mithin typische Funktion des Polizei- und Ordnungsrechts ist, das nach der Grundregel des Art. 70 Abs. 1 GG im Wesentlichen durch die Länder zu regeln ist –, geht Art. 11 Abs. 2 GG also selbst davon aus, dass zumindest insoweit der Landesgesetzgeber tätig werden kann. Die Gesetzgebungskompetenz des Bundes nach Art. 73 Nr. 3 GG kann daher freizügigkeitsrelevante Regelungen der Länder nicht gänzlich ausschließen. Vor allem die sog. interlokale Freizügigkeit zur präventiven Verhütung von Straftaten muss wegen Art. 11 Abs. 2 letzte Alt. GG durch polizei- und ordnungsrechtliche Ländergesetze geregelt werden können.[43] Aufenthaltsverbote der vorliegenden Art dienen der Verhütung von Straftaten nach dem BtMG. Insofern geht auch der von Stimmen in der Literatur erhobene Vorwurf fehl, wonach die ordnungsrechtliche Generalklausel den Anforderungen des qualifizierten Gesetzesvorbehalts in Art. 11 Abs. 2 GG[44] oder der sog. Wesentlichkeitstheorie[45] nicht genüge.

Ein gewichtiger weiterer Einwand gegen die Heranziehung des Art. 7 Abs. 2 LStVG als Befugnisnorm betrifft den Umstand, dass Art. 58 LStVG[46] den Art. 11 GG nicht als einschränkbares Grundrecht nennt.[47] Es liegt daher die Argumentation nahe, dass das LStVG für Eingriffe in das Recht auf Freizügigkeit nicht dem Zitiergebot aus Art. 19 Abs. 1 Satz 2 GG gerecht werde. Die ordnungsrechtliche Generalklausel müsste dann so auszulegen sein, dass sie keinesfalls zu Eingriffen in Art. 11 Abs. 1 GG ermächtige. Aber auch diese Konstruktion ist im Ergebnis nicht stichhaltig: Da gerade der qualifizierte Gesetzesvorbehalt des Art. 11 Abs. 2 GG Rechtsgüter betrifft, hinsichtlich derer kraft sog. verfassungsimmanenter Schranken Eingriffe auch bei vorbehaltlos gewährleisteten Grundrechten möglich wären – gerade im vorliegenden Fall erfolgt der Eingriff zugunsten der ebenfalls verfassungsrechtlich geschützten Güter Dritter, nämlich zugunsten von Leib und Leben, aber auch (im Hinblick auf sog. Beschaffungskriminalität) zugunsten des Eigentums –, ist schon deswegen das Zitiergebot aus Art. 19 Abs. 1 Satz 2 GG von vornherein nicht auf Art. 11 GG anwendbar.[48] Das Zitiergebot greift darüber hinaus auch deswegen nicht, weil die ordnungsrechtliche Generalklausel bereits im vorkonstitutionellen Recht enthalten war. Die Warnfunktion des Art. 19 Abs. 1 Satz 2 GG bezieht sich nur auf den nachkonstitutionellen Gesetzgeber, das Zitiergebot will also nicht Eingriffsmöglichkeiten ausschließen, die bereits nach vorkonstitutionellem Recht bestanden.[49] Das gilt auch, wenn eine nachkonstitutionelle Regelung ein vorkonstitutionelles Vorbild im Wesentlichen redaktionell übernimmt. Genau hiervon ist aber laut ausdrücklichem Hinweis im Bearbeitervermerk auszugehen. Art. 11 GG entfaltet damit keine Sperrwirkung für den Rückgriff auf Art. 7 Abs. 2 LStVG.[50]

---

[42] *VGH Kassel* NVwZ 2003, 1400 (1401); *Lesting*, KJ 1997, 214 (221f.); *Hecker*, JuS 1998, 575 (576); *ders.*, NVwZ 1999, 261 (262f.); *ders.*, NVwZ 2003, 1334 (1335); s. auch *Schenke*, Polizei- und Ordnungsrecht, Rn. 136.

[43] *BayVerfGH* NVwZ 1991, 664 (666); *OVG Bremen* NVwZ 1999, 314 (316); *VG Sigmaringen* NVwZ-RR 1995, 327 (329); *Alberts*, NVwZ 1997, 45 (47); *Burgi*, JuS 1997, 1106 (1109).

[44] Vgl. *Alberts*, NVwZ 1997, 45 (47f.).

[45] Vgl. *Hecker*, NVwZ 1999, 261.

[46] S. auch: § 44 OBG NW, § 43 OBG Bbg., § 321 LVwG SchlH. Demgegenüber lassen § 4 Nr. 3 PolG BW, § 10 HSOG, § 9 PolG Brem., § 31 SOG Hbg., § 78 SOG MV, § 10 NdsSOG, § 7 PolG Saarl., § 8 POG Rh-Pf, § 14 OBG Thür., § 79 SächsPolG und § 11 Nr. 3 SOG LSA Eingriffe in Art. 11 GG ausdrücklich zu.

[47] *Alberts*, NVwZ 1997, 45 (47); *Hecker*, NVwZ 1999, 261 (263).

[48] *Kunig*, in: v. Münch/Kunig (Hrsg.), Grundgesetz-Kommentar, Bd. 1, 5. Aufl. 2000, Art. 11 Rn. 20 (Stichwort „Polizeiliche Maßnahmen"), m.w.N.; *Drews/Wacke/Vogel/Martens*, Gefahrenabwehr, S. 278; *Riegel*, BayVBl. 1980, 577 (579); allgemein zur Nichtgeltung des Zitiergebots bei vorbehaltlos gewährleisteten Grundrechten: BVerfGE 83, 130 (154).

[49] *Kunig*, in: v. Münch/Kunig (Hrsg.), GG-Kommentar, Bd. 1, Art. 11 Rn. 20 (Stichwort „Polizeiliche Maßnahmen"), m.w.N.; allgemein hierzu: BVerfGE 2, 121 (122); 5, 13 (16); 28, 36 (46).

[50] So auch i.E.: *Burgi*, JuS 1997, 1106 (1109); *Kunig*, in: v. Münch/Kunig (Hrsg.), GG-Kommentar, Bd. 1, Art. 11 Rn. 20 (Stichwort „Polizeiliche Maßnahmen"), a.A. aber gut vertretbar.

cc) Eingriffstatbestand nach Art. 7 Abs. 2 Nrn. 1 und 3 LStVG

Es kommt daher darauf an, ob ein Eingriffstatbestand nach Art. 7 Abs. 2 LStVG erfüllt ist und ob die von der Behörde gewählte Rechtsfolge hinreichend bestimmt (Art. 37 Abs. 1 BayVwVfG) sowie verhältnismäßig (Art. 8 LStVG) ist. Der Eingriffstatbestand nach Art. 7 Abs. 2 LStVG kann hier im Hinblick auf die Alternativen Nr. 1 und Nr. 3 dieser Befugnisnorm erfüllt sein.

Nach Art. 7 Abs. 2 Nr. 1 LStVG kann die Sicherheitsbehörde u. a. Anordnungen treffen, um rechtswidrige Taten, die den Tatbestand eines Strafgesetzes erfüllen, zu verhüten oder zu unterbinden. Zu einer strafgerichtlichen Verurteilung muss es hierfür nicht gekommen sein.[51] Für diesen Gefahrenabwehrtatbestand ist erforderlich, dass aus Ex-ante-Sicht ein strafrechtlich relevantes rechtswidriges Verhalten mit hinreichender Wahrscheinlichkeit konkret bevorsteht oder im Gange ist.[52] Im zu begutachtenden Fall ist D in den letzten beiden Jahren mehrfach wegen Verstößen gegen § 29 Abs. 1 Nr. 1 BtMG auffällig geworden. Er hat weiterhin ständig Kontakt zur offenen Drogenszene in S und hält sich an den diesbezüglich relevanten Örtlichkeiten auf. Hieraus ist die Prognose gerechtfertigt, dass D weiterhin mit strafrechtlichem Verhalten i. S. v. § 29 Abs. 1 BtMG in Verbindung zu bringen ist und derartige Straftaten gerade auch an den in der Verfügung genannten Orten begehen wird. Das Aufenthaltsverbot würde diese Straftaten zumindest dort unterbinden. Die tatbestandlichen Voraussetzungen für ein Eingreifen nach Art. 7 Abs. 2 Nr. 1 LStVG liegen vor.

Darüber hinaus kann auch der Eingriffstatbestand des Art. 7 Abs. 2 Nr. 3 LStVG erfüllt sein. Die Behörde ist hiernach zu sicherheitsrechtlichen Maßnahmen befugt, um Gefahren abzuwehren oder Störungen zu beseitigen, die Leben, Gesundheit oder die Freiheit von Menschen oder Sachwerte, deren Erhaltung im öffentlichen Interesse geboten erscheint, bedrohen oder verletzen. Entscheidend ist insofern, ob für die aufgezählten Schutzgüter eine *konkrete Gefahr* besteht. Unerlaubter Drogenbesitz, -konsum und -handel können Dritte in ihrer Gesundheit und körperlichen Unversehrtheit massiv beeinträchtigen.[53] Gefährdet sind vor allem auch Kinder und Jugendliche sowie bereits drogenabhängige Personen, die in ihrer freien Willensbestimmung ggf. eingeschränkt sind (und bei denen eine Reduzierung des ordnungsrechtlichen Eingriffstatbestandes wegen freier Selbstgefährdung auch unter Berücksichtigung der objektiven Wertentscheidung aus Art. 2 Abs. 2 Satz 1 GG nicht indiziert ist). Im Übrigen ist zu bedenken, dass im Bereich einer offenen Drogenszene häufig benutzte Spritzen vorzufinden sind, die zu erhöhten Verletzungs- und Infektionsgefahren für jedermann führen können.[54] Darüber hinaus ist an die im Zusammenhang mit Drogenhandel und Drogenkonsum stehende Beschaffungskriminalität (Diebstahl) zu denken, die nicht zu vernachlässigende Schäden gänzlich unbeteiligter Personen hervorbringt.[55] Sowohl im Hinblick auf die Schutzgüter Leben und Gesundheit als auch im Hinblick auf Sachgüter, deren Erhaltung im öffentlichen Interesse geboten erscheint, ist damit eine nach Art. 7 Abs. 2 Nr. 3 LStVG relevante konkrete Gefahr – verstanden als Zustand, der aufgrund der konkreten Umstände des Einzelfalls bei verständiger, objektiver Würdigung aus Ex-ante-Sicht bei ungehindertem Geschehensablauf den Eintritt einer Störung resp. eines Schadens mit hinreichender Wahrscheinlichkeit in absehbarer Zeit erwarten lässt[56] – zu bejahen. Die tatbestandlichen Voraussetzungen nach Art. 7 Abs. 2 Nrn. 1 und 3 LStVG sind damit gegeben.

dd) Maßnahmerichtung – Verantwortlichkeit des D

D hat die Gefahr, die die Behörde zum Handeln veranlasst hat, durch seine an den relevanten Orten begangenen Drogendelikte (unmittelbar) mitverursacht. Gem. Art. 9 Abs. 1 LStVG ist er verhaltensverantwortlich.[57]

---

[51] *BayVGH* NVwZ 2000, 454 (456); vgl. auch *OVG Münster* NVwZ 2001, 459.

[52] *Gallwas/Wolff*, Bayerisches Polizei- und Sicherheitsrecht, Rn. 313.

[53] *BayVGH* NVwZ 2000, 454 (456); *OVG Bremen* NVwZ 1999, 314 (317); vgl. auch *OVG Münster* NVwZ 2001, 459.

[54] *OVG Münster* NVwZ 2001, 459.

[55] *BayVGH* NVwZ 2000, 454 (456).

[56] Z. B. *BayVGH* BayVBl. 2006, 635 (636); *Heckmann*, in: Becker/Heckmann/Kempen/Manssen, Öffentliches Recht in Bayern, 3. Teil, Rn. 8, 111, 116; *Knemeyer*, Polizei- und Ordnungsrecht, Rn. 87 f.; *Voßkuhle*, JuS 2007, 908.

[57] Vgl. auch *OVG Münster* NVwZ 2001, 459.

ee) Bestimmtheitsgrundsatz (Art. 37 Abs. 1 BayVwVfG)

Nach allgemeinen rechtsstaatlichen Vorgaben, die in Art. 37 BayVwVfG ausdrücklich hervorgehoben sind, muss der verfügende Teil der an D gerichteten Maßnahme inhaltlich hinreichend bestimmt sein. Für den Verfügungsadressaten muss aus der Verfügung selbst – wenn auch ggf. erst im Zusammenhang mit den Gründen des Bescheids und den zugrundeliegenden Umständen – der Gegenstand, der den Zweck, Sinn und Inhalt des Verwaltungsakts ausmacht, so vollständig, klar verständlich und unzweideutig erkennbar sein, dass er sein Verhalten hiernach ausrichten kann.[58] Maßgeblich ist insofern die analog § 133 BGB am objektiven Empfängerhorizont orientierte Auslegung der behördlichen Anordnung.[59] Insofern ist zu berücksichtigen, dass der Bescheid lediglich ein Aufenthaltsverbot ausspricht, folglich nicht jede Art des Betretens der relevante Plätze zu unterbinden sucht. Wenn auch ggf. Abgrenzungsschwierigkeiten bestehen, dürfte jedoch ein Verstoß gegen das Bestimmtheitsgebot zu verneinen sein[60]: Ein objektiver Empfänger versteht den erklärten Willen der Behörde so, dass der Verfügungsadressat D, um den Kontakt zur Drogenszene möglichst zu unterbinden, nicht seine Zeit an den genannten Örtlichkeiten vertreiben darf. Nicht ausgeschlossen ist das Durchqueren oder die Erledigung von Geschäften des täglichen Bedarfs, z. B. die Benutzung der U-Bahn als Verkehrsmittel oder das Überqueren der relevanten Örtlichkeiten zu Einkaufszwecken.[61] Insofern ist für den Verfügungsadressaten erkennbar, dass er in den bezeichneten Örtlichkeiten nicht verweilen darf. Die Verfügung ist ausreichend bestimmt.

> **Zum Verständnis:** Nach der Rechtsprechung des *OVG Münster*[62] soll eine Differenzierung nach Art, Dauer und Zweck der Anwesenheit an den genannten Orten nicht indiziert sein. Jede Art der Anwesenheit, auch bloßes Durchqueren, soll hiernach vom pauschalen Aufenthaltsverbot erfasst sein. Für diesen Ansatz kann immerhin vorgebracht werden, dass es – abgesehen von faktischen Abgrenzungsschwierigkeiten im Einzelfall – auch beim Durchqueren zu Drogenkontakten kommen kann, auch wenn das ggf. vom Betroffenen nicht von vornherein beabsichtigt war. Angesichts der unterschiedlichen Auslegungsmöglichkeiten, die selbst die befassten Verwaltungsgerichte zu divergierenden Ergebnissen kommen lassen, wäre hier die Annahme der Unbestimmtheit zumindest gut vertretbar!

ff) Grundsatz der Verhältnismäßigkeit/Übermaßverbot (Art. 8 LStVG)

Die Maßnahme muss dem in Art. 8 LStVG normierten Übermaßverbot gerecht werden.[63] Die Behörde verfolgt mit dem Aufenthaltsverbot das legitime Ziel, der Bildung und Verfestigung einer sog. offenen Drogenszene entgegenzuwirken. Insofern kann an der Eignung der Maßnahme gezweifelt werden, weil Aufenthaltsverbote ggf. nur zu einer Schauplatzverlagerungen führen, sodass sich möglicherweise rasch neue Drogenumschlagplätze bilden.[64] Eine Maßnahme ist aber nicht allein deswegen ungeeignet, weil das Grundproblem hierdurch nicht generell beseitigt werden kann.[65] Es genügt für die Bejahung der Geeignetheit, dass die Maßnahme einen irgendwie förderlichen Beitrag für das behördliche Ziel leistet. In dieser Hinsicht können Aufenthaltsverbote jedenfalls den Drogenhandel erschweren, weil hierdurch bestimmte Anlaufpunkte, die unter Dealern und Konsumenten bekannt sind, unpopulär gemacht werden. Insbesondere hinsichtlich der Verhütung rechtswidriger Taten im Drogenbereich und im Bereich der Beschaffungskriminalität ist die Maßnahme als geeignet zu bewerten.[66] Da ein gleich effizientes, weniger einschneidendes Mittel zur Bekämpfung der offenen Drogenszene nicht in Betracht kommt, ist

---

[58] *BayVGH* NVwZ 2000, 454 (457).

[59] *OVG Münster* NVwZ 2001, 231.

[60] A. A. das *VG München* – als Vorinstanz zu *BayVGH* NVwZ 2000, 454 –, das aufgrund der nur schwer zu praktizierenden Differenzierung zwischen Aufenthaltsverbot und Betretensverbot für Unbestimmtheit plädierte; zustimmend insoweit *Kappeler*, BayVBl. 2001, 336 (338 f.).

[61] *BayVGH* NVwZ 2000, 454 (457); vgl. auch *Götz*, Allgemeines Polizei- und Ordnungsrecht, § 8 Rn. 24.

[62] *OVG Münster* NVwZ 2001, 231.

[63] Zur Verhältnismäßigkeitsprüfung im Falle eines Aufenthaltsverbots in Form einer auf die sicherheitsrechtliche Generalklausel gestützten Allgemeinverfügung: *VGH Mannheim* NVwZ 2003, 115 ff. – Aufenthaltsverbot für Personen der *„Punk-Szene"*.

[64] *Lesting*, KJ 1997, 214 (220); zweifelnd auch *Hecker* NVwZ 2003, 1334 (1336).

[65] *BayVGH* NVwZ 2000, 454 (456).

[66] *BayVGH* NVwZ 2000, 454 (456).

das Aufenthaltsverbot auch erforderlich i. S. v. Art. 8 Abs. 1 LStVG. Schließlich darf die Maßnahme gemäß Art. 8 Abs. 2 LStVG nicht erkennbar außer Verhältnis zu dem beabsichtigten Erfolg stehen, sog. Zumutbarkeit oder Verhältnismäßigkeit im engeren Sinne. Es ist hier zu bedenken, dass sich eine an den betroffenen Örtlichkeiten gebildete Drogenszene weiter verfestigen kann, wenn nicht staatlich hiergegen eingeschritten wird. Es stehen hohe Rechtsgüter auf dem Spiel:

„Das Bild der Drogenumschlagplätze ist geprägt von kranken und abhängigen jungen Menschen, die zum Teil am Rande der Verwahrlosung leben und deren Lebensinhalt darin besteht, für entsprechenden Nachschub zu sorgen. Neben der unmittelbaren Betroffenheit der Drogensüchtigen besteht durch das Anbieten von Drogen an Dritte weiterhin die Gefahr, dass bislang Unbeteiligte in diesen Sog geraten und sich der Kreis der Süchtigen weiter ausbreitet. Zudem ist die Gefahr nicht zu unterschätzen, dass ganze Stadtviertel hierdurch in ihrer sozialen Struktur verändert werden, weil sie zum Teil wegen des Gefahrenpotenzials gemieden werden.“[67]

Auch wenn man berücksichtigt, dass D in seinem Recht auf Freizügigkeit aus Art. 11 GG betroffen ist, so sprechen doch konfligierende Gemeinwohlinteressen, die im Hinblick auf staatliche Schutzpflichten zugunsten Dritter aus Art. 2 Abs. 2 Satz 1 GG ebenso Verfassungsrang haben, für eine Ausgewogenheit des verfügten Aufenthaltsverbots.[68] Vor diesem Hintergrund ist ein Aufenthaltsverbot als verhältnismäßig einzustufen. Dies gilt insbesondere, weil nach der hier vertretenen Auslegung eine vorübergehende Anwesenheit, z. B. zum Zwecke des Einkaufens oder des Wartens auf ein Verkehrsmittel, nicht ausgeschlossen ist. Da ein bloß kurzfristiges Aufenthaltsverbot von wenigen Wochen die Sogwirkung der relevanten Örtlichkeiten nicht effektiv eindämmen könnte, D in den Handel mit Drogen verstrickt ist, fest in die Drogenszene in S integriert ist und bereits mehrfach wegen Delikten i. S. v. § 29 Abs. 1 Nr. 1 BtMG aufgefallen ist, erscheint eine kürzere Befristung des Aufenthaltsverbots wenig erfolgversprechend. Damit begegnet auch die zeitliche Befristung für die Dauer von immerhin zwölf Monaten keinen Bedenken aus der Perspektive des Übermaßverbots.[69]

Endergebnis: Das hier verhängte Aufenthaltsverbot ist, sofern man nicht von einer Sperrwirkung des Art. 11 GG für den Rückgriff auf die ordnungsrechtliche Generalklausel ausgeht, von Art. 7 Abs. 2 Nrn. 1 und 2 LStVG gedeckt. Die Maßnahme ist damit rechtmäßig. Dem Hauptsacherechtsbehelf (Anfechtungsklage) des D ist damit voraussichtlich der Erfolg versagt. Es überwiegt also das öffentliche Vollzugsinteresse gegenüber dem privaten Aussetzungsinteresse des D. Der Eilantrag des E nach § 80 Abs. 5 VwGO ist unbegründet; das Verwaltungsgericht wird die aufschiebende Wirkung nicht wiederherstellen.

Zur Vertiefung *(Möstl):* Eine Fallgruppe, die mit derjenigen der sicherheitsbehördlichen Aufenthaltsverbote gewisse Parallelen aufweist, betrifft die Problematik der **polizeilichen Wohnungsverweise**. Typischerweise geht es hierbei darum, dass die Polizei einen gewalttätigen Ehemann oder sonstigen Mitbewohner zum Schutz seiner Ehefrau/Mitbewohnerin aus seiner Wohnung verweist und ein Rückkehrverbot für eine bestimmte Zeit ausspricht.[70] Vor allem folgende Besonderheiten sind es, die bei

---

[67] *BayVGH* NVwZ 2000, 454 (456) ebenso *VG München*, Urt. v. 26. Februar 2004, Az: M 22 K 02.890

[68] *Burgi*, JuS 1997, 1106 (1109).

[69] So für den Fall eines entsprechend langen Aufenthaltsverbots gegenüber einem ausländischen Angehörigen der Drogenszene: *BayVGH* NVwZ 2000, 454 (456 f.); in dieser Tendenz auch: *Burgi*, JuS 1997, 1106 (1109). Kritisch insoweit: *Hecker*, JuS 1998, 575 (576); *Hecker*, NVwZ 2003, 1334 (1336); vgl. auch *OVG Münster* NVwZ 2001, 459 (460).

[70] Aus der Rspr.: *VGH Mannheim*, NJW 2005, 88 = JZ 2005, 353 (m. Anm. Gusy); *BVerfG-K* NJW 2002, 2225; *VG Aachen* NJW 2004, 1888; *VG Aachen*, Urteil vom 23. 8. 2006, Az. 6 K 3852/04, BeckRS 2006, 27182; *VG Karlsruhe*, Urteil vom 16. 8. 2007, Az. 6 K 2446/07, BeckRS 2007, 2639; aus der Literatur: *Kay*, Wohnungsverweisung – Rückkehrverbot zum Schutz vor häuslicher Gewalt; *Lang*, Das Opfer bleibt, der Schläger geht, VerwArch 2005, 283; *Schmidbauer*, Polizeiliche Gefahrenabwehr bei Gewalt im sozialen Nahraum, BayVBl. 2002, 257; *Seiler*, Der polizeiliche Verweis aus der eigenen Wohnung, VBlBW 2004, 93; *Wuttke*, Polizeirechtliche Wohnungsverweise, JuS 2005, 779; eine fallmäßige Aufbereitung findet sich bei *Traulsen*, Fortgeschrittenenklausur – Öffentliches Recht: Platzverweis gegen den gewalttätigen Ehemann, JuS 2004, 414.

der Prüfung des polizeilichen Wohnungsverweises im Vergleich zu der ähnlich gelagerten Fallgruppe der Aufenthaltsverbote (wie sie in diesem Fall behandelt wurde) zu beachten sind:

■ Die Problematik der Anwendbarkeit der polizeirechtlichen Eingriffsbefugnisse ist nicht nur (wie bei den Aufenthaltsverboten) im Blick auf Art. 73 Nr. 7 GG zu thematisieren (Lösung wie dort), sondern ggf. auch im Verhältnis zum sog. Gewaltschutzgesetz des Bundes (Schönfelder Ergänzungsband Nr. 49), in dem die zivilgerichtliche Anordnung von Wohnungsverweisen zum Schutz gegen Gewalttaten vorgesehen ist. Der Anwendungsbereich des Polizeirechts ist durch das Gewaltschutzgesetz allerdings keineswegs völlig verdrängt, vielmehr ist anerkannt, dass das Polizeirecht – im Sinne der Statuierung vorläufiger erster Maßnahmen der Krisenbewältigung – flankierend solange eingreifen darf, bis zivilgerichtlicher Schutz erlangt werden kann. Polizeiliche Betretungsverbote dürfen deswegen nicht zu lange bemessen sein; anderenfalls handelt die Polizei ermessensfehlerhaft bzw. verstößt sie gegen Art. 2 Abs. 2 PAG (Vorrang zivilgerichtlichen Rechtsschutzes).

■ Die meisten Landespolizeigesetze kennen mittlerweile besondere Standardbefugnisse des Wohnungsverweises (z. B. § 31 Abs. 2 HessSOG, § 17 Abs. 2 NdsSOG, § 34 a NWPolG; § 13 RhPfPOG; § 21 Abs. 3 SächsPolG). Soweit dies – wie in Bayern – hingegen noch nicht der Fall ist, stellt sich die Frage, ob eine ausreichende Befugnisgrundlage vorhanden ist. Drei Problemkreise sind hierbei zu unterscheiden:

　– Kennt das Landesrecht die Standardbefugnis der Platzverweisung (z. B. Art. 16 PAG), ist zu prüfen, ob diese den Wohnungsverweis mit Rückkehrverbot abdeckt. Kern der Problematik ist dabei das den Platzverweis kennzeichnende Tatbestandsmerkmal „vorübergehend", über dessen richtige Auslegung Streit besteht. Das Meinungsspektrum reicht von einer zulässigen Höchstdauer des Platzverweises von wenigen Stunden bzw. höchstens 24 Stunden bis hin zur These, der Platzverweis dürfe so lange andauern, wie die Gefahr bestehe. Nach wohl hM sind Wohnungsverweisungen, die mehrere Tage dauern, nicht mehr von den Befugnisnormen des Platzverweises gedeckt.

　– Greift die spezielle Standardbefugnis des Platzverweises nicht, stellt sich die Frage des Rückgriffs auf die Generalklausel (z. B. Art. 11 PAG). Auch hier stehen sich zwei Ansichten gegenüber: Nach einer Ansicht bedeutet die Spezialität der Standardbefugnisse (Art. 11 Abs. 1 PAG) eine Sperrwirkung dergestalt, dass der Rückgriff auf die Generalklausel nicht dazu dienen dürfe, besondere Grenzen der Standardbefugnisse (hier das Merkmal „vorübergehend") zu umgehen. Nach anderer Ansicht ist der längerfristige Wohnungsverweis eben eine andersartige Maßnahme als diejenige des kurzfristigen Platzverweises, für die eine besondere Standardbefugnis bislang nicht besteht; folglich kann auf die Generalklausel zurückgegriffen werden.

　– Problematisch ist die Anwendung der Generalklausel auch noch aus einem anderen Grund (der auch dann zu thematisieren ist, wenn es – wie z. B. in Baden-Württemberg – keine Spezialbefugnis des Platzverweises gibt und sich daher die Spezialitätsfrage nicht stellt): Nach weit verbreiteter Ansicht gebietet es die Wesentlichkeitstheorie, dass besonders grundrechtsintensive Eingriffe (wie bei der Verweisung aus der eigenen Wohnung der Fall) nicht auf Dauer auf die polizeiliche Generalklausel gestützt werden dürfen, sondern dass der Gesetzgeber verpflichtet ist, nach einer angemessenen Phase der Erprobung neuartiger Standardmaßnahmen hierfür eine spezielle Standardbefugnis zu Verfügung zu stellen (Pieroth/Schlink/Kniesel, § 7, Rn. 20). Bzgl. der Wohnungsverweisung ist str., ob diese zulässige Übergangsphase ggf. bereits abgelaufen ist.

■ In grundrechtlicher Hinsicht spielt auch beim Wohnungsverweis Art. 11 GG eine zentrale Rolle. Ein Eingriff in Art. 11 GG, der das Recht schützt, am selbst gewählten Ort Aufenthalt und Wohnsitz zu nehmen, ist im Vergleich zur Fallgruppe des Aufenthaltsverbotes gleichsam erst recht zu bejahen. Dementsprechend greift auch die aus Art. 11 Abs. 2 GG folgende Schranke, dass der Eingriff nur, „um strafbaren Handlungen vorzubeugen", zulässig ist. Stehen keine strafbaren Handlungen (insbesondere Gewalttaten) zu befürchten, scheidet der Wohnungsverweis aus (er kann z. B. nicht allein wegen einer Suizidgefahr angeordnet werden). Zu prüfen ist außerdem Art. 14 GG (der auch das Besitzrecht des Mieters schützt!). Art. 13 GG ist anzusprechen, nach seinem Schutzzweck (Schutz der Privatheit) aber letztlich nicht berührt; insofern ist es fragwürdig, wenn z. T. befürwortet wird, die für das Betreten und Durchsuchen von Wohnungen (Art. 23 PAG) geltenden Restriktionen auf die Fallgruppe des Wohnungsverweises zu übertragen. Keine so große Rolle wie bei der Fallgruppe „Aufenthaltsverbot" spielt das Problem des Zitiergebots (Art. 19 Abs. 1 S. 2 GG), da

Art. 74 PAG die Art. 11 und 13 GG als einschränkbare Grundrechte nennt; Art. 14 GG muss nicht genannt werden (Inhalts- und Schrankenbestimmung und keine „Einschränkung" i. S. d. Art. 19 Abs. 1 GG).

Rechtsprechungsvorlagen: *BayVGH* NVwZ 2000, 454; BayVBl. 2006, 671; *OVG Münster* NVwZ 2001, 231; *OVG Bremen* NVwZ 1999, 314; *VGH Mannheim* NVwZ 2003, 115; *VGH Kassel* NVwZ 2003, 1400.

Leseempfehlungen: *Aufgabe 8 der Zweiten Juristischen Staatsprüfung 2001/2,* BayVBl. 2006, 354 (Text) und 382 (Lösung); *Burgi,* Der praktische Fall – Öffentliches Recht: Die Polizei – Dein Freund und seine Helfer, JuS 1997, 1106; *Hecker,* Aufenthaltsverbote im Bereich der Gefahrenabwehr, NVwZ 1999, 261; *Hecker,* Neue Rechtsprechung zu Aufenthaltsverboten im Polizei- und Ordnungsrecht, NVwZ 2003, 1334; *Hecker,* Platzverweis ohne Ermächtigungsgrundlage, JuS 1998, 575; *Kappeler,* Unbestimmte Aufenthaltsverbote gegen Angehörige der Drogenszene, BayVBl. 2001, 336.

Fall 18: Kampfhundeverordnung *(Möstl)*

Sachverhalt

In jüngerer Zeit ist es wiederholt zu Angriffen von Hunden der Rasse Mastín Español auf Menschen gekommen, die in der Presse erhebliches Aufsehen erregt hatten. Auch die Statistik belegt für die Rasse Mastín Español eine weit überdurchschnittlich hohe Anzahl an Beißvorfällen. Das Bayerische Staatsministerium sah sich daraufhin veranlasst, seine auf Art. 37 Abs. 1 Satz 2 LStVG gestützte Kampfhundeverordnung (fiktiv) dahingehend zu ändern, dass fortan auch für Hunde der Rasse Mastín Español deren Eigenschaft als Kampfhund vermutet wird. Diese Vermutung ist nach den Regelungen der Verordnung widerlegbar, d.h. sie gilt, solange der Hundehalter der Behörde nicht mittels eines Sachverständigengutachtens (Wesenstest) individuell nachweist, dass sein Hund keine gesteigerte Aggressivität und Gefährlichkeit aufweist.

H ist ein Hundeliebhaber, der fünf Hunde, darunter seit fünf Jahren auch einen Mastín Español hält. Er tut dies aus Liebhaberei und nicht, weil er die Hunde zu einem bestimmten Zweck (z. B. Bewachung) bräuchte. Bei keinem seiner Hunde ist es bislang zu irgendwelchen Unfällen oder gefährlichen Situationen gekommen. Auch seinen Mastín Español hält H für absolut friedlich.

Als H seinen Hund wenige Tage nach Inkrafttreten der Änderung der Kampfhundeverordnung ausführt, wird er von einem Polizisten daraufhin angesprochen, ob er die für das Halten eines Mastín Españols nötige Erlaubnis der Gemeinde besitze. Der Bürgermeister der örtlichen Gemeinde hatte die im Gemeindegebiet gelegenen Polizeidienststellen angewiesen, verstärkt darauf zu achten, ob Hunde der Rasse Mastín Español ohne die erforderliche Erlaubnis gehalten würden und gegebenenfalls einzuschreiten. Als der H, der von einer derartigen Erlaubnispflicht gar nichts gewusst hatte, die Frage des Polizisten verneint, stellt dieser den Hund vorläufig sicher und veranlasst seine Verwahrung im örtlichen Tierheim.

H hält dieses Vorgehen in mehrerer Hinsicht für rechtswidrig. Es sei ihm schon unerklärlich, weswegen eine Notwendigkeit bestanden haben soll, dass ausgerechnet die Polizei gegen seinen seit Jahren friedlichen Hund einschreitet; allenfalls die Gemeinde als Erlaubnisbehörde sei zuständig gewesen. Eine Sicherstellung sei zudem in der Sache völlig überzogen; etwa ein Leinen- oder Maulkorbzwang hätte absolut genügt, um alle Sicherheitsbedenken zu zerstreuen. Rechtswidrig sei außerdem bereits die Einbeziehung der Rasse Mastín Español in die Liste der Hunde, für die die Kampfhundeeigenschaft widerlegbar vermutet wird. Es sei in der Fachwissenschaft anerkannt, dass allein von der Rassezugehörigkeit eines Hundes noch nicht auf seine Gefährlichkeit geschlossen werde könne. Es fehle insoweit an einer die Kampfhundeverordnung rechtfertigenden hinreichenden abstrakten Gefahr. Auch bereits die gesetzliche Ermächtigungsgrundlage sei wegen ihres unwissenschaftlichen Anknüpfens an die bloße Rassezugehörigkeit als verfassungswidrig einzustufen; er verweise diesbezüglich auf sein Eigentumsgrundrecht. Zumindest aber sei es rechtswidrig, dass Art. 37 LStVG i.V. m. der Kampfhundeverordnung eine Erlaubnispflicht auch für „Altfälle" begründe, d.h. für Hunde, die bislang völlig rechtmäßig gehalten worden sind; aus Vertrauens- und Bestandsschutzgründen hätte zumindest eine Übergangsregelung dahingehend erlassen werden müssen, dass er seinen Hund bis zur Beibringung des Wesenstests bzw. dem Abschluss des Erlaubnisverfahrens vorläufig weiter rechtmäßig halten dürfe.

H hat gegen die polizeiliche Maßnahme Anfechtungsklage eingelegt, über die noch nicht entschieden worden ist. Er ist der Ansicht, dass ihm der Hund bis auf weiteres wieder herausgegeben werden müsse, da er einen Rechtsbehelf eingelegt habe. Von seinem Rechtsanwalt R möchte H wissen,

1. ob die polizeiliche Sicherstellung des Hundes rechtmäßig war.
2. welche gerichtlichen Rechtsbehelfe er erfolgreich geltend machen kann, um möglichst schnell die vorläufige Herausgabe des Hundes zu erreichen.

Bearbeitervermerk:
Das Gutachten des R ist zu erstellen.

Lösung

A. Frage 1: Rechtmäßigkeit der Sicherstellung des Hundes

I. Die polizeiliche Aufgabe und Zuständigkeit

> **Zum Aufbau:** Die Überprüfung der polizeilichen Maßnahme anhand des klassischen Aufbaus (formelle und materielle Rechtmäßigkeit) ist ebenso gut vertretbar. Zum sog. „bayerischen" Aufbau („Aufgabe"-„Befugnis") siehe Fall 11.

1. Aufgabeneröffnung nach Art. 2 Abs. 1 PAG

Gehandelt hat eine im Vollzugsdienst tätige Dienstkraft der Polizei des Freistaates Bayern (Art. 1 PAG). Die Polizei hat nach Art. 2 Abs. 1 PAG die Aufgabe, die allgemein oder im Einzelfall bestehenden Gefahren für die öffentliche Sicherheit oder Ordnung abzuwehren.[1] Der Polizist handelte hier, um einen Verstoß gegen die bußgeldbewehrte Erlaubnispflicht des Art. 37 Abs. 1, Abs. 5 LStVG i. V. m. der Kampfhundeverordnung (Verbot der Hundehaltung ohne entsprechende Erlaubnis) zu unterbinden. Die Unterbindung von Normverstößen ist Teil der der Polizei nach Art. 2 Abs. 1 PAG zugewiesenen Gefahrenabwehraufgabe; insbesondere ist die Unversehrtheit der Rechtsordnung zentrales Schutzgut „öffentlicher Sicherheit" und meint „Gefahrenabwehr" nicht nur die Verhinderung künftiger, sondern auch die Unterbindung gegenwärtiger Verstöße gegen die öffentliche Sicherheit (vgl. Art. 11 Abs. 2 Satz 1 Nr. 1 PAG). Die Sicherstellung des Hundes diente auch nicht einer (theoretisch denkbaren) repressiven Verfolgung der mit der verbotenen Hundehaltung ggf. verwirklichten Ordnungswidrigkeit. Der polizeiliche Aufgabenbereich ist damit nach Art. 2 Abs. 1 PAG grundsätzlich eröffnet.

> **Zum Aufbau:** Die Frage, ob Art. 37 Abs. 1 LStVG und die Kampfhundeverordnung verfassungskonform sind und ob unter diesem Gesichtspunkt tatsächlich ein Verstoß gegen die öffentliche Sicherheit (Unversehrtheit der Rechtsordnung) bejaht werden kann oder aber wegen Verfassungswidrigkeit der Normen verneint werden muss, ist keine Frage der Eröffnung der polizeilichen Aufgabe, sondern des Bestehens einer polizeilichen Eingriffsbefugnis. Die polizeiliche Aufgabeneröffnung nach Art. 2 Abs. 1 PAG (bei der es im Wesentlichen um die Begründung der polizeilichen Zuständigkeit geht) setzt nicht voraus, dass eine Gefahr für die öffentliche Sicherheit tatsächlich besteht (dies ist allein ein Problem der hinreichenden materiellen Befugnis zum Grundrechtseingriff), sondern nur, dass das Handeln der Polizei mit dem Ziel der Gefahrenabwehr erfolgt und insofern auf die der Polizei nach Art. 2 Abs. 1 PAG zugewiesene Aufgabe ausgerichtet ist (nicht von der polizeilichen Aufgabe nach Art. 2 Abs. 1 PAG erfasst ist insbesondere die repressive Strafverfolgung oder aber das Tätigwerden zu – z. B. wohlfahrtsstaatlichen – Zwecken, die mit dem Schutz der öffentlichen Sicherheit und Ordnung von vornherein nichts zu tun haben). Dazu, dass – entgegen einer in Bayern häufigen Begriffsverwendung – insbesondere der Begriff der „abstrakten Gefahr" im Kontext des Art. 2 Abs. 1 PAG nichts zu suchen hat, siehe unten bei der Klärung des Begriffs „abstrakte Gefahr" im Rahmen der Prüfung der Rechtmäßigkeit der Kampfhundeverordnung.

---

[1] Vgl. die entsprechende Norm der Länderpolizeigesetze, z. B. § 1 Abs. 1 PolG BW, § 1 Abs. 1 Satz 1 NdsSOG, § 1 Abs. 1 PolGNW, § 1 Abs. 1 SächsPolG.

2. Subsidiaritätsgrundsatz – Verhältnis zu Sicherheitsbehörden

Da auch die Sicherheitsbehörden (z. B. die örtliche Gemeinde) nach Art. 6 LStVG mit der Aufgabe der Gefahrenabwehr betraut sind, ist das kompetenzielle Verhältnis von Sicherheitsbehörden (hier: Gemeinde) und Polizei zu klären. Art. 3 PAG legt diesbezüglich fest, dass die Polizei tätig wird, soweit ihr die Abwehr der Gefahr durch eine andere Behörde nicht oder nicht rechtzeitig möglich erscheint.[2] Ein polizeiliches Einschreiten ist daher gegenüber dem Einschreiten der Sicherheitsbehörden subsidiär. Ob die Voraussetzungen des Art. 3 PAG vorliegen, ist aus der Sicht des Polizeibeamten vor Ort zu beurteilen.[3]

Das Erfordernis der Subsidiarität steht dem Handeln der Polizei aber dann nicht entgegen, wenn eine Weisung durch die allgemeinen Sicherheitsbehörden, Art. 9 Abs. 2 POG, Art. 10 Satz 2 LStVG, vorliegt.[4]

> **Zum Verständnis:** Eine Weisung nach Art. 9 Abs. 2 POG, Art. 10 Satz 2 LStVG (Weisung im polizeilichen Aufgabenbereich) ändert nichts daran, dass die Handlung von der Polizei selbständig vorgenommen wird, ihr (und nicht der Sicherheitsbehörde) daher ohne Abstriche zurechenbar ist und auch im Übrigen nach den Vorschriften des PAG zu erfolgen hat (d. h. voll und ganz mit dem PAG vereinbar sein muss; allein die Subsidiarität nach Art. 3 PAG wird „überwunden").[5] Die so umrissene Weisung im polizeilichen Aufgabenbereich ist abzugrenzen vom Fall des sicherheitsbehördlichen Handelns durch die Polizei (als bloßes Werkzeug) nach Art. 7 Abs. 3 LStVG und von der Vollzugshilfe nach Art. 2 Abs. 3, 52 ff. PAG.

Eine solche, ordnungsgemäße Weisung durch den Bürgermeister (als Organ der Gemeinde) liegt hier vor. Die Weisungsbefugnis der Sicherheitsbehörde wurde hier mangels entgegenstehender Angaben im Sachverhalt auch nicht überschritten, da nicht ersichtlich ist, dass die Sicherheitsbehörde selbst rechtzeitig der Gefahr wirksam entgegentreten konnte.

Die Polizei ist zudem direkt nach Art. 3 PAG zuständig, wenn die Abwehr der Gefahr durch eine andere Behörde nicht rechtzeitig möglich ist. Hier lag unabhängig von der Weisung ein Verstoß gegen die Kampfhundeverordnung vor, der für sich allein bereits eine gegenwärtige Gefahr für die öffentliche Sicherheit begründet. Der Polizist wäre also auch ohne die Weisung zuständig gewesen, den Hund sicherzustellen, da die gegenwärtige Gefahr sonst nicht rechtzeitig hätte beseitigt werden können (vgl. unten zur „Unaufschiebbarkeit" im Sinne des § 80 Abs. 2 Nr. 2 VwGO; siehe auch unten Fn. 60 zur Subsidiarität bei Dauerverwaltungsakten).

II. Weitere Fragen der formellen Rechtmäßigkeit

Eine Anhörung ist – soweit sie nicht erfolgt ist – jedenfalls nach Art. 28 Abs. 2 Nr. 2 VwVfG entbehrlich. Mangels entgegenstehender Anhaltspunkte im Sachverhalt sind sonstige Verfahrensfehler nicht ersichtlich.

III. Befugnis

Ermächtigungsgrundlage für die Sicherstellung könnte Art. 25 Nr. 1 PAG sein, der Polizeibeamte müsste also zur Abwehr einer gegenwärtigen Gefahr für die öffentliche Sicherheit oder Ordnung gehandelt haben. Eine konkrete Gefahr ist dann gegeben, wenn eine Sachlage vorliegt, die bei ungehindertem Ablauf

---

[2] In anderen Ländern z. B. § 60 Abs. 2 PolG BW, § 1 Abs. 2 NdsSOG, § 1 Abs. 1 Satz 3 PolG NW, § 2 Abs. 1 Satz 1 SächsPolG.

[3] *Gallwas/Wolff*, Bayerisches Polizei- und Sicherheitsrecht, Rn. 187.

[4] *Gallwas/Wolff*, Bayerisches Polizei- und Sicherheitsrecht, Rn. 189 ff.; *Bengl/Berner/Emmerig*, Bayerisches LStVG, Stand: September 2008, Art. 10, Rn. 3; *Klausur* im Rahmen des 2. Staatsexamens, BayVBl. 2004, 636 (638). Vgl. zur Weisung § 9 ThürPOG, § 75 SächsPolG, § 74 Abs. 1 PolG BW, § 9 Abs. 1 Nr. 1 POG NW; § 101 Abs. 2 Nr. 4 HSOG.

[5] *Bengl/Berner/Emmerig*, Bayerisches LStVG, Stand: März 2007, Art. 10, Rn. 3; *Berner/Köhler*, PAG, Art. 3, Rn. 8; *Gallwas/Wolff*, Bayerisches Polizei- und Sicherheitsrecht, Rn. 201.

des objektiv zu erwartenden Geschehens mit hinreichender Wahrscheinlichkeit zu einer Verletzung der Schutzgüter der öffentlichen Sicherheit und Ordnung führen wird.[6] Gegenwärtig ist die Gefahr, wenn die Beeinträchtigung bereits begonnen hat oder mit an Sicherheit grenzender Wahrscheinlichkeit zumindest unmittelbar bevorsteht.[7] Es kommt ein Verstoß gegen die öffentliche Sicherheit in Betracht. Die öffentliche Sicherheit umfasst die Unversehrtheit von Leben, Gesundheit, Freiheit, Ehre und des Vermögens sowie der gesamten Rechtsordnung und der Einrichtungen des Staates und sonstiger Träger von Hoheitsgewalt.[8]

Eine gegenwärtige Gefahr für Leib und Leben der Passanten dürfte selbst bei großzügiger Sachverhaltsauslegung nicht gegeben sein (a. A. kaum vertretbar). Erforderlich wäre eine Gefährdung der Gesundheit von Passanten durch mit an Sicherheit grenzender Wahrscheinlichkeit unmittelbar bevorstehende körperliche Angriffe des Hundes[9], welche hier – der Hund ist seit Jahren friedlich und nichts spricht für einen unmittelbar bevorstehenden Angriff – nicht ersichtlich ist.

> **Zur Vertiefung:** In einem Verfahren über den Leinenzwang für einen Rottweiler hat der VGH München hingegen eine konkrete (keine gegenwärtige!) Gefahr aufgrund psychosomatischer Folgewirkungen bei Passanten bejaht: Es sei zu erwarten, dass ein freilaufender gefährlicher Hund, der als solcher erkannt werde, Angst oder gar einen Schock und damit eine Gesundheitsbeeinträchtigung von Passanten hervorrufen werde.[10] Diese Ansicht ist nicht unproblematisch, da das Polizeirecht zwar Leben und Gesundheit, nicht aber die Freiheit von (u. U. nicht berechtigter) Angst schützt. Im hiesigen Fall ist jedenfalls nichts dafür ersichtlich, dass eine durch Schock ausgelöste psychosomatische Gesundheitsstörung von Passanten unmittelbar bevorsteht.

Hier könnte jedoch die gegenwärtige Gefahr eines Verstoßes gegen die Rechtsordnung gegeben sein.

Nach Art. 37 Abs. 1 LStVG i. V. m. der (fiktiven) Bayerischen Kampfhundeverordnung bedarf es zum Halten eines Mastín Españols einer Erlaubnis, über die H nicht verfügt. Nach Art. 37 Abs. 5 Nr. 1 LStVG droht bei Nichteinhaltung die Verhängung einer Geldbuße; der Verstoß gegen die Erlaubnispflicht des Art. 37 Abs. 1 LStVG stellt damit eine sanktionsbewehrte Ordnungswidrigkeit dar (Art. 1 Abs. 2 LStVG). Jedenfalls diese Sanktion kennzeichnet Art. 37 Abs. 1 LStVG als zum Begriff der *„öffentlichen Sicherheit"* gehörend.[11]

> **Zur Vertiefung:** Den hier geprüften Alternativen „Einschreiten wegen einer Gefahr für Leib und Leben" und „Einschreiten wegen der Gefahr eines Normverstoßes" liegt die Unterscheidung zwischen sog. selbstständigen und unselbständigen polizeilichen Verfügungen zugrunde.[12] Verfügt die Polizei wegen einer Gefahr für ein Polizeigut (z. B. Leib und Leben) gestützt auf ihre Polizeibefugnisse selbst eine bestimmte Verhaltenspflicht, spricht man von selbstständiger Polizeiverfügung. Tut die Polizei hingegen nichts weiter, als eine bereits normativ (durch Gesetz oder Polizeiverordnung) angeordnete Verhaltenspflicht durchzusetzen, spricht man von unselbständiger Polizeiverfügung. Beides kann kumulativ gegeben sein: Schreitet die Polizei beispielsweise gegen eine Körperverletzung ein, ist sowohl Leib und Leben als auch die Unversehrtheit der Rechtsordnung (§§ 223 StGB) gefährdet, schützt die Polizei also sowohl (selbständig) ein Polizeigut (körperliche Unversehrtheit) als auch setzt sie (unselbständig) einen normativen Befehl (§ 223 StGB) durch. Beides kann indes (wie im vorliegenden Fall) auch auseinanderfallen: Die Polizei setzt eine gesetzliche Erlaubnispflicht durch (die ihrerseits dem

---

[6] *Gallwas/Wolff*, Bayerisches Polizei- und Sicherheitsrecht, Rn. 87; *Berner/Köhler*, PAG, Art. 11, VollzB. Nr. 11.4.

[7] *Gallwas/Wolff*, Bayerisches Polizei- und Sicherheitsrecht, Rn. 710;. *Berner/Köhler*, PAG, Art. 10, VollzB. Nr. 10.2.

[8] *Berner/Köhler*, PAG, Art. 2, Rn. 12; *Gallwas/Wolff*, Bayerisches Polizei- und Sicherheitsrecht, Rn. 74; *Schenke*, Polizei- und Ordnungsrecht, Rn. 53.

[9] BVerfGE 110, 141; *BayVerfGH*, NVwZ-RR 2005, 176 (177); BVerwGE 116, 347 (349).

[10] *BayVGH* NVwZ-RR 2004, 490 (492).

[11] *Gallwas/Wolff*, Bayerisches Polizei- und Sicherheitsrecht, Rn. 76.

[12] *Drews/Vogel/Wacke/Martens*, Gefahrenabwehr, 9. Aufl., 1986, S. 412; *Pieroth/Schlink/Kniesel*, Polizei- und Ordnungsrecht, § 7, Rdn. 8.

Schutz von Leib und Leben gegen Kampfhunde dient), obwohl im konkreten Fall (bei diesem Hund, bei diesem Halter etc.) wohl keine konkrete Gefahr für Leib und Leben bestehen dürfte (anderes Beispiel: Es verstößt – unter dem Aspekt der Unversehrtheit der Rechtsordnung – gegen die öffentliche Sicherheit und berechtigt die Polizei zum Einschreiten, wenn jemand bei Rot über die Ampel fährt, auch wenn in der konkreten Situation weit und breit kein anderer Verkehrsteilnehmer in Sicht ist und – unter dem Gesichtspunkt des Schutzes von Leib und Leben – keine konkrete Gefahr besteht). Dieses Auseinanderfallen weist auf die Unterschiedlichkeit der Voraussetzungen hin, unter denen Normgeber einerseits und die Vollzugspolizei andererseits zu einem Tätigwerden berechtigt sind, d. h. insbesondere auf den Unterschied von abstrakter Gefahr einerseits und konkreter Gefahr andererseits:[13] Der Normgeber reagiert auf abstrakte Gefahren, d. h. er typisiert und erfasst mit seinen Rechtsfolgen notwendigerweise auch einzelne Situationen, in denen (ausnahmsweise) keine konkrete Gefahr gegeben sein mag. Die Polizei ist (bei ihren Einzelmaßnahmen) dagegen stets nur zur Abwehr konkreter Gefahren berechtigt (vgl. Art. 11 PAG). Es ist nichts Ungewöhnliches, dass die Polizei – wegen der konkreten Gefahr eines Normverstoßes – einschreiten darf, obwohl die Gefahr für Leib und Leben oder ein anderes Polizeigut, auf die die Norm reagieren will, im konkreten Fall nicht gegeben ist. Die Normierung abstrakt-genereller Verhaltenspflichten, die auf abstrakte Gefahren reagieren, hat ja gerade den Zweck, die Polizei im konkreten Fall von der (u. U. schwierigen, siehe den hiesigen Fall) Prüfung zu entlasten, ob (abgesehen von der Gefahr des Normverstoßes) tatsächlich eine Gefahr für ein Polizeigut (Leib und Leben) gegeben ist. Näher zum Unterschied von abstrakter und konkreter Gefahr siehe unten.

Eine gegenwärtige Gefahr für die öffentliche Sicherheit in Form eines Normverstoßes liegt aber nur vor, wenn die in Rede stehenden Normen, gegen die verstoßen worden ist, ihrerseits verfassungsmäßig sind. Sind sie hingegen verfassungswidrig, sind sie ipso iure nichtig (etwaige gerichtliche Nichtig-/Unwirksamkeitserklärungen z. B. nach § 47 Abs. 5 VwGO oder §§ 78, 82 Abs. 1, 95 Abs. 3 BVerfGG wirken – unbeschadet ihrer ggf. bestehenden Allgemeinverbindlichkeit oder gar Gesetzeskraft – nur deklaratorisch[14]); sie sind damit nicht gültiger Bestandteil jener Rechtsordnung, deren Durchsetzung das Schutzgut der öffentlichen Sicherheit – unter dem Aspekt der Unversehrtheit der Rechtsordnung – verlangt.

Zum Verständnis: Dass die Exekutive (hier: der Polizist) verfassungswidrige Normen nicht aus eigener Kraft außer Acht lassen darf (behördliches Normverwerfungsverbot[15]), ja dass selbst die Gerichte diese (soweit es sich um Parlamentsgesetze handelt, Art. 100 Abs. 1 GG) nicht selbst verwerfen dürfen, sondern einem Verfassungsgericht vorlegen müssen, ändert nichts daran, dass die Durchsetzung verfassungswidriger Normen – im Verhältnis zum Bürger – von den Befugnisnormen der Polizeigesetze nicht gedeckt ist, einen Eingriff in seine Rechte nicht zu rechtfertigen vermag und objektiv rechtswidrig ist. Allein nach der objektiven Rechtswidrigkeit jedoch ist im vorliegenden Fall (Teil 1) gefragt.

Notwendig ist infolgedessen eine Inzidentprüfung der Verfassungsmäßigkeiten der Normen, gegen die H ggf. verstoßen hat. Es handelt sich hierbei um die (durch Art. 37 Abs. 5 LStVG sanktionsbewehrten) Vorschriften des Art. 37 Abs. 1, Abs. 2 LStVG i.V. m. der Kampfhundeverordnung. Art. 37 LStVG fungiert dabei (in Abs. 1 Satz 2) zum einen als gesetzliche Ermächtigungsgrundlage für den Erlass und die Änderung der Kampfhundeverordnung. Zum anderen ergänzt er (in Abs. 1 und Abs. 2) die Kampfhundeverordnung, indem er für diejenigen Hunde, für die die Kampfhundeverordnung die Kampfhundeeigenschaft – widerleglich – vermutet, eine Erlaubnispflicht statuiert und im Einzelnen ausgestaltet.

---

[13] Vgl. *Möstl*, Jura 2005, 48 (53).
[14] *Ziekow*, in Sodan/Ziekow, VwGO, § 47, Rn. 355.
[15] *Ehlers*, in: Erichsen/Ehlers, Allgemeines Verwaltungsrecht, 13. Aufl., 2006, § 2, Rn. 115 ff.

1. Verfassungsmäßigkeit der Art. 37 Abs. 1 und 2 LStVG

a) Formelle Verfassungsmäßigkeit (Gesetzgebungskompetenz)

Der Landesgesetzgeber ist zuständig, die Materie vollumfänglich zu regeln, da es sich bei Maßnahmen gegen Kampfhunde nicht um Tierschutz i. S. d. Art. 74 Abs. 1 Nr. 20 GG handelt, sondern um Maßnahmen zur Gefahrenabwehr, die dem Wohl der Menschen dienen. Es ist daher das allgemeine Sicherheitsrecht einschlägig, eine traditionell den Ländern zustehende Gesetzgebungsmaterie.[16]

b) Materielle Verfassungsmäßigkeit

Fraglich ist, ob Art. 37 Abs. 1 und 2 LStVG in materieller Hinsicht gegen höherrangiges Recht, wie z. B. Grundrechte verstößt.

aa) Hinreichende Bestimmtheit der Verordnungsermächtigung und sonstige Probleme des Bestimmtheitsgebots

Gesetzliche Verordnungsermächtigungen müssen nach Inhalt, Zweck und Ausmaß hinreichend bestimmt sein. Zwar sind die Bestimmtheitsanforderungen des Art. 80 Abs. 1 Satz 2 GG (der allein bundesgesetzliche Verordnungsermächtigungen betrifft) auf Verordnungsermächtigungen des Landesrechts nicht unmittelbar anwendbar und normiert auch die sachlich einschlägige Parallelnorm des Landesverfassungsrechts (Art. 55 Nr. 2 Satz 3 BV) dieses Bestimmtheitserfordernis nicht ausdrücklich.[17] Gleichwohl ist in der Rechtsprechung des BayVerfGH anerkannt, dass die Art. 80 Abs. 1 Satz 2 GG entsprechenden Bestimmtheitsanforderungen auch für das bayerische Verfassungsrecht maßgeblich sind und hierbei aus einer Gesamtschau von Art. 55 Nr. 2 Satz 3 BV, Art. 3 Abs. 1 BV (Rechtsstaatsprinzip), Art. 5 BV (Gewaltenteilungsgrundsatz), Art. 2 BV (Demokratieprinzip) und Art. 70 Abs. 3 (Verbot der Übertragung des Gesetzgebungsrechts) erschlossen werden können.[18] Auch das Homogenitätsprinzip des Art. 28 Abs. 1 Satz 1 GG dürfte das Bestehen mit Art. 80 Abs. 1 Satz 2 GG vergleichbarer Bestimmtheitsanforderungen vom Landesverfassungsrecht zwingend verlangen.[19]

Die Verordnungsermächtigung des Art. 37 Abs. 1 Satz 2 2. Hs. LStVG genügt den so umrissenen Anforderungen hinreichender Bestimmtheit nach Inhalt, Zweck und Ausmaß. Der Zweck der Kampfhundeverordnung ergibt sich aus der Formulierung des Art. 37 Abs. 1 Satz 2 LStVG, der eine „*Gefährlichkeit*" der Kampfhunde gegenüber Menschen oder anderen Tieren begegnen will. Auch Inhalt und Ausmaß der Verordnung werden durch die Ermächtigungsgrundlage bestimmt. So ist der Verordnungsgeber nach Art. 37 Abs. 1 Satz 2 Hs. 2 LStVG in Bayern nur ermächtigt, bestimmte Hunderassen mittels sog. „*Rasselisten*" als Kampfhunde zu vermuten, wobei ihm der Kampfhundebegriff durch Gesetz vorgegeben ist. In welchen Fällen und mit welcher Tendenz der Verordnungsgeber von der ihm erteilten Ermächtigung Gebrauch machen wird, ist hinreichend erkennbar (Vorhersehbarkeitsformel); die Ermächtigung gibt dem Verordnungsgeber ein hinreichend klares Regelungsprogramm vor (Programmformel).[20] Der BayVerfGH hat die Verordnungsermächtigung daher als ausreichend bestimmt angesehen.[21]

> **Zur Vertiefung:** Das Problem der hinreichenden Bestimmtheit der Verordnungsermächtigung stellt sich in all jenen Bundesländern weitaus schärfer als in Bayern, in denen die Kampfhundeverordnung auf der Basis einer generalklauselartigen Ermächtigung zum Verordnungserlass aus Gründen der Abwehr abstrakter Gefahren für die öffentliche Sicherheit und Ordnung erfolgt (Generalermächti-

---

[16] BVerfGE 110, 141; *Casper*, DVBl. 2000, 1580 (1582); *Pestalozza*, NJW 2004, 1480 (1481).

[17] Andere Landesverfassungen normieren Art. 80 Abs. 1 Satz 2 GG entsprechende Anforderungen meist ausdrücklich, z. B. Art. 61 Abs. 1 Satz 2 BWVerf, Art. 43 Abs. 1 Satz 2 NdsVerf, Art. 70 Satz 2 NWVerf, Art. 75 Abs. 1 Satz 2 SächsVerf. Ansonsten (z. B. Bremen) sind – wie in Bayern – schon wegen Art. 28 Abs. 1 Satz 1 GG entsprechende Anforderungen in die Landesverfassung hineinzulesen. Zur Problematik in Hessen, Art 118 HessVerf: Cancik, JöR n. F. 51 (2003), 271 (292).

[18] BayVerfGHE 24, 1 (19); *Schweiger in*: Nawiasky/Leusser/Schweiger/Zacher, Die Verfassung des Freistaates Bayern, Stand: 2000, Art. 55, Rn. 6c; *Meder*, Die Verfassung des Freistaates Bayern, 4. Aufl., 1992, Art. 55, Rn. 12.

[19] Vgl. BVerfGE 55, 207 (226); *Bryde*, in: v. Münch/Kunig, Grundgesetz Kommentar, 5. Aufl., 2003, Art. 80, Rn. 2a.

[20] Hierzu *Möstl*, in: Erichsen/Ehlers, Allgemeines Verwaltungsrecht, 13. Aufl., 2006, § 19, Rn. 3 m. w. N.

[21] *BayVerfGH*, NVwZ-RR 1995, 262 (264).

gung).[22] Selbst derartige Generalermächtigungen werden, da die unbestimmten Rechtsbegriffe „Gefahr" und „öffentliche Sicherheit und Ordnung" in jahrzehntelanger Rechtsprechung geklärt worden seien, als ausreichend bestimmt angesehen.[23] Das Bayerische Landesstraf- und Verordnungsrecht folgt traditionell dem Prinzip der Spezialermächtigung.[24] Die hinreichende Bestimmtheit lässt sich insoweit – im Vergleich zu anderen Bundesländern – erst recht bejahen.

Auch im Übrigen (jenseits der Verordnungsermächtigung des Art. 37 Abs.1 Satz 2 2. Hs. LStVG) muss Art. 37 Abs.1 und 2 LStVG, was die in ihm verwendeten Tatbestandsvoraussetzungen und Rechtsfolgen anbetrifft (z.B. Definition des Kampfhundes, Voraussetzungen der Erlaubniserteilung etc.) dem allgemeinen rechtsstaatlichen Bestimmtheitsgebot genügen. Die Frage der hinreichenden Bestimmtheit der verschiedenen Regelungen der Länder zur Kampfhundefrage ist in Literatur und Rechtsprechung wiederholt erörtert und nicht immer einheitlich beurteilt worden.[25] Die Bestimmtheitsanforderungen dürfen aber nicht überspannt werden. Der Gesetzgeber darf – gerade im Bereich der Gefahrenabwehr, wo die Verwaltung mit vielgestaltigen und nicht ins Letzte voraussehbaren Fallgestaltungen fertig werden muss – insbesondere unbestimmte Rechtsbegriffe wie *„berechtigtes Interesse, Gefährlichkeit, Zuverlässigkeit"* verwenden, soweit sich diese unter Zuhilfenahme der klassischen Auslegungsmethoden konkretisieren lassen. Zu Recht hat der BayVerfGH Art. 37 Abs. 1 und 2 LStVG daher auch insgesamt für ausreichend bestimmt erachtet.[26]

bb) Verstoß gegen Freiheitsgrundrechte

Indem das in Art. 37 Abs. 1, 2 LStVG statuierte Verbot des Haltens von Kampfhunden ohne behördliche Erlaubnis (Verbot mit Erlaubnisvorbehalt) auch bisher rechtmäßig gehaltene Hunde erfasst, könnte ein Eingriff in den Schutzbereich des Eigentumsgrundrechts (Art. 14 GG, Art. 103 BV) vorliegen.

> **Zum Verständnis:** Bei Bürgern, die erst noch einen Kampfhund erwerben und halten wollen, dürfte ein Eingriff in Art. 14 GG (der nicht das Recht zum Erwerb bestimmter Eigentumsgegenstände gewährleistet, sondern bestehendes Eigentum voraussetzt[27]) zu verneinen sein; einschlägig ist lediglich das schwächere Grundrecht des Art. 2 Abs. 1 GG, der hier im Vergleich zu Art. 14 GG erst recht nicht verletzt wäre.

Der *Schutzbereich* der Eigentumsfreiheit ist eröffnet, da der Hund als Sache im Eigentum des H steht.

Auch ein *Eingriff* in die Eigentumsfreiheit in Form einer Inhalts- und Schrankenbestimmung ist zu bejahen, denn durch Art. 37 Abs. 1 und 2 LStVG werden die Möglichkeiten des Habens und Haltens der betreffenden Hunde und damit die Nutzung des Eigentumsobjekts für die Zukunft neu geregelt.[28] Es liegt (auch soweit ein Hundehalter infolge der Regelung seinen Hund verkaufen, abgeben oder einschläfern lassen muss) keine finale Entziehung einer Eigentumsposition zur Erfüllung öffentlicher Aufgaben und damit keine Enteignung vor (eine Enteignung wäre, um ein wenig realistisches Beispiel zu nennen, z.B. die Konfiskation eines Hundes zur Verwendung als Polizeihund), vielmehr handelt es sich um eine abstrakt-generelle Regelung zur zulässigen Reichweite des Eigentumsrechts an Kampfhunden.

Inhalts- und Schrankenbestimmungen zur Konkretisierung der Sozialpflichtigkeit des Eigentums (Art. 14 Abs. 2 GG; Art. 103 Abs. 2 BV) sind nach Art. 14 Abs. 1 Satz 2 GG zulässig; Gleiches gilt für

---

[22] Vgl. § 10 Abs. 1 PolG BW, § 55 NdsSOG, § 27 Abs. 1 NWOBG, § 9 Abs. 1 SächsPolG.

[23] Für Rheinland-Pfalz z.B. *RhPfVerfGH*, NVwZ 2001, 1273 (1274); keine Bedenken offenbar auch bei *BVerfG-K*, NVwZ 2004, 975. Keine Bedenken hinsichtlich der hinreichenden Bestimmtheit auch in BVerwGE 116, 347 (350); die Anschlussüberlegung des BVerwG, die Generalermächtigung berechtige nicht zum Erlass einer an Hunderassen anknüpfenden Kampfhundeverordnung (weil die Rassezugehörigkeit nur einen Gefahrverdacht, nicht jedoch eine abstrakte Gefahr begründe) dürfte seit BVerfGE 110, 141 überholt sein, vgl. dazu im Einzelnen *Möstl*, JURA 2005, 48 ff. Die Literatur meldet z.T. Bedenken an, z.B. *Casper*, DVBl. 2000, 1580 (1589).

[24] *Gallwas/Wolff*, Bayerisches Polizei- und Sicherheitsrecht, Rn. 831 ff.

[25] Z.B. *OVG Frankfurt (Oder)*, NVwZ 2001, 223 (224 f.); *OVG Koblenz*, NVwZ 2001, 1273; *Gängel/Gansel*, NVwZ 2001, 1208 (1214).

[26] *BayVerfGH*, NVwZ-RR 1995, 262 (264).

[27] *Papier* in: Maunz/Dürig, Grundgesetz Kommentar, Stand: Mai 2008, Art. 14, Rn. 224.

[28] *OVG Koblenz*, NVwZ 2001, 1273.

Art. 103 BV (Gesetzesvorbehalt). Die Inhalts- und Schrankenbestimmung muss allerdings verhältnismäßig sein.

Zweck des Art. 37 LStVG ist der Schutz von Leib und Leben von Menschen. Dies ist nicht nur ein *legitimer Gesetzeszweck*, sondern sogar ein Zweck von Verfassungsrang, denn Art. 2 Abs. 2 GG, Art. 99 BV legen dem Staat eine grundrechtliche Schutzpflicht zum Schutz von Leib und Leben des Menschen auf. Gesetzliche Eigentumsbeschränkungen, die dem Schutz von Leben und Gesundheit dienen, formen auch die Sozialpflichtigkeit des Eigentums (Art. 14 Abs. 2) näher aus, denn zur Sozialpflichtigkeit des Eigentums gehört es, dass von dem Eigentumsobjekt (hier: dem Kampfhund) keine Gefahren für andere Rechtsgüter ausgehen.[29]

Die in Art. 37 LStVG statuierte Erlaubnispflicht für Kampfhunde ist zur Eindämmung der von Kampfhunden ausgehenden Gefahren *geeignet*.

Das eingesetzte Mittel (Verbot mit Erlaubnisvorbehalt) ist auch *erforderlich,* d. h. es gibt keine gleich wirksame mildere Mittel zur Erreichung des vom Gesetzgeber verfolgten Zieles. Im Vergleich zu einem denkbaren Totalverbot des Haltens von Kampfhunden ist der statuierte bloße Erlaubnisvorbehalt ohnehin das mildere Mittel. Milder als der präventive Erlaubnisvorbehalt, der eine flächendeckende und rechtzeitige individuelle Prüfung sicherstellt, ob im einzelnen Fall Gefahren bestehen oder nicht, wäre allein ein rein repressives Einschreiten gegen Kampfhunde oder z. B. die Statuierung eines allgemeinen Maulkorbzwanges – beides Maßnahmen, die aufgrund der damit zwangsläufig verbundenen Vollzugsdefizite (repressives Einschreiten wird häufig zu spät kommen; der Maulkorbzwang lässt sich nicht flächendeckend überwachen) jedoch als weniger effektive Mittel erscheinen. Selbst die Statuierung eines für alle Kampfhunde verpflichtenden Wesenstests (den die Kampfhundeverordnung zur Widerlegung der Vermutung der Kampfhundeeigenschaft im Übrigen sogar vorsieht) kann laut BVerfG unter dem Gesichtspunkt der Erforderlichkeit nicht verlangt werden, da Wesenstests als bloße Momentaufnahmen nicht sicherstellen könnten, dass der Hund nicht später doch gefährlich wird, und insofern im Vergleich zu einem allgemeinen Verbot oder Erlaubnisvorbehalt ihrerseits nicht als ebenso gutes Mittel angesehen werden könnten.[30]

Das eingesetzte Mittel muss in Anbetracht der verfolgten Regelungszwecke schließlich als *zumutbar* und *angemessen* (verhältnismäßig im engeren Sinne) erscheinen. Die Zumutbarkeit ist unter verschiedenen Gesichtspunkten problematisch und zu thematisieren:

Die tatbestandliche Anknüpfung an Rassezugehörigkeit. Art. 37 Abs. 1 LStVG gestattet es, die Rechtsfolge der Erlaubnispflicht tatbestandlich allein an die Zugehörigkeit zu einer bestimmten – in der Kampfhundeverordnung aufgeführten – Hunderasse zu knüpfen. Die Frage, ob es verhältnismäßig sein kann, bestimmte Rechtsfolgen in Bezug auf das Halten von Hunden tatbestandlich allein an die Rassezugehörigkeit zu knüpfen, ist lange umstritten gewesen.[31] Das BVerfG hat Klärung gebracht und die Zulässigkeit der Anknüpfung an Rasselisten für zulässig und verhältnismäßig erachtet.[32] Letztlich nicht durchschlagen kann insbesondere das Argument, es sei in der Fachwissenschaft anerkannt, dass allein von der Rassezugehörigkeit nicht auf die Gefährlichkeit des Hundes geschlossen werden könne, sondern erst durch das Hinzutretenden zusätzlicher Faktoren (Ausbildung des Hundes, Eigenschaften des Halters etc.) indiziert sei. Denn es reicht für die vom Gesetzgeber zu verlangende Prognoseentscheidung voll und ganz aus, dass – bei Vorliegen einer bestimmten Rassezugehörigkeit – das Hinzutreten derartiger gefahrerhöhender Faktoren mit hinreichender Wahrscheinlichkeit erwartet werden könne. Sei eine derartige hinreichende Wahrscheinlichkeit von Schädigungen aufgrund des Zusammenspiels von Rassezugehörigkeit und weiterer Umstände zu bejahen, dürfe der Gesetzgeber seine Rechtsfolge auch an die

---

[29] BVerfGE 102, 1 (18).

[30] BVerfGE 110, 141 (165).

[31] Dagegen z. B. BVerwGE 116, 347 (353 ff.), dazu *Ehlers,* DVBl. 2003, 336 und *Rottmann,* ZRP 2003, 439; *BVerwG,* Urteile vom 20. 8. 2003, Az. 6 CN 2/02, Tz. 26, Az. 6 CN 3/02, Tz. 22, Az. 6 CN 4/02, Tz. 23, Az. 6 CN 5/02, Tz. 22 (juris); *OVG Schleswig* NVwZ 2001, 1300 (1303); für die Zulässigkeit eine Anknüpfung an die Rassezugehörigkeit z. B.: *BayVerfGH,* NVwZ-RR 1995, 262 (263) und NVwZ-RR 2005, 176 (177); *OVG Greifswald* NVwZ–RR 2001, 752 (754); *OVG Koblenz,* NVwZ 2001, 1273 (1275 ff.); *BerlVerfGH* NVwZ 2001, 1266 (1268 ff.)

[32] BVerfGE 110, 141 (159 ff.). Diese Entscheidung betraf unmittelbar zwar keine Kampfhundeverordnung und auch keinen Fall des Art. 14 GG, sondern ein gesetzliches Einfuhrverbot. In mehreren Kammerentscheidungen (z. B. *BVerfG* NVwZ 2004, 975; *BVerfG,* Beschluss vom 29. 3. 2004, Az. 1 BvR 492/04, juris) hat das BVerfG jedoch seine Rechtsprechung ausdrücklich auf Kampfhundeverordnungen und Art. 14 GG erstreckt.

Rassezugehörigkeit knüpfen. Beleg für die – wenngleich erst aus der Kombination mit weiteren Faktoren resultierende – Gefährlichkeit von Hunden der Rasse Mastín Español ist im vorliegenden Fall insbesondere die Statistik, die für Hunde dieser Rasse eine weit überdurchschnittliche Zahl von Beißvorfällen belegt. Den Gesetzgeber mag – so das BVerfG – eine Verpflichtung treffen, bei unsicherer Prognoseentscheidung die relevante Prognosebasis laufend zu überprüfen und die getroffene Entscheidung (z. B. die Einordnung eines bestimmten Hundes als Kampfhund) im Lichte neuerer statistischer Ergebnisse oder wissenschaftlicher Erkenntnisse ggf. zu revidieren. Ansonsten jedoch ist ihm eine Einschätzungsprärogative zuzubilligen und kann es ihm nicht von vornherein verwehrt sein, Verbote in Bezug auf Hunde bestimmter Rassen aufzustellen, für die sich eine erhöhte Gefährlichkeit statistisch nachweisen lässt, selbst wenn die genauen Gründe hierfür wissenschaftlich umstritten sein mögen. Dass im vorliegenden Fall (allerdings erst durch die Kampfhundeverordnung und nicht durch Art. 37 LStVG selbst) auch noch die Widerlegung der rassezugehörigkeitsindizierten Gefährlichkeitsvermutung durch einen individuellen Wesenstest zugelassen ist, d. h. die Anknüpfung an die Rassezugehörigkeit nicht absolut, sondern gleichsam nur vorläufig ist, lässt diese Anknüpfung an die Rassezugehörigkeit nur umso zumutbarer erscheinen. Das Maß an Wahrscheinlichkeit von Schadensfällen, das für die nötige gesetzgeberische Gefahrprognose verlangt werden muss, um die ausgesprochene Rechtsfolge zu rechtfertigen, darf bei alledem nicht zu hoch angesetzt werden. Die aus Verhältnismäßigkeitsgründen zu fordernde Wahrscheinlichkeit ist nämlich keine starre Grenze, sondern in Abhängigkeit von dem Gewicht des gefährdeten Rechtsguts und dem Ausmaß des potentiellen Schadens zu sehen. Geht es um wichtige Rechtsgüter und potentiell große Schäden, können – im Lichte des Verhältnismäßigkeitsprinzips – auch deutlich abgesenkte Wahrscheinlichkeitsschwellen, ja u.U selbst entfernte Wahrscheinlichkeiten ausreichend sein. Bei Kampfhunden geht es um potentiell lebensbedrohliche Angriffe auf den verfassungsrechtlichen Höchstwert, den Menschen. Dass laut Sachverhalt eine weit überdurchschnittliche Zahl von Beißvorfällen bei der Rasse Mastín Español belegt ist, rechtfertigt vor diesem Hintergrund ein Einschreiten gegen diese Rasse.[33]

Die angeordnete Rechtfolge (Erlaubnispflicht). Unter Zumutbarkeitsgesichtspunkten einwandfrei erscheint auch die angeordnete Rechtsfolge, das präventive Verbot mit Erlaubnisvorbehalt, das durch die (in der Kampfhundeverordnung vorgesehene) Zulassung der Widerlegung der Gefährlichkeitsvermutung durch einen individuellen Wesenstest noch zusätzlich relativiert wird. Nach der Rechtsprechung des BVerfG kann ggf. selbst das völlige Verbot des Haltens bestimmter Rassen zulässig sein; die hier gefundene Lösung einer für bestimmte Hunderassen statuierten Pflicht, entweder die vermutete Gefährlichkeit durch individuellen Wesenstest zu widerlegen oder aber einer behördlichen Erlaubnis zu bedürfen, erscheint im Vergleich dazu bereits ohnehin als eine eher milde und daher zumutbare Regelung.[34] Zumutbar sind auch die in Art. 37 Abs. 2 LStVG statuierten Voraussetzungen der Erlaubniserteilung. Auch dass dort ein berechtigtes Interesse (z. B. Einsatz als Wachhund) verlangt wird, ist jedenfalls dann unbedenklich, wenn ein Wesenstest zugelassen wird und die Erlaubnispflicht für individuelle ungefährliche Hunde auf diese Weise nicht greift.

Erfassung auch bislang rechtmäßig gehaltener Hunde – Bestandsschutz und Rückwirkungsproblematik. Art. 37 Abs. 1, 2 LStVG i. V. m. der Kampfhundeverordnung erfasst nicht allein das zukünftige Halten von Kampfhunden, sondern unterwirft auch bislang rechtmäßig gehaltene Hunde dem (in Abs. 5 sanktionsbewehrten) Verbot mit Erlaubnisvorbehalt. Hierin kann nicht per se ein Verstoß gegen Art. 14 GG erblickt werden; im Gegenteil ist beim Prüfungspunkt „Schutzbereich" ja sogar ausgeführt worden, dass Art. 14 GG bereits von vornherein nur bzgl. solcher „Altfälle" greift (ansonsten, d. h. bzgl. der Anschaffung und des künftigen Haltens von Hunden ist nur der schwächere Art. 2 Abs. 1 GG einschlägig). Andererseits ist doch der spezifische Schutzgehalt des Art. 14 GG betroffen, der – man denke z. B. an den Bestandsschutz im Baurecht – doch auch gerade die Gewährleistung des Bestandsschutzes, d. h. des Schutzes des (bislang) rechtmäßigen Innehabens gegen spätere Rechtsänderungen enthält. Unter dem Aspekt des Bestandsschutzes (i. S. v. Schutz bislang rechtmäßiger Eigentumsinnehabung und –nutzung gegen neue Inhalts- und Schrankenbestimmungen) umfasst Art. 14 GG Gewährleistungsgehalte, die ansonsten unter dem Aspekt des rechtsstaatlichen Vertrauensschutzes/Rückwirkungsverbotes betrachtet und geprüft werden. Nach der Rechtsprechung des BVerfG ist das Vertrauensschutzprinzip integraler

---

[33] Zum Ganzen: *Möstl*, Jura 2005, 48 (52).
[34] BVerfGE 110, 141 (160); *BayVerfGH*, NVwZ-RR 2005 176 (177).

Bestandteil des Eigentumsgrundrechts, so dass die allgemeinen Regeln über die echte und unechte Rückwirkung im Anwendungsbereich des Art. 14 GG von letzterem verdrängt werden, ohne dass dadurch allerdings die sachlichen Anforderungen verändert würden.[35]

> **Zum Aufbau:** Aus den genannten Gründen wird hier die gesamte Rückwirkungsproblematik im Rahmen der Verhältnismäßigkeitsprüfung zu Art. 14 GG abgehandelt. Ebenso vertretbar wäre es, diese als eigenständigen Prüfungspunkt nach den Grundrechten (unter dem Aspekt einer Verletzung des Rechtsstaatsprinzips) anzusprechen.[36] Möglich ist es auch, den rechtsstaatlichen Vertrauensschutz neben dem Verhältnismäßigkeitsprinzip als eine eigenständige Schranken-Schranke des Art. 14 GG zu begreifen, d.h. im Rahmen des Art. 14 GG, aber nach der Verhältnismäßigkeit zu prüfen. Unterschiede hinsichtlich der inhaltlichen Anforderungen ergeben sich nicht. Insbesondere können die allgemeinen Lehren zur Zulässigkeit unechter Rückwirkungen voll auf Art. 14 GG übertragen werden. Der Bestandsschutz des Art. 14 GG ist allenfalls stärker, sicher jedoch nicht schwächer als der allgemeine rechtsstaatliche Vertrauensschutz.

Dass der Gesetzgeber auch „*Altfälle*" der Erlaubnispflicht unterwirft und so das Eigentum an bereits gehaltenen Hunden beschränkt, wird man nicht an sich beanstanden können. Auch bislang rechtmäßig gehaltenes Eigentum steht unter dem Vorbehalt der Sozialpflichtigkeit, d.h. des Verbots der Gefährdung anderer. Eigentumsrechtlicher Bestandsschutz findet so im Recht der Gefahrenabwehr eine Grenze (vgl. die Wertung des Art. 54 Abs. 4 BayBO, der zu Gefahrenabwehr auch baurechtliche Anforderungen an bestandgeschützte Bauten zulässt). Das Vertrauen in das Halten von potentiell als Kampfhunde einzustufenden Hunderassen muss zudem seit 1992 (seitdem ist Art. 37 LStVG in Kraft und gilt die Erlaubnispflicht für Kampfhunde; auch dass zusätzliche Hunderassen in die Kampfhundeverordnung aufgenommen werden können, ist seit 1992 bekannt) als deutlich reduziert eingestuft werden.

Allerdings könnte es gegen den eigentumsrechtlichen/rechtsstaatlichen Grundsatz des Vertrauensschutzes (Rückwirkungsverbot) verstoßen, dass weder in Art. 37 LStVG noch in der Kampfhundeverordnung eine angemessene Übergangszeit festgelegt ist, innerhalb derer die betroffenen Hundehalter, wenn eine Hunderasse neu in die Kampfhundeverordnung aufgenommen wird, ihren Hund vorläufig weiter rechtmäßig behalten dürfen, bis die Frage der individuellen Gefährlichkeit (durch einen Wesenstest) oder die Frage einer Erlaubniserteilung nach Art. 37 Abs. 2 LStVG zumutbar geklärt werden kann. Zu bedenken ist dabei, dass nach der bestehenden Regelung ein Hundehalter, wenn die entsprechende Hunderasse in die Kampfhundeverordnung aufgenommen wird, sofort (übergangslos) des Verstoßes gegen das (nach Abs. 5 sanktionsbewehrte) Verbot des Haltens ohne Erlaubnis schuldig wird, ohne dass es ihm faktisch möglich ist, bereits zum Zeitpunkt des Inkrafttretens der geänderten Kampfhundeverordnung den Wesenstest beizubringen oder über die erforderliche Erlaubnis zu verfügen. Da die (sanktionsbewehrte) Erlaubnispflicht auf gegenwärtige, noch nicht abgeschlossene Tatbestände (das Halten eines Hundes) einwirkt, nicht aber nachträglich bereits abgeschlossene Sachverhalte neu regelt (die Erlaubnispflicht und Bußgeldbewehrung greift zwar sofort und übergangslos, nicht aber rückwirkend), liegt nur eine sog. „unechte Rückwirkung" (tatbestandliche Rückanknüpfung) vor; diese ist grundsätzlich zulässig, allerdings dann unzulässig, wenn das schutzwürdige Vertrauen das (sofortige) Änderungsinteresse überwiegt; ggf. kann es, um die Zumutbarkeit zu wahren, notwendig sein, angemessene Übergangsregelungen zu schaffen. Legt man dies zugrunde, muss das völlige Fehlen einer Übergangsregelung, die verhindert, dass Hundehalter, die einen Hund bislang rechtmäßig und beanstandungsfrei halten, unversehens und quasi „über Nacht" in die Begehung einer Ordnungswidrigkeit abrutschen, als eine nicht mehr angemessene Gestaltung angesehen werden. Den Hundehaltern muss eine angemessene Frist eingeräumt werden, innerhalb derer sie entweder die Gefährlichkeitsvermutung durch individuellen Wesenstest widerlegen oder aber die erforderliche Erlaubnis beantragen und erhalten können.[37]

Fraglich ist jedoch, wer (Gesetz- oder Verordnungsgeber) eine derartige Übergangsregelung hätte treffen müssen; mit anderen Worten: Ist es (der hier geprüfte) Art. 37 LStVG oder aber die (unten zu prü-

---

[35] *Jarass/Pieroth*, Grundgesetz Kommentar, 10. Aufl., 2009, Art. 14, Rn. 47; Art. 20, Rn. 74.
[36] So *BayVerfGH*, NVwZ-RR 2005, 176.
[37] *BayVerfGH*, NVwZ-RR 2005, 176.

fende) Kampfhundeverordnung, der der festgestellte Verstoß gegen den eigentumsrechtlichen und rechtsstaatlichen Vertrauensschutz anzulasten ist? Die Antwort hängt davon ab, ob der Verordnungsgeber in der Lage gewesen wäre, die erforderliche Übergangslösung zu schaffen. Dies ist zu bejahen. Denn wenn es von der Ermächtigungsgrundlage umfasst ist, Hunderassen in die Liste der Kampfhunde aufzunehmen, für die die Kampfhundeeigenschaft vermutet wird, und auch die Widerleglichkeit der Vermutung durch Wesenstest zu regeln, so muss es als ebenso von der Ermächtigungsgrundlage gedeckt angesehen werden, Regelungen darüber zu treffen, bis wann ggf. ein Wesenstest beizubringen ist, bzw. ab wann die Vermutung der Kampfhundeeigenschaft (mit resultierender Erlaubnispflicht) greifen soll. Konnte aber der Verordnungsgeber eine verfassungskonforme Lösung schaffen, ist es jedenfalls nicht Art. 37 LStVG, dem der Verfassungsverstoß zuzurechnen ist. Der Gesetzgeber konnte sich darauf beschränken, die Altfälle vor seinem eigenen Inkrafttreten 1992 mit einer Übergangsregelung zu versehen (vgl. Abs.4) und die Bewältigung der künftigen Altfälle (infolge von Änderungen der Kampfhundeverordnung) dem Verordnungsgeber zu überlassen.[38]

Insofern stellt Art. 37 Abs. 1, 2 LStVG (für sich genommen) eine verhältnismäßige Inhalts- und Schrankenbestimmung dar. Es ist also kein Verstoß gegen das Eigentumsrecht gegeben.

cc) Verstoß gegen Art. 3 Abs. 1 GG, Art. 118 Abs.1 BV

Es ist kein Verstoß gegen den Gleichheitssatz, dass Art. 37 Abs.1 Satz 2 LStVG die Anknüpfung an die Rassezugehörigkeit erlaubt, ohne nach zusätzlichen Kriterien (Halter, Ausbildung etc.) zu differenzieren. Denn eine Kampfhunderegelung ist wegen der erheblichen Gefahren für höchste Rechtsgüter *zulässigerweise typisierend* und die Annahme der abstrakten Gefährlichkeit von Hunden der Rasse *Mastín Español* ist vor dem Hintergrund der statistisch messbaren Beteiligung solcher Hunde an schweren Beißzwischenfällen nachvollziehbar von der *Einschätzungsprärogative* des Gesetzgebers gedeckt.[39] Den Gesetzgeber trifft lediglich wegen der unsicheren wissenschaftlichen Erkenntnisse eine ständige *Beobachtungspflicht*.

dd) Verstoß gegen Art. 2 Abs. 1 GG, Art. 101 BV

Es ist kein Verstoß gegeben, da die allgemeine Handlungsfreiheit als Auffanggrundrecht nicht weiter reichen kann als das Eigentumsgrundrecht und ein Eingriff daher jedenfalls gerechtfertigt wäre.

Zwischenergebnis: Art. 37 Abs. 1 und 2 LStVG verstoßen nicht gegen höherrangiges Recht und sind daher auch materiell rechtmäßig.

2. Rechtmäßigkeit der (fiktiven) Bayerischen Kampfhundeverordnung

Die (fiktive) Bayerische Kampfhundeverordnung ist rechtmäßig, wenn sie auf einer verfassungsgemäßen Ermächtigungsgrundlage beruht und auch ansonsten formell und materiell rechtmäßig ist.

a) Wirksame Ermächtigungsgrundlage

Die Ermächtigungsgrundlage für die Bayerische (fiktive) Kampfhundeverordnung stellt Art. 37 Abs. 1 Satz 2 Hs. 2 LStVG dar. Diese Regelung ist verfassungsgemäß (s.o.).

b) Formelle Rechtmäßigkeit der Bayerischen (fiktiven) Kampfhundeverordnung

Mangels entgegenstehender Angaben im Sachverhalt ist davon auszugehen, dass das zuständige Bayerische Staatsministerium gehandelt hat, sowie die an das Verfahren und die Form der Verordnung zu stellenden Voraussetzungen der Art. 42 ff. LStVG erfüllt sind.

c) Materielle Rechtmäßigkeit der Bayerischen (fiktiven) Kampfhundeverordnung

Materiell rechtmäßig ist die Verordnung, wenn sie inhaltlich von der Ermächtigungsgrundlage gedeckt ist und auch ansonsten mit höherrangigem Recht vereinbar ist.

---

[38] *BayVerfGH*, NVwZ-RR 2005, 176 (180).

[39] Vgl. schon oben zur Verhältnismäßigkeit im engeren Sinne und Fn. 30; BVerfGE 110, 141; *BayVerfGH*, NVwZ-RR 2005 176 (177); *Casper*, DVBl. 2000, 1580 (1585); *Kunze*, NJW 2001, 1608 (1612). Ähnlich auch *Gängel/Gansel*, NVwZ 2001, 1208 (1215); zur Kampfhundesteuer vgl. *BayVGH*, NVwZ-RR 2007, 57; *OVG Magdeburg* NVwZ 1999, 321.

aa) Übereinstimmung mit der Ermächtigungsgrundlage

Hier ist zu prüfen, ob die Kampfhundeverordnung unter die Voraussetzungen der Ermächtigungsgrundlage subsumiert werden kann.

Die Problematik. Dazu müsste es sich bei Hunden der Rasse *Mastín Español* insbesondere (allein das ist problematisch) um Hunde handeln, die – gemäß der Definition des Art. 37 Abs.1 Satz 2 LStVG – „eine gesteigerte Aggressivität und Gefährlichkeit" aufweisen. Fraglich ist, was genau mit diesen Tatbestandsmerkmalen gemeint ist; so ist vor allem klärungsbedürftig, ob die Kriterien „gesteigerte Aggressivität und Gefährlichkeit" das gleiche bedeuten, was im Sicherheitsrecht normalerweise mit dem Begriff „abstrakte Gefahr" umschrieben wird (mit der Folge, dass sich Art. 37 LStVG dogmatisch als eine gewöhnliche Maßnahme der Gefahrenabwehr darstellt) oder aber ob sie sich auch mit geringeren Verdachtsgraden begnügen, die hinter der Schwelle der abstrakten Gefahr zurückbleiben (mit der Folge, dass Art. 37 LStVG dogmatisch als eine bereits im Gefahrenvorfeld greifende Maßnahme der Gefahrenvorsorge begriffen werden müsste). Vor allem zwei Umstände machen es unumgänglich, diese Frage zu klären:

- Zum einen ist es nicht selbstverständlich, dass Art. 37 Abs.1 LStVG eine abstrakte Gefahr verlangt. Denn zwar ist die abstrakte Gefahr die unbestrittene Regelvoraussetzung für den Erlass sicherheitsrechtlicher Verordnungen und somit vor allem für generalklauselartige Verordnungsermächtigungen (wie sie zwar nicht in Bayern, aber in anderen Bundesländern in großer Zahl existieren[40]) alternativlos. Ebenso unbestritten ist allerdings, dass der Gesetzgeber nicht stets an die Gefahrenschwelle gebunden ist und die Exekutive unter Umständen auch bereits im Gefahrenvorfeld zu Eingriffen ermächtigen darf.[41] Dies ist zum einen dann der Fall, wenn in Bezug auf ein mögliches Risiko noch keine verlässliche Gefahrenprognose möglich ist, weil es an Erfahrungswissen und wissenschaftlichen Erkenntnissen fehlt (v.a. im Umwelt- und Technikrecht ist dies häufig der Fall und ein Umstieg von klassischer Gefahrenabwehr zu moderner Risikovorsorge daher unumgänglich). Zum anderen kommt ein Handeln im Gefahrenvorfeld in Betracht, wenn es noch gar nicht darum geht, Gefahren abzuwehren, sondern zunächst – auf der Basis eines entsprechenden Gefahrverdachts – durch Informationsbeschaffung überhaupt erst herauszufinden, ob eine Gefahr besteht (Gefahrerforschungseingriff, informationelles Gefahrenvorfeld). Beides könnte in Bezug auf Art. 37 LStVG immerhin in Betracht kommen: So könnte man argumentieren, die Bedeutung der Rassezugehörigkeit für die Gefährlichkeit eines Hundes (ggf. im Zusammenwirken mit anderen Faktoren) sei zu unsicher und unerforscht, um eine Gefahrprognose tragen zu können, so dass nur eine Gefahrenvorsorge in Betracht komme.[42] Oder aber man könnte vorbringen, Art. 37 LStVG i.V.m. der Kampfhundeverordnung ermächtigten im Wesentlichen zu einer Maßnahme der Gefahrerforschung (das Halten von Kampfhunden wird ja nicht schlechthin verboten; vielmehr wird der Hundehalter nur gezwungen, die Frage der individuellen Gefährlichkeit – sei es durch Wesenstest oder in einem Erlaubnisverfahren – präventiv abklären zu lassen), so dass auch insofern ein unter der Gefahrenschwelle verbleibender Gefahrverdacht ausreichen könnte.[43] Unter beiden Gesichtspunkten erscheint es immerhin vertretbar, dass die Spezialermächtigung des Art. 37 Abs.1 LStVG von der Regelvoraussetzung der abstrakten Gefahr abweicht.

- Zum anderen ist es – setzt man voraus, es sei eine abstrakte Gefahr verlangt und ein im Gefahrenvorfeld angesiedelter Gefahrverdacht reiche nicht aus – lange umstritten gewesen, ob allein die Rassezugehörigkeit eine abstrakte Gefahr zu begründen vermag. Gerade das BVerwG hatte dies ausdrücklich verneint und vertreten, die Rassezugehörigkeit begründe – weil allein von der Rassezugehörigkeit nicht auf die Gefährlichkeit geschlossen werden könne und das Zusammenwirken mit anderen Faktoren zu unsicher und zu wenig erforscht sei – allein einen Gefahrenverdacht; es fehle an ausreichenden Belegen für einen kausalen Zusammenhang von Rassezugehörigkeit und Schadenseintritt.[44] Erst eine Entscheidung des BVerfG hat hier wieder einiges zurechtgerückt.[45]

---

[40]   Z.B. § 10 Abs. 1 PolG BW, § 55 NdsSOG, § 27 Abs. 1 NWOBG, § 9 Abs. 1 SächsPolG.

[41]   Ausführlich zur Abgrenzung von Gefahrenabwehr und Gefahrenvorsorge bzw. Gefahr und Gefahrenverdacht: *Möstl*, Jura 2005, 48 (51 f.).

[42]   So BVerwGE 116, 347.

[43]   In diese Richtung: BVerwGE 116, 347 (356 f.); *OVG Saarlouis*, Urteil vom 31. 3. 2004, Az. 2 N 2/03, Tz. 39 ff. (juris); *VGH Kassel*, Urteil vom 27. 1. 2004, Az. 11 N 520/03, Tz. 114 ff. (juris).

[44]   BVerwGE 116, 347 (355).

[45]   BVerfGE 110, 141; dazu *Möstl*, Jura 2005, 48 ff.

Was ist verlangt (abstrakte Gefahr oder Gefahrverdacht)? Die These, Art. 37 Abs. 1 Satz 2 LStVG verlange für die Aufnahme einer Hunderasse in die Kampfhundeverordnung keine abstrakte Gefahr, sondern einen bloßen Gefahrenverdacht, mag nach dem Gesagten vertretbar sein. Sie ist indes nichtsdestoweniger fern liegend und überdies überflüssig (da – wie zu zeigen sein wird – im vorliegenden Fall eine abstrakte Gefahr bejaht werden kann, d. h. der Begriff der abstrakten Gefahr flexibel genug ist, um den hiesigen Fall zu erfassen). Das sicherheitsrechtliche Verordnungsrecht – auch das bayerische – ist beherrscht von dem Leitgedanken der dem Verordnungsgeber aufgetragenen Abwehr abstrakter Gefahren für die öffentliche Sicherheit[46], so dass es schon eindeutiger Anhaltspunkte im Gesetzestext bedürfte, um eine Abweichung von diesem dogmatischen Leitprinzip bejahen zu können. Solche sind jedoch nicht ersichtlich. Überschrift und Oberthema des Art. 37 LStVG ist das Halten „gefährlicher" Hunde; für Kampfhunde ist eine gesteigerte (abstrakte) „Gefährlichkeit" verlangt; es gibt also keinerlei textliches Indiz dafür, dass ein Verdachtsgrad ausreichen soll, der die Schwelle der Gefahr und Gefährlichkeit gerade noch nicht erreicht. Auch der BayVerfGH ist deswegen völlig selbstverständlich davon ausgegangen, für die Kampfhundeverordnung sei eine „abstrakte" Gefahr vonnöten.[47] Die Begriffe „Aggressivität" und „Gefährlichkeit" sind also im Lichte des gewöhnlichen Gefahrenabwehrrechts und nicht eines hiervon abweichenden Risikovorsorge- oder Gefahrenvorfeldrechts auszulegen.

Was ist eine abstrakte Gefahr? Zu klären ist somit, was unter einer abstrakten Gefahr zu verstehen ist.[48] Sehr ungenau und überdies (indem Fragen der Befugnis zum Verordnungserlass – abstrakte Gefahr – und der polizeilichen Aufgabeneröffnung – allgemeine Gefahr – zusammengewürfelt werden) in hohem Maße missverständlich ist insbesondere die in Bayern weit verbreitete Definition, eine abstrakte Gefahr sei eine Sachlage, aus der nach allgemeiner Lebenserfahrung Gefahren im Einzelfall (konkrete Gefahren) entstehen können.[49] Weitaus treffender bereits ist eine Definition des BVerwG, wonach eine abstrakte Gefahr vorliegt, wenn eine generell-abstrakte Betrachtungsweise für bestimmte Arten von Verhaltensweisen oder Zuständen zu dem Ergebnis führt, dass mit hinreichender Wahrscheinlichkeit ein Schaden im Einzelfall einzutreten pflegt und daher Anlass besteht, diese Gefahr mit generell-abstrakten Mitteln, also einem Rechtssatz zu bekämpfen; das hat zur Folge, dass auf den Nachweis der Gefahr eines Schadenseintritts im Einzelfall verzichtet werden kann[50] (bzw. die konkrete Gefahr schlicht in der gegenwärtigen Verletzung des Rechtssatzes, d. h. einem Verstoß gegen die Unversehrtheit der Rechtsordnung zu erblicken ist; siehe bereits oben zum Unterschied von selbständiger und unselbständiger Verfügung). Folgende Aspekte sind zu bedenken:

- Die abstrakte Gefahr darf im Ausgangspunkt nicht als eine Stufe minderer Wahrscheinlichkeit (ein Minus) im Vergleich zur konkreten Gefahr missverstanden werden (gerade die bayerische Definition birgt die Gefahr eines solchen Missverständnisses, da davon gesprochen wird, konkrete Gefahren entstünden erst aus abstrakten Gefahren, was ein Stufenverhältnis nahe legt). Vielmehr ist – wie das BVerwG zu Recht betont hat[51] – prinzipiell davon auszugehen, dass sich konkrete und abstrakte Gefahren gerade nicht durch den Grad der Wahrscheinlichkeit unterscheiden. Beide verlangen einen hinreichenden Grad an Wahrscheinlichkeit des Schadenseintritts; unterschiedlich ist allein der angelegte Blickwinkel und Bezugspunkt der Gefahrprognose: Die konkrete Gefahr ermisst die Wahrscheinlichkeit des Schadenseintritts in Bezug auf eine konkrete Sachlage und berechtigt zum Einschreiten in genau diesem Einzelfall (z. B. Art. 11 PAG, Art. 7 LStVG). Die abstrakte Gefahr hingegen blickt auf den nur abstrakt gedachten, typischen Fall und berechtigt zum Erlass von abstrakt-generellen Rechtsnormen. Die abstrakte Gefahr ist also nicht Minus zur konkreten Gefahr, sondern ihr Äquivalent: So wie die konkrete Gefahr Regelvoraussetzung polizeilicher Einzelfallbefugnisse ist, ist die abstrakte Gefahr Regelvoraussetzung für Befugnisse zum sicherheitsrechtlichen Verordnungserlass. Im Ausgangspunkt ist es daher durchaus richtig, wenn z. B. § 2 Nr. 2 NdsSOG sinngemäß be-

---

[46] *Gallwas/Wolff,* Bayerisches Polizei- und Sicherheitsrecht, Rn. 819.

[47] *BayVerfGH* NVwZ-RR 1995, 262 (264 f.); vgl. auch *BayVerfGH,* NVwZ-RR 2005, 176 (177), wo von „abstrakter Gefährdungssituation" die Rede ist.

[48] Zum Folgenden ausführlich: *Möstl,* Jura 2005, 48 (52 ff.).

[49] *Gallwas/Wolff,* Bayerisches Polizei- und Sicherheitsrecht, Rn. 87; *Berner/Köhler,* PAG, Art. 2, VollzB. Nr. 2,2. und Rn. 24.

[50] BVerwGE 116, 347 (351 f.).

[51] BVerwGE 116, 347 (351).

stimmt, dass eine abstrakte Gefahr eine mögliche (gedachte) Sachlage sei, die im Fall ihres Eintritts eine konkrete Gefahr wäre.

■ Falsch ist es insbesondere (dies kann gerade in Bayern nicht oft genug betont werden, wo sogar die Vollzugsbekanntmachung zum PAG [unter Art. 2 Nr. 2.2.] diesen Fehler begeht), die abstrakte Gefahr (ein Begriff, der zum Recht der Eingriffsbefugnisse gehört) mit dem (zur polizeilichen Aufgabeneröffnung gehörenden und daher weitaus großzügiger zu bemessenden) Begriff der „allgemeinen Gefahr" in Art. 2 Abs. 1 PAG gleichzusetzen. Tut man dies, raubt man dem Begriff der abstrakten Gefahr (als Voraussetzung zum Verordnungserlass) jegliche Kontur. Denn die allgemeine Gefahr im Sinne der polizeilichen Aufgabennorm ist ein Allerweltsbegriff ohne jeden Abgrenzungswert. Das Beispiel der – unstreitig von der polizeilichen Gefahrenabwehraufgabe erfassten – polizeilichen Streifenfahrt (die keinerlei konkrete Gefahren oder selbst Verdachtmomente voraussetzt) macht deutlich, dass die allgemeine Gefahr im Sinne der Aufgabennorm keinerlei spezifizierbaren Wahrscheinlichkeitsgrad einer wenigstens in ihren Umrissen erkennbaren Schädigung voraussetzt.[52] Setzt man diesen Begriff mit dem der abstrakten Gefahr (als Voraussetzung des Verordnungserlasses) gleich, ist es praktisch in jeder Situation zulässig, Gefahrenabwehrverordnungen zu erlassen.[53]

■ Wie bei der konkreten Gefahr dürfen die Anforderungen an die abstrakte Gefahr allerdings auch nicht überspannt werden. Die abstrakte Gefahr verlangt keine naturgesetzliche Gewissheit, sondern nur die hinreichende Wahrscheinlichkeit. Was jeweils „hinreichend" ist, hängt insbesondere von dem Gewicht des gefährdeten Rechtsguts, der Höhe des potentiellen Schadens und der Tiefe des in Aussicht genommenen Eingriffs ab. Geht es um die Abwendung großer Schäden für bedeutende Rechtsgüter, können auch entfernte Wahrscheinlichkeiten genügen. Der Gefahrbegriff erweist sich insofern als ein flexibles Instrument, das im Blick auf die Eingriffsvoraussetzungen einen besonderen Aspekt des Verhältnismäßigkeitsgrundsatzes thematisiert. Die Gefahrenprognose verlangt allerdings, dass eine verlässliche Gefahrprognose überhaupt möglich ist, weil entweder wissenschaftliche Erkenntnisse über Kausalzusammenhänge oder aber gesichertes Erfahrungswissen (auch statistische Erkenntnisse) existieren. Nicht nötig ist es indes, dass die relevanten Wirkungszusammenhänge unbedingt wissenschaftlich durchdrungen sind; fehlen wissenschaftliche Erkenntnisse, reicht auch Erfahrungswissen aus (man denke an Prognosen über menschliches Verhalten, das sich einer wissenschaftlichen Vorhersage weitgehend entzieht); nur wenn weder Erfahrungswissen noch wissenschaftliche Erkenntnisse vorhanden sind, versagt das Gefahrenabwehrmodell und muss auf Risikosteuerung umgestiegen werden. Nicht nötig ist es schließlich, dass eine Ursache für sich allein zu einem bestimmten Schaden zu führen imstande ist; vielmehr reicht es aus, dass andere Faktoren hinzutreten, wenn deren Hinzutritt seinerseits hinreichend wahrscheinlich ist.[54]

■ Bei allen Gemeinsamkeiten von abstrakter und konkreter Gefahr gibt es doch auch Unterschiede, die aus dem unterschiedlichen Blickwinkel der Gefahrprognose resultieren, der jeweils maßgeblich ist. So kann und muss das Gefahrenabwehrorgan im konkreten Einzelfall insbesondere alle Umstände des Einzelfalls in seine Entscheidung einbeziehen. Der Gefahrenabwehr-Normgeber muss dagegen notwendigerweise typisieren; er knüpft Rechtsfolgen an gedachte Sachlagen, die im Falle ihres Eintritts typischerweise (nicht notwendig in jedem Einzelfall) eine konkrete Gefahr bedeuten würden. Dass es „Ausreißerfälle" gibt, bei denen im Einzelfall tatsächlich keine Gefahr besteht, die an sich typischerweise bestehen müsste, ist normal und unvermeidlich (vgl. oben zum Unterschied von selbständiger und unselbständiger Verfügung: Es ist einwandfrei, wenn der Normgeber z. B. die Pflicht zum Anhalten bei roter Ampel anordnet, auch wenn im Einzelfall kein weiterer Verkehrsteilnehmer in Sicht ist). Die Frage, wie viele solche Ausreißerfälle sich der Normgeber erlauben darf, wie typisch also die gedachte Gefahrsituation tatsächlich zu sein hat, hängt erneut davon ab, wie gewichtig das Rechtsgut, wie groß der mögliche Schaden und wie tief der geplante Rechtseingriff ist.[55]

---

[52] Die Aufgabeneröffnung setzt vielmehr nur voraus, dass das polizeiliche Handeln überhaupt auf den präventiven (nicht vorwiegend repressiven) Schutz irgendwelcher (ggf. auch noch völlig unabsehbarer) polizeilicher Schutzgüter gerichtet ist, vgl. bereits oben beim Prüfungspunkt „Aufgabe". Wahrscheinlichkeitsschwellen sind in diesem Stadium völlig ohne Belang.

[53] Dazu *Möstl*, Jura 2005, 48 (51), Fn. 25.

[54] *Möstl*, Jura 2005, 48 (51 f.).

[55] *Möstl*, Jura 2005, 48 (53).

■ Ein wichtiger Unterschied resultiert schließlich aus der Art der Rechtsfolgen, deren Statuierung dem Normgeber einerseits und dem im Einzelfall handelnden Gefahrenabwehrorgan andererseits zur Verfügung stehen. Das im Einzelfall handelnde Organ kann auf der Basis von Befugnissen zur Abwehr konkreter Gefahren (paradigmatisch: die polizeiliche Generalklausel) regelmäßig nur reagierend in bereits begonnene oder unmittelbar bevorstehende schädigende Kausalverläufe eingreifen und diese – durch Ge- oder Verbote – unterbinden. Die Handlungsmöglichkeiten des zur Abwehr abstrakter Gefahren berufenen Normgebers sind hingegen nach ständiger Rechtsprechung und -praxis weitaus subtiler und vielgestaltiger; insbesondere kann der Normgeber (man denke an das typische Instrument des präventiven Verbots mit Erlaubnisvorbehalt oder an die Statuierung bloßer Gefahrerforschungseingriffe) auf der Basis von Ermächtigungsnormen zum Erlass von Gefahrenabwehrverordnungen auch bereits weit im Vorfeld konkreter schädigender Kausalverläufe behördliche Befugnisse vorsehen, die noch nicht den schädigenden Kausalverlauf unterbinden, sondern zunächst nur klären wollen, ob im konkreten Fall überhaupt eine konkrete Gefahr gegeben ist (so z. B. alle Genehmigungsverfahren, die normalerweise ja nicht das zu genehmigende Verhalten unterbinden, sondern nur sicherstellen wollen, dass dieses sicherheitsrechtlich einwandfrei ist). Es handelt sich hierbei um Befugnisse, in denen die Behörde (im konkreten Einzelfall) auf der Basis eines bloßen Gefahrverdachts herausfinden darf, ob tatsächlich eine konkrete Gefahr besteht. In der Sache handelt es sich dabei um eine prozedurale Vorverlagerung in das informationelle Vorfeld konkreter Gefahren hinein (Gefahraufklärung). Wenn nun ein Normgeber auf der Basis einer – eine abstrakte Gefahr voraussetzenden – Ermächtigungsnorm eine Gefahrenabwehrverordnung erlassen will, die nicht ein endgültiges Verbot einer bestimmten Handlung, sondern nur ein präventives Verbot mit Erlaubnisvorbehalt oder einen bloßen Gefahrerforschungseingriff statuieren soll, so kann es nicht angehen, für die abstrakte Gefahr eine Wahrscheinlichkeitsschwelle zu fordern, die im konkreten Fall dem der konkreten Gefahr entspricht (denn für Gefahrerforschungseingriffe und präventive Genehmigungsverfahren braucht es ja keine konkreten Gefahren, sondern es reicht ein hinreichender Verdacht, dass eine konkrete Gefahr besteht, deren Vorliegen nunmehr mittels Gefahraufklärungsmaßnahme geklärt werden soll). Ausreichend ist es vielmehr, dass im gedachten Einzelfall typischerweise ein hinreichender Verdacht konkreter Gefahren besteht, der den Gefahrerforschungseingriff bzw. das Erlaubnisverfahren rechtfertigt. Soll mittels Rechtsverordnung nicht zu endgültigen Kausaleingriffen, sondern nur zu Gefahraufklärungseingriffen ermächtigt werden, verlangt die abstrakte Gefahr nach alledem nicht eine gedachte Sachlage, die im Falle ihres Eintritts typischerweise eine konkrete Gefahr wäre, sondern es genügt eine Sachlage, die im Falle ihres Eintritts typischerweise einen hinreichenden konkreten Gefahrverdacht begründet, aufgrund dessen der entsprechende Gefahraufklärungseingriff gerechtfertigt erscheint.[56]

Subsumtion. Legt man die so umrissene Begriffsbestimmung der abstrakten Gefahr zugrunde (die hier aus didaktischen Gründen freilich weitaus länger geraten ist, als man das in einer Klausur erwarten könnte), so lässt sich – was die Hunderasse Mastín Español anbelangt – das Vorliegen einer abstrakten Gefahr durchaus bejahen:

■ Da es um den Schutz potentiell großer Schäden für das höchste Verfassungsrechtsgut, den Menschen, geht, ist die Wahrscheinlichkeitsschwelle von vornherein abgesenkt; sie darf nicht zu streng bemessen werden.

■ Es handelt sich bei der Kampfhundeverordnung nicht schon deswegen um eine von der Ermächtigungsnorm zum Erlass einer Gefahrenabwehrverordnung nicht mehr gedeckte Maßnahme der Risikovorsorge, weil die Kausalzusammenhänge zwischen Hunderasse, hinzukommenden Faktoren und Gefährlichkeit wissenschaftlich wenig geklärt und unsicher sind. Vielmehr reicht es völlig aus, dass hinreichendes Erfahrungswissen (hier statistische Belege) existiert, das die erhöhte Gefährlichkeit nachweist (allenfalls trifft den Normgeber eine Pflicht zur fortlaufenden Überprüfung des verfügbaren statistischen Materials und ggf. zu einer Revidierung seiner einmal getroffenen Entscheidung). Ebenso schadet es nicht, dass ggf. allein von der Rassezugehörigkeit nicht auf die Gefährlichkeit geschlossen

---

[56] *Möstl,* Jura 2005, 48 (53 f.).

werden kann, sondern weitere Faktoren hinzukommen müssen; vielmehr genügt es voll und ganz, dass das Hinzutreten dieser Faktoren seinerseits hinreichend wahrscheinlich ist.[57]

■ Der Normgeber darf typisieren. Er darf auch solche Hunderassen in die Verordnung aufnehmen, von denen einzelne Exemplare (z. B. der des H) absolut friedlich sein mögen, solange die Rasse nur insgesamt – aufgrund entsprechender statistischer Belege – als gesteigert gefährlich erscheint. Wenn der Verordnungsgeber – wie hier – auch noch die Widerlegung der Gefährlichkeitsvermutung durch individuellen Wesenstest gestattet, gilt dies noch viel mehr. Die Zahl der rechtmäßig möglichen friedlichen „Ausreißerfälle" darf angesichts der Größe und des Gewichts der potentiellen Schäden auch nicht zu gering veranschlagt werden.

■ Die Frage, wie viele friedliche „Ausreißerfälle" der Verordnungsgeber in Kauf nehmen darf, ohne gegen die eine hinreichende Schadenswahrscheinlichkeit voraussetzende Ermächtigungsnorm zu verstoßen, hängt auch davon ab, welche Rechtsfolge er (bzw. ergänzend der Gesetzgeber) an die Rassezugehörigkeit knüpft. Zu beachten ist im vorliegenden Fall, dass die Rassezugehörigkeit noch nicht das endgültige Verbot des Haltens von Hunden der entsprechenden Rasse impliziert, sondern vom Halter nur verlangt, entweder die individuelle Ungefährlichkeit seines Hundes durch Wesenstest nachzuweisen oder aber sich dem Erlaubnisverfahren zu unterziehen. Beide Varianten stellen sich als Maßnahmen der Gefahraufklärung (der Aufklärung, ob im individuellen Fall wirklich eine konkrete Gefahr gegeben ist) dar. Eine abstrakte Gefahr ist in einer solchen Situation (wo noch nicht zur Gefahrbeseitigung, sondern nur zur Gefahraufklärung ermächtigt werden soll) – wie dargelegt – aber bereits dann zu bejahen, wenn im gedachten Fall – seinen Eintritt unterstellt – typischerweise ein hinreichender Verdacht einer konkreten Gefahr (d. h. noch nicht unbedingt eine konkrete Gefahr der Schädigung selbst) besteht. Auch unter diesem Gesichtspunkt ist die Wahrscheinlichkeitsschwelle abgesenkt. Es reicht aus, dass immerhin so viele Exemplare der Rasse Mastín Español tatsächlich gefährlich sind, dass es – angesichts des Gewichts der potentiellen Schäden – gerechtfertigt erscheint, für alle Exemplare dieser Hunde ein präventives Prüfverfahren (Wesenstest bzw. Erlaubnis) anzuordnen, um auf diese Weise die individuelle Gefährlichkeit verlässlich zu klären. Hingegen müssen etwaige Schäden nicht so wahrscheinlich sein (mit der Konsequenz von weniger zulässigen friedlichen „Ausreißerfällen"), wie dies der Fall wäre, wenn der Verordnungsgeber unmittelbar ein endgültiges (weder durch Wesenstest oder Erlaubnisverfahren relativiertes) Verbot des Haltens von Hunden dieser Rasse statuieren wollte.

Zwischenergebnis: Die Änderung der Kampfhundeverordnung ist von der Ermächtigungsgrundlage gedeckt.

bb) Verstoß gegen sonstiges höherrangiges Recht?

Zu überprüfen ist weiterhin, ob die Verordnung auch ansonsten mit höherrangigem Recht vereinbar ist. Hierzu kann weitgehend auf das bereits oben (zu Art. 37 LStVG) Gesagte verwiesen werden. Die Einbeziehung bislang rechtmäßig gehaltener Hunde einer Rasse, für die sich statistisch eine deutlich erhöhte Anzahl an Beißvorfällen nachweisen lässt, verstößt damit nicht per se gegen das Eigentumsgrundrecht (Art. 14 GG, Art. 103 BV). Verfassungswidrig war es jedoch, keine Übergangsregelung vorzusehen, die es Hundehaltern ermöglicht, ohne sich dem Vorwurf einer rechtswidrigen Handlung oder gar Ordnungswidrigkeit auszusetzen, ihren nunmehr von der Kampfhundeverordnung erfassten Hund vorläufig solange weiter rechtmäßig halten zu dürfen, bis in zumutbarer Weise der Wesenstest beigebracht oder aber das Erlaubnisverfahren durchlaufen ist. Dass eine derartige Übergangsregelung fehlt, ist auch dem Verordnungsgeber anzulasten, so dass die übergangslose Einbeziehung der Rasse Mastín Español in die Kampfhundeverordnung gegen das Eigentumsgrundrecht verstößt und insoweit nichtig ist. Zum gleichen Ergebnis kann man kommen, wenn man einen Verstoß gegen das rechtsstaatliche Rückwirkungsverbot/Vertrauensschutzprinzip (Art. 20 Abs. 3 GG/Art. 3 Abs. 1 Satz 1 BV) bejaht.[58] Für eine etwaige Verletzung des Gleichheitssatzes (z. B. durch Einbeziehung der einen, nicht aber der anderen – vergleichbaren – Rasse) fehlt es im Sachverhalt an Hinweisen.

---

[57] So zu Recht BVerfGE 110, 141 (159 ff.); die Aussagen von BVerwGE 116, 347 können damit als weitgehend überholt gelten; vgl. dazu *Möstl*, Jura 2005, 48 ff.
[58] So *BayVerfGH*, NVwZ-RR 2005, 176 (180).

Zwischenergebnis: Da die Kampfhundeverordnung im Punkt der fehlenden Übergangsregelung verfassungswidrig ist, liegt keine gegenwärtige Gefahr für die öffentliche Sicherheit (in Gestalt der Unversehrtheit der verfassungskonformen *Rechtsordnung*) vor. Gegen den H darf bis auf weiteres nicht eingeschritten werden.

Endergebnis: Die Sicherstellung war nicht rechtmäßig.

Nur **hilfsgutachtlich** seien folgende weitere Prüfungspunkte angesprochen:

- H wäre – die Rechtmäßigkeit der Verordnung und das Bestehen einer Befugnis zum Eingriff vorausgesetzt – im vorliegenden Fall als Handlungsstörer (Art. 7 Abs. 1 PAG) und nicht als Zustandsstörer (Art. 8 Abs. 1 PAG) zu qualifizieren, denn es geht im Fall darin, dass H durch sein Verhalten gegen Normen (das Verbot des Haltens ohne Erlaubnis) verstoßen hat, nicht darum, dass von dem Hund, für den H als Zustandsstörer haftet, eine nachweisbare gegenwärtige Gefahr ausginge.
- In Bezug auf die – hier allein entscheidende – Unterbindung des Normverstoßes könnte die Statuierung eines Maulkorb- oder Leinenzwanges (durch den der Normverstoß nicht abgestellt wird) nicht als milderes, gleich effektives Mittel angesehen werden, so dass die Sicherstellung unter diesem Gesichtspunkt nicht gegen den Verhältnismäßigkeitsgrundsatz (Art. 4 PAG) verstieße.
- Ein Ermessensfehler (Art. 5 PAG) wäre – die Befugnis zur Unterbindung des Normverstoßes unterstellt – nicht ersichtlich. Das Ermessen wäre im Verhältnis zum Bürger auch nicht aufgrund der internen Weisung des Bürgermeisters auf Null reduziert.

B. Frage 2: Gerichtliches Vorgehen mit dem Ziel der Herausgabe des Hundes

> **Zum Verständnis:** Das Begehren des H ist darauf gerichtet, dass ihm der Hund herausgegeben wird. Eine solche Herausgabe kann H dadurch erreichen, dass die Vollziehung aufgehoben wird und die Folgen der Vollziehung rückgängig gemacht werden. Zwar wird das Gericht, falls seine Anfechtungsklage Erfolg hat, auf seinen Antrag hin im Hauptsacheverfahren ohnehin aussprechen, dass der Vollzug der rechtswidrigen Sicherstellung rückgängig zu machen ist (§ 113 Abs. 1 Satz 2 VwGO). Hierauf ist sein Rechtsbegehren aber ersichtlich nicht gerichtet. Vielmehr will er möglichst schnellen Rechtsschutz und ist der Ansicht, dass bereits die Erhebung der Anfechtungsklage zur vorläufigen Herausgabe des Hundes verpflichte. Zu untersuchen sind daher Rechtsbehelfe des einstweiligen Rechtsschutzes. § 123 VwGO tritt dabei (trotz scheinbaren Leistungsbegehrens) zurück, soweit Rechtsschutz über § 80 Abs. 5 VwGO möglich ist. In Betracht kommt insbesondere ein Antrag nach § 80 Abs. 5 Satz 3 VwGO (Anordnung der Aufhebung der Vollziehung), der allerdings an die aufschiebende Wirkung des Rechtsbehelfs geknüpft ist. Ein Antrag nach § 80 Abs. 5 Satz 3 VwGO setzt also einen Antrag nach § 80 Abs. 5 Satz 1 VwGO auf Anordnung der aufschiebenden Wirkung bzw. nach § 80 Abs. 5 Satz 1 VwGO analog auf Feststellung der aufschiebenden Wirkung voraus.

Ein Antrag nach **§ 80 Abs. 5 Satz 1 VwGO** auf Anordnung der aufschiebenden Wirkung bzw. § 80 Abs. 5 Satz 1 analog auf Feststellung der aufschiebenden Wirkung sowie auf Aufhebung der Vollziehung (§ 80 Abs. 5 Satz 3 VwGO) hat Erfolg, wenn er zulässig und begründet ist.

I. Zulässigkeit eines Antrags gem. § 80 Abs. 5 Satz 1 und Satz 3 VwGO

1. Verwaltungsrechtsweg, § 40 Abs. 1 VwGO

Gemäß § 80 Abs. 5 Satz 1 VwGO entscheidet das „Gericht der Hauptsache". Das Verwaltungsgericht kann aber nur dann entscheiden, wenn der Verwaltungsrechtsweg eröffnet ist. Dies ist hier nach der Generalklausel des § 40 Abs. 1 VwGO der Fall, da es sich um eine Streitigkeit auf dem Gebiet des präventiven Polizei- und Sicherheitsrechts und damit um eine öffentlich-rechtliche Streitigkeit nichtverfassungsrechtlicher Art handelt. Insbesondere § 23 EGGVG greift hier nach dem Schwerpunkt der Tätigkeit nicht ein (vgl. – deklaratorisch – auch Art. 12 Abs. 1 POG).

2. Statthaftigkeit des Antrags

a) Antrag auf Anordnung der aufschiebenden Wirkung nach § 80 Abs. 5 Satz 1 VwGO

Anträge nach § 80 Abs. 5 Satz 1 VwGO setzen zunächst voraus, dass eine Anfechtungssituation gegeben ist, d. h. in der Hauptsache die Anfechtungsklage statthaft ist; § 123 VwGO tritt insoweit zurück (vgl. § 123 Abs. 5 VwGO). Bei der Sicherstellung handelt es sich unzweifelhaft um einen (belastenden) VA i. S. d. Art. 35 Satz 1 BayVwVfG. In der Hauptsache wäre daher die Anfechtungsklage die richtige Klageart.

Der Antrag auf Anordnung bzw. Wiederherstellung der aufschiebenden Wirkung nach § 80 Abs. 5 Satz 1 VwGO setzt zweitens voraus, dass die aufschiebende Wirkung des Hauptsacherechtsbehelfs gem. § 80 Abs. 2 VwGO entfällt. In Betracht kommt ein Wegfall der aufschiebenden Wirkung nach § 80 Abs. 2 Satz 1 Nr. 2 VwGO (unaufschiebbare Anordnung eines Polizeivollzugsbeamten).

Fraglich ist, ob es sich bei der Sicherstellung um eine Maßnahme eines Polizeivollzugsbeamten nach § 80 Abs. 2 Satz 1 Nr. 2 VwGO handelt, da der Polizeivollzugsbeamte in Ausführung einer Weisung des Bürgermeisters, also einer anderen Sicherheitsbehörde tätig wurde. Der Verwaltungsakt könnte daher auch der Gemeinde zuzurechnen sein. Die Lösung ergibt sich nur scheinbar aus Art. 12 Abs. 2 Satz 2 POG, wonach der Verwaltungsakt der anweisenden Stelle zuzurechnen ist. Diese Norm ist nämlich nur auf die Zuständigkeiten der Polizeibehörden untereinander anzuwenden, im vorliegenden Fall geht es jedoch um die Abgrenzung zwischen allgemeinen Sicherheitsbehörden und der Polizei. Da für den Bürger in solchen Fällen aber nicht zu erkennen ist, dass der Bürgermeister die Polizei angewiesen hat, ist richtigerweise der Verwaltungsakt nicht der anweisenden Stelle zuzurechnen, sondern der angewiesenen Polizei. Vor dem Hintergrund des Art. 19 Abs. 4 GG soll dem Bürger aus der mangelnden Transparenz der Weisungsverhältnisse kein Nachteil entstehen.[59] Gleiches ergibt sich auch bereits aus der Konzeption des sicherheitsbehördlichen Weisungsrechts nach Art. 9 Abs. 2 POG, Art. 10 Satz 2 LStVG selbst: Diese sog. „Weisungen im polizeilichen Aufgabenbereich" ändern nämlich nichts daran, dass (nach außen) die Polizei eigenverantwortlich (eben „im polizeilichen Aufgabenbereich" und nicht kraft Sicherheitsrechts) und auf der Basis des PAG handelt, mit dem das Handeln in vollem Einklang stehen muss.

Fraglich ist, ob die Maßnahme „unaufschiebbar" gewesen ist. Dies ist der Fall, wenn ein sofortiges Eingreifen der Polizei erforderlich ist. Das ist bei einer Sicherstellung oder Durchsuchung zum Zwecke der Gefahrenabwehr typischerweise der Fall.[60] Hier resultiert die „Unaufschiebbarkeit" aus dem Umstand, dass eine gegenwärtige durch H verursachte Gefahr (eines Normverstoßes) beseitigt werden soll. In Bayern deckt sich der Begriff der „Unaufschiebbarkeit" mit dem Merkmal der eigenen Zuständigkeit der Polizei nach Art. 3 PAG.[61] Wie oben gesehen, wäre der Polizist auch ohne die Weisung zuständig gewesen, weil die Abwehr der Gefahr durch eine andere Behörde nicht rechtzeitig möglich gewesen wäre, Art. 3 PAG.

Da somit die aufschiebende Wirkung nach § 80 Abs. 2 Satz 1 Nr. 2 VwGO entfällt, geht die Rechtsansicht des H ins Leere, allein wegen der Einlegung des (aufschiebende Wirkung zeitigenden) Rechtbehelfs müsse ihm der Hund vorläufig herausgegeben werden. Hätte H Recht gehabt, die Behörde also trotz aufschiebender Wirkung des Rechtsbehelfs an der Vollziehung des VA festgehalten, dann hätte ein Fall des sog. „faktischen Vollzugs" trotz aufschiebender Wirkung vorgelegen. In diesem Fall hätte H – in analoger Anwendung des § 80 Abs. 5 Satz 1 VwGO – einen Antrag auf Feststellung der aufschiebenden Wirkung erheben[62] und mit dem Antrag nach § 80 Abs. 5 Satz 3 VwGO verbinden können.

b) Antrag auf Aufhebung der Vollziehung nach § 80 Abs. 5 Satz 3 VwGO

Nach § 80 Abs. 5 Satz 3 VwGO kann das Gericht in Fällen des § 80 Abs. 5 Satz 1 VwGO die Aufhebung der Vollziehung anordnen, soweit der VA im Zeitpunkt der Entscheidung bereits vollzogen ist. Ein ent-

---

[59] *Gallwas/Wolff*, Bayerisches Polizei- und Sicherheitsrecht, Rn. 200; *Klausur* im Rahmen des 2. Staatsexamens, BayVBl. 2004, 636 (637).

[60] *Hufen*, Verwaltungsprozessrecht, § 32, Rn. 12; *Schenke*, Verwaltungsprozessrecht, Rn. 967 f. Zur interessanten – und noch wenig geklärten – Frage, ob bei Dauerverwaltungsakten die ursprünglich unaufschiebbare und Art. 3 PAG genügende polizeiliche Maßnahme (z. B. eine Sicherstellung) nachträglich rechtswidrig wird, sobald die Sicherheitsbehörde zur weiteren Gefahrenabwehr hätte tätig werden können (hier wegen fortdauernder Weisung letztlich nicht relevant), siehe: *Koehl*, Die Subsidiarität polizeilichen Handelns bei Dauerverwaltungsakten, BayVBl. 2008, 365.

[61] *Schmitt Glaeser/Horn*, Verwaltungsprozessrecht, Rn. 263, Fn. 131.

[62] Vgl. dazu *Eyermann*, Verwaltungsgerichtsordnung, § 80, Rn. 109 ff.; *Kopp/Schenke*, VwGO, § 80, Rn. 181; *VGH Kassel*, NVwZ-RR 2003, 345 (346).

sprechender Antrag kann mit dem Antrag nach § 80 Abs. 5 Satz 1 VwGO verbunden werden. § 123 VwGO tritt (trotz scheinbaren Leistungsbegehrens) nach § 123 Abs. 5 VwGO zurück.[63]

c) Vorherige Einlegung des Hauptsacherechtsbehelfs

Für Fälle, in denen, wie nunmehr in Bayern (Art. 15 Abs. 2 AGVwGO) in Abweichung von § 68 VwGO kein Widerspruch mehr statthaft, sondern unmittelbar Anfechtungsklage zu erheben ist[64], bestimmt § 80 Abs. 5 Satz 2 VwGO ausdrücklich, dass der Antrag auch bereits vor Erhebung der Anfechtungsklage zulässig ist. Hierauf kommt es im vorliegenden Fall aber nicht an, da H bereits Anfechtungsklage erhoben hat.[65]

3. Antragsbefugnis

§ 42 Abs. 2 VwGO wird zum Ausschluss von Popularanträgen für das Verfahren gem. § 80 Abs. 5 VwGO analog angewendet.

H ist hier möglicherweise in seinem Grundrecht aus Art. 14 GG verletzt. Er ist Adressat eines belastenden Verwaltungsakts (Adressatentheorie).

4. Beteiligtenfähigkeit

Der Kreis der Beteiligten entspricht dem in der Hauptsache. H ist als natürliche Person gem. § 61 Nr. 1 VwGO beteiligtenfähig. Wie oben gesehen, ist der VA der angewiesenen Polizei zuzurechnen. Die Beteiligten- und Prozessfähigkeit der Polizei ist für die Frage der Zulässigkeit des Antrages maßgebend. Auf der Beklagtenseite ist der Freistaat Bayern als Träger der Polizei gemäß Art. 1 PAG, Art. 1 Abs. 1 und 2 POG nach § 61 Nr. 1 2. Alt VwGO beteiligtenfähig.

5. Prozessfähigkeit

H ist nach § 62 Abs. 1 Nr. 1 VwGO prozessfähig.

Der Freistaat Bayern wird gemäß §§ 62 Abs. 3 VwGO, 3 Abs. 4 VertrV, 5 Abs. 1 und 2 LABV durch das Polizeipräsidium vertreten (das insoweit als Ausgangsbehörde fungiert, auch soweit nachgeordnete Dienststellen gehandelt haben).

6. Allgemeines Rechtsschutzbedürfnis

Im vorliegenden Fall ergibt sich kein Anhaltspunkt für ein fehlendes Rechtsschutzbedürfnis. Auch könnte H nicht die Möglichkeit einer vorherigen Antragstellung bei der zuständigen Behörde gem. § 80 Abs. 4 VwGO als einfacherer Weg entgegengehalten werden. Diese beiden Verfahren bestehen unabhängig nebeneinander. In der Regel wird der Weg über § 80 Abs. 5 VwGO wegen des Vorteils einer gerichtlichen Entscheidung gewählt. Zudem zeigt der Umkehrschluss zu § 80 Abs. 6 VwGO, dass ein vorheriger Antrag bei der Behörde nur in den Fällen der öffentlichen Kosten und Abgaben erforderlich ist. Das Rechtsschutzbedürfnis kann im Fall auch nicht mit dem Argument bestritten werden, der Hauptsacherechtsbehelf sei offensichtlich unzulässig (z. B. verfristet); hierfür bestehen keinerlei Anhaltspunkte.

Zwischenergebnis: Der Antrag ist zulässig.

---

[63] *Kopp/Schenke*, VwGO, § 80, Rn. 181 a. E.; *Schmitt Glaeser/Horn*, Verwaltungsprozessrecht, Rn. 284, Fn. 148.

[64] Vgl. z. B. 8a Nds. AGVwGO; § 6 AGVwGO NW; Nach § 8a ThürAGVwGO entfällt das Vorverfahren gegen Verwaltungsakte der Polizei i. S. d. § 1 ThürPOG.

[65] Soweit der Widerspruch noch statthaft ist, ist strittig, ob eine vorherige Widerspruchseinlegung erforderlich ist (vgl. *Kopp/Schenke*, VwGO, § 80, Rn. 139). Nicht erforderlich ist die Widerspruchseinlegung jedenfalls dann, wenn mit einer baldigen Erledigung des VA zu rechnen ist und über den Widerspruch bis dahin ohnehin nicht entschieden werden kann (Bsp. Demonstrationsverbot).

II. Begründetheit der Anträge gem. § 80 Abs. 5 Satz 1 und Satz 3 VwGO

1. Passivlegitimation

Analog § 78 Abs. 1 Nr. 1 VwGO ist der Antrag gegen den Träger der Körperschaft zu richten, deren Behörde den VA erlassen hat, dessen sofortige Vollziehbarkeit überprüft werden soll. Im vorliegenden Fall ist der SicherstellungsVA der angewiesenen Stelle zuzurechnen[66], so dass der Rechtsträger der angewiesenen Stelle passivlegitimiert ist. Daher ist der Freistaat Bayern als Träger der Polizei richtiger Beklagter, Art. 1 PAG und Art. 1 Abs. 1 und 2 POG.

2. Begründetheit im Übrigen

Der Antrag nach § 80 Abs. 5 Satz 1 VwGO ist begründet, wenn eine Interessenabwägung ergibt, dass das Interesse des Antragstellers am einstweiligen Nichtvollzug (Suspensivinteresse) das öffentliche Interesse der Allgemeinheit an dem Vollzug (Vollzugsinteresse) überwiegt. Die Interessenabwägung beurteilt sich vornehmlich nach den Erfolgsaussichten in der Hauptsache. Die Erfolgsaussichten des in der Hauptsache erhobenen Rechtsbehelfs sind summarisch zu überprüfen. Sofern das Gericht dem Antrag nach § 80 Abs. 5 Satz 1 VwGO stattgibt und die aufschiebende Wirkung anordnet, wird es, da der VA bereits vollzogen ist, nach § 80 Abs. 5 Satz 3 VwGO auch die Rückgängigmachung des Vollzugs, d. h. die Herausgabe des Hundes anordnen.

a) Erfolgsaussichten in der Hauptsache

aa) Zulässigkeit der Anfechtungsklage

Eine Anfechtungsklage nach § 42 Abs. 1 Alt. 1 VwGO wäre zulässig.

bb) Begründetheit der Anfechtungsklage

Die gegen den richtigen Beklagten gerichtete (s. o.) Anfechtungsklage ist begründet, wenn die Sicherstellung rechtswidrig ist und H dadurch in seinen Rechten verletzt ist, § 113 Abs. 1 Satz 1 VwGO. Im vorliegenden Fall hängt die Frage der Rechtmäßigkeit der Sicherstellung eng mit der Verfassungsmäßigkeit des Art. 37 Abs. 1, 2 LStVG i. V. m. der Kampfhundeverordnung zusammen. Zum Prüfungsprogramm im Eilverfahren gehören indes auch die Verfassungsmäßigkeit der von der Behörde angewandten Normen und deren Vereinbarkeit mit höherrangigem Recht. Auch dies muss bei der Interessenabwägung im Rahmen der Rechtmäßigkeitsprüfung berücksichtigt werden.[67] Es scheidet wegen der Eilbedürftigkeit und lediglich summarischen Prüfung eine Vorlagepflicht nach Art. 100 Abs. 1 GG aus, auch soweit die Verfassungsmäßigkeit des Art. 37 LStVG in Rede steht.[68]

b) Ergebnis

Da die Sicherstellung nicht rechtmäßig gewesen ist und den H in seinem Eigentumsgrundrecht verletzt (vgl. Frage 1), wird eine Anfechtungsklage Erfolg haben, so dass auch die Anträge nach § 80 Abs. 5 Satz 1 und 3 VwGO zulässig und begründet sind. Das Gericht wird die aufschiebende Wirkung der von H eingelegten Anfechtungsklage und die Aufhebung der Vollziehung, d. h. die Herausgabe des Hundes anordnen.

Rechtsprechungsvorlage: BVerfGE 110, 141 (= NVwZ 2004, 597); BVerwGE 116, 347 (= NVwZ 2003, 95); BayVerfGHE 47, 207 (= NVwZ-RR 1995, 262) und BayVerfGHE 57, 84 (= NVwZ-RR 2005, 176).

Leseempfehlungen: *Albers/Roetting*, Gefahrenvorsorge gegen Kampfhunde, Jura 2007, 218; *Möstl*, Gefahr und Kompetenz. Polizeirechtsdogmatische und bundesstaatsrechtliche Konsequenzen der „Kampfhundeentscheidung" des BVerfG, Jura 2005, 84.

---

[66] S. o. A.II.1. zur Unaufschiebbarkeit
[67] *Eyermann*, Verwaltungsgerichtsordnung, § 80, Rn. 82.
[68] *Eyermann*, Verwaltungsgerichtsordnung, § 80, Rn. 82.

Fall 19: Schleierfahndung *(Seidel)*

Sachverhalt

Am Abend des 10. April befährt Rechtsanwalt Redlich (R) mit seinem Pkw (Baujahr 1971) in Begleitung eines Bekannten die Autobahn A 8 in Richtung München. Polizeibeamter Peter Pflichtig (P), der zur gleichen Zeit auf der Autobahn unterwegs ist, wird auf den Pkw des R aufmerksam, weil es sich um ein sehr altes, verwahrlostes Fahrzeug handelt, das mit ziemlich hoher Geschwindigkeit an ihm vorbeifährt. P erkennt, dass in dem Fahrzeug zwei Männer mittleren Alters sitzen, wobei ihm besonders R als Fahrer aufgrund seines markanten Haarschnitts (sog. Rastalocken) auffällt.

Gegen 23.00 Uhr hält R an einem Schnellrestaurant an, das ca. 100 m von der Anschlussstelle zur BAB 8 liegt und das mit weithin sichtbarer Werbung vor allem in Richtung der die Autobahn benutzenden Verkehrsteilnehmer wirbt. Aufgrund des verwahrlosten Zustands des Pkw, des äußeren Erscheinungsbilds des R, der fortgeschrittenen Uhrzeit und der Tatsache, dass R soeben von einer Bundesautobahn mit besonderer Bedeutung für den grenzüberschreitenden Verkehr abgefahren ist, ist P dem Pkw des R gefolgt, um eine Identitätskontrolle als Maßnahme der präventiven grenzüberschreitenden Verbrechensbekämpfung (Schleierfahndung) durchzuführen. Er gibt dies gegenüber den Insassen des Pkw bekannt und verlangt sowohl von R als auch von seiner Begleitung den Personalausweis zur Einsichtnahme.

Im Gegensatz zur Begleitung des R, der auf Aufforderung des P seinen Personalausweis übergibt, weigert sich R zunächst gegen jede Art der Identifizierung; er werde sich als unbescholtener Bürger, der sich in keiner Weise verdächtig verhalten habe, unter keinen Umständen kontrollieren lassen, schließlich sei Deutschland kein Polizeistaat. R ist erst nach längerer Diskussion schließlich bereit, zumindest den Führerschein herauszugeben. Nachdem sich P mit dem Führerschein des R als Passersatz zum Zwecke der Identifizierung zufrieden gezeigt hatte, verwickelte R den P in ein aggressiv geführtes Streitgespräch über die Frage der Rechtsgrundlage für die Forderung, den Ausweis auszuhändigen.

Primär aufgrund des aggressiven und sich querstellenden Auftretens des R, daneben aber auch aufgrund der Begleitumstände (fortgeschrittene Uhrzeit, Grenzverkehr zwischen Österreich und Deutschland, auffallender Haarschnitt des R) entsteht bei P der Eindruck, dass R möglicherweise etwas zu verbergen hat (z. B. Drogen). P kündigt R deswegen an, er wolle nun den Pkw und die darin mitgeführten Sachen durchsuchen. Trotz der Weigerung des R, die Durchsuchung zu gestatten, beginnt P mit der Durchführung der Maßnahme. Nach Untersuchung des Sitzes der Fahrerseite und der Ablage findet P die Visitenkarten des R, auf der sich dessen Name und seine Berufsbezeichnung befindet. P durchsucht im Anschluss noch den Beifahrersitz, eine Tasche und einen Aktenkoffer des R. Auffälliges wird dabei nicht gefunden.

Am 30. Dezember desselben Jahres erhebt R Klage beim örtlich zuständigen Verwaltungsgericht München und beantragt die Feststellung, dass die Identitätsfeststellung sowie die Durchsuchung des Pkw und der darin mitgeführten Sachen vom 10. April rechtswidrig waren. Durch die Polizeikontrolle sei er in seinen Persönlichkeitsrechten verletzt worden. Neben den üblichen Verkehrskontrollen habe er schon mehrere Durchsuchungen seines Pkw dieser Art hinnehmen müssen. Ein besonderes Interesse an der Feststellung der Rechtswidrigkeit bestehe auch aufgrund des Umstands, dass die Kontrolle bzw. Durchsuchung des Pkw in aller Öffentlichkeit stattgefunden habe. Die polizeiliche Maßnahme sei nicht durch Befugnisnormen abgedeckt gewesen. Im übrigen sei fraglich, ob der Freistaat Bayern überhaupt die Kompetenz für den Erlass von Regelungen über Schleierfahndungsmaßnahmen habe.

Bearbeitervermerk: Wie sind die Erfolgsaussichten der verwaltungsgerichtlichen Klage des R zu beurteilen?

Zusatzfrage: Der Bayerische Bürger Franz-Ludwig Frei (F) sieht in Art. 13 Abs. 1 Nr. 5 PAG eine Verletzung seiner grundrechtlich geschützten Freiheitssphäre. F ist bislang keiner Schleierfahndungsmaßnahme unterzogen worden. Wäre – unmittelbar gegen die Befugnisnorm des Art. 13 Abs. 1 Nr. 5 PAG gerichtet – die Erhebung einer Verfassungsbeschwerde oder einer Popularklage beim *Bayerischen Verfassungsgerichtshof* bzw. einer Verfassungsbeschwerde beim *Bundesverfassungsgericht* durch F zulässig? Es ist dabei zu unterstellen, dass der Bayerische Verfassungsgerichtshof noch nicht über die Verfassungsmäßigkeit des Art. 13 Abs. 1 Nr. 5 PAG entschieden hat.

Hinweise zur Fallprüfung: Nach Maßgabe von § 2 Abs. 1 und Abs. 3 BPolG besteht ein Verwaltungsabkommen zwischen dem Bundesministerium des Innern und der Bayerischen Staatsregierung, wonach der Freistaat Bayern im Einvernehmen mit dem Bund Aufgaben des grenzpolizeilichen Einzeldienstes mit eigenen Kräften wahrnimmt. Die materielle Verfassungsmäßigkeit der in Betracht kommenden Befugnisnormen des PAG ist bei der Erstellung des Gutachtens zu unterstellen; ebenso ist von der Vereinbarkeit des Art. 13 Abs. 1 Nr. 5 PAG mit dem SDÜ und dem EGV auszugehen.

Lösung

A. Ausgangsfall

Eine verwaltungsgerichtliche Klage des R hat Aussicht auf Erfolg, wenn diese zulässig und begründet ist.

I. Zulässigkeit

1. Verwaltungsrechtsweg, § 40 Abs. 1 VwGO

R handelte vorliegend nicht auf Ebene der Strafverfolgung[1], sodass sich hier nicht aus § 23 EGGVG der Rechtsweg zu den ordentlichen Gerichte ergibt. Der Streitgegenstand richtet sich nach den Vorschriften über die sog. Schleierfahndung im (bayerischen) PAG und damit nach öffentlichem Recht. Mangels doppelter Verfassungsunmittelbarkeit liegt keine verfassungsrechtliche Streitigkeit vor. Der Verwaltungsrechtsweg ist daher nach § 40 Abs. 1 VwGO, Art. 12 Abs. 1 POG eröffnet.

2. Statthafte Klageart

Die Anordnung zur Ausweisung zwecks Identitätsfeststellung ist ein Verwaltungsakt gemäß Art. 35 Satz 1 BayVwVfG bzw. § 35 Satz 1 VwVfG. Nach der hier vertretenen Auffassung[2] liegt auch der Durchsuchung eine Duldungsverfügung gegenüber R zu Grunde, sodass es insofern nicht um einen bloßen Realakt, sondern um einen Verwaltungsakt geht (str.). Die von R angegriffenen Maßnahmen entfalten aber keine aktuelle Beschwer mehr und sind damit erledigt. Das Rechtsschutzziel ist für R daher mit der Anfechtungsklage nach § 42 Abs. 1 1. Alt. VwGO nicht mehr zu erreichen; einer Anfechtungsklage würde das Sachbescheidungsinteresse bzw. das Rechtsschutzbedürfnis fehlen. Statthafte Klageart ist daher die in § 113 Abs. 1 Satz 4 VwGO vorausgesetzte Fortsetzungsfeststellungsklage. Unerheblich ist dabei, dass die Erledigung schon vor Klageerhebung eingetreten ist, da aufgrund der Wertungen des § 19 Abs. 4 GG in diesem Fall § 113 Abs. 1 Satz 4 VwGO analoge Anwendung findet.[3]

> **Zum Verständnis:** Wie oben in den *Fällen 11* und *12* wäre in Konstellationen der vorliegenden Art mit den Ausführungen in BVerwGE 109, 203 ff. anstelle einer Fortsetzungsfeststellungsklage auch die Annahme einer allgemeinen Feststellungsklage i. S. v. § 43 VwGO gut vertretbar. Auf eine herkömmliche Feststellungsklage wäre auch abzustellen, wenn man hinsichtlich der Durchsuchung eine konkludente Duldungsverfügung verneint. Aufgrund der weitgehend identischen Zulässigkeitsvoraussetzungen (insbesondere hinsichtlich des erforderlichen Feststellungsinteresses) ergeben sich aber auch bei einem Abstellen auf die allgemeine Feststellungsklage keine wesentlichen Unterschiede in der Fallprüfung.[4]

---

[1] Zur Abgrenzung vgl. *Fall 11*.
[2] Vgl. *Fall 11*.
[3] Zum Ganzen s. bereits *Fall 11*.
[4] Offen gelassen daher bei *VG Augsburg*, Urteil vom 19. 4. 2007, Az. Au 5 K 06.227.

3. Klagebefugnis

Rechtslehre und Rechtspraxis haben aus Art. 2 Abs. 1 i. V. m. Art. 1 Abs. 1 GG[5] bzw. aus Art. 100 i. V. m. Art. 101 BV[6] einen ergänzenden grundrechtlichen Persönlichkeitsschutz in Form des *allgemeinen Persönlichkeitsrechts* entwickelt. Hieraus ist als besondere Fallgruppe das sog. *Recht auf informationelle Selbstbestimmung*[7] als umfassendes Selbstbestimmungsrecht über personenbezogene Informationen abgeleitet worden. Es schützt vor *jeder Form der Erhebung, Speicherung, Verwendung, Weitergabe oder Veröffentlichung* von persönlichen Informationen.[8] Allgemein wird in das Recht auf informationelle Selbstbestimmung nicht erst dann eingegriffen, wenn staatliche Behörden persönliche Daten einer Datenverarbeitung zuführen oder an Dritte (auch an andere Behörden oder die Öffentlichkeit) übermitteln, sondern bereits dann, wenn der Bürger im Zusammenhang mit Identitätsfeststellungen persönliche Angaben machen muss.[9] Daher sind auch schon Maßnahmen zur Identitätsfeststellung, wie etwa das Verlangen des Aushändigens mitgeführter Ausweispapiere, als staatliche Eingriffe in das allgemeine Persönlichkeitsrecht zu bewerten. Gleiches gilt für Durchsuchungsmaßnahmen mit dem Ziel, entsprechende Informationen aufzufinden. Insofern greifen die Anordnungen der Identitätskontrolle und der Durchsuchung sowie deren Durchführung in das Recht des R auf informationelle Selbstbestimmung ein.[10] R kann damit geltend machen, durch die Identitätsfeststellung und die Durchsuchung möglicherweise in seinem Recht auf informationelle Selbstbestimmung aus Art. 2 Abs. 1 i. V. m. Art. 1 Abs. 1 GG bzw. aus Art. 100 i. V. m. Art. 101 BV verletzt zu sein.

Jedenfalls ist R als Adressat belastender Maßnahmen zumindest im subsidiären Grundrecht auf allgemeine Handlungsfreiheit aus Art. 2 Abs. 1 GG betroffen[11], sodass sich die Klagebefugnis analog § 42 Abs. 2 VwGO[12] jedenfalls aus der Adressatentheorie ergibt.

4. Besonderes Feststellungsinteresse

Nach § 113 Abs. 1 Satz 4 letzter HS VwGO muss der Kläger ein berechtigtes Interesse an der begehrten Feststellung haben (Fortsetzungsfeststellungsinteresse).[13] In der vorliegenden Fallkonstellation sind ähnliche Maßnahmen in einer nicht allzu fernliegenden vergleichbaren Situation nicht auszuschließen, da R aufgrund seiner Erscheinung (auffälliger Haarschnitt) und seines auffallenden alten Pkw möglicherweise wieder einer sog. Schleierfahndungsmaßnahme unterzogen werden kann. Ein Feststellungsinteresse besteht daher unter dem Gesichtspunkt der Wiederholungsgefahr[14], zumal R nach eigenen Angaben bereits des Öfteren von vergleichbaren Maßnahmen betroffen war. Da die Durchsuchung des Pkw auf einem öffentlichen Platz stattfand, dürfte es auch gut vertretbar sein, das Feststellungsinteresse ergänzend mit einem besonderen Rehabilitationsinteresse zu begründen.[15]

---

[5] Zum Ganzen: *Di Fabio*, in: Maunz/Dürig u. a., GG, Art. 2 Abs. 1 Rn. 127 ff.

[6] Vgl. *BayVerfGH* BayVBl. 2006, 339 ff.; BayVBl. 2003, 560; *BayVerfGH* BayVBl. 1985, 652 ff.; BayVBl. 1987, 268 ff.; BayVBl. 1995, 143 (144); BayVBl. 1998, 142 ff. *Weingart*, BayVBl. 2001, 69.

[7] BVerfGE 65, 1 (43 sowie Leitsatz Nr. 2); 78, 77 (84); 84, 192 (194); 92, 191 (197); 96, 171 (181); 101, 106 (121); *BVerfG* NVwZ 2007, 688 (690); *Di Fabio*, in: Maunz/Dürig u. a., GG, Art. 2 Abs. 1 Rn. 173 ff.; *Simitis*, NJW 1984, 398 ff.; *Krause*, JuS 1984, 268 ff.; *Kunig*, Jura 1993, 595 ff.;

[8] *BayVerfGH* BayVBl. 2006, 339 (340); BayVBl. 2003, 560; BayVBl. 1995, 143 (144); BVerfGE 65, 1 (43); 67, 100 (143); 78, 77 (84); 84, 239 (279); 92, 191 (197); *VerfGH Rh.-Pf.* DVBl. 1999, 309 (310); *SächsVerfGH* SächsVBl. 1996, 160 (172); *VG Augsburg*, Urteil vom 19. 4. 2007, Az. Au 5 K 06.227.

[9] *Schnekenburger*, BayVBl. 2001, 129 (132).

[10] *BayVerfGH* BayVBl. 2006, 339 (340); BayVBl. 2003, 560; *LVerfG MV* DVBl. 2000, 262 (263 ff.); *VG Augsburg*, Urteil vom 19. 4. 2007, Az. Au 5 K 06.227.

[11] Nach Ansicht des *BayVerfGH* berühren Eingriffe durch Schleierfahndungsmaßnahmen neben dem Recht auf informationelle Selbstbestimmung auch den Schutzbereich der allgemeinen Handlungsfreiheit: *BayVerfGH* BayVBl. 2006, 339 (340); BayVBl. 2003, 560; *VG Augsburg*, Urteil vom 19. 4. 2007, Az. Au 5 K 06.227.

[12] Zur analogen Geltung vgl. *Fall 11*.

[13] Ausführlich hierzu *Fall 11*.

[14] So auch *VG Augsburg*, Urteil vom 19. 4. 2007, Az. Au 5 K 06.227.

[15] S. auch insofern näher *Fall 11*. Offen gelassen bei *VG Augsburg*, Urteil vom 19. 4. 2007, Az. Au 5 K 06.227.

5. Vorverfahren, Klagefrist

In Konstellationen der vorliegenden Art (Erledigung vor Klageerhebung) bedarf es weder eines Vorverfahrens (in Bayern wegen Art. 15 Abs. 1 und 2 BayAGVwGO ohnehin entbehrlich) noch der Einhaltung einer Klagefrist.[16] Es darf allerdings vor Erledigung keine Bestandskraft eingetreten sein. Letzteres ist hier nicht der Fall.

Zwischenergebnis: Eine Fortsetzungsfeststellungsklage mit dem Ziel der gerichtlichen Feststellung, dass die polizeilichen Maßnahmen gegenüber R rechtswidrig waren und diesen in subjektiven Rechten verletzten, ist zulässig.

II. Begründetheit

Die Fortsetzungsfeststellungsklage ist begründet, wenn sie gegen den richtigen Beklagten gerichtet wird (§ 78 Abs. 1 Nr. 1 VwGO) und wenn die polizeilichen Maßnahmen gegenüber R rechtswidrig waren und ihn in subjektiven Rechten verletzten (§ 113 Abs. 1 Sätze 1 und 4 VwGO).

1. Passivlegitimation

Als Träger der Polizei ist der Freistaat Bayern richtiger Beklagter, § 78 Abs. 1 Nr. 1 VwGO, Art. 1 PAG, Art. 1 Abs. 1 und 2 POG.

2. Prüfung der Rechtmäßigkeit der polizeilichen Maßnahmen

Da die polizeilichen Maßnahmen in die Rechtssphäre des R eingreifen, müssen sie sich auf eine Ermächtigungsgrundlage (= Befugnisnorm) stützen lassen und nach deren Vorgaben jeweils formell und materiell rechtmäßig sein.[17]

> **Zum Verständnis:** Das allgemeine Persönlichkeitsrecht wird nicht schrankenlos gewährleistet. Es geht hierbei nicht um einen selbstständigen Eingriff in die Menschenwürde, Art. 1 Abs. 1 GG wird dabei als bloße Interpretationsrichtlinie verstanden. Ein Eingriff in das Recht auf informationelle Selbstbestimmung führt mithin nicht automatisch zur Verletzung des Grundrechts. Im Falle von Art. 2 Abs. 1 i.V.m. 1 Abs. 1 GG ist für die Frage der Rechtfertigung auf Art. 2 Abs. 1 2. Halbsatz GG zu rekurrieren, bei einem Abstellen auf Art. 101 i.V.m. Art. 100 BV ist auf die Schranken des Art. 101 BV zurückzugreifen. Damit unterliegt auch das Recht auf informationelle Selbstbestimmung „den Schranken der Gesetze" und daher einem einfachen *Gesetzesvorbehalt,*

Als Befugnisnormen kommen vorliegend hinsichtlich der Identitätsfeststellung Art. 13 Abs. 1 Nr. 5 PAG[18] und hinsichtlich der Durchsuchungsmaßnahme Art. 22 Abs. 1 Nr. 1 i.V.m. Art. 21 Abs. 1 Nr. 3, Art. 13 Abs. 1 Nr. 5 PAG in Betracht. Diese Befugnisnormen vermögen nur dann den Eingriff zu rechtfertigen, wenn diese verfassungsgemäß sind, der polizeiliche Aufgabenbereich eröffnet war, die Tatbestandvoraussetzungen in der konkreten Handlungssituation vorlagen und keine Ermessensfehler erkennbar sind.

---

[16] Vgl. *Fall 11.*

[17] BVerfGE 99, 185 (195). Auch der in Art. 98 Satz 2 BV vorgeschaltete allgemeine Gesetzesvorbehalt ist subsidiärer Natur und kommt nicht zum Zuge, wenn ein Grundrecht unter Gesetzesvorbehalt steht: *Kempen,* in: Becker/Heckmann/Kempen/Manssen, Öffentliches Recht in Bayern, 1. Teil, Rn. 244; dort auch zur geringen Praxisrelevanz dieser Norm.

[18] Zur Schleierfahndung im Polizeirecht sonstiger Bundesländer: § 26 Abs. 1 Nr. 6 PolG BW, §§ 11 Abs. 3, 12 Abs. 1 Nr. 6 PolG Bbg., § 9 a Saarl.PolG, § 18 Abs. 2 Nr. 6 HSOG, § 29 Abs. 2 Nr. 5 SOG MV a.F. (aufgehoben), § 19 Abs. 1 Nr. 5 SächsPolG, § 14 Abs. 3 SOG LSA, § 14 Abs. 1 Nr. 5 PAG Thür.

a) (Formelle) Verfassungsmäßigkeit der Rechtsgrundlagen zur Schleierfahndung im PAG

R bezweifelt vorliegend die Gesetzgebungskompetenz des Freistaats Bayern für die Befugnisnorm des Art. 13 Abs. 1 Nr. 5 PAG. Grundsätzlich haben die Länder gem. Art. 70 Abs. 1 und 2 GG die Gesetzgebungskompetenz, sofern nicht das Grundgesetz selbst eine abweichende Kompetenzregelung zugunsten des Bundes trifft. Insofern kommt zunächst hinsichtlich der Terminologie „Schleier*fahndung*" in Betracht, den Regelungsgegenstand des Art. 13 Abs. 1 Nr. 5 PAG im Zusammenhang mit der Strafverfolgung zu sehen. Tatsächlich wird vertreten, dass von der gesetzgeberischen Zweckrichtung ein präventiver Verbrechensbekämpfungszweck nur vorgeschoben werde, es der Sache nach aber vielmehr darum gehe, unter Umgehung der strafprozessual geforderten Verdachtsgrade gesuchte oder nur potenzielle Verbrecher dingfest zu machen und der Strafverfolgung zuzuführen.[19] In dieser Hinsicht läge dann der Sache nach ein Gegenstand der konkurrierenden Gesetzgebungszuständigkeit des Bundes gem. Art. 74 Abs. 1 Nr. 1 GG vor (Strafrecht und gerichtliches Verfahren). Weil der Bund in der StPO von seiner Gesetzgebungskompetenz in abschließender Weise Gebrauch gemacht hat, also durch ein Kodifikationsgesetz verdeutlicht hat, dass die Länder von eigenen Regelungen ausgeschlossen sind, könnte die Schlussfolgerung gezogen werden, dass die Länder für Schleierfahndungsmaßnahmen keine Gesetzgebungskompetenz haben; Art. 13 Abs. 1 Nr. 5 PAG wäre dann formell verfassungswidrig.

Gegen diese Betrachtungsweise spricht aber, dass Art. 13 Abs. 1 Nr. 5 PAG kraft seines ausdrücklichen Wortlauts zunächst auf „Verhütung und Unterbindung" bestimmter unerlaubter Tatbestände gerichtet ist. Die Befugnisnorm hat damit insofern schon ausdrücklich nicht repressiven, sondern präventiven Charakter. In diesem systematischen Zusammenhang ist auch die „Bekämpfung der grenzüberschreitenden Kriminalität" zu sehen. Es geht um *vorbeugende* Bekämpfung von Straftaten. Unter dieser Rubrik können zwei Unterfälle zusammengefasst werden: Einerseits die Verhütung von Straftaten, andererseits die (Informations-) Vorsorge für spätere Strafverfahren ohne konkreten Verdacht gegenüber den Betroffenen im Eingriffszeitpunkt.[20] In Bezug auf die Verhütung von Straftaten geht es der gesetzlichen Zielrichtung nach um Gefahrenprävention.[21] Informationsbeschaffung im Gefahrenvorfeld zur Erkennung von besonderen Kriminalitätsstrukturen, insbesondere neuerer Erscheinungsformen wie der organisierten und der Computer-Kriminalität, dient dem Schutz der öffentlichen Sicherheit, denn wären solche Maßnahmen erst bei Vorliegen einer konkreten Gefahr zulässig, könnte diese Gefahr regelmäßig nicht rechtzeitig für effiziente Gegensteuerungsmaßnahmen erkannt werden.[22] Vorfeldmaßnahmen zur Verhütung von Straftaten dienen also der Erkenntnisgewinnung (über kriminelle und verbrechensbegünstigende Strukturen, über sich einnistende Verbrechenslogistik), um hierauf aufbauend ebenso präventiv ausgerichtete operative Vorgehensweisen zu entwickeln (z. B. Konzepte zur Beseitigung von Tatgelegenheiten, Abschöpfen der Gewinne und Rückgabe von Diebesgut an die Geschädigten, Auflösung von Organisationen und Szenen).[23] Neben generalpräventiven Aspekten (insbesondere Abschreckung) – die allerdings der Sache nach eher Nebenfolge der repressiven Strafverfolgung sind – kommt der präventive Zweck besonders auch dort zum Tragen, wo durch Aufklärung von Einzeltaten kriminelle Strukturen zerschlagen werden und damit vergleichbaren Begehungsweisen durch ihr Entdecktsein für die Zukunft der Boden entzogen wird.[24] Dieser Aspekt ist von Art. 74 Abs. 1 Nr. 1 GG nicht abgedeckt und vermag daher die grundsätzliche Länderkompetenz aus Art. 70 GG nicht zu verdrängen.[25] Soweit es der vorbeugenden Verbrechensbekämpfung um die bloße Informationsvorsorge[26] für die spätere Strafverfolgung geht, ist die Zuordnung problematisch. Die Begrifflichkeit entzieht sich insoweit der

---

    [19] *Waechter*, DÖV 1999, 138 (140); *Lisken*, NVwZ 1998, 22 f. Allgemein hinsichtlich Vorfeldmaßnahmen zum Zwecke der vorbeugenden Verbrechensbekämpfung in diese Richtung: *Hund*, ZRP 1991, 463 ff.

    [20] Zu dieser Differenzierung *Kniesel*, ZRP 1989, 329 (331 f.); *ders.*, ZRP 1992, 164 (165).

    [21] *BayVerfGH* BayVBl. 2003, 560 f.; s. bereits *Kniesel*, ZRP 1992, 164 (165).

    [22] *BayVerfGH* BayVBl. 1995, 143 (145).

    [23] *Kniesel*, ZRP 1992, 164. Vgl. auch *VerfGH Sachsen* SächsVBl. 1996, 160 (173).

    [24] *Kniesel*, ZRP 1992, 164 (165).

    [25] *BayVerfGH* BayVBl. 1995, 143 (145); *VerfGH Sachsen* SächsVBl. 1996, 160 (169); *Beinhofer*, BayVBl. 1995, 193 (197); *Möllers*, NVwZ 2000, 382 (384); *Weingart*, BayVBl. 2001, 33 (35); *Schnekenburger*, BayVBl. 2001, 129 (130) im Einklang mit *LVerfG Mecklenburg-Vorpommern* DVBl. 2000, 262 (263).

    [26] Zu diesem Begriff im Zusammenhang mit dem Recht auf informationelle Selbstbestimmung: *Scholz/Pitschas*, Informationelle Selbstbestimmung, S. 103 ff.; *Aulehner*, Polizeiliche Gefahren- und Informationsvorsorge, S. 51, m. w. N.

herkömmlichen Terminologie von Gefahrenabwehr und Strafverfolgung.[27] Wenn auch hier der Blick bereits auf das Strafverfahren gerichtet ist, so handelt es sich doch bei den Vorfeldmaßnahmen – die man dann als eine von klassischen Gefahrenabwehrmaßnahmen abzutrennende Aufgabenkategorie ansehen mag[28] – nicht um Instrumente eines konkreten Ermittlungsverfahrens im Anwendungsbereich der StPO und im Regelungsbereich des Art. 74 Abs. 1 Nr. 1 GG.[29] Schon die Begrenzung des Blicks auf Strafverfolgungsvorsorge rechtfertigt es, auch für derartige Vorfeldmaßnahmen von der allgemeinen Länderregelungskompetenz nach Art. 70 GG auszugehen. Im Übrigen ist darauf hinzuweisen, dass Daten zur präventiven Bekämpfung von Straftaten regelmäßig sowohl zur Verhütung zukünftiger Straftaten als auch zur informationsbezogenen Vorsorge für die spätere Strafverfolgung erhoben werden. Damit spricht auch der enge Sachzusammenhang zwischen beiden Unterfällen der präventiven Verbrechensbekämpfung für eine Regelung im Polizeirecht und damit für die Gesetzgebungskompetenz der Länder.[30]

Art. 13 Abs. 1 Nr. 5 PAG könnte aber auch eine grenzschutzbezogene Regelung darstellen, die gem. Art. 71, 73 Nr. 5 GG in die ausschließliche Gesetzgebungsbefugnis des Bundes fiele. Soweit die Regelung die Verhütung oder Unterbindung des unerlaubten Aufenthalts oder die Bekämpfung der grenzüberschreitenden Kriminalität erfasst, ist dies aber von vornherein zu verneinen. Denn in diesem Zusammenhang geht es nicht um den Schutz der Grenzen, sondern um Maßnahmen zum Schutz des hinter den Grenzen gelegenen Landes und seiner Bürger.[31] Allerdings geht die bayerische Regelung über vergleichbare Bestimmungen in anderen Bundesländern (auch über § 29 Abs. 1 Satz 2 Nr. 5 M-V SOG a. F.[32]) hinaus, als sie ausdrücklich auch *„die Verhütung oder Unterbindung der unerlaubten Überschreitung der Landesgrenze“* ins Auge fasst. Insofern werden typisch grenzverletzende Tatbestände einbezogen. Nach Art. 73 Nr. 5 i. V. m. Art. 70 GG wären die Länder daher wegen ausschließlicher Gesetzgebungskompetenz des Bundes für den Erlass derartiger Regelungen unzuständig. Die ausschließliche Gesetzgebungskompetenz des Bundes steht jedoch gem. Art. 71 GG unter dem Vorbehalt einer anderweitigen ausdrücklichen Ermächtigung an die Bundesländer durch Bundesgesetz. Eine solche bundesgesetzliche Ermächtigung findet sich in § 2 Abs. 4 BPolG. Nach Maßgabe eines gem. § 2 Abs. 1 und Abs. 3 BPolG erforderlichen Verwaltungsabkommens zwischen dem Bundesminister des Innern und der Bayerischen Staatsregierung nimmt der Freistaat Bayern im Einvernehmen mit dem Bund Aufgaben des grenzpolizeilichen Einzeldienstes mit eigenen Kräften wahr (vgl. auch die Aufgabenzuweisungsnorm in Art. 4 Abs. 3 POG[33]). Nach § 2 Abs. 4 BPolG liegen damit die Voraussetzungen dafür vor, dass der Freistaat Bayern auch eigene, spezielle Regelungen bezüglich grenzpolizeilicher Befugnisse treffen kann.[34] Hiervon ist nicht nur Art. 29 PAG, sondern als Maßnahme der Informationsbeschaffung auch Art. 13 Abs. 1 Nr. 5 PAG kompetenziell abgedeckt.[35] Dem Freistaat Bayern steht mithin die Gesetzgebungsbefugnis für Art. 13 Abs. 1 Nr. 5 PAG zu, zumal auch der im Jahr 2006 neu erfasste Art. 73 Abs. 1 Nr. 9 a GG Raum für Maßnahmen der *Landes*polizei lässt. Im Übrigen ist an der formellen Verfassungsmäßigkeit der Norm nicht zu zweifeln. Insbesondere ist sie mangels gegenteiliger Sachverhaltshinweise in einem ordnungsgemäßen Gesetzgebungsverfahren zustande gekommen.

> **Zum Verständnis:** Soweit man entgegen der voranstehenden Lösung zur Gesetzgebungskompetenz des Bundes käme, wäre im Gutachten darauf hinzuweisen, dass das angerufene Verwaltungsgericht keine Verwerfungskompetenz bzgl. formeller Gesetze hat und deswegen das Verfahren der konkre-

---

[27] *Kniesel,* ZRP 1992, 164 (165).

[28] Zum Diskussionsstand: *Knemeyer,* Polizei- und Ordnungsrecht, Rn. 15, 71 ff., 92.

[29] *Kniesel,* ZRP 1989, 329 (331 f.).

[30] *Kniesel,* ZRP 1989, 329 (332), mit Beispielen.

[31] *Beinhofer,* BayVBl. 1995, 193 (197); *Möllers,* NVwZ 2000, 382 (384); *Schnekenburger,* BayVBl. 2001, 129 (130 f.) im Einklang mit *LVerfG Mecklenburg-Vorpommern* DVBl. 2000, 262 (263).

[32] Diese Vorschrift war Gegenstand der verfassungsgerichtlichen Überprüfung in *LVerfG Mecklenburg-Vorpommern* DVBl. 2000, 262 ff.

[33] Hierzu *Knemeyer,* Polizei- und Ordnungsrecht, Rn. 267 ff.; *Gallwas/Wolff,* Bayerisches Polizei- und Sicherheitsrecht, Rn. 723 ff.

[34] *BayVerfGH* BayVBl. 2003, 560 (561); *Schnekenburger,* BayVBl. 2001, 129 (131); *Knemeyer,* Polizei- und Ordnungsrecht, Rn. 267.

[35] *Beinhofer,* BayVBl. 1995, 193 (197); *Honnacker/Beinhofer,* PAG, Art. 13, Rn. 29; *Knemeyer,* Polizei- und Ordnungsrecht, Rn. 274; *Schnekenburger,* BayVBl. 2001, 129 (131).

ten Normenkontrolle beim Bundesverfassungsgericht gem. Art. 100 Abs. 1 GG, §§ 13 Nr. 11, 80 ff. BVerfGG einleiten müsste. Die materielle Verfassungsmäßigkeit der Befugnisnormen zur Schleierfahndung war nach dem Bearbeitervermerk zu unterstellen. Die Frage der Verfassungsmäßigkeit der Befugnisnormen im Zusammenhang mit sog. Schleierfahndungsmaßnahmen ist in Rechtsprechung und Literatur umstritten. Hierzu liegen mit einerseits *LVerfG Mecklenburg-Vorpommern* DVBl. 2000, 262 ff. sowie andererseits *BayVerfGH* BayVBl. 2003, 560 ff. (= NVwZ 2003, 1375 ff.) und BayVBl. 2006, 339 ff. (= NVwZ 2006, 1284) divergierende verfassungsgerichtliche Entscheidungen vor. In verfassungsrechtlicher Hinsicht kontrovers diskutiert werden neben der Gesetzgebungskompetenz der Länder (s. o.) auch das Gebot der Normenklarheit[36] und insbesondere hinsichtlich der Grundrechtsbetroffenheit der Grundsatz der Verhältnismäßigkeit.[37] Bedenken am Maßstab des Übermaßverbots werden nach dem hier vertretenen Ansatz auf Rechtsanwendungsebene (verfassungskonformer Auslegung) begegnet (s. u.).

Zur Vertiefung: Ähnliche verfassungsrechtliche Probleme (von Examensrelevanz!) betreffen etwa die Informationsbeschaffung in Form der sog. Observation oder des Einsatzes verdeckter Ermittler bzw. technischer Hilfsmittel, etwa Abhörmaßnahmen sowie Videoüberwachungen, allgemein hierzu: *Götz*, NVwZ 1998, 679 (681 ff.); *Kniesel*, ZRP 1989, 329 ff.; *ders.*, ZRP 1992, 164 ff.; *Hund*, ZRP 1991, 463 ff.; insbesondere zur Videoüberwachung des öffentlichen Raumes: *BVerfG* NVwZ 2007, 688 ff. (durcharbeiten!); *VG Karlsruhe* NVwZ 2002, 117; *Fetzner/Zöllner*, NVwZ 2007, 775 ff.; *Henrichs*, BayVBl. 2005, 289ff.; *Lang*, BayVBl. 2006, 522 ff.; *Zöller*, NVwZ 2005, 1235 ff.; *Anderheiden*, JuS 2003, 438 ff.; *Dolderer*, NVwZ 2001, 130 ff.; *Roggan*, NVwZ 2001, 134; insbesondere zu Abhörmaßnahmen: *Benfer*, NVwZ 1999, 237 ff.[38] Zu ähnlichen Rechts- und Verfassungsfragen bei der sog. Rasterfahndung: *Unkroth*, Jura 2004, 703 ff.; *HessStGH* NVwZ 2006, 685 ff.

---

b) Formelle Rechtmäßigkeit der Maßnahmen (insbesondere polizeiliche Aufgabeneröffnung)

Es liegt ein Handeln der Polizei im institutionellen Sinne gem. Art. 1 PAG vor. Der polizeiliche Aufgabenbereich müsste gemäß Art. 2 Abs. 1, Art. 3 PAG eröffnet sein. Die Maßnahmen dienten der vorbeugenden Verbrechensbekämpfung (Identitätsfeststellung gemäß Art. 13 Abs. 1 Nr. 5 PAG und Durchsuchung nach Art. 22 Abs. 1 Nr. 1 i.V.m. Art. 21 Abs. 1 Nr. 3, Art. 13 Abs. 1 Nr. 5 PAG). Es ging darum, allgemein bestehende Gefahren für die öffentliche Sicherheit abzuwehren. In der konkreten Handlungssituation wäre aufgrund immensen Zeitverlustes ein Abwarten des Handelns sonstiger Behörden aus Ex-ante-Sicht eines Durchschnittspolizisten für eine rechtzeitige und damit effektive Gefahrenabwehr bzw. Gefahrenvorsorge abträglich gewesen. Damit ist auch von Unaufschiebbarkeit i.S.v. Art. 3 PAG auszugehen. Der polizeiliche Aufgabenbereich ist mithin eröffnet, die Polizei war sachlich zuständig.

---

[36] Teilweise sieht die Rechtslehre hinsichtlich Maßnahmen auf Durchgangsstraßen in der Modalität *„andere Straßen von erheblicher Bedeutung für den grenzüberschreitenden Verkehr"* einen Verstoß gegen den Grundsatz der Normenklarheit.: *Möllers*, NVwZ 2000, 382 (384 f.). Zur Kontroverse im Gesetzgebungsverfahren vgl. auch die Nachweise bei *Weingart*, BayVBl. 2001, 33 (39, dort in Fn. 47) sowie BayVBl. 2001, 69 (72, dort in Fn. 135). Auch *LVerfG Mecklenburg-Vorpommern* DVBl. 2000, 262 (268) sieht in der vergleichbaren Regelung des § 29 Abs. 1 Satz 2 Nr. 5 SOG M.-V. a. F. ein gewisses Bestimmtheitsminus. Nach dem *BayVerfGH* und einem Teil der Rechtslehre ist die gesetzliche Umschreibung für den betroffenen Bürger durch den systematischen Bezug zu dem Oberbegriff „Durchgangsstraßen" und den beiden expressis verbis genannten Fallgruppen (Bundesautobahnen und Europastraßen) aber ohne weiteres nach den üblichen Auslegungsmethoden fassbar: Entscheidend ist nicht die Straßenklasse oder Straßengröße, sondern die aktuelle Bedeutung der Straße für den internationalen Durchgangsverkehr, *BayVerfGH* BayVBl. 2003, 560 (561); *Beinhofer*, BayVBl. 1995, 193 (197 f.); *Schnekenburger*, BayVBl. 2001, 129 (131); *Weingart*, BayVBl. 2001, 33 (38 f.) sowie BayVBl. 2001, 69 (72); *Honnacker/Beinhofer*, PAG, Art. 13, Rn. 29. Zum Gebot der Normenklarheit auch *BayVerfGH* BayVBl. 2006, 339 (340 f.).

[37] Einerseits (grundsätzliche verfassungsrechtliche Bedenken) *LVerfG MV* DVBl. 2000, 262 (264 ff.); *Möllers*, NVwZ 2000, 382 ff.; andererseits (Befugnisnormen verfasungsgemäß, aber ggf. verfassungskonforme Rechtsanwendung): *BayVerfGH* BayVBl. 2003, 560 (561); BayVBl. 2006, 339 (341 ff.); *VG Augsburg*, Urteil vom 19.4. 2007, Az. Au 5 K 06.227; *Engelken*, DVBl. 2000, 269 ff.; *Weingart*, BayVBl. 2001, 69 (75).

[38] Zum grundsätzlichen Verständnis sollten BVerfGE 65, 1 ff., *VerfGH Sachsen* SächsVBl. 1996, 160 (172 ff.) sowie *BayVerfGH* BayVBl. 1995, 143 ff. unbedingt durchgearbeitet werden! Zur zitierten Entscheidung des *SächsVerfGH*: *Knemeyer/Keller*, SächsVBl. 1996, 197 ff.

c) Materielle Rechtmäßigkeit der Identitätskontrolle am Maßstab von Art. 13 Abs. 1 Nr. 5 PAG

Art. 13 Abs. 1 Nr. 5 PAG lässt die Identitätsfeststellung einer Person durch die Polizei zu im Grenzgebiet bis zu einer Tiefe von 30 km sowie auf Durchgangsstraßen (Bundesautobahnen, Europastraßen und andere Straßen von erheblicher Bedeutung für den grenzüberschreitenden Verkehr) und in öffentlichen Einrichtungen des internationalen Verkehrs zur Verhütung oder Unterbindung der unerlaubten Überschreitung der Landesgrenze oder des unerlaubten Aufenthalts und zur Bekämpfung der grenzüberschreitenden Kriminalität.

Vorliegend fand die polizeiliche Maßnahme zwar nicht unmittelbar auf der Bundesautobahn selbst statt und damit nicht auf einer Durchgangsstraße i. S. von Art. 13 Abs. 1 Nr. 5 PAG. Der Maßnahmeort könnte aber unter den Begriff der „öffentlichen Einrichtungen des internationalen Verkehrs" zu subsumieren sein. Insofern ist die tatsächliche Nutzung entscheidend, sodass typischerweise Flughäfen, Bahnhöfe, Züge, Rast- und Tankstellen an Durchgangsstraßen hierunter fallen.[39] Der von der Befugnisnorm vorausgesetzte internationale Bezug der Örtlichkeit ist vorliegend dadurch gegeben, dass der Parkplatz, auf dem die Kontrolle stattfand, in unmittelbarer Nähe einer Autobahn liegt, über die grenzüberschreitender Verkehr von Personen- und Lastkraftwagen abgewickelt wird. Insbesondere wirbt das Schnellrestaurant, dem der Parkplatz zugeordnet ist, im vorliegenden Fall mit weithin sichtbaren Werbeschildern gegenüber den Benutzern der Autobahn. Es handelt sich daher um eine Kontrollörtlichkeit des internationalen Verkehrs im Sinne des Art. 13 Abs. 1 Nr. 5 PAG.[40]

Die Identitätsfeststellung beinhaltet die Klärung, welche Personalien – dazu gehören Vor-, Familien- oder Geburtsnamen, Ort und Tag der Geburt, Familienstand, Beruf, Wohnort, Wohnungsanschrift, Staatsangehörigkeit – eine bestimmte Person hat. Die Befugnis zur Identitätsfeststellung umfasst dabei nach Art. 13 Abs. 2 PAG insbesondere die Anhaltung, das Befragen nach den Personalien und das Verlangen, dass mitgeführte Ausweispapiere zur Prüfung ausgehändigt werden.[41] P handelte ferner, um eine Maßnahme der präventiven grenzüberschreitenden Verbrechensbekämpfung durchzuführen. Die Maßnahmen des P zur Identitätskontrolle waren daher vorliegend auch ihrer Art nach von Art. 13 Abs. 1 Nr. 5 PAG i. V. m. Art. 13 Abs. 2 PAG als Befugnisnorm abgedeckt.

Es könnte aber eine verfassungskonforme Auslegung der Befugnis geboten sein. Der Eingriff könnte nämlich am Maßstab des Grundsatzes der Verhältnismäßigkeit zu Bedenken Anlass geben. Einschränkungen seines Rechts auf informationelle Selbstbestimmung hat der Einzelne im überwiegenden Allgemeininteresse nach Maßgabe einer gesetzlichen Regelung hinzunehmen. Für das Grundrecht der allgemeinen Handlungsfreiheit gilt dasselbe. Der Grundsatz der Verhältnismäßigkeit verlangt aber, dass eine Grundrechtsbeschränkung von hinreichenden Gründen des Gemeinwohl gerechtfertigt wird, das gewählte Mittel zur Erreichung des Zwecks geeignet und erforderlich ist und bei einer Gesamtabwägung zwischen der Schwere des Eingriffs und dem Gewicht der ihn rechtfertigenden Gründe die Grenze des Zumutbaren noch gewahrt ist.[42] Im Hinblick auf den Grundsatz der Verhältnismäßigkeit ist insofern problematisch, dass die Regelungen zur Schleierfahndung gemäß Art. 13 Abs. 1 Nr. 5, Art. 22 Abs. 1 i. V. m. Art 21 Abs. 1 Nr. 3 PAG vom Wortlaut praktisch keine Eingriffsschwellen, die etwa an eine besondere Gefahr und eine diesbezügliche Verantwortlichkeit des Verfügungsbetroffenen anknüpfen, vorsehen. Allein vom Gesetzestext genügt für die Wahrnehmung der Befugnis letztlich der Handlungszweck, Tatbestände des unerlaubten Aufenthalts, Grenzverletzungen sowie Straftaten jeder Art (vorbeugend) zu bekämpfen. Allein das Ziel scheint damit die Legitimation für die Identitätsfeststellung zu geben. Mangels individuell zurechenbarer Gefährdungslage werden daher grundsätzliche verfassungsrechtliche Bedenken am Maßstab der Zumutbarkeit erhoben.[43] Forderungen nach absoluten Eingriffsschwellen in Form eines Zurechnungszusammenhangs zwischen Betroffenem und Eingriffsmaßnahme oder in Form einer Begrenzung des Handlungszwecks auf die Bekämpfung erheblicher Straftaten der organisierten Kriminalität, die in einem Tatbestandskatalog im einzelnen aufzuzählen sind, erscheinen aber überzogen.[44] Schleierfahndungsmaßnahmen fungieren als Ausgleich für abgebaute Grenzkontrollen nach dem

---

[39] *BayVerfGH* BayVBl. 2003, 560 (561); *Weingart*, BayVBl. 2001, 33 (39).

[40] *VG Augsburg*, Urteil vom 19. 4. 2007, Az. Au 5 K 06.227.

[41] *VG Augsburg*, Urteil vom 19. 4. 2007, Az. Au 5 K 06.227.

[42] *VG Augsburg*, Urteil vom 19. 4. 2007, Az. Au 5 K 06.227.

[43] *LVerfG Mecklenburg-Vorpommern* DVBl. 2000, 262 (264 ff.); ebenso im Ausgangspunkt: *Möllers*, NVwZ 2000, 382 ff.

[44] *BayVerfGH* BayVBl. 2003, 560 (561); *Engelken*, DVBl. 2000, 269 (270 f.).

SDÜ und dienen damit dem Schutz der Allgemeinheit vor illegaler Zuwanderung, vor Grenzverletzungen (z. B. Schlepperwesen, Menschenhandel, organisiertem Bandendiebstahl, Rauschgifthandel, Kfz-Verschiebung).[45] Solche Maßnahmen verfolgen daher den Schutz hochrangiger (strafbewehrter) Rechtsgüter und Sicherheitsinteressen.[46] Die einschlägigen Eingriffsgrundlagen sind daher nicht schon per se wegen Verstoßes gegen den Verhältnismäßigkeitsgrundsatz und damit gegen das Recht auf informationelle Selbstbestimmung verfassungswidrig und nichtig, Bedenken am Maßstab des Übermaßverbots sind vielmehr auf Rechtsanwendungsebene (verfassungskonformer Auslegung) zu begegnen.[47]

Für die nähere Bestimmung möglicher ungeschriebener Eingriffsschwellen am Maßstab des Übermaßverbots müssen zunächst der Zweck der Identitätsfeststellung im Rahmen der Schleierfahndung herausgearbeitet sowie die Eingriffswirkungen bewertet werden: Die Identitätskontrolle dient in präventiver Hinsicht dazu, die Polizei in die Lage zu versetzen, durch einen Abgleich der festgestellten Identität mit polizeilichen Datenbeständen eine von der kontrollierten Person möglicherweise ausgehende oder sonst mit ihr zusammenhängende Gefahr durch weitergehende Maßnahmen abzuwehren.[48] Es ginge zu weit, bei der Identitätskontrolle im Rahmen einer Schleierfahndungsmaßnahmen als ungeschriebene Eingriffsvoraussetzung eine konkrete Gefahr zu fordern, also eine Sachlage, die bei ungehindertem Ablauf des objektiv zu erwartenden Geschehens im Einzelfall mit hinreichender Wahrscheinlichkeit zu einem Schaden, und zwar zu einer Verletzung der Schutzgüter der öffentlichen Sicherheit oder Ordnung führt.[49] Mit einer solchen Anforderung würde der Schutz der Rechtsgüter, dem die Schleierfahndung als besondere Art der präventivpolizeilichen Tätigkeit dient, zu weit eingeengt. Denn dann könnte die Polizei auf diesen Feldern präventivpolizeilich nur tätig werden, wenn sie – was keinesfalls die Regel ist – schon über eine verhältnismäßig genaue Tatsachengrundlage verfügte, die ihr eine einigermaßen sichere Prognose über eine bevorstehende Verletzung der Schutzgüter der öffentlichen Sicherheit oder Ordnung erlaubt. Das ist im Hinblick auf die Funktion des Staates als Ordnungsmacht und als Garant der Sicherheit der Bevölkerung nicht genügend, zumal es sich dabei um Verfassungswerte handelt, die mit anderen im gleichen Rang stehen und unverzichtbar sind.[50] Insbesondere kann dann in dem wichtigen Komplex der Abwehr und Bekämpfung der typischen grenzüberschreitenden Kriminalität nicht hinreichend effektiv präventivpolizeilich gehandelt werden. Dann würde auch das Ziel verfehlt, in Zeiten offener Grenzen zwischen den Schengener Vertragsstaaten ein neugeordnetes Fahndungskonzept aufzubauen, das letztlich als Ersatz für die früheren Grenzkontrollen seinen Beitrag zur Stabilisierung der binnenstaatlichen Ordnungssysteme leistet.[51] Im Übrigen tritt die Notwendigkeit, seine Identität zu belegen, auch in typischen Situationen des täglichen Lebens auf, etwa in Betrieben, Kantinen, bei Veranstaltungen, im Gesundheitswesen oder im Bereich des Arbeitsschutzes. Die bloße Identitätskontrolle stellt insgesamt keinen besonders gravierenden Eingriff dar. Bei der bloßen Identitätskontrolle genügt unter dem Gesichtspunkt des Übermaßverbots daher eine niedrige Einschreitschwelle.[52]

Nach Ansicht des *Bayerischen Verfassungsgerichtshofs* und des *Verwaltungsgerichts Augsburg* ist es daher am Maßstab des Verhältnismäßigkeitsgrundsatzes und des Rechts auf informationelle Selbstbestimmung sowie der allgemeinen Handlungsfreiheit der Betroffenen geboten aber auch ausreichend, in den Tatbestand der Befugnisnorm zur Identitätskontrolle in Art. 13 Abs. 1 Nr. 5 PAG das zusätzliche Erfordernis allgemeiner Lageerkenntnisse oder (grenz-) polizeilicher Erfahrungssätze hineinzulesen[53], m. a. W.: Allgemeine Lageerkenntnisse bzw. (grenz-)polizeiliche Erfahrungssätze müssen eine Identitätskontrolle hinreichend rechtfertigen. Im vorliegenden Fall wurde P auf den Pkw des R im Wesentlichen deshalb aufmerksam, weil es sich um ein sehr altes, verwahrlostes Fahrzeug handelte, das mit ziemlich hoher Ge-

---

[45]   *Honnacker/Beinhofer*, PAG, Art. 13, Rn. 29.

[46]   *BayVerfGH* BayVBl. 2003, 560 (562 f.); *Weingart*, BayVBl. 2001, 69 (75).

[47]   Vgl. auch *Engelken*, DVBl. 2000, 269.

[48]   *VG Augsburg*, Urteil vom 19. 4. 2007, Az. Au 5 K 06.227.

[49]   Vgl. z. B. *BayVGH* BayVBl. 2006, 635 (636); *Voßkuhle*, JuS 2007, 908; *Knemeyer*, Polizei- und Ordnungsrecht, Rn. 87.

[50]   Im Hinblick auf grundrechtliche Schutzpflichten zugunsten der Bevölkerung mag man Schleierfahndungsmaßnahmen sogar als geboten ansehen (vgl. auch Art. 99 BV), *Weingart*, BayVBl. 2001, 69 (76).

[51]   *BayVerfGH* BayVBl. 2006, 339 (342); *VG Augsburg*, Urteil vom 19. 4. 2007, Az. Au 5 K 06.227.

[52]   *BayVerfGH* BayVBl. 2006, 339 (341 f.); BayVBl. 2003, 560 ff.; *VG Augsburg*, Urteil vom 19. 4. 2007, Az. Au 5 K 06.227.

[53]   *BayVerfGH* BayVBl. 2006, 339 (341); BayVBl. 2003, 560 ff.; *VG Augsburg*, Urteil vom 19. 4. 2007, Az. Au 5 K 06.227.

schwindigkeit fuhr. Neben dem verwahrlosten Zustand des Pkw spielte für P auch das äußere Erscheinungsbild des Klägers (auffälliger Haarschnitt), Uhrzeit und Kontrollörtlichkeit (Schnellrestaurant in der unmittelbaren Nähe einer Bundesautobahn mit besonderer Bedeutung für den grenzüberschreitenden Verkehr) eine maßgebliche Rolle. Bei diesen Umständen handelt es sich um allgemeine Lageerkenntnisse bzw. (grenz-) polizeiliche Erfahrungssätze, wie sie für die bloße – d.h. mit lediglich geringer Eingriffswirkung verbundene – Identitätskontrolle nach Art. 13 Abs. 1 Nr. 5 PAG ausreichend sind.

Nach a.A. ist dieselbe Lösung nicht auf Tatbestandsebene, sondern über das in Art. 13 Abs. 1 Nr. 5 PAG der Polizei eingeräumte Ermessen zu suchen: Die Identitätskontrolle ist hiernach nur ermessensfehlerfrei und damit rechtmäßig, wenn sich die Polizei hierbei an Suchbegriffen nach aktueller Lage oder nach einschlägigen Erfahrungen (etwa an bestimmten Fahrzeugtypen, ggf. mit ausländischen Nummernschildern, Überladung, besonderen Gepäckstücken und anderen Auffälligkeiten) ausrichtet.[54] Auch nach dieser Rechtsfolgelösung waren die sich für P aus Ex-ante-Sicht ergebenden Umstände ausreichende Ermessenskriterien, um rechtsfehlerfrei ein Identitätskontrolle gegenüber R durchzuführen.

Zwischenergebnis: Das Anhalten des R und die Aufforderung an ihn zur Ausweisung waren von Art. 13 Abs. 1 Nr. 5, Abs. 2 PAG und mithin von einer Befugnisnorm gedeckt. Die polizeiliche Maßnahme der P war insofern rechtmäßig. Die Fortsetzungsfeststellungsklage ist in dieser Hinsicht unbegründet.

d) Materielle Rechtmäßigkeit der Durchsuchung des Fahrzeugs des R am Maßstab von Art. 22 Abs. 1 Nr. 1 i.V.m. Art. 21 Abs. 1 Nr. 3, Art. 13 Abs. 1 Nr. 5 PAG

Nach Art. 22 Abs. 1 Nr. 1 PAG kann die Polizei u.a. eine Sache durchsuchen, wenn sie eine Person mit sich führt, die nach Art. 21 PAG durchsucht werden darf. Gemäß Art. 21 Abs. 1 Nr. 3 PAG kann die Polizei u.a. eine Person durchsuchen, wenn sich diese an einem der in Art. 13 Abs. 1 Nr. 5 PAG genannten Orte aufhält. Die Tatbestandsvoraussetzungen sind vom Wortlaut her im zu begutachtenden Fall ohne weiteres erfüllt. Die Maßnahme fand in einer öffentlichen Einrichtung des internationalen Verkehrs und damit an einer Örtlichkeit i.S. von Art. 13 Abs. 1 Nr. 5 PAG statt (s.o.). Entscheidend ist aber auch hier, ob und inwiefern am Maßstab des Übermaßverbots entweder der Eingriffstatbestand Art. 22 Abs. 1 Nr. 1 i.V.m. Art. 21 Abs. 1 Nr. 3, Art. 13 Abs. 1 Nr. 5 PAG einer verfassungskonformen einschränkenden Auslegung zuzuführen ist[55] oder aber auf Rechtsfolgenseite eine restriktive Handhabung des Ermessens geboten ist.[56]

Auch insofern bedarf es der Beurteilung der Eingriffstiefe und des Zwecks der Maßnahme. Eine Durchsuchung mitgeführter Sachen ist gekennzeichnet durch das Eindringen in die private Sphäre eines Betroffenen im Weg eines ziel- und zweckgerichteten Suchens oder Ausforschens. Soweit bestimmte Sachen nicht offen zur Schau gestellt oder mit sich getragen werden, sind sie dem grundsätzlich nicht einsehbaren Bereich der Privat- und Intimsphäre des berechtigten Besitzers zuzuordnen. Das gilt auch, wenn es sich bei den mitgeführten Sachen um größere Gegenstände wie um einen Pkw handelt. Darüber hinaus erweckt eine polizeiliche Durchsuchung für einen außenstehenden Beobachter den Eindruck, der Betroffene habe sich nicht gesetzmäßig verhalten. Insoweit kann eine solche Maßnahme als diskriminierend oder stigmatisierend empfunden werden sowie den gesellschaftlichen Status eines Betroffenen negativ beeinflussen. Auch wenn eine Durchsuchung mitgeführter Sachen vielfach nur ein Folgeeingriff der Identitätsfeststellung ist, ist eine Durchsuchung mitgeführter Sachen – im Gegensatz zur Identitätskontrolle – alles andere als eine typische Situation des täglichen Lebens. Damit ergibt sich bei der Durchsuchung mitgeführter Sachen, anders als bei einer Identitätskontrolle, das Bild eines nicht nur geringfügigen Eingriffs in die Privat- und Intimsphäre.[57]

Da es sich bei der Durchsuchung mitgeführter Sachen somit um einen wesentlich intensiveren Grundrechtseingriff als bei der Identitätskontrolle handelt, muss dies nach Ansicht des *Bayerischen Verfassungsgerichtshofs* zu einem strengeren Regelungsstandard bei den Einschreitschwellen führen. Bei der Durchsuchung von Sachen, die die von einer Identitätskontrolle betroffene Person mit sich führt, sind unter dem Gesichtspunkt der Verhältnismäßigkeit im engeren Sinne also strengere Anforderungen zu

---

[54] In diese Richtung z.B. *Weingart*, BayVBl. 2001, 69 (74 ff.).

[55] Diesen Weg einschlagend: *BayVerfGH* BayVBl. 2006, 339 (341 ff.); *VG Augsburg*, Urteil vom 19. 4. 2007, Az. Au 5 K 06.227.

[56] *Korber*, BayVBl. 2006, 344 (347); *Wolff*, BayVBl. 2006, 661 (664).

[57] *BayVerfGH* BayVBl. 2006, 339 (342); *VG Augsburg*, Urteil vom 19. 4. 2007, Az. Au 5 K 06.227.

stellen als bei der vorangehenden Identitätskontrolle. Im Hinblick auf das Recht auf informationelle Selbstbestimmung und das Grundrecht der Handlungsfreiheit wäre es sowohl wegen der Schwere des Eingriffs als auch wegen der fehlenden Eingrenzung der Zahl der Betroffenen unangemessen, wenn jeder Benutzer einer Autobahn oder einer Eisenbahn allein schon deshalb durchsucht werden könnte, weil er diese sog. „gefährlichen Orte" aufsucht. Es kann nicht schon jegliche abstrakte oder allgemeine Gefahr im Sinne des Sicherheits- und Polizeirechts ausreichen. Die präventivpolizeiliche Durchsuchung mitgeführter Sachen bereits im Vorfeld konkreter Gefahren darf nicht zu einem bloßen allgemeinen Gefahrerforschungseingriff werden.[58] Ein Ausgleich zwischen den Allgemein- und Individualinteressen ist nach Ansicht des *Bayerischen Verfassungsgerichts* dadurch zu erzielen, dass als ungeschriebene Tatbestandsvoraussetzung eine *erhöhte abstrakte Gefahr* zu fordern ist.[59]

> **Zum Verständnis:** Ebenso vertretbar (und vielleicht sogar dogmatisch überzeugender) ist es, die auf dem Grundsatz der Verhältnismäßigkeit fußende Anforderung einer erhöhten abstrakten Gefahr entgegen dem Ansatz der bayerischen Rechtsprechung nicht als ungeschriebenes Tatbestandsmerkmal der Befugnisnorm zu verstehen, sondern entsprechende Anforderungen auf Ermessensebene – und zwar dort im Rahmen der konkreten Verhältnismäßigkeitsprüfung – zu stellen.[60] Eine solche Lösung jenseits des gesetzlichen Tatbestands hätte den Vorteil, dass ihr nicht entgegengehalten werden kann, sie sei vom Gesetzeswortlaut und damit vom Willen des Gesetzgebers nicht gedeckt.[61]

Wie bei der Beurteilung einer konkreten Gefahr ist auch die Prognose, ob eine erhöhte abstrakte Gefahr in diesem Sinne vorliegt, auf der Grundlage der im Zeitpunkt der polizeilichen Entscheidung zur Verfügung stehenden Erkenntnismöglichkeiten zu treffen (sog. Ex-ante-Perspektive).[62] Zwar muss keine konkrete Gefahrenlage vorliegen (s. o.), nur allgemeine Lageerkenntnisse oder (grenz-) polizeiliche Erfahrungssätze, wie sie für die bloße Identitätskontrolle in den Tatbestand des Art. 13 Abs. 1 Nr. 5 PAG hineinzulesen sind (s. o.), genügen allerdings nicht. Es müssen vielmehr zusätzliche und als solche hinreichend greifbare Erkenntnisse hinzutreten. Der handelnde Polizeibeamte kann eine solche *erhöhte abstrakte Gefahr* z. B. annehmen, wenn er über besondere Lageerkenntnisse, Täterprofile oder dergleichen verfügt, die ihm die Prognose erlauben, die betroffene Person könnte Beziehungen zur grenzüberschreitenden Kriminalität – insbesondere zu den Bereichen illegale Ausländer- oder Betäubungsmittelkriminalität – aufweisen. Mit anderen Worten: Es müssen tatsächliche Anhaltspunkten bestehen, die den Schluss auf eine erhöhte abstrakte Gefahrenlage bezüglich unerlaubter Überschreitung der Landesgrenze, des unerlaubten Aufenthalts und der grenzüberschreitenden Kriminalität zulassen. Dabei kann es sich etwa um durch Indizien angereicherte, also um hinreichend gezielte polizeiliche Lageerkenntnisse oder um das Vorhandensein von Täterprofilen oder Fahndungsrastern handeln, die beispielsweise auch im Rahmen internationaler Zusammenarbeit der Polizei- und Sicherheitsbehörden gewonnen werden. Für eine solche Prognose einer erhöhten abstrakten Gefahr können nach Ansicht des *Bayerischen Verfassungsgerichtshofs* sowie des *Verwaltungsgerichts Augsburg* aber auch Eindrücke verarbeitet werden, die die handelnden Polizeibeamten vor Ort gewinnen. Auch Auffälligkeiten, die gerade anlässlich einer vorausgehenden Identitätskontrolle registriert worden sind, können daher eine erhöhte abstrakte Gefahr begründen, die eine Durchsuchung mitgeführter Sachen rechtfertigt.[63]

aa) Rechtslage zu Beginn der Durchsuchung
Eine solche Auffälligkeit ist im vorliegenden Fall darin zu sehen, dass sich der R von Anfang an gegen die rechtmäßige Anordnung der Identitätskontrolle gewehrt und sich beharrlich geweigert hat, seinen Personalausweis dem P auszuhändigen. In dieser Situation konnte nachvollziehbar der Eindruck erweckt werden, R habe etwas zu verbergen, was unter Berücksichtigung der Kontrollörtlichkeit auch im Zusammenhang mit einer grenzüberschreitenden Kriminalität stehen könnte. Eine erhöhte abstrakte

---

[58] Zustimmend *Wolff*, BayVBl. 2006, 661 (664).

[59] *BayVerfGH* BayVBl. 2006, 339 (341 ff.); *VG Augsburg*, Urteil vom 19. 4. 2007, Az. Au 5 K 06.227.

[60] So: *Korber*, BayVBl. 2006, 344 (347); *Wolff*, BayVBl. 2006, 661 (664).

[61] Vgl. die Kritik an der Tatbestandslösung des *BayVerfGH* im *Sondervotum* BayVBl. 2006, 344 sowie bei *Korber*, BayVBl. 2006, 344 (345).

[62] *VG Augsburg*, Urteil vom 19. 4. 2007, Az. Au 5 K 06.227.

[63] *BayVerfGH* BayVBl. 2006, 339 (343); *VG Augsburg*, Urteil vom 19. 4. 2007, Az. Au 5 K 06.227.

Gefahr – im Sinne hinreichend greifbarer Erkenntnisse bzw. tatsächlicher Anhaltspunkte – als Voraussetzung für die Anordnung der Durchsuchung war damit zunächst gegeben.[64]

Ermessensfehler sind nicht erkennbar. Die Durchsuchung war insbesondere auch zur Sachverhaltsermittlung geeignet und – mangels milderen Mittels gleicher Effizienz – auch erforderlich. R hat zudem durch sein eigenes Verhalten, nämlich durch das rechtswidrige Verweigern der Herausgabe seines Ausweises und sein sonstiges unkooperatives Verhalten, maßgeblich mit dazu beigetragen, dass die Durchsuchung des Pkw und der mitgeführten Sachen des Klägers überhaupt erst angeordnet wurde. Insoweit stellt sich die Durchsuchung auch als verhältnismäßig im engeren Sinn nach Art. 4 Abs. 1 uns 2 PAG dar.[65]

bb) Rechtslage ab Auffinden der Visitenkarte

Auf der im Rahmen der Durchsuchung aufgefundenen Visitenkarten des R befand sich dessen Name und Berufsbezeichnung. Hierüber erhielt P Kenntnis von der Tatsache, dass es sich bei R um einen zugelassenen Rechtsanwalt handelte. Trotz der allgemeinen Lageerkenntnisse wie verwahrloster Zustand des Pkw, äußeres Erscheinungsbild des Klägers, Uhrzeit und Kontrollörtlichkeit und insbesondere auch trotz des Verhaltens des Klägers anlässlich der Kontrolle lag ab diesem Zeitpunkt eine neue Information über den R vor (Rechtsanwalt = Organ der Rechtspflege), die die bis dahin ausreichende Tatsachenbasis entscheidend zu dessen Gunsten veränderte.[66] Damit war die von P ursprünglich getroffene Prognose im Sinn einer erhöhten abstrakten Gefahr nicht mehr aufrechtzuerhalten. Eine ausreichend durch Tatsachen bzw. Indizien untermauerte Annahme einer erhöhten abstrakten Gefahr im Zusammenhang mit grenzüberschreitender Kriminalität war ab diesem Zeitpunkt nicht mehr zu rechtfertigen (a. A. bei entsprechender Argumentation gut vertretbar).

cc) Zwischenergebnis:

Bis zu dem Zeitpunkt, in dem im Verlauf der Durchsuchung die Visitenkarten des R aufgefunden wurden, ist die Durchsuchung aufgrund einer erhöhten abstrakten Gefahrenlage von Art. 22 Abs. 1 Nr. 1 i. V. m. Art. 21 Abs. 1 Nr. 3, Art. 13 Abs. 1 Nr. 5 PAG abgedeckt. Soweit nach dem Auffinden der Visitenkarten die Durchsuchung fortgesetzt wurde, war diese von der Rechtsgrundlage des Art. 22 Abs. 1 Nr. 1 i. V. m. Art. 21 Abs. 1 Nr. 3, Art. 13 Abs. 1 Nr. 5 PAG nicht mehr gedeckt. Insofern liegt auch eine Rechtsverletzung des R vor (ungerechtfertigter Eingriff in das Recht auf informationelle Selbstbestimmung bzw. in die allgemeine Handlungsfreiheit).

III. Ergebnis zum Ausgangsfall

Soweit sich die zulässige Fortsetzungsfeststellungsklage gegen die Anordnung der Identitätskontrolle richtet, ist sie unbegründet. Die Durchsuchung des Pkw und der mitgeführten Sachen des Klägers war bis zum Zeitpunkt des Auffindens der Visitenkarten des R rechtmäßig; nach diesem Zeitpunkt wurde sie rechtswidrig und verletzte den R in subjektiven Rechten. Insofern ist die Fortsetzungsfeststellungsklage teilweise begründet.

> **Zur Vertiefung:** Der Bayerische Verfassungsgerichtshof hat bislang nicht entschieden, welche (ungeschriebenen) Eingriffsschwellen im Falle einer *Personen*durchsuchung im unmittelbaren Anwendungsbereich des Art. 21 Abs. 1 Nr. 3 i. V. m. Art. 13 Abs. 1 Nr. 5 PAG gelten sollen.[67] Insofern ist die Entwicklung in der Rechtsprechung weiter im Auge zu behalten!

---

[64] *VG Augsburg*, Urteil vom 19. 4. 2007, Az. Au 5 K 06.227.
[65] *VG Augsburg*, Urteil vom 19. 4. 2007, Az. Au 5 K 06.227.
[66] *VG Augsburg*, Urteil vom 19. 4. 2007, Az. Au 5 K 06.227.
[67] Vgl. die Hinweise im *Sondervotum* BayVBl. 2006, 344 sowie bei *Korber*, BayVBl. 2006, 344 (348).

B. Zusatzfrage

I. Zulässigkeit eines Antrags beim Bayerischen Verfassungsgerichtshof

1. Verfassungsbeschwerde, Art. 120 BV, Art. 51 BayVerfGHG

Statthafter Gegenstand einer Verfassungsbeschwerde nach Art. 120 BV, Art. 51 BayVerfGHG ist nach dem Wortlaut der einschlägigen Norm jede Maßnahme einer bayerischen Behörde. Die Umschreibung ist funktionell zu verstehen. Gemeint sind typische Rechtsanwendungsakte, wie z. B. Verwaltungsmaßnahmen mit Einzelfallcharakter (etwa Verwaltungsakte), aber auch Gerichtsentscheidungen, vgl. Art. 51 Abs. 1 Satz 2 BayVerfGHG. Gesetze im materiellen Sinne (Satzungen, Rechtsverordnungen, Parlamentsgesetze) sind vom Wortlaut, insbesondere aber im systematischen Vergleich zu Art. 98 Satz 4 BV nicht statthafter Gegenstand eines Verfahrens nach Art. 120 BV.[68] Eine Verfassungsbeschwerde gem. Art. 120 BV, Art. 51 BayVerfGHG wäre also unstatthaft und damit unzulässig.

2. Popularklage, Art. 98 Satz 4 BV i.V.m. Art. 2 Nr. 7, 55 BayVerfGHG

a) Statthaftigkeit/statthafter Verfahrensgegenstand
Statthafter Verfahrensgegenstand sind gem. Art. 98 Satz 4 BV i.V.m. Art. 2 Nr. 7, 55 BayVerfGHG alle Normen des bayerischen Landesrechts im materiellen Sinne, neben Gesetzen im formellen Sinne also auch Rechtsverordnungen und (über den engen Wortlaut des Art. 98 Satz 4 BV hinaus) auch kommunale Satzungen.[69] Art. 13 Abs. 1 Nr. 5 PAG erfüllt diese Anforderungen, ist sogar ein formelles Parlamentsgesetz. Die Popularklage ist damit statthafte Antragsart.

b) Antragsberechtigung/Antragsbefugnis
Als natürliche Person ist F „Jedermann" i.S.v. Art. 55 BayVerfGHG und daher antragsberechtigt. Für die Antragsbefugnis nach Art. 55 Abs. 1 Satz 2 BayVerfGHG genügt, dass der Popularkläger (F) vortragen kann, dass möglicherweise ein Grundrecht der BV verletzt ist. Im Rahmen der Popularklage genügt dabei die Geltendmachung eines rein objektiven Grundrechtsverstoßes, eine Selbstbetroffenheit des Klägers ist – anders als bei der Verfassungsbeschwerde beim *Bundesverfassungsgericht* – für die Zulässigkeit entbehrlich.[70] Hier kann F geltend machen, dass Art. 13 Abs. 1 Nr. 5 PAG möglicherweise u. a. gegen das Recht auf informationelle Selbstbestimmung aus Art. 101 i.V.m. Art. 100 BV verstößt.

> **Zum Verständnis:** Die Tatsache, dass F bayerischer Staatsbürger ist, ist irrelevant. Auf Wohnsitz oder Aufenthalt des Klägers kommt es ebenso wenig an wie auf das Vorliegen der bayerischen Staatsangehörigkeit.[71]

c) Sonstiges
Für die ordnungsgemäße Erhebung der Popularklage ist die Schriftform einzuhalten, Art. 14 Abs. 1 BayVerfGHG. Eine Frist ist nicht vorgesehen. Laut Bearbeitervermerk ist zu unterstellen, dass der *Bayerische Verfassungsgerichtshof* noch nicht über die Vereinbarkeit des Art. 13 Abs. 1 Nr. 5 PAG mit der Verfassung des Freistaates Bayern entschieden hat, sodass weder die Rechtskraft noch die Bindungswirkung gem. Art. 29 BayVerfGHG der Zulässigkeit der Popularklage beim *Bayerischen Verfassungsgerichtshof* entgegenstehen kann.

---

[68] *Lissack*, Bayerisches Kommunalrecht, § 3 Rn. 53.

[69] BayVerfGHE 20, 183 (186); *Knemeyer*, Bayerisches Kommunalrecht, Rn. 122; *Lissack*, Bayerisches Kommunalrecht, § 3 Rn. 44.

[70] *Kempen*, in: Becker/Heckmann/Kempen/Manssen, Öffentliches Recht in Bayern, 1. Teil, Rn. 219; *Lissack*, Bayerisches Kommunalrecht, § 3 Rn. 45. Besonderheiten bestehen, wenn eine Gemeinde wegen Verletzung des Selbstverwaltungsrechts Popularklage erhebt: BayVerfGHE 29, 191 (200); 31, 44 (54); 36, 162 (167); 37, 59 (66); 39, 17 (22 ff.); 40, 154 (158); BayVBl. 1988, 622.

[71] *BayVerfGH* 7, 69 (73); *Kempen*, in: Becker/Heckmann/Kempen/Manssen, Öffentliches Recht in Bayern, 1. Teil, Rn. 219.

Zwischenergebnis: Als verfassungsrechtlicher Rechtsbehelf beim *Bayerischen Verfassungsgerichtshof* wäre eine Popularklage nach Art. 98 Satz 4 BV i.V.m. Art. 2 Nr. 7, 55 BayVerfGHG zulässig.

II. Zulässigkeit einer Verfassungsbeschwerde beim Bundesverfassungsgericht?

Die Sachurteilsvoraussetzungen der Verfassungsbeschwerde bestimmen sich nach §§ 90 ff. BVerfGG.

1. Statthaftigkeit, Beteiligungsfähigkeit, zulässiger Beschwerdegegenstand

Die Zuständigkeit des *Bundesverfassungsgerichts* für eine Verfassungsbeschwerde ergibt sich aus Art. 93 Abs. 1 Nr. 4 a GG, § 13 Nr. 8 a BVerfGG. F ist als natürliche Person Träger von Grundrechten und damit beteiligungsfähiger *„Jedermann"* i.S.v. § 90 Abs. 1 BVerfGG. F greift Art. 13 Abs. 1 Nr. 5 PAG, also ein (Parlaments-) Gesetz an. Es handelt sich dabei um eine *Maßnahme öffentlicher Gewalt*, mithin um einen zulässigen Beschwerdegegenstand nach § 90 Abs. 1 BVerfGG.

2. Beschwerdebefugnis – insbesondere: unmittelbare Betroffenheit

Problematisch ist aber die *Beschwerdebefugnis*. Nach Art. 93 Abs. 1 Nr. 4 a GG, § 90 Abs. 1 BVerfGG sind Prüfungsmaßstab im Verfassungsbeschwerdeverfahren nur Grundrechte und dort expressis verbis aufgezählte grundrechtsgleiche Rechte. Zur Einhaltung dieses Prüfungsmaßstabes muss der Beschwerdeführer gem. § 90 Abs. 1 BVerfGG behaupten, in einem dieser Rechte verletzt zu sein. Sinn dieser Beschwerdebefugnis ist es, zum einen Popularklagen zu verhindern und zum anderen das *Bundesverfassungsgericht* von der inhaltlichen Befassung mit solchen Beschwerden zu entlasten, bei denen von vornherein klar ist, dass eine (unmittelbare) Grundrechtsverletzung ausscheidet. Die Beschwerdebefugnis hat damit Filterfunktion. F muss zunächst einen Sachverhalt vortragen können, aus dem heraus eine behauptete Grundrechtsverletzung als möglich erscheint (daher auch sog. *Möglichkeitstheorie*).[72] Insofern ist jedenfalls eine Verletzung des Rechts auf informationelle Selbstbestimmung aus Art. 2 Abs. 1 i.V.m. Art. 1 Abs. 1 GG, ggf. ergänzend auch der allgemeinen Handlungsfreiheit aus Art. 2 Abs. 1 GG nicht von vornherein ausgeschlossen. Darüber hinaus muss der Beschwerdeführer selbst, gegenwärtig und unmittelbar betroffen sein.[73] Als potenzieller Adressat der Norm ist F jedenfalls selbst betroffen. Da ihn der Gesetzesbefehl nicht in Zukunft trifft, ist auch von gegenwärtiger Betroffenheit auszugehen. Eine Anknüpfung an lokale Voraussetzungen des Art. 13 Abs. 1 Nr. 5 PAG (hinsichtlich des Aufenthalts im Grenzgebiet, auf Durchgangsstraßen oder an Einrichtungen des internationalen Verkehrs) macht wenig Sinn, da sich in der heutigen mobilen Zeit praktisch jeder auf Durchgangsstraßen bewegt.[74]

Fraglich ist aber, ob F durch die Regelung auch *unmittelbar* betroffen ist. Die Frage der Unmittelbarkeit der Betroffenheit (als Abgrenzungskriterium einerseits zur abstrakten Normenkontrolle, andererseits zur Popularklage[75]) stellt sich regelmäßig, wenn Beschwerdegegenstand eine Rechtsnorm ist. Sie fehlt grundsätzlich, wenn der angegriffene Akt der öffentlichen Gewalt einen besonderen Vollzugsakt voraussetzt.[76] Bei einer Verfassungsbeschwerde gegen eine Rechtsnorm ist im Grundsatz nur dann von einer unmittelbaren Betroffenheit (und damit von der Zulässigkeit der Verfassungsbeschwerde gegen die Norm selbst) auszugehen, wenn die Rechtsnorm bereits für sich ohne weiteren Vollzugsakt unmittelbare Belastungswirkung für den Betroffenen entfaltet. In dieser generellen Betrachtung wäre die Un-

---

[72] *Grote/Kraus*, Fälle zu den Grundrechten, S. 259 f., m.w.N. dort in Fn. 11.

[73] Zum Ganzen: *Grote/Kraus*, Fälle zu den Grundrechten, 2. Aufl., 2001, S. 155 f.; *Pieroth*, in: Jarass/Pieroth, GG, 9. Aufl. 2007, Art. 93, Rn. 52 ff.; für das Verfassungsprozessrecht in Mecklenburg-Vorpommern: *LVerfG MV* DÖV 1999, 643.

[74] A.A. allerdings bei guter Argumentation vertretbar, vgl. etwa *Buchholz/Rau*, NVwZ 2000, 396 (397), die hinsichtlich der Gegenwärtigkeit danach unterscheiden, *„ob die Beschwerdeführer diese räumlichen Voraussetzungen schon (oder zumindest in Kürze) erfüllen, etwa weil sie im Grenzbereich wohnhaft sind."*

[75] *LVerfG Mecklenburg-Vorpommern* DÖV 1999, 643 (644).

[76] BVerfGE 72, 39 (43); *BVerfG* NVwZ 2003, 1249 f. Für das Verfassungsprozessrecht in Sachsen-Anhalt: *VerfG Sachsen-Anhalt* NVwZ 2002, 1370 ff.; für das Verfassungsprozessrecht in Mecklenburg-Vorpommern auch grundsätzlich *LVerfG Mecklenburg-Vorpommern* DÖV 1999, 643.

mittelbarkeit zu verneinen, da Art. 13 Abs. 1 Nr. 5 PAG durch polizeiliche Einrichtung einer Schleierfahndung im Einzelfall und hierauf ergehende – auf Anhalten und Identifizierung gerichtete –
Verwaltungsakte umzusetzen ist.

> **Zur Vertiefung:** Das Problem der Unmittelbarkeit kann (alternativ oder kumulativ) auch unter einem
> weiteren Aspekt betrachtet werden: Es ist zu bedenken, dass zwar gegen formelle Gesetze kein Rechts-
> weg i. S. v. § 90 Abs. 2 BVerfGG eröffnet ist, allerdings hat das Bundesverfassungsgericht aus § 90
> Abs. 2 BVerfGG einen allgemeinen Grundsatz der Subsidiarität der Verfassungsbeschwerde entwi-
> ckelt.[77] Gerade dann, wenn eine Norm der Umsetzung bedarf, steht neben der mangelnden Unmit-
> telbarkeit der Beschwer auch dieser Subsidiaritätsgedanke der Zulässigkeit der Verfassungsbe-
> schwerde entgegen, weil der Betroffene in diesen Fällen den auf die Norm ergehenden Einzelakt
> angreifen und hierbei eine Inzidentprüfung der Rechtmäßigkeit der einschlägigen Befugnisnorm her-
> beiführen kann.[78] Nach Erschöpfung des diesbezüglichen Rechtswegs kann er sodann eine Verfas-
> sungsbeschwerde gegen den Einzelakt bzw. das letztinstanzliche Urteil erheben, wobei dann nicht nur
> die Befugnisnorm auf ihre Verfassungsmäßigkeit, sondern auch der Rechtsanwendungsakt zumindest
> auf eine spezifische Grundrechtsverletzung hin überprüft wird.

Allerdings ist die Vollzugsbedürftigkeit nur ein Indikator für die fehlende unmittelbare Betroffenheit;
das Unmittelbarkeitskriterium steht zusätzlichen Wertungen offen.[79]

> **Zur Vertiefung:** So geht etwa das *Bundesverfassungsgericht* von einer unmittelbaren Betroffenheit im
> Falle einer bußgeldbewehrten Rechtsvorschrift aus, auch ohne dass es zum Erlass eines Bußgeldbe-
> scheides kommt: BVerfGE 46, 246 (256); 81, 70 (82) – Grund: Es ist dem Bürger nicht zuzumuten,
> gegen eine straf- oder bußgeldbewehrte Rechtsnorm zu verstoßen und damit das Risiko einer Bestra-
> fung oder Ahndung tragen zu müssen, um erst dann ihre (einfach- und im Anschluss verfassungs-)
> gerichtliche Überprüfung zu erreichen.

Entscheidend ist letztlich, ob ein hinreichender Wirkungszusammenhang zwischen der normativen Regelung und der grundrechtlichen Beeinträchtigung besteht[80], der es rechtfertigt, allein der Norm auch
ohne einen bislang erfolgten Vollzugsakt selbständige Belastungswirkung zuzuschreiben. Die Unmittelbarkeit der Betroffenheit kann trotz Vollzugsbedürftigkeit ausnahmsweise gegeben sein, wenn von der
Norm unmittelbar eine Verhaltenssteuerung gegenüber dem Normunterworfenen ausgeht (z. B., wenn
das Gesetz zu später nicht mehr korrigierbaren Dispositionen veranlasst).[81] Nach dieser Überlegung
wäre von der unmittelbaren Betroffenheit auszugehen, wenn sich jeder potenziell Betroffene durch
Art. 13 Abs. 1 Nr. 5 PAG veranlasst sähe, den für die Schleierfahndung maßgeblichen Örtlichkeiten auszuweichen, um nicht mit Identitätsfeststellungen konfrontiert zu werden.[82] Art. 13 Abs. 1 Nr. 5 PAG will
aber lediglich neue Überwachungsmechanismen implementieren, bezweckt hingegen nicht, dass Verkehrsteilnehmer die Benutzung der dort genannten Örtlichkeiten meiden. Eine solche Verhaltenssteuerung geht angesichts der regelmäßig geringen Eingriffstiefe auch nicht faktisch von dieser Norm aus.

Es wird aber zudem vertreten, dass das Unmittelbarkeitskriterium im Zusammenhang mit der grundsätzlich abstrakt gehaltenen Gesetzesfassung zu sehen sei. Das Erfordernis eines Vollzugsakts als Vo-

---

[77] BVerfGE 59, 63 (82 f.); 63, 77 (78); 74, 69 (74 ff.); 93, 1 (12); allgemein auch *Grote/Kraus*, Fälle zu den
Grundrechten, 2. Aufl., 2001, S. 156 f.; für die vorliegende Fallgestaltung am Maßstab des Verfassungsprozess-
rechts in Mecklenburg-Vorpommern: *LVerfG Mecklenburg-Vorpommern* DÖV 1999, 643 (644); *Buchholz/Rau*,
NVwZ 2000, 396 (398 f.).

[78] Hierzu: BVerfGE 74, 69 (74 ff.). Ist das befasste Gericht von der Verfassungswidrigkeit der Norm überzeugt,
hat es diese nach Art. 100 Abs. 1 GG dem *Bundesverfassungsgericht* vorzulegen. Anderenfalls kann der Betroffene
nach Rechtswegerschöpfung im Wege der Verfassungsbeschwerde gegen den Einzelakt bzw. gegen das letztinstanz-
liche Urteil vorgehen und erst dann eine Überprüfung der Verfassungsmäßigkeit der Befugnisnorm herbeiführen.

[79] BVerfGE 70, 35 (51); 71, 305 (335); 73, 40 (68 f.); 90, 128 (136); *LVerfG Mecklenburg-Vorpommern* DÖV
1999, 643; *VerfG Sachsen-Anhalt* NVwZ 2002, 1370 (1371).

[80] *LVerfG Mecklenburg-Vorpommern* DÖV 1999, 643.

[81] BVerfGE 90, 128 (136); *VerfG Sachsen-Anhalt* NVwZ 2002, 1370 (1371).

[82] Vgl. die Nachweise bei *Buchholz/Rau*, NVwZ 2000, 396 (397).

raussetzung der Zulässigkeit der Verfassungsbeschwerde macht hiernach für den Regelfall Sinn, dass der Rechtsanwender durch Auslegung der Tatbestandsvoraussetzungen eine Konkretisierung der Befugnisnorm herbeizuführen hat. Wenn aber nach der zugrundeliegenden Befugnisnorm aufgrund eines Verzichts auf einschränkende individualisierende Tatbestandsmerkmale im Ergebnis praktisch jedermann und jederzeit unvorhersehbare ordnungsrechtliche Eingriffe zu dulden hat, ist nach diesem Ansatz ein Vollzugsakt als Voraussetzung der Unmittelbarkeit der Belastungswirkung entbehrlich[83] bzw. (nach anderer Argumentation, die im Ergebnis auf das Gleiche hinausläuft) eine Ausnahme vom Unmittelbarkeitskriterium gerechtfertigt[84]. Nach Ansicht des *Landesverfassungsgerichts Mecklenburg-Vorpommern* treffe dies auf Normen wie § 29 Abs. 1 Satz 2 Nr. 5 SOG M.-V. a. F. sowie Art. 13 Abs. 1 Nr. 5 PAG zu. Jeder Bürger könne vorbringen, dass er jederzeit in die gesetzlich geregelte Situation der konkreten Kontrollmaßnahme geraten kann, ohne dass er selbst einen besonderen Anlass geben oder dass sonst ein ihm zurechenbarer Umstand eine Rolle spielen muss. Bei einer solchen Gesetzesfassung liege – so diese Meinung – auch ungeachtet späterer Vollzugsakte eine unmittelbare Beeinträchtigung der Rechtssphäre eines jeden Bürgers vor.[85] Allerdings ist auch dieser Ausnahmefall unter den Vorbehalt der Unzumutbarkeit des Abwartens einer Vollzugsmaßnahme zu stellen. Es dürfte aber jedem potenziell Betroffenen zumutbar sein, eine Identitätsfeststellung im Einzelfall abzuwarten und hiergegen den Rechtsweg zu beschreiten.[86] Zudem ist nach dem hier vertretenen Ansatz Art. 13 Abs. 1 Nr. 5 PAG durchaus einer einschränkenden Auslegung durch den Rechtsanwender zugänglich, insbesondere hat auch eine Gesetzeskonkretisierung über die einschränkende Auslegung des Eingriffstatbestands oder über die Ermessensausübung zu erfolgen. Die besseren Argumente sprechen m. E. daher gegen eine unmittelbare Betroffenheit. Es bleibt damit beim Erfordernis einer Vollzugsmaßnahme. Die Beschwerdebefugnis entfällt, die Verfassungsbeschwerde ist mangels Beschwerdebefugnis unzulässig.[87]

3. Frist

Letztlich ist zu bedenken, dass die angegriffene Regelung bereits seit dem 1.1.1995 in Kraft ist. Daher ist die Verfassungsbeschwerde zumindest wegen Verstreichens der Jahresfrist des § 93 Abs. 3 BVerfGG unzulässig.

Ergebnis: Eine Verfassungsbeschwerde beim *Bundesverfassungsgericht* mit dem Ziel der Nichtigkeitserklärung des Art. 13 Abs. 1 Nr. 5 PAG ist wegen bloß mittelbarer Betroffenheit des F sowie wegen Verfristung nach § 93 Abs. 3 BVerfGG unzulässig.

> **Zur Vertiefung:** Die Zulässigkeit eines Normenkontrollantrags nach § 47 VwGO mit dem Ziel der Nichtigkeitserklärung der angegriffenen Rechtsnorm scheitert an der mangelnden Statthaftigkeit: Gegenstand eines solchen Normenkontrollantrags können nach § 47 Abs. 1 Nrn. 1 und 2 VwGO nur Rechtsvorschriften sein, die im Range unter formellen Landesgesetzen stehen (also Rechtsverordnungen und Satzungen). Art. 13 Abs. 1 Nr. 5 PAG stellt aber vom Landesparlament erlassenes formelles Gesetzesrecht dar.

Rechtsprechungsvorlagen: BayVerfGH BayVBl. 2003, 560; BayVBl. 2006, 339 (= NVwZ 2006, 1284) m. Anm. *Korber* (BayVBl. 2006, 344) und *Wolff* (BayVBl. 2006, 661); *LVerfG Mecklenburg-Vorpommern* DVBl. 2000, 262 sowie DÖV 1999, 643; *VerfG Sachsen-Anhalt* NVwZ 2002, 1370; *VG Augsburg*, Urteil vom 19.4.2007, Az. Au 5 K 06.227.

Leseempfehlungen: Möllers, Polizeikontrollen ohne Gefahrenverdacht, NVwZ 2000, 382; *Schnekenburger*, Das Aus für „verdachtsunabhängige" Personenkontrollen?, BayVBl. 2001, 129; *Unkroth*, Terroristische Studenten? – Zur Problematik der präventiven Rasterfahndung, Jura 2004, 703; *Weingart*, Die bayerische Polizeirechtsnorm des Art. 13 Abs. 1 Nr. 5 PAG – Zur sog. Schleierfahndung und deren Verfassungsmäßigkeit –, BayVBl. 2001, 33 und 69

---

[83] *LVerfG MV* DÖV 1999, 643 f. Krit. hierzu *Buchholz/Rau*, NVwZ 2000, 396 (397 f.).
[84] Vgl. *Buchholz/Rau*, NVwZ 2000, 396 (398 f.).
[85] *LVerfG Mecklenburg-Vorpommern* DÖV 1999, 643 (644).
[86] *Buchholz/Rau*, NVwZ 2000, 396 (398); auch *VerfG Sachsen-Anhalt* NVwZ 2002, 1370 (1372).
[87] So auch i. E. *VerfG Sachsen-Anhalt* NVwZ 2002, 1370 ff.

Fall 20: Hamburger im Englischen Garten *(Reimer)*

Sachverhalt

Der Münchner Gastwirt Georg Grompl (G) betreibt in unmittelbarer Nähe zum Englischen Garten ein kleines Restaurant, das unter der Woche ein beliebter Mittagstreffpunkt für Versicherungsmitarbeiter ist. Für dieses Restaurant ist G seit Jahren im Besitz einer gaststättenrechtlichen Erlaubnis.

Da das Geschäft am Wochenende meist nur schleppend verläuft und G kürzlich gehört hat, dass das ihm seit jeher unsympathische Ladenschlussgesetz mangels einer Gesetzgebungskompetenz des Bundes unwirksam geworden sei, beschließt er, samstags und sonntags jeweils von 10 bis 18 Uhr durch ein Seitenfenster seines Betriebs Hamburger und Currywurst zu verkaufen. Vor dem Fenster stellt er auf seinem Grundstück einige Bistro-Tische bereit, um Touristen und Spaziergänger anzulocken, die auf dem Weg in den Englischen Garten sind. Diese Speisen, die G seinen Restaurantgästen erklärtermaßen nie anbieten würde, erfreuen sich bei den Passanten bald großer Beliebtheit. G ergänzt sein Sortiment daher noch um alkoholfreie Getränke. Auch wenn kaum jemand an den Bistro-Tischen verweilt, fließen dem G durch seinen Straßenverkauf erhebliche Nebeneinkünfte zu. Kontakt mit den Behörden hatte G wegen seines Straßenverkaufs bisher nicht.

Wegen des neuen Geschäfts des G erleidet der seit langem im Englischen Garten ansässige Kioskbesitzer K spürbare Umsatzeinbußen. Immer häufiger beobachtet K, dass sich selbst seine früheren Stammkunden bereits auf ihrem Weg in den Englischen Garten bei G mit Speisen und Getränken versorgt haben.

K hält das Verhalten des G für rechtswidrig. Er ist der Ansicht, dass G ohne eine besondere Erlaubnis weder Speisen noch Getränke im Straßenverkauf anbieten dürfe; insbesondere sei der Straßenverkauf nicht von der dem G für das Restaurant erteilten gaststättenrechtlichen Erlaubnis gedeckt. Zumindest bedürfe es noch einer gewerberechtlichen Anzeige. Außerdem sei unzweifelhaft, dass der G nur zu den für Lebensmittelgeschäfte geltenden gesetzlichen Ladenöffnungszeiten Lebensmittel verkaufen dürfe.

Doch auch G erleidet Rückschläge. Wegen diverser Großbaustellen in der näheren Umgebung hat die Zahl seiner Gäste in den letzten Wochen erheblich abgenommen. Um aus der Not eine Tugend zu machen, bringt G an mehreren Bauzäunen grelle, je ca. 2 qm große Plakate an, die auf seinen Straßenverkauf hinweisen. Die Bauzäune sind entlang öffentlicher Straßen aufgestellt. G hat die schriftliche Zustimmung der Eigentümer zum Aufhängen der Plakate eingeholt und sich vergewissert, dass die Bauunternehmen ihrerseits die Bauzäune in Übereinstimmung mit öffentlich-rechtlichen Vorschriften aufgestellt haben. Er ist sich allerdings nicht sicher, ob er damit alles Erforderliche getan hat.

Im Hinblick auf diese Schwierigkeiten wendet G sich an Rechtsreferendarin Rita Regenspurger und bittet sie um ein Gutachten, ob er sich rechtswidrig verhalten habe. Ggf. möchte er noch wissen, inwieweit K von sich aus etwas gegen ihn unternehmen könnte.

Vermerk für die Bearbeiter: Das Gutachten der R ist zu entwerfen.

Lösung

Das Verhalten des G ist rechtswidrig, soweit es gegen gesetzliche Verbote verstößt. Dabei kommen Normen des Gaststättengesetzes, der Gewerbeordnung und des Ladenschlussgesetzes, im Hinblick auf die Plakatwerbung außerdem Normen der Bayerischen Bauordnung und des Straßen- und Wegerechts in Betracht. Soweit kein gesetzliches Verbot eingreift, ist das Verhalten des G erlaubt (Art. 12 I, 14 I, 2 I GG).

A. Verstoß gegen das Gaststättengesetz

G könnte durch seinen Straßenverkauf gegen die Erlaubnispflicht des § 2 Abs. 1 Satz 1 GastG verstoßen. Dazu müsste er durch seinen Straßenverkauf „ein Gaststättengewerbe betreiben" wollen, das nicht unter § 2 Abs. 2 GastG fällt und das auch nicht schon von der dem G bereits vor Jahren erteilten Erlaubnis zum Betrieb des Restaurants umfasst wäre.

> **Zur Vertiefung:** Daneben kommt auch eine Ordnungswidrigkeit nach § 28 Abs. 1 Nr. 1 GastG in Betracht. Im Ergebnis ist die Vorschrift aber nicht relevant. Denn für die hier zu erörternde Frage der Rechtswidrigkeit ist § 28 nicht konstitutiv; die Rechtswidrigkeit ergibt sich schon aus dem Fehlen der nach § 2 vorgeschriebenen Erlaubnis. Die Rechtswidrigkeit – um die es hier allein geht – hängt insbesondere nicht davon ab, ob dem G Vorsatz oder Fahrlässigkeit zur Last fallen, wie dies § 28 voraussetzt.

I. Stehendes Gewerbe

Das setzt nach dem Wortlaut des § 1 Abs. 1 GastG zunächst voraus, dass ein stehendes Gewerbe vorliegt. Was „Gewerbe" ist, ergibt sich nicht ausdrücklich aus dem Gesetz. Da es sich beim Gaststättenrecht aber um spezielles Gewerberecht handelt[1], ist hier der Gewerbebegriff heranzuziehen, den Rechtsprechung und Literatur für die Gewerbeordnung herausgearbeitet haben.

Gewerbe ist danach jede sozialadäquate, selbstständige und nachhaltige Tätigkeit, die mit Gewinnerzielungsabsicht ausgeübt wird und weder freier Beruf noch Land- oder Forstwirtschaft noch private Vermögensverwaltung ist[2]. Diese Voraussetzungen liegen hier sämtlich vor.

Fraglich ist, ob es sich bei der Tätigkeit des G um ein „stehendes" Gewerbe handelt. Insoweit erlaubt § 31 GastG schon seinem Wortlaut nach den Rückgriff auf die systematischen Kategorien der Gewerbeordnung. Nach der Gewerbeordnung ist ein Gewerbe „stehend", wenn es weder Reisegewerbe noch eines der anderen in §§ 64 ff. GewO (Messen, Ausstellungen, Märkte) oder §§ 72 ff. (Taxen) aufgezählten Gewerbe ist.

In vorliegendem Fall kommt es nicht darauf an, ob sich *die Kunden* bewegen (Laufkundschaft). Maßgeblich ist allein, dass der Straßenverkauf aus einem festen Gebäude heraus unternommen wird. Der G wird allein in den Räumen seines Restaurants tätig. Damit liegen die Voraussetzungen eines stehenden Gewerbebetriebes vor.

II. Verabreichen von Speisen oder Getränken

Unproblematisch erfüllt der G die Tatbestandsmerkmale des Verabreichens von Getränken (§ 2 Abs. 1 Nr. 1 GastG) und Speisen (Nr. 2).

---

[1] Vgl. auch den Rechtsgedanken des § 31 GastG, der die subsidiäre Geltung der GewO anordnet. Eine unmittelbare Anwendung des § 31 GastG als Verweisungsnorm scheidet hier allerdings aus, da § 31 GastG den „Gewerbebetrieb" bereits tatbestandlich voraussetzt. Er zeigt aber, dass es sich beim Gaststättenrecht um spezielles Gewerberecht handelt.

[2] Vgl. statt aller *Ehlers*, in: Achterberg/Püttner/Würtenberger (Hrsg.), Besonderes Verwaltungsrecht, Bd. I, 2. Aufl., 2000, § 2 Rn. 11.

III. „zum Verzehr"

Diese Getränke und Speisen dienen auch dem „Verzehr". Die Präposition „zum" macht deutlich, dass es nicht darauf ankommt, ob die Empfänger (Kunden, Gäste) die Speisen und Getränke tatsächlich verzehren. Entscheidend ist vielmehr die Willensrichtung der handelnden Person („wer", d.h. des potenziellen Gastwirts).

IV. „an Ort und Stelle"

Fraglich ist aber, ob auch das Merkmal „an Ort und Stelle" erfüllt ist.

> **Zum Aufbau:** Gerade bei leichten Examensklausuren wie der vorliegenden kommt es darauf an, gezielt Rechtsprobleme zu identifizieren und sie sodann mit methodischer Klarheit zu lösen. Der nachfolgende Lösungsvorschlag ist allerdings sehr ausführlich. Diese Ausführlichkeit wäre im Examen kaum zu erwarten.

1. Grammatikalischer Bezug und Wortlaut

Die grammatikalische **Einbettung in die Syntax** lässt nicht eindeutig erkennen, ob sich die Worte „an Ort und Stelle" auf das Verb „verabreicht" oder auf die Worte „zum Verzehr" beziehen. Ersteres ergäbe aber wenig Sinn: Denn jedes Verabreichen hat einen Ort. Damit *verabreicht* der Verkäufer die Speisen immer an Ort und Stelle. Hätte der Gesetzgeber nur den *Versand* von Speisen und Getränken ausschließen wollen, würde man schon ein anderes Verb gewählt haben. Mithin müssen sich die Worte „an Ort und Stelle" auf „zum Verzehr" beziehen. Damit gilt auch für die Worte „an Ort und Stelle", dass es sich nicht um ein objektives, sondern um ein subjektives Tatbestandsmerkmal handelt. Entscheidend ist also, ob die Kunden *nach der Vorstellung des Gewerbetreibenden* ihre Speisen und Getränke an Ort und Stelle verzehren.

Fraglich ist dann aber, ob es genügt, dass G es *angestrebt* hat, dass die Kunden im Bereich seiner Straßenverkaufstheke verweilen. Wäre das Gesetz so auszulegen, wäre das Merkmal „an Ort und Stelle" unproblematisch erfüllt. Denn G hat einige Bistro-Tische bereitgestellt, an denen die Passanten essen und trinken können. G wollte die Passanten sogar anlocken.

Denkbar ist aber auch, dass es statt auf das Wollen des G (voluntatives Element) auf sein Wissen (kognitives Element) ankommt. Dann wäre entscheidend, dass G weiß, dass die Tische de facto kaum genutzt werden. Er kann also – jedenfalls zum heutigen Zeitpunkt, zu dem er bereits Erfahrungen mit dem Straßenverkauf hat sammeln können – bei der Mehrzahl seiner Kunden nicht mehr davon ausgehen, dass die Speisen und Getränke an Ort und Stelle verzehrt werden.

Welche dieser beiden Auslegungsmöglichkeiten vorzugswürdig ist, lässt sich letztlich nicht eindeutig beantworten. Der **Wortlaut** spricht zwar – jedenfalls in seiner besonderen Bedeutung in der Rechtssprache – eher für ein Abstellen auf das voluntative Element (Absicht).

Anderseits ist es – wie im Strafrecht – durchaus denkbar, dass beide Kriterien miteinander verbunden werden. In Betracht käme hier das Institut des bedingten Vorsatzes (dolus eventualis), bei dem es genügt, wenn der Handelnde trotz kognitiver Zweifel am Eintritt des Erfolgs und voluntativer Defizite („na wenn schon") bewusst handelt. Vorliegend zeigt das Verhalten des G, dass er den Gästen jedenfalls die Möglichkeit zum Bleiben eröffnet und damit auch jederzeit einverstanden ist.

2. Systematik

Möglicherweise ließe sich im Rahmen der **systematischen Auslegung** auf § 3 Abs. 1 GastG abstellen. Nach dieser Vorschrift ist die gaststättenrechtliche Erlaubnis „für bestimmte Räume" zu erteilen. Dieses Merkmal bezeichnet aber nur den Ort, an denen der Inhaber sein Gewerbe betreibt, d.h. *von dem aus* er Speisen und Getränke *feilhält*. Für die Frage nach dem Ort des Verzehrs kann § 3 Abs. 1 keinen Aufschluss geben.

Von Bedeutung ist aber die sprachliche Divergenz zwischen § 1 und § 7 Abs. 2 GastG. Durch § 7 Abs. 2 wird die Abgabe bestimmter Speisen und Getränke „über die Straße" für im Rahmen einer bestehenden Erlaubnis zulässig erklärt. Wäre der Verkauf „über die Straße" schon ein Wesensmerkmal des Gaststättengewerbes insgesamt, bedürfte es dieser Vorschrift nicht mehr; denn dann wäre der Verkauf über die Straße bereits durch die gaststättenrechtliche Erlaubnis in ihrem Kern (§ 3 Abs. 1 GastG) abgedeckt. Daher spricht vieles dafür, dass § 1 und § 7 Abs. 2 zueinander im Verhältnis der Komplementarität stehen.

Seinem Wortlaut nach stellt § 7 Abs. 2 GastG eindeutig auf objektive Kriterien ab. Hier fehlt jeder Hinweis darauf, dass das Merkmal „über die Straße verkaufen" eine überschießende Innentendenz genügen lässt. Wegen des Verhältnisses der Komplementarität folgt daraus, dass man die Unklarheiten im Wortlaut des § 1 GastG dahingehend auflösen sollte, dass auch dort *keine* überschießende Innentendenz (Willen des G) anzunehmen ist. Die systematische Auslegung spricht vielmehr dafür, dass es auch im Rahmen von § 1 GastG auf den Ort ankommt, an dem die Speisen und Getränke *objektiv* – mit Kenntnis des G – genossen werden.

3. Sinn und Zweck

Hilfreich ist der Rückgriff auf die **teleologische Auslegung.** Das gaststättenrechtliche Erlaubniserfordernis dient der Bekämpfung der Gefahren, die den in § 4 GastG genannten Versagungsgründen zugrundeliegen.

- Zu diesen Zielen gehört zunächst die Abwehr der spezifischen Gefahren, die sich aus der Vertrauensstellung ergeben, die ein Gastwirt seinen Gästen gegenüber einnimmt. Diese Vertrauensstellung ergibt sich nicht nur aus dem Hausrecht des Gastwirts und seiner faktischen Autoritätsstellung, sondern nicht zuletzt auch aus der potenziellen Schwäche seiner Gäste (Verführbarkeit zu Alkoholgenuss, verbotenem Glücksspiel etc.).

- Weiter bezweckt § 4 Abs. 1 GastG den Schutz wichtiger individueller Rechtsgüter durch Abwehr gebäudebezogener Gefahren (insbesondere Gefahren bei mangelnder Betriebs- und Feuersicherheit, Verletzungsgefahren etc.).

- Außerdem will § 4 Abs. 1 GastG die spezifischen Immisionen begrenzen, die von einer Gaststätte vor allem in Hinblick auf Lärm und Autoabgase typischerweise ausgehen.

- Schließlich dient § 4 Abs. 1 GastG der Einhaltung lebensmittelrechtlicher (tier- und pflanzenhygienischer) Bestimmungen.

Von diesen vier Zielen betrifft nur das letztgenannte die festen Gastwirtschaften und den Straßenverkauf gleichermaßen. Die ersten drei beruhen hingegen auf spezifischen Gefahren, die sich nur dann aktualisieren können, wenn die Gäste *faktisch* im Bereich der Gastwirtschaft verweilen. Für Plätze unter freiem Himmel bestehen diese Gefahren ohnehin nur sehr eingeschränkt. Jedenfalls ist insoweit die Willenslage des Wirts gerade nicht entscheidend. Die teleologische Auslegung ist damit ein starkes Indiz dafür, dass es nicht auf den Willen, sondern vielmehr auf das Wissen des G ankommt.

> **Zur Vertiefung:** Eine a. A. ist hier im Hinblick auf diejenigen Gefahren vertretbar, die von Willkürakten der Gäste ausgehen (insbesondere Immissionen). Man müsste dann darauf abstellen, dass die Gäste sich ja jederzeit die Freiheit nehmen können, an den vom Wirt bereitgestellten Bistro-Tischen stehen zu bleiben[3].

---

[3] In diese Richtung – ohne nähere Begründung – wohl *Michel/Kienzle,* Gaststättengesetz, 13. Aufl., 1999, zu § 1 GastG, die hier im Ergebnis ein Verabreichen „zum Verzehr an Ort und Stelle" bejahen würden. Die Rechtsprechung nimmt dann, wenn Abstell- oder Sitzgelegenheiten geboten werden, stets ein Gastgewerbe an. Ein Gastgewerbe könne sogar vorliegen, wenn sich Bänke erst in 20 m Entfernung befinden, wenn der Wirt auf Flaschen ein Pfand erhebt oder die Flaschen zivilrechtlich nicht mitverkauft, sondern um ihre Rückgabe bittet, oder wenn sich der ortsfeste Verkaufsstand im Eingangsbereich eines Freibades, eines Sportplatzes oder einer Minigolfanlage befindet. Dagegen wird das Vorliegen eines Gastgewerbes z. B. für den Verkauf von Eis am Stiel einhellig verneint (*Michel/Kienzle* a. a. O.).

4. Verfassungskonforme Auslegung

Zum gleichen Ergebnis kommt auch die verfassungskonforme Auslegung. Sie beruht auf der Unterstellung, dass der parlamentarische Gesetzgeber dem Normtext im Zweifel diejenige Bedeutung beigemessen hat oder beigemessen hätte, die die Norm oder ihre Anwendung im Einzelfall als verfassungsmäßig bestehen lässt (geltungserhaltende Reduktion).

Da auch ein präventives Verbot mit Erlaubnisvorbehalt (hier: § 2 GastG) ein – wenngleich geringer – Eingriff in grundrechtliche Positionen (hier: Art. 12 Abs. 1 GG; Gewerbefreiheit) ist, sind die Anforderungen der Verhältnismäßigkeit zu beachten. Danach darf das präventive Verbot nie weiter gehen, als es zum Erreichen der ihm zugrundeliegenden (hier: der aus § 4 Abs. 1 GastG ersichtlichen) Ziele erforderlich ist. Der Zwang zur Einholung einer Erlaubnis muss vielmehr der Gefahr angepasst sein, der es zu begegnen gilt[4]. Im Einzelnen gilt hier das oben zur teleologischen Auslegung Gesagte entsprechend.

5. Faktisches Verhalten der Gäste

Zwar nehmen nicht alle Gäste die bei G erworbenen Speisen und Getränke mit in den Englischen Garten. Der Sachverhalt macht deutlich, dass zumindest einzelne Gäste durchaus Gebrauch von den Bistro-Tischen machen. Da sie aber offenbar deutlich in der Minderheit sind („kaum jemand"), ist nicht zu erwarten, dass sich die durch § 4 Abs. 1 GastG benannten Gefahren realisieren.

6. Zwischenergebnis

Daher ist davon auszugehen, dass der G die Speisen und Getränke vorliegend nicht „zum Verzehr an Ort und Stelle verabreicht". Mithin liegt kein Gaststättengewerbe i. S. v. § 1 Abs. 1 GastG vor. Daher hat G jedenfalls nicht gegen Vorschriften des Gaststättengesetzes verstoßen.

Zur Vertiefung: Wenn die Prüfung nicht – wie hier vertreten – mangels eines „Verzehrs an Ort und Stelle" abbricht, wäre wie folgt weiter zu prüfen:
- allgemeine Zugänglichkeit (§ 1 Abs. 1 a. E.): unproblematisch zu bejahen;
- „betreiben will" (§ 2 Abs. 1): unproblematisch zu bejahen;
- kein Befreiungstatbestand nach § 2 Abs. 2;
- kein Befreiungstagbestand nach § 2 Abs. 3 (die Vorschrift greift schon deshalb nicht ein, weil es sich nicht um ein Ladengeschäft handelt);
- kein Befreiungstatbestand nach § 2 Abs. 4 (da die Voraussetzungen eines Beherbergungsbetriebes nach § 1 Abs. 1 Nr. 3 GastG nicht vorliegen);

Zwischenergebnis: Die Tätigkeit des G ist erlaubnisbedürftig.
- Fraglich aber, ob dem Erlaubniserfordernis nicht schon durch die alte Erlaubnis zum Betrieb des Feinschmecker-Restaurants genügt ist. An dieser Stelle ist kurz auf § 3 Abs. 1 GastG einzugehen; wegen der großen räumlichen, funktionalen und speisebezogenen Unterschiede zwischen Restaurant und Straßenverkauf spricht alles dafür, dass die bestehende Erlaubnis den Straßenverkauf nicht mit abdeckt.
- Prüfung des § 7 Abs. 2 GastG (hierzu im einzelnen siehe unten B. V.);

Konsequentes Ergebnis: G bedarf für die Ausgabe der Getränke keiner Erlaubnis. Die Ausgabe von Hamburger und Currywurst ist dagegen erlaubnispflichtig. Da G aber nicht über eine entsprechende Erlaubnis verfügt, handelt er insoweit rechtswidrig.

---

4 Vgl. BVerfGE 20, 150 (155); 20, 365 (373); *Ehlers* (oben Fn. 2), § 2 Rn. 213.

B. Verstoß gegen die Gewerbeordnung

Fraglich ist aber, ob dem G nicht ein Verstoß gegen die Anzeigepflicht des § 14 Abs. 1 GewO zur Last fällt.

> **Zur Vertiefung:** Demgegenüber kann sich aus § 55c GewO vorliegend keine Anzeigepflicht ergeben. Denn diese Vorschrift ist subsidiär zu § 14 GewO und findet angesichts ihrer systematischen Stellung nur auf Betreiber eines Reisegewerbes Anwendung.

I. Anwendbarkeit der Gewerbeordnung

Die Gewerbeordnung gilt grundsätzlich für alle Gewerbebetriebe. Ein solcher liegt hier vor (siehe oben A.I.). Es greift auch keiner der Ausschlusstatbestände des § 6 GewO ein. Die Gewerbeordnung ist damit anwendbar.

> **Zum Aufbau:** Zur Frage, ob die Normen der Gewerbeordnung durch spezialgesetzliche Vorschriften verdrängt werden, vgl. unten V. Diese Frage kann aber ebensogut bereits hier erörtert werden.

II. Stehender Gewerbebetrieb

Nach Wortlaut und systematischer Stellung betrifft die Anzeigepflicht nach § 14 GewO nur stehende Gewerbebetriebe. Ein solcher liegt hier vor (siehe oben A.I.).

III. Selbstständiger Betrieb

Den Tatbestandsmerkmalen „selbstständiger Betrieb" in § 14 Abs. 1 GewO kommt keine eigenständige Bedeutung zu. „Betrieb" ist hier nicht die organisatorische Einheit i.S.v. „Unternehmen" (so allerdings der moderne arbeitsrechtliche Betriebsbegriff), sondern nur die Substantivierung des Verbs „betreiben". Das Merkmal der Selbstständigkeit ist bereits (ungeschriebener) Bestandteil des Gewerbebegriffs. Es hat daher nur klarstellende Bedeutung, bedarf also keiner Prüfung mehr.

IV. Anfang/Wechsel/Ausdehnung

Fraglich ist allerdings, ob der G hier einen Betrieb (sc. neu) anfängt (§ 14 Abs. 1 Satz 1 GewO) oder zumindest den Gegenstand eines Gewerbes wechselt oder auf Waren oder Leistungen ausdehnt, die bei Gewerbebetrieben der angemeldeten Art nicht geschäftsüblich sind (§ 14 Abs. 1 Satz 2 Nr. 2 GewO).
Man wird nicht sagen können, dass G hier einen völlig neuen Gewerbebetrieb aufbaut. Die räumliche und organisatorische Nähe zu seinem Restaurant deutet eher darauf hin, dass der bereits bestehende Gewerbebetrieb nur erweitert wird. Dafür spricht auch, dass der Straßenverkauf nur als Lückenfüller für die Zeiten geringen Umsatzes im Restaurant eingerichtet wurde, also auch wirtschaftlich von dem Restaurant abhängt. Anzunehmen ist weiter, dass G nur eine Küche und eine Buchführung benutzt, die Einkäufe für Restaurant und Straßenverkauf miteinander verbindet und im übrigen auch den guten Ruf seines Lokals als Werbung für seinen Straßenverkauf nutzen kann. Auch ein Wechsel im Gegenstand des Gewerbes liegt nicht vor, denn G gibt nichts Bestehendes auf.
Vielmehr ist von einer Ausdehnung des Gegenstandes des Gewerbes auszugehen. Es darf weiter unterstellt werden, dass der bislang bestehende Gewerbebetrieb (das Restaurant) angemeldet war oder jedenfalls – kraft der gaststättenrechtlichen Erlaubnis i.V.m § 31 GastG – als angemeldet gelten kann. Fraglich

ist aber, ob die neu ins Sortiment aufgenommenen Waren oder Leistungen bei Gewerbebetrieben der angemeldeten Art geschäftsüblich sind.

Das Gesetz verweist durch das Merkmal der Geschäftsüblichkeit auf den jeweiligen Sachbereich (hier: das Gastgewerbe). Insofern spricht vieles dafür, dass auf die gaststättenrechtlichen Kategorien zurückzugreifen ist. Man kann also unterstellen, dass Inhalt und Reichweite einer gewerberechtlichen Anzeige mit Inhalt und Reichweite einer gaststättenrechtlichen Erlaubnis identisch sind, wie sie in § 3 Abs. 1 Satz 2 GastG bezeichnet sind. Wenn daher nach dem oben (hinter A.IV.6.) Gesagten der Straßenverkauf hier ein echtes aliud gegenüber dem ursprünglichen Betrieb (Restaurant) bildet, gilt für die Subsumtion unter § 14 Abs. 1 Satz 2 Nr. 2 GewO nichts anderes. Mit dieser Begründung wird man die Geschäftsüblichkeit hier verneinen müssen.

Zum selben Ergebnis kommt man, wenn man – statt auf das Gaststätten*recht* zu rekurrieren – sich stärker an deskriptiv-tatsächlichen Merkmalen orientiert. Es ist keineswegs häufig, dass ein Restaurant und ein Hamburger-Straßenverkauf unter einem Dach Platz finden. Erst recht ist es ungewöhnlich, dass beide unter einheitlicher Leitung stehen und organisatorisch und funktionell auf das engste miteinander verzahnt sind. Auch vor diesem Hintergrund erscheint die Ausdehnung des Geschäfts des G auf einen Hamburger-Straßenverkauf nicht als bei einem Gewerbebetrieb der angemeldeten Art geschäftsüblich (a. A. vertretbar).

Damit liegen alle positiven Voraussetzungen für die gewerberechtliche Anzeigepflicht nach § 14 Abs. 1 Satz 2 Nr. 2 2. Fall GewO vor.

V. Derogation durch spezialgesetzliche Vorschriften?

Fraglich ist allerdings, ob § 14 GewO nicht als subsidiär hinter spezialgesetzliche Vorschriften zurücktritt. Dafür kommt hier § 7 Abs. 2 GastG in Betracht, der Gastwirten bestimmte Nebentätigkeiten ohne weitere Voraussetzungen (ipso iure) erlaubt.

1. Verhältnis von § 14 GewO zu § 7 Abs. 2 GastG

Gaststättenrecht ist besonderes Gewerberecht. Dies ergibt sich schon aus dem inneren Verhältnis von GastG und GewO zueinander: Da ein Gastgewerbe alle Merkmale des stehenden Gewerbebetriebs i. S. v. §§ 14 ff. GewO enthält, ist das GastG lex specialis zur GewO. Damit besteht schon nach der allgemeinen Regel „lex specialis derogat legi generali" (die besondere Regel verdrängt die allgemeine Regel") ein Vorrang der Vorschriften des GastG vor denen der GewO. Dieses Vorrangverhältnis ist in § 31 GastG nochmals ausdrücklich klargestellt.

Insbesondere ist anerkannt, dass § 7 Abs. 2 GastG eine „besondere Bestimmung" i. S. v. § 31 GastG ist, die die allgemeinen Vorschriften der GewO unanwendbar macht[5]. Dem steht nicht entgegen, dass § 7 Abs. 2 GastG keinen ausdrücklichen Verzicht auf das gewerberechtliche Anzeigeerfordernis formuliert. § 7 Abs. 2 GastG weitet den Inhalt der gaststättenrechtlichen Erlaubnis ipso iure aus. Da die Merkmale des § 7 Abs. 2 („über die Straße abgeben") regelmäßig nicht die Voraussetzungen des § 1 GastG erfüllen, liefe die Vorschrift des § 7 Abs. 2 leer, wenn sie nicht gerade die Wirkung hätte, die in anderen Gesetzen geregelten Anzeige- und Erlaubnispflichten entbehrlich zu machen. Sie wirkt also mit anderen Worten wie eine gesetzliche Erweiterung des Inhalts der gewerberechtlichen Erlaubnis. Dass §§ 6 und 7 GastG nicht in § 3 GastG integriert sind (etwa als Absätze 4 und 5), hat – soweit ersichtlich – vor allem historische Gründe. Die Ausweitung der Erlaubniswirkung durch § 7 Abs. 2 GastG reicht übrigens weit über die Anzeigepflicht in der Gewerbeordnung hinaus.

Damit ist festzuhalten: Soweit § 7 Abs. 2 GastG dem G hier den Straßenverkauf erlaubt, ist G nicht mehr zu einer gewerberechtlichen Anzeige verpflichtet.

---

[5] *Michel/Kienzle* (oben Fn. 3), § 7 Rn. 1; ähnlich *Badura,* in: Schmidt-Aßmann (Hrsg.), Besonderes Verwaltungsrecht, 14. Aufl., 2008, 3. Kap. IV 3 c, Rn. 147 a. E.

2. Abgabe über die Straße

§ 7 Abs. 2 setzt zunächst eine Abgabe über die Straße voraus (sog. „Gassenschank"). Dieses Merkmal ist das Komplement zum Verabreichen von Speisen und Getränken „zum Verzehr an Ort und Stelle" (§ 1 Abs. 1 Nrn. 1 und 2 GastG). Während das Gesetz für den Verzehr an Ort und Stelle eine (nach Maßgabe von § 3: separate) Erlaubnis verlangt, sind andere Formen des Straßenverkaufs erlaubnis- und anzeigefrei. Das Gesetz fasst diese anderen Formen mit dem Merkmal „über die Straße" zusammen. Dieses Merkmal ist hier unproblematisch erfüllt.

3. Gegenstand der Abgabe

Als Gegenstand des Abgebens über die Straße kommen zunächst diejenigen Getränke und zubereiteten Speisen in Betracht, die der Wirt in seinem Betrieb verabreicht (§ 7 Abs. 2 Nr. 1). Für die Hamburger und die Currywurst sind diese Voraussetzungen aber nicht erfüllt. G setzt derartige Speisen erklärtermaßen seinen Restaurantgästen gerade nicht vor. Da es hier auf strenge Identität ankommt[6], liegen die Voraussetzungen des § 7 Abs. 2 GastG insoweit nicht vor.

Dagegen ist er zum Straßenverkauf von alkoholfreien Getränken nach § 7 Abs. 2 Nr. 2 (und bei lebensnaher Betrachtung wohl auch bereits nach Nr. 1) berechtigt.

4. „zum alsbaldigen Verzehr"

Die Getränke sind auch „zum alsbaldigen Verzehr" bestimmt. Hier stellt das Gesetz nicht auf den Ort, sondern auf die Zeit des Verzehrs ab. Gerade durch die Kombination der Getränke mit den von G ebenfalls angebotenen (rasch abkühlenden und daher alsbald zu verzehrenden) Speisen wird deutlich, dass regelmäßig auch die Getränke zum alsbaldigen Verzehr bestimmt sind.

VI. Zwischenergebnis

G hätte den Verkauf von Hamburgern und Currywurst der zuständigen Behörde nach § 14 Abs. 1 Satz 2 Nr. 2 GewO anzeigen müssen. Zum Verkauf alkoholfreier Getränke ist er dagegen wegen §§ 31 i.V.m. 7 Abs. 2 GastG auch ohne eine Anzeige berechtigt.

C. Verstoß gegen das Ladenschlussgesetz

Fraglich ist drittens, ob dem G auch Verstöße gegen das Gesetz über den Ladenschluss[7] zur Last fallen.

I. Anwendbarkeit des Ladenschlussgesetzes

1. Wirksamkeit des Ladenschlussgesetzes

Fraglich ist zunächst die Wirksamkeit des Ladenschlussgesetzes. Verfassungsrechtlich könnten ihr die Regelung des Art. 70 GG entgegenstehen. Durch die Föderalismusreform I im Jahr 2006 ist nämlich das Recht des Ladenschlusses ausdrücklich aus dem – bisher einschlägigen – Kompetenztitel für das Recht der Wirtschaft (Art. 74 Abs. 1 Nr. 11 GG) ausgenommen worden; damit ist zugleich klargestellt, dass

---

[6] *Michel/Kienzle* (oben Fn. 3), § 7 Rn. 9.

[7] Hier und im Folgenden wird die Anwendbarkeit des alten Bundes-Ladenschlussgesetzes v. 28. 11. 1956 (BGBl. I 1956, 875) geprüft, weil der Freistaat Bayern bislang – trotz des Übergangs der Gesetzgebungskompetenz auf die Länder – kein eigenes Ladenschlussgesetz erlassen hat. In allen anderen Bundesländern sind dagegen mittlerweile Landesladenschlussgesetze erlassen worden. Außerbayerische Bearbeiter können die nachfolgend unter C.I.1. skizzierte Prüfung daher überspringen.

der Bund eine Gesetzgebungskompetenz insoweit auch nicht auf Art. 74 Abs. 1 Nr. 12 GG (Arbeitsschutz) stützen kann[8].

Das Ladenschlussgesetz könnte aber nach Art. 125a Abs. 1 Satz 1 GG fortgelten. Das setzt voraus, dass es „wegen" der Änderung des Artikels 74 Abs. 1 GG nicht mehr als Bundesrecht erlassen werden könnte. Ob diese Voraussetzung erfüllt ist, erscheint allerdings als zweifelhaft. Zwar umfasste der Kompetenztitel des Art. 74 Abs. 1 Nr. 11 GG bis 2006 zweifellos auch das Recht des Landenschlusses.

Möglicherweise fehlte es insofern aber schon damals an den zusätzlichen Voraussetzungen aus Art. 72 Abs. 2 GG a. F. Nach dieser Vorschrift hätte eine bundesrechtliche Regelung für die Herstellung gleichwertiger Lebensverhältnisse im Bundesgebiet oder für die Wahrung der Rechts- oder Wirtschaftseinheit im gesamtstaatlichen Interesse erforderlich sein müssen. Nach überzeugender Auffassung des BVerfG erforderten aber weder die Erhaltung der Funktionsfähigkeit des deutschen Wirtschaftsraums noch die Vermeidung der Rechtszersplitterung eine bundeseinheitliche Rechtsetzung über die Ladenöffnungszeiten. Vielmehr habe der Gesetzgeber selber durch weitreichende Ermächtigungen an die Bundesländer zur Schaffung von Ausnahmen zum Ausdruck gebracht, dass er einheitliche rechtliche Regelungen für das gesamte Bundesgebiet nicht für geboten erachtet[9]. Waren somit die Voraussetzungen des Art. 72 Abs. 2 a. F. schon vor 2006 nicht (mehr) erfüllt, konnte die Änderung des Art. 74 Abs. 1 GG durch die Föderalismusreform 2006 nicht mehr kausal dafür werden, dass das Ladenschlussrecht heute nicht mehr als Bundesrecht erlassen werden könnte (Art. 125a Abs. 1 Satz 1 GG).

Zu berücksichtigen ist allerdings, dass das Ladenschlussgesetz bis zur Föderalismusreform I durchaus wirksam war. Das ergibt sich aus Art. 125 Abs. 2 Satz 1 GG[10].

Zur Vertiefung: Das (Bundes-)Ladenschlussgesetz stammt im Wesentlichen aus dem Jahr 1956, wurde also unter der Geltung von Art. 72 Abs. 2 GG i. d. F. bis 1994[11] erlassen. Unter dieser Regelung hatte das BVerfG eine Selbsteinschätzungskompetenz des Bundesgesetzgebers zu der Frage angenommen, ob die Voraussetzungen des Art. 72 Abs. 2 GG erfüllt sind; Art. 72 Abs. 2 GG war also nicht justiziabel. Mithin war das Ladenschlussgesetz jedenfalls *ursprünglich* kompetenzgemäß erlassen worden. Als ausdrückliche Ausnahme zu den allgemeinen Regeln des intertemporalen Verfassungsrechts (einfache Gesetze müssen jederzeit, d. h. nicht nur im Zeitpunkt ihres Erlasses den verfassungsrechtlichen Vorgaben entsprechen) ordnet Art. 125a Abs. 2 Satz 1 GG i. d. F. von 1994 die *Fortgeltung* derjenigen Bundesgesetze über 1994 hinaus an, die – wie das Ladenschlussgesetz – durch die damalige Änderung von Art. 72 Abs. 2 andernfalls in die Verfassungswidrigkeit hineingewachsen wären.

Es liegt auf der Hand, dass der verfassungsändernde Gesetzgeber nicht die Absicht hatte, mit der Formulierung des Art. 125a Abs. 1 GG derartige Fortgeltungslücken zu reißen. Vielmehr hat er den Bedarf nach einer Abstimmung des Art. 125a Abs. 1 Satz 1 auf Abs. 2 Satz 1, d. h. nach einer „zweiten Verlängerung" für die 1994 andernfalls verfassungswidrig gewordenen Vorschriften des Bundesrechts übersehen. Dieses legislatorische Versehen lässt sich durch eine kleine berichtigende Auslegung dahingehend korrigieren, dass man bei Art. 125a Abs. 1 Satz 1 GG nicht darauf abstellt, ob die Regelung „nicht mehr als Bundesrecht erlassen werden könnte", sondern es genügen lässt, dass die Regelung ohne die Änderung des Art. 74 Abs. 1 GG fortgegolten hätte.

Letzteres ist hier zu bejahen (Art. 125a Abs. 2 Satz 1 GG). Daher sind hier auch die Voraussetzungen des Art. 125a Abs. 1 Satz 1 GG als erfüllt anzusehen, so dass – in Ermangelung eines Bayerischen La-

---

[8] Zu dieser doppelten Kompetenzverankerung bis 2006 vgl. *BVerfG*, Urteil vom 9. 6. 2004, Az. 1 BvR 636/02, Tz. 101; *Heckmann*, in: Achterberg/Püttner/Würtenberger (oben Fn. 2), § 3 Rn. 24 ff.

[9] *BVerfG* (Fn. 8), Tz. 102.

[10] *BVerfG* (Fn. 8), Tz. 103 ff.

[11] „Der Bund hat in diesem Bereiche das Gesetzgebungsrecht, soweit ein Bedürfnis nach bundesgesetzlicher Regelung besteht, weil

1. eine Angelegenheit durch die Gesetzgebung einzelner Länder nicht wirksam geregelt werden kann oder

2. die Regelung einer Angelegenheit durch ein Landesgesetz die Interessen anderer Länder oder der Gesamtheit beeinträchtigen könnte oder

3. die Wahrung der Rechts- und Wirtschaftseinheit, insbesondere die Wahrung der Einheitlichkeit der Lebensverhältnisse über das Gebiet eines Landes hinaus sie erfordert."

denschlussgesetzes – von der fortdauernden Wirksamkeit des (Bundes-)Ladenschlussgesetzes und damit von der Existenz sog. partikularen Bundesrechts auszugehen ist.

> **Zur Vertiefung:** Das BVerfG hat aus Art. 125a Abs. 2 Satz 1 GG sogar eine fortbestehende Kompetenz des Bundesgesetzgebers zum Erlass von Änderungsgesetzen abgeleitet (überzeugend, da eine entsprechende Länderkompetenz nur unter den Voraussetzungen des Art. 125a Abs. 2 Satz 2 GG entsteht, der dem Bundesgesetzgeber ein Ermessen einräumt). Das gilt allerdings nicht für substanzielle Neukonzeptionen: Für sie nimmt das BVerfG im Rahmen von Art. 125a Abs. 2 Satz 2 GG eine Ermessensreduzierung auf null an, verpflichtet also den Bund zu einer (gesetzlichen) Delegation der Gesetzgebungskompetenz auf die Länder[12].

2. Verhältnis zum Gaststättengesetz

Soweit das Gaststättengesetz reicht, enthält es Sonderregelungen, die eine Anwendung des Ladenschlussgesetzes ausschließen. Dies ergibt sich aus historisch-systematischen Erwägungen und findet auch im Wortlaut beider Gesetze seinen Niederschlag.

Das Ladenschlussgesetz gilt nur für Verkaufsstellen (§ 1 Abs. 1); Gaststätten erfüllen keines der dort vorgesehenen Merkmale. Für Gaststätten hält vielmehr das Gaststättengesetz ein in sich abgeschlossenes Regelwerk bereit, das auch die zeitlichen Aspekte der Ausübung des Gastgewerbes abschließend regelt. Dies ergibt sich insbesondere aus § 18 GastG (Sperrzeit). Auch aus § 7 Abs. 1 GastG, der dem Gastwirt das Erbringen bestimmter Nebenleistungen „auch während der Ladenschlußzeiten" erlaubt, lässt sich im Wege eines Erst-recht-Schlusses entnehmen, dass gewöhnliche Schank- und Speisewirtschaften jedenfalls mit ihren Hauptleistungen nicht den (strengeren) Anforderungen des Ladenschlussgesetzes unterliegen sollen.

Daher ist das Ladenschlussgesetz nur auf diejenigen gewerblichen Tätigkeiten anwendbar, die das Gaststättengesetz nicht erfasst. Deshalb ist nunmehr zu differenzieren:

II. Verkauf von Speisen

Der Verkauf von Hamburgern und Currywurst durch G ist nicht durch die gaststättenrechtliche Erlaubnis (§§ 3, 7 Abs. 2 GastG) gedeckt. Er unterliegt daher nicht dem Regime des Gaststättengesetzes.

Bei diesen Speisen handelt es sich der Sache nach um „Waren" i. S. v. § 1 Abs. 1 Nr. 2 Satz 1 LadSchlG. Diese Waren werden von einer festen Stelle aus zum Verkauf an jedermann feilgehalten. Zu diesen Stellen gehören Verkaufsstände, Kioske, Basare und ähnliche Einrichtungen. Wenn sonach schon provisorische Gebäude die gebäudebezogenen Merkmale des § 1 Abs. 1 Nr. 2 Satz 1 LadSchlG erfüllen können, gilt dies für feste Häuser – wie das Restaurant des G – erst recht.

Damit ist nur noch fraglich, ob die Waren von dort aus auch „ständig" feilgehalten werden; immerhin beschränkt G seinen Verkauf auf zwei Tage pro Woche (Samstag und Sonntag). Das Merkmal „ständig" wirft nach seinem Wortlaut Schwierigkeiten auf. Denn die alltagssprachliche Bedeutung, die „ständig" mit „immer", d. h. „24 Stunden am Tag und 365 Tagen im Jahr" gleichsetzt, muss jedenfalls ausscheiden; sonst fiele praktisch kein Geschäft unter das Ladenschlussgesetz. Auch individuell festgesetzte Ruhetage können nicht schaden. Zudem gibt es gerade bei kleineren Geschäften, die von Handwerksmeistern betrieben werden (z. B. kleineren Elektrofachgeschäften, Installationsläden etc.) oft nur Teilzeitöffnungen, weil der Inhaber an bestimmten Wochentagen oder zu bestimmten Stunden seine Kunden zu Hause aufsucht. Es ist nicht ersichtlich, warum diese Läden in den Genuss des Privilegs kommen sollen, nicht an das Ladenschlussgesetz gebunden zu sein. Die Lösung muss sich hier – gewissermaßen im Negativ-Verfahren – daran orientieren, was der Gesetzgeber als Gegenbild zum „ständigen" Feilhalten angesehen hat und durch Einführung des Merkmals „ständig" ausschließen wollte.

---

[12] *BVerfG*, Urteil vom 9. 6. 2004, Az. 1 BvR 636/02, Tz. 103 ff. (insbes. Nr. 112).

Nach herrschender Auffassung dient das Merkmal „ständig" der Abgrenzung zum nur „vorübergehenden"[13], d.h. zum einmaligen oder nur sehr selten wiederkehrenden Feilhalten. Damit unterliegen etwa Verkaufsveranstaltungen in einer nur für die Vorweihnachtszeit angemieteten Kongresshalle nicht dem Ladenschlussgesetz[14].

Im vorliegenden Fall ist offensichtlich, dass der G den Straßenverkauf nicht als einmalige oder vorübergehende Tätigkeit angelegt hat, sondern ihn auf unbestimmte Dauer betreibt. Insbesondere sind keine Umstände ersichtlich, aus denen sich der Schluss ergeben könnte, dass sich in näherer Zukunft das Restaurant an den Wochenenden beleben könnte, so dass aus diesem Grund der Straßenverkauf wieder eingestellt werden würde. Daher liegt hier ein „ständiges" Feilhalten vor.

> **Zur Vertiefung:** Eine a. A. ist hier vertretbar. Insbesondere könnte man noch auf § 20 Abs. 1 Satz 1 LadSchlG eingehen, der auch das gewerbliche Feilhalten von Waren *außerhalb* von Verkaufsstellen i.S.v. § 1 den Vorschriften über den Ladenschluss unterwirft.

Im Ergebnis ist G daher an die Ladenschlusszeiten (§ 3 LadSchlG) gebunden. Damit ist der Straßenverkauf von Hamburger und Currywurst samstags ab 16 Uhr (hier: von 16 bis 18 Uhr) und sonntags (ganztags) verboten. G handelt insoweit rechtswidrig.

III. Verkauf von alkoholfreien Getränken

Dagegen ist der Verkauf der alkoholfreien Getränke wegen § 7 Abs. 2 GastG „außerhalb der Sperrzeiten" möglich. Die Sperrzeiten sind mit den Ladenschlusszeiten nicht identisch; sie bestehen vielmehr nur aus den Kernstunden der Nacht. Da mithin das GastG eine Spezialregelung bereithält, die die Vorschriften des LadSchlG verdrängt, liegt bezüglich des Getränkeverkaufs auch kein Verstoß gegen das Ladenschlussgesetz vor.

D. Baurecht

Im Hinblick auf das Anbringen der Plakate kommen als Prüfungsmaßstäbe die Normen des Baurechts und des Straßen- und Wegerechts (dazu unten E.) in Betracht.

I. Formelle Anforderungen

Das Anbringen der Plakate könnte schon deshalb rechtswidrig gewesen sein, weil der G keine Baugenehmigung eingeholt hat. Die Genehmigungsbedürftigkeit richtet sich nach Art. 62 ff. BayBO[15]. Danach müsste es sich um bauliche Anlagen handeln. Die Plakate sind als solche wohl keine baulichen Anlagen (trotz Art. 2 Abs. 1 Satz 2 BayBO, weil diese Vorschrift nur die selbständigen Werbeanlagen betrifft), sondern lediglich unselbständige Bestandteile der Bauzäune.

In Betracht käme deswegen allenfalls eine Baugenehmigung in Form der Nutzungsänderungsgenehmigung. Auch die Bauzäune erfüllen aber die Voraussetzungen des Art. 2 Abs. 1 nicht. Daher sind auch sie keine „bauliche Anlagen" i.S.d. BayBO. Mithin liegen scheidet ein Verstoß des G gegen Anforderungen des formellen Baurechts aus.

---

[13] *Stober*, Ladenschlußgesetz, 2. Aufl., 1988, § 1 Rn. 23.
[14] *OLG Karlsruhe*, GewArch 1981, 268 f.
[15] §§ 49 ff. LBO BW, §§ 54 ff. HBO, §§ 63 ff. BauO NW.

II. Materielle Anforderungen

Mangels einer „baulichen Anlage" scheiden auch Verstöße gegen die materiellen Vorgaben der Landesbauordnung aus.

> **Zur Vertiefung:** Hilfsweise – also bei Bejahung einer „baulichen Anlage" – müsste man auf die Frage eingehen, ob das Verunstaltungsverbot des Art. 11 BayBO[16] oder das allgemeine Sicherheitsgebot des Art. 17 Abs. 2 BayBO[17] (Gefährdung der Sicherheit des Verkehrs durch Benutzung baulicher Anlagen) verletzt sind.

E. Straßen- und Wegerecht

Im Anbringen und Hängenlassen der Plakate an den Bauzäunen könnte aber eine Sondernutzung der öffentlichen Straße liegen. Während der Gemeingebrauch öffentlicher Straßen und Wege jedermann gestattet ist (Art. 14 BayStrWG[18]), stehen Sondernutzungen unter Verbot mit Erlaubnisvorbehalt (Art. 18 ff. BayStrWG[19]).

I. Nutzungsart

Fraglich ist deshalb zunächst, in welche dieser beiden einander ausschließenden Nutzungsarten das Aufstellen der T-Kästen durch die T-GmbH fällt.

Der Gemeingebrauch ist die Benutzung von Straßen und Wegen im Rahmen ihrer allgemeinen Widmung. Widmung ist die Zweckbestimmung. Im allgemeinen Recht der öffentlichen Sachen kann die Widmung durch Gesetz, Satzung, Allgemeinverfügung (so ausdrücklich Art. 35 Satz 2 BayVwVfG) oder konkludentes Verwaltungshandeln getroffen werden. Speziell im Bereich des Straßenrechts gilt die Sondervorschrift des Art. 6 BayStrWG. Zum Gemeingebrauch von Straßen und Wegen gehört zunächst die Fortbewegung auf ihnen (Verkehr mit dem Ziel des Ortswechsels: Art. 14 Abs. 1 BayStrWG). Hierzu zählt i.w.S. auch der ruhende (parkende, sich stauende) Verkehr. Daneben wird aber im Wege einer normativen (wertenden), vor allem durch die Grundrechte und die Verkehrsanschauung geprägten Erweiterung auch der sog. kommunikative Gemeingebrauch erlaubnisfrei gestattet. Zum kommunikativen Gemeingebrauch zählen Gespräche auf öffentlichen Straßen und Plätzen, das Verweilen vor Schaufenstern und Marktständen, Gottesdienste und Prozessionen sowie Versammlungen – denn diese Nutzungen dürfen als Ausübung grundrechtlich geschützter Freiheiten (Rede, Demonstration) schon von Verfassungs wegen nicht an eine Erlaubnis geknüpft werden (Art. 4 Abs. 1, Art. 5 Abs. 1, 8 Abs. 1 GG).

Was außerhalb der Widmung liegt, ist demgegenüber Sondernutzung. Hierzu zählen alle kommerziellen Nutzungen, die über die reine Fortbewegung hinausgehen, z.B. die Einrichtung gewerblicher Stände oder Zelte auf öffentlichen Straßen, das Aufstellen von Restaurant-Sitzplätzen auf dem öffentlichen Bürgersteig, das Aufstellen von Wahlplakaten[20], aber auch die Absperrung zum Zweck der Einrichtung einer privaten Baustelle. Sondernutzungen sind erlaubnispflichtig (Art. 18 Abs. 1 Satz 1 BayStrWG). Ein Anspruch auf Erteilung von Sondernutzungserlaubnissen besteht grundsätzlich nicht, wohl aber ein Anspruch auf rechtsfehlerfreie Ermessensausübung.

---

[16] § 11 LBO BW, § 9 HBO, § 12 BauO NW.

[17] § 16 LBO BW, § 15 HBO, § 19 BauO NW.

[18] § 13 StrG BW, § 14 StrG Hess., § 14 StrWG NW.

[19] § 16 StrG BW, §§ 16 ff. StrG Hess., §§ 18 ff. StrWG NW. Hierzu und zum folgenden vgl. auch *Fall 21* (Lösung, Abschnitt B.II.).

[20] *OVG Bremen* NordÖR 2003, 251.

> **Zur Vertiefung:** In Ausnahmefällen führen Grundrechte, grundrechtsgleiche Rechte und sonstige Verfassungspositionen dazu, dass das Entschließungsermessen der Behörde zur Erteilung einer Sondernutzungserlaubnis auf null reduziert wird und der Nutzer damit einen Anspruch auf Erteilung einer Sondernutzungserlaubnis erwirbt. Dies ist z.B. jüngst für das Aufstellen von Wahlplakaten bejaht worden (Art. 38 Abs. 1, 21, 20 Abs. 1, 28 Abs. 2 Satz 2, §§ 1 ff. ParteiG). Auch die Festlegung von Obergrenzen für die Zahl derartiger Plakate in einem Gemeindegebiet sind nur mit besonders guter Begründung akzeptabel[21].

Vorliegend ist das Anbringen und Hängenlassen von Plakaten zwar kein Verkehr; die Plakate sind nicht Bestandteil der Verkehrsinfrastruktur. In Betracht kommt aber der sog. kommunikative Gemeingebrauch. Anders als bei einem Schaufenster, das sich auf privatem Grund befindet (dort nutzen lediglich die Passanten die öffentlichen Straßen und Wege), geht es vorliegend allerdings um das aktive Anbringen der Plakate auf öffentlichen Straßen und Wegen. Damit überschreitet die Nutzung der Straße durch die T-GmbH den Rahmen des kommunikativen Gemeingebrauchs. Mithin ist eine Sondernutzungserlaubnis erforderlich.

II. Vorliegen einer Sondernutzungserlaubnis

Vorliegend hat zwar G selber keine Sondernutzungserlaubnis eingeholt. Der Sachverhalt lässt aber erkennen, dass im Hinblick auf die Aufstellung der Bauzäune eine Sondernutzungserlaubnis vorlag (G hat sich vergewissert, dass die Bauunternehmen die Bauzäune in Übereinstimmung mit öffentlich-rechtlichen Vorschriften aufgestellt hatten; das schließt eine Sondernutzungserlaubnis für den Bauzaun ein).

Das Anbringen und Hängenlassen der Plakate wäre also straßenrechtlich zulässig, wenn sich die für die Bauzäune erteilte Sondernutzungserlaubnis auf ihre Nutzung als Werbeträger erstreckt. Ob dies der Fall war, ist Auslegungsfrage. In der Klausur sind prinzipiell zwei Denkansätze möglich:

- Entweder fragt man rein objektiv nach Maß (Flächenverbrauch) und Intensität der Behinderung für den Gemeingebrauch, der von einer Sondernutzung ausgeht. Dann wäre hier entscheidend, dass plakatierte Bauzäune – jedenfalls wenn sie kein „Kleingedrucktes" enthalten – den Gemeingebrauch nicht stärker beeinträchtigen als plakatlose Bauzäune. Mit dieser Argumentation wäre das Anbringen der Plakate als von der bestehenden Sondernutzungserlaubnis gedeckt anzusehen.
- Oder man nimmt – ausschließlich oder kumulativ – die subjektive Perspektive des Sondernutzers ein und fragt nach Art und Maß des Vorteils für den Inhaber der Sondernutzungserlaubnis. Dann wäre hier entscheidend, dass die bisherige Sondernutzungserlaubnis rein defensiven Charakter hat (Zaun als „notwendiges Übel" für den Bauunternehmer, zu dem dieser aus Gründen der Baustellensicherheit verpflichtet ist), während die Plakatierung den Zaun gewissermaßen „aktiviert" und ihn zu einem eigenständigen Investitionsgut macht, das einen spezifischen Ertrag (Mieteinnahmen) abwirft.

Welche dieser beiden Perspektiven richtig ist, muss primär den Vorschriften der (Landes-) Straßen- und Wegegesetze entnommen werden. Aus ihnen ergibt sich, dass auch die subjektive Perspektive einzubeziehen ist, dass also der zweite Ansatz den Vorzug verdient. Denn die Sondernutzungserlaubnis enthält eine spezifische subjektiv-individuelle Zweckbestimmung. Maßgeblich für die Reichweite der Sondernutzungserlaubnis ist mithin der Zweck (Nutzen) der Sondernutzungserlaubnis für den Erlaubnisnehmer.

> **Zur Vertiefung:** Diese Zweckbestimmung als Teil der Sondernutzungserlaubnis ist eine Art Spezial-Widmung „ad personam" zu Gunsten des Erlaubnisträgers. Sie verhält sich also zur Sondernutzung wie die (allgemeine) Widmung zum Gemeingebrauch. Allerdings vermeiden einige Gerichte und Autoren hier die Verwendung des Ausdrucks „Widmung" und sprechen im Fall der Sondernutzungen

---

[21] *OVG Bremen* NordÖR 2003, 251. Vgl. zur Vertiefung auch den nachfolgenden *Fall 21* (Lösung, Abschnitt B.II.).

nur von „Zweck"/„Zweckbestimmung". Hier ist also Vorsicht geboten. In der Examensklausur sollte man das Wort „Widmung" nur in Zusammenhang mit dem Gemeingebrauch verwenden (vgl. § 35 Satz 2 VwVfG).

In einem Fall, der dem vorliegenden sehr ähnlich war, hat das Bundesverwaltungsgericht im Anbringen von Werbeplakaten an einem auf Straßengrund errichteten Bauzaun ein Abweichen vom Zweck der bisherigen Sondernutzung gesehen. Das Anbringen von Werbeplakaten füge dem bisherigen Zweck der Baustellensicherung den weiteren Zweck der Werbenutzung hinzu.

Da der Zweck einer Sondernutzung für die Entscheidung über deren Erlaubnis von zentraler Bedeutung ist, wäre es z. B. ermessensfehlerhaft (rechtswidrig), eine Sondernutzungserlaubnis für die Errichtung eines Zauns zu erteilen, der eine Richtungsfahrbahn dem Verkehr entzieht und nur Werbezwecken zu dienen bestimmt ist. Die Festlegung des Zwecks einer Sondernutzung gehöre also zum wesentlichen Inhalt jeder Sondernutzungserlaubnis. Für einen anderen als den erlaubten Zweck dürfe sie nicht in Anspruch genommen werden. Eine Änderung des Nutzungszwecks setzt daher eine Änderung der Sondernutzungserlaubnis voraus[22].

Zur Vertiefung: Das zeigen auch die Bestimmungen des § 8 Abs. 3 Satz 6 FStrG und des Art. 18 Abs. 2a Satz 4 a. E. BayStrWG[23] über die Bemessung der Sondernutzungsgebühren. Dort heißt es, bei der Bemessung der Gebühren sei neben Art und Ausmaß der Einwirkung auf die Straßen und den Gemeingebrauch das wirtschaftliche Interesse des Gebührenschuldners zu berücksichtigen. Daraus lässt sich folgern, dass der Nutzungszweck in die Sondernutzungserlaubnis einfließt. Nur anhand des Nutzungszwecks lässt sich nämlich das wirtschaftliche Interesse des Erlaubnisnehmers bestimmen[24].

Nach allem fehlt es daher an einer wirksamen Sondernutzungserlaubnis.

Zur Vertiefung: In der Praxis muss G deshalb den Erlass einer Beseitigungsanordnung durch die Straßenbaubehörde befürchten. Eine derartige Anordnung könnte auf Art. 18a Abs. 1 BayStrWG gestützt werden. Nach dieser Vorschrift[25] stehen der Straßenbaubehörde im Grundsatz zwei Handlungsformen zu Gebote:
- **gestrecktes Verfahren:** Erlass der erforderlichen (Beseitigungs-)Anordnung und notfalls – auf der Sekundärebene – Vollstreckungsmaßnahmen nach (Landes-)Verwaltungsvollstreckungsrecht;
- **adressatneutrales Verwaltungshandeln ohne Grundverfügung:** Realakt, der unmittelbar auf die Beseitigung der unerlaubten Sondernutzung gerichtet ist (unmittelbare Ausführung; teilweise – missverständlich – auch „Sofortvollzug" genannt).

Nach Art. 18a Abs. 1 Satz 1 BayStrWG ist das gestreckte Verfahren der – rechtsstaatlich und grundrechtlich gebotene – Normalfall (Ausprägung des Verhältnismäßigkeitsprinzips). Das verkürzte Verfahren (Realakt ohne Grundverfügung) ist nach Art. 18a Abs. 1 Satz 2 BayStrWG demgegenüber nur zulässig, wenn an den Eigentümer gerichtete Anordnungen i. S. d. Art. 18a Abs. 1 Satz 1 BayStrWG) nicht oder nur unter unverhältnismäßigem Aufwand möglich sind[26].

I. Irrelevanz zivilrechtlicher Nutzungsrechte

Der Umstand, dass G gegenüber den Bauunternehmern zivilrechtlich (schuldrechtlich und dinglich) zur Nutzung der Bauzäune durch Anbringen von Plakaten berechtigt war, ist straßenrechtlich irrelevant. Insbesondere lässt die Sondernutzungserlaubnis für den Bauzaun nicht eine Grunddienstbarkeit i. S. d.

---

[22] *BVerwG*, Beschluss vom 12. 11. 1998, Az. 3 BN 2/98 (juris).
[23] § 19 Abs. 2 Satz 3 StrG BW, § 18 Abs. 1 Satz 3 StrG Hess., § 19a Abs. 2 Satz 3 StrWG NW.
[24] *BVerwG* (oben Fn. 22).
[25] Ebenso § 16 Abs. 8 StrG BW, § 17a Abs. 1 StrG Hess., § 22 StrWG NW.
[26] Ebenso in den anderen Bundesländern; vgl. die Regelungen oben Fn. 25.

§§ 1018 ff. BGB entstehen[27]. Denn beide – bürgerliches Recht und das Recht der öffentlichen Sachen – begründen grundsätzlich unabhängig voneinander Rechte und Pflichten für den Inhaber eines Gegenstandes. Das öffentliche Recht überlagert das Zivilrecht dabei in doppelter Weise: Es verpflichtet den Gesetzgeber zum Erlass zivilrechtlicher Vorschriften (Inhaltsbestimmungen: Art. 14 Abs. 1 Satz 2 GG), schränkt aber die dadurch grundsätzlich eröffneten zivilrechtlichen Nutzungsmöglichkeiten durch Schrankenbestimmungen (Art. 14 Abs. 1 Satz 2 GG) wiederum ein[28].

F. Ergebnis

Soweit G Hamburger und Currywurst verkauft, ist er zur gewerberechtlichen Anzeige (§ 14 Abs. 1 Satz 2 Nr. 2 GewO) und zur Einhaltung der gesetzlichen Ladenschlusszeiten verpflichtet. Gegen beide Pflichten hat er verstoßen; insoweit ist sein Verhalten rechtswidrig. Gleiches gilt für das Anbringen der Werbeplakate, weil und solange er keine straßenrechtliche Sondernutzungserlaubnis beantragt und erhalten hat. Die alkoholfreien Getränke darf G dagegen ohne Anzeige verkaufen; dies gilt auch für die Tagstunden der Samstage und Sonntage. Insoweit fällt ihm kein rechtswidriges Verhalten zur Last.

Rechtsprechungsvorlage für Teil E: BVerwG, Beschluss vom 12. 11. 1998, Az. 3 BN 2/98 (juris).

Leseempfehlungen: **zum Ineinandergreifen von GastG, GewO und Landesbauordnung bei behördlichem Einschreiten wegen Ruhestörung der Nachbarn:** *VGH Mannheim* NVwZ 1987, 338; **speziell zum Verhältnis der gaststättenrechtlichen Erlaubnis zur Baugenehmigung auch:** *VG Freiburg* NVwZ 1983, 697. Zur Bedeutung von GewO und GastG für den Straßenverkauf von Flaschenbier instruktiv *VGH Mannheim* NVwZ-RR 1995, 659 ff. **Zu den Voraussetzungen für eine Gewerbeuntersagung (Strohmann-Problem):** *BVerwG* NVwZ 2004, 103 f. = JuS 2004, 450 m. Anm. *Selmer.* **Zur Sondernutzungserlaubnisbedürftigkeit von Autos, die mit Werbung ausgestattet auf öffentlichen Straßen abgestellt sind:** *OVG Hamburg* NJW 2004, 1970 f.

---

[27] *BVerwG* (oben Fn. 22).
[28] *BVerwG* (oben Fn. 22).

Fall 21: Erlaubnispflicht von Straßenkunst? *(Seidel)*

Sachverhalt

Klara (K) fertigt in ihrer Freizeit Scherenschnitte von Personen im Seitenprofil (sog. Silhouetten) an. Sie spricht dabei immer an derselben Stelle in der Innenstadt der bayerischen Stadt S Passanten als mögliche Modelle und Käufer an, stellt direkt vor Ort – auf dem Bürgersteig einer ordnungsgemäß gewidmeten Ortsstraße gem. Art. 46 Nr. 2 BayStrWG – mit Papier und Schere die Scherenschnitte her und verkauft diese sodann zu 10,– € pro Stück an die Auftraggeber. Auf Wunsch werden Silhouetten auch nach vorheriger Profilzeichnung erstellt. Zu diesem Zweck bittet K nach Kontaktaufnahme ihre Auftraggeber in die Eingangshalle einer in der Nähe gelegenen Bank (dies ist ihr aufgrund einer Absprache mit dem Kreditinstitut erlaubt), wo sich als zusätzliche Arbeitsmaterialien u. a. eine Staffelei und ein Stuhl befinden. Die Stadtverwaltung von S sieht in der Betätigung der K eine Sondernutzung und weist sie darauf hin, dass die Tätigkeit einer straßenrechtlichen Genehmigungspflicht unterliege und sie bei weiterer Betätigung ohne Einholung einer Erlaubnis mit einer Unterlassungsverfügung nach Art. 18 a Abs. 1 BayStrWG und einem Bußgeldbescheid rechnen müsse.

K erhebt hierauf beim örtlich zuständigen Verwaltungsgericht Klage gegen S und beantragt festzustellen, dass das Anfertigen und der Verkauf von Scherenschnitten als künstlerische Betätigung keiner Sondernutzungserlaubnis bedürfe.

Vermerk für die Bearbeiter: Beurteilen Sie die Erfolgsaussichten der Feststellungsklage der K! Auf gewerberechtliche Fragen ist nicht einzugehen!

Lösung

Die Feststellungsklage der K hat Aussicht auf Erfolg, wenn sie zulässig und begründet ist.

A. Zulässigkeit

I. Verwaltungsrechtsweg

Der Streitgegenstand betrifft die Frage, inwiefern die Betätigung der K (Herstellung von Silhouetten) erlaubnisfreier Gemeingebrauch oder aber erlaubnispflichtige Sondernutzung darstellt. Diese Frage wird in Anwendung der öffentlich-rechtlichen Art. 14 ff. BayStrWG beantwortet. Es handelt sich demnach um eine öffentlich-rechtliche Streitigkeit nicht verfassungsrechtlicher Art. Der Verwaltungsrechtsweg ist nach § 40 Abs. 1 Satz 1 VwGO eröffnet.

II. Statthaftigkeit

Der Streitgegenstand muss gem. § 43 Abs. 1 VwGO die Feststellung des Bestehens oder Nichtbestehens eines Rechtsverhältnisses betreffen, also einer rechtlichen Beziehung, die sich aus einem konkreten Sachverhalt aufgrund einer öffentlich-rechtlichen Norm für das Verhältnis von (natürlichen oder juristischen) Personen untereinander oder einer Person zu einer Sache ergibt, kraft derer eine der beteiligten Personen etwas Bestimmtes tun muss, kann oder darf oder nicht zu tun braucht.[1] K begehrt hier die Klärung, auch in Zukunft ohne Genehmigung der S Scherenschnitte auf dem Bürgersteig der Ortsstraße in S herstellen zu können bzw. zu dürfen. Immer dann, wenn die Behörde eine Betätigung als erlaubnispflichtig ansieht und Maßnahmen wegen formeller Illegalität androht, verdichten sich die Beziehungen zwischen Behörde und betroffenem Bürger (hier zwischen S und K) zu einem feststellungsfähigen, konkreten Rechtsverhältnis.[2] Die Feststellungsklage gemäß § 43 Abs. 1 VwGO ist statthaft.

III. Feststellungsinteresse

K muss ein „berechtigtes Interesse an der baldigen Feststellung" haben. K läuft Gefahr, obwohl sie sich möglicherweise im Rahmen erlaubnisfreien Gemeingebrauchs gem. Art. 14 BayStrWG[3] hält, demnächst seitens der S mit belastenden Verfügungen gem. Art. 18 a BayStrWG[4] oder gar mit einem Bußgeldbescheid nach Art. 66 Nr. 2 BayStrWG[5] belegt zu werden. Ein berechtigtes Interesse der K an der baldigen Feststellung i.S.v. § 43 Abs. 1 VwGO ergibt sich daher aus einer zwischen den Beteiligten umstrittenen

[1] BVerwGE 100, 262 (264 f.); *BayVGH* BayVBl. 1987, 239 (240); *Hufen*, Verwaltungsprozessrecht, § 18 Rn. 4; *Schmitt Glaeser/Horn*, Verwaltungsprozessrecht, Rn. 328; *Stern*, Verwaltungsprozessuale Probleme, Rn. 252.

[2] BVerwGE 16, 92 (93); 39, 247 (248); *BVerwG* NJW 1988, 1534; *BayVGH* VGHE 24, 70 ff.; *Stern/Blanke*, Verwaltungsprozessrecht in der Klausur, Rn. 459.

[3] Vergleichbare Regelungen: § 14 StrWG NW, § 34 LStrG Rh-Pf, § 13 StrG BW, § 10 Abs. 2 BerlStrG, § 14 BbgStrG, § 14 StrG Hess., § 15 BremLStrG, § 16 HWG Hbg., § 14 Nds. StrG, § 21 StrWG MV, § 14 StrG Saarl., § 14 SächsStrG, § 14 StrG LSA, § 14 StrG Thür., § 20 StrWG SchlH.

[4] Vgl. z. B. auch: § 22 StrWG NW, § 41 Abs. 8 LStrG Rh-Pf, § 20 BbgStrG, § 25 StrWG MV, § 22 Nds. StrG, § 18 Abs. 8 StrG Saarl., § 20 SächsStrG, § 20 StrG LSA, § 20 StrG Thür.

[5] Vergleichbare Regelungen: § 59 Abs. 1 Nr. 1 StrWG NW, § 53 Abs. 1 Nr. 5 LStrG Rh-Pf, § 54 Abs. 1 Nr. 1 StrG BW, § 28 Abs. 1 Nr. 2 BerlStrG, § 47 Abs. 1 Nr. 2 BbgStrG, § 51 Abs. 1 Nr. 3 StrG Hess., § 48 Abs. 1 Nr. 1 BremL-StrG, § 72 Abs. 1 Nr. 2 HWG Hbg., § 61 Abs. 1 Nr. 1 StrWG MV, § 61 Abs. 1 Nr. 1 Nds. StrG, § 61 Abs. 1 Nr. 1 StrG Saarl., § 52 Abs. 1 Nr. 3 SächsStrG, § 48 Abs. 1 Nr. 3 StrG LSA, § 50 Abs. 1 Nr. 4 StrG Thür., § 56 Abs. 1 Nr. 1 StrWG SchlH.

Rechtslage: Es liegt eine Situation vor, in der die Parteien über mögliche Rechtsfolgen unterschiedlicher Ansicht sind und K als Klägerin ihr künftiges Verhalten an der Feststellung ausrichten will.[6] Der K ist in einer solchen Situation *„nicht zuzumuten, das Risiko einzugehen, das in der Aufnahme einer möglicherweise genehmigungspflichtigen Tätigkeit ohne Genehmigung liegt."*[7] Aufgrund der angekündigten Verfolgung als Ordnungswidrigkeit seitens der S ist auch von einem Interesse an einer *baldigen* Feststellung auszugehen.

IV. Klagebefugnis

Es ist nicht auszuschließen, dass sich K im Rahmen des von S bestrittenen Gemeingebrauchs und damit im Rahmen eines durch einfaches Recht eingeräumten subjektiven Rechts aus Art. 14 BayStrWG hält. Die Anforderungen des § 42 Abs. 2 VwGO analog sind daher erfüllt. Auf die Streitfrage, ob § 42 Abs. 2 VwGO überhaupt auf Feststellungsklagen nach § 43 VwGO analog anzuwenden ist (weil das Feststellungsinteresse nicht als ausreichender Filter angesehen wird, um Popularklagen auszuschließen)[8], ist daher nicht näher einzugehen.

V. Subsidiarität, sonstige Zulässigkeitsvoraussetzungen

Nach § 43 Abs. 2 VwGO ist die Feststellungsklage gegenüber denkbaren Gestaltungs- und Leistungsklagen subsidiär.[9] Da nach Bewertung der K das Anfertigen und der Verkauf der Scherenschnitte als erlaubnisfreier Gemeingebrauch einzustufen ist, entfällt insbesondere eine Verpflichtungsklage auf Erlass einer Sondernutzungserlaubnis. K steht auch keine andere Klageart zur Verfügung, um klären zu lassen, ob sie für die gegenwärtige Betätigung im Straßenraum einer Sondernutzungserlaubnis bedarf oder nicht. Die Subsidiarität steht der Feststellungsklage folglich nicht entgegen. Ansonsten bestehen an der Zulässigkeit der Feststellungsklage keine Bedenken. Insbesondere sind weder Klagefristen einzuhalten, noch ist ein Vorverfahren durchzuführen.[10] K und S sind jeweils nach § 61 Nr. 1 VwGO partei- und gem. § 62 Abs. 1 Nr. 1 VwGO prozessfähig, wobei im Prozess für S der Bürgermeister handelt, § 62 Abs. 3 VwGO, Art. 38 Abs. 1 (Bay) GO.

B. Begründetheit

Die Feststellungsklage ist begründet, wenn sich die Klage gegen den richtigen Klagegegner richtet und K keiner Sondernutzungserlaubnis nach Art. 18 Abs. 1 BayStrWG bedarf.

I. Passivlegitimation

Passivlegitimiert ist bei der Feststellungsklage der Rechtsträger (vgl. § 78 Abs. 1 Nr. 1 VwGO) derjenigen Behörde, mit der das Rechtsverhältnis streitig ist.[11] Im vorliegenden Fall hat die Stadtverwaltung von S als zuständige Straßenbaubehörde nach Art. 18 a Abs. 1 Satz 1, 46, 58 Abs. 2 Nr. 3 BayStrWG gehandelt. Die S ist damit als Träger ihrer Verwaltungsbehörde richtige Beklagte.

---

[6] BVerwGE 39, 247 (249); *BVerwG* NJW 1983, 2584; NJW 1988, 1534; *BayVGH* NVwZ 1989, 976 f.; *Kopp/Schenke*, VwGO, § 43 Rn. 24.

[7] *Schmitt Glaeser/Horn*, Verwaltungsprozessrecht, Rn. 329.

[8] So z. B. BVerwGE 100, 262 (271); *BVerwG* DVBl. 1995, 1250 f.; in kritischer Betrachtung der (uneinheitlichen) Rechtsprechung: *Laubinger*, VerwArch. 82 (1991), 459 ff.; ablehnend: *Schmitt Glaeser/Horn*, Verwaltungsprozessrecht, Rn. 341; *Hufen*, Verwaltungsprozessrecht, § 18 Rn. 17.

[9] Hierzu z. B. *BVerwG* DÖV 2001, 297 f.

[10] *Hufen*, Verwaltungsprozessrecht, § 18 Rn. 18 f.

[11] *Hufen*, Verwaltungsprozessrecht, § 29 Rn. 2.

II. Abgrenzung Gemeingebrauch und Sondernutzung

Die Frage, ob K einer straßenrechtlichen Erlaubnis bedarf, hängt davon ab, ob es sich um eine Tätigkeit im Rahmen des Gemeingebrauchs oder um eine darüber hinausgehende Sondernutzung handelt. Da der Bürgersteig Teil einer Gemeindestraße nach Art. 46 BayStrWG und nicht einer Bundesstraße nach § 1 BFernStrG ist, sind für die Abgrenzung zwischen zulassungsfreiem Gemeingebrauch und erlaubnispflichtiger Sondernutzung nicht §§ 7, 8 BFernStrG, sondern Art. 14, 18 BayStrWG einschlägig. K bedarf einer Sondernutzungserlaubnis nach Art. 18 BayStrWG[12], wenn die Anfertigung und der Verkauf der Scherenschnitte im Straßenraum von S eine Benutzung der Straße über den Gemeingebrauch hinaus darstellt. M.a.W. ist die Betätigung in straßenrechtlicher Hinsicht erlaubnisfrei, wenn es sich um Gemeingebrauch im Sinne von Art. 14 Abs. 1 BayStrWG[13] handelt. Zulassungsfreier Gemeingebrauch ist nach Art. 14 Abs. 1 BayStrWG anzunehmen bei Benutzung der Straße im Rahmen ihrer Widmung[14] für den Verkehr. In negativer Umschreibung nach Satz 2 der Regelung handelt außerhalb des Gemeingebrauchs, wer die Straße nicht vorwiegend zum Verkehr, sondern zu anderen Zwecken benutzt.[15] „Verkehr" als Gemeingebrauch bedeutet in engerem Wortlautverständnis des Art. 14 Abs. 1 BayStrWG an sich nur die Inanspruchnahme der Straße zum Zwecke der Fortbewegung, bezogen auf den Bürgersteig also zu Fuß. In enger grammatikalischer Auslegung ist demnach nicht von Gemeingebrauch auszugehen, denn die Erstellung und der Verkauf von Silhouetten auf der Straße dient nicht der Ortsveränderung.

Anderes könnte aber gelten, wenn eine verfassungskonforme, erweiterte Auslegung des Art. 14 Abs. 1 BayStrWG geboten wäre, insbesondere wenn grundrechtliche Ausstrahlungswirkungen die Einbeziehung der hier vorliegenden Tätigkeit der K in den Kanon straßenrechtlich erlaubnisfreier Handlungen verlangen. Rechtsprechung und Literatur haben anhand der Heranziehung diverser Grundrechte mit Kommunikationsbezug – insbesondere Art. 5 Abs. 1 GG – sowie eines Wandels in der Verkehrsanschauung den Begriff des „kommunikativen Gemeingebrauchs" geprägt, wonach der Begriff des Verkehrs sich vor allem hinsichtlich innerörtlicher Straßen und Plätze nicht allein auf die engere Bedeutung im Sinne von Ortsveränderung begrenzt, sondern zudem auch auf kommunikative Begegnung, die Pflege menschlicher Kontakte und auf Informations- und Meinungsaustausch gerichtet ist.[16] Hiernach müssen zum Beispiel aufgrund der konstitutiven Bedeutung der Meinungs- und Pressefreiheit für die Demokratie[17] auch spontane Kundgaben im bestimmten Rahmen erlaubnisfrei sein, damit sich ein an sich

---

[12] Vergleichbare Regelungen: § 18 StrWG NW, § 41 LStrG Rh-Pf, § 16 StrG BW, § 11 BerlStrG, § 18 BbgStrG, § 16 StrG Hess., § 18 BremLStrG, § 19 HWG Hbg., § 22 StrWG MV, § 18 Nds. StrWG, §§ 18, 19 StrG Saarl., § 18 SächsStrG, § 18 StrG LSA, § 18 StrG Thür., § 21 StrWG SchlH. Zur Frage, ob eine Sondernutzungserlaubnis als VA mit Drittwirkung erfolgreich am Maßstab von §§ 42 Abs. 2, 113 Abs. 1 VwGO angefochten werden kann: *BayVGH* BayVBl. 2004, 533 ff. (durcharbeiten!).

[13] Vergleichbare Regelungen: § 14 StrWG NW, § 34 LStrG Rh-Pf, § 13 StrG BW, § 10 Abs. 2 BerlStrG, § 14 BbgStrG, § 14 StrG Hess., § 15 BremLStrG, § 16 HWG Hbg., § 21 StrWG MV, § 14 Nds. StrG, § 14 StrG Saarl., § 14 SächsStrG, § 14 StrG LSA, § 14 StrG Thür., § 20 StrWG Schl.

[14] Hierzu *Sauthoff*, NVwZ 2004, 674 (675 f.); *Erbguth*, Jura 2008, 193 ff.

[15] Vgl. *Sauthoff*, NVwZ 2004, 674 (678 f.); *Erbguth*, Jura 2008, 193 (196 ff.). Zum Abstellen eines zugelassenen und betriebsbereiten Kraftfahrzeuges auf einer zum Parken zugelassenen Parkfläche als Gemeingebrauch, selbst wenn das Fahrzeug mit einer Verkaufsofferte versehen ist: *OVG Münster* NVwZ 2002, 218 ff.

[16] BVerwGE 56, 63 (65); 84, 71 (73); *BayVGH* BayVBl. 1996, 665 (666); *VGH Mannheim* DÖV 1987, 160 (161); DÖV 1989, 128 (129); *OVG Berlin* NJW 1973, 2044; *OVG Lüneburg* NJW 1986, 863; NVwZ-RR 1996, 247 (248); *OLG Stuttgart* NJW 1976, 201; JZ 1978, 571 (572 f.); *OLG Hamm* NJW 1980, 1702; *Fehling*, JuS 2003, 246; *Siems*, Jura 2003, 587 (589 ff.); *Erbguth*, Jura 2008, 193 (198); *Pache/Knauff*, JA 2004, 47 (49); *Sauthoff*, NVwZ 2004, 674 (679); *Hufen*, DÖV 1983, 353 (355); *Bismark*, NJW 1985, 246 (249); *Würkner*, NJW 1987, 1793 (1796); *ders.*, NVwZ 1987, 841 (848); *Wolff/Bachof/Stober*, Verwaltungsrecht, Band 2, § 78 Rn. 13 ff.; siehe auch *BVerfG* BayVBl. 1992, 83. Krit. *Steinberg*, NJW 1978, 1898 ff. S. auch die Fallgestaltung nach *Zuleeg*, Fälle zum Allgemeinen Verwaltungsrecht, S. 243 ff.

[17] BVerfGE 7, 198 (208); 25, 256 (265); 35, 202 (221); 42, 163 (169); *BVerfG* BayVBl. 1992, 83; BVerwGE 56, 24 (28). Dies gilt im Besonderen für Fußgängerzonen und verkehrsberuhigte Bereiche, die gerade die Bedeutung der Straße als bloßes Fortbewegungsmedium im Interesse des kommunikativen Verkehrs und des Ruhebedürfnisses zurückstufen: BVerwGE 84, 71 (73); *VGH Mannheim* DÖV 1989, 128 (129). **Achtung:** In Abweichung zu den vorzitierten Entscheidungen wurde im hier zu begutachtenden Sachverhalt keine Fußgängerzone gewählt, da insofern in Bayern gem. Art. 53 Nr. 2 (a.E), 56 Abs. 1 BayStrWG Sonderregelungen gegenüber Art. 18 BayStrWG bestehen.

einschlägiges präventives Verbot mit Erlaubnisvorbehalt nicht wegen Verstoßes gegen Art. 5 Abs. 1 GG dem Verdikt der Verfassungswidrigkeit aussetzt. Auch wenn die straßenrechtlichen Regelungen über erlaubnisfreien Gemeingebrauch und erlaubnispflichtige Sondernutzung als allgemeine Gesetze (Art. 5 Abs. 2 GG) selbst die Kommunikationsgrundrechte des Art. 5 Abs. 1 GG grundsätzlich einzuschränken vermögen, so sind nach der Wechselwirkungslehre[18] auch auf Rechtsanwendungsebene die konfligierenden Interessen in einen verhältnismäßigen Ausgleich zu bringen. Das von Art. 5 Abs. 1 GG auch spontan geschützte kommunikative Element setzt sich dabei durch, wenn der eigentliche straßenrechtliche Schutzzweck (ungehinderter Verkehr durch die sonstigen Straßennutzer) allenfalls gering beeinträchtigt wird, sodass die Bindung des Vorhabens an ein Genehmigungserfordernis am Maßstab der Meinungsfreiheit unangemessen wäre. Insbesondere das Verteilen von Handzetteln mit politischen Inhalten wird in dieser Betrachtungsweise als „kommunikativer Gemeingebrauch" angesehen, der Art. 14 BayStrWG (bzw. den vergleichbaren Regelungen in den Straßengesetzen anderer Bundesländer sowie dem bundesrechtlichen § 7 BFernStrG) unterfällt.[19]

Zum Verständnis: Maßgeblich sind stets die Umstände des Einzelfalles. Auch unter Berücksichtigung der Wertungen aus Art. 5 Abs. 1 GG (ggf. i.V.m. Art. 21 GG, bei religiösen Gruppen auch Art. 4 GG) handelt es sich um erlaubnispflichtige Sondernutzung, wenn der Straßenraum – etwa zu Zwecken der Wahlwerbung o. ä. – mittels Plakatträgern, Informationsständen, Tischen o. ä. intensiver in Anspruch genommen wird.[20] Hier ist ein stärkeres Bedürfnis nach präventiver Prüfung und Steuerung auszumachen. Die verfassungsrechtliche Bedeutung der einschlägigen Kommunikationsgrundrechte ist allerdings auf Ermessensebene zu berücksichtigen, was sich insbesondere in Wahlkampfzeiten ermessensreduzierend auswirken kann.[21] Ebenfalls erlaubnispflichtige Sondernutzung ist das gezielte Ansprechen von Passanten in werbender bzw. sonstiger gewerblich-kommerzieller Absicht, selbst wenn eine Religions- oder Weltanschauungsgesellschaft betroffen ist (Spannungslage zu Art. 4 GG).[22] Das schlichte Verteilen von Zeitschriften (ohne gegenständliche Hilfsmittel und ohne aggressiv werbendes Ansprechen der Passanten) kann nach den Umständen des Einzelfalles – ähnlich wie das Handzettelverteilen – dem erweiterten, kommunikativen Gemeingebrauch unterfallen. Der Bayerische Verwaltungsgerichtshof differenziert hierbei zwischen dem (dem Gemeingebrauch unterfallenden) Verteilen von Zeitungen zum bloßen Zwecke der Kundgabe von Meinungsinhalten[23] und sondernutzungspflichtiger gewerblicher Tätigkeit (mit eventueller Ermessensreduzierung hinsichtlich der Entscheidung über die Erteilung einer Sondernutzungserlaubnis)[24].

Im vorliegenden Fall könnte Art. 5 Abs. 3 GG Vorgaben für die Auslegung und Anwendung des Straßenrechts machen und insbesondere die Zuordnung der Betätigung der K zum (kommunikativen) Ge-

---

[18] BVerfGE 7, 198 (208); 93, 266 (290 ff.); *BVerfG* BayVBl. 1992, 83; BVerwGE 56, 63 (66); *OVG Lüneburg* NVwZ-RR 1996, 244 (245) sowie 247 (248).

[19] BVerwGE 56, 63 (66 f.); *OVG Lüneburg* NJW 1986, 863; NVwZ-RR 1996, 247 (248); *VGH Mannheim* DÖV 1989, 128 (129); *OLG Stuttgart* NJW 1976, 201; *OLG Bremen* NJW 1976, 1359 f.; *OLG Düsseldorf* NJW 1998, 2375 f.; *Hagmann*, DÖV 2006, 323 (325).

[20] *BVerfG* NJW 1977, 671; BVerwGE 47, 280 (282); 56, 56 (57 f.) und 63 (65 ff.); *BayVGH* VGHE 50, 162 (164); *OVG Lüneburg* NVwZ-RR 1993, 393; NVwZ-RR 1996, 244 (245); *Hagmann*, DÖV 2006, 323 (325); krit. *Würkner*, NJW 1987, 1793 (1796). Hierzu auch die Fallgestaltung bei *Pache/Knauff*, JA 2004, 47 ff.; vgl. auch *BayVGH* BayVBl. 2003, 214 ff.

[21] BVerwGE 47, 280 (283 ff.); 56, 56 (59 ff.); *BayVGH* VGHE 50, 162 (164); *OVG Saarlouis* DÖV 1998, 1013; *Hagmann*, DÖV 2006, 323 (326). Für eine Religions- bzw. Weltanschauungsgemeinschaft: *OVG Lüneburg* NVwZ-RR 1996, 244 (245).

[22] *BVerwG* NJW 1997, 406 (407); *OVG Lüneburg* NVwZ-RR 1996, 247 (248); vgl. auch *Tschentscher*, JuS 2003, 345 ff.

[23] *BayVGH* BayVBl. 1996, 665 (666) – Verteilung von Zeitschriften, deren Inhalt im Verhältnis zu Werbeanzeigen vorwiegend auf Meinungsäußerungen und Beiträge allgemeiner, politischer und religiöser Art gerichtet ist.

[24] *BayVGH* BayVBl. 2000, 408; großzügiger hingegen *OLG Frankfurt* NJW 1976, 203 f., wonach selbst der Handverkauf von Zeitungen zum Gemeingebrauch in Fußgängerzonen gerechnet wird. S. auch jüngst *BayVGH* BayVBl. 2002, 638 – Ermessensreduzierung im Falle von Zeitungsentnahmegeräten.

meingebrauch erfordern.[25] Nach einer gängigen Definition ist künstlerische Betätigung weit zu verstehen als freie schöpferische Gestaltung, in der Eindrücke, Erfahrungen, Erlebnisse des Künstlers durch das Medium einer bestimmten Formensprache zu unmittelbarer Anschauung gebracht werden.[26] Es ist vorliegend jedenfalls nicht ernsthaft in Zweifel zu ziehen, dass das Herstellen von Scherenschnitten eine besondere Form des Porträtierens Kunst darstellt. Denn es handelt sich nicht um eine bloße handwerkliche Kopie eines menschlichen Profils, sondern die Anfertigung eines Scherenschnittes stellt einen eigenschöpferischen Gestaltungsakt dar, *„der ein intuitives Erfassen des Besonderen am Modell und dessen Wiedergabe in typischer Weise erfordert."*[27] Kein anderes Bild ergibt sich, wenn man mit einem anderen Ansatz Kunst als einen nicht verobjektivierbaren Begriff[28] ansieht, dessen Einschlägigkeit vom nicht offenbar unsinnigen subjektiven Empfinden des Akteurs abhängt.[29] Denn nach den Sachverhaltsangaben bewertet auch K selbst ihre Tätigkeit als Kunst und diese Einschätzung ist nicht von vornherein völlig inakzeptabel. Das Herstellen von Profilschattenbildern erfüllt damit nach allen Ansichten die Merkmale eines Kunstwerks im Sinne von Art. 5 Abs. 3 GG. Der Schutzbereich des Art. 5 Abs. 3 GG umfasst dabei neben der künstlerischen Betätigung im engeren Sinne (Werkbereich) auch die Darbietung und Verbreitung des Kunstwerks (sog. Wirkbereich).[30] Insbesondere die Straßenkunst ist dabei hinsichtlich des Wirkbereichs besonders schutzbedürftig. Denn der Künstler kann in dieser Form seine Modelle nur auf der Straße finden und seine Werke an den Porträtierten veräußern, ist also hinsichtlich des Wirkbereichs spezifisch auf Orte angewiesen, wo Menschen in größerer Zahl versammelt sind oder vorübergehen.[31] Die Herstellung, die Darbietung und der Vertrieb der Scherenschnitte auf dem Bürgersteig einer Gemeindestraße in S stehen damit als Straßenkunst unter dem grundrechtlichen Schutz des Art. 5 Abs. 3 GG.

Aufgrund vergleichbarer Überlegungen wie bei Art. 5 Abs. 1 GG könnte wegen der Ausstrahlungswirkung des Art. 5 Abs. 3 GG das Anfertigen von Profil-Scherenschnitten als erlaubnisfreier Gemeingebrauch im Sinne von Art. 14 BayStrWG zu bewerten sein. Denn es ist zu bedenken, dass Straßenkunst (wie im übrigen Kunst im allgemeinen) *„öffentlichkeitsbezogen und daher auf öffentliche Wahrnehmung angewiesen"* ist.[32] Auszugehen ist von der Überlegung, dass die Kunstfreiheit ein vorbehaltlos gewährleistetes Grundrecht ist, in das nur nach Maßgabe verfassungsimmanenter Schranken, also nur zum Schutz zumindest gleichrangiger verfassungsrechtlicher Rechtsgüter in gerechtfertigter Weise eingegriffen werden kann.[33] Es ist zu fragen, ob die gesetzliche Erlaubnispflicht von Straßenkunst praktische Konkordanz zwischen der Kunstfreiheit auf Seiten der K und konfligierenden verfassungsrechtlich geschützten Interessen anderer – zu denken ist insbesondere an das Recht auf Teilnahme am Gemeingebrauch der Straße zu Verkehrszwecken (Art. 2 Abs. 1 GG), die Rechtspositionen der Anlieger (Art. 14 GG) sowie bei erheblichem Störpotential auch die körperliche Unversehrtheit (Art. 2 Abs. 2 Satz 1 GG)[34] – herstellt.[35] Ist das nicht der Fall, sind also die der Kunstfreiheit entgegenstehenden grundrechtlichen Positionen Dritter nicht derart schwerwiegend, dass die Freiheit der Kunst zurückzutreten und sich einer Erlaubnispflicht unterzuordnen hat, so wäre in verfassungskonformer Auslegung (wie

---

[25] Zu diesem Problem: BVerwGE 84, 71 ff.; *VGH Mannheim* DÖV 1989, 128 ff. – Anfertigung von Silhouetten; *BVerwG* NJW 1987, 1836 f.; *VGH Mannheim* DÖV 1987, 160 ff. – Straßenmusik; aus der Literatur: *Würkner*, NJW 1989, 1266 f.; *ders.*, NVwZ 1987, 841 ff.; *ders.*, NJW 1987, 1793 ff.; *Hufen*, DÖV 1983, 353 ff.; *Bismark*, NJW 1985, 246 ff.

[26] BVerfGE 30, 173 (188 f.); 67, 213 (226); 75, 369 (377); BVerwGE 84, 71 (73 f.).

[27] BVerwGE 84, 71 (74).

[28] Vgl. auch BVerfGE 67, 213 (225) – „Anachronistischer Zug". Zum Streitstand: *Wendt*, in: v. Münch/Kunig (Hrsg.), Grundgesetz-Kommentar, Bd. 1, 5. Auf. 2000, Art. 5 Rn. 89.

[29] In diese Richtung: *Hufen*, DÖV 1983, 353 (354); s. auch *Denninger*, in: Isensee/Kirchhof (Hrsg.), Handbuch des Staatsrechts der Bundesrepublik Deutschland, Bd. VI, § 146 Rn. 8.

[30] BVerfGE 30, 173 (191); 67, 213 (224 f.); BVerwGE 84, 71 (74); *VGH Mannheim* DÖV 1989, 128 (129); *Bismark*, NJW 1985, 246 (250); *Würkner*, NJW 1987, 1793 (1795); *ders.*, NVwZ 1987, 841 (844).

[31] BVerwGE 84, 71 (74).

[32] *VGH Mannheim* DÖV 1989, 128 (129).

[33] BVerfGE 30, 173 (193 ff.); 67, 213 (228); 75, 369 (379 f.); *BVerwG* NJW 1987, 1836 (1837); *VGH Mannheim* DÖV 1989, 128 (129).

[34] *VGH Mannheim* DÖV 1989, 128 (130). Siehe auch *BVerwG* NJW 1987, 1836 (1837) sowie *VGH Mannheim* DÖV 1987, 160 (162) – Straßenmusik.

[35] *VGH Mannheim* DÖV 1989, 128 (130).

beim Handzettelverteilen) die Betätigung der K als erlaubnisfreier „kommunikativer" Gemeingebrauch zu bewerten.[36]

Nach Ansicht des *VGH Mannheim* ist ein präventives Erlaubnisverfahren für Straßenkunst ausschließlich dann mit Art. 5 Abs. 3 GG vereinbar, wenn im Einzelfall wirklich feststeht, dass die konkrete Straßennutzung zu künstlerischen Zwecken Grundrechte anderer unverhältnismäßig beeinträchtigt[37] – im Falle von Straßenmusik etwa bei Aufstellung sperriger Gegenstände, wie z. B. Lautsprecher, Verstärkeranlage o. ä. Hiernach sei Straßenkunst in Form von Profil-Scherenschnitten im Lichte der abwehrrechtlichen Bedeutung der Kunstfreiheit nicht als Sondernutzung, sondern als erlaubnisfreier Gemeingebrauch anzusehen.[38] Umstände für eine konkrete und unverhältnismäßige Beeinträchtigung verfassungsrechtlich geschützter Rechtspositionen Dritter seien nicht ersichtlich. Durch das bloße Erstellen von Scherenschnitten im Stehen mit Papier und Schere sowie durch die Inanspruchnahme der Straße zur Werbung und zum Verkauf als Komponenten des verfassungsrechtlich von Art. 5 Abs. 3 GG geschützten Wirkbereiches sei keine wesentliche Beschränkung anderer Verkehrsteilnehmer zu erwarten. Insbesondere spreche angesichts der Tatsache, dass sperriges Arbeitsmaterial wie Staffelei und Stuhl ausschließlich außerhalb des öffentlichen Straßenraumes abgestellt ist, nichts dafür, dass durch die künstlerische Betätigung andere an der Ausübung des Gemeingebrauchs in erheblichem Ausmaß beeinträchtigt werden. Nach diesem Ansatz wäre Sondernutzung begrifflich ausgeschlossen und folglich der Anwendungsbereich des Art. 18 Abs. 1 Satz 1 BayStrWG nicht eröffnet. Damit wäre in verfassungskonformer erweiterter Auslegung des Art. 14 BayStrWG von erlaubnisfreiem Gemeingebrauch auszugehen. Die Feststellungsklage wäre begründet.

Das *Bundesverwaltungsgericht* ist für die vorliegende Fallgestaltung zu Recht jedoch anderer Ansicht.[39] Die Inanspruchnahme öffentlichen Straßenraums durch Straßenkunst kann *generell* zu Konflikten mit anderen Arten der Straßenbenutzung führen, etwa mit dem verkehrstechnischen Gemeingebrauch, den besonderen Interessenlagen des Anliegers oder auch mit den um denselben Standort konkurrierenden anderen Straßenkünstlern. Während die Teilnahme am Straßenverkehr als übliche Form des Gemeingebrauchs umfangreich durch straßenverkehrsrechtliche Vorschriften geregelt ist, fehlen normative Regelungen für die Ausübung von Straßenkunst, sodass hier ein besonderes Bedürfnis nach Präventivsteuerung in Form eines Genehmigungsverfahrens besteht, in dem Nutzungskonflikte – auch unter Berücksichtigung gegenläufiger verfassungsrechtlich geschützter Positionen – ausgeglichen werden. Das präventive Prüfverfahren zur Erteilung einer straßenrechtlichen Sondernutzungserlaubnis stellt ein typisches Mittel dar, *„um die verschiedenen grundrechtlich geschützten Belange der Straßenbenutzer in Einklang zu bringen (Ausgleichs- und Verteilungsfunktion der Sondernutzungserlaubnis)."*[40] Auch wenn ein präventives Genehmigungsverfahren damit die Ausübung von Straßenkunst erschwert, verlangt Art. 5 Abs. 3 GG nicht, Straßenkunst von einem präventiven behördlichen Verfahren generell zu verschonen, denn ein solches Verfahren dient gerade der Erfassung und Bewertung konfligierender Verfassungsgüter, die in einem behördlichen Kontrollverfahren in Ausgleich zu bringen sind. Im Regelfall einer längerfristig geplanten oder – wie bei K – einer sich in gleicher Weise wiederholenden Betätigung, für die eine einmalige Erlaubnis einzuholen ist, ist für den Fall, dass die Sondernutzungserlaubnis letztlich erteilt wird, die Beeinträchtigung der Kunstfreiheit im Ergebnis nur gering (Spontaneitätsverlust; faktischer Zwang zur Planung durch Stellung eines Genehmigungsantrags). Das BayStrWG sorgt hier grundsätzlich auf andere Weise für die Herstellung praktischer Konkordanz. Zum einen besteht für die Gemeinden die Möglichkeit, per Ortssatzung über Art. 22 a BayStrWG bestimmte Sondernutzungen von der Erlaubnis freizustellen.[41] Fehlen derartige besondere Satzungsregelungen, bleibt es

---

[36] Zum folgenden Meinungsstreit: *Siems*, Jura 2003, 587 (590 ff.).

[37] *VGH Mannheim* DÖV 1989, 128 (129 f.); ebenso: *OLG Hamm* NJW 1980, 1702 f.; *Würkner*, NJW 1987, 1793 (1799); *ders.*, NJW 1989, 1266 f.; *ders.*, NVwZ 1987, 841 (848 ff.); *Hufen*, DÖV 1983, 353 (355 ff.).

[38] Vgl. insofern auch *VGH Mannheim* DÖV 1989, 128 (129 f.), mit krit. Anmerkung von *Goerlich*.

[39] BVerwGE 84, 71 (75 ff.) – dort für die Parallelvorschrift des baden-württembergischen Straßengesetzes; ebenso für Straßenmusik: *BVerwG* NJW 1987, 1836 (1837); *VGH Mannheim* DÖV 1987, 160 (161 f.). Siehe auch die Argumentation bei BVerwGE 56, 63 (68). Aus der Literatur: *Erbguth*, Jura 2008, 193 (198); *Fehling*, JuS 2003, 246 (247); *Bismark*, NJW 1985, 246 (249 ff.); *Wolff/Bachof/Stober*, Verwaltungsrecht, Band 2, § 78 Rn. 18.

[40] BVerwGE 84, 71 (76).

[41] Für die Rechtslage in Baden-Württemberg: BVerwGE 84, 71 (77); speziell für Bayern: *Bismark*, NJW 1985, 246 (254). Krit. *Hufen*, DÖV 1983, 353 (360).

zwar bei der Erlaubnispflicht, die besondere Ausstrahlungswirkung des Art. 5 Abs. 3 GG auf die Rechtsanwendungsebene entfaltet sich dann aber auf Ermessensebene. Je nach den Umständen des Einzelfalles
kann sich insofern eine Ermessensreduzierung auf Null ergeben[42]: Dem antragstellenden Künstler steht
(vorbehaltlich im Einzelfall entgegenstehender vorrangiger Grundrechtspositionen Dritter und vorbehaltlich einer zu treffenden Auswahlentscheidung bei Kapazitätserschöpfung[43]) ein strikter Anspruch
auf Erteilung der Sondernutzungserlaubnis zu. Mit dem *Bundesverwaltungsgericht* ist insofern zusam-
menzufassen[44]:

*„Das der Erlaubnisbehörde eingeräumte Ermessen muss, soweit es um den Ausgleich kollidierender
Grundrechtspositionen geht, nach dem Grundsatz der praktischen Konkordanz ausgeübt werden. Er-
gibt die Prüfung des Einzelfalles, dass die straßenkünstlerische Darbietung weder die durch Art. 2
Abs. 1, 3 Abs. 1 GG im Kern geschützten Rechte der Verkehrsteilnehmer noch das Recht auf Anlieger-
gebrauch (Art. 14 Abs. 1 GG) noch andere Grundrechte, z. B. Art. 2 Abs. 2 GG im Falle erheblicher
Geräuschimmissionen, erheblich beeinträchtigt, wird in aller Regel das Ermessen reduziert sein und ein
Anspruch auf Erlaubniserteilung bestehen (...).“*

Im übrigen wird bei Bestehen einer Erlaubnispflicht der Verlust an Spontaneität zumindest teilweise
durch einen Gewinn an Rechtssicherheit ausgeglichen. Denn die Gegenansicht des *VGH Mannheim*, die
den genehmigungsfreien Gemeingebrauch davon abhängig macht, in welchem Umfang sich die künstlerische Betätigung auf den Gemeingebrauch anderer auswirkt, setzt den Künstler der Gefahr der (formellen, eventuell sogar der materiellen) Illegalität aus, wenn er die Lage falsch einschätzt (oder wenn
sich gar im Verlauf der Darbietung die Umstände ändern), und damit auch der Gefahr, infolge unerlaubter Sondernutzung wegen einer Ordnungswidrigkeit belangt zu werden.[45] Die Annahme einer Erlaubnisfreiheit von Straßenkunst bis zu einer bestimmten Belastung für andere erweist sich damit als
Danaergeschenk.[46] Als Zwischenergebnis ist damit festzuhalten, dass Straßenkunst grundsätzlich als
erlaubnispflichtige Sondernutzung im Sinne von Art. 18 Abs. 1 BayStrWG zu bewerten ist und sich die
besondere Bedeutung des Art. 5 Abs. 3 GG erst auf Ermessensebene auswirkt.

Allerdings kann *ausnahmsweise* ein präventives Erlaubnisverfahren dann im Hinblick auf die Eingriffswirkung bezüglich Art. 5 Abs. 3 GG unverhältnismäßig sein und damit zur Annahme einer erlaubnisfreien Betätigung im Rahmen eines verfassungskonform erweiterten Gemeingebrauchsbegriffs zwin-
gen, wenn im Einzelfall das Erlaubnisverfahren keine bloße Lästigkeit darstellt, sondern die
Kunstausübung praktisch unmöglich macht.[47] In Anlehnung an die aus Art. 8 GG abgeleitete Rechtsfigur der Spontanversammlung ist an Fälle der „Spontankunst“ zu denken, also an Konstellationen, in
denen das künstlerische Werk nur spontan möglich, also ihre Präsentation einmalig und so nicht wie-
derholbar ist (etwa kritische Kunst aus ganz aktuellem Anlass).[48]

> **Zur Vertiefung:** Nach der Rechtsprechung des *Bundesverfassungsgerichts* zum Versammlungsrecht
> ist ein versammlungsrechtliches Anmeldeerfordernis nach dem Versammlungsgesetz des Bundes zu-
> mindest für den Regelfall, dass eine Anmeldung binnen 48 Stunden möglich ist, nicht unverhältnis-
> mäßig. Die zuständige Behörde muss die Möglichkeit haben, durch rechtzeitige Anzeige eine bevor-
> stehende Demonstration auf Rechtmäßigkeit (insbesondere hinsichtlich eines Verstoßes gegen die
> öffentliche Sicherheit oder Ordnung) überprüfen zu können. Die Anmeldepflicht greift hiernach aber
> nicht ausnahmslos ein und ihre Verletzung berechtigt nicht automatisch zum Verbot oder zur Auflö-
> sung der Versammlung. Denn auch die sog. Spontan- bzw. Eilversammlung genießt verfassungsrecht-
> lichen Schutz nach Art. 8 Abs. 1 GG. Forderte § 14 (Bundes-)VersG auch für jegliche Spontan- oder
> Eilversammlung eine Anmeldung mit der 48-Stunden-Frist, so könnten Versammlungen aus ganz ak-

---

[42] BVerwGE 84, 71 (78); *Fehling*, JuS 2003, 246 (248); *Sauthoff*, NVwZ 2004, 674 (684); *Wolff/Bachof/Stober*,
Verwaltungsrecht, Band 2, § 78 Rn. 18.

[43] Vgl. *Bismark*, NJW 1985, 246 (252 f.).

[44] BVerwGE 84, 71 (78).

[45] BVerwGE 84, 71 (78 f.).

[46] *VGH Mannheim* DÖV 1987, 160 (162), m. w. N.; siehe auch *Bismark*, NJW 1985, 246 (251 f.).

[47] BVerwGE 84, 71 (79).

[48] BVerwGE 84, 71 (76 und 79); *Wolff/Bachof/Stober*, Verwaltungsrecht, Band 2, § 78 Rn. 18.

tuellem Anlass nicht stattfinden, die Effizienz des Versammlungsrechts wäre erheblich beschnitten. Denn es kann gerade von besonderer Bedeutung sein, auf ein bestimmtes aktuelles Interesse möglichst schnell zur gemeinsamen Meinungskundgabe zusammenzukommen. § 14 (Bundes-)VersG ist aber nicht wegen Unverhältnismäßigkeit als verfassungswidrig einzustufen, sondern einer einschränkenden, verfassungskonformen Auslegung zu unterziehen: In diesen Fällen entfällt entweder die Anmeldepflicht[49] oder aber es reicht eine kürzere Anmeldefrist aus, d.h. die Eildemonstration ist anzumelden, sobald die Möglichkeit hierzu besteht, ggf. ist also die Frist des § 14 (Bundes-)VersG verfassungskonform zu reduzieren.[50] Die Anmeldepflicht steht also unter dem ungeschriebenen Vorbehalt, dass eine rechtzeitige Anmeldung zur effektiven Wahrnehmung der Versammlungsfreiheit möglich ist. Das Bayerische Versammlungsgesetz vom 22.7.2008, das in Bayern zum 1.10.2008 das Versammlungsgesetz des Bundes abgelöst hat, hat die Fälle der Eil- und Spontanversammlung in Art. 13 Abs. 3 und 4 sowie Art. 24 Abs. 3 BayVersG in Anlehnung an die Rechtsprechung des *Bundesverfassungsgerichts* einer ausdrücklichen Regelung zugeführt.[51]

Hinsichtlich der Tätigkeit der K ist dabei festzuhalten: Das Silhouettenschneiden findet immer an derselben Stelle statt; ferner besteht hinsichtlich der Nutzung des Eingangsbereichs der Sparkasse eine (privatrechtliche) Vereinbarung. Dies zeigt, dass eine Planung auf längere Sicht zu Grunde liegt, zumal es sich um eine auf Dauer angelegte, also nicht einmalige Betätigung handelt. Es handelt sich demnach nicht um Spontankunst. Ein Ausnahmefall, nach dem aus verfassungsrechtlicher Sicht (Art. 5 Abs. 3 GG) eine Erlaubnisfreiheit gefordert ist, liegt damit nicht vor.

Ergebnis: Das Silhouettenschneiden sowie das diesbezügliche Werben und Veräußern auf dem Bürgersteig einer Ortsstraße in S stellt keinen erlaubnisfreien Gemeingebrauch, sondern erlaubnispflichtige Sondernutzung dar. Die Klage der K auf Feststellung, dass das Anfertigen und der Verkauf von Scherenschnitten als Form des Gemeingebrauchs keiner Sondernutzungserlaubnis bedarf, ist zwar zulässig, aber i.E. unbegründet und hat damit keine Aussicht auf Erfolg.

Rechtsprechungsvorlagen: BVerwGE 84, 71 = DVBl. 1990, 163; *VGH Mannheim* DÖV 1989, 128.

Leseempfehlungen: Bismark, Straßenkunst in Fußgängerzonen, NJW 1985, 246; *Erbguth,* Recht der öffentlichen Sachen, Jura 2008, 193; *Fehling,* Gemeingebrauch und Sondernutzung im System des allgemeinen Verwaltungsrechts und des Wirtschaftsverwaltungsrechts, JuS 2003, 246; *Hagmann,* Politische Wahlwerbung im öffentlichen Straßenraum, DÖV 2006, 323; *Pache/Knauff,* Gemeingebrauch und Sondernutzung im Straßenrecht, JA 2004, 47; *Sauthoff,* Die Entwicklung des Straßenrechts seit 1998, NVwZ 2004, 674; *Siems,* Gemeingebrauch und Sondernutzung im Recht der öffentlichen Straßen, Jura 2003, 587; *Würkner,* Die Freiheit der Straßenkunst (Art. 5 Abs. 3 Satz 1 GG), NVwZ 1987, 841; *Würkner,* Straßenkunst als (kommunikativer) Gemeingebrauch, NJW 1989, 1266; *Würkner,* Straßenrecht contra Kunstfreiheit?, NJW 1987, 1793.

---

[49] BVerfGE 69, 315 (350 ff.); *BVerfG,* NVwZ 2005, 80.
[50] BVerfGE 85, 69 ff. Beachte aber Sondervotum *Seibert* und *Henschel,* BVerfGE 85, 69 (77 ff.); hierzu *Enders,* Jura 2003, 103 f.
[51] Vgl. auch *Schindler,* BayVBl. 2009, 33 (35, 38); *Heidebach/Unger,* DVBl. 2009, 283 (285).

Sachverzeichnis

Die Verweise beziehen sich auf die Seitenzahlen.